珍藏本
纪念版

汉译世界学术名著丛书

地中海与菲利普二世时代的地中海世界

第一卷

〔法〕费尔南·布罗代尔 著

唐家龙 曾培耿 等译

吴模信 校

SINCE 1897
商务印书馆
The Commercial Press

2017年·北京

Fernand Braudel
LA MÉDITERRANÉE
et le monde méditerranéen
à l'époque de Philippe II
Armand Colin Editeur, Paris, 1990
据巴黎阿尔芒·科兰出版社 1990 年第 9 版翻译

汉译世界学术名著丛书
（120 年纪念版·珍藏本）
出 版 说 明

2017 年 2 月 11 日，商务印书馆迎来 120 岁的生日。120 年前，商务印书馆前贤怀揣文化救国的理想，抱持“昌明教育，开启民智”的使命，立足本土，放眼寰宇，以出版为津梁，沟通中西，为中国、为世界提供最富智慧的思想文化成果。无论世事白云苍狗，潮流左右激荡，甚至战火硝烟弥漫，始终践行学术报国之志，无改初心。

迻译世界各国学术名著，即其一端。早在 20 世纪初年便出版《原富》《天演论》等影响至今的代表性著作，1950 年代后更致力于外国哲学和社会科学经典的译介，及至 1980 年代，辑为“汉译世界学术名著丛书”，汇涓为流，蔚为大观。丛书自 1981 年开始出版，历时三十余年，迄今已推出七百种，是我国现代出版史上规模最大、最为重要的学术翻译工程。

丛书所选之书，立场观点不囿于一派，学科领域不限于一门，皆为文明开启以来，各时代、各国家、各民族的思想与文化精粹，代表着人类已经到达过的精神境界。丛书系统译介世界学术经典，引领时代思想，为本土原创学术的发展提供丰富的文化滋养，为推动中国现代学术和现代化进程做出了突出的贡献。

为纪念商务印书馆成立120周年，我们整体推出“汉译世界学术名著丛书”120年纪念版的珍藏本，寄望既利于文化积累，又便于研读查考，同时向长期支持丛书出版的译者、编者和读者致以敬意。

两甲子后的今天，商务印书馆又站在了一个新的历史时间节点上。我们不仅要铭记先辈的身影和足迹，更须让我们的步伐充满新的时代精神。这是商务人代代相传的事业，更是与国家和民族的命运始终紧密相连的事业。我们责无旁贷，必须做好我们这代人的传承与创造，让我们的努力和成果不仅凝聚成民族文化的记忆，还能成为后来人可以接续的事业。唯此，才能不负前贤，无愧来者。

商务印书馆编辑部

2017年10月

出版说明

叙述当代史学，不能不涉及法国的年鉴学派，因为它是当今世界影响最大的史学流派之一。年鉴学派由吕西安·费弗尔和马克·布洛赫创立，他们以1929年创刊的《经济和社会史年鉴》杂志（1946年起改称《经济、社会和文明史年鉴》）为阵地，鼓吹新史学即"整体的历史"。该学派的第二代代表人物、集大成者就是费尔南·布罗代尔（1902—1985年）。其成名作和扛鼎之作即为《地中海与菲利普二世时代的地中海世界》（下文简称为《地中海史》）。

布罗代尔1902年8月24日出生在法国东部默兹省一个小村镇，在农村度过了童年时代。他早年醉心于诗歌并对医学感兴趣，直到迈入巴黎大学后才开始接受正规的史学训练。然而，即使在那时，他对史学的兴趣仍不大，靠了非凡的记忆力，读完大学并获得史地教师的资格。1923至1932年他在阿尔及利亚一所中学执教期间，他对地中海地区的历史产生了浓厚的兴趣，开始利用假期遍游除埃及以外的地中海各国，埋头于收集档案资料，准备以地中海为题，撰写博士论文。1935至1937年，布罗代尔在巴西度过了自称"一生中重要的时期"，任圣保罗大学文明史教授。回国后，他在法国高等实践研究院第四部工作，并在吕西安·费弗尔的影响下，成为年鉴学派的一员。第二次世界大战爆发后，布罗代尔应征入伍，驻守马其诺防线。1940年7月，马其诺防线崩溃，布罗代尔成为德军俘虏,在战俘营里度过了五年囚徒生活。1947 年,布罗代尔完成了博士论文《地中海与菲利普二世时代的地中海世界》,顺利通过了答辩。在此前一年,他进入年鉴杂志编辑部。同年,他与费弗尔一道创办了高等实践研究院第六部(经济和社会科学部),1956 年,任该部主任。1984 年,他当选法兰西学院院士。1985 年 11 月,布罗代尔去世。

布罗代尔不仅是当代法国最著名的史学家,在世界史坛也享有盛誉。人们评论说:"如果设立诺贝尔史学奖,布罗代尔是无可争议的第一人选",并公认他是"当今世界首屈一指的史学家"。这种赞誉对他来说并不过分。作为年鉴学派的集大成者,布罗代尔力图把人类社会的历史作为一个整体来研究,作为一个完整的体系来把握,并以该体系及其各组成部分密切相关、相互作用所形成的结构和功能关系方面再现处于动态过程中的历史总体。正是在布罗代尔时代,年鉴学派一跃成为最有影响的国际史学流派之一。他的为数不多的几部著作,如《十五至十八世纪的物质文明、经济和资本主义》,尤其是《地中海史》,也成为当今史学的规范。

《地中海史》是布罗代尔的成名作,也是他一生中最重要的著作。他自 30 年代初酝酿此书,查阅了大量档案资料,至二战爆发时积累了一万多张卡片。在战俘营里,完全凭着自己非凡的记忆力,他不间断地思考地中海波澜壮阔的历史画面,并把心得体会记录在已获释难友寄来的练习簿上。到 1945 年获释时,他已完成了论文的大半。这堪称史学领域的一大奇迹,堪称一部生命之作。经过两年的修改补充,《地中海史》于 1947 年定稿,1949 年分两卷出版,迅即引起轰动,被公认为一部经典之作。

《地中海史》旁征博引，全书长达 1000 多页，译成中文凡 150 万多字。不过，该书获得好评，主要不在于作者在收集资料、分析资料方面所下的工夫（固然，这一点同样令人敬服），而在于它精辟地论述了一个地区（地中海）、一个时代（菲利普二世时代）的历史，尤为重要的是，它本身就代表了一个时代（当代）的历史。在此书中，作者从总体历史的思想出发，努力把 16 世纪后半期即西班牙国王菲利普在位时期（1556—1598 年）的地中海世界作为一个整体来加以考察。在作者笔下：地中海不再是一个毫无生机的海洋，而是一个充满激情和生命的历史人物。为了写出这一总体历史，布罗代尔把全书分为三个部分：

“本书共分三部分。每部分自成整体，单独阐明一个问题。

“第一部分论述一种几乎静止的历史——人同他周围环境的关系史。这是一种缓慢流逝、缓慢演变、经常出现反复和不断重新开始的周期性历史。……

“在这种静止的历史之上，显现出一种有别于它的、节奏缓慢的历史。人们或许会乐意称之为社会史，亦即群体和集团史。……这些深海暗流怎样掀动了地中海的生活，是我在本书第二部分需要加以思考的。……

“最后是第三部分，即传统历史的部分，换言之，它不是人类规模的历史，而是个人规模的历史。……这是表面的骚动，是潮汐在其强有力的运动中激起的波涛，是一种短促迅速和动荡的历史。……这是所有历史中最动人心弦、最富有人情味儿、也最危险的历史。……它们……对历史的深层只是蜻蜓点水。……”

根据这样的安排，《地中海史》首先以大量的篇幅讨论了地中海地区的自然地理状况，包括半岛、岛屿、山脉、高原、平原、近海、远洋、季节、气候，进而探讨了该地区的经济社会状况和文化生活，如城镇、乡村、水陆交通、商业贸易、内外交往、各地的物产、民众生活、文化方式等，最后才涉及16世纪后期该地区的政治史。在作者那里，历史被分解为几个不同的层面，分解为几个不同的历史时间，即地理时间、社会时间和个人时间，藉此抓住过去所有不同的、彼此之间有最大差别的节奏，提出它们共存、互扰、矛盾以及多种深广丰富的内容，力求找出具有规律性的事物。通过这种方法，作者在广泛运用历史学、地理学、社会学、政治学、民族学和经济学等多学科研究方法的基础上，把平凡的日常生活与伟大的历史潮流，把微观与客观有机地结合起来，立体再现了所述时代地中海及相关地区人类的全貌，揭示了它的命运，雄辩地证明地中海并未因新航路或土耳其势力的崛起而衰落，它的衰落要在17世纪中叶以后。正因为这一点，人们把《地中海史》视为里程碑式的著作。费弗尔曾称该书“为我们开辟了新的视野，……具有革命的性质”。近50年后的今天，阅读这部巨著，我们仍会产生类似的感觉。

历史在不断发展，《地中海史》也是如此。该书出版后被翻译成英、俄、德、西、葡、意、日、阿拉伯、土耳其、瑞典等十几种文字，在法国亦多次重印，其中，作者对1966年第二版作了大量增删，近三分之一的篇幅彻底重写，而后于1979年又一次进行修订。固然，该书的基本框架没有太大变化，但在一些具体问题上，作者根据最新研究成果，力求在原来的水平上有所超越。如果有人下力气把《地中海史》的第一版与修订版进行细致比较，这对研究布罗代尔本人学术发展轨迹和思想发展历程，当不无裨益。

由于时代的影响，年鉴学派在20世纪70年代末才有系统地引入我国学术界，其代表人物代表作也陆续有中译本问世。布罗代尔的另两部重要著作《十五至十八世纪的物质文明、经济和资本主义》和其遗著《法兰西的特性》已有中译本问世。但是，其代表作《地中海史》的翻译出版，对我们全面了解年鉴学派和布罗代尔本人的学术成就，促进我国史学研究的发展，仍将具有很大意义。

《地中海史》博大精深，行文所及，涉及法文、英文、意大利文、德文、西班牙文、加泰罗尼亚文等多种文字的原始档案和大量著述，知识面广，翻译难度很大。中译本据1979年修订第四版翻译（据1990年第九次印刷本校订），第一卷承译者除署名者外，尚有吕华、吕志祥、张家卫。布罗代尔夫人应邀为中译本撰写序言，顾良先生通读校订了第一卷译文，冯棠先生审阅了第二卷译稿，在此一并致谢。

中译本序(布罗代尔夫人作)

费尔南·布罗代尔的著作开始译成中文已有若干年了。然而命运却安排作者最早作品《地中海与菲利普二世时代的地中海世界》(下文略为《地中海史》)的中译本,远在其他作品之后,于今天才出版——虽然该书是作者最负国际声誉的作品,代表了作者对历史的独到观点。人们千差万别的日常生活,各自文明的特性以及局限,社会的演变和经济的偶然性,这一切在作者的历史观中远比政治因素重要得多。人们当初称之为"新历史"的东西,曾在历史学界引起广泛争论,现在我的中国朋友要我在这里介绍它的含义,作为本书的序言。

然而要谈论这种新的有关历史的看法,也许该首先谈谈作者本人。F.布罗代尔生于1902年,是一位巴黎小学教员的儿子,但实际上属于法国东部的一个农民家庭。在洛林的一个小村子他的祖母身边,布罗代尔度过了生命最初的七个年头。他像一个真正的农民的儿子那样生活,熟悉有关农业、植物、树木、家畜饲养、乡村手工活的一切(这种与土地的亲近在他的作品中随处可见)。1909年七岁时,他来到巴黎父母身边接受教育,直到通过巴黎大学的入学考试。这段学习生活最终使他走上了地理学和历史学的道路。

很快完成学业后,他非常幸运地找到了教师这一职业,从而迅速融入大千世界之中:1923年这位年轻的教师来到北非,首先在阿尔及尔待了十来年,之后到西班牙、意大利。他的旅行和档案研究为后来撰写《地中海史》做了准备;随后在巴西的三年中,他兴奋地体验了与西方社会截然不同的社会形式,那里尚带有殖民历史的色彩,但已被变革的强烈需要所震撼,而变革的目的是建立一个新型国家经济。

在思想趋于成熟的这段时期,这段对世界进行思考和发现的时期,他找到一条与过去在巴黎的所有老师完全不同的路。他热衷于阅读一本当时具有革命意义的新杂志:《经济和社会史年鉴》,这本杂志是由两位伟大的历史学家吕西安·费弗尔和马克·布洛赫于1929年创办的。正如杂志名称表明的那样,他们为了扩大历史学的视野,将历史研究引向对社会、经济过去的和现在的重大问题的研究而战斗着。这就不仅需要人们摆脱直到当时为止占统治地位的纯政治史、纯制度史,或者称为"战役史"的历史,还需要人们对其他社会科学给予更多的关注:经济学、社会学、地理学、人口统计学、人种学……这样便可以尝试一种"全面的历史学",通过研究某个问题,任何一个历史时期,观察者寻求抓住它们深藏的脉络,将之重新安排在周围总的环境里:当时的经济气候、政治和社会因素的相互状况、文化的分量(远的,传统文明的影响;现时的,文学和意识形态运动的影响)。

这一创建打破不同人文学科界限的全面历史学的抱负,一直是30年代年轻的《年鉴》杂志论战的中心,它一直伴随着布罗代尔十余年关于《地中海史》的论文计划。这一他后来称之为"更伟大的历史学"的东西,将成为他毕生的追求。

然而命运使他意外地与《年鉴》杂志接近。当他于1937年11

月返回巴黎时,正巧与吕西安·费弗尔同乘一条船(当时还没有横越大西洋的飞机),在长达三周的横渡途中,他与费弗尔结下了亲密的友谊,很快成为该杂志的撰稿人。

同一时期,他已在西班牙以及意大利的档案馆里收集了撰写论文所有必要的材料。当他正准备动笔时,1939—1940 年的战争爆发了。他一直战斗到最后,但法国的战败致使他于 1940 年至 1945 年在德国的战俘集中营里度过了五年。在那里他几乎全凭记忆撰写了这部关于 16 世纪地中海的巨著。与此同时,他也逐渐形成了自己的历史观,用他自己的话说,是深受被俘期间被动的长期思考影响的历史观,通过这种思考他认为那些最悲惨的事件(他在战争中所经历的)不过是历史长河中之一粟:要努力看得更远,了解正在迫近的命运的意义,可能的话,还要保持希望。

难道我们可以用简单的几句话概括这一历史观吗?它是建立在同一社会内部几个叠加的历史层面之上,每个历史层面以时刻变化的节奏展开;非常缓慢的、几乎世代不变的历史,以几乎不变的地理景观和某些文明的传承强加于所有人类集团——这就是布罗代尔经常称做“长时段史”的东西;变化较为迅速、尽管还是节奏缓慢的历史,以几个十年的长周期,40 年、50 年,改变着有时是动荡着国家、社会和精神生活的循环的历史;最后,是飞快变化的历史,每天充满多变的事件,可以说是我们在每天的报纸上看到的历史,在西米昂之后,布罗代尔将这传统的历史称为“事件”史。这三种历史同时存在,就像潮汐深处运动之上的波浪。

在这种历史观里,文明具有特殊的地位。当然,文明也在变动,比地理空间强加的僵硬界限要活跃得多。然而透过文明的历史表面的演变甚至是变革,它们的某些持久性将在很长一段时期内把它们记录下来。我们每人身上都有这样深深埋藏的痕迹。它使我们各自采取不同的常常是无意识的态度,是我们通过语言、饮食习惯(有"小麦文化"、"米文化")、传统宗教信仰和所有存在的一切与诸多渠道继承下来的。这些几乎消除不掉的特点有时使文明之间彼此强烈对立。

就这一观点而言,地中海是个特殊的观察点。因为很久以来,东、西方最古老的文明(在阿拉伯人入侵后的13个世纪以来,演变成伊斯兰教和基督教)在这里一直处于对峙状态。通过所有的历史变迁和现代经济的变革,它们之间几乎可以说是必然的根本冲突,似乎是难以消除的,随时准备重新出现并以暴力形式表现出来。

F. 布罗代尔不可避免地要在这个深奥的基础上建筑自己总体世界观。中国厚重的文明一直在引起他的特殊兴趣,这个千年文明经过了它历史的所有动荡——包括人民中国的动荡,保持了自己特殊的连续性。布罗代尔在《文明史纲》(于1963年所写关于60年代的"当今世界"的著作,专为18—20岁的法国学生而写)的一个长篇章节以及1979年所写、于1993年译成中文的著作《十五至十八世纪的物质文明、经济与资本主义》一书里多次要解释这一现象。

他实际上提出了一个双重问题:明代的中国为什么在发动一系列海外远征并取得成功之后(这早于欧洲人绕过好望角),错过了或者说拒绝了对外扩张的机会?为什么她选择了闭关自守?另外,中国出于什么原因,在很多主要技术(例如冶铁、印刷、造纸或纸币方面)上领先于欧洲几个世纪的情况下自满于保持这些优势而不是发展它们呢?除了有自己明确地位的政治问题的次要作用外,这些问题对他而言恰恰是文明带来的问题。

布罗代尔一直保持对中国关注的证明之一就是他在50年代,在他长期领导的高等实践研究院里创建了一个中国研究中心。在这个中心里他吸收了研究中国古代和现代问题最好的法国专家。这个中心在巴黎至今还在。

我坚信,倘若F.布罗代尔依然在世,他会以极大的好奇注视今天的中国对待现代资本主义的方式,也就是说,如果布罗代尔持论正确,中国会以独特的她自己的方式改造资本主义。

我更确信,他会很高兴地看到自己的著作被译成如此美丽的文字,而我们西方人很不幸,看不懂这些美丽的文字。

献给我永远怀念的

吕西安·费弗尔

借以表达我的感激及子女般的敬爱之情。

目　录

地图、图表和图解目录

新大陆至今还没有发现一个内海，堪与紧靠欧、亚、非三洲的地中海相媲美……

何塞·阿科斯塔：《西印度群岛博物志》，1558年，第94页

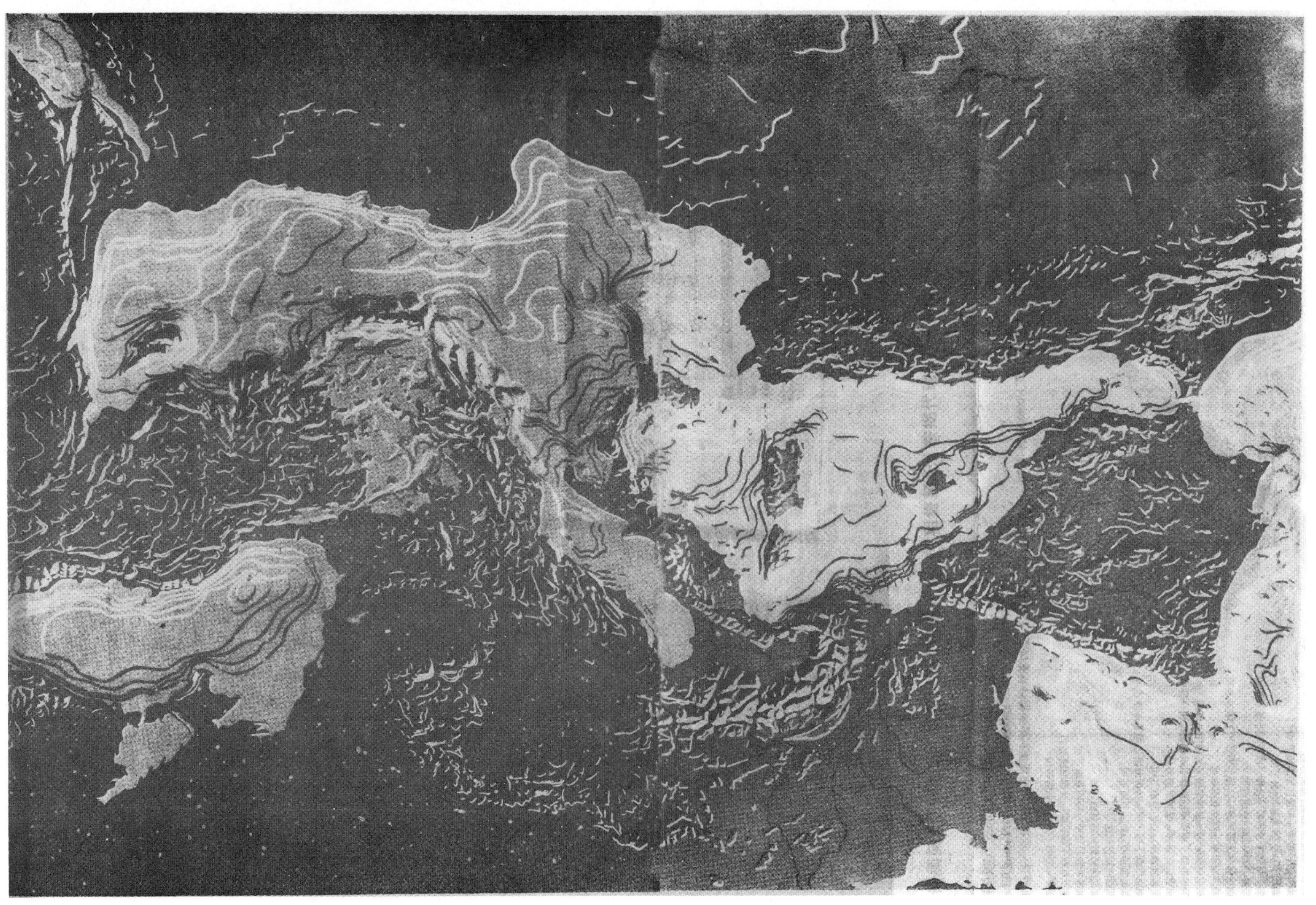

图1　海拔升降在500米以上的海底和陆地地形图(雅克·贝尔坦绘)

第一版序言

我极其热爱地中海，这无疑因为我随许多其他人之后，同他们一样从北方来到这里。我十分高兴能把长年累月——比我整个青年时代还要漫长的岁月——的研究奉献给它。作为报答，我也希望我的一点欢乐以及地中海的灿烂阳光能够照亮本书的各个篇章。如果能像小说家那样随意塑造人物，永不忘记这个人物，并且不断使人想起他的强大存在，这当然十分理想。不幸的是，或者说幸运的是，我们的行业不能有写小说那种令人赞叹的灵活性。因此，愿意以我希望的方式阅读本书的读者，最好带着他自己对这个内海的回忆和想象，并赋予我这部作品以色彩，帮助我再现这个巨大的存在。这一点正是我尽力去做的……我认为，人们现在见到的和喜爱的这个地中海，本身就是关于它的过去的最重要的文献资料。如果说我从巴黎大学地理课老师的教学中只记住了地中海这一课，我却执著地记住了。这种执著使我从事的整个事业有了意义。

人们一定会以为，一个比地中海更简单的例子肯定会使我能更好地阐明历史和地理空间之间的联系，特别因为用人的尺度来衡量，16 世纪的这个内海比今天还要大。这是一个复杂的、庞大的、颇不寻常的人物。他超出了我们的计量和分类的范围。对于他，只写“他生于……”这样简单的历史是无济于事的；对于他，单纯就事论事地加以叙述也是无济于事的……地中海甚至不只是一个海，而是“群海的联合体”，那里岛屿星罗棋布，半岛穿插其间，四周的海岸连绵不绝。地中海的生活同陆地结合在一起。地中海的诗歌多半表现乡村的田野风光。地中海的水手有时兼事农耕。地中海既是油橄榄和葡萄园的海，也是狭长桨船和圆形商船的海。地中海的历史同包围它的陆地世界不可分割，就像不能从正在塑像的匠人手中把黏土拿走一样。普罗旺斯的谚语说：

“赞美海洋吧！但要留在陆地上！”

因此，我们不下工夫就无法知道地中海到底是怎样一个历史人物。要做到这一点，就需要耐心，需要作很多尝试，当然也免不了会犯一些错误。海洋学家、地质学家乃至地理学家眼中的地中海，已经十分清楚明了。这是一些公认的、有名称的、标明方位的领域。但是，历史学怎样看待地中海呢？很多权威见解提醒我们：地中海既不是这样，也不是那样；既不是个自给自足的世界，也不是个为强国独占的禁区。认为这个先决问题并不存在，认为地中海是个不需要说明其特性的人物（因为他的特性早已被说明，已经很清楚，一眼即可辨认），认为根据地理轮廓的虚线分割世界通史就可以把地中海手到擒来，持这些见解的历史学家必定倒霉。因为，这些轮廓对我们的调查又有什么价值呢？

如果让地中海的历史的一端止于埃库莱斯山门口，另一端止于古城特洛伊周围的海上走廊，人们能够写出即使为期只有 50 年的历史吗？地中海历史的框架范围问题，作为首先提出的问题，引出所有其他的问题。划定地域界线，就是确定、分析、重建，从而选择和采纳某种历史哲学。

可以帮助我们的有关文章、回忆录、书籍、刊物、调查报告浩如烟海。其中一些是纯历史学著作;另一些同样重要,是由邻近学科的学者——民族学家、地理学家、植物学家、地质学家、工艺学家——撰写的。世界上再没有任何别的地区,比这个内海及其光芒普照的陆地,被如此清楚地阐明过和清查过。但是,我们不怕冒对前人忘恩负义的危险,敢于说:这一大堆出版物就像铺天盖地的尘埃一样,把研究者压得简直喘不过气来。使用过去的因种种原因已经过时的语言的论著太多了。这些论著感兴趣的不是浩瀚的大海,而是这幅镶嵌画上的某一块小小的方砖;不是地中海宏伟壮观、动荡不定的生活,而是王公富豪的丰功伟绩和大量的杂闻轶事,它们与我们关心的强有力的、缓慢发展的历史不可同日而语。这些论著中需要修订,需要推倒重写,需要加以提高使之复活的地方委实太多了。

对大量原始档案资料没有确切的了解,也无法写出一部地中海的历史来。这项任务看来不是单独一个历史学家所能胜任的。在 16 世纪,地中海国家无不拥有收藏丰富的文献资料馆。这些文献资料逃脱了火灾、围城以及地中海世界遭到的各种灾难。然而,要清查和发掘这些毋庸置疑的资源,这些最丰富的历史金矿,需要的不是一个人的一生,而是一个人的 20 次生命,或者 20 名研究人员同时为此贡献他们的一生。也许这样的一天将会来到:在历史的工地上,人们不再用这种小手工业作坊方式工作……到那时,或许可以不再根据仅仅包含部分第一手材料的书籍,而是根据原始的文献资料,来编写通史。不言而喻,尽管我作出了多么巨大的努力,我仍然没有整理完我从档案中所能找到的全部文献资料,我的书是建立在必然不完备的调查基础上的。我预先知道,本书的结论将被检验，被推敲，并被其他结论所代替。这正是我希望的事。历史学就这样前进，而且应当这样前进。

此外，由于16世纪下半叶的地中海处于不利的历史地位，文艺复兴和宗教改革已如回光返照，随之出现的将是17世纪这个严峻的退缩的时代。因此，正如吕西安·费弗尔所写的那样，这是一个“徒具虚名的好题目”。这个题目难道就不值得去研究了吗？了解地中海在近代初期的演变并不是没有用处的，虽然在那时候，世界不再以地中海为中心，不再为地中海的利益和按照它的节奏生活了。人们一直谈论的地中海的迅速衰落，在我看来并未得到证明，或者不如说，事实似乎证实一切恰恰相反。但是，撇开这场衰落不谈，我认为地中海提出的所有问题在人类历史上具有非同寻常的丰富含义，因而使历史学家和非历史学家都感兴趣。我甚至认为，这些问题直到今天还给人启示，不乏严格意义上的“用处”，而这种用处正是尼采对历史学本身的要求。

我不想就这个题目的吸引力和诱惑力大发议论。这一题目的虚假性——请理解为它的困难——以及它所包含的危险性，我都已经一一列举。我再补充一句：任何历史著作都没有帮我指引正确的方向。一部以辽阔水域为中心的历史论著诚然令人神往，但更加可以肯定的是，它像任何新事物一样，会冒种种风险。

既然天平两边的托盘都装得很沉重，我倾向于冒险的这一边，并且贸然认为值得大胆一试。我这样做对吗？

为我辩解的理由正是这本书自身的历史。当我1923年着手撰写时，这是一部探讨菲利普二世地中海政策的论著，其形式是传统的，毫无疑问比较谨慎。我当时的几位导师非常赞同。在他们看来，这部论著应列入外交史的范围；外交史对地理学的成就相当冷漠，并且往往同外交本身一样，对经济和社会问题很少关心。外交史对文明、宗教以及文学艺术等货真价实的重要历史见证人，都采取相当鄙视的态度，而且囿于成见，绝不允许自己观察外交档案之外的真实的、丰富的和充满生机的生活。阐明谨慎国王[①]的政策，这首先意味着认准这位君主和他的谋士在根据变化不定的形势制定这项政策时所负的责任；确定谁起主要作用，谁起次要作用；再现西班牙的世界政策的总图，而地中海只不过是这幅总图的一个局部，而且还不是始终占有特殊地位的局部。

到了 16 世纪 80 年代，西班牙的势力事实上一下就转移到了大西洋。不管菲利普二世的庞大帝国是否意识到危险，它必须在那里迎接挑战，必须捍卫其蒙受威胁的存在。猛烈的钟摆运动把这个帝国推向与海洋相联系的命运。重视这种内在运动，研究西班牙政策的实质，而不是为菲利普二世或奥地利的胡安评说千秋功罪，此外还认为，菲利普二世或奥地利的胡安虽说野心勃勃，却往往既是施动者又是受动者，这样做已经脱离了外交史的传统框架。最后，透过西班牙时断时续的远征活动（如果把令人惊心动魄的勒班陀战役排除在外，西班牙的活动几乎暗淡无光），思考一下地中海是否还有自己的历史、自己的命运和自己的强大的生命，思考一下地中海的生命除了展现引人入胜的画面以外，还起着什么值得人们重视的作用；就这样，在终于吸引我的这个巨大题目面前，我受到

① 指菲利普二世。——译者

了诱惑。

我怎么能够不瞥见地中海呢？我怎么能够逐一研究大批醒目的档案资料，而对地中海千姿百态和生动活跃的生活视而不见呢？在这么多关于基本经济活动的记录面前，我怎么能够不改弦更张，转向经济史和社会史的研究呢？在法国，只有少数历史工作者努力把这种史学研究提高到庄重的地位，而在德国、英国、美国，甚至在近在咫尺的比利时，或者在波兰，人们已经不再拒绝给予它这种地位了。要从地中海的复杂整体中了解它的历史，也就是要遵照这些工作者的建议，接受他们的经验的指点，助他们一臂之力，从而为推广一种崭新的、经过重新思考和设计制作的、值得超越我们国境的史学形式而奋斗。当然，这将是一种意识到自己的使命、自己的可能性，也渴望打破旧形式的——因为必须同旧形式决裂——跨学科的历史学。这样做虽然并不完全公平合理，但那又有什么关系！抓住地中海这样一个历史大人物，利用它的庞大题材，它的种种要求，它的反抗、圈套以及冲动，以期创建一种崭新的史学，不同于老师所传授的那种历史，这是个好机会。

任何著作者都以破旧立新为己任，都希望有所建树，并力图做到这一点。即便地中海仅仅迫使我们摆脱了原来的习惯，它也已经给我们帮了忙。

本书共分三部分。每部分自成整体，单独阐明一个问题。

第一部分论述一种几乎静止的历史——人同他周围环境的关系史。这是一种缓慢流逝、缓慢演变、经常出现反复和不断重新开始的周期性历史。我不愿意忽视这种几乎置身于时间之外的、与无生命物打交道的历史，也不愿意仅仅满足于为这种历史撰写地理性质的导言；这种导言照例毫无用处地放在书的开头，浮光掠影地描绘矿藏、耕地和花卉，随后就永远不再提及，似乎花卉不是每个春天都重新开放，似乎羊群在迁移途中停止下来不再前进，似乎船只并不在一个随着季节变化而变化的真正的海面上航行。

在这种静止的历史之上，显现出一种有别于它的、节奏缓慢的历史。人们或许会乐意称之为社会史，亦即群体和集团史，如果这个词语没有脱离其完整的含义。这些深海暗流怎样掀动了地中海的生活，是我在本书的第二部分需要加以思考的。首先是依次对经济、国家、社会、文明等进行研究，最后是试图显示所有这些根深蒂固的力量在战争这个复杂的范畴内怎样起作用，以便更好地阐明我的历史观。因为我知道战争不是一个纯属个人责任的范畴。

最后是第三部分，即传统历史的部分，换言之，它不是人类规模的历史，而是个人规模的历史，是保尔·拉孔布和弗朗索瓦·西米昂撰写的事件史。这是表面的骚动，是潮汐在其强有力的运动中激起的波涛，是一种短促迅速和动荡的历史。这种历史本质上是极端敏感的，最轻微的脚步也会使它所有的测量仪器警觉起来。这是所有历史中最动人心弦、最富有人情味、也最危险的历史。对这种现在仍燃烧着激情，对这种当时的人在他们和我们同样短暂的生命中亲自感受过、描述过和经历过的历史，我们应持怀疑的态度！这种历史反映着那个时代的人的愤怒、愿望和幻想。在16世纪，随着真正的文艺复兴而来的，是穷人和卑贱者的文艺复兴。他们渴望写作，渴望叙述自己，渴望谈论别人。这种珍贵的文字材料却往往歪曲事实真相，侵占业已流逝的时间，并在其中据有不真实的重要位置。假如历史学家设身处地去阅读菲利普二世的文件，便会觉得仿佛生活在一个奇怪的、缺少某个量纲的世界，这当然是个充满激情的世界，是个像任何其他活的世界和我们的世界那样盲目的世界，但这个世界对历史的深层只是蜻蜓点水，就像最轻捷的小船在激流的表面飞驶而过。这也是个危险的世界。为了躲开它的魔法和巫术，我们必须事先弄清这些隐蔽的、往往无声无息的巨大水流，而长时期的观察才能揭示它们的流向。引起轰动的事件往往只是这些宽阔的命运的瞬间和表象，而且只能用这些命运予以解释。

因此，我们终于能够把历史分解为几层平面。或者也可以说，我们终于能够在历史的时间中区别出地理时间、社会时间和个人时间。或者不如说，我们终于能够把人分解为一系列人物。这也许是人们最不能原谅我的地方，即使我断言传统的划分也是把生动的和完全合为一体的历史分解成好几段；即使我同兰克或卡尔·布兰迪相反，断言叙述性历史远不是一种客观的方法或者特别好的客观的方法，只是一种历史哲学；即使我断言，并接着指出，这些平面只是阐述的方法，我在本书的叙述进程中不会禁止自己从这一平面走到另一平面……但是，为自己辩护有什么用呢？如果有人指责我的这本书结构混乱，我希望他们能够承认，本书的各个部件还是符合制作规范的。

我也希望人们不要责备我抱负过大，不要责备我有高瞻远瞩的愿望和需要。历史学也许并不注定只能研究围墙内的菜园子。否则，它肯定完不成它现时的任务之一，即回答当前使人焦虑的问题以及保持它与各种十分年轻而又咄咄逼人的人文科学的联系。如果没有雄心勃勃的、意识到自己的义务和巨大的权力的历史学，难道在1946年会有现代的人文主义吗？埃德蒙·法拉尔在1942年写道："对伟大历史的恐惧扼杀了伟大的历史学。"但愿这种伟大的历史学复活！

1946年5月

又：我的债单很长。说得明白些，开这张单子需要写一本书。我就讲主要的吧。我一直怀着感激的心情思念巴黎大学，思念25年前我在巴黎大学时的老师：阿尔贝·德芒戎、埃米尔·布尔儒瓦、乔治·帕热斯、莫里斯·奥洛、亨利·奥塞尔。我最初转向研究经济史和社会史，应归功于亨利·奥塞尔的指点，他对我的浓厚的友情一直鼓励着我。在阿尔及尔，我得到了乔治·伊韦尔、加布里埃尔·埃斯凯尔、埃米尔-费利克斯·戈蒂埃、勒内·勒斯佩斯的友好帮助。我很高兴1931年在阿尔及尔听到亨利·皮雷纳的出色的讲课。

我特别感谢西班牙的档案保管人员：马里亚诺·阿尔科塞尔、安赫安·德拉·普拉萨、米格尔·博尔多瑙、里卡尔多·马格达莱纳、贡萨洛·奥尔蒂斯……我在研究过程中得到了他们的帮助，他们还是我学习西班牙语的启蒙老师。我愉快地回忆起他们全体以及我们在西班牙的"历史学"首府锡曼卡斯进行的讨论。在马德里，弗兰西斯科·洛德里格斯·马林以王子般高贵的风度接待了我……我同样感谢意大利、德国和法国的档案保管人员。在我的研究过程中，我向他们提出很多问题。我要特别感谢著名的天文学家、杜布罗夫尼克档案馆无与伦比的保管员特吕埃尔卡先生。他是陪同我漫游各档案馆和图书馆的好友。

曾经给过我帮助的我在阿尔及尔、圣保罗和巴黎的同事和学生的名单很长。他们分散在世界各地。我特别要感谢厄尔·J.汉密尔顿、马塞尔·巴塔荣、罗贝尔·里卡尔、安德烈·埃马尔。他们以不同的方式对我提供帮助。在我被俘时期的难友中，有两人参加了我的工作。他们是巴黎上诉法院的律师阿代-维达尔和城市设计家、业余历史学家莫里斯·鲁日。最后我没有忘记《历史杂志》小组的莫里斯·克鲁泽和夏尔-安德烈·朱利安曾经慷慨地给予我的帮助。夏尔·贝蒙和卢伊·埃桑芒恩当时曾在《历史杂志》上保护过我们这些锋芒毕露的年轻人。在对本书作最后的修改时，我考虑了马塞尔·巴塔荣、埃米尔·科纳厄尔、罗歇·迪翁和欧内斯特·拉布鲁斯所提出的意见和建议。

我从《年鉴》杂志所得的教益，是我欠下的最大的一笔债。大家知道我正尽力偿还这一债务。我只在第二次世界大战前同马克·布洛赫有过初次接触。但是，我认为我可以说，他的思想的每个细节对我来说都不是陌生的。

最后，我还可以补充这样一句话：如果没有吕西安·费弗尔的亲切的和有效的关怀，我的这项工作无疑不会完成得这么早。他的鼓励和指点，使我摆脱了我长期对我从事的研究工作的可靠性所怀有的忧虑。如果没有他，我肯定会重新进行调查和收集材料。投入规模过于庞大的事业的不利之处是，有时会使人乐而忘返。

第二版序言

我对再版《地中海》这件事犹豫了很久。我的一些朋友劝我不作任何改动，一个字、一个标点符号都不改动。他们甚至说，对一部已成为经典著作的作品来说，不改动是有利的。我能合情合理地相信他们吗？在我们的越积越多的知识重压之下，在人文科学——我们的毗邻科学——的推动下，今天的历史书陈旧的速度要比昨天快得多。转瞬之间，书中所用的词汇已经上了年纪；书中的新鲜内容已变成老生常谈；由此作出的解释也要重新斟酌。

而且，《地中海》不是始于它出版的1949年，甚至也不是始于它作为论文在巴黎大学进行答辩的1947年。1939年，即在马克·布洛赫和吕西安·费弗尔的《年鉴》杂志光辉灿烂的初期刚结束时，本书即使不是已经完全写完，也已经大体上确定下来。它就是这个时期的直接成果。因此，读者不要把第一版序言的某些论点搞错了。它们所针对的是那些在今天的研究领域里，不然就在教学领域里，已被忘却了的旧立场。我们昨天的论战在今天已成为无的放矢。

因此，我早就确信这一点：再版需要作认真的甚至彻底的修订。我还确信，作为再版的理由，仅仅把1949年由于当时物质方面的困难我未能发表的地图、草图、图表和插图送交付印是不够的。我不仅要考虑到新的知识，而且还要考虑到新的研究方法（这往往走得更远），所以有的地方要进行大量的修订、增补和改写。好几章不得不完全重写。

正如亨利·皮雷纳所反复说的那样，任何综合都会激发人们重新进行专门的研究。继本书之后进行的这些研究并不缺乏。这些研究推动着我前进，但今天也束缚着我。我需要用很多篇幅来指出，从1949年起在与本书直接有关的一些领域里所完成的巨大工作，特别是下列作者已发表或未发表的著作和论文：奥梅尔·吕特菲·巴尔康和他的学生、胡里奥·卡罗·巴罗哈、让·弗朗索瓦·贝尔吉埃、雅克·贝尔克、拉蒙·卡兰德、阿尔瓦罗·卡斯蒂略·平塔多、费德里科·查博德、于盖特和皮埃尔·肖尼、卡尔洛·M.奇波拉、加埃塔诺·科西、让·德吕莫、阿尔方斯·迪普龙、埃莱纳·法萨诺、勒内·加斯孔、霍塞·根蒂尔·达·西尔瓦、雅克·厄尔斯、埃马纽埃尔·勒鲁瓦·拉杜里、维托里诺·马加拉埃斯·戈丁奥、埃尔曼·克朗邦斯、亨利·拉佩勒、罗贝尔·芒特朗、费莉佩·鲁伊斯·马丁、费雷德里克·莫罗、鲁希埃罗·罗马诺、雷蒙·德·罗韦尔、弗兰克·斯普纳、伊奥尔若·塔迪埃、阿尔贝尔托·特嫩蒂、乌戈·图西、巴伦廷·瓦斯克斯·德·普拉达、皮埃尔·维拉尔，此外还有已故若塞·维桑斯·维弗斯和他杰出的学生组成的小组的研究成果。我经常和他们密切合作，参加这些研究工作。

最后，我在威尼斯、帕尔马、摩德纳、佛罗伦萨、热那亚、那不勒斯、巴黎、维也纳、锡曼卡斯、伦敦、克拉科夫和华沙等地的档案馆和图书馆进行的阅读和研究，使我大大充实了第一版的资料。

这些成捆的庄稼都要收进谷仓。于是又产生了一些棘手的方法问题。这些问题立即在全书范围内出现。这是一部最大限度地从纵深两方面展示地中海地区复杂多样的生活的著作。增加材料势必要挪开、取消一些老问题,然后要遇到一些难于解决而且没有把握解决的新问题。此外,开始撰写本书和这次再版本书之间相隔15年。这段时间内,作者本人也有了变化。如果不对论证作某些调整,如果不对贯穿全部论证的总问题,即作为论证原始依据的空间与时间(地理与历史)的辩证关系,作某些调整,修改本书是不可能的。这次,我明确并突出了在第一版中粗略提出的某些观点。经济学、政治科学、某种文明观和一种更加认真细致的人口统计学都激励、推动着我。我增加了很多新的观点。如果我没有夸大的话,这些观点使我对这部著作的核心部分作了新的阐述。

然而,根本问题依然如故。这是所有历史研究工作者都会遇到的问题:人们能否采用这种或者那种方式,同时抓住一种迅速变化着的、又因其变化本身及其场面而引人注目的历史,和一种隐蔽的(或者更确切地说,悄悄的,当然是不惹人注目的)、几乎不被见证人和主演者觉察的、终究抵抗住时间顽强的磨蚀并且始终保持原状的历史?这个始终有待阐明的决定性矛盾,是认识和研究的一个重要手段。它适用于生活的一切领域,并根据不同的比较条件,必定以不同的形式而出现。

人们已经越来越习惯于采用结构和局势等术语。后者表示历史的短时段;前者表示历史的长时段。显然,有各种不同的结构,也有各种不同的局势。这些局势和结构的延续时间也各不相同。历史学接受并发现多种阐述。这些阐述在纵的方向从一个时间"台阶"到另一个时间"台阶",在每一级"台阶"上也有横向联系和相互关系。这一点在第一版的序言中已经用比较简明扼要的词语作了说明。在那篇序言中,我讲了我最初的意向并宣告本书各章的连续性。

1963 年 6 月 19 日

第二版的地图和略图是根据我的要求,在雅克·贝尔坦的领导下,由高等研究院第六系的地图绘制室绘制的。我要特别感谢玛尔泰·布利阿塔小组、玛丽阿娜·马恩夫人、A. 特南蒂和 M. 克尔在核对书目和订正校样方面给予我的帮助。

第三版序言

在第三版的开头，我只有几行字要写。首先我要说明：这一版没有如我希望的那样进行新的修订。不能为此责备出版者，问题在于出版事业今天正面临重重困难。今天能再版这样一本厚书的确殊非易事。

因此，我放弃了由于考虑到10年来很多论著已经改变了地中海巨大画幅的某些细节乃至整块整块的画面而对我的著作进行修改的打算。土耳其丰富的档案正逐渐向我们开放，尽管开放得缓慢，在我看来甚至太缓慢。

变化最大的是史学研究的总问题。我对社会、国家、经济的看法已与过去不尽相同。读者在参阅我撰写的三卷本《十五至十八世纪的物质文明、经济和资本主义》时，可以了解到这一点。在那本即将出版的书中，我更好地表述了我的观点并解释了地中海的相对繁荣的继续存在。这是一种在我看来令人吃惊的继续存在。本书很久以前取得的这项研究成果至少在目前仍然没有引起任何争议。我真诚地、无保留地为此而感到高兴，也就是说，西班牙、意大利和这个内海其他国家的昌盛的或者至少是相当光辉的岁月，在被传统史学剥夺了以后，又经我之手归还给了这些国家。

1976年3月16日

第四版序言

这一版只作个别细节的改动和补充。详见第一卷第578页及以下各页和第二卷131页。

1979年6月8日

第一部分

环境的作用

从标题可以看出，第一部分旨在介绍地理氛围，侧重人文资料。这也是历史研究的一个方面，而且与其说研究地理，不如说研究历史。

假如正式注明日期的材料更加丰富，我们也不能满足于把人文地理方面的调查严格地限制在 1550 年到 1600 年这个时期内，哪怕调查的目的只是自欺欺人地寻求某种决定论。既然证据还不完全，既然历史学家还没有把证据系统地收集起来，既然我们自己收集的材料虽然广泛但不够充分，这就无论如何需要添枝加叶。为了阐明地中海 1550 年至 1600 年这短短一瞬间的生活，我们不能不涉及前后其他时代的甚至现代的形象、景物和现实。就是说，要全力以赴地通过空间和时间展示一种演变缓慢而又能揭示永恒价值的历史。在这种情况下，地理不再是目的本身，而成了一种手段。地理能够帮助人们重新找到最缓慢的结构性的真实事物，并且帮助人们根据最长时段的流逝路线展望未来。[1] 我们可以像对历史一样，对地理提出一切要求。这样的地理学就特别有利于烘托一种几乎静止的历史，当然有一个条件，即历史要遵循它的教导，并接受它的分类和范畴。

地中海至少具有双重性质。首先，地中海是由一系列密集多山的和从大平原上切割下来的半岛所组成。这些半岛是：意大利、巴尔干半岛、小亚细亚、北非和伊比利亚半岛。其次，地中海在这些小型大陆之间巧妙地插进它那复杂而分散的广阔海域，因为地中海不是一个单一的整体，而是一个“群海联合体”。半岛和海，这就是我们在确定人们生活的一般条件时首先要看到的两个场景。然而仅仅看到这两个场景是不够的。

一方面，在南部，地中海同连绵不断、广袤无边的沙漠——从大西洋的撒哈拉直至北京城门外的戈壁——很难分开。从突尼斯南部到叙利亚南部，这片沙漠甚至直抵海边。这片沙漠并不单纯是邻居，它还是主人，而且有时招惹是非，横生枝节。可见，沙漠是地中海的面貌之一。

另一方面，在北部，欧洲紧靠地中海地区，受到地中海的众多冲击。它的反冲击也很多，并且经常起着决定性的作用。位于油橄榄树林彼侧的北欧，是地中海历史上经常触及的现实事物之一。正是这个与大西洋相连的欧洲的地位上升，决定了地中海在16世纪结束时的整个命运。

第一章到第三章因此就叙述地中海的多样性，并把其地域范围伸展到很远的地方。在这种情况下，能说地中海有自然的同一性(第四章，气候)——或者人文的，也必然是历史的同一性(第五章，道路和城市)吗？以上是长篇引论的几个阶段。这个引论试图描绘地中海的各种面貌及其整体面貌，以便更好地掌握和弄清——如果可能的话——它那色彩缤纷的命运。

一　半岛：山脉、高原、平原

地中海的五个半岛彼此相似。从地形上看，五个半岛都有众多的山脉、若干平原、少量的丘陵和广阔的高原。虽然我们并不认为这是对半岛进行剖析的唯一方法，但还是按照这些简单的征象进行划分。这些半岛好像许多七巧板。每一块七巧板都可以归入某个特定的族类，属于某种明显的类型。我们暂且不谈这些自成独立世界的半岛，先看各个组成部分之间的相似之处。换句话说，把这些七巧板的部件拆开，把能够比较的东西放在一起来进行比较。这种先拆散然后再重新分类的做法，即使从历史角度看，也是不无裨益的。

1. 首先是山

顾名思义，地中海是个局促在陆地之间的海。然而，我们还应当对这些包围和挤压地中海的陆地加以区分。地中海难道不首先处于群山围绕之中吗？从历史上看，强调这一特点尤其重要，因为人们往往忽视这个事实及其产生的众多后果。

自然特征和人文特征

地质学家对上述事实十分了解，而且还作了说明。他们指出，整个地中海位于一条穿越旧大陆，即从直布罗陀到南洋群岛的第三纪褶皱和断裂地带上；地中海甚至就是这个地带的一部分。与比利牛斯山脉或与阿尔卑斯山脉同龄的一些近期褶皱促使比现在的地中海大得多的第二纪地中海的冲积层露出海面。这些沉积层主要是大块石灰质水成岩，有些地方厚度在 1000 米以上。在剧烈的褶皱作用下，冲积层往往就贴附在古老而坚硬的岩垒上，有时使它们升高（例如卡比利亚山），有时则合并成巨大的山脉。麦尔堪杜尔山以及阿尔卑斯山或比利牛斯山的许多横断高地就属于后一种情况。更经常的是伴随着火山活动，由于岩垒塌陷，当地再次被海水淹没。

尽管中间被海面隔断，海沟两侧的山峦仍遥遥相望，并组成严密的体系。西西里岛和突尼斯之间曾经有过“桥梁”相连。另一座“桥”——贝迪克“桥”——曾经存在于西班牙和摩洛哥之间。爱琴“桥”曾经从希腊延伸到小亚细亚（从地质学的角度看，爱琴“桥”消失的时间较近，可能与《圣经》中的洪水时代同时）。大陆的情况，例如第勒尼安大陆的情况，就更不必说了。如今，这块陆地只剩下一些充当见证的岛屿和一些紧紧攀附海岸的零碎地片。显然，这首先要假定以上地质推测是符合实际的，因为这毕竟都是些假设。[2] 但是，不管怎样，可以肯定的是：地中海地区是一个以山岳为“骨架”的建筑整体。这个“骨架”体积大得出奇，无处不在，而且还到处穿破地表。

除去像直布罗陀海峡、诺鲁兹隘口、罗讷河走廊以及从爱琴海通往黑海的海峡等面积不大的断裂带外，地中海的周围到处山峦重叠。只有一个巨大的地层缺口，从突尼斯南部延伸到叙利亚，这条长达几千公里的撒哈拉陆台起伏不平，紧靠大海。

还应当补充说，阿尔卑斯山脉、比利牛斯山脉、亚平宁山脉、狄那里克阿尔卑斯山脉、高加索山脉、安纳托利亚高原的山、黎巴嫩山、阿特拉斯山和西班牙的科迪勒拉山脉，都是巍峨宏伟、绵延不断的山群。这些强壮魁梧、咄咄逼人的巨人，有的高耸入云，有的山峦重叠，有的山谷深邃、峭壁林立。它们面对大海，令人望而生畏。[3]

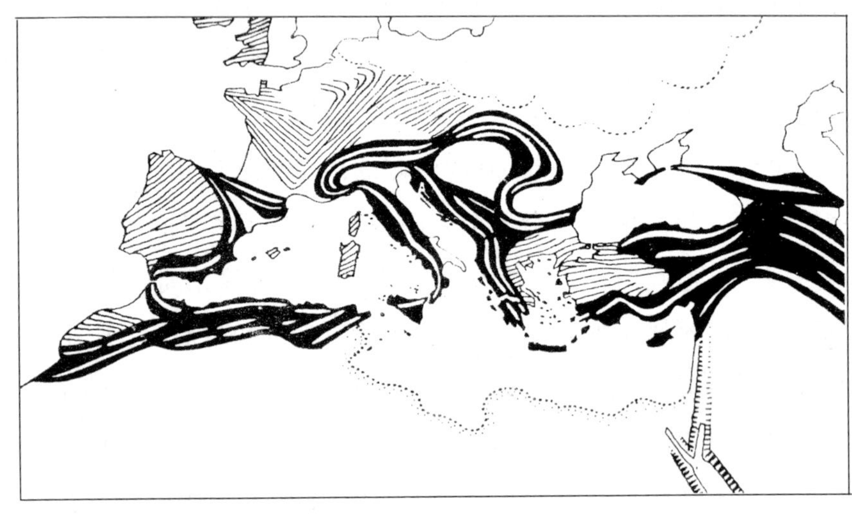

图 2　地中海地区的褶皱

图上的晕滃线代表海西高原，黑色为阿尔卑斯褶皱，中间的白线显示山脉的走向。南部白色地区为地中海沿岸从突尼斯到叙利亚的撒哈拉台地。东部是死海和红海的地壳构造的断口。北部的白色地区为阿尔卑斯山脉内侧或外侧的平原。虚线表示古代冰川的最大伸展线。

地中海不仅有葡萄树和油橄榄树的景色和一马平川的城市化乡村；而且，近在咫尺，紧靠地中海，还有群山密布的高地。在这个壁垒林立的高寒世界，房屋和村庄寥若晨星，“群峰陡峭，面北而立”。[4] 没有丝毫迹象能使人想起，近处竟是橙花飘香的地中海。

山地的冬天是严峻的。非洲人莱昂①冬天翻越摩洛哥的阿特拉斯山，正值大雪纷飞。他运气不佳，行李和衣物都被抢走[5]……但是，凡在地中海地区旅行过的人，有谁没有经历这样的情景：冬季的雪崩，堵塞的道路，在离阳光明媚的海岸几里远的地方竟是西伯利亚式的和极地式的景色，压在大雪下的门的内哥罗式房屋，或者在卡比利亚的蒂鲁达山口，在这个强旋风汇集之处，一夜之间积雪达四米之厚？从什里阿出发，滑雪者在一小时内就可以抵达玫瑰盛开的阿尔及尔，而这时在离阿尔及尔120公里远的朱尔朱拉山区，在廷季达雪松林附近，土著居民赤裸的双腿正陷在没膝深的积雪中。

谁又没有见过被一位旅行家称之为“寒气入目”的仲夏晚雪呢？[6] 大雪在穆拉森山顶划上一道道白色的条纹，而这时山脚下的格拉纳达正忍受着酷暑的灼烤。在俯瞰斯巴达热带平原的泰耶特山上，大雪永不消融。黎巴嫩山的山坳或者什里阿的“冰川”也常年积雪[7]……在地中海地区，萨拉丁向“狮心王”理查馈赠雪水；被监禁在马德里王宫里的唐·卡尔罗斯王子在1568年炎热的7月[8]，因暴饮雪水而丧命。这两个长篇故事都可以用当地的积雪来解释。在16世纪的土耳其，享用雪水不是富人的特权。在君士坦丁堡，而且也在其他地方（如叙利亚的的黎波里）[9]，旅行者指出，花点零钱就可以从商贩那里买到雪水、冰块和冰果汁[10]。勒芒斯的伯龙写道，布尔萨的雪被整船整船地运往伊斯坦布尔[11]。布斯拜克也写

① 原文为Leon l'Africain，即Leo Africanus（利奥·阿弗里卡纳斯）。他生于1490年左右，卒于1540年左右，是一位阿拉伯旅行家，著有一部关于北非的书。——译者

道，在伊斯坦布尔，一年四季都可以得到雪。但他不无惊奇地看到，驻守安纳托利亚高原和阿马西亚的土耳其近卫军士兵每天都饮用雪水[12]。雪水生意如此兴隆，以至于帕夏们也参与开发“冰矿”。1578 年，有人说穆罕默德帕夏每年从雪水生意中赢利 8 万西昆[13]。

在其他地方，在埃及，人们用驿马把雪从叙利亚运到开罗；在里斯本，雪从遥远的地方运来[14]；在奥兰的西班牙军队驻防地，雪用后勤部门的双桅横帆船从本国运来[15]；在马耳他，据说如果从那不勒斯运不来雪，骑士团的骑士便只能坐以待毙，因为他们的病必须用“这种灵丹妙药”才能治愈[16]。其实，这不过是他们的奢侈饮料。可是，在意大利和西班牙，雪水到处可见。因此，意大利很早就出现了制作冰淇淋和冰果汁的手艺[17]。由于获利丰厚，罗马的冷饮业成了垄断的对象[18]。在西班牙，人们把雪放在井里，储存到夏季使用[19]。1494 年，一些前往圣地朝圣的西方人在叙利亚海岸惊奇地看到他们的船老板接受别人送来的礼品竟是“一袋雪”，船员们对能在 7 月份在这个地方见到雪也惊讶万分[20]。同样在叙利亚海岸，一个威尼斯人 1553 年惊叹道：“像我们撒糖一样，摩尔人在他们的饭菜上撒雪。”[21]

在炎热的地中海地区的中心地带，这些积雪的山区具有强烈的独特性。由于山区拥有流动的人口和广大的幅员，平原和沿海——创造了辉煌成就而又狭窄的地区——不得不注意、重视它们，因为这些“天赐吉地”需要人，并且随着贸易的发达，还需要交通路线，关于这一点，我们以后还会谈到。山区虽然受到平原的重视，但又使平原感到恐惧。旅行家总想绕过障碍，选择地势平坦的地方行走，从一个平原到另一个平原，从一个河谷到另一个河谷。但他们迟早总得穿越一些名声可怕的峡谷和隘路，当然通过的时间要尽可能短促。过去的旅行家几乎从不离开平原和田园，不离开使人眼花缭乱的河岸以及丰富多彩的海上生活……

历史学家的确有点像这些旅行家。他们也对平原流连忘返。平原是当时权要人物活动的舞台。历史学家似乎也不愿意进入附近的高山。这些从来不曾离开过城市和档案堆的历史学家，一旦发现高山，不少人会感到吃惊。然而，面对这些庞然大物，这些尚处于半野蛮状态的群山，怎么可能视而不见？在这些山里，人就像生命力旺盛的植物一样繁衍。由于不断有人离开山地，山区始终处于半荒芜的状态。对于这些往往直抵大海，形成陡峭海岸的高山，怎么可能无视它们的存在呢？[22]在地中海文学中，山民是人们熟悉的一种特殊类型的人。根据荷马的描述，克里特人对山里的野人十分提防。特雷马克回到伊大卡后，也曾谈起过森林密布的伯罗奔尼撒。他说他曾经和"吃橡子"的肮脏的村民生活在一起。[23]

给山下定义

山究竟是什么？给山下个简单的定义——譬如说，地中海地区凡海拔在500米以上的陆地就是山——似乎毫无用处。这里应该加以考虑的，是人文的和不确定的，因而很难在地图上表现的界限。很久以前，拉乌尔·布朗夏尔就曾经提醒我们："给山下一个清晰易懂的定义，仅此就几乎是不可能的。"[24]

我们能否说，山区是地中海的贫民区，是无产者的储备区？大体上可以这样说。但是，在16世纪，还有不少海拔500米以下的地区，例如阿拉贡草原和蓬蒂内沼泽地，也相当贫困。此外，有很多山区，即使不算富庶，至少自然条件相当优越，人口比较稠密。在加泰罗尼亚，比利牛斯山脉的一些深山峡谷甚至还“逐村吸收当地的部分移民”。[25]很多山区由于雨水充沛而十分富裕。按照阿瑟·扬的说法，就地中海的气候而言，土地是无关紧要的，“起决定作用的是阳光和水”。阿尔卑斯山脉、比利牛斯山脉、里弗山和卡比利亚山，由于大西洋海风的吹拂，郁郁葱葱，绿草丛生，森林茂密[26]。另外一些山区，因为有地下宝藏而变得富裕。此外，还有一些山区，由于非山区的移民多次拥入而反常地增添了居民。

所有的文献资料都说，而且《圣经》也早已说过，山区是躲避兵灾或者海匪的地方[27]。避难者有时就在山区定居下来。[28]普兹塔-瓦拉几亚人的情形就是一个例证。他们被斯拉夫和希腊的农民从平原上赶走。从那以后，在整个中世纪，他们在从加利西亚到塞尔维亚和爱琴海之间的巴尔干开阔地带过着游牧生活。他们不断被别人驱赶，同时也驱赶别人。[29] 12 世纪的一位旅行家写道：他们像鹿那样“轻捷，下山行劫”。[30]他们赶着羊群和黑篷车，穿过整个半岛，“直达马塔潘角和克里特岛。黑姆斯和品都斯这两座最高的山，成了他们最好的栖身场所。到了 11 世纪初，他们正是从这两座高山突然下来，进入拜占庭的历史舞台”。[31]他们到 19 世纪还在山的四周，有些人从事畜牧业和农业劳动，更多的人则成了骡马商队的驭手。这种骡马商队当时是阿尔巴尼亚和希腊北部的主要运输工具。[32]

因此，很多山区并不符合山区贫穷而荒芜的这条规律，虽然我们在16世纪的旅行家和其他目击者的著作中找到对这条规律的很多证明。威尼斯特使1572年去墨西拿会见奥地利的胡安时穿过上卡拉布里亚地区。[33]当时那里一片荒芜景象。卡斯蒂利亚的摩勒纳山[34]以及巴伦西亚王国的埃斯巴丹山和贝尔尼亚山[35]，也是空旷地带。1564年有人对这些地方进行调查，因为当时人们害怕摩里斯科人①会发生骚乱，害怕战争会进入偏僻的高山地区。1526年暴动者曾经在那里对德意志雇佣军进行过抵抗。在西西里岛腹地，荒凉的、光秃秃的山区更是终年不见人烟。很多山地由于没有足够的雨水，甚至连放牧都很困难。[36]

但是，以上这些都是极端的事例。地理学家约·茨维伊奇认为[37]，巴尔干中部山区是个居住分散的地区，村庄的规模很小（是否根据他的看法举一反三，有待我们决定）；相反，平原地区则都属于大村庄一类。这种区分适用于瓦拉几亚，甚至还适用于匈牙利和普兹塔平原上的大村庄，适用于上保加利亚（过去以半耕半牧为业的小村庄被称为“考利贝”），还适用于古塞尔维亚、加利西亚和波多利亚。不过，这种区分也只能说是大体上正确。在许多情况下，很难在地图上准确地标明哪里是大村庄（往往是真正的城市）所在的平原区，哪里是小村庄（只住着几户人家，有时甚至只有一户人家）所在的山区。就是约·茨维伊奇本人在对塞尔维亚和保加利亚的毗邻地区，即库马尼勒和库马诺沃之间的地区[38]，进行了深入的研究以后，也认为要精确地进行划分几乎是不可能的。

再说，巴尔干大陆的这种真实情况，难道能原封不动地搬到整个地中海地区，搬到附近的希腊[39]以及渗透了海洋生活的西欧地

① 即摩尔人。——译者

区吗？西欧人由于对海盗的恐惧，远离备受蹂躏和瘴疫丛生的平原，而在高原生活。我们这里说的是科西嘉岛、撒丁岛、西西里岛、普罗旺斯、卡比利亚和里弗等地居高临下的大村庄。可是，不管是小村庄还是大村庄，山区居民一般都散居在非常广大的地区内，那里交通困难，同新大陆最初的居民点稍微有些相似。新大陆的居民也淹没在广袤无边、大部分不能耕种[40]或自然条件十分恶劣的地区内，并且由于这个原因，人们相互之间没有接触和往来。而没有这种接触往来，就根本谈不上文明的革新[41]。因此，山里人基本上只能靠山吃山，不论好坏，什么都要生产，即使土地或气候不甚适宜，他们也得种植葡萄、小麦和油橄榄。社会、文明、经济以及那里一切的一切，都具有古老和匮乏的特征。[42]

我们大体上可以说，山区人口稀少。我们更可以说，那里文明程度低下。而文明程度低下，又是人口稀少的结果。亨利·德克尔在一部杰出的著作[43]中对阿尔卑斯山区的艺术文明进行了研究。他的观点确实不错，但阿尔卑斯山毕竟是阿尔卑斯山，换句话说，阿尔卑斯山拥有丰富的资源，划一的集体纪律、优良的居民素质以及大量良好的道路，因而纯属例外。人们谈到地中海的山区时，不应该把阿尔卑斯山当作典型，典型的不如说是比利牛斯山，在那里的历史上，暴力横行，民风剽悍。当然，比利牛斯山也有其得天独厚之处。严格说来，可以认为存在一种比利牛斯文明，如果给予文明这个词以它古老的、真正的含义的话。此外，还有一个我们在下面将经常谈到的加泰罗尼亚比利牛斯山区。在11世纪和12世纪蓬勃发展的罗马风格建筑艺术[44]就诞生于此。令人惊讶的是，直到16世纪，这种建筑艺术仍然具有生命力。[45]但是，欧雷斯山、里弗山和卡比利亚山的情况又怎样呢？

山、文明和宗教

山通常是远离文明的世界，而文明又是城市和低地的产物。山没有自己的文明史，它几乎始终处在缓慢传播中的巨大文明潮流之外。在横的方向，这些潮流能扩展到很远的地方，但在纵的方向，面对一道数百米高的障碍，它们就无能为力了。这些高高在上的世界几乎不把城市放在眼里，即使像罗马这样一个具有悠久历史的城市，也算不了什么。[46]为着自身的安全，罗马不得不在一些未征服的高地边缘，例如在坎塔布连山麓的莱昂，在贾米拉（针对阿特拉斯山的柏柏尔分裂活动），在提姆加德和兰巴埃希斯的附属地（那里驻扎着奥古斯都的第三军团），设置零星的兵营，这才终于使山区不敢为所欲为。因此，拉丁语在北非、西班牙或者其他地区的偏僻高地没有取得任何胜利[47]。拉丁语仍然限于在平原使用。除了局部渗透外，拉丁语仍被关在山区的门外。

后来，当恺撒的罗马被圣彼得的罗马替代时，问题依然如故。教会只是在能够坚持不懈地开展传教活动的地方，才使当地牧民和独立的农民接受教化。即使这样，教会所花时间之长，也简直闻所未闻。直到16世纪，无论对天主教还是对伊斯兰教来说，任务远远没有完成。伊斯兰教遇到同样的障碍：北非的柏柏尔人在山峰的保护下，依然很少或并不真正信仰穆罕默德。亚洲的库尔德人也是如此。[48]相反地，在阿拉贡、巴伦西亚或格拉纳达，山区历来是异教的天下，穆斯林在那里长盛不衰[49]，正如吕贝龙山未开化的和“多疑的”山丘永远保护伏多瓦教派的存在一样。[50]在16世纪，地中海地区的高山世界很少归附占统治地位的宗教。山区生活处处都与平原有差距，落后于平原。

证据之一就是：当环境许可时，新的宗教轻而易举在这些地方取得巨大成功，虽然这些成功是不稳定的。在15世纪的巴尔干世界，大批山区转向伊斯兰教，阿尔巴尼亚、黑塞哥维那和萨拉热窝四周便是这种情况。这首先证明他们原先归附天主教会是不牢靠的。在1647年的干地亚战争时期，又发生同样的情况。当时大批克里特山民同土耳其人站在一边，背弃了原来的宗教信仰。同样在17世纪，面对俄罗斯人的推进，高加索倒向了穆罕默德的一边，并为自己造就了伊斯兰教中最激烈的教派之一。[51]

可见，文明在山区始终是一种不可靠的价值。请看看佩德拉萨在菲利普四世时代所写的《格拉纳达教会史》中的一段奇怪的话吧。他写道：“阿尔普哈拉斯（格拉纳达王国的一群高山）的居民放弃了他们原有的信仰，这并不令人惊奇。住在这些山里的居民是些老基督教徒。在他们的血管里没有一滴不纯的血。他们是西班牙国王的臣民。但是，由于没有圣师，由于他们遭受的压迫，他们对使灵魂得救方面的知识不甚了解，以致在他们身上几乎没有留下什么基督教的痕迹。假如今天——但愿不是如此——非基督教徒占领了他们的国家，难道这些人会迟迟不抛弃他们的信仰和接受征服者的信仰吗？”[52]

由此展示出征战不断的山区世界一种独特的宗教地理。根据以上认识，传统历史描述的很多小事便都有了意义。

圣女泰雷兹（她在孩提时代就立志为在瓜达拉马山的摩里斯

科人中传教而献身[53])在杜鲁埃洛创设了第一座革新的加尔默罗会修道院。这件事虽然很小，却值得铭记在心。寺院的房子是阿维拉一个贵族的财产。这位圣徒写道："一个大小适中的门厅，一间有顶楼的房间，一个小厨房，就是这座漂亮的建筑物的组成部分。经过深思熟虑，我想可以把门厅改成小教堂；把顶楼改成祭坛；把房间改成寝室。"圣让·德拉克鲁瓦后来在这座"十足的陋室"里定居下来。与他做伴的安托万·德·埃勒迪亚神甫于秋天来到那里，同来的还有唱诗班的领唱约瑟夫修士。在冬天积雪的日子里，他们在那里过着最俭朴的修道士生活，但并非闭门不出。"他们经常赤脚踏上崎岖不平的小路，像对野蛮人一样对农民宣讲福音[54]。"

从16世纪科西嘉的宗教生活中也可以见到这样一种传教过程。科西嘉人在几个世纪以前已经接受了方济各会教士传授的教义，这个例子显得更能说明问题。天主教的首次再征服留下什么痕迹呢？很多文献资料表明，当耶稣会来到岛上把它的戒律和罗马公教强加给这个岛屿时，岛上居民的精神生活已变得令人大惑不解。即使那些识字的神甫，也都不懂拉丁文，不懂语法。更严重的是，他们竟完全不知祭台圣事为何物。他们的穿戴往往同世俗人一样。他们是些在田野或树林里劳动、公开养儿育女的农民。当地教徒信奉的基督教自然只能是一种独特的基督教。他们不会念信经和天主经。有些教徒甚至不会画十字。迷信活动在当地十分盛行。科西嘉岛是个崇拜偶像的、野蛮的、一半置身于基督教和文明之外的岛屿。在岛上，人与人的关系冷酷无情。人们甚至在教堂里自相残杀，而在使用矛、匕首或者喇叭口火枪——一种在16世纪中叶流入该岛从而加剧岛上纠纷的新武器——方面，神甫并不落后于他人……可是，在破烂的教堂里，雨水漫流，杂草丛生，蛇蝎栖息……我们要考虑到，即便最怀善意的传教士不免也有夸张之词。但是，描写的景象是真实的。我们在画面上还可添加一笔：这个处于半野蛮状态的民族所能表现的狂热和虔诚，令人叹为观止。如果一个陌生的布道者经过，教堂里就会挤满山区居民，后到的人竟冒着大雨站在外面。直至深夜，还有悔罪者来忏悔[55]……

同样，在穆斯林地区，我们从当时圣徒的传说中，特别是从伊本·阿斯卡尔的传记中，了解到伊斯兰教隐士在16世纪征服了苏斯山，从而也了解到圣徒和他们的崇拜者怎样生活在令人不可思议的环境中。“我们见到他们混杂在一群诡计多端的人、疯子和头脑简单的人当中。”[56]

这些高山地区的民间传说反映着某种原始的信仰，人们对此不必大惊小怪。在那些地方，巫术和迷信充斥人们的日常生活，既煽起人们的狂热，也助长最恶毒的欺骗。[57]多明我会教士班德洛[58]写的一篇短文，把我们带到16世纪初布雷西亚的阿尔卑斯山区的一个小村庄里。那儿有几所房屋，流水潺潺，有一泓清泉和几座巨大的草料仓库。当地居民人数不多，一名本堂神甫专心致志地在各家各户的门口、草料仓库和牛厩洒水祝福。他到处劝人行善并以身作则。但是，一位年轻的山区妇女来到神甫住宅汲取泉水，使他欲火中烧。他对教徒们说：“最大的不幸威胁着你们。一只吃人怪鸟将向你们扑来，惩罚你们的罪孽。它一出现，我就敲钟，你们就蒙上眼睛，一动不动。”大家就照他说的去做了。直到第二声钟响以前，谁也没有动弹……以上所讲的故事不必班德洛多说什么，自然是完全真实的。

当然,这仅仅是关于农民迷信的一个小例子,而有关农民迷信的记载真是卷帙浩繁,尚未真正被历史学家所发掘。“恶魔般的”瘟疫,从欧洲的一端到另一端广为蔓延,使当地的居民惶恐不安,特别在那些与世隔绝、生活落后的高山地区。巫师、巫术、原始魔法、黑弥撒,这些都是与西方文明不可“分割”的一种古老文化的潜意识的外在表现。山区是那些从远古时代流传下来的在文艺复兴和宗教改革后仍然存在的畸形文化得天独厚的庇护所。的确,在16世纪末,从德意志到米兰或者到皮埃蒙特的阿尔卑斯山区,从处于革命和“恶魔”泛滥的中央高原到由士兵充当庸医的比利牛斯山,从弗朗什-孔泰地区到巴斯克地区,“魔法”山真是多不胜数!在鲁埃格,1595年,“巫师统治着成群的无知居民”。由于附近没有教堂,甚至《圣经》在那里也不为人知。由于没有清醒地开展一场社会革命,“群魔乱舞”就作为一场精神革命在社会和文化方面实行报复。[59]因而,在16世纪结束时,甚至在下一个世纪的前几十年内,魔鬼必然在欧洲各地游荡。在我看来,魔鬼甚至通过比利牛斯山的隘道,打开了西班牙的大门。在纳瓦拉,宗教裁判所于1611年严厉地打击了一个拥有12000名信徒的教派,他们“崇拜魔鬼,为魔鬼设立祭台,并与魔鬼亲密相处”。[60]但是,我们且把这个大题目先搁下!我们这里关心的问题,是不利于山区世界的异质性和落后状态。

山区的自由[61]

不能否认,低地和城市的生活很难进入高地世界。它只能一点一滴地渗透进去。基督教的遭遇并非独一无二。封建制度作为一种政治、社会、经济等方面的制度和司法工具，对大多数山区也鞭长莫及。即使能达到山区，也只能施加不完全的影响。这在科西嘉岛和撒丁岛的山区已屡见不鲜。这种情形也可以在卢尼贾纳地区得到证实。意大利历史学家把托斯卡纳和利古里亚之间的卢尼贾纳视为某种大陆型科西嘉。[62]凡在因人口的不足、稀疏和分散而使建立国家、确立占统治地位的语言和形成伟大文明遇到障碍的地方，这种情况都可以得到证实。

如果对族间仇杀进行一番调查，就会得出同类的看法和结论：发生族间仇杀的地区（请注意，都是山区），是没有经过中世纪的磨炼、没有把中世纪的封建司法思想渗透进去的地区，[63]例如柏柏尔地区、科西嘉岛或阿尔巴尼亚等地。马克·布洛赫在谈到有关撒丁岛的论著[64]时指出，由于撒丁岛"长期避开了遍及大陆的影响的巨大潮流"，因而它在中世纪"有一个偏重领主化的社会，而不是封建化的社会"。这等于强调了撒丁岛的岛屿特性。而且，这的确是撒丁岛过去的决定性力量。但是，在这股力量的旁边，还存在着一股并不稍弱的力量。那就是山。山如果不是比海洋更多地，至少也是同样地构成居民同外界隔离的原因。在奥尔戈索洛和其他地方，甚至在我们这个时代，山也制造出反抗现代国家和宪兵的传奇式的心黑手辣的亡命徒。民族学家和电影艺术家都抓住了这个动人的现实。"不偷不盗非好汉，"[65]撒丁岛的一本小说中的人物这么说。另一个说："法律由我订，取用凭我心。"[66]

在撒丁岛、卢尼贾纳、卡拉布里亚以及我们通过观察（当可能进行这种观察时）可以发现与社会和历史的洪流相脱节的地方，社会的古老风俗（例如族间仇杀以及其他）之所以还存留着，首先是由于这个简单的原因：山毕竟是山，也就是说，山是一种障碍，同时也是自由人的一个藏身之地。因为文明（社会和政治秩序、货币经济）强加的一切束缚和统治，在山区不再压在人们头上。在山区没有盘根错节的土地贵族（“阿特拉斯领主”作为摩洛哥归附地的产物，是近期才有的）。在16世纪，上普罗旺斯的居乡贵族与农民生活在一起，像农民那样开荒，亲自扶犁和刨地，甚至牵着驴子去驮运木材或厩肥。在“同意大利贵族一样基本上住在城市中的普罗旺斯贵族看来”，[67]居乡贵族是一种恒久的耻辱。在山区，没有富裕的、大腹便便的、招人嫉妒的因而也更受人嘲笑的教士。神甫同他的教民一样贫困。[68]在山区，没有繁密的城市网，因此也没有行政机构，没有完全意义上的城市。我们还要补充说：那里也没有宪兵。在山下才有拥挤得令人窒息的社会，才有领取俸禄的教士，才有趾高气扬的贵族和有效的司法机关。山是自由权利、民主制度和农民“共和国”的庇护所。

托特男爵在他的《回忆录》中严肃认真地说：“陡峭之地总是自由的避难所。”[69]他写道：“走遍叙利亚沿海一带，人们会看到（土耳其人的）专制统治遍及整个海岸，但在山区，一旦遇到悬崖，一旦遇到易于防守的峡谷，便立即停止。与此同时，库尔德人、特鲁兹人和米蒂阿利人，这些黎巴嫩山和前黎巴嫩山的主人，却在山区始终保持着他们的独立。”[70]可怜的土耳其专制统治！它控制着大路、山口、城市和平原，但是，对于巴尔干和其他地方的高山地区，对于希腊和伊庇鲁斯的高山地区，对于克里特岛的高山地区（那里的斯卡菲奥特人在他们的山顶上从17世纪以来就藐视任何权威），对于特伯朗的阿里帕夏一生未能征服的阿尔巴尼亚高山地区，土耳其的专制统治又有什么意义？土耳其征服者于15世纪在莫纳斯提尔建立的政府难道真正实现了统治吗？它的权力范围基本上只包括一些希腊和阿尔巴尼亚的村庄，但是每一个村庄都是一个堡垒、一个独立的小群体，有时是一个马蜂窝。[71]在这种情况下，人们难道会对阿布鲁齐地区——亚平宁山脉最高、最宽广、最野蛮的部分——能够逃脱拜占庭的统治，逃脱拉韦纳东正教教区的统治，以后又逃脱罗马教皇的统治感到惊奇吗（虽然，阿布鲁齐位于罗马的后侧，教皇国可取道翁布里亚往北推进，直抵波河河谷）？[72]人们对摩洛哥境内未归附苏丹的主要位于山区的土地，难道感到惊奇吗？[73]

有时，尽管有现代行政机构的重压，山区的这些自由还是保存下来，而且至今还相当明显，相当根深蒂固。罗贝尔·蒙塔涅写道，[74]在摩洛哥上阿特拉斯山区，“阿特拉斯山的奔腾的山水灌溉着大片胡桃树林。在这些树林附近，在激流经过的充满阳光的斜坡上，排列着一层层村庄。这些村庄中就有头领或哈里发的住房。人们试图在这些山谷里区分出穷人和富人的住所是徒劳的。山里的每个小地区都构成一个由乡民会管理的单独国家。乡绅们穿着褐色的羊毛衣衫，聚集在一个平台上，长时间地在一起议论村庄的公益。任何人说话都不抬高嗓门，从外表上分不清谁是主席。”如果山区的地势较高，又距离大路较远，交通不便，这一切就保存下来。这种情况在今天已很少见。但在过去，在道路网成倍扩充之前，这种情况就比较多。正因为如此，努拉虽然有一块地势平坦的平原与撒丁岛的其他部分相接，却长期处于没有大路和不通车辆的境地。在18世纪的一幅地图上，人们可以读到皮埃蒙特的工程师所写的图示说明:“努拉,未被征服的民族,从不缴纳赋税。”[75]

山区的资源及其利弊

正如我们已经看到的那样,山排斥伟大的历史,排斥由它带来的坏处和好处。或者,山只是勉强地接受这些东西。然而,生活却要让高地的人类同低地的人类不断相混合。地中海地区没有远东、中国、日本、印度支那、印度一直到马六甲半岛[76]惯常有的那种锁闭山区。锁闭山区同山下的平地之间没有任何往来,因此必然形成独立的世界。地中海的山向道路开放,不管道路如何险峻、弯曲和坑坑洼洼,总还有人行走。这些道路是平原以及平原的力量向高地的“一种延伸”[77]。摩洛哥素丹派遣保安队沿途向前推进;罗马派遣军团;西班牙国王派遣骑兵;教会派遣传教士和流动布道士。[78]

地中海的生命力的确非常强大,因此根据需要,它在很多地方炸开了不利地形造成的障碍。在狭义的阿尔卑斯山的 23 座关隘中,罗马人已经利用了 17 座。[79]此外,山地往往人口过剩,或者对它的财富来说,至少是人口过多。在山区,“人口的最佳密度”很快就达到并且超过。因此,山区必须周期性地向平原倾泻它过多的人口。

这并非因为山区资源微不足道。没有一座山在山谷旁或在修整成阶梯状的山坡上没有可耕地。在贫瘠的石灰质土地上,也有一些复理型或泥灰型地带可以种植小麦、黑麦或大麦。有时甚至还有成片的肥沃土地。斯波莱托位于一片相当宽广和比较富庶的平原的中央。阿布鲁齐地区的阿奎拉适宜种植藏红花。越往南,作物或成材林的生长线就越高。亚平宁半岛北部，栗树今天可在海拔900米处生长。在阿奎拉，直到海拔1680米的地方还有小麦和大麦。在科森察，玉米这种16世纪才传来的新作物的生长区达到1400米的高度；燕麦的生长区达到1500米的高度。[80]在希腊，小麦生长区高达1500米；葡萄生长区高达1250米[81]。在北非，生长区的极限更高。

拥有从橄榄树、橙树、低坡地上的桑树直到真正的森林和高地牧场等多种多样的资源，这是山的优越条件之一。除去作物之外，还有畜牧业的收益：养绵羊、母羊和山羊，也养牛。这些牲畜在巴尔干半岛，甚至在意大利和北非大量繁殖，其数量过去比现在更多。由于这个原因，山是乳制品和干酪的产地[82]（16世纪撒丁岛的干酪整船整船出口到整个西地中海），是新鲜黄油或有蛤蜊味的黄油、煮肉或烤肉等食品的产地。至于山区的房屋，放牧和饲养牲畜的山民的住房，主要是为牲畜而不是为人建造的。[83]1574年，当皮埃尔·莱斯卡洛皮埃穿过保加利亚的山区时，他宁愿睡在"一棵树下"，而不愿住进农民的土房。这些土房里牲畜和人"住在一起……臭气难闻，叫人无法忍受"。[84]

再说，那时的森林比现在茂密。[85]根据阿布鲁齐地区的瓦尔迪科尔泰国家公园的模样，人们可以想象出当时的情景。这个公园内茂密的山毛榉树林，一直分布到海拔1400米的地方。成群的野兽、熊和野猫出没其间。加尔加诺山的英国栎树资源养活大批伐木工和木材商。拉古萨的船舶制造者往往从中受益。森林同高地牧场一样，是山村之间争夺的对象，也是村民同拥有地产权的领主争夺的对象。至于灌木丛这类半森林，它们一般可供放牧，有时也改为田园和果园。灌木丛里还可打猎和养蜂。[86]其他的好处是充沛的泉水。丰富的水源对南方的土地来说，是相当珍贵的。最后还有矿山和采石场。地中海的全部地下资源的确几乎都蕴藏在这些山区。

但是，并不是每个山区全都具备所有这些有利条件。有的山上长的是栗树（塞文山脉，科西嘉）。栗子是珍贵的"树面包"，[87]必要时可代替小麦面包。还有的山种植桑树。蒙田1581年在卢卡周围见到的山[88]或者格拉纳达高地都种植桑树。西班牙的代理人弗朗西斯科·加斯帕罗·科尔索1569年对阿尔及尔的"国王"厄尔杰·阿里解释说："格拉纳达那伙人并不危险，他们有什么能耐与西班牙国王作对？他们缺乏使用武器的实践，一生就是耕地、放牧、养蚕……"[89]此外，还有的山生产核桃。在今天摩洛哥的柏柏尔人聚居区，村民在位于村庄中心的百年古树下，在明月之夜，举行庆祝和解的盛大节庆。[90]

以上一笔总账算下来，山区资源并不像人们早先设想的那么贫乏。在山区还能生活下去，但并不容易。在那些几乎不能使用家畜的山坡上劳动，要付出多大的辛劳啊！必须用手清理乱石遍地的田野，要防止泥土顺着山坡下滑和流失。必要时把泥土一直运到山头，并且用石块垒起矮墙把泥土挡住。这是一种艰巨而没有止境的劳动！一旦劳动停顿下来，山区就会回复到蛮荒状态，一切又得重新做起。在18世纪，当加泰罗尼亚移民占据了沿海高原上的多石的高地时，他们在荆棘丛中惊奇地发现高大的、依然活着的油橄榄树和石块垒墙。这证明在他们以前已经有人征服过这些土地。[91]

进入城市的山民

生活的艰苦和贫困，[92]对改善境遇所抱的希望以及可观的工资的引诱，都促使山民下山。正如加泰罗尼亚的一句谚语所说：[93]永远向下去，永不往上走。这是因为山区的资源虽然多种多样，但总不够丰足。一旦蜂房里的蜜蜂多了，[94]蜂房就不再够用。于是必须用和平或非和平的方式分蜂。为了继续生存下去，他们不择任何手段。例如，在奥弗涅山，尤其在从前的康塔尔高地，所有多余的人，包括大人、小孩、工匠、学徒和乞丐，统统都被赶走。[95]

这是一段动荡不定和难于追溯的历史。之所以这样，并非因为缺乏文献资料。相反，文献倒是太多了。一旦人们离开为历史所捉摸不透的山区，就进入平原和城市，那里拥有分门别类的档案资料。下山的山民，不论初来乍到或常来常往，总是被人品头论足，被描绘成滑稽可笑的形象。斯丹达尔在耶稣升天节那天在罗马见到了萨比内的农民。“他们从山上下来，在圣彼得教堂参加盛大的庆典并且做弥撒。[96]他们穿着破烂的粗呢外套，腿肚上裹着粗布片，用绳子呈菱形状捆绑。一双惊恐不安的眼睛被蓬乱的黑发所盖住，胸前挂着的毡帽早已因日晒雨淋而颜色变得黑里带红。这些农民都携家带口，家人同他们一样粗野……”[97]斯丹达尔补充道：“在我看来，在罗马，图拉诺湖、阿奎拉和阿斯科利之间的山区的居民，相当典型地代表了公元 1400 年前后的意大利的精神风尚。”[98]维克托·贝拉尔 1890 年在马其顿遇到穿着别致的骑士和士官服装的永不变化的阿尔巴尼亚人[99]。在马德里，泰奥菲尔·戈蒂埃同卖水的脚夫交错走过。这是一些“穿着棕褐色上衣和短裤、腿上套着黑色护套、头戴尖帽的加里西亚壮工”。[100]当他们（男、女都有）同邻近的阿斯图里亚斯地区的居民一起，于 16 世纪来到

西班牙各地的曾被塞万提斯谈到过的市场谋生时,难道不就是这样穿戴的吗?[101]曾经当过兵,16世纪末成为奥兰大事记的编年史家的迭戈·苏亚雷斯就是其中的一个,他讲述了自己的冒险经历。他童年时代就从老家逃出,来到埃斯科里亚工地,在那里干了一些时候,觉得日常饭菜很合胃口。但是,他的双亲也从奥维耶多山区来了,无疑同很多其他人一样,是来参加旧卡斯蒂利亚的夏季农业劳动。为了不被别人认出,苏亚雷斯不得不逃到更远的地方去。[102]来自北方的山区移民络绎不绝穿过整个旧卡斯蒂利亚,有时也返回北方。蒙塔尼亚——从比斯开到加利西亚的比利牛斯山支脉——养活不了它的居民。很多人以"赶车"为生,我们后面还要谈到的马拉加托人[103]就是如此,雷诺萨地区的农民搬运夫也是如此,他们赶着满载做木桶用的箍圈和木板的大车前往南方,然后带着小麦和葡萄酒回到他们在北方的村庄和城市。[104]

确实,地中海地区无不麇集着这些对城市生活和平原生活所不可缺少的山区居民。他们脸色红润,服装奇特,习俗古怪……蒙田1581年在前往洛雷特圣母院的途中,曾穿过斯波莱托这块地势颇高的平原。斯波莱托是个移民中心。这些相当奇特的移民中有小杂货商以及善拉关系、嗅觉灵敏和不择手段的各种二道贩子和专以牵线说合为业的中间人。班德洛的一篇短篇小说曾作了惟妙惟肖的描绘:他们能说会道,机敏灵活,而且总有道理,把别人说得心悦诚服。他说,只有斯波莱托人才会一面愚弄可怜的笨家伙,一面又给他们圣保罗的祝福;才会用拔掉牙齿的游蛇和蝰蛇骗钱;才会在广场上卖唱求乞;才会把蚕豆粉当作疥疮油膏出售。他们左胳膊下挂着一只用绳子拴在脖子上的篮子,高声叫卖,走遍整个意大利。[105]

贝加莫人[106]在米兰一般叫孔塔多人。在 16 世纪的意大利，他们同样被人熟知，足迹遍布各地，他们在热那亚和其他港口当装卸工。马里纳诺战役刚结束，他们便来到米兰地区，耕种在战争期间业已荒芜了的分成制租地。[107]几年以后，科西默·德·梅迪奇设法把他们吸引到里窝那。这是一座没有人愿意居住的热病流行的城市。他们粗犷、迟钝、笨拙、吝啬、耐劳。班德洛[108]还说："他们的足迹遍天下"（在埃斯科里亚尔，甚至还有一位建筑师，名叫季奥万·巴蒂斯塔·卡斯泰洛，号称"贝加莫"[109]），"但是，他们每天花钱从不超过四个夸特里尼，睡觉不用床，而是躺在干草上……"他们富裕后，也开始讲究穿着，装扮得神气活现，但并不因此比过去慷慨，而是显得与过去同样粗俗可笑。他们是喜剧中的丑角，是让妻子戴上"绿帽子"的粗俗不堪的丈夫，就像班德洛的小说所写的那个乡巴佬那样。这个乡巴佬如果说有什么可以原谅自己的理由，那就是他在威尼斯圣马克教堂后面，在卖身挣钱的女人中为自己找了一个妻子。[110]……

不过，这些描绘是否有点丑化呢？山区居民甘心情愿充当城市和平原的这些大人先生的笑料。他们受人猜疑，使人害怕，遭人耍弄……在阿尔代什，一直到 1850 年前后，山里人还到平原参加各种庆典。他们穿着节日盛装，骑着配有鞍辔的骡子。妇女们戴着许许多多的金项链，光彩夺目，但成色不足。虽然同属一个地区，他们的衣服与平原上的人却不相同。他们的那副陈腐、呆板的模样，只会让村里那些爱俏的女子哈哈大笑。对于山上的粗人，山下的农民只是挖苦奚落，家庭之间很少通婚。[111]

一道社会的、文化的障碍就这样出现了。这道障碍试图代替不完全的、不断被人用成千种不同方式跨越的地理障碍。山区居民有时赶着畜群下山,进行一年一度的季节性易地放牧。有时他们在收割的大忙季节到山下当雇工。这是一种相当经常的、远比人们一般想象的更加广泛的季节性移民:萨沃亚德人[112]前往下罗讷河地区;比利牛斯人在巴塞罗那附近受雇收割庄稼;15 世纪的科西嘉农民每年夏天都去托斯卡纳的马雷马[113]……有时,山民在城里定居或在平原安家落户当农民。“普罗旺斯或孔塔韦纳森有许多村庄,陡峭斜坡上的山路弯弯曲曲,村内的房屋高高耸立,使人不禁想起南阿尔卑斯山的小镇[114]。”这些村庄的居民又从何而来?原来,每逢收割季节,男女山民成群地拥到下普罗旺斯的平原和沿海地区。在那里,来自加普的人——“加沃”(这实际上是一个统称)——历来被认为是“吃苦耐劳、穿着朴素,习惯于粗茶淡饭的劳动者的典型”。[115]

我们的观察同样适用于朗格多克平原以及不断从北方,从多菲内,更多的是从中央高原、鲁埃格、利穆赞、奥弗涅、维瓦雷、韦莱、塞文山脉等地拥来的移民,而且更加贴切、更加生动。这股人流淹没了下朗格多克,并经常越过下朗格多克,朝富饶的西班牙移动。每年,甚至几乎每天,队伍都得到不断的充实,其中有:无地的农民,无业的手工工匠,为收割庄稼、收获葡萄或打场脱粒而来的零工,流浪儿,男女乞丐,流动神甫,“行脚修道士”和街头乐师,最后还有赶着大群牲畜的牧羊人……山区的饥饿是造成山民下山的重大原因。一位历史学家承认,“人口外流的最基本原因是,地中海平原地区的生活水平明显地比山区优越。”[116]这些穷鬼到处颠沛流离,或暴死途中,或病死收容所,但他们终于更新了山下的人口配成，在几个世纪内保持了一种身材高大、金发碧眼的北方人类型……

山民背井离乡的几种典型情况

季节性易地放牧比从高处到低处的所有其他人口移动远为声势浩大，但是，这是一种往返性运动。关于这方面的情况，我们以后将从容不迫地进行研究。

山民扩张的所有其他形式，既没有同样的规模，也没有同样的规律性。人们只看到这些形式的个别特殊事例。我们不得不就这些形式进行取样分析，也许应把“军事移民”除外。因为所有山区，或者几乎所有的山区，都像“瑞士诸州”一样是独立的[117]。除了那些不领军饷、只是希望随军打仗和抢掠财物的流浪汉和亡命徒以外，山区还为正规部队提供士兵。这些士兵传统上几乎都是为这个或那个君王服务的。科西嘉人为法国、威尼斯或热那亚国王作战。被他们的领主根据契约出卖的乌尔比诺公国的士兵和罗马涅地区的士兵，一般都在威尼斯落脚。如果这些领主像在1509年阿尼亚德尔战役[118]那样背约倒戈，农民们也跟着他们，不再为圣马克城出力卖命。在威尼斯，总有一些因罪行累累而被驱逐出境的罗马涅领主，他们要求罗马给予宽免并归还他们的财产。[119]作为回报，他们去尼德兰为西班牙和天主教的事业服务！难道还需要提到阿尔巴尼亚人、摩里亚的民兵以及阿尔及尔和其他城市从亚洲贫困山区吸引去的“安纳托利亚公牛”吗？

单是阿尔巴尼亚人的历史就值得进行一番调查[120]。他们特别

热爱“军刀、金刺绣品和荣誉”[121]，这主要因为他们都作为士兵而离开山区。在16世纪，阿尔巴尼亚人前往塞浦路斯[122]、威尼斯[123]、曼图亚[124]、罗马、那不勒斯[125]、西西里岛乃至马德里，到处诉说他们的希望和怨愤，索要一桶桶火药或几年的年金。他们趾高气扬，狂妄自大，谈吐粗鲁，随时都准备大打出手。随后，意大利逐渐对他们关起大门，于是他们就在宗教战争期间来到尼德兰[126]、英格兰[127]和法国。这些喜欢冒险的士兵身后跟着妻子、孩子和东正教神甫[128]。阿尔及尔[129]和突尼斯的摄政王以及摩尔多瓦和瓦拉几亚的封侯国，先后把他们拒之门外。于是他们又蜂拥而去，为土耳其素丹的宫廷效劳。他们一开始就这么做，从19世纪起，规模更加庞大。“哪里有军刀，哪里就有教义。”谁养活他们，他们就为谁卖命。在需要的时候，他们“就像歌曲所唱的那样，为帕夏拿起枪，为奥斯曼帝国的大臣拿起军刀”。[130]他们或置产定居，或落草为寇。从17世纪起，大批阿尔巴尼亚人，其中多数是东正教徒，在希腊各地为所欲为，就像在被征服的国土上一样。夏多布里昂1806年在旅途中也许曾见到过他们。[131]

科西嘉的历史——岛外的科西嘉的历史——也不乏教益。科西嘉人在各地都作出了贡献。这样说在不同程度上有其合理性。“在西班牙，多少科西嘉岛民成了著名人物”，德·布拉迪大声说[132]。德勒卡斯，即巴斯克斯，是菲利普二世的大臣（这一点肯定是真实的，塞万提斯甚至为他写过诗）。德·布拉迪继续写道，真正的胡安是科西嘉人，胡安父母都是科西嘉人。他甚至还说出胡安及其父母的姓名。这就等于提出克利斯托弗·哥伦布是否出生于卡尔维的问题。且不用追溯到奥地利的胡安，人们可以肯定，很多真正的科西嘉人生活在地中海的周围，其中不仅有海员、马贩子、商人、农业工人，而且还有阿尔及尔国王[133]、帕夏或者为土耳其素丹效劳的叛教者。

米兰山区是另一个具有百年移民传统的山区。我们曾提到过威尼斯的臣民贝加莫人。但是，在阿尔卑斯山的任何一个山谷，都有随时准备迁移的蜂群。流亡者往往在第二祖国会合。维杰佐山谷的流动五金工匠历来前往法国。他们有时就在那里定居下来。今天和平路的珠宝商梅莱里奥家族就是五金工的后代[134]。特雷梅佐的山民更多地向莱茵河沿岸地区迁移，他们中间产生了法兰克福的银行家马伊诺尼家族和布伦塔诺家族[135]。从 15 世纪起，马西诺山谷的移民流向罗马[136]。人们至今还可以在"永恒之城"①的杂货铺和面包铺里找到他们。在热那亚也是如此。这些人从科莫湖的三个堂区，尤其从东戈堂区和格拉德沃纳堂区出发，来到巴勒莫开设的旅店。因此，在妇女的衣服和装饰品方面，巴勒莫和布伦齐奥山谷之间有着一种相当奇特的联系，并留下了明显的痕迹。[137]这些人在离开家园后，往往还要回去。因此，在 16 世纪，那不勒斯有很多人使用典型的米兰人的姓[138]。但是 G. F. 奥索里奥领事在 1543 年说："成百上千来这里工作的伦巴第人，挣了一些钱后，就把钱带回米兰……[139]"伦巴第的泥瓦工（无疑是阿尔卑斯山区居民）在 1543 年修建了阿奎莱亚城堡[140]。冬天一到，他们就回到自己的家乡。但是，如果要跟踪这些泥瓦工或者这些石匠，那么整个欧洲，肯定整个意大利，都会牵涉在内。从1486年起，伦巴第的石匠参加建

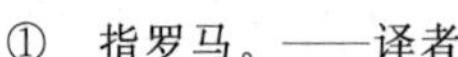

① 指罗马。——译者

造威尼斯的总督府。[141]

甚至像亚美尼亚这个大陆性的封闭地区,也逃脱不了所有山区不可避免的命运。我们不能相信奥斯曼素丹——他们的真名叫穆拉德——竟是亚美尼亚人的传说,有人声称他们的原籍在高加索的卡拉巴格。[142]这个传说看来比奥地利的胡安是科西嘉人的传说更不可信。但是,人们无可争议地了解到亚美尼亚人纷纷向君士坦丁堡、梯弗里斯①、敖德萨、巴黎、南北美洲……迁居。17 世纪初,这种人口迁移对阿巴斯大帝在波斯的崛起起了巨大的作用,尤其为波斯的兴旺发达提供了不可缺少的流动商人[143]。这些商人当时[144]远至德意志的交易会、威尼斯的码头和阿姆斯特丹的商店[145]。在亚美尼亚人之前,也有人曾经试图建立这种联系,但却失败了。亚美尼亚人之所以成功,与他们是基督教徒有一定的联系;但更重要的原因是他们吃苦耐劳,生活俭朴。他们是真正的山区居民。非常了解亚美尼亚人的塔韦尼埃写道:“当他们从基督教国家归来时,他们带着威尼斯和纽伦堡的各种服饰用品和五金用品,如小镜子、黄铜指环、珐琅指环和假珍珠等,用这些东西在村庄里换取粮食。”[146]他们携带巨额现金回到他们的家乡佐尔法,即亚美尼亚富商在伊斯法罕的聚居地。他们在那里过着同波斯人一样的豪华生活,用威尼斯的绣品和金银发饰把他们的妻子打扮得珠光宝气。事实上,他们朝两个方向发展贸易,不仅同欧洲做生意,而且与印度、东京湾、爪哇、菲律宾“以及除中国和日本以外的整个东方”进行交换。[147]他们或者亲自前往这些地方,例如塔韦尼埃同佐尔法的一个

① 即第比利斯。——译者

亚美尼亚大商人的儿子曾经一起前往苏拉特和戈尔孔达；或者利用印度巨商——亚洲在波斯首都的先遣使者——在邻近的大城市建立的商业点。有些亚美尼亚人在印度洋拥有船只。[148]

16 世纪末和 17 世纪初的这种移民运动说明了亚美尼亚何以出现带有威尼斯色彩的文艺复兴。因为亚美尼亚如此广泛地突破了自身的范围——这对它既有利又有害，它从 14 世纪起就不再成为一个政治国家，而只是一个输送人力的场所。亚美尼亚的成功意味着自己的失败。

山区生活是地中海最初的历史吗？

山区的确是一个为他人提供人力的制造厂。通过向各地慷慨地输出人力，山区养育了地中海的整个历史。也许，山区甚至是地中海历史的开创者。[149]山区的生活也就是地中海最初的生活，而地中海文明，“正如近东和中亚的文明一样，掩盖不住其畜牧业的基础”。[150]这里展现的是猎人和牧人的原始世界，是季节性迁徙和游牧生活以及零星的刀耕火种。这是一种同人类很早就开发的高地联系在一起的生活。

原因何在呢？也许因为山区的资源多种多样，也许还因为平原最初是一个死水壅积、瘴疠蔓延的世界，或者是一些变化无常的江河泛滥成灾的地区。人们居住的平原，作为今日繁荣的形象，是若干世纪的集体努力缓慢地、艰难地获得的成果。在瓦罗时代的古罗马，人们还能记起泛舟韦拉布勒河上的情景。人类逐渐从高地扩展到热病流行、死水壅积的洼地。

这类情形不乏证据。下面是从皮埃尔·若尔热[151]的论著中借用的下罗讷河地区史前时期的居住分布图。图上被确认的房屋遗址全都位于东面和北面俯瞰三角洲盆地的石灰质高地上。只是在几千年以后，从15世纪起才开始进行排除罗讷河沼泽地积水的工程。[152]葡萄牙的情况相同，在盆地和河谷找不到史前时期的房屋遗址。相反，早在青铜时代，山区已经有人居住。与中欧不同，葡萄牙的山林砍伐并非近期的事。在9、10世纪，人们还生活在山顶。早在阿斯图里亚斯-莱昂诸王时代就已存在的居民点，似乎凑巧，差不多都是今天地势最高的村庄。[153]

葡萄牙的例子把我们带出地中海的范围。但是，让我们看看位于地中海中心的托斯卡纳。在这个地区，狭长的、多沼泽的平原与河谷纵横交叉，丘陵由西向东和由北向南逐渐升高。那里有一些城市。但是，最早的和最古老的城市又在哪里呢？恰恰坐落在今天被葡萄园和油橄榄园覆盖的山坡的最后一级台阶上。伊达拉里亚的城堡式城市矗立在山脊上，阿·菲利普松称之为“山脊城市”。[154]相反，比萨、卢卡和佛罗伦萨等平原城市，都在罗马时代[155]才迟迟发展起来。直到很久以后，佛罗伦萨周围的沼泽地仍然是个威胁[156]。再说，在16世纪，托斯卡纳的洼地还没有完全露出水面。相反，从整体来看，洪涝灾害仍在扩大。沼泽地蔓延到基亚纳山谷和被特拉西梅内湖淹没的平原的边缘。热病在马雷马沼泽地，在产麦的格罗塞托平原更为严重。梅迪奇家族的政策在于竭尽全力发展格罗塞托的小麦集约耕作，以便大规模出口，但没有成功。[157]

因此，平原和山区的悬殊差别也是个与历史同等久远的问题。土地研究使我们学会了区分中欧和西欧的旧乡土和新乡土，即德

国历史学家和地理学家所说的旧土地和新土地。前者是新石器时代的耕作者获得的土地;后者是中世纪和近代垦殖活动开辟的土地。在地中海,人们几乎可以说:旧土地和新土地就是山区和平原。

2. 高原和大小丘陵

我们愿意承认,上面勾画的山区的形象是不完整的。生活不能被归纳成几根过于简单的线条,山区的地形、历史、习俗,乃至基本饮食都各不相同。尤其是除高山之外还有高原和大小丘陵等半山区。这些半山区同真正的高山不但丝毫不能相比,而且它们的每个特点都使之区别于真正的高山。

高　原

高原是大片地势较高的开阔平地,土地干燥(至少在地中海地区是如此),土壤坚实,河沟寥寥无几。大道和小路在那里比较容易修筑。例如埃米利亚高原(称它为高原有点勉强)几乎是一马平川。那里道路纵横,并且从来就是以博洛尼亚为象征的光辉文明的舞台。小亚细亚以它珍贵的第三纪覆盖层(没有这种覆盖层,小亚细亚便会同邻近的扎格罗斯山或库尔德斯坦一样荒凉)[158],以它的沙漠商队、商队客店和驿站城市,成为一部无与伦比的陆路交通史的中心。阿尔及利亚高原本身就像一条连绵不断的草原之路,从比斯克拉和霍德纳沼洼地一直延伸到摩洛哥的穆卢耶河[159]。在中世纪,一条从东到西的大路连接高原各地的集市。这条交通干线在布日伊兴起之前,在阿尔及尔和奥兰建城之前,在撒拉逊海于10

世纪[160]飞跃发展之前，就横贯突尼斯和摩洛哥之间的整个北非。

至于亚平宁山脉前方的两块高原(西部大致延伸到翁布里亚和托斯卡纳，东部延伸到阿普利亚)，我们能赞同菲利普森[161]的见解，认为这是意大利半岛历史和文化发展的基本舞台吗？无论如何，这两块高原所起的作用是巨大的，原因简单而又重要：交通要道都通过这些山前地带。在西部，在伊达拉里亚南部的凝灰岩高原上，罗马很快就开辟了弗拉米尼亚、亚美里纳卡西亚、克洛迪亚和奥雷利亚等大道。直到16世纪，这些路线几乎没有什么变化。阿普利亚是个广阔的、地势较低的石灰质高原[162]，东部与阿尔巴尼亚、希腊和东方国家有陆路相通。长长的两排城市呈平行线贯穿这个高原：一排沿海岸从巴列塔到巴里和莱切；另一排深入内陆十公里，从安德里亚到比通托和普蒂尼亚诺[163]……阿普利亚高原自古以来就是海洋和几乎荒无人烟的穆尔杰内陆之间的居民聚居中心，而且早已是文化中心。由于地处交通要冲，它很早就受到来自西方的影响——因而顺利地接受了拉丁文明[164]——也不断通过海洋从东方吸收来自希腊和阿尔巴尼亚的新事物，因而给人这样一个印象，似乎在其历史的某些时期，阿普利亚与意大利半岛简直脱离了关系。显然，当地的建设从未间断过[165]。辽阔富饶的阿普利亚地区是16世纪的粮仓和油库，人人都来这里寻找食品。特别是威尼斯，历来想在这里插上一脚，它也确实在1495年和1528年曾两次占领这个地区。亚得里亚海的其他城市，如拉古萨、安科纳、弗拉拉等[166]，又何尝没有这样的想法。在16世纪，以特雷米提群岛为中间站，通过岛上的慈善兄弟会，小麦走私活动在那里从未间断过。[167]

但是，在这些生气勃勃的高原中，最好的典型还是位于西班牙半岛中心的旧卡斯蒂利亚和新卡斯蒂利亚。那里道路纵横，或者更确切地说，小路密布[168]。路面虽然狭窄，但往来旅客众多，车队十分拥挤（塞万提斯详细描写了赶车人的种种胡作非为。相对而言，车辆所起的作用不大[169]）。满载货物的驮畜（骡和驴）队伍，不断地从北到南，从南到北穿过卡斯蒂利亚高原，沿途运送各种货物：小麦和盐，羊毛和木材，塔拉韦拉的粗细陶器，还有旅客。

这种运输方式使卡斯蒂利亚能够确保它与伊比利亚半岛各边缘地区之间的联系，边缘地区包围着卡斯蒂利亚，并把它同大海分割开来。正如人们所说[170]，这种运输，而不是卡斯蒂利亚，“造就了西班牙”……这种运输决定了，也可以说，显示了西班牙经济的内在实质。后来，商队活动果然扩展到高原的东侧，首先是巴塞罗那，这个城市主要负责销售西班牙的羊毛。然后又扩展到巴伦西亚。在15世纪，尤其是阿方索五世（1416—1458年）时代，巴伦西亚大走鸿运。[171]最后，这种活动扩展到马拉加和阿利坎特。这两个地方在16世纪都是羊毛交易的重要口岸。阿·舒尔特在他关于拉芬斯堡大公司的著作中认为，巴伦西亚在15世纪末衰落下去，是因为在“天主教国王”的秩序统治下，恢复了全部活力的卡斯蒂利亚运输业从此转向北方极其活跃的城市：坎波城、布尔戈斯、毕尔巴鄂。西班牙通过这些城市同强盛的北欧联系起来……看来这是符合实际的假设。它本身也涉及这种空间运动，这种商队贸易。否则，人们既无法了解整个西班牙，也无法了解卡斯蒂利亚本身，以及在季节性迁徙和运输途中经过的、贯穿南北的沿线城市。这些道路过去也正是再征服运动的推进路线。天主教国王十分顺利、十分迅速地

征服了卡斯蒂利亚。在维拉拉一战之后,用一个威尼斯大使1581年的说法[172],那里推行了“铁杖”的统治:方便的交通不正是有效统治的首要条件吗?由于所有这些原因,卡斯蒂利亚在那时成为西班牙的重心和心脏。[173]

山坡地区

在山区和平原的交接处[174],在小山丘——小山丘在摩洛哥又名迪尔——有一块稳固而繁荣的狭长地带。也许因为它们位于海拔200米和400米之间,这是地中海居住区的最佳高度,一方面在疫病流行的平原之上,另一方面又在各种植物茂盛生长的界限之内。山水更可保证田园的灌溉和精细耕作,为当地增添美丽景色。

在摩洛哥,只要离开阿特拉斯山,来到连接西部大平原的丘陵,人们就能看到,每个山谷的出口都有灌溉渠道,以及曾使德·富科神甫赞叹不已的田园和果园。同样,来自北方的旅行者,必须先翻越阿尔卑斯山然后再抵达亚平宁山麓,才能对意大利——我们指的是真正的地中海地区——得出最初的印象。亚平宁山的斜坡从热那亚一直伸展到里米尼和意大利半岛的最深处,其间沟壑纵横,到处散布着景色优美的绿洲。春天,当人们来到这些郁郁葱葱、鲜花覆盖的地方,看到葡萄藤、榆树、油橄榄树和白色别墅相映成趣的田野,得到的印象十分强烈。与此同时,在波河平原,光秃秃的杨树、柳树、桑树几乎还忍受着冬季的严寒。因为果园、田园,有时还有田野,都位于丘陵的同一条地平线上。维达尔·德·拉布拉什[175]写道:“在这个高度(200米至400米)上,围绕着罗马平原的古罗马城堡排列成行，在蓬蒂内沼泽沿边的沃尔斯克荒山野岭（在维达尔时代这里仍然荒无人烟），古老的防御城墙萦回盘旋。在这个高度上，一些古城矗立在古伊达拉里亚相当荒凉的四周……画面的近景是田园；远景是灰蒙蒙的山峦。古老的防御城墙坐落在不宜耕种的山鼻子上。这里见不到城市生活，一片浓郁的乡村气息……这里的居民在纯净清新的空气中生存繁衍。他们过去曾经为罗马……提供最精锐的军团；今天则提供为开发罗马平原所需要的劳动力。”

面对亚得里亚海，沿狄纳里克阿尔卑斯山脉漫长的边缘，从伊斯特拉附近一直到拉古萨或安蒂瓦里高地，可以看到同样的阶梯状山坡的景色[176]。地中海生活在这里像是一条狭长的彩带，一面围绕着山，另一面紧贴海岸，并通过各个缺口深入内地。例如，通过卡尔尼奥莱直到波斯托依纳，通过普罗洛山口直到利夫诺，或者通过热病流行的纳伦塔河谷直到黑塞哥维那的莫斯塔尔。但是，尽管有这些附属地区，它仍然是个狭长地带，同扎古拉辽阔的喀斯特高地无法相比。在拉古萨同一纬度上的扎古拉山，其长度不亚于在慕尼黑同一经度上的阿尔卑斯山，形成背向巴尔干大陆的一道屏障。

人们能够想象出一个更加强烈的对比吗？往东是广阔的山区，冬季寒风凛冽，夏季干旱肆虐，居民以畜牧为业，生活很不安定；这些真正的“蜂窝”（特别是黑塞哥维那和门的内哥罗），从中世纪起（也许自古以来就是如此）就一直向前山地带，向摩拉维亚王国境内积水尚未退尽的塞尔维亚河网区，向过去树木茂密得无法进入的苏马迪亚，向克罗地亚—斯洛文尼亚（往北直到希雷姆），倾注人和畜群。人们想不出还会有什么地区比这里更加原始蛮荒，更加盛行家长制，不论其文明多么具有魅力，实际上只是更加落后……在16世纪，这里是同土耳其人作战的一个边境地区。扎古拉人是天生的士兵、强盗或亡命徒，像"鹿一样轻捷"，并且有史诗描写的那种勇气。山有利于他们进行突然袭击。成千首民歌、诗歌描述他们的壮举：殴打高官显贵，袭击商队，劫持美女……这块未开化的地区同样向达尔马提亚移民，这也不足为奇。但是，这种移民丝毫不像东方或北方那样混乱，不但秩序井然，而且经过仔细的过滤。面对激烈有效的抵抗，畜群只能向下阿尔巴尼亚涌去，却不能进入沿海狭长地带的田野。它们勉强钻进了少数地区，特别是通过纳伦塔洼地。至于扎古拉人，他们改恶从良，由强盗变成宪兵的助手；愿在当地定居的移民迁往岛屿，更多的是通过威尼斯的安排，前往伊斯特拉。那里比其他地方有更多的空地。[177]

入侵者这次碰到的是一个民康物阜的世界。这里即便也有人口流动，至少没有遇到过山民大批迁移这类疯狂的行动。在这个耐心地建立起来的、村落稠密的农村世界，所有垒石围起的田园、果园、葡萄园以及倾斜度不太大的坡地都是用鹤嘴锄逐渐开辟出来的。在海边的港湾、岬角和地峡，有一系列道路狭窄、高屋鳞次栉比的城市化的乡村和小镇。当地的人勤劳稳健。他们即使不算富裕，至少也属小康。因为同在地中海地区一样，他们饮食有节。必须同自然界，同可怕的巨大的扎古拉山，同土耳其人进行斗争。此外，还必须同海洋作战。所有这一切都要求他们协调行动，丝毫不能各行其是。从13世纪起，拉古萨农民的地位相当于半农奴性质的"隶农"。从15世纪的一本土地册中，我们可以看到，斯普利特附近的农民大致是这种状况。在16世纪，在地处彼岸的各威尼斯式城市的周围，诚惶诚恐的农民需要求得士兵的保护[178]。服劳役的农民在军队的保护下每天早出晚归。这不利于个人主义，也不利于农民的骚动，虽然关于农民骚动的证据和迹象，都还可找到[179]。

而且，整个达尔马提亚社会等级分明、纪律井然。不妨想想拉古萨的贵族家庭所起的作用吧！在一无所有的贫苦农民和渔民之上，昨天还存在饱食终日无所事事的贵族和领主阶级。茨维伊奇写道："渔民捕鱼，既为他自己，也为他所依附的贵族。贵族几乎把渔民看成是自己的仆人，而渔民也不愿把捕到的鱼卖给别人。"茨维伊奇还说："这些群体十分稳定，几乎一成不变。"[180]以上的话说得既对又不对。因为这里涉及的主要是人群，而不完全是稳定的社会。实际上，从社会的角度看，平静的丘陵不断在演变、变化和运动。特别是在达尔马提亚或者加泰罗尼亚高原四周的丘陵，我们更应该单独进行分析。由于它们不像罗马城堡那样通向一块狭长的和受到限制的平原，而是通向使一切变得复杂、同时又使一切变得容易的大海，它们的情况就复杂起来了。这是因为达尔马提亚的狭长地带，通过亚得里亚海同意大利和广阔的世界相连。它对外敞开。16世纪在政治上统治它的威尼斯，无意中把征服者的文明带进了这个狭长地带。

丘　陵

谈到丘陵，我们遇到同样的问题，尤其在涉及很早就被人占领和轻易被征服的凝灰岩或第三纪石灰质的丘陵时更是如此；例如，朗格多克的丘陵、普罗旺斯的丘陵、西西里的丘陵、蒙费拉特的丘陵（这是意大利北部的"岛屿"）、希腊的丘陵（人们熟知它的传统名称）、托斯卡纳的丘陵（这里是著名的葡萄产区，拥有众多的乡间别墅和几乎城市化的村庄，堪称世界上最令人赏心悦目的乡村）以及北非的萨赫勒（在突尼斯和在阿尔及利亚同样出名）等。

阿尔及尔的萨赫勒位于海洋和背靠布扎雷阿——微型的中央高原——的米提贾平原之间，是阿尔及尔平原的主要组成部分。这种城市化的乡村被阿尔及尔的土耳其庄园所分割，受邻近城市（城市是处在四周"游牧民族"[181]方言中的狭小绿洲）的方言所渗透。坡面平缓的丘陵经过整治，装备了给水和排水设施（现在已经发现土耳其统治时代的水渠[182]），呈现出一片葱绿。作为地中海许多城市的光荣，田园在阿尔及尔附近显得绚丽多彩。田园的中心是白色的房屋。房屋四周有绿树和喷水池。1627 年，被俘获的葡萄牙人若昂·卡尔瓦略·马斯卡伦阿斯曾赞叹不已[183]。这赞叹不是假装的；如同美洲各殖民地那样迅速崛起的阿尔及尔是个海盗城市，也是一座奢侈和艺术之都。在 17 世纪初，它已经是意大利艺术的仿效者。它和以同样方式成长起来的里窝那一样，是地中海最富有的城市之一，也是最能将财富转化为奢侈的城市之一。

十分明显，匆忙地、草率地研究这些问题，很可能会使人认为，这是些简单的孤立的事例。勒内·巴厄雷尔对 17 和 18 世纪[184]的下普罗旺斯地区进行了研究，他所得出的新见解恰好能使我们有所警惕。经过仔细观察，我们可以看到，当时再没有任何别的经济能比脆弱的梯田作物更加复杂和不稳定的了。根据山坡坡度的大小，被称为"雷斯唐克"或者更经常地被称为"乌利埃勒"的地块也有大有小，石块垒起的地埂间的距离也有近有远。"地块的边上种着葡萄，树木则四处分布。"在葡萄和树之间生长着小麦以及同山蠶豆(喂骡子用)混种的燕麦,还有蔬菜(“扁豆、豌豆、鹰嘴豆等”)。当然,这些作物不可避免地要根据市场的价格互相竞争。它们也同邻近地区的产品相竞争,而各地区的贫富又同规模比它们更大的经济区紧紧结合在一起。16 世纪末,维琴察周围的原野虽然由平原、山谷和山丘组成[185],但放眼望去,“绵延不断的田园”却似乎连成一片。相反,下朗格多克地区却有多少荒芜的、不值得开垦的丘陵啊![186]有些多石的地块,赶上荒时,难道不是往往被抛弃吗?为耕种梯田而花费劳力并不总是合算的。

简而言之,不应该过分夸大这些为数不多的丘陵地带的重要性。其中有些丘陵是地中海地区人们安居乐业最良好的地点。吕西安·罗米埃[187]把这些丘陵看成是地中海文明的真正据点和唯一发源地。然而,这种说法如果再往前跨出一步,就有过分简单化的危险。不要仅仅看到托斯卡纳或朗格多克的丘陵地带而上当受骗,不要因看到这些小股泉水而使我们忘记滋养地中海巨大躯体的其他源泉……

3. 平原

关于地中海地区平原的作用,人们更容易产生错误的看法。说起“山”,人们就会想到严酷、艰苦、落后的生活和稀疏的居民;提到“平原”,人们同样会想起富足、便利、财富和美好的生活。在我们研究的那个时期,每当涉及地中海地区,这种联想非常可能使人受骗。

当然,在地中海地区,有位于比利牛斯山和阿尔卑斯山褶皱之间的往往由于地层陷落随后又被填满而形成的大小平原。这是湖泊、河流或者大海数千年来作用的结果。不用说，这些平原有大有小（只有 10 来块平原因面积较大或资源丰富而比较重要），离海或远或近，呈现的面貌同它们周围的高地完全不同。平原与高地相比，既没有同样的阳光，也没有同样的色彩和鲜花，甚至连节气也不相同。冬季在上普罗旺斯和“多菲内”绵绵悠长，在下普罗旺斯却“不超过一个月”，“因而在这个季节里，下普罗旺斯人可以见到玫瑰、康乃馨和橙花”[188]。1605 年 6 月 26 日，德・布雷弗大使与他的旅伴一同前去观赏黎巴嫩雪松，他对海拔的不同带来的差异感到惊奇：“这里（在黎巴嫩山上），葡萄和油橄榄树开始开花，小麦也刚刚开始变黄；而在的黎波里（在海边）可以看见葡萄、橄榄已经长大，小麦已经收割，其他各种水果也已经接近成熟[189]。”一个名叫皮埃尔・科埃克・达洛斯特的佛兰芒旅行者 1533 年向我们讲述了他经过斯洛文尼亚山时遇到的“雨、风、雪、雹”以及其他种种困难，并绘图加以说明。“当人们到达原野和平地”时，一切困难都顺利解决。一些“希腊妇女……向行人出售旅行所需的各种食物和用品，如马蹄铁、大麦、燕麦、葡萄酒、面包或烤饼”[190]。同样，菲利普・德・卡纳耶 1573 年从阿尔巴尼亚的雪山走出，来到春光明媚的色雷斯平原，顿时心旷神怡。[191]除他以外，还有很多人像他一样为气候温暖、景色优美、环境宜人的平原而感到激动。[192]

这只是一种表面现象。平原如果面积不大，当然容易整治[193]。人首先占领山丘、土岗、河边高地和山地边缘[194]，在那里建立起密集的大村庄，有时还有城市。相反，在积水易涝的盆地底部，分散居住往往是一条规律。蒙田看到的卢卡平原是这样，勒芒斯的伯龙看到的布尔萨平原也是这样。古罗马时已经开发的特莱姆森平原至今还是这样:田园的中央是水浇地,边上是果园和葡萄园,远处是排列成行的村庄——这就是非洲人莱昂[195]1515 年前后所目睹的并加以描绘的景色。根据屠能的同心圆式的农业生产规律,粗放经营的大庄园都远离居住中心。[196]

地中海的平原辽阔宽广,征服它们更加困难。在很长时期内,人们只是局部地和短暂地占领这些平原。仅仅在前不久,即 1900 年前后,才完成了对阿尔及尔后面的米提贾平原的开发。[197]直到 1922 年以后,希腊才开垦了萨洛尼卡平原的沼泽地[198]。在第二次世界大战前夕,埃布罗河三角洲和蓬蒂内沼泽地[199]的治理工程方告结束。因此,在 16 世纪,所有的大平原并不都是富庶之地。表面看来似乎反常,这些平原往往呈现一种悲惨和荒芜的景象。

让我们举一些例子。罗马平原的情况怎样?尽管在 15 世纪和 16 世纪人口不断增长,那里仍然处于半荒芜状态。蓬蒂内沼泽地又如何?它只是几百个牧人过往的地方和成群野牛出没的场所。包括野猪在内的各种猎物充斥其间,这是很少有人定居的可靠标志。同样,下罗讷河地区也是一片荒凉,只是近百年来才在沿河地带开始了几项土地改良工程[200]。都拉斯平原空旷无人,今天依然如此。即使尼罗河三角洲也是人口稀少。[201]多瑙河三角洲还是过去的景象:低洼积水的沼泽地里,水草密布,树木丛生,淤泥阻隔,热病流行。在这个野生动物麇集的不利环境中,生活着贫困的渔民。在安纳托利亚,布斯拜克于 1554 年在过了尼凯亚以后又穿越了一些既无村庄又无房屋的平原。他写道,正是在那里"生长的山羊,其羊毛可以用来生产毛绒织物",这就是说,我们已到安卡拉附近了。[202]科西嘉、撒丁和塞浦路斯等岛屿的内陆平原当时也是一片荒芜。威尼斯驻科孚的监督官朱斯蒂尼亚诺1576年途中所见的只是一块空空荡荡的平原。[203]科西嘉的比居利阿和乌尔比诺沼泽地更是满目疮痍，无可救治。[204]

水的问题：疟疾

但是，我们不必把16世纪所有还没有富裕起来的平原都开列在一张单子上。由穷变富需要长期的努力，需要解决即使不是三方面的问题，至少也是两方面的问题。首先是洪水泛滥。山区的雨水外流，一般汇聚到平原。[205]冬天通常正值雨季，平原难免被淹[206]。为躲过这场灾难，就必须采取大量预防措施，要兴建水坝，实行河道分流。尽管如此，从葡萄牙到黎巴嫩，今天没有一块地中海平原不受洪水的威胁。就连麦加在有的冬天也因倾盆大雨而被淹没。[207]

1590年，托斯卡纳的马雷马洪水泛滥，毁坏了已经播种的田地。马雷马同阿尔诺河谷当时都是托斯卡纳的真正的粮仓。大公被迫远到但泽（这是第一次）去寻找谷物，否则就等不到新粮上市。有时，单是夏天的大暴雨就会造成类似的灾难。因为山洪来得很快，雨刚下就到。冬季涨水时，夏季干涸的河道无不在几小时内变得汹涌澎湃。在巴尔干半岛，为了尽量不妨碍洪峰的通过，土耳其人把桥修得很高，向上呈拱形，没有桥墩。

洪水到达平地后，并不总是顺畅地流向大海。来自阿尔巴尼亚山和沃尔斯克山的水流，蓄积在山与海之间的一片宽30公里的土地上，形成蓬蒂内沼泽。这是由于平原地势差别很小，水的流速太慢，一条强大的沙丘在海边拦住了水的去路。就米提贾而论，这块平原在南面被阿特拉斯山所阻挡，在北面完全被萨赫勒丘陵所封锁，只是经由埃尔阿拉克和马扎弗朗这两个山谷缺口才勉强与阿尔及尔的东部和西部相通。总之，几乎所有这些低地都有积水。其后果到处相同。这里，水是死亡的同义词。一汪死水造就了广袤无边的芦苇荡和草泽。每年夏天，水至少使洼地和河床保持着危险的潮湿。由此产生了可怕的疟疾。这是平原地区在火热季节的灾祸。

在使用奎宁之前，疟疾经常造成死亡。即使病情轻微，它也把人折磨得委靡不振。[208]它使人未老先衰，因而使当地必须更经常地吸收新的劳动力。总之，这是一种真正产生于地理环境的疾病。通过远距离的交往，从印度和中国带来的鼠疫，不管多么危险，在地中海毕竟只不过是来去匆匆的过客，疟疾就在这里安家落户。它构成"地中海病理学的画面背景"。[209]今天，人们已经知道疟疾同按蚊以及同疟原虫有直接关系。这种血液寄生虫是疟疾的病原，而按蚊只是疟疾的媒介。1596 年前后，托马斯·普拉特曾说，埃格莫特地区"夏季蚊虫孳生，情形委实可悲"。[210]生物学家所说的这疟疾复合症，实际上同地中海低地——唯一受到疟疾严重地、持久地感染的地区——的整个地理环境有关。相比之下，山地的疟疾倒是无足轻重的。[211]

所以，征服平原，首先是战胜不卫生的水，控制疟疾。[212]然后才是引水灌溉，引来的水是活水。

人是这一漫长的历史的创造者。如果人能排干积水，翻耕平原，从地里获得大量食物，疟疾就会有所减退。托斯卡纳的一句谚语说，对付疟疾的良药是锅里装满食物。[213]相反，如果忽视了排灌渠道，山区林木砍伐严重，从而破坏了水土保持，或者如果平原人口减少，农业活动松弛，疟疾就会自行蔓延，使一切陷于瘫痪。疟疾很快会使平原恢复到原先的沼泽状态，自动地破坏土地改良。古希腊也许就是这种情况。有人认为疟疾是罗马帝国衰落的原因之一。这个观点未免有些夸大和过分绝对。人一旦放松努力，疟疾的祸患就会逐渐严重，甚至还有卷土重来的危险，这既是原因，也是结果。

然而，在疟疾史上好像有疫情较重或疫情较轻的时期。[214]罗马帝国末年，疟疾可能曾严重流行。在15世纪最后几年之后，疟疾又一度蔓延猖獗。菲利普·希尔特布兰特肯定了这一点，可惜没有提供他的材料来源。当时也许出现了新的病原体。新发现的美洲给地中海旧世界带来了梅毒螺旋体，同时也带来到那时为止从未见过的热带疟疾或者恶性疟疾。1503年，第一批受害者中间就有教皇亚历山大六世。[215]

这个问题很难作出定论。古代和中世纪也同样发生过一种类似热带疟疾的热病，虽然病症肯定较轻。尽管受到蚊子叮咬，贺拉斯居然平安无恙地穿过了蓬蒂内沼泽地。[216]1494年9月，查理八世的军队——至少有3万人——驻扎在奥斯蒂亚附近的一个特别危险的地方，居然未受损失。我们不可因此认为，有了这么一点材料就足以提出问题，至于解决问题，自然更谈不上。关于疟疾史，我们必须拥有比现在更丰富、更可靠的文献资料。究竟是疟疾还是痢疾导致了洛特雷克的军队1528年7月在被淹的那不勒斯原野上大量死亡呢？[217]我们还需要确切地了解16世纪疟疾严重流行的地区。然而，我们清楚地知道，由于热病流行，作为通向阿勒颇的跳板的亚历山大勒塔从1593年起被放弃了。我们知道，在16世纪，由于热病，居民纷纷逃离那不勒斯湾的巴耶斯。这里在罗马时代是有闲的上流社会的聚会场所，彼特拉克 1343 年在致焦瓦尼·科洛纳红衣主教的信中，曾盛赞了这里的迷人景色。但是，对于这些个别事例的具体情形，我们并不完全了解。关于亚历山大勒塔，我们知道这个城市后来被英国和法国的行政官员重新占领；城市也继续留存下来。但它是怎样和在什么情况下继续留存下来的呢？[218]至于巴耶斯，难道不是因为在 1587 年塔斯河泛滥以前至少两代人的时间内，这个城市已经衰落，热病才在那里猖獗肆虐吗[219]？此外，让我们注意到这一点：在哥伦布诞生前 20 多年，即 1473 年，当在阿尔巴尼亚沿海活动的威尼斯舰队第一次包围斯库台时，这支舰队因船员患热病大量死亡，不得不去科托尔休整。阿尔维塞·本博一命呜呼。格里蒂危在旦夕。皮埃特罗·莫切尼戈赶紧前往拉古萨求医治疗。[220]

然而，对于疾病在 16 世纪的再度流行，人们不能不感到创巨痛深。这也许因为人主动向洼地的宿敌迎战。在整个 16 世纪——从整个 15 世纪已经开始——人们寻找新的土地。除了这潮湿、松软的平原，哪里还能找到更有希望的土地？可是，没有比头一次翻耕这些瘴疠之地更有害于身体的了。开垦平原，往往就是死在那里。大家知道，经过 19 世纪的艰苦努力，人们从热病的手里夺得了米提贾平原，而在最初阶段就不得不向这块平原上的村庄反复补充居民。16 世纪在地中海各处进行的内地垦殖，同样也使人付出了很高的代价。特别在意大利，垦殖事业十分发达。意大利之所以没有参加对远方殖民地的征服，并置身于这个大规模的运动之外，原因之一难道不正是意大利忙于征服国内一切在当时的技术条件下可以夺取的空间(从被淹没的平原直到山顶)吗?圭恰迪尼在《意大利史》的开头自豪地写道:“意大利的作物一直种到山顶上。”[221]

平原的水利工程

征服平原,这个梦想早在历史的晨曦中已经出现。“达娜依特的木桶”①可能是阿尔戈斯平原采用常年灌溉法留下的民间回忆。[222]在很早的时候,科佩斯湖沿岸的居民开始蚕食湖旁的沼泽。[223]从新石器时代起,很多地下水渠在罗马平原上纵横交错。[224]它们的遗迹已经被考古工作者发现。人们也知道伊达拉里亚人在托斯卡纳狭小的平原上修建的原始工程。

在上述这些最初的尝试和19、20世纪的大规模水利工程之间,人们的努力虽然时有放松,却从未停止过。地中海人总是在同洼地作斗争,其任务比对付森林和丛林更加繁重。这是地中海乡村史的真正独特之处。正如北欧通过砍伐森林逐渐成长壮大,地中海通过开垦平原扩大了耕地,平原是地中海内在的美洲。

早在15世纪,并在整个16世纪,兴建了无数水利设施。当时采用的手段只能因陋就简:大小不等的沟渠以及小水泵。到了下个世纪,荷兰的工程师创造了更有效的方法。[225]但在那以前,现代意义上的荷兰工程师还没有出现。由于条件的限制,工程规模不大:分段对沼泽地实行各个击破。在此期间也曾遭到很多失败。蒙田1581年在威尼斯地区的阿迪杰河谷遇到“大片贫瘠、泥泞、长满芦苇和一望无际的土地”。[226]这里过去曾是池塘,威尼斯市政会议打

① 成语,指无底桶。——译者

算抽干，以便耕种……蒙田最后说：他们想使这块土地改变面貌，结果得不偿失。同样，费迪南大公在托斯卡纳的马雷马和基亚纳山谷的洼地进行的尝试，不管当时的“报刊”（指官方的编年史作者）如何大吹大擂，终究也没有成功。[227]

从科西默开始的历任大公试图把马雷马建成一个粮食产区，这与热那亚在科西嘉东部平原进行的工程大致相同，但规模更大。为此推行了有利于移民的措施：预支资金和谷物、招收劳动力、再加上在这里或那里兴修水利。翁布罗内河畔的格劳塞托，那时成了向里窝那输出粮食的港口……勒蒙在他早已出版的《托斯卡纳史》中，很好地指出了这一努力功亏一篑的原因。[228]大公们追求两个相互矛盾的目标：建设盛产粮食的平原（这意味着要付出巨额费用）和建立有利于他们的粮食收购的垄断（也就是说建立一个廉价出售制度）。恰恰相反，当时本该开放市场，让地中海所有的买主进行竞争。水利工程耗资巨大，而其效益却不一定同开支成正比。在 1534 年，布雷西亚的代表提醒威尼斯的元老院说：“引水和拦水工程导致没完没了的开支，我们很多公民都因愿意承担这类工程而破产。除引水分流外，水利设施的养护也不断需要追加费用，因为算笔总账，人们觉得开支同收益相差无几。”[229]很显然，在这种情况下，布雷西亚人便据理力争，或纷纷诉苦，不肯交纳过重的税款。尽管如此，水利事业毕竟是耗资巨大的大型工程，只能由政府兴建。

在托斯卡纳，承担这类工程的是一个“开明”的政府，或者像在 1572 年那样，是未来的费迪南大公，这位王公对在潮湿的基亚纳山谷进行可能的改良发生了兴趣。[230] 1570 年，在波河三角洲宽阔的沼泽地中心，在安布罗焦山谷，由于弗拉拉公爵的大力推动，兴

建了所谓“大型水利设施”。但这项工程因地面下沉和积水回流而困难重重，最后则随着波尔托维罗运河的开凿而彻底失败。波尔托维罗运河在1604年使威尼斯能通过这个打开的缺口把波河的水流引向南方。[231]在罗马，是由教皇政府承办这类工程的；[232]在那不勒斯，总督制订了一项在卡普亚附近辽阔的凯拉诺拉和马雷拉诺沼泽地进行排水的正式计划。[233]在阿奎莱亚，工程承办人是帝国政府。[234]在土耳其，根据我们了解到的很少一点情况，水利工程好像是由贵族承办的。他们主要从17世纪起，在低地和沼泽地区，在都拉斯平原或者在瓦尔达尔河沿岸建立农奴新村——日弗德利克。[235]这些大村庄十分容易辨认，农奴主的宅第居高临下，四周是挤得密密麻麻的破旧房屋。

西方也是如此，一系列水利工程都由大资本家个人主动兴建。他们于16世纪在伦巴第的低洼地区开辟了稻田，水稻种植发展十分迅速；据我们所知，从1570年起，也许还更早一些，已能向热那亚出口其产品。一名威尼斯前贵族——他自称由于不公正的决定被从贵族名册上除名，但仍然富有——竟不怕亵渎神圣，要对威尼斯的泻湖伸手。当局获悉后感到不安：想把泻湖改作耕地，此事当真吗？难道不该担心水位会发生变化吗？这项设想终于被否定。[236]

下朗格多克的大规模排水工程，也是由一些资本家发起的。工程从1592年开始，一直延续到1660—1670年，劲头不大，成绩平平。同样的工程从1558年起在纳博讷附近开始，着手“排干”池塘的积水。到了16世纪末，由于在洛纳克湖周围的水利设施破土动工，上述工程进展逐渐加快。普罗旺斯的工程师、水利专家和亚当·德·克拉蓬讷的学生提供了帮助。一个“小组”(拉瓦尔、迪穆兰、拉韦尔)领导这项工程以及接着在纳博讷附近进行的工程。索尔特的领主贝纳尔·德·拉瓦尔提供了第一笔资金,以及后来的“追加款项”。[237]

这些水利工程符合城市的需要。在 15 和 16 世纪,城市居民不断增加。粮食供应紧张迫使城市在其周围发展种植业,或者开辟新的耕地,或者扩大灌溉面积。由此产生了很多纠纷,但也达成了不少富有成果的协议。1334 年,布雷西亚的代表说:“奥廖河的分流诚然可使供水充足,但同时也产生了与克雷莫纳人一系列纠缠不清的争端。且不说还可能引起谋杀,这类案件已经发生过。”[238]1593 年,维罗纳的行政官在威尼斯的支持下,下令拆毁曼图亚人的设施,以便保住塔尔塔罗河水,结果发生了无休止的纠纷。[239]在 18 世纪的阿拉贡,城市之间还是聚讼纷纭,各自都想窃取邻近城市宝贵的灌溉用水。[240]相反,从 15 世纪起,下罗讷河沿河各地联合兴办了治水工程。如果没有意大利移民的资金和来自阿尔卑斯山的劳力,这项工程是无法想象的。[241]

合作也罢,争执也罢,城市作出了卓有成效的努力。通过这种努力,在城市的市场能够直接通达的地方,建起了城市所需要的田园和麦地。一名威尼斯大使在穿越卡斯蒂利亚时得出结论说,那里只在城市的周围耕种。放牧绵羊的广阔草场和种植小麦的旱地分布在黄土平原上。那里的房屋用泥土修造,同土地看不出有什么区别,从而使这位大使产生错觉,以为是空旷无人的原野。然而,在卡斯蒂利亚的城市的周围,他遇到过星星点点种着绿色庄稼的水浇地。在巴利亚多利德,果园和田园一直延伸到皮苏埃尔加河沿岸。

即使在马德里，菲利普二世只有在买下葡萄园、田园和果园之后，才能扩建普拉多宫国家博物馆。我们有卖地契约为证。[242]在托莱多，“被树木和作物划上一道道条纹”的小平原紧挨着城市。在普罗旺斯，城市和农业劳作也保持同样的联系。芒德利厄、比奥、欧里博、瓦洛里、巴尔若斯、圣雷米、圣保罗-德-福戈西埃尔、马诺斯克等地于16世纪都扩大了种植面积。迪朗斯河沿岸地区的蔬菜种植得到了发展。[243]在下朗格多克，“得到灌溉的田园和牧场，在当地实际上只占很小的比例（就像西班牙一样）”，的确，只在“城市外围用水灌溉的地带才有水轮井的存在，一口井的价值就占一个田园价值的30％”。[244]

城市的金钱就这样大量转移到乡村。[245]寻找新的耕地从16世纪末起就成为公众关心的问题。在《农业舞台》[246]一书中，奥利维埃·德塞勒从头到尾阐述了怎样治理沼泽地。但是，这种努力是逐步完成的。凡是观察平原诞生全过程的人，都为这一过程持续时间之长，感到吃惊。直到16世纪尚未完成的工作，却在几百年前业已开始了。所有的平原都是如此，不管是穆尔西亚平原还是巴伦西亚平原，不管是莱里达平原还是巴塞罗那或萨拉戈萨平原，不管是安达卢西亚平原还是波河平原，不管是那不勒斯的“猗丽原野”还是巴勒莫的“金螺壳”平原，抑或卡塔尼亚平原。每一代人都使一片土地露出水面。彼特罗·迪·托莱多在那不勒斯执政期间的功绩之一，就是在大城市的附近治理了位于诺拉、阿韦尔萨和大海之间的拉沃罗沼泽地，并且正如一位编年史作者所说的那样，把它改造成为举世无双的良田，那里沟渠纵横，土地肥沃，又无积水之虞[247]。

小平原首先被开发。加泰罗尼亚高地的沿海平原，从中世纪初期起，就被人占领并用来种植珍贵的作物。根据传说，灌渠的挖掘可上溯到阿坎二世在位期间。现在还没有任何事实可以证明挖掘的日期不比这更加早些。相反，可以肯定的是：1148 年收复的莱里达因受惠于克拉莫尔的排灌渠道而成为沃壤；托尔托萨从阿拉伯人统治时代起就有了自己的排灌渠道；卡马拉萨在 1060 年并入巴塞罗那伯爵领地时，也已经有了灌溉沟渠。巴塞罗那伯爵仿照穆斯林的办法，在城市本身的领土和略夫雷加特平原挖掘灌溉系统。巴塞罗那著名的伯爵灌渠（或称米尔灌渠）和另一条水渠（即从略夫雷加特到塞尔维略的水渠）的建设，应归功于米尔伯爵（945—966）。这份遗产被后人继承、保留了下来，并不断加以丰富。[248]

就萨拉戈萨平原上的大灌溉区的情形而言，经过的阶段也相同的。在穆斯林被从城市赶走时（1118 年），工程已经基本完成。但这以后，配套工程仍继续进行。总之，大灌渠从 1529 年开始规划设计，于 1587 年破土动工，到 1772 年方告竣工。当时正值启蒙时代，整个阿拉贡低地在农学家的推动下，改进和完善了灌溉网。[249]

伦巴第的例子

但是，关于逐步征服的过程，好的例子是伦巴第，因为在我们看来，这个例子最能清楚地说明问题。[250]我们且把高于平原的各个台阶排斥在外：一边是阿尔卑斯山脉，海拔在 1500 米以上的部分是贫瘠的多石山地，海拔在 700 米和 1500 米之间的部分是草地和森林；另一边是亚平宁山脉，山洪向平原倾泻，夹带大量沙砾和碎石，但每到夏季，这些激流就完全干涸，以致无法满足灌溉和饮水两方面的需要。因此亚平宁山脉海拔1000米以上的地区同阿尔卑斯山脉海拔2000米以上的地区同样都是不毛之地。亚平宁山脉仅在夏季才有可供山羊和绵羊啃食的零星饲草。

在这两座壁垒之间，下伦巴第地区是一个由丘陵、高原、平原和河谷组成的综合体。丘陵是油橄榄树和葡萄树的领地，在阿尔卑斯山各大湖附近，甚至还生长柑橘类果木。真正的"高原"只在北部才有。首先是一块得不到灌溉的高原，呈长方形，南面沿阿达河背靠从维科隆戈到瓦普里奥的一条直线，这块荆棘丛生的荒原只宜种植桑树。其次是一块地势较低、可以灌溉的高原，呈三角形，南边的底线从泰辛河畔的马真塔延伸到阿达河畔的瓦普里奥。那里的小麦、桑树、草地生长茂盛。

值得注意的是，伦巴第的低洼部分是一块大冲积平原，夹在可以灌溉的高原和亚平宁山脉的前沿丘陵之间，像是螺壳的底部，这里是传统的水稻种植地区，天然牧场和人工草原也很多。不是有人曾根据饲草的售价，试图说明16世纪米兰物价变化的总趋势吗？[251]

这块平原完全是靠人力改造而成的。人铲平了原来的山丘，填平了沼泽，巧妙地利用了来自阿尔卑斯山冰川的江河流水。治水行动至少于1138年前后已由本笃会修士和西多会修士在"基亚拉瓦莱"开始进行。[252]大运河于1179年开始动工，并于1257年由执政官贝诺·戈佐迪尼完成。这样，泰辛河通过一条长50公里左右的、兼顾灌溉和航运的人工河到达米兰。早在1300年前，人们已从塞西亚河引水到巴斯卡灌溉渠，后来又对塞西亚河实行分流，开辟比拉加、博尔加拉等其他灌渠，用以灌溉瓦雷塞和洛梅利纳地区。

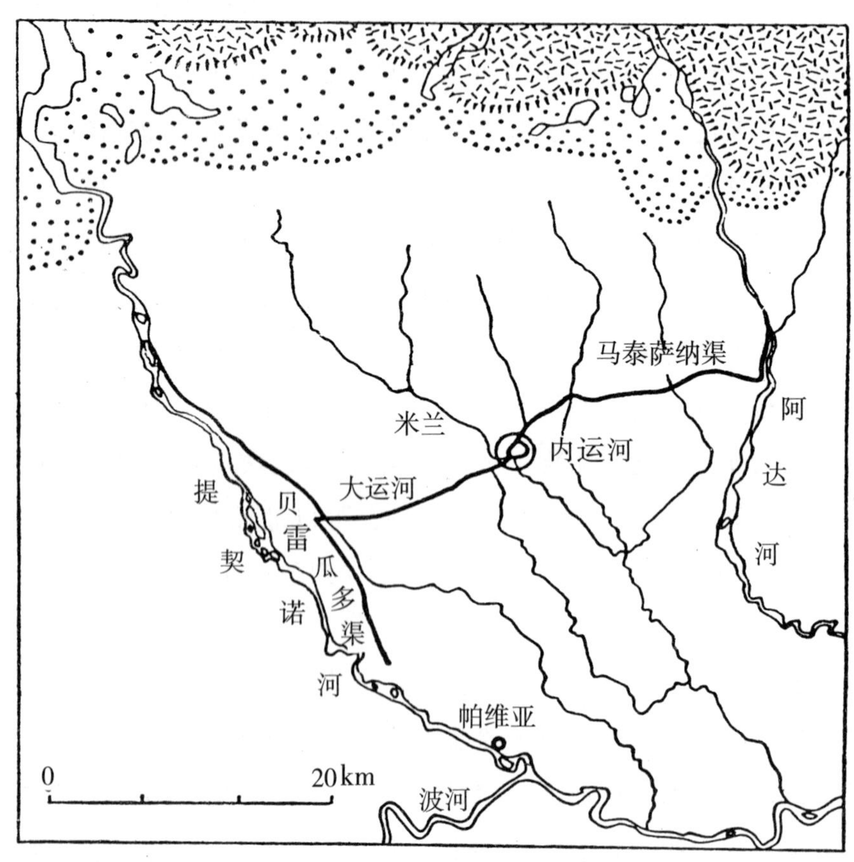

图 3　伦巴第平原的各大运河

选自查尔斯·辛格的《技术史》，1957 年版，第 3 卷。此处应为 30 里拉，而不是 20 公里。加点的地区表示阿尔卑斯山脉之前的山丘和冰碛沉积。

1456 年，弗朗索瓦·斯福扎开凿了长达 30 多公里的马泰萨纳渠，把阿达河水引到米兰。1573 年进行的拓宽工程使这条运河兼得舟楫之利。由于"摩尔人"卢多维克早已把马泰萨纳渠同大运河连接起来，伦巴第的两大湖泊——科莫湖和马热尔湖——于 1573 年就在国家的中心地区沟通了[253]。米兰因此成为重要的水运码头，不仅能以低廉的费用取得小麦和铁，尤其是木材，又可向波河和弗拉拉方向运送它铸造的火炮，总之，米兰从此弥补了作为内陆城市而存在的那个重大缺陷[254]。

以上叙述虽然仅仅涉及江河沟渠，但也足以说明征服平地的过程是多么缓慢。它是分几个阶段逐步完成的，并且在每个阶段都相应地形成新的社会阶层，因而不同的社会群体分别代表着犬牙交错般结合在一起的三个伦巴第。北部与“荒原”区接壤的上伦巴第是个山区，也是小牧业主的地区。山民贫穷但却自由，顽强地在他们的土地上生产一切，其中包括劣等葡萄酒。往下是可以灌溉的高原地区，那里有泉水和大片草原，土地开始归贵族和教士所有。这个地势较低的区域还不完全是平原，人们可以见到城堡、分成制租种地以及坐落在参天大树之下的修道院。在最低的一级展延着资本家的稻田。[255]他们的革命性创举解决了这些被淹土地的耕作问题。这在经济方面当然是个进步。但在社会方面呢？

伦巴第的稻米种植意味着对劳动者的残酷奴役。这些劳动者由于没有组成团体，不能有效地进行申诉、反抗，因而处境尤其恶劣。稻田不需要常年的劳动力，只在播种、插秧、收割这几个星期中需要大量的劳动者。全部种植依靠季节性的移民。地主一般只是为结算工资和监督劳动才亲临现场。例如，几个世纪之后，加富尔前往下皮埃蒙特附近的莱里，亲自在地头结算工资，天刚亮就去监督零工的劳动。[256]

平原上所有的耕作几乎都是这样进行的。这些土地便于耕种，田埂可以用拉线的办法开得笔直，适于有规律地使用由黄牛或水牛牵引的畜力农具。只在收割庄稼或采摘葡萄的季节，这里才从山区招募大量劳动力充当短工。这些短工在劳动了几个星期以后，便重返家乡。他们是真正的农村无产者。但是，长年在平原定居的农民往往也是无产者。

西班牙于1547年对伦巴第的地产所作的调查表明，[257]农民只占有富饶的平原区的不到3%的土地，而丘陵区的贫瘠土地却绝大部分是农民的产业。没有比这些数字更能说明伦巴第地区人民的生活条件了。平原农民医疗和卫生条件极差，往往只能节衣缩食。农民受地主的压迫，为地主而生产。他们淳朴憨厚，往往刚从山区来到平原，一有机会便受地主或管家的欺骗。不管他们真正的法律地位如何，从很多方面来看，他们简直就是殖民地的奴隶。

大地主和贫苦农民

我们曾经把地中海地区的平原开发比作北欧的森林开发。正如任何比较一样，我们的比较也有它的局限性。随着砍伐森林而建立起来的新城市是些美国式的更为自由的世界。地中海（利于个人发展农业经济的少数新地区除外）[258]的悲剧之一，地中海恪守传统和因循守旧的原因之一，正是那些新开垦的土地继续控制在富人手里。北欧的情形与后来美洲的情形相同，一把斧头、一把鹤嘴锄足以开垦肥沃富饶的良田。而在地中海，开辟耕地必须要有富豪和权贵的参与。特别是随着时间的流逝，人们不再满足于小规模的水利设施，开始从事宏伟的、整体性的和长期的治水工程。没有同心协力，没有建立在严格的社会秩序基础上的纪律，便不能达到目的。在16世纪的埃及和美索不达米亚，难道可能住着自由的农民吗？在西班牙，随着旱地被改造成水浇地，相对自由的农民也就沦为奴隶。西班牙人只是在完成了再征服以后，才从穆斯林那里继承了庞大的灌溉设施。他们把这些设备，连同为保证设施正常运转所必需的穆斯林农民接收过来。在16世纪，仍然是穆斯林农民耕种莱里达平原，耕种埃布罗河流域的里奥哈地区。人们可以在巴伦西亚、穆尔西亚和格拉纳达找到穆斯林农民。这些穆斯林农民，或者更确切地说，这些摩里斯科人，备受伊比利亚地主的爱护。不过，主人爱护他们，就像爱护牲畜一样，就像在新大陆爱护自己的奴隶一样。

平原属于领主所有。[259]为了观赏领主的住宅，观赏那些饰有大型纹章的宫殿，必须来到肥沃的葡萄牙平原[260]。锡耶纳辽阔低洼的马雷马平原——这块真正的热病肆虐之地——同邻近的托斯卡纳马雷马一样，四处分布着贵族领主的城堡。这些城堡上的大小塔楼及其古色古香的侧影，使人回想起当时的社会，回想起地主贵族在当地的高压统治。他们并不常年住在这里，因为城堡只是他们临时的住所。他们平日在锡耶纳生活。他们在锡耶纳居住的深宅大院至今依然存在。班德洛笔下的情郎情妇，总是串通女仆，顺着楼梯登上堆放着一袋袋小麦的顶楼，或者顺着过道来到楼下往往无人照管的房间。[261]我们可以跟着他们进入这些宫殿般的建筑，凭借想象去体验旧家庭中发生的种种喜剧和悲剧。结局将秘密地出现在马雷马的古堡中，远离城市，远远避开城市的流言蜚语和家庭的控制。热病和酷热把这里和世界隔离开来，根据意大利当时的风尚，还有什么场所能比这里更便于处死不忠的，或者被怀疑为不忠的妻子呢？用气候条件作解释或许会使贝雷斯为之神往。但是，难道不应该把社会因素也考虑进去吗？在自己的领地上，领主可以为所欲为，即使杀人也几乎不受惩罚。平原是富人的天下。

罗贝尔·蒙塔涅在谈到今天摩洛哥的苏斯地区写道：[262]“在平

原，富人和穷人之间的差距迅速扩大。前者拥有园圃；后者耕种这些园圃。得到灌溉的田地生产大量粮食、蔬菜、水果。橄榄油和苏斯树油是另外一种财富。这两种油装在皮囊里，一直运到北方城市。苏斯平原由于更加接近市场，外国产品进入十分方便，以致这里贵族的生活逐渐变得同历来在摩洛哥素丹统治下的其他省份的贵族一模一样。但是，与此同时，园圃工人的生活越来越贫困。”我们觉得，贫富悬殊，富人极富，穷人极穷，似乎已成为地中海世界各平原地区的一条普遍规律。

在那里，大土地所有制依然是惯常的规律。领主制——往往是大土地所有制的表现形式——在那里具有继续存在的天然条件。西西里岛、那不勒斯和安达卢西亚领主中的长子世袭制毫无触动地一直传到现代。同样，在巴尔干半岛东部的各个大平原，在保加利亚、鲁米利亚和色雷斯，在盛产小麦和稻米的地区，土耳其政权及其大土地所有制和农奴制，深深地扎下了根。而在多山的西部地区，这个政权几乎总是碰壁。[263]

随着地点和环境的变化，以上情形也有不少例外。早期的罗马平原，目前巴伦西亚的农民民主，甚至安普丹或鲁西永的农民民主就是例外。关于安普丹和鲁西永的两块平原，马克西米利安·索勒写道：[264]“这些平原始终是中小土地所有制的天下。”当真是“始终”吗？我们还是同作者一起把这个“始终”理解为近代吧！其实，我们对这些平原在14世纪的土地纠纷以前发生的事情并不十分了解，尤其对兴建的巨大的集体灌溉工程，例如马德圣殿骑士团在雷阿特和康塔拉纳的鲁西永盆地兴建的工程，都并不真正清楚。但可以肯定的是：规律的例证和例外都并非绝无仅有，而是大量存在。在普罗旺斯，“除了被大庄园所分割的阿尔勒平原以外，农村无产者人数很少。”在加泰罗尼亚，至少从1486年起，富裕农民的生活蒸蒸日上。[265]为了使整体的解释不致牵强附会，我们也许必须回过头来，对小土地所有制和大土地所有制这些被人们误认为简单的概念重新斟酌推敲；并且根据平原面积的大小以及是否分门别类，对各种平原作出区分。最后，我们尤其应当研究，土地所有制和农业经营是否曾发生一连串的变革，地块是否曾经历分割、合并、再分割（任何事情既然都并非一成不变）的过程，并作出符合逻辑的说明。在一些地区，由于人口众多，由于引进新的作物、改进工具或者由于作物和工具长期不变，由于城市向四周乡村扩展影响，平原的地理和人文格局不断被打乱。与此同时，在另一些地区，麦田和步犁的专制地位（根据加斯通·鲁普内尔的观点）及牲畜的使用，却维护着旧秩序和富豪的权势。埃马纽埃尔·勒鲁瓦·拉杜里[266]对15至18世纪朗格多克农民进行的研究将使我们耳目一新。在他之前谁曾想到耕地的这种格局在很大程度上竟是社会、人口和经济形势的产物，并且因此而具有相当的可塑性，随时根据形势的变化而变化？问题是要知道几百年间朗格多克农民地位变更的这张时间表对地中海其他地区是否适用（有的提前，有的落后，绝大多数地区不前不后）。我们现在还远不能对此作出答复。

平原的短期变化：威尼斯共和国

我们至少可以通过另一个例子——威尼斯——试着去观察这些短期的变化。

威尼斯地势低洼的地区也是

物产最富饶、人口最稠密的地区。威尼斯平原早在15世纪末以前已进行频繁的水利建设。关于这些工程的规模，我们可以有所推测，可惜对具体的地点和日期并不了解。这些耗资巨大的水利工程开始虽早，但通常没有给农民或村庄带来什么好处。

威尼斯当局从1566年起把水利工程交给垦荒监督官管理。施工方案在整个16世纪保持不变，始终谨慎地和有意识地照章办事，表面上看，工程进展也十分合理。[267]每项水利建设针对一批明显的沼泽地，制定出包括各种水利工程的整套方案：兴建堤坝、抽水设施、分配灌溉用水的渠沟……有时，已建成的水渠可供船舶航行，为此还设立了通行税卡。这可补偿一部分工程费用。但在近期内，地产主必须支付工程所需的高额经费。每"坎波"①土地支付一至二杜卡托，[268]视土地种植葡萄或栽种树木而定。如果地产主清账时无力缴纳其份额，就以其不动产的一半抵账，这说明每"坎波"土地承担的税金并不轻。

水利工程属于或不属于某个城市公有（埃斯特[269]和蒙塞利切[270]的水利工程归城市公有），这要根据具体情况而定。有时，它是一个真正的地产主联合会的私有财产，地产业主可以利用威尼斯国库的低息贷款（4%）。最后，威尼斯当局可以参加工程。在这种情况下，它可保留在工程竣工时出售其应得土地的权利。拍卖有时就在里亚托广场进行。每项工程像一艘船的所有权那样被分成24股，然后逐股公开拍卖，我们几乎可以说，每一股都是拍卖人一锤敲定才成交的。文献还明确指出，同时要把一根木棍指向地面，以

① 一坎波相当于1英亩稍多一些，各地区有所不同。——译者

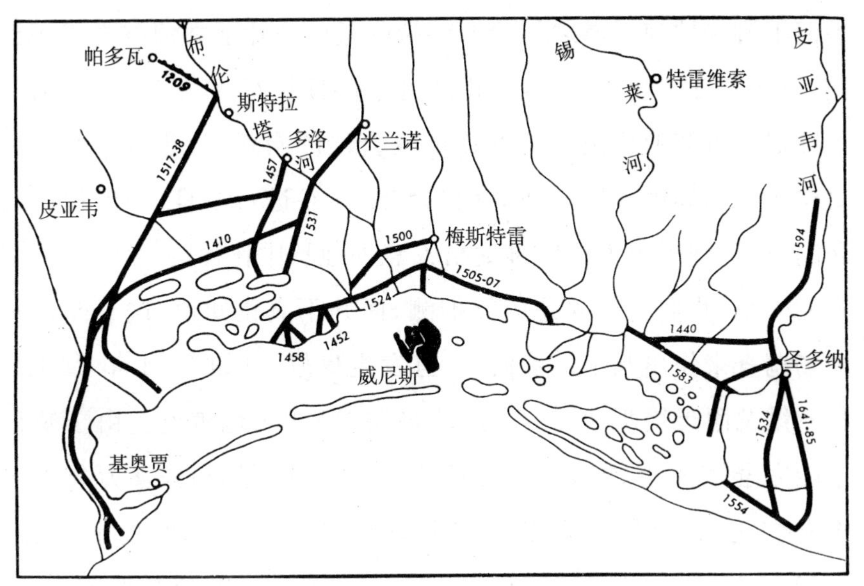

图 4 调节水流的运河保护了威尼斯半数的泻湖

本图正前方面向西北。这些引水工程保护了威尼斯低地和围绕该城的泻湖。然而，泻湖北部的很大一部分被皮亚韦河和锡莱河的沉积物淤塞。这两条小河往往洪水泛滥，致使该地区积水成涝。相反，在南部，由于不断兴修水利，征服了布伦塔河，同时从基奥贾到威尼斯之间的泻湖仍是一片“活”水，水面随海潮的运动而起伏。选自阿图罗·乌切利，《中世纪至今的技术史》，1945 年版，第 338 页。

示同意。

我们也许不必过细地介绍这些章程。通过这里或那里发生的挫折或者真正的灾难，就可以猜测出实际情况。某个城市无法借到钱来完成它的工程，于是把工程的一半卖给本市居民，另一半卖给出高价的第一个买主（因为拍卖人先报出最高价格，然后逐渐落价）。经常可以看到地产主组成辛迪加或牧主联合会。在这些真正的商业联合会中，威尼斯的豪门世家高居首位，人们对此毫不感到惊奇。一份文献资料（1557 年 2 月 15 日）[271]提到一个名叫耶罗尼莫·多尔芬的人（大银行家出身），他同合伙人一起，操纵位于阿迪杰河下游和波河下游之间伦迪纳拉附近的桑比亚乔河谷的工程设施，虽然这项工程1561年初仍然处于停顿状态。[272]两年之后，另一个威尼斯贵族亚历山大·本在市政会议的同意下，花费巨额资金对位于波河和巴基廖内河之间的整个河谷进行改良。[273]工程进行期间，他遇到了阻力，"罗维戈出人意外地从中作梗"。至于工程规模的大小，我们更多的是依靠推测，而并不真正知道，这只能通过现场调查来作出判断。然而，一旦发生事故，例如1554年11月5日罗维戈附近堤坝决口，3万"坎波"的肥沃土地被淹。由于缺口未能完全修复，后季收获就可能像前季收获一样损失4万袋上等小麦。[274]这里涉及巨额粮食和大笔财富以及重大的商业利益。1559年12月11日，一个工程发起人（可惜他没有公开姓名）建议由他出资兴建一系列工程，将来用土地还本，他只打算十取其一，[275]在这个好人的背后，又隐藏着谁呢？

除了以上细节之外，我们对威尼斯地区农民和地主的状况几乎不甚了解。但是，由于研究中的偶然发现，我们今天对朗格多克的农民和他们的主人却十分清楚。[276]为了更好地对威尼斯地区的农民和地主状况作出判断，必须进行大量调查，然后再仔细衡量、估计大量正、反两方面的证据。与种类繁多的整个农业经济相对而言，兴修水利的努力和推广水稻的成功（可能从1584年起）究竟意味着什么？[277]这一切将保证贵族的优裕生活，并使威尼斯市政会议17世纪在蚕丝产量同时增加的情况下保持收支平衡。无论如何，这些规模巨大的水利工程同朗格多克的"开凿运河"似乎不能相提并论。同样，威尼斯的"地租"受益者在16世纪结束以后，面临着一个欣欣向荣的时期，他们的经历也比蒙彼利埃或纳博讷周围的朗格多克地主更加吉利兴旺。威尼斯的富人把财富转移到威尼斯乡村后,经营十分得法。但是,我们对那里发生的戏剧性变化,却未能完全摸透。我们只知道农民负债累累;经济往往还很落后,市镇的公有土地日渐缩小……这是一个多么值得弄清楚的问题啊![278]

长期的变化:罗马平原的命运

从长时段着眼,我们显然可以把变化观察得更加清楚。罗马平原是这些巨大的、反复无穷的变化的极好例子。[279]早在新石器时代,农民已占领了罗马平原。几千年以后,在罗马帝国时期,农民依旧盘踞在这块辽阔的土地上,并已拥有大渡槽,疟疾当时还为害不大。随着5世纪东哥特人的入侵,渡槽被切断,灾难便降临了。只是在过了一二百年之后,才重新开始征服土地。奥斯蒂亚从废墟中获得重生……到了11世纪,新的倒退和新的灾难接踵而至。后来,在14和15世纪初,农业生活又一次重新繁荣。奥斯蒂亚的这次复兴应归功于埃斯图特维尔红衣主教。在15和16世纪,大领主所有制开始建立,大农庄的房屋建筑与城堡十分相似。这就是人们今天在大路边上仍然可以望见的村庄。这些巨大、厚实的建筑物说明:平原当时很不安全,强盗随时都会下山抢劫。这些"垦殖"型的大农庄实行轮作制(以小麦为主),并且大规模发展养牛。劳动力由阿布鲁齐山区提供。但是,这种对平原的占领是稳固的吗?

在16世纪,情况不大美妙,红衣主教在罗马平原都有他们的"葡萄园"。但是,"葡萄园"通常位于开阔空旷的丘陵上,例如博尔盖塞家族在帕拉蒂诺山的乡间别业。喜欢在罗马周围打猎的本韦努托·切利尼详细地叙述他如何疾病缠身,久治不愈。据他说,只是因出现了奇迹，他才摆脱了病痛，看来他所得的病是急性疟疾。[280]我们因此可以想象，当时的罗马平原十分空旷，那里有众多的沼泽以及充当猎场的荒野。此外，充满活力和到处乱闯的牧民，如同远古时代的原始部落一样，不断从亚平宁山脉各地拥向罗马平原，直逼罗马城下。1550年前后的一些公证文书表明，在罗马贩卖牲畜的商人中，不少是科西嘉的移民[281]……由于受到国外小麦的竞争，农业生产不断恶化。到了18世纪，情况变得更加严重。德·布罗斯留下的一幅图画令人惨不忍睹：平原苦难深重，土地经营漫不经心，热病猖獗肆虐。[282]"19世纪初罗马平原的景况比任何时候都更加悲惨。"[283]

平原的威力：安达卢西亚

平原的命运通常显得比较平静。这或许因为我们对平原了解得还很不够。然而，从罗马时代到今天，下突尼斯的开发和利用几经沧桑，大量证据表明，那里曾有过光辉灿烂的古代。我们可以说，在下叙利亚，在湮没了数世纪之后于1922年才复活的马其顿，或者在命运变幻莫测的卡马尔格，情形也同样是如此。

不管怎样，这些辽阔的平原体现着地中海农业史的基本方面。且不说为治理水害而在人力方面付出的高昂代价，这些平原本身就反映着地中海取得的最后、最困难和最光辉的成就。每一块平原的征服都是一项伟大的、意义深远的历史事件，因而对于地中海发生的任何重大事件，人们总是要问，这里有没有重大的农业成就为背景。

平原在农业成就中占据的这种至高无上的地位，最鲜明的例子当属下安达卢西亚的平原。这是16世纪地中海最富庶的地区之一。界于北方旧卡斯蒂利亚台地和南方的拜蒂卡山脉的崇山峻岭之间，下安达卢西亚地势平缓，到处呈现大片的草地(西部草地有时使人联想起佛兰德北部地区)，以及葡萄园和辽阔的油橄榄园……像其他平原一样，下安达卢西亚大概也是一部分一部分地被征服的。在罗马帝国初期，整个下瓜达尔基维尔地区还是一片沼泽，[284]与原始时期的下罗讷地区或与法国殖民统治前的米提贾平原相似。但是，安达卢西亚平原，或者说拜蒂卡地区，很快就变成罗马统治下的西班牙的中心，那里城市星罗棋布，而且富饶丰足，人口稠密。

这是因为城市的富裕与平原的富裕不可分割地相联系。平原既然专门生产数量较少但获利颇丰的作物，它日常需要的粮食就部分地依靠外地供给。安达卢西亚的各个城市出口食油、葡萄、葡萄酒、布匹、制成品，但小麦却要靠北非供给。谁拥有这些小麦，谁就多少支配着这些城市。在安达卢西亚城市的共谋下，汪达尔人在5世纪控制了小麦产地。[285]当拜占庭人在下一个世纪把他们从小麦产地赶走时，安达卢西亚立即归属拜占庭。后来在阿拉伯人入侵时，安达卢西亚也没有进行任何抵抗。

安达卢西亚一旦被“征服”，便成为征服者王冠上的瑰宝。它曾是穆斯林西班牙对外扩张的中心。这一扩张在伊比利亚半岛的北部虽然进展并不顺利，但朝北非方向却一往无前，北非沿海地区及其粗野的居民和动荡的历史，从来就与西班牙很难分开。在这个城市众多的繁华的平原，有两个大都市：科尔多瓦和后来的塞维利亚。科尔多瓦是整个西班牙的样板，是西欧穆斯林和基督徒杂居地的楷模，这两个城市都是艺术之都和文明中心。

几百年以后，到了16世纪，西班牙依旧十分强盛。虽然如此，它必须医治13世纪基督徒再征服运动造成的巨大创伤。这次再征服运动在安达卢西亚地区，特别在南部，使很多地方荒无人烟。这些地方经过长期的军事垦殖，然后又经过和平垦殖，才恢复了元气。这项缓慢地恢复元气的工作，在16世纪尚未完成。[286]即使如此，安达卢西亚仍然是个光辉灿烂的地方，是“西班牙的谷仓、果园、酒窖和牛栏”，[287]是威尼斯大使在他们的报告中惯常赞扬的对象……16世纪又给这块土地的光荣增添了一件礼物——美洲。因为从1503年起，美洲已成为塞维利亚的囊中之物，这种局面大约将维持两个世纪。美洲意味着贸易署，意味着开往西印度的船队从墨西哥或秘鲁运回白银，意味着在国外建立密集而活跃的商业据点。所有这些利益都必然为塞维利亚所垄断。原因何在呢？首先，从统治者的利益出发，他们要把招财进宝的买卖严格地控制在自己手里。其次，因为通向美洲的道路处于信风的支配之下，而塞维利亚正好位于信风出入口。但是，在这个奇特的好命背后，城市得天独厚的供应条件难道就不起作用吗？瓜达尔基维尔河上的船只和著名的四牛大车源源不断地向城市提供物资。正是盛产葡萄和油料的大平原在暗中推动塞维利亚的贸易。来自布列塔尼、英格兰、泽兰或荷兰的北方船只不仅要装运圣卢卡尔的盐——这种盐用来腌制鳕鱼是再好不过的了——和西印度产品，而且还有安达卢西亚山坡出产的油和葡萄酒。

安达卢西亚的财富推动了该地区走向外部世界，或者说，迫使

它不得不这样做。在16世纪，塞维利亚以及安达卢西亚内地——当地的穆斯林历来占居民的一半，基督徒不到一半——正为新兴的西属美洲提供大量移民。卡尔洛·佩雷拉说得好，整个西班牙为了充实这些向海洋开放的南方地区而出现人口外流。

皮埃尔·若尔热把这些平原描绘成邻近大海的"农业细胞"，对于这个生动的说法，我们不可轻易相信。事实上，这些细胞远不是自我封闭的。它们之所以向四面扩展，往往是因为拥有广阔空间的海洋经济给予它们帮助，或说得确切一些，让它们为它服务，迫使它们种植供出口的大宗作物。在16世纪的下安达卢西亚，油橄榄树和葡萄树只是在塞维利亚的大规模贸易的推动下，才发展起来。同样，在地中海的另一端，几乎超出地中海的范围，摩尔达维亚和瓦拉几亚的小麦种植在16世纪末，即在勇士米哈伊大公当政的时代蓬勃发展。这种发展以及随之而来的领主制度的加强，都与黑海粮食贸易的迅速高涨相联系。在16世纪之外，我们还可举出几个类似的例子：棉花和烟草种植导致了萨洛尼卡平原的治水工程；茜草在18世纪被引进阿维尼翁伯爵领地，人们为此排干了低地的积水并最后清除了剩下的沼泽地；还有，在1900年前后，葡萄树使米提贾的环境大有改善。

总之，毫无疑问，为了支付这些低地的建设费用，必须进行大规模的远程贸易，从而保证巨额收益源源而来。或者，更确切地说，为了开展贸易，必须在附近有一个资金充足、对外开放的商业大城市，足以承担起这项事业的使命、责任和风险。我们以上谈到的在16世纪进行的所有水利工程，恰恰是在威尼斯、米兰、佛罗伦萨等大城市附近进行的。同样，阿尔及尔在1580年前后，由于其自身的强盛，使农业在米提贾平原发达兴旺起来。这种发达兴旺也许只是昙花一现，因为那时的米提贾平原还没有清除有害的积水。但是，它已经开始为日益扩大的城市及土耳其海盗和叛教者的豪华住宅——天晓得建造这些住宅要以多少人的生命作代价——生产牲畜、牛奶和牛油、蚕豆、鹰嘴豆、滨豆、甜瓜、黄瓜、家禽、鸽子……它向港内的船只输送石蜡、毛皮和大量生丝。平原上种着小麦和大麦。正因为此，大概没有亲自到过这个地方的阿埃多得出那里是个伊甸园的结论。同样，巴伦西亚可以说明为什么它的周围是园圃并且以它的肥料供应这些园圃。18 世纪的一个旅行家说：[288]“（巴伦西亚的）街道之所以没有铺上石子，是因为混在一起的垃圾和粪便只在街上堆积片刻，并经常被运到城市周围的农村充当肥料。人们相信，如果在街道铺上石子，就会使巴伦西亚四周的大果园失去其肥料的重要来源之一。”

任何平原一旦实行大规模耕作，就在经济和人口方面形成一支强大的力量。但是，平原绝不寻求自给自足，它必须为外界而维持生存和进行生产。生产既是平原兴盛的条件，同样也是——在任何人都没有生活保障的 16 世纪——平原苦难深重和依赖他人的原因。我们可以看到，1580 年之前的安达卢西亚仍不得不进口北方小麦。[289]

4. 季节性迁徙或游牧生活：两个地中海

上述的游历结束后，我们还要全面了解有关季节性迁徙和游牧生活的各种问题。人和畜群的这些定期迁移是地中海世界最突出的特点之一,也是我们最后要记述的问题。如果我们的观察仅限于半岛陆地,这些不断周而复始的运动是不能全部得到解释的。我们应当经常把目光进一步转向东方和南方,并且至少把广大的沙漠边缘地区的牧民生活包括到推理论证中去。我们过去之所以迟迟没有接触这些界线难于确定的问题,原因就在于此。

季节性迁徙[290]

季节性迁徙有好几种形式:地理学家把它们至少分为二至三种。

首先是"正常的"季节性迁徙。在这种情况下,牧主和牧民都是平原的人。他们在平原居住。每年夏天,他们从平原出发,因为季节不利于在山下放牧。山地只是为他们提供临时的放牧场所。山区的土地往往归平原的农民所有,虽然在更多的情况下,租给山区居民使用。16 世纪的阿尔勒,可能从四五百年以来,[291]就是夏季大规模的季节性迁徙的首都。卡马尔格的畜群,特别是克罗的畜群,每年从这里取道迪朗斯盆地向瓦桑、代沃吕伊、维科尔的牧场进发,直到莫利安纳和塔朗泰瑟附近。这是一个真正的"农民首都"。那里居住着"资本家"[292](人们最近还这样称呼牧羊主)。各种契约都在那里办理公证文书。

"反方向"的季节性迁徙在 16 世纪可以举西班牙的纳瓦拉为例。畜群和牧民来自巴斯克的高地。平原只是在赶集的日子承担商业的职能……这种季节性迁徙在冬天进行。牲畜和牧民乱哄哄地从山上下来,躲避山区的严寒,来到下纳瓦拉,如同一支军队进入被占领的领土。这些令人生畏的客人所经之处,家家户户都锁上大门。牧民与农民之间每年都产生无休止的冲突。首先在畜群到来的时候，直到它们抵达平原的开阔地带或巴德纳斯-雷亚莱大草原为止。然后又在畜群返回时。巴德纳斯-雷亚莱是阿拉贡边缘一块多石的干旱草原，冬季的雨水使那里的牧草能够勉强生长。[293]

这种反方向的季节性迁徙也在卡拉布里亚进行。每年冬春两季，牧民和畜群便聚集到沿海的狭长地带。1549 年 6 月，卡坦扎罗的主教说："复活节上午，几名神甫前往聚集大量畜群的海滨，通常在一个用大块干酪垒成的祭坛上作弥撒，然后降福干酪和畜群，并向牧民分发圣餐。用于垒祭坛的全部干酪便归神甫所有。我惩办了举行圣礼的这些神甫……并规定不得重犯，违者将严加处罚。"[294]

以上是季节性迁徙的两种情形。此外还有另一种规模较小的迁徙。这是兼顾夏季和冬季的一种混合型季节性迁徙。在这种情况下，牧民的定居地和出发地都在半山腰，在两个牧场之间的途中，科西嘉的夏泰尼厄雷今天就是这种情况。

事实上，要对实际情况全部进行严格的分类是不可能的。季节性迁徙涉及物质、生活和历史等各种各样的条件。[295]如果下个最简单的定义，地中海地区的季节性迁徙就是从平原的冬季牧场笔直地向高地的夏季牧场转移。地中海的生活由上下两层组成。与此同时，季节性迁徙也是人的迁移。他们分属不同的村庄，分属农村的或非农村的不同集团。这些人仅仅以牧羊为生，或者也在放牧途中的某个歇脚地点粗放地耕种一些土地。他们有时还在秋季烧荒，加快作物的成长。[296]他们或住山上，或住山下。有的人有固定住所；有的没有。总之，季节性迁徙形式繁多，并且几乎不可避免地随当地条件而异。让我们顺便领略下面这段趣闻：希腊沿海的科罗尼在1499年还是威尼斯的一个前哨据点。摩里亚帕夏想阻止科罗尼的阿尔巴尼亚人和希腊人到土耳其素丹的领土上去播种或放牧。科罗尼的领主只是心平气和地回答说："如果我们的人夏天到您的领土上去，那么你们的畜群冬天到我们的领土上来就是了。"[297]

通过地形和季节这两项已知条件，我们对随后可能发生和将要发生的事情，即使不能全部知道，至少也有基本的了解。在1498年的狂欢节期间，[298]威尼斯的轻骑兵袭击比萨附近地区。当时正值冬季，而且就在海边，他们掳获的战利品不会令人吃惊：300头包括水牛和奶牛在内的大牲畜，600头绵羊，若干头母马和母骡。1526年1月在扎拉附近的另一次袭击，从土耳其人手里抢走2500头牲畜。[299]最后一个例子发生在1649年12月。[300]莫尔拉克人在一名新首领的带领下，在达尔马提亚靠近海岸的地方夺得"13000头牲畜"。

比季节性迁徙更古老的游牧生活

根据前面所下的定义，季节性迁徙只是往返于平原牧场和高山牧场之间的地中海放牧活动的形式之一，一种有规律的、似乎有条不紊的形式。这种有条不紊的形式是长期演变的结果。即使是最杂乱的季节性迁徙，也只不过涉及专门从事牧羊的那一部分居民。季节性迁徙意味着存在分工，必须有固定的农业，要保留耕地，要有固定的房屋和村庄。随着季节不同，这些村庄总有一部分人外出，或去平原，或上高山。在16世纪，许多调查说明，山区村庄几乎有一半居民不在村内，留下的只是老人、妇女和儿童。

相反，游牧生活则意味着人、牲畜甚至连同房屋一起长途跋涉。在从事季节性迁徙时，羊群总是排成长队，浩浩荡荡地沿着固定路线行进；游牧生活则不然，畜群即使十分庞大，也漫山遍野地分散在辽阔的地域上，更何况有时畜群分得很小。今天，游牧生活在地中海四周无疑已所剩无几。人们可以看到的，就是十来个人黄昏时分在贝鲁特近郊围着一堆篝火；或者在收获季节过后的阿尔及利亚，草地上有几匹骆驼，一些绵羊、毛驴或二三匹马，一些穿着红衣服的妇女和几顶用山羊毛织成的黑色帐篷；或者在陶鲁斯山之南，潘菲利阿的安塔利亚平原上，有 20 来顶帐篷按照传统的要求排列成马蹄形。这些传统正逐渐消失，因而排列成马蹄形的帐篷已很少见。[301]

季节性迁徙和游牧生活分别反映不同历史时代的景色和活动。后者难道不比前者更加古老吗？目前，在围绕着地中海南部并一直延伸到中亚细亚甚至更远的地方的整个沙漠或半沙漠地区内，由于政府推行定居政策，古老的游牧活动日渐减少（在撒哈拉、的黎波里塔尼亚、叙利亚、土耳其和伊朗），多数牧民实行季节性迁徙，内部并有所分工。从时间顺序看，这种排列是完全可能的。需要补充的是：在地中海山区的范围内，反方向的季节性迁徙似乎比地理学家所说的正常的季节性迁徙更加古老。

游牧生活、反方向的季节性迁徙、所谓正常的季节性迁徙，这种由远及近的发展顺序似乎是真实可信的。但是，事物从来不是以先验的“模式”设想的简单方式发展的。在过去的岁月里，更多的是灾难和激烈的革命，而不是缓慢的演变。不幸的是，这些方面的灾难不像政治灾难那样为人们所熟悉。

实际上，只要仔细进行一番研究，牧业结构的细节便暴露无遗，反方向的季节性迁徙同正常的季节迁徙往往交叉混杂。在15和16世纪的上普罗旺斯，[302]山上的牧主（最富裕和最大量的）和山下牧主使用同一些牧场。在这种情况下，所有权制度单独就区分出两种季节性迁徙形式。我们从地理领域一跃而进入了所有制的社会领域，即进入政治领域。在畜群过境途中缴纳的税收是任何一个国家都不能忽视的。任何国家都乐意征收这种税款，并且始终加以保护。在阿布鲁齐和阿普利亚的塔沃列雷之间，反方向的季节性迁徙从罗马时代起就已开始进行，这也正是塔朗托拥有呢绒工业的原因。这种季节性迁徙后来在相当自由的气氛下持续到1442年至1447年间。在那以后，阿拉贡的阿方索一世[303]对羊群必须经过的大道小路，对迁徙途中的休息地和越冬的草场，都作了强制性规定，另外还强迫牧民必须在福贾而不是在其他地方出售羊毛和牲畜。当然，牧民沿途都纳税。这个制度一经确立，就很少变化，并且受到保护，以免在迁移途中畜群受到葡萄或橄榄种植者，特别是小麦生产者经常不断的侵犯。

1548年，在阿普利亚15000卡罗（1卡罗等于24公顷多）的土地上，王家牧场占7000多卡罗。此外，当局还以并不十分正当的理由，收回了2000卡罗耕地。年平均数原为100万头的畜群，在以后的10年里，发展到平均130万头。这个数字后来还在增加，因为在1591年10月，官方估计绵羊已达到2881217头。与此同时，每次粮食“涨价”之后不久（即1560年，1562年，1567年，1584年，1589—1590年和1591年），畜群途经的某些土地往往租给农民耕种，租期6年。由于畜群经过，土地的肥力增加，小麦的单产纪录猛增20至30倍。因此，在那不勒斯，农民争先恐后地高价购买租赁权，价格直线上升。[304]这里关系到一些重大的利益。其中有税务机关（阿普利亚的税卡是“一颗不可替代的明珠”）的利益、羊毛和肉类商人的利益，以及同广大小牧民越来越疏远的大牧主的利益。一份给天主教国王的报告说：“阿布鲁齐省的一个村民，为了出售羊毛和牲畜，每年都把1万、1.5万、2万或3万头羊带到（阿普利亚）税卡。然后，当他把坐骑的鞍囊都装满了钱币，就回到家里把钱埋了起来。直到死后，他的财宝仍然埋在地下。”[305]然而，从17世纪起，主要在18世纪，财产日益集中，富裕牧主的畜群不断增多。平原的领先地位开始显露。这只是一个没有得到很好证实的印象。[306]但是，它至少使人对问题的困难有一个概念。

两重性在维琴察地区也同样存在。16世纪有一位名叫弗朗切斯科·卡尔达尼约的学者，[307]他在一部未发表的著作中把维琴察描绘成一个人口十分稠密、没有一块荒地、园圃连绵不断的地方，那里分布着很有城市气派的大村庄：有集市，有贸易，还有“漂亮的宫殿”。真是应有尽有，既不缺木材（木材可用车辆或木筏运来），也不缺木炭。在家禽饲养场，甚至还养着许多孔雀和“火鸡”，沿着大江小河，有无数磨坊、锯木场等作坊。在得到灌溉的草场，可以看到几千甚至“几十万头牲畜”。牛犊、山羊羔、小绵羊漫山遍野，等到夏季来临，所有这些牲畜都前往山区。为了租借或使用高山牧场，这些正常的季节性迁徙不免要同山区居民发生冲突。例如，维琴察人因租用“曼德里奥莱山”，同格劳宾登人发生了冲突，这是毫不奇怪的。格劳宾登人把他们的牲畜带到阿尔卑斯山南侧，朝威尼斯的方向前进。[308]他们有时在威尼斯定居下来，宰杀牲畜，出售肉类。但是，维琴察地区本身就有自己的山民。他们居住在阿尔卑斯山的塞泰镇一带，有的伐木，有的猎捕野水禽，也种植农作物和饲养畜群。加里奥更是如此，那里有五六万头绵羊。山民夏季留在塞泰镇的牧场上；到了秋天，他们纷纷下山，分散到维琴蒂诺、帕多瓦诺、波莱西纳、特雷维萨诺、维罗纳、曼托瓦诺等地的田野。这证明以维琴察平原为基地的充满活力的放牧活动，还没有完全垄断适于畜群生活的所有空地。每个人都有自己的一份生存空间。

卡斯蒂利亚的季节性迁徙

卡斯蒂利亚的季节性迁徙是一个很好的例子，可用来验证我们所下的全部定义。它的景象已被描述过上百次。我们已经了解它的真实情况、它的局限性以及复杂性。

首先，应当区分路程长达 800 公里的“远距离季节性迁徙”和短途的或小范围的季节性迁徙。我们这里关心的只是由著名的牧主公会（其特权可以上溯到 1273 年）推行的那种“远距离季节性迁徙”。正如 18 世纪末一个博物学家所说，“西班牙有两种羊。第一种羊，毛质平常，始终留在出生地，从不更换牧场，天天晚上回到羊圈；另一种羊毛质纤细，每年都迁移，在山上度过夏季，然后就去王国南部气候炎热的牧场，例如芒什、埃斯特雷马杜拉和安达卢西亚等地。第二种羊被人称为‘流动羊’”。[309]正如所有的区分一样，这种区分也只是大致的区分而已。只有那些沿着大路——大路沿线设置了十几个王家通行税征收处——一直走到卡斯蒂利亚“尽头”的

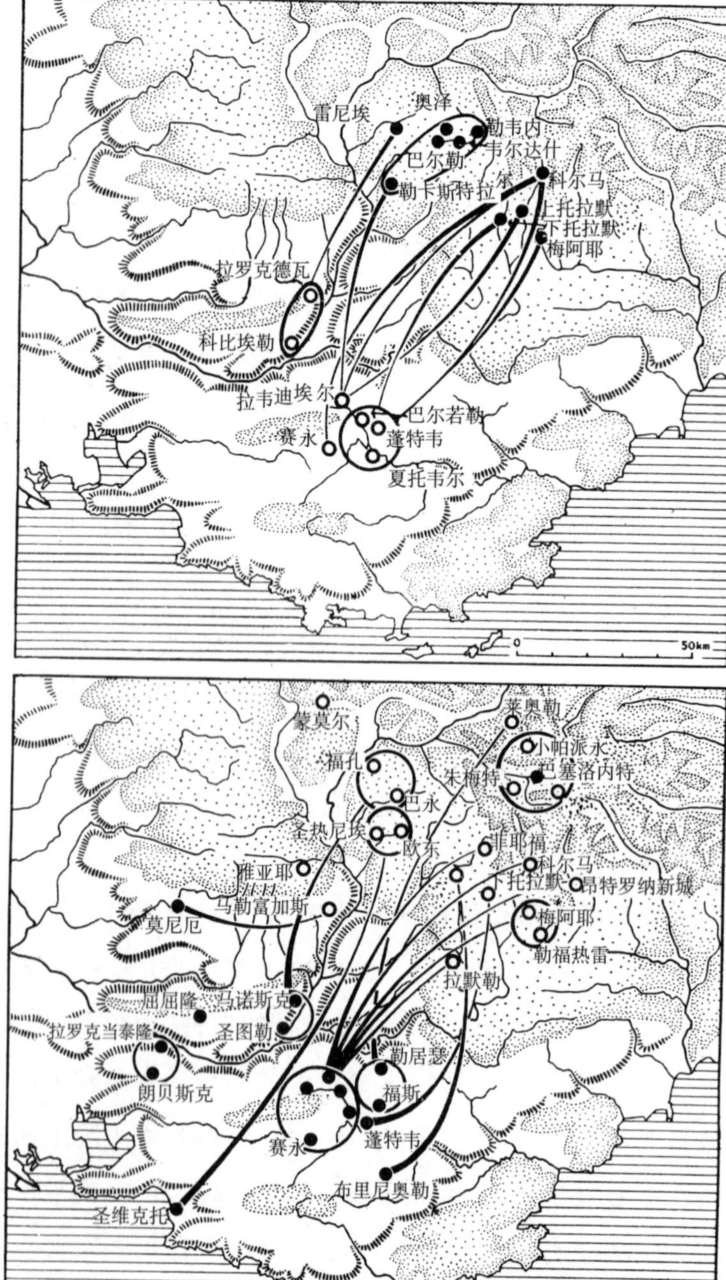

图 5　15 世纪末上普罗旺斯羊群的过冬与过夏

选自泰雷兹·斯克拉费尔的《上普罗旺斯的作物》,1959 年版,第 134、135 页。原图中的地名缩写均用全文写出。

羊才是“流动羊”。每到冬天，流动羊珍贵的绒毛上涂着红色的黏土。但是，还有其他的放牧路线，走的是次等道路（牧路、小路）。这些不参加长途迁移的羊群，随着季节而流动，分别被称为“野外放牧”的、“定点放牧”的或“准备上市”的（送往集市出售时的名称）羊。后来，经过了长期和周密的斗争，王国当局终于把它的控制范围扩大到主要道路以外。到1593至1599年间[310]羊税迅速上升。但我们这里要研究的不是这个问题。

我们的任务是要根据朱利乌斯·克莱因[311]的经典著作中复制的这张地图（图6）设想大规模季节性迁徙的行进路线。毫无疑问，这是沿着纬线从北到南，又从南到北，不断反复的往返运动。尽管迁徙的规模很大（往往沿地平线或者通过高地的缺口迤逦而行），我们在这里见到的情形并不是游牧生活，因为羊群都由专门的牧羊人伴随，而且仅仅是羊倌，即牧羊师傅和牧羊帮工。他们装备着投石器、长铲头牧棒，带着毛驴、几匹马、煮饭锅和牧羊犬。这绝不是包括全部居民的群体迁移。我们甚至可以毫不迟疑地说，这是一种反方向的季节性迁徙。细毛羊群确实都从北部高山地区走向南部低地地区。畜群和牧主（大、小牧主）来自北方，首先来自四大“羊城”：莱昂、塞哥维亚、索里卡和昆卡。这几个城市在议会中保护牧主公会的巨大利益。再说，整个体系取决于夏季牧场——即北方的牧场——的载畜能力。至于南方，埃斯特雷马杜拉、芒什和安达卢西亚等地一望无际的旷野允许畜群无限制地增加[312]。人们因此可以认为，卡斯蒂利亚的畜群之所以不越过形同虚设的葡萄牙边界，既由于警惕性很高的邻居进行抵抗，也由于没有补充放牧场所的必要，虽然卡斯蒂利亚的牧民对这种限制还是抱怨连天。

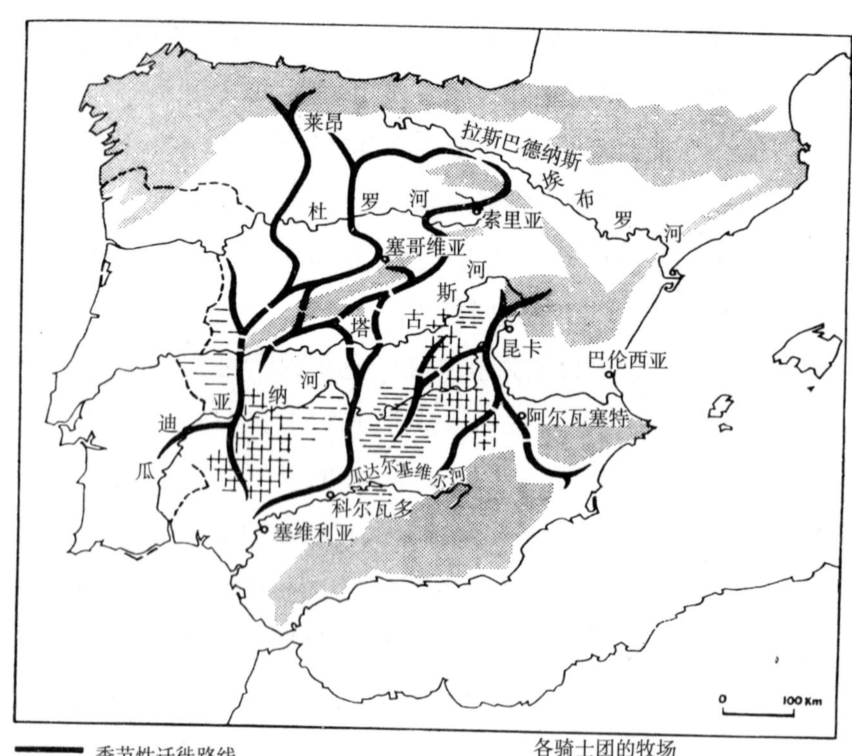

图 6　卡斯蒂利亚的季节性迁徙

选自朱利乌斯·克莱因的《牧主公会，关于 1273—1836 年西班牙经济史的一项研究》，剑桥，1920 年版，18—19 页。

说完这些，我们把农民和牧民之间复杂多样的冲突（特别在流动牧群回流时），把短程迁徙和长途迁徙的畜群之间的对抗暂且放在一边。至于圈养的畜群（在固定牧场放牧的或在野外放牧的），参与其事的是像萨拉曼卡这样的城市，即由缙绅和牧主等地方贵族控制的城市,与牧主公会的活动无关。对牧主公会这个“压力集团”同司法当局(它反对牧主公会享有司法特权)之间的斗争,对国家、城市、大贵族、教会之间在征收通行税问题上的斗争,我们也不给予更多的关注。然而,以上这些人所共知的事实全都说明,季节性迁徙是个依赖其他制度才存在的复杂的制度,只有先弄清长期的历史演变,才能了解这个制度。一位历史学家说,畜牧业对伊比利亚半岛经济的贡献胜过“油橄榄、葡萄、铜甚至秘鲁的珍宝”。[313]他说得很对。我们不要就事论事地看待由西班牙绵羊和从北非进口的绵羊杂交培育成的美利奴羊在 14 世纪的普及。牧主公会的成立及其蒸蒸日上的发展(大概到 1526 年左右为止)需要有客观条件的协助和国际形势的配合。如果没有 14 和 15 世纪欧洲的危机,没有卡斯蒂利亚廉价羊毛的吸引力,没有英格兰羊毛出口的明显减少,没有意大利城市呢绒业的勃兴,卡斯蒂利亚养羊业的飞跃发展及其成百万头流动的母羊便是不可能的和不可思议的[314]……

总之,通过卡斯蒂利亚这个引人注目的典型事例,可以得出一个毫不含糊的结论:任何季节性迁徙都必须先具备复杂的内部和外部结构以及笨重的组织机构。就卡斯蒂利亚羊毛的情况而论,这牵涉到像塞哥维亚那样的一批城市和市场,牵涉到从事预购羊毛、并与佛罗伦萨人一起开办洗毛工场(处理羊毛)的热那亚商人,还不算这些大商人在卡斯蒂利亚的代理人,羊毛包的承运人,从毕尔巴鄂驶往佛兰德(由布尔戈斯领事馆控制)的船队,经由阿利坎特或马拉加发往意大利的货物,或者,举一个更平常的细节,购买畜群必不可少的食盐并运往牧场……如果离开了它赖以存在并受其约束的这个广阔的背景,卡斯蒂利亚的季节性迁徙是不可能得到

解释的。

整体比较和图解

如果对每个例子——不论重要与否——进行一番分析，我们都会得出类似的结论。

1. 从我们大致了解到的各种情形看来，季节性迁徙沿袭某些稳定的程式，受到一些措施、条例和特权的保护，并且多少有点脱离社会的范围。牧民历来与众不同的地位相当说明问题。一些调查研究，特别是对上德意志[315]进行的研究，突出表现了牧民的这种脱离社会和“不受侵犯”的特性。这也是很能说明问题的一个迹象。此外，关于当今普罗旺斯牧羊人进行的季节性迁徙，[316]有一篇杰出的报道向读者披露了另一个世界，打开了一种独特的文明的大门。

显然，针对季节性迁徙所采取的保护或预防措施随不同地区而异，但是，这些措施始终存在着。在克罗平原的阿尔勒附近，“外来畜群”滥用了某些规章。市议会于 1633 年对这个问题进行审议并责成巡警队长进行必要的查询，准许他收税以补偿损失。艾克斯最高法院批准了这项规定。我们不必多说，这里关系到整整一套制度。[317] 17 世纪初，那不勒斯派驻城外的主要官员正是福贾税卡的税务官。[318]税务官负责分配牧场、指定地点、征收租金；当税务官不在时，由牧业公会会长代理。一份匿名报告指出，牧业公会会长每年两次亲临现场办事，“与牧主公会一模一样”。这种类比不管是否正确，至少也反映一定的问题。同样，在阿拉贡，也有与卡斯蒂利亚的牧主公会相类似的机构，并享有特权。但是，有关这些机构的档案资料还没有吸引任何一个历史学家。

2. 第二条规律：任何季节性迁徙都是根据农业生活的要求而进行的。有些农村由于不能承受放牧活动的全部重担，又不能放弃放牧活动带来的好处，便根据当地的可能性和季节变化，把放牧活动推卸给山下或山上的草场。一切合乎逻辑的研究因而都应当从作为原动力的农业开始。正是农业强制牧民和农民分离。对于以阿普利亚的塔沃列雷为终点和阿布鲁齐为中心出发点的大规模的放牧活动来说，第一件事就是要标出当地农民在山下和山上所占的位置。举卡斯蒂利亚的季节性迁徙为例，我们已指出北方地区以及在那里扎根定居的农民所起的原动力作用。关于维琴察这个地区，我们应当想到人满为患的低地。此外，在北非，正如土耳其或在伊朗一样，在我们看来，难道不是人口的增加和农业的发展破坏了古老的放牧活动吗？今天所发生的事昨天已经发生过了。

3. 超脱这些个别事例的唯一方法，那就是把我们了解到的所有季节性迁徙全都画到表现地中海整体状况的一张地图上。这件事情在目前是可行的。埃莉·穆勒小姐于 1938 年已经成功地绘制了一张地图，我们采用了这张地图（图 7），并略加补充和简化。[319] 我们正把残片一张张拼起来，恢复历史的原貌。季节性迁徙的道路宽达 15 米，名称因地而异：在卡斯蒂利亚叫“卡纳达”；在东比利牛斯山区叫“卡米拉马德尔”；在朗格多克叫“德雷依”；在普罗旺斯叫“卡拉依勒”；在意大利叫“特拉图里”；在西西里叫“特拉泽雷”；在罗马尼亚叫“德罗莫尔·奥洛尔”……这张交通网的陈迹和残余勾画出充当鲜明见证的地理概貌。在 16 世纪的地中海地区，季节性迁徙首先局限于伊比利亚半岛、法兰西南部和意大利。在其他半岛上，即在巴尔干、安纳托利亚、北非等地，季节性迁徙被游牧生活或半游牧生活淹没。地中海只有一部分地区的农业比较密集，人口相当稠密，经济比较活跃，因而使放牧活动限制在狭窄和固定的范围之内。

在这一部分地区之外，各种情形错综复杂。但是，我们将会看到，矛盾交织的原因主要应由历史的变化来解释，地理状况虽然也起作用，但不是主要作用。

单峰驼和双峰驼：阿拉伯和土耳其的入侵

的确，历史提供重要的解释。地中海地区经历了来自东方和南方的两次入侵。实际上也是两场翻天覆地的连锁大动乱。用扎维埃·德·普朗奥尔的话来说，就叫“两大裂口”：从7世纪开始的阿拉伯入侵和从9世纪开始的土耳其入侵。后者来自中亚细亚“寒冷的沙漠”，与此同时，双峰驼的活动范围得到进一步的扩展；前者来自阿拉伯“炎热的沙漠”。单峰驼的扩展促进了这次入侵，甚至构成了这次入侵的原因。[320]

两种驮畜尽管有明显的相似之处，可能被搞混，但其实是不同的。西方人随意把二者搞混，这当然也情有可原。萨瓦里在他的《商业字典》(1759年版)里给单峰驼下了个定义，说它与“双峰驼可以配对”。实际情形并非如此。这是两种不同的牲畜。双峰驼来自大夏，不畏寒冷，也不怕地势起伏。来自阿拉伯的单峰驼则是沙漠和炎热地区的动物。它几乎不能在山路行走或忍耐太低的气温。在撒哈拉或阿拉伯沙漠的凉爽夜晚，主人注意让单峰驼把头伸进帐篷里。突厥斯坦于10世纪前后培育成功的单峰驼和双峰驼的杂

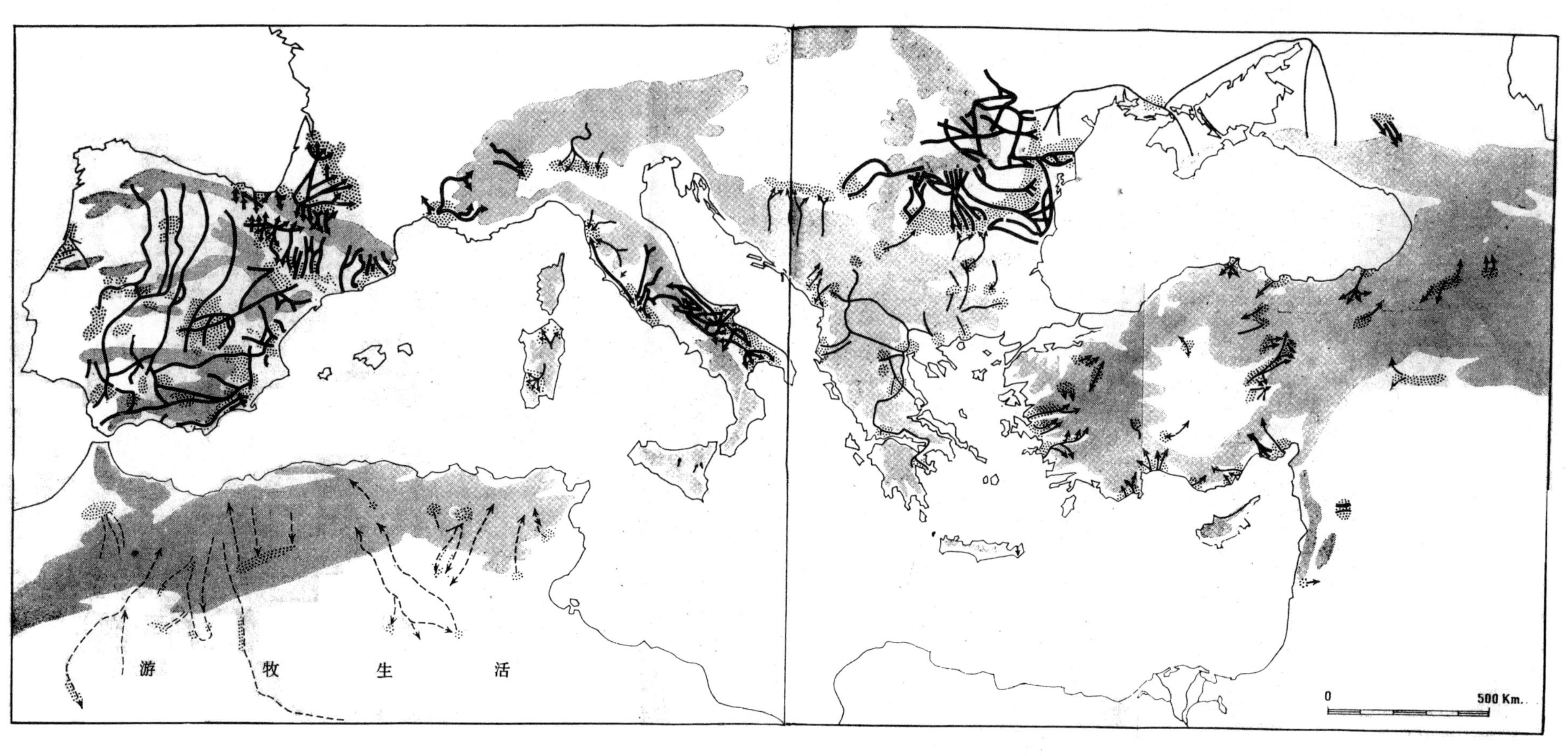

图 7 近代的季节性迁徙

选自埃莉·穆勒的“地中海地区的季节性迁徙”一文，见《永不停顿的季节性迁徙》，1938 年版

种只在当地发挥作用。

这两种牲畜的生态环境具有重大意义。一个相当宽广的边境地区,把它们各自的生活区域分开。这个地区从扎格罗斯山和陶鲁斯山的南侧沿线(这是具有决定性意义的界线)一直伸展到黑海东端至里海南部和印度河曲的示意线。[321]这个地区大致相当于冬季寒冷的伊朗高原。单峰驼当然也进入这个地区,参与16世纪集中在伊斯法罕[332]一带的活跃的沙漠商队。单峰驼甚至远抵印度,其价值即使不比马[323]更高,至少也和马相等。这证明单峰驼在印度并未真正安家落户。事实上,安纳托利亚高原和伊朗高原都没有对单峰驼广开大门。阿拉伯人远征小亚细亚之所以失败,他们在波斯之所以步履艰难,这在很大程度上应该归咎于单峰驼的低能。

两个地区各有自己的历史。

阿拉伯人在入侵途中放过了从叙利亚到马格里布的高地。他们对这些背向沙漠的、干旱的内陆山区秋毫无犯,虽然这些古老的山区同北非的欧雷斯山一样,早已有人居住。同样,他们绕过了沿海一带荒无人烟的山区,充沛的雨水使当地林木繁茂,这些古老的森林很久以来未遭人的破坏。森林为逃避阿拉伯征服者的居民提供了避难所。从8到11世纪,马龙派教徒和德鲁兹人在黎巴嫩定居。他们开垦荒地,建立各自的国家。在北非,从10世纪起,更主要从11世纪起,随着希拉利亚族游牧部落大量涌入,卡比利亚山开始有人居住。[324]在这些山地移民区(移民的时间有早有晚)的四周,随阿拉伯人的征服而来的贝都因人像洪水一样到处泛滥,把山区团团包围起来,使之成为大海中的孤岛。因此,山区生活十分闭塞,往往落后于时代。这种生活方式的某些特点(用牛驮运东西,河谷实行引水灌溉，兴建谷仓，窑洞内人畜共居等）几乎一直保持到今天。

对小亚细亚山区来说，在较小的程度上对巴尔干地区（那里的例外情况很多）来说，土耳其双峰驼的侵入意味着激烈的、往往是不间断的、而性质又截然不同的动乱。只要可能，一些尚武好斗的游牧部落就一直登上山顶，在森林线以上的山地安顿下来。这也许因为，“在土耳其人的心目中，在‘亚伊拉’——夏季逗留地——这个土耳其语单词的含义里，凉爽的天气、冰冷的流水、茂盛的牧场等概念同天堂的形象紧密联系在一起。”[325]每到春天，头等的大事便是“离开布满跳蚤、早已成了虫窝的冬季营地……”，特别是要离开这儿，动身上路。一句土耳其谚语说（大意如此）：“一名‘于吕克’（即游牧民，步行者）不一定需要出外远行，但他必须经常移动。”[326]这既是地理因素的要求，而且在很大程度上，出自传统的驱使。

游牧生活展现的这种宽广的历史画面是模糊不清的，难以辨认的。它有其独特的复杂情节。此外，游牧者不断遇到定居者的抵制，进而发生冲突。他们不得不越过、绕过或粉碎定居者设置的障碍。他们往往不得不在定居者无声的进逼面前退让。在小亚细亚，从 13 世纪到 15 世纪，牧民的游牧生活逐渐被挤出高原和内陆盆地，并进一步在高原和内陆盆地消失，被赶到尚未开发的山区及四周的平原。那是些“几乎荒无人烟的”平原，几个世纪以来已恢复“有害健康和被抛弃”的状态，“夏季瘴气蔓延，荆棘丛生”：奇里乞亚平原、潘菲利亚平原、梅安德河谷和盖迪兹河谷。在 16 世纪，土耳其政府不断强化统治，甚至通过出让土地，勒令游牧民实行定居，胁迫最桀骜不驯的游牧民从事采矿和修筑碉堡，或者放逐他们，例如放逐到 1572 年归属土耳其的塞浦路斯岛。

但是，这项工作必须不断地反复进行。游牧生活虽然在安纳托利亚高原西部衰退，但却在东部兴盛起来。来自亚洲的游牧民在那里被统称为土库曼人。直到今天，安纳托利亚草原的土库曼人还远届阿勒颇和大马士革。这里产生了他们在路途两端定居的问题。从 16 世纪起，更主要从 17 世纪起，奥斯曼的地方长官和税务官对土库曼游牧民开始严加管束。而在这以前，在土耳其扩张获得巨大成功的时期，土库曼游牧民从未受到干扰。对土耳其苏丹政府来说，问题在于征收税款和招募骑兵。同波斯进行的斗争十分激烈，迫使什叶派部落退往伊朗。相反，逊尼派却向西方推进，使游牧部落的成员有所更新。1613 年原在科尼亚东南的卡拉曼地区活动的一个部落，过了 70 年以后，便转移到屈塔希亚高地。有些游牧部落甚至到了罗得岛。最后一次复兴是：东部形成的真空又一次被填补，因为原来困守山区的库尔德人冲出了牢笼。在 19 世纪，他们“又在安纳托利亚高原和陶鲁斯山脉的南皮埃蒙特之间，沿南北方向进行大规模的迁移”。这证明游牧生活具有周期性，其中包括出其不意的停顿，以及休眠、定居和复苏等阶段。[327]

西方目击者眼中的巴尔干、安纳托利亚和北非的游牧生活

用这些入侵——7 世纪以及后来的入侵，11 世纪以及后来的入侵——来解释一切虽然是为人允许的和必要的，但毕竟流于简单化。单峰驼早在阿拉伯扩张之前就来到

北非和撒哈拉。同样，双峰驼在塞尔柱人取得最初胜利前就进入安纳托利亚高原。这张简图大体上是正确的。炎热和寒冷的沙漠地带把整个旧大陆切成两块。地中海作为这些沙漠地带的终点，眼看亚洲的游牧部落带着他们淳朴自然的生活方式伸展到自己的区域之内。但是，面对农民的顽强抵抗，游牧活动也有所减弱和平缓。

总之，漫长的历史留下的这些陈迹在 16 世纪终于把地中海的半岛世界——巴尔干、安纳托利亚、北非——的形象完全描绘出来了。在这些半岛上，我们西方的历史资料上提到的那种季节性迁徙遭到了排挤，被驱赶到边缘地区，或者大大改变了活动形式。这个重要的景象有助于了解某些"山岛"的特征，它们是独立的，但又是锁闭的，受人侧目而视的，很少与外界往来的。德鲁兹山和卡比利亚山就是这种山岛。德鲁兹山的山民据山为王，随意"劫掠摩尔人、土耳其人和阿拉伯人"；[328]在西班牙文献资料中被称为库科王国的卡比里亚山是独立的，但没有充分的行动自由。山民很想通过斯托拉(今天的菲利普维尔旁边)的小海滩，同西班牙人[329]接触，但白费气力……在北非，事情比较简单。每年夏天，大群游牧民赶着畜群来到海边；冬天快来临时，他们返回南方和撒哈拉。可见，山民有一段间歇的时间，他们的畜群在冬天到来之前可以前往平原就食。我们说过，在安纳托利亚没有这种情况。在季节性迁徙和游牧生活互相混杂、互有冲突的巴尔干，也没有这种情况。在巴尔干半岛的东部，土耳其政府特地为小亚细亚的游牧部落设置游牧营地，借以吸引他们定居并加强国防。更何况，除他们以外，辽阔的巴尔干半岛还有其他的游牧民。

同意大利或西班牙相比,这些差别如此明显,当然逃不过昨天的和古代的西方旅行家的眼睛。无论奥兰的编年史学者兼士兵迭戈·苏亚雷斯、[330]佛兰德人布斯拜克、令人钦佩的旅行家塔韦尼埃、好奇的德·托特男爵,或是与夏托勃里昂同时代的英国人亨利·霍兰,他们对牧民的游牧活动(或更确切说,是半游牧生活)都有深刻的印象。霍兰把他在1812年与品都斯山脉粗野的牧人相遇的情景描绘得惟妙惟肖。[331]这些牧人当时赶着畜群在萨洛尼卡半荒芜的原野,或在阿尔塔湾(像是一个浅水的内海)沿岸放牧。每年夏季来临,他们踏上返回山区的道路。这些人肯定是游牧民,因为他们携带家小……排成长队的羊群不紧不慢地在前面走着,马匹紧跟其后,有时可达千匹之多,驮着餐具、营具、帐篷以及睡在筐里的小孩。东正教牧师也伴随教徒一起迁移。

布斯拜克[332]在安卡拉附近放牧安哥拉山羊和大尾巴绵羊(在北非又名柏柏尔羊)的地区所见到的也是游牧民。"牧民赶着畜群在野外荒餐露宿。他们用大车载着妻子儿女同行,大车便是他们的家。有些人也带小帐篷。他们就这样四处漂泊,携带家产走南闯北。他们有时来到平原,有时登上山丘,有时下到山谷,根据不同的季节和牧草的丰盛程度,决定他们的行动和选择他们的住地。"塔韦尼埃[333]在17世纪中叶写道:"在亚美尼亚和迦勒底的交界处,离埃里温城约4小时路程,有几座高山。家住迦勒底一带炎热地区的农民,夏天竟来山上搭起两万个帐篷,也就是说,有两万户农民前来为他们的牲畜寻找好草场。等到秋天快结束时,他们又启程返回家乡。"

以上情形也是没有任何疑问的。到了下个世纪,德·托特男爵所见到的仍然是这些土库曼游牧民。但是，他提供的证明很可能使我们一时感到困惑。他写道："冬天住在中亚，夏天带着武器和行李，赶着畜群一直放牧到叙利亚的人群，可被认为是游牧民，而赶着羊群在安达卢西亚山中跋涉达8个月之久的西班牙牧人也同样可被认为是游牧民。"[334]

这里提出了一个值得讨论的问题。这个问题可以很快答复。如果考虑到西班牙牧主公会的"流动"畜群的长途跋涉，那么，乍一看，很可能就把卡斯蒂利亚从事季节性迁徙的牧民同土库曼的牧民混为一谈。土库曼人也长途跋涉，但他们有家口什物随行。这就是二者之间的差别。此外，对游牧民这个词也有争议。我们要考虑到，利特雷字典没有收录"游牧生活"这个书面词语，至于"季节性迁徙"这个词，也只举了一个1868年的例子。而且，季节性迁徙和从事季节性迁徙的牧民这两个词是近期才有的。布洛赫·瓦尔堡字典(1960年版)提供的最早的例子是在1803年。虽然"季节性迁徙的畜群"(trashumante)早在1780年已经出现在伊尼亚奇奥·德·阿索的笔下，[335]但在比利牛斯山的另外一侧，这似乎并不是个古老的用语，而且季节性迁徙(trashumancia)一词当时还没有出现。但是，对这个新问题，我们不必深究。

跨越几个世纪的周期

通过本章的叙述，读者已经看到，在游牧民同从事季节性迁徙的牧民之间，在山区居民同平原居民或城市居民之间，钟摆的左右移动极端缓慢。所有这些变化都要经历几个世纪才能完成。一块平原为变得兴旺发达，同洪水进行斗争，修建了道路和沟渠，一两个世纪便慢慢过去了。一个山区的居民开始外流，移民运动将持续到山下的发达地区不能再接纳他们为止。于是，一两个世纪甚至更长的时间也就过去了。这些过程都要经历百年以上的时间。只有把观察的时序范围扩展到极点，才能看出其中的运动。

历史通常只关心危机，只关心缓慢运动过程中出现的剧变。然而，危机事前都经过长期的酝酿，事后又产生无穷的后果。这些运动有时在缓慢的演变中，逐渐改变了特征。建设和破坏先后发生，不断循环反复。山区可以交替地先赢得一切，然后又丧失一切，或者虽胜犹败。当这种历史不局限于某个简单的地方事件或地方进程时，那么，这些极端缓慢的“地理”周期（如果可以这么说的话），便大体上具有一定的同步性。例如，在16世纪行将结束时，地中海山区到处都因人口过多和受种种限制，突然挣脱束缚，谋求解放。我们看到，这场分散的、漫无秩序的战争同那种潜在的、无休止的社会战争——即所谓“盗匪行径”，这也是个含义模糊的词——在形式上简直是混淆不清的。由此可见，一种共同的命运支配着这些簇拥在地中海周围的庞大的环形群山：阿尔卑斯山、比利牛斯山、亚平宁山或由基督徒和穆斯林占有的其他山脉。

然而，在这些几乎静止不动的范围内，这些缓慢的潮汐并不是唯一起作用的因素。在人类与其生活环境之间的一般关系的波动之外，还要加上其他的变动，即发展有时缓慢但通常周期较短的经济波动。所有这些重叠交错的运动都支配着人类生活的节奏，虽然人类生活从来都不是如此简单。唯有利用——有意识地或无意识地——这些潮汐涨落，人们才能有所建树。换句话说，长时段的地理观察终于使我们认识到曲折的、极其缓慢的历史发展。这是我们在本章和以下各章进行观察时所遵循的方向。

原书本部分注释

1. Fernand Braudel:“Histoire et sciences sociales, la longue durée”, in *Annales E. S. C.*, oct. —déc. 1958, pp. 625—653.

2. Je n'ai pas cru devoir m'étendre sur cette question controversée. A. PHILIPPSON *Das Mittelmeergebiet*, 1904 (4e éd., Leipzig, 1922), est évidemment vieilli. Pour des explications géologiques plus jeunes, voir des livres classiques comme celui de Serge von BUBNOFF *Geologie von Europa*, 1927; un grand livre de portée générale malgré son titre: W. von SEIDLITZ, *Diskordanz und Orogenese am Mittelmeer*, Berlin, 1931; ou H. STILLE, *Beiträge zur Geologie der westlichen Mediterrangebiete*, hrsg. im Auftrag der Gesellschaft der Wissenschaften, Göttingen, 1927—1935; ou bien des études de détail, comme ASCHAUER et J. S. HOLLISTER, *Ostpyrenäen und Balearen* (Beitr. zur Geologie der westl. Mediterrangebiete, n° 11), p. 208, Berlin, 1934; Wilhelm SIMON, *Die Sierra Morena der Provins Sevilla*, Francfort, 1942; ou cette très neuve étude de Paul FALLOT et A. MARIN sur la Cordillère du Rif, publiée en 1944 par l'Institut de géologie et de minéralogie d'Espagne (cf. Académie des Sciences, séance du 24 avril 1944, communication de M. JACOB). Je recule devant les innombrables indications qui seraient nécessaires des travaux de P. BIROT, J. BOURCART, G. LECOINTRE... Le retour à l'hypothèse, en apparence démodée, des ponts et continents écroulés m'est suggéré par Édouard LE DANOIS, *L'Atlantique, histoire et vie d'un océan*, Paris, 1938. Le livre clair et dynamique de Raoul BLANCHARD *Géographie de l'Europe*, Paris, 1936, met l'accent sur la famille des montagnes de Méditerranée pour lesquelles il propose le nom général de Dinarides. Sur les Dinarides proprement dites, Jacques BOURCART, *Nouvelles observations sur la structure des Dinarides adriatiques* Madrid, 1929. P. TERMIER, *A la gloire de la terre*, 5e édition, donne un chapitre sur la géologie de la Méditerranée occidentale. Je répète que je n'ai pas voulu m'étendre sur ces problèmes géologiques, ni sur les problèmes géographiques de l'ensemble méditerranéen

dont on peut retrouver l'explication dans les ouvrages généraux. État des questions et bibliographie à jour dans le manuel de P. BIROT et J. DRESCH, *La Méditerranée et le Moyen-Orient*, 2 vol., Paris, 1953—1956.

3. Ce caractère compact des montagnes, dites Dinarides, bien mis en lumière par R. BLANCHARD, *op. cit.*, p. 7 et 8. M. LE LANNOU, *Pâtres et paysans de la Sardaigne*, Paris, 1941, p. 9.

4. L'expression est de Strzygowski. En Grèce, remarque A. PHILIPPSON, *op. cit*, p. 42, on peut souvent, en s'élevant, dépasser la zone des orangers et des oliviers, traverser toutes les zones végétales européennes et atteindre presque les neiges éternelles.

5. LÉON L'AFRICAIN, *Description de l'Afrique, tierce partie du Monde*, Lyon, 1556, p. 34.

6. Président Charles de BROSSES, *Lettres familières écrites en Italie*, Paris, 1740, I, p. 100.

7. On allongerait la liste avec trop de facilité: le Mercantour en arrière de Nice; l'Olympe, "avec sa couronne verdâtre de neige" (W. HELWIG, *Braconniers de la mer en Gréce*, Leipzig, 1942 p. 164); les neiges de Sicile notées par Eugène FROMENTIN dans son *Voyage en Égypte*, Paris, 1935, p. 156; et "cet affreux désert de neige", près d'Erzeroum, dont parle le comte de SERCEY (*Une ambassade extraordinaire en Perse en 1839—1840*, Paris, 1928, p. 46) à propos des montagnes d'Arménie. Voir aussi, ne serait-ce que dans Gabriel ESQUER *Iconographie de l'Algérie*, Paris, 1930, l'étonnante lithographie de Raffet sur la retraite de Constantine. en 1836, qu'on croirait se rapporter à la campagne de Russie. Ou ces détails que donne H. C. ARMSTRONG (*Grey Wolf, Mustafa Kémal*, 1933, p. 68 de la traduction *Mustapha Kémal*, 1933) sur les 30,000 soldats turcs que l'hiver surprend dans les montagnes de la frontière turco-russe, durant la guerre de 1914—1918, qui meurent, entassés les uns sur les autres pour se réchauffer et que découvrent, longtemps après, des patrouilles russes. Sur la persistance de la neige africaine, remarque du P. Diego de HAEDO, *Topographia e historia general de Argel*, Valladolid, 1612, p. 8 v°: «*... en las montañas mas altas del Cuco o del Labes (do todo el año esta la nieve)*». Des précipitations de neige abondantes ont sauvé Grenade en décembre 1568. Diego de MENDOZA, *Guerra de Granada*, Biblioteca de autores espanoles, t. XXI, p. 75.

8. Sur Don Carlos, le meilleur livre reste celui de Louis-Prosper

GACHARD, *Don Carlos et Philippe II*, 1867, 2e éd., 2 vol. Le problème est repris par Ludwig PFANDL, *Johanna die Wahnsinnige*, Fribourg-en-Brisgau, 1930, p. 132 et *sq*. A rejeter la thèse de Viktor BIBL, *Der Tod des Don Carlos*, Vienne, 1918.

9. *Voyage faict par moy Pierre Lescalopier*, manuscrit H. 385, École de° Médecine de Montpellier, f° 44 et 44 v°, publié avec des coupures, par Édouard CLÉRAY, sous le titre: "Le vovage de Pierre Lescalopier Parisien de Venise à Constantinople l'an 1574", in: *Revue d'Histoire diplomatique*, 1921, pp. 21—55.

10. Salomon SCHWEIGGER, *Ein newe Reissbeschreibung auss Teutschland nach Constantinopel und Jerusalem*, Nürnberg, 1639, p. 126.

11. BELON DU MANS, *Les observations de ... singularitès*, Paris, 1553, p. 189.

12. *Lettres du Baron de Busbec*, Paris, 1748, I, p. 164; II, p. 189.

13. S. SCHWEIGGER, *op. cit.*, p. 125.

14. J. SANDERSON, *The Travels of John Sanderson in the Levant (1584—1602)*, 1931, p. 50, n. 3.

15. B. M. Add. 28,488, f° 12, vers 1627.

16. A. N. A. E. B1, 890, 22 juin 1754.

17. Sur les glaces et sorbets, FRANKLIN *Dict. hist. des Arts*, pp. 363—4; *Enciclopedia Italiana*, *Treccani*, art. "Gelato".

18. Jean DELUMEAU, *La vie économique à Rome*, 1959, I, p. 398. Proposition d'un impôt sur la neige, A. d. S. Naples, Sommaria Consultationum, 7, f° 418—420, 19 juillet 1581.

19. ORTEGA Y GASSET, *Papeles sobre Velázquez y Goya*, Madrid, 1950, p. 120.

20. Petrus CASOLA, *Viaggio a Gerusalemme*, 1494 (édit. Milan, 1855), p. 55.

21. Museo Correr, Cicogna 796, *Itinéraire de Gradenigo*, 1553.

22. Cf. une lettre de 1552 de Villegaignon au roi de France: 《Toute la coste de la mer, de Gaietta à Naples et de Naples en Sicile, est fermée de hautes montagnes, le pied desquelles est d'une plage battue de tous les vents de la mer, comme vous diriez la coste de Picardie battue du vent d'aval, excepté que vostre coste a des rivières où l'on se peult retirer, l'autre non ...》, communication de M. l'abbé MARCHAND, sous le titre《Documents pour

l'Histoire du règne de Henri II》, in: *Bulletin hist. et phil. du Comité des travaux hist. et scient.*, 1901, pp. 565—8.

23. V. BÉRARD, *Les Navigations d'Ulysse*, *II*, *Pénélope et les Barons des Îles*, 1928, p. 318, 319. Comment ne pas les voir ces montagnards dans le temps présent comme dans le temps jadis: avant-hier, émigrants monténégrins gagnant l'Amérique; hier, soldats de la guerre de l'indépendance turque, ces compagnons de Mustapha Kémal dont H. C. ARMSTRONG (*Mustapha Kémal*, *op. cit.*, p. 270) a donné de si pittoresques croquis: les irréguliers de "l'armée verte" d'Edhen, 《sauvages, la figure féroce》, les gardes de Mustapha, de la tribu montagnarde des Lazzes (côte sud de la mer Noire), "grands gaillards sauvages... souples comme des chats", ayant conservé par privilège leurs anciens costumes nationaux et leurs danses, la danse du "Zebek". signalons l'exemple des Kurdes: sur leurs tentes noires, leurs galettes où il entre plus de paille que de blé, leur fromage de chèvre, leur vie en général, quelques notes du comte de SERCEY, *op. cit.*, p. 216, 288, 297.

24. Préface à Jules BLACHE, *L'homme et la Montagne*, *op. cit.*, p. 7.

25. Pierre VILAR, *La Catalogne dans l'Espagne moderne*, I, 1962, p. 209. Le mot d'Arthur Young est cité *ibid.*, p. 242.

26. Rif et Atlas, "où le mets type est la confortable bouillie de farine, de fèves et d'huile", J. BLACHE, *op. cit.*, pp. 79—80.

27. Josué, II, 15—16. Après l'échec de son complot à Florence, Buondelmonti cherche refuge dans l'Apennin toscan (Augustin RENAUDET, *Machiavel*, 1941, p. 108). Les Crétois, pour échapper aux corsaires et aux navires turcs, se réfugient dans les montagnes de leur île (B. N., Paris, Ital. 427, 1572, f° 199 v°).

28. C'est le point de vue de Paul VIDAL DE LA BLACHE, *Principes de géographie humaine*, Paris, 1922, p. 42. Parmi les exemples donnés, les Alpes de Transylvanie où se reconstitue le peuple roumain, les Balkans où pareillement, bien qu'à une petite échelle, se reconstitue le peuple bulgare, le Caucase, etc...

29. André BLANC, *La Croatie occidentale*, 1957, p. 97.

30. Benjamin de TUDELA, *Voyage du célèbre Benjamin autour du monde commencé l'an MCLXXIII*, trad. Pierre Bergeron, La Haye, 1735, p. 10.

31. Victor BÉRARD, *La Turquie et l'hellénisme contemporain*, 1893,

p. 247.

32. F. C. H. L. de POUQUEVILLE, *Voyage en Gréce*, 1820, t. III, p. 8 et 13; V. BÉRARD, *op. cit.*, pp. 79—83 et 247. Sur les Valaques et les Aromounes, abondante littérature. Quelques précisions dans J. BLACHE, *op. cit.*, p. 22; J. CVIJIC, *La Péninsule balkanique*, Paris, 1918, p. 115, 178(note 1), 202—203.

33. Luca Michieli, 25 oct. 1572, *Relazioni*, A. d. S. Venise, Collegio Secreta, filza 18.

34. *Don Quichotte*, l'épisode de Cardenio, "*la razon que os ha traido* (interroge le chevalier), *a vivir y a morir en estas soledades como bruto animal*".

35. *Discorso sopra le due montagne di Spadan e di Bernia* (1564 ou 1565). Simancas E°329. A rapprocher, je pense, de ce document B. N. Paris, Esp. 177: *Instruccion a vos Juan Baptista Antonelli, para que vays a reconscer el sitio de la Sierra de Vernia* (s. d.).

36. Cf. les remarques de Paul DESCAMPS, *Le Portugal, la vie sociale actuelle*, 1935, à propos de la Sierra da Estrela, pp. 123—124, avec sa vie pastorale moins développée que celle du Nord.

37. Sur cette question, les deux pages lumineuses de Paul VIDAL DE LA BLACHE, *Principes de Géographie humaine*, 1922, pp. 188—189. Les idées de J. CVIJIC à ce sujet sont, de façon assez grise, exposées dans son livre en français, *La Péninsule balkanique*, 1918. A propos des hameaux montagnards, P. VIDAL DE LA BLACHE note:《C'est de ses peuples que Constantin Porphyrogénète écrivait: ils ne peuvent souffrir que deux cabanes soient l'une près de l'autre》, *op. cit.*, p. 188.

38. "Grundlinien der Geographie und Geologie von Mazedonien und Alt-Serbien", in: *Petermanns Mitteilungen aus J. Perthes Geographischer Anstalt*, Ergänzungsheft n°162, 1908.

39. Le joli tableau de "village -ville" de Grèce: J. ANCEL, *Les peuples et nations des Balkans*, 1926, pp. 110—111. A titre de preuve parlante, voir Martin HURLIMANN, *Griechenland mit Rhodos und Zypern*, Zurich, 1938, p. 28, la magnifique photographie du village grec d'Arachova, à 942 m d'altitude audessus d'un paysage de champs cultivés en terrasses, sur les pentes du Parnasse. Village connu par ses tissages.

40. Paul ARQUÉ, *Géographie des Pyrénées françaises*, 1943, p. 48, sig-

nale que l'espace cultivé des Pyrénées francaises, d'après le calcul de l'Inspecteur général Thierry "peut se comparer à un département moyen". Observation éclairante s'il en est.

41. Voyez, sur la Corse, la lettre de remontrances de F. Borromeo à l'évêque d'Ajaccio(14 nov., 1581, p. p. Vittorio ADAMI, 《I Manoscritti della Biblioteca Ambrosiana di Milano, relativi alla storia di Corsica》, in: *Archivio storico di Corsica*, 1932, 3, p. 81). On évoque, au travers de ces réprimandes, la vie itinérante de l'évêque, en déplacement avec sa petite caravane de bêtes de somme à travers la montagne. Comparez aux difficultés de voyage de saint Charles Borromée, dans les Alpes il est vrai, en 1580, ou à celles de l'évêque de Dax, en hiver, à travers les montagnes enneigées d'Esclavonie(sa lettre au roi, janvier 1573, Ernest CHARRIÈRE, *Négociations de la France dans le Levant*, 1840—1860, III, pp. 348—352). Circuler dans les montagnes voisines de Raguse, l'hiver, est une épreuve "dont les conséquences sont ordinairement très fâcheuses pour la santé" voire mortelles(12 nov. 1593), document publié par Vladimir LAMANSKY, *Secrets d'État de Venise*, 1884, p. 104. Avant 1923, il fallait trois jours encore pour faire venir des marchandises do Vianna do Castelo à l'embouchure du Lima(P. DESCAMPS, op. cit., p. 18).

42. René MAUNIER, *Sociologie et Droit romain*, 1930, p. 728, voit dans la famille kabyle agnatique, une famille patriarcale, une *gens* romaine, fortement altérée bien sûr. Sur l'archaïsme économique de la montagne, souvent signalé, cf. Charles MORAZÉ, *Introduction à l'histoire économique*, 1943, pp. 45—46. Sur ce que J. CVIJIĆ appelle la《patriarcalité perfectionnée》des régions dinariques, voir *La Péninsule balkanique*, *op. cit.*, p. 36. J'aime mieux son expression d'îles montagneuses(*ibid.*, p. 29). Le Monténégro, cette forteresse, et d'autres hauts pays, dit-il, se sont comportés "au point de vue social comme des îles". Sur la Zadrouga, autre exemple d'archaïsme social, R. BUSCH-ZANTNER, *Albanien*, Leipzig, 1939, p. 59.

43. *Barockplastik in den Alpenländern*, Vienne, 1944. Sur le milieu social des Alpes, la grande étude discutable et discutée d'A. GÜNTHER, *Die Alpenländische Gesellschaft*, Iéna, 1930. Remarques intéressantes de J. SOLCH, "Raum und Gesellschaft in den Alpen", in: *Georg. Zeitschr.*, 1931, pp. 143—168.

44. Cf. les belles études de J. PUIG I CADAFALC, *L'arquitectura romanica a Catalunya* (en collaboration), Barcelone, 1909—1918; *Le premier art ro-*

man, Paris, 1928.

45. P. ARQUÉ, *op. cit.*, p. 69.

46. En Bétique, Rome réussit dans le bas pays, au long des fleuves, bien plus que sur les plateaux, G. NIEMEIER, *Siedlungsgeogr. Untersuchungen in Niederandalusien*, Hambourg, 1935, p. 37. Dans le N. O. montagneux de l'Espagne, l'éloignement aidant, Rome pénètre tard et mal, R. KONETZKE, *Geschichte des spanischen und portugiesischen Volkes*, Leipzig, 1941, p. 31.

47. Albert DAUZAT, *Le village et le paysan de France*, 1941. p. 52.

48. Comte de SERCEY, *op. cit.*, p. 104: "On voit néanmoins (puisqu'elles dansent) que les femmes kurdes, quoique musulmanes, ne sont pas séquestrées".

49. Voir *infra* les chapitres sur les Morisques, seconde partie, ch. V, et troisième partie, ch. III.

50. Au cœur du Lubéron, Lourmarin, Cabrières, Mérindol, et une vingtaine d'autres bourgs—où pullulent la vie sauvage, les sangliers, renards et loups—sont des abris de Protestants (J. L. VAUDOYER, *Beautés de la Provence*, Paris, 1926, p. 238). N'oublions pas les Vaudois des États savoyards et ceux de l'Apennin, dans le Royaume de Naples. Le catharisme, écrivait Marc BLOCH, a "glissé au sort d'une obscure secte de bergers de la montagne", in: *Annales d'histoire sociale*, 1940, p. 79.

51. Le Muridisme. Cf. L. E. HOUZAR, "La Tragédie circassienne", in: *Revue des Deux Mondes*, 15—6—1943, pp. 434—435.

52. Francisco BERMÚDEZ DE PEDRAÇA, Grenade, 1637, f° 95v°, Citation et traduction de Reinhart-Pieter A. Dozy à qui revient le mérite d'avoir trouvé ce beau texte (*H. des Musulmans d'Espagne*, 1861, II, p. 45, note 1). Toutefois l'Abbé de VAYRAC (*État présent de l'Espagne*, Amsterdam, 1719, I, p. 165) soutient que ces gens des Alpujarras, bien que Chrétiens, sont des Morisques qui ont conservé "leur ancienne manière de vivre, leurs habits et leur langue particulière qui est un mélange monstrueux d'arabe et d'espagnol".

53. La sainte, enfant, se dirige même un jour, avec son frère, vers la montagne, dans l'espoir d'y trouver le martyre: Gustav SCHNÜRER *Katholische Kirche und Kultur in der Barockzeit*, 1937, p. 179; Louis BERTRAND, *Sainte Thérèse*, 1927, pp. 46—47.

54. E. BAUMANN, *L'anneau d'or des grands Mystiques*, 1924, pp. 203—4.

55. Sur les déficiences de la vie religieuse en Corse, tout un gros dossier: lettre du Cardinal de Tournon à Paul IV, 17 mai 1556, demandant la réforme des abus, Michel FRANÇOIS, "Le rôle du Cardinal François de Tournon dans la politique française en Italie, de janvier à juillet 1556", in: *Mélanges... de l'École Française de Rome*, t. 50, 1933, p. 328; Ilario RINIERI, "I vescovi della Corsica", in: *Archivio storico di Corsica*, 1930—1, p. 344 et *sq.*; Père Daniele BARTOLI, *Degli uomini e de'fatti della Compagnia di Gesù*, Turin, 1847, III, 57—58; Abbé S. B. CASANOVA, *Histoire de l'Église corse*, 1931, p. 103 *et sq.*

56. R. MONTAGNE, *Les Berbères et le Makhzen dans le Sud du Maroc*, 1930, p. 83.

57. Mais où saisir la richesse folklorique de ces montagnes? Voir, à titre d'exemple, le beau conte des *tériels* que rapporte Leo FROBENIUS, *Histoire de la civilisation africaine*, 1936, p. 263 et *sq.*, à propos du pays kabyle dont il révèle la lointaine existence, consacrée aux grandes chasses, non à l'agriculture. Où trouver, dans le même ordre d'idées, un recueil de chansons montagnardes? Sur la vie religieuse des Alpes et la localisation des hérétiques, G. BOTERO, *Le relationi universali*, Venise, 1599, III, 1, p. 76. Sur la visitation du cardinal Borromée dans la Mesolina, *ibid.*, p. 17.

58. IV, 2e partie, *Novelle*, éd. de Londres, 1791, II, pp. 25—43. L'anecdote se situe dans le Val di Sabbia qui fait partie des Préalpes de Brescia.

59. Ces remarques me sont suggérées par l'ouvrage d'Emmanuel LE ROY LADURIE *Les paysans de Languedoc*, en cours d'impression, p. 407.

60. A. S. V. Senato, Dispacci Spagna, Madrid, 6 juin 1611, Priuli au doge.

61. Elle est vue par les contemporains. Loys LE ROY, *De l'excellence du gouvernement royal*, Paris, 1575, p. 37, écrit: 《Le pays plein de montagnes, de rochers et de bois, commode aux pâturages, auquel il y a beaucoup de pauvres, comme l'est la plupart de la Suisse, est plus propre à La démocratie... Le pays de plaine... où se trouvent plus de riches et de nobles est plus propre à l'aristocratie》. Jean BODIN, *Les six livres de la République*, 1583, p. 694, rapporte que Léon L'Africain s'étonne de la robustesse des montagnards du Mont Megeza, alors que ceux de la plaine sont petits. "La force et la vigueur font que les montagnards aiment la liberté populaire comme nous avons dit des Suisses et des Grisons." Le Moyen Age corse, dit Lorenzi de BRADI, *La*

Corse inconnue, 1927, p. 35, est une période grandiose de liberté. "Le Corse ne tolérait pas qu'on lui prît le produit de son travail. Le lait de sa chèvre ainsi que la moisson de son champ étaient bien à lui. "Et H. TAINE, dans son *Voyage aux Pyrénées* 1858, p. 138: "La liberté a poussé ici de toute antiquité, hargneuse et sauvage. "

62. Arrigo SOLMI, "La Corsica", in: *Arch. st. di Corsica*, 1925, p. 32.

63. Pour une orientation générale, le livre clairvoyant, mais, juridique de Jacques LAMBERT, *La vengeance privée et les fondements du droit international*, Paris, 1936. Dans le même ordre d'idées, cette remarque de Michelet sur le Dauphiné où jamais《la féodalité ne pesa comme dans le reste de la France》. Et de H. TAINE encore, *op. cit.*, p. 138: "Ce sont ici les fors du Béarn, dans lesquels il est fait mention qu'anciennement, en Béarn, il n'y avait pas de seigneur. "Sur les vengeances du sang dans le Monténégro et la haute Albanie, Ami BOUÉ, *La Turquie d'Europe*, Paris, 1840, II, p. 395 et 523.

64. Marc BLOCH, *La Société féodale*, 1939, I, p. 377. De Marc BLOCH encore, de justes remarques sur "La Sardaigne", in: *Mélanges d'histoire sociale*, III, p. 94.

65. Maurice LE LANNOU, "Le bandit d'Orgosolo", *Le Monde*, 16—17 juin 1963. Le film est celui de Vittorio de Seta, l'enquête ethnographique a été conduite par Franco CAGUETTA, tr. française: *les Bandits d'Orgosolo*, 1963; les romans mis en cause sont de Grazia DELEDDA, *La via del male*, Rome, 1896; *Il Dio dei viventi*, Rome, 1922.

66. *Ibid.*

67. Fernand BENOIT, *La Provence et le Comtat Venaissin*, 1949, p. 27.

68. Dans le haut Milanais, voir S. PUGLIESE. "Condizioni economiche e finanziarie della Lombardia nella prima metà del secolo XVIII", in: *Misc. di Storia italiana*, 3e série, t. XXI, 1924.

69. *Mémoires sur les Turcs et les Tartares*, Amsterdam, 1784, II, p. 147. 《... l'asyle de la liberté ou, ajoute-t-il, le repaire de la tyrannie. 》Ceci, à propos des installations génoises en Crimée.

70. *Ibid.*, I. p. XXI.

71. Cf. Franz SPUNDA, *in*: Werner BENNDORF, *Das Mittelmeerbuch*, 1940, pp. 209—210.

72. A. PHILIPPSON, 《Umbrien und Etrurien》. in: *Geogr. Zeitschr.*, 1933, p. 452.

73. Autres exemples: Napoléon ne peut maîtriser la montagne autour de Gênes, refuge des insoumis, malgré les battues qui y sont organisées (Jean BOREL, *Gênes sous Napoléon Ier*, 2e édit., 1929, p. 103); la police turque, vers 1828, ne réussit pas à dominer les poussées de brigandage des peuples de l'Ararat (comte de SERCEY, *op. cit.*, p. 95); elle n'arrive d'ailleurs pas mieux aujourd'hui à protéger les richesses forestières de la montagne contre la dent des troupeaux (Hermann WENZEL, "Agrargeographische Wandlungen in der Türkei", in: *Geogr. Zeitschr.*, 1937, p. 407). De même au Maroc: "En réalité, dans le Sud du Maroc, l'autorité du Sultan s'arrêtait à la plaine", écrit R. MONTAGNE, *op. cit.*, p. 134.

74. *Ibid.*, p. 131.

75. M. LE LANNOU, *Pâtres et paysans de la Sardaigne*, 1941, p. 14, note 1.

76. J. BLACHE, *op. cit.*, p. 12. Sur cette opposition, Pierre GOUROU, *L'homme et la terre en Extrême-Orient*, 1940, et compte rendu de ce livre par Lucien FEBVRE, in: *Annales d'hist. sociale*, XIII, 1941, p. 73, P. VIDAL DE LA BLACHE, *op. cit.*, p. 172.

77. R. MONTAGNE, *op. cit.*, p. 17.

78. Je songe aux voyages d'un Sixte Quint, dans sa jeunesse et son âge mûr d'après les indications de Ludwig von PASTOR, *Geschichte der Papste*, Fribourg-en-Brisgau, 1901—1931, X, 1913, p. 23 et 59; on pourrait en dresser un croquis.

79. W. WOODBURN, HYDE, "Roman Alpine routes", in: *Memoirs of the American philosophical society*, Philadelphie, X, II, 1935. Pareillement, les Pyrénées n'ont pas été la barrière que l'on imagine (M. SORRE, *Géog. Univ.*, t. VII, 1re partie, p. 70, R. KONETZKE, *op. cit.*, p. 9).

80. Richard PFALZ, "Neue wirtschaftsgeographische Fragen Italiens", in: *Geogr. Zeitschr.*, 1931, p. 133.

81. A. PHILIPPSON, *Das Mittelmeergebiet*, *op. cit.*, p. 167.

82. Victor BÉRARD, *La Turquie et l'Hellénisme contemporain*, *op. cit.*, p. 103, d'écrire, sortant de l'Albanie: "Après trois jours de fromage de chèvre ..."

83. P. ARQUÉ, *op. cit.*, p. 68.

84. *Op. cit.*, f°44 et 44 v°.

85. Il y avait des forêts sur les pentes du Vésuve. Sur la forêt en

général, observations toujours utiles de Théobald FISCHER, dans *B. zur physischen Geogr. der Mittelmeerlûnder besonders Siciliens*, 1877, p. 155 et *sq.* Sur les forêts de Naples, en Calabre et en Basilicate, en 1558, cf. Eugenio ALBÈRI, *Relazioni degli ambasciatori veneti durante il s. XVI*, Florence, 1839—63 II, III, p. 271. Encore aujourd'hui, de nombreux débris d'anciennes grandes forêts, vraies forêts, reliques. Pour la Corse, leur énumération dans Philippe LECA, préface d'A. ALBITRECCIA, *Guide bleu de la Corse*, Paris, 1935, p. 15; et de ce dernier auteur *La Corse, sonévolution au XIX^e^siècle et au début du XX^e^siècle*, 1942, p. 95 et sq.

86. Comte Joseph de BRADI, *Mémoire sur la Corse*, 1819, p. 187, 195 et *sq.*

87. P. VIDAL DE LA BLACHE, *op. cit.*, p. 88, 139, 178. D'excellentes remarques de D. FAUCHER, *Principes de géogr. agraire*, p. 23. "Le peuple mange du pain de bois", près de Lucques; MONTAIGNE, *Journal de voyage en Italie*(ed. E. Pilon, 1932), p. 237.

88. MONTAIGNE, *ibid.*, p. 243.

89. *Relacion de lo que yo Fco Gasparo Corso he hecho en prosecucion del negocio de Argel*, Simancas E°333(1569).

90. R. MONTAGNE, *op. cit*, pp. 234—235.

91. Franceschi CARRERAS Y CANDI, *Geographia general de Catalunya*, Barcelone, 1913, p. 505; Jaime CARRERA PUJAL, *H. politica y econó mica de Cataluña*, 1946, t. I, p. 40. De même, BELON DU MANS, *op. cit.*, p. 140 v° note qu'il y a eu dans les montagnes de Jérusalem, des cultures en terrasses, qu'il voit abandonnées.

92. Je pense, entre autres exemples, à la vie de la Haute -Provence:《La ferme de Haute -Provence》, écrit Marie MAURON(《Le Mas provençal》, in: *Maisons et villages de France*, 1943, préface de R. Cristoflour, p. 222)《qui endure les longs hivers, la peur des avalanches, la vie close pendant des mois avec, pour horizon, derrière ses vitres de neige, le repliement sur ses réserves de fourmi, son étable, un travail reclus...》.

93. Maximilien SORRE, *Les Pyreénées méditerranéennes*, 1913, p. 410.

94. Ce surplus de population qui oblige à la descente vers les plaines, est signalé dans l'enquête géographique de H. WILHELMY, *Hochbulgarien*, 1936, p. 183. Mais il y a d'autres motifs: vie qui plaît ou non à l'homme, A. ALBITRECCIA, *in*: Philippe LECA, *La Corse... op. cit.*, p. 129, qui note aussi à pro-

pos de la Corse: “L'absence, comme ailleurs la présence de routes provoque l'émigration.”

95. J. BLACHE, *op. cit.*, p. 88, d'après Philippe ARBOS, *L'Auvergne*, 1932. p. 86.

96. C'est-à-dire à la messe.

97. *Promenades dans Rome*, éd. Le Divan, 1931, I, pp. 182—183.

98. *Ibid.*, p. 126. Tableau analogue, mais à propos du Caucase, dans *Souvenirs*, du comte de ROCHECHOUART, 1889, pp. 76—77, à l'occasion de la prise d'Anapa par le duc de Richelieu: les guerriers circassiens, certains vêtus de fer, armés de flèches, évoquent le XIIIe ou le XIVe siècls.

99. Victor BÉRARD, *La Turquie et l'hellénisme contemporain*, *op. cit.*, *passim.*

100. *Voyage en Espagne*, 1845, p. 65, 106. Sur les *gallegos* moissonneurs et émigrants, voir *Los Españoles pintados por si mismos*, Madrid, 1843. On trouvera dans ce recueil: *El Indiano*, par Antonio FERRER DEL RIO, *El segador*, *El pastor transhumante* et *El maragato*, par Gil Y CURRASO, *El aguador*, par ABERRAMAR...

101. A Tolède, à l'hôtel du Sévillan, il y a deux *mocetonas* qui sont gallegas (*La ilustre fregona*, édit. Garnier, II, 71). Galiciens et Asturiens font en Espagne les gros travaux, notamment dans les mines: J. CHASTENET, *Godoï*, 1943, p. 40. Les moissonneurs *gallegos* en Castille au XVIIIe siècle, Eugenio LARRUGA, *Memorias politicas y económicas sobre los frutos*, *comercio*, *fabricas y minas de España*, Madrid, 1745, I, p. 43.

102. Diego Suàrez, manuscrit de l'ex-Gouvernement Général de l'Algérie, d'après la copie que m'a obligeamment communiquée Jean CAZENAVE, f°6.

103. Voir *infra*, I, pp. 408—409.

104. Jésús García FERNANDEZ, *Aspectos del paisaje agrario de Castilla la Vieja*, Valladolid, 1963, p. 12.

105. Matteo BANDELLO, *Novelle*, VII, pp. 200—201. Les Spolétins servent comme soldats, et surtout à l'étranger, L. von PASTOR, *op. cit.*, XVI, p. 267. Leur astuce, M. BANDELLO, *ibid.*, I, p. 418.

106. M. BANDELLO, *op. cit.*, II, pp. 385—386. La pauvreté oblige les Bergamasques à émigrer. Sobres, ils dévorent comme des loups chez autrui. Il n'y a pas un endroit au monde où ne se trouve au moins un Bergamasque. A

Naples, les sujets vénitiens installés sont surtout des Bergamaschi, E. ALBÈRI, *op. cit.*, *Appendice*, p. 351(1597).

107. Jacques HEERS, *Gênes au XVe siècle. Activité économique et problèmes sociaux*, 1961, p. 19. M. BANDELLO, *op. cit.*, IV, p. 241. De même, après le rétablissement de François Sforza, de nombreux paysans arrivent à Milan, venant de Brescia.

108. *Op. cit*, X, pp. 337—338.

109. L. Pfandl, Philippe II, trad. franç., 1942, pp. 353—354. Bergamasques aussi, le célèbre Colleoni et le Jésuite Jean-Pierre MAFFEE, auteur de *L'histoire des Indes*, Lyon, 1603.

110. *Op. cit*, IV, p. 335. Il s'agit d'un Bresciano établi à Vérone.

111. Résultat d'une enquête personnelle. Au vrai, cette opposition des pays d'en haut et des pays d'en bas se retrouverait encore plus vers le Nord. Gaston ROUPNEL la signale dans *Le vieux Garain*, 1939, pour la côte bourguignonne vers Gevrey et Nuits-Saint-Georges. Les "montagnards", vers 1870, portent encore la blouse dans les foires du bas pays.

112. P. GEORGE, *La région du Bas-Rhône*, 1935, p. 300, troupes de Savoyards allant dans les premières années du XVIIe siècle, faire la moisson dans le pays d'Arles.

113. Grotanelli, *La Maremma toscana*, *Studi storici ed economici*, II, p. 19.

114. P. George, *op. cit.*, p. 651.

115. Fernand Benoit, *op. cit.*, p. 23.

116. Emmanuel Le Roy Ladurie, *op. cit.*, p. 97 et *sq.*

117. Impossible d'énumérer tous les exemples connus. Pour l'Espagne prédominance du recrutement dans les régions montagneuses et pauvres, Ramón Carande *Carlos V y sus banqueros*, Madrid 1949, p. 14 (les hautes terres de Valence et les *montes* de Léon). Th. Lefebvre, *Les Pyrénées atlantiques*, 1933, p. 286 (3,000 Guipazcoans et Navarrais combattaient à Pavie). Sur les Pyrénées aragonaises, Fernand Braudel, *La Méditerranée...*, Ire édit., p. 47 et 48.

118. Piero PIERI, *La crisi militare italiana nel Rinascimento*, Naples, Ire éd., 1934, p. 523.

119. H. de Maisse au roi, Venise, 6 juin 1583; A. E. 31, f°29 v° et 30.

120. A titre d'orientation bibliographique, voir R. BUSCH-ZANTNER,

Albanien, 1939. Sur les migrations albanaises, déterminées au Moyen Age par la disette, vers les plaines de Métohidja et de Podrina, cf. J. CVIJIĆ, *op. cit.*, p. 150. Sur leur merveilleuse réussite dans l'Empire turc au XIXe siècle, *ibid.*, p. 17. A la Bibliotheca Communale de Palerme, un mémoire inédit de MONGITORE ANTONINO, *Memoria de Greci venuti dall'Albania in Sicilia* Qq E 32, f° 81. L'Albanais gros buveur de vin: M. BANDELLO, *op. cit.*, IV, pp. 350—351. Les Albanais solliciteurs de la Chrétienté: un document entre mille, Joan de Pallas, consul à Raguse, au Grand Commandeur de León, Naples, 3 avril 1536, A. N., K 1632.

121. Victor BÉRARD, *La Turquie*..., *op. cit.*, p. 164.

122. A Chypre, où ils sont soldats de père en fils. Fr. Steffano LUSIGNANO DI, CIPRO, *Corograffia et breve historia universale dell'isola de Cipro*, Bologne, 1573(B. N. Paris, 4°G 459).

123. Ils constituent une part considérable de l'armée vénitienne, cf. une série de documents p. p. V. LAMANSKY, *op. cit*, p. 549, note.

124. M. BANDELLO, *op. cit*, III, p. 329 et *sq*.

125. Museo Correr, D. delle Rose 21, f° 80 sur les grands villages albanais des Pouilles, 1598. Au début du siècle souvent redoutés. Interdiction leur est faite(3 juin 1506) de sortir armés des villes et villages fortifiés. Ludwig von THALLÓCZY, "Die albanische Diaspora", in: *Illyrisch-albanische Forschungen*, 1916, p. 339.

126. O. DE TÓRNE, "Philippe et Henri de Guise", in: *Revue Historique*, 1931, II, p. 324.

127. En 1540, G. LEFÈVRE PONTALIS, *Correspondance politique d'Odet de Selve*, 1888, p. 64, 65, 351, 354.

128. A. H. N. L° 3189, 1565, Inquisition de Valladolid, curieuse affaire de Guillermo de Modon.

129. D. HAEDO, *Topographia*..., p. 121 v°, signale à Alger Arnaut Mami et "un renegado, tambien albanes y arnaut como el", p. 122 v°.

130. Victor BÉRARD, *La Turquie*..., *op. cit.*, p. 26.

131. *Itinéraire de Paris à Jérusalem* (édit. de 1831), I, p. III et 175.

132. *La Corse inconnue*, p. 44, avec l'indication d'une série de Corses illustres en dehors de l'Île.

133. Ainsi Hassan Corso. J. Cazenave, "Un corse roi d'Alger, 1518—1556", in: *Afrique latine*, 1923, pp. 397—404.

134. Giuseppe Mellerio, *Les Mellerio, leur origine, leur histoire*, 1895, Sur l'émigration des Alpes milanaises. Carlo Antonio Vianello, "Alcuni documenti sul consulato dei Lombardi a Palermo", in: *Archivio Storico Lombardo*, 1938, p. 186.

135. A. Vianello, *ibid.*, p. 186.

136. *Ibid.*, p. 186.

137. *Ibid.*, p. 187.

138. *Ibid.*, p. 187.

139. G. F. Osorio, console dei Lombardi alla camera dei mercanti di Milano. Naples, 27 sept. 1543. P. P. A Vianello, *ibid.*, p. 187.

140. A. d. S. Naples, Sommaria Partium 240, f°111—113, 15 janvier 1544, avec les noms des *muratori*.

141. A. d. S. Venise, Notatorio di Collegio 13, f°121, 12 octobre 1486.

142. D'après un article de presse, 《Eriwan, die Haupstadt der Armenier》, in: *Frankfurter Zeitung*, 9 août 1940.

143. Jean-Baptiste TAVERNIER, *Les six voyages qu'il a faits en Turquie, en Perse et aux Indes*, Paris, 1681, I, p. 380 et *sq.*

144. *Alors*, c'est-à-dire avec le XVIIe siècle. Au XVIe siècle, à Constantinople et dans l'Est méditerranéen, l'heure des Arméniens n'a pas encore sonné, N. IORGA, *Points de vue sur l'histoire du commerce de l'Orient à l'époque moderne*, 1925, p. 23 Au XVIIe siècle, au contraire, les Arméniens, commercent jusque dans la Méditerranée occidentale. Un navire arménien 《L'Arménien commerçant》 apporte du blé à Livourne (*Mémoires du Chevalier d'Arvieux*, 1735, I, p. 13). Sur le rôle des Arméniens dans la querelle des lieux saints, en 1621, cf. Gérard TONGAS, *L'ambassadeur L. Deshayes de Cormenin (1600—1632)*, 1937, p. 132. Sur l'actuelle dispersion des Arméniens les quelques mots de Werner SOMBART, *Vom Menschen*, 1940, pp. 178—179.

145. Nous avons, en arménien, des manuels marchands, rédigés pour la grande place du Nord.

146. J.-B. TAVERNIER ajoute: "Ils sont d'autant plus propres pour le négoce qu'ils vivent de grande épargne et sont fort sobres, ou par vertu ou par avarice. Quand ils sortent de leurs maisons pour de longs voyages, ils font provision de biscuit, de chair de buffle fumée, d'oignons, de beurre cuit, de farine, de vin et de fruits secs. Ils n'achètent de viande fraîche, aux jours qu'il leur est permis, que lorsqu'ils trouvent dans les montagnes, quelques ag-

neaux ou chevreaux à bon marché". *Op. cit.* ,I,p. 380.

147. Sur les richesses et le luxe des Arméniens de Zolpha, J. -B. TAVERNIER, *op. cit.* ,I,p. 380.

148. *Ibid*,II,p. 3.

149. La montagne? "Une zone d'émission d'hommes", Pierre DEFFONTAINES, Mariel JEAN-BRUNHES-DELAMARRE, P. BERTOQUY, *Les problèmes de géographie humaine*, 1939, p. 141. Sur le contraste plaines-montagnes caractéristique du domaine méditerranéen, Charles PARAIN, *La Méditerranée: les hommes et leurs travaux*, Paris, 1936, p. 191; Jules SION, *La France méditerranéenne*, Paris, 1934, p. 44 et *sq.*

150. Jules BLACHE, *op. cit.* ,p. 15. Même note chez P. GEORGE, *op. cit.* , p. 352.

151. P. GEORGE, *op. cit.* ,p. 237; V. L. BOURRILLY et R. BUSQUET, *H. de la Provence*, 1944, p. 7: "En Provence, les plus anciens habitants ont été reconnus sur le pourtour du Ventoux, les montagnes du Vaucluse, au Sud du Lubéron, dans les vallées de droite de la Durance, au confluent du Verdon; ils semblent en relation avec l'abondance des gisements de silex et des roches dures roulées par les cours d'eau. " D'accord avec Louis ALIBERT, "Le Génie d'Oc. ", in: *Les Cahiers du Sud*, 1943, p. 18: "L'ossature essentiellement montagneuse des pays méditerranéens a favorisé la fixation et la permanence des races préhistoriques et proto-historiques. "

152. P. GEORGE, *op. cit.* ,p. 310 à 322.

153. H. LAUTENSACH, "Die länderkundliche Gliederung Portugals", in: *Geogr. Zeitschrift*, 1932, p. 194.

154. A. PHILIPPSON, "Umbrien und Etrurien", in: *Geogr. Zeitschrift*, 1933, p. 455, 457, 461, 462.

155. *Ibid.* ,p. 457.

156. Alfred von REUMONT, *Geschichte Toscana's*, Gotha, 1876, pp. 366—367.

157. *Ibid.* ,p. 368 et *sq.*

158. A. PHILIPPSON, *Das Mittelmeergebiet*, p. 20.

159. Et au delà E. -Félix GAUTIER a bien des fois insisté sur le rôle de cette dorsale de l'Afrique du Nord, entre autres, dans *Le Passé de l'Afrique du Nord*, 1952, p. 115.

160. Georges MARÇAIS, in: *Histoire d'Algérie*, par GSELL, MARÇAIS,

YVER,1927,p. 121.

161. "Umbrien...",*art. cit.*,p. 450.

162. Jules SION,*Geogr. Univ.*,VII,2,1934,p. 326.

163. P. VIDAL DE LA BLACHE,*op. cit.*,p. 85.

164. N. KREBS,"Zur politischen Geographie des Adriatischen Meeres", in:*Geogr. Zeitsch.*,1934,p. 375.

165. Je pense aux *trulli*, mais, plus encore au système d'irrigation de la plaine-plateau, à "l'acquedotto pugliese". Fritz KLUTE, *Handbuch der geogr. Wissenschaft*, Berlin, 1914, p. 316, en donne un bon croquis, mais son histoire?

166. D'après A. d. S., Naples, Dipendenze della Sommaria, Fascio 417, fasc. I°1572.

167. A. d. S. Naples, Sommaria, Consultationum, II, 237—241.

168. Georg FRIEDERICI, *Der Charakter der Entdeckung und Eroberung Amerikas durch die Europäer*, I, Gotha, 1925, notamment, p. 174, 179.

169. *Le licencié de verre*, dans les *Nouvelles Exemplaires*, éd. de la Pléiade, 1949, pp. 1270—1271.

170. ORTEGA Y GASSET, *España invertebrada*, Madrid, 1934, réflexion que l'on trouve aussi sous la plume d'Unamuno, Machado ou Pidal.

171. A. SCHULTE, *Geschichte der grossen Ravensburger Gesellschaft*, 1923, notamment I, p. 285 et *sq.* et p. 295.

172. E. ALBÈRI, *Relazioni*, I, V(Francesco Morosini), p. 293.

173. P. VIDAL DE LA BLACHE, *Etats et Nations de l'Europe*, 1889, p. 358.

174. M. SORRE, *Les fondements biologiques de la géographie humaine*, Paris, 1943, p. 386:《Le climat des basses montagnes et des premiers plateaux plus favorable à l'effort, en Méditerranée du moins, que celui des bas pays》. Bonne esquisse, dans André SIEGFRIED, *Vue générale de la Méditerranée*, 1943, à propos des《rebords》(p. 108), des revermonts, dirons-nous en généralisant le mot jurassien; nous entendons par là tout le revers, y compris la curieuse ligne des Piémonts, cette ligne en festons si importante, notamment en Andalousie: voir les remarques de G. NIEMEYER, *op. cit.*, p. 109.

175. *Op. cit.*, pp. 92—93.

176. Sur toute cette question, le livre si riche d'aperçus de J. CVIJIC, *La péninsule balkanique*, trad. franç., 1918. Pour le décor et la couleur, R. GERLACH, *Dalmatinisches Tagebuch*, Darmstadt, 1940. Pour la description

géographique, MILOJEVIĆ, *Littoral etîles dinariques dans le Royaume de Yougoslavie* (Mém. de la Soc. de Géographie, vol. 2), Belgrade, 1933.

177. Ce qui précède au sujet des mouvements《métanastasiques》est pris à la synthèse de Cvijič. Ses élèves ont renouvelé ce gros problème des émigrations de la montagne slave. Ainsi J. MAL, *Uskoke seobe i slovenske pokrajine* (les migrations des Uscoques et les pays slovènes), Lubljana, 1924, montre l'utilisation de cette migration pour l'organisation des confins militaires turcs, vénitiens et autrichiens. R. BUSCH-ZANTNER. *op. cit.*, p. 86, attire l'attention sur la pression albanaise qui détermine les migrations serbes vers le Nord, pression albanaise, non turque.

178. De J. N. TOMIĆ, *Naselje u Mletackoj Dalmaciji*, Nich, 1915. t. I, 1409—1645, une courte étude sur les liens de dépendance personnelle et économique des paysans dans les domaines vénitiens de Dalmatie. Ce régime tend à se répandre dans les îles et l'intérieur de l'Istrie. Le péril turc cause des pertes humaines que l'immigration serbe de Bosnie et d'Herzégovine n'arrive plus à combler. Il entraîne l'organisation de milices obligatoires contre les attaques, qu'elles viennent des Turcs, des corsaires ou des bandits. Sur la Dalmatie vénitienne au XVIe siècle, V. LAMANSKY, *op. cit.*, et notamment p. 552, l'essaimage de soldats dalmates jusqu'en Angleterre, leur utilisation dans l'armée et la flotte vénitiennes, ainsi que sur des bateaux étrangers où les attirent des conditions de vie plus agréables que celles de la flotte vénitienne.

179. Documents lus à l'Archivio di Stato de Venise mais que je n'ai pas pris en note.

180. H. ISNARD, "Caractère récent du peuplement indigène du Sahel d'Alger", in: 2e *Congrès des Soc. sav. d'Afrique du Nord*, 1936.

181. Cf. à ce sujet G. MILLON, "Les Parlers de la région d'Alger", in: *Congrès des Sociétés sav. d'Afrique du Nord*, 1937.

182. M. DALLONI, "Le problème de l'alimentation en eau potable de la ville d'Alger", in: *B. de la Soc. de Géogr. d'Alger*, 1928, p. 8.

183. Bernardo GOMES DE BRITO, *Historia tragico-maritima*, Lisbonne, t. VIII, 1905, p. 74.

184. René BAEHREL, *Une croissance: la Basse-Provence rurale, fin du XVIe siècle—1789*, Paris, 1961, p. 125.

185. Bibliothèque Marciana de Venise, 5838, C II, 8, f°8.

186. Emmanuel LE ROY LADURIE, *op. cit.* p. 223 et *sq.*

187. *Plaisir de France*, 1932, pp. 119—120: "L'esprit du Midi s'est formé sur les côteaux", non dans "la montagne de jadis trop pauvre et périodiquement désertée. Sur l'humanité des pays de collines, voir ce qu'écrit Isabelle EBERHARDT", *Notes de route*, 1921, parlant du Sahel tunisien (p. 221), ou Marcel BRION de la Toscane et de "son paysage aux dimensions de l'homme", *Laurent le Magnifique*, 1937, p. 282.

188. Anonyme (Claude de Varennes), *Voyage de France, dressé pour l'instruction et la commodité tant des Français que desétrangers*, Rouen, 1647, p. 136.

189. *Op. cit.*, pp. 56—7.

190. B. N. Estampes (Od 13, pet. in-fol.): *Les mœurs et fachons de faire des Turcz... contrefaictes par Pierre Coeck d'Alost l'an* 1533.

191. Philippe de CANAYE, sieur de Fresne, *Le Voyage du Levant*, 1573, éd. H. Hauser, 1897, p. 40.

192. Cf. V. BÉRARD, *La Turquie...*, p. 93: l'opposition entre l'Albanie, ses montagnes, ses fleuves《violents et remueurs de sol》, ses cols gardés par les *dervendjis*, et la Macédoine aux eaux tranquilles et ses nappes de brouillards. Dans Paul BOURGET, *Sensations d'Italie*, 1891, pp. 88—90, le passage de la Toscane à l'Ombrie. Rudesse, mais pureté de la Toscane, tandis que sur les chênes et les vignobles d'Ombrie s'étendent les brouillards et le drame de la fièvre.

193. Sur cette précocité des petites plaines, je suis d'accord avec H. LEHMANN, "Die geographischen Grundlagen der kretisch-mykenischen Kultur", in: *Geogr. Zeitschr.*, 1932, p. 337. De même, ce sont les petites oasis qui, dans le Proche-Orient, ont été les premières créées par l'homme, comme on l'a supposé avec vraisemblance.

194. Pierre VILAR, *op. cit.*, I, p. 223.

195. *Op. cit.*, p. 243 et *sq.* G. MARCAIS, "Tlemcen, ville d'art et d'histoire", in: 2ᵉ *Congrès soc. sav. d'Afrique du Nord*, t. I, 1936.

196. G. NIEMEIER, *op. cit.*, p. 28. Et cette remarque va très loin. Il y a, par l'agglomération, village ou ville, en fonction et à partir d'elle, une organisation de l'espace rural.

197. Sur ce point, Julien FRANC, *La Mitidja*, Alger, 1931, et E. F. GAUTIER, "Le phénomène colonial au village de Boufarik", in: *Un siècle de coloni-*

sation, Alger, 1930, pp. 13—87.

198. J. ANCEL, *La plaine de Salonique*, 1930.

199. Sur le delta de l'Èbre, E. H. G. DOBBY, 《The Ebro Delta》, in: *Geogr. Journal*, Londres, mai 1936. Sur les Marais Pontins, SCHILLMANN, "Die Urbarmachung der Pontinischen Sümpfe", in: *Geogr. Wissenschaft*, 1934.

200. P. GEORGE, *op. cit.*, pp. 296—299, 310—322, 348. Du XXIIe au XVIe giècle, la Camargue de plus en plus insalubre, p. 606.

201. J. LOZACH, *Le delta du Nil*, 1935, p. 50.

202. *Op. cit.*, I, pp. 142—143. Autres exemples, la multiplicité des petites rivières près d'Andrinople (*ibid.*, II, 10). Dans Ignacio de Asso, *Hist. de la economía polética de Aragon*, 1798 (réédition 1947), cf. détails sur le "pantanal" de Benavarre (p. 84), sur la plaine de Huesca (72—73), de Saragosse (94 et *sq.*), de Téruel (186).

203. B. N. Paris, Ital., 1220, fol. 35.

204. Philippe LECA, *La Corse...*, *op. cit.*, pp. 213 et 270; J. de BRADI, *op. cit.*, p. 25.

205. A la saison des pluies, les plaines sont des lacs ou des champs de boue (J. J. THARAUD, *La Bataille à Scutari*, 1927, p. 53, à propos des plaines albanaises); les étangs de boue et les marécages que crée la Bojona débordée (*ibid.*, p. 148).

206. Ainsi, en 1940, dans le Sud de l'Espagne; en janvier 1941, au Portugal, en février 1941, en Syrie; en octobre 1940, dans le bassin de l'Èbre (informations de presse). Inondations à Cordoue, 31 décembre 1554 et 1er janvier 1555, Francisco K. de UHAGON, *Relaciones históricas de los siglos XVI y XVII*, 1896, p. 39 et *sq.*

207. Gal Éd. BRÉMOND, *op. cit.*, p. 17; du même auteur, *Yémen et Saoudia*, 1937, p. 11, note 6.

208. Sur la malaria, les ouvrages utiles sont légion. L'orientation est à chercher dans Jules SION, "Étude sur la malaria et son évolution en Méditerranée", in: *Scientia*, 1938; dans M. SORRE, *Les fondements biologiques de la géogr. hum.*, 1942, et dans l'excellent article de M. LE LANNOU, "Le rôle géographique de la malaria", in: *Annales de Géographie*, XLV, 1936, pp. 112—135. L'intéressant serait de pouvoir mesurer et cartographier la poussée de la malaria durant la dernière guerre mondiale en méditerranée, avec le

manque de quinine. Pour l'histoire, les travaux les plus importants sont ceux d'Angelo CELLI, "Storia della malaria nell'agro romano", in: *M. R. Ac. dei Lincei*, 1925, 7e série, vol. I, fasc. III; *The history of Malaria in the Roman Campagna from ancient times*, Londres, 1933, et d'Anna CELLI-FRAENTZEL, "Die Bedeutung der Malaria für die Geschichte Roms und der Campagna in Altertum and Mittelalter", in: *Festschrift B. Nocht*, 1927, 2 pl., 1 carte, pp. 49—56; "Die Malaria in XVIIten Jahrhundert in Rom und in der Campagna, im Lichte zeitgenögsischer Anschauungen", in: *Arch. f. Gesch. der Medizin*, XX, 1928, pp. 101—119; "La febbre palustre nella poesia", in: *Malariologia*, 1930. Sur la malaria en Crimée, comte de ROCHECHOUART, *Mémoires*, *op. cit.*, p. 154.

Quelques détails pour le XVIe siècle. La réputation d'insalubrité de Chypre est telle, que dans les contrats de transport signés entre pèlerins de Terre Sainte et capitaines de vaisseau, ceux-ci promettent de ne pas faire escale plus de trois jours à Chypre, Reinhold ROHRICHT, *Deutsche Pilgerreisen nach dem Heiligen Lande*, 1900, p. 14. D'après G. BOTERO, *op. cit.*, marais pestilentiels près de Salses, p. 5; villes malsaines, Brindisi, Aquilée, Rome, Ravenne, Alexandrie d'Égypte, I, 1, p. 47: Albenga sur la rivière génoise possède une plaine très riche《*ma l'aria n'è pestilente*》, p. 37. A Pola, les citadins abandonnent la ville, pendant l'été, à cause des fièvres et y reviennent l'hiver, Philippe CANAYE, *Le voyage du Levant*, *op. cit.*, p. 206. Paludisme (?) de la reine d'Espagne à Ségovie, en août 1566, Célestin DOUAIS, *Dépêches de M. de Fourquevaux, ambassadeur de Charles IX en Espagne, 1565—1572*, Paris, 1896—1904, III, p. 10; accès de paludisme de Philippe II à Badajoz, M. PHILIPPSON, *Ein Ministerium unter Philipp II*, Berlin, 1895, p. 188.

209. M. SORRE, *op. cit.*, p. 388. En septembre 1566, toute l'Espagne travaillée par les fièvres (Fourquevaux à la Reine, Ségovie, 11 septembre 1566, DOUAIS, *op. cit.*, III, 18).

210. *Op. cit.*, p. 263.

211. Jules LECLERCQ, *Voyage en Algérie*, 1881, frappé des ravages du paludisme dans les basses régions d'Algérie, écrivait, p. 178: "Si les Européens ne peuvent vivre dans les vallées, pourquoi ne crée-t-on pas des villages de montagne?"

212. Au nombre des problèmes posés, hier encore par l'installation de la

capitale turque à Ankara, notons la malaria de la plaine voisine; Noëlle ROGER, *En Asie Mineure*, 1930, p. 46.

213. Cité par M. SORRE, *Fondements biologiques*, p. 344.

214. W. H. S. JONES, *Malaria, a neglected factor in the history of Greece and Rome*, Londres, 1907.

215. P. HILTEBRANDT, *Der Kampf ums Mittelmeer*, 1940, p. 279. Léon X, grand chasseur, aura lui aussi, sans doute, succombé à un accès de paludisme (Gonzague TRUC, *Léon X*, 1941, p. 71 et 79). Dante lui-même n'est-il pas mort de la malaria, comme, vingt ans plus tôt, Guido Cavalcanti? (L. GILLET, *Dante*, 1941, p. 340.) Ceci sous toutes réserves.

216. P. HILTEBRANDT, *ibid.*, p. 279.

217. Bernardo SEGNI, *Storie fiorentine... dall'anno 1527 al 1555*, 1723, p. 4.

218. J. B. TAVERNIER, *Voyages*, I, p. 110, parle des marais d'Alexandrette, en 1691.

219. K. ESCHMID, *in*: Werner BENNDORF, *Das Mittelmeerbuch*, Leipzig, 1940, p. 22. A propos de l'extension de la malaria, qu'y a-t-il derrière ces lignes de STENDHAL(*Promenades...*, II, 164): "M. Metaxa, je crois, médecin célèbre et homme d'esprit, a fait une carte des lieux attaqués par la fièvre"?

220. A. d. S. Venise, Brera 54, f° 144 v°.

221. Francesco GUICCIARDINI, *La historia d'Italia*, Venise, 1568, p. 2, (L'Italie tranquille) *cultivata non meno né luoghi piü montuosi et piü sterili, che nelle pianure, et regioni sue piu fertili*. Cf. les étonnantes remarques de MONTAIGNE, *op. cit.*, p. 237, autour de Lucques, depuis une cinquantaine d'années(1581) les vignes ont remplacé sur les montagnes "les bois et les châtaignes", p. 248"... la méthode qu'ils ont de cultiver les montagnes jusqu'à la cime". Je ne suis donc pas d'accord avec le beau passage de MICHELET, *La Renaissance*, Paris, 1855, pp. 31—32. Ph. HILTEBRANDT, *op. cit.*, p. 268 voit le problème dans le même sens que moi. Les Italiens participent aux grandes découvertes—le Vénézuela n'est-il pas la petite Venise? —mais l'espace ne fait pas défaut, à cette époque, à la population italienne; sa bourgeoisie ne sait pas voir au delà de l'horizon méditerranéen; il manque à la Péninsule, pour finir, ces querelles religieuses qui poussèrent Anglais et Hollandais au delà des mers.

222. Herbert LEHMANN, 《 Die Geographischen Grundlagen der kretisch-

mykenischen Kultur》, in: *Geogr. Zeitschr.*, 1932, p. 335.

223. Auguste JARDÉ, *Les Céréales dans l'Antiquité grecque*, 1925, p. 71, références à Strabon. A. PHILIPPSON, "Der Kopais-See in Griechenland und seine Umgebung", in: *Zeitschr. der Gesellschaft für Erdkunde zu Berlin*, XXIX, 1894, pp. 1—90. P. GUILLON, *Les Trépieds du Ptoion*, 1943, pp. 175—195.

224. M. R. DE LA BLANCHÈRE, "La malaria de Rome et le drainage antique", in: *Mélanges d'Arch. et d'hist.*, p. p. l'École française de Rome, II, 1882, p. 94 *sq.*

225. Est-ce le premier de ces "Hollandais", de ces Nordiques, que cet ingénieur, *ce dijkmeester* que le nonce envoie à Ferrare à la demande du Pape, en 1598, et qui, pour épuiser l'eau, semble songer à des moulins à vent? *Correspondance de Frangipani*, p. p. Armand LOUANT, 1932, t. II, Bruxelles, 13 juin, 17 juin, 25 juil., 13 août 1598, pp. 345, 348, 362—363, 372.

226. MONTAIGNE, *Voyage en Italie*, p. 138.

227. A. von REUMONT, *Geschichte Toscana's*, I, p. 358 et *sq.* Sur ce même sujet, O. CORSINI, *Ragionamento istorico sopra la Val di Chiana*, Florence, 1742; V. FOSSOMBRONI, *Memorie idraulico-storiche sopra la Val di Chiana*, Florence, 1789; MICHELET, *Journal inédit*, pp. 169—170. Il y eut, au XVIe siècle, des travaux inefficaces pour la bonification du lac de Castiglione, A. von REUMONT, *op. cit.*, I, p. 369.

228. I, p. 366 et *sq.*

229. A. ZANELLI, *Delle condizioni interne di Brescia, dal 1642 al 1644 e del moto della borghesia contro la nobiltà nel* 1644, Brescia, 1898, pp. 242—243.

230. A. von REUMONT, *op. cit.*, I, pp. 363—364. A citer aussi, et toujours en Toscane, vers 1550, les projets d'assainissement des marais d'Ansedonia (G. VENEROSI PESCIOLINI, 《Una Memoria del secolo XVI sulle palude di Ansedonia》, in: *La Maremma*, VI, 1931). H. WÄTJEN note que la grosse affaire, en Toscane, sous le règne du grand-duc Ferdinand, c'est l'assèchement des marais, *Die Niederländer im Mittelmeergebiet*, 1909, p. 35. Sur un projet de bonification de la Maremme de Sienne, 1556, proposé au roi de France, cf. Lucien ROMIER, *Les origines politiques des guerres de religion*, 1913—1914, II, pp. 397—398.

231. Hansjörg DONGUS, " Die Reisbaugemeinschaft des Po-Deltas, eine

neue Form kollektiver Landnutzung", in: *Zeitschrift für Agrargeschichte und Agrarsoziologie*, oct. 1963, p. 201 et 202; C. ERRERA, "La bonifica estense nel Basso Ferrarese", in: *Rivista Geogr. ital.*, 1934, pp. 49—53.

232. Les bonifications dans l'État pontifical au temps de Pie V, PASTOR, *op. cit.*, XVII, p. 84.

233. B. N. Paris, Esp. 127, f° 20 v° et 21. Il s'agit d'un projet étudié en 1594 par la "Camera", on y a finalement renoncé. Le comte d'Olivarès s'y est cependant beaucoup intéressé. Les autorités étaient disposées à affermer l'entrepries.

234. Sur une éventuelle bonification à Aquilée, Giacomo Soranzo au doge, Vienne, 7 août 1561, G. TURBA, *Venet. Depeschen*, 13, p. 191.

235. C'est ainsi que j'interprète le livre, obscur parce que trop riche, de Richard BUSCH-ZANTNER, *Agrarverfassung, Gesellschaft und Siedlung in Südosteuropa*, Leipzig, 1938, et que je crois devoir l'éclairer. Pour lui, au contraire de CVIJIĆ, le *tschiftlik* n'est pas un village ancien, remontant au Moyen Age(pp. 104—105). C'est un village récent né au XVIe siècle, avec une multiplication certaine au XVIIe, donc un village de colonisation moderne, de bonification. Situé au fond des plaines, près des eaux des lacs et des vallées, exposé souvent aux inondations(p. 124). Omer Lutfi Barkan est d'accord avec mon interprétation.

236. R. CESSI, 《Alvise Cornaro e la bonifica veneziana nel sec. XVI》, in: *Rend. R. Acc. Lincei, Sc. Mor., St. e Fil.*, série VI. vol. XII, pp. 301—23. Compte rendu de F. BRAUDEL, in: *Ann. d'Hist. Sociale*, 1940, pp. 71—72.

237. E. LE ROY LADURIE, *op. cit.*, p. 442 et *sq.* Adam de Craponne, 1519—1559, a construit le canal qui porte son nom et irrigue la Crau vers 1558, entre Durance et Rhône.

238. A. ZANELLI, *op. cit.*, p. 243.

239. A. d. S. Venise, *Annali di Venezia*, 11 avril 1593 et *sq.*

240. I. de Asso, *op. cit.*, pp. 72—73.

241. P. GEORGE, *op. cit.*, pp. 292—294.

242. Achats en direction de la porte de Vega, en direction du nouveau pont de Ségovie, au delà du Manzanares, autour de la Real Casa de Campo, aménagée par Philippe II. Voir notamment Simancas, Patronato Real, les actes de vente, n°s 3142 à 3168.

243. Pierre IMBART DE LA TOUR, *Les origines de la Réforme*, I, Melun,

1948, p. 218. Resterait à distinguer ici la vraie bonification de la colonisation en général des terres nouvelles. Le mouvement de conquête du sol est déclenché en France depuis le milieu du XVe siècle, ainsi qu'en Angleterre (René GANDILHON, *Politique économique de Louis XI*, 1940, p. 147). En ce qui concerne les domaines savoyards, bonifications mal signalées par le livre de seconde main de F. HAYWARD, *Histoire des ducs de Savoie*, 1941, II, p. 40.

244. E. LE ROY LADURIE, *op. cit.*, p. 86 et 87.

245. N'est-ce pas un des aspects du drame économique de Barcelone? La bourgeoisie barcelonaise plaçant en terres son argent qui ne se risque plus dans les affaires maritimes?

246. Le drainage par "pieds de gélines", Olivier de SERRES, *Pages choisies*, 1942, p. 64.

247. "Vita di D. Pietro di Toledo", in: *Archivio Storico Italiano*, IX, pp. 21—22.

248. F. CARRERAS Y CANDI, *Geografia General de Catalunya*, Barcelone, 1913, pp. 471—472.

249. Notamment I. de Asso, *op. cit.*, p. 94 et *sq.*

250. Ce qui suit, avant tout d'après le remarquable article de S. PUGLIESE, "Condizioni economiche e finanziarie della Lombardia nella prima metà del secolo XVIII", in: *Misc. di st. it.*, 3e série, t. XXXI, 1924, pp. 1—502278, qui offre, dans ses premières pages, outre une bonne description géographique de la Lombardie, de nombreux renseignements relatifs au XVIe siècle.

251. A. FANFANI, "La rivoluzione dei prezzi a Milano nel XVI e XVII secolo", in: *Giornale degli economisti*, juillet 1932.

252. E. LUCCHESI, *I Monaci benedettini vallombrosani in Lombardia*, Florence, 1938.

253. S. PUGLIESE *art. cit.*, pp. 25—27.

254. G. de Silva à S. M., 17 avril 1573, Simancas E° 1332.

255. A. SCHULTE, *op. cit.*, I, 252, pense que la culture du riz est venue d'Espagne en Lombardie avant 1475. L'exportation du riz vers l'Allemagne a été faite en premier lieu par le Bâlois Balthasar Irmi. Le riz introduit par Louis XII, Marco FORMENTINI, *Il Ducato di Milano*, Milan, 1876, II, p. 600 et *sq.* Sur le problème en général, S. PUGLIESE, *art. cit.*, p. 35.

256. Maurice PALÉOLOGUE, *Un grandréaliste*, *Cavour*, 1926, p. 21. Sur

cette grosse question des manœuvres agricoles régulièrement appelés par les plaines, voyez l'exemple que donne Georges LEFEBVRE(*La Grande Peur de* 1789, Paris, 1957, p. 17) du Bas-Languedoc qui, à l'époque de la Révolution Française, prend ses travailleurs aux Causses et à la Montagne Noire. Autre exemple, présenté comme valable pour le XVIIe siècle, celui de la Thrace qui fait venir ses ouvriers agricoles de haute Bulgarie(Herbert WILHELMY, *Hochbulgarien*, Kiel, 1935, p. 235). La Thessalie(dont nous connaissons les exportations de grains par Volo) fait venir les siens de la Grèce moyenne, voire de l'Attique(VAUDONGOURT, *Memoirs on the Ionian Islands*, 1816, p. 215). Sur ces deux exemples balkaniques, R. BUSCH-ZANTNER, *op. cit.*, p. 94.

257. S. PUGLIESE, *art. cit.*

258. P. GEORGE, *op. cit.*, p. 354.

259. Au seigneur, et plus encore à la grande propriété, même quand la plaine n'est pas bonifiée. Jusqu'à nos jours, ou presque, il en a été ainsi(R. PFALZ, *art. cit.*, *in*: *Geogr. Zeitschr.*, 1931, p. 134): avant les dernières bonifications, 38 p. 100 du sol de la *Campagna* appartenaient à quatre grands propriétaires. Par contre, "en général, les régions montagneuses demeurent réservées à la petite propriété" (*ibid.*). Jugement plus nuancé de J. SION, *France méditerranéenne*, 1934, p. 143: "Les régions les plus morcelées sont les pays de collines, relativement archaïques et pauvres(aujourd'hui); le grand domaine s'étale dans les plaines aux gros rendements et particulièrement dans le palus récemment conquis à grands frais". Voir, à ce sujet, les renseignements de G. NIEMEIER, *op. cit.*, pp. 29—30 et 59, sur l'opposition de Cordoue, vieux centre avec de grandes propriétés, et Carlotta, ville neuve, créée au XVIIIe siècle, avec ses propriétés morcelées. Je crois personnellement au rôle considérable des monocultures envahissantes dans les plaines (le blé en fut une autrefois) et créatrices de grandes propriétés.

260. P. DESCAMPS, *Le Portugal. La vie sociale actuelle*, Paris, 1935, p. 14. Près de Vieira, dans le Minho, "la montagne est démocratique; plus bas, et déjà à Vieira, il y a des fidalgos d'ancienne noblesse. Il existe encore des solares à Vieira et dans quelques paroisses".

261. M. BANDELLO, *op. cit.*, I, nouvelle n°. 12.

262. *Op. cit.*, p. 48.

263. J. Cvijič, *op, cit.*, p. 172. Sur le paysan bulgare, son travail, son bi-

en-être relatif au XVe siècle, ses charrues de bois trainées par des paires de bœufs ou de buffles, voir Ivan Sakazov, *Bulgarische Wirtschaftsgeschichte*, Berlin—Leipzig, 1929, p. 197; le paysan des plaines, bien plus que le montagnard ou le citadin, est attaché à son cadre. Pour le delta du Nil, J. Lozach, *op. cit.*, p. 38. Désolation du delta au XVIe siècle, *ibid*, p. 50.

264. Pyrénées méditerranéennes, p. 245. Voyez, en Camargue, un cas analogue, les grands domaines qu'y possède, avant la Révolution, l'Ordre de Malte, J. J. Estrangin, *Études archéologiques, historiques et statistiques sur Arles*, 1838, p. 307.

265. Pierre Vilar, *op. cit.*, I, p. 575 et *sq.*

266. Voir *supra*, p. 33, note 4.

267. Daniele Beltrami, *Forze di lavoro e proprietà fondiaria nelle campagne venete dei secoli XVII et XVIII*, 1961, p. 67, donne la date de 1574, je lui préfère jusqu'à plus ample informé celle de 1566 que fournit Andrea da Mosto, *l'Archivio di Stato di Venezia*, 1937, t. I, p. 168: les *Proveditori* auraient été institués alors pour surveiller les cultures et le drainage des eaux et promouvoir l'activité agricole par la constitution de "sociétés" foncières.

268. Un peu plus du tiers d'un *ha*, mais le *campo* varie d'une région à l'autre, dans le Vicentino il vaut 3862 m^2, D. BELTRAMI, *op. cit.*, p. 53, note 2.

269. Senato Terra 32, 16 septembre 1560: 29 novembre 1560.

270. *Ibid.*, 27, avant le 9 mai 1558.

271. *Ibid.*, 25.

272. *Ibid.*, 32.

273. *Ibid.*, 67.

274. *Ibid.*, 23.

275. *Ibid.*, 31.

276. Voir *supra*, p. 69.

277. Domenico SELLA, *Commerci e industrie a Venezia nel secolo XVII*, 1961, p. 87 et *sq.*

278. Sur ce vaste problème, le livre pionnier de Daniele BELTRAMI, *Forze di lavoro e proprietà fondarie nelle campagne venete dei secoli XVII et XVIII*, 1961.

279. J'ai suivi le résumé de M. SORRE, *Les fondements biologiques de la géographie humaine*, p. 397 et *sq*. Y ajouter C. de CUPIS, *Le Vicende*

dell'agricoltura e della pastorizia nell'agro romano e l'Annona di Roma, Rome, 1911, PFALZ, *art. cit.*, pp. 133—134, et surtout Jean DELUMEAU, *op. cit.*, II, p. 521 et *sq*.

280. *Vita di Benvenuto Cellini scritta da lui medesimo*, trad. fr., Paris, 1922, II, pp. 240—246.

281. C. TRASSELLI, "Notizie economiche sui Corsi in Roma (secolo XVI)", in: *Archivio storico di Corsica*, X, oct.-déc. 1934, p. 576 et *sq*.

282. *Lettres d'Italie*, *op. cit.*, I, pp. 312—3. Sur le vide de la campagne romaine: "Aujourd'hui, ce sont des paysans de la Sabine et de l'Abruzze qui viennent de temps en temps semer quelques cantons de la campagne et s'en retournent jusqu'à la récolte". L'explication du Pr. de Brosses sur les causes de la dépopulation et notamment la responsabilité de Sixte Quint, appelle de longs correctifs. Pastor pense que, si le mal paludéen s'aggrave, c'est peutêtre par le fait du déboisement: la lutte contre les bandits, à l'époque de Sixte Quint, se traduit en effet par l'incendie systématique des maquis qui leur servaient de repaires.

283. M. SORRE, *op. cit.*, p. 398.

284. Voyez combien E. QUINET, *Mes vacances en Espagne*, 1881, p. 320, est impressionné par les "marécages" du Guadalquivir. Entendez les *latifundia* humides des Marismas où s'élèvent des taureaux à demi sauvages, une vaste région de prairies en fleurs au printemps.

285. E. F. GAUTIER, *Genséric, roi des Vandales*, Pairs, 1932, p. 109.

286. Sur ces questions, la très riche enquête de Georg NIEMEIER, *op. cit.*, p. 37, 56—57, les ravages de la reconquête au delà du Guadalquivir. La colonisation systématique de l'Andalousie ne commence guère qu'avec Charles III. Elle est entreprise avec des colons allemands (p. 57). Pour les vides qui subsistent en 1767, voir la figure 8, page 62 du même ouvrage. Une seule colonisation au XVIe siècle: Mancha Real, fondée en 1540, dans la steppe de Jaen. Remarque décisive p. 100, sur l'importance de l'âge—donc de l'histoire —pour le régime des propriétés. A ce propos, comparaison d'une vieille communauté, Cordoue, avec une nouvelle, Carlotta, fondée en 1767. Pour l'exportation sévillane d'huile, de 60 à 70,000 quintaux, Pedro de MEDINA, *Libro de grandezas y cosas memorables de España*, 1548, f° 122.

287. G. BOTERO, *op. cit.*, p. 8.

288. Baron Jean-François Bourgoing, Nouveau voyage en Espagne,

1789, III, p. 50.

289. Voir *infra*, I, p. 530 et *sq*.

290. Au dossier historique dela transhumance, il faut verser les documents relatifs aux pâturages des présides de Toscane (Sil. Secretarias Provinciales de Napoles, legajo no. 1, 25 janvi. 1566, 20 fév. 1566, 5 mars 1566, 15 mars 1566). Une lettre du duc d'Alcala au prince de Florence (copie Simancas, 1055, f°37) et la réponse du prince (*Ibid.*, f°66), au sujet des impôts établis par les Toscans sur les troupeaux transhumants qui gagnent la côte des présides. Un document en italien, sans date, adressé à Philippe II (sans doute de cette même année 1566) dit l'attrait pour les propriétaires de troupeaux, des pâturages de la zone chaude des présides, en bordure de la mer. La taxe à la sortie vers les pâturages des présides, établie par les Toscans, est de 10 lires pour 100 têtes de bétail *di pecore, capre et altro bestiame* (Simancas, E°1446, f°45). Sur la location de ces herbages, cf. 24 août 1587, A. d. S. Naples, Sommaria, fasc. 227. Sur l'importance énorme de "l'aduanero" de Foggia pour la transhumance, voir B. N. Paris, Esp. 127. f°61 et 61v° (vers 1600) et l'indication de la grosse affaire litigieuse d'un des fermiers de cette douane, le marquis de la Paluda, dont les excès déterminèrent une action en justice.

A consulter une abondante littérature géographique. Cf. l'hypothèse de DEFFONTAINES sur les origines (dans la 4e édition, 1935, de Jean BRUNHES, *Géographie humaine*, p. 184); P. GEORGE, *op. cit.* (355 et *sq*); le livre déjà cité de Jules BLACHE et particulièrement les p. 18 et *sq.*, 21, 31: P. ARQUÉ, *op. cit.*, p. 43. On trouvera un excellent résumé du problème en Méditerranée, avec une carte de la situation en 1938 dans le bassin tout entier, dans l'article d'E. MÜLLER, "Die Herdenwanderungen im Mittelmeergebiet", in: *Peterm. Mitteilungen*, 84, 1938, pp. 364—370, avec bibliographie et notamment mention des grands livres de J. FRÖDIN, *Zentraleuropas Almwirtschaft*, 2 vol., 1941 et de MERNER, *Das Nomadentum in Nord-Westlichen Afrika*, Stuttgart, 1937. Le gros problème n'est pas seulement de dresser un répertoire de formes de la transhumance, c'est aussi d'en chercher les limites vers le Nord par rapport à la vie pastorale de type alpin, vers le Sud par rapport au nomadsme de la steppe, ce qui revient à un essai de bornage des pays méditerranéens. Les études récentes de X. de PLANHOL, dont on trouvera plus loin (I, p. 79, note 1, p. 86, note 1), les références, sont sur ce point décisives.

291. J. J. ESTRANGIN, *Études archéologiques, historiques et statistiques sur Arles*, 1838, p. 334 et *sq.*

292. Fernand BENOIT, in: *Encyclopédie des Bouches-du-Rhône*, t. XIV, p. 628. Sur le rôle des "eapitalistes", voir les notes rapides mais éclairantes d'ALBITRECCIA, *op. cit.*, p. 256 et *sq.*

293. G. DESDEVISES DU DÉZERT, *Don Carlos d'Aragon, Prince de Viane, Étude sur l'Espagne du Nord au XVe siècle*, 1889, p. 27.

294. BUSCHBELL(art. dont la référence n'a pas été retrouvée), p. 7, note 1.

295. Jules BLACHE, *op. cit.*, p. 22 et *sq.*

296. M. LE LANNOU, *op. cit.*, p. 62.

297. M. SANUDO, *Diarii*, II, colonne 577.

298. M. SANUDO, *op. cit.*, I, colonne 898, Pise, 1er mars 1498.

299. *Ibid.*, XL, P. 816, Zara, 1er février 1526.

300. *Recueil des Gazettes*, année 1650, p. 88, Venise, 26 déc. 1649.

301. Xavier de PLANHOL, *De la plaine pamphylienne aux lacs pisidiens. Nomadismè et vie paysanne*, 1958, p. 194.

302. Th. SCLAFERT, *Cultures en Haute-Provence, Déboisements et pâturages au Moyen Age*, 1959, p. 133 et *sq.*, notamment cartes des pp. 134—35.

303. Josef IVANIC, "Über die apulischen Tratturi in ihrer volkswirtschaftlichen und rechtlichen Stellung", in: *Illyrisch-albanische Forschungen*, 1916, p. 389 et *sq.*

304. A. d. S., Naples, Sommaria Consultationum, 2, f°s 12 v° à 15, 13 mars 1563; 11, f°s 61 v° et 64 v°, 10 octobre 1561. En 1561, le revenu de la *dohana delle pecore de Puglia* est de 164,067 ducats; de 207,474 en 1564; de 310,853 en juin 1588(*ibid.*, 2, f°s 78—83, 8 octobre 1564, et 9, f°s 426, 4 juin 1588).

305. G. CONIGLIO, *Il Viceregno di Napoli nel secolo XVII*, 1955, p. 28.

306. G. M. GALANTI, *Nuova descrizione storica e geografica delle Sicilie*, tome II, Naples, 1788, pp. 287, 303, 305, et mieux encore A. d. S., Naples, Sommaria Consultationum, 41, f°s 99 à 101, 17 oct. 1637.

307. Marciana, 5838, C II, 8.

308. A. d. S. Venise. *Cinque Savii*, 9, f° 162, 2 mars 1605.

309. Guillaume BOWLES, *Introduction à l'histoire naturelle et à la géographie physique de l'Espagne*, traduit de l'espagnol par le vicomte de Flavigny, Paris, 1776, p. 470.

310. Modesto ULLOA, *La hacienda real de Castilla en el reinado de Felipe II*, Rome, 1963, p. 222 et tout l'excellent chapitre, pp. 215—223.

311. Julius KLEIN, *The Mesta: a study in Spanish Economic History 1273—1836*, 1920, trad. esp., *La Mesta*, Madrid, 1936. Voir A. FRIBOURG, 《La transhumance en Espagne》, in: *Annales de Géographie*, 1910, pp. 231—244.

312. Jacob van KLAVEREN, *Europäische Wirtschaftsgeschichte Spaniens im 16. und 17. Jahrhundert*, Stuttgart, 1960, p. 200 et *sq.*

313. Roberto S. Lopez, "The origin of the merino sheep", in: *Jewish Social Studies Publication* Volume 5, New York, 1953, pp. 161—168.

314. Jacob van Klaveren, *op. cit.*, *ibid.*, p. 200 et *sq.*

315. Wolfgang Jacobeit, *Schafhalturg und Schäfer in Zentraleuropa bis zum Beginn des 20. Jahrhunderts*, Berlin, 1961.

316. Marie Mauron, *La transhumance du pays d'Arles aux grandes Alpes*, 1952.

317. J. F. Noble de la Lauzière, *op. cit.*, p. 461, 1632.

318. B. N. Esp. 127, f°61 et 61 v°, s. d., début du XVIIe siècle.

319. Voir pp. 88—89.

320. Outre la thèse de Xavier de PLANHOL citée *supra*, p. 79 note 1, sont décisifs ses articles, 《Caractères généraux de la vie montagnarde dans le Proche-Orient et dans l'Afrique du Nord》in: *Annales de Géographie*, 1962, n°384, pp. 113—129; et 《Nomades et Pasteurs》I et II, in: *Annales de l'Est*, 1961, pp. 291—310, 1962, pp. 295—318. J'ai beaucoup emprunté à ces très belles études.

321. Je me réfère aux indications d'Emil WERTH, *Grabstock, Hacke und Pflug*, 1954, notamment p. 98.

322. British Museum Royal 14 R XXIII. f°22(vers 1611).

323. J. SAVARY DES BRULONS, *Dictionnaire universel de commerce...*, 1759, I, colonne 804.

324. X. de PLANHOL, *art. cit.*, *in*: *Annales de Géographie*, 1962.

325. X. de PLANHOL, *art. cit.*, *in*: *Annales de Géographie*, 1962. p. 121.

326. X. de PLANHOL, *De la plaine pamphylienne. op. cit.*, p. 202.

327. Toutes les précisions qui précèdent empruntées à X. de Planhol, "Géographique politique et nomadisme en Anatolie", in: *Revue internationale des Sciences sociales*, XI, 1959, n° 4.

328. François SAVARY, comte de BRÈVES, *Relation des voyages de monsieur... tant en Terre Saincte et Aegypte, qu'aux Royaumes de Tunis et Arger*, 1628, p. 37.

329. Fernand BRAUDEL, "Les Espagnols en Algérie, 1429—1792", in: *Histoire et Historiens de l'Algérie*, 1931, pp. 245—246.

330. Voir *infra*, p. 162.

331. Henry HOLLAND, *Travel in the Ionian Isles, Albania, Thessaly, Macedonia during the years 1812 and 1813*, Londres, 1815, pp. 91—93.

332. *Op. cit.*, I, p. 144.

333. *Op. cit.*, I, p. 31.

334. *Mémoires*, IV, p. 76.

335. *Op. cit.*, p. 109, 112, 251, 295.

二 地中海的中心：海域和沿海地带

我们且把陆地放在一边，再前往大海去考察。我们将依次研究海域、沿海地带和岛屿。这些地理框架为我们安排旅行日程。但这一次我们仍将着重分析同类成分，并进行必要的类比。然后，整体情形就会显得更加清晰明了。

1. 浩瀚的大海

当然，这里的海域要用人类活动的尺度来衡量，否则它们的历史就难以理解，甚至不可思议。

沿 海 航 行

面对16世纪浩瀚无际的大海，人类只占领了边沿的一些点和线……辽阔的海域同撒哈拉沙漠一样空旷无人。大海只在沿海一带才有生气。航行几乎总是紧贴海岸进行，正如在内河航运的初期，“像螃蟹一样，从一块岩礁爬到另一块岩礁”[1]，“从岬角到岛屿，再从岛屿到岬角”[2]。也就是说，小心翼翼地摸着海边过海[3]，避免前往被勒芒斯的伯龙称为“汪洋大海”的外海。说得更确切些，根据一艘拉古萨船的厨房账目[4]，航行就是在维尔弗朗什买黄油，在尼斯买醋，在土伦买食油和咸猪肉……或者，根据葡萄牙的一个编年史作者的说法，航行就是从一个海上旅店到另一个海上旅店，在这个店内吃中饭，在另一个店里吃晚饭[5]。塞维利亚人托梅·卡诺评论意大利人时说："他们不是远洋航行的水手。"[6] 皮埃尔·莱斯卡洛皮埃 1574 年在亚得里亚海航行，封斋前的星期二①在扎拉"观看化装游行取乐"。次日，2 月 25 日，他经过圣让-德-马尔瓦西；26 日在斯普利特吃晚饭[7]。地中海世界的王公贵族就这样从一个沿海城市到下一个城市旅行，参加节庆活动和招待会，进行拜访和休息。这时船只就装载给养或等待天气好转[8]。甚至战舰也是如此，只在能见到海岸的海面上作战[9]。当人们研究这个时期的航行路线或航行图时，首先想到的总是近海航行这个简单平淡的词。这里所说的航行图，从头到尾只不过是对沿岸海路的描述而已。

在偶然情况下，由于海上风云不测，船只远离海岸，漂往大海。有时候，船只也取道早已熟悉并经常往返的三四条直路航行。或者从西班牙出发，经过巴利阿里群岛和撒丁岛南部前往意大利（这就是人们常说的"岛屿间航行"）。或者，从墨西拿海峡和马耳他出发，经过马塔潘角以及干地亚②和塞浦路斯海岸[10]，抵达叙利亚。或者从罗得岛直接驶往埃及的亚历山大港：这条航线在希腊时代就已经开辟，顺风时[11]，船只"笔直航行"。1550 年，勒芒斯的伯龙就这样从罗得岛"直达"亚历山大港。但是，这些海路很难算得上是真正的远洋航线。从一个岛屿驶向另一个岛屿，沿纬线的方向随时可以找到

① 指狂欢节最后一天。——译者
② 即克里特岛。——译者

躲避北风的地方；顺子午线的方向，罗得岛和亚历山大港之间的航线较短，北风和南风均可利用，这种航行难道真正能够称为出海吗？这只是从一个海岸到另一个海岸的短距离航行的不断延续。但在1571年1月，来自干地亚的威尼斯大帆桨船“福斯卡里尼暨帕尼盖托”号在科孚岛附近水域遇雾，不得不在看不见陆地的情况下盲目行驶。全体船员都陷入绝望之中[12]。

海岸的地位既然如此重要，海路因而与普通的河道几乎没有什么不同。沿岸的海港向一切过往行人索取通行税。对缴纳税款者，海港提供相应的服务，准予通行无阻。但是，只拥有一段小得可怜的海岸的摩纳哥公爵和萨瓦公爵，却想利用近海的优越地位，分享航运业的巨额利益，并勒令过往船只纳税，这种情况就完全不同了。他们派出帆桨战船拦截检查，帆船一旦被截，可要小心应付[13]！在路易十四时代，由于维尔弗朗什的税率高达2%，法国盛怒之下，竟触发一起外交事件。以上种种都充分说明，航运紧靠着海岸进行。同样，自从卡托-康布雷锡和约签订以后，菲利普二世在托斯卡纳沿海一带拥有塔拉莫内、奥尔贝特洛、埃尔科尔港和圣斯泰法诺等地的驻防地。这使他能够随心所欲地切断热那亚和那不勒斯之间的航路[14]。由此人们可以理解位于柏柏尔沿海的拉古莱特的作用。这个瞭望哨足以阻止或妨碍沿海岸航行的船舶列队前进。

远洋航行的实践没有进入地中海，其原因远不是由于技术上的无知。地中海的水手知道使用星盘，而且早已学会使用磁石。总之，他们可以使用这些仪器。再说，意大利人是伊比利亚人远征新大陆[15]的先驱和导师。地中海的船只——在西班牙称为“黎凡特船”——每年都从地中海前往伦敦或安特卫普。大西洋对他们并不陌生。地中海的船只甚至直接行驶到新大陆。马赛的“佩勒里纳”号就是这样。它于1537年到达巴西,返航途中快到终点时在马拉加[16]被葡萄牙船只所劫持。1586年11月,托斯卡纳大公的大帆船到达阿利坎特后,同意租给人开往“印度”。① 该船把军火运到哈瓦那的要塞,在那里把一艘不能渡海的船留下的商品运回[17]。1610年,两艘托斯卡纳船把直接从“印度”运来的货物卸在里窝那的码头上[18]。在瓦斯科·达·伽马之后不久,两艘拉古萨船可能绕过了好望角[19]。它们肯定到了新大陆。

地中海的水手之所以没有放弃他们古老的航行方式,除了因为有我们上面指出的那些笔直的航路之外,还因为这种航行对于地中海来说已经足够了,而且也适应海域的分隔状态。在地中海航行,怎能不遇到彼此相距不远的陆地呢?而且,始终看得见的海岸,是最好的导航线,是最可靠的指北针。海岸指示航行的方向。每当海上或陆地狂风骤起,海岸,即使是低海岸,也给船只提供避风的所在。当密斯脱拉风刮到利翁海湾时,最好的办法在今天仍然是尽量靠近海岸,利用岸边波浪较小的狭窄海域。因此,“磁石”很少进入地中海的生活。1538年,与西班牙的帆桨战船不同,法国的帆桨战船没有使用指北针[20]。再说一次,这些战船是能够使用指北针的。

此外,紧贴海岸航行,不仅是为了抵御自然界的狂暴。港口近在咫尺,也是抗拒海盗追踪的良策。一旦情况紧急,船立即向海岸靠拢,船员可以逃到岸上。1654年塔韦尼埃在耶尔海湾就这样逃

① 指西印度群岛。——译者

脱了海盗的追击，甚至船只也得以幸免。

近海航行还便于随时搭客载货。讨价还价和利用差价赢利的机会也因此成倍增加。从见习水手到船长，每个海员在船上都有自己的一堆货物。同样，商人或其代理人也带着大包小包的货物旅行。这种历时达数周或数月之久的航行，陆续经过一个又一个商埠，有卖有买，不断交换，组成一条复杂的流通渠道。在这期间，载运的货物往往有所改变。人们既买入又卖出，并特意在里窝那、热那亚或威尼斯等商埠停靠，以便在那里用香料、皮革、棉花或珊瑚换取金属货币。只有那些装载盐或谷物的专用大船，才像今天的船舶那样行色匆匆。其他船舶更像是流动的商场。每次靠岸都是买卖成交的机会，陆上歇息的其他乐事不算在内。

这里也还没有算上粮食、淡水、木材等日常用品的供应方便。船只的吨位既小，随带的食物乃至淡水又容易变质，补充食品供应更有必要。正如拉伯雷所说的那样，人们时常停下来“补充淡水和葡萄酒”。

航行中的这种停停走走（如果可以这样说的话）决定了地中海沿岸地区的地理布局，因为每有一艘能够兼程航行的大船通过，少不了还有数十艘总是列队行驶的运货小船和小帆船在海岸停靠。正如在陆路——罗马在西方国家开辟的陆路——沿线计日为程的歇脚点都以引人瞩目的规律性标志着村庄的诞生，在近海的水路上，港口之间都相隔一天的路程。由于江河入海口往往因泥沙淤积而不能使用，港口就利用海湾作为天然屏障。港口之间的海岸几乎一片空白[21]。有时候，由于海岸背靠的内陆人烟稀少，例如在北非沿海一带，港口虽然作为不可缺少的供水地点吸引船只和渔民前来聚会，但附近却并无城市平地拔起。这也就等于证明，港口的功能不足以促使城市的诞生……

以上图像不仅显示了历史五光十色的生动情景，而且体现了历史的基本实际。我们往往只看到主要的联系。这些联系的中断或建立并不决定一切的成败得失。列队行进的小船坚持不懈地把地中海的各个部分缝合起来，虽然在历史长河中小船并不始终被人注意到。

葡萄牙海外探险的初期

说到这里，我们有必要看一看，在 15 世纪初，葡萄牙人怎样着手解决大西洋远洋航行的大问题；对葡萄牙人来说，这完全是个崭新的问题。1415 年远征休达期间，他们显然经验不足，好不容易才制服了直布罗陀海峡的水流[22]。编年史作者德·巴罗斯说得很清楚，那时他的同胞虽已熟识赤纬和星盘，但是直到 1415 年，“他们还不常去外海冒险”[23]。一位历史学家在谈到前往漫长的非洲海岸的第一批葡萄牙探险者时甚至说，“航海家”亨利在世时，他们“主要在近海活动，而且心惊胆战，毫无海员应有的勇气”[24]。他们虽然常去大洋，但毕竟还是地中海的水手。总之，他们必须等到多桅快帆船制造成功以后——这一成功在 1439—1440 年是个具有革命性的突破，因为船只从几内亚返航要遇到顶风和逆流带来的种种困难——方才远航大洋和亚速尔群岛，并在绕了大半圈以后，再回到里斯本[25]。他们开始放心大胆地出海航行，并很快得到特殊的报偿。

逼仄的海域——历史的发祥地

地中海不是一个大海，而是有宽窄不等的门户相通的一系列海域。在地中海的东、西两大海域内，在巨大陆地的不同突出部分之间，有着许多别具一格的小海域。这些海域各有其特性，各有其独特的船只类型、民风民俗和历史规律[26]。而且，一般说来，海域越狭窄，其历史意义和历史价值就越丰富，似乎人最先所选中的正是这些面积有限的内海。

今天，这些狭小的海域继续保持着它们的地方特色。尤其有趣的是，那里依旧使用过去的载重帆船和古老的渔船[27]。在西尔特海的斯法克斯，仍然可以看见张着三角帆的货船和捕捞海绵的渔船。杰尔巴岛和克肯纳岛的渔民还驾驶这些小船用三齿叉打鱼。这些事果真是在现代发生的吗[28]？泰奥菲尔·戈蒂埃刚刚经过马累角，眼前只见岛屿星罗棋布，海面水平如镜，忽然间，“天际樯帆如林：双桅横帆船、双桅纵帆船、快帆船以及各种小船划破碧波，纵横行驶……”这些狭窄的海域至今还是那样得天独厚，令人心醉神迷[29]。这些古老的运输方式，这些沿袭几百年之久的航行路线，人们不能不问，它们为何能保留到现在。不论今昔，短途航行和搭载小宗货物都使它们具有重要性。四周环境熟悉，范围狭小，足以保证行驶的安全。如果它们不得不离开故土的海域，越过危险的海角，从事长途航行，困难便将接踵而来。一句希腊谚语说：“绕过了马累角，再也别想回祖国。”[30]

这些狭窄的海域，由于有海路连接，能够开展大规模的贸易，因而在16世纪比地中海的两大海域——东部的爱奥尼亚海以及

西部被撒丁岛、科西嘉岛、欧洲和非洲包围的海——更加重要。这两大海域（尤其在东部）都像是海上的撒哈拉，商船或者绕道而行，或者匆匆穿过。

由于两大海域面积过大，不利于航行，地中海的海上活动便在它们的周围进行，在狭窄的海域内进行。所谓狭窄的海域，在东部是只能被当作半地中海的黑海，以及爱琴海或“多岛海”（直到16世纪，甚至在法语中，人们都用意大利语的“群岛”一词充当爱琴海的权威名称）；在中部是亚得里亚海以及非洲和西西里岛之间没有专门名称的海；在西部是第勒尼安海，特别是意大利海以及在西西里岛、撒丁岛、科西嘉岛和意大利西部海岸之间的“伊达拉里亚海”；最后在西部顶端，也是一个没有名称的海，位于西班牙南部和邻近的非洲之间。这个“地中海海峡”在东面可以从阿尔及尔附近的马提福角到巴伦西亚附近的纳奥海角画线为界，并由直布罗陀海峡把它同大西洋连接起来。

在这些海的内部，人们还可以划分更狭窄的海域。地中海上没有一个海湾不单独构成一个小天地，它们本身就是一个复杂的世界[31]。

黑海——君士坦丁堡的禁脔

远在航道末端的黑海，四周荒野连片（除个别例外），处于未开化和半开化状态。它的南面和东面被崇山峻岭所包围，几条蜿蜒的山路穿插其间，从波斯、亚美尼亚和美索不达米亚通往特拉布松的大驿站。相反，在黑海的北面，延伸着辽阔的俄罗斯平原。克里米亚的鞑靼人在16世纪还固守着这块游牧地区及其过往通道。只是到了下个世纪，俄罗斯的亡命之徒和哥萨克人才抵达海边，以海盗为生，专事劫掠土耳其人。早在16世纪，俄罗斯人就利用冬季去沿海地区“围猎”[32]。

黑海历来是个重要的经济区，当时也是如此。这里首先有沿海地区的产品：“俄罗斯”江河的鱼干、腌鱼子和鲜鱼子，土耳其船队必需的木材，明格雷利供应的铁[33]，另有小麦和羊毛。羊毛在瓦尔纳集中，并与皮革一起由拉古萨的大船运走，小麦则由君士坦丁堡独家垄断。此外还有经黑海转运的产品，即通过黑海运往中亚和波斯的货物以及由沙漠商队在黑海过境转运君士坦丁堡和西方的商品。可惜，对于16世纪这种同东方进行的双重贸易，我们并不十分了解。总的印象是：君士坦丁堡独占黑海的长途和短途贸易，在地中海的这个顶端和其他地区之间设置一道屏障。对于这个巨大的首都来说，近在咫尺的黑海是它的养育之地。离开黑海，它就无法生存。因为单靠巴尔干地区的进贡（主要是绵羊），单靠船队从亚历山大港连同香料和药材一起运来的小麦、大米和蚕豆，满足不了君士坦丁堡的食品供应。勒芒斯的伯龙[34]谈到，有人用“刚刚剥下、未加缝合的牛皮”，从明格雷利到君士坦丁堡运送黄油。毫无疑问，在黑海承担这类运输的希腊船数不胜数，虽然这些船只更适合在爱琴海从事短途运输，不宜在常常波涛汹涌、大雾弥漫的[35]黑海冒险航行。1575年10月，一次风暴在君士坦丁堡附近使100来条满载小麦的这类小船沉没[36]。

在16世纪，黑海附属于君士坦丁堡，正如它过去曾是米利都和雅典的采邑一样。从1265年起，黑海是意大利人和热那亚人[37]

的领地。他们在占领塔纳河流域和加法后，据守克里米亚南部[38]。半岛的群山保护他们不受北方草原部落的侵扰。他们也曾占领君士坦丁堡（于1453年开始撤离）。后来，只是在15世纪的最后25年，他们才被土耳其人赶出克里米亚的各个港口。加法于1479年失守。通向黑海的陆路因此发生了重大调整。陆路不再朝克里米亚方向，而是朝君士坦丁堡方向伸展。在摩尔达维亚地区，通往加拉茨的商道，代替了通往基利亚和阿尔巴堡的道路，这条商道从此便成了输送多瑙河地区以及波兰各地商品的大动脉[39]。

从那时起，黑海被公认为土耳其庞大首都的粮仓。然而，拉古萨人继续向黑海渗透，至少直到16世纪90年代为止。他们在瓦尔纳整船整船地装载羊毛、羊皮、黄牛皮和水牛皮。此外，他们在马尔马拉海的罗多斯托进行同样的贸易[40]。也许这是为了免交关税？但是，拉古萨人在16世纪末几乎同时放弃了这两个中途停靠港（我们对有关情形不很清楚）。黑海比任何时候对西方都关闭得更严了，至少在海路方面是如此。因为，那时的陆路似乎对海路取得了胜利。关于这个问题，我们以后再谈。

从中世纪末以来就是"国际贸易枢纽"的黑海，难道真的因为君士坦丁堡关上大门而不再起作用了吗[41]？这种闭关锁国难道没有其他的、更为深远的根由吗？同那些在特拉布松或在锡诺普会合的道路一样，黑海是人们公认的丝绸之路的终点。可是，这条丝绸之路似乎早在14世纪就已经中断了。财源亨通的贸易那时转到了波斯。土耳其斯坦是这条道路中断的受害者。此外，到了16世纪中叶，俄罗斯人有组织地沿伏尔加河向下游扩张，因进行沙漠商队贸易而发财致富、而且历来为俄罗斯人觊觎的喀山汗国——一个类似格拉纳达王国的国家——落到俄罗斯人手中。喀山汗国的灭亡一半应归罪于内乱，原因很难弄清，也许与土耳其斯坦道路的中断有关。伊凡雷帝1556年占领了阿斯特拉罕。尽管土耳其人在1569—1570年作了努力，大门这次是牢牢地闩上了。这是一个鲜为人知的重大历史事实[42]。

威尼斯和热那亚控制下的爱琴海

爱琴海——“地球上最好客的海”——拥有一系列穷困的岛屿以及往往比这些岛屿还要穷困的海岸。要了解爱琴海，必须把它同一个大城市联系起来。在古代，爱琴海曾是雅典的阅兵场，后来成为拜占庭海上扩张的基地。据有这些岛屿和海岸的拜占庭保住了对爱琴海的控制，后来又于公元9世纪把一度占领克里特岛的伊斯兰教徒赶走。与此同时，爱琴海通过希腊和西西里的水域确保与西方的联系，亚得里亚海的各条航道也因此保持畅通。拜占庭被威尼斯取代以前的情况就是这样。

几个世纪过去以后，爱琴海成了威尼斯和热那亚的天下。两个敌对的城市瓜分了海上的主要岛屿。它们在这些岛上安置自己的贵族、卫队、庄园主、种植园主和商人。其实，这是一些同东正教居民格格不入的殖民贵族。东正教居民能在风俗习惯上拉丁化，但他们并没有因此而被同化。结果照例是，所有的殖民者最终都站在同一个营垒。当威尼斯在1479年取代热那亚在塞浦路斯的地位时，两个城市的种植园主不太困难就相互接近起来。这是明显的不可避免的阶级规律性。

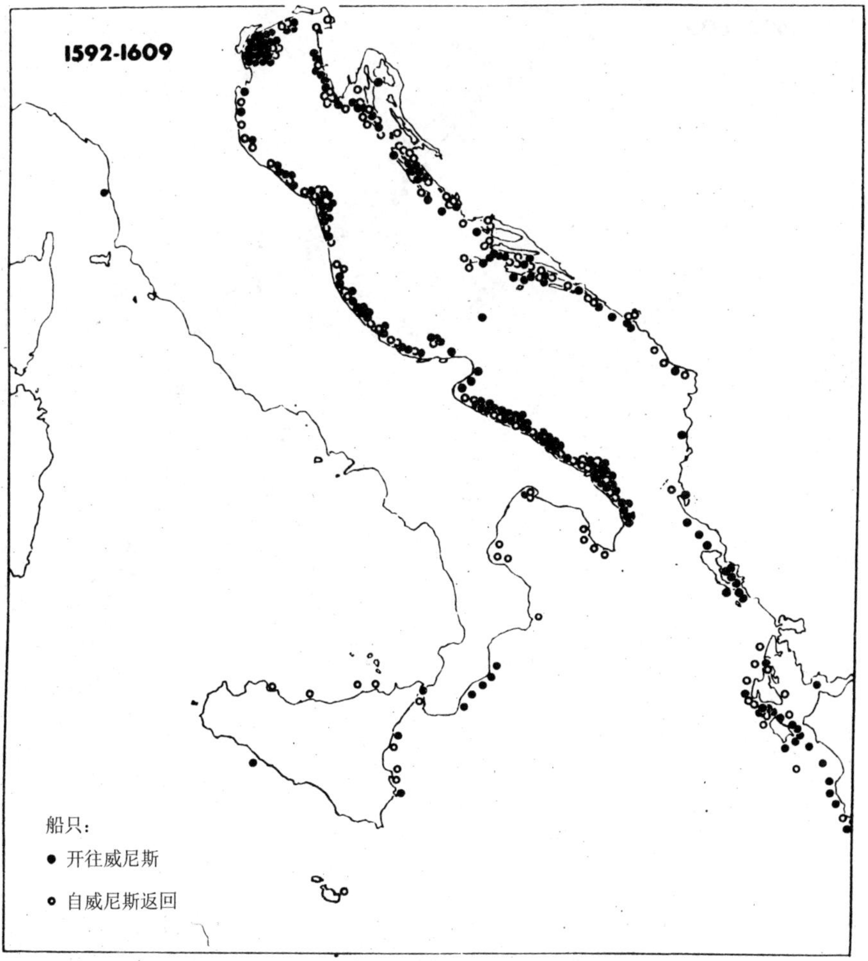

图 8　1592 年至 1609 年驶往威尼斯的船只的失事情况

选自 A. 特南蒂的《船只遇难，私掠船和威尼斯的海运保险》，1959 年版。它们证明了沿海航路的重要性。

拉丁人在爱琴海据守阵地比在黑海更加容易，也更加有效，他们的防御能力长期超过对手的进攻能力。然而，内格勒蓬岛(埃维亚岛)还是在1479年被攻占；罗得岛于1522年失守；希俄斯岛

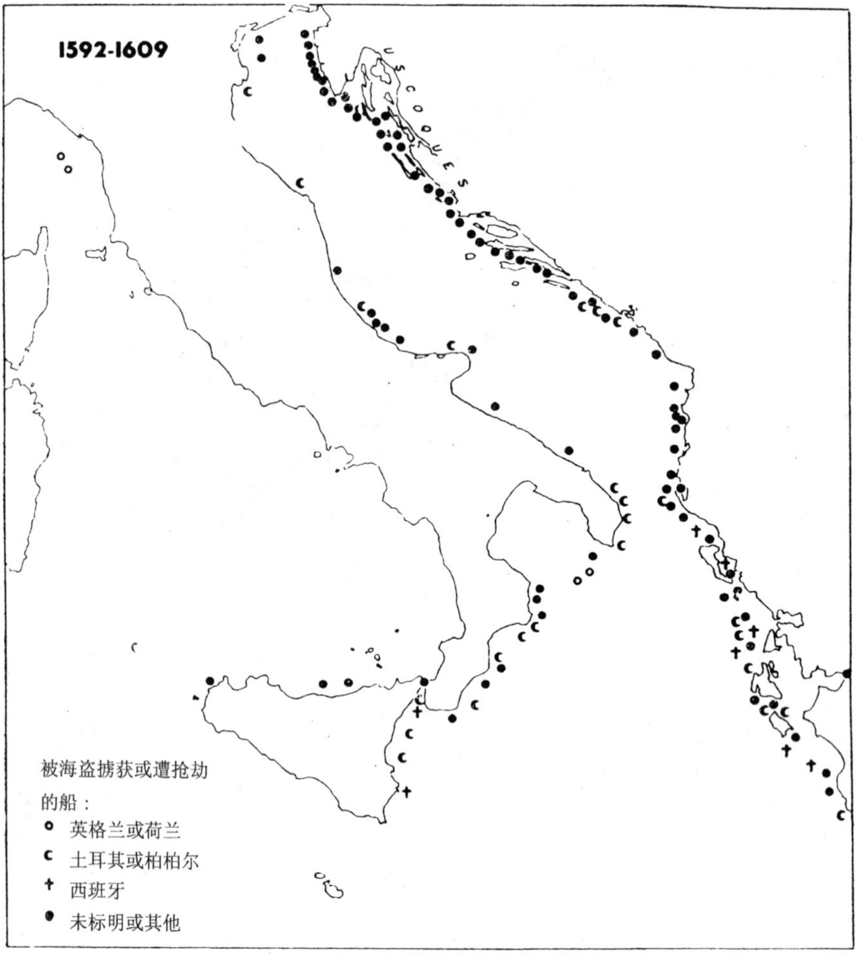

1592-1609

被海盗掳获或遭抢劫的船：
o 英格兰或荷兰
c 土耳其或柏柏尔
+ 西班牙
● 未标明或其他

图 9　同一时期被掳获的船只

出处同图 8。

1566 年不费一枪一弹就被人占领；1570 年和 1572 年间，敌方轻而易举便登陆成功，并包围了尼科西亚和法马古斯塔两座城市，塞浦路斯随后终告陷落；经过一场历时 25 年的战争，干地亚于 1669 年

失守。

但是，争夺爱琴海远不能由以上几次战役的历史所全部包括。这场争夺每日每时都以社会战争的面目而出现。希腊的“土著”不止一次背叛他们的主人。在塞浦路斯以及后来在干地亚，情况都是如此。希腊群岛为土耳其人取得胜利助了一臂之力。甚至在土耳其胜利之前，希腊的水手就跃跃欲试，应募加入土耳其大君的舰队。这些舰队的多数船员来自希腊群岛。在应募加入土耳其大君的舰队的海员中，可能以干地亚人居多。每逢夏初，募兵活动开始，招兵的人便在兵工厂[43]附近佩拉区的小酒馆里找到他们。在干地亚落入土耳其人手中之前的一个多世纪里，情况都是这样。

除去招募兵员之外，君士坦丁堡还向希腊人提供去黑海和埃及旅行的好处。为了保证首都的供应，装运谷物的长条船和土耳其帆船[44]，运送马匹和木材的尖头船，爱琴海上所有的希腊帆船都参与其事。除了这些，还应加上宗教的吸引力，因为君士坦丁堡是东正教徒的罗马。

在16世纪最初的几十年里，希腊重振旗鼓，在整个地中海进行扩张。红胡子巴巴罗萨两兄弟的冒险经历绝非事出偶然：这两个出生于莱斯沃斯岛并信奉了伊斯兰教的水手先后以杰尔巴岛和吉杰利为据点，运送大批西班牙穆斯林逃离伊比里亚半岛。他们以海盗起家，从1518年起，终于成了阿尔及尔的主人。另一名希腊人德拉库特的经历更非事出偶然。16世纪40年代，他曾在突尼斯沿海一带活动。他于1556年奠定了对的黎波里的统治，取代了5年前被土耳其人赶走的马耳他骑士团的地位。

图 10　西西里和突尼斯把地中海一分为二

位于突尼斯和西西里之间的海

要弄清楚这个没有地名而又缺乏特色的海域的作用是困难的。这片海域位于非洲和西西里之间，浅海多鱼，盛产珊瑚和海绵。岛屿（由于面积太小往往无人居住）有位于西西里西部顶端的拉法维尼亚纳、马雷蒂诺和莱万佐，在公海上的马耳他、戈佐和潘泰莱里亚，贴近突尼斯海岸的泰拜尔盖、加利特、藏布拉、杰尔巴和克肯纳。海域的范围与从西西里伸展到非洲的古代地质"桥"的界线相一致。东面是从的黎波里到锡拉库萨的一条直线；西面是从波尼到特拉巴尼的一条直线。中心轴从西西里由北向南通到非洲。东地中海和西地中海之间的来往联系，促进了这个地区的贸易。但是，这种来往一般往北偏向墨西拿海峡的主航道。此外，西西里和非洲之间来往没有南北之间那样频繁。

南北的往来左右一切，使整个海域的重心时而摆向南方，时而摆向北方。按照历史的意向，在 827—1071 年期间，即从伊斯兰城堡巴勒莫被征服起到被收复为止的这段时间内，这里是穆斯林（阿格拉布王朝）的天下。后来，从 11 世纪起，诺曼人便取而代之，或者说他们正陆续代替穆斯林，因为他们从西西里岛向那不勒斯的推进并不因为征服了这个大岛而停止。这种推进通过战争、掠夺、贸易甚至向非洲大陆移民等手段，向南方发展。后来，昂热人和阿拉贡人利用地理位置的邻近，继续推行这项政策。他们多次进攻非洲沿海地带，强迫突尼斯的酋长纳贡，在 1284 年和 1335 年间占领了杰尔巴岛。与此同时，基督教商人在各地，特别在突尼斯和的黎波里两地的商业区定居下来，获得一项又一项特权。至于基督教士兵，特别是加泰罗尼亚的散兵游勇，西西里未来的主人（岛上的晚祷始于 1282 年），他们发觉在非洲冒险几乎和在东方冒险同样有利可图。早在 12 世纪，加泰罗尼亚的水手就出没于泰拜尔盖岛的珊瑚滩了。

巴勒莫和墨西拿的政界人士在 16 世纪还不断提出征伐非洲的计划，以满足西属西西里总督的虚荣心和政治野心。出任西西里总督的首先是胡安·德·拉·韦加，后来是梅迪纳塞利公爵，还有一个是马尔坎托尼奥·科洛纳……这些计划表明人们隐约感到有必要把这个中间地区的海岸同岛屿连接起来，有必要把西西里的小麦、奶酪、整桶整桶的金枪鱼同杰尔巴的食油、南方地区的皮革、蜡和羊毛以及撒哈拉金砂和黑奴贸易聚集在一起，有必要在牢牢控制整个海域的同时，维持沿岸地区的秩序，确保特拉巴尼渔民捕捞金枪鱼和在柏柏尔海滩采集珊瑚的安全。这些一半成了加泰罗尼亚人的渔民，尽管渔船装备很差，却在 16 世纪毫不犹豫地向柏柏尔海盗船进攻。最后，人们还感觉到有必要确保装运西西里小麦的船只免遭柏柏尔海盗的袭击，而在南海岸，袭击威胁始终存在：在这里和在其他地方一样，海盗往往力图恢复被历史扭曲的自然平衡。

谈到西西里，照例总要把目光转向北方，转向那不勒斯，并指出这两个地方的历史截然相反，那不勒斯的强盛意味着巴勒莫的衰落，反之亦然。可是，揭示西西里和非洲的联系，阐明这个海洋世界的价值，对我们或许会更加重要。由于我们知识不足，或者由于我们疏忽大意，我们至今还没有给它一个总的名称。

地中海的“海峡”

西地中海的末梢是个独立的、狭窄的和被陆地挤得紧紧的海域，十分容易受人控制。一位名叫雷纳·莱斯帕的地理学家因此称它是地中海的“海峡”①。西面是直布罗陀海峡，东面是从卡克西纳角到纳奥角的直线，或者更宽一点，从巴伦西亚到阿尔及尔的直线，中间的海域是个僻处一隅的世界。在东西方向上，交通从来都不容易。向东走就进入西地中海的广阔海域；向西走就通过直布罗陀海峡，来到大西洋这个更宽广的水域。穿越海峡本身就有危险，因为海峡经常大雾弥漫，水流湍急，暗礁密布，沿岸又多沙滩。此外，海峡和突出的海角一样，都意味着水流和风向的变化，这在直布罗陀海峡表现得更加明显，穿过海峡是件复杂而又麻烦的事。

相反，从南往北穿越这条呈东西走向的“海峡”却比较容易。在伊比利亚半岛和北非大陆之间，海峡不是一道障碍，而是联系胜过阻隔的一条内河，它把北非和伊比利亚连成一片，用吉尔贝尔托·弗雷伊雷的形象说法，使二者组成一个“双大陆”。[45]

同西西里和北非之间的海湾一样，这个海上走廊在中世纪也是伊斯兰的征服地之一。但是征服的时间较晚，那是在10世纪，正当科尔多瓦的哈里发突然巩固了自己的地位。倭马亚王朝的这个胜利既意味着能保证从马格里布取得小麦、劳动力和雇佣军，也能保证把安达卢西亚各个城市的产品运销到马格里布。由于人们能够自由地，至少方便地使用这条海路，安达卢西亚海上活动的中心

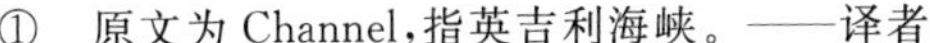

①　原文为Channel，指英吉利海峡。——译者

就从海轮、船厂和丝绸织机轰隆作响的阿尔梅里亚转移到塞维利亚。在11世纪，在地中海航行就以塞维利亚为终点。这条海路给濒临瓜达尔基维尔河的塞维利亚港带来大量财富，从而使科尔多瓦的陆上古都相形见绌。

同样，随着穆斯林在地中海跃居首位，大城市纷纷在南岸诞生或者繁荣起来。例如布日伊、阿尔及尔、奥兰就是这样，后两个城市均建立于10世纪。11世纪和12世纪，非洲的“安达卢西亚”曾两次——先是处于穆拉比特教派的统治下，后由阿尔穆哈德教派统治——把真正的安达卢西亚从基督教的压迫下拯救出来。

直到伊比利亚半岛上独立的伊斯兰国灭亡以前，即至少到13世纪乃至更晚一些时候，从葡萄牙的阿尔加维附近到巴伦西亚，甚至到巴利阿里群岛之间，“海峡”一直属于萨拉森人所有。伊斯兰教控制这条长海沟比控制西西里地中海时间更长，远在纳瓦斯-德托洛萨战役（1212年）以后，至少一直延续到葡萄牙国王若昂二世和他的几个儿子1415年占领休达为止。前往非洲的道路从此打通了，格拉纳达的穆斯林苟延残喘，只是卡斯蒂利亚旷日持久的纠纷才延长了他们的生存。1487年，格拉纳达战争重起，演出了复地运动的最后一幕。天主教国王[①]从比斯开调来船只封锁了格拉纳达的海岸。

上述征服完成以后，基督教乘胜进占了伊比利亚的“海峡”南岸的非洲。假如他们当时能坚定不移地把这场斗争进行到底，那会是符合西班牙的利益的。在1497年占领梅利利亚，1505年占领凯

① 指西班牙国王费迪南和伊莎贝拉。——译者

比尔港,1508 年占领贝莱斯炮台,1509 年占领奥兰,1510 年占领穆斯塔加奈姆、特莱姆森、特奈斯和阿尔及尔以后,这场新的格拉纳达战争却没有继续打下去,人们由于对意大利存有幻想,以为能够轻易取得美洲,放弃了这项费劲的但却十分重要的任务。这在西班牙历史上是场严重的灾难。西班牙没有、不愿意或不能抓住时机,扩大可能得来过分容易的初步战果(天主教国王的秘书费尔南多·德·萨弗拉 1492 年曾在其奏折中说,"看来上帝决意把这些非洲王国恩赐给殿下"),没有把在地中海彼岸进行的这场战争打下去,从而丧失了千载难逢的一个好机会。正如一位评论家[46]所说,地跨欧非两洲的西班牙,辜负了地理赋予它的使命,直布罗陀海峡因此第一次在历史上"成为一条政治边界"[47]。

在这条边界上,战争连绵不断,从而表明这里的主要联系,同西西里和非洲之间的联系一样,也因偶然事件而被切断……穿过这条通道变得困难起来。这从 16 世纪奥兰的供应一直很不稳定可以看出。物资供应部门组织船队,包租大、小船只,从马拉加的大"转运站"出发,开往非洲的驻防地[48]。运输主要在冬季进行,由于航程不长,可以利用短暂的晴朗天气。尽管如此,海盗仍把这些运送给养的船只抢走,然后在卡克西纳角附近,照例经过讨价还价,让人把船只赎回。1563 年,当阿尔及尔人包围奥兰时,冲破封锁线的就是巴伦西亚和安达卢西亚的单桅尖头船和双桅横帆船的船主。正如 1565 年的一份调查所说[49],这些小船与"当年"从卡塔赫纳、加的斯或马拉加装运科尔多瓦的便帽或托莱多的布匹来到北非各港口的船只十分相似。它们与穿过直布罗陀海峡驶向大西洋的渔船也很相似。渔船载运大批水手,从塞维利亚、巴拉梅达的圣卢卡尔或者圣玛丽亚港出发，一面捕鱼，一面南行到毛里塔尼亚附近。每逢周日，水手们就到葡萄牙在摩洛哥海岸的某个驻防地望弥撒[50]；此外，上述小船与那些把西班牙的大米、香料运往阿尔及尔并不顾禁令夹带走私商品的巴伦西亚小船也很相似[51]。

16世纪末，这个半死不活的海域突然变得活跃起来，开始上演扣人心弦的历史戏剧。问题不在于西班牙通常遇到马赛人或里窝那人的竞争。马赛人历来是光顾柏柏尔各海港的常客，从1575年开始，新来的里窝那人被突尼斯城所吸收和留住，但是，他们有时还深入到拉腊什[52]和摩洛哥的苏塞地区[53]。新的变故在于北欧船只大批涌来，特别从16世纪90年代起更是如此。这些外来者往返要两次穿过海峡。他们返回时，由于事先已有预报，受到严密监视。有人说[54]，荷兰人发明了穿越海峡的一种新方法，并且很快把这种方法传授给他们的学生阿尔及尔海盗。事情真是这样吗？这是可能的，虽然不能完全肯定。无论如何，西班牙总是要竭力监视过往船只，甚至禁止它们通行。在夏季风平浪静的几个月内，西班牙使用小帆桨船进行监视；在风急浪高的冬季，则使用大帆桨船。我们可以想象，从葡萄牙沿海的圣维森特海角到卡塔赫纳和巴伦西亚[55]，往往直到凯比尔港、休达和丹吉尔，直到1610年3月30日占领的拉腊什和1614年8月占领的马穆拉，这些监视、警戒、巡逻和战斗往往劳而无功，并将一直持续到18世纪[56]。西班牙的统治者、水手和出谋划策者，梦想找到堵塞一切漏洞的办法：在直布罗陀海峡设置火力更强的对过往船只能百发百中的炮台[57]；在休达附近水域的佩雷希尔小岛修筑碉堡[58]；或者根据英国人安东尼·雪莉这一为西班牙效劳的冒险家的意见，夺取摩加多尔和阿加迪尔，控

制摩洛哥，使西班牙国王一举成为柏柏尔地区的绝对主人[59]，提出这个天才而又疯狂的计划的时间是在1622年！

但是，这场斗争终究毫无结果，英格兰人、荷兰人、阿尔及尔人利用冬季某个黑夜[60]，突然或强行通过海峡，很少有船落入敌手。在多数情况下，他们依仗船坚炮利，重创海峡的守卫舰只。在地中海的门口或几乎在门外上演的这场戏没有惊人的结果，至少不大为人所知。我们在后面的章节中还要谈到。

第勒尼安海

宽广的第勒尼安海——当时的文献称之为"科西嘉岛和撒丁岛的水道"——对邻近世界门户洞开，加上沿海地带物产丰富，人口稠密，因而注定要经历动荡多变的命运。

从第勒尼安海最早、最久远的历史来看，这块海域被几部分人所瓜分：托斯卡纳的主人伊达拉里亚人，希腊帝国的城邦和西西里，独处一隅的马赛及其海外领地，最后还有居住在西西里西部、撒丁岛沿海和科西嘉沿岸（伊达拉里亚人也在那里）的迦太基人。大体上说，伊达拉里亚人占据第勒尼安海的中间部分；其他人拥有这个海的几个出口：南部希腊控制东地中海的通道；迦太基人控制从巴勒莫经德雷帕农（特拉巴尼）到非洲的道路；最后，马赛的希腊人占据连接伊达拉里亚海和西方的道路，那里正是必须停留以便等待顺风的地方。船乘这股风可以越过利翁湾，驶向西班牙。

这个最初的面貌已经显示出第勒尼安世界的恒久特征。它既有"湖中之湖"的价值，又有作为海上门户扼守出入口的重要地位。这就让人猜测到是什么原因使浩瀚的、对外开放的第勒尼安海将

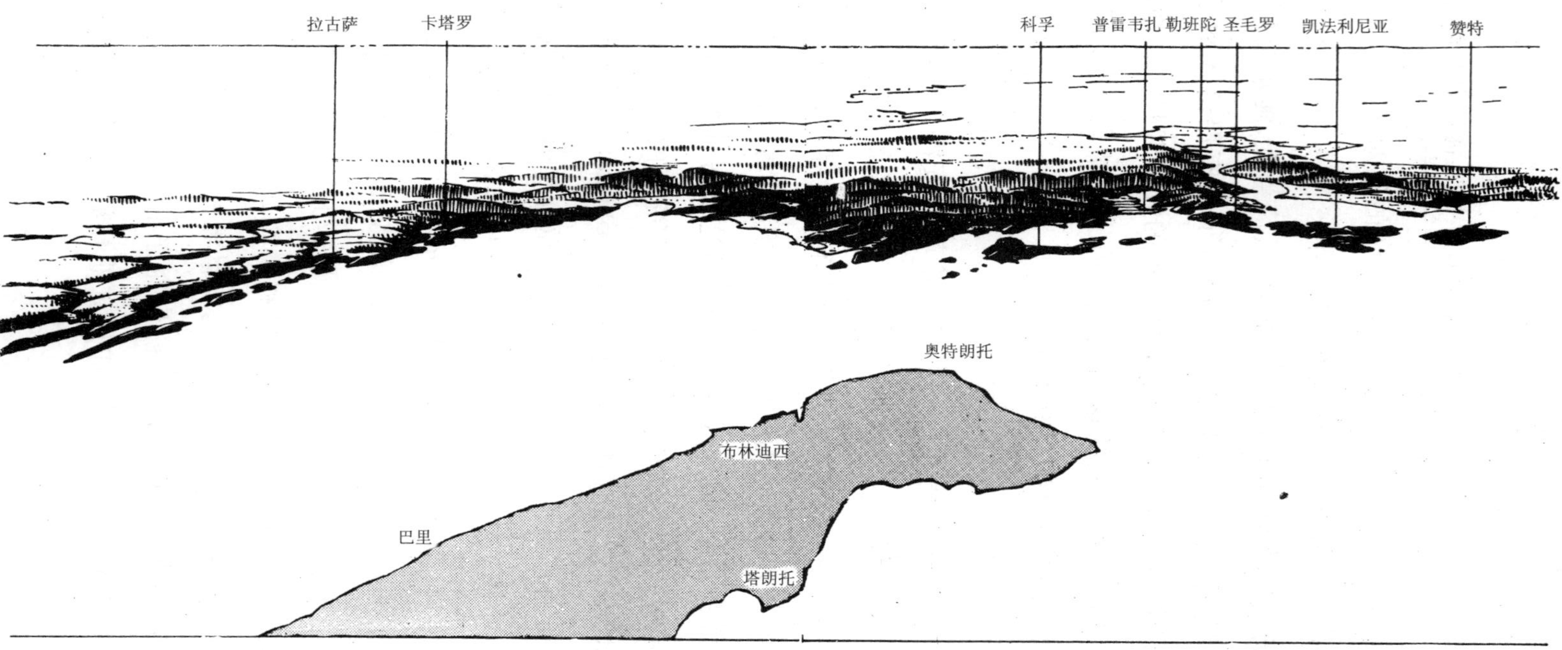

图 11　科孚位于奥特朗托对面，扼亚得里亚海的咽喉

注意：几个大的海上交锋的地理位置：普雷韦扎，1538；勒班陀，1571。J. 贝尔坦绘。

永远不会成为某个强国、某种经济或某种文明的一统天下。除了罗马帝国曾横行无忌、称霸一时以外，任何海上武装都未能在第勒尼安海上取得长期的优势。不管是汪达尔人和萨拉森的舰队（前者被拜占庭所打败，后者最终未能控制意大利），或者是诺曼人和昂热人（前者同拜占庭发生冲突；后者同时碰到伊斯兰教徒和加泰罗尼亚人），都是这样。至于比萨，它面对着热那亚的竞争。

到了16世纪，占有科西嘉岛的热那亚在第勒尼安海的地位举足轻重。然而，这种首要地位也有其弱点：为了进行海上运输，热那亚越来越求助于外国，开始走向衰落。此外，西班牙在第勒尼安海取得了强固的据点，与热那亚相抗衡。阿拉贡人立下了最早的丰碑，他们于13世纪占领西西里岛（1282年），然后又不顾热那亚的长期抗拒，于1325年夺取他们同西西里岛进行联系必不可少的撒丁岛。加泰罗尼亚的扩张（扩张是他们的特长之一）从巴利阿里群岛经撒丁岛和西西里岛笔直向东发展。在这些岛上，加泰罗尼亚人建立了真正的海上殖民地：撒丁岛的阿尔盖罗和西西里岛的特拉巴尼。

这是一场耗费大量人力物力的征服性扩张。后起的西班牙为扩充地盘，不得不撞开别人的大门，必要时以兵戎相见，并在正常航海的同时，进行劫掠活动。巴塞罗那的扩张劲头逐渐消退，主角让给巴伦西亚扮演，正是巴伦西亚人在阿方索五世（“伟大的阿方索”）时代（1455年）成功地征服了那不勒斯王国。然而，巴伦西亚的伟业功败垂成，因为阿拉贡的王冠很快就落到卡斯蒂利亚的手中。在意大利战争时期，第勒尼安海发生了一个新的变化：无论在那不勒斯还是在西西里[61]，卡斯蒂利亚人代替阿拉贡人出任文武要职。从此，西班牙便依仗其帆桨战舰和步兵团，作为一个海陆军事强国，在第勒尼安海施加影响，但西班牙不是一个商业大国。从查理五世时代起，尽管商业特权原封未动，加泰罗尼亚向撒丁岛和西西里岛出口的布匹却逐渐减少。神圣罗马帝国皇帝在那里和在其他地方一样，对伊比利亚的利益很少关注，听任热那亚商人在这些市场倾销毛毯。那么，能否反过来说，是热那亚占据首要地位呢？

事情并不那么简单。约在 1550 年前后，热那亚把它在第勒尼安海及其他海域的部分运输任务让给了拉古萨人。拉古萨人的货船承运西西里的小麦和盐，远届西班牙、大西洋和黎凡特地区。如果没有马赛人的货船（开始数量有限，16 世纪 70 年代后逐渐增多），如果没有后来里窝那的兴盛（包括初起和再起，因为里窝那经历了归属比萨和佛罗伦萨这两个阶段），第勒尼安海几乎就是拉古萨的内湖。这也是科西默·德·梅迪奇一手策划的结果，他对热那亚统治下的科西嘉岛早就垂涎三尺[62]。最后，柏柏尔海盗不断从西西里和撒丁岛之间宽大的海上门户侵入第勒尼安海，令人们惊恐不安。海盗经常驱船北上，骚扰萨沃纳、热那亚、尼斯甚至普罗旺斯沿海。托斯卡纳在厄尔巴岛的费拉约港设置的检查站，往往只起报警的作用，阻止不了海盗的前进。

第勒尼安海的这种既有分工又有合作的状态，决定了它与一般海洋生活的关系极其密切，因而其自身就没有强烈的个人色彩。然而，这种纷然杂陈又赋予它一定的独立性，使它几乎能只靠自己的资源生活。第勒尼安的沿海城市和沿海地区人口过多，偏重畜牧业，小麦不能自给，要从西西里岛运来，直到 1550 年左右，也从普罗旺斯运来。普罗旺斯至少向第勒尼安输送谷物，因为谷物往往来自勃艮第,有时还来自更远的地方。盐来自特拉巴尼;奶酪来自撒丁岛;希腊或拉丁葡萄酒来自那不勒斯;咸肉来自科西嘉;丝绸来自西西里或者卡拉布里亚;水果、杏仁、核桃以及成桶的鳀鱼和金枪鱼来自普罗旺斯;铁来自厄尔巴岛;资金来自佛罗伦萨或热那亚。至于其他东西:皮革、香料、染料、羊毛都来自外地,后来还有伊维萨的盐……

在互相交叉、互为补充的两种交往活动中——一种是近距离的对内交往,另一种是远距离的对外交往——内部的交往尤其频繁。这正是第勒尼安海在民族、文明、语言、艺术等方面的混合交融十分深入的原因。这也说明,第勒尼安海在天然屏障保护下,海面比较平静,是小船航行的最佳场所。从 1609 年 6 月到 1610 年 6 月,仅一年之内,进入里窝那港的小商船或小战船竟达到 2500 艘之多[63]。这是多么惊人的数字啊!正是这些小船,经台伯河抵达罗马及其港口里帕格朗德[64],为罗马教廷赴任的主教运送行李、家具,为教士从那不勒斯王国捎带大桶大桶的希腊葡萄酒。所有的统计资料——有关这一时期的统计十分丰富——不管是里窝那的,还是奇维塔韦基亚、热那亚或马赛的,都说明这种近距离的交往具有惊人的规模。人们把木材从科西嘉角运到里窝那或热那亚,把铁从厄尔巴岛的里奥运到托斯卡纳的里窝那港……所有的东西都用以下的船只运输:小木船、萨埃特式小船、单桅四方帆船、斜桁四方帆船、单桅三角帆船、三桅划桨船、三桅商船[65]。热那亚海关登记册根据船的吨位在 150 康塔拉(等于 30 吨)以上还是以下,把到港船舶分成两类,称作大船进港或小船进港。每年,热那亚港接待几十艘“大”船和一二千艘“小”船。1586年47艘大船,2283艘小船;

1587 年 40 艘大船，1921艘小船[66]；1605 年 107 艘大船，1787艘小船[67]。……（以上数字只包括那些缴纳入港税的船只，低于实际情形，载运小麦、食油和盐的许多船只没有计算在内。）

在所有的狭窄海域，近海航运无疑是十分普通的，对大量的贸易往来也是不可缺少的。但是，在这里，在第勒尼安海，近海航运的规模特别巨大；加上有关的资料又特别丰富，我们可以清楚地看到装货的小帆船在经济交流中所起的巨大作用，而如在别处，就只能看到大致的轮廓。科西嘉的船老板带了几桶咸肉和奶酪来到里窝那[68]，在市内走街串巷叫卖，全然不顾当地店主的抗议。这种事情并不罕见。

然而，这些小型运输工具不足以解决一切问题。深入“西西里海”的迦太基，位于第勒尼安海出口处的马赛以及后来的热那亚，它们之所以能起如此重大的作用，如维达尔·德·拉布拉舍所说[69]，正是因为它们解决了在刮东风（危险的黎凡特风）和密斯脱拉风时船只如何向西航行这个大问题。要做到这一点，单靠普通的小船当然是不够的。在米堤亚战争时代，迦太基同马赛一样，也使用了吨位更大的其他船舰进行这些航行。因此，大船取得了胜利。在相隔好几个世纪之后，当中世纪结束时，正是由于技术的改进，由于三角帆的推广，热那亚才比它的对手更好地解决了远程航行中的这个问题。热那亚为此获益匪浅，因而在 13 世纪末，就派船穿过直布罗陀海峡，远航佛兰德地区[70]。

热那亚保持了对大吨位船舶的重视和需要。直到 15 世纪，在从希俄斯或从佩拉前往佛兰德地区的远程航线上，热那亚拥有的大型船只，有的吨位高达千吨以上。1447年初，一位船长写信给他在佛罗伦萨的朋友说："你没有见到'福尔纳拉'号，实在太可惜了。对这艘装饰如此华美的船，若能一睹其风采，想来你会很高兴的。"[71]当时，还没有吨位比这更大的船。在1495年的圣马丁节，两艘大型"热那亚船"开到巴耶斯港前方，"到达后就在海上抛锚，没有进入该港"。据德·科米恩说，仅仅这两艘船本身足以完全改变局势，使之对法国人有利，"因为对这两艘船来说，收复那不勒斯城只是举手之劳，这两艘船又大又漂亮，载重分别为3000波特和2500波特。一艘叫'加利厄纳'号；另一艘叫'埃斯皮诺尔'号……"[72]，但是，它们全都袖手旁观，没有从巴耶斯港向临近的大城市进逼。

我们谈论这些细节似乎有点离题，其实不然。就一个海域的活动而言，力量的消长、霸权的更迭以及势力范围的大小，同船帆、船桨、船舵、船身、吨位这些技术细节往往不就是一码事吗？

亚得里亚海[73]

亚得里亚海可能是地中海结构最严密的海域。研究整个地中海所涉及的各种问题，在这里都会遇到。

亚得里亚海呈狭长状，犹如一条南北通道。北部低矮的海岸，从佩扎罗和里米尼一直伸展到的里雅斯特海湾，把波河平原和地中海连接起来。在西面，亚得里亚海依傍意大利半岛，沿海一带地势低，多沼泽，在不远处与连绵起伏的亚平宁山相遇。亚平宁山滨海一侧有一系列山丘错落不齐地伸向海边。其中最突出的是加尔加诺山。山上有著名的栎树林。亚得里亚海的东部是一长串多山的岛屿，即达尔马提亚群岛。巴尔干大陆荒芜的崇山峻岭紧挨着这群岛屿，向前延伸。狄那里克阿尔卑斯山脉的这道一望无际的白色城墙，耸立在喀斯特大高原的边缘，背向达尔马提亚海岸。最后，在南面，亚得里亚海经由意大利的奥特朗托角和阿尔巴尼亚的林圭塔角之间的奥特朗托海峡，与爱奥尼亚海相连接。这个海峡狭窄，海图上注明它只有 72 公里宽。从公元前 3 世纪起，帆船乘着顺风，一天就能横渡海峡[74]。在 16 世纪，根据那不勒斯总督的要求，三桅划桨船把科孚或凯法利尼亚岛的消息送到那不勒斯海岸，再从原路返回，只需一天时间。西班牙有一份回忆录指出，绕过奥特朗托角，维罗纳的灯光就在眼前[75]。今天，前往雅典的旅客，从飞机上一眼就可以瞥见阿尔巴尼亚海岸，就立即可以看到科孚、奥特朗托以及塔兰托湾。这块地方总共只有巴掌那么大。

亚得里亚海的主要特点是在南端呈现瓶颈状收缩。这使亚得里亚海构成一个整体。控制了这个狭窄的通道，也就等于控制了整个海域。但是，问题是从哪里下手，从哪里监视海的出口。阿普利亚地区的布林迪西、奥特朗托和巴里都不是冲要之地。威尼斯于 1495 年和 1528 年曾两度占有这些活跃的港口，但未能久留。1580 年[76]，威尼斯曾利用其商业利益，企图重温旧梦。土耳其人一度也曾夺取奥特朗托，意大利基督徒对 1480 年的劫掠行动感到义愤填膺。但是，从意大利海岸出发，并不能夺取亚得里亚海的出海口。意大利半岛在这里“半身泡在海中”。真正发号施令的还是与意大利半岛隔海相望的巴尔干。法国驻马德里大使圣-古阿尔在 1572 年 12 月 17 日写给查理九世的信中曾顺便说到：“如果土耳其大君当真在科托尔海湾入口处修建堡垒，并随意出入夸特罗湾（卡塔罗湾），我以为他便是亚得里亚海的主人，他从此将能在意大利登陆，进而从海上和陆上包围意大利。”[77]

的确，打开房门的钥匙是在更南的地方，是在科孚。威尼斯自1386年以来就占有科孚。船只紧贴着东海岸航行可保安全[78]。这里的沿海地区穷困多山，因而能起保护作用。船舶进出亚得里亚海，往往要在科孚前方鱼贯而行。元老院在一份文件（1500年3月17日）中郑重指出，“无论在航行或在其他方面”[79]，科孚岛都是整个威尼斯国家的“心脏”。威尼斯市政会议为经营该岛呕心沥血[80]，不遗余力地在岛上修筑工事。1553年的一份公文说[81]，开支数额之大，令人十分吃惊。费雷斯纳的卡纳伊1572年在岛上的一个希腊小城市（科孚岛的首邑），参观了一座巨型堡垒。炮台居高临下，配有700门大炮，据说射程可达阿尔巴尼亚。使他大惑不解的是，就在上一年，500名土耳其骑兵竟敢直逼城下，在科孚岛大肆抢劫[82]。但是，如果人们继续阅读1553年的公文，就不会感到奇怪了。这份公文是威尼斯驻科孚岛统领的述职报告。他说，如果对古炮台的军事设施不加完善，使之适应新的作战和攻城方法，所有的花费都将归于无用。工程刚刚开始，耗资已达20万杜卡托，却仍未见效。工程什么时候能完成呢？不会很快，因为1576年[83]的一份报告依旧抱怨炮台的缺点：敌人不必“手执刀剑”就可以把大炮一直架设到壕沟外的护墙下！16世纪下半叶，类似的怨言在威尼斯官员的笔下屡见不鲜：威尼斯当局修筑的壮观的防御设施已经过时，不能阻止海盗的袭击；由于缺水，山地不能据险扼守；科孚岛不幸的居民不得不冒着生命危险，好歹在城堡内，甚至在壕沟里避难。土耳其人长驱直入，如入无人之境。结果是，“1537年战争”以前有4万居

民的科孚岛，到了 1588 年只剩下了 1.9 万人[84]。实际上，为了防守这个岛屿，威尼斯主要是靠船头金光闪亮的帆桨战船在爱琴海和“卡塔罗海湾”进行巡逻。

威尼斯正是依靠科孚岛和它的舰队，控制了亚得里亚海的入口，也就是说，控制了整个亚得里亚海。在亚得里亚海的另一端即北端，正是威尼斯城本身，作为海路和陆路的汇合点，据守第二个地理要冲。阿尔卑斯山并不妨碍威尼斯把中欧同亚得里亚海以及黎凡特地区连接起来。威尼斯以确保这种联系为己任。

所以，正如威尼斯所说，亚得里亚海是它的内海和“海湾”。威尼斯在那里可以随心所欲地拦截任何一艘船，可以根据情况采用巧妙的或用粗暴的警察行动。的里雅斯特不服管辖，威尼斯于 1578 年[85]毁坏了它的盐场；拉古萨不服管辖，威尼斯便派帆桨战船在旧拉古萨水区巡查，把供应当地粮食的船只抓走；它还在 1571 年纠集盟友，组成反对拉古萨的神圣联盟；1602 年，它支持拥有著名渔场的拉戈斯塔岛的拉古萨叛乱分子[86]；1629 年，它还扣留其敌手的船只[87]。安科纳不服管辖，威尼斯便设法同安科纳打一场关税战[88]。弗拉拉不服管辖，威尼斯便企图强占这个大港口。土耳其不服管辖，威尼斯便窥测时机，如有可能而又不冒太大风险，就毫不犹豫地予以打击[89]。

威尼斯的金科玉律和“根本宗旨”是毫不含糊的。凡在亚得里亚海运输的商品均应经过威尼斯[90]，“商界五贤人”如此规定。这种对贸易实行强制集中的政策是一项典型的以城市为中心的政策[91]。只有市政会议在必要时可以颁发少量的特许证[92]。这是威尼斯根据自身的利益，为调节流通，保护其税收、市场、销路以及手工业和航运业而采用的一个方法。所以,没有一个行动,哪怕是微不足道的行动,例如抓获的里雅斯特的一二艘运铁的船[93],不和经过精心策划的整体谋略相联系。为了确保它的垄断地位,威尼斯于1518年要求承运人必须建立货栈,以保证他们的货物今后运来威尼斯,否则他们的船只就不能离开干地亚、纳夫普利翁、科孚或达尔马提亚等地。写在纸上的东西都已尽善尽美。然而,我们看到,条例却把伊斯特拉遗漏了。这个缺口足以使伊斯特拉和达尔马提亚生产的劣质织物——粗呢绒、哔叽、灰布——免税通过,在雷卡纳蒂的市场上大量销售[94]。这就提醒我们,这场警察和小偷的较量,无论在海上、陆地上或者河道上,包括着对抗和斗智,例如在威尼斯和弗拉拉之间,走私简直泛滥成灾。威尼斯的邻近小国,虽然不得不表现得顺从,但一有可能,它们就会要点花招。

至于邻近的大国,它们大声抗争,援引相反的原则。西班牙和威尼斯共和国互不买账,经常为扣留船只发生争论。菲利普二世派驻威尼斯的大使弗朗西斯科·德·韦拉写道:“多年来,威尼斯市政会议毫无根据地把海湾视为己有,好像上帝创造这块海域和其他地方不是为了给大家使用似的。”[95]威尼斯人不厌其烦地反驳说,他们取得这个海湾,所付出的代价不是黄金,而是“无数的血汗”。

威尼斯市政会议显然阻止不了各大邻国打开亚得里亚海的门窗,并使用这些门窗。土耳其人在发罗拉(1559年),西班牙人在那不勒斯,罗马教皇先在安科纳、后来在弗拉拉(1598年)和乌尔比诺(1631年),奥地利王室在的里雅斯特,都无不如此。早在1570年,马克西米利安二世就要求同威尼斯谈判自由航行问题[96]。这个要求,罗马教廷早已提出过。在阿尼亚德尔战争之前的风潮中,朱雷斯二世于1509年2月提议宽恕威尼斯人,但条件是他们必须给天主教会的子民在亚得里亚海自由航行的权利[97]。后来,同样的要求又不断提出。

最后还有拥有货船队的拉古萨人。顽强的圣布莱士共和国利用它既受教皇的保护又是素丹的附庸的双重身份。这种中立立场十分奏效。在群雄相争的地中海上,拉古萨的船只几乎始终安然无恙……安科纳和拉古萨在当时,的里雅斯特在遥远的将来,都是威尼斯不可忽视的敌手。16世纪初,在胡椒和香料危机中,安科纳和拉古萨曾利用了威尼斯的困难处境。但威尼斯克服了这个危机。此外,这些竞争者在海上保险、汇兑和运输等方面与威尼斯也有联系。它们经常为威尼斯效劳,只是在亚得里亚海两岸的小宗贸易方面,还使威尼斯感到不快。这些次要的贸易涉及的里雅斯特在意大利出售的铁器,涉及不经威尼斯转口、直接运销达尔马提亚的西方呢绒以及阿普利亚的羊毛和葡萄酒。威尼斯当局试图打击经营“黑市”的本国公民。但是,既然威尼斯当局一再进行威胁和打击,我们就必须看到,这些威胁和打击既不十分有效,也并非出于生死攸关的必要[98]。

总之,这只不过是例行的警察行动而已。当然,威尼斯的监督警戒不仅针对走私犯和竞争者,而且也针对海盗。后者被亚得里亚海大量运销的货物所吸引,其中包括阿普利亚和罗马涅的小麦、葡萄酒、食油,达尔马提亚的肉和奶酪,更不用说承运市政会议价值连城的进出口货物的远航船只了。威尼斯不得不四出追剿,不断打击海盗。海盗流窜顽抗,在一处被赶走,又在较远的地方出现。15

世纪是以西西里为基地的加泰罗尼亚海盗最后的黄金岁月。为了打击海盗活动，威尼斯有时把两三艘大型商船武装起来，追捕敌人，至少也要使他们不能抢劫得逞。事后看来，大型船舶进行巡逻，虽然声势浩大，但无实效[99]。

在16世纪，土耳其加强了海上劫掠活动[100]，通过阿尔巴尼亚、斯托波拉、发罗拉和都拉斯的港口，向亚得里亚海渗透。随着柏柏尔海盗的出现[101]，海上劫掠日趋猖獗，特别是随着土耳其大型舰队闯进亚得里亚海，情况更加严重，因为这些舰队是为海盗船开道或殿后的。但是，我们不要把事情说得一团漆黑，过分夸大形势的严重性。大体上说，直到16世纪的最后25年里，土耳其人和柏柏尔人都很少进入“海湾”内部[102]。1580年以后，亚得里亚海才像其他地方一样，发生了根本的变化。威尼斯1583年的一份报告提到，一些时候以来，特别是由于阿普利亚海岸敌楼密布，大炮林立，沿海地区和船只在大炮的掩护下可免遭骚扰，海盗开始进攻更北的地区和侵入亚得里亚海湾。他们在那里发动频繁而又短促的袭击，以躲过帆桨战船的监视[103]。

灾难接踵而来，一个更严重的灾难在16世纪中叶前开始出现[104]：这就是塞尼亚和阜姆的乌斯科克人不断进行的海上劫掠。上述两座城市是斯拉夫和阿尔巴尼亚冒险者的聚会场所，与威尼斯及其密集的商业网相距很近。不错，这些装备很差的对手人数并不多，根据监督官本博1598年的说法，只有1000人[105]；其中400人由神圣罗马帝国皇帝豢养，其他600人是亡命徒或以劫掠为生的海盗。这一小撮受到神圣罗马帝国皇帝庇护的人，还由于巴尔干的不法之徒不断涌来，更多的来自土耳其，队伍得到了补充和更新。

再说，他们驾驶的小船，用桨高速划行，轻巧灵敏，能在岛屿之间最浅的航道上通行无阻。帆桨战船不能追踪他们，否则就有触礁搁浅的危险。怎样对付这些小船呢？强盗每次出海行劫几乎都能保证不被警方缉获。威尼斯一个元老院议员说，用双手拦截空中的飞鸟比用帆桨战船拦截乌斯科克人的海上活动更加容易[106]。一艘帆桨战船中了埋伏（有 600 人），就再也别想逃脱。此事于 1587 年 5 月 17 日在纳伦塔河（内雷特瓦河）口发生[107]。一艘船如果搁浅，就只能听任海盗掠夺。

威尼斯人说，这些魔鬼，这些强盗，这伙窃贼，每当事成得手，便横行无忌，肆意掳掠。甚至土耳其人也为此威胁要进行大规模的干预。甚至拉古萨人也有一天要武装起来对付他们。威尼斯把愤怒付诸行动，派兵包围阜姆或塞尼亚，乘机纵火焚烧，连“风车”也不放过，并且“吊死船长”。但是，军事行动不能从根本上解决问题。鼓动海盗进行抢劫的城市既不是塞尼亚，也不是阜姆（阜姆只是在短时间内试图把抢劫所得转化为商品，但成果不大），而是的里雅斯特。那里什么东西都可出售，什么东西都可转卖，例如托斯卡纳大公为他的帆桨战船买下的土耳其奴隶以及从威尼斯人那里抢来的漂亮的金丝毛毯和绒毛羽纱等。但是，的里雅斯特这个对手非同小可。在它背后撑腰的有维也纳的哈布斯堡王族和大公，间接地还有西班牙的贵族。意大利商人和威尼斯商人深入到卡尔尼奥莱、克罗地亚、施蒂里亚等内陆地区，但纯属徒劳。大批流动商贩越来越支配那里的贸易，并且把海上行劫和对外贸易结合起来。威尼斯正是在同这些流动商贩的斗争中维护其特权的。在这场斗争过程中，难免会出现痛苦、妥协和意外事件。

以上这些和其他一些特征,如果需要的话,恐怕不难写成一部有关亚得里亚海的专著,它们说明和证明亚得里亚"海湾"具有统一性,与其说是政治的统一性,不如说是文化的和经济的统一性,并且是具有意大利色彩的统一性。海湾无疑是在威尼斯的控制之下,但更可以肯定的是,在16世纪,这里是节节胜利的意大利化的地区。在亚得里亚海东岸,意大利文明织出了一幅线条紧密、光彩夺目的织锦。这并不意味着,如人种扩张说过去所认为的那样,达尔马提亚已成为"意大利的一部分"。今天,整个巴尔干的沿海地区都居住着斯拉夫人[108]。在16世纪,那里同样住着斯拉夫人,尽管表面上似乎并不完全如此。在拉古萨,意大利化当时是一种方便(意大利语是整个地中海的商业用语),但也是一种风尚,一种时髦。不仅名门子弟一定要去帕多瓦学习,共和国的秘书一定要能同样精通意大利语和拉丁语(拉古萨的文件几乎总是使用意大利语),而且掌管贸易和政治的各大家族都毫不犹豫地为自己编造意大利家谱。事实上,这些妄自尊大的人却是某个斯拉夫山民的后代;他们的意大利化的姓名泄露出他们的斯拉夫血统;山区不断把人送来海边;斯拉夫语是妇女、平民百姓乃至杰出人物在日常生活中和在家庭中使用的语言。人们在拉古萨的文书里可以见到一项多次重申的正式命令,在市政官会议上只准讲意大利语。其所以讲意大利语还得下命令,显然是因为大家普遍说斯拉夫语。

以上这些详情细节足以肯定:16世纪的亚得里亚海已经被邻近半岛的精湛文明所吸引,并生活在它的影响范围之内。拉古萨是一座意大利艺术之城。米凯洛佐曾经在那里的市政厅工作过。在大海对岸的城市中,拉古萨受威尼斯的影响最浅。除一段短暂的时间外，拉古萨始终是独立的。扎拉、斯普利特、切尔索岛等地拥有极其丰富的文献资料，如果需要，来自意大利半岛的学校教师、教士、公证人、商人乃至犹太人的姓名都可以查到。他们是当地日益繁荣的意大利文化的传递者和创造者[109]。

然而，亚得里亚海不仅仅归意大利所有。这个海的走向不是从正北到正南，而是从西北到东南，所以它是通向黎凡特地区的道路，是古老的贸易和交往之路。同时，我们可以看到，它也向东方的疾病和瘟疫敞开大门。亚得里亚海的文明的混杂程度很深，东方的影响一直延伸到这里，拜占庭的影响依然存在。因此，各种因素都促成了这个交接地带的独特性。面对山区东正教世界的威胁，面对土耳其的巨大祸害，亚得里亚海的天主教是战斗的宗教。达尔马提亚虽然多灾多难，却始终忠于威尼斯。之所以如此，正如拉曼斯基很早就指出的那样，是因为达尔马提亚通过威尼斯市政会议，对罗马和对天主教会宣誓效忠。甚至像拉古萨这样一个城市，也对天主教具有一种惊人的狂热，虽然拉古萨从其自身利益出发，深深陷入土耳其和东正教世界之中，总的说来与异教徒和非基督徒混杂相处。探索拉古萨的宗教基础同探索它的经济结构一样有趣和吸引人。物质利益同宗教激情融合在一起。为什么不呢？拉古萨对罗马的忠诚使它的边界免受威胁，人们可以在1571年发生那次可怕的危机时看到这一点。如同在威尼斯和博洛尼亚一样，文艺复兴在拉古萨姗姗来迟；而在光彩夺目的复兴以后，到了17世纪，又发生了大规模的经济衰退。那时候，拉古萨人却在教会中谋得了显赫的要职。原来的商人和银行家如今分赴基督教世界各国，甚至远届法国，出任主教或其他教职。

地理、政治、经济、文明、宗教等对建立一个清一色的亚得里亚海世界起了促进作用。这个世界越出了亚得里亚海的边缘，深入巴尔干大陆，直达拉丁国家和希腊世界的主要分界处。在另一边，即在西侧，它从北到南划了一条贯穿意大利半岛的巧妙的分界线。人们通常只看到意大利半岛北部和南部之间非常严重的对立。然而，东西之间，即第勒尼安地区和黎凡特地区之间的对立，虽然不很明显，但也是确实存在的。在所有以往的岁月里，这种对立起着无形的联系作用。半岛东部长期备受重视并胜过半岛的西部。但是，正是西部的佛罗伦萨和罗马迸发了文艺复兴。文艺复兴的冲击力在16世纪末才传到弗拉拉、博洛尼亚、帕尔马和威尼斯。在经济方面，也是同样的来回摆动：威尼斯日趋衰落，热那亚便欣欣向荣。后来，里窝那又成了半岛最先进的城市。东部和西部，亚得里亚海和第勒尼安海在意大利半岛这台硕大无朋的天平的两侧交替起落，由此决定着意大利的命运，也决定着整个地中海的命运。

西西里岛以东和以西

各个狭窄的海域是地中海上大、小船只往来繁忙的所在。这主要表现在经济方面和人员方面。但在这些狭窄的海域旁边，宽广的大海以它们的空旷和“孤寂”，对地中海的一般结构也发挥其应有的作用。

用我们今天的速度来衡量，地中海显得很小，但在16世纪，那里却包括大片危险区和禁区，以及与外界隔绝的死亡区。爱奥尼亚海就是这些险恶海域中最大的一个。它把利比亚南部的空旷陆地一直延伸到海上，造成了一个双重的蛮荒区域，即既是陆上的，也是海上的。陆上的蛮荒区域是东西方的分水岭[110]。

在“西西里海峡”的另一侧，另一片广阔海域从西西里岛和撒丁岛沿岸一直延伸到巴利阿里群岛、西班牙和马格里布。从这里过海（我们不妨称之为撒丁海）极其困难，海岸不便停靠，还有强劲的西北风和东风……顺着纬线方向，横渡大海更是难上加难。

当然，海船很快克服了这些障碍，并把地中海西部和东部连接起来。在北部海域，船只可以从东到西或从西到东沿着巴尔干海岸，然后沿那不勒斯海岸航行，再穿过墨西拿海峡，而不经过西西里海峡，因为西西里的通道更危险。这条重要的贸易路线是基督徒的航路。伊斯兰教徒的航路穿过西西里海峡，不如上述航路方便，过往船只也少。土耳其大舰队通常的航路，是从阿尔巴尼亚沿岸出发一直到发罗拉，从发罗拉到那不勒斯和西西里的海岸，最后从西西里到比塞大，有时一直到阿尔及尔。这条航路历来不像前一条航路那么繁忙热闹。

在南部海域，沿着非洲海岸航行，就可以绕过障碍。有关基督徒海盗活动的报告表明，沿这个海岸的航行相当繁忙[111]。海盗采用的办法是在远海对来自埃及、的黎波里、杰尔巴，以及有时来自阿尔及尔的船只进行突然袭击。16世纪初，威尼斯的帆桨船还通过沿西西里海岸的航道来到柏柏尔沿岸。到16世纪末，英国人和荷兰人也沿着北非海岸航行，他们从直布罗陀海峡斜插到西西里海峡，经由西西里沿海和希腊沿海，朝干地亚、希腊群岛和叙利亚方向驶去。这无疑是想尽量避开受西班牙控制的墨西拿海峡。

所有这些路线都围绕着、躲避开爱奥尼亚海和撒丁海。作为东地中海和西地中海的主要联系，或者，如果人们更愿意这样说的话,作为东、西方的重要联系,这些路线在人类历史上具有头等的重要性。除去这些路线,还应该考虑到贯穿意大利的陆路贸易。意大利半岛只是地中海东、西两半部之间的一道堤。安科纳和弗拉拉同佛罗伦萨、里窝那和热那亚相连。威尼斯向热那亚和第勒尼安海出口货物……除了在墨西拿和西西里海峡的贸易之外,还有骡驮运输队在意大利的这一海岸和另一海岸之间所进行的往返贸易。当然,如果能作出精确的统计,这些贸易加在一起,无论在数量上还是在价值上,在今天看来都不很大。但是,在 16 世纪的范围里,它们却具有决定性意义。这些贸易构成整个地中海世界的统一性,同时也构成本书的统一性。但是,这是一种什么样的统一性呢?

两个海洋世界

地中海两大海域之间的种种障碍,把它们严格地分隔开来。这个说法虽然并不全错,但有地理决定论的偏向。当然,陆路和海路的困难,始终阻碍人们从地中海的一个海域大量迁移到另一个海域。布雷蒙将军在一本多处提到埃米尔-费利克斯·戈蒂埃的特殊才能的书中说,公元 7 世纪到 11 世纪期间的阿拉伯入侵从人文的观点来说,并没有改变北非。这些入侵者人数不多,而且相当容易被“吞噬”掉。这是照搬汉斯·德尔布吕克关于 5 世纪日耳曼人入侵的论点。但这并没有什么关系!我们感兴趣的是大自然对人群通过陆路或海路从东向西或从西向东移动所造成的困难。各种迹象似乎表明,有一个网眼很密的过滤器阻挡着人们的移动。

当然,到了 16 世纪,在地中海西岸已有黎凡特地区的人;里窝那有希腊人；巴利阿里群岛和加的斯有塞浦路斯人；各大港口有拉古萨人；阿尔及尔有来自黎凡特地区的人和亚洲人。红胡子巴巴罗萨兄弟和阿尔及尔近卫军士兵来自爱琴海和小亚细亚[112]。反过来说，拉丁民族在东方的殖民活动也留下了人的痕迹。大批叛教者对在土耳其世界建立新殖民地所起的作用，远比商业口岸大得多。然而，这种东西方的嫁接没有太大的重要性。尽管有着贸易联系和文化交往，地中海两大海域依然保持着各自的独立性和特有的流通渠道。真正的人口混杂分别在两个海域的内部进行，冲破种族、文化和宗教等各种障碍。

相反，从地中海一端到另一端的人员来往仍然是一种冒险，至少是件要碰运气的事。

能举几个例子吗？腓尼基人早先曾在迦太基立足，从那里向西扩张他们的势力，驾驶大船征服遥远的西地中海的广阔海域。同样，古希腊人在马赛安顿了以后，也以相同的方式向外扩充地盘。同样，拜占庭人一度曾是西西里、意大利、北非和拜蒂克地区的主人。同样，阿拉伯人在公元7、8和9三个世纪里，攻占过北非、西班牙和西西里……然而，这些巨大胜利或者只是昙花一现，或者紧接着就出现了前方部队和本土联系中断的情况。马赛、迦太基甚至穆斯林西班牙的命运就是如此。在10世纪和11世纪，穆斯林西班牙从东方汲取文化养料，它的诗人、医生、教师、哲学家、巫师乃至身穿红裙的女舞蹈家都来自东方。后来，穆斯林西班牙同东方的联系被切断了，于是和柏柏尔非洲相结合，开始过西方的生活。当时，马格里布人被朝圣或者学习所吸引，前往东方。他们惊奇地感到自己“几乎置身于一个陌生的世界”。他们中有人惊呼：“东方没有伊斯兰教”[113]。到了16世纪末，当至此由土耳其实施摄政的非洲确实挣脱奥斯曼帝国的委任统治时，这种情形又再次发生。

在地中海东部海域，这种情形相应地被十字军东征和拉丁国家的历史从另一方面加以证实。但我们这里就不必多说了。

土耳其帝国和西班牙帝国的双重教训

每个海都倾向于依靠自己生活，倾向于把自己的帆船和小船组成一个独立的航运系统。就东地中海和西地中海两大海域而言，情况都是如此。它们互有交往，互相联系，但各自又都竭力编织成一个封闭的圈子，尽管不免还有混杂、融合和互相依存。

16世纪的政治形势极其鲜明地突出了以上的事实。如果用箭头标出西班牙在15世纪中叶和16世纪中叶之间的新、旧扩张路线，以及它为占有西地中海而夺取和利用的阵地，那该是一幅多么好的西地中海的地理政治图啊！西班牙通过扩张的确占有了西地中海。此外，从1559年起，随着法国舰队的遣散，随着法兰西国王和奥斯曼素丹之间的政治联系的减弱，西地中海已经无可争辩地变成了西班牙海。穆斯林只拥有这个海的一条边缘，而且还不是最好的一条，即只拥有北非。他们只是依靠海盗才保住这个地区，由于受到西班牙驻防地的防线的限制，他们的统治经常处于内外夹攻之中。1535年，查理五世攻打突尼斯城一举成功；1541年，西班牙围攻阿尔及尔失利，但损失不大，败局尚可补救。马德里作战参谋部的文件夹里总有一份准备好了的、有朝一日能够突然付诸实施的进攻这座穆斯林海盗城市的计划。奥地利的胡安以及1601年让·安德烈·多里亚的偷袭行动，都差一点使计划得到实现。

相比之下，爱奥尼亚海——“克里特海”——是奥斯曼帝国的海。土耳其人在占领叙利亚（1516 年）和埃及（1517 年）以后，控制着东地中海沿岸各地，必然要去征服大海，并建立一支强大的海军。

从以上两种情况来看，地中海的两大海域都分别在某种程度上促成了和推动了这种双重的对外扩张。津凯森说的这句话是针对土耳其的。难道西班牙不也是如此吗[114]？16 世纪的两大地中海是两个对立的政治区域。在这种情况下，对于斐迪南、查理五世、苏里曼和菲利普二世时代的重大的海上斗争始终在这两大海域的交接处及其边界附近进行，人们难道会感到惊奇吗？这些海战分别发生在的黎波里（1511 年和 1551 年）、杰尔巴岛（1510 年、1520 年、1560 年）、突尼斯城（1535 年、1573 年、1574 年）、比塞大（1573 年、1574 年）、马耳他（1565 年）、勒班陀（1571 年）、默东（1572 年）、科罗尼（1534 年）、普雷维扎（1538 年）……

政治无非促使现实显露原形。由敌对双方分别控制的这两大地中海，各自的自然条件、经济和文化都不同，各自构成一个历史区域。就自然条件而论，同西部大海相比，东部大海的气候更具有大陆性；季节变化更明显；干旱更严重；夏季更炎热；也可以说，土地更裸露、更光秃；按泰奥菲尔·戈蒂埃的说法，就是更加“荒芜”。但是，作为对这些不利条件的补偿，那里的人却更加开化和有人情味。有谁会说爱琴海在联系交往中起了推动作用？正因为这个事实几乎不为人知，我们更有必要强调东方为海上航行所提供的便利。这里有一份1559年的文件，十分说明问题。据说有人献策，希望圣马克共和国在塞浦路斯以及威尼斯的其他岛屿配备一些帆桨战船,以便让这些船毫无困难地驶往干地亚。航行的日期可以大大早于圣格雷哥利的生日(3 月 12 日):亚历山大港和罗得岛的警卫队通常出巡的日子。这位谋士还说,那里的好天气开始得比我们这里早[115]。难道这是土耳其舰队得以先声夺人的原因吗?土耳其人行动迅速,大概要归功于爱琴海风平浪静的天气来得早。在季节的节奏决定战争节奏的时代,这是至关重要的。

超出政治的范围

在经济和文化方面,地中海两大区域的差异到了 16 世纪更为突出,与此同时,它们各自的价值却颠倒了过来。从 13 世纪起,东方陆续丧失了原有的领先地位,诸如精巧的物质文明和技术,大工业、银行以及金银来源等。在 16 世纪的史无前例的经济剧变中,东方彻底失败了。这一剧变在奠定大西洋的地位的同时,取消了东地中海地区在一个时期内作为“印度”财富的唯一保管者所拥有的古老特权。从此以后,技术和工业进步使西方发生了翻天覆地的变化,而在生活费用低廉的黎凡特地区,来自西方的白银能够自动升值,并且获得更大的购买力;因此,在东西两个世界之间,生活水平的差异日益扩大。

但是,这种生活水平的差别却又一次确立了地中海两大海域的某种经济统一性。尽管存在各种障碍,其中也有政治障碍,这种差别仍然以包括海上行劫在内的各种手段,使经济统一成为必要。这就像电势差决定电流一样,位差越大,电的流动就越必要。东方需要与西方的优势结合起来,不惜任何代价也要分享这些优势。东方寻求西方的贵金属，即美洲白银。东方还必须追随欧洲的技术进步。反过来，日益强大的西方工业需要推销它的剩余产品。本书在后面还将谈到这些重大问题。推动一切和遥控一切的正是这些深刻的需要，平衡的打破和恢复，以及这些强制性交换[116]。

2. 海边的陆地

地中海是海上居民的乐园和天堂。这几乎已成为老生常谈，似乎只要海岸弯弯曲曲，就会有人去那里居住，而且住下的都是海员。其实，地中海并不像北方各海和大西洋那样有众多的海员世家。它只产生了为数不多的海员世家，而且只限于某些地区。

海上居民

这显然因为地中海没有能力养育更多的人。那里的水产资源并不比陆地资源丰富。被人说得天花乱坠的“海味”[117]数量有限，除开科马基奥的环礁区、突尼斯沿海和安达卢西亚沿海（金枪鱼产地[118]）等个别地点，渔场的捕捞量都很小。地中海由于海盆深陷，很少有浅滩、沙洲和滨海大陆架，必须到水深200公尺处，海底动物才大量繁殖。几乎到处都有一条狭长的岩崖或沙坡把海岸引向外海的海槽。地中海的地质结构十分古老，因而按海洋学家的说法，生物资源陷于枯竭[119]。渔船在海上往来，只是大量采集珊瑚，而并非捕捞食物。这与北方渔船远航纽芬兰、冰岛或北海渔场捕鱼，简直无法相比。1605年2月，热那亚市政会议鉴于鱼产量不足，曾经试图在封斋期内限制鱼的消费[120]。

鱼产量不足说明渔民以及海员数量不足。统治地中海的宏图大业总是因此受阻。在政治家的幻想和现实之间，始终存在一个障碍：能够制造、装备和驾驶船舰的人太少。请看里窝那艰难的崛起吧！科西默·德·梅迪奇经过毕生的努力，在整个地中海到处招揽，终于才使这个新兴的城市拥有它需要的水手。同样，土耳其舰队的得以建立，阿尔及尔海盗中心的得以发展，都需要各种条件的凑集。对于所有在地中海作战的巨型舰队来说，准备帆桨战船出航，首先是人的问题。除了奴隶、战俘或监狱的囚犯可用链条把他们锁在桨上，又到哪里去寻找航海所必不可少的划桨手呢？从16世纪中叶起，文献资料全都抱怨志愿桨手太少。威尼斯海军上将克里斯托福罗·达·卡纳尔(1541年)说，现在的生活已不像过去那么艰难，再也没有男人肯卖身为奴[121]。为征募干地亚帆桨战船的划桨手，威尼斯甚至不得不建立一种民兵制，一种真正的义务兵役制。从1542—1545年起，威尼斯又被迫使用囚犯。不仅缺少划桨手，而且其他船员也严重不足。文献资料都着重指出了威尼斯的笨拙无能和组织不善。如果照顾比较周全，待遇比较优厚，威尼斯属地的水手就不会去为外国船只、土耳其舰队或西地中海船队服役。事情也许确实是如此。但更加可以肯定的是，没有足够的劳力可供地中海的所有船只驱使。虽说劳力自然地会流向生活最安逸的地方，但在16世纪，任何一个国家都不能自夸其劳力充足有余。

因此，从16世纪末开始，地中海各国和各城市试图招募北方水手。1561年，一名苏格兰天主教徒驾驶帆桨战船前来为西班牙效力[122]。一份文献资料表明，在无敌舰队派出以后，菲利普二世和他的顾问还想在英格兰本土征募水手[123]。在里窝那，科西默·德·

梅迪奇的政策的一个特点，就是不仅招募地中海的水手，而且也招募北欧的水手[124]。从16世纪末起，阿尔及尔也如法炮制[125]。

地中海从条件比它优越的北方，不但吸收人力，而且还吸收新技术。例如引进了“方帆帆船”(kogge)。这种货船运载量大，结构坚固，原先只有一根桅杆和一张大方帆，能够对付冬天最坏的天气。首先向地中海人显示出这种船的优点的，是巴约讷的巴斯克海盗[126]。后来在14、15世纪，这种船同时在波罗的海和地中海改变为圆形船。作为回报，约过150年后，远航但泽的“皮埃尔·德·拉罗歇尔”号使看到这种新型宽身帆船的但泽人赞叹不已。宽身帆船无疑诞生在南方，是从上述方帆帆船演变而成的，但它装备多根桅杆和好几张船帆——这是地中海的传统。船帆既有方的也有三角形的。我们所说的南方实际上是南大西洋，因为宽身帆船似乎是比斯开人设计出来的，后来才在1485年前后成为大西洋和地中海的普通商船[127]。

就这样，大西洋担负起航海技术的改进和革新。一位北欧优势论者甚至断言，地中海这个内海从来不知道发展地方性船舶以外的其他船舶[128]。可是，在过去，正是地中海人首先开创了地中海和大西洋之间的定期直航。他们在14世纪还是地中海和大西洋的主人，但到后来，便逐步受到排挤。首先是从大西洋被挤走(人们不会忘记，在15世纪，甚至在更早的时候，比斯开人和他们的单桅尖头船，布列塔尼人以及从1550年起垄断了西班牙与尼德兰之间的贸易的佛兰德双桅重帆船，都起着重要作用)，接着又从整个航线上被挤走。15世纪末到1535年，地中海已有不少英国船出现。在中断了一个时期以后，到1572年前后，它们终于又踏上地中海的航路，比荷兰的船队早 15 年左右。从此，在 15 世纪末为争夺海上霸权而同北方和大西洋的海员进行的较量中，地中海人的最终失败已成定局。

沿海地区的弱点

地中海之所以海员不多，是因为在沿海一带历来靠海吃海的地区太少。一些沿海地带的活跃景象曾给人一种错觉，似乎地中海温暖的海水是大批海员世代生息繁衍之地。它们是：达尔马提亚海岸，希腊沿海及其岛屿，叙利亚沿海（但在 16 世纪，叙利亚的地位已一落千丈，可以不予重视：威尼斯驻君士坦丁堡统领 1550 年至 1560 年间的信件只提到有一艘贝鲁特的船舶到过那里），西西里岛沿岸（主要是西海岸），那不勒斯的一些海岸，科西嘉海角的沿岸，最后还有热那亚、普罗旺斯、加泰罗尼亚、巴伦西亚和安达卢西亚等地区的几乎连成一线的海岸……总共加在一起，也只占整个地中海沿岸的一小部分。而且，在这些活跃的沿海地带，又有多少能像热那亚海岸那样人口众多、钟楼林立？[129]

一条漫长的海岸的活动，经常集中表现在几个活跃的、相互距离很远的小海港里。拉古萨前方狭窄的、不设防的梅佐岛[130]，为拉古萨城的大多数商船提供船长。16 世纪末，佩拉斯托[131]拥有4000名壮汉（即能扛枪的人），但只有大、小船共 50 艘。佩拉斯托人实际上免交一切捐税，他们唯一的差使是负责警卫漫长的卡托尔湾沿岸，为威尼斯扼守卡托尔湾的入口。正是多亏他们，卡托尔海湾成了不受坏人骚扰的最安全的地方。在那不勒斯王国，我们想到著名的萨莱诺[132]和阿马尔菲[133]等一系列小海港，还有卡拉布里亚海岸的奇伦托[134]、阿曼泰亚[135]、维埃斯特[136]和佩斯基奇[137]，那里的人过着活跃而又平静的生活。根据那不勒斯审计院的文件，佩斯基奇是个活跃的造船中心。由于拉古萨的船舶都在这里制造，工地无歇业之虞。一艘艘大船在佩斯基奇海滩下水，其中之一载重达6000“萨尔马”，即750吨，于1572年7月下水[138]。

这些活跃的沿海地带，不管人口是否稠密，绝大多数都位于偏北的地中海各半岛，通常都背靠森林茂密的高山。南部山脉由于干旱，不利于树木生长，因此也不利于造船。布日伊的情况例外。假如没有布日伊附近的树木，伊本·赫勒敦在13和14世纪时，怎么能见到一支十分活跃的海军？难道不是黎巴嫩森林的减少使叙利亚海岸的海上活动受到限制的吗？在阿尔及尔，不仅船员来自外国，而且尽管舍尔沙勒后面的森林可供利用，但造船用材也来自外国，船桨要由马赛输送。

根据文献资料（兵工厂的会计单据等资料，有的至今还保存着，里窝那和威尼斯的情况就是这样），根据传统或根据一些有关航海术的论著，我们可以说出造船用材是哪里来的。同葡萄牙一样专造货船的拉古萨，从加尔尼亚诺山（又称圣安杰洛山）的栎树林取得木材。1607年的一部论著提到[139]，拉古萨人对葡萄牙人的优势正在这里。如果葡萄牙人也有一座圣安杰洛山，他们就会拥有世界上最漂亮的大帆船。土耳其的大帆船是用高大的悬铃木造的。这种优质木材特别适宜在水中浸泡[140]。为了经久耐用，帆桨战船的各个部件要用一系列不同的木材制造：橡木、松木、落叶松、榆木、杉木、山毛榉、胡桃木等[141]。最好的船桨是用经由奥德河及其运河运到纳博讷的木材制作的[142]。我们可以引用一个拉古萨人的旅行日记。他从1601年4月到8月横穿意大利南部，寻找重造一艘船所需的木材[143]。我们也可援引有关托斯卡纳森林采伐权[144]——先让予西班牙人，后来又收回——的文件。我们甚至可以指出，热那亚曾向托斯卡纳购买木料[145]，巴塞罗那曾向那不勒斯购买木料[146]，尽管巴塞罗那主要使用加泰罗尼亚比利牛斯山的橡木和松木。这两种木材以适宜制造帆桨战船而闻名[147]。此外，皮埃尔·路易斯·苏蒙特与审计院签订的关于承造帆桨战船的合同（造船工场在那不勒斯）也可作为例证。根据合同，皮埃尔·路易斯·苏蒙特保证将在内尔蒂卡罗、乌尔索马尔索、阿尔托蒙特、桑多纳托和波利卡斯特雷罗等地的森林采伐的木材，从卡拉布里亚运到那不勒斯[148]。

显然，重要的是要了解总体情况，而不是例外。通过阅读威尼斯的或者西班牙的文献资料，人们可以猜测到当时木材十分短缺，在西方和地中海中部，特别在西西里和那不勒斯（菲利普二世在那里大力发展造船业），森林砍伐日趋严重。用以制造船身的橡木尤其匮乏。从15世纪末起，橡树越伐越少，威尼斯采取了一系列严厉措施，防止剩下的橡树资源遭受破坏。到了16世纪，威尼斯市政会议发觉问题变得更加严重。意大利虽然还剩有较多的森林资源，但在整个16世纪，砍伐相当严重[149]。可以肯定的是：滥伐山林的现象发展很快，圣安杰洛山是个可贵的例外。土耳其人的情况稍好：黑海沿岸有大片森林；在马尔马拉海有尼科美底亚湾（今伊兹米特[150]），大片森林几乎与君士坦丁堡的兵工厂遥遥相对。勒班陀战役后，威尼斯竭力争取神圣联盟同意把懂得一些航海技术的所有土耳其俘虏处死，尽管这些战俘意味着很大一笔财富。因为威尼斯认为，土耳其人既不缺木材，也不缺金钱，只要有了人[151]，重造战舰是轻而易举的事。对他们来说，只有人是无法替代的。

地中海的造船业逐步习惯于到远处去寻找本国森林所不能提供的木材。公元16世纪，整船整船的厚、薄木板从北方运到塞维利亚。为了筹建“无敌舰队”，菲利普二世曾试图购买波兰的木材，至少曾派人去波兰确定有待砍伐和运走的树木。威尼斯最终也听任其国民做过去明令禁止的事，即不但向外国购买木材，而且还进口船身，然后在威尼斯配备帆缆索具，甚至购买完全造好的船只。因此，在1590—1616年，11艘新船来自荷兰；7艘来自帕特莫斯岛；4艘来自黑海；来自君士坦丁堡、巴斯克地区和直布罗陀海峡的各一艘[152]。木材危机毫无疑问是地中海航海技术和海洋经济演变的重大原因之一[153]。它同船舶吨位的缩小、造价的上涨、北方竞争者的成功都并不是毫无关联的。但是，其他因素也起一定的作用，其中包括价格的波动和劳动力的昂贵，因为原料不能决定一切[154]。

此外，海洋活动之所以总是起源于沿海山区附近，这不仅因为山区有树林，而且还因为有另一种好处：在地中海北岸，山岭犹如一道屏障[155]，挡住了地中海航行的大敌——无情的北风，那里有许多避风港。爱琴海的一句谚语说：“扬帆起航，不管刮的是南风或是北风。”[156]另一方面，这些山区必然把移民引向大海，而诱人的水面是沿岸交通的最佳路线，甚至是唯一的路线[157]。海洋活动就这样与山区经济建立起联系。二者互相渗透，互相补充[158]。由此产生了耕作、园艺、果木、捕鱼和航海活动的令人惊奇的结合。一位旅行家指出，在达尔马提亚的姆列特岛，正如邻近的其他岛屿一样，人们的劳动至今仍然分为耕种和捕鱼[159]。同样，在潘泰莱里亚岛，除去捕鱼、种植葡萄和果木外,还饲养良种骡……这种安居乐业的生活方式符合地中海古老的海洋传统,它把贫乏的陆地资源和贫乏的海洋资源结合了起来。今天,这种生活方式逐渐崩溃,几乎总是导致一些悲剧。皮利翁地区的希腊渔民“越加单一地依附大海,不得不放弃他们的田园和茅屋,把全家迁到港口地区”。但是,他们在离开从前的平静安定的生活环境后,扩大了海上偷捕者的队伍。尽管政府禁止,他们一味用炸药捕鱼[160]。这是因为大海还不够富饶,养活不了所有沿海居民。

同样,在贫瘠的山区,土地也不足以养活所有的人。这就是为什么在滨海地区的经济发展中,古老的乡村起着巨大作用。加泰罗尼亚的一些村庄在海边矗立,远处望去,绿树丛中的白色房屋鲜明夺目。正是这些村庄把大片山地修成梯田,并且把高超的花卉种植技艺传诸后世。山上的村庄常常与一个山下的渔村——有时一半建在水上——遥相呼应:阿雷尼渔村在阿雷尼山村下面;卡尔德特在里埃瓦内雷下面;卡布雷拉在卡布利尔下面[161]。同样,在热那亚沿海一带,古老的山村在海边也往往有自己的小渔港或中转站[162]。在整个意大利和其他地方,类似的例子数以百计。小驴车在那里往来不绝,从一个梯级到另一个梯级。渔村历史较短,往往是山村的产物,并和它紧密结合。沿海渔村的产生和存在可以在沿海山区的经济中,在山区生活的极度贫困中找到解释。即使这两种村子结合起来,也不能使山区由贫困转变为富裕。值得注意的是,在罗萨斯或在加泰罗尼亚的圣费利乌—德吉肖尔斯,濒临渔产丰富的大海,人们昨天(1938年)还看到,可供市场出售的食品数量极少,如一小把蔬菜、四分之一只鸡等等[163]。1543年,卡西斯的居民——海员

兼海盗——控诉贫困迫使他们"冒着生命危险出海谋生和捕鱼"[164]。由此可见,荒芜多山而贫困的内陆是地中海沿岸成百个村庄诞生的原因。

大 城 市

但是,仅有作为基本细胞的沿海渔村,还不足以开创生气勃勃的航海活动。大城市起着不可替代的辅助作用,船用斜桁、帆布、帆桅用具、柏油、绳索和资金必须由城市提供,且不说商店、租船商、保险人以及城市所具有的各种方便。如果没有巴塞罗那,如果没有这个城市的手工业者、犹太商人以及冒险的士兵的配合,如果没有圣玛丽亚海滨的大量资源,加泰罗尼亚沿海一带航海业的兴起是很难理解的。这种成功需要大城市的干预、协助和"侵略"。加泰罗尼亚沿海地区于11世纪终于觉醒,开始了具有历史意义的航海活动。但对外扩张只是在二百年以后,即随着巴塞罗那的兴起,才逐渐起步。于是,在将近三个世纪的时间内,从加泰罗尼亚沿海小港驶出的船队来来往往,不断使巴塞罗那的"海滩"活跃起来。在那里靠岸停泊的还有巴利阿里群岛的帆船,总想抢点生意的巴伦西亚船只,比斯开的捕鲸船以及常来常往的马赛和意大利的船只。可是,当巴塞罗那在同阿拉贡国王胡安进行长期斗争之后失去了独立和自由时,当20年后(即1492年)它又失去了"犹太商人"时——这是一起其严重性不亚于其他事件的大事——最后,当巴塞罗那的资本家逐渐放弃冒险的工、商业,而宁愿经营能按时得到收益的货币兑换[165]或购买城市附近的土地时,这个大商业城市以及同它的生命连接在一起的加泰罗尼亚沿海地区就衰落了,以

致加泰罗尼亚的贸易在整个地中海范围内几乎消失，以致在瓦卢瓦家族与哈布斯堡家族进行战争期间，加泰罗尼亚沿海地区备受法国海盗的蹂躏而无力自卫。加泰罗尼亚沿海地区后来又受到同样危险的阿尔及尔海盗的袭击，在被抢掠一空的埃布罗河三角洲，海盗几乎得以安营扎寨。

马赛、热那亚和拉古萨对它们周围的小港口起着巴塞罗那对加泰罗尼亚地区所起的作用。甚至有时候，沿海地区所依靠的大城市并不坐落在该地区的海边[166]，例如，威尼斯与达尔马提亚沿海的伊斯特拉半岛或者与遥远的希腊诸岛的关系就是如此。马赛也是这样，除了吸引完全为它效劳的普罗旺斯各沿海地区的密集拥挤的居民外，它还接纳了科西嘉角的一大部分海员。热那亚也是这样，利用拉古萨的货船。

同其他地方的海员一样，地中海的海员惯于四海漂泊，随时准备迁移、搬家。正因为如此，中心城市的吸引力就更可以理解。这是古今以来各地都存在的实际情况。1461 年，威尼斯元老院为舰队缺乏水手和划桨手而担忧。元老院得知水手们“到比萨去了……，那里工资高……这对别人有利，而有损于我们自己”。许多水手逃往他乡，这是因为他们债台高筑，被五贤人或威尼斯巡夜警察课以很重的罚金[167]。1526 年的法庭辩论，使“圣玛丽亚·德·博戈尼亚”号的账目得以保存至今。该船贩运黑奴[168]，在大西洋上航行，先在加的斯停泊，然后到达里斯本和圣多美岛，随后又驶抵圣多明各。它虽然远离地中海，但在船上干活的新水手中有希腊人、土伦人、利帕里人、西西里人、马略卡人、热那亚人、萨沃纳人等。这真是一次冒险者的集会！1532 年 5 月，人们在海牙也抱怨，“总想换换地方”的中级船员离开荷兰和泽兰前往吕贝克[169]。1604 年，一群威尼斯水手“因工资太低，无法继续在威尼斯市政会议的船舶上生活”，逃到佛罗伦萨，毫无疑问也有逃到里窝那的[170]。这些都是日常发生的小事。但是，如果形势有利于它们的发展，小事加在一起，在地中海的大范围内，也就可以看出变化来了。

航海活动的兴衰

海员的不断迁移可以说明，沿海地带的活动（总的说来相当单纯）同地中海总的命运息息相关，其兴衰存亡完全随着地中海命运的变化而变化。

这里再以加泰罗尼亚为例。加泰罗尼亚的兴起，在很大程度上是由于外界的推动。由于意大利、热那亚和比萨的移民从 11 世纪起在那里当师傅、带徒弟，加泰罗尼亚才在大海生活中繁荣兴旺起来。这比彼得大帝的鼎盛时代还早 200 年。可是，伟大的历史带来的东西，迟早还会由伟大的历史收回。加泰罗尼亚的衰落在 15 世纪已经可以觉察到。到了 16 世纪已经十分明显。它的海上活动已经缩小到只限于一些小船开往马赛和巴利阿里群岛。很少有船驶往撒丁岛、那不勒斯[171]、西西里或者非洲的驻防地。16 世纪末年，巴塞罗那和埃及的亚历山大之间的航行又有所恢复。但在这以前，加泰罗尼亚沿海地区是如此死气沉沉，以致菲利普二世 1562 年在大枢密院决定着手进行大规模的海上武装时，不得不向意大利订货。为了使巴塞罗那的兵工厂恢复活力，菲利普二世从热那亚的圣皮埃尔达雷纳船厂招聘专家[172]。

众多的航海民族在地中海交替接力，这些频繁的、突然的衰落通常表明：沿海地区缺乏人力，不能长期肩负繁荣的重任，因为我们所说的繁荣时期，实际上是指劳动和消耗的时期。海上生活在很大程度上是无产者的生活，经不起富裕及其同伴——懒散——的腐蚀。威尼斯舰队的一位监督官在1583年说过，海员犹如一条鱼，长期离开水就会腐烂[173]。

然而，每当出现衰竭的迹象时，竞争者经常加以利用，并且使它更加严重。14世纪最初几年，比斯开的单桅帆船出现在巴塞罗那就是这种衰竭或者竞争的先兆。拉古萨的货船和船员于16世纪纷纷转而为热那亚服务，这在热那亚历史上也是个重要标志。热那亚前所未闻的好运，反过来耗尽了只由一条几公里长的海岸和几个小岛构成的拉古萨这个小天地的力量。在1590年和1600年之间，只需发生几起事变就把到那时为止还十分繁荣的局面破坏殆尽。

但是，这并不等于说，随着萧条时代的来到，海上生活就在昨天还大交好运的地区内消失了。它以几乎不能摧毁的平凡的日常生活的形式潜伏下来。在16世纪，叙利亚和加泰罗尼亚沿海一带的活力就这样日渐减少，进入半休眠状态。与此同时，西西里、那不勒斯、安达卢西亚、巴伦西亚和马略卡的海运、航行也衰减了。很明显，就最后这个地区来说，它的衰落与柏柏尔海盗的破坏性活动的蔓延发展有关。然而，这个地区仍然继续生存下去，其近海贸易也比我们通常的资料来源所显示的更为活跃。快速三桅战船在阿利坎特、阿尔梅里亚——古老的海洋中心——马略卡的帕尔马等地，都不是凭空产生出来的。它们于16世纪末成了基督教得以卷土重来的基本手段。

在历史背景上，只有很少几件小事表明存在着这种平静的生活。我们已经谈到，特拉帕尼的珊瑚采集者不顾柏柏尔海盗的袭扰，冒险前往非洲沿海的浅滩。建于1574年的法国驻突尼斯领事馆的文件经常提到西西里船只以及那不勒斯小船[174]。相反，奇怪的是，15世纪经常光顾撒丁岛海滩的那不勒斯珊瑚采集工，例如托雷—德尔格雷科的珊瑚采集工，现在却不见了。他们的消失有重大原因吗？大概没有。因为在罗马、奇维塔韦基亚、里窝那和热那亚，都不乏那不勒斯的船只。

单桅帆船、小艇、双桅横帆船同样也在伊比利亚半岛南部沿海麇集，驶向北非的海岸。1567年的一份文献资料指出，阿尔及尔出现了一伙巴伦西亚的水手，他们去那里经商，因为他们是自由的[175]。16世纪末，另外一些巴伦西亚人以营救苦役犯逃离阿尔及尔为职业。关于他们的冒险生涯的某些描述，竟比塞万提斯的最令人惊心动魄的故事还要惊人[176]。

总之，一个沿海地区的表面死亡，仅仅是它生活节奏的一个变化。它交替地从近海航行转到远洋航行，换句话说，从没有历史记载的生活过渡到有历史记载的生活，而当它每次回到无声无息的状态时，几乎丝毫不会引起我们的警觉和好奇。似乎有一条规律性法则在决定人和海洋生活的周期。

3. 岛屿[177]

地中海的岛屿比人们想象的多得多，特别是重要得多。有些岛相当宽阔，简直是微型大陆，如撒丁岛、科西嘉岛、西西里岛、塞浦路斯岛、干地亚岛、罗得岛等。其他一些岛屿面积较小,同它们的邻居组成群岛和岛族。这些大小岛屿之所以重要,因为它们是海上航路不可缺少的中途停靠站,因为在它们相互之间或者在它们的海岸同大陆之间,有一块人们在航海中寻求的比较平静的海面。例如,东部的爱琴群岛分散在海面上,以致人们把它们同海洋本身相混淆[178];在地中海中段,有介于西西里岛和非洲之间的岛群;在北部,伊奥尼亚和达尔马提亚诸岛沿着整个巴尔干半岛海岸呈一字排开,打着圣马克旗号的船队在其间鱼贯而行。但是,与其说这是一支船队,倒不如说是两支。第一支在爱奥尼亚海,其中包括赞特岛、凯法利尼亚岛、圣摩尔岛和科孚岛;第二支在亚得里亚海,包括达尔马提亚错落不齐的各个岛屿,从南边的梅莱达岛和拉戈斯塔岛起,直到北边伊斯特拉半岛后面的夸尔内罗岛、韦利阿岛和切尔索岛。在爱奥尼亚海的列岛和达尔马提亚海的列岛之间,有一条相当宽阔的间隔,包括船只无法停靠的阿尔巴尼亚海岸以及拉古萨的狭窄的领土。通过这一连串的中途停靠站,船只便可从威尼斯抵达克里特岛,再从克里特岛出发,沿着贸易大航路,前往塞浦路斯和叙利亚。这些岛屿是保证威尼斯海上大动脉畅通的一支静止不动的舰队。

西部的岛群也同样重要。这些岛屿在西西里岛附近有:斯特隆博利岛、向风群岛和利帕里群岛;往北有:托斯卡纳群岛(16 世纪中叶,科西默·德·梅迪奇在厄尔巴岛修筑了波托费拉约城堡);在普罗旺斯附近水域有:耶尔群岛,黄金群岛;再往西,在宽广僻静的海洋上有:巴利阿里群岛、马略卡岛、米诺卡岛、伊维萨岛——盐的岛屿——以及难以攀登的福门特拉岩礁。由于整整一大片海域围绕着它们，这些岛群始终起着决定性的作用。

以上列举了大岛和较大岛屿的名称。指出其余的小岛和微型岛屿(其中有些名闻遐迩，例如阿尔及尔附近的小岛以及威尼斯、那不勒斯和马赛附近的各个岛屿)，那是枉费心机！事实上，没有一块沿海地带不环绕着岛屿、小岛和岩礁[179]。西西里历任总督在他们的信件里提到，要肃清在西西里沿岸等待时机的或装换淡水的海盗，即开展所谓“清岛”行动，换句话说，就是要检查几十个小岛的锚地。这些锚地历来都是海盗的埋伏场所。

孤立的小天地?

这些面积不等、形状各异的大小岛屿，由于所受的限制十分相似，组成一个协调和谐的人文氛围。这些限制使它们同地中海的总的历史比较起来，处在既落后又先进的地位，同时又常常迫使它们向革新和保守两极分化。

撒丁岛是个普通的例子。不管当时的地理学家和历代的编年史家怎么说，撒丁岛虽然面积辽阔，但它肯定起不了决定性的作用。撒丁岛湮没在大海之中，远离招财致富的海上交往——例如把西西里同意大利和非洲连接起来的来往接触——以致起不了什么重大作用。这个岛屿群山起伏，内部极度分隔，陷于贫困之中，主要实行自给自足[180]。它形成一个独立的整体，有自己的语言和习俗，古老的经济以及无孔不入的放牧生活[181]，就像罗马的很多地区过去曾经历过的情形一样。人们常常指出撒丁岛和其他一些岛屿的这种古老风貌，它们居然在几个世纪内一直保存着文明的古老形态，保存着民间文化的混合体；关于这种奇异的能力，这里就不必赘述了[182]。

与此同时，并且与这种隔离退缩状态相反，随着统治者或命运突然发生变化，它们也会接受一种完全不同的新生活、新文化，以及由这种生活和文化带来的习俗、服装和语言，并能在好几个世纪内完整地储藏和保存下来，而这些习俗、服装和语言便成为业已被遗忘的变革的见证。因为“与世隔绝”只是相对的事实。大海把岛屿包围起来并且比任何其他环境更使岛屿与世界的其他地方隔开。每当这些岛屿处于海的生活圈之外时，它们确实是独处一隅的。但是，当这些岛屿进入海的生活圈内，并由于这种或那种原因（经常是外部的和非理性的原因）成为这个生活圈的一环时，它们就会相反地和外界生活积极混合在一起。它们和外界生活隔绝的程度远比某些被无法逾越的隘道隔离的山区低。

现在回到撒丁岛的例子上来。在中世纪，撒丁岛处于比萨的活动圈内，后来又处于热那亚的活动圈内，这是因为撒丁岛的金矿对比萨和热那亚的利益具有举足轻重的关系。14、15 世纪期间，加泰罗尼亚在其扩张过程中顺便紧紧地控制住撒丁岛，因而撒丁岛西海岸的阿尔盖罗至今仍然讲加泰罗尼亚语；学者们还指出，那里有奇特的西班牙哥特式建筑物。在 16 世纪，无疑还在更早的时候，撒丁岛曾是地中海出口奶酪的首要产地[183]。这使它得以通过卡利亚里，开始和西方世界的其他地区取得联系。小船和大帆船把撒丁岛的干酪或咸干酪整船整船地运往意大利的邻近地区：里窝那、热那亚、那不勒斯，甚至还运往马赛，尽管在马赛有不少竞争者，例如米兰和奥弗涅的奶酪。它甚至还运往巴塞罗那。在 16 世纪，撒丁岛不断受到柏柏尔海盗的侵袭。这也是进入地中海生活的一种方式。

海盗并不总是胜利者，他们有时也被捕获，但为数极少。更多的是撒丁人——渔民和沿海居民——被柏柏尔人抓走，逐年扩大悲惨的俘虏的队伍或者阿尔及尔富有的背教者的队伍。

因此，被人描写为几乎不可渗透的撒丁岛，有着对外开放的窗口。有时人们甚至可以像站在一个瞭望台上那样，从撒丁岛观察地中海的总的历史。历史学家皮埃特罗·阿马特·迪·桑·菲利波曾在卡利亚里调查过16世纪穆斯林奴隶的价格[184]。这些价格说明什么呢？1580年以后奴隶价格暴跌，自然与卡利亚里市场上奴隶数量的激增相适应。1580年以前，撒丁岛上只有很少的柏柏尔人被出售。这些人不是因海上遇难而漂泊到岛上，就是因为入侵该岛时落入当地居民的手中[185]。1580年后，被拍卖的俘虏另有一个来源。他们是基督徒海盗带来的，特别是轻型三桅战船从阿尔梅里亚和阿利坎特带来的。卡利亚里是这些轻型三桅战船的方便的中途停靠站。可见，基督徒海盗行径的复活以其特有的方式影响撒丁岛。这是对柏柏尔海盗活动的一种报复，巴利阿里群岛、西班牙南部、那不勒斯和西西里则是基督徒海盗活动的据点。有人或许会说，这个证据与其说同撒丁岛有关，倒不如说只涉及卡利亚里；卡利亚里在岛上偏处一隅，面向大海，背对岛的其他部分……这样说既对又不对，因为卡利亚里毕竟是撒丁岛的一个城市，它与邻近的平原、山地以及整个撒丁岛是连在一起的。

朝不保夕的生活

所有的岛屿都有像卡利亚里这样的城市，它们对大海的扩散运动感觉灵敏，但同时（只要它们掌握着进出口贸易）又把注意力面向岛屿的内地；拘泥于政治文献的历史学家最初总是看不到这个事实：不但社会生活孤寂闭塞，而且正如博物学家早就指出的那样，鸟兽草木也与外界隔绝[186]。任何一个岛屿不但有独特的风土人情，并且有独特的植物和动物，而这些特性又迟早总会与他人共享。埃斯蒂安讷①神甫[187]（他自称出身于吕西尼安家族）在1580年出版的一本关于塞浦路斯的书中描绘了岛上各种“奇草”和“香料”。其中有一种白色的野芹，“糖渍后”可供食用，名叫“奥尔达努姆”的野果可用来酿造同名的露酒。还有一种塞浦路斯树，形状与石榴树非常相似，像葡萄树那样开出成串的花，叶子煎水可作橘黄色染料。正如“人们在那里经常见到的那样”，这种染料用来染绅士们的马尾巴。我们惊奇地看到，棉籽和切细的棉秆混合在一起喂牲口。最后，还有许多草药。在珍奇的动物中，有“野牛、野驴、野猪”和“葡萄鸟”（雪鹀）。这种鸟保存在醋里，成千上万桶地运往威尼斯或罗马……

可是，这些珍奇资源绝不意味着富足。没有一个岛屿的生活能确有保障。每个岛屿尚未解决或者解决不了的大问题，就是怎样依靠自己的资源、土地、果园和畜群生活，以及由于做不到这一点而怎样向外求援。除去个别例外（特别是西西里），所有其他岛屿都是饥馑之乡。情况极端严重的是地中海东部属于威尼斯的一些岛屿：科孚[188]、干地亚[189]和塞浦路斯。在16世纪下半叶，这些岛屿经常受到饥饿的威胁。当大帆船没有及时把谷物从色雷斯运来，而城堡内储存的小麦或小米行将告罄时，粮食危机就会立即发生。于是，在

① 英译本为 Stefano di Lusignano。——译者

黎凡特的这些小岛周围，出现了黑市。这就是调查所指出的不可胜数的官员渎职事件产生的原因。

形势并不是到处都这样不稳定[190]。但是，巴利阿里群岛只能勉强支持它的商业城市和军事要塞[191]，特别因为那里的土地还没有得到充分的开发。在米诺卡岛，马翁港后方平原耕地上的乱石清理工作，到 18 世纪才告结束[192]。当地的粮食因而必须依赖从西西里甚至从北非进口。马耳他也缺乏粮食。尽管它同时从西西里和法国进口小麦，有许多方便之处，但粮食供应始终不足，每逢夏天，骑士团的帆桨战船就拦截从西西里装运谷物的船只，与的黎波里的海盗行径一模一样！

岛屿既受到饥饿的威胁，也受到大海本身的威胁，因为 16 世纪中叶的地中海比任何时候都更加好战[193]。就只谈我们了解得最清楚的岛屿吧！巴利阿里群岛、科西嘉岛、西西里岛和撒丁岛都是四面受敌的地方。它们必须不断保卫自己，修建瞭望塔、碉堡，并配备火炮。这些炮或者拆成零件运到那里，或者委托铸工用铸钟的原始方法就地铸造[194]……最后，当气候好转，作战季节来临时，还要向沿海地带增派驻军和援军。对西班牙来说，控制撒丁岛，甚至守卫像米诺卡这么近的岛，都不是容易的事[195]。查理五世在 1535 年马翁遭受洗劫之后，为了防备新的不测，曾经考虑干脆把米诺卡居民撤到较大的马略卡岛上[196]。托斯卡纳群岛中的厄尔巴岛经历了同样悲惨的命运。它在 16 世纪遭到柏柏尔海盗野蛮残忍的突然袭击之后，成了经常受人攻击的海上边界线。岛上的沿海城市——请理解为沿海的大村庄——也就自动解体。居民不得不逃往内地山区，这种现象一直到1548年科西默·德·梅迪奇修筑了波托费拉约城堡后才结束。

这些不利条件说明了所有岛屿的中心地区何以始终贫困的原因。富裕的岛屿是这样，其他的岛屿更是这样。例如，人们已经指出，原始的畜牧经济在科西嘉岛和撒丁岛占主导地位。又如，塞浦路斯岛的高原地区和克里特岛的山区，是地中海最典型的无人区，是穷人、强盗、不法之徒的栖身之地……即使在西西里岛，在这个富庶的西西里岛的内地，人们能见到什么呢？这是个陆上没有大路、河上没有桥梁、畜牧业落后的地方。那里牲口品种低劣，要等到17世纪从柏柏尔引进种羊后才得到改良[197]。

在世界历史的进程中

朝不保夕的、狭窄的和受到威胁的生活，这就是所有岛屿的命运。人们可以说，这是它们的内部生活。然而，它们的外部生活，它们在历史舞台的前台扮演的角色之重大，则超出人们对这些实际上很贫困的世界的预期。事实上，历史在其发展进程中常常在这些岛屿经过。也许更确切的说法是：要利用这些岛屿作跳板。我们且看岛屿在农作物的迁移、传播方面所起的中继作用：甘蔗从印度传到埃及，又从埃及传到塞浦路斯，并于10世纪在那里正式种植；到了11世纪，再从塞浦路斯很快传到西西里；以后又从西西里传向西方，航海家亨利派人把甘蔗从西西里移植到马德拉岛，从而使马德拉成为大西洋上的第一个“糖岛”。后来这种作物很快从马德拉传到亚速尔群岛、加那利群岛、佛得角群岛，然后到达更远的美洲的土地。对于养蚕业的传播，对于大部分农作物的传播，岛屿也同样起了中继作用，其中有些传播路线还十分复杂。难道不是塞浦路斯的吕西尼安家族的奢华宫廷在15世纪向西方传播了中国唐朝古老的时装式样吗？尖长的翘头鞋和圆锥形女式高帽传到我们法国，其速度之慢胜过某些星球的光传到地球，但它们体现着我国的一个历史时代，足以使我们回想起查理六世时代轻狂的法国宫廷和贝利公爵收藏的《良辰美景》画作。中国人在五世纪一度曾十分喜爱的装饰……西方却从塞浦路斯国王那里接受了这笔遥远的遗产[198]！

我们应该感到吃惊吗？位于海洋干线上的岛屿参与重大的国际交往。它们在日常活动之外，又增添了影响世界历史进程的活动。由于抗拒不了历史的召唤，岛屿的经济备受冲击。许多岛屿受到外来作物的侵入，而这些作物在这些岛上种植，只是为了销售到地中海，甚至世界市场。这些仅为出口而种植的农作物，时刻威胁着岛上生活的平衡。我们前面所说的可怕的饥馑，往往是由于种植了这些农作物的缘故。如果把地中海诸岛的例子扩大到大西洋，人们就可以看得十分清楚。大西洋上的马德拉岛、加那利群岛、圣多美岛全都因单一的甘蔗种植而蒙受损害。后来巴西东北部殖民地的情形也是如此。原来是森林之岛的马德拉岛，由于制糖厂和它们在燃料方面的需要，很快失去了大部分森林覆盖。然而，这种剧烈的变化，完全是为了满足欧洲对这种珍贵产品的需求，对岛民自身没有丝毫好处。甘蔗种植带来了灾难：土地一旦种上甘蔗，就不能复种其他作物，限制了粮食的种植面积。新作物破坏了原有的平衡。尤其在16世纪，由于有意大利、里斯本、安特卫普等地的强大的资本主义的支持，新作物具有更大的危险性，别的作物无法与之抗衡。总的说来，岛民忍受不了这种致命的耗损。在加那利群岛，

可以肯定的是:糖和首批征服者的暴行对当地土著关切人的绝迹同样负有责任。正是为了解决甘蔗园的劳动力问题,加那利群岛的基督教海盗才把他们在非洲海岸掳获的柏柏尔人沦为奴隶;特别是几内亚和安哥拉的黑人,他们在16世纪中叶,也因为糖的缘故,被运到广阔的美洲大陆充当奴隶。这是大西洋的例子。纯属地中海的事例也不缺乏。请看在西西里的日益扩大的小麦种植。至少一直到1590年或更后的时期,西西里一直是地中海西部的加拿大或阿根廷。希俄斯种植的是既可作树脂,又可作饮料的乳香[199];塞浦路斯生产棉花、葡萄和糖[200];干地亚岛和科孚种植葡萄[201];杰尔巴岛种植的是油橄榄。所有这些都是从外部强加的经济,而外来的经济对德国人所说的"国民经济"往往是有害的。

在塞浦路斯,当土耳其人于1572年把这个岛屿从威尼斯手中夺走的时候,我们可以看到关于上述情况的证据。在威尼斯市政会议统治时期,塞浦路斯的财富就是葡萄园、棉花种植园和蔗田。财富,到底是什么人的财富?是热那亚和威尼斯贵族的财富。他们古老豪华的住宅,至今在尼科西亚的老城仍然可以见到。这绝不是当地人、信奉东正教的希腊人的财富。土耳其的征服引起了一场社会革命。一个英国水手在1595年写的奇怪的证词谈到了这件事。一个塞浦路斯商人向他叙述该岛的历史,指给他看从前热那亚和威尼斯的贵族宅第的废墟。我们的这个见证人说,土耳其人把这些领主杀了,真是罪有应得,因为他们对农民的敲诈勒索简直令人难以置信[202]。此外,威尼斯人在灾难降临的时刻感到乡村和城市的希腊人抛弃了他们。当1570年土耳其进攻尼科西亚时,"各种社会地位的居民……差不多都待在家里睡大觉"[203]。的确,在威尼斯人离开后，棉纱和原棉的出口都大大下降了，葡萄园荒芜得更厉害，以致威尼斯竟叫人去赎回酿酒用的珍贵的羊皮袋，因为这些东西在岛上已经毫无用处。但是，我们就因此应该说塞浦路斯衰落了吗？事实表明，土耳其的统治丝毫也不意味着岛民生活水平的下降[204]。

干地亚岛和科孚使人产生类似的想法。这里的情况和塞浦路斯一样。让我们想象一下人们为了栽培葡萄，也就是为了生产葡萄干和叫作马尔瓦西的葡萄酒怎样辛勤劳动。在科孚，葡萄树从山地和丘陵迁往平原，因为平原更易于耕种[205]。葡萄树赶走了小麦。但是，这些排他性的种植可能带来生产过剩和销售不畅的危机。1584 年，当局命令把干地亚的葡萄树拔掉，百姓的愤怒情绪可想而知。受害者甚至说，作为臣民，他们“看不出威尼斯和土耳其有什么区别”[206]。显然，这种“殖民”经济既有成功，也有失败。要把葡萄种植者、地主、水手、商人和远方的消费者结合起来，使整个体系能充分运转，必须具备多种条件。葡萄酒和葡萄的确是历史悠久、范围广大的贸易的对象。马尔瓦西葡萄酒甚至在英国也是受人喜爱的饮料，这种奢侈品在 16 世纪社会中的地位相当于今天的波尔图葡萄酒。班德洛在《短篇小说》中提到一个人，“他心情激动，神色沮丧，她便给他端来一杯马尔瓦西葡萄酒”。

单一耕作的最后一个例子是位于突尼斯海岸附近水域的杰尔巴岛。威尼斯所属各岛是葡萄酒的产地，杰尔巴岛则生产食油。在罗马时代，突尼斯大陆拥有广阔的油橄榄林。当这些树林在那里消失时，杰尔巴岛却保存着它的油橄榄林。至于原因如何，我们不很清楚。这笔保存下来的财富意味着甚至在 16 世纪杰尔巴岛在经济上仍很重要[207]。杰尔巴岛成了突尼斯和的黎波里之间盛产橄榄油的绿洲，这里一般说来，尤其是在南部，是盛产哈喇味黄油的地区。该岛所产橄榄油是一种优质油料，价格便宜，适于各种用途，甚至可以用来处理毛织品和棉纺织品。正如非洲人莱昂在16世纪初所说的那样，这种油易于输出，畅销国外。1590年以后，英格兰也来杰尔巴岛购买，到那时为止，一直由西班牙向它提供橄榄油。

在地理学家看来，杰尔巴岛不过是个地势很低的岛屿，河道的水位随海潮而涨落[208]。事件史只把杰尔巴岛看作是1510年、1520年和1560年发生的战斗的战场。然而，在最后的一次，也是最大的一次战斗中，橄榄油发挥了作用。当时基督教舰队停留在杰尔巴岛，没有向的黎波里挺进。这支舰队遭到了皮阿利帕夏的无敌舰队的攻击，虽然事先已获悉敌人的逼近。其原因是基督教舰队滞留在那里装运货物，特别是橄榄油。战争失败后，巡视官吉罗加的报告证实了这一点[209]。

但是，当这些大规模的活动并不强加一种破坏性太大的单一种植时，它们就成了岛上的主要财富，至少也能保证换回岛上生活必需品。这些活动使岛屿获得应有的声誉。伊维萨是盐岛；纳克索斯岛的盐和它“白而透明”的酒也同样有名；[210]厄尔巴是铁岛。是否还需要提一下洛梅利尼家族的世袭领地泰拜尔盖珊瑚岛（该岛负有多种使命，不但出口谷物、皮革，而且办理俘虏的赎买事宜），或者地处柏柏尔沿海的加利特岛的著名渔场，或者达尔马提亚的利埃塞纳岛的渔场呢？1588年的一份文献资料说，由于沙丁鱼群某天移向佩拉戈萨岸边，利埃塞纳岛突然丧失了渔场[211]。罗得岛位居要冲，无论在马耳他骑士团时代还是在1522年以后的土耳其占领时期，地理位置保证了它“对其他岛屿的统治和对整个地中海的控制”[212]……爱琴海各岛中，帕特莫斯岛因为没有其他特长，只是养着一群“除萨摩斯人以外最凶残的岛民”，因而他们全靠“抢劫基督教徒和土耳其人”维持生活[213]。

移居他乡的岛民

各个岛屿与外界混杂的最一般的方式是岛民移居他乡。所有的岛屿（如同所有的山地一样，而地中海的许多岛屿都是山地）都输出人口[214]。

关于希腊的移民问题，这里就不多说了，我们只是简单指出，移民涉及整个希腊群岛，其中包括大岛干地亚。可是，在16世纪，那里的人口外流未必达到科西嘉岛那样的规模，其特征也未必如科西嘉岛那么典型。相对而言，科西嘉岛资源贫乏，人口过多，岛民四出谋生。可以肯定，地中海发生的任何一件大事都有科西嘉的参与[215]。甚至在热那亚——令人憎恶的统治者——也有科西嘉人，因为人总得活下去，哪里能找到面包就去哪里谋生。在威尼斯，也有科西嘉人。早在15世纪，科西嘉人就去托斯卡纳的马雷马种地。到了16世纪，受热那亚人折磨、迫害的尼奥洛农民开垦热病流行的意大利土地，甚至撒丁岛，并往往在那里发财致富[216]。在罗马，科西嘉人也很多，有的在那里定居下来，经营牲口买卖[217]。他们的船只经常进出罗马的台伯河港口、奇维塔韦基亚和里窝那[218]。在阿尔及尔、科西嘉移民特别是科西嘉岬的居民，非常之多。热那亚的一份报告叙述道，桑比埃罗在他前往君士坦丁堡的那次戏剧性旅行途中，曾于1562年7月经过阿尔及尔城，他的同胞都赶到码头像欢迎他们的“国王”一样欢迎他[219]。桑比埃罗既然是热那亚的敌人,法国的朋友,又为他的同胞向素丹恳求援助,他能深得人心,受到同胞的爱戴,这是不言而喻的事。

在阿尔及尔的科西嘉人是些什么人呢?有些是苦役犯;另一些是水手和商人。他们在港口做买卖,有的就在这个城市定居。哈桑·科尔索后来不就成为阿尔及尔“国王”之一吗?1568 年间西班牙的一份报告提到[220],阿尔及尔共有 10000 名叛教者,其中 6000 名是科西嘉人。阿尔及尔还有很多科西嘉的中间商。热那亚的文献资料还证实他们善于充当赎买战俘的中间人。他们还是外国的非正式代理人。以弗朗西斯科·加斯帕罗·科尔索这位神秘人物为例,此人家住巴伦西亚,1569 年受巴伦西亚总督的派遣,到阿尔及尔定居。在格拉纳达战争的关键时刻,他同厄尔杰·阿里进行会谈,为西班牙国王谋求最大的利益,试图说服厄尔杰·阿里。此人使用的姓名相当怪僻,不像是个真名,但他究竟是谁呢?人们只知道他搭乘一艘双桅横帆船,装载获准运销的货物,即除西班牙法律禁止的“走私”商品以外的东西:盐、铁、硝石、火药、船桨、武器等等,来往于巴伦西亚和阿尔及尔之间。他有一个兄弟在阿尔及尔,一个或几个兄弟在马赛,还有一个在卡塔赫纳。他和他们之间的通信涉及整个西地中海。让我们补充这样一件事:一名西班牙战俘在阿尔及尔的监狱里,请一名公证人当面按照法律手续写下状纸,控告加斯帕罗·科尔索进行走私活动,控告他是个为双方服务的间谍[221]。此事关系不大,但可能把一切都搞糊涂。我们且不必去弄清这个小问题,但不妨记住,这个令人惊奇的科西嘉家族分散在地中海四周。

另外一些科西嘉人住在君士坦丁堡、塞维利亚和巴伦西亚。但是，无论在16世纪还是在今天，他们喜爱的城市是马赛。如果我们掌握的文献资料靠得住，至少马赛港周围，几乎有一半居民是科西嘉人[222]。

在移民问题上，责任不能完全推到科西嘉的统治者热那亚身上，但也不能说它没有丝毫责任。在16世纪，科西嘉人忍受不了热那亚的统治，这是明显的事实。把一切罪恶都归咎于法国的阴谋和瓦卢瓦王朝的黄金，这种判断不管是否合理和公正，至少也是没有说服力的。我们绝不想否认科西嘉和法国之间的联系，也不想否认二者有许多一致的观点，不断互派密使和三桅战船，互运火药甚至金钱。法国在科西嘉所干的事，科西默·德·梅迪奇也全都干了，而且更加持之以恒，使用的手段更多，但效果却没有法国那样理想。法国的政策之所以容易鼓动科西嘉山民起事（这是我们讨论的重点，并由此进入主题），主要不是依靠什么周密的筹划，而且因为在土地辽阔的法国和人口稠密的科西嘉之间有着生死攸关的联系。法国作为最广阔、最有前途的垦殖区，对科西嘉的移民敞开大门，而意大利本身因人口过多，反而把科西嘉视为供自己使用的殖民地。

对科西嘉人来说，还有另一个好处，即可以得到法国国王在海上的有效保护。科西嘉人定居马赛后，就成了法国国王的臣民，并以这样的身份在15世纪70年代以后促进马赛城的兴旺。17世纪，在面对泰拜尔盖岛——该岛属热那亚的洛梅利尼家族所有——的法兰西城堡一带，就有科西嘉人居住，一份科西嘉文献资料称这里是“保护法国人不受柏柏尔侵犯的海岸”[223]。奇怪的是，在这条珊瑚环列的海岸线上，科西嘉人又遇到了他们的死对头，即以泰拜尔盖城堡为代表的热那亚统治者。桑松·纳波隆1633年5月就在攻打这座城堡中丧生。

不被大海包围的岛屿

在地中海世界中，地区分割极其严重；陆地留下大片的空白，没有被人占据，更不用说海上了。除了真正的岛屿外，还有一些地区也是与世隔绝的世界，例如希腊半岛——望文生义，半岛几乎是岛——以及群山阻隔、除了大海别无出路的其他地区。那不勒斯王国北与罗马接壤，那里的崇山峻岭形成一道屏障，在这个意义上，难道不就是一个岛吗？我们的教科书里还提到，在大西洋、地中海、西尔特海和撒哈拉沙漠之间有一个马格里布“岛”（Djeziratel Moghreb），即“日落之岛”。正如埃米尔·费利克斯·戈蒂埃所指出的，那是个变化无常的世界。

伦巴第地区夹在阿尔卑斯山和亚平宁山之间，一侧是皮埃蒙特的田野，另一侧是半拜占庭化的威尼斯地区，根据这个特点，人们可以说它是个大陆岛。人们可以稍微夸大地说，葡萄牙、安达卢西亚、巴伦西亚、加泰罗尼亚就像一系列外围岛屿，通过卡斯蒂利亚同伊比利亚结合在一起。请看，面对大海的加泰罗尼亚何等迅速地随着历史风向的转变而转变。它时而转向法国（先是在加洛林王朝时期，后来又在行吟诗人的崇尚爱情的时代）；时而转向地中海（在13、14和15世纪）；最后在18世纪转向伊比利亚半岛上落后的和尚未工业化的地区……至于西班牙本身，莫里斯·勒让德尔竟称之为半岛，以此表明西班牙对外隔绝、不受外界影响的特性。

往东，在地中海的另一端，叙利亚这个在大海和沙漠之间的驿站，也是一个岛屿。人、技术、强权、文明和宗教，一切都以叙利亚为起点，向四面八方传播。与此同时，叙利亚还在地中海世界推广拼音字母、玻璃制造、紫红色染布以及腓尼基人时代早作制的秘密。叙利亚先为罗马后为拜占庭造就了帝王；它依靠其大船曾经称雄腓尼基海，成为地中海历史上第一个，或者几乎是第一个霸主。最后在1516年，如同在634年时情况一样，由于伊斯兰教（7世纪的阿拉伯人，16世纪的土耳其人）在其扩张过程中占领了叙利亚这一战略要地，伊斯兰一下便登上了地中海历史的大舞台。

毫无疑问，我们这里使用的岛屿定义范围过宽。但是，这有助于说明问题。虽然地中海各地区之间被山水相隔[224]，相隔的距离达几天的陆路或水路路程，地区之间仍有来往，游牧活动更为往来提供了方便条件。但是，相互间的抵触犹如放电现象一样，猛烈而又时断时续。岛屿的历史像某些放大了的图片，最能清楚地说明整个地中海的生活。人们据此可以较清楚地了解，地中海的每个地区在人种、宗教、风俗和文明极为混杂的情况下，何以都能保持其无法改变的特性和浓郁的地方风情。

半　岛

海洋生活不仅直接带动七零八碎的岛屿和细长的沿海地带，而且在大陆深处激起反响。面对大海的地区，特别是半岛的大片陆地，不难同海洋生活融为一体。由于海域和陆地交叉穿插，半岛周围形成极长的海岸线。每个半岛都是一块独立的大陆。伊比利亚半岛、意大利、巴尔干半岛、小亚细亚和北非无不如此。后者似乎难以脱离非洲大陆的牵掣,但辽阔的撒哈拉却把它同大陆整体分隔。泰奥巴尔德·菲舍尔认为,“伊比利亚自成一个小天地”。这个说法适用于其他半岛,它们彼此相似,由同样的材料构成:高山、高原、平原、蜿蜒曲折的海岸和成群的岛屿。因此,它们的自然风光和生活方式也具有某些共同点。提到地中海、地中海的气候和地中海的天空,一些光彩夺目的画面就展现在我们的面前。这些画面都和大片的陆地相关。这些陆地或多或少,但毫无例外,都和大海牵连。西方的旅行家正是通过这些地方,特别是通过意大利和西班牙,和地中海经常接触。在今天,如果我们仍然先入为主地只看到这些得天独厚的世界,似乎整个地中海就只是这些地方,这无疑是错误的。认为地中海以半岛为主,这并不错。认为半岛是地中海的全部,那就错了。

半岛和半岛总是由一些彼此很不相同的中间地带相衔接。在利翁海湾,是下朗格多克和下罗讷河河谷,地势像荷兰一样低洼;在亚得里亚海,是下埃米利亚和威尼斯地区;往东,在黑海北部,是从多瑙河三角洲到高加索终端的开阔的、裸露的地区;最后,再往南,有一条漫长的、难以靠近的海岸,从南叙利亚延伸到突尼斯的加贝斯和杰尔巴。这条狭长贫瘠的海岸线是另一个世界面对地中海的一个密封橱窗。

尽管如此,半岛仍然是地中海地区人力资源最丰富、潜力最大的部分。它们是领导历史潮流的决定性因素,它们先积蓄力量,然后毫不吝惜地轮流使用这些力量。米什莱形象地把法兰西比作历史人物,这些半岛几乎也就是人物,是一些不同程度地意识到自身使命的人物。半岛的统一性是显而易见的。但是,它们并没有瓦卢瓦王朝统治下的法国的那种整体性和自信心,更没有法国在危机时期的那种政治激情和民族激情。举例来说,1540年,当主张和哈布斯堡家族合作的蒙莫朗西被赶下台时,情况就是如此[225];1570年到1572年间,在被圣巴托罗缪节大屠杀所打断、但并未完全解决的那次长时期的危机中,情况也是如此。在16世纪末导致亨利四世取得惊人成就的另一次危机中,情况更是如此。

但是,这些半岛的统一性带有天然的特征,也许不像法国的人为的统一性那样需要由人的激情所促成。

然则,仍然有明显的西班牙民族主义。正是在这种民族主义的驱使下,人们在1559年把菲利普二世身边的非西班牙籍谋士统统从主要职位上赶走。正是这种民族主义使人们对当时的法国人怀有以下的成见:法国人永远不可相信;法国人好争吵,爱吹毛求疵,一遇挫折就泄气,而在失败或让步后,又竭力要卷土重来。但是,这种西班牙民族主义远非清一色的,或者广泛地表现出来的。只是随着国势的不断强盛,西班牙民族主义才逐渐显露出来,并且和帝国的迷梦联系在一起。以这种混合形式表现出来的西班牙民族主义,不是在查理五世或者菲利普二世这些创业者的时代,而是迟至17世纪,当帝国日趋衰落,即在“环球”国王菲利普四世和他的谋士奥利瓦雷斯大公的时代,在贝拉斯克斯、洛普·德·韦加和卡尔德隆的时代,才充分发展起来。

意大利的整体性不如西班牙。但是，那里也显露出无可否认的民族主义，至少显露出一种对意大利精神的自豪感。每个意大利人都相信自己属于最文明的世界，有着最光辉的过去。至于当代，难道它是那么可悲吗？班德洛在他的一篇小说的开头写道："人们整天唠叨说西班牙人和葡萄牙人发现了新大陆，但首先是我们意大利人为他们开辟了道路。"[226]历史学家迪·托科指出，在卡托—康布雷锡条约签订和西班牙人因而取得彻底胜利后，意大利半岛丧失了自由，使意大利（尚未形成统一国家）爱国者产生了强烈的不满和愤怒[227]。怎能忘记这样多的统一的梦想，怎能忘记马基雅弗里的呐喊、呼号，怎能忘记把自己亲身经历的岁月写下一部意大利历史的圭恰迪尼？[228]这些迹象尽管东鳞西爪，却肯定都是意大利的民族主义和统一性的标记。

托斯卡纳语的普及是另一个迹象，而且是更加重要的迹象（政治不是整体性的主要表现形式）。卡斯蒂利亚语16世纪在整个伊比利亚半岛的推广也同样说明问题。从查理五世时代起，卡斯蒂利亚语变成了阿拉贡作家使用的文学语言。与菲利普二世同时代的一个阿拉贡贵族，就用卡斯蒂利亚语写他的家庭日记账[229]。在卡莫恩斯这一伟大时代，卡斯蒂利亚语甚至进入里斯本的文学界，同时又被整个西班牙上层阶级所采用。卡斯蒂利亚的文学题材、宗教题材和崇拜偶像也都跟着被采用。说来奇怪，马德里的农民圣徒——圣伊西多尔——竟取代了加泰罗尼亚农民历来虔信的圣徒——很多教友会的主保、圣徒圣阿布栋和圣塞讷。古老的教堂里虽然供着这两位圣徒的塑像，但在17世纪，加泰罗尼亚农民抛弃了他们，转而崇拜圣伊西多尔[230]。

人们因此注意到，在地理障碍的保护下，半岛的历史地域具有整体性。其实，这些障碍既不是不可逾越的，也并不如拉蒙·费尔南德斯曾经想象的那样，在西班牙边境形成一道“电网”。这种边界从来没有存在过，无论在比利牛斯山，在阿尔卑斯山，在多瑙河沿岸，在巴尔干山，在亚美尼亚山区——一个可说是道路纵横、人种混杂的地区——或者在位于北非南部的陶鲁斯山、阿特拉斯山和撒哈拉沙漠，都从没有存在过。但是，有一点可以肯定：在与半岛截然隔离的方向，大陆边沿布满障碍，妨碍了交流和来往。这一点很重要。奥古斯丁·勒诺代在引用梅特涅的名言时指出，16 世纪瓜剖豆分、轮廓模糊（例如在皮埃蒙特这一边）的意大利仅仅是一种地理表现[231]。难道仅仅是地理表现吗？这是由相同的重大事件编织而成的历史整体画。在某种意义上说，这些事件受着地理空间的束缚，总是撞上这个空间界限的障碍，而始终越不过去。

在焦阿基诺·沃尔佩看来，这或多或少就是意大利的统一性的含义。对伊比利亚半岛也可以这样说。穆斯林的征服和复地运动这场历史剧，在整整七个世纪内，作为半岛的生活中心，始终在半岛境内演出。伊比利亚因此基本实现了统一，并且能够改造从外部借来的事物；它从欧洲接受了哥特式建筑，但用巴洛克花饰和摩尔艺术加以美化，接着又从巴洛克式建筑向西班牙化巴洛克风格转化。北非的情形也是如此；虽然被伊斯兰所侵占，北非却赋予伊斯兰特有的色彩，逐渐被穆斯林隐士“非伊斯兰化、非东方化和柏柏尔化”[232]。

由于高山阻隔，每个半岛都成为天各一方的世外之地，具有鲜明的个性、独自的趣味、独特的乡音[233]。

每当某个半岛在政治上实现了统一，这就意味着某种重大变化将要发生。请看古代马其顿人统一希腊或者古罗马统一意大利带来的结果。16 世纪初，天主教国王们奠定了西班牙的统一。这在当时是一股爆炸性的力量。

因为，虽然在面对大陆——欧洲大陆、亚洲大陆和非洲大陆——的方向，半岛多半处于封闭状态，它们对海洋却是敞开大门的。半岛强大时，就具有侵略性；一旦无力自卫，就被人占领。

半岛往往成双结对地生活，原因难道就在这里吗？意大利在古罗马时代曾经控制了大海，实现了对所有半岛的统治，但这毕竟是个例外。一个半岛征服另一个半岛，通常没有这么大的规模，一般就像是两船相撞而已。例如，小亚细亚在 14 世纪末和 15 世纪初夺取辽阔的巴尔干半岛，为土耳其的大规模征服开辟了道路，就是这种情形。又如公元 8 世纪初，北非对伊比利亚半岛的攻击，进程更加迅速。于是，在长短不一的各个时期里，形成了上面所说的两个大陆的结合：拜占庭时期以及土耳其帝国时期的安纳托利亚和巴尔干半岛、中世纪的北非和邻近的伊比利亚半岛。北非和伊比利亚半岛的结合虽然牢固[234]，但是，1492 年的决裂使二者的关系在几个世纪内遭受损害。这种结合取得了十分丰硕的成果，因而从未完全解体……在本书所研究的 16 世纪，发生过两次这样的“两船相撞”。一次在西班牙和意大利之间，尽管两个半岛被西地中海隔开，并且曾多次发生冲突，它们于 1559 年结成了同盟，并延续了一个多世纪之久[235]。另一次在巴尔干半岛和北非之间。北非

是一艘长期没有主人的船。我们知道，土耳其人只占有北非的一半。

半岛与半岛的这些组合和分解概括了地中海的历史。各个半岛世界时而被人征服，时而征服别人。它们在蛰伏期间准备未来的爆炸。在8世纪柏柏尔人征服西班牙之前，马格里布人口激增。在这很久之后，在土耳其人征服巴尔干半岛之前，我们同样可以看到，小亚细亚也逐渐出现人口过剩。那里似乎正在实现从游牧生活到半定居生活的转变。单单这种转变本身就很说明问题。相反，一切征服都造成人员伤亡。古罗马征服地中海各地之时，正是意大利人口下降之日。

政治上的领先地位从一个半岛转移到另一个半岛。经济、文明等方面的领先地位也跟着转移。但是，这些转移并不是同时进行的，一个半岛很少能同时在各方面独占鳌头。所以不可能排列出这些正在演变中的半岛世界的先后名次。一些半岛比另一些半岛更强大、更耀目、更发达吗？这个问题很难回答。马格里布也并不像埃米尔-费利克斯·戈蒂埃在他的书中所描述的那样永远落后。它也曾有过光辉的时期，甚至领先的时期。迦太基的地位不容轻视。公元8世纪征服了西班牙，9世纪征服了西西里，10世纪征服了埃及，这难道是微不足道的吗？在精神方面，阿普雷乌斯和圣奥古斯丁时代的北非，是基督教会和拉丁文化的最大的支柱。意大利当时远没有北非那样富有[236]。

在马耳他进行了重要的考古发掘后不久，L. M. 乌戈利尼提出了一个假设[237]。他认为地中海的文明，并不像人们所想的那样产生于东方，而是产生于西方，产生于西班牙和北非，时间在公元前两千年。文明可能是从西班牙和北非传到意大利和东方的。后来，而且也仅仅在后来，文明才转身向西方运动。即使这条假设的传播路线并不正确，我们还是乐于想象，在这场沿着海岸和海路进行的接力赛中，火炬从一个岛屿传到另一个岛屿，从一个半岛传到另一个半岛。在间隔几个世纪或几千年之后，火炬又回到了原来的老地方。但是，这已经不是从前的火炬了……

这一切都是幻想吗？然而，在过去的漫漫长夜里，一条多少带有强制性的物理法则起了作用。海上生活这股动力总是首先抓住最无足轻重的、最不起眼的小片地块（一些岛屿和滨海的小片地区），带着这些地块，不断滚动，就像北方各海的潮水带着海滩上的卵石滚动一样。人们能够想象出这个情景，而且这是十分可能的[238]。整个地中海的生活如果变得更加强劲有力，就能带动像半岛这些更重的物体。那时候，大海的历史就用更强硬的语气说话……当海上生活把整块的大陆吸引过来时：恺撒征服高卢，格马尼库斯越过易北河，亚历山大抵达印度河，阿拉伯人远届中国，摩洛哥人进逼尼日尔河……便是地中海的峥嵘岁月。

在这些伟大的历史时刻，地中海漫无边际地扩大其影响。地中海的范围一直扩展到哪里为止呢？这是一个本身难以回答的有争议的问题。如果真要阐明地中海的命运和历史，这可能是我们应该提出的根本问题。

原书本部分注释

1. Éric de BISSCHOP, *Au delà des horizons lointains*, I, Paris, 1939,

p. 344. Pour reprendre un mot de CERVANTES: "*navegando de tierra a tierra con intencion de no engolfarnos*", *Nouvelles exemplaires*, I, 254. Il s'agit d'un voyage de Gênes en Espagne.

2. Pierre Martyr au comte de Tendilla et à l'archevêque de Grenade, Alexandrie d'Égypte, 8 janvier 1502(lettre n° 231) republiée par Luis GARCIA Y GARCIA, *Una embajada de los Reyes Católicos a Egipto*, 1947, p. 55, note.

3. *Costeggiare*, côtoyer, c'est aussi aller prudemment: le doge de Venise conseille au duc de Ferrare d'aller "*costegiando*", A. d. S. Modène, Venezia 77 IX, f° 43, J. Tebldi au duc, Venise, 29 avril 1526. Le contraire, aller tout droit, c'est s'engoulfer, aller "*a camin francese*". Le Capitaine Général de la Mer, Tommaso Contarini, écrit de Corfou, le 10 juillet 1558: "*... La notte, si comme le scrissi, levatomi me ne venni qui a camin francese, senza tochar alcun loco...*" A. d. S. Venise, Proveditori da Terra e da Mar, 1078. Autre expression, mais moins précise: *venire de lungo*. A. d. S. Venise, Senato Mar 19, f°34, 28 décembre 1517, des navires de blé, chargés à Chypre... "*sono venute de longo a Venetia senza tocar Corphú*". L'expression espagnole *a largo mar*, *CODOIN* LV, p. 8(1628).

4. Arch. de Raguse, référence exacte égarée. Voyez Bertrand de LA BORDERIE, *Le Discours du Voyage de Constantinople*, Lyon 1542 p. 6; BELON DU MANS(*op. cit.*, p. 85) passe si près de la Pointe de Magnésie "que nous eussions peu jetter une pierre de nostre navire jusques en terre". Navires prisonniers de la côte *Saco de Gibraltar*, pp. 134, 136.

5. J. de BARROS, *Da Asia*, *Dec.*, I, livre IV, ch, XI(édition A. Baião, p. 160): "*jantando em un porto e ceando em outro*".

6. Damião PERES, *História de Portugal*, 1928—1933, IV, p. 214; Thomé CANO, *Arte para fabricar... naos de guerra y merchante...* Séville, 1611, p. 5 v°. Escalante de Mendoza, 1575, fait la distinction entre les "*marineros de costa y derrota y otros de alta mar*". Ne sont marins de haute mer ni ceux qui na-viguent de Biscaye en France..., ni ceux qui vont "vers tout le Levant"; Henri LAPEYRE, *Une famille de marchands: les Ruiz*, 1955, p. 194.

7. *Op. cit.*, p. 25.

8. Cf. Le voyage des archiducs Rodolphe et Ernest(E. MAYER—LOEW-

ENSCHWERDT. Der *Aufenthalt der Erzherzöge R. und E. in Spanien*, 1564—1571, Vienne, 1927), ou celui du cardinal Camillo Borghese (A. MOREL FATIO, *L'Espagne au XVI*e *et au XVII*e*siècle*, 1878, pp. 160—169) qui, en 1594, s'arrête ainsi à Livourne, Savone, Palamos, Barcelone "costegiando la riviera di Catalogna". Marie de Médicis met 22 jours, de Livourne à Marseille, 13 octobre—3 novembre 1600, Agrippa d'AUBIGNÉ, *Histoire Universelle*, édit. pour la *Société de l'Histoire de France* par A. de Ruble, 1886—1897, IX, pp. 338—339.

9. La Prevesa, Lépante... Mais aussi la Hougue, Aboukir, Trafalgar. N'est-ce qu'aujourd'hui que la guerre se perdrait au milieu des océans? R. LA BRUYÈRE, *Le drame du Pacifique*, 1943, p. 160.

10. Paul MASSON, *Histoire du commerce français dans le Levant au XVII*e*siècle*, 1896, pp. 487—488. C'est la vieille route marseillaise avec cette différence qu'au XIIIe siècle, un petit nombre de navires seulement gagnaient la Syrie à partir de Messine, sans y faire relâche.

11. BELON DU MANS, *op. cit.*, p. 81 v° et *sq.*

12. Ugo TUCCI, "Sur la pratique vénitienne de la navigation au XVIe siècle", in: *Annales E. S. C.*, 1958, pp. 72—86.

13. Simancas E° 1392, Figueroa au Roi, Gênes, 30 avr. 1563: le duc de Monaco a arrêté trois *escorchapines* qui venaient de Tortosa, chargés de laine, parce qu'ils n'avaient pas payé le droit au passage. Les marchandises étaient destinées à des négociants espagnols de Florence. Le duc prétend que son privilège a été confirmé par Charles-Quint. A. d. S., Genova, L. M. Spagna, 10—2419: une galère savoyarde a pris (oct. 1588) dans la rivière même de Gênes, à un mille des terres, des barques chargées d'huile, parce qu'elles n'avaient pas payé le droit de Villefranche. Sur le droit de Villefranche, qui remonte à 1558, voir Paul MASSON, *Histoire du commerce français dans le Levant au XVII*e*siècle*, 1896, pp. 72—73 et *Histoire du commerce français dans le Levant au XVIII*e *siècle*, 1911, pp. 192—193; *C. S. P.* VII, p. 229, 25 juin 1560; A. N., Marine B31; Gênes, Manoscritti n° 63, 1593; A. d. S. Florence, Mediceo 2842, 11 août 1593; A. N., Affaires Étrangères B1, 511 Gênes, 17 juin 1670; *Lettres de Henri IV*, VI p. 126.

14. La seule possession de Piombino (on sait que Piombino, État seigneurial indépendant, sera occupé par Cosme de Médicis de 1548 à 1557) est

considérée comme capable de rompre la navigation d'Italie. Il est vrai que Piombino, au cas où Gênes échapperait à l'Espagne, est le seul port apte à la liaison Espagne-Italie: Livourne n'est pas un bon port, Monaco est "*poco capaz*" (Instruction de J. de Vega à Pedro de Marquina, BUSCHBELL, *art. cit.*, p. 338, sept. 1545). Sur Piombino, Arch. Hist. Nacional, Madrid, n° du catalogue 2719, énorme documentation. H. Lippomano au doge (A. d. S. Venise), Madrid, 26 janvier 1587: le grand-duc de Toscane offrirait un million d'or pour les présides, voire pour un seul d'entre eux. Philippe II n'y veut consentir: "*perché tra le altre cose non haverebbe dalle parte di Catalogna et da tutte le rive di Spagna fino a Napoli alcun porto di conto...*"

15. Richard EHRENBERG, *Das Zeitalter der Fugger*, 1922, I, 373, Paul HERRE, *Weltgeschichte am Mittelmeer*, 1930, pp. 229—231.

16. P. GAFFAREL, *Histoire du Brésil français au XVI*[e] *siècle*, 1878, pp. 100—101.

17. A. d. S. Venise, H° Lippomano au doge, Madrid, 19 novembre 1586.

18. A. d. S. Florence, Mediceo 2079, fos 337 et 365. Les naves sont italiennes probablement. Voyage en droiture du Brésil à Livourne, mais, sembletil, d'un navire portugais, Mediceo 2080, 29 nov. 1581. Mention aussi d'une nave envoyée "alle Indie" par le grand—duc Ferdinand pour y découvrir des terres nouvelles, à la date de 1609, *in*: BALDINUCCI, *Giornale di ricordi*, Bibliothèque Marciana, VI, XCIV. Y a-t-il erreur d'une année? Le grand-duc Ferdinand d'accord avec les Hollandais pour coloniser une partie du Brésil au début du XVIIe siècle, Giuseppe Gino GUARNIERI, *Un audace impresa marittima di Ferdinando I dei Medici, con documenti e glossario indocaraibico...* Pise, 1928, p. 24 notes.

19. J. CVIJIC, *La péninsule balkanique*, 1918, p. 377.

20. Édouard PETIT, *André Doria, un amiral condottiere au XVI*[e] *siècle, 1466—1560*, 1887, p. 175; BELON écrit bien, *op. cit.*, p. 92, 《Les anciens avaient de plus grandes difficultés dans leurs navigations que nous n'en avons maintenant... et le plus souvent ils ne perdaient point la terre de vue. Mais maintenant que tout le monde a connu la vertu de la pierre de l'Aimant la navigation est facile》. Et il signale l'usage que les corsaires font de la pierre d'aimant. Mais justement les corsaires n'ont-ils pas besoin d'aller au large, de

fondre du large? La boussole serait arrivée de Chine en Méditerranée au XIIe siècle. Mais est-ce sûr?

F. C. LANE, "The Economic Meaning of the Invention of the compass", in: *The American Historical Review*, vol. LXVIII, n° 3, avril 1963, p. 615.

21. Les remarques de Bisschop, *op. cit.*, p. 332, sur la côte aride et revêche de l'Espagne méditerranéenne. La note de Siegfried, *op. cit.*, p. 319, sur les côtes sèches et souvent désertes de la Méditerranée. Remarques de R. Recouly, *Ombre et soleil d'Espagne*, 1934, p. 174; des centaines de kilomètres sans apercevoir ni villages. Côtes désertes, mais aussi sans abri. Ainsi la côte d'Espagne, du cap de Palos au cap de Salon, n'a d'abris, en dehors de Valence et Alicante, que contre les vents de tenne (*Instructions Nautiques*, n°345, p. 96). Sur *toute* la côte espagnole de Méditerranée, pas d'abri naturel contre les vents du large (*ibid.*, p. 1). Côtes montagneuses et dénudées de Provence, Honré Bouche, *Chorographie, ou des descriptions de la Provence...*, 1664, p. 18.

22. Richard HENNIG, *Terrce Incognitce*, 2e éd., 1953, III, p. 261.

23. João de BARROS, *Da Asia*, Déc. I, livre I, chap. 2, Venise, 1551, p. 7.

24. Georg FRIEDERICI, *Der Charakter der Entdeckung und Eroberung Amerikas durch die Europäer*, 1936, II, p. 23.

25. Vitorino MAGALHAÊS-GODINHO, *L'Economie de l'Empire portugais aux XVe et XVIe siècles. L'or et le poivre. Route de Guinée et route du poivre*, Paris, 1958, Thèse dacylographiée, Sorbonne, p. XLVIII et *sq.*

26. Y. M. GOBLET, *Le Temps*, 30 avril 1938.

27. Les barques multicolores de L'Égée, à pavois relevés (W. HELWIG, *Braconniers de la mer en Grèce*, trad. fse, 1942, p. 133). Dans la mer des Baléares, aujourd'hui encore, les fines goélettes porteuses d'oranges, R. RECOULY, ***op. cit.***, p. 179.

28. Emmanuel GRÉVIN, *Djerba l'ile heureuse et le Sud Tunisien*, 1937, p. 35.

29. Théophile GAUTIER, in: *Voyage à Constantinople*, 1853, p. 36. Voyez le spectacle actuel du port de Cavalla (M. N. Kawalla die Stadt am weis sen Meer, *Kölnische Zeitung*, 16 juillet 1942): les voiliers chargés de tabac,

d'olives, de calmars desséchés...

30. Cdt. A. THOMAZI, *Histoire de la Navigation*, 1941, p. 23.

31. Pour des descriptions particulières, cf. sur la baie de Naples, *Instructions Nautiques*, n° 368. p. 131; sur le golfe de Volo, aux iles innombrables, HELWIG, *op. cit.*, p. 16; sur le golfe de Quarnero. H. HOCHHOLZER, "Die Küsten der Adria als Kultur-Siedlungs-und Wirtschaftsbereich" in: *Geogr. Zeitsch.*, 1932.

32. Dolu à l'évêque de Dax, Constantinople, 18 févr. 1561, E. CHARRIÈRE, *op. cit.*, II pp. 650—652: au sujet d'incursions moscovites contre la Tana. Les Moscovites profitent de ce que les rivières sont gelées. Ils se retirent chez eux au printemps (cf. *Ibid.*, pp. 647—648et 671—672, 5 févr. et 30 août). Pour les pirateries par mer des Russes, une indication en 1608: Avisos de Constantinople, 12 juin 1608. A. N., K 1679. Le Pacha de la Mer a songé à envoyer contre eux des galères, mais des galères, lui diton, ne peuvent rien contre ces bateaux légers. Il vaut mieux envoyer contre eux des "*caiches que son barcos medianos*" En 1622, incursions en mer Noire de Cosaques au service de la Pologne, sac de Caffa "capitale du Tartare", Naples, *Storia Patria*, XXVIII, B II, f°s 230 et 230 v°; 1664, J. B. TAVERNIER, *op. cit.*, p. 274.

33. La Mingrélie, note TAVERNIER(*op. cit.*, I. p. 275) en 1664, est toujours en bons rapports avec la Turquie "parce que la plus grande partie du fer et de l'acier qui se consomme dans la Turquie vient de Mingrélie par la mer Noire"...

34. BELON DU MANS, *op. cit.*, p. 163.

35. "Ceste furieuse mer là...", 19 mai 1579, E. CHARRIÈRE, *op. cit.*, III, p. 799. Les navires de la mer Noire sont souvent mal lestés. Cf., à propos du naufrage d'un navire chargé de planches, TOTT, *Mémoires*, *op. cit.*, II, p. 108.

36. Avis de Constantinople 17, 18, 24 oct. 1575, Simancas E° 1334.

37. La mer Noire a été ouverte aux Italiens vers 1265, par la décadence politique de Byzance: G. BRATLANU. *Etudes byzantines*, 1939, p. 159.

38. A. PHILIPPSON, "Das Byzantinische Reich als geographische Erscheinung", in: *Geogr. Zeitschrift*, 1934, p. 448.

39. I. NISTOR, *Handel und Wandel in der Moldau*, 1912, p. 23.

40. C'est une grosse question que ce commerce occidental dans la mer Noire. Pour le commerce de Raguse, voir *infra*, pp. 291—292. De temps à autre, Venise aura encore poussé des navires jusqu'en mer Noire (H. F° au doge, Péra, 25 mai 1561, A. d. S. Venise, Sen° Secreta, Const., Fza 3C. Il s'agit d'une petite nave vénitienne partie pour la Mingrélie). A noter (A. d. S., Florence, Mediceo 4274) que, dans le projet de capitulation entre Florence et Constantinople, les Florentins demandent la libre navigation en mer Noire, 1577.

41. G. I. BRATIANU, "La mer Noire, plaque tournante du trafic international à la fin du Moyen Age", in: *Revue du Sud-Est Européen*, 1944, pp. 36—69.

42. CF. infra, II, pp. 356—357. Sur la grosse question du canal du Don à la Volga, voir les antécédents J. MAZZEI, *Politica doganale differenziale*, 1931, p. 40 et mieux encore W. E. D. ALLEN, *Problems of Turkish Power in the Sixteenth Century*, 1963, p. 22 et *sq*.

43. J. W. ZINKEISEN, *Geschichte des osmanischen Reiches in Europa*, 1840—1863, III, et *sq*.

44. Robers MANTRAN, *Istanbul dans la seconde moitié du XVIIe siècle*, 1963, énumère les types de bateaux turcs aux noms reconnaissables: firkata (frégate), zaïka (saïque ou caïque), kalyon (galion), p. 318, note 2; fautil distinguer le *saïque*, bateau grec par excellence porteur de blé dans l'Égée et la Marmara, du *caramusali*, *Haramürsel*, dans la seule mer de Marmara, 《du nom du port voisin d'Izmit (Nicomédie) où on le construit》, pp. 488—489: bateau à demi ponté, avec trois voiles et des rames? Les textes occidentaux ne sont pas d'accord...

45. *Casa Grande e senzala*, Rio de Janeiro, 5° édit. 1946, I, p. 88; Paul ACHARD, La vie *extraordinaire des fréres Barberousse*, *op. cit.*, p. 53.

46. Gonzalo de REPARAZ, *Geografia y politica*, Barcelone, 1929, passim.

47. E.-F. GAUTIER, *Les siècles obscurs du Maghreb*, 1927, p. 280.

48. D'après les documents de la série Estado Castilla, à Simancas. Cf. ***infra***, II, pp. 186—187.

49. 14 mars 1565, Simancas E° 146.

50. R. RICARD,《Les Portugais au Maroc》, in: *Bulletin de l'Ass. Guillaume Budé*, juill. 1937, p. 26.

51. D. de HAEDO, *Topographia...*, *op. cit.*, p. 19 v°.

52. F. BRAUDEL et R. ROMANO, *Navires et marchandises à l'entrée du port de Livourne*, 1547—1611, 1951, p. 45.

53. *Ibid.*, p. 45.

54. J. DENUCÉ, *L'Afrique au* XVIe *siècle et le commerce anversois*, 1937, p. 12.

55. Philippe II à l'Adelantado de Castille, S. Lorenzo, 4 septembre 1594, Simancas E° Castilla 171, f° 107, a su que l'Adelantado, qui est avec ses navires à Ceuta, a l'intention de nettoyer la côte jusqu'au Cap San Vicente, qu'il aille jusqu'a Lisbonne.

56. USTARIZ, *op. cit.*, pp. 260—261(1724).

57. A. d. S. Venise, Alvise Correr au Doge, Madrid, 28 avril 1621. Réussite très difficile, note le Vénitien "vu la grande distance d'une rive à l'autre du détroit".

58. Xavier A. FLORES, *Le "Peso Politico de todo el mundo" d'Anthony Sherley*, 1963, p. 176.

59. *Ibid.*, p. 111.

60. A. d. S. Venise, H° Lippomano au doge, Madrid, 19 novembre 1586, sur le passage d'Amurat, roi corsaire d'Alger "par une nuit obscure".

61. R. B. MERRIMAN, *TheRiseoftheSpanishEmpire*, 1934, IV, p. 248, 434. Est-ce la faute des Aragonais, trop occupés de leurs petites affaires, comme le soutient R. KONETZKE, *op. cit.*, p. 148? Sur ce point, je ne le suivrai pas volontiers.

62. Giovanni LIVI, *La Corsica e Cosimo dei Medici*, Florence, 1885.

63. A. d. S. Florence, Mediceo, 2080.

64. Jean DELUMEAU, *Vie économique et sociale de Rome dans la seconde moitié du XVIe siècle*, I. 1957, p. 128.

65. Danilo PRESOTTO, "*Venuta Terra*" *et* "*Venuta Mare*" *nel biennio* 1605—1606, thèse dactylographiée, Faculté d'Économie et Commerce de Gênes, 1964, p. 31 et *sq.*

66. Giovanni REBORA, *Prime ricerche sulla* "*Gabella Caratorum Sexagintamaris*" dactylographiée, Faculté d'Économie et Commerce de Gênes,

1964,p. 31.

67. Danilo PRESOTTO,*op. cit.* ,p. 53.

68. A. d. S. Florence,Mediceo,2080.

69. *Principes de géographie humaine* ,p. 265.

70. Voir *infra*,p. 274.

71. Jacques HEERS,*Gênes au XV*[e] *siècle*,1961,p. 275.

72. *Mémoires de Messire Philippe de Comines,augmentés par M. l'abbé Lenglet du Fresnay*,éd Londres et Paris,1747,IV,p. 103. Les naves jaugent 2,100 et 1,750 tonnes,au maximum,et sans doute 1,500 et 1,250.

73. Mapa del mar Adriatico, 1568, Sim. E°540. Énorme littérature à cesujet: cf. les quelques lignes de LE DANOIS, *op. cit.* , p. 107; de A. PHILIPPSON, *op. cit.* , pp. 40—41; de J: BOUCARD, sur "L'histoire récente de l'Adriatique", in: *C. R. S. de la Soc. géologique de France*, n° 5, mars 1925. Prenons à H. HOCHHOLZER, *art. cit.* , *in*: *Geogr. Zeitschrift*, 1932, pp. 93—97, ces quelques mesures précises: de Venise au détroit d'Otrante, l'Adriatique compte 700 km; sa superficie—140, 000 km^2 —est ainsi d'un sixième seulement plus étendue que celle du golfe de Finlande. Réduite à un cercle, elle aurait 492 km de diamètre. Ses côtes continentales et insulaires mesurent respectivement 3,887 et 1,980 km, soit au total 5,867 km. Sauf pour le littoral vénitien et albanais, courbe de —10 m collée au rivage.

74. Maurice HOLLEAUX,*Rome,la Grèce et les monarchies helléniques*, 1921,pp. 176—177.

75. B. N. ,Paris,Esp. 127. ,f°7. Début du XVIIe s.

76. E. ALBÈRI,*Relazioni degli ambasciatori veneti*,II,V,p. 465.

77. B. N. Paris,Fr. ,16. 104.

78. La côte ouest dépourvue de ports, *Instructions Nautiques*, n°408, p. 32.

79. A. d. S. Venise,Senato Mar,15,f°2.

80. Venise déeidée à fortifier Corfou à cause du danger turc; évêque de Dax au roi, Venise, 29 juil. 12 août 1559, E. CHARRIÈRE, *op. cit.* , II, pp. 600—601.

81. V. LAMANSKY,*op. cit.* ,pp. 610—611.

82. P. CANAYE,*op. cit.* ,pp. 190—192,année 1573.

83. V. LAMANSKY, *op. cit.*, p. 611.

84. Correr, D. delle Rose 21, f°29.

85. Felice TOFFOLI, "Del commercio di Veneziani ai tempi della Repubblica, con accenni a Trieste", 1867, p. 24, extrait de *l'Osservatore Triestino*, mai 1867.

86. Serafino RAZZI, *La storia de Raugia*, 1595, éd. 1803, p. 260.

87. A. d. S., Venezia, *Cinque Savii alla Mercanzia*, Busta 4, copie (extraits de l'histoire de Gio. Batta Nani). Innombrables sont les incidents antérieurs Cf. lettre du recteur de Raguse au consul ragusain à Venise (16 janvier 1567) au sujet de marchandises saisies par le comte de Corzola qui demande paiement d'un droit de douane de 10 p. 100 (Arch. de Raguse, L. P., I, f°34, A. d. S. Venise, *Cinque Savii*, Busta 3, copie, 10 aout 1597).

88. Venise, *Cinque Savii alla mercanzia*, Busta 3, les Cinq Sages au doge, 29 déc. 1634, copie. Lutte contre Ancône et son commerce des cuirs par suppression des droits de douane (de 1545 à 1572) sur les noix de galle venant de Haute et Basse Romania.

89. En 1559, le gros incident de Durazzo: le provéditeur Pandolfo Contarini poursuivant des corsaires turcs, ceux-ci se réfugient à Durazzo: le Vénitien bombarde la ville... Cf. CAMPANA, *La vita del catholico... Filippo II*, 1605, II, XI, pp. 82—83, et l'évêque de Dax au roi, 30 avr., 20 mai 1559, E CHARRIÈRE, *op. cit.*, II, pp. 573—575. En 1560, pacifiquement cette fois, elle se fait céder "trente et trois cazalz" dans les environs de Sebenico, que le Turc avait usurpés (Dolu à I'évêque de Dax, Constantinople, 21 sept. 1560, E. CHARRIÈRE, *op. cit.*, II, 625—628).

90. A. d. S. Venise, *Cinque Savii*, 9, f°175.

91. Politique évidente en ce qui concerne le sel des salines de l'Adriatique, à peu près toutes sous sa coupe, ou même le sel importé de plus loin. Politique nécessaire, sans doute: en 1583—1585, pour trois années, le commerce maritime à l'exportation de Venise est de 1,600,000 ducats "dentro del colfo fin a Corfu" et de 600,000 au delà (A. d. S. Venise, Papadopoli, codice 12, f°22v°). Le calcul est fait par un contemporain, à partir du "datio della uscita" de 5 p. 100 sur les marchandises. Pour le sel, vraie monnaie supplémentaire en Adriatique, cf. Fernand BRAUDEL,

"Achats et ventes de sel à Venise"(1587—1793), in: *Annales*(*E. S. C.*), 1961. pp. 961—965, et la carte jointe. Par le sel, Venise tient la clientèle des éleveurs balkaniques.

92. A. d. S. Venise, *Cinque Savii*, 13 mai 1514: droit de charger et de transporter directement, à Alexandrie d'Égypte, huiles, amandes, noix, châtaignes.

93. A. d. S. Venise, *Senato Mar*, 186, 6 mars 1610.

94. *Ibid.*, 19, 20 juin 1520.

95. Francisco de Vera à Philippe II, 7 octobre 1589, A. N., K 1674.

96. L'empereur à Dietrichstein, 2 mai 1570, P. HERRE, *Europäische Politik im cyprischen Krieg*, 1570—73, 1902, p. 148; sur les querelles et négociations entre Vienne et Venise, voir G. TURBA, *op. cit.*, XII, p. 177 note (23 nov. 1550), XIII, p. 148(9 juin 1560). L'Allemagne "n'a eu la voie libre en Adriatique qu'avec le règne de Charles VI", cf. KREBS, *art, cit.*, pp. 377—378 et, mieux, J. KULISCHER, *Allgemeine Wirtschaftsgeschichte*, 1928—1929, II, 236—237.

97. A. LE GLAY, *Négociations diplomatiques entre la France et l'Autriche durant les trente premières années du* XVIe *siècle*, I, 1845, p. 232.

98. Ainsi, A. d. S. Venise, *Cinque Savii*, 2, 26 févr. 1536: les navires vénitiens transportant des marchandises chargées dans le Levant pour le compte de Vénitiens ou d'étrangers vont souvent débarquer directement dans les villes du *Sottovento*, on le leur interdit formellement. Sur les vins des Pouilles transportés en Dalmatie, cf. relation de Giustiniano, 1576, B. N. Paris, Ital. 220, f°72, copie. Et déjà, le 5 oct. 1408, on trouve formulée(*Cinque Savii*, 2)l'interdiction d'exporter du blé hors du "golfe".

99. Nombreuses références, ainsi A. d. S. Venise, Senato Terra 4, f°123 v°, f°124; 27 septembre 1459; Senato Mar 6, f°89 v°, 28 septembre 1459. Course génoise aussi, Senato Mar 6, f°196 v°, 16 juin 1460.

100. Une des premières apparitions de corsaires turcs, A. d. S. Venise, Senato Mar 18, f°119 v°, 9 septembre 1516, il s'agit du corsaire *Curthogoli* avec 12 à 15 voiles à l'entrée du golfe.

101. En 1533, à La hauteur de Valona, une fausse manœuvre livre deux galères vénitiennes à 12 galiotes barbaresques, Giuseppe CAPPELLETI, *Storia*

della Repubblica di Venezia del suo principio al suo fine, Venise, t. VIII, 1852, p. 199.

102. Aggravation cependant dès 1570, Museo Correr, D. delle Rose, 481, Ier octobre 1570: entre vin et huile les corsaires ont fait 76,000 ducats de prise.

103. V. LAMANSKY, *op. cit.*, pp. 600—601.

104. Giacomo Tebaldi au duc de Ferrare, Venise, 28 mars 1545. A. d. S. Modène Venezia XXIV, 2383/72"*Quelli diavoli Scochi hano preso certi navilii richi et impicato tutti quelli v'erano dentro, com'intesero ch'erano venetiani*".

105. Correr, D. delle Rose 21, f° 78.

106. Correr Cigogna, 1999(s. d.).

107. A. d. S. Venise, Papadopoli 12, f° 25.

108. Le témoignage, entre cent autres, de H. HOCHHOLZER, *art. cit.*, p. 150. Ne pas accepter les exagérations des livres et plaidoyers d'Attilio TAMARO, dans *l'Adriatico golfo d'Italia*, 1915. Cette précaution prise, on peut reconnaître la valeur et le talent de ses études, "Documenti inediti di storia triestina, 1298—1544", in: *Archeografo triestino*, XLIV, 1931, ou de sa *Storia di Trieste*, 2 vol., Rome, 1924. Intéressants points de vue effleurés par BOZZO BALDI, *L'isola di Cherzo*, préface de R. Almagiâ, fasc. 3, Studi geografici pubblicati dal Consiglio Nazionale delle Ricerche, 1934; les bases de L'italianité dans cette ile, bases sociales et économiques, ont été la grande propriété et l'armement maritime.

109. Antonio TEJA, "Trieste e l'Istria negli atti dei notai zaratini del 300", in: *Annali del R. Ist. Tech. Rismondo*, 1935; Silvio MITIS, *Il governo della repubblica veneta nell'isola di Cherso*, 1893, p. 27.

110. A. PHILIPPSON "Das byzantinische Reich als geographische Erscheinung", in: *Geogr. Zeitschr*, 1934, pp. 441—455.

111. Instructions de Pandolfo Strozzi au général des galères envoyées en course, Livourne Ier avr. 1575, A. d. S. Florence, Mediceo, 2077, f° 540 et v°. Le raid doit se faire par L'itinéraire suivant: Messine, cap Passero, cap Misurata, car, auprès de ce dernier cap africain, passent les naves qui viennent du Levant vers Tripoli, Tunis, Bône et Alger.

112. Sur les migrations d'un bassin à l'autre, cf. deux Grecs condamnés

dans l'autodafé de Murcie, 14 mai 1554 (A. H. N., L°2796). Des Grecs qui vont à Madrid (Terranova à S. M., Palerme, 20 déc. 1572, Simancas E° 1137). Sur les Grecs à Livourne au XVIe siècle, très nombreux documents. Un Grec de Cadix fait prisonnier par les Turcs d'Alger, 1574, D. de HAEDO, *op. cit.*, p. 175 v°. Un Chypriote à Majorque, 19 févr. 1589, RIBA YGARCIA, *El consejo supremo de Aragon en el reinado de Felipe II*, 1914, p. 285. Grecs au service de la marine espagnole; Tiepolo au doge, 19 août 1560, *Calendar of State Papers (Venetian)*, VII, 247.

113. J. SAUVAGET, *Introduction à l'histoire de l'Orient musulman*, 1943, pp. 43—44.

114. Le but recherché par Ferdinand le Catholique en 1509—1511, lors des grandes expéditions de Pedro Navarro, ce n'est pas seulement d'aveugler les ports de course du Maghreb ou d'ouvrir les voies à une nouvelle guerre de Grenade dont l'Afrique serait le prix (cela, Isabelle l'avait vu et rêvé, non pas lui). C'est surtout de créer une route maritime appuyée sur la côte, de l'Espagne du Sud à la Sicile riche en grains. Oran était enlevé en 1509, et en 1511, déjà l'armada espagnole se saisissait de Tripoli de Barbarie. Cette rapidité révèle le sens de sa mission. (Fernand BRAUDEL "les Espagnols et l'Afrique du Nord", in: *Revue Africaine*, 1928.) Lucien ROMIER a cru relever une intention semblable dans la campagne de Charles Quint contre la Provence.

115. V. LAMANSKY, *Secrets d'ÈEtat de Venise*, Saint-Pétersbourg, 1884, pp. 563—564. relation vénitienne, de 1559.

116. Sur la grand opposition Orient et Occident, durant l'antiquité romaine—qui confirme ce que j'avance—voir G. I. BRATIANU, *Études byzantines*, 1939, pp. 59—60, 82—83. Jacques PIRENNE, *Les grands courants de l'histoire universelle*, 1944, I, p. 313. Pierre WALTZ, *La Question d'Orient dans l'Antiquité*, 1943, p. 282.

117. R. PFALZ, *art. cit.*, p. 130, note 1, indique qu'en 1928, il a étépêché sur les côtes de Gênes, 10,280 qx de poisson, alors que les besoins de la ville sont de 20,000 qx. Le pêcheur italien gagne quatre fois moins que le pêcheur français et huit fois moins que le pêcheur anglais, et cependant, en France et en Angleterre, le poisson n'est pas plus cher qu'en Italie.

118. Surla pêche des thons, Philippe II au duc d'Albe, 4 mai 1580 (*CODOIN*,

XXXIV, p. 455), 19 mai 1580(*ibid.*, p. 430), 18 avril (*ibid.*, XXXLL, p. 108), A. de MORALES, *Las antigüedades de las ciudades de España* Madrid, 1792, f°, 41 v°, dit qu'en 1584, la pêche des thons rapporte en Andalousie 70,000 ducats aux ducs de Medina Sidonia et d'Arcos. Ce détail pittoresque: au moment de la pêche "*tocase a tambores y hazese gente para yr a su tiempo a esta pesqueria con el atruendo y ruydo que se aparaja una guerra*". Pêches à Conil, de maiàjuin, la mer rouge de sang. Pedro de MEDINA, *Libro* de *grandezas y cosas memorables* de *España*, éd. augmentée par D. PEREZ DE MESSA, 1595, p. 108.

119. E. LE DANOIS, *op. cit.*, pp. 197—198.

120. Danilo PRESOTTO, *op. cit.*, p. 364.

121. Alberto TENENTI, *Cristoforo da Canal*, 1962, p. 82.

122. Lettre patente de Philippe II, 1er oct. 1561 en faveur de l'Écossais Chasteniers qui a armé une galère contre les Infidèles. B. N., Paris, Fr. 16103, f°s 69 et 69 v°.

123. A. d. S., Florence, Mediceo(référence incomplète).

124. G. VIVOLI, *Annali di Livorno*, IV, pp. 10—11.

125. *Ibid.*, IV, p. 10.

126. F. C. LANE, *Venetian ships and shipbuilders of the Renaissance*, 1934, pp. 37—38.

127. *Ibid.*, p. 42.

128. B. HAGEDORN, *Die Entwicklung der wichtigsten Schiffstypen*, Berlin, 1914, pp. 1—3 et 36; références dans F. C. LANE, *op. cit.*, p. 41.

129. *Instructions Nautiques*, n°368, pp. 66—70: Andrea NAVAGERO, *Il viaggio fatto in Spagna*, 1563, p. 2(1525): affreux chemins de Gênes à Rapallo, mais le pays est bien peuplé.

130. V. LISICAR, *Lopud. Eine historische und zeitgenössische Darstellung*, 1932; Lopud est l'île de Mezzo.

131. Museo Correr, D. delle Rose, 21, f°17(1584), f°19(1586), f°70 v° (1594).

132. A. d. S. Naples, Sommaria Partium, volume 559, f°158, 9 octobre 1567, à titre d'exemple.

133. *Ibid.*, 532, 5 novembre 1551.

134. *Ibid.* ,560,f°209,10 juin 1568.

135. *Ibid.* ,543,f°128,10 janvier 1568.

136. *Ibid.* ,575,f°40,17 juillet 1567.

137. *Ibid.* ,577,f°37—39,10 octobre 1568;f°89—93,21 janvier 1569.

138. *Ibid.* ,596,f°193—6,juillet 1572.

139. Bartolomeo CRESCENTIO ROMANO, *Nautica mediterranea...* , 1607,p. 4.

140. *Ibid.* ,p. 4.

141. *Ibid.* ,p. 7.

142. POURQUEVAUX,*Dépêches*,I,p. 12,bois des forêts de Quillan.

143. Archives de Raguse, Diversa de Foris X, f°81 v° et sq. : Conto di *sp*ese di me Biasio Vodopia...

144. A. d. S. Florence,Mediceo,4897 *bis*,f°6 et 6 v°,15 janv. 1566.

145. *Ibid.* ,2840,f°3,23 juill. 1560.

146. Simancas E°1056,f°185,22 août 1568.

147. *Geographia General de Catalunya* ,p. 336.

148. A. d. S. Naples,*Sommaria Partium* ,562,f°83,10 septembre 1567.

149. F. C. LANE,*op. cit.* ,p. 219 et *sq.*

150. Robert MANTRAN,*Istanbul dans la seconde moitiédu* XVIIe *siècle*, 1962,p. 445 note 2,et *passim.*

151. V. LAMANSKY, pp. 83—89. Simancas E°1329, Venise, 25 nov. 1571. Les efforts de Venise ne semblent pas avoir abouti. Sa politique eûtelleété adoptée qu'on peut douter de son efficacité: une lettre de l'ambassadeur français à Constantinople, du 8 mai 1572, annonce qu'en cinq mois, les Turcs ont déjà fait 150 vaisseaux, avec artillerie et équipages (E. CHARRIÉRE,*op. cit.* ,III p. 269).

152. F. C. LANE,*op. cit.* ,p. 232.

153. C. TRASSELLI, "Sul naviglio nordico in Sicilia nel secolo XVII", art. inédit, paraîtra dans l'hommage à Vicens Vives(en cours de publication).

154. Une étude difficile sur les prix de revient des bateaux est possible. Sur le prix du bois nordique, des renseignements précieux *in*: *Dispacci scritti al Senato dal Secretario marco Ottobon da Danzica dalli* 15 *novembre* 1590 *sino* 7 *settembre* 1591 , copie A. d. S. Venise, Secreta Archivi Propri, Polonia 2.

155. *Instructions Nautiques*, n°368, p. 7. Les très mauvais temps sont rares sur la côte entre Nice et Gênes. Sur le port de Rosas garanti contre tous les vents, sauf ceux du Sud qui sont assez rares. *Instructions*, n°345, p. 135. Le calme constant du port d'Antibes: *Instructions* n°360, p. 175. Puissance du mistral à Valence même (entendez dans le golfe de Valence). Il n'est pas dangereux pour un navire près de la terre, mais au large, il oblige souvent le même navire à aller chercher refuge sous les îles Baléares: *Instructions*, n°345, p. 12.

156. Werner HELWIG, *Braconniers de la mer en Grèce*, trad. française, 1942, p. 199.

157. Actuellement encore, certains points de la côte ligure ne s'atteignent que par voie de mer R. LOPEZ,《Aux origines du capitalisme génois》, in: *Ann. d'hist. écon. et soc.*, IX, 1937, p. 434, n°2. De même, chemin de fer et route continuent aujourd'hui à se détourner de la"costa brava"de Catalogne.

158. L'amusant passage de Paul MORAND, *Lewis et Irène* 1931, p. 17, à propos de la Sicile.

159. E. FECHNER, *in*: BENNDORF, *Das Mittelmeerbuch*, p. 99.

160. Werner HEL WIG, *op. cit.*, *passim.*

161. Pierre VILAR, *op. cit.*, I, p. 249.

162. Entre les étages de villages, le va-et-vient des ânes: P. VIDAL DE LA BLACHE, *Principes de Géographie humaine*, 1948, p. 86.

163. L'observation serait également juste pour"cette famélique côte ligurienne"dont parle Michelet.

164. A. C. de Cassis, B. B. 36. Biens communaux, 24—25 sept. 1543. Il ressort, de la suite de l'enquête, que "les vignes sont nombreuses, mais d'un petit rendement, les oliviers restent parfois jusqu'à cinq ans sans produire, par suite de la sécheresse: les terres sont en général impossibles à labourer. . . "De Jules SION, cette excellente remarque: "la Provence a failli être une des régions méditerranéennes où l'exiguïté des bonnes terres et les articulations littorales induisent les riverains à vivre en Barbaresques" (*France Méditerranéenne*, 1934, p. 110).

165. A. P. USHER, "Deposit Banking in Barcelona 1300—1700", in: *Journal of Economics and Business*, IV, 1931, p. 122.

166. Aussi bien quand on essaie de mesurer l'importance de la population

maritime d'une île comme la Corse, ce que fait Jean BRUNHES, *op. cit.*, p. 69, il me semble dangereux de ne pas tenir compte des marins corses hors de l'île. Aujourd'hui encore, Marseille a de nombreux marins corses.

167. A. d. S. Venise, Senato Mar, 7, f°2 v°.

168. Archivo General de Indias, Seville, Justicia, legajo n°7. Le procès est de 1530. Je dois ce beau document à la gentillesse de mon collègue Enrique Otte. Les origines d'après les noms des marins.

169. R. HÄPKE, *Niederländische Akten und Urkunden*, 1913, I, p. 35.

170. Domenico SELLA, *Commerci e industrie a Venezia nel secolo XVII*, 1961, p. 24, note I.

171. Au début du XVIe siècle, les documents napolitains que j'ai consultés signalent plus souvent encore des marchands catalans, installés à Naples, que des navires catalans comme cette nave de Joanne Hostales qui va charger du blé en Sicile et le transpore à Naples(avril—mai 1517, A. d. S. Naples, Dipendenze della Sommaria, fascio 548). Après le milieu du siècle, ces mentions se font très rares.

172. Simancas E°331, Aragon 1564: liste de 16 spécialistes, charpentiers, calfats et maîtres de galères, envoyés de Gênes à Barcelone "*para la fabrica de las galeras*".

173. V. LAMANSKY, *op. cit.*, p. 564.

174. Siciliennes, P. GRANDCHAMP, *La France en Tunisie, à la fin du XVIe s.*, Tunis, 1920, p. 32, 36, 46, 63, 81, 95; napolitaines, *ibid.*, p. 30, 31, 33.

175. 24 janv. 1560, A. N., K. 1494, B. 12, n°18.

176. Voir *infra*, II, pp. 197—198.

177. Sur les îles, un curieux et puissant article, d'inspiration ratzélienne, de Franz OLSHAUSSEN, "Inselpsychologie", in: *Kölnische Zeitung*, 12, VII, 1942. Au départ de ses remarques, le cas de l'île chilienne Mas -a- Tierra, qui fut la véritable île de Robinson Crusoé.

178. Et réciproquement, que l'on songe au sens étymologique du mot *archipel*.

179. Sur un exemple localisé, les îles et îlots des Bouches de Bonifacio: *Instructions nautiques* n°368, p. 152 et *sq*. Sur un exemple plus large, les îles et îlots de la côte nordafricaine, *Instructions*, n°360, pp. 225, 231, 235, 237, 238, 241, 242, 244, 246, 247, 257, 262, 265, 266, 267, 277, 282, 284, 285, 287,

291,297,305,308,309,310,311,313—314,331.

180. E. ALBÈRI, *op. cit.*, I, III, p. 267, la modicité du prix de la vie, sa population"brutta". En 1603, sa population est de 66,669 familles, soit 266,673 habitants avec le coefficient 4, Francesco CORRIDORE, *Storia documentata della popolazione di Sardegna*, Turin, 1902, pp. 19, 20.

181. Sur le "sarde" et ses trois dialectes: OVIDIO et MEYER LÜBKE, in: *Grundriss der romanischen Phil.*, de G. GROEBER, 2ᵉ édit., p. 551.

182. On sait par exemple que Chio, turque dès 1566, a conservé, longtemps sa Chrétienté catholique et mérité d'être célébrée comme la "petite Rome" du Levant. Chateaubriand notait encore au XIXᵉ siècle son aspect italien. On connaît, à l'inverse, la façon dont Malte, la ville des Chevaliers, et Pantelleria ont conservé population et dialectes arabes, jusqu'à nos jours. On citerait volontiers, comme curiosité linguistique analogue, celle de la Crimée, conservant jusqu'à l'époque de Luther, ses dialectes gothiques. Mais la Crimée n'est pas une île véritable et le fait n'est pas suffisamment prouvé.

183. La liaison est régulière avec Livourne. Exportation de fromages sardes jusqu'à Valence: Simancas E° 335, 6 sept. 1574, f° 46.

184. Pietro AMAT DI SAN FILIPPO, "Della schiavitù e del servaggio in Sardegan", in: *Miscellanea di storia italiana*, 3ᵉ série, t. II, 1895.

185. Stefano Spinola au marquis de Mantoue, Gênes, 30 avril 1532, A. d. S., Mantoue, A. Gonzaga, Genova 759, le mauvais temps a jeté sur les côtes de Sardaigne deux galères, quatre galiotes, une fuste de Turcs, ceux-ci se sauvent presque tous.

186. P. VIDAL DE LA BLACHE, *Tableau de la géographie de la France*, 1908, pp. 25—26, Théodore MONOD, *L'hippopotame et le philosophe*, 1943, p. 77.

187. R. P. F. Estienne de LUSIGNAN, *Description de toute l'isle de Cypre*, Paris, 1580, p. 223, v° et *sq.*

188. Corfou manque aussi de viande: Philippe de CANAYE, *Le voyage de Levant*, 1573, p. p. H. HAUSER, 1897, p. 191, Sur Corfou en 1576, la relation de Giustiniano, B. N., Paris, Ital. 1220, f° 35 et *sq*: 17,000 hab. L'île

avec ses plaines fertiles, mais non cultivées ne produit que pour quatre mois sa subsistance en blé, mais exporte du vin, de l'huile et des troupeaux sur le continent.

189. Même au XVIIIe siècle, la Crète manque de blé (TOTT, *Mémoires*, IV, p. 3). Alors, la Crète serait une île avant tout exportatrice d'huile et de savon (*ibid.*, p. 3). Blé des caramusalis à Candie introduit un peu par la contrebande, Hieronimo Ferro, 6 oct. 1560, A. d. S., Venise, Sen° Secreta Const., Fza 2/B, f° 274. Sans le secours de ses voisins, Candie ne peut vivre qu'un tiers de l'année. D'où des disettes fréquentes et une perpétuelle inquiétude: la récolte est mauvaise à Candie, il n'y a pas de blé achetable, explique. Giacomo Foscarini, provéditeur général du royaume de Candie, au conseil des Dix (Candie, 15 nov. 1574. A. d. S. Venise, Capi del Consiglio dei Dieci, Lettere, Ba 286, f° 5). En 1573, disette à Zante, Philippe de CANAYE, *op. cit.*, 184.

190. Particulièrement, ce qui peut paraître paradoxal, dans les îles primitives et pauvres moins peuplées et surtout moins exploitées par les cultures riches d'exportation. C'est ainsi que la Sardaigne peut parfois s'offrir le luxe d'exporter du blé. G. RIBA Y GARCIA, *op. cit.*, pp. 317—318 (1587) ou p. 320 (1588). Par mauvaises années, elle est soumise pourtant comme les autres à la disette (V. R. de Sardaigne à S. M., Caller, 22 sept. 1576, Simancas, E° 335, f° 356). En Corse, l'exportation des blés, déclarée libre pour cinq ans en 1590, doit être bientôt suspendue à cause des mauvaises récoltes. A. MARCELLI, 《Intorno al cosidetto mal governo genovese dell'Isola》, in: *Archivio Storico di Corsica*, 1937, p. 416.

191. E. ALBÈRI, I, III, p. 226, affirme bien que Majorque se suffit à elle-même, ceci en 1558. L'île, à cette époque est peuplée de 45 à 90,000 habitants (30 villes de 500 à 600 feux chacune). Mais, les années de disette n'y sont pas rares non plus. Cf. en 1588 et 1589 par exemple, l'île, n'ayant pu obtenir de blé d'Oran, G. RIBA Y GARCIA, *El Consejo supremo de Aragón*, pp. 288—289.

192. Pierre MONBEIG, "Vie de relations et spécialisation agricole, Les Baléares au XVIIIe siècle", in: *Ann. d'hist. éc. et soc.*, IV, 1932, p. 539.

193. Le V. R. de Majorque à S. M., le 20 déc. 1567: "... *que todo el año estan cercadas de fustas de moros de manera que muy pocos bateles entran o salen que no se pierdan y este año se han tomado siete o ocho bergantines y to-*

da su substancia se va en Argel... "Sur cet encerclement des Baléares, voir également, 10 janvier 1524, in: *Tomiciana*, VIII, p. 301: M. SANUDO, *op. cit.* VI, p. 236, 16 mars 1532.

194. Ciudadela, 10 juill. 1536, A. N. K 1690. Ciudadela après le raid de Barberousse. Cf. également au sujet du fondeur qui rate ses coulées, *ibid.* Majorque, 29 août 1536.

195. Pour la défense de la Sardaigne, v. *infra*, II, p. 180, la construction des tours. Pour les troupes placées dans l'île durant l'été, voici, à titre d'échantillons, quelques documents: 8sept. 1561, Simancas E°328; 25 juill. 1565, *ibid.* E°332, 6 août 1565 et 5 juill. 1566.

196. Renseignements que m'a communiqués, à Simancas, Federico Chabod. Sur l'île de Minorque, cf. Cosme PARPAL Y MARQUÉS, *La isla de Menorca en tiempo de Felipe II*, Barcelone, 1913.

197. B. Com. Palerme, Qq. D 56, f° 259—273. Série de lettres curieuses et intéressantes.

198. G. BRATIANU, *op. cit.*, p. 269 et *sq.*

199. L. F. HEYD, *Histoire du Commerce du Levant au Moyen Age*, 1885—1886, p. 336; Th. GAUTIER, *Voyage à Constantinople*, p. 54; J. W. ZINKEISEN, *op. cit.*, II, p. 901, note 2. Jérosme JUSTINIAN, *La description et l'histoire de l'isle de Scios*, 1606. L'île de Chio après la conquête turque de 1566, avec ses villes aux rues désertes et ses palais écroulés: cf. Jacobus PALÉOLOGUS, *De Rebus Constantinopoli et Chii*, 1573. Sur le mastic que l'on mâche, cf. J. B. TAVERNIER, *op. cit.*, I, p. 264.

200. A certains moments, le blé. Quant aux fils d'or et d'argent de Chypre, je crois, comme J. LESTOCQUOY (in: *Mélanges d'histoire sociale*, III, 1943, p. 25), que ce n'est là qu'une appellation. Chypre exporte aussi des barils d'ortolans: J. B. TAVERNIER, *op. cit.*, I, p. 181.

201. Baron de BUSBEC, *op. cit.*, p. 178, boit à Constantinople《force vin de l'isle de Crète》.

202. R. HAKLUYT, *The principal navigations...*, Londres, 1600, p. 309. Sur la complicité des paysans demi-serfs de l'île en 1570—1571, lors de la conquête turque, cf. Julian Lopez à S. M. Venise, 26 oct. 1570. Relacion de Venecia, 28 sept. 1570, Simancas, E°1327. Le cardinal de Rambouillet à Charles IX, Rome, 5 nov. 1570, E. CHARR-IÈRE, *op. cit.*, III. p. 124 Malaise à Chio en 1548—1549, les habitants désireux de se libérer de la Ma-

honna avaient offert l'île à Cosme de Médicis qui, prudent, n'avait pas accepté (DORONI, *L'isola di Chio offerta a Cosimo dei Medici*, *Rassegna Nazionale*, 1912, pp. 41—53). Quel beau livre n'y aurait-il pas à écrire sur les sujets de Venise et de Gênes et leur exploitation tant économique que sociale. De riches documents à ce sujet dans le précieux recueil de V. LAMANSKY.

203. A. d. S. Venise, *Annali di Venezia*, Famagouste, 8 octobre 1570.

204. Sur le sort de Chypre sous la domination turque, ne pas oublier avant toute chose que l'île est vide, peu peuplée à l'époque vénitienne vers 1570, 180,000 habitants, dont 90,000 serfs et 50,000 *villani liberi*, 《*e il restante è nelle città et terre*》, B. N., Paris, Ital. 340, f° 55. Le Turc a procédé à des repeuplements avec les paysans anatoliens (H. KRETSCHMAYR, *Gesch. von Venedig*, 1920, III, p. 62). Les paysans se trouvent tous soumis au même statut, celui de sujets, les catégories anciennes sont confondues. Chute du clergé latin. Beaucoup de Chypriotes se font turcs pour échapper au 《kharadj》. Pourtant comme tout est complexe, persistance de la civilisation italienne. J. B. TAVERNIER écrit, vers 1650: 《ils sont tous vêtus à l'italienne, tant hommes que femmes》(*op. cit.*, I, p. 180).

205. Museo Correr, D. delle Rose, 21, f° 32 v°.

206. Marciana, 7299, 9 juin 1584. Sur les troubles à Candie, dès 1571, abondante documentation et notamment dans les *Annali di Venezia*, 20 août, 22 août, 30 août 16 septembre 1571.

207. À. Djerba, à côté des oliviers, se trouvent des palmiers, mais aussi des pommiers, des poiriers. A ce point de vue encore, c'est un monde singulier. Ajoutez que Djerba, en tant que conservatoire insulaire, abrite des communautés juives qui remontent, dit-on, aux persécutions de Titus, et surtout qu'elle est un petit monde kharedjite analogue au Mzab, dépositaire de vieux rites et de très anciennes pratiques architecturales.

208. *Instructions Nautiques*, n° 360, p. 338, 359—363.

209. Voir *infra*, II, p. 290 et note 3.

210. J. B. TAVERNIER, *op. cit.*, I, p. 286.

211. Museo Correr, D. delle Rose 21, f° 29.

212. Comte de BRÈVES, *op. cit.*, p. 18.

213. *Ibid.*, p. 15.

214. Même présentement: exemple des Djerbiens répandus dans toute l'Afrique du Nord et le monde entier: ou des jardiniers de Malte et de Mahon, P. VIDAL DE LA BLACHE, *Principes de Géographie humaine*, p. 97.

215. Il y a même un Sylvestre Corso sur les listes des bombardiers de Goa, en 1513, Fortunato de ALMEIDA, *Historia de Portugal* 1926—1929, III, p. 267.

216. R. RUSSO, "La politica agraria dell, officio di San Giorgio nella Corsica(1490—1553)", in: *Riv. st. ital.*, 1934, p. 426.

217. Carmelo TRASSELLI, *art.*, *cit.*, *in*: *Archivio storico di Corsica* 1934, p. 577.

218. A Livourne, Mediceo 2908. A Rome arrivée de multiples barques corses chargées de vin, H° de Torres à Zuñiga, Rome, 29 et 30 janv. 1581, *Cartas y Avisos*, p. 33.

219. Arrivera à Constantinople en janvier 1563. Son passage à Chio: A. d. S. Gênes, *Sezione Segreta*, n. g., 5 juin 1563.

220. Simancas E°487.

221. Sur Francisco Gasparo, ci-dessus, p. 38, n. 6. Sur la famille et sur Francisco, voir comte de Benavente(lequel a fort mauvaise opinion des Corses) à S. M., Valence, 13 nov. 1569, Simancas E°333. *Information hecha en Argel a l° de junio* 1570, *a pedim° del cap. don Geronimo de Mendoça*, 13 juin 1570, Simancas E°334. Don Jeronimo de Mendoça à S. M., Valence, 7 juin 1570, Simancas E°334. Comte de Benavente à S. M. Valence, 8 juill. 1570: Francisco est probablement un espion double. "... *Estos son criados en Francia y tratan alli en Argel y Valencia y tienen su correspondancia en Marsella*." Enfin lettres des frères Francisco, de Marseille, en date des 24 et 29 juill. 1579, avec nouvelles du Levant sans grand intérêt (copie A. N., K 1553, B 48, n°77).

222. Sur les Lenche et la grosse question du corail, voir, outre P. MASSON, *Les Compagnies du Corail*, 1908, le livre de P. GIRAUD, *Les origines de l'Empire français nord-africain...*, 1939. Sur le rôle à Marseille de Thomas Corso, en faveur des insurgés corses, de nombreuses indications dans la correspondance de Figueroa, ambassadeur espagnol à Gênes et notamment: Figueroa au roi. Gênes, 9 janv. 1566, Simancas E°1394.

223. *Le Bastion de France*. Alger, 1930, n°1.

224. A. PHILIPPSON, *op. cit.*, p. 32:《*Jedes Land ist ein Individuum*

für sich》. C'est ce que dit, à propos des grosses îles de l'Archipel, J. W. ZINKEISEN, *op. cit.*, III, p. 7: "*... jedes für sich... eine eigene Welt*".

225. Il manque une étude de ce sentiment national. De RABELAIS, dans *Gargantua*, éd. Les Belles Lettres, 1955, p. 137, cette belle violence: "Par Dieu, je vous metroys en chien courtault les fuyards de Pavie". Et dans le *Quart Livre*, éd. Les Belles Lettres, Prologue, P. II: "Ce tant noble, tant antique, tant beau, tant florissant, tant riche royaume de France".

226. G. BANDELLO, *op. cit.*, II, p. 208.

227. Vittorio DI TOCCO, *Ideali d'indipendenza in Italia*, 1926, p. 1 et *sq.*

228. A. RENAUDET, *Machiavel*. 1942, p. 10.

229. *Algunas efemerides* de Miguel PÉREZ DE NUEROS, in: Fr° BELDA Y PÉREZ DE NUEROS, marqués de CABRA, *Felipe Secundo*, s. d. (1927), p. 30 et *sq.*

230. *Geographia General de Catalunya*, p. 496 et *sq.*

231. A. RENAUDET, *L'Italie et la Renaissance italienen* (Cours professé à la Sorbonne, Sedes, 1937, p. 1).

232. Augustin BERQUE, "Un mystique moderne", in: 2e *Congrès des Soc. Savantes d'Afrique du Nord*, Tlemcen, 1936 (Alger, 1938), t. II, p. 744. Dans le même sens, R. MONTAGNE, *op. cit.*, p. 410.

233. L'originalité des Balkans du fait de leur position eurasiatique (BUSCH-ZANTNER, *op. cit.*, p. IV) La façon dont elle nous est, à nous Occidentaux, étrangère (*ibid.*, p. III). Unité de l'Asie Mineure, cette autre péninsule Ibérique (Ulrich von HASSEL, *Das Drama des Mittelmeers*, 1940, p. 22).

234. "L'Afrique du Nord sera toujours commandée par la péninsule Ibérique et ses îles". P. ACHARD, *Barberousse*, *op. cit.*, p. 53, note 1. 《Le monde ibérique paraît inséparable des pays de l'Atlas jusqu'aux Canaries inclusivement et même des grandes îles de la Méditerranée occidentale: Sardaigne et Corse》, p. VIDAL DE LA BLACHE, *Tableau géographique de la France*, p. 28. "L'Andalousie... apparaît comme un prolongement du Maghreb", Georges MARÇAIS, *Histoire du Moyen Age*, III, 1936, p. 396 (dans *l'Histoire générale* de Gustave GLOTZ).

235. Pour von HASSEL, *op, cit.*, pp. 20—22, l'intrusion de l'Espagne en Italie a un caractère plus dynastique que politique (dans le sens d'une poli-

tique dynastique). Ceci est bien discutable. Voyez, pour la liaison culturelle, les ouvrages de Benedetto CROCE. Pour l'apport de l'Espagne sur le plan institutionnel, Fausto NICCOLINI, *Aspetti della, vita italo-spagnuola nel Cinque e Seicento*, Naples, 1934. Sur le plan des rapports littéraires, Hugues VAGANAY, "L'Espagne en Italie", in: *Rev. Hispanique*, t. IX, 1902. Léopold von RANKE, *Les Osmanlis et la monarchie espagnole pendant les XVI*[e] *et XVIII*[e] *siècles*, 1839, pp. 383—387. Pour W PLATZHOFF, *Geschichte des europaischen, Staatensystems*, 1928, p. 32, la paix du Cateau-Cambrésis scelle le destin de l'Italie. Ce que ne marque peut-être pas assez cette succession de livres, c'est la nécessité où se trouve la Péninsule de rester liée à l'Espagne, pour des raisons économiques (l'argent d'Amérique) et pour des raisons militaires (protection contre les Turcs). II serait injuste de parler sans plus comme STENDHAL(*Promenades dans Rome*, II, p. 191), "d'invasion (en Italie) du despotisme espagnol".

236. E. ALBERTINI, in: *Mélanges Paul Thomas*, Bruges, 1930.

237. L. M. UGOLINI; *Malta, origini della civiltà mediterranea*, Rome, 1934.

238. A. PHILIPPSON, *Das Mittelmeergebiet*, *op. cit.*, p. 37.

三　边界：更大范围的地中海

本章提出一些困难问题，然而，如果仅仅走马观花地看一下，读者可能发现不了困难所在。建议读者远离地中海的海岸，去外地做些旅行。读者会想：也好，就去旅行吧！然而，这就等于马上同意扩大观察的范围，而且范围也扩展得太大了。认为地中海作为一个“整体”在16世纪即可以从亚速尔群岛或新大陆沿岸地区延伸到红海或波斯湾，又可从波罗的海延伸到尼日尔河湾，这岂不是把地中海看成一个伸缩性太大的运动空间了吗？

这样看就是抛弃习惯的分界，抛弃地理学家最熟悉的、严格的分界。对地理学家来说，地中海从北到南，分别以油橄榄树和棕榈林为界线。当你南下遇到第一棵油橄榄时，你就来到了地中海；当你抵达第一个茂密的棕榈林时[1]，你就离开了地中海。这种分界方式把气候条件放在首位。自然，气候是人类生活的决定要素。但是，按照这种分界，地中海的最大范围就消失了。如果采用地质学家和生物地理学家的更加广阔的分界，我们同样也看不清地中海的最大范围的轮廓。地质学家和生物地理学家把地中海画成一个细长形区域，在宽广的地壳上只是一条线。地质学家认为：这是在大西洋和印度洋之间由于地质构造的断裂和褶皱而形成的纺锤形狭长地区。生物地理学家的看法是：地中海是一个顺着纬线延伸的狭长地区；在这个区域内，从亚速尔群岛到很遥远的克什米尔山谷，某些动物和植物到处都具有共同的特征。

图 12　世界范围内的地中海

根据这张可以自转的地图的方向，地中海同世界各地的联系先后侧重于：大西洋、撒哈拉、印度洋、欧洲。我们采用了不寻常的方向，把撒哈拉置于地中海之上，强调地中海受到广阔无垠的沙漠的重压。这块沙漠从地中海一直延伸到非洲的热带森林。地中海的作用正是围住这些条件恶劣的土地，把它们同南欧隔开（南欧一直延伸到北欧的森林线）。如果再加上红海、印度洋和波斯湾，地中海的作用还在于把大陆板块拦腰截断。图上的细点反映早期的人口稠密地区。通过对比，这说明地中海各个半岛的高地人口稀少。读者可以想象出陆上和海上交通联系向四面八方伸展的道路和驿站。这种联系创造了地中海最大限度的运动空间。本图由 J. 贝尔坦绘制。

历史上地中海的幅员

然而，根据历史的要求，地中海只能是个范围宽阔的地区，其影响经常越过海岸，向四面八方伸展。我们可以把它想象成一个磁场，或者一个电场，或者更简单，一个光源。这个光源的亮度不断降低，但是，人们无法一劳永逸地划出一条线来区分它的阴影部分和明亮部分。

如果不考虑动植物、地形或气候等条件，而是根据人的条件划界，地中海的界线又该怎样划定？任何界线都不能阻拦人越过障碍，地中海人足迹所及之处，便是地中海的更大的范围。地中海人的命运决定着地中海的命运，扩大或者缩小地中海的范围。古罗马把严格意义上的地中海世界建成一个半封闭的体系，最终控制了出入地中海的通路。但是它没有设法去占领欧洲的外缘（这可能是它的错误之一），没有大胆地深入到印度洋和非洲内陆，没有同这些遥远的地区建立起自由的和互利的联系。古罗马扼守地中海的咽喉，只是相对而言，并不构成地中海历史的规律。地中海历史的规律是：海上生活向着远离海岸的地方扩展影响，作为回报，又不断受到内陆的影响。影响往返，多次反复。卡斯蒂利亚用来自美洲的白银铸造的面值 8 里亚尔的本洋，在 16 世纪下半叶曾经充斥地中海的各个市场。这些银币在印度和中国等地也可见到。人员往来，以及物质财富和精神财富的交流，在地中海周围划出一条条连续的边界线和一个个同心圆。这样的边界线或者同心圆数以百计。其中有的以政治为尺度；有的以经济或者文化为尺度。不管歌德自己怎么说，他抵达意大利，接触到了地中海，并不是因为越过了布伦纳山口或者在后来翻过了托斯卡纳的亚平宁山。当他到达位于

意大利以北的雷根斯堡，即天主教在多瑙河这条文化边界的前方要塞时，或者再往北，当他从法兰克福出发开始旅行时，歌德已经与地中海有了接触。

如果人们不把这个呈扩散状的广阔的生存空间，这个更大规模的地中海纳入研讨的范围内，就往往不容易掌握地中海的历史。作为贸易的中心和货物的集散地——货物有时难免遭受损失——地中海的范围要根据其影响来测定。在地中海的外围往往比在其混杂的活动中心更容易了解它的命运。根据某种平衡法则（当时的人常常不能意识到，而某些历史学家似乎承认其存在）一般的海上生活在一个区域受到阻碍，就会在另一个区域得到必要的补偿。例如在 15 世纪，土耳其的推进使黎凡特地区动荡不定，西方的商业便断然转向北非。[2] 同样，在 16 世纪末，某种经济的推力把地中海生活引向南德意志以及中欧和东欧。毫无疑问，这也是一种补偿。如果没有向北方和东北方进行的这次冒险，意大利的生存要维持到 1620 年或更晚一些时候，是不可想象的。威尼斯曾经长期是向这些机会开放的一扇门。衰落的征兆——而且只是相对而言——将在大西洋和地中海的远距离联系中显露出来。总之，地中海的历史以多种形式在包围它的、或近或远的陆地和海域记录下来。

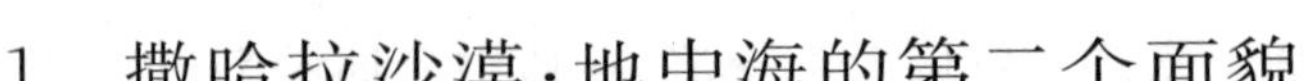

1. 撒哈拉沙漠：地中海的第二个面貌

地中海有三个侧面同一连串辽阔的沙漠相连接。这些沙漠从大西洋撒哈拉延伸到中国北部，横贯整个旧大陆，中间毫无间断。这三个侧面是：利比亚滨海地区以南的撒哈拉；前黎巴嫩山脉以东的叙利亚沙漠（附近有“世界上最大的一个游牧部落”）；[3] 黑海以北的南俄罗斯草原（位于中亚细亚的前方）。在这些辽阔的侧面，大批沙漠商队往来流动，同地中海固有的贸易连接起来。沙漠商队对地中海的贸易既必不可少，又有所依赖。这些联系不仅在埃及和叙利亚（16 世纪时黎凡特为数可观的贸易都经过那里）等门户地区进行，而且对整个地中海的边缘地区都有影响。1509 年西班牙占领奥兰，切断了这个小小的要塞城市同内地的联系。但在 16 世纪中叶，这里仍是奴隶买卖的转运站，规模虽然不大，但已足以使当局感到惶恐不安。[4]

由此可见，地中海历史的磁场，一极在欧洲，另一极就在辽阔的沙漠。这些荒芜的海岸吸引着地中海，地中海也吸引着这些地区。地中海非同寻常的特点，正是它沿着一个荒芜的大陆铺展其恢廓的水域，甚至通过红海和印度洋，一直插进这个大陆的深处。

撒哈拉沙漠的近界线和远界线

从大西洋到中国的沙漠链，在伊朗高原的两侧一分为二：西面是炎热的沙漠；北面和东面是寒冷的沙漠。但是，这些不毛之地通过沙漠商队保持联系。双峰驼在安纳托利亚和伊朗被中亚和西亚的单峰驼所取代。

显然，首先和地中海有关联的，是广义的撒哈拉（即一直延伸到伊朗和阿拉伯的所有炎热的沙漠）。南俄罗斯草原的道路通向中亚寒冷的大沙漠。总的说来，它只到达地中海的后院，所起的作用也时断时续，例如在13世纪和14世纪就是这样。当时是“蒙古道路”的鼎盛时代。[5]

广义的撒哈拉地跨非亚两洲，位于地中海的近界线和远界线之间。必须粗略勾画出这两条界线，我们这位“主人公”的轮廓方能精确地显现出来。

在邻近地中海的地方，虽然很少有突然的过渡，但分界线不难

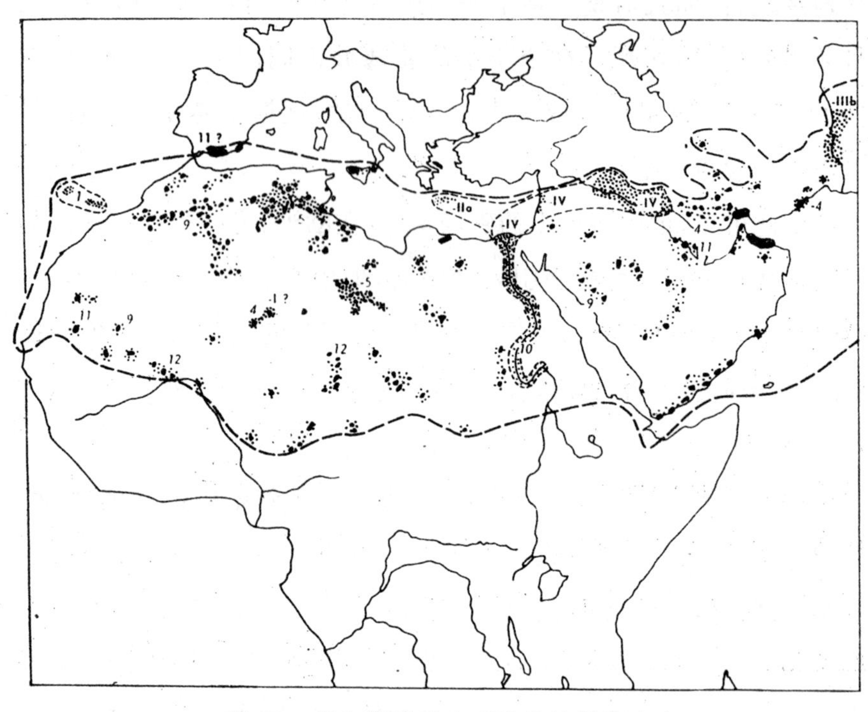

图 13　从印度洋到大西洋的棕榈林分布

图内罗马数字表示千年；阿拉伯数字表示百年。数字前面有负号时表示公元前。斜体数字不表示棕榈林出现的日期，仅指这些棕榈林的存在被某一文献资料提到的日期。本图取自作物种植史的临时图表集。图表由埃马尔丹凯、克尔和朗德勒绘制，正在出版过程中。本图表明人类的艰难创业明显地进展非常缓慢。显然，在印度河到大西洋之间适于棕榈科椰枣树生长的广大地区内，棕榈林和道路是互相联系的。

划出。它同棕榈林带的北界相吻合。这块用虚点表示的东西向狭长地带几乎不间断地从旁遮普经伊拉克、叙利亚、下埃及、的黎波里塔尼亚和阿特拉斯山脉南部延伸，最后到达大西洋。作为简单的分界线，这条界线和人们从种种干旱迹象推断出来的界线是一致的。[6] 我们的草图（图 13）显示出，这块棕榈林区及其棕榈树，是人们以很慢、很慢的速度建设起来的。

在南边和东边，辽阔的撒哈拉一直伸展到什么地方呢？显然，它一直伸展到距地中海几千里以外的地方。我们应该想象，它远达尼日尔河河湾、尼罗河上游、阿比西尼亚山区、红海、阿拉伯、伊朗、印度河，甚至一直到土耳其斯坦、印度、印度洋……这个沙漠世界的广阔无垠令人惊叹不已。在地中海地区，从一个城市到另一个城市只需要一天或一周的时间，而在那里，却需要几周或几个月。当威尼斯人贾科莫·索兰佐在 1576 年写的一份述职报告中谈到波斯的时候，[7] 他用这样一句话来描写这个荒无人烟、无边无际的地方："人们走上 4 个月，仍然走不出来。"阿洛伊·斯普伦格撰写的一部古老的精深博大的著作提供了一份旅程日志，他明确指出[8]，从地中海到撒哈拉，旅站之间的距离和空间扩大了，比例尺也改变了。运输的首要地位更加突出，一切都取决于运输。迪蒂埃·布吕尼翁指出，在漫无尽头的行程中，必须"像在海上那样，用指南针和星盘辨认方向"。[9] 过分空旷的地域迫使聚居的人和他们从事的经济活动不断迁移。这种迁移比别的地方更繁重。人的极大的流动性、游牧活动的巨大规模、沙漠商队经久不衰的流动，以及城市的活跃，这一切都为了适应或试图适应这个迫切的需要。城市因此耗尽了力量。如果说"逃离农村"是西欧的特点之一的话，那么逃离城

市就是这些干旱地区历史的一个重要特点。不用几年时间，沙丘的沙就把一个首都及其房屋、道路、引水渠……统统掩埋了。[10]沙漠同荷马所说的“不能收获的海”一样贪得无厌。人们只是作为“行色匆匆的过客”进入沙漠[11]。他们只能在那里作短暂逗留。“这是一个没有水的大海”，其面积又比地中海宽阔得多。

匮乏和贫困

辽阔和空旷，就是匮乏和贫困。一位阿拉伯诗人说过，“我能把饥饿紧关在肠胃的角落里，就像灵巧的纺纱女能把纱线牢牢地捻在手指上一样。”这位诗人是穆罕默德的同伴，名叫阿布·霍雷拉。他在谈到这位伊斯兰先知时说：“他离开了人间，连大麦面包也没有一次吃饱……”[12]甚至在富饶地区的中心巴格达，多少穷人像《一千零一夜》里的苦人儿那样，梦想吃到一块用黄油烤的精白面饼！即使黑面包或者马格里布穷人吃的“马阿希”——一种粗糙的古斯古斯——也不是所有地方的人都能吃到。人们经常不得不满足于吃用草草压碎的麦粒做的饼子。这是一种原始的“克色拉”，通常用大麦做成，很少用小麦。

穷困之乡没有水。水源、河流、植物、树木全都缺乏。一片稀疏的植被在那里就叫“牧场”。木材极其稀少，所以干旱地区的房屋都用黏土垒墙。从印度到热带非洲，无数城市只不过是些“干打垒”。至于石头建筑，即使有的话，也是特殊的杰作了。只用石头叠砌，不用木架支撑。没有木材，因此在伊斯兰的土地上，雪松木箱子十分昂贵！让我们对比一下，想想意大利文艺复兴时代的漂亮家具、大立柜以及根据托莱多的技艺，镶金嵌铁的写字台。木材短缺在这里不但像在地中海那样，使制造帆桨战船和普通船舶成了问题，而且使每天烧饭成了问题。宿营地使用的炉灶很简陋，只用两块石头搁在一起，中间便可烧火。什么东西都放进炉灶去烧：小树枝、树根、干草、麦秆、细茎针茅、椰枣树的树皮、“晒干的骆驼粪、马粪或牛粪”等。[13]甚至得天独厚的城市也免不了这种经常缺乏燃料的苦境。在开罗，人们用晒干的牛、马粪，或用甘蔗的“秸叶”，或者一般船舶或帆桨战船从小亚细亚运到亚历山大港的稀少而昂贵的木柴作燃料。而这一切又都是不可靠的。1512 年 11 月，[14]由于燃料供应紧张，甚至官员家里的厨房也停止生火。在开罗四周，人们到哪里去寻找燃料呢？

这些生存条件恶劣的地方，往往是真正的“无人区”，但植物、动物和人还是坚持了下来，仿佛大自然不仅厌恶物理真空，而且还厌恶生物真空。一个地理学家就是这么说的。[15]在气候突变和灾难降临的第四纪时期，人类和其他生物一样，经常受到意外的袭击和磨难，不得不苟且偷生和适应环境。残存下来的居民，除图阿雷格人以外，还有阿拉伯半岛的阿拉伯人。但是，不管怎样，除了面积通常不大的绿洲之外，人们只能一小群、一小群地活下来。要是没有畜群，维持生存也简直是不可能的。几千年来，这些沙漠是驴、马、骆驼和单峰驼的天下。单峰驼在撒哈拉扮演首要角色。根据习惯说话，“人在那里依靠骆驼维持生存”。沙漠的伟大历史也是从骆驼开始的。然而，一位行家说[16]：“骆驼在使人能从事游牧活动、逐水草而居的同时，还给予人类在日益广阔、日益多样的地域内进行开发、利用植物的能力。”他还补充说：“骆驼是促成沙漠化的媒介。”这是完全可能的。

总的说来，骆驼主单靠驼群的奶、奶油或奶酪是难以为生的。他们几乎不吃驼肉。他们知道应付饥荒的各种“替代食品”。阿伊尔的图阿雷格人[17]用20多种野生植物充饥，特别是“德兰”、“莫罗克巴”、野生“福尼奥”、“克朗-克朗”、“塔维特”的籽和“贝迪”的根和嫩茎。[18]他们的邻居——如果可以这样称呼的话——图布人“用迪姆果做饼”。[19]除了这些野生植物外，还有猎物。在16世纪，还有野羊、野驴、野牛、野骆驼、羚羊和岩羊。在伊朗的法尔斯，人们争着捕捉大鸨和山鹑。[20] 17世纪的一个旅行家指出：[21]“从巴比伦到阿勒颇，除了沙丘、马槟榔和骆驼吃的柽柳之外，没有其他东西。我见到的动物只有野驴、野马、羚羊和鹿。它们有时成群结队而来，数量之多，竟妨碍我们的商队继续赶路。”在叙利亚的沙漠中心，深受欢迎的猎物是一种老鼠，它的肉味美可口。[22]人们能想象出这种生活是多么艰苦。在诗歌和幻想的帮助之下，人们会承认，这种生活又有多大的诱惑力。一位伊拉克的现代作家说：“谁要是尝过贝都因人的饭菜，就永远舍不得离开了。”[23]

游牧生活与牧场连在一起，牧民总是逐水草而居。在干旱季节里，任何畜群都不能到离水井50公里以外的地方去。穿越“塔内兹鲁夫特”的干旱地区是一种壮举。这要求骆驼带上牧草和备用水。显而易见，人们为了占有贫瘠的牧场，会发生冲突。这些土地表面上似乎分文不值，却与相当牢固的传统权利相联系，而权利又必须加以保护。由此产生了争执和抢劫。掳掠定居的牧民更加有利。公元16世纪，面对这些抢劫，这些昆虫的叮咬，叙利亚和埃及简直招架不了。西班牙国王费迪南和伊莎贝拉派往素丹的人文主义者安吉拉的皮埃尔（“殉教者”）于1502年到达埃及。他很快看出，这个始终处于流动状态的、人数众多的游牧民族,发果不是内部四分五裂,会立即占有尼罗河沿岸地区。[24]对他们进行征伐,即使取得胜利,也往往空手而归,或者仅有少量的掳获,即一些贝都因妇女和儿童![25]每天,至少每当他们愿意,游牧民一直来到阿勒颇、[26]亚历山大[27]或开罗的门口。1518 年 11 月,一些士兵被派往阿卡巴驻守,以保护朝圣者的行李"不受越来越多的贝都因强盗的抢劫"。[28]

根据实地调查,沙漠地区的所有这些游牧部落的内部结构似乎十分简单,其实却具有复杂的组织、等级、习俗和令人惊叹的司法机构。但是,从外部看,他们像是随风飞扬的尘埃。相比之下,地中海的社会,特别是地中海山区的社会,虽然在我们看来有着很大的流动性,却突然变得沉稳和凝重起来了。

长途跋涉的游牧部落

在沙漠地区,有两种类型的游牧活动。

首先是山区的游牧部落,他们迁移的范围小。冬天下山,在沙漠过冬。今天奥兰南部的西迪谢赫部落、阿热尔和霍加尔的图阿雷格人以及远达西属撒哈拉"泽穆尔悬崖"的勒格依巴特人,都属于这种情况。第二类是离开撒哈拉去沙漠边缘的草原度夏的游牧部落。他们行程很远。鲁瓦拉人就是这样,他们从叙利亚沙漠走向地中海。贝尼拉尔巴人也是如此,他们随着季节变化,在艾格瓦特和提亚雷特高原之间长达 800 公里的地区来回移动。每年 5、6 月份,他们到达提亚雷特高原。摩尔人也是这样,但是他们在旱季离开地中海,前往塞内加尔河流域。[29]

我们所要探讨的只是那些随季节变化定期来到地中海的行程很远的游牧民。

每逢冬季来临，地中海受到大西洋低气压的侵袭，雨水较多。在朝南和朝东的方向，降雨区超过地中海的严格界线。在麦加地区，冬季常有来自地中海方向的阵雨，有时下得很猛。布雷蒙将军写道："在吉达街头，我见到积水深达一米。"显然，降雨远不是定期的。这些阵雨（在更远的地方，两年下一次或四年下一次）创造出人们赖以生息繁衍的草原，辽阔无际的、稀稀拉拉的、瞬息即逝的牧场。即使在大片的沟壑地带，草丛之间也相距20多米。草的生长从冬天开始，春天由南往北逐渐干枯。随着畜群的到来，草地逐渐后退，从而把畜群引向地中海沿岸。畜群到达那里时，收割季节已经结束。但是，茎秆和干草仍然是牲畜的饲料。夏季一结束，畜群返回南方就食，那里的新草即将长出。

这些来去往返并非毫无困难。如果路途遥远，就要趁秋雨初来，或者春雨快结束之际上路，因为地中海的雨季开始于冬季之前，结束于冬季之后。可是延迟耽搁的事经常发生，而且放牧途中难免会经过寸草不生的死亡区。赶上干旱的年头（1945年就是干旱年，造成人畜大量死亡），南方的牧场提早干枯。成千上万只羊沿途死去，骆驼的肉峰危险地消瘦，牧民们便改变他们习惯的路线，返回北方去寻找救生的草料。

在16世纪，前来地中海沿岸放牧的羊群远比今天多得多。当地居民修筑的路障——我们今天看到正在加固——那时还很不坚固。游牧部落在小亚细亚和叙利亚长驱直入，不受阻拦。勒芒斯的伯龙一年夏天曾在阿达纳附近看见他们。[30] 在整个马格里布，游牧民的条条大路横贯南北，尤其在一马平川的突尼斯草原以及西面干燥和开阔的奥兰高原。每年将近7月底，长期驻守奥兰的迭戈·苏亚雷斯都能见到阿卜达拉部落涌往奥兰附近。上年秋天，他们在海边的一些土地上撒下种子，因此他们力图确保自己的收成。以防附近部落居心不良。迭戈·苏亚雷斯也看见阿拉伯人牵着骆驼载运西班牙的火枪兵。他平静地观察他们，并且走近去看看他们怎样做饭，怎样把炸过的肉放在油脂中保存，怎样吃古斯古斯，怎样喝他们称为“勒邦”的酸奶。[31]

在突尼斯，存在着同样的交替更迭。奥地利的胡安之所以在1573年10月一弹不发就占领突尼斯城，是因为游牧民已经放弃突尼斯北部海岸。相反，土耳其人能在1574年8月占领突尼斯城和拉古莱特堡，却是由于游牧民站在他们一边，并协助他们修筑工事和运输物品。这是几世纪来历史的重演。早在1270年，在突尼斯军队里服役的游牧民，在秋末冬初（圣路易刚刚去世），曾经威胁“要按照他们的习惯，离开军队回到南方的牧场去”。[32]

草原的推进和渗透

这种把游牧民从草原推向大海，然后又从大海推回沙漠的大规模运动，难道不正是地中海历史的一种巨大的制约条件或节奏吗？假如起伏盛衰的交替发生像海潮的涨落那样准确，那么一切都很顺利。可是，除了断断续续的旱灾之外，还有成千上万个原因导致整个机制失常，促使游牧民不满足原来的生活范围。于是，游牧民和定居居民之间发生冲突的机会就成千上万地产生。从根本上讲，牧场对游牧民的生活不可或缺。但他们有时也可能需要耕地，甚至要有一些都市充当他们的供应点和政权建设的基地。

举一个例子：在16世纪50年代前后，在荒芜的突尼斯南部，夏比亚人建立的小国曾有过一段相当混乱的历史。[33]夏比亚人最初是个普通的游牧部落。他们向北推进到凯鲁万附近，来到几乎已经是盛产油橄榄、大麦和小麦的真正地中海地区。他们成功的原因，我们很难弄清楚，但可以补充这一点：凯鲁万是座圣城，具有强大的吸引力。公元13世纪以来，哈夫西德人控制着突尼斯城和整个突尼斯王国，但由于北非的经济衰退和外族入侵——先是基督教徒，然后是土耳其人——国势颓败。夏比亚人利用哈夫西德人的混乱和衰落，在凯鲁万定居下来。夏比亚人以凯鲁万城为据点，曾试图夺取东面萨赫勒地区的大城镇，并且控制当地的纳税人，但没成功。土耳其人和兹拉库特在1551年攻入凯鲁万城，夏比亚人土崩瓦解。于是，夏比亚国被连根拔除，很快就灭亡了。有些原始资料说，夏比亚王朝在西边消亡了，但对这一点没有更多确切的说明。这个王朝留下的只是一道神圣的痕迹。它从虚无中产生，最后又返回虚无中去，夏比亚人的定居生活只是昙花一现。全部情况就是如此。

历史会重复千百次。16世纪，在的黎波里周围，其他游牧民国家也在相同的情况下出现了，但它们也只是昙花一现。摩拉维特派、梅利尼德人和费拉利亚人的卓著武功，有力地改变了摩洛哥地区的面貌。但是，这些冒险难道实际上是属于另一种性质吗？摩拉维特派在几年的时间内从塞内加尔河沿岸推进到西班牙的中心地带，直逼熙德的巴伦西亚城下。这是游牧民获得的伟大成功的最引人注目的事例！

除了这些引起巨大轰动的事件、这些暴力行为以外，无声的入侵也在进行。中世纪末期的安纳托利亚的情况就是如此。[34]当马可·波罗穿越安纳托利亚时，农民起来反对希腊地主居住的城市。随着起义农民信奉伊斯兰教，欢迎土耳其的游牧民加入他们的行列，随着城市最后也倒向伊斯兰教一边，这就完成了我们上面说过的巨大转变。安纳托利亚逐渐成为人丁兴旺、安居乐业的地区，游牧民从此扎下了根。[35]由于不适应绿洲的半热带农业，他们往往投靠地中海的定居农民，依从他们的简单的、往往是粗放的耕作方法。这方面摩洛哥提供了一些例子。

在几个世纪里，发生过多次从草原到地中海的迁移。今天，定居生活已经取得极大的进展。与此同时，对来自草原的推进的阻挡也大大加强了。尽管如此，撒哈拉人在伊斯兰神秘主义教士马埃尔-阿伊宁的儿子、号称"蓝色素丹"的埃尔-依巴的带领下，于1912年列队远征，重整摩拉维特派的雄风。他们以胜利者的身份进占马拉喀什，但不久又被法军赶回沙漠。[36]1920年和1921年，法国当局在阿尔及利亚南部明智地把快要饿死的、已经损失三分之二牲口的很大的拉尔巴部落收容起来。人们能够想象，这些饥民如果自找生路，将会干出什么事来。同样，在1927年的内志省，用T.E.劳伦斯的话来说，在阿拉伯游牧民的汇集地，沙漠中日益增长的和无所事事的力量随时有爆炸的危险。阿尔弗雷德·赫特纳写道[37]："如果没有英国警察的管制，阿拉伯入侵会再次发生。"况且，这样入侵很可能和过去一样，从叙利亚开始就因新人的加入而扩大规模。由于黎巴嫩雨水充沛，叙利亚边境至今仍然是游牧活动的必经之路。

还有其他戏剧性的例子。从1940年到1945年,在缺乏正常运输手段的北非,又重新出现了比战前规模更大、往北走得更远的驮畜运输业。卡车因汽油缺乏而被抛弃,于是又开始像从前那样,用挂在骆驼驮鞍两侧的大口袋来运输谷物。这是沙漠妇女用山羊毛或骆驼毛编织的口袋。游牧活动的推进无疑促使传染病再次在北非广泛蔓延,其中首先是斑疹伤寒……

贝都因人和定居居民的关系不仅仅是无休止的冲突。贝都因人常常接受召唤,开始他们觊觎已久的定居生活。地中海世界自古至今的农业耕作方法使地力耗损过速,农业造成的地力消耗比人们责怪游牧民的羊群对土地的破坏要严重得多。游牧民定居下来,在土地上饲养牲畜,正好符合大规模休耕的要求。一个地理学家写道[38]:"游牧民和定居居民是不可调和的对手,这是肯定无疑的。但同时,他们又互为补充,甚至互为依赖。离开特勒河去南方开荒的农民坚持在同一些土地上耕作——在干旱的地方,这不言而喻是荒谬的——但他们为牧民开辟了通道。但是,当牧民王国一旦建立之后,安全就有了保障,运输也正常和方便了。这时游牧民就像他们今天在突尼斯草原上那样,逐渐转入定居生活。"可以肯定,农业的改进以及轮种、作物移植这些现代技术的应用,必然会消灭游牧生活。几十年来,移民在提亚雷特高原开荒种地,种植小麦,把那里原有的大批单峰驼饲养者几乎统统赶走了。

但是,地中海地区同附近沙漠之间的冲突,并不是犁和畜群之间的对立。这是经济、文化、社会、生活艺术的对抗。俄国的历史学家认为,来自草原的任何推进都以社会结构的变化为序幕,即从原始阶段过渡到“封建化”的形式。[39]大家还知道宗教神秘主义的某几次高涨在伊斯兰教的远征行动中所起的作用。人口增加所起的作用并不亚于此。游牧民利用了定居居民的一切失误和弱点,其中有农业方面的,当然也有其他方面的。没有这些根基稳固的文明的有意或无意的合作,这些戏剧性的起伏变化是不可思议的。

埃米尔-费利克斯·戈蒂埃认为,16 世纪时北非的游牧民比平时更遍布各地。[40]当时北非处于一系列危机之中。其中包括因撒哈拉贸易不畅而出现的经济危机,以及因葡萄牙、西班牙和土耳其的对外征服带来的战争危机。这些征服后来在马格里布中部和东部重建了秩序,但是争端依然存在,因为长期的动乱造成了严重的和革命的局势。逃到图瓦特绿洲避难的安达卢西亚流亡者,帮助沙漠上的宗教城市宣传圣战并且付诸行动。从 15 世纪到 18 世纪,伊斯兰教的穆拉比德中心明显地撤向南方,这无论如何也是历史上的一个重大事件。[41]人们由此看到一个意想不到的事实:摩洛哥的秩序竟靠来自苏斯地区的阿拉伯贵族来重建,说到底要靠沙漠来重建。16 世纪末,在阿尔及尔、突尼斯、的黎波里的摄政统治时期出现的动乱,同西班牙文献中所说的阿拉伯人的骚乱有关。这里所说的阿拉伯人应该理解为阿拉伯游牧民。他们往往与城里的阿拉伯居民联合起来反对土耳其入侵者。这一切说明当时骚乱的范围有多大。在 16 世纪最后 10 年里,在整个地中海南岸,从直布罗陀海峡沿岸到埃及,骚乱经常发生。游牧活动在北非似乎起着越来越大的作用。既然游牧活动同其他活动一起发展,北非难道没有卷入这个世纪的高涨吗?游牧民毕竟敌不过土耳其的火枪、火炮,以及摩洛哥贵族的大炮。他们能够在这里或者那里取得一些地方性的

胜利，依靠突然袭击得手，争取广大地区参加反叛的行列。然而，最后胜利并不属于游牧民，因为从军事上看，游戏的规则已经改变。在这之前，游牧民一直所向披靡，是杰出的无可匹敌的骑兵，现在却被火药弄得一筹莫展。无论对伏尔加河流域的喀山牧民，中国北部的蒙古人，还是对非洲和中近东的部落来说，情况都是如此。[42]

运输黄金和香料的沙漠商队

游牧民的一般历史，要同沙漠商队的大规模的往来联系区别开来。后者是从沙漠的一个边缘到另一个边缘的长途旅行。几个世纪以来，这些旅行一方面把地中海和远东连接起来，另一方面又把地中海和苏丹内陆以及黑非洲连接起来。游牧民的一般历史和沙漠商队的往来联系活动的不同，就像近海航行和远洋航行不同一样。沙漠商队为商人服务，为城市服务，为在世界范围的经济活动服务。这是一种奢侈，一种艰险而复杂的活动。

沙漠商队并非从 16 世纪开始。这个工具当时被沿袭使用，并且完整地保存下来。随后几个世纪也接过这个工具，没有更多地加以改变。戈比诺、G. 施魏因富特、[43]勒内・卡耶、布鲁农[44]和弗拉夏[45]谈到沙漠商队时，都转用塔韦尼埃的描述。这些描述与一位英格兰无名氏的说法如出一辙。这个英格兰人在 1586 年前后，随一支大型商队去麦加朝圣。[46]商队在斋月结束 20 天后组成，在离开罗三里远的“比尔卡”起程，聚集了 4 万头骡子和骆驼以及 5 万人。商人走在队伍的前头，照料各自的货物，沿途有时也出售丝绸、珊瑚、锡器、小麦或大米，但他们主要是去麦加换取其他物品。朝圣者

走在队伍的最后,除了自己以外,别无牵挂……这支由富人和穷人组合起来的队伍,有它的武装首领,即商队的“头人”,另外还有向导多人。夜间,向导们手持点燃的干树枝为行进中的队伍照明。人们更喜欢在从凌晨两点到太阳升起的这段时间走路,以便利用夜间的凉爽。为了防备红海沿岸的阿拉伯强盗,商队备有卫队:200 名骑兵和 400 名步兵,加上一支野战炮队。12 头骆驼拖着 6 门大炮,用来吓唬贝都因人和在商队胜利进入麦加时制造声势,以引起轰动。正如叙述者所说,这是为了庆贺胜利。

我们看到,这支半宗教性、半商业性的庞大队伍行进速度很快,在 40 天内走完从开罗到麦加之间这段困难的路程。每支商队都有大量驮畜(土耳其军队的粮草供应有时需要征用 3 万到 4 万头骆驼)。他们人多势众,遵守商队严格的纪律,必须自己设法生活,除去做饭和喂养牲口必需的水和燃料之外,途中几乎不向当地索要任何东西……因此,为了使这些昂贵和强大的工具发挥效用,必须从事有利可图的买卖。在撒哈拉,主要是盐、奴隶、布匹和黄金的贸易;在叙利亚,香料、药物和丝绸等商品声誉卓著。这些贸易都定期进行。

15、16 世纪撒哈拉的贸易总的说来很可能增长了,甚至在葡萄牙人作出重大发现以后,尽管有了这些发现,情况也是如此。当然,从 15 世纪 60 年代开始,由于葡萄牙人在几内亚沿岸定居下来,一部分撒哈拉的贸易转向几内亚,从而引起了明显的黄金危机。[47]这一点我们以后还要谈到。尽管如此,撒哈拉繁忙的小路在 16 世纪还是没有停止把这种贵金属运往北非和埃及,然后反过来再把人和商品引向南方。用黄金出口断断续续这个理由来解释阿尔及尔"国王"萨拉赫1556年进军瓦尔格拉，或者解释佐达尔帕夏的一次更重要的袭击，或许是可行的。佐达尔帕夏的袭击无疑更重要，因为这次行动穿越整个撒哈拉。他带领摩洛哥人和西班牙叛教者[48]于1591年一直进抵廷巴克图。这次远征或许可以说明在三年后，即1594年，英格兰人马多克看见30匹驴驮着沉重的黄金来到马拉喀什的原因。[49]

以上见闻表明我们掌握的材料只是一鳞半爪。我们也无法完全弄清使尼罗河上游河谷活跃起来的贸易往来。土耳其近卫军和骑兵用来装饰自己的鸵鸟羽毛，就是经由阿比西尼亚和埃及间的这条天然贸易通道运到土耳其的。[50]在16世纪，这也是输送黄金的道路之一，我们拥有这方面的证据。塔韦尼埃于17世纪还提到过这一点。[51]在菲利普二世时代，当欧洲已经转而使用美洲白银时，土耳其伊斯兰世界似乎还依靠非洲的黄金。既然这个世界越来越从基督教国家进口贵金属，就不能说它从非洲大量收进黄金。奇怪的是，在16世纪末期，与萨非王朝统治下的波斯——这是个白银地区——相比，土耳其显然是个黄金地区。[52]

在近东，沙漠商队有两大活动地区。一个以叙利亚或开罗为起点，经由各条大道通向麦加；另一个从阿勒颇到底格里斯河。[53]根据塔韦尼埃的说法，由于沿岸的水动磨坊太多，幼发拉底河不再用来行船，至少在1638年以前是如此。土耳其军队曾在那年利用该河作为交通线。[54]底格里斯河仅在巴格达下游才通航运。[55]

有两束交通路线指向印度洋。一束通往波斯湾；另一束通往红海，到达埃及的图尔港和苏伊士港，更向前还能到达吉达港。这是朝圣者的港口，是连接红海和印度，连接红海和南洋群岛航线的终

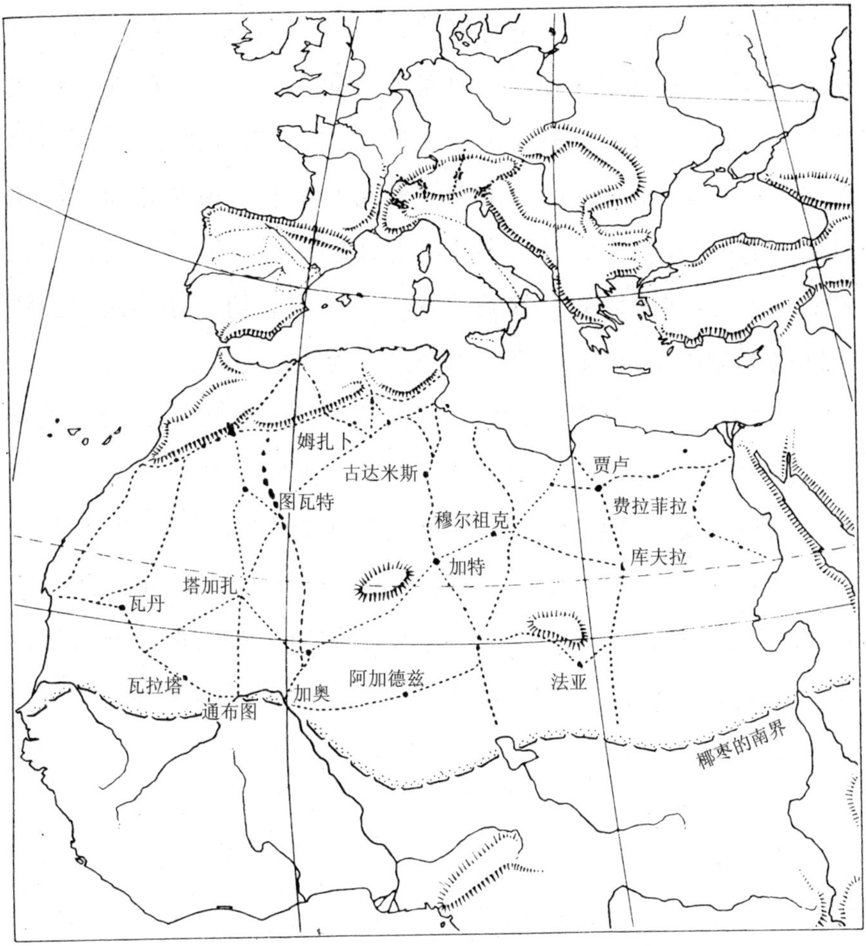

图 14　15—16 世纪的撒哈拉沙漠商队

本图基本上取自维托里诺·马加拉埃·戈丁诺的著作《世界经济简编》,1963 年版。该书主要论述 15 世纪。图上粗略画出穿越北非通往奥兰或突尼斯城的道路。阿尔及尔只是到了 16 世纪,即相当晚的时候,才发达兴旺起来。当然,从马格里布通往黑人地区的道路有过变迁。尼罗河是通往阿比西尼亚的要道。

点。[56]这些联系几个世纪以来一直存在,从 12、13 世纪开始蓬蓬勃勃地发展起来,到了16世纪,兴旺景象毫不衰减。这些联系把海上运输和沙漠商队运输结合在一起，虽然耽搁、延误和竞争时有发生，但是始终以某种方式进行调整，使整个体系得以保存，继续有效地运行。这并不等于说，地中海及其向印度洋延伸的地区形成一个“单独的生命”（雅科布·布克哈特语）。这种说法很动听，但肯定言过其实。毫无疑问，由于波斯湾和叙利亚海岸之间的距离很短，尤其在苏伊士地峡一带，地理状况事先已确定了通道的位置。可是，这些方便的自然条件并不能决定一切。穿越这些沙漠地区仍然障碍重重，要以很大的努力作为代价。

这样，两种经济有了接触。它们从相互交往中得到的好处是巨大的。但是，它们又各自独立，习惯于独立存在。在瓦斯科·达·伽马发现印度洋航路前，印度洋是个自在的、独立的、几乎自给自足的世界：小麦来自第乌岛；棉布来自坎贝；马匹由霍尔木兹提供；孟加拉生产大米和糖；象牙、奴隶和黄金由南部非洲海岸提供。这个世界足以调节需求和生产的余缺。印度洋要求外部地区提供的并不是日用必需品：太平洋地区的丝绸、瓷器、铜、锡、香料，西方的纺织品和银元。如果没有经常不断的银币交易，印度洋广泛的贸易生活绝不会轻易就偏离正道。地中海地区对胡椒、香料和丝绸的需求迫切而狂热。但是，如果没有印度和中国对白银的酷爱、追求，这些需求也许会落空……

黎凡特地区的贸易产生于极度紧张的局势，但这绝不是天然存在的或水到渠成的。必须作出连续不断的努力，经过一系列的转运，否则这种贸易活动就不能进行。因此，只要赶上一次猛烈的冲击，整个贸易系统就会错乱失常。读者可以想象一下，来自印度的一袋胡椒或者是来自南洋群岛的一袋八角茴香，要到达阿勒颇的某个商店，然后再转运到威尼斯、纽伦堡等地的某个商店，其间要搬运装卸多少次啊！

沙　漠　绿　洲

人和牲畜的游牧生活、沙漠商队的运输、部落的迁徙，这一切对西方人来说，是干旱地区最明显的特征。

但是，沙漠并不仅仅意味着来往移动。如果忘记这一点，就会忽视静止不动的城市及其周围宝贵的土地。这些城市和土地，是精巧的乡村文明的杰作，是用河水、泉水和地下水创造出来的。近东人几千年来取得的这个胜利，究竟从什么时候和什么地方开始，恐怕只有天晓得，总之是很久以前的事了。其诞生地既是埃及、美索不达米亚和伊朗，又是土耳其斯坦和印度河流域。这个胜利果实经过世代相传，得到更新和丰富，逐渐向北非和南地中海传播。

这些绿洲不过是沙漠中的小据点。16 世纪的埃及仅在尼罗河两岸展现带状耕地，三角洲尚未完全被人类所征服。美索不达米亚在古代辉煌一时，它由一片占地不过 20000 到 25000 平方公里的肥沃土地组成[57]：这在地图上显得微乎其微。然而，绿洲是集中的居民点，是阡陌纵横的农业区。当时那里的生活情况，由今日南阿尔及利亚果园的图景就可见一斑。阿尔及利亚的果园四周被土墙围着，水利灌溉井然有序，经营管理有条不紊。那里的组织体制比地中海平原严格得多。同《汉谟拉比法典》的严格规章相比，伦巴第的水稻种植规定又算得了什么呢？即使在巴伦西亚以及遵循严格的法规进行灌溉活动的其他地区，多半仍有通融的余地。但是，绿洲施加的强制却划一不二。此外，如同真正的平原一样，绿洲需要耗用大批男劳力。

在恶劣的气候条件下，人们疲劳困顿，饱受包括疟疾在内的一系列地方病的折磨。在埃及，勒芒斯的伯龙满脸都是库蚊叮咬留下的红点，好像患了麻疹。[58]因此，这种生活需要源源不断地补充人力。黑奴制度早在传入美洲之前，在撒哈拉沙漠的绿洲就已经存在。在埃及也是如此。埃及历来同苏丹和阿比西尼亚保持经常的联系。尼罗河流域的许多农民带有黑人的血统。至于美索不达米亚，它似乎从东西两侧的山地接受移民。在中世纪，美索不达米亚难道不是波斯的一块属地吗？那里曾是波斯文明之花盛开的场所，那里还有重要的朝圣地以及通都大邑。有人说，土耳其人的懒怠疲沓破坏了美索不达米亚的波斯田园。实际上，美索不达米亚自从与伊朗分割后，它的不可缺少的人力来源就被切断了。贝都因人到这个死气沉沉的地区四周放牧，不再遇到什么困难，他们并且学会了定居，在那里建立粗放的农业……

这里恰好可以衡量出平原和绿洲的田园是何等地不稳固，因为这些田园需要不断重建，需要经常保卫，以防蠢蠢而动的敌人的侵袭。就美索不达米亚的情况而言，必须预防沙害、水渠淤塞、堤岸决口以及在附近草原上的游牧部落。必须像对付蝗虫一样，保护自己不受半开化的游牧民的侵犯。在 14 世纪末，美索不达米亚的每个村庄都有自己的碉楼和监视哨，发现牧民入侵便及时报告。[59]此外，贝都因人难道能适应绿洲的热带生活和以植物为主的食物吗？他们属于游牧民中的健壮型，腿细，胸宽，如德国人类学家所说，体格魁梧。绿洲上的人属于矮胖型，是被植物型食物撑大了肚皮的、大腹便便的农民，像堂吉诃德的随从桑丘·潘沙一样。再看伊朗血统的定居居民在费尔干纳的历史上所起的作用吧！正是他们整治了锡尔河谷，砍去山坡上的密茂树丛，排干芦苇丛生的沼泽地的积水。在河谷四周活动的也是他们，而不是游牧民和半游牧民。[60]

毫无疑问，绿洲不论大小，都是强有力的基地。很早就被人占领的绿洲曾经是肥沃的“孤岛”，“东方文明”就在这些孤岛上建立起来。伊斯兰教只不过是这种文明在诞生几千年以后的复兴而已。绿洲因其树木、流水和玫瑰花，而成为东方文明最早的“天堂”。虽然很多作物和农具（例如犁）不一定是在绿洲最先发明的，但是所有这些东西很早就在那里推广使用……正如阿尔弗雷德·赫特纳所坚持认为的那样，这并不意味着绿洲是东方的全部基础。在沙漠生活的两个既互相对立又互相补充的组成部分中，地理学家似乎经常顽固地只选择其中之一，作为他们解释事物的基础，仿佛这两个组成部分可以分开，仿佛游牧民不依靠城市的稳定，城市也不依靠游牧民的流动，更有甚者，仿佛游牧民和城市不是一部伟大历史的两个组成成分，其意义比它们各自的历史更加伟大。为了了解伊斯兰教——沙漠的儿子——的伟大而奇特的历史，这两个成分更是必不可少。

伊斯兰世界的地理分布

散文家伊萨德·贝伊反复指出：[61]“伊斯兰就是沙漠”，空空荡荡，环境艰苦，严格禁欲，以神秘主义为固有特征，对酷日虔诚恭敬（太阳是神话的统一的本原），因人迹罕至而造成众多的后果。同样，地中海文明的成长壮大也以空旷的海洋为决定性因素。这里大小船舶川流不息。那里沙漠商队和游牧民来往频繁。同大海一样，沙漠就是运动，伊斯兰世界就是运动。维达尔·德·拉布拉什说，同清真寺及其尖塔一样，东方集市和驮商客店也是伊斯兰文明的特征。[62]由于这种流动性，在沙漠生活的人具有无可置疑的同质性。托特男爵写道："如果把一个满洲鞑靼人同一个比萨拉比亚的鞑靼人拉在一起，你想发现他们两人相隔 1500 古里的距离，简直是白费力气。气候相差不大，治理方式完全一样……"[63]

但是，我们也不要把复杂的事物说得过于简单。伊斯兰世界是沙漠所包含的人类现实的总和，其中既有一致的成分，也有不一致的成分，这里涉及我们已经指出过的全部地理问题。我们不妨再一一列举：沙漠商队走的大路；沿海地区（在地中海、波斯湾、印度洋和红海沿岸以及在与苏丹国交界的地带，伊斯兰在一些"萨赫勒"地区安顿下来，过定居生活）；绿洲及其力量积聚（赫特纳认为这曾是至关重要的因素）。伊斯兰世界就是这一切，是从大西洋到太平洋的一条漫长的通道，贯穿整个强盛的和僵硬的旧大陆。当罗马统一地中海时，其业绩也比不上伊斯兰世界。

就这样，从 7 世纪起，历史的机遇使伊斯兰世界成了旧大陆的统治者。伊斯兰世界夹在这些人口稠密的地区——广义的欧洲、黑非洲、远东——之间，控制着必经之路，并居间谋利。未经伊斯兰世界的许可，任何东西都不能过境。对这个稳固的世界来说，虽然它的中心没有宽阔的海上航路的那种灵活性，但伊斯兰世界同后来在全球范围内取得胜利的欧洲一样，是一种居于统治地位的经济和文化。当然，强盛的伊斯兰世界也不可避免地有其弱点：长期缺乏人力；技术不良；内部争吵（宗教既是争吵的借口也是争吵的依据);最早的伊斯兰世界要控制寒冷的沙漠或者至少在土耳其斯坦和伊朗这个范围内控制这些沙漠有先天性的困难。这是整个链条中最脆弱的一环,它在准噶尔的大门附近或者后面,处于蒙古和土耳其的双重威胁之下。

最后一个弱点:伊斯兰世界很快故步自封,以世界的中心自居,并且洋洋得意,不求进取。阿拉伯航海家曾怀疑黑非洲的两侧(大西洋沿岸一侧和印度洋沿岸一侧)由大洋连成一片,但他们对此并不关心……[64]

土耳其人继阿拉伯人之后在15世纪获得了巨大的成功:他们建立了第二个伊斯兰世界,一个与土地、骑兵和士兵相结合的伊斯兰秩序。土耳其地处“北方”,并且因占有巴尔干半岛而深深地插入欧洲。第一个伊斯兰世界在其扩张的强弩之末抵达西班牙。奥斯曼帝国的冒险中心却位于欧洲,位于伊斯坦布尔这个滨海城市。伊斯坦布尔促使土耳其人热衷于定居、组织和规划。这种欧洲作风导致土耳其素丹盲目地投入不合时宜的纠纷之中,终于吃了大亏。[65]1529年,土耳其人不去开凿当时已经开工的苏伊士运河;1538年,土耳其人没有同葡萄牙人斗争到底,却同波斯在边界空旷地区互相残杀;1569年,土耳其人没有乘胜追击,占领伏尔加河下游,重开丝绸之路,却劳而无功地打一场地中海战争,而他们在当时本应该从这个中了魔法的地区脱身……因而他们丧失了众多的机会。[66]

2. 欧洲和地中海

从黑海到直布罗陀海峡，地中海北侧与欧洲大陆接壤。历史学家如果要在这里划条界线，就会像在其他地方一样，犹豫不决，而且犹豫的程度更甚于地理学家。亨利·霍瑟写道："欧洲是个含糊不清的概念。"这是一个双重的或者三重的世界，风土人情历来各不相同。由于地中海紧接欧洲南部，它对欧洲的统一是个不小的障碍。地中海把欧洲吸引到自己的一边，为了自己的利益而使欧洲四分五裂。

地峡及其南北通道

欧洲的陆地夹在蔚蓝色的地中海和北方其他内海（波罗的海、北海、拉芒什海峡①等）之间，越往西去，地块越狭小。这块陆地被一系列南北通道所切割。这些天然的地峡——俄罗斯地峡、波兰地峡、德意志地峡和法兰西地峡——至今对交往联系仍然起着决定性作用。

在西边，伊比利亚半岛同样也有贯穿全境的大路，但它们都由西往东，从地中海通向大西洋。例如从巴塞罗那经由埃布罗河到纳瓦拉省和巴斯克地区的几条大路，从巴伦西亚到坎波城和葡萄牙的横向大路，还有从阿利坎特和马拉加到塞维利亚[67]的陆路捷径。这些道路都使人可以不经过直布罗陀通道。关于西班牙的这些道

① 即英吉利海峡。"拉芒什"是法国人的称呼。——译者

路,我们姑且不谈。它们的走向决定它们与众不同,所以这个老问题一再提出:西班牙是否完全属于欧洲呢?我们先回到地理学家所划分的从加斯科涅湾①到高加索的这条重大界线来。在我们看来,正是这条界线以北的各条大路,才真正涉及欧洲与地中海的联系的问题,或者更确切地说,关系到这种联系的一系列问题。

因为,地中海地区以北的这个欧洲,虽然同地中海一带的陆地形成强烈的对照。但其本身远不是整齐划一的。同南方的果园和葡萄园相比,这个欧洲拥有茂密的树林,[68]开阔的平原,优良的草地和可通航的宽阔的河流。地中海赖以生存的经济林木在这里难得见到。在这片辽阔的土地上,运输使用车辆,以致当波兰大使丹蒂斯库斯1522年秋天从安特卫普去布鲁日和加来时,自然而然地这样写道:"从安特卫普搭车起程",好像这几乎已是一种习惯。[69]相反,南方是骡驮商队的世界。1560年1月,西班牙未来的皇后、瓦卢瓦家族的伊丽莎白及其随从,乘车带着行李来到西班牙边境,然后改用驮畜把他们送往半岛的中心。[70]50年前,即1502年,美男子菲利普首次在西班牙旅行时也是同样的情况。

北欧是啤酒的产地,用发酵的粮食酿造饮料,塔西佗时代的日耳曼人已经是这样。在16世纪,第一批啤酒厂在康斯坦茨建立。[71]一些多明我会的修士把啤酒引进洛林。后来,正如民歌所唱的那样,啤酒很快传入英格兰,同时进入的当然还有啤酒花和宗教改革运动。[72]威尼斯在1590—1591年的冬天派往但泽购买谷物的秘书马尔科·奥托蓬,惊奇地看到在夏天到来后有200艘荷兰船抵达

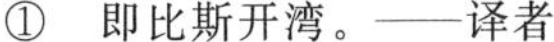

① 即比斯开湾。——译者

那里。这些船既不坚固，装备又差。它们前来装运次等粮食，显然供制造啤酒之用。

在地中海人看来，北欧（不仅仅是波兰）的情形十分奇特。葡萄酒在那里是一种奢侈品，其售价之昂贵叫人无法相信。贝亚德1513年一度曾困居尼德兰，尽管他没有什么钱财，却在那里大吃大喝。“有一天，他为了买葡萄酒竟花去20埃居。”[73]初来这里的地中海人肯定会觉得当地民风粗俗鲁钝，野蛮成性，但又往往是些纯朴的和虔信宗教的“野蛮人”（不管是马丁·路德之前的德意志[74]还是弗朗索瓦一世时期的诺曼底，[75]情况都是这样）。他们也很诚实（马尔科·奥托蓬谈到波兰时说，在那里带着黄金旅行，也不会有任何危险）。另外一大好处是，那里的生活比意大利便宜。这个威尼斯人说，在但泽，“每人每星期花两个塔勒，我就能说早晚都有酒席吃了。”[76]

但是，我们也不要笼统地断言，地中海地区就是驮畜的一统天下。同样，地中海以北的欧洲，也不是啤酒和车辆运输的禁脔。在法国，或在其他地方，驮畜担负一大部分运输工作。车辆往往只在城市附近的小范围内行驶。城市车水马龙，乡村一片荒芜：这在地中海国家的中心地带虽属个别现象，却也可以看到。此外，地中海沿岸也有一些遗世独立和生活低廉的落后地区。

必须再说一遍：欧洲是多样化的。文化在不同的时期、通过不同的道路进入欧洲，早期经由南方的大路，带有不可否认的地中海色彩。后来从基督教西方出发，沿着纬线，通过海路（请看吕贝克的法令怎样通过波罗的海向四面扩散）和陆路（马格德堡法传布得更远，但速度慢些）传入。

由此产生的结果是:在欧洲的地图上,地中海世界面对着起源不同、文化和经济水平也不同的地区、社会和文明。它们既没有相同的色彩,也没有相同的年龄。它们在不同程度上感受到地中海的吸引力。

就地峡南北往来频繁的程度而言,欧洲大体上至少应分成四个组,四个历史地带。每个地带各自与带来财富的暖水海保持不同程度的联系。它们之间也互有联系;这就使我们的观察变得不那么简单。

俄罗斯地峡:通向黑海或里海

人们不难断言,甚至不难证明,16 世纪还没有俄罗斯地峡,没有一个通往地中海的并同地中海取得广泛贸易联系的地峡。整个俄罗斯南部一片空旷,只有克里米亚的鞑靼游牧部落经过这里。他们纵马飞驰,前往高加索北部边缘或里海沿岸。他们也去莫斯科——1571 年他们曾经烧毁这个城市[77]——或者深入多瑙河国家的中心地区,在那里大肆劫掠。[78] 18 世纪末,俄罗斯垦殖者在那里遇到的仍然是辽阔的荒原。只有少数以饲养骆驼和马为生的游牧民拦路抢劫。[79]

辽阔草原上的袭击(那里找不到一座城市),并不比海盗行劫更多。但是,这些袭击已经足以使草原成为危险地区。南方的鞑靼人以背靠大山的克里米亚为基地,又在控制着几个要塞(例如加法)的土耳其人的支持下,不像喀山和阿斯特拉罕的鞑靼人那样,轻易就被“大公”降服。这是因为土耳其人用火枪和大炮武装了他们,从而消除了俄罗斯人可能对鞑靼人拥有的唯一优势。[80]作为报答，鞑靼人在行劫之后向土耳其所有的家庭和农村提供斯拉夫仆役或工匠。大批俄罗斯奴隶，有时还有大批波兰奴隶，由鞑靼人一直运送到君士坦丁堡，在那里廉价出售。[81]掳掠和出卖人口的规模是如此之大，以致乔瓦尼·博泰罗在1591年把这归结为俄罗斯人口稀少的原因之一。[82]人力的缺乏可能说明为什么俄罗斯人在16世纪没有力图占领黑海沿岸。当冬天封冻的河流不再妨碍军队行动时，他们仅限于在这些蛮荒之地发动几次反袭击。17世纪初，俄罗斯的“化外之民”——堪与乌斯科克人或海杜克人相比的哥萨克人——驾轻舟出航，骚扰土耳其人在黑海上的贸易。早在1602年，“波兰”哥萨克人曾在多瑙河的出海口拦截一艘帆桨战船。[83]

俄罗斯人之所以与南部联系较少，也因为他们在这个方向没有作出认真的努力。越过北部荒野之地，他们受到经济蒸蒸日上的波罗的海的吸引，[84]而在正西方向，又受到波兰和德意志等欧洲国家的吸引。最后，他们以里海为轴心，朝波斯方向发展。他们的活动重点在东南方，而不在南方。

当时俄罗斯还不是欧洲。[85]但是，它正在欧洲化。意大利的泥瓦工和建筑师，圆顶钟楼的建造者，从西方长途跋涉，越过阿尔卑斯山脉，穿过波希米亚和波兰，一直来到莫斯科。制造火药的宝贵技术，也从西方传到莫斯科。波兰人上百次抱怨这些技术的传播带来的危险。[86]当沙皇于1558年到1581年夺取纳尔瓦，从而打开面对波罗的海的一扇“窗子”的时候，[87]波兰国王对提供给莫斯科人新的机会感到惊惶不安。唯一遏制他们的办法是让他们处于“野蛮和愚昧”之中。西吉斯蒙德国王在1559年12月6日给伊丽莎白女王的信中写道，但泽人做得好，他们扣留了开往“纳尔瓦”的英格兰船只。[88]这类纠纷后来持续不断,而且不限于英格兰船。1570 年 6 月,迪埃普的一艘法国船"希望"号,在驶往纳尔瓦途中,也被但泽的所谓海盗所扣押。[89]1571 年,阿尔贝公爵提请德意志国会注意,防止向德意志乃至整个基督教世界的敌人输出大炮和军事物资。[90]这些事实和其他一些事实表明,俄国经济重心逐渐向北转移。但是,广义的南方,特别是东南地区,仍然在俄国经济中保持重要地位。

在莫斯科有希腊、鞑靼、瓦拉几亚、亚美尼亚、波斯和土耳其商人。[91]贸易主要沿着伏尔加河进行。顺流而下的是士兵、大炮和谷物;逆流而上的是盐和鲟鱼干。[92]俄罗斯人分别在 1551 年和 1556 年占领喀山和阿斯特拉罕之后,[93]控制了整条伏尔加河的水道,哥萨克人和诺盖鞑靼人对经常性贸易的骚扰从此只是间或发生。[94]因此,当土耳其人后来依靠鞑靼人,力图进军阿斯特拉罕(其计划是挖一条从顿河到伏尔加河的运河,从而通过里海向进攻波斯的土耳其部队提供补充给养)时,[95]他们的尝试遇到俄罗斯人出色的抵抗,于 1569—1570 年间以大败告终。原因是:这个南方的前哨据点确保莫斯科与东南游牧民以及与具有古老货币经济的波斯的联系。南方各省向沙皇进贡白银,而北方各省往往只向沙皇的国库提供皮革和毛皮。[96]此外,这些毛皮是俄国同巴尔干半岛、君士坦丁堡和波斯[97]进行贸易的主要物资。随着诺沃西尔采夫出任大使,土俄关系在 1570 年得到改善。[98]

但是,从通史的角度看,重要的是 1556 年到 1581 年英格兰人试图朝里海方向,而不是朝黑海方向发展联系(黑海是土耳其的"内湖",防守严密,何必去自找麻烦)。他们确实曾想绕过地中海,

但并不像葡萄牙人那样，于1498年从海上迂回，而是同时通过陆路和海路。[99]

果然，16世纪中叶，英格兰船只在地中海上消失了，英格兰商人通过地中海同东方进行贸易得到的利润随之丧失。英格兰商人因此更加关心如何能参与有利可图的印度贸易，而印度贸易当时被地中海人和伊比利亚人垄断。伦敦的"冒险商"公司派船和探险者前往北极地区，希望查清一条新航道，经由北方实现麦哲伦所作的环球航行。其中有一艘船在钱塞勒带领下，于1553年偶然在离阿尔汉格尔斯克不远的圣尼古拉湾登陆。这次偶然的机遇必然被人加以利用。石蜡、鲸鱼油、毛皮、亚麻、苎麻、海豹牙、木材、鳕鱼等当地物资很快被运往英国，以交换呢绒和白银。

后来，莫斯科公司很快发现，穿越俄国土地的原定计划竟是可以实现的；人们通过里海同样能取得香料、胡椒、丝绸……。1561年，一个英格兰代理人携货抵达波斯，并且很快就建立起定期的来往。在几年间，东方所有的珍奇商品沿着伏尔加河北上，然后在圣尼古拉湾换船运往伦敦。这种情况虽然仅持续几年，但其最后的失败应归诸政治原因。由于英格兰从1575年起重新取道地中海这条直路，前往里海和波斯的长途跋涉，就不再有意义了。但是，这种长途旅行继续进行，因为俄国人并没有放弃他们主要的东方伙伴波斯。[100]俄国人于1581年被赶出纳尔瓦后，开始对阿尔汉格尔斯克感兴趣。这是俄国人在辽阔的北方剩下的最后一扇窗户。[101]荷兰人不久将把他们的船只开到那里。[102]

我们且回过头来，再看英格兰人的冒险活动。这种贸易涉及的货物为数不大，但也足以使英格兰商人赚取优厚的利润，并使侨居伦敦的西班牙人感到担忧。然而,这为地中海的全部生活,为大西洋和地中海之间的贸易障碍,为地中海对北方人的重新开放提供了见证。总之,在几年中,英格兰和地中海商人试图通过俄国为自己打开一条贸易通道。按照这种主张,贸易的规模还应该大得多。其目的是要两面包抄葡萄牙商人和叙利亚商人的后路。早在1582年,英格兰和土耳其在伦敦曾想达成一项协议,使香料贸易从黑海转移到里海,并以君士坦丁堡为中心。这是一项让英格兰进行部分垄断的宏伟计划。然而,由于多方面的原因,计划未能实现。奇怪的是,后来约瑟夫神甫在1630年前后也想绕道俄国;[103]当然不是为了和土耳其携手合作,恰恰相反,是想取道俄国,绕过土耳其的商业阵地和特权。这项计划和先前那项计划一样,突出俄罗斯地峡作为通向黎凡特地区的道路的价值,并且表明,为了认识地中海的历史,必须深入大陆内地进行观察。请看,早在中世纪时期,[104]即在这次英格兰的尝试前,[105]意大利已经有人几次动过取道俄国的念头;而在英格兰的尝试后,即在18世纪,类似的计划也曾出现过。[106]如果情况有利,俄国的道路可能打乱整个地中海的贸易格局。

这些道路既然决定着俄国经济的节奏,它们就把俄国经济同整个世界的经济活动联系在一起。最近有一项关于16世纪俄罗斯国家价格变动的研究报告,证实了这一情况。[107]俄罗斯国家的价格当时随着欧洲的总趋势而变动。这种联系得到证明,人们就会联想到(极其谨慎地)17世纪的大衰退对俄罗斯的分崩离析负有部分责任。当时社会动乱正席卷这个国家。在对外关系方面,至少从1617年起,俄国遭到一些失败。[108]尽管有这些灾难,尽管哥萨克人成群结队地沿着伏尔加河袭击商队，内河船舶、驮畜以及冬季的雪橇仍不断活跃着俄罗斯大道两旁的经济。[109]

从巴尔干到但泽：波兰地峡[110]

我们这里所说的波兰地峡在16世纪不以或者不再以黑海为轴心，而是以巴尔干半岛为轴心。这个地峡明显地向西倾斜，从波罗的海通到多瑙河，有时直达伊斯坦布尔（可能还更远）。是否应该认为，自从土耳其取代热那亚的地位以后，黑海对波兰丧失了吸引力呢？回答既是肯定的，也是否定的。尽管土耳其对加法（1475年）、基利亚（1481年）和比亚沃加德（1484年）的占领中断了到那时为止一直很活跃的贸易往来，[111]我们也不能不看到黎凡特地区的商业危机。最后，由于鞑靼人的缘故，南方各条大路很不安全，与此也有一定关系。于是，陆地的远程贸易衰退。这种贸易从13世纪起，一直把黎凡特地区的产品，主要是胡椒和香料，从黑海，特别是从加法运来供应波兰。

但是，以往的联系仍然存在。将近17世纪中叶，塔韦尼埃还谈到，从华沙到加法，四轮货车的旅程需要50天。[112]尽管这些古老的和活跃的大路使波兰得以通过摩尔达维亚直接进入巴尔干，从而运来土耳其和黎凡特地区的商品，但我们也不要对它们的作用估计过高。虽说波兰情形特殊，是个自由贸易区（读者应该理解为关税和过境税最低的自由通行地区），但它的国土十分辽阔。德·瓦朗斯主教在写给查理九世和卡特琳·德·梅迪奇的一份关于波兰的报告（1572年）中说，它有“两个法国”那么大。[113]陆地运输的价格在波兰必然过高。每拉斯特①谷物从克拉科夫运到维尔纳,价格要涨一倍多。[114]所以要最大限度地利用水路,利用定期航线(例如运盐的航线),否则就只能运输轻的贵重商品。这些都是障碍。

波兰和莫斯科大公国的情况尤其相似。波兰受到波罗的海经济的控制,并且更远些,还必须满足小麦、黑麦和林产品的买主——荷兰——的市场需求。阿姆斯特丹遥控着波兰的价格和行情变化。[115]在这种情况下,但泽的作用既扩大了,也受到限制。在"丹麦海峡"内,但泽是最繁荣、最方便的商埠。一位威尼斯人[116]在1591年说,买东西最好去但泽,而别去柯尼斯堡和埃尔平附近的小城镇,"因为在但泽经商的人都很可靠,比别处更有钱,更文明"。相对而言,有关但泽本城的圣多米尼克交易会,以及格涅兹诺的圣巴托罗缪交易会或波兹南的圣米歇尔交易会的付款手续,如在但泽就近办理,也比较方便。此外,纽伦堡提供汇兑方便,该商埠与维也纳、布雷斯劳、克拉科夫,甚至与但泽都保持有效的联系。

但是,在波兰及其邻近地区的不发达的经济——但泽以自由交换和自由贸易的神圣原则为名义剥削这些地区——和控制这种经济的阿姆斯特丹之间,但泽所起的作用十分有限,仅在一个贸易体系中扮演中间人的角色,而对体系本身始终无力加以左右。它的任务就是在托伦(索伦)和卢布林举行的冬季交易会收购粮食(还有其他产品,但主要是粮食)。贵族领主在这些交易会出售他们收获的粮食(冬天脱粒,来年四五月份解冻后运出去)。但泽人把粮食储入仓库,并且监督粮食的质量,尽快出售。因为在最好的情况下,

① 拉斯特为重量单位,一般在4000磅左右。——译者

这也是上一年收获的粮食，不可能长期在仓库储存。奥托蓬补充说，但泽人急需现金，以便重新采购、再投资，有时以现金换取纽伦堡的汇票，一般可以得到3%的佣金。据这位在但泽人中间生活了7个月的威尼斯人所说，但泽人得利菲薄的原因就在这里。事情果然如此吗？还有别的原因，但泽人夹在中间，既要满足粮食卖主的需要，又要满足荷兰、英格兰、法国、葡萄牙、西班牙以及整个地中海粮食买主的要求。总之，谁能支付必不可少的现金，但泽就受谁的支配，因为只有现金才能操纵波兰和邻近地区的古老市场。马尔科·奥托蓬在说明但泽粮食市场——读者应该理解为商情——的两个主要条件时，也谈到了这一点。这两个主要条件是：上一年收成的好坏——因为只有存储了一年的粮食作为商品粮出售——和葡萄牙的需求（我更愿意说是伊比利亚半岛的需求）。葡萄牙之所以能左右市场，一方面是因为运输距离比较短，又有支付现金的可能，另外也因为它需求量很大。从但泽运往地中海的粮食数量，不能与运往葡萄牙的粮食数量相比，只有在16世纪末发生危机的年代除外。[117]最后，但泽之所以满足于充当经纪人，并听任当地的航运业衰落，是因为它实行薄利多销的政策，从1562年起每年经过那里的粮食几乎达到8万吨。[118]归根到底一句话，波兰的货物都以这个具有决定性作用的城市为集散地。但泽是波兰观察世界的"眼睛"，当然这并不始终对但泽有利。

波兰的重心逐渐北移。1569年，波兰和立陶宛的合并完成。在这以前，它们只是被一个共同的君主联系在一起。1590年，首都也从克拉科夫迁到华沙。[119]华沙在15世纪还只是某个公爵的小镇，现有突然交了好运。这显露出经济的因此也是政治的剧烈倒转。在

16世纪的最后几年内,波兰在一场“预先已经输掉的西班牙式”的战斗中同瑞典和俄国斗争。这次战斗使人想起菲利普二世在他的统治后期企图同时制服法国和英格兰。

R. 里巴斯基通过考证得出的波兰商业统计数字表明,波兰的政治和经济朝着同一个方向倾斜。[120]贸易结算对波兰有利,促进了贵族和商人的资本积累。商人不仅关心小麦、黑麦和家畜(冬天养肥的牛称为“君子牛”)的外销,而且从各种交易中谋取利润,甚至出售成本很低的供农民饮用的啤酒。波兰对外开放的条件都已具备,而且已经开放了,向奢侈品贸易开放,向经常光顾波兰城市和交易会的外国商人开放,向苏格兰血统的流动商贩开放。[121]这些商贩跟随宫廷迁移,并受到达官贵人的保护,有些像是殖民地时期巴西的“行商”。在当时的巴西,像在波兰一样,大地主“阔绰,豪华”,[122]备受这些顾客的青睐。

但是,朝南的方向,有两个商业地区需要我们注意:一个近些,相当活跃;另一个远些,难以控制。

较近的一个位于摩尔达维亚和匈牙利以北,定期从那里把葡萄酒运到几乎不再有葡萄园的波兰。每年新酒上市,人们载歌载舞,尽情狂欢。为了防止酒店老板弄虚作假,克拉科夫每爿酒店必须张挂市招,或一把干草,或一根绿树枝,视酒之产地为摩尔达维亚或匈牙利而定。[123]在利沃夫,葡萄酒来自瓦拉几亚,是定居在南方的匈牙利移民生产的。[124]

这个较为邻近的贸易地区还输送活牲畜,它们主要来自摩尔达维亚,其中大部分是牛,因为平原的羊群通常被贪得无厌的君士坦丁堡所征购。摩尔达维亚牛是当地的支付手段,用以换取特兰西瓦尼亚城市或者波兰生产的普通纺织品及农民生活需要的铁制工具——犁铧、犁托、劈柴斧、长柄镰刀、镰刀、钉子——以及细绳、粗绳、皮带子、马具等。[125]物资交换主要在斯尼亚滕、西普尼蒂和林特斯蒂等边境集市进行。[126]摩尔达维亚的白牛也出口到德意志和威尼斯，一个历史学家说，还一直出口到但泽。从15世纪起，摩尔达维亚的白牛还通过但泽运往英格兰。1588年，英格兰驻君士坦丁堡大使签订了一项协议，规定英格兰用呢绒来换取“白色牲畜”，由但泽转运英格兰。[127]

摩尔达维亚的牲畜在通向北方的道路上与波多利亚、吕泰尼亚、沃利尼亚、立陶宛甚至波兰的牛群相遇。这都是交通运输不便的地方。当地居民满足于生产只够自己消费的谷物，向外出售大牲口。大牲口有这样一个优越性：它们可以组成队伍，自己走向西边的城市，从波兹南到莱比锡，甚至到美因河畔的法兰克福。据R. 里巴斯基估计，[128]每年有4万到6万头牛离开波兰。有关波兰—土耳其交界地区的文献资料提到，牲口达几十万头之多。这可能有些夸张，但给人的印象是：那里的牲畜繁殖迅速，情形有时与美洲殖民地很相似。同样都是荒无人烟的广阔原野，大片的沼泽地，茂密的森林，走不完的路和看不到尽头的半野生牲畜队。

朝南，在克拉科夫、利沃夫和加拉茨以远的地方有一条长贸易路线。这条路线避开匈牙利及其频繁的战争，到达巴尔干，并且一直延伸到君士坦丁堡。往一个方向发运的是毛皮、皮革、少量琥珀、价格便宜的波兰布匹，或准备再出口的昂贵的波兰布匹、铁器，可能还有低合金货币。[129]作为交换，亚美尼亚商人和犹太商人（主要从1550年开始),土耳其和希腊商人(一个名叫安德烈·卡尔卡坎德拉[130]的君士坦丁堡希腊商人在素丹的支持下,1534年获得在波兰全境自由经商的权利)发运的是马匹,但更多的是香料和丝绸。1538年,圣托马斯日①前夕发生的一次争执,表明波兰商人斯塔尼斯拉斯·齐耶姆利亚尼伊从土耳其回来后在克拉科夫遇到了麻烦。当时他带回40大件羽纱,每件估价为10弗洛林;34小件羽纱,每件估价为4弗洛林;120斤肉豆蔻花和24斤肉豆蔻。[131]这位商人和他的债主发生争执的具体原因,大概是债主在商人离开克拉科夫前,曾把钱和货物垫借给他了。

在1530年和1531年还可以看到卡梅尼察的亚美尼亚商人把来自土耳其的藏红花和大米[132]带到卢布林的交易会。1548年,卢布林还取得检验希腊和土耳其的各种香料的特权。[133]这个小城市当时财运亨通,其交易会的兴旺足以为证。在位于南方的利沃夫和华沙之间,卢布林是通往但泽路上的一个方便的歇脚站,其好处在于,这个小城市不收"歇站税",而利沃夫却有收税的特权,并维护这些特权。在卢布林,商品可以随商人的意愿自由进出,但在利沃夫,商品必须留下就地出售。

随着犹太商人、黎凡特商人和意大利商人汇集于利沃夫,南方的贸易也大量流向这个城市。1571年,胡罗公司——胡罗是在安特卫普定居的巴伦西亚商人——的一个代理人从但泽来到利沃夫,后来又从利沃夫去君士坦丁堡。[134]1575年,一个意大利人,受居住在克拉科夫的一名意大利商人的委托,在利沃夫采购了马尔

① 指12月21日。——译者

瓦西葡萄酒和麝香白葡萄酒。这些佳酿和城内市民消费的希腊甜葡萄酒一样，显然是从东地中海沿岸运来的。[135]最后，前往君士坦丁堡的所谓“波兰商旅”也常常经过利沃夫。这是一支由车夫和商人组成的队伍，他们利用当地行政当局的保护（有时也不一定）在城市的客栈停留，有时也围着一堆营火，在旷野歇脚。但是，我们始终没有弄清楚这些用牛[136]或马拉着的沉重的车辆究竟运什么货物前往博斯普鲁斯海峡。

博洛尼亚的一个商人托马索·阿尔贝蒂来往于这些艰难的道路上。关于他的长途旅行，他留下的记述过于简短。他从海路来到君士坦丁堡，于 1612 年 11 月 26 日离开那里，经由安德里诺普尔，穿过多布罗加。由于车夫都是土耳其人，拜兰节那天，他们不辞而别，到附近村庄去参加庆宴。没有尽头的罗马尼亚平原，给这位旅行家留下的印象是“一个陆地上的海洋”。在这片平原上，如果没有前车之辙指引，后来者就会迷路。当他到达雅西时，正值大雪纷飞。6 天之后，他来到利沃夫，在那里卖掉他的商品，进了一些货。春天，他返回君士坦丁堡，有 60 辆车随行，每辆用 6 匹马拉。1613 年 5 月 23 日，当他艰难地穿过巴尔干半岛时，一辆车翻了，“车上有 30 袋西班牙银洋，每袋装 500 个里亚尔，还有貂皮和其他商品。”所有这些都拾捡起来。6 月 1 日车队到达君士坦丁堡。6 月 21 日，这位商人又从君士坦丁堡出发，于 7 月 27 日再次来到利沃夫，然后继续赶路前往克拉科夫。接着，他又取道布拉格、纽伦堡和米兰，于 10 月 25 日到达博洛尼亚。[137]

尽管以上细节相当生动,尽管波兰对南方的贸易有明显的逆差,但这些贸易的数额同波兰与邻近的德意志,与美因河畔的法兰克福,与收购皮货的纽伦堡,与西里西亚进行的众多贸易是无法相比的。由于弗罗茨瓦夫(布雷斯劳)的商人野心勃勃——他们有时也希望落空——,西里西亚和波兰多次为关税率发生争执。[138]此外,南方贸易的数额同波兰经由布雷斯劳、莱比锡、纽伦堡、奥格斯堡和南德意志抵达意大利和威尼斯,然后又从威尼斯返回波兰的对角贸易也无法相比。1564 年 6 月,威尼斯市政会议向波兰国王的代理人交付了整整一批武器,其中有胸甲 100 副,火枪 500 支,戟 30 支[139]……艺术家、商人、手工业者从意大利[140]来到波兰,络绎不绝。其中三名意大利工匠于 1533 年在克拉科夫创建了一家砖厂。[141]真、假豪奢衣料也从意大利运到。在威尼斯和那不勒斯,织得很松的丝绸经过上浆就显得厚实挺括了。[142]这些丝绸从此以“波兰货”得名。1565 年前后,[143]整个波兰共有 15 到 20 家意大利商店,其中一家是由名叫索德里尼的富商开设的。但是,随着时间的推移,来自意大利的商人和商品越来越多(这种流动与我们以后将在南德意志境内见到的情况相似),似乎意大利商人和商品在 16 世纪末打入整个中欧和东欧恰好抵消北欧人对地中海的入侵。意大利商人遍布波兰各地,克拉科夫、利沃夫、华沙、卢布林和桑多米尔等地都有,而且长期待在这些地方。他们的鼎盛时期是从 16 世纪末到 17 世纪中叶。[144]其中一名商人的账簿让人看到 1645 年[145]他在波兰各地的交易会特别是在卢布林交易会的活动。这本账簿显示出有关货币使用、价格、商品数量、车辆运输状况以及在卢布

林出售的来自各个产地的各种布料的货单：伦敦的鲜绿色塔夫绸、佛罗伦萨的浅色平绒、那不勒斯的黑色的天鹅绒、威尼斯的紫色平绒以及卢卡的绛红色的和紫红色的布。品种之多，令人惊诧……这些名称今天已很难考证，而且列出的产地也不一定真实可靠。但是，正如托马索·阿尔贝蒂所回忆的，它们证明意大利人在16世纪以后仍在那里经商。关于邻近的特兰西瓦尼亚，人们也注意到同样的情况。在这个地方，意大利商人、工人、建筑师、瓦匠、石匠和士兵显然始终很活跃。[146]

以上的简要介绍有助于了解波兰的整个命运。16世纪的波兰并不缺少一股冲劲，这有很多事实可以作证，缺少的正是一种活跃的广泛的货币经济。如果说波兰国家非常脆弱，国王“徒具虚名，而无实权”，[147]这既与“共和国”的社会和政治体制有关，也由于波兰不能把大量财力集中起来，因此也就无法建设一支现代化的军队。波兰把与土耳其和鞑靼接壤地带的边境防务交给一伙哥萨克。西班牙的一份文件表明，[148]这伙哥萨克收容了四面八方的强盗。这份材料还说，他们“生性好斗，四处流窜，蠢蠢欲动，残酷无情，能吃苦耐劳，但又卑鄙无耻，无所不用其极”。总之，这是一伙胡作非为的乌合之众，根本不是一支现代化军队。1591年1月，在华沙召集的议会一时难以解决驻守俄国边界的士兵的军饷问题。士兵在等待发饷的同时，劫掠边界两侧地区，[149]以此为生，我们知道，这种事情在西方最富有的地方也发生过。

我们已经指出，波兰的政策主要关注北方的经济活动，这与贸易的方向是一致的。波兰既因纳尔瓦和波罗的海，也因两国未定

边界地区，同莫斯科公国发生争端。为此，波兰的政策很自然地是同南方和平相处。土耳其人和波兰人当然也就不急于动手打仗了。神圣同盟各国在1572年枉费时日，企图怂恿波兰反对奥斯曼大君。土耳其人则于1573年为安茹大公当选波兰国王出了一臂之力。1590年，在土耳其—神圣罗马帝国战争前夕，英格兰人出面调停，促使土耳其和波兰实行和解。波兰人主动作出和解姿态。1591年1月，奥斯曼大君抱怨哥萨克敲诈勒索，波兰国王征得议会中大贵族的同意，答应赔偿损失，或更确切地说，向大君赠送100张貂皮，估计价值高达3万弗洛林。为了筹措这笔开支，国王立即在当年向王国的每个犹太人征收1弗洛林的税。[150]这一点是确实的。

由此可见，波兰与南方和平相处。但是，这本身还不能说明为什么土耳其的时装和豪华帐篷——这些东西的样品至今还保存在博物馆里——在波兰令人惊奇地广泛传播。难道我们低估了波兰和南方的贸易联系吗？

德意志地峡：总体示意图

这里所说的德意志地峡是指广义上的整个中欧，是从西边的法国一直到东边的匈牙利和波兰，从北边的北海和波罗的海一直到南边的亚得里亚海和第勒尼安海。总之，正如F. 冯·劳尔斯[151]的地图给人的初步印象那样，[152]这里有众多的国家、频繁的往来和大量的道路。

我们可以用两条线划定这个区域：一条线从热那亚（也可以从

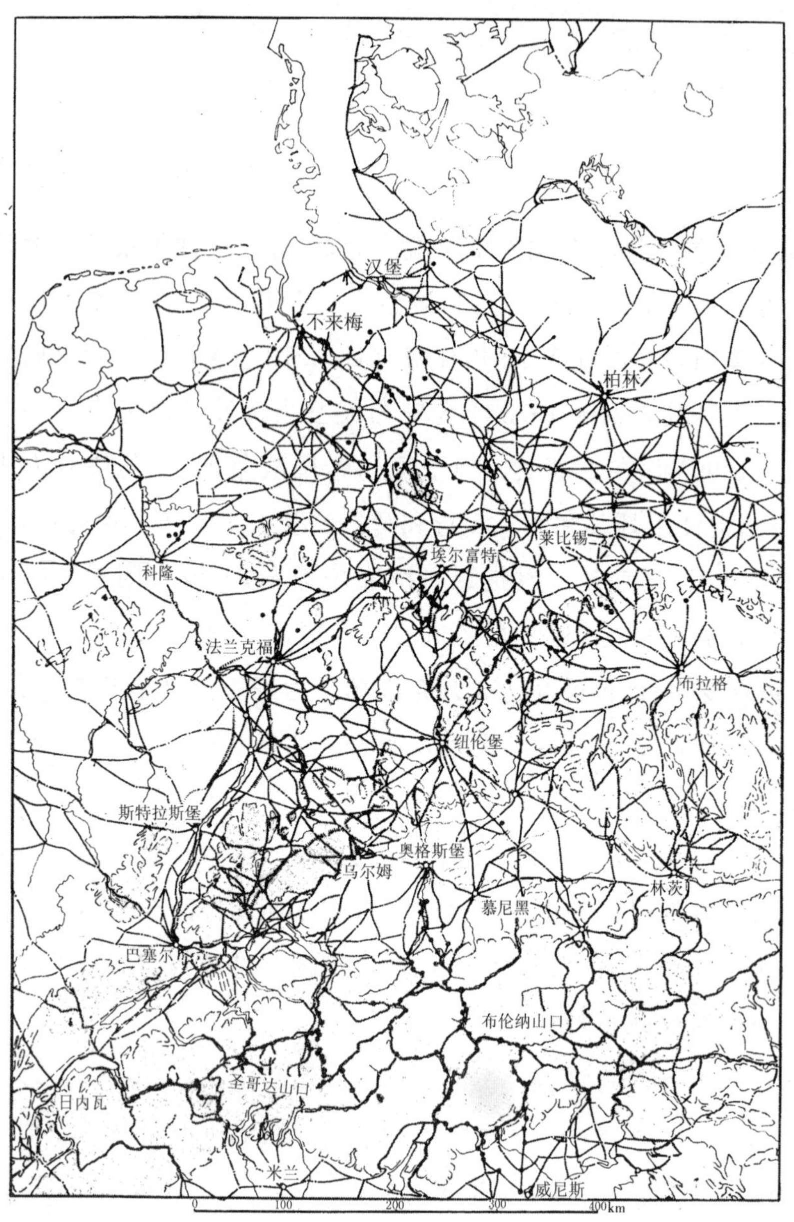

图 15　德意志地峡的道路

这幅由冯·劳尔斯绘制的地图尽管用太小的比例尺翻印出来，却清楚地表明，16 世纪德意志的道路网和穿越阿尔卑斯山的大路十分稠密。往西，即在法国，地图只标明几条干线，必须想象到那里的道路网同样稠密。大黑点表示搬运工人和车夫的村庄。在阿尔卑斯山各条道路沿线，这些黑点相当显眼，突出了干线的重要地位，本图还着重显示布拉格和林茨的联系。这一点本书没有讲到，但约塞夫·雅纳塞克发表在《林茨市历史年鉴》(1960 年)的文章“16 世纪布拉格和林茨之间的贸易关系”对此提供了很好的资料。

马赛）到伦敦；另一条线从威尼斯到但泽。这两条线显然有些牵强，但我们需要的只是一张总的草图。中欧的大片土地，南北以海岸为界：北海、波罗的海和地中海。或者说得更确切一些，中欧是沿着这些主要海域伸展的。毫无疑问，不应该把中欧一直延伸到北方诸海以远的瑞典（在16世纪末17世纪初，威尼斯商人曾经以极大的好奇心调查过在瑞典扩大销路的可能性）[153]和挪威，特别是延伸到英格兰。忙于从事大西洋伟大冒险事业的英格兰，仍然牢牢地和欧洲结合在一起。英格兰的贸易的王牌之一是呢绒，其出口随形势而异，主要通过埃姆登[154]、汉堡[155]、不来梅或安特卫普[156]（有时也通过鲁昂）进行。这样，英格兰——它的呢绒只是最好的例子——就和邻近的大陆，和我们这里所关注的特殊地区，结合在一起了。这肯定是个活跃的地区，也可能是建立在陆路运输基础上的经济杰作，相当于12、13世纪的香巴尼交易会的会合地。这是南北关系的一种早期的和潜在的爆炸性形式。

总的说来，这块地域形状奇特。它在南面局促于意大利的北部，过了阿尔卑斯山，就变得宽大起来，形成一片辽阔的大陆。波兰国王于1522年7月25日向安特卫普寄发的一封信，经过近50天的旅行，才于9月12日到达目的地。[157]他派驻查理五世处的大使丹蒂斯库斯在安特卫普焦急地等待这封信。马尔科·奥托蓬在1590年冬天走了整整39天（包括停留）才从威尼斯来到但泽。[158]这从另一个侧面说明了这个地区的广阔。把皮埃蒙特、伦巴第和威尼斯地区连成一片的平原（那里离出海口不远），是无法同阿尔卑斯山脉以北的大片陆地相比的。在南方，道路之间相距很近，而北

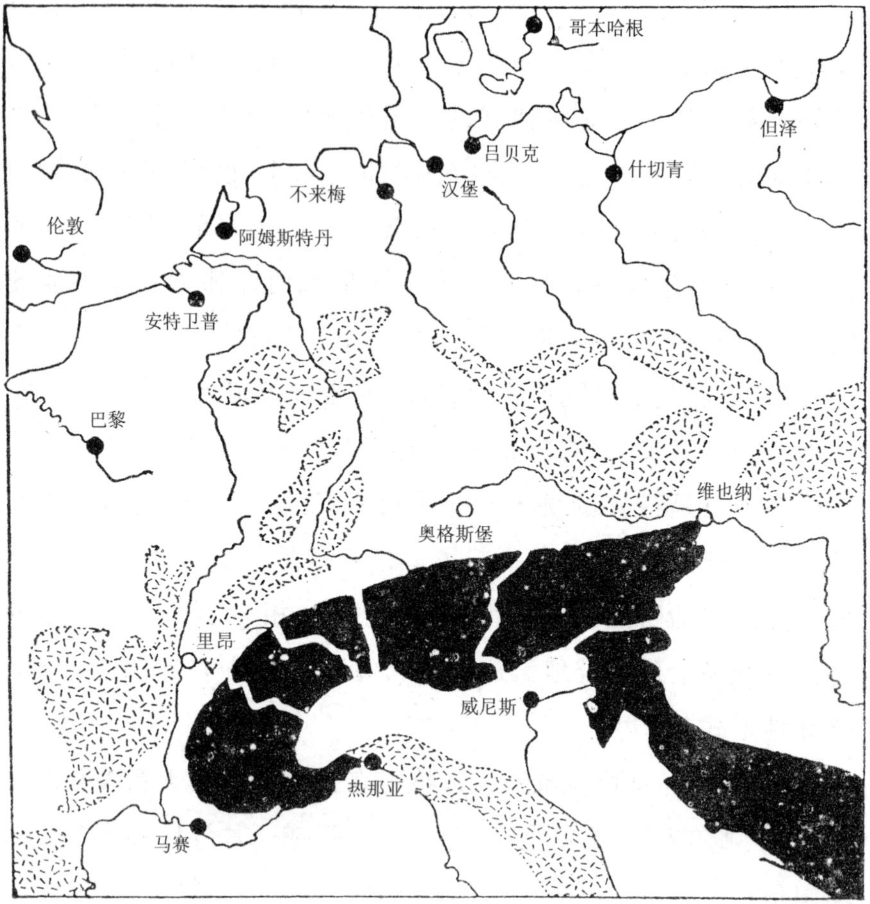

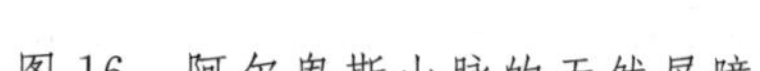

图 16　阿尔卑斯山脉的天然屏障

本略图表明，同阿尔卑斯山脉另侧的土地相比，意大利北部是多么狭小。意大利北部在西、北、东三面都被封堵（狄那里克阿尔卑斯山脉）。阿尔卑斯山的大路（塞尼山、辛普朗、圣哥达、布伦纳、塔尔维西奥等）冲破这种障碍。图上所示的主要河流均从可通航的地点画起。

方的路却像扇面一样分岔。阿尔卑斯山就这样用一条"又粗又长"的线把中欧切割成两块。[159] 两个部分面积相差甚大，在不同的时代，重要性也不相等。

因此，"德意志地峡"依次包括意大利——主要是意大利北部——阿尔卑斯山脉，然后是位于默兹河或莱茵河与奥德河和维斯杜拉河之间的中欧的辽阔平原和高原。意大利不需要介绍。本书将有很多机会再谈到它的具有决定性意义的城市和乡村。但是，关于阿尔卑斯山脉的情形，还必须说几句。在这个神奇的山脉，似乎一切都合乎自然。阿尔卑斯山脉像墙一样阻隔着中欧。但在很早以前，这垛墙已被打通。这里交通不便，但困难自动得到了解决。民居和村庄的存在似乎正是为了安排人们"翻山越岭"，为了便于这种交通分别朝南北方向延伸的。

阿尔卑斯山脉

阿尔卑斯山脉是个由几种社会和经济成分组合而成的多层次几何立体，其中包括：位于作物生长线上限的村落；深谷中的乡镇；河口上的小城，那里有时能见到"伦巴第商人"开设的小店铺和一些手工业者的作坊；最后，在与平原接触的边缘地带，在可通航运、交通繁忙的江河湖泊附近，有一些"山麓城市"，如日内瓦、巴塞尔、苏黎世、萨尔茨堡、菲拉赫、克拉根福、休兹、韦塞伊、阿斯蒂、科莫、贝加莫、布雷西亚、维罗纳等。这些城市往往举办交易会（泽扎奇、霍尔、林茨、波尔萨诺等），那里的大运输公司（奎尔公司、希阿韦那公司、普吕尔公司）生意兴隆，沟通南北交往，山区居民去那里购买日用必需品："缝衣的布料，做工具的金属特别是对畜牧业至关重要的食盐。”[160]

人员、牲口、畜群和商品的川流不息形成了阿尔卑斯山区特有的流通形式。在日常的往来中，还增加了使用同样的人、同样的交通工具并且横穿阿尔卑斯山脉的另一种流动。沿途的村庄对大路带来的好处十分眼红，如果没有从事驮载车运的这些村民，穿越山区是不可能的。位于阿尔卑斯山脉的布伦塔谷地旁，维琴察的普里莫拉诺在1598年还是一座不足50户人家的“村庄”。村内“所有居民几乎都靠他们用大车运货得来的报酬维持生活”。[161]其他这样的村庄，还可以举出几百个。沿大路的村子的居民，不管大路已经竣工或正在修筑，照例要共同合作，进行分工，确定旅站，保障旅客和货物的运输和安全。有时为了多挣些钱，村子里的居民不分昼夜把旅客和货物一直运到目的地，塞普蒂梅大路[162]可能是这方面的很好的例子，但不是唯一的例子……

从那时起，这些运输活动便有条不紊地进行着。即使冬季也从不间断，因为冬天为雪橇提供了方便。[163]1537年12月16日，韦塞伊的一个运输承包人在日内瓦承运132包商品。他答应把其中42包在第二年的1月4日运到伊夫雷亚，以便“赶在时间前面”。马尔科·丹多洛代表威尼斯市政会议前往法国，于1540年12月坐轿子越过了蒙瑟尼。[164]他确实对这次旅行留下一个相当糟的记忆，正像吉罗拉莫·利波马诺1577年4月跨越蒙瑟尼时情景一样：“马和驴陷在齐肚的积雪中，要费很大的劲才能拔出腿来。”但是，吉罗拉莫·利波马诺补充说：“每天都有数不清的旅客经过那里，去意大利、法国或英格兰，到西班牙去的人也很多。”诺瓦勒萨村既没有粮食也没有葡萄酒，村里只提供一些蹩脚的向导，他们并不缺活干。吉罗拉莫·利波马诺心想，这个可怜的萨瓦高地是个多么奇怪的地方啊！那里"每年只见到3个月的太阳，小麦地种一收二"。这种情况直到朗斯勒堡（从那里下山可坐雪橇），甚至直到圣-让-德-莫里埃纳，还没有改变。[165]

从上述大家熟悉的叙述中，从大量其他情况中，以及从过去阿洛伊·舒尔特专心致志地、耐心地收集的有关中世纪的材料中，[166]可能得出什么结论呢？结论是：阿尔卑斯山脉所有的21个通道都可以利用。只要环境许可就行。我们了解到许多成功的、半成功的、试验性的事例。也有半途而废的事例。整整一部比较历史和大量文献资料引起我们的好奇，吸引我们去探究。当然，城市和商人起了他们的作用。正是米兰的商人在13世纪修建了当时具有革命性意义的圣哥达大路。后来，为了到达莱茵河上游山谷，他们利用斯普卢根、马洛依亚和塞普蒂梅的通道。17世纪政治史使这些通道在瓦尔特利纳被占领期间出了名。随着政治形势和贸易形势发生变化，甚至由于远离阿尔卑斯山脉的道路上出现运输事故，这些过分邻近的大路互相竞争，互挖墙脚。1464年，[167]里昂从国王那里获得准许，可以直接收购胡椒和香料。从此，埃格莫特以及罗讷河流经的这条路线丧失了有利地位，而被蒙热内夫尔山口、蒙瑟尼山口和大小圣贝尔纳所取代。对大大小小的争执，必须仔细观察研究。1603年，威尼斯和格里宾登人结成政治同盟，从莫尔贝尼奥到基亚文纳的大路当时业已竣工，并为贝加莫争取到朝米兰方向的货运业务。这个细节再次显示出威尼斯对阿尔卑斯山地区运输活动的密切注意。[168]

显然，所有这些变化并不是在一天之内发生的。地理条件造成

一些难以避免的永久性障碍和方便。因此，必须把江河湖泊的水路连接起来，其中有：伊泽尔河，布尔歇湖，日内瓦湖，康斯坦茨湖，罗讷河，莱茵河，因河；或者在南方，意大利的江河湖泊都对运输提供方便，即使像阿迪杰河那样的大江，沿途虽有一系列关卡阻拦，木排和船只仍可通行。但是，这些恒永的便利也会互相冲突。据统计，在从安特卫普到意大利的运输中，圣哥达山口利用它的中间位置，同时可通往热那亚和威尼斯，在 1534 年至 1545 年间[169]具有明显的优势。另一条横向大道从东部的布伦纳通过。布伦纳是阿尔卑斯山地势最低的一个山口（1374 米），有两条分岔水道（因河和阿迪杰河）可资利用，陆路则直通威尼斯。此外，陆路可供德意志的大型马车——阿尔卑斯山脉一带的人称之为双轮马车——行驶。在葡萄收获后，这些马车便开往威尼斯地区和伊斯特拉，装运新酿的葡萄酒。这是一笔大宗买卖，每年都要进行，除非威尼斯加以禁止。例如，1597 年就禁止过。[170]但是，这类事件很少发生。在一般情况下，威尼斯采取放任态度，它更喜爱马尔凯或群岛生产的醇厚的葡萄酒。葡萄酒的买卖促使布伦纳从 16 世纪初起，特别在 16 世纪末，成为阿尔卑斯山区最热闹的大路之一，但并不占绝对的领先地位。1530 年，萨尔茨堡大主教[171]把当时还是一条只通骡驮的羊肠小道——托埃尔纳山区——扩建为一条行驶车辆的大道。蒂罗尔省三级会议理所当然地维护布伦纳的利益，反对这种竞争。它们争取把罗马王费迪南一世也拉入旗帜鲜明的反对派行列中，但未成功。这个例子足以说明，阿尔卑斯山区的道路灵活易变。人们修筑、养护这些道路，但在需要时，也可以改变这些道路。

第三个人物:有多种面貌的德意志

在阿尔卑斯山脉的另外一侧,欧洲一片郁郁葱葱。森林和大江纵横交错,河上泛舟,陆地行车。冬季来临,天气十分寒冷。1491年,大雪纷飞,纽伦堡的商人可以乘坐雪橇直达日内瓦。[172]

我们可以顺着经线从南到北,或者沿着纬线从东到西接近德意志。这样,我们将以不同的方式来观察具有多种面貌的德意志。

顺着经线,从意大利出发,重点将考察上德意志。至少在我们看来,这个地区一直延伸到科隆、法兰克福和纽伦堡。掺杂着意大利色彩的上德意志,是阿尔卑斯山脉以南生产的葡萄酒的买主。几个世纪以来,它与意大利半岛的各个城市保持联系,以热那亚、米兰、佛罗伦萨和威尼斯为主,此外还有罗马、那不勒斯、藏红花的收购地阿奎拉,以及沿途必须经过的所有城市。这条德意志商路朝东南方面一直通到威尼斯的"德意志商馆"[173]——这座矗立在大运河边的大型建筑面对里亚托广场,是既受到控制又享有特权的德意志的缩影。1505年被一场大火焚毁后,商馆重修,显得更加富丽堂皇。德意志商人在商馆各有自己的包间,[174]供存放商品之用。那里存放的绒布有时一直堆到屋顶(这种开一代风气之先的织物是用亚麻作经纱、用棉纱作纬纱织成的)。商馆还出售铜器、锡器、银器和五金用品。香料、胡椒、药材、棉花和南方水果都从那里转销北方。[175]

威尼斯也到处都是德意志旅客,其中既有名人,也有不知名的人;有转道前往圣地的朝圣者;有像雅哥布·富格那样的初出茅庐的商人;有像阿尔贝特·丢勒那样的艺术家;有去帕多瓦大学求学

的学生或者他们的跟班，例如迪林根的贝尔纳德·米勒。他身背火枪，威尼斯警察因而认为有理由逮捕他。[176]威尼斯也常见到德意志军人，虽然在缔结了卡托—康布雷锡和约（1559 年）以后，瑞士雇佣军和符腾堡德意志步兵（在阿尔卑斯山脉南侧）的美好岁月已经结束。此外还可见到社会地位更加低下的人：面包师傅、仆役、毛纺工匠、酒铺和客店的伙计。在酒铺和客店行业中，德意志人往往与佛罗伦萨人或弗拉拉人竞争。[177]德意志人自然在威尼斯开设旅馆，例如“白狮”旅社、“黑鹰”旅社等。[178]意大利的其他城市，也同样有德意志旅馆。1583 年，在弗拉拉有“猎鹰”旅社；在米兰有“三王”旅社。[179]因此，南德意志在意大利北部势力的保护下，同时也经常利用意大利北部的缺陷，成长壮大起来。在共同的生产活动中，南德意志担任次要的工作，例如加工棉花（这是 16 世纪新出现的纺织原料），生产廉价纺织品，制造铁器、铜器，加工皮革等。如果没有南德意志的经常支持，热那亚和威尼斯的商业以及米兰的繁荣，都是难以想象的。吉罗拉莫·普留利在 1509 年写道：“由于我们之间有着历史悠久的贸易往来，我们德意志人和威尼斯人是一个整体。”[180]当然，他本应说德意志人和意大利人是一个整体。

共同的生活使意大利文明在北方得到迅速的传播，这在今天还可以从房屋的外观上辨认出来。[181]南北交流显然有利于南方。但是，意大利的危机有时也有利于上德意志。逃离本土的意大利新教徒把锦缎和丝绒制造技艺带到纽伦堡。[182]14 世纪期间，佛罗伦萨商人纷纷破产，德意志商人在此得益不浅。德意志文明也向南方传播，很早就抵达阿迪杰河的上游河谷，并远届主教驻地特伦托以南。1492年，一个威尼斯人在特伦托受到主教接待，他不会弄错，摆在那里的三张饭桌“呈四方形”,“按照德意志的习惯”。吃饭时,根据德意志风俗,以吃色拉开始,肉和鱼同时上桌,还有黑面包。这是巴伐利亚的方式。[183]

如果顺着纬线的方向进入德意志,就应该从莱茵河出发。越往东去,德意志就越显得是个尚待开发的新兴地区。在15世纪和16世纪最初的几十年内,采矿业在德意志迅速发展,创建了一系列崭新的城市。这些一哄而起的城市寿命不长,1530年后,更确切地说1550年后,由于美洲白银的竞争,便告衰落(16世纪中叶的经济衰退也许并不是城市衰落的唯一原因)。由于随之而来并一直延续到16世纪末甚至更晚一些时候的经济复苏,多种多样的工业在德意志,以及更广泛地在整个中欧,又日趋上升。波希米亚、萨克森和西里西亚的亚麻布是这些工业的最大的生产项目,但不是唯一的项目。所以,硬说德意志(及其周围地区)在马丁·路德死后(1546年)便一蹶不振,这是不对的。[184]奥格斯堡和约(1555年)确保了长期的和平,带来了明显的好处。即使在往东很远的地方,城市的欣欣向荣也是有目共睹的事。1574年,皮埃尔·莱斯卡洛皮埃对特兰西瓦尼亚的各个德意志城市赞叹不已。布拉索夫——“萨克森人称之为科罗内斯塔”——是他抵达的第一个城市,但见“城市美轮美奂,房屋外墙油漆一新”,竟使他误以为“到了曼图亚城”。[185]

我们走了两条路线,见到了两个德意志。在同荷兰接壤的地方,北海沿岸的埃姆登、不来梅、汉堡等地还显现出另一个德意志。这些城市的地理位置十分有利,既濒临大西洋,又靠近尼德兰(首先是安特卫普,然后是阿姆斯特丹),尼德兰的经济高涨和政治动荡都对这些城市带来好处。汉堡一马当先，奋力发展，即使三十年战争也没有打断这一进程。[186]汉堡商人利用尼德兰的叛乱。他们保持中立，或者用一位同维格利乌斯法院院长通信的人的话来说，他们“野心勃勃，大发横财”。[187]此外，一场大规模的劫掠行动正在酝酿中，该行动从尼德兰和北海沿岸的德意志出发，一直深入到德意志内地。在波罗的海沿岸，带有殖民统治性质的旧秩序仍然保持着表面的强大。

这些先后出现的历史事实，在历史学家约翰·米勒所提出的（1908 年）已经相当古老的图像中概括得相当好。[188]这位历史学家认为，当时德意志的中心已从莱茵河畔的科隆，向东转移到西德意志和东德意志之间的纽伦堡。作为德意志中心地带之心脏的纽伦堡位于已经意大利化的南德意志和从大西洋刮来的现代化之风已经到达的北方之间。断言德意志的中心在纽伦堡，而不在富格家族的城市奥格斯堡，这确实是一种诱人的说法。让·弗朗索瓦·贝尔热在他新近出版的一本书里也抵挡不住这种诱惑。他写道：“在近代的初期，南德意志成了西方世界的真正重心，它比意大利北部、尼德兰、里昂或者法国的马赛、比帝国的维也纳更当之无愧。”[189]这种说法显然有点夸大。但是，在跨进现代的门槛时，不能仅仅看到商业资本主义在里斯本、塞维利亚、安特卫普以及在得天独厚的地中海沿岸所取得的引人注目的成就和带来的种种革新。16 世纪的经济高涨对整个欧洲都有影响，直到欧洲大陆的深处。

从热那亚到安特卫普,从威尼斯到汉堡:交通条件

地中海的生活就这样通过陆上交通逐渐向北方延伸,并被北方所吸收和接受。鉴于当时的运输条件,陆上交通起着异乎寻常的作用。在阿尔卑斯山以北,位于里昂和维也纳之间的这个地区并不是一切都走在时代的前面。但是,那里流动的"血液",可能比法国更加富有活力。如果把阿尔卑斯山区的里昂城和罗讷河谷也归入这个地区进行考察,情况更是如此。这的确是个具有众多现代特点的地区。许多公司在这里发展起来,并在意大利、尼德兰和伊比利亚半岛的城市立足生根。一些独家开设的、对外封闭的家族大公司——真正的庞然大物(例如富格、霍希施泰特尔、韦尔塞、阿法伊塔蒂)——在那里被数量更多、规模较小的企业所取代。这些企业比通史所叙述的还要活跃,特别是:尼德兰的法伊莱公司(最近出版了一本关于这家企业的书[190]),纽伦堡和布雷斯劳的托里季阿尼、巴托罗缪·维亚蒂斯(和合伙人富尔斯特),维也纳的佩斯塔洛齐和巴托罗缪·卡斯泰洛,克拉科夫的蒙泰卢比。[191]这里我们只列举了16世纪末设在国外的几家意大利公司。我们还可以举出几十家其他公司的名字。[192]

这些公司的一个新做法,就是经营委托贸易,依靠别的商人充当代理人,让他们以公司的名义开展活动,可收本小利大的功效。一位历史学家[193]写道:"中间商人人数的大量增加,是16世纪商业发展中新出现的重大事件。"这种变化在整个中欧有明显的表现。与此同时,一些公司专门从事运输。运输业从此与其他活动相脱离,成为独立的行业。我们知道安特卫普和汉堡曾有一些大型运输

承包公司，例如莱特雷公司、[194]凯因豪斯公司、[195]阿诺尼公司[196]以及往往由原籍阿尔卑斯山区的商人开办的许多其他公司。在里昂[197]和威尼斯，也有同样的发展趋势。正如17世纪一份没有标明具体年月的威尼斯文献资料所说："从威尼斯运往伦巴第[198]和德意志的商品，由商人委托运输承包人运送。后者保证在双方确定的期限内把货物完好无损地运到指定地点，并按约支取运费。"运输承包人雇佣脚夫运送货物。脚夫使用船舶、车辆或牲口把货物从一个客店运到另一个客店。客店老板向他们提供所需的牲口和车辆。[199]最后还有这样一个细节：那些运输承包人，无疑还有脚夫，都不是威尼斯人，而是"外国人"。可以肯定，他们是阿尔卑斯山区的人或者北方人。不管怎样，这里有分工，有专业化和合理化。同样，邮政也在16世纪创办起来。除去后来在哈布斯堡王朝所属领地内垄断信件递送业务的著名的塔西斯大家族外，还有其他人从事这项业务。[200]于是，商业生活更加活跃，对初次涉足商界、现金不多的商人也更加开放。[201]具有决定性意义的和资本主义类型的纺织工业，在这个中部地区也同样发展起来，并与远方的市场建立了联系。[202]前面提到过的萨克森[203]、西里西亚和波希米亚的亚麻纺织业就是如此。[204]一些工厂利用尼德兰战争的时机，在德意志和瑞士各州蓬勃兴起，生产丝绸和奢侈品。[205]

长途贸易往往限于以能够补偿和抵消运输费用的贵重商品为对象，例如黎凡特的铜、银、五金、胡椒、香料和棉花（威尼斯一直是进口和向北方转运这些货物的大港口），以及生丝和南方水果等。最后和最重要的是纺织品，始终占优先地位。朝着一个方向运输的是英格兰的粗呢（1513年的一份威尼斯文献资料说："这在世界各地都是商业的重要基础之一”),[206]翁斯科特及莱顿的粗布和丝毛哔叽,里尔的锦缎,德意志和瑞士生产的“混纺”织品(亚麻绒布、粗毛织物、细斜纹棉布)和粗布。与上述方向相反,从意大利出口的纺织品是丝绒、塔夫绸、高档毛料、金银丝斜纹硬绸、高级豪华纺织品等。安特卫普的法伊莱公司后来在威尼斯和维罗纳开设了子公司,从事生丝收购,并在当地精纺成丝线,产品质量无可匹敌。[207]从营业额来看,这家公司的生意并不清淡。

商品流通带动了货币流通:从南到北,又从北到南。[208]由此发生了1585年的重大事件:到那时为止一直以商品交易会著称的美因河畔的法兰克福,上升到了汇兑城市和汇兑市场的显要地位。随后又出现了其他事件:1609年创建了阿姆斯特丹银行(人所共知,这起事件具有世界意义);1619年创建了汉堡银行;1621年创建了纽伦堡银行。[209]虽然整个流通网并不都在那时建立,但是,流通路线、流通手段和交接地点终于确定了下来。

贸易差额与侨商

从所有这些政治的和非政治的原因,从所有这些仅靠推测得出而并非确有把握的情况,可以得出什么结论呢?我们愿意把这归纳为两点:一、南方在贸易结算中处于顺差地位;二、大约从1558年开始,意大利商人大批涌入德意志全境。[210]德意志在三十年战争中惨遭失败前,这种人员流动似乎从未停止过,不断为德意志补充力量。

北方在贸易中出现逆差,完全合乎情理。北方的城市、商人和工匠都把眼睛盯着南方城市,拜南方城市为师。南方商人则长期利用当地人的无知和落后。纽伦堡商人对中欧的搜刮、盘剥，正是米兰或威尼斯的商人在纽伦堡等地的行事方式。当学徒是要付出代价的，而且要长期付出代价。南方产品数量更多，特别是单价更高，不能同从北方进口的产品平衡。关于这种不平衡和由此产生的货币支付，我们有确实的证据。例如威尼斯和佛罗伦萨常有汇票（寄往北方国家）供买主使用。热那亚人也采用这个绕弯的办法，在北方支付同西班牙国王签订的贷款合同所需的款项。这证明贸易肯定对意大利是顺差，至少对威尼斯和佛罗伦萨这两个主要城市来说是这样。另一个更确实的证据是德意志诸城市在 17 世纪多次发出的抱怨。1620 年前后（是个较晚的日期），它们责怪奥格斯堡商人把“大量货币寄往意大利”。[211] 同样的指责后来又落在法兰克福商人的头上。[212] 还有其他例子。[213] 根据“五贤人”提供的见证，1607 年，在荷兰人刚到威尼斯时，他们的贸易处于入超地位。[214]

总的来说，德意志和北方共同促进了意大利某种程度的繁荣，为这种繁荣提供了援助和方便，并且干脆把自己的活动和这种繁荣拴在一起。德意志和北方的活动在 17 世纪最初的几十年内仍然十分兴旺。1618 年，[215] 奥格斯堡拥有的财货达到了顶峰。到 1628 年为止，纽伦堡的银行业务在不断发展。[216] 威尼斯继续扮演清偿结汇商埠的角色。正如（克雷莫纳的）一个意大利商人所说，从法兰克福发汇，到威尼斯交付。[217]

最后，意大利商人对德意志商埠的渗透，是个十分说明问题的证据。从 1558 年起，是威尼斯的时代。[218] 在这以前，“德意志商馆”的商人垄断了威尼斯在阿尔卑斯山以北地区的全部采购业务，马匹、武器和食品除外。[219] 到了16世纪下半叶，这个旧格局开始过时了,威尼斯商人越来越多地出现在德意志的城镇市场上。而且他们与其说来自威尼斯市,不如说来自威尼斯地区,属于新一代的商人。巴托罗缪·维亚蒂斯的情况就是这样。这个贝加莫人1550年12岁时就来到纽伦堡,他完全靠自己的努力在那里取得与库希家族同样显赫的地位。[220]他生意做得很大,主要贩卖粗布、黎凡特的产品、鸵鸟羽毛和岩羚羊皮。他在"德意志商馆"拥有好几间栈房。每当马尔科·奥托蓬到但泽处理事务时,他把自己的利益搁在一边,运用他巨大的声望来帮助威尼斯市政会议。这个年高德劭和儿孙满堂的商人于1644年去世,留下的财产估计有100多万弗洛林。虽然并不是所有的意大利人都能取得这样惊人的成就,但是,不管在科隆(尽管发生过多起破产事件),还是在纽伦堡、布拉格[221]或奥格斯堡,或是在法兰克福和莱比锡这两座上升的城市,他们的营业额都十分可观。

显然,这些侨居国外的商人帮助了他们的原籍城市适应德意志的要求,而德意志本身则在17世纪逐渐找到了"新的方位"。南北之间的接合部将确定在法兰克福到莱比锡这条新线上,也可以说,在汉堡到威尼斯的轴线上。意大利商人同当地商人,特别是同荷兰批发商——莱比锡人1593年5月曾聚众闹事,抵制这些加尔文派教徒——进行了长期的斗争。[222]1585年,为在法兰克福建立汇兑交易市场,共有82家公司提出这种要求,其中意大利公司占22家。[223]这是16世纪末和17世纪初的真实情况。1626年,一份送交荷兰三级会议的报告表明,威尼斯人不但向它的邻国,"而且还向德意志供应黎凡特地区的各种产品,价格比荷兰供应的便宜得多。"[224]自1580年以来,侨居科隆、法兰克福、纽伦堡和莱比锡的意大利商人明显增多。这种情况一直延续到1600年以后。瑞典人1633年攻克纽伦堡时，当地的威尼斯人便挂起圣马克的旗帜保护他们的商店。这至少证明，威尼斯人一直在纽伦堡。[225]直到1604年，威尼斯仍向德意志的棉绒织物工业供应棉花，并保持垄断地位（或者几乎是垄断地位）。因此，威尼斯朝德意志方向派出的运输工具，需要比返回时多5倍。

总之，意大利以及经过意大利中转的地中海地区，长期朝这个广阔的地区发展贸易关系，并且在安特卫普站稳了脚跟。尽管（或者正由于）尼德兰战争旷日持久，安特卫普始终发挥其金融中心的作用。B.C.斯卡拉梅利[226]于1603年出使英格兰，恢复了同英格兰的关系。过后不久，即1610年，[227]威尼斯和阿姆斯特丹建立了友好关系。1616年，汉堡的总督和元老院议员，要求威尼斯在他们城内派驻领事。[228]1599年，汉堡驻热那亚领事塞巴斯蒂安·库希提议由他同时代表但泽船主们的利益。[229]简而言之，以上描述的情况，尽管不尽可靠，但几乎可以肯定，中部地区对两侧的贸易往来一直敞开着大门。在17世纪以后，情况仍然如此。

从鲁昂到马赛的法兰西地峡

法兰西地峡可以用从马赛[230]到里昂[231]，然后经勃艮第[232]到巴黎，一直伸展到鲁昂以远的这些道路来勾画。但是，仔细观察起来，这幅初步勾画出来的图过于简单，不足以说明问题。

从里昂到马赛共有四条路：从罗讷河顺流而下，抵达博凯尔，经蒙彼利埃和纳博讷通往西班牙的大路；沿罗讷河左岸的大路，主要供骡驮商队通行；另一条大路在偏东方向，经卡庞特拉到达普罗旺斯地区艾克斯；最后一条大路穿过阿尔卑斯山的卡鲁瓦—奥特山口，经锡斯特龙，也到达普罗旺斯地区艾克斯。

从里昂到巴黎有三条路线。一条经由罗阿讷，取道卢瓦尔河，至少可以到达布里亚尔，[233]甚至可以一直到更远的奥尔良。另外还有卢瓦尔河的两条支流，它们在沙隆分道，一条流过第戎或特鲁瓦，另一条流过欧塞尔和桑斯。

此外，这个交通网在东、北两个方向同中欧的道路连接起来。从里昂出发，有两条路通往意大利，分别经过格勒诺布尔或尚贝里。这两条路在蒙瑟尼会合，也在更远的“苏萨通道”会合。作为商人和士兵进入意大利的大门，苏萨是阿尔卑斯山区最活跃的门户之一。驮骡商队，或所谓“大车队”在那里往来不绝。从里昂出发，还有一两条大路穿过汝拉山与莱茵河相连；有两条大路经由洛林和香巴尼通往安特卫普。

在活跃繁忙的交通的吸引下，法兰西地峡的道路网向东倾斜，这个事实很重要，我们至少可以用两个例子来说明。第一个例子：根据统计，从 1525 年到 1535 年，里昂收到的胡椒和香料有一大部分确实还是经蒙瑟尼运来的。当时马赛的财富还很微薄。第二个例子：从一张商品运销图上，可以明显地看到法国与安特卫普交往的重要性。[234]一些法国商人通过陆路或海路把他们的货物运到埃斯科河的港口转运，或者暂行存放在那里。这些商品有时当然是从法国以外的地方运来的。但是，法国与安特卫普明显地有着联系。

法国的交通网也在西南方向朝西班牙倾斜。我已经提到过博凯尔大路。这条车水马龙的大路，从里昂到巴约讷，穿过中央高原，途中在利摩日与巴黎通往西班牙的大道相交。这条以首都圣雅克街为起点的大道，不仅仅是前往圣雅克—德—孔波斯泰勒的朝圣古道，而且还是16世纪下半世纪法国最繁忙热闹的交通要道。弗兰克·斯波纳在他的书[235]中提出这样的论证：整个大西洋西岸无疑是西班牙白银的天下。巴约讷位于这个世界的边缘。正因为如此，巴约讷成了主要的但不是唯一的转运站，另一个转运站在雷恩，这是因为布列塔尼的船只来来往往，装运里斯本和塞维利亚需要的谷物。只有铜币的可怜的勃艮第，同拥有大量银币的西海岸相比，简直有天壤之别。[236]

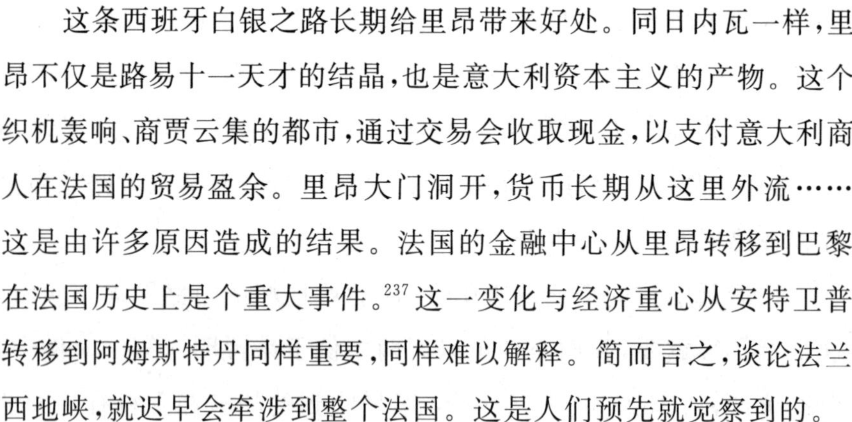

这条西班牙白银之路长期给里昂带来好处。同日内瓦一样，里昂不仅是路易十一天才的结晶，也是意大利资本主义的产物。这个织机轰响、商贾云集的都市，通过交易会收取现金，以支付意大利商人在法国的贸易盈余。里昂大门洞开，货币长期从这里外流……这是由许多原因造成的结果。法国的金融中心从里昂转移到巴黎在法国历史上是个重大事件。[237]这一变化与经济重心从安特卫普转移到阿姆斯特丹同样重要，同样难以解释。简而言之，谈论法兰西地峡，就迟早会牵涉到整个法国。这是人们预先就觉察到的。

画出上面的示意图后，我们可回到与地中海关系最为密切的罗讷河走廊。顺罗讷河向南进行的贸易数额很大。地理位置离罗讷河较远的奥朗热在1562年曾经想挖掘一条通到卡马雷的运河，[238]以便和那里的内河航运相连。内河航运主要运输谷物，特别是勃艮第的谷物。这些谷物桶装（就像盛产葡萄酒的托斯卡纳用桶装运葡萄酒一样）运往阿尔勒。由于罗讷河提供了运输便利，普罗旺斯长期向地中海大量出口谷物。法国国王经常把普罗旺斯的谷物当作对热那亚施加影响的手段。相反,在 1559 年以后,再也见不到大量出口的迹象了。只有个别例外,如满载谷物的船只从阿维尼翁南下罗马。罗讷河流域和普罗旺斯的谷物在 1559 年后是否就在当地消费呢?此外还要指出,罗讷河的船舶装运的除去成桶的谷物外,还有装在罐内的泥炭(毫无疑问来自阿莱斯盆地),这些泥炭使马赛获益不浅,成为 16 世纪地中海唯一烧煤取暖的城市。[239]

陆上运输与内河运输并驾齐驱,南下通往大海。陆上运输的是书籍,大部分在里昂印刷,整包整包出口到意大利和西班牙。还运

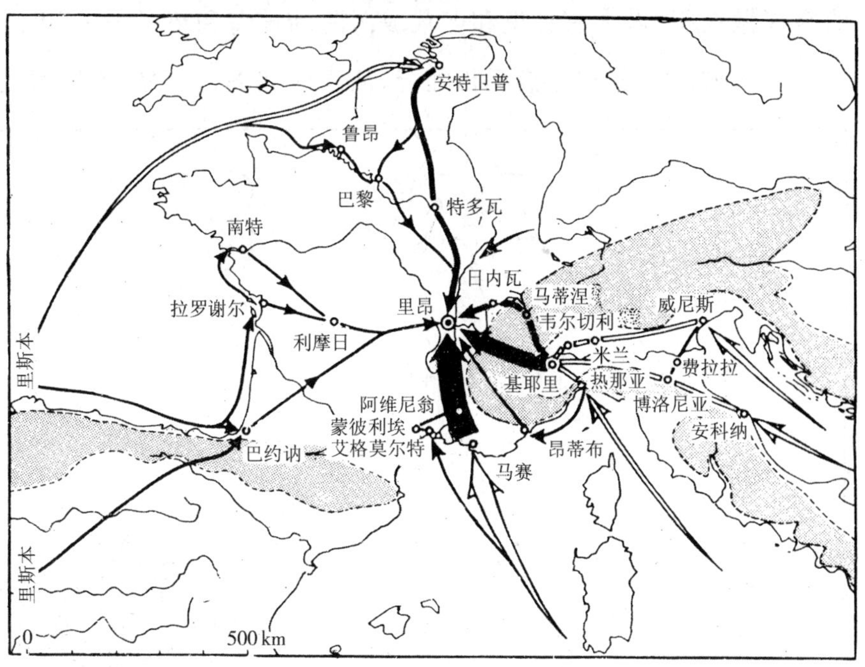

图 17　里昂和香料贸易(根据 1525 年至 1534 年的统计材料)

引自《高等商业学校年鉴》1960 年 7—8 月号所载 R. 加斯孔文:“15 世纪末至 16 世纪末一百年间里昂的香料贸易”。注意,在通往里昂的诸交通路线中,由马赛和由基耶里出发的道路占主导地位。

输产自各地的呢绒，其中有英格兰的、[240]佛兰德的、巴黎的、鲁昂的……我们这里见到的是旧时代的物资交流。到了16世纪，流通速度的加快促进了法国西部和北部的手工业生产。法国产品所向披靡，无论是加泰罗尼亚或是意大利的产品均望尘莫及。城乡商贩成群结队地涌往法国南方的城市和交易会。在朗格多克的佩兹纳斯和蒙塔尼亚克，仅来自北方的衣料一项，品种之多不胜枚举。"巴黎和鲁昂的呢绒，有红色的、黑色的、黄色的、紫色的、浅灰色的。"奥弗涅、贝里、勃艮第的粗布，特别是布列塔尼的粗布，"可以给穷人做衣服、做大衣夹里和剪裁成医院的被褥和垫子……"[241]

内河航运和驮骡运输互相配合，从南向北输送商品。罗讷河上

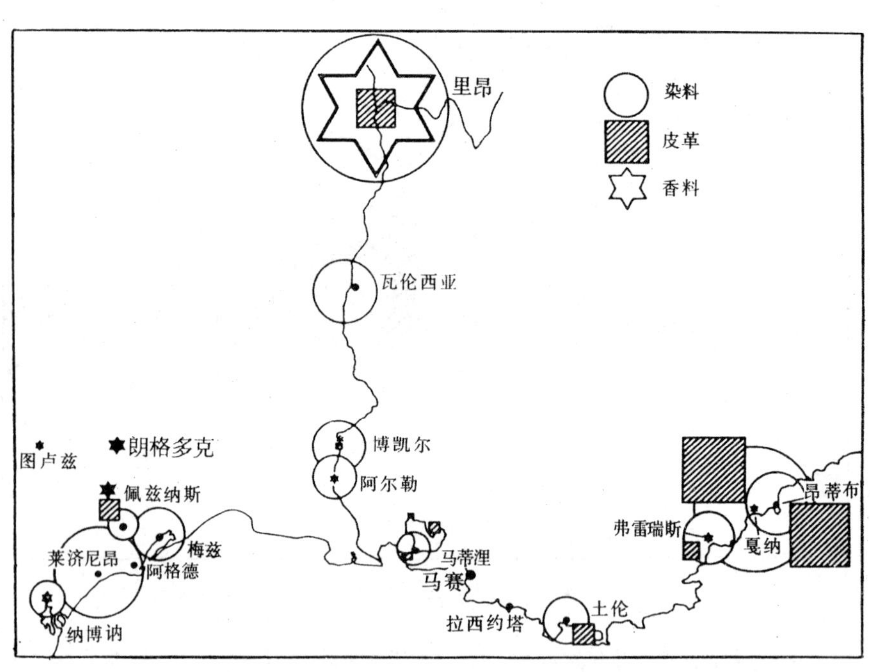

图18　马赛与法国国内市场(1543年)

上图表示的数量只是粗略计算。

的船只给北方各地区运去大量食盐。从路易十一时代起,蒙彼利埃的资本家对这项赚钱的买卖很感兴趣,后来的宗教战争也未能使之中断。[242]朗格多克和普罗旺斯的生羊毛以及蒙彼利埃的醋酸铜也能通过水路运出。那些破烂不堪、坑坑洼洼的土路,则往北把马赛的货物运到法国内地。这些货物中有柏柏尔的香料、胡椒、药材、羊毛和皮革,撒丁岛的奶酪,耶尔的桶装鱼以及成箱的椰枣和橙,[243]土耳其的地毯,黎凡特地区的丝绸和大米,皮埃蒙特的钢,奇维塔韦基亚的明矾以及马尔瓦西的葡萄酒。[244]以上情形是我们从一本偶然保存下来的1543年的马赛登记册得知的。[245]登记册上还指明哪些城市是这项贸易中的直接买主。这在马赛经济区域图上已经画出。该区域的中轴线是上溯到里昂的这段罗讷河。朝图卢兹方向也曾发运过货物,但次数很少。货物直运巴黎的情形就更少了。总的说来,马赛的货物是由一系列中间城市负责转运到内地的。在距地中海较远的地方,例如在阿尔勒、博凯尔、佩兹纳斯等地,与马赛的直接贸易十分稀少,甚至完全不存在,所有货物都被里昂所独吞。这种情况毫无疑问也适用于地中海的所有其他城市。当时没有一个城市能够把销往内地的商品直接运到最后的目的地。

同样不容置疑的是,正如1543年那本登记册所表明的那样,马赛的贸易额相当小。但是,这个城市不可争议地控制着普罗旺斯地区的各条河流。周围的港口都为它服务,有的运来阿尔勒的小麦,有的在鱼汛来临前夕从弗雷瑞斯运来必不可少的木桶……从那时开始,马赛就对科西嘉岬产生巨大的吸引力。然而,马赛的兴起不可能在1569年投降之前,说得更清楚些,不可能在1570年至

1573年的战争之前。这次战争捆住了威尼斯的手脚，大大阻碍它与黎凡特地区的联系。这次危机帮助马赛发了财，使马赛商船的航行次数成倍增长。与此同时，罗讷河流域的运输量也大大增加。增加的原因之一是部分德意志贸易改变了方向，转而经过里昂和马赛。[246] 1580年前后，福西亚的这一古城①的大小商船在整个地中海上来来往往。

显然，马赛的好运不完全是法兰西地峡陆路的功劳。[247]海上运输也出力不小：马赛的"小船"为热那亚、里窝那、威尼斯以及西班牙和非洲等地的港口服务。同拉古萨的船舶一样，马赛的"小船"靠海吃海，经营地中海的转口贸易。尤其在16世纪，柯尔贝尔尚未当政，马赛的身后还没有一个强大的法国工业。但是，当时已经有了法国，即法国和它的市场。另外还有一条横贯法国的大路，这使马赛成为英格兰的呢绒和佛兰德地区的毛哔叽在地中海的出口门户之一。1563年后发生的国内动乱没有中断这些贸易往来。只是在1589年后，才出现旷日持久的危机和骚乱。因此，在必要时，我们应重新审查我们对法国内部危机的总的评断。[248]

但是，一条内陆大路不只是一条商业道路。法兰西地峡的轴线除了向北运输食盐、向南运输北方的呢绒之外，在15世纪50年代之后，还通过奥克文明和奥克语言渗入南方地区，使法语迅速普及到地中海沿岸地区。[249]到了16世纪，又有几千名意大利人结队北上，其中包括商人、艺术家、工人、工匠、小工；我们可能想象到这些争强好胜、争吵不休但也不乏才华的意大利人在法国客店就餐的

① 即马赛。——译者

情景。饭菜之丰盛使富有的威尼斯大使吉罗拉莫·利波马诺叹为观止。他写道：在巴黎，“酒铺老板供应各种价格的饭菜，有每客 1 通斯通的，有每客 2 通斯通的、1 埃居的、4 埃居的、10 埃居的，甚至有 20 埃居的，悉听尊便！”[250]这些意大利人的历史功绩值得大书特书的有：罗讷河下游的排水抗涝工程，里昂银行和交易所的发展，以及整个文艺复兴和反宗教改革运动的艺术对地中海文明的有力推进。

法兰西地峡经历了多次盛衰起伏。从 12 世纪到 13 世纪，正值香巴尼交易会的鼎盛时期，地峡对西方各重大活动领域具有吸引力。然后是长时间的衰落。当百年战争结束时，即从 1450 年起，或者更确切地说从 1480 年起，罗讷河走廊重新兴旺起来。[251]法国王室占领普罗旺斯和马赛，使法国在地中海拥有了辽阔的海岸。法国对地中海沿岸的影响也日益加强。

这种影响首先表现为一股强大的政治力量。紧紧随之而来的是法兰西文化的新传播。尽管在文艺复兴时期和巴洛克时代，法兰西文化还并不起眼，但从众多细微的迹象看来，不久将发挥其非同寻常的影响。与菲利普二世新婚不久的“和平王后”——瓦卢瓦王族娇小的伊丽莎白——刚刚打开她的梳妆箱，西班牙宫廷的贵妇们顿时为之心醉神迷。[252]即使在威尼斯这个直到 17 世纪还始终是俊男倩女云集的地方，法国时装式样也十分流行。那不勒斯的加斯特侯爵夫人于 1559 年对前来拜访她的修道院院长百般讨好。当时在场的布朗托姆写道：“侯爵夫人在会晤前用法国礼节迎接客人。她让自己的几个女儿用法国方式陪伴院长，无论微笑、跳舞、打牌、交谈，都自由自在，彬彬有礼，就像在法国宫廷里一样。”[253]法国歌曲向南方流传，很早已经开始，只是在后来，即在16世纪末，意大利歌剧才向四面八方传播，二者没有在途中相遇的机会。以上这些细小的征兆，似乎都是表面现象。但是，在16世纪的意大利，法国人（至少是人们想象中的法国人）的举手投足，烦琐的礼仪，阔绰的排场，让仆人忙得疲于奔命，都已成为社交界的楷模；难道能说这毫不重要吗？[254]

欧洲和地中海

欧洲的各个地峡为传播地中海的影响充当传送带。这些基本路线又分别在各自的周围，集聚一大片多少具有独立性的陆地，因为面对地中海的，不是一个欧洲，而是几个欧洲，几个欧洲氛围。由于横贯欧洲的陆路运输量有限，它们之间的联系相当松散。

南北方向的大路虽然十分重要，但还不能把它们穿越的所有地区和民族都带动起来。道路漫长，往往还有山川阻隔，妨碍着地区间的交流。在地中海和北欧之间，一堵堵高墙起着消极的作用。所以，南方的影响并不是后浪推前浪地逐步向北推进的（不管我们脑海里出现的是什么样的形象）。它像狭长的楔子那样，沿着贸易大道，向陆地渗透，并且同这些大道一起打入最遥远的地区。为了阐明地中海的历史，有时还必须追踪到这些遥远的地区。

但是，这些深入内陆，经常进入完全陌生的地区——例如俄罗斯的各个地区——的路线，只是或多或少受地中海影响的欧洲的骨架。通过这些动脉的无数分支，地中海只在距离海岸不远的地方扩展影响。那里才真正浸透了地中海的影响。这是一个得天独厚、但又变化不定的地区。只要想到宗教、文化、经济等方面的情况，就足以明白这个地区的面积有伸缩性。取自经济史的一个例子可以使我们的思想明确起来。我们刚才谈到马赛和所有位于地中海沿岸的商港。在一定的距离之外，它们就把接力棒交给其他城市。在西欧和中欧，一条连接这些内地中继站的轴线，从里昂出发，朝日内瓦、巴塞尔、乌尔姆、奥格斯堡、维也纳、克拉科夫和利沃夫的方向延伸。[255]引人注目的是，以上列举的城市兼具南方和北方的性质。它们的目光和生活同时转向北方的地中海①和整个广阔的内海②。人们不能否认，这条中轴线是欧洲联合体的一条疤痕，一条重要的接缝。既然如此，难道人们能够否认最终将与地中海相抗衡的欧洲就是从这些混合型城市以北发端的吗？这是向宗教改革运动开放的、由一些咄咄逼人的新兴国家组成的欧洲。这些国家的蓬勃兴起将以自己的方式标志我们称之为现代的开始。

我这样说，丝毫没有把事物过于公式化的意图。欧洲也还包括北方诸海和辽阔的大西洋。在地理大发现以后，所向无敌的大西洋，由于麦哲伦和瓦斯科·达·伽马的旅行，分别同太平洋和印度洋连接在一起。

3. 大西洋

我们把大西洋放在论述地中海边界这一章的末尾，似乎大西

① 指波罗的海、北海等。——译者

② 指地中海。——译者

洋不过是地中海的一个附属地区，这样做可能会使人觉得不合情理。但是，在16世纪，大西洋还不是个完全独立的存在。人在那里只是初来乍到，使用从欧洲带来的一点东西逐步进行建设，就像鲁滨逊用他在船上收集到的东西来盖他的房屋一样。

几个大西洋

16世纪的大西洋是由好几块半独立的洋面拼凑起来的共同体。英格兰人的大西洋[256]和法国人的大西洋横向铺开，通常以墨西哥湾及其多风暴的航道为中轴线。纽芬兰岛则是它的第一个落脚点。西班牙人的大西洋呈椭圆形。塞维利亚、加那利群岛、安的列斯群岛画出它的轮廓，并起着接力站的作用。[257]葡萄牙人的大西洋在大洋中南部展现一个大三角形。[258]第一条边线从里斯本到巴西；第二条边线接着从巴西到好望角；最后一条边线，就是从西印度群岛返航的帆船以圣赫勒拿岛为起点沿着非洲海岸航行的路线。

这几个不同的大西洋，分别与各有关国家的历史联系在一起，容易引起有关历史学家的注意。但是，另外一个大西洋却被人忽视了。这可能由于它把几个特殊的局部结合在一个整体，并在大西洋的整体历史中显示它的意义，而这样一部整体历史有待我们去写。这个被人忽视的大西洋在所有的大西洋中历史最为悠久，从中古时代甚至远古时代就有海上航行。从埃库莱斯山的柱石到锡利群岛（即索灵群岛）的大西洋，夹在葡萄牙、西班牙、法国、爱尔兰、英格兰的海岸之间，海面狭窄，风暴频繁凶猛。总的说来，这是与欧洲地峡各条陆路相竞争的一条普通的南北通道。15、16世纪的各个大西洋，正是由这个大西洋孕育和派生出来的。

确实，这里海上气候条件恶劣，航行困难。加斯科涅湾风急浪高，波涛汹涌，同地中海的利翁湾一样，理所当然地被人视为畏途。从南部的西班牙出发，任何人都不能保证一定能进入位于东北面的拉芒什海峡，虽然这个海峡很宽。查理五世的弟弟费迪南 1518 年率领船队从拉雷多出发，控制不住航行方向，来到爱尔兰荒凉的海岸以外的海面。[259]菲利普二世 1559 年 8 月从北方返回西班牙，竟没有把握能顺利进入坎塔布连海岸的深水港。[260]长期在查理五世那里代表波兰的丹蒂斯库斯大使于 1522 年 12 月体验了英格兰到伊比利亚半岛的海上旅行。他说，地中海和波罗的海丝毫不能同“西班牙海”可怕的狂风巨浪相比。他惊呼道：“如果我必须以这样的航行作为取得世界统治权的代价，我绝不会投身到如此可怕的冒险中去。”[261]

然而，在加斯科涅湾及其邻近洋面进行冒险确实成了“统治世界的代价”。在这个波涛汹涌的海洋，欧洲克服无数的艰难险阻，学会了航海，并为征服世界作了准备。

大西洋拜地中海为师

这些大洋是怎样进入地中海的生活的？地中海又是怎样通过这些辽阔的大洋发挥作用的？

以往的传统历史把所有这些大洋笼统地说成是地中海的头号敌人：大西洋的面积比地中海大，因而以大压小。这个观点把事物简单化了。同样是夸张，我们还不如说，地中海长期统治着庞大的邻居，地中海衰落的原因之一就是丧失了对大西洋的控制。让我们再说一遍：历史的创造者不是地理区域，而是人，是主宰或发现这些地理区域的人。

地中海在16世纪对西大西洋拥有明显的特权。大西洋的繁荣促进地中海的兴旺。在任何情况下，地中海总能分享利益。纽芬兰的桶装鳗鱼，马德拉岛和圣多美岛的糖，巴西的糖和染料，西属美洲的金和银，从印度洋绕好望角运来的胡椒、香料、珍珠和丝绸，这些远程贸易都给地中海带来一份新的财富。在整个16世纪，地中海并没有因为哥伦布和瓦斯科·达·伽马的航行取得成功而立刻被人抛弃，变得穷困起来。相反，地中海致力于大西洋的建设，并且根据自己的面貌创造和派生出一个伊比利亚人的新世界。有位历史学家在谈到本书第一版时，对作为地中海日常生活的象征的小驴没有在书中占有一个更重要的位置感到遗憾。[262]他还说，在墨西哥看到几个农民骑着驴子走过，就会不由自主地想起地中海的人和景色。类似的情况很多！到处播种的小麦，很早在秘鲁和智利移植的葡萄，内地的驴驮商队、西班牙城市的教堂广场，从伊比利亚半岛引进的自然繁殖的畜群，巴洛克风格在殖民地的盛行等等……所有这些新事物都起源于地中海。[263]

这些联系和交往在16世纪是通过地中海的或大西洋的船舶进行的。这个事实本身就很重要。但是，仅仅从双方的利害关系来说明问题，肯定是不够的。如果断言大西洋的船只和商人来到地中海只会给后者带来损失，这未免言过其实。在16世纪末，那不勒斯作为一个购买北方产品并出口地中海地区产品的中心飞跃发展起来，这应该归功于大西洋商船和商人的到来。同样，荷兰商船把西班牙的羊毛直接运到威尼斯，也部分地说明了威尼斯呢绒制造业

16 世纪末取得的惊人进展。[264] 简而言之，对大西洋和地中海双方之间的借贷关系，很难算笔总账。

16 世纪大西洋的命运

我们想通过大西洋与地中海的联系来观察大西洋的历史概貌，这样做效果会好些。

从 16 世纪开始到 1580 年，伊比利亚人，即地中海人，着手在塞维利亚和安的列斯群岛之间横渡大西洋，用皮埃尔·肖尼的话来说，这就是“塞维利亚的大西洋航线”。此外，还有葡萄牙人以里斯本为起点的漫无边际的远洋航行。除去少数法国海盗外，实际上没有人能跻身于这些海上禁脔。没有人能够打断或阻挠这些航行的发展。塞维利亚的大西洋远航在越过巴拿马地峡后，同秘鲁至阿里卡——波托西矿山的港口——的海路连接起来。从 1564 年起，马尼拉大帆船穿越太平洋，来往于阿卡普尔科和菲律宾之间，并有效地和中国经济相会合。[265] 葡萄牙人一开始就从海上航行到印度，随后到达更远的南洋群岛、中国和日本。[266] 他们还在非洲和美洲之间从事大规模的奴隶买卖，有时取道巴西的内地陆路，但更多是经过布宜诺斯艾利斯，使用拉普拉塔河（波托西白银的秘密出海口）的小船。[267]

世界经济由此形成了一个巨大而复杂的流通体系。这个体系后来出过几次故障，发生几次“减速”，但总的说来，伊比利亚人的这次经济高涨一直维持到 1580 年或更晚一些时候。证据是：运到塞维利亚的白银的数量和从“印度”（西印度）返销的各种商品的数量都在上升。这些商品是：皮革、染料木和胭脂虫。后者是“俏货”

之一，批发商争相趋利，密切注视行市起落。另一个证据是：在布尔戈斯判例汇编记载的众多海上保险项目中，大西洋的保险费率也长期低于地中海。[268]此外，在1600年以后很久，里斯本仍在香料贸易方面保持它的地位。随着新教地区的私掠活动蔓延发展，葡萄牙和西班牙的地位岌岌可危，这两个巨人终于携手联合。而在1580年，谁也不会想到这是两个衰弱的巨人的联合。

在这幅乐观的画面上，还必须添上几道阴影，而且是浓重的阴影：大西洋的近程航线，即南北间的航线已经丧失。这条航线是在几个世纪前被地中海人所夺走的。热那亚的帆桨战船于1297年实现了驶往布鲁日的首次直接航行。20年后（在1310年和1320年之间，大概在1317年），威尼斯双帆商船和其他许多船舶也进行了同样的航行。[269]远洋航运的发达与香巴尼交易会的凋敝恰好同时发生（二者不一定有因果关系）。很多意大利商人从此经海路前往尼德兰和英格兰，并在那里自由自在地安居乐业。远洋航运的胜利立即使意大利取得有利地位。意大利依靠它在黎凡特地区的殖民地以及在北方的账房，摆脱了四周落后地区的包围，一跃而成为最现代化且最富裕的地方。另外一个意想不到的结果是：欧洲在大西洋前沿地区的兴旺发达，至少是在安达卢西亚、葡萄牙等地段，实际上为地理大发现作了准备。[270]

从15世纪中叶开始，大西洋的地位逐渐上升，但从中获利的仍然是意大利的海陆商业体系。威尼斯和热那亚当时主宰着英格兰和佛兰德的市场。这个体系要到16世纪才日趋衰败。约在1550年前后，[271]北海、葡萄牙和安达卢西亚之间的运输改由北方船只承担。20年后，在1568—1569年西班牙和英格兰发生危机期间，[272]

伊比利亚人几乎不得不完全放弃北方的航行。北方的帆船趁机进一步远航直布罗陀,终于实现了对地中海的征服,而在 1550 年以前,它们只取得了一半的成功。但是,这种进展毕竟为时已晚。一位 87 岁的西班牙老人在 1629 年回忆往事时说,英格兰的战舰当时总共不超过 15 艘。[273]

总之,对地中海来说,这些事意味着一系列直接或间接的损失,但对地中海国家来说,这不一定是灾难性的损失。西班牙和葡萄牙动员它们的力量,其紧迫的目的是保障它们在大西洋上的远程航路。比斯开的情形十分说明问题:正是比斯开向"印度之路"(Carrera de Indias)提供了最好的船只;比斯开的大帆船驶往西印度群岛。相反,1569 年前把羊毛和白银从西班牙运到安特卫普的双桅船,现在却很少出现在北方航线上。尽管出现了这些挫折,塞维利亚和北方之间生死攸关的联系仍然保持下来。对于供应谷物、鱼、木材、铁、铜、锡、火药、呢绒、布匹、五金和造好的船舶的北方人来说,西班牙之行的结果是带回盐、葡萄酒、白银等等。这是因为伊比利亚半岛拥有充裕的支付手段。

因此,伊比利亚半岛蒙受了损失,但在向意大利商人广开大门的世界体系中,这些损失得到了弥补。意大利商人一开始就出现在里斯本和塞维利亚。热那亚人推动了塞维利亚的经济起飞,并建立起必要的和缓慢的资金周转。否则,大西洋两侧的任何往来都不可能。[274]西班牙经济容忍了热那亚人的介入,也容忍了佛罗伦萨人虽比较隐蔽但规模更大的介入。意大利的资本家——威尼斯的和米兰的——也加入他们的行列,控制通向尼德兰的交通要道。在安特卫普、纽伦堡,甚至在地球的另外一端的霍尔木兹和果阿等地,都能见到威尼斯人和米兰人。总之，地中海并非置身事外。或者说，地中海到处插手。地中海甚至通过热那亚人控制西班牙王室的财政，通过贝桑松交易会[275]控制欧洲资金的高层运动。

这个总体系将经久不衰。在科内利奥斯·霍特曼率领荷兰船只绕过好望角之前（1596 年出发，1598 年返回），地中海没有发生过大的灾难。只是在百年经济周期或早或迟发生剧转时，这个体系才大伤元气。在这样的转折中，通常是冒尖的部门最先受到打击。然而，这种经济退潮并非急转直下。最有代表性的时期，可能是从 1620 年到 1630 年。当时，葡萄牙的“马拉诺”(marranos)，即并非真心改奉基督教的犹太人，往往作为北方资本家的代理人，在西班牙的金融中心起着举足轻重的作用。他们的地位仅次于热那亚商人。1628 年 8 月 8 日，在哈瓦那附近的马坦萨斯的沿海洋面，皮特·海恩率领的荷兰军舰包围并俘获了新西班牙的“舰队和船队”。[276]

在我们看来，这些较晚发生的事件，使惯常以 1588 年无敌舰队的失败作为转折点的说法显得论据不足。这里有几个重要原因：1. 西班牙 1588 年的失败既由于敌人的拦截，也由于风暴的袭击，以及缺乏能在北海沙滩一带熟练领航的水手，但在这次失败后，西班牙仍然有力量于 1597 年[277]和 1601 年[278]两次远征爱尔兰岛，并在岛上牵制敌人，使伊丽莎白的财力耗尽；[279] 2. 这次失败发生时，经济形势还处于上升阶段，因而任何伤口都还能够愈合；3. 英格兰的海盗活动自动放慢。这一活动显然给对手以沉重的打击（1596 年对加的斯的洗劫更主要是损害了西班牙的威望而不是它的财富）。但是，西班牙各个岛屿和海岸开始武装自卫。正如一位英格兰历史学家指出的那样,英格兰的海上行劫是一种收益越来越少的创业。[280]举例来说,坎伯兰伯爵(乔治)在对西班牙进行了15年的骚扰和征讨之后,债台高筑,放弃了这些耗资巨大的冒险,退回到自己的土地。他说:"我现在应该打算去种五谷,而不再去袭击商船;应该打算去饲养羊群,而不再去装备船只……";4. 虽然英格兰促使了西班牙的衰落,但它自己并没有马上从中得益。这里有一个重要的细节:英格兰在1604年同天主教国王签订了和约,比法国晚6年,比联合省早5年。

上述四项原因同16世纪末西班牙文献资料给人的印象是一致的,西班牙和英格兰的斗争经常在大西洋空旷的洋面上进行。当控制拉芒什海峡的英格兰船驶出海峡时,卡斯蒂利亚的阿德兰塔多的舰队在加的斯或里斯本还没有作好战斗准备。于是,英格兰人毫不费力地到达加那利群岛或亚速尔群岛,有时甚至到达由西班牙帆桨战船、大帆船和军队守卫的直布罗陀海峡。只是当英格兰船在航海季节结束平安返航后,西班牙船才从直布罗陀海峡向北开到费罗尔。西班牙的扫荡常常落空。当然,也会发生几次遭遇战,这些战斗有时并不造成死亡。例如,1602年11月,6艘西班牙大帆船驶离里斯本,在"拉科鲁尼亚海游弋",它们与几艘敌船遭遇,但敌船装备精良,行动果断,先让西班牙船只靠近,开了几炮以后,便"扬帆疾驶而去"。正如一份威尼斯的报道所说"几乎形同游戏"。[281]这种战争耗资巨大,但不造成伤亡,也并非毫无用处,尽管英格兰和荷兰船只强行通过直布罗陀海峡,但并不容易。据黎凡特公司负责人说,为安全起见,英格兰船只在冬天穿过直布罗陀海峡。"那时海上风急浪高,不会碰到在锚地值勤的西班牙船。"每年,越来越多

的满载财富的船队从新大陆开来，好像全凭“上帝之手驾驭”。[282]对西班牙和它的地中海盟友来说，此事至关紧要。

姗姗来迟的衰落

我们为探寻地中海的更大的范围所做的以上旅行，是与其他旅行协调一致的。被这片辽阔的地区团团包围，并位于它的中心的狭义的地中海，直到 1600 年，仍然拥有兴旺发达、灵活多变和充满活力的经济。17 世纪开始时，历史并未匆匆地把地中海经济彻底抛弃。地中海真正的衰退要晚一些时候方才开始。以上的叙述已画出了一个整体轮廓。我们还必须再观察它的粗线条，并进一步研究细节。

原书本部分注释

1. Félix et Thomas PLATTER, *Journal*, *op. cit.*, p. 20. Félix, le 26 octobre 1552, atteint Montélimar “et la nuit le bourg de Pierrelatte, où je vis les premiers oliviers. Les arbres étaient chargés d'olives, les unes vertes, les autres rouges et demi-mûres, d'autres enfin noires et en pleine maturité. Je les goûtai toutes, mais les trouvai mauvaises et très amères”.

2. Robert BRUNSCHVIG, *La Berbérie Orientale sous les Hafsides*, 1940, *I*, p. 269.

3. Jacques WEULERSSE, *Paysans de Syrie et du Proche Orient*, 4e *éd.*, 1947, p. 61.

4. Ce renseignement m'avait été fourni par Felipe RUIZ MARTIN. J'ai égaré la référence exacte. Sur le trafic négrier des caravanes vers Tlemcen et Mostaganem, Diego Suárez, Manuscrit B. N., Madrid, chapitre 35.

5. Maurice LOMBARD, “Le commerce italien et la route mongole”, in: *Annales E. S. C.*, 1948, p. 382: “La route continentale vers les Indes

prospectée par les Italiens deux siècles avant l'ouverture maritime par les Portugais. "

6. Fritz JAEGER, "Trockengrenzen in Algerien", in: *Pet. Mitt.*, *Ergänzungsheft*, 1935, et *Naturwissenschaft*, Berlin, XXIX, 31 octobre 1941. L'isohyète de 100 millimètres passe entre Laghouat et Ghardaïa, entre Biskra et Touggourt.

7. E. ALBÈRI, *op. cit.*, III, 2, p. 199.

8. Aloys SPRENGER, *Die Post-und Reiserouten des Orients*, 1864.

9. Didier BRUGNON, *Relation exacte concernant les caravanes en cortège des marchands d'Asie*, Nancy, 1707, p. 73.

10. Marguerite van BERCHEM, "Sedrata, une ville du Moyen Age ensevelie sous les sables du Sahara algérien", in: *Documents Algériens*, 11 septembre 1953.

11. Arnold TOYNBEE, *L'Histoire. Un essai d'interprétation*, Paris, 1951, p. 187.

12. Cité par le Général Edouard BREMOND, *Berbères et Arabes*, 1942, p. 37.

13. *Le voyage d'Outremer* de Jean THENAUD, Paris, 1884, p. 7. Au Caire"... le bois est extrêmement cher et il faut beaucoup d'argent pour s'en procurer une petite quantité", *ibid.*, pp. 209—210.

14. *Journal d'un bourgeois du Caire*, *Chronique d'Ibn Iyâs*, transcrit et annoté par Gaston WIET, I, 1955, p. 266.

15. Konrad GUENTHER, in: *Geographische Zeitschrift*, 1932, p. 213.

16. Vincent MONTEIL, voir *infra*, p. 161 note 1.

17, 18, 19. Jacques BERQUE, 《Introduction》, in: *Revue Internationale des Sciences Sociales*, XI, 1959, n°4, pp. 504—505. Le numéro est consacré aux Nomades et Nomadismes en zone aride.

20. Jacques BERQUE, *art. cit.*, page précédente, note 5.

21. Anonyme, *Briève description d'un voyage fait en Levant, Perse, Indes Orientales, Chine*, s. d. (XVIIe siècle), B. N., Fr. 7503, n. a.

22. H. POHLHAUSEN, *Das Wanderhirtentum und seine Vorstufen*, 1954, p. 109.

23. Jacques BERQUE, *art. cit.*, p. 509.

24. *Una embajada de los Reyes Católicos a Egipto*, Traduction, prologue et notes de Luis GARCIA Y GARCIA, 1947, pp. 90—92.

25. *Journal d'un bourgeois du Caire*, I, p. 27(nov. déc. 1468), p. 112 (juillet 1507).

26. Alonso de la Cueva à S. M., Venise, 6 juin 1609, A. N., K 1679,《*los Arabes que corrian la campaña robando todos los pasageros*》.

27. Daniele Badoer au doge, Péra, 8 avril 1564, A. d. S. Venise, Senato Secreta Costantinopoli, 4 D.

28. *Journal d'un bourgeois du Caire*, II, p. 266.

29. Vincent MONTEIL,《L'évolution et la sédentarisation des nomades sahariens》, in: *Revue Internationale des Sciences Sociales*, 1959, p. 600.

30. BELON DU MANS, *op. cit.*, p. 163.

31. Diego SUAREZ, *Historia del Maestre ûltimo que fue de Montesa...*, Madrid, 1889, pp. 46, 284—285.

32. R. BRUNSCHVIG, *op. cit.*, I, p. 61.

33. Charles MONCHICOURT,《Etudes Kairouannaises》, in: *Revue Tunisienne*, 1932—1936.

34. Carl BROCKELMANN, *Geschichte der islamischen Völker*, 1939, p. 284.

35. Voir *supra*, p. 151.

36. Henri-Paul EYDOUX, *L'Homme et le Sahara*, 1943, p. 101.

37.《Der Islam und die orientalische Kultur》, in: *Geogr. Zeitschrift*, 1932, p. 402.

38. R. CAPOT-REY, in: *Revue Africaine*, 1941, p. 129, compte rendu de Jean DESPOIS, *La Tunisie Orienale*, *Sahel et Basse Steppe*, 1940.

39. B. GREKOV et A. IAKOUBOWSKI, *La Horde d'Or*, tr fr., 1939.

40. Au delà des indications indécises de ses livres à ce sujet, je me reporte à des conversations que j'ai eues avec lui à Alger, autrement formelles.

41. Robert MONTAGNE, *Les Berbères...*, *op. cit.*, p. 410.

42. René GROUSSET, *L'Empire des steppes*, 1941, p. 11.

43. G. SCHWEINFURTH, *Im Herzen von Afrika*, Leipzig, 1874, p. 50 et *sq.*

44. Didier BRUGNON, *Relation exacte...*, *op. cit.* Voir *supra*, p. 158, note 3.

44. Didier BRUGNON, *Relation exacte...*, *op. cit.*

45. FLACHAT, *op. cit.*, I, 345(1766) parle des caravanes à partir de Bochorest(Bucarest): la nuit"... un grand pot à feu qu'un homme de la caravane

portait devant nous".

46. R. HAKLUYT, *op. cit.*, II, p. 200. *A description of the yearly voyage of pilgrimage of the Mahumitans Turkes and Moores into Mecca in Arabia*.

47. Vitorino MAGALHAËS-GODINHO, *L'économie de l'Empire portugais aux XIVe et XVe siècles*, Thèse dactylographiée, Sorbonne, 1958, p. 14 et *sq*. D'après les sources portugaises l'or du Tacrour, c'est-à-dire du Soudan occidental, alimente en 1511 deux caravanes annuelles qui par le Fezzan amènent, en Egypte, le métal jaune "en grande quantité", *ibid.*, p. 43.

48. Emilio Garcia GOMEZ, 《Españoles en el Sudan》, in: *Revista de Occidente*, 1935, pp. 93—117: l'entrée à Tombouctou, le 30 mai 1591, J. BERAUDVILLARS, *L'Empire de Gao. Un Etat soudanais aux XVe et XVIe siècles*, 1942, p. 144.

49. Roland LEBEL, *Le Maroc et les écrivains anglais aux XVIe, XVIIe et XVIIIe siècles*, 1927; J. CAILLE, "Le Commerce anglais avec le Maroc pendant la seconde moitié du XVIe siècle. Importations et exportations", in: *Rev. Afr.*, 1941.

50. BELON DU MANS, *op. cit.*, p. 98, 189 v° et 190; N. IORGA, *Ospitiromeni in Venezia*, Bucarest, 1932, p. 150.

51. Route de Nil, une des routes de l'or, J. B. TAVERNIER, *op. cit.*, II, p. 324.

52. HAKLUYT, II, p. 171(1583).

53. A noter la permanence sur le Tigre, à la fin du XIXe siècle, encore, de bateliers nestoriens, originaires du village de Tell Kel, près de Mossoul, Eduard SACHAU, *Am Euphrat und Tigris*, 1900, p. 24. Difficultés pour remonter le Tigre au milieu du XVIIe siècle; les bateaux doivent être hâlés par des hommes, il faut 60 jours pour aller de Bassora à Bagdad, J. B. TAVERNIER, *op. cit.*, I, p. 200.

54. J. B. TAVERNIER, *op. cit.*, I, p. 125.

55. W. HEYD, *Histoire du commerce du Levant*, trad. fr. de Furcy-Raynaud, 2 vol., 1885—1886, 2e tirage, 1936, II, p. 457.

56. A. PHILIPPSON, *op. cit.*, pp. 46—47, note l'importance des transports de la mer Rouge, et les difficultés de navigation sur cette mer. De mai à octobre, les vents du Nord ne permettent la remontée de Djedda à Tor ou à Suez que durant les accalmies du vent dominant et grâce alors au vent de terre. Surla concurrence entre mer Rouge et routes de Syrie, se reporter encore à

l'ouvrage classique de W. HEYD, *Histoire du commerce du Levant*, *op. cit.*, et à l'étude toujours utile d'O. PESCHEL, "Die Handelsgeschichte, des Roten Meeres", in: *Deutsche Vierteljahrschrift*, III, 1855, pp. 157—228. Sur les difficultés des caravanes dans l'isthme de Suez, BELON DU MANS, *op. cit.*, p. 132.

57. D'après Hermann WAGNER, "Die Überschätzung der Anbaufläche Babyloniens", in: *Nachrichten K. Ges. Wissensch.*, Göttingen, Ph. hist. Klasse, 1902, II, pp. 224—298.

58. BELON. *op. cit.*, p. 107.

59. E. SACHAU, *op. cit.*, notamment, pp. 43—44.

60. V. NALIVKINE. *Histoire du Khanat de Khokand*, Paris, 1889.

61. *Allah est grand*, Paris, 1937, p. 11.

62. *Op, cit.*, p. 290.

63. *Op, cit.*, I, p. 111.

64. Richard HENNIG, *Terræ Incognitæ*, 2e éd., 1956. IV, p. 44 et *sq.*

65. "Le style européen" aux yeux d'un historien, bien sûr. Pour un voyageur européen, l'Allemand Salomon SCHWEIGGER, qui a traversé la Turquie en 1577 (*Eine neue Reissbeschreibung auss Teutschland nach Konstantinopel und Jerusalem*, 4e éd., Nuremberg, 1639), aucun doute, à l'inverse. "L'habitude de la vie nomade, qui est un des traits distinctifs des peuples asiatiques, caractérise encore les Turcs d'aujourd'hui", cité par Ivan SAKAZOF, *Bulgarische Wirtschaftsgeschichte*, Berlin-Leipzig 1929, p. 206.

66. C'est ce qu'explique, mais à sa façon qui est brillante et originale, le petit essai de W. E. D. ALLEN, *Problems of Turkish Power in the Sixteenth Century*, Londres, 1963.

67. Gonzalo MENENDEZ PIDAL, *Los caminos en la historia de España*, Madrid, 1951, p. 85. Sur la route Málaga Séville, à titre d'exemple, Théodore de MAYERNE TURQUET, *Sommaire description de la France, Allemagne, Italie et Espagne*, 1629, p. 309.

68. Les belles pages de Jean BRUNHES sur l'Europe forestière du Nord et l'Europe décharnée du Sud, *Géographie Humaine*, 4e éd., p. 51.

69. Dantiscus au roi de Pologne, Londres 12 cot. 1522, Bibliothèque Czartoriski, 19, fos 33—34.

70. L. PARIS *Négociations... relatives au règne de François II*, 1841, p. 187.

71. Friedrich WIELANDT, *Die Bierbrauerei in Constanz*, 1936. Le premier brasseur, Jacob Wuederfranck y vient de Budwitz.

72. Comme dit un refrain populaire du temps (George MACAULAY TREVELYAN, *History of England*, Londres, 1943, p. 287, note 1):

Hops Reformation, bays and beer
Came, into England all in one year.

73. *La trés joyeuse et très plaisante Histoire composée par le Loyal Serviteur des faits, gestes, triomphes... du bon chevalier sans paour et sans reprouche Le gentil seigneur de Bayart*, p. p. J. C. BUCHON, Col. "Le Panthéon littéraire", 1886, p. 106.

74. Don Antonio de BEATIS, *Voyage du Cardinal d'Aragon (1517—1518)*, traduit de l'italien par M. Havard de la Montagne, Paris, 1913, p. 74.

75. A. de S. Mantoue, Série E., Francia 637, le doyen de Bayeux au marquis de Mantoue, Bayeux 16 avril 1529: "*che a dir il vero li vescovi di qui son havuti in maggior reverentia che in Italia*".

76. La copie de la correspondance de Marco Ottobon forme un registre, Dispacci scritti al Senato dal Secretario Marco Ottobon da Danzica delli 15 novembre 1590 sino 7 septembre 1591. A. d. S. Venise, Secreta Archivi Propri, Polonia. Le registre n'est pas folioté. Lettres mises en cause: 13 et 22 décembre 1590.

77. R. HAKLUYT, *op. cit.*, I, 402. Paolo Lamberti à l'ambassadeur de Venise à Paris, Rouen, ll août 1571, *C. S. P.*, pp. 473—474: Moscou incendié, 150,000 personnes massacrées dont des marchands flamands, anglais, allemands, italiens qui y résidaient. La prise de Moscou rend impraticable, pour des années, le commerce de Narva dans lequel s'employaient, pour le compte de Lamberti, des navires frétés à Dieppe. Karl STÄHLIN, *Geschichte Russlands von den Anfängen bis zur Gegenwart*, 1923, t. I, pp. 282—283, explique les chiffres invraisemblables qu'on a donnés des victimes (800,000 morts, 130,000 captifs).

78. Encore à l'époque de J. B. TAVERNIER (*Voyages*, I, p. 310), ces raids sont accomplis par des poignées de cavaliers. "J'ay remarqué... qu'allant de Paris à Constantinople, je rencontrais entre Bude et Belgrade deux bandes de ces Tartares, l'une de soixante cavaliers, et l'autre de quatre vingt...". Sur le rôle de ces "irréguliers" derrière les armées turques, J. SZEKFÜ, *Etat et Nation*, Paris, 1945, pp. 156—157. Leurs terribles hivernages. Ils vivent sur le

pays avec femmes, enfants et troupeaux. La chronologie de leurs exploits suivie de près à Venise (A. d. S. Venise, *Annali di Venezia*, 9 octobre 1571, 7 mars 1595; Marciana 7299, 15 avril 1584; 5837 C II. 8, 11 janvier 1597; Museo Correr Cicogna 1993, f°135, 23 juillet 1602, etc.); en Pologne, Musée Czartoryski, 2242, f°256, 1571; Johann Georg TOCHTERMANN, 《Die Tartaren in Polen, ein anthropogeographischer Entwurf》, in: *Pet. Mitt.*, 1939. Toute attaque des Tartares sur la Pologne déclenche des réactions vives, ainsi en 1522, *Acta Tomiciana*, VI, p. 121; ainsi en 1650, *Recueil des Gazettes, nouvelles ordinaires et extraordinaires*, par Théophraste RENAUDOT, p. 25 à 36.

79. Baron de TOTT, *Mémoires*, II, p. 29.

80. G. BOTERO, *Relazioni univ.*, II, pp. 39—40; W. PLATZHOFF, *op. cit.*, p. 32, voit trop les Tartares comme un Etat-tampon, inerte, entre Russes et Turcs. Sur les chariots des Tartares, leurs cavaliers, sur les innombrables cavaliers russes, capables de se servir de l'arquebuse, E. ALBERI, *Relazioni*, III, II, p. 205, 1576.

81. G. BOTERO, *ibid.*, II, p. 34. Voir à ce sujet les textes importants publiés par V. LAMANSKY, *op, cit.*, pp. 380, 381, note 1, 382, 383.

82. G. BOTERO, *ibid.*, II, p. 34.

83. Museo Correr, 1993, 11 septembre 1602.

84. L. BEUTIN, in: *Vierteljahrschrift für S. u. W. Geschichte*, 1935, p. 83, à propos du livre d'Axel NIELSEN, *Dänische Wirtschaftsgeschichte*, 1933.

85. P. HERRE, *Europäische Politik in cyprischen Krieg*, 1902, p. 152.

86. A. BRUCKNER, *Russische Literaturgeschichte*, 1909, I, p. 51.

87. Walter KIRCHNER, *The rise of the Baltic Question*, 1954, pp. 70—73.

88. R. HAKLUYT, *op. cit.*, I, pp. 237—238.

89. Charles IX à la ville de Dantzig, Blois, 16 octobre 1571. Archives de Dantzig, 300. 53630.

90. J. JANSSEN, *Geschichte des deutschen Volkes, seit dem Ausgang des Mittelalters*, 1885, p. 313, note 1.

91. J. von HAMMER, *Histoire de l'Empire Ottoman depuis son origine jusqu'à nos jours*, 1835—1839, VI, p. 118: le sultan écrit au tsar, en 1558, pour lui recommander des marchands turcs qui vont à Moscou acheter des pelleteries, R. HAKLUYT, *op. cit.*, I, p. 257.

92. R. HAKLUYT, *op. cit.*, I, p. 364.

93. F. LOT, *Les Invasions barbares*, II, 1937, p. 36; W. PLATZHOFF, *op. cit.*, p. 31, place en 1552 la prise de Kazan; Werner PHLIPP, *Ivan Peresnetov und seine Schriften zur Erneuerung des Moskauer Reiches*, 1935; Heinrich von STADEN, *Aufzeichnungen über den Moskauer Staat*, p. p. F. EPSTEIN, Hambourg, 1930, important sur l'incorporation des deux villes tartares de la Basse -Volga.

94. Ainsi en juillet 1568, R. HAKLUYT, *op. cit.*, I, p. 394.

95. Détails utiles dans la correspondance du baile vénitien, Constantinople, 30 avril 1569, 8 janvier 1570, A. d. S. Venise, *Annali di Venezia*. Voir W. E. D. ALLEN, *op. cit.*, p. 26 et *sq.*

96. E. POMMIER, "Les Italiens et la découverte de la Moscovie", in: *Mélanges d'Archéologie et d'Histoire publiés par l'Ecole Française de Rome*, 1953, p. 267.

97. NICOLAY(Nicolas de), *Les quatre premiers livres des navigations et pérégrinations orientales*, Lyon, 1568, p. 75, le très bon marché des fourrures au《Besestan》.

98. J. von HAMMER, *op. cit.*, VI, pp. 340—341.

99. Une excellente mise au point: I. LUBIMENKO, *Les relations commerciales et politiques de l'Angleterre avec la Russie avant Pierre le Grand*, 1933, Bibliothèque de l'Ec. des Hautes Etudes. Un résumé de Karl STAHLIN, *op. cit.*, I, p. 279 et *sq. Ibid.*, p. 228, 30 ans avant les Anglais, Gênes, avec Paolo Centurione, avait essayé de tourner par les routes russes, en direction de l'Asie, le monopole géographique turc du commerce du Levant.

100. Horst SABLONOWSKI,《Bericht über die soviet-russische Geschichtswissenschaft in den Jahren 1941—1942》, *in*: *Historische Zeitschrift*, 1955, t. 180, p. 142.

101. "Russia and the World Market in the Seventeenth Century, A discussion of the connection between Prices and Trade Routes" par Arne ÖHBERC VADSTENA, in: *Scandinavian Economic History Review*, vol. III, no. 2, 1955, p. 154.

102. Jacques ACCARIAS DE SERIONNE, *La richesse de la Hollande*, Londres, 1778, I, p. 31.

103. P. J. CHARLIAT, *Trois siècles d'économie maritime française*,

1931, p. 19.

104. W. HEYD, *Histoire du commerce du Levant au Moyen Age* (traduction française) (1885—1886, 2ᵉ tirage 1936), I, p. 66 et *sq.*

105. E. POMMIER. *art. cit.*, p. 253 et *sq.*

106. Paul MASSON, *Histoire du commerce français dans le Levant au XVIIIᵉ siècle*, 1911, p. 396.

107. A. G. MANKOV, *Le mouvement des prix dans l'Etat russe du XVIᵉ siècle*, 1957.

108. B. PORCHNEV, "Les rapports politiques de l'Europe occidentale et de l'Europe orientale à l'époque de la Guerre de Trente Ans" (*Congrès International des Sciences Historiques*, *Rapports*, IV, Stockholm, 1960, p. 142), met l'accent sur la paix de Stolbovo, 1617, qui consacre le succès des Suédois.

109. *Recueil des Voyages de l'abbé Prévost*, *Voyage des ambassadeurs du Holstein traduit* par Wicquefort, t. II, 1639, pp. 76—77.

110. Je n'ai pas eu le temps d'utiliser le bel article de M. MALOWIST, "Die Problematik der sozial-wirtschaftlichen Geschichte Polens vom 15. bis zum 17. Jh.", in: *La Renaissance et la Réformation en Pologne et en Hongrie*, *Studia Historica*, 53, Budapest, 1963.

111. Le nom de la ville (la cité blanche), en roumain Cetatea Alba, Bialograd en vieux slave, Aqkerman en turc, toujours avec le même sens. Prise les 7—8 août 1484 par les Turcs, N. BELDICEANU, "La campagne ottomane de 1484, ses préparatifs militaires et sa chronologie", in: *Revue des Etudes Roumaines*, 1960, pp. 67—77.

112. J. B. TAVERNIER, *op. cit.*, I, p. 277.

113. Musée Czartoryski, Cracovie, 2242, f° 199, Rapport de Jean de Monluc, évêque de Valence.

114. Roman RYBARSKI, *Handel i polityka handlowa Polski w XVI Stulecin*, Poznan, 1928, p. 14.

115. W. ACHILLES, "Getreide, Preise und Getreidehandelsbeziehungen europäischer Räume im 16. und 17. Jahrhundert", in: *Zeitsch. für Agrargesch. und Agrarsoziologie*, avril 1959.

116. Lettres de Marco Ottobon, déjà citées, A. d. S. Venise, Secreta Archivi Propri, Polonia 2.

117. M. MALOWIST, "The Economic and Social Development of the Baltic Countries from the 15th to the 17th Centuries", in: *The Economic*

History Review,1959,p. 179,note 2.

118. M. MALOWIST,"Les produits des pays de la Baltique dans le commerce international au XVIe siècle", in: *Revue du Nord*, avril-juin 1960, p. 179.

119. DOMANIEWSKI,《Die Hauptstadt in der Geopolitik Polens》, in: *Geopolitik*,mai 1939,p. 327.

120. *Op. cit.* ,p. 246,248.

121. *Ibid.* ,p. 208,228.

122. Le mot est de Anthony Sherley (1622),X. A. FLORES,*op. cit.* , p. 80.

123. Archives de Cracovie,Senatus Consulta(1538—1643),1213,f°3,17 décembre 1540.

124. I. N. ANGELESCU, *Histoire économique des Roumains*, I, 1919, p. 311.

125. *Ibid.* ,pp. 300—301.

126. *Ibid.* ,p. 317.

127. *Ibid.* ,p. 317.

128. R. RYBARSKI,*op. cit.* ,pp. 62—64.

129. X. A. FLORES,*op. cit.* ,p. 81(1622).

130. R. RYBARSKI,*op. cit.* ,p. 286.

131. Archives de Cracovie,437,f° 69—70,1538,Feria sexta vigilia Thomae Apostoli,Voir également,437,f°86,1539,Feria sexta die S. Antonii.

132. R. RYBARSKI,*op. cit.* ,p. 153.

133. *Ibid.* ,p. 153.

134. Emile COORNAERT,*Les Français et le commercce international à Anvers, fin du XVe—XVIe siècle*, I, 1961, p. 187. Sur cette firme, voir également K. HEERINGA, *Bronnen tot Geschiedenis levantschen Handel*, S'Gravenhage,1917,I,l,n°35 et Alberto TENENTI,*Naufrages,corsaires et assurances maritimes à Venise*(1592—1609),1959,p. 560.

135. Archives de Cracovie,447,f°22—23,1575,Feria quinta post festum S. Jacobi.

136. I. N. ANGELESCU,*op. cit.* ,p. 326 et *sq.*

137. Tommaso ALBERTI,*Viaggio a Constantinopoli , 1609—1621* ,Bologne,1889.

138. R. RYBARSKI,*op. cit.* ,p. 197 et 323.

139. A. d. S. Venise, Senato Terra, 40, 13 juin 1564.

140. Jan PTASNIK, *Gli Italiani a Cracovia dal XVIe secolo al XVIII*, Rome, 1909.

141. A. de Cracovie, 151, 24 décember 1533.

142. R. RYBARSKI, *op. cit.*, p. 180.

143. *Relazione di Polonia* de Paolo Emilio GIOVANNI (1565), in: *Scriptores Rerum Polonicarum*, *Analecta Romana*, 15, p. 196.

144. Hermann KELLENBENZ, "Le déclin de Venise et les relations de Venise avec les marchés au Nord des Alpes", in: *Decadenza economica veneziana nel secolo XVII*, 1961 (Fondazione Giorgio Cini), p. 156.

145. Archives de Cracovie, Ital. 382.

146. S. GOLDENBERG, "Italiens et Ragusains dans la vie économique de la Transylvanie au XVIe siècle" (en roumain), in: *Revista de Istorie*, 1963, n°. 3.

147. X. A. FLORES, *Le "peso politico de todo el mundo" d'Anthony Sherley*, p. 79.

148. *Ibid.*, p. 81.

149. Marco Ottobon au doge de Venise, Thorun, 12 janv. 1591, et Dantzig, 1er fév. 1591, A. d. S. Venise Secreta Archivi, Propri Polonia 2.

150. Le même au même, Dantzig, 1er fév. 1591, *ibid.*

151. "Karte der alten Handelstrassen in Deutschland", in: *Petermann's Mitteilungen*, 1906.

152. Pour les références bibliographiques, le meilleur guide est Hermann KELLENBENZ, *art. cit.*, *supra*, p. 183, note 8.

153. A. d. S. Venise, *Cinque Savii*, 142, f°6 et 6 v°, 28 août 1607. Alberto TENENTI, *Naufrages, corsaires et assurances maritimes à Venise, 1592—1609*, 1959, signale deux bateaux vénitiens, allant en Suède, 1591 et 1595, pp. 23 et 159. Giuseppe GABRIELLI, "Un medico svedese viaggiatore e osservatore in Italia nel secolo XVII", in: *Rendiconti della R. Academia dei Lincei*, 7—12 novembre 1938.

154. B. de Mendoza à Philippe II, 10 mai 1559, CODOIN, XCI, pp. 356, 364.

155. J. A. van HOUTTE, "Les avvisi du fonds Urbinat...", in: *Bulletin de la Commission Royale d'Histoire*, LXXXIX, p. 388, 24 septembre 1569.

156. Feria à Philippe II, 10 mai 1559, *CODOIN*, LXXXVII, p. 184:

90,000 pièces de draps anglais sont apportées à Anvers par la "*flota de paños*".

157. Johannes Dantiscus au roi Sigismond, Anvers, 18 septembre 1522, Musée Czartoryski, 274, no 16.

158. Référence indiquée *supra*, p. 173, note8.

159. Jean-François BERGIER, *Les foires de Genève et l'économie internationale de la Renaissance*, 1963, p. 17.

160. J. F. BERGIER, *op. cit.*, p. 31.

161. Marciana 5838, C II, 8, f° 37. Rapport de Fransesco Caldogno, 1598.

162. Aloys SCHULTE, *Geschichte des mittelalterlichen Handels und Verkehrs zwischen Westdeuthland und Italien*, I, 1900, p. 37 et *sq.*

163. J. F. BERGIER, *op. cit.*, p. 131.

164. Marco Dandolo au doge, Lyon 12 décembre 1540; B. B., Ital. 1715 f° 11, copie.

165. "Voyage de Jérome Lippomano", in: Collection de documents inédits sur l'histoire de France. *Relations des ambassadeurs vénitiens*, recueillies par N. TOMMASEO, 1838, t. II, 274—275.

166. Voir *supra*, p. 168 note 3.

167. Marc BRESARD, *Les foires de Lyon aux XVe et XVIe siècles*, 1914, p. 44. et 168.

168. Hermann KELLENBENZ, *art. cit.*, pp. 124—125.

169. Wilfrid BRULEZ, "L'exportation des Pays-Bas Vers l'Italie par voie de terre, au milieu du XVIe siècle", in: *Annales E. S. C.*, 1959, pp. 469—470.

170. A. d. S. Venise, *Cinque Savii* 21, f° 45, 25 octobre 1597.

171. Otto STOLZ, "Zur Entwicklungsgeschichte des Zollwesens innerhalb des alten Deutschen Reiches", in: *Viertelj. für Sozial-und Wirtschaftsgeschichte*, 1954, p. 18, note 40.

172. J. F. BERGIER, *op. cit.*, p. 131.

173. *Fontego*, forme vénitienne de *Fondaco*, de même *Todeschi* pour *Tedeschi*. Le livres classique de Henry SIMONSFELD, *Der Fondaco dei Tedeschi und die deutsch-venetianischen Hondelsbeziehungen*, Stuttgart 1887, 2 vol., se ressent de la médiocrité des documents conservés.

174. Petit détail: le 30 novembre 1489 "*prudentes mercatores Henricus Focher et fratres*" demandent que la chambre qu'ils occupent "*jam diu*" et qu'ils ont aménagée à grands frais leur soit attribuée définitivement : comme

ils sont recommandés par le Souvérain Pontife et le roi des Romains, satisfaction leur est accordée. Il s'agit bien entendu des Fugger. A. d. S. Venise, Notatorio di Collegio, 14—1.

175. Et pas seulement de Venise et de la Vénétie, mais de toute l'Italie du Nord. Frizt POPELKA, "Südfrüchte vom Gardasee nach Graz", in: *Blätter für Heimatkunde*, 1951.

176. A. d. S. Venise, Senato Terra, 88, 16 août 1583. Le document signale deux auberges allemandes: *il Falcone* à Ferrare; *i Tre Rei* à Milan.

177. Henry SIMONSFELD, *op. cit.*, II, p. 263 et *sq.*; BANDELLO, *op. cit.*, VII, p. 169.

178. R. R ÖHRICHT, *Deutsche Pilgerreisen nach dem Heiligen Land*, Berlin, 1880, p. 11.

179. Voir *supra*, note 2.

180. Cité par H. KRETSCHMAYR, *Geschichte Venedigs*, 1905—1920, II, p. 467.

181. E. HERING, *Die Fugger*, 1939, pp. 204—205. A Augsbourg, le long du Lech, l'architecture de Venise; le long de la Wertach, les façades des maisons à la mode de Gênes.

182. Josef KULISCHER, *Allgemeine Wirtschaftsgeschicht des Mittelalters und der Neuzeit*, 1958. II, p. 251.

183. Marciana, Ital. VII, 7679, f°30, 1492.

184. Décadence, dit même John U. NEF, *art. cit.*, p. 431, note 1.

185. *Voyage fait par moy Pierre Lescalopier...*, Bibilothèque de la Faculté de Médecine de Montpellier, Ms. H 385, f°49 v°, voir *supra*. p. 25, note 4. Les passages omis dans la publication d'Edmond CLERAY ont été reproduits avec beaucoup de soin par Paul I. CERNOVODEANU, in: *Studii si materiale de Istorid Medie*, IV, Bucarest, 1960.

186. Günther FRANZ, *Der Dreissigjährige Krieg und das deutsche Volk*, Iéna, 1940, p. 16.

187. Dr. Gehr van Oestendorp au Président Viglius, Brême, 30 janvier 1574, p. p. Richard HÄPKE, *op. cit.*, II, pp. 308—309.

188. Johannes MULLER, "Der Umfang und die Hauptrouten des nürnbergischen Handelsgebietes im Mittelalter", in: *Viertelj. für Sozial-und Wirtschaftsgeschichte*, 6, 1908, pp. 1—38.

189. J. F. BERGIER, *op. cit.*, p. 155.

190. Wilfrid BRULEZ,*De Firma della Faille en de internationale Handel van vlaamse Firma's in de* 16e *Eeuw*,1959.

191. Ces indications prises aux lettres de Marco Ottobon 1590—1591, voir référence supra,p. 173,note 8. Bartolomeo Viatis se sépare de son associé en 1591. B° Castello"*mercante conosciutissimo qui*(à Vienne)*et di molto negocio in Ongaria*".

192. Hermann KELLENBENZ,*art. cit.* ,p. 131 et sq.

193. Wilfrid BRULEZ,*De Firma della Faille*,pp. 53—55,106—108,363—365 et dans l'excellent résumé en français qui clôt le livre,pp. 580—581.

194. Des carisées envoyées par la firme ragusaine des Menze vers Raguse "*per via d'Amburgo in condotta di Lederi*",A. de Raguse,Diversa de Foris XV,f°119 v°et 120,24 juin 1598.

195. Sur les Cleinhaus et les Lederer,Wilfrid BRULEZ,*op. cit.* ,p. 577 et nombreuses références à l'index.

196. Wilfrid BRULEZ,*op. cit.* ,p. 467.

197. R. Gascon,*op. cit.* (encore inédit)cite des《Lettres de voiture》remises à des marchands lyonnais.

198. Museo Correr, Cicogna, 1999, Aringhe varie(s. d.). La route de Mantoue,dit ce discours,a été utilisée《*al tempo de la peste*》,on peut penser aussi bien à la peste de 1629 1630 qu'à celle de 1576. L'alternative n'aide pas à fixer la date du document.

199. *Ibid.* ,pour la Lombardie les marchandises vont en barque jusqu'à Este;pour l'Allemagne elles gagnent en barque Porto Gruaro.

200. Josef KULISCHER,*op. cit.* ,II,p. 377.

201. Wilfrid BRULEZ,"L'exportation des Pays-Bas vers l'Italie par voie de terre au millieu du XVIe siécle",in:*Annales*,*E. S. C.* (1959),p. 465.

202. Arnost KLIMA,"Zur Frage des Übergangs vom Feudalismus zum Kapitalismus in der Industrie produktion in Mitteleuropa(vom 16 bis 18. Jh)" in:*Probleme der Ökonomie und Politik in den Beziehungen zwischen Ostund Westeuropa vom* 17. *Jahrhundert bis zur Cegenwart*, hgg. von Karl Obermann,Berlin,1960. Cette naissance à la vie moderne plutôt due aux textiles qu'aux mines,pp. 106—107.

203. G. AUBIN et Arno KUNZE,*Leinenerzeugung und Leinenabsatz im östlichen Mitteldeutschland zur Zeit der Zunftküufe. Ein Beitrag zur Kolonisation des deutschen Ostens*,Stuttgart,1940. G. HEITZ,*Ländliche Leinenpro-*

duktion in Sachsen, *1470—1555*, Berlin, 1961.

204. Arnost KLIMA, *art. cit.*, *supra*, note 7, et G. AUBIN, "Aus der Entstehungsgeschichte der nordböhmischen Textilindustrie", in: *Deutsches Archiv für Landes-und Volksforschung*, 1937, pp. 353—357.

205. Hermann, KELLENBENZ, *art. cit.*, p. 114.

206. A. d. S. Venise, Senato Mar, 18, f°35, 8 juillet 1513.

207. Wilfrid BRULEZ, *op. cit.*, p. 579.

208. G. AUBIN, "Bartolomäus Viatis. Ein nürnberger Grosskaufmann vor dem Dreissig jährigen Kriege", in: *Viertelj. für Sozial-und Wirtschaftsgeschichte*, 1940, p. 145 et *sq.*

209. R. FUCHS, *Der Bancho Publico zu Nürnberg*, Berlin, 1955, p. 86 (*Nürnb. Abh. zu den Wirtschafts-und Sozialwissenschaften*, Heft 6). La date de 1621 donnée par J. SAVARY DES BRULONS, *Dictionnaire universel de commerce*, V, p. 373.

210. Voir page suivante, note 8.

211. Hermann KELLENBENZ, *art. cit.*, p. 119.

212. *Ibidem.*

213. *Ibidem.*

214. A. d. S. Venise, *Cinque Savii*, Risposte, 1602—1606, fos 189 v°—195, 1er janvier[1607].

215. Hermann KELLENBENZ, *art. cit.*, p. 135.

216. *Ibid.*, p. 147.

217. *Ibid.*, p. 152; les Italiens maîtres des échanges à Nuremberg, en 1625, p. 149.

218. *Ibid.*, p. 128.

219. *Ibid.*, p. 128, p. 143 et *sq.*

220. *Ibid.*, p. 144.

221. Josef JANACEK, *Histoire du commerce de Prague avant la bataille de la Montagne Blanche* (en tchèque), Prague, 1955.

222. Ernst KROKER, *Handelsgeschichte der Stadt Leipzig*, 1926, p. 113, 19—20 mai 1593.

223. A. DIETZ, *Frankfurter Handelsgeschichte*, t. III, 1921, p. 216.

224. Haga aux Etats Généraux, in: HEERINGA, *Bronnen tot Geschiedenis levantschen Handel*, I, 1, n°251, pp. 532—533.

225. B. BENEDETTI, *Intorno alle relazioni commerciali della Repubbli-*

ca di Venezia et di Norimberga, Venise, 1864.

226. A. d. S. Venise, Dispacci, Inghilterra, 2.

227. P. J. BLOK, *Relazioni veneziane*, 1909; A. d. S., Venise, *Cinque Savii*, 3, f° 35, 7 février 1615, Edigio Overz reconnu consul des Pays-Bas.

228. *Ibid.*, 144, f° 74, 30 avril 1616.

229. Gênes, 28 février 1599, Archives de Gdansk, 300—53/147.

230. De la collection *Histoire du commerce de Marseille*, le tome III, 1951, rédigé par Joseph BILLIOUD, p. 136 et *sq.*

231. Sur Lyon, outre René GASCON, R. GANDILHON, *La politique économique de Louis XI*, 1941, p. 236 et, vers 1573, Nicolas de NICOLAY, *Description générale de la ville de Lyon*, éd. de 1883.

232. H. DROUOT, *Mayenne et la Bourgogne*, 2 vol., 1937, I, p. 3 et 4.

233. Le canal de Briare, commencé en 1604.

234. Emile COORNAERT, *Les Français et le commerce international à Anvers*, 1961.

235. Frank SPOONER, *L'économie mondiale et les frappes monétaires en France, 1493—1680*, 1956, p. 275 et *sq.*

236. Henri HAUSER, 《La question des prix et des monnaies en Bourgogne pendant la seconde moitié du XVIe siècle》, in: *Annales de Bourgogne*, 1932.

237. Frank SPOONER, *op. cit.*, p. 279.

238. A. YRONDELLE, 《Orange, port rhodanien》, in: *Tablettes d'Avignon et de Provence* 9—16 juin 1928, tirage à part, 1929. L'indication relative à l'année 1562 a été prise dans les Archives Communales d'Orange.

239. Le charbon peut aussi servir aux《chaufourniers》ou aux maréchaux ferrants, à la fabrique des armes, Achille BARDON, *L'exploitation du bassin houiller d'Alais sous l'ancien régime*, 1898, p. 13 et 15. Marseille importe du fer, du fer en ballons de Catalogne. A. des Bouches-du-Rhône. Amirauté de Marseille, B IX, 14. Premier arrivage indique 300 ballons de fer venant de Collioure, le 2 mai 1609(le registre n'est pas folioté). Donc, des forges.

240. D'après les *portate* de Livourne, A. d. S. Florence, Mediceo, 2080. Voyez aussi Jakob STRIEDER. "Levantinische Handelsfahrten", *art. cit.*, p. 13. Je crois que l'historien allemand fait un contre-sens sur *carisee.*

241. E. LE ROY LADURIE, *op. cit.*, p. 125.

242. J. F. NOBLEDELALAUZIERE, *Abrégé chronologique de l'histoire*

d'Arles, 1808, pp. 393, 420.

243. A. des B. du Rhône Amirauté de Marseille, B IX, 198 *ter*.

244. N. de NICOLAY, *op. cit.*, p. 164, 175, 188—189.

245. Voir note 5.

246. Jakob STRIEDER. *art. cit.*, *passim*; cf. aussi l'étude de Karl VERHEES, in: *Viertelj, für S. u. W. Gesch.*, 1934, pp. 235—244, sur les firmes allemandes présentes sur la place de Lyon (Arch. municipales de Lyon, H. H. 292, no 14); an total 73 firmes, 24 de Nuremberg, 35 d'Augsbourg, 6 d'Ulm, 6 de Strasbourg, 1 de Constance, 1 de Cologne, sans compter évidemment les commerces interposés.

247. Pour les Pays-Bas s'est posé avec acuité, surtout de 1550 à 1580, le gros problème de leurs liaisons arec la Méditerranée. Ce large problème n'est pas résolu par le petit exemple piémontais que nous avons à citer, mais peutêtre est-il ainsi assez curieusement éclairci sur un point de détail. En 1575, un accord n'était-il pas conclu entre le duc de Savoie, Emmanuel-Philibert et le gouvernement des Pays-Bas (P. EGIDI, *Emmanuele Filiberto*, 1928, II, 127)? On réduisait de moitié tous les droits sur les marchandises échangées et aussi sur les marchandises en transit. Dans les années précédentes, le duc de Savoie avait essayé de donner de l'air à ses Etats par des accords avec Genéve et la Valteline (*ibid.*, p. 127), En même temps, il s'efforçait, avec un Espagnol, Vitale Sacerdoti, de nouer des relations avec le Levant et les Indes et, à cet effet, de s'accorder avec le Turc. Remarquons que ces premières négociations sont engagées en 1572, à une époque oú Venise (la guerre de la ligue va de 1571 à 1573) a des difficultés pour avancer ses affaires. La tentative d'Emmanuel Philibert ne réussira d'ailleurs pas; elle n'était possible qu'avce l'aide des marchands juifs; il essaya donc de les protéger et de les attirer mais, sur ce point, ne put vaincre l'opposition de Rome et de l'Espagne (1574). N'empêche qu'il y eut là une politique commerciale à large rayon et l'idée, comme le note Pietro EGIDI, de détourner vers le Piémont et vers Nice une prartie de ces grands courants transcontinentaux qui soit par la France, soit par Milan, coulaient ainsi en bordure de l'Etat savoyard (*ibid.*, 127).

248. Voir la IIe partie, chapitre VI.

249. A. BRUN, *Recherches historiques sur l'introduction du français dans les provinces du Midi*, 1923, cf. le compte rendu de Lucien FEBVRE, in: *Rev.*

de Synthèse, 1924.

250. Edmond BONNAFFE, *Voyages et voyageurs dela Renaissance*, 1895, p. 92, [1577].

251. Yves RENOUARD, "Les relations économiques franco-italiennes à la rin du Moyen Age", in: *Cooperazione intellectuale*, sept.-déc. 1936, pp. 53—75.

252. H. KRETSCHMAYR, *op. cit.*, II, p. 378.

253. BRANTOME, *Mémoires*, éd. Mérimée, XII, p. 263.

254. Gonzague TRUC, *Léon X et son siècle*, 1941, p. 127.

255. Cf. les belles remarques de Marc BLOCH sur les vieilles villes du Sud et les villes neuves du Nord, in: *Revue historique*, 1931, p. 133.

256. D. A. FARNIE, "The commercial Empire of the Atlantic, 1607—1783", in: *The Economic History Riview*, XV, 1962, n°2, pp. 205—206.

257. Pierre CHAUNU, *Séville et l'Atlantique*, 1959, 3 vol.

258. Frédéric MAURO, *Le Portugal et l'Atlantique au XVIIe siècle, 1570—1670*, 1960.

259. Laurent VITAL, *Premier voyage de Charles Quint en Espagne*, 1881, pp. 279—283.

260. Voir *infra*, II, p. 264 et *sq.*

261. Musée Czartoryski, Cracovie, 35. f°35, f°55, Valladolid, 4 janvier 1523.

262. Robert RICARD, in: *Bulletin Hispanique*, 1949, p. 79.

263. Charles VERLINDEN, 《Les origines coloniales de la civilisation atlantique. Antécédents et types de structures》, *in Cahiers Internationaux d'Histoire*, 1953. Cet article résume les autres articles du même auteur, p. 382, n. 4.

264. Voir *infra*, p. 268.

265. Pierre GHAONU, *Les Philippines et le Pacifique des Ibériques (XVIe, XVIIe, XVIIIe siécles). Introduction méthodologique et indices d' activité*, 1960.

266. G. R. BOXER, *The great Ship from Amacon*, Lisbonne, 1959.

267. Alice PIFFER CANABRAVA, *O commercio portugues no Rio da Prata, 1580—1640*, São Paulo, 1944.

268. D'après les premières conclusions du travail encore inédit de Marie HELMER sur les assurances maritimes de Burgos.

269. Renée DOEHAERD, *Les relations commerciales entre Génes, la Belgique et l', Outremont*, Bruxelles-Rome, 1941, I, p. 89.

270. G. de REPARAZ (hijo), *La época de los grandes descubrimientos españoles y portugueses*, 1931, p. 90.

271. Dès 1549, A. BALLESTEROS, *Historia de España, y su influencia en la historia universal*, 1927, IV, 2, p. 180.

272. Voir *infra*, p. 438 et sq.

273. CODOIN, LV, pp. 7—8.

274. André-E. SAYOUS,《Le rǒle des Génois lors des premiers mouvements réguliers d'affaires entre l'Espagne et le Nouveau Monde》, *in C. R. de l'Académie des Inscriptions et Belles—Lettres*, 1930.

275. Voir *infra*, pp. 348, 458 et sq.

276. Huguette et Pierre CHAUNU, *op. cit.*, V. p. 169 et 170 notes 10, 11 et 12.

277. R. BALLESTEROS, *Historia de Espsña y su inrluencia en la historia universal*, 1926, t. IV, p. 169.

278. *Ibid.*, p. 200.

279. George MACAULAY TREVELYAN, *History of England*, *op. cit.*, p. 361.

280. L. STONE,《Anatomy of Elisabethan Aristocracy》, *in*: *The Economic History Review*, 1948, p. 17.

281. Contarini au doge, Valladolid, 24 novembre 1602.

282. Domenico SELLA, *op. cit.*, p. 10, note 5.

四　作为一个自然单位的地中海：气候与历史

……尤利西斯四处漂泊，

离不开同一种气候……

——J. 德·巴罗斯《亚洲》，第 1 章第 160 页

在我们刚刚用大量篇幅描述的那个拥挤、混杂和界线不清的世界中，除了人际交往、历史交融的统一性外，再也看不到其他的统一性。[1] 但重要的是，在这个人文单位的中心，还有一种强大的自然统一性在起作用，那便是气候；气候影响的地域范围虽然相对狭小些，但是它使这个世界的地理风貌和生活方式归于统一。大西洋可以作为对比来说明这一点。毫无疑问，大西洋也是一个具有人文统一性的实体，而且是当今世界上最有生气的实体。大西洋也同样是人际交往、历史交融的场所。但是，大西洋这个复杂的机体却不像地中海那样，有一颗闪耀着同一种光芒的心脏。从大西洋的一极到另一极，地球上所有的气候特色全都可以见到……

如我们所知，生长葡萄和橄榄树的地中海无疑只限于几块细小的大陆地带，只限于紧贴着大海的狭小的陆地。虽然这个地区不等于历史上的整个地中海，但重要的是，一种均匀的生活节奏和气候节奏制约着地中海机体的心脏跳动。这种同样的生活和气候是如此特殊，以致通常成为“地中海”的专用修饰词。既然所有进出地

中海的运动无不被这种节奏打上标记，它势必会在远方激起反响。这些狭长的陆地包围着地中海的整个海面。地中海的气候并不局限于海岸地区之狭长地带，何况这是一种海洋性气候。希腊、西班牙、意大利和北非等沿海国家和地区相隔甚远，幅员差别很大，却是些一衣带水、同呼吸共命运的世界，相互间的人员往来和产品交流都不存在任何隔膜。这些生动的特性绝不仅仅是普通的装饰品，而且体现着地中海的统一性。

1. 气候的统一性

在地中海陆地和水域的上方，还有一个与地面景色几乎或完全没有联系的地中海天空。事实上，天空独立于当地的自然条件。地中海的气候受外界两股大气流的影响：来自西边邻居大西洋的气流和来自南边邻居撒哈拉沙漠的气流。地中海的万里晴空不由自己所决定。[2]

大西洋和撒哈拉沙漠

两个工人在地中海上空交替工作：撒哈拉沙漠带来干旱、明亮和一望无际的蔚蓝的天空，大西洋则不辞辛劳地耕云播雨，在“长达 6 个月的冬季”，地中海的天空不是灰雾濛濛，便是淫雨霏霏，其范围之广超出人们的想象。第一批东方画家笔下的光彩夺目的色调让我们上了一辈子当。1869 年 10 月，从墨西拿乘船远航的弗罗芒坦正确地指出：“满天阴霾，冷风袭人，一阵急雨袭来，顶篷上留下几滴雨水。这太凄凉了，简直像是波

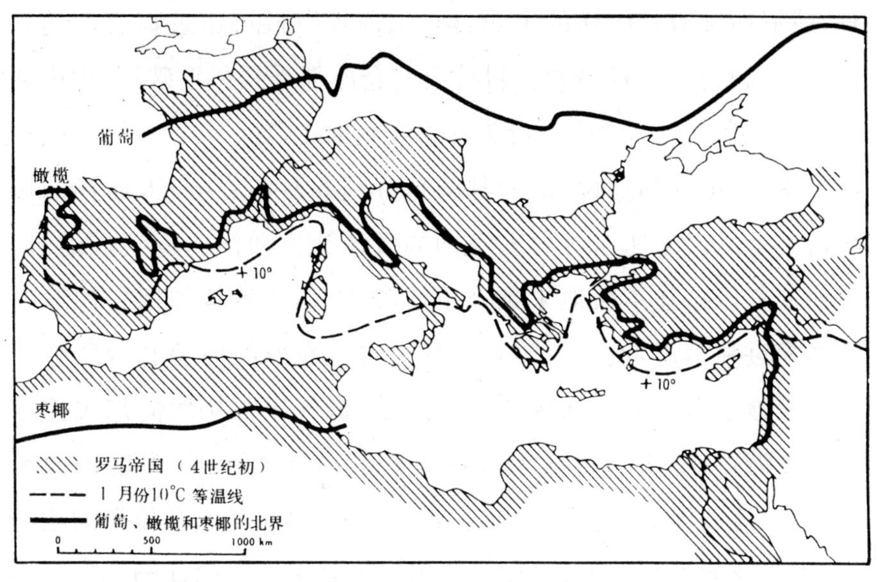

图19 “真正的”地中海,从橄榄树到大片棕榈林

棕榈林的界限仅指大片的、密集的树林。零零星星、小片的枣椰树的界限要靠北得多(参见图13)。

罗的海。”[3] 1848年2月,他耐不住阴沉的地中海冬天,朝撒哈拉方向逃去。他写道:“这一年,11月的雨接上冬季的倾盆大雨,毫无间隔,而且冬季的雨整整下了3个半月,几乎没有停过一天。”[4] 每个阿尔及尔人都曾有机会见到过,新来的旅客对阿尔及尔的滂沱大雨茫然不知所措……

这种情况在任何地方、任何时候都是千真万确的。1651年1月24日那天,[5] 一个回忆录作者指出,佛罗伦萨的恶劣天气已持续了5个月之久。在上一年,[6] 卡普阿被倾盆大雨淹没。事实上,没有一个冬天河水不冲决堤岸,没有一个城市不因水灾而惊恐万状,损失严重。威尼斯比其他城市更深受其害,这是显而易见的。1443年11月,[7] 威尼斯损失巨大,几乎达50万杜卡托。1600年12月18

日，威尼斯又遭到同样的灾难：河岸、河堤、房屋、建筑物底层的私人商店以及食盐、谷物和香料等公共仓库都受到严重破坏，损失达100万金币。这也说明物价为什么在这时上涨[8]。

冬季，更准确地说，从9月的秋分到3月的春分，大西洋的影响占了上风。亚速尔群岛上空的高气压让大西洋的低气压通过。这些低气压接连不断地来到地中海暖水区，或者从加斯科涅湾一跃而穿过阿基坦，或者像船舶那样经过直布罗陀海峡和西班牙沿岸进入地中海。不管从哪个门户进入，低气压都从西向东飞速穿过地中海，使冬季气候极不稳定。低气压带来雨水，引起风向突变，使大海波涛汹涌。大海在密斯脱拉风、西北风或布拉风的吹刮下，常常泛起一片白浪，好像是块覆盖着皑皑白雪的辽阔平原。16世纪的一个旅行家还把这个景象描写成"灰烟弥漫"的平原。[9] 托莱多的天空，在大西洋的水汽影响下，冬季展现出格雷科所画的阴沉、悲怆、风暴和晴朗等各种画面。

所以，大西洋每年都把沙漠向南、向东推移，其势往往十分猛烈。到了冬天，在阿尔及利亚的边缘地带，有时在撒哈拉的中心，甚至在西阿拉伯的山区，都会下雨……沙漠的克星，并不像保罗·莫朗所说的那样，是地中海，而是大西洋。

春分前后，一切又开始变化，将近马格里布日历规定的嫁接树木的季节到来和夜莺歌唱的时候，变化相当急剧[10]。真正的春季极其短促或者压根儿就没有。转瞬8天之内，但见树叶长出，群花怒放。冬雨一结束，撒哈拉气流开始占领地中海地区以及四周的山区，直到最高的山峦。沙漠气流向西，特别向北扩展，越过地中海世界的前沿界线。在法国，南阿尔卑斯山脉每年夏天都被来自南部的灼热空气所笼罩。热空气漫布罗讷河走廊，斜穿过阿基坦盆地。除了加龙河地区之外，布列塔尼遥远的南部海岸经常出现严重干旱[11]。

夏季的酷热无可争辩地统治着地中海地区的中心。大海宁静得出奇。7、8月份，地中海的水面像油一样光滑。小艇驶向大海。低矮的帆桨战船大胆冒险，从一个港口驶向另一个港口[12]。持续半年之久的夏天，是海上运输、行劫和打仗的好季节。

造成这个酷热干燥的季节的自然原因很简单。随着太阳向北倾斜，亚速尔群岛上空的高气压重新增大。门闩一旦插上，向东推进的低气压旋流就中断了。秋季来临时，门闩才抽开。于是，大西洋的低气压又开始侵入。

单一的气候

如果把这种气候的“极限”一方面推进到夏季受撒哈拉沙漠干旱之害的欧洲地区，另一方面又一直推进到冬季受大西洋低气压降雨所影响的亚非大草原的中心地带，这些最后界限的位置离地中海海岸就很远了。但是，谁看不到这些过于宽阔的界限的弊端呢？地中海气候并不是以上指出的两种气候移动中的任何一种，而是它们的总和、重叠和真正的混合。强调这两个成分中的任何一个都足以使地中海气候走样变形，在偏东或偏南方向，那是草原气候和沙漠气候，或者相反，在偏北方向，那是以西风为主体的气候。因此，真正的地中海气候区域是相当狭窄的。

分析、确定真正的地中海气候的界线范围确实是困难的。这里，最细小的细节都需要留心，而且不仅仅涉及自然现象。气候并不单靠对气温、气压、风力和雨量的常规测量来记录，而且还在地面上通过成千上万个迹象表现出来。安德烈·西格弗里德在谈到阿尔代什的情况时曾经指出过这一点[13]，莱奥·拉尔吉埃在解释朗格多克和洛泽尔之间的气候的界线范围时也指出过这一点[14]，让-路易·沃杜瓦耶也用这个观点来解释在普罗旺斯的各个地区的气候转变[15]……这都是些细微的实际情况。大体说来，应当毫无异议地接受地理学家反复得出的下述观测结果：地中海的气候范围一边是以油橄榄树生长区为界，另一边是以棕榈林为界。我们因此可以把意大利（或不如说亚平宁）半岛、希腊、昔兰尼加、突尼斯以及别处的宽度不超过 200 公里的狭窄的海岸地带列入这些界线之内。因为紧挨着这些地区的就是高山屏障。地中海气候往往只是一种依山傍海式的或里维埃拉式的气候，同克里米亚沿海地带一样，像是一条细长的花边。那里遍地是无花果树、油橄榄树、柑橘树、石榴树[16]。过了克里米亚半岛的南部地区，就见不到这种景象了。

但是，这些狭窄的背景正因为狭窄，从北至南，从东至西，都有一种不能否认的单一性。

用整个地球的尺度来衡量，这条沿海地带从南到北不过像条经线那么粗细。地中海最大的南北宽度，即从亚得里亚海北端到的黎波里海岸，为 1100 公里。这样的宽度是个特殊例外。地中海东部海域的平均宽度在 600 至 800 公里之间。从阿尔及尔到马赛有 740 公里。海域和陆地大体上在北纬 37 度和 38 度两侧构成一个长长的纺锤形。纬度差距不大。这无疑说明了地中海南北两岸之间的不同：南岸比北岸热。马赛和阿尔及尔之间的平均温差是摄氏 4 度。在 1 月份，摄氏 10 度的同温线与地中海的中轴线几乎吻合。这条中轴线把西班牙南部和意大利南部——与其说它们是欧洲的地方，倒不如说是非洲的地方——分别从西班牙和意大利切开。大体上说，地中海各地的气候明显地遵循相同的“划一不二的”规则。

东西之间显示出某些气候差异，这是因为越往东去，大西洋的湿气越弱，到来得越晚。

这些差异全都有它们的价值。在气象学家注意微观研究的时代，他们正确地看到，地中海是个需要加以区分的气候家族。但是，这消除不了它们的亲族关系和它们的不可否认的统一性。几乎到处都见到同样的气候，同样的季节循环，同样的植物，同样的景色。不但地质结构相同，甚至风景也相像得使人着迷。总之，是同样的生活方式。以上的情况对历史来说，并不是无关紧要的。米什莱见到朗格多克“多石”的内地，就想起巴勒斯坦。在成百位作家眼里，普罗旺斯比希腊还要希腊化，且不说西西里的某个海边能够找到真正的希腊风光。耶尔群岛除了更加郁郁葱葱之外，与基克拉泽斯群岛并没有什么明显差别。[17]同样，突尼斯湖令人想起基奥贾的泻湖。摩洛哥是一个气候更炎热的意大利。[18]

小麦、油橄榄和葡萄树的三位一体，作为气候和历史的产物，到处都有。这是同一种农业文明。这是人类对自然环境取得的同一个胜利。简而言之，地中海的各个地区不是互为补充的。[19]它们有同样的谷仓，同样的食物储藏室，同样的榨油机，同样的工具，同样的牲畜，往往还有相同的农业传统和同样的日常挂虑。在一个地方繁衍兴旺的东西，在较远的另一个地方也能获得成功。在16世纪，地中海的各个地区都生产蜡、羊毛、羊皮或牛皮。各个地区都种植或者能种植桑树和养蚕。它们无一例外都是葡萄和葡萄酒的故乡，即使在穆斯林地区也是如此。谁还比伊斯兰诗人更加赞美葡萄酒呢？在红海上的图尔，并且一直到遥远的波斯，都有葡萄园。[20]波斯的设拉子葡萄酒享有盛名。

出产的东西也相同。因此，地中海一个地方能供应的东西，另一个地区也能供应。在16世纪，有西西里的谷物和色雷斯的谷物，有那不勒斯的希腊葡萄酒和拉丁葡萄酒（后者比前者产量更大[21]）以及在弗龙蒂尼昂装船的大量桶装葡萄酒，有伦巴第的大米和巴伦西亚的大米，土耳其的大米和埃及的大米。同样，还有巴尔干的羊毛和北非的羊毛。这是质量较差的产品。

因此，地中海国家互相竞争或不得不互相竞争。同发展本气候区范围的贸易相比，它们更需要扩大对外贸易。情况固然是如此，但在16世纪时，贸易数量不大，余缺调剂不多，运输路程不长。无论如何，在相邻地区之间，在人力资源丰富和贫乏地区之间，总还需要有所调剂，特别是要解决城市供应的问题，因为城市在寻找各种食物，各种可供运输而又损失不大的食物：来自普罗旺斯海岸的袋装杏仁和桶装的鱼、金枪鱼和咸肉，成袋的埃及蚕豆，当然还有大桶的油和人们特别垂涎的商品——小麦……因此，人们可以想象，产品相同并不妨碍地中海内部的交换。至少在16世纪是这样。

气候的单一性还给人带来许多其他后果。[22]很早以前，这种单一性为创建相同的农业文明铺平了道路。从公元前1000年起，油橄榄树和葡萄树文明就越出黎凡特地区的范围，向西部扩散。这种根本的统一化，从远古时代起就形成了。这是自然和人共同努力的结果。

后来,到了16世纪,凡是地中海人,不论来自何方,只要在地中海沿岸,就绝没有身处异乡之感。而在过去,在古代腓尼基人或希腊人从事初次航海的英雄时代,思乡之情确实存在,对外开拓在那时是个悲剧,但是后来就不同了。从那以后,开拓殖民地,眼见到同样的树木,同样的作物,同样的景色,餐桌上有同样的饭菜;那是生活在同一个天空下,季节变化也很熟悉。

相反,地中海人一旦离开当地,就会感到悲哀和不安。在马其顿人越过叙利亚向幼发拉底河迅速挺进时,亚历山大大帝和士兵就是这样。[23]16世纪,侨居尼德兰的西班牙人也是这样,他们对"北方人地生疏",感到不快。在阿隆索·巴斯克斯和他同时代的西班牙人(当然也包括各个时期的西班牙人)看来,佛兰德是个"不产薰衣草、百里香、无花果、油橄榄、甜瓜和杏仁的地方。那里的香菜、洋葱和莴苣淡而无味;那里烧制的菜肴竟用黄油,而不用植物油,真是令人难以置信……"[24]对此,就连带着他的厨师和食物于1517年到达尼德兰的阿拉贡主教也有同样的看法。他得出这样的结论:"在佛兰德和德意志,由于人们大量食用黄油和奶制品,当地麻风病患者非常多。"[25]这的确是些奇怪的地方。一位曾于1529年夏天在诺曼底的贝叶逗留过的意大利教士觉得自己置身于世界之外。[26]

上述情况说明,地中海人很容易从一个港口前往另一个港口。这从来不是真正的移民,至多只能算是临时搬家。新房客到达以后,感到像在家里一样自在。相比之下,我们可以看到伊比利亚人对新大陆的殖民开发是多么费劲!传统的历史还以或多或少的真实性保存着最先到达秘鲁和新西班牙并首先在那里种植小麦、油橄榄和葡萄树的男女伊比利亚人的姓名。尽管气候和土壤十分不利，这些地中海人力图在热带地区创造出一个新的地中海。精神可嘉，而成效不大。故乡的作物和食品取得了零星的成功，但地中海文明在西属和葡属美洲却找不到一块立足生根的有利地盘，这是盛产玉米、木薯、龙舌兰酒和甜酒的地区……从伊比利亚组织大规模的食品供应，将人为地在这个新大陆维持地中海的食物文明。满载着葡萄酒、面粉和食油的船只，将从地中海的塞维利亚或里斯本驶向大洋彼岸。[27]

然而，唯独地中海人在这些新的土地上得以生存繁衍。这可能是因为，他们事先已经适应了地中海的严酷气候条件，早已在同疟疾之类地方病和同鼠疫等流行病进行的斗争中经受了锻炼。也可能因为他们在故乡已养成了省吃俭用的习惯。地中海气候给人以宾至如归的假象，但有时是严酷的，甚至使人死于非命。正是这种气候像过滤器一样阻止人们从遥远的边缘地区涌向温暖的大海沿岸。无论是过去的蛮族，还是今天的暴发户，他们尽可以横冲直撞地来到这里，但不用多久，却受不了“难熬的夏天和疟疾”。[28]瓦尔特·包尔在谈到西西里岛时说，“征服者来去匆匆，当地人依然故我。这像是一首没有歌词的抒情曲”，[29]而且永远是同一个曲调。

干旱——地中海的灾害

对人的生活来说，地中海气候的缺点来自年降雨量的分布不均。地中海地区雨水充沛，某些地方甚至降雨过多[30]。但是，雨集中在秋季、冬季和春季来临，尤其在秋冬两季。大体上讲，这与季风气候相反。季风气候使热天同降雨有效地结合在一起。而地中海气候却把这两大因素分隔开来，其后果也就可想而知。夏季长达半年之久，"灿烂晴空"有它严重的消极的一面。干旱使各地水流枯竭，天然灌溉中断，河床干涸，田地龟裂。干旱还使一切草本植物停止生长。因此，对于作物和植物来说，尽快地、更好地适应干旱[31]和利用宝贵的灌溉用水，是十分必要的。小麦作为"冬季作物"[32]在5月或6月就赶紧成熟和结束它的生长周期。在埃及和安达卢西亚，小麦在4月便成熟了。[33]突尼斯的油橄榄利用秋天的充沛雨水使果实成熟。人们早已凭着经验[34]（不一定只根据腓尼基人的经验）在各地进行旱作。来自东方的各种灌溉方法，也很早就深入地中海地区。今天，人工灌溉的界限（请看K. 萨佩的地图）[35]显然正是地中海气候的界限……许多耐旱植物（草本的或木本的）和这些水利技术，通过同样的道路来到地中海。我们已经说过，在公元前10世纪，葡萄树和油橄榄的栽培技术就已经广泛地从地中海的东部传到了西部。[36]从气候上说，地中海适宜生长木本植物。它不仅是个花园，而且还幸运地是生长果树的地方。

与此相反，地中海的气候对于一般树木和森林群系是不利的。或者说，至少得不到任何保障。地中海地区的原始森林很早就遭到了人类的破坏，变得十分稀疏，甚至是过分的稀疏。这些森林一直没有很好恢复，或者说，丝毫也没有恢复。因此，广阔的地面被低矮的灌木丛和小丛林占据，显出森林遭到毁坏的景象。因此，与北欧相比，地中海很早就成了一块不毛之地。当夏多布里昂穿过摩里亚半岛时，那里"几乎完全没有树木"。[37]从光秃秃的全是石子的黑塞哥维那到森林覆盖的波斯尼亚，不正像让·布吕纳所指出的那样，是从一个世界来到另一个世界吗？[38]几乎在任何地方，木材都很昂贵，[39]有时非常昂贵。在坎波城，“交易会比山还要多”（请理解为植了树的山），人文学家安托尼奥·德·格瓦拉在计算日常开支时说：“算一笔总账，烧柴的费用同锅里的饭菜开支一样高。”[40]

这种气候的另一个后果是：真正的牧场在地中海地区极为稀少。因此，对于繁荣农业十分有益的牛也数量很少；北方地区因雨水冲刷，土壤丧失肥力，发展农业必须立足于施肥，地中海地区也必须施肥，虽然干旱能较好地保持土壤的肥力。人们只能在埃及，在湿润的巴尔干半岛，在地中海的北部边缘地区或者在灌溉条件较好的高地见到大量的牛群。山羊和绵羊（饲养绵羊主要是为了得到羊毛而不是肉）并不能弥补肉类供应的不足。我们且记住拉伯雷笔下的那位亚眠修道士所说的一段非常有趣的话。他在同旅伴一道观赏佛罗伦萨美景时“愤愤不平”地说①：“在我们亚眠，不要说像我们参观途中走过的那些路，即便只有四分之一，就算三分之一吧，我也可以让你们看见不止 14 家香气喷喷的老烤肉店。我真不知道在钟楼附近看见的几只狮子、几只非洲野兽（好像你们称作老虎）和在菲利普·斯特罗齐大公的府邸里看见的几只箭猪和鸵鸟，有什么好玩。老实说，我更乐意看见叉在叉子上烤得正好的大肥鹅。……”[41]关于地中海，一位地质学家给我写信时开玩笑说：“肉不够，骨头却太多了。”[42]

① 参见拉伯雷《巨人传》，中译本，上海译文出版社 1981 年版，下册，第 716 页。——译者

在北方人看来，早在16世纪，地中海的牲畜似乎供不应求，那里的牛往往骨瘦如柴，羊也不肥。“1577年，蒙莫朗西和他的军队吃掉了整个下朗格多克运来的8000头羊。这些羊的平均重量每只仅30古斤，相当于现在的12公斤。这太可怜了，而且羊肉卖不起价钱，一块硬币可买4斤，一头羊只值一埃居多点儿……。”[43]在巴利亚多利德，根据计算，从1586年6月23日到12月5日，共宰杀11312头羊，平均每头羊只出肉11.96公斤（即26卡斯蒂利亚斤）。同样，在同一时期宰杀的2302头牛，平均每头只提供148.12公斤肉（即322卡斯蒂利亚斤）。[44]因此，这些牲畜都不够重。马的情况也是如此。地中海地区有非常漂亮的马，如土耳其马，那不勒斯的矮马，安达卢西亚的骏马，以及柏柏尔马。但是，这些都是敏捷、快速的骑用马，到了下个世纪，随着北方高头大马、驴和骡的风行，逐渐成为过时。对于驿车以及即将时髦起来的四轮马车和普通货车，对于驮运和牵引大炮来说，牲畜的耐力逐渐成为决定马匹优劣的标准……1522年12月4日，丹蒂斯库斯刚刚在坎塔布连海岸的科达利亚下船，便用六匹驮马套车上路，向莱昂进发。他写道：“这些马不如我们那里把铅弹从克拉科夫运往匈牙利的马匹。”[45]这样进行的比较过于直接，势必掩盖某种谬误。何况，这些南方马吃些什么呢？燕麦在某些地区，例如在朗格多克，[46]才刚出现，而人和牲畜争吃大麦。巴泰勒米·若利对我们说，让我们可怜这些法国马吧，它们越过西班牙国界，眼看只剩下“乏味的短麦秸”[47]充当食料，便开始大声嘶叫，以示不满。

我们并不想以此来解释一切。但是，我们要指出，只能浅耕的步犁之所以能在地中海地区长期使用，这不仅仅是由于活土层较

浅和土壤松散，而且还由于牛或骡子的牵引力量不足。人们增加浅耕的次数，每年达七八次。[48]后来的事实证明，最好是像北方那样实行深耕。在北方，带轮子的活动铧犁是一种进步的大型农具。在朗格多克地区，一种仿照北方制成的铧犁——“钝犁”——不能真正起作用，因而得不到推广。[49]朗格多克那些可怜的农具“不停地翻耕休闲地，却永远也耕不深”，与法兰西岛或皮卡第地区的大“犁”相比，“它们显得那样不中用……”。[50]

地中海确实在同根深蒂固的贫困作斗争。环境使这种贫困更加严重，但并不是造成贫困的唯一原因。尽管有一些表面的或者实在的方便条件，生活总是没有保障。任何人都会受到被人赞不绝口的地中海的温和与美丽的蒙骗。任何人，有时甚至像菲利普松那样经验丰富的地理学家，都会同来自北方的旅行者一样，被这里的阳光、色彩、温和、冬天的玫瑰、早熟的水果等弄得眼花缭乱，都会像初到维琴察的歌德那样，对店铺门户大开、街头热热闹闹的情景感到惊奇，并梦想把南方红火的生活气息带回自己的家乡。即使当人们了解到实际情况时，也很难把这里明亮、悦目的景色与贫穷、困苦的景象结合在一起。实际上，地中海人始终都为求得一日三餐而含辛茹苦。大片空地陷于荒芜，很少加以利用。农田几乎全都实行两年轮作制，使生产率无法提高。还是米什莱，他比所有其他人都更好地懂得，这些土地实在很难伺候，我们的普罗旺斯就是如此。

这里的贫困有一个明显的迹象：对北方人产生强烈印象的节俭。1555 年，正在安纳托利亚的佛兰德人布斯拜克写道：“我认为，我可以毫不违背事实地向你们肯定，一个佛兰德人一天的花费，足够使一个土耳其人生活 12 天……。土耳其人根本不懂烹调以及与此有关的一切。他们在饮食上过于节制，不贪口腹之乐。只要有盐、面包和大蒜，或者有一头洋葱和一点儿酸奶，他们就别无所求，足以美餐一顿……。他们常常在牛奶中兑上凉水喝，既满足了食欲，也解了炎热所引起的干渴。”[51]人们常常注意到，这种节制是土耳其士兵在战场上的一种力量。对他们来说，只要有一点儿大米、一点儿干肉末以及在灰堆里胡乱烘烤的面包就足够了。[52]西方的士兵则过于讲究，这可能是许多德意志人和瑞士人在那里做榜样的缘故。[53]

泰奥菲尔·戈蒂埃在一个世纪前也曾注意到，土耳其人的饭食十分简单，并对健美的船夫（桨手的艰苦职业使他们肌肉发达）几乎只吃生黄瓜，却能在小船上过好几天而感到惊奇。[54]但是，希腊、意大利和西班牙农民和市民是否就比这些土耳其人难以满足得多呢？亚历山大·德·拉博尔德在他的《西班牙游记》（1828年）中写道：“在穆尔西亚，夏天简直雇不到女佣人，原有的许多女佣人，在这个气候宜人的季节刚来临时，纷纷离开了她们的工作场所。那时候，她们轻而易举就弄到一些生菜、水果和甜瓜，特别是辣椒。这些食品足够她们吃了。”[55]蒙田写道：“我邀请所有人吃晚饭。”他接着说：“因为在意大利，即使盛宴也不过是我们法国的一顿家常便饭而已。”[56]（事情发生在卢卡澡堂。）

反过来，科米恩对威尼斯的百物丰裕感叹不已。他可以原谅自己是外国人。威尼斯毕竟是威尼斯，是个在食品方面得天独厚的城市。甚至班德洛也被城市的市场和“各种食品的极大丰富”弄得眼花缭乱。[57]他亲眼目睹的事是不容置疑的。但是，我们知道，这个地理位置很好、非常富有的繁华城市，市场供应是件十分困难的事，市政会议不得不为此操劳伤神！

人们或许已经注意到，在地中海文学作品中，很少出现花天酒地、大吃大喝之类的描写。饭菜——当然不是指王公贵人们的餐桌——从来谈不到丰盛。[58]在班德洛的短篇小说里，一顿美餐也就是有点儿蔬菜、博洛尼亚香肠、牛肚和一杯葡萄酒。在黄金时代的西班牙文学中，饥肠辘辘是司空见惯的事。在古典主义作品《拉萨里略·德·托尔梅斯》或者在同属流浪汉小说的《古斯曼·德·阿尔法拉切》中，主人公在吃一大块干面包时，竟不让一点儿面包屑掉在地上喂蚂蚁。[59]这位古斯曼自言自语道："愿上帝把你从卡斯蒂利亚传到南方来的瘟疫和从安达卢西亚蔓延到北方的饥荒中解救出来吧。"[60]难道还需要让人想到堂吉诃德的食谱以及"云雀要想飞越卡斯蒂利亚，就必须带上谷粒"这句谚语吗？[61]

菜园、果园和海产尽可以提供各种各样的补充食品，但即使在今天，餐桌上摆的东西总还不够丰盛，食量"往往只够最起码的营养标准"。[62]这种饮食上的节制，用布斯拜克的话来说，不是出自一种美德，也并非不图"口腹之乐"，而是迫不得已。

对于地中海地区居民的贫困，土地的贫瘠也是原因之一。石灰质土壤缺乏肥力；大片土地受到盐碱侵蚀；田野覆盖着勒芒斯的伯龙所说的"硝酸钾"；[63]松软的沉积层十分稀少；可耕地经常受灾。由于仅用一般的木制步犁浅耕，薄薄的土层任凭狂风暴雨的摆布。只是依靠人的努力，这薄薄的土层才得以保住……在这种情况下，每当发生长期动乱，农民也就心灰意懒。随着农民离开土地，土地也就不再提供食物。在三十年战争期间，德意志农民伤亡惨重，但土地仍然存在。有了土地，就有了重新建设的可能，这是北方的优越性。而在地中海地区，当土地不再受到作物的保护时，就逐渐沦为荒野，因为沙漠随时会侵吞耕地，并且从此不再松手。农民的劳动使耕地得以保存或恢复，简直是个奇迹。现有的数字证明了这一点：除树木、草场和专门的非生产地区以外，到 1900 年前后，耕地的面积在意大利占 46%，在西班牙占 39.1%，在葡萄牙占 34.1%，在希腊占 18.6%。在罗得岛，在 14.4 万公顷的土地上，现在还有 8.4 万公顷荒地。[64]在地中海南岸，数字更大得惊人。

但是，耕地的产量又如何呢？除了那些具有特殊条件（例如灌溉条件）的土地外，产量实在太低了。气候对此负有一定的责任。

地中海的收成比其他地方更易受到一些变化无常的因素的支配。在收割前夕，赶上刮南风的天气，小麦就会在完全成熟和灌浆饱满之前枯萎；如果小麦已经成熟，籽粒就会脱落。在西班牙，为了避免这种不幸，农民常常在夜间凉爽的时候收割，因为在白天，干透了的麦粒容易掉到地上。[65]每当洪水在冬季淹没低洼的田地，播下的种子就被毁于一旦。如果春季的晴天来得过早，提前成熟的庄稼就会出现霜冻，有时甚至达到无法挽救的程度。对于收成，人们直到最后一刻都没有把握。1574 年 1 月底，由于年前雨水充足，播种面积比往年更多，干地亚一带丰收在望。但是，据我们看到的文献资料，在这些“使麦粒受热发霉的恶雾笼罩”的地区，这些美好的希望随时都会化为泡影。[66]“在希腊沿海诸岛，狂暴的南风使人胆战心惊，经常毁坏科乎的已经成熟的庄稼。”[67]这种袭击至今在种植谷物的北非还令人恐惧。对于这种在三天内就能把一年的劳动成果完全摧毁的西罗科风，人们毫无办法。在威胁地中海地区田地的灾害中，我们还应把过去比现在更为凶恶的蝗灾添加进去。[68]

接连躲过各种灾害威胁而喜获丰收的事十分少见，农业产量因而很低。而且，由于播种面积不大，地中海地区始终处于饥饿的边缘。只要气温发生几次突变或雨水较少，就足以使人们的生活陷于危险的境地。于是，一切事物，甚至连政局都随收成而变化。如果在匈牙利边境的大麦丰收无望（人们知道，对于地中海地区来说，大麦等于北方的燕麦），那么，土耳其大君肯定就不会在那里挑起战争，因为他没有饲料来喂养土耳其骑兵的马匹。如果地中海的三四个产粮区同时小麦歉收——这种情况并不少见——那么，尽管在冬春两季已经制定了具体作战计划，大规模的战争绝不会在收获季节进行（收获季节也是海面风平浪静、适于大规模海战的季节）。农民抢劫和海盗劫掠的暴行立即倍增。在这种情况下，在重要的政治信件中经常提到的日常生活细节，几乎都与收获庄稼有关，人们难道还会感到奇怪吗？这些生活细节不外乎是：天下了雨，天没有下雨，小麦生长不良，西西里预计收成令人满意，突尼斯的收成不佳，土耳其大君肯定不让小麦出口，今年是否会出现饥荒，或如人们所说的那样，将发生"百物昂贵"，如此等等。

王室总管弗朗西斯科·奥索里奥在1588年写给菲利普二世的信中向远居北方的国王详细讲述了伊比利亚半岛的天气。这个巴利亚多利德的市民是多么关心天空的颜色、收成的好坏和面包价格的高低啊！他在1588年3月13日写道："两天来，这里天气晴朗，阳光明媚，风刮得很大。1月中旬以来没有下雨，面包价格稍有上涨。为了稳定市价，已经颁布了'国事诏书'。'诏书'颁布那天，天空乌云密布，可望在4月份降雨。与托莱多王国一样，安达卢西亚和埃斯特雷马杜拉都已经下雨，真是风调雨顺。那里的面包价格已经大大下跌。”[69]1588 年 10 月 30 日他写道：“小麦获得丰收，整个王国有相当数量的葡萄酒，各地种子出苗状况良好。26 日那天，这里下了整个一上午鹅毛大雪。接着，又下了一场大雨，这对于已经播下去的种子十分有利。根据这里的天气，我可以肯定，布鲁塞尔将不会太热。现在，面包价格在整个王国都已下降。”[70]

菲利普二世被详细告知播种以来的天气变化以及随着雨量多少而起伏波动的面包价格。这些细节在信件中都有记载，而经济史的其他细节却一点也找不到。以上情形表明，16 世纪地中海的食品供应并不是普通的“经济”问题，而是关系到国计民生的大事。

这是因为饥荒——路有饿殍的真正饥荒——确实存在。威尼斯人纳瓦杰罗叙述说，在 1521 年，“安达卢西亚发生过这样的饥荒：无数牲畜倒毙，整个地区陷于荒废，许多人被饿死。在那大旱之年，小麦颗粒不收，田野里甚至找不到一棵小草。正是那一年，安达卢西亚的纯种马大部分死去，至今（1525 年）尚未恢复。”[71]这固然是个极端的例子。但是，年复一年，不断出现饥馑，历届政府都为筹集小麦四处奔波，安排居民的粮食供给，力图预防有人饿死，却并未总是能达到目的。16 世纪下半叶，从 1586 年至 1591 年，一场极其严重的危机袭击了整个地中海。这场危机使地中海向北欧的船舶敞开了大门。即使在正常年景，维持生计也并不始终是容易的事，当然更谈不上富裕。请读者想一想，那些 16 世纪末拥有大量耕地、大量葡萄园和大量桑树的托斯卡纳人，每年收成也只够吃四个月。[72]或者请读者们掂量一下古斯曼故事里的这句话：“今年由于干旱，田地歉收，即使在丰收年景日子也很难过的塞维利亚，更是痛苦万分……”

在地中海的历史中，生活困苦和朝不保夕等不利因素起着核心的作用。这可能就是地中海人明智、节俭、聪敏能干的原因，也可能是他们具有扩张本能的原因，虽然这种扩张有时并不只是为了求得天天要吃的面包。地中海为了弥补自身的缺陷，不得不积极行动，走出家门，借助远方的国家，同它们实行经济联合。而这样做，又大大地丰富了自身的历史。

2. 季节

地中海的气候，冬夏两季截然分明，使地中海生活每年单调地重复两个不同的阶段；地中海人在过完了冬天以后，接着就进入夏天，并且照此循环下去。无数历史记载可以不考虑具体的年份，对天气的晴雨冷热进行概括：重要的是月份，相同的月份差不多总是同样的气候。“每年的节气”像门户一样定期开关。在卡比利亚，所谓“节气”指的是二至点（夏至和冬至）和二分点（春分和秋分）。“每当新的季节开始，对人来说，有面包吃或是挨饿，全由命运决定。”[73]

冬　休

冬季开始得早，结束得晚。人们担惊受怕，始终不敢相信冬季已经结束。为稳妥起见，人们按照历本的规定，在冬季到来之前就作好准备。威尼斯元老院的一份文件记载道：9 月 9 日，夏季终于结束；接着，9 月 20 日，冬季逐渐临近；9 月 23 日，冬天已经到来……[74]问题究竟何在？这是要使自己不致措手不及，是要及时去解下大战船、大帆船和小战舰的帆樯索具，是要遣散编余的士兵……就个人来说，是要注意冷热保养，以免不慎因节令变更而损害健康。冬季来临，面对接二连三的灾难困苦，人的活动要有所节制，有所放松。无论对人对物，这都是个严酷的季节：淫雨连绵，洪水威胁城乡，雨雪成灾，海上风暴，以及对所有人，尤其是对穷人，毫不留情的严寒，种种的不便和极端的困苦。[75]收容所人满为患。甚至到了繁花再放、风信子绿遍蒙彼利埃原野的时候，不虞之灾还可能随时发生。[76]1594年4月15日，即复活节后的第五天，博洛尼亚正值“初春时节，百花盛开，却又落了一场大雪。但愿上帝保佑我们！”[77]1633年5月23日，在佛罗伦萨，21日刚下过雨，一股寒流袭来，冷得像正月的寒冬天气，以致室内必须生火，山峦也披上了银装……[78]

在百业消闲的冬季，农田活动首当其冲，几乎完全停顿。[79]阿里斯托芬说，当宙斯忙于湿润土地的生活时，农民不得不就地休息。[80]赶上天气放晴，农民开始播种大麦，如果在10月初没有种上大麦，便在12月播种小麦，在初春播种玉米。玉米在16世纪刚从美洲传来。不过，这毕竟是些轻活，不像在夏季那样要付出巨大劳动，也不必邻居帮忙，而是如葡萄牙人所说，各家的活各家干。即使还得播种蔬菜和翻地，冬季总有一些空闲和节庆。在基督教国家，12月份杀猪就是一个节日。薄伽丘在他的小说中有此记述。[81]卡比利亚山区的1月正值冬至，团圆节的到来标志着太阳活动周期的分界，丰盛的晚餐一直吃到深夜，把积存的许多珍贵食品吃得一干二净。但是，必须这么大吃大喝一番，才能求得来年的风调雨顺。[82]

由于大雪封山，牧羊人和羊群纷纷离开高山，前往平原。仍然留在山区的居民在秋季交易会上出售他们无力喂养的幼畜。直到今天，在比利牛斯山脉的边缘地区[83]，情况依然如此。1581 年蒙田途经卢卡温泉浴场时，当地的小牛犊和羔羊售价低廉，原因可能正在于此。[84]牧羊人离开山地，游客往往也一走了事，在白雪覆盖的高山旅行，有丢掉生命和财物的危险。法国大使 1578 年 2 月 12 日从君士坦丁堡写道："陛下，接连下了 50 天大雪，把我困在了这里。上周我准备动身，但大雪使我不能成行。"[85]法国驻阿勒颇的领事、"土耳其人"热杜安叙述了他冬季在巴尔干山区旅行途中的曲折经历：几乎冻死，差点儿被熊和狼吃掉。[86]非洲人莱昂说，在摩洛哥的阿特拉斯山，从 10 月开始运椰枣的商人往往遭受特大暴风雪的袭击，无人能够幸免于难。山下的树木也被白雪所掩埋。[87]

那时候，在平原地区，交通常常十分困难。由于阴雨连绵，江河泛滥，桥梁被冲断，班德洛在一篇小说的开头就说，"以致在波河拥有田产的曼图亚人不能利用他们领地上的粮食和财富"。[88]一位威尼斯人写道，1595 年 10 月，河水猛涨，"全副武装的弗拉拉人准备在我们这边的堤岸上打开一个缺口"。[89]另外一次是台伯河泛滥。那是 1598 年，洪水把在 1575 年修复的"阿埃米留斯"大桥卷走了一半。[90]1594 年，阿尔诺河泛滥成灾。就在那一年，托斯卡纳河河水封冻，果树再次被全部冻坏。[91]在某些极其寒冷的冬天，威尼斯的运河结了冰。[92]16 世纪的冬季，在最好的情况下，出门旅行难免备受道路泥泞之苦。由于雨雪不断，路面坑坑洼洼，行走十分困难，1581 年 2 月的西班牙[93]或 1592 年 12 月的巴尔干[94]就是如此。就在前不久，巴尔干还因为道路"泥泞不堪，使旅行者衣服的颜色难以辨认”。[95]

航行停顿

海上的气候也变得十分恶劣，以致航行停顿。在古罗马时代，从10月开始到来年4月，船舶奉命歇冬。航海者全都这样谨慎从事。[96]从使徒保罗的海上游记中，我们了解到：克里特岛的良港不宜过冬；[97]他乘坐的希腊船曾在马耳他抛锚过冬。[98]几百年过后，中世纪城市的航海法典都对此作出类似的规定；据1160年比萨的通法(Constitutum Usus)记载，[99]从圣安德烈节①到次年3月不得航行。这些规定还见诸1284年的威尼斯海运条例[100]和1387年的安科纳海运条例。[101]在几个世纪内，根据经验采取的防范措施和禁止事项始终以法律形式被确定下来。直到18世纪末，黎凡特地区的船只还只是在圣乔治节(5月5日)和圣迪米特里节(10月26日)之间这段时间里航行[102]。

但是，从1450年开始，克服冬季障碍的航海活动日趋频繁。但这仅仅是局部的胜利，始终要冒巨大的风险。耸人听闻的海难事件，每年都会使人想到冬天的威力，以致威尼斯于1569年重新发布了禁令，但其规定已经比原来宽松，只是禁止在11月15日和1月20日之间这段严冬时期在海上航行。[103]在这方面完全退回去显然已经不可能了。新法令很难得到贯彻，因而市政会议不得不于1598年加以重申。[104]然而，这项措施毕竟是个征兆，它表明直到那时，冬季航行每年还要付出代价。1521年12月1日，由于刮“希腊

① 指11月30日。——译者

风”,许多船只在亚得里亚海沉没。一艘满载粮食的船,甚至就沉没于拉古萨港内;[105]1538年11月11日,38艘巴巴罗萨海盗船一下子被狂怒的地中海抛到岸上,摔得粉碎,幸存的人员又被阿尔巴尼亚人杀死,财物被抢劫一空;[106]1544年11月9日,7艘拉古萨大帆船成了暴风雨的牺牲品;[107]1545年1月,一股希腊北风使50多艘大船在亚得里亚海沉没,其中3艘威尼斯大帆船带有十几万杜卡托前往叙利亚;[108]1570年12月29日,在亚得里亚海上发生的“最大的一起海难”中,2艘满载谷物的船就在拉古萨港内沉没。[109]其他类似事件还相当多,例如1562年10月,西班牙的一支帆桨船队在埃拉杜拉湾全部沉没;1575年10月,近100艘大船和12艘帆桨战船在君士坦丁堡附近被狂风巨浪冲上海滩。[110]

凡在冬天出海的人都要豁出性命,时刻警惕,迎接狂风暴雨的夜晚,准备在船上点燃古斯曼·德·阿尔法拉切所说的风暴信号灯。[111]由于在风暴季节,航行时间比夏季更长,变故更多,船只出航很少。即使在19世纪初,每到10月前后,威尼斯或敖德萨出海船只便逐渐减少,[112]更何况在16世纪。

当然,如果天气晴朗,航程又短,小船也可以冒险进行几小时航行。能与冬天抗衡的大帆船可不顾天气恶劣,照常出海航行,而且越在这个季节,航行获利越大。但总的来说,航行的速度明显缓慢。至于帆桨战船,则完全停航,藏在海港深处,受陆地船坞的保护。在此期间,充当划桨手的奴隶多半闲着无事。研究冬季对宗教和社会生活(实则是爱斯基摩人的生活)的影响的马塞尔·莫斯,如果读到夏多布里昂在《历程》中所写的一段话,可能会感到好笑。夏多布里昂说,法国嘉布遣会修士“在纳夫普利翁(罗马人在摩里

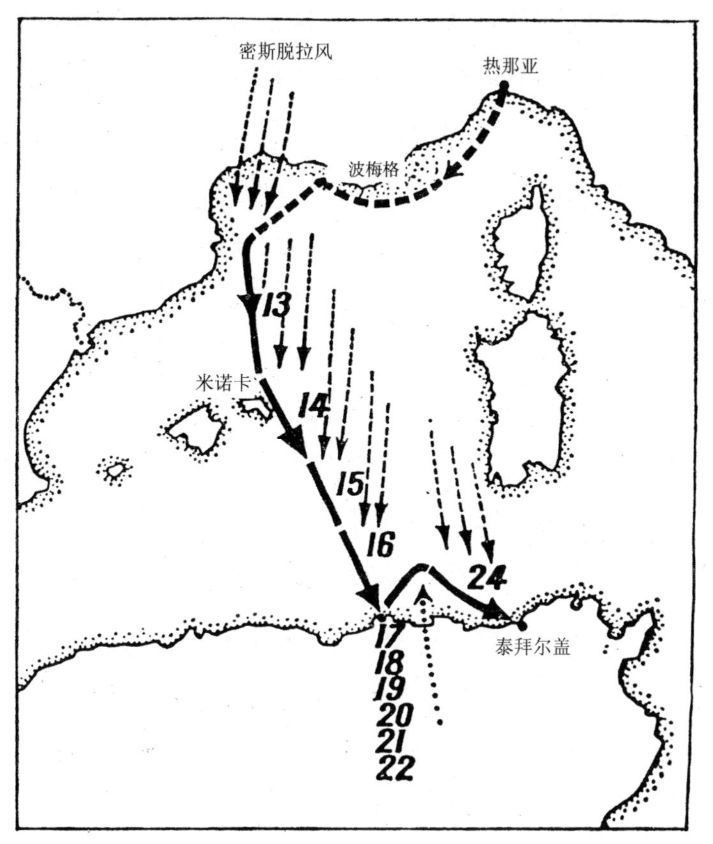

图 20 原定前往西班牙的船，结果却到达泰拜尔盖(1597 年 1 月)

切萨雷·朱乌斯蒂阿诺在热那亚登上热那亚共和国的一艘帆桨战船，作为热那亚共和国向菲利普二世派出的大使前往西班牙(因此，时间是在 1596 年沉重打击了热那亚商人的那次破产发生后不久)。当这艘船在位于马赛对面的一个小岛——波梅格岛——稍事休息并通过利翁湾时，在克雷乌斯海角附近突然遭到密斯脱拉风的袭击，船只未能向西班牙方向驶去，而是被狂风一直往南刮到位于吉杰利和科罗之间的小海湾，在那里停留了 6 天，总算安然无恙。由于不可能再取道北上，它只能前往热那亚的泰拜尔盖岛。这艘战船已不能再用。切萨雷·朱乌斯蒂阿诺乘一艘商船取道撒丁岛，然后前往西班牙。以上根据切萨雷·朱乌斯蒂阿诺的信件。

亚半岛的城市)长住，因为贝伊的帆桨战船去那里过冬……通常从11月开始到圣乔治节为止，帆桨战船在那天重新出海。船上装满

需要教育和鼓励的基督教苦役犯。这正是现任雅典和摩里亚修道院院长的巴黎的巴纳贝神甫热心而又富有成效地从事的工作”。[113] 请注意，当时是 1806 年，帆桨战船在西方实际上已不复存在。但是，对那些继续存在于马耳他或者东方的这种船只来说，地理决定论，正如在苏里曼二世时代那样，还继续在起作用。

巨大的舰队、低舷长型船或海盗的帆桨船，在 16 世纪，也不得不实行冬休。阿埃多叙述说，在某年的 12 月(可能是 1580 年的)，“所有的海盗都在阿尔及尔城外过冬，或者将船只解除武装，停在港内。”[114] 根据同一位阿埃多提供的见证，1579 年 12 月，土耳其官员马米·阿尔诺曾在塞布泽河河口的波尼河[115] 过冬……

西班牙政府往往在秋末冬初使用本国舰队出海巡航，确信那时土耳其舰队业已退却。海盗船也是如此，他们认为，如果衡量利弊，与其在夏天同土耳其舰队发生遭遇，不如在冬季出海冒险，受西班牙雇佣的水手，不断就这些冬季出航提出抗议。1561 年 8 月，菲利普二世的海军将领梅尔菲亲王对此十分重视，他写道：“为陛下效劳的热情，使我不得不说，让帆桨战船在冬天航行，就是把它们置于毁灭的境地，特别是在没有港口、见不到尽头的西班牙海岸更是这样。即使船只能躲过危险，划船的奴隶却在劫难逃……因而这些船将不能(在下一个季节)再派用场。”[116]

帆桨战船在冬季的确不能打仗。内行人必定反复向决策人讲明这个道理，决策人对此却充耳不闻。托莱多的唐·加里亚(也是菲利普二世的海军将领)1564 年 11 月讲述了他没有应热那亚的要求派遣舰队进攻叛乱的科西嘉岛的原因。他在给西班牙驻热那亚大使菲格罗阿的信中写道：[117]“所有的冬季海上远征，只不过是白白浪费钱财而已……这个道理已经确证无疑。如果仍要在这个季节采取什么行动,那只会浪费金钱,却得不到任何成果。这种情况已经发生过,而且今后还会不断发生。”更何况,这有使春季行动搁浅的危险(那些刚出海参加了贝莱斯—德拉戈梅拉行动的部队已经疲惫不堪),因而陷于劳而无功的境地,或者用他的原话来说,“本应抓住鸽子的脑袋,却去抓它的尾巴”。即使这只是一次普通的武装巡逻,也要冒相当的风险。穿越皮翁比诺运河是“一次长得可怕、没有把握、极其危险的航行”。

总之,凡不守规定冒险出海的帆桨战船就活该倒霉。这些船只吃水太浅,无法抵御海上汹涌的波涛和风暴。[118]据人们猜测,1541 年 10 月查理五世试图偷袭阿尔及尔的原因也在于此。但是他却自作自受,损失惨重;他所选择的季节,正是“摩尔人所说的换季时节,天气正由好变坏”。[119]1544 年 1 月,法国帆桨战船在皮埃罗·斯特罗齐的率领下,离开马赛前往罗马海滨。随同前往的是一些满载面粉的小船。风暴吞没了几只运载面粉的小船和一艘战船,其余船只被狂风吹散,帆桨尽失,返回了马赛。[120]我们将在适当的时候,再次提到 1562 年 10 月发生在马拉加附近的埃拉杜拉港湾的那次灾难。当时西班牙舰队全部葬身海底。马拉加海峡冬季常刮东风,在这里航行可能比利翁湾更加危险。冬季如此,甚至春季也是如此。1570 年 4 月,两艘帆桨战船在马拉加被抛上陆地,另外 3 艘向外海漂泊。[121]1566 年曾多次发生船舶失事。[122]次年 2 月,27 艘几乎全部来自佛兰德地区的满载武器和腌制品的小船和货船,在马拉

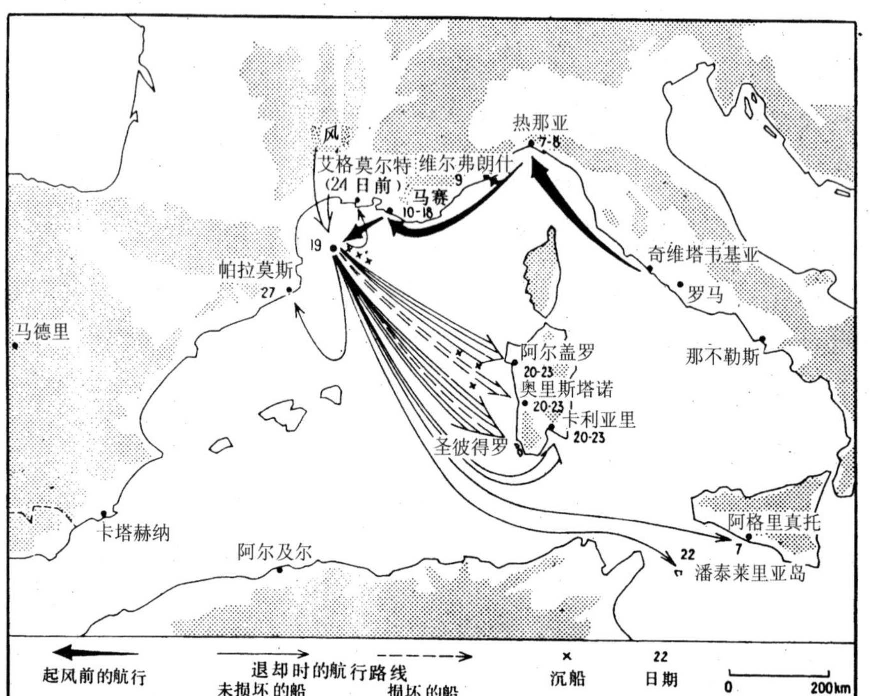

图 21　密斯脱拉风造成的后果，1569 年 4 月 19 日及其后数日

卡斯蒂利亚总督路易斯·德·雷克森斯率领的帆桨战船队抵达西班牙海岸。他的目的是什么？是要在格拉纳达王国沿海登陆；该王国的边界始于卡塔赫纳西南。前一年的圣诞节之夜，被迫改奉天主教的摩尔人在这个王国举行暴动。帆桨战船将前往拦截柏柏尔对暴动者提供的武器和人员增援。密斯脱拉风在利翁湾突然袭击了这支舰队并把大部战船刮到撒丁岛沿岸。一艘战船顶风前进到艾格莫尔特。路易斯·德·雷克森斯乘坐的战船于 27 日抵达帕拉莫斯。一些在马赛弃船步行来到西班牙的士兵已在那里迎候。剩下的两艘战船，一艘到达潘泰莱里亚岛；另一艘于 5 月 7 日到达阿格里真托。这张略图是根据我在锡曼卡斯综合、研究大量文献资料绘制的，由詹蒂尔·达·西尔瓦和雅克·贝尔坦绘制。此事被发现的经过也可在图上标明。具体地说，消息传到西班牙，热那亚起了首要作用。

加前方被大海吞没。[123]此外，利翁湾果然名不虚传。1569 年 4 月，一阵狂风把卡斯蒂利亚总督的25艘帆桨战船在前往格拉纳达海岸途中吹得七零八落,面临全军覆没的危险。结果是一些船被狂风刮到了撒丁岛海岸,安布罗西奥·内格龙乘坐的战船竟一直飘到潘泰莱里亚岛才靠了岸。[124]总之,当天气恶劣时,最好还是留在港内,或者像1603年1月卡尔洛·多里亚那样被迫返港。那次卡尔洛·多里亚试图从巴塞罗那"海滨"出海,但没有成功。他的船在那里多次被抛上岸,桅杆和斜桁被吹断,300多名划桨手丧生。[125]

冬天:和平、议论和策划的季节

恶劣的天气迫使大规模的海战暂停。在一般情况下,陆上的战争也无法进行,"冬季别无选择"。[126]当然,战争不会彻底地、正式地停止,但减缓是明显的,1578年至1590年期间的引人注目的波斯战争,以及地中海地区或地中海邻近地区的任何一次战争都是如此。哈默在他关于奥斯曼帝国的珍贵的书中写道:"卡齐姆日(圣德米特里日,10月26日)的来临一般标志着土耳其的陆战和海战的结束。"[127]这是因为战争需要粮食。它不得不等待庄稼收割完毕,或者至少即将收割完毕(这个原因胜过其他各种原因)。仍然在土耳其这个范围内,历史学家津凯森就1456年贝尔格莱德被土耳其包围一事写道:"6月正是小麦开始成熟的季节,奥斯曼帝国的围城部队向贝尔格莱德发起进攻。"[128]季节的日程表就是这样支配着军事行动。

总之,冬季的6个月是个平静的和平时期。国与国之间的战争,甚至一些小规模的战争,全都停止,难得可听到几次刺耳的警报,因为无论在海上还是在陆地,恶劣的气候会使偷袭行动易于得

手。1562 年冬，几伙新教徒前来鲁西永边界进行骚扰；1540 年 9 月，阿尔及尔海盗企图袭击直布罗陀，结果在他们撤退时密斯脱拉风让他们吃了苦头；西地中海地区的人常常在冬末乘大帆船或加固了的帆桨战船前往波涛汹涌的黎凡特地区的海域行劫。

在这个“太平无事”的季节，只有喋喋不休的议论没有停止。1589 年 3 月 20 日，西班牙驻威尼斯领事胡安·德·科尔诺萨写道：“我们没有得到有关土耳其的任何消息，冬天道路隔绝……消息从来没有如此闭塞”[129]——这里可能指的是可靠消息。但是，这丝毫不能阻挡谣言的传播。冬天使旅行减少或者中断，因此成了传播谣言的最好时期，也是虚张声势而又不冒风险的时期。罗马教廷大使在谈到神圣罗马帝国时写道：“眼下正是冬天，他们听任法国人自吹自擂……”[130]

对各国政府来说，这是讨论和制订计划的重要时刻。参谋部的工作无限增加。文件连篇累牍。我们愿意指出，对这些案卷的使用，历史学家必须始终小心谨慎。一切事情都无需着急，可以从容地先进行讨论和预测，然后再白纸黑字写成计划：发生这样的事应该怎么办，发生那样的事又该怎么办；但假如土耳其大君或法国国王……计划也就成了问题。宽大的纸上写得密密麻麻……历史学家今天郑重其事地进行分析的那些庞大的打算和绝妙的计划，大多是在关得严严实实的房间里，在炭火或火盆旁酝酿成熟的。而这时在外边，在马德里或其他地方，来自山区的暴风雪正猖狂肆虐。闭门造车，纸上谈兵，无论什么计划都不会显得过分庞大、过分困难……。封锁尼德兰，不让它得到食盐，买下汉萨同盟的全部谷物，断绝尼德兰的粮源，关闭所有的西班牙港口，以上计划都在冬季拟成。1565年和1566年，在土耳其进攻马耳他惨遭失败以后，夏季才刚结束，尽管心有余悸，人们却打算把12000名意大利人和西班牙人派往拉古莱特。[131]可是，在这块极小的驻防地，即使在60年代已经扩大，如何住下那么多人？没有关系，可以把他们安置在奔角那边的城墙下。在地图上看，这个地方的位置似乎相当好。一切都已考虑周到，但又什么也执行不了。事情往往就是这样。从这方面看，夏季并非更合乎理性，而是比较重视实际，或者更确切地说，事情在夏天会自发地发展，国家并不总是能够控制得了。

然而，冬天也有唯一的一项正经工作可做，那就是进行协商和外交谈判，和平地解决问题。从这个观点看，冬休还是有意义的。事实上，本书所涉及的和平条约，一般都是在冬季6个月期间签订的，是在夏季的动乱和无法补救的事件发生之前签订的。卡托—康布雷锡和约是1558—1559年冬季会谈的产物，于1559年4月2日和3日签订。此外，西班牙与土耳其之间的几次停战协定，也都是在隆冬时节谈判成功的，其中1581年协定于2月7日签订；韦尔万和约于1598年5月2日签订；十二年休战协定于1609年4月9日在海牙签订。[132]只有西班牙和英国之间的和约是例外，于1604年8月28日签订。[133]然而，事实上，和约在1603年3月伊丽莎白刚刚去世、比利亚梅迪亚纳伯爵唐·胡安·塔西斯英国之行(1603年6月)之前就已经谈判成功。我们并不想把复杂的外交活动归结为季节的往复运动。但是，协定的日期仍然有其重要性。签字究竟在什么时候举行？初冬，那时谈判差不多还没有开始。冬末，谈判正处于艰难的阶段。对夏天的恐惧，对巨大军费开支的担心，这难道不正是促使当权者变得理智的原因吗？

严酷的冬季

除了上述悠闲、平静的气氛外，地中海还有其他的祥和景象，例如在蓝色海岸的旅游广告中大肆吹嘘的所谓正月阳春美景。成群结队地飞得精疲力竭的候鸟雨点般地落在南方的土地上，犹如天赐之食，特别在埃及，勒芒斯的伯龙[134]曾经见到落下的鸟“雪白一片”，人们那时在田野里简直可以像捡拾水果一样，随手拾到鹌鹑。

的确，地中海的冬天像欧洲的冬天一样，魅力比较小。特别是在城里，对于贫困的人来说，冬天意味着一种极大的苦难。1572年11月6日，让·安德烈·多里亚在写给奥地利的胡安的信中说[135]：“殿下大概知道，在热那亚领地，由于谷物颗粒无收，而且除谷物以外，其他可食用的东西又太少，因此不仅在山里，而且就连城里也都有很多悲惨的景象。情况恶化到这样的程度：穷人很难生活下去，尤其在冬天，当面包缺乏，加之需要增添衣服，又没有做工的可能时，情况更糟。”这封信得出结论说：“来年春季，热那亚将能征集到足够的志愿划桨手，为10艘战船充当苦役。”对于银行家的热那亚和地中海的冬天来说，这是一份事实确凿的控诉状。[136]

我们并不想说地中海的冬天极其寒冷。但是，它也并未像人们所说的那样温暖。它经常是湿润的。尤其，在炎热的6个月以后，冬季的突然降临，使地中海人猝不及防。每年冬季，地中海都受到出其不意的寒流袭击。的确，那里的住宅通风透气，地面铺石板，代替镶木地板，室内可生火取暖，但没有更多的抗寒设施。它们主要适合于抵御炎热。阿拉贡的费迪南常说，与通常的看法相反，应该留在塞维利亚避暑，而去布尔戈斯过冬，[137]尽管那里十分寒冷，但人们在布尔戈斯至少不会挨冻。在阿尔及尔或巴塞罗那寒气逼人的房间中，许多旅行者从没有想到，地中海地区竟会如此寒冷。

快节奏的夏季生活

温暖湿润的春季到来，万物更生，一片兴旺，阵阵"劲风"吹绿"满树新芽"[138]；短暂的春季（杏树和油橄榄树的花期只有几天）刚刚开始，生活便加快了节奏。尽管出海还有危险，4 月却是一年里最活跃的月份。田野完成最后一遍翻耕，[139]各种收获接踵而来；6 月收割庄稼，8 月采摘无花果，9 月摘葡萄，秋天收油橄榄。落过了第一场秋雨，翻耕土地又重新开始。[140]旧卡斯蒂利亚的农民必须在 10 月中旬左右把小麦播种完毕，以便麦苗能及时长出三四张叶片，从而抵抗冬天的严寒。[141]农业大忙季节在几个月内匆匆过去。每年都必须抓紧时机，利用最后的几场春雨或最初的几场秋雨，利用头几个晴天或最后几个晴天。整个农业活动——地中海生活最美好的时光——总是呈现一片忙碌的景象。冬季是个可怕的威胁。因此，最重要的是储备食物和装满粮仓。即使在城市家庭中，人们也把食物、酒、粮食以及取暖和做饭所必不可少的木柴安放妥当。[142]每当冬天到来之前，大约在 9 月，为了支付必不可少的饲料和当年的各种费用，梅迪纳塞利等地的西班牙牧羊人便向商人预售羊毛。他们必须在来年 5 月赶紧向苛刻的债主交付羊毛。有这预支的 50 万杜卡托，他们就能平安过冬。[143]奥兰的阿拉伯人的地窖，阿普利亚或西西里农民的"地沟"，是储存过冬食物的另一种方式。[144]

各种形式的战争也在夏天匆匆进行，如陆战、海战以及海盗战争和乡村的抢劫等。

陆路运输十分活跃。陆上旅行的唯一的敌人是炎热。但是，人们可以在夜里或清晨赶路。[145]在海上，撒哈拉的热气流带来了晴天以及稳定的气候条件，后者与前者同等重要。在爱琴海，从5月到10月，季风经常由此向南刮来，[146]一直刮到秋天最初的暴风雨来临之际。[147]托特男爵说，6月里，从克里特岛到埃及，“由西向北的信风从来没有掀起过地中海的波涛，这使航海者能够计算出到达埃及的时间”。[148]正是这些信风使勒芒斯的伯龙一帆风顺地从罗得岛抵达亚历山大。整个海面风平浪静，行程计日可待。年老的多里亚亲王常常说：“地中海有三个无风港：卡塔赫纳，6月和7月。”[149]

在这平静的夏天，航行更加繁忙，这是因为收获季节促使人们进行交易。在这个季节中，当务之急是进行收割，打场脱粒，采摘水果和收获葡萄。新酿的葡萄酒上市是一个重大的商业季节的开始。至少在塞维利亚，每逢葡萄收获季节，都定期举办酒市。梅迪纳·西多尼亚公爵1597年写道：“10月7日至19日……，是所谓的葡萄收获期。”[150]北方的船舶驶来，既收购食盐、油和海外商品，也寻找安达卢西亚的葡萄酒。塞万提斯在《狗的对话》[151]一书中叙述了一个妓女的骗局。这个妓女在塞维利亚和她的同伙——当然是个警察——串通起来，专门敲诈布列塔尼人（这里指布列塔尼人、英格兰人和北欧人）。“每逢葡萄收获季节，外国人纷纷来到塞维利亚和加的斯”，她同一名女友结伙出猎，“没有一个布列塔尼人能够逃脱猎手的进攻”。

在整个地中海，葡萄收获季节是喜庆、放纵和欢乐若狂的时刻。在那不勒斯，路途相遇，不论是女人还是男人，是修道士还是神甫，葡萄采摘者都向他们招呼致意。于是便出现了许多弊端。那不勒斯总督佩德罗·托莱多——与邪门歪道势不两立的卫道者——甚至明令禁止这些有伤风化的陋习。[152]至于效果如何，人们不得而知。时值夏季，新酿制的酒上市，这里在摘无花果，[153]那里在采桑叶，集体的欢乐怎么可能阻挠和压制得了呢？[154]拉古萨不得不比别的城市更加谨慎，每逢葡萄收获季节，当局总是倍加警惕，以防不测。到处加岗设哨，外国人受到检查，看他们是否携带了武器。特别在1569年8月，据教区本堂神甫指出，“许多阿普利亚人留在市内，准备聚众闹事……”[155]

夏季也是渔业丰收时期。特别是金枪鱼，取决于季节性洄游。张网捕捞从夏季开始。在菲利普二世时代垄断安达卢西亚的金枪鱼捕捞业的梅迪纳·西多尼亚公爵命人击鼓为号，像招募军队一样，征集他所需要的帮工。每到季节更替之际（冬季前和冬季后），博斯普鲁斯渔场一片繁忙。[156]1543年4月，时值冬末，一些从弗雷瑞斯驶来的船只满载用于腌鱼的空桶，在捕鱼季节的前夕到达了马赛。4月17日，由3只小船运来1800只空桶；4月21日，运来200只；4月26日，运来600只；4月30日，运来1000只。[157]

夏季的流行病

然而，在冬季休眠以后，疫病随着天气转热而猖獗肆虐。托特男爵记载说，鼠疫“从春天起便开始成为灾害，一直延续到冬天到来之前”。[158]地中海所有的传染病几乎都是如此（但在北非流行的斑疹伤寒除外，它通常在夏天来临时减弱)。城市历来受威胁最大。每到夏天,罗马备受热病折磨。因此,红衣主教纷纷去乡间别墅避暑,与斯卡龙所说的相反,这并非只是为了摆阔气。[159]当法国国王的大使朗布耶红衣主教于1568年7月到达罗马的时候,“弗拉拉和维特利的主教均已出外避暑”。[160]和他们一同出走的还有其他很多人。西克塔斯五世后来也不得不考虑到自己的健康,每年夏天都到他的别墅去。他的别墅位置相当糟糕,离圣-玛丽亚-马乔列很近,坐落在埃斯基兰山的山谷里。[161]他有时也去奎里那尔山新建的教皇宫休憩。[162]每逢仲夏——这在前些年还是这样——罗马便成了一座空荡荡的、炎热的、因热病而被人诅咒的城市。[163]

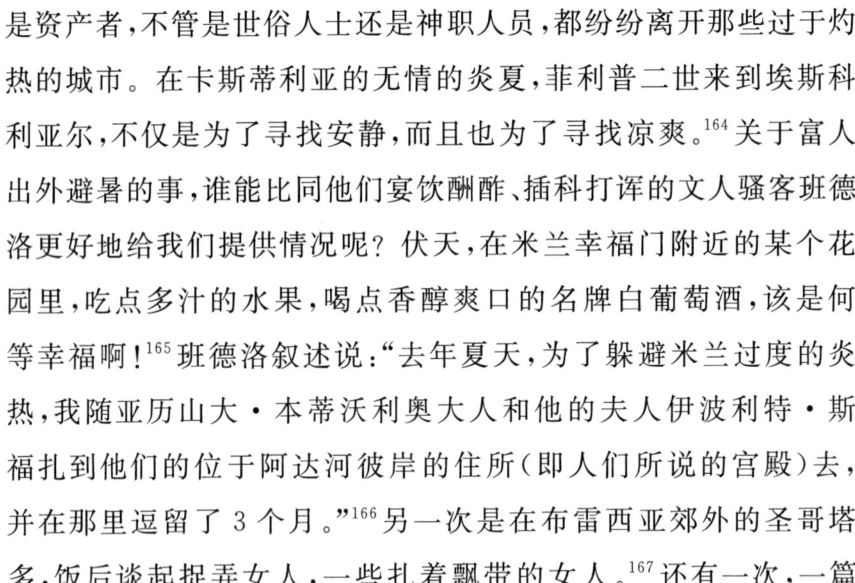

罗马、阿维尼翁、米兰和塞维利亚等地的富人,不管是贵族还是资产者,不管是世俗人士还是神职人员,都纷纷离开那些过于灼热的城市。在卡斯蒂利亚的无情的炎夏,菲利普二世来到埃斯科利亚尔,不仅是为了寻找安静,而且也为了寻找凉爽。[164]关于富人出外避暑的事,谁能比同他们宴饮酬酢、插科打诨的文人骚客班德洛更好地给我们提供情况呢?伏天,在米兰幸福门附近的某个花园里,吃点多汁的水果,喝点香醇爽口的名牌白葡萄酒,该是何等幸福啊![165]班德洛叙述说:“去年夏天,为了躲避米兰过度的炎热,我随亚历山大·本蒂沃利奥大人和他的夫人伊波利特·斯福扎到他们的位于阿达河彼岸的住所(即人们所说的宫殿)去,并在那里逗留了3个月。”[166]另一次是在布雷西亚郊外的圣哥塔多,饭后谈起捉弄女人,一些扎着飘带的女人。[167]还有一次,一篇小说中还提到,几个朋友在皮涅罗洛附近长满细草的草地上扎营野餐。不远处,凉爽清澈的水在沟渠里欢唱。在其他地方,贵族们总是在橄榄树下，在潺潺的泉水边聚会。难道这不是300年前《十日谈》的背景吗？

地中海的气候与东方

沙漠的季节性节奏与地中海地区恰恰相反。在沙漠地区，生命活动的停滞或减速，不发生在冬季，而是在夏季。由于夏季酷热，一切活动都停止或中断了。到10—11月以后，收完了椰枣（这也是前往麦加朝圣的时期），各种活动和贸易重新开始。

然而，塔韦尼埃告诉我们，沙漠商队在2月、6月和10月到达士麦那。[168]不过，士麦那和小亚细亚都在真正的沙漠地区之外。至于9月和10月到达埃及的骆驼，[169]它们是从远方来的吗？那些大型沙漠商队都是在4、5、6月来到开罗的。[170]德·塞尔塞（他的见证是19世纪的）认为在夏天是不可能穿越巴格达和阿勒颇之间的沙漠的。1640年前后，从霍尔木兹出发的沙漠商队的活动一直从上年的12月1日持续到来年的3月。[171]在20世纪的奥兰南部，所有大型沙漠商队仍然在11月份进行活动，[172]并且年年如此，因而使人多少想到地中海4月里的活动。

可见，当偏北和偏西地区进入休眠状态时，沙漠却开始热闹起来。夏季离开草原的畜群，重返已经恢复生机的牧场，并像沙漠商队那样，又走遍沙漠中的各条道路。变化不定的季节结束了，生活又变得容易起来，人们也变得更加富裕和勤劳。考古学家萨肖惊奇地看到，冬天，在阿马尔那，有人正在修渠和种菜。[173]然而，这并没有任何不正常，完全与草原生活惯常的节奏相符合。

季节节奏与统计数字

对于这些至今尚未被历史著作很好地注意到的大问题，我们无疑应该更深入地加以研究。是否能求助于统计数字呢？虽说16世纪统计数字稀少不足，但仍有参考价值。

根据1543年马赛的记录，我曾经指出，从弗雷瑞斯起运的"装咸鱼"的木桶，表明了捕鱼季节到来之前的4月的重要性。

下面是一份1560年拉古萨订立的海上保险契约的统计表。[174]这张表清楚地表明了4、5两个月所起的决定性作用。在每次重大航行之前，船舶总要保险，这是十分自然的事。

里窝那的货船登记表提供了进港货船的详细情况，以及船只的名称和来自什么城市。[175]根据这些文件，人们能够指出，7至10月份运到的是丝绸；1至7、8月份，有来自亚历山大的胡椒；10月以后，则有撒丁岛的干酪。这些季节性的小变动都值得作深入的研究，因为里窝那港的工作日程表同地中海其他港口，包括它的近邻热那亚港，并不完全一致。[176]

但我并不认为，仅仅借助这些文献资料，就能确定季节造成的经济波动。里窝那的统计数字不能给人一个简明的回答，因为在16世纪，统计既不完整，计量单位也还没有真正统一。例如，不可能计算出某个月所卸货物的毛重，而货物的毛重才是最有价值的衡量尺度。里窝那的货船登记表记录了所有船舶的到港情况。这些船只载重吨位各不相同，其中包括小船、威尼斯轻舟、帆桨船、斯卡菲式小船、勒蒂式小艇、斜桅小帆船、萨埃特式小船、纳维切洛尼小船、（土耳其）大帆船、单桅三角帆船、西班牙大帆船和巨型帆船。后两种船（西班牙大帆船和巨型帆船）是这一系列船只中吨位最大的。仅仅把到港船只作为计数单位，不再考虑别的情况，得出的数字是靠不住的：因为公斤和公吨是两个不同的数量单位。把船按等级分类，也说明不了问题，但除大帆船和西班牙大帆船外，我们不妨作一尝试。

1560 年在拉古萨的海上保险契约数按月份统计，
每一个“×”符号代表一个保险契约

（根据拉古萨的档案）

1月	2月	3月	4月	5月	6月	7月	8月	9月	10月	11月	12月
×××××××××	××××××	×××××	××××××××××××××	××××××××××××××××××××	××	×	×××××	××××××	××××	×××××××	××××××
9	6	5	14	20	2	1	5	6	4	7	6

考虑到上述情况，我们可以得出的数字如下：

1578、1581、1582、1583、1584 和 1585 年抵达里窝那港的船只数

年　份	从 4 月 1 日至 9 月 30 日进港的各类船只数（夏季的半年）	从 10 月 1 日至 3 月 31 日进港的各类船只数（冬季的半年）	总　计
1578	171	126	297
1581	84	107	191*
1582	199	177	376
1583	177	171	342
1584	286	182	468
1585	147	160	307
总计	1058	923	1981

*　F. 布罗代尔和鲁·罗马诺的前引书误为 181。

里窝那运输的月份统计表（日期相同）*

年份	1月	2月	3月	4月	5月	6月	7月	8月	9月	10月	11月	12月
1578	27	40	40	49	24	27	30	26	15	6	7	6
1581	13	4	5	9	7	15	20	23	10	29	27	29
1582	27	27	33	38	29	44	52	19	17	17	37	36
1583	22	18	21	37	32	28	27	33	24	39	38	33
1584	57	36	31	36	46	55	46	72	31	21	30	7
1585	34	27	17	20	33	17	25	28	23	18	37	28
总计	180	152	147	189	161	186	200	201	120	130	176	139

*　不包括帆桨战船。

抵达里窝那港的大帆船和西班牙大帆船数（日期相同）

年份	1月	2月	3月	4月	5月	6月	7月	8月	9月	10月	11月	12月	总计
1578	9	7	3	3	4	2	1	3	0	4	3	4	43
1581	11	4	3	4	6	3	0	4	2	8	4	3	52
1582	5	1	4	6	0	3	1	1	4	2	4	6	37
1583	0	2	5	1	1	3	0	3	0	2	1	3	21
1584	8	2	6	3	6	2	2	1	2	5	2	2	41
1585	1	7	9	2	0	2	3	0	0	2	2	3	31
每月总数	34	23	30	19	17	15	7	12	8	23	16	21	
其他各类船只总数	146	129	117	170	144	171	193	189	112	107	160	118	

这些数字既不全面，又不完整，这一点大家都看到了。因此，单就这些数字进行推论，是不容易的。根据每月的统计数字，有3个月显得比其他月份更为活跃：4月正当冬季结束，那时必须清理库存；7月和8月，收获刚刚结束。最没有生气的是9、10两个月。在我们的图表中，4月份有189艘；7月份有200艘；8月份有201艘；而9月份只有120艘；10月份有130艘。船数的减少是很明显的。

大帆船和西班牙大帆船的统计表只涉及大型运输船和远程航行。这些船舶的活动情况与小吨位船只明显不同，后者在4、7、8月间航行，而前者则与之相反，他们的活动最低点是在7月，最高点是在1月（34艘）、3月（30艘）、2月和10月（各23艘）。里窝那港运输的这种差别，因北欧大帆船的大批到来而扩大。[177] 以谷物为例，7、8月份，正如货船登记表所指出的那样，小船承担短程运输，而长途航运则由大型运输船完成。远方的货物同样也在这些大船的运输范围之内。

里窝那的统计数字证明，在地中海西部，甚至很可能在整个地中海，长途和短途运输都已部分地克服了冬季的障碍。罗得岛法——船只在冬季不得出海航行，禁止一切海运保险——的时代已一去不复返了。在15世纪，北欧方帆帆船的到达，看来是地中海战胜恶劣气候的开始。威尼斯的帆桨大木船已经敢于在冬季冒险。这种情形在16世纪不断发展，继续加深，以致塔韦尼埃在17世纪写道："在印度的各个海域，船只不能像在我们欧洲各海那样全天候航行。"[178]16世纪，只有帆桨战船及其同类船只不能在风浪天气航行。至于其他船只，尤其是圆形大帆船，虽然要冒很大风险，但天气已不再阻拦它们航行。技术的进步使危险日益减小。况且，帆桨战船自身的消失已为期不远，它将让位于在风浪天气下既可航行又能进行战斗的战舰。的黎波里海盗从17世纪开始，在冬季维修船只，而在夏季扬帆出海。[179]

关于这些广泛的问题，里窝那的货船登记表给我们提供的材料并不多。另一个不足之处是：它仅仅给我们提供了船只进港的情况。运输的另一半，即船只的出港情况，我们就一无所知。

关于德意志朝圣者在1507至1608年间从威尼斯前往圣地的旅行，勒里希特曾对30来条旅行路线进行了描述和提供了宝贵的考证。[180]但有关的记载并不能使我们的研究工作进展更顺利。虽说在整个16世纪，这些旅行几乎千篇一律。

朝圣者通常在季节宜人的6、7月份启程。具体地说，在所了解的24次启程中，5月启程的(5月20日)1次，6月10次，7月11次，8月1次，9月1次。他们于7月或8月到达雅法或叙利亚的的黎波里。在所知23次抵达中，6月抵达的1次，7月7次，8月11

次，9月10次，10月1次，11月无，12月1次。朝圣者从地中海海岸到耶路撒冷，随后返回，其中包括在耶路撒冷逗留两三天。朝圣进行得极其快速，历时三个星期到一个月。朝圣者一般乘坐原船返回。从雅法、贝鲁特或叙利亚的的黎波里动身，主要是在8月份（在12次中，6月1次，8月6次，9月2次，10月3次）。他们一般是在当年12月返回威尼斯（在13次抵达中，11月4次，12月7次，1月1次，2月1次）。

通过这些数字，可以对旅行的往返时间，即夏季旅行与冬季旅行所需的时间，作一番相当可贵的比较。

往返旅程所需时间的比例几乎是1∶2。难道这仅仅是由于季节的原因？或是由于正反路途的风向不同而产生了困难？后一种解释是不大可信的。就1587年的情况来看，73天这个数字指的是往程的时间，而不是返程。并且，旅行恰恰又不在夏天进行，船于1587年9月29日从威尼斯出发，12月11日[181]才到达的黎波里。

对于前面的粗略统计，人们不应该苛求。这些统计数字至少证实了冬季旅行比夏季旅行慢得多。这里列举的数字符合当代人的种种假设和观察。为更加稳妥起见，我们又绘制了以下图表，其中只收录相同的船和很可能是相同船的往返旅程的情况。

决定论与经济生活

很明显，本书第一版提供的这些计算，不能很好地划定提出的问题的范围。从那时以来，我整理了里窝那货船登记表的统计数字。但是，这些数字丝毫也不能帮我们把问题搞清楚。[182]据了解，其他港口也有船舶登记表：在巴塞罗

威尼斯—圣地间往返所需时间

前　往		返　回	
1507 年	50 天	1507 年	86 天
1507 年	46 天	1507 年	152 天
1517 年	29 天	1519 年	79 天
1520 年	72 天	1521 年	92 天
1521 年	43 天	1523 年	101 天
1523 年	49 天	（在塞浦路斯停留 18 天）	
1523 年	57 天	1523 年	90 天
1546 年	39 天	（从耶路撒冷出发）	
1549 年	33 天	1527 年	80 天
1551 年	35 天	1553 年	79 天
1556 年	40 天	1561 年	112 天
1561 年	47 天	1581 年	118 天
1561 年	62 天	1587 年	73 天
1563 年	26 天	1608 年	65 天
1565 年	40 天	平均 93 天	
1565 年	38 天		
1583 年	26 天		
1587 年	40 天		
1604 年	49 天		
1608 年	44 天		
平均　43 天(取整数)			

同类船舶往返所需时间

前　往		返　回	往返时间比
1507 年	50 天	86 天	1.72
1517 年	29 天	79 天	2.7
1521 年	43 天	92 天	2.1
1523 年	49 天	101 天	2.06
1523 年	57 天	90 天	1.57
1608 年	44 天	65 天	1.47
平均	45 天	85.5 天	1.9

往返航程所需时间的差别同上面图表中的平均数(43 天和 93 天)几乎是相同的。

那，这些记录存放在不太容易进入的档案室；在拉古萨—杜布罗夫尼克，只是 1563 年[183]后的资料才得到了整理，并对研究者开放；在热那亚，汗牛充栋的资料使研究者失去勇气。[184]但我以为，对这些资料进行系统的研究恐怕也不能使我们对问题有更深入的了解。相反，我们可以得出一个初步的印象：当涉及农村生活时，季节决定论特别明显，然而季节决定论不断地受到人们的意志、尤其是受到城市的人的意志的抵制。冬季出海困难甚多。但是，小船仍从事短程航行。大帆船则克服障碍进行远航，遇险时便把成捆的羊毛和成桶的谷物扔入大海。有时候，它们“像轻巧的海豚那样”破浪前进。[185]在山区，特别是在阿尔卑斯山脉，冬天虽然是个障碍，但我们看到，它不断地被人战胜。

大量不容置疑的证据表明，冬季经济活动陷于萎缩。最出人意料的证据，可能是那不勒斯银行的活动。这些银行每逢冬天总是把存款用于息金投资，而在夏天，它们则把钱用来购买王国内的大宗农产品和进行农产品投机。[186]然而，冬天又是从事家庭劳动和手工业活动的大好季节。1583 年 12 月 8 日，西班牙商人巴尔塔萨尔·苏亚雷斯(后与佛罗伦萨大公结为儿女亲家)对他在坎波城的代理客户西蒙·鲁伊斯抱怨没有足够的羊毛(他刚刚得到一点儿羊毛，并卖了好价格)。他写道：“眼看机会接连丧失，我深感痛心，因为现在正是一年当中最繁忙的季节。由于没有羊毛，我们就无所事事。”[187]搞好冬季生产，也正是城市当局的明智之见。佛罗伦萨毛织业督察 1604 年 10 月说，必须不惜任何代价帮助手工业者，“现在严寒和长夜已经到来，他们除需要食物外，还需要照明和衣着……”。[188]

于是，发生了成千个例外情况。为了适应环境的要求，同时也为了避开和摆脱这些要求，人又陷入生活的其他罗网之中。我们作为历史学家，正是要尽量恢复这些罗网的本来面目。

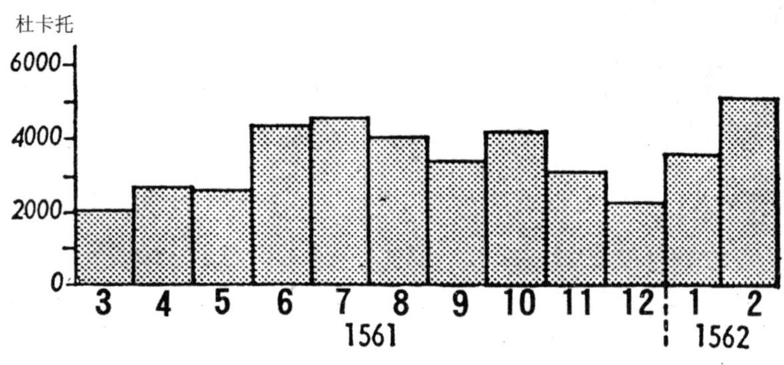

图 22　威尼斯的德意志商馆营业额的变化

根据向市政会议缴纳的税款作出的推算。这份资料所表现的季节差别，严格地说，不能得出经营活动在冬季停滞的结论。其他资料也同样如此，这里不一一列举。请注意一个细节：年度在威尼斯从 3 月 1 日开始。

3. 16 世纪以来气候改变了吗？

我们敢不敢提出这最后一个问题？敢不敢去整理卷帙浩繁、材料又往往并不可靠的档案资料，并去鉴别那些信笔写就的、可能引人误入歧途的文字材料呢？

问题是一切都在变化，甚至气候也是如此。今天，没有人再相信自然地理一成不变。经线的轻度偏移——但毕竟是偏移——难道不值得一提吗？热哈尔德·索勒认为，[189] 整个阿尔卑斯山脉东部正在以微不足道的速度(每年 1 公分)向巴伐利亚方向移动,但是,这种移动足以使一些敏感的地段发生塌方和滑坡,有时造成真正的悲剧。这些悲剧在阿尔卑斯的历史上曾经提到过。长期以来,地中海海岸线的历史变迁,吸引着地理学家的注意。有些地理学家以确切的事例为依据(如提洛岛),作出了静止不动的结论。[190]反过来,请大家读特奥巴尔德·菲舍尔、R. T. 贡特和阿尔弗雷德·菲利普松的著作。地中海海岸线的变迁是否纯属局部地区的变迁,这是要提出的问题。根据阿戈斯蒂诺·阿里戈[191]和迪娜·阿尔巴尼[192]的考证,海滩的升降可能是交替发生的。因此,在西西里东海岸的塔奥尔米纳浅滩,侵蚀期和沉积期每隔 15 年交替一次,其原因究竟是什么,人们还不清楚。19 世纪中叶以来,人们看到,地中海沿岸的陆地全面后退(有过几次逆向的大陆复进,但在 1900 年后,总的情况变得更加严重),无论在北非沿海、加尔加诺沿岸或尼罗河三角洲附近,情形都是如此。没有任何迹象可以表明,这种运动今后不会改变方向。人们从以上种种情况不难想到,地中海的周期性变迁与勒达诺在大西洋活动中所要找出的变迁不约而同。[193]

气候现象可能也是如此,“一切都在变化,气候同其他事物一样”。但气候的变化,往往是人类的过错。有时因为大面积砍伐森林;有时由于停止了灌溉和种植,这在干旱地区往往是灾难性的,[194]在特奥巴尔德·菲舍尔看来,自从穆斯林征服西西里岛以后,那里的气候就变得干燥了,[195]这是不可否认的事实。但是,应该对此负责的,是人还是自然力呢? 事实上,格茨在他有价值的《历史地理》[196]一书中谈到,早在穆斯林征服西西里岛之前,地表水源可能已经枯竭,南方的征服者可能以他们高明的灌溉技术解决了水荒。

不管怎样，现今的大量文字材料承认，气候过去有变化，眼下还在发生变化。在北极，大浮冰从 1892—1900 年[197]以来，可能后退了，而与此同时，沙漠却推进到非洲的南方和北方。[198]

相反，以往的书籍和考证却断定气候固定不变。但是，它们的论据并不完全令人信服。继帕尔奇[199]之后，人们反复对我们讲，突尼斯南部杰里德河的走向基本上没有变化，因为沿岸的内夫塔和托泽尔与原来的古罗马城市位置相符。人们还说，[200]尼罗河的水位上涨古今相仿。此外，米诺斯时代克里特岛的花草以克里特艺术为证，如百合花、风信子、番红花和剪秋罗等，都是目前地中海春季的花草。[201]此外，16 世纪，巴利亚多利德四郊栽植松树，几乎纯属人力所为。[202]

这些论断以及其他一些论断在根本上都证明不了任何问题，尤其它们没有抓住问题的实质。发现过去某个时期的气候似乎与现在完全一样，这并不能作为证据，也丝毫不能反驳气候周期性变化的说法。真正的问题在于了解是否有周期性，现在似乎人们越来越倾向于这种假定。“确定 30 年左右为一周期，大概离实际情况相距不远”，这是一位行家所下的结论；[203]我们还要补充说：“潜在的其他周期和半周期且不算在内……”

因此，气候既变又不变。与平衡位置相比，气候是有变化的。不能说这些平衡位置绝对不变，只是变得非常缓慢而已。在我们看来，这一点是非常重要的。对弗朗索瓦·西米昂的 A 和 B 两个阶段，[204]难道我们历史学家不应该再加上几个时而干燥、时而潮湿、时而较热、时而较冷的阶段吗？请看勒达诺就 1450 年的情形对我们所说的话，或者像加斯通·鲁普内尔在其著作中愤慨地指出的那样，“历史学家拒绝承认历史上曾经有过的严重气候反常现象，而在13世纪到15世纪期间，气候反常促使了欧洲的生活条件的彻底改观”。[205]

以上是争论的问题所在。关于地中海，我们将只限于几个一般性的表达和一两个假设。

气候出现波动看来是十分可能的。这里显然是要指出波动的时间和方向。至少在阿尔卑斯山脉，气候的变化留下了明显的痕迹。U. 蒙特林认为，[206]从14世纪30年代开始，山上一度气候干燥和气温上升。相反，17世纪60年代以后，这里变得寒冷和越来越湿润，造成了冰川线的下降。1900年以后，又出现了一个新的阶段：阿尔卑斯山脉再次发生干旱，冰川线像人们所知道的那样全面上升。在上陶恩山，冰川线的后移使罗马时代和中世纪开发的遗址暴露了出来。[207]

上述情形与埃马纽埃尔·德·马托纳所接受的30年周期相距甚远。但是，阿尔卑斯山脉的这种气候变迁是否有科学依据呢？对此，我们不能作出决断。冰川学家对问题的看法通常也不是那么明朗（包括早期作者瓦尔歇，见1773年维也纳出版的《来自蒂罗尔冰川的消息》）。此外，人们或许可以认为：阿尔卑斯山脉除了记录了自己的气候变化以外，还记录了整个地中海的气候变化，整个地中海的气候变化与阿尔卑斯山脉的气候变化有着联系。从现时的气候看，人们似乎可以持这种看法，因为高加索山脉和阿尔卑斯山脉的冰川线目前还在后移，[208]而与此同时，北非南部的撒哈拉沙漠正在扩大……

如果人们接受这种看法，历史性的后果就可以想象得到。值得指出的是，1300 年前后，随着阿尔卑斯山脉气候转暖，德意志移民在罗萨山南侧的高坡上安家落户。[209]同样值得注意的是，到了 1900 年左右，尤其在最后的 20 年里，在相同的气候条件下，意大利的山村向阿尔卑斯山脉和北亚平宁山的顶端迁移。例如在阿普利亚阿尔卑斯山和韦诺斯塔山谷，新建了许多村庄，海拔在 1500 米到 2000 米之间，被人们称之为斯塔沃利（湿热季节的住宅）。[210]

进一步说，如果我们的假设确实可靠，1600 年左右的降雨量增加，天气变冷，这就可以说明油橄榄树为何发生灾难性的霜冻；[211]托斯卡纳为何在 1585 年和 1590 年反复出现毁坏收成的洪水泛滥。且不说沼泽地的扩大以及由此造成的疟疾蔓延。总而言之，人的生活环境变得更加困难。16 世纪末年饥馑造成的社会悲剧，其真正的根源可能是气候条件出现了反常（即使是轻微的反常）。应该说，我们提出以上的看法，是极其谨慎的。关于 16 世纪末的这个悲剧，我们并不缺少人口学或经济学方面的解释。但是，如果说气候对悲剧的发生没有起作用，或者说在一般情况下，气候不是历史的一个可变因素，那肯定是没有丝毫根据的。要证实这一点仍然是困难的，但有些事实相当说明问题。[212]

16 世纪时，罗讷河流域水灾频仍：1501 年 7 月，罗讷河在里昂决口；1522 年，阿尔代什河泛滥；1524 年 2 月，德拉克河和伊泽尔河洪水泛滥；1525 年 8 月，伊泽尔河再次泛滥；1544 年 10 月，热埃河在维也纳决口；1544 年 11 月，罗讷河和迪朗斯河泛滥；1548 年 11 月，上述两条河再次泛滥；1557 年 9 月 9 日，罗讷河在阿维尼翁泛滥；1566年8月25日，杜朗斯河和罗讷河淹没了阿维尼翁一

带；1570 年 12 月 2 日罗讷河——特别是在里昂——出现了当时最可怕的洪峰；1571 年罗讷河再次上涨；1573 年 10 月罗讷河洪水猛涨，博凯尔被淹；1579 年 9 月，伊泽尔河在格勒诺布尔泛滥成灾；1580 年 8 月 26 日，罗讷河又在阿维尼翁造成水灾；1578 年罗讷河在阿尔勒泛滥成灾，洪水从 10 月到次年 2 月淹没了下朗格多克部分地区；1579 年阿尔勒发生水灾；1580 年阿尔勒再次被淹（有人回忆说，从未见过罗讷河发生这么大的洪水）；1581 年 1 月 5 日，罗讷河和迪朗斯河在阿维尼翁泛滥，2 月 6 日水位再次猛升；1583 年，罗讷河使卡马尔格地区沦为泽国；1586 年 9 月 18 日罗讷河在阿维尼翁上涨；1588 年 11 月 6 日热埃河河水上涨；1590 年该河再次涨水，阿维尼翁损失惨重……

以上记录大概给人留下了一个印象，似乎水灾在 16 世纪末期日趋严重。根据我们的观点，罗讷河洪水泛滥是地中海气候反复无常的不祥记录。如果当时见证材料确实可信，在这个世纪的最后几十年，降雨量似乎有所增加。路易·戈吕特在他 1592 年写的《塞卡尼共和国》一书中指出，铁匠炉主和希望增加“隶农……和领地”的庄园主砍伐森林应对此负责。他还说：“……26 年以来，降雨更频繁，时间更长，雨量更大……”[213]在多勒，情况的确如此。让我们回到 1599—1600 年的艾克斯。迪海兹在他的历史书稿中写道：[214]“寒冷和雪天直到 6 月底还可能出现，从 6 月底直到 12 月从不下雨。随之而来的是大雨倾盆，土地被淹。”再看看卡拉布里亚。根据康帕内拉的一段叙述，“1599 年初，罗马大雨过后，特韦雷河泛滥成灾，人们因此不能过圣诞节；伦巴第的波河也同样发大水；在斯蒂洛（卡拉布里亚的村镇），由于大雨滂沱，淹没了教堂，人们不能举行圣周的日课……”[215]一位目睹台伯河洪水泛滥的弗拉拉人[216]到后不久，消息即在山里传开，说这是世界末日即将来临的预兆。尤其是，16世纪行将结束，即使那些头脑最清醒的人也为“世纪的交替”忧心忡忡。第二年(1601年)6月，暴雨袭击了巴尔干半岛，毁坏庄稼，河水猛涨。据一份报告说，“涨势之猛，同波河和伦巴第各大河流如出一辙”。[217]另一份报告说，淫雨连绵让人担心“空气也会发霉腐烂”。

事实就是如此。人们从中得出什么结论呢？能否说地中海的气候在16世纪末出现了失常？必须承认，我们以上提供的证据与这个非同小可的结论之间，还存在着很大的距离。全部论证还有待深入审查，还必须提供从各方面调查得来的准确事实。问题仍然悬而未决，但提出这个问题还是必要的，尽管我们现有的知识完作不可能解决它。此外，并非只有历史学家才能做这项工作。如果我们的努力能够证实历史学家在这方面有他们的发言权和责任，我们的辛劳就没有白费。

补　充　说　明

前面那个段落在1947年曾招来激烈的争议，但我没有作丝毫的实质性改动。读者对此会感到惊奇，有些人过去就认为我的判断太轻率。古斯塔夫·乌泰尔斯特隆[218]在他最近(1958年)的一篇文章里特意指出，他事后发现我的见解不够大胆。研究工作总要有个过程。我对此是绝不会耿耿于怀的。

重要的是，15年以来，对这些具有决定性意义的问题的研究在继续进行。很少有别的问题比这些问题更加重要了。气候的变化,并不完全以人们的意志为转移,因而在我们最普通的说明中,必须注意到这个因素。气候的变化在今天已是不容置疑的事。

我从事的初步研究致力于收集描述性的细节;遵循这条简单易行的途径,我对材料作了补充。这些材料首先涉及16世纪末更加严峻的气候:连绵的阴雨,洪水泛滥成灾以及罕见的严寒。路易斯·卡雷亚·德·科尔多巴对1602—1603年的冬季作了以下的记述:"那年冬天,寒冷和霜冻遍及整个西班牙,没有一个地方的人不抱怨天气的严寒,甚至在塞维利亚和沿海城市,尤其在塞维利亚,有人写信说,瓜达尔基维尔河结冰了,这是前所未见的事。与去年冬天相比,真有天壤之别,那时到处都感觉不到寒冷……"[219]在巴伦西亚,[220]1589年、1592年、1594年、1600年和1604年接连出现霜冻。至于阴雨连绵、水灾、大雪以及世界末日的景象,这在整个地中海,在16世纪末年以及在下个世纪的许多年,都有很多见证。埃马纽埃尔·勒鲁瓦·拉杜里的最新研究成果指出一些类似的事实:"罗讷河在1590年、1595年、1603年(可能还有1608年)、1616年和1624年完全封冻,以致河面可以承载骡子、大炮和马车。1595年,马赛的海面结冰,1638年,'帆桨战船都被冻住……'朗格多克橄榄树在1565年、1569年、1571年、1573年、1587年、1595年、1615年和1624年连续蒙受冻害……"[221]这些橄榄树遭到毁坏,使朗格多克,无疑还有其他地方的"种植者失去了信心"。[222]16世纪末和17世纪初这段时期的天气看来肯定比以前冷。

降雨量也增多了。关于朗格多克,一个历史学家作了这样的记载:从1590年到1601年,"雪下得较晚,但一直持续到春天,在气候宜人的季节,气候仍然十分寒冷。地中海上大雨滂沱。同时还出现了饥荒，以及所谓北方谷物‘南下’地中海的现象”。[223]相反，从1602年到1612年，甚至在1612年以后，由于“天气炎热和强烈日照”[224]，干旱现象重新出现，至少造成了降雨分布不均的现象。在1607年、1617年、1627年的巴利亚多利德，[225]人们为了求雨做过多少次祈祷啊！1615年11月在巴伦西亚，“好几个月没有降雨”。1617年10月和11月，[226]“没有下过一滴雨”。伊尼亚瑟·奥拉盖断言，西班牙当时长期遭受旱灾，国势因此衰落。[227]我们对此不能信以为真。但是，塞万提斯时代拉曼查乡间的景色比后来更加苍翠，这倒是非常可能的。[228]

降雨过程在欧洲（包括地中海地区）取决于大西洋低气压经过的路线，即：在北方，经过拉芒什海峡、北海和波罗的海（全年内）；在南方，则在秋分到春分这段时期经过地中海。古斯塔夫·乌泰尔斯特隆认为，16世纪，这两种大气环流在北方受到严寒的阻碍，也就是受到持久的高气压区的阻碍。如果北线被堵，作为补偿，地中海的路线就比平时更加畅通。每当这两条路线之一半开半闭，另一条就会自动开放。这究竟是为什么呢？如果两条路线是往复摆动的话，摆动周期历时多久？

这是一些细节，是对短期现象所作的解释。新的研究更加深入，并遵循以下两个合理的趋势：建立长系列的指数；把解释范围不仅扩大到整个地中海，而且扩大到欧洲甚至最好是扩大到全世界。我这样主张，是以英国的D. J. 索沃博士[229]、法国地质学家皮埃尔·佩德拉博尔德[230]和历史学家埃马纽埃尔·勒鲁瓦·拉杜里[231]等人杰出的研究成果为依据的。

扩大材料来源，并根据预先制定的表格加以系统的分类，按照季节和年度逐项填写冷热干湿等细节，这样就能使我们的认识从浮光掠影上升到计量综合。然后再把一系列旁及现象记录下来，例如葡萄收获日期、新油、小麦和首批玉米的上市日期，伐木情况，江河流量，草木的花期，湖泊最早的封冻日期，波罗的海的浮冰期，冰川的前移和后退、海平面的升降等。这实际上是要编制有关气候长期变化或短期变化的年表。

第二步是把问题和记录进行整体概括，并提出一些假设。关于“大气急流”的假设，情形可能与其他许多一般性解释相同，即在或长或短的时期内发挥作用。在我们北半球周围，有一股连续的气流在地球上空 20 至 30 公里处进行变速运动，形成大气环流。如果速度加快，气流就会膨胀，向地球表面下沉，如同头上戴着一顶大帽子那样；如果放慢速度，它就化为涓涓细流，朝北极方向收缩。倘若我们的观察是准确的，大气急流可能在 16 世纪末加速了运动，并在向赤道及地中海逼近的同时，把雨水和寒冷带到南方。如果以上的因果推理没有漏洞的话——但这是任何人都保证不了的——我们假设的一切显然都将得到证实。从目前探讨得出的结论来看，索沃博士所说的“小冰川期”大概是 16 世纪中叶前后开始的，并且贯穿整个路易十四时代。

悬而未决的问题仍然很多。如果从长时段进行考察，那么，我们在 16 世纪可能处于寒冷和降雨的上升期。据一份文献记载，威尼斯的平均水位（即河水在运河岸边的房屋墙基部标出的一条黑线）从 1560 年开始相继 3 个世纪都在有规律地升高。[232] 如果以上观察是正确的——这就势必要有确凿可靠的证据——剩下的问题就是要了解威尼斯泻湖的水平面是否只受降雨量的支配，而不受当地意外变故的支配。尽管如此，尚须寻找证据。

另一个悬而未决的问题是，小冰川期对欧洲和地中海生活可能产生什么样的影响。历史学家把有关农业生活、卫生和交通的一系列问题纳入这个新的研究项目之中，是否就能摆脱困境呢？明智的做法是广泛地开展集体调查研究，而在这些方面，我们至今做得还很不够。我们不想头脑一热先入为主地作出以下判断：在16世纪末，畜牧业有所增长，小麦种植有所减少。冷天和雨天不断光顾地中海，打乱了某些生活节奏，但其混乱程度如何，我们目前还不清楚。人类负有不可推卸的责任，但责任大小还有待确定。例如，正像埃马纽埃尔·勒鲁瓦·拉杜里所指出的，葡萄收获季节的逐渐推迟，纯属人为的因素，因为人们希望葡萄晚熟，酿制的酒度数更高。[233]

十分明显，地中海地区的气候史，就是一部北半球范围内的气候史，而这也是人们在这一领域所取得的最大的进步之一。地中海的情况与北半球的一系列问题是相联系的：阿拉斯加冰川现下的后退，它向人再现了从前冰川推进时被压在下面的森林；东京樱花盛开季节的一连串确定的日期（每个日期均由一个礼仪节日标明）；加利福尼亚州树木的年轮，诸如此类。所有这些及其他“事件”，都由气候史把它们连接在一起。不论是否存在一个大气急流，但肯定存在着一个导致气候变化的共同的根源，存在着一个“乐队的指挥”。16世纪“初期”，到处都受惠于气候；同一世纪后半期，到处却都受到天气的损害。

原书本部分注释

1. Paul VALÉRY，"Réflexions sur l'acier"，in：*Acier*，1938，n°1.

2. Emmanuel de MARTONNE，*Géographie Universelle*，t. VI，I，1942，p. 317，"... ce n'est pas l'haleine de la Méditerranée qui donne son ciel à la Provence".

3. *Voyage d'Égypte*，1935，p. 43.

4. *Unété dans le Sahara*，1908，p. 3.

5. BALDINUCCI，*Giornale di ricordi*，24 janvier 1651，Marciana，Ital.，VI. XCIV.

6. *Recueil des Gazettes*，année 1650，p. 1557，Naples，2 novembre 1650.

7. A. d. S. Venise，Cronaca-veneta，Brera 51，10 novembre 1443.

8. Marciana，Cronaca savina，f° 372，18 décembre 1600；mêmes pluies continuelles（*per tre mesi continui*）à la Noël 1598，*ibid.*，f°371 et 371 v°.

9. Pierre MARTYR，*op. cit.*，p. 53，note.

10. *Annuaire du monde musulman*，1925，p. 8.

11. E. de MARTONNE，*op. cit.*，p，296.

12. Ernest LAVISSE，《Sur les galères du Roi》，in：*Revue de Paris*，nov. 1897.

13. *Vue générale de la Méditerranée*，1943，pp. 64—65.

14. Léo LARGUIER，"Le Gard et les Basses Cévennes"，in：*Maisons et villages de France*，*op. cit.*，I，1943.

15. *Op. cit.*，p. 183. Pour la région de Volterra，Paul BOURGET，*Sensations d'Italie*，1902，p. 5.

16. Comte de ROCHECHOUART，*Souvenirs sur la Révolution，l'Empire et la Restauration*，1889，p. 110：vignes de Madère et d'Espagne acclimatées en Crimée.

17. Jules SION，*La France Méditerranéenne*，1929，p. 77.

18. J. et J. THARAUD，*Marrakech ou les seigneurs de l'Atlas*，1929，p. 135.

19. A. SIEGFRIED，*op. cit.*，p. 148，326.

20. BELON DU MANS，*op. cit.*，p. 131.

21. A. d. S.，Naples，Sommaria Consultationum，2 f° 223，2 oct. 1567. Durant les années précédentes ont été extraites du royaume de Naples，bon

an mal an: *vini latini* 23,667 *busti*; *vini grecchi*, *dulci et Mangiaguera*, 2319 *busti*.

22. " L'analogie des climats ... favorise l'infiltration, guide l'accoutumance", P. VIDAL DE LA BLACHE, *op. cit.*, p. 113.

23. A. RADET, *Alexandre le Grand*, 1931, p. 139.

24. Alonso VAZQUEZ, *Los sucesos de Flandes* ..., extr. publ. par L. P. GACHARD, *Les Bibliothèques de Madrid*..., Bruxelles, 1875, p. 459 et *sq.*, cité par L. PFANDL, *Jeanne la Folle*, trad. franç., R. de Liedekerke, 1938, p. 48. A rapprocher de ces remarques de Maximilien SORRE, *Les Fondements biologiques de la géographie humaine*, 1943, p. 268: "une des particularités qui frappaient le plus les Anciens, chez lex peuples qui vivaient à la mériphérie du monde méditerranéen, était l'usage du beurre de vache: les consommateurs d'huile d'olive en éprouvaient une sorte d'étonnement scandalisé. Même un Italien, comme Pline, manifeste ce sentiment sans réfléchir qu'après tout l'usage de l'huile d'olive n'était pas tellement vieux en Italie".

25. Antonio de BEATIS, *Itinerario di Monsignor il cardinale de Aragona... incominciato nel anno* 1517..., éd. par L. PASTOR, Fribourg-en-Brisgau, 1905, p. 121. Nourriture pour le moins "corrompedora dos estoômagos", dit un Portugais, L. MENDES de VASCONCELLOS, *Do sitio de Lisboa*, Lisbonne, 1608, p. 113. C'est le cas des "*naçoes do Norte e em parte de França e Lombardia*".

26. Le doyen de Bayeux au marquis de Mantoue, A. d. S. Mantoue, Gonzaga, Francia, série E, f°637, 1er juin 1529.

27. Fransçis CHEVALIER, "Les cargaisons des flottes de la Nouvelle Espagne vers 1600", in: *Revista de Indias*, 1943.

28. P. VIDAL DE LA BLACHE, *op. cit.*, p. 114; BONJEAN, in: *Cahiers du Sud*, mai 1943, pp. 329—330.

29. *In*: O. BENNDORF, *op. cit.*, p. 62. COLETTE, *La Naissance du Jour*, 1941, pp. 8—9.

30. 4 m chaque année, dans le golfe de Cattaro.

31. Voir l'article de SCHMIDTHUSER, "Vegetationskunde Süd-Frankreichs und Ost-Spaniens", in: *Geogr. Zeitschrift*, 1934, pp. 409—422. Sur la déforestation, H. von TROTHA TREYDEN, "Die Entwaldung der Mittelmeerlander", in: *Pet. Mitt.*, 1916, et sa bibliographie.

32. L'affirmation est de WOIEKOF, cité par Jean BRUNHES, *Géographie humaine*, 4e éd., p. 133.

33. G. BOTERO, *op. cit.*, I, p. 10.

34. André SIEGFRIED, *op. cit.*, pp. 84—85; Jean BRUNHES, *op. cit.*, p. 261.

35. "Die Verbreitung der künstlichen Feldbewässerung", in: *Pet. Mitt.*, 1932.

36. M. SORRE, *Les fondements biologiques...*, *op. cit.*, p. 146.

37. *Itinéraire de Paris à Jérusalem*, 1811, p. 120.

38. *Géographie humaine*, 4e édit., p. 51, note 1.

39. Même *à* Constantinople, Robert MANTRAN, *Istanbul dans la seconde moitié du XVIIe siècle. Essai d'histoire institutionnelle, économique et sociale*, 1962, p. 29.

40. *Biblioteca de Autores Españoles* (B. A. E.), XIII, p. 93.

41. *Le quart livre du noble Pantagruel*, éd. Garnier, II, ch. XI, p. 58.

42. Lettre de Pierre GOUROU, 27 juin 1949.

43. E. LE ROY LADURIE, *op. cit.*, pp. 118—119.

44. B. BENNASSAR, "L'alimentation d'une ville espagnole au XVIe siècle. Quelques données sur les approvisionnements et la consommatino de Walladolid", in: Annales E. S. C., 1961, p. 733.

45. Dantiscus au roi de Pologne Valladolid, 4 janvier 1523, Bibliothèque Czartoryscki, n°36, f°55.

46. E. LE ROY LADURIE, *op. cit.*, p. 181.

47. Barthélémy JOLY, *Voyage en Espagne*, p. 9.

48. E. LE ROY LADURIE, *op. cit.*, p. 78.

49. *Ibid.*, p. 80.

50. *Ibid.*, p. 79.

51. *Lettres...*, pp. 161—162.

52. G. BOTERO, *op. cit.*, II, p. 124.

53. Chargé par Philippe II de ravitailler des soldats espagnols et allemands pour la traversée d'Italie en Espagne, le grand duc de Toscane préfère réserver la viande salée, en quantié insuffisante, aux Allemands. Les Espagnols sont arrivés les premiers, mais ne feront pas un drame de se contenter de riz et biscuit. FELIPE RUIZ MARTIN, Introduction aux *Lettres envoyées de Florence à Simón Ruiz*, ouvrage à paraître.

54. *Voyage à Constantinople*, 1853, p. 97.

55. P. 112.

56. *Journal de voyage en Italie*. Collection "Hier", 1932, tome III, p. 242.

57. *Op. cit.*, III, p. 409.

58. *Ibid.*, IV, p. 233, p. 340, VI, pp. 400—401. Sauf dans le Nord de l'Italie.

59. Mateo ALEMAN, *Vida del picaro Guzman de Alfarache*, I, 1re partie, 3, p. 45.

60. *Ibid.*, IIe partie, 2, p. 163.

61. BORY DE SAINT-VINCENT, *Guide du voyageur en Espagne*, p. 281, cité par Ch. WEISS, *L'Espagne depuis Philippe II*, 1844, t. II, p. 74.

62. M. SORRE, *op. cit.*, p. 267.

63. *Op. cit.*, 137 v°.

64. Charles PARAIN, *La Méditerranée, les hommes et leurs travaux*, 1936, p. 130.

65. Alonso de HERRERA, *op. cit.*, éd. 1645, p. 10 v° (surtout vrai pour l'orge).

66. A. d. S. Venise, 22 janvier 1574. Capi del C^{o} dei X, Lettere, B^{a} 286, f°s 8 et 9.

67. G. BOTERO, *Dell'isole*, p. 72.

68. G. VIVOLI, *Annali di Livorno*, 1842—1846, III, p. 18, invasion de sauterelles en Toscane (1541); à Vérone, août 1542 et juin 1553, Ludovico MOSCARDO, *Historia di Verona*, Vérone, 1668, p. 412 et 417; en Hongrie, Tebaldo Tebaldi au duc de Modène, Venise, 21 août 1543, A. d. S. Modène; en Egypte, 1544 et 1572, Museo Correr, D. delle Rose, 46, f° 181; à Chypre, 13 septembre 1550, A. d. S. Venise, Senato Mar; 31, f° 42 v° à 43 v°; en Camargue, 1614, J. F. NOBLE DE LA LAUZIERE, *op. cit.*, p. 446.

69. CODOIN, XXVII, pp. 191—192.

70. *Ibid.*, pp. 194—195.

71. Andrea NAVAGERO, *Il viaggio fatto in Spagna*..., Venise, 1563, pp. 27—28.

72. G. BOTERO, *op. cit.*, II, p. 40; Marco FOSCARI, *Relazione di Firenze*, 1527; E. ALBERI, *op. cit.*, II, I, p. 25.

73. Jean SERVIER, *Les portes de l'année*, 1962, p. 13.

74. A. d. S. Venise, Senato Mar 18, f°45 v°; 23, f°97; 31, f°126.

75. *Ibid.*, 4, f° 26, 12 déc. 1450.

76. Thomas PLATTER, *op. cit.*, p. 33, en janvier 1593.

77. GALLANI, *Cronaca di Bologna*, Marciana, 6114, CIII, 5.

78. Giovanni BALDINUCCI, *Quaderno di ricordi*, Marciana, VI-XCIV.

79. "... l'hiver restait la saison redoutée où il faut faire flèche de tout bois", M. LE LANNOU, *op. cit.*, p. 52.

80. Voir le classique passage de TAINE, *La philosophie de l'Art*, 20e éd., II, p. 121.

81. 8e journée, nouvelle VI.

82. Jean SERVIER, *op. cit.*, p. 287 et *sq.*

83. P. ARQUE, *Géographie des Pyrénées françaises*, p. 43.

84. *Voyage en Italie*, pp. 227—237.

85. E. CHARRIERE, *Négociations de la France dans le Levant*, III, p. 713.

86. *Le Journal et les lettres de Gédoyn "le Turc"*, p. p. BOPPE, Paris, 1909, p. 37 et 38 "... et me laissa seul dans le bois plein d'ours, de loups et d'autres bêtes sauvages comme leurs pattes fraîchement imprimées sur la neige le démontraient assez".

87. *Description de l'Afrique, tierce partie du monde*, pp. 33—34.

88. *Op. cit.*, I, XVI, p. 360.

89. Museo Correr, Dona delle Rose, 23, f° 449 v°.

90. STENDHAL, *Promenades...*, éd. Le Divan, 1932, II, p. 258.

91. G. MECATTI, *Storia cronologica...*, II, p. 790.

92. G. de Silva à Philippe II; Venise, 2 janv. 1573, Simancas E°1332, le Bosphore aurait gelé au temps de l'Empereur "Copronimo", Constantin V, 718—775, G. BOTERO, *op. cit.*, p. 105.

93. Mario au cardinal de Côme, Elves, 19 fév. 1581, A. Vaticanes, Spagnia 26, orig. f° 124.

94. A. de Raguse, *Lettere di levante*, 38, f° 27 v°.

95. A BOUE, *La Turquie d'Europe*, 1840, IV, p. 460.

96. J. M. PARDESSUS, *Collection de lois maritimes*, I. pp. 73, 179, réference à PLINE, *Hist. nat.*, II, 47; Robert de SMET, *Les assurances maritimes*, 1934, p. VI; A. SCHAUBE, *Handelsgeschichte...*, 1906, pp. 152—154;

Walter ASHBURNER, *The Rhodian Sea Law*, Oxford, 1909, CXLVIII. E. de SAINT-DENIS, "Mare clausum", in: R. E. L., 1947.

97. *Actus Apostolorum*, XXVII, 12.

98. *Ibid.*, XXVII, 13.

99. J. M. PARDESSUS, *Collection de lois maritimes*, IV, pp. 1837, 578.

100. *Ibid.*, VI, p. 46.

101. *Ibid.*, V, p. 179.

102. Jean CHARDIN, *Journal du Voyage en Perse*, 1686, I, p. 110 et *sq.* Victor BERARD, *Les Navigations d'Ulysse*, II, *Pénélope et les Barons des îles*, 1930, p. 33, note 1. "Il est particulier que les Musulmans aient adopté pour les époques de paiement des baux, des loyers, etc., celles en usage parmi les Chrétiens du temps de l'Empire grec, c'est-à-dire la Saint-Georges ou le 5 mai, et la Saint-Démétrius ou le 26 oct." A. BOUE. *op. cit.*, III, p. 120.

103. J. M. PARDESSUS, *op. cit.*, V, pp. 71—72, loi du 8 juin 1569.

104. *Ibid.*, V, p. 81, loi du 18 juin 1598.

105. S. Razzi, *La storia di Raugia*, p. 121.

106. *Ibid.*, p. 141.

107. *Ibid.*, p. 156.

108. *Ibid.*

109. *Ibid.*, pp. 169—170.

110. Avis de Constantinople, 17, 18, 20 oct. 1575, Simancas E° 1334.

111. M. ALEMAN, *op. cit.*, II, 2e partie, IX, p. 219.

112. Comte de ROCHECHOUART, *Mémoires*, *op. cit.*, pp. 75, 103.

113. *Itinéraire...*, p. 157.

114. P. Diego de HAEDO, *Topographia...* Valladolid, 1612, p. 174.

115. *Ibid.*, p. 124.

116. Simancas E° 1051, f° 131.

117. Simancas E° 1054, f° 20, même cas à propos d'un voyage à La Goulette, vice-roi de Naples à S. M., Naples, 24 janv. 1562, Simancas E° 1052, f° 12.

118. P. DAN, *Histoire de Barbarie*, 1637, 2e édit., p. 307. Victor BERARD, *op. cit.*, p. 34. note 1.

119. Paul ACHARD, *La vie extraordinaire des frères Barberousse*,

1939,p. 321.

120. C^or M^or au roi, Rome, 8 janv. 1554, *Corpo Diplomatico Portuguez*, VII, 298—299.

121. Fourquevaux à Charles IX, Cordoue, avril 1570, C. DOUAIS, *op. cit.*, II, p. 214.

122. C. DURO, *La Armada española desde la unión de Castilla y Aragón*, 1895—1903, II, p. 104, Confond-il avec 1567?

123. Pedro Verdugo à Philippe II, Málaga, 19 mars 1567, Simancas E°, 149, f° 277—278.

124. Franco de Eraso à Philippe II, 16 mai 1564, Simancas E° 1446, f° 131.

125. Contarini au doge, Valladolid 11 janvier 1603, A. d. S., Venis.

126. *Mémoires de Guillaume et Marin Du Bellay*, p. p. V. L. BOURRILLY et F. VINDRY pour la "Société de l'Histoire de France", t. I, 1908, p. 39.

127. *Histoire de l'Empire Ottoman*, *t.* VII, pp. 268—269 (indique par erreur 30 novembre).

128. *Op. cit.*, II, pp. 81—82.

129. A. N., K 1674, orig.

130. Innsbruck, 8 janv. 1552, *Nuntiaturberichte aus Deutschland*, I, XII, p. 140.

131. Voir *infra*, II, p. 326.

132. A. BALLESTEROS, *op. cit.*, IV, I. p. 200.

133. *Ibid.*, p. 201.

134. BELON DU MANS, *op. cit.*, p. 101 v°, "desquelz on en voit les champs et prairies blanchir, et principalement des cigognes".

135. Simancas E°1061, f°133.

136. L'hiver, c'est la misère en Aragon, C. DOUAIS, *op. cit.*, III, pp. 36, 13 févri. 1567.

137. G. BOTERO, *op. cit.*, I, p. 10"... *che il Re Ferdinando diceva che d'estate bisognava dimorare in Siviglia come d'inverno a Burgos, che è freddissima città ma con mirabili ripari contra il freddo...*".

138. Léon l'AFRICAIN, *op. cit.*, p. 37.

139. JOAN NISTOR, *Handel und Wandelin in der Moldau bis zum Ende des XVI. Jahrhunderts*, 1912, p. 9.

140. J. SAUVAGET, *Alep. Essai sur les origines d'une grande ville syrienne, des origines au milieu du XIXe siècle*, 1941, p. 14.

141. Jesus GARCI FERNANDEZ, *Aspectos del paisaje agrario de Castilla la Vieja*, Valladolid, 1963, p. 25.

142. M. BANDELLO, *op. cit.*, I, p. 279 et *passim.*

143. R. CARANDE, *Carlos V y sus banqueros*, Madrid, 1943, p. 57 et *sq.*

144. Diego SUAREZ, Ms de la B. N. de Madrid, ch. 34.

145. A. BOUE, *op. cit.*, IV, P. 460, Granvelle au cardinal Riario, Madrid, 15 juin 1580. A. Vaticanes, Spagna, 17, f° 135.

146. P. VIDAL DE LA BLACHE, *op. cit.*, p. 265.

147. G. HARTLAUB, *op. cit.*, p. 20.

148. *Mémoires*, 4e partie, p. 5.

149. P. ACHARD (*op. cit.*, p. 204), dit à tort Mahon pour Carthagène, G. BOTERO, *op. cit.*, p. 7. Sur la sûreté portuaire de Carthagène, *Inst. naut.*, n°345, p. 95.

150. Le duc de Medina Sidonia à Philippe II, S. LUCAR, 20, nov. 1597. Simancas E° 178. Sur l'importance du commerce des vins à Séville, G. BOTERO, *op. cit.*, I, 10, "... *che si dice che quando non entrano in Siviglia* 4000 *arrobe dî vino al dî, bisogna che il Datio fallisca*".

151. *Novelas ejemplares*, édit. Garnier, II, p. 283, Je traduis à tort "vendeja" par vendange, ce mot veut dire vente, marché, comme l'explique Marcel BATAILLON, "Vendeja", in: *Hispanic Review*, XXVII, n°2, avril 1959. Mais la confusion est assez naturelle puisque le "marché" est essentiellement celui des vins. Un document de début XVIIe siècle, B. N., Paris, Fr. 4826, f°5, dit textuellement: "... la flotte de la vendange estant pour partir de France pour aller ès lieux d'Espaigne en tout le mois de juillet...".

152. "Vita di Pietro di Toledo", in: *Archivio storico italiano*, IX, p. 22.

153. En Kabylie, J. LECLERCQ, *De Mogador* à *Biskra*, 1881, p. 194.

154. A. MOREL FATIO, *Ambrosio, de Salazar*, *Toulouse*, 1901, p. 16.

155. Archives de Raguse, L. P. 2, f° 26 et v° 27, 30 août 1569.

156. G. BOTERO, *op. cit.*, p. 105, au commencement de l'hiver et au commencement du printemps. *Description du Bosphore...* Collection des Chroniques nationales, BUCHON, t. III, 1828.

157. Archives des Bouches-du-Rhône. Amirauté de Marseille, Enreg-

istrement des certificats de descente des marchandises. Dégagements de bateaux,BIX 14(1543),f°LXV v° et LXVI,LXVII v°,LXIX,LXX.

158. I,p. 23. Fièvres d'été,Fourquevaux à la Reine, 20 juillet 1566,Douais,*Dépêches*...,II,7—8(Fourquevaux alité,mais aucun détail n'est donné); G. MECATTI,*op. cit.*,II,p. 801(en Hongrie,en 1595);N. IORGA,*Ospti romeni*,*op. cit.*,p. 87,J. B. TAVERNIER,*op. cit.*,I,p. 72,à Smyrne la peste "règne d'ordinaire les mois de mai,juin et juillet".

159. *Roman comique*, première partie, 1651, 2°p. 1657; édit. Garnier, 1939,p. 64.

160. B. N. Paris,Fr,17,989.

161. L. von PASTOR,*op. cit.*,X,p. 37.

162. *Ibid.*,p. 47.

163. Rainer Maria PILKE,*Lettres â un jeune poète*,1937,p. 54.

164. Louis BERTRAND,*Philippe II à l'Escorial*,1929,p. 170.

165. *Op. cit.*,VIII,p. 208.

166. *Ibid.*,VIII,p. 175.

167. *Ibid.*,VIII,p. 165.

168. *Op. cit.*,I,73:Paul MASSON,*Le commerce français du Levant au XVII*e *siècle*,p. 419.

169. BELON DU MANS,*op. cit.*,p. 136.

170. João de BARROS,*Da Asia*,I,libr. III ch. III et VIII.

171. D'après LA BOULLAYE LE GOUZ,cité par P. MASSON,*op. cit.*, p. 373.

172. Isabelle EBERHARDT,*Notes de route*,1921,p. 7.

173. SACHAU,*op. cit.*,pp. 74—77.

174. Archives de Raguse. Diversa di Cancelleria 145,f°s 165,165v°,172—173,174 v°,175,176,176 v°,177,177 v°,180,180 v°,188 à 192 v°,196 à 197,201 v° à 203;146,f° 6 v°,7,12,12 v°,13,13 v°,14 v°,17 v°,24,33 v°, 40,40 v°,43,43 v°,46 v°,47,47 v°,48 à,49 v°,50 v°,104 v° à 107,133 v°, 134,145 v° à 148,150 à 153,155 à 161 v°,164 à 165,167 à 168,170 v° à 171 v°,174,182 à 183,193 à 194,198 v° à 203,208 à 209,211 v° à 213,215 v° à 218,226 à 229. Les assurances comme on le voit,ne sont pas transcrites à la suite,mais mêlées à d'autres documents. Elles ne forment une suite continue qu'avec l'ouverture du premier registre de la série *Noli e securtà*,à partir de janvier 1563.

175. Les *portate* de Livourne sur lesquelles je reviendrai souvent constituent avant tout les registres Mediceo 2079 et 2080 de l'A. d. S. , Florence. F. BRAUDEL et R. ROMANO, *Navires et marchandises à l'entrée du port de Livourne*, Paris, 1951, *passim*.

176. Les études en cours sur le trafic du port de Gênes , à l'entrée, de Giovanne REBORA et de Danielo PRESOTTO, offriront sans doute, menées à leur terme, des renseignements sur les variations saisonnières de ce trafic.

177. J. B. Tavernier, *op. cit.* , 1re note, I, p. 3 "les deux flottes anglaise et hollandaise se rendent d'ordinaire à Livourne au printemps et à l'automne".

178. *Ibid*, II, p. 2.

179. P. Masson, *op. cit.* , p. 41, Tripoli en 1612.

180. *Deutsche Pilgerreisen*, Gotha, 1889.

181. *Ibid.* , pp. 286—287.

182. F. BRAUDEL et R. ROMANO, *Navires et marchandises à l'entrée du port de Livourne*, 1951.

183. Voir *supra*, p. 238, note 7.

184. Mais deux jeunes historiens Danilo PRESOTTO et Giovanni REBORA ont entrepris le dépouillement systématique des documents douaniers de Gênes, thèse manuscrite de la Facoltà di economia e commercio de Gênes.

185. Museo Correr, D. delle Rose, 45, 1er janvier 1604, récit de Lamberto Siragusano qui quitte Alexandrie d'Egypte, en hiver, en compagnie d'un Theodolo, Marseillais, monté sur sa nave. Au début tout va bien: voiles gonflées, ils filent tels des dauphins, mais tempête brusque sur la côte d'Asie Mineure, près de Satalia.

186. A. d. S. , Naples, Sommaria Consultationum (référence égarée).

187. B. Suarez à Simon Ruiz, Florence, 8 décembre 1583, A. Provincial Valladolid.

188. A. d. S. Florence, Mediceo, 920, f°355. Cette indication est pris à un travail inédit de Maurice Carmona(raport au C. N. R. S.).

189. "Gebirgsbildung des Gegenwart in den Ost-Alpen", in: *Natur und Volk*, 69, pp. 169—176.

190. M. L. CAYEUX, in: *Annales de Géographie*, XVI, 1907.

191. *Ricerche sul regime dei litorali nel Mediterraneo*, Rome 1936.

192. *Indagine sulle recenti variazioni della linea di spiaggia delle coste*

italiane, Rome, 1935. Cf. les références d'A. PHILIPPSON, *op. cit.*, pp. 22—23, et les études de C. COLD, *Küstenveränderung im Archipel*, Munich, 1886 et de Théobald FISCHER, *Beiträge zur physischen Geographie der Mittelmeerländer, besonders Siziliens*, Leipzig, 1877.

193. Ed. LE DANOIS, *L'Atlantique*, 1938, p. 162.

194. Th. MONOD, *L'hippopotame et le philosophe*, *op. cit.*, p. 100.

195. A. PHILIPPSON, *op. cit.*, pp. 134—135.

196. *Historische Geographie*, 1904, p. 188.

197. A titre très général, Walther PAHL, *Wettersonen der Weltpolitik*, 1941, pp. 226—227.

198. Ferdinand FRIED, *Le tournant de l'économie mondiale*, 1942, p. 131.

199. Cité par A. PHILIPPSON, *op. cit.*, pp. 133—134.

200. Fritz JAGER, *Afrika*, 1910, I, p. 53.

201. Herbert LEHMANN, in: *Geogr. Zeitsch.*, 1932, pp. 335—336.

202. B. BENNASSAR, *Valladolid au XVIe siècle*, thèse à paraître.

203. Emmanuel de MARTONNE, *Géographie Universelle*, VI, 1, 1942, p. 140.

204. Ignacio de ASSO, *op. cit.*, 1789, p. 78, parle d'une sécheresse d'une vingtaine d'années à Huesca.

205. *Histoire et destin*, 1942, p. 62.

206. *Il clima sulle Alpi ha mutato in età storica*? Bologne, 1937.

207. Hans HANKE, in: *Frankjurter Zeitschrift*, 23 janv. 1943.

208. B. PLAETSCHKE, "Der Rückgang der Gletscherim Kaukasus", in: *Pet. Mitteilungen*, 1937.

209. N. KREBS, in: *Geogr. Zeitsch.*, 1937, p. 343.

210. R. PFALZ, in: *Geogr. Zeitsch.*, 1931. Même observation chez DENIJER, in: *Ann. de Géogr.*, 1916, p. 359, les essarts des villages élevés dans les Alpes Dinariques.

211. En Provence, mortalité des oliviers, à cause de coups de mistral, 1507, 1564, 1599, 1600, 1603, 1621—1622. P. GEORGE, *op. cit.*, p. 394. Chronologie différente chez René BAEHREL, *Une croissance: la Basse Provence rurale (fin du XVIe siècle*—1789), 1961, p. 123, "les grands hivers catastrophiques" pour les oliviers: 1570, 1594, 1603, 1621, 1638, 1658, 1680, 1695. 1709, 1745, 1748, 1766, 1768, 1775, 1789. A Vérone, en 1549, "*per il*

gran freddo si secarrono quasi tutti gl'olivi, le vite e altri alberi", Lodovico MOSCARDO, *op. cit.*, p. 416, A Pépieux (Aude, arr. de Carcassonne), en 1587, neige, gelée d'oliviers, J. CUNNAC, *Histoire de Pépieux*, Toulouse, 1944, p. 73, En Toscane, les oliviers gèlent en 1594, G. MECATTI, *Storia cronclogica...*, II, p. 790.

212. Ce qui suit d'après Maurice champpion, *Les inondations en france*, 1861, III, p. 212 et *sq*.

213. *Mémoires historiques de la République séquanoise*, Dole, 1592, in—f°, livre II, Ch, XVIII.

214. Cité par Ch. de Ribbe, *La Provence au point de vue des bois, des torrents et des inondations avant et après* 1789, 1857, p. 20.

215. *Archivio storico italiano*, IX, p. 622.

216. *Ibid.*, p. 624.

217. Francisco di Vera au roi, Venise, 30, juin 1601, A. N., K. 1677. Constantinople, 3 et 4 juin 1601, *ibid*.

218. "Climatic Fluctuations and Population Problems in Early Modern History", in: *Scandinavian Economic History Review*, 1955.

219. Luis Cabrera de Cordoba, *Relaciones de las cosas succedidas en la Corte de España desde* 1599 *lasta* 1614, p. 166, Valladolid, 25 janvier 1603.

220. J. Castañeda Alcover, *Coses envengudes en la citutat y regne de Valencia. Dietario de Mosen Juan Porcar, capellan de San Martin* (1589—1629), Madrid, 1934, I, p. 3, 4, 10, 41, 71.

221. E. Le Roy Ladurie, *op. cit.*, p. 48.

222. E. Le Roy Ladurie, *op. cit.*, p. 46.

223. E. Le Roy Ladurie, *op. cit.*, p. 39.

224. E Le Roy Ladurie, *op. cit.*, p. 37.

225. B. Bennassar (thèse, encore inédite, *Valladolid au XVIe siècle*).

226. J. Castaneda Alcover, *op. cit.*, p. 222 et 324.

227. Ignacio Olagüe, *La decadencia de España*, 1950, tome IV, ch. XXV.

228. Ignacio Olagüe, "El paisaje manchego en tiempos de Cervantes", in: *Annales Cervantinos*, III, 1953.

229. Pore s'orienter au milieu de ses multiples études, partir de sa communication, "Discussion: post-glacial climatic change", in: *The quarterly Journal of the Royal Meteorological Society*, avril 1949.

230. *Le climat du Bassin Parisien：essai d'une méthode rationnelle de climatologie physique*，1957.

231. Je pense à ses trois brillants articles，"Histoire et climat"，in：*Annales E. S. C.*，1959，"Climat et récoltes aux XVIIe et XVIIIe siècles"，in：*ibid.*；"Aspect historique de la nouvelle climatologie"，in：*Revue Historique*，1961.

232. Correr，D. delle Rose，20. Je ne veux qu'évoquer cette immense question et l'immense bibliographie qui la concerne dès avant la parution du livre de Luigi Cornaro，*Trattato di acque del Magnifico Luigi Cornaro nobile Vinitiano*，Padoue，1560. La meilleure orientation，celle qu'offre Roberto Cessi，"Evoluzione storica del problema lagunare"，in：Atti del convegno per la conservazione e difesa della laguna e della città di Venezia，14—15 juin 1960 (Istituto Veneto)，pp. 23—64.

233. *Op. cit.*

五 共同的人文条件：道路与城市，城市与道路[1]

我们从地中海受气候条件所规定的狭义范围进而考察其影响所及的最大范围，也就是从共同的自然条件进而考察本书下面所要考察的共同的人文条件。共同的人文条件不仅仅是自然的产物，尤其不仅仅是地中海一衣带水的产物。在人愿意作出努力和付出代价的条件下，海域可提供联系、运输、交换、交往等便利；但它至今是并且过去长期是人类必须克服的阻隔和障碍。在远古时代，航海术可能产生于爱琴海诸岛和小亚细亚沿海之间风平浪静的海区，或产生于附近的红海。我们对此大概永远也不会弄清楚。无论如何，最初，在很长一段时间内，人类还没有征服地中海。后来，船只才陆续战胜大海，扩展相互联系，并逐渐建立人与历史紧密结合的地中海整体。我们应该说：这是人类亲手建立起来的整体。用我们今天的速度标准来衡量，地中海已只是可供架设空中桥梁的一条普通河流；但人在地中海的共同生活环境，却仍然要靠地中海人发挥聪明才智和进行辛勤劳动去创造。联系地中海各地区之间的纽带并不是水，而是地中海的各个民族。这一个平凡的道理必须反复重申，因为有许多公式和图像往往把人引入歧途。

1. 陆路和海路

如果没有人员的往来和联系,如果没有畅通的道路,地中海也就谈不上有统一性。吕西安·费弗尔写道:"地中海的道路四通八达"[2],有陆路和海路,大江和小河,形成一张无边无际的交通联系网(既有经常的联系,又有偶然的联系),一张恒久的生命传递网,一张几乎有机的循环大网。描绘出这张道路网栩栩如生的形象;伴随塞万提斯沿着西班牙小路从一片原野走向另一片原野;一边航行一边阅读商船或海盗船的航海日志;乘坐大货轮从维罗纳顺阿迪杰河而下;带着米歇尔·蒙田的行李在泻湖畔的富西纳动身,"从水路前往威尼斯",所有这些都并不重要。[3] 重要的是要看到,这张道路网意味着地区间的关系日趋接近和紧密,甚至可以说,船舶、役畜、车辆和人员的往来促使地中海成为一个整体,从某种观点来看,促使地中海克服地区间的隔阂,成为统一的整体。整个地中海就是这样一个运动空间。战争、战争阴影、习俗风尚、技术、流行病、轻重贵贱的各种材料,地中海的一切事物都随着地中海的血液流动而被带到远方,沉积下来以后,再次被卷走,不停地被输送,甚至越出地中海的范围以外……

如果没有道路,难道会是这样的吗?请看这些在前往阿勒颇路上的沙漠商队,这些在斯坦布里奥尔(经由马里查河前往伊斯坦布尔的道路)列队行进的骡马和骆驼,这些向君士坦丁堡运送被土耳其人在匈牙利俘虏的男人、妇女和儿童的车队(布斯拜克于1555年曾经见过)。[4] 道路并不仅仅是陆上的通道和海上的航线。没有必要的歇脚地点，例如避风港、商船锚地、沙漠商队客店等，也就没有道路。在西欧，则是孤零零的小客栈和从前的城堡等。这些路边的宿站（没有它们，也就没有热闹活跃的道路）往往就是城市。每个行人急匆匆地赶到那里歇宿，兴奋之余，又深感欣慰。古斯曼·德·阿尔法拉切进入萨拉戈萨时，[5] 就对城内美丽的名胜古迹，良好的治安，最主要的可能还是对丰富的食品惊喜不已。他接着说："食品如此价廉物美，几乎使人有置身意大利的感觉。"尤其是，地中海的道路往往不是从一个村落通到另一个村落——村落似乎故意设在偏僻的或者隐蔽的地方——过路的人因而更加行色匆匆。时至今日，在保加利亚或者安纳托利亚旅行的人，还觉得大路两旁空旷无人，而那些地区的实际情形并不完全如此。[6] 东方的贸易要道——我们不妨想象，它们有点像今天的高速公路——这种横贯大陆的干线极少穿过小村庄，而是从一个城市直通另一个城市。

地中海共同的人文特征就表现为道路纵横和城市林立。有城市就必有道路，有道路就必有城市：城市和道路是人所创造的唯一的和相同的地域设施。地中海的城市，不管其形状和建筑如何，不管它受什么文明的培育，都既是道路的创造者，又同时被道路所创造。维达尔·德·拉布拉什在谈到美国城市时曾说过这样的话。[7] 然而，在 16 世纪，地中海的空间（应该最大限度地扩展它的范围，因为涉及城市）也广阔无边。当时世界上的任何地区都不像地中海那样有强大的城市网。巴黎和伦敦还只处于现代化的开端。尼德兰和上德意志的城市（南方的商人和水手促使前者经济活跃；后者与地中海的光芒交相辉映），再往北去，汉萨同盟的勤劳精干的城市，所有这些城市，无论它们多么美丽，多么活跃，都不能形成一些像地中海那样的密集而复杂的整体。在地中海，城市的居民点鳞次栉比，无数小城镇花团簇拥般地围绕在一些大城市的四周：威尼斯、热那亚、佛罗伦萨、米兰、巴塞罗那、塞维利亚、阿尔及尔、那不勒斯、君士坦丁堡、开罗等。后三个城市更是人满为患。不是有人说，君士坦丁堡当时已达 70 万人口，[8] 是巴黎的 2 倍或威尼斯的 4 倍吗？在这张城市名单中，还应加上一系列小城市。这些城市虽小，却参加一般的贸易活动，它们所起的作用要比根据人口数量所能推想的更为重要。地中海小城市的繁荣和活跃可以使人懂得，为什么远东当时拥有的大城市虽然比地中海的大城市人口更多，更加拥挤，但实际上却并不形成一个同样有活力的城市生活网。远东的城市往往只是把一大群人集合起来，并没有被大城市的活动带动而变得活跃起来。人们可以说，这些城市与其说是亚洲经济组织的一种形式，倒不如说是亚洲人口过剩的表现。[9]

地中海城市林立是个老生常谈的事实，这并不是我们的新发现，但是，我们应该把这个事实同它的后果联系起来。道路纵横和城市林立是地中海典型的人文现象。这个现象统治一切。农业即使还不发达，也以城市为归宿，并且受到城市的支配，更不用说成就巨大的农业。由于有了城市，人们的生活节奏变得比自然条件所要求的更加急促。全靠城市，交换活动比其他活动更受重视……地中海的历史和文明，都是城市的业绩。费迪南·洛特[10] 在反驳埃米尔-费利克斯·戈蒂埃的观点[11] 时，把穆斯林的入侵归因于城市，这是正确的。一切都以城市为终点。地中海的命运往往只取决于一条道路、一个城市对另一条道路或另一个城市的胜利，甚至在 16 世纪也是如此；那时候，一切似乎都受庞大帝国和领土国家的操纵，而实际上，它们还操纵不了一切。

交　通　命　脉

地中海的道路首先是海路。如前所述，海路主要分布在沿海一带。在这之后，才是各种各样的陆路。有的紧贴海岸，从一个港口通向另一个港口，例如，那一系列大路、小径以及狭窄难行的道路，连绵不断地从那不勒斯通到罗马、佛罗伦萨、热那亚、马赛，然后经由朗格多克和鲁西永，与西班牙的滨海道路相接，前往巴塞罗那、巴伦西亚、马拉加等地。其他的陆路同海岸成直角，例如尼罗河或罗讷河河谷的天然通道，向阿尔卑斯山脉延伸的道路，从阿勒颇到幼发拉底河或从北非到苏丹的沙漠商路等。除此之外，我们还得加上一些维克多·贝拉尔所说的"地峡通道"，例如从叙利亚出奇里乞亚门，经陶鲁斯山，穿过安纳托利亚，然后直接在埃斯基谢希或绕过安卡拉，抵达君士坦丁堡南北向大路。又如大体上由东向西横穿巴尔干半岛的道路。这些道路中有从萨洛尼卡到都拉斯、发罗拉或科托尔的道路，有从于斯屈普到拉古萨的道路，有从君士坦丁堡到斯普利特的道路(我们将讲到这条道路在16世纪末的经济飞跃)。此外，还有意大利在亚得里亚海和第勒尼安海之间的一系列道路。其中从巴列塔到那不勒斯和贝内文托的道路是南方(经过阿里亚诺山口[12])最重要的道路。更往北，有从安科纳到佛罗伦萨和里窝那的可以称为托斯卡纳地区贸易干线的道路，还有从弗拉拉到热那亚的贸易干线。最后，再往西，有从巴塞罗那到加斯科涅湾，从巴伦西亚到葡萄牙，从阿利坎特到塞维利亚的横跨西班牙的大路。当然，这些地峡通道往往同时有几条。例如在伦

巴第和罗马涅以及托斯卡纳之间就有八条路线可供当代人挑选。但是，这八条路线都难行走，因为要翻越亚平宁山，其中最方便的、唯一可供山炮通行的、也是最南边的一条，是从里米尼经过马雷基亚山谷直到阿雷佐和桑塞波尔克罗的路线。[13]

要列举完全，只要把地中海世界周围的江河航道补充进去就

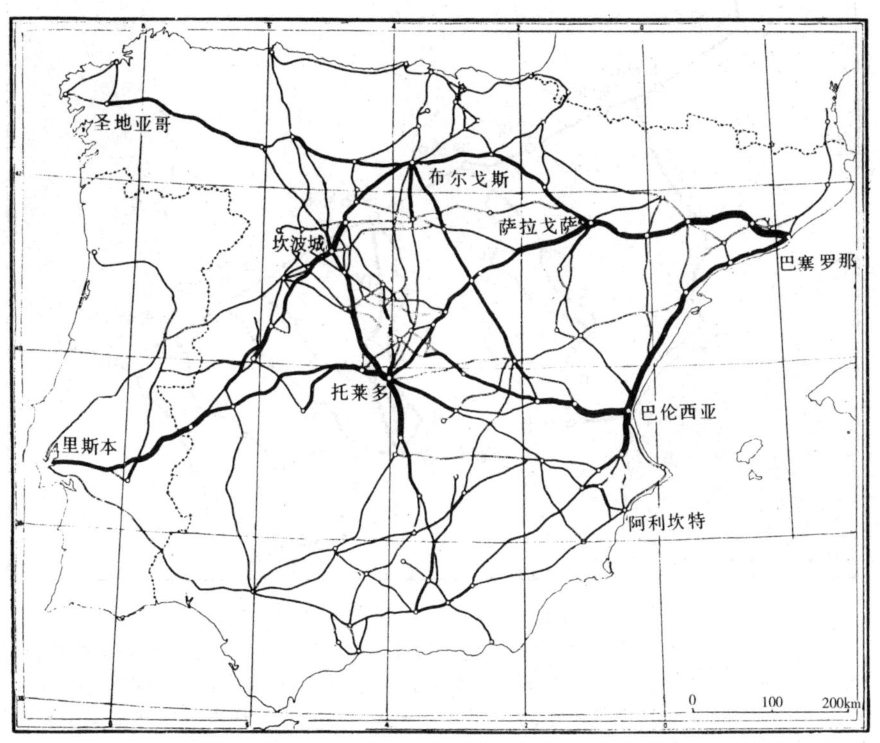

图 23　1546 年伊比利亚半岛的道路网

根据贡萨洛·梅内恩德兹·皮达尔 1951 年出版的著作《西班牙历史上的道路网》绘制。地图上的道路根据胡安·维留加的导游手册（1546 年梅迪纳版）所提到的次数而粗细不同。由此可以得出以下结论：托莱多是道路网的中心和伊比利亚半岛上最混杂的城市。主要交通枢纽有：巴塞罗那、巴伦西亚、萨拉戈萨、坎波城。从 1556 年起成为首都的马德里，其鼎盛时代尚未开始。

行了。这些航道中有:意大利北部平原上活跃的水路——阿迪杰河、波河及其支流阿达河、奥廖河和明乔河;[14]“俄罗斯”的河流,葡

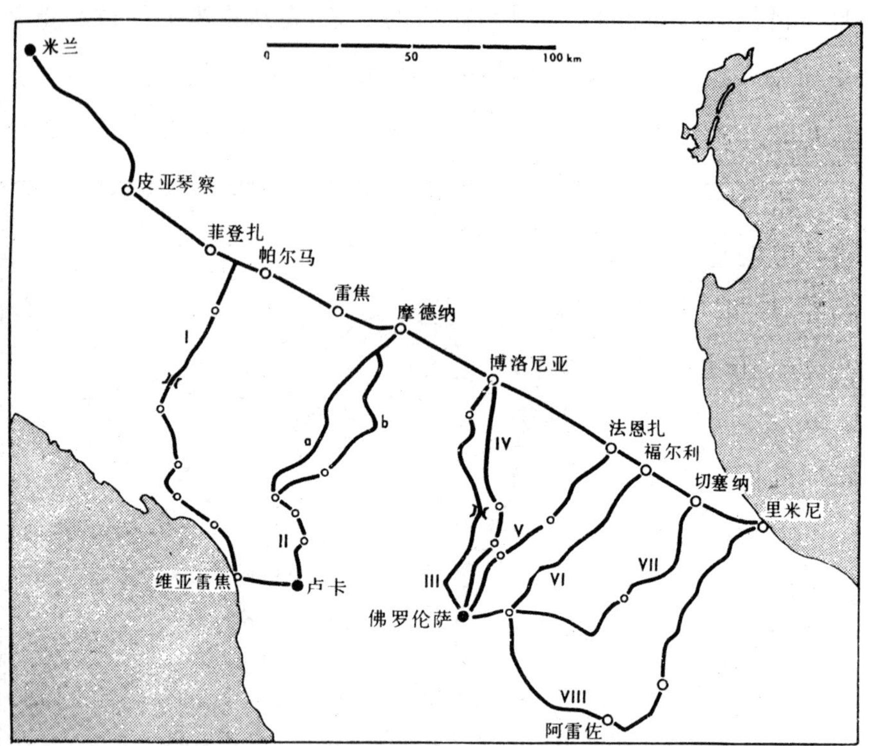

图 24　穿越托斯坎纳亚平宁山脉的道路

里米尼通往米兰的大路,即过去的爱米里亚大路,随亚平宁山脉的地势向东倾斜。在半岛的这一狭小地区,有很多条同这条大道垂直的、通向佛罗伦萨和卢卡的道路。这给人一种很多道路穿越整个半岛的印象。从博洛尼亚通过富塔山口到佛罗伦萨的路,同现在的令人赞叹的高速公路的走向一致。

这里使用的文献资料仅限于列举从佛罗伦萨和从卢卡出发的横贯亚平宁山脉的道路。

萄牙的河流,流经塞维利亚并直到科尔多瓦的瓜达尔基维尔河,[15]仅仅一半属于地中海的尼罗河(其大量“浑浊发黄”[16]的淡水经过三角洲后在大海上铺展开来),还有真正的地中海河流,如埃布罗

河（河上的平底船将游人和阿拉贡谷物运到托尔托萨），巴伦西亚和格拉纳达地区一些河流的下游，[17]意大利的阿尔诺河下游，台伯河下游（海船可上溯至罗马）。在台伯河上，一些内河船舶川流不息。它们形状奇特，船身侧面装舵，翘起的船头和船尾像梯子一样，使人可以登上陡峭的河岸。[18]

所有这些道路可以根据埃斯蒂安[19]、蒂尔凯[20]和莱尔巴[21]的交通指南标在地图上。它们展示出地中海生活的基本脉络。大体上说来，16 世纪的这些道路与促使罗马时代或中世纪时代的地中海光芒四射的道路相差无几。但是，不论这个道路网从长期看是可变的或是不变的，它们在不断地推动地中海的经济和文明从沿海地带向外扩散，并决定着地中海的命运。

道路的生命力是在衰退还是在兴旺呢？贸易、城市和国家是在扩大还是在萎缩？对各种历史问题的重要解释总要涉及有关道路的灾祸和事故。在阿尔蒂尔·菲利普松看来[22]，从公元前 3 世纪开始，东地中海的直线航行使希腊地区因丧失了中途停靠港的利益而一蹶不振。罗马盛世末期的国势衰颓，既由于陆路盗贼猖獗，贸易取道近东进行，造成贵金属的流失（这是过去的说法），还由于多瑙河—莱茵河贸易干线的兴旺发达——人们最近支持这种看法——损害了地中海海陆交通[23]。到了公元 8、9 两个世纪，地中海的海陆交通为伊斯兰所掌握，整个活动场所向东移动，使基督教西方世界丧失了地中海道路网的滋养。最后，还是在本书所涉及的这个时代，地理大发现在打开大西洋和世界的道路的同时，在把大西洋与印度洋用海路连接起来的同时，却切断了地中海的生路，并且使整个地中海长期贫穷。因此，在我写本书的第二版时，我更加清楚地看到，道路对地中海是何等的重要。交通运输是任何一部严谨的历史著作的基础。然而，道路究竟起什么作用，却是很难说明的问题。

古老的运输工具

从1550年到1600年，在海路和陆路运输方面，乍一看似乎没有发生任何重大的革命。船只、驮畜、不完善的车辆、运输路线以及输送的货物都同从前一样。水陆交通有所改善，运输速度有所提高，邮班更有规律，运费略有降低，但这些变化都达不到革命性的规模。证据在于：在16世纪发生了大量政治、经济变化之后，小城市依然存在。这些二等歇脚站之得以保留，并不是像斯汤达尔所想的那样，因为大城市以一种少有的宽容，让小城市继续生存和完成它们的使命。原因是这些小城市还有用处，特别是大城市还离不开它们，正如人们在旅行途中不能不在驿站换马，不能不在客店歇宿一样……这些歇脚点的存在与路程远近、平均车速、航行期限有关。在技术还很落后的16世纪，以上情形几乎没有发生什么变化。当时人们仍然使用很古老的道路（罗马在16世纪一直靠它过去全盛时期的道路生活[24]）和吨位很小的船舶（远洋巨轮很少超过1000吨）；陆路运输主要依靠驮畜，而不是车辆。[25]在菲利普二世时代，车辆并非尚未问世，但其发展——如果说它们从1550年到1600年有所发展的话——却很缓慢，简直微不足道。我们可想到这样的情况：摩洛哥在1881年还没有车辆；[26]只是到了20世纪，车辆才出现在伯罗奔尼撒半岛上；正如J. L. 茨维杰奇在谈到19世纪的土耳其时所说的，车辆的出现总是意味着

道路的翻修或新建，甚至几乎意味着一场革命。[27]

我们不要急于先下结论，16世纪的西班牙还不是一个铃声叮当的骡车国家。意大利也还没有在浪漫主义时代名闻遐迩的“出租马车”。无论是在这里还是在那里，我们见到一些马、骡、黄牛或水牛拉的车子（这些车子或者多少有所改进，或者还很原始）。一些车辆在斯坦布里奥尔大道，布尔萨原野，[28]在君士坦丁堡地区（非洲人莱昂看见过这些车子）[29]，在布伦纳[30]地区以及在几乎整个意大利慢吞吞地行驶。在佛罗伦萨四周，葡萄酒桶由车辆运输。[31]塞万提斯曾经嘲笑过巴利亚多利德的车夫。[32]阿尔贝公爵1580年入侵葡萄牙时，[33]安排了许多小车为他的军队服务。1606年，菲利普三世的宫廷从巴利亚多利德迁往马德里，搬迁工作就是用牛车完成的。[34]

因此，在大城市附近，总有大批车辆跟在军队后面从事运输。但在别的方面又怎样呢？1560年，人们打算将阿普利亚的谷物从陆地运往那不勒斯，而不照例在海上运输，以免从南部进行环绕意大利半岛的航行。但是，这必须在城市与产粮区之间实行马车运输。为此，菲利普二世致函那不勒斯总督阿尔卡拉公爵称：“尽力修整从阿普利亚到阿斯科利附近的各条道路，这就是我们所要做到的事情，以使人们能够像在德意志或其他地方一样使用马车运输，让谷物通过这些陆路运到那不勒斯。”[35]其所以如此，这是因为大车在德意志已广为应用，但远没有征服意大利南方。即使在16世纪末，大车似乎已经占据了从巴列塔到那不勒斯的横贯道路，[36]但1598年和1603年的官方报告表明，贝内文托城为发展陆路运输，曾提出了一些修建计划，这些计划恰好证明道路还很不完善，没有完全修好。[37]就是在法国，可供车辆通行的道路在16世纪末也还不多。[38]在广大地区，占首要地位的还是驮畜。到了17世纪和18世纪，令欧洲赞赏的奥斯曼帝国的道路网只是些宽不过3尺的铺石路，供骑兵通行。两侧供畜群和行人使用的土路却比铺石路宽了10倍。[39]在这种背景下，没有或几乎没有大车……

1600年左右的运输以陆路居多吗？

然而，尽管路况很差，运输却仍在进行，甚至在16世纪末还有所扩大。人们注意到，作为运输发展的原因和结果，骡子的数量相当普遍地增加，至少在欧洲的各个半岛上是这样。在西班牙，查理五世时代一位名叫阿隆索·德·埃雷拉[40]的农艺师把这个情况看成是场可怕的灾难；在意大利，特别是在那不勒斯，为了挽救养马业，必须禁止那不勒斯的富人用骡子拉车，否则给以最重的惩罚；[41]在塞浦路斯，从1550年以来，饲养马骡和驴骡已引起了马匹的灾难性的减少；[42]在安达卢西亚，必须采取一些严厉的措施来保护马匹；[43]在巴尔干半岛，1593至1606年土耳其与神圣罗马帝国进行战争时，基督教徒缴获的战利品中就有骡子。[44]阿埃多也提到一个摩尔人骑着骡子从阿尔及尔前往舍尔沙勒。[45]1592年，人们把一些马骡从西西里岛送往拉古莱特去干活。[46]

16世纪，骡子的成就是无可争辩的，尽管各国政府以战争时期的需要为名强烈反对。这个成就在地中海似乎与伊丽莎白时代的英格兰马匹（用来耕地和运输的马匹）的大量繁殖具有同样的重要性。[47]正像德·埃雷拉所解释的那样，从各地情况看，骡子在西班牙不仅是一种农具。它还是出色的运输牲畜,饲养简单,又吃苦耐劳。兴趣广泛的拉伯雷在《巨人传》第四部中写道:“骡子比起其他牲畜来更强壮且不那么娇嫩,耕作时却更有耐力。”德·埃雷拉认为,在60万头耕地用的马骡中,有40万头在西班牙被“骑兵部队”使用。[48]请读者把它理解为用它们来运输。夸张一点说,人们可以根据18世纪在西属美洲和葡属美洲发生的事情为范例,来想象骡子的成就。当时在美洲,无数的骡车队为人类征服了荒无人烟的地方。

另一个问题是:骡子是有损于海上运输的陆地运输兴起的原因吗?

爱尔巴伦加是科西嘉海岬的一个大镇,一半建在水上。在一段时间内,这个大镇几乎成了一个小城市,其任务就是确保几艘货船环绕海岬的航行。到了17世纪,岛上开通了一条陆路。由于路程较短,陆路很快胜过了水路。爱尔巴伦加也就很快衰落下去。[49]这个小例子必要时可提醒人们注意,对于陆路在同水路的竞争中预先已经输定的说法,不能轻信。

这种说法是不对的,至少在传递消息和信件方面,主要还是使用陆路,只是在特殊情况下,才使用水路。就贵重商品的运输而言,这种说法也不正确,因为陆路(这无疑是一种奢侈)并非不能承担这些商品的运输。例如,16世纪末,那不勒斯的生丝通过陆路运往里窝那,再从里窝那仍然通过陆路运往德意志[50]甚至尼德兰[51]。从1540年到1580年,翁斯科特的丝毛哔叽也通过陆路朝着相反的方向运到那不勒斯。在那里,有60多家专门商店负责转销这些商品。[52]

16 世纪末，陆路的决定性的复兴终于在地中海的东部出现。曾经以各种海上贸易（有短途的，也有长途的，黑海贸易长期在远程贸易中占一席之地）为生的拉古萨，在 16 世纪的最后几年里，放弃了这些生意，蜷缩于亚得里亚海一隅之地。这绝不是因为巴尔干半岛的皮革或羊毛不再运往拉古萨，而是因为从那时起，这些货物已经通过陆路运到比新帕扎尔这个大驿站更远的地方去了。这些陆路取代了水路。同样，在 17 世纪，位于小亚细亚陆地顶端的士麦那[53]大走鸿运，这部分地说明了陆路的胜利。因为士麦那截夺了阿勒颇的部分贸易（特别是来自波斯的贸易），可能还因为士麦那把同西方进行海上交易的始发站更向西推进了。

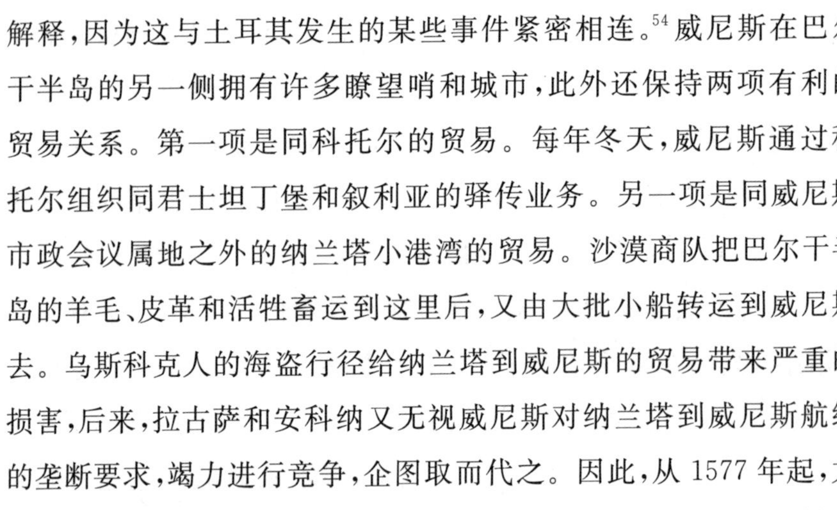

以上变化对几位威尼斯学者讲述的有关斯帕拉托的事作出了解释，因为这与土耳其发生的某些事件紧密相连。[54]威尼斯在巴尔干半岛的另一侧拥有许多瞭望哨和城市，此外还保持两项有利的贸易关系。第一项是同科托尔的贸易。每年冬天，威尼斯通过科托尔组织同君士坦丁堡和叙利亚的驿传业务。另一项是同威尼斯市政会议属地之外的纳兰塔小港湾的贸易。沙漠商队把巴尔干半岛的羊毛、皮革和活牲畜运到这里后，又由大批小船转运到威尼斯去。乌斯科克人的海盗行径给纳兰塔到威尼斯的贸易带来严重的损害，后来，拉古萨和安科纳又无视威尼斯对纳兰塔到威尼斯航线的垄断要求，竭力进行竞争，企图取而代之。因此，从 1577 年起，尤其在 1580 年以后，威尼斯逐渐重视米歇尔·罗德里盖提出的计划。这位在威尼斯定居的犹太人据说才智卓绝，他建议在斯帕拉托（该城市当时已经衰落，但拥有良好的海港，并与巴尔干内地相连）设置中途停靠港，并对斯帕拉托到威尼斯的航线实行护航。但是，由于一位有影响的元老院议员莱奥纳多·多纳托竭力反对冒险从事，这些计划在1591年以前未能实现。这是尼科洛·孔塔里尼讲述的，并且是可能的。人们可以想到，直到1591年之前，威尼斯并不急于这么做。

但是，以上方案被采纳后，很快就取得巨大成果。威尼斯人在斯帕拉托修建了一个新城市，拥有海关、仓库、商检所以及人员免疫隔离的医院，“因为在土耳其地区，疫病流行十分频繁”。威尼斯人还修复了城墙和城防工事。在土耳其人方面，孔塔里尼接着说，他们整顿了通向斯帕拉托的道路，确定了往返运输的固定日期，商人能够成群结队地上路，“他们把这称为沙漠商队”。达尔马提亚中途停靠港很快就变得财源兴隆。随着海盗抢劫逐渐猖獗，新开辟的陆路把远方的商品吸引过来了。原来从海上运输的叙利亚、波斯和印度等地的货物在陆地长途跋涉运到斯帕拉托。这件事本身几乎是一场道路革命。孔塔里尼叙述道：“因此，丝绸、各种香料、地毯、蜡、羊毛、皮革、羽纱、棉布以及东方国家为男人生产或制造的所有物品，都开始从斯帕拉托运到威尼斯。”[55]威尼斯则从原路运回金银丝锦缎。大型双桅商船（比以前从威尼斯开到南安普敦[56]的船吃水较浅，船身较短，但保护得很好，能够对付乌斯科克人的海盗船）在斯帕拉托和威尼斯之间从事短途航运……

威尼斯的竞争者和对手因此懂得，要想打击威尼斯，必须打击斯帕拉托。从1593年夏天起，面对新联系在过境贸易中的竞争，拉古萨人向土耳其人展开了诽谤攻势。1593年5月，拉古萨派驻波斯尼亚帕夏的使节奉命诋毁威尼斯的行为，并说明“威尼斯人的全部目的和企图是要把土耳其人和土耳其大君的其他臣民吸引到这个港口来，以便利用某次战争的机会征服、控制他们……”1596年，[57]克利萨发生了骚乱(乌斯科克人使用奸计，一度占领了土耳其的这个小要塞，土耳其迅速收复了该地，但因进行匈牙利战争需要投入重大军事力量而受到牵制)，神圣罗马帝国和教皇企图把威尼斯拖入对土战争，达尔马提亚的威尼斯领地也由于克利萨战争出现了动乱。就在那时，那不勒斯总督奥利瓦雷斯伯爵企图在斯帕拉托煽动叛乱，至少是企图在那里策划阴谋……克利萨战争这一年，给威尼斯带来了一系列不安，为斯帕拉托中途停靠港造成了无数困难。上述情况充分表明，从陆路控制黎凡特贸易，对威尼斯来说具有多么重大的意义。[58]

这是因为陆路联系将长期维持下去，而不是短暂的成功。斯帕拉托成了达尔马提亚和威尼斯之间重要的联络站。在这方面，我们有几个统计数字可以说明：1586年至1591年，每年平均往来货物11000包；1592年至1596年16460包；[59]1614年至1616年为14700包；1634年至1645年15300包。[60]显然，这里所说的“包”并不是正规的计量单位，而且这里显然也没有把斯帕拉托本身的贸易从达尔马提亚同威尼斯的整个贸易中分出来(然而，“五贤人”在1607年7月曾经谈到，斯帕拉托过境的货物达12000包，现金不计算在内[61])。文献资料还指出，沙漠商队的马匹数以百计。大批商人(甚至有的来自布尔萨[62])涌向威尼斯。他们当中有亚美尼亚人、犹太人、希腊人、波斯人、瓦拉几亚人、“博格杰阿纳”和波斯尼亚人[63]。威尼斯注意维护与近邻的联系(例如1607年夏天，斯帕拉托因瘟疫流行，市场萧条)[64]，加强对摩里亚的贸易，这一切都表明，与巴尔干人的联系业已稳定，不再是一种权宜之计，而是一种永久性政策。

至于斯帕拉托被占领的各种确切原因，海上行劫——乌斯科克海盗，基督徒海盗和穆斯林海盗——应负主要责任，这是不容置疑的。尼科洛·孔塔里尼在他的《历史》一书中明确指出，地中海上盗贼蜂起，决定了海港的繁荣。[65]但是，海盗船不是造成这种繁荣的唯一原因。他还说，陆路受到越来越多的和异乎寻常的欢迎，这可能有，而且应该有其他原因。在运输量增加和运费上涨的情况下，整个经济形势发生了彻底的改变，陆路的发展涉及一个成本问题。为什么与成本有关？运输安全在这里起着作用；我们可以看到，在16世纪末，海上保险费的出现对威尼斯的船只极其不利，尽管船员的工资很低，船租也很便宜。[66]此外，还应该考虑到，土耳其地区沙漠商队的运输费用大概相当低廉，那里的物价在16世纪虽在上涨，但上涨幅度远比西方迟缓。[67]我们的同行——土耳其历史学家——已隐约看到了这一点。[68]

关于16世纪末和17世纪初巴尔干地区陆路运输的日益活跃，证据确实不少。就拉古萨而言，1590年至1591年间（斯帕拉托发达兴旺的前夕）[69]一些商业文书可以表明，同内地的贸易十分兴盛。拉古萨在城郊为土耳其商人修建一个新市场，同样也说明问题。此外，人们还注意到，1628年在港口的一端建立了一个更加宽敞的检疫所。[70]此事本身固然微不足道，但加上其他一些情况，人们就会联想到，这些陆路往来取代了或至少减少了东方与意大利之间的远洋运输以及在叙利亚或在埃及的停歇。陆路往来促使黎凡特的商人和商品进一步涌向西方。设在威尼斯圣焦瓦尼街的“土耳其商馆”于1621年开业。[71]与此同时，还有大批犹太商人和土耳其商人前往拉古萨。[72]根据约尔佐·塔迪克的见解[73]，如果说17世纪特别在意大利，另外还有巴尔干半岛，瘟疫再次抬头，这与陆路运输的复兴可能有着因果关系。

陆路本身存在的问题

巴尔干半岛兴旺发达的陆路运输所提出的问题，是远不能用其本身的具体事例立即加以解决的，这里既有经济结构的问题，也有经济形势的问题。这些问题虽然在16世纪末才逐渐明朗，但它们在早先已经存在，而且在以后还会再次出现。运输工具的竞争在任何时代始终存在。然而，作为研究近代初期的历史学家，我们常常错误地认为海洋或江河占优势，而且稳占优势。一条陆路只要被一条水路从背后包抄，我们立即就会说，它注定要消失或衰败。其实，车辆和牲畜具有顽强的生命力，不会轻而易举就被淘汰。

因此，不可否认，德意志地峡繁荣的原因之一正是在15世纪之后马车运输的加快及其现代化。勒内·多埃阿尔甚至确信[74]，15世纪末和16世纪初安特卫普陆路贸易的兴旺是由于车辆的推广，因为安特卫普当时与德意志以及与更远的意大利或波兰等地的紧张急促的生活连在一起……安特卫普的兴起，与前几个世纪布鲁日在“海上”的兴起完全不同，布鲁日当时是地中海人向北进行的征服性航行的一个普通中间站。此外，从北欧到地中海，海路与陆路之间的竞争和共处十分明显。双方的分工情况即使不总是，至少经常是这样的：一方运送重货和便宜货；另一方运送轻货和贵重货。[75]而且，在我们看来，这些竞争比在巴尔干半岛更加明显，角逐的场所也更宽广。与我最初的看法相反，我不再认为，大西洋的海路以及北欧船的“南下”，会在16世纪末一下子就使德意志和法国通向地中海的大路永远失去价值。威尔弗里德·布鲁莱兹在他的关于安特卫普法伊莱公司的书中对此进行了论证。[75]他写道，1574年至1594年间，法伊莱公司在同意大利进行贸易时，十次有九次要在海路和阿尔卑斯山脉道路之间进行选择。舍此逐彼的决定不是随便就作出的，总要经过精密计算，衡量利弊。陆路自然并非毫无不利之处。但相对而言，陆路比较可靠，而且其平均利润(16.7%)超过远程海路提供的平均利润(12.5%)，后者的波动幅度很大，从零(甚至赔本)到200%。可见陆路更加稳妥(其最高利润达300%)。[76]

显然，这里说的是运输奢侈品。没有任何事实表明，从整体上来衡量，大西洋运输的商品多于纵贯欧洲南北的陆路(重量肯定超过后者，但在价值方面，就值得商榷了)。不管怎样，在从伊斯坦布尔到斯帕拉托，从汉堡到威尼斯，或者从里昂到马赛这几条路线上，陆路交通始终十分活跃。可能只是在17世纪，由于北方船舶的发展，海上保险的普及和一些实力雄厚的贸易公司在北方相继成立，海洋才占了优势。

以上的一般性见解具有重要性。它们虽然未能事先解决我们就地中海提出的问题，但对这些问题作出了一些说明。

威尼斯的双重见证

人们肯定能从以上的论述得出这样的结论：在16世纪的下半叶，陆路运输有所增加，一些业已废弃的道路得到了恢复。有待弄清的是同一时期的海运情况如何。看来，海运并没有因陆上贸易的增加而减少。恰恰相反，海陆运输始终保持着某种平衡，推动着运输的全面增长。

这一点从威尼斯的实例中可以看到。随着斯帕拉托的崛起，或者在更早一些时候，威尼斯的船队已经明显地大大减少。这肯定是促使人们认为威尼斯已经衰落的因素之一。多梅尼科·塞拉把威尼斯的衰落时间定在 1609 年前后。[77]阿尔贝托·特南蒂则认为 1592 年已有衰落的前兆。他们可能过分悲观，因为，事实上，从多梅尼科·塞拉自己提供的数字来看，威尼斯港的海运量至少到 1625 年一直保留着原有的水平。例如，从 1607 年到 1610 年，年平均运输量为 94973 包(其中约 15000 包来自达尔马提亚诸港和巴尔干各条道路)；1625 年为 99361 包；1675 年为 68019 包；1680 年为 83590 包；1725 年为 109497 包。由此可见，当时必须由外国船舶来弥补威尼斯船队运输能力的不足。这正是阿尔贝托·特南蒂考证的结果。[78]特南蒂查阅了安德烈·斯皮内利和季奥旺·安德烈·卡蒂的海难登记册，这两位威尼斯公证人是海运专家，几乎所有海运客商都去他们那里办理公证。每当海难发生，有关各方便来登记海难保险，以便索取赔偿。在关键性的 18 年(1592—1609 年)里，即两个世纪的接合点上，海难事件竟达 1000 多起，其中大约 660 起(差不多每年 37 起)是沉船事故或海盗袭击，其余的属于严重程度不同的海损事故。

这次调查的范围之广是少有的，它既证实了我们所知道的威尼斯海运业的衰落，也证实了到达威尼斯的北方船舶(有的在西地中海往来，有的已参加黎凡特地区的运输活动)数量不断增加。我

们的确可以说，威尼斯的海上事业衰落了，但我们这里还应看到威尼斯港口的运输总量并未下降。一个异常的细节值得注意：在这些艰难的年代里，保险率没有变动，[79]至少威尼斯的船舶在1607年以前始终是这样。[80]二者必居其一：或者是我们的计算出了错，或者是控制着威尼斯保险业的热那亚商人和佛罗伦萨商人——操纵金融的行家里手，真正的"院外活动集团"——不把自己的利益放在心上，纯粹出于慈善而对货物、船只和航运提供保险。我们且假定——这个假定几乎是合理的——平均保险率为5%。承保人为使其损失和收益正好相抵，必须有20次顺利航行才能弥补一次完全的事故。在这种很粗的计算中，船舶被看成彼此相等，第21艘船的灾难才被认为是完全的事故。这显然是过于简单化了。首先，对于承保人一方来说，从来没有完全的灾难，因为承保人是再保了险的，这是第一点；打捞回来的货物归承保人支配，这是第二点；如果要赔偿受害者，他对应付的保险总金额一般可以打折扣，这是第三点；最后第四点，如果损失与收益正好相抵，他总能从保险期间收取的保险费利息中得到好处。这些情况使得问题复杂化了，但不一定使问题难以解决……总之，这正是我们想要说明的。以许多次顺利的航运来补偿海难的想法并不荒谬……一方面是损失了37艘船，另一方面每年有着740次(?)航行。[81]总而言之，威尼斯港可能比人们通常设想的更加活跃，在人们认为多灾多难的16世纪末，航运没有丝毫衰退。1605年，威尼斯拥有的大船剩下27艘，这是事实。[82]但是，如果小船和大船之间的比例与其他地方相同的话，威尼斯大概拥有200多条小船(10比1)。不管怎样，在停泊的船只清单(从1598年9月1日至1599年9月1日)[83]中，我数了一下，

大约有46艘威尼斯的大商船，此外还有些较小的船舶。毫无疑问，这张1598—1599年的清单只记录了200次付款，但是，每次付款并不仅仅表示一次航行，而且小船是免除付款的。如果对这方面的研究，即使是对细节的研究，能有所突破，争论的问题也就迎刃而解。问题是：记载下来的一次付款表示几次航行呢？但是，从现在起，面对着巴尔干半岛大路的日益增加的活跃景象，把亚得里亚海和地中海想象为暮气沉沉，处于懒洋洋、空荡荡的状态，这恐怕是不恰当的。相反，我认为，16世纪末的地中海运输量相当可观。据说海上行劫十分活跃。海盗活动又靠什么维持生存呢？在拉古萨，当地船舶的数量无疑是减少了，但一查这个小城市的行政档案，就会发现一个英格兰人、一个马赛人、甚至还有一个加泰罗尼亚人曾来过这里，这个加泰罗尼亚人肯定是船老板。[84]外来的船只代替了当地的船只。

关于水陆两种交通之间竞争的问题，我们不忙作出谁胜谁负的结论，至少就16世纪而言是如此。经济繁荣使各种运输同时发展。我们也应该相信，两种交通的既得地位大体上保持不变。至少各自的运输总值保持不变。

关于陆路运输与海路运输的竞争，威尼斯为我们提供了另一个检验场所。1588年至1606年期间由地中海西部——请理解为西班牙——运抵威尼斯的大包羊毛，其货物清单被偶然保存下来。[85]直接从海上运来的羊毛同经由意大利陆路运来的羊毛区分得一清二楚。从海上运来的羊毛，几乎完全免税，这对海运的发展是个促进。承运这些羊毛的都是荷兰船。然而，尽管荷兰船只性能优良，并享有免税的优惠，经由热那亚再转道里窝那的陆路却久盛不衰，并在竞争中占了上风。为什么呢？原因不难被猜到。首先，有习惯势力和既得利益的影响。我们知道，西班牙的主顾是热那亚人和佛罗伦萨人；从坎波城到佛罗伦萨，正如西蒙·鲁伊斯的信件所证实的那样，[86]有一条往返的付款路线（实际上是遥控的信贷路线），威尼斯商人购买羊毛时延期付款（请理解为记在威尼斯的账上）；选购羊毛先在佛罗伦萨进行，然后再在威尼斯进行。佛罗伦萨的中转站作用说明，在16世纪末，陆路交通十分频繁，运到威尼斯的羊毛总量相当可观，这与佛罗伦萨毛织工业的过早衰落造成原料外流，有着相辅相成的关系。

以上情形是个很好的例子，但仅仅依靠这个例子，虽然还不足以完全解决问题，不能说明海陆两类运输的竞争没有松动的余地，也说明不了对力量消长起作用的各种复杂因素。然而，相互关系中的结构稳定性却可以猜测出来，并且可以作为一种假设留待今后研究。

交通与统计：以西班牙为例

另外一个范围更广的例子，是被一系列海陆关卡团团包围的卡斯蒂利亚。这些关卡分布在沿海一带或陆地边境，有的甚至深入卡斯蒂利亚内陆。陆地港口或称旱港，分布在纳瓦拉、阿拉贡和巴伦西亚的边境，共有39个关卡，控制着通往卡斯蒂利亚的各条大小道路。高地的关卡在纳瓦拉和阿拉贡的边缘地带；低地的关卡监视着与巴伦西亚的贸易。葡萄牙的港口共46个（其中有些不很重要），控制着葡萄牙的各个陆上门户。在沿着加斯科涅湾的和从巴伦西亚海岸到葡萄牙的这两条海岸线上，一方面有海上什一税，它原属卡斯蒂利亚总督的后代征收，1559 年时收归王室所有；[87] 另一方面有各种杂税，统称塞维利亚商品贸易税。后一种税制早在摩尔王国时代就已经存在；所有经海运进口的货物有时在位于内陆腹地的关卡，但更多的还是在一系列海港（如塞维利亚、加的斯、桑卢卡尔—德巴拉梅达、圣玛丽亚港、马拉加……）接受检查和照章纳税。在这些老税之外，又增加了"西印度商品贸易税"，只针对来自美洲的或运往美洲的货物。

卡斯蒂利亚处在关卡的包围之中。拉蒙·卡兰德[88] 和莫代斯托·乌洛阿[89] 最近经过研究发掘出来的有关锡曼卡斯的大量文件和数字，显示出这些关卡的情况。我们因此就有了衡量海陆两种交通的天平吗？有，也没有。说有，是考虑到材料的相对连续性和广泛性，各种差错在大范围内相互抵消。说没有，是因为卡斯蒂利亚的税务机关往往把数字搞错或缩小，尤其因为在这里被请来充当见证的卡斯蒂利亚在评判中偏向大西洋一方，全力向大西洋靠拢，却把背对着地中海。不管怎样，我们对这些文献资料所要求的，将只是提供一些数量级和进行一些比较。

第一个结论是：贸易额——以及税金——大大增加了。一、如果以 1544 年"西印度商品贸易税"的收益为 100，那么 1595 年至 1604 年期间的年均收益则达到 666，即在 50 年内增加了六倍多。于盖特和皮埃尔·肖尼的研究也证实了这种增长。二、拿塞维利亚商品贸易税来说，以 1525 年的收益为 100，1559 年则达到将近 300；1586—1592 年达到 1000；1602—1604 年则达到 1100（数字可能有所夸大）。[90] 三、就海上什一税而言，以1561年的收入为

100，1571 年达到 300 多；1581 年为 250；1585 年为 200，1598 年为 200 多一点。显然，正是在西班牙南部，人们感觉到并预感到 16 世纪海运的蓬勃发展。四、旱港：以 1556—1566 年为 100，1598 年就是 277。五、葡萄牙港口的发展较慢，以 1562 年为 100，1596 年是 234，但那里的走私极其突出。

可是，如果要对陆上与海上进出口关税的增加情况进行比较，鉴于各个系列的运输距离长短不一，应该把指数 100 定在 1560 年左右。就在这一年，陆路运输的税收为 3800 万马拉维迪，整个海上运输的税收为 11500 万，两者的比例是 1∶3。如果从 1598 年左右重新开始计算，结果将分别是 9700 万和 28200 万，比例仍保持 1∶3。从结构上说，16 世纪后 50 年内卡斯蒂利亚的交通运输关系没有任何变化。如果用图表显示，一切都以同一速度，按照同一倾斜度发展。这比我们前面所举的例子，更清楚地提出了两种交通运输之间的某种相对平衡。总的说来，它们之间的比例没有很大的变化。

用长时段的眼光看此双重问题

我们不能从发生在一时一地的个别例子中得出结论，更不能由此及彼地把例子加以推广。通过孜孜不倦的研究，我们所要了解的既不是海陆交通的确切运输量，也不是它们的数量演变或比重演变。问题的解决将以进行一次广泛的调查为代价。这种调查并不局限于本书所叙述的 50 年，而要涉及几个世纪，至少是从 15 世纪到 17 或者 18 世纪，而且也不局限于地中海，尽管地中海已经十分广阔、十分繁杂。赫尔曼·旺代尔·韦[91]的富有魅力的假说很好地概括了这场争论的实质。随着15世纪的到来，欧洲和地中海可能只是在威尼斯和布鲁日之间经历了海上运输的飞跃发展。不过，仅仅在16世纪，这种外部的冲力才使“横贯大陆的”经济活跃起来，陆路和海路都被卷入同一次飞跃之中。到了17世纪，经济虽然依旧活跃，却又重新局限于沿海地区。在下一个世纪，一切——陆地和海洋——又重新同步发展。

我认为，发展很可能是遵循这些节拍进行的。不管怎样，它们可以为我们的调查研究划定范围。在我们研究的16世纪，海陆交通机会均等。根据这个先验的假设，人们可以设想，在16世纪，航海的发展大体上应该与已知的陆路进步相一致，反之亦然。只是在15世纪，意大利人才单方面发展海上运输；在17世纪，又有荷兰人的海上崛起。如果这种假设是正确的话，各个地方性的调查应该加以证实。但是，这种周期性的运动并不同时在各地明显地出现。荷兰人的崛起显然未能消除某些陆路的活力，甚至它们的飞跃发展。在“五贤人”[92]1636年5月8日的记载中，人们可以读到，“许多海运商品开始经陆路从日内瓦运到里窝那来”。所以，即使在1636年，陆路在有些地区仍然保持自己的地位。除非掌握确凿的证据，我们不能相信那些简单化的一般公式。

2. 船运业：载重吨位与经济形势

我们了解地中海数以千计的船只的名称、大概的吨位、载货情况和航行路线。然而，要得心应手地使用大量证据，并讲出道理，并非易事。读者应该对我们多加包涵，首先请原谅我们把观察的时间范围大大扩展，经常从 15 世纪起到 17 世纪止，其次还要原谅我们把大西洋同地中海联系在一起——这是我们第二个慎重的地方。这些出乎意料的做法，以后会被证明是正确的；为使论证条理分明，这里必须先确定三四条规则。

第一，地中海的航行与大西洋航行并非截然不同。航行路线、保险率和往返周期各不相同。但使用的工具，即风力推动的木船，都受同样的技术限制。船身、船员、船帆和船速都不能超过一定的限度。另一个共同之处是：在大西洋上出现的新型船舶，同样会迅速在地中海上见到。威尼斯拥有几种船舶类型，轻易不愿改变。然而，在 15 世纪末，从马林·萨努多年轻的时候起，便有了小吨位的快帆船；在 16 世纪末以前便有了大帆船和折叠帆船。在这个时期，甚至土耳其人也使用大西洋型的大帆船[93]。据一位德意志旅行者施魏格说，他在 1581 年在伊斯坦布尔等地曾亲眼见过这种类型的船舶，这是当时最大的载货船。[94]

第二，在大西洋和地中海，小吨位船舶一直起着主导的、压倒一切的作用。小船装货迅速，有风就能扬帆起航。它们是海上的无产者，经常提供廉价服务。1633 年 6 月，两个嘉布遣会修士从里斯本返回英国。一艘运载盐和柠檬的翁弗勒尔船（载重量为 35 吨）的船主主动表示愿意以每人 8 英镑的价钱把他们带到加来。[95] 1616 年 4 月，当威尼斯大使皮耶罗·格里蒂启程前往西班牙时，他宁愿在热那亚乘普罗旺斯的双桅简易小帆船。事实上，他希望早点动身，并为他的家属在一艘驶往阿利坎特[96]的大船上订了票。R. P. 比内1632年曾写到，这种双桅小帆船“是所有划桨船中最小的一种”。[97]

由此可见，小吨位的船占绝大多数。它们的名称因港口、地区或时代而异，例如亚得里亚海的“格里皮”、“马拉尼”或“马尔奇利亚纳”、普罗旺斯的双桅小帆船或单桅三角帆船等等，在港口统计表中有时就简称小船。这些载重量大大低于100吨甚至低于50吨的小船，使大西洋和地中海活跃起来。据巴伦西亚从1598年至1618年的统计，[98]大小船只的比例是1比10。据说威尼斯1599年[99]有31艘船（即31艘大船），人们因此可以设想，当时四周的小吨位船该有几百艘之多。

第三，必须承认，我们对16世纪的船舶吨位了解不多，对船舶的平均吨位了解更少，因而即使知道进出港口的船舶总数，却算不出总吨位。我曾经根据安达卢西亚各个港口的统计，提出平均载重为75吨。[100]这个数字可能偏高。但不管怎样，现下指出的吨位数都不确切，因为专家们是根据船的大小（高、宽、长等）来估计吨位的。当一艘船租给某个国家时，它的载重量肯定有点夸大，这在西班牙租船时是公开允许的。但是，就算有关各方都很诚实，那也要把“萨尔马”、“斯塔拉”、“波特”、“坎塔拉”、“卡拉”等载重单位折合成我们目前使用的度量单位。我们在这里会遇到一些圈套。这比把名义价格换算成若干克银还更加麻烦。16世纪塞维利亚的船只一下子就减少了“名义”载重量，使于盖特·肖尼百思不得其解。我曾查阅过法国领事馆的文件（A. N. 系列 B—3），这些文件记载了18世纪法国货船抵达一系列外国港口的情况。有好几次，同一艘船——同一船名，同一船主，航线和货物也完全一致——在不同港口、不同领事馆正式文件上所记载的吨位却有所不同。总之，由于上述情况所带来的种种不便，我们只能停留于大概的估计。

第四，最大量的见证材料涉及大船和巨轮。我们这里不谈载重量在100吨左右的不大不小的船，而是考察载重量高达1000吨甚至2000吨的艨艟巨舰。西班牙的港务监督一般对30来吨的布列塔尼小船或对最多只能载运10来匹马的快帆船（例如，1541年讨伐阿尔及尔时就曾大量使用[101]）发布禁止出港的命令。他们看中的是大船，而大船实际上也唯命是从，因为西班牙国家为它们提供优厚的补贴和租金以及充足的食品。

一艘载重为1000吨的船在当时是罕见的庞然大物。1597年2月13日，刚刚在蒙彼利埃结束其学业的巴塞尔医生托马斯·普拉特重返马赛。[102]他在港口只注意到马赛人刚刚夺取的热那亚巨轮。他说："这是在地中海下水的最大的船舶之一。远看像是海上的一幢五层楼住房。我估计其载重量至少有1.6万公担（即现在的800吨）。有8张或10张帆挂在两根高得惊人的桅杆上，我通过绳梯爬上了桅杆的顶端。居高向远处眺望，但见浩瀚的海面和伊弗城堡，城堡旁边有一个风车转动，与城里的风车形状相似。"这个例子大概足以说明问题，类似的例子当数以百计。

第五，如果要确定平均数或者力求接近平均数，以便了解总体情况，我们就要弄清这些大船的确切载重量。为此，我们从一开始就指出：

（1）大船的载重记录并未持续增长，15世纪提供的惊人数字（几乎与18世纪的巨大成就持平）恐怕是虚假的。我们绝对不能相信；[103]

（2）船身大同路程远有关。大船长期垄断远渡重洋的航行。再一个特点：大船以国家、城市及富有的船主为靠山，而国家、城市及富有的船主则对大船提供财力和提出要求；

(3)大船经常载运分量重、体积大和单位成本低的货物。这些货物理所当然地由水路运输。大船运货可使船租低廉；

(4)海炮革命出现较晚，而在这以前，随水漂泊的大船总是比较安全。毫无疑问，大船会像最轻的小船一样受到恶劣天气的威胁，但在与海盗不期而遇时，至少能应付裕如。大船上有众多的船员、士兵和投掷手，谁还会同他们寻衅作对呢？大船是富人手下理想的宪兵。1460 年 6 月，威尼斯市政会议不惜耗资巨万，不慌不忙地装备起两艘大船，究其原因，正是要使所有的海盗船为之“望而生畏”；[104]

(5)最后，尽管大吨位船舶深得富人和商业城市的青睐，尽管它们对于挥霍无度的政府具有诱惑力(法国国王曾于 1532 年下令在勒阿弗尔建造一艘“因船体过大而不便航行”的大船)[105]，但它们仍然不能摆脱竞争；

(6)大船有时曾包揽全部运输。在 15 世纪初，曾经出现过法律上或事实上的垄断时期，这种垄断于 16 世纪在通往西班牙美洲和葡萄牙印度的海路上又得到恢复。然而，由于这种或那种原因，只要垄断有所放松，就为蜂拥而上的中、小船舶开了方便之门。小吨位船舶的卷土重来几乎总是在贸易大幅度上升的气氛中出现的。大船包揽运输，商业势必萧条；大船与许多小帆船共存，商业肯定兴旺发达。这条准则很可能是正确的，我们以后还要谈到。请读者在核实后予以认可。

15 世纪的大船和小船

从 15 世纪开始，地中海有过一个大吨位船舶的兴盛时期。那时候，海上的航船穿越整个地中海，然后又到达伦敦和布鲁日。最远的航行一般以热那亚为起点。这使热那亚在大吨位船舶的竞赛中居于领先地位，[106]尤其因为热那亚几乎专搞重货运输，特别是小亚细亚的福西亚明矾和黎凡特地区诸岛的葡萄酒，这些货物直接通过海路运到布鲁日和英国。载重在 1000 吨上下的热那亚大吨位帆船，长期是解决技术难题的合理办法。

威尼斯很晚才赶了上来。首先，同热那亚相比，威尼斯离黎凡特的主要活动中心较近。其次，由国家大力促成的帆桨商船体系，把航运划分为几条独特旅程，[107]分别由塔纳、特拉布松、罗马尼亚、贝鲁特、亚历山大、埃格莫特、佛兰德、柏柏尔、特拉菲戈（trafego，即柏柏尔和埃及）等地的帆桨船承担。这样，困难和风险就分散了；加上从黎凡特到布鲁日的那种热那亚式的直接航行已被禁止，货物必须经由威尼斯转口，并且缴纳威尼斯市政会议赖以为生的税款。最后，同中欧地峡的贸易通道相连接对威尼斯可能要比对热那亚更必不可少。简而言之，这个复杂的体系之所以能永葆长青，是因为它诞生于 1339 年左右；当时，由于 14 世纪的衰退带来的困难，威尼斯很快在最危险的航线上，推行了风险补贴。总的说来，帆桨商船的载重在 16 世纪末只达到 200 至 250 吨。[108]此外，它们只运输一些贵重货物，如胡椒、香料、高级衣料、丝绸、马尔瓦西葡萄酒等。在这种情况下，把所冒的风险让各个货船分担是有好处的。只有佛兰德的帆桨船在向北方返航时，除运回粗呢绒和琥珀外，还

在英格兰装上成包的羊毛、铅和锡，否则它们就会空载返航。不过，这种在黑海和英格兰之间进行的最长距离的航行，导致帆桨船的吨位的增大(14 世纪的载重约 100 吨)，接着又使它们的数量增多。

此外，除了帆桨商船，威尼斯还有一种自由航行或半管制航行。一些大壳船主要承担来自塞浦路斯或叙利亚的大包棉花的运输。[108]从 13 世纪起，棉花便成为重要的纺织原料，它弥补了羊毛产量的不足，并随着纬起绒织物(亚麻的经纱和棉布的纬纱)的飞跃发展而占据优势。每年有两个棉花运送期。一次是在 2 月(6 艘船)，这是主要的；另一次是在 9 月，船只的数目常常减少到两艘。巨大的棉花包需要巨大的运载工具。一份注明日期为 1449 年 12 月 1 日的公证文书[109]提供了组成 1450 年 2 月棉花运输船队的 5 艘圆形船的名称和吨位。它们分别为 1100 波特，762 波特，732 波特，566 波特，550 波特和 495 波特，即在 250 吨至 550 吨之间。这些船只即使对 15 世纪来说，也是相当大的。

大船的另一个好处是可以自卫，不受海盗劫掠。一艘装载2800波特(大约 1400 吨)货物的加泰罗尼亚大船曾于 1490 年 8 月[110]追击一些躲避在锡拉库萨港的柏柏尔帆桨战船。1497 年，[111]萨努多注意到一艘 3000 波特的威尼斯大船、一艘 3500 波特的法国船和一艘载重为 4000 波特的热那亚“内格罗纳”号。两年后，即 1499 年，[112]他又对准备与法国船队会合的威尼斯船舶的吨位作了说明。船队共 30 艘船(其中有 7 艘是外国船)，平均载重量为 675 波特，即 380 吨左右。在 16 世纪的任何一个历史学家看来，这个平均数都大得不正常。相比之下，1541年7月，[113]在查理五世讨伐阿尔及尔的前夕,在加的斯和塞维利亚登记的52艘船总共为1万余吨,平均每艘船200吨。因此必须承认,16世纪已经有了与18世纪的最高吨位船舶相同的大吨位船舶。18世纪从事"对华贸易"的"印度船"①[114],其载重也不过2000吨左右。

小船的初步成就

在15与16世纪之间,先后出现了大帆船的衰退和小帆船的高涨。这一变化于15世纪中叶在威尼斯开始显现出来。1451年威尼斯元老院的一项决议[115]表明,对前往叙利亚和加泰罗尼亚的航行,小船当时很受欢迎。1502年10月21日,[116]元老院的另一项决议还说,来自大西洋的小船在地中海正成倍地增加。这些闯入地中海的比斯开船、葡萄牙船和西班牙船以前从无通过直布罗陀海峡的经验。这在当时的确是一份令人惊奇的和出乎意料的文件。据说威尼斯当时正面临一场巨大的灾难,1420年至1450年期间,它的大船由原来的300艘(它声称有这样多)下降到16艘,每艘载重量为400波特或稍多,而且多数都该报废了。除这些大船外,是为数不多的小船,其中还包括达尔马提亚的快帆船和"马拉尼"式船在内。

这次危机的原因很多:运费负担过重;船租太低,简直低得可怜;禁止去利翁海装运朗格多克的食盐;准许外国船直接在干地亚装运葡萄酒;还有新来的船舶越过直布罗陀海峡,它们"不惜损害

① 原文为Indiamen,指当时定期航行于英国与印度或东印度群岛之间的一种大商船。——译者

市民和国家利益，大发横财，使定期航运和我们的船只处境维艰”。这些新来者都是小船。

在大西洋、拉芒什海峡和北海，发展趋向相同。阿洛伊斯·舒尔特在其关于“拉文斯堡大公司”的出色的著作中对此作了介绍。只要肯花力气去找，在这本书中可以找到各种有关情况。[117]小而轻的快帆船——代表当时世界的青春活力和希望——战胜了热那亚和地中海其他各地的大船。安德烈·萨特莱于1478年从布鲁日写道，“小船把大船都挤走了”。两种类型的船舶区别很大。1498年，4艘安特卫普大帆船可装载9000公担的货物，而28艘小船仅运1150公担。

这些速度快、成本低的轻帆船对装卸慢、凭借垄断特权而横行地中海的大吨位船舶所取得的胜利，标志着大西洋和地中海的一个巨大变革的开始。这个变革延续到16世纪30年代前后，于50年代方告结束（至少在地中海是这样）。但是，在16世纪70年代后，它又以更大的势头卷土重来，并一直保持到16世纪以后。

16世纪的大西洋

有关16世纪大西洋的问题，一般让人不得要领。为了正确地提出问题，必须对伊比利亚人的两大垄断事业单独进行考察：以塞维利亚为基地的“西印度公司之路”以及以里斯本为起点的同东印度公司的漫长海上联系。

在这些得天独厚的航运干线上，探险者的小船很快消失了。在哥伦布船队的3艘船中，“圣玛丽亚”号为280吨；“平塔”号为140吨；“尼纳”号仅100吨。50年以后，1552年的法令规定，美洲船队只接收 100 吨以上、有船员 32 名以上的船。菲利普二世 1587 年 3 月 11 日的一项决定把船舶吨位的最小限度提高到 300 吨。[118]然而，在 16 世纪末，达到 500 吨的西印度船舶是罕见的，尤其因为 400 吨的帆船在塞维利亚沿瓜达尔基维尔河逆流而上，越过巴拉梅达的圣卢卡尔，已经十分困难。只是到了 17 世纪下半叶，700 至 1000 吨的大帆船才变得常见[119]，那时候，船舶不能再抵达塞维利亚，“贸易署”和对西印度群岛贸易的垄断从塞维利亚迁移到加的斯的问题也就尖锐地提了出来。[120]

16 世纪时，在可以自由进港的里斯本，大吨位船舶并不罕见。康斯坦丁诺·德·布拉甘萨总督 1558 年乘坐“加尔萨”号前往葡属东印度群岛。该船的排水量为 1000 吨，在当时是东印度航路上前所未见的大船。[121]一位威尼斯大使证实：1579 年，在里斯本，巨轮为 2200 波特(相当于 1100 多吨)。[122]16 世纪末，这个吨位数常常被超过。至于被克利福德在 1592 年夺得[123]并带往达特茅斯的大船“玛德拉德”号，据说由于吃水深，因此不能驶到伦敦。这艘船超过 1800 吨，载货 900 吨，并加上 32 门大炮，还可载客 700 人。它的最大长度为 160 尺，最大宽度，即它的三层甲板中的第二层，为 46 尺 10 寸。它的吃水深度为 31 尺，龙骨长 100 尺，主桅杆高 120 尺，周长 10 尺。当 9 月 15 日这艘船上将被拍卖的货物的长清单公布时，英国人赞不绝口。40 年后，葡萄牙人仍然在制造这种巨型船舶。1634 年，一位旅客[124]赞赏正在里斯本港建造的一艘 1500 吨的大帆船。他说：“葡萄牙人历来有造船的习惯，而且造大吨位的船。造船用的木材量大得令人难以置信，方圆几里的森林甚至还不够造两艘船。一艘这样的船需要300人工作一年时间才能

勉强完成。所需的钉子和其他必要的金属器材重达 500 吨。过去，这种大船的吨位一般在 2000 吨到 2500 吨之间 。至于桅杆，他们选 8 棵高大的松树，用铁箍连接而成。船员一般有 400 人。”

还是在 1664 年，瓦伦纽斯在《普通地理学》一书中承认，伊比利亚人拥有最大的船。[125]但在当时，这些笨重的大船已经败于荷兰的轻型船很久了。

16 世纪初，大船的数量更少了。它们周围的轻型帆船却日渐增多。后一种情况应当引起我们的注意。英格兰 16 世纪的海上壮举——探险航行和海盗行劫——全靠载重往往不到 100 吨的船只来完成。[126] 1572 年，德雷克乘坐的“帕斯卡”号仅仅 70 吨；[127] 1585 年伦敦的“迎春”号为 150 吨。[128] 1586 年，卡文迪什的三艘船分别为 140 吨、60 吨和 40 吨。[129] 1587 年，西班牙被告知，有 14 艘英国船在伦敦沿河停泊，吨位为 80 吨到 100 吨。[130] 1664 年，法国总共拥有几千艘 30 吨以上的船舶，其中 100 吨以上的才有 400 艘，300 吨以上的仅 60 艘。[131]法国主要的海上联系，例如同波罗的海方面的联系，是由一些 30 到 50 吨的船舶承担的。在 16 和 17 世纪，海洋是小帆船的天下。据巴切的考察和计算，从 1560 年到 1600 年，吕贝克造船厂制造了 2400 艘船，平均吨位为 60 拉斯特，即 120 吨。[132]但据我们所知，吕贝克也造大船。例如，600 吨级的“大船”号，船老板是“罗凯雷斯巴尔”，1595 年春在加的斯湾停泊。在同一时期，300 吨的“乔苏伊”号在桑卢卡尔下锚。[133]汉萨同盟诸城市也派一些大船前往西班牙，塞维利亚人租借或购买这些船只，前往新大陆，葡萄牙人则去巴西或印度洋。载重 160 吨、装备有 20 门炮的“希望”号从汉堡开出，1595年3月途经加的斯港，船主名叫让·

“纳维”。该船是由“葡萄牙王室的边境货物交易署”派往巴西的。[134]

但是，巴切提供的平均吨位数（120 吨）表明，除了大船之外，还有一大批小帆船。前往西班牙的航行吓不倒它们。1538 年进行的一次普查，提供了一张当时在阿斯图里亚港停靠的 40 艘大小船只的清单。这些船舶的平均吨位为 70 吨。[135] 据统计[136]，1577 年、1578 年和 1579 年每年平均有 800 艘外国船抵达安达卢西亚，总吨位为 6 万吨，平均每艘船载重仅 75 吨。

至于那些为从事军事运输而被征用的外国大船，数字肯定更大。以 1595 年桑卢卡尔港和加的斯港的三批统计数字为例：1595 年 3 月 29 日的第一批调查表明，[137] 计有船只 28 艘，平均吨位约 200 吨；8 月 3 日的第二批调查表明，共有船只 37 艘，其中包括上一批列举的部分或全部船舶[138]，总吨位 7940 吨，大炮 396 门，船员 665 人。因此，每艘船平均吃水量为 214 吨，有大炮 10 门、船员近 20 人（确切的数字是 18 人）。简单说来，就是：每 20 吨配备火炮 1 门；每 10 吨配备船员 1 名。最后一批共 54 艘船，[139] 总吨位为 8360 吨，平均每艘为 154 吨，吨位较低。出现这一情况的原因不在于秋季运输，而在于这次统计扩大到了所有进港的船舶，无论是荷兰的双桅帆船，即北方型大船，还是被奇怪地称之为“海盗船”（该词的词根与法语中的“海盗”相同）的小帆船：斯德哥尔摩的 80 吨的“金狗”号、敦刻尔克的“幸运”号、斯德哥尔摩的“圣玛丽亚”号、柯尼希斯贝格的“圣皮埃尔”号、敦刻尔克的“慈善”号和斯德哥尔摩的“猎人”号。以上只是列在船只清单最前面的几艘北方船舶的名称。1586年后，西班牙天主教国王不愿再让英格兰和荷兰的

船只进入伊比利亚半岛各港口，挪威、丹麦、汉萨同盟各城市及忠于西班牙的尼德兰船只便满载纺织品、木材、厚木板、薄木板和谷物等货物，开到塞维利亚及其附属港口，取代英格兰船舶和荷兰船舶的地位。为了逃避英格兰在拉芒什海峡的监督，它们有时从北面绕过苏格兰。

但是，被从伊比利亚半岛赶走的英格兰船只和荷兰船只，更加猛烈地在大西洋沿岸进行海盗活动，劫掠防守不严的沿海地区，袭击从事印度贸易的大型货船。在这些斗争中，小船常常获胜，这是由于它们的速度较快，更能抵御海上的风浪，也由于它们拥有火炮。正如一位与黎塞留同时代的人[140]（1626 年）指出的那样，同过去相反，一艘 200 吨的小船如今能“像 800 吨的大船一样装备大炮……”：这项至关重要的发明使那些小船能像昆虫一样骚扰伊比利亚人的体积过大、速度过慢的船舶。每当小船掳获一艘大船，它们先把它洗劫干净，然后再付之一炬。它们在海上来去匆匆，舍此又有什么别的办法呢？1594 年，当有人向让·安德烈·多里亚亲王征求意见时，他主张西印度群岛的船队今后使用较小和较快的船舶。[141]早在 1591 年[142]“复仇”号被俘前，西班牙海军可能就已接受了经验教训，致力于建造较轻的帆船。利波马诺 1589 年在向威尼斯元老院所作的汇报（西班牙大使把这份汇报的概要寄给菲利普二世[143]）中写道：“天主教国王决心继承英格兰的事业，并希望通过改正过去的错误，建造一些更小、更适合大西洋的船舶，并在船上安装较长、较轻的大炮，以便推进此项事业。”菲利普二世在报告上的“更小、更适合大西洋的船舶”等字下面画重线，并在边上加了批语：“我以为现在的做法是本末倒置，此事宜请P. 梅嫩德斯·马尔

克斯提醒大家注意。”因此，虽然在西班牙的无敌舰队成立后问题仍未解决，但在上层已经引起了注意。

商船运输业方面的发展情况也同样如此：小船用和平或者暴力手段排挤大船。1579 年 8 月，比斯开的“政府”曾经讨论过这件事。[144]这个蕞尔小国的大部分国土濒临大西洋。根据以往的规定，在装运方面大船和本国船分别对小船和外国船拥有优先权。“政府”为此展开了长时期的争论。这对我们来说是一个机会，可以了解到：比斯开所有的铁都用小船运出；凡大船不能进入的法国和加利西亚的小港、浅港，小船均可前往装卸货物。[145]用大船装货，迟迟不能起航，因为必须把这些庞然大物装满……小船则能够保证灵活机动，并且能分散风险。大船还会发生种种不愉快的意外事件。在吃过一次亏以后，威尼斯市政会议秘书马尔科·奥托蓬于 1591 年夏在但泽租船向威尼斯运送谷物，选中了几艘 120 到 150 位斯特（即 240 吨到 300 吨）的船，“船的数目多了，但每艘船载货不多，粮食在途中霉烂的危险也就减少……即使不进行保险，可能遭受的损失也比较小。”[146]特别是它们比大船行驶更快。[147]最后，还有一个重要的细节：人们可以直接把谷物装进舱里，这就避免购买麻袋或木桶……好处确实太多了。[148]

在地中海

我们用很长的篇幅讲述了大西洋的实际情况。这是必要的，因为这些情况阐明了地中海的运输史，并预示或证实这部历史的发展趋向。

为了使问题更加简单，我们这里且把主要与威尼斯有关的技术革命撇开不谈。但威尼斯毕竟是威尼斯。它的地位举足轻重。帆桨船在15世纪已经遇到强有力的竞争，而在16世纪前30年期间，[149]实际上将被逐渐淘汰：大货船取代了细长的划桨船的地位，虽然后者由于一时很难弄清的原因，仍将长期存在。贝鲁特的帆桨船在班德洛时代[150]，仍然显示威尼斯生活的一个独特风貌。直到1532年，帆桨船确保与柏柏尔地区的联系，与埃及的联系[151]至少维持到1569年，那年有两艘帆桨船从事亚历山大和叙利亚之间的航行。[152]到了16世纪末，还有帆桨船从威尼斯开往斯帕拉托。[153]这是因为在这段不长的航线上，要有一艘船熟悉海路，并能有足够实力——大炮和人——克服乌斯科克人的海上行劫造成的困难。

帆桨船的地位首先被船身比它更大、载重约在600吨左右的大船[154]所取代。这些大船长期在海上扮演主角，把葡萄酒运往英格兰。在地中海运输谷物或盐，或者从事叙利亚的远航。

1525年，威尼斯大使纳瓦杰罗乘坐一艘1.5万到1.6万康塔尔（即1300到1400吨，[155]每康塔尔等于89公斤）的热那亚新船，从热那亚前往西班牙。1533年，一艘载重1200波特（600吨）的拉古萨大船被俘获，后来在希俄斯港被土耳其人释放。[156]1544年，地中海最大的船只（这个说法不一定准确）在意大利墨西拿港被烧毁，其载重也是1200波特。[157]1565年3月8日，一艘威尼斯大船在阿利坎特港被征用。这艘载重6500萨尔马（相当于975吨）的大船装有60门大炮。[158]同时被征用的还有一艘450吨的热那亚货船和一艘225吨的葡萄牙货船。[159]1561年、1568年和1569年那不勒斯审计局档案[160]中关于船舶，尤其关于新船的一系列记载，为我们提供了十个有价值的吨位数（其中有5艘拉古萨船只的吨位)。这些吨位从大到小的顺序是:1000吨、700吨、675吨、450吨、300吨、270吨和190吨。1579年,据里窝那港[161]的统计,到港大帆船的吨位如下:一艘前往威尼斯载运丝绸的马赛大帆船是90吨;一艘前往那不勒斯的荷兰双桅帆船是195吨;一艘威尼斯大帆船是165吨;一艘驶往阿利坎特的西班牙大帆船也是165吨;最后,一艘满载盐和羊毛的拉古萨大帆船前往热那亚卸货,该船名叫"洛雷托的圣灵和圣玛丽亚"号,船长为安托尼奥·迪·韦格利亚,载重达1125吨。1583年,在圣克鲁斯侯爵率领下开往亚速尔群岛的船队中,有三艘平均载重为733吨的加泰罗尼亚大帆船,七艘726吨的拉古萨大帆船,四艘586吨的威尼斯大帆船,两艘499吨的热那亚大帆船(这些数字是从每一组船的总吨位中得出的平均数)[162]。此外,1591年还有一艘375吨的拉古萨大帆船[163]、一艘1593年在昂蒂布建造的450吨的大帆船。[164]1596年10月,一艘吨位为750吨[165]、满载着火药和火枪引信的拉古萨大帆船驶入卡塔赫纳港。同年,土耳其人把哲加拉1592年缴获的载重350波特(约175吨)、价值6万阿斯普尔的一艘大帆船卖给了拉古萨人。[166]1599年,一艘240吨的拉古萨大帆船停泊在特拉帕尼。[167]1601年,另一艘满载食盐的600吨的拉古萨大帆船"门的内哥罗圣玛丽亚"号在那里停泊。[168]

以上列举的船只载重量离15世纪创纪录的数字相去甚远。在威尼斯、拉古萨[169]以及在小帆船欣欣向荣的整个地中海,显然存在着大吨位船舶的危机。其实,从1573年土耳其与威尼斯的战争结束后,随着威尼斯物价飞涨,一般个人对建造大船已不敢问津。一份官方文件明确指出[170]:"众所周知,从1573年至今(1581年11

月 4 日),由于百物昂贵,谁也不敢贸然建造大船,即便有也是极少,我们现在只剩七艘大船了。”从那时以来,建造大船只能靠国家给予越来越多的补贴。建造 500 多波特的一艘船舶,要补助 2700杜卡托。1581 年补贴费提高到 3500 杜卡托,后来又增加到4000和 4500 杜卡托。如果建造一艘 400 吨的船,这笔补贴可以支付全部造价。1590 年以后,建造一艘 800 至 1000 波特的船,补贴费甚至达到 8000、9000 和 1 万杜卡托。[171]这就是我们谈到的 16 世纪末的危机……1577 年,即将卸任的总督福斯卡里尼说,在干地亚,存在着类似的危机。[172]过去,干地亚人乘坐张挂三角帆的大船出海航行。在这些“学校里”,可以造就出一些能够操纵帆桨战船的优秀水手,而在人们新造的张挂方型帆的小船上就不可能办到。

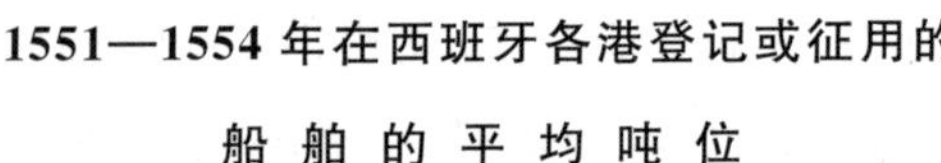

1551—1554 年在西班牙各港登记或征用的

船舶的平均吨位

港口	日期	船舶数量	每艘船吨位数(以托内拉达为单位)
加的斯[173]开往阿尔及尔	1541 年 6 月 27 日	12	170
加的斯和塞维利亚[174]开往阿尔及尔	1541 年 7 月	52	202
马拉加[175]开往阿尔及尔	1541 年 9 月 14 日	24	170
加的斯、圣卢卡尔、圣玛丽亚港[176]	(1550 年)或许是 1541 年	27	90
塞维利亚[177]	1552 年 4 月	23	267
圭普斯科阿和比斯开湾各港[178](新船)	1554 年	31	237

这些小船不仅出现在干地亚,而且或迟或早将在整个地中海普及。17 世纪里窝那的方形船就是这样。一个名叫罗伯特·托尔通的英格兰船长是方型船的著名专家[179]。历来参与海上运输的小船,在不同的地区,形状各不相同。在亚得里亚海,占上风的是"马尔奇利亚纳"式船。它先后淘汰了在萨努多时期[180]要用 22 天时间才能把干地亚新酿的葡萄酒运到威尼斯的"格里皮"或小帆桨船,以及在 15 世纪运输伊斯特拉的木柴和石料、后来又在更长的航线上使用的"马拉尼"式船。"马尔奇利亚纳"式船比普通帆船短而宽,使用的帆相同,船尾呈方形,船头很厚。1550 年以来,它们参与阿普利亚的贸易(油类和谷物)。这些小吨位船只在 16 世纪末却垄断了亚得里亚海的运输,后来又驶出狭窄的亚得里亚海,前往威尼斯各岛屿……1602 年,威尼斯拥有 78 艘"马尔奇利亚纳"式船,其中几艘有 4 根桅杆,载重 140 或 150 吨,[181]甚至 250 吨[182]。一个很能说明问题的迹象:弗拉拉公国的港口很窄,只有"马尔奇利亚纳"式船可以驶入,不必考虑扩大港口。[183]然而,对于小船的兴旺,威尼斯市政会议从 1589 年起设置障碍[184],1602 年更禁止它们驶往赞特等地。小船的数量在 1619 年因此就降到 38 艘,[185]这证明威尼斯不顾一切,竭力维护其大吨位船舶。1630 年至 1632 年期间,斯托乔沃在黎凡特旅行时还谈到威尼斯的商船[186]。他说,这些商船"粗重笨拙,赶上风小,就不能航行,因而去一趟君士坦丁堡,常常要花三四个月的时间。相反,普罗旺斯的船小而轻,不会因为刮的风小而在途中耽搁……"。

16 世纪 70 年代后马赛的兴盛,原因很多。例如,大量法国货、英格兰货或德意志货通过罗讷河涌向马赛;1570—1573年对土耳

其战争期间，威尼斯无暇他顾；法国国王与土耳其人和柏柏尔人的融洽关系多少使马赛处于有利地位。马赛的兴盛也归功于马赛和普罗旺斯船舶——大帆船、大帆桨船、单桅三角帆船、“萨埃特”式小船或其他木船（里窝那港的船只登记表列举出了这些名称）——制造精巧。我们不要被这些名称搞糊涂了，尤其是所谓大帆船和大帆桨船：1597 年，[187]“圣玛丽亚—幸运”号是艘大帆船，吃水量仅 700 康塔尔（60 吨左右），而一艘普通的船，也叫“圣玛丽亚—幸运”号（这是马赛常见的船名），吃水量却达 150 吨。1596 年 5 月 5 日佩德罗·德·莱瓦在特拉帕尼缴获的那艘船，并不是真正的“大帆船”。[188]对于 1591 年在叙利亚的黎波里进行贸易活动的马赛“大帆桨船”[189]——船主为尼古拉·西卡尔的“特立尼达”号。（1591 年 4 月 5 日）船主为乔治·德贝莱的“拉富瓦”号（1591 年 4 月 5 日）和在亚历山大港装货的“圣维克多”号（1594 年 5 月 7 日）——与普罗旺斯公爵当年富丽堂皇的大帆桨船肯定有着天壤之别[190]。1612 年，一位驻叙利亚的威尼斯领事谈到 400 波特的马赛船……[191]正如一个马赛船主所说的，这往往只不过是在卡利亚里和里窝那之间运蚕豆、皮革、干酪的小帆桨船而已[192]。马赛的“萨埃特”式小船在 16 世纪末的吨位是 30 到 90 吨。[193]即使 1593 年夏季在昂蒂布建造了一艘 3000 萨尔马（450 吨）的大帆船，我们要注意，它一半已卖给了一个名叫焦瓦尼·巴蒂斯塔·维瓦尔多的热那亚人[194]……

然而，马赛的木船、单桅三角帆船、“萨埃特”式小船、大帆桨船和小帆船、普通海船和大帆船，于 16 世纪逐渐地布满了广阔的海面。在北非、西班牙和意大利的任何一个港口，码头上无不堆满着这些船运来的各种货物。16 世纪 60 年代以后，甚至威尼斯也不得不接受它们的服务。它们浩浩荡荡地列队航行，横穿地中海，因而招致大船的怨恨。1572 年[195]，一艘拉古萨货船拦截并抢劫了一艘马赛大帆船，船只葬身海底，包括见习水手在内的所有船员无一幸免，究其原因，难道不正是由于嫉恨和利益之争吗？拉古萨大货船的贸易活动当时正深受运输危机的损害。在地中海上这些大货船从东岸地区到西岸地区、从西西里岛到西班牙，还能横行一时。16 世纪结束时，它们跟随菲利普二世的无敌舰队去大西洋冒险，终于全军覆没。10 年、20 年过去了，拉古萨像威尼斯那样，从此局促于亚得里亚海一隅之地，甚至有过之而无不及。

以上运动都按照一定的节奏进行，既没有丝毫神秘之处，也没有任何特殊例外。时代和形势每次都起着支配作用。马赛在 16 世纪末拥有为数众多、但体积不大的船舶。然而，马赛 1526 年在向弗朗索瓦一世呈递的一份奏折中声称，为了同叙利亚、埃及和柏柏尔发展贸易，[196]港口内的“大帆船、海船和大帆桨船”已整装待发。可见，马赛的情形在 16 世纪期间有所变化。据见证人说，拉古萨 1574 年[197]还拥有亚得里亚海上最大的船舶，在经过 17 世纪长期的销声匿迹以后，从 1734 年到 1744 年这个时期起，海上活动又有所复活，90 艘小船不断在亚得里亚海内外往返航行：帆船、三桅船、三桅划桨船、“马尔奇里亚纳”式船、斜桅小帆船、双帆巡逻艇、牛皮艇、单桅三角帆船、双桅小帆船……当然，船的名称、式样、装备和船本身都已发生了变化。[198]

事实上，在 16 世纪，随着贸易的高涨，各种小船已经在各地出现 。这里既有希腊群岛的轻型小船，也有普罗旺斯的小船（不仅仅是马赛的小船),还有 1599 年向威尼斯[199]交付停港费的八艘土耳其帆船,其中至少有五艘是由梅特兰的船主驾驶的。更多的还是来自北方的船只,例如人们常说的“贝尔托尼”船。这种船在 1550 年以前和 1570 年以后,曾经两次大批涌入地中海。令人感到十分奇怪的是,在 16 世纪的第一次和第二次高潮之间,竟有 20 年的中断。

但是,产生以上问题的真正原因,只是逐渐才暴露出来的。物价的上涨、福利的增加、返航费用、形势的变化等因素都在起作用。一个威尼斯人曾作了这样的论述[200]。我们已有了他的一篇文章。但是,不知道他的姓名和写作的确切日期。不过,可以肯定,这是在 17 世纪初写的。的确,回想当年,普通百姓收入不高,但日子却过得也很顺畅。这与现在大不相同,每个人都追求利润。“今天花 100 杜卡托得到的东西,过去只需 25 杜卡托”。结果是:威尼斯的大船销声匿迹;法国人、英格兰人、荷兰人乘着小船涌入威尼斯港口;他们以高价收购货物,损害他人的买卖。如果哪怕能把这些人从塞浦路斯赶走,该有多好啊!塞浦路斯的食盐和棉花将使返航的威尼斯大船有货可装!五个月往返一次的远程运输可惜已成了明日黄花……!这段经过大量删节的叙述,反映了威尼斯人怎样从自己的城市就能感受到,地中海在长途贸易和垄断方面蒙受的损失,以及长期以来从未中断过的物价普遍上涨。

然而,事实上,威尼斯的经济并未因其航海事业的衰退而衰退。恰恰相反,16 世纪涌入地中海的大批小船,正是地中海富裕的一个标志,说明它有雇佣大西洋的无产者为它服务的余力。这个重要问题,我们以后还要谈到。[201]

3. 城市的职能

地中海的城市，不管它们多么出类拔萃，像所有其他城市一样，都遵循同样的规律。无论何地，城市的存在都有赖于对地域的控制；而对地域的控制又全靠纵横交错的道路、得天独厚的地理位置以及城市为不断适应新情况而实行缓慢或突然的演变。城市犹如向远处或很远处分蜂的蜂房。请看：一名拉古萨人侨居波托西，另一个拉古萨人住在迪乌[202]，分散在世界各地的拉古萨人更是成千上万。有句谚语说得对：佛罗伦萨人足迹遍天下。同样，在特兰西瓦尼亚有马赛人[203]；在霍尔木兹有威尼斯人[204]；在巴西有热那亚人[205]……

城市与道路

没有市场和道路，也就没有城市。城市的活力来自运动。位居君士坦丁堡中心的“东方市场”[206]，四个出入口有着砖砌的拱形大门。市场里既出售普通货物，也出售贵重物品。甚至还有人口市场。被贩卖的奴隶像集市上的骡马一样供人挑拣。买主先往他们脸上吐口唾沫，然后用手擦擦，验看他们是否经商人用脂粉打扮[207]。市场设在市中心或在城外，这并不重要。在前一种情况下，市场总是位于城市的最低洼部分，好像一切都会自然而然地向那里流去。土耳其人聚居的迪纳拉地区属于后一种情况。那里的所有城市，如莫斯塔尔、萨拉热窝等，都有“城外市场”[208]。丹吉尔过去也是如此[209]。虽然东方市场、市场、城市的位置和形状各异，但

图 25　16、17 世纪君士坦丁堡的大市场

大市场是伊斯坦布尔的商业活动中心，差不多就在今天大市场的位置。它首先包括两个布匹市场，其中老的是君士坦丁堡的征服者迈赫迈德建立的，它建在大市场中央，有四个门，位于两条主要街道上。在这个建筑物里，人们还可以看到“珠宝市场”几个字；新的是出售半丝织品的桑达尔西迪斯蒂尼市场。在这两个市场的大建筑物周围有许多商业街和手工业街。图中的深色线条是商队集市，这是供给宫廷和城市的被严密控制的货物集散地。一些批发商在这里批发他们的商品。此图是奥斯曼·厄津绘制的（1945 年），并且被罗贝尔·芒特朗在他的书中转载。我们也常常引用此书中有关伊斯坦布尔的内容。

它们都是众多经济运动的焦点。一些满载木柴的驮驴，从附近的阿特拉斯山出发，来到阿尔及尔的北大门——乌艾德海峡；[210] 一些来自米提贾或南部沙漠的骆驼，则在南大门——阿佐恩海峡——停下歇息。在阿尔及尔港内麇集着海盗船和商船。这些船只在波尼装载带哈喇味的黄油；在马赛装载布匹、呢绒和木材；在杰尔巴岛装

载食油；在西班牙装载香料；且不说从海上抢劫来的基督教徒的商品或从巴伦西亚、热那亚和其他地方索取的赎金。所有这些都推动了阿尔及尔的繁荣兴旺。每个城市都产生于运动，又都为自身利益，中途拦截，然后赋予新的动力。说起经济生活，人们势必会想到运动、道路和运输，甚至还有汇票。16 世纪的汇票签发人把汇票比作货船或者货船运载的货物。这些船舶的航行可靠程度不会相同，由此产生了贴水。这是一种海上保险，正如汇票签发人所说，保险的金额与所谓的风险成正比。

如果道路交通受阻，城市不是消亡就是衰落。1528 年的佛罗伦萨就是如此。由于它同南方的联系因 1527 年罗马遭到洗劫而被切断，佛罗伦萨每星期蒙受的售货损失，在罗马方面达 8000 杜卡托，在那不勒斯方面为 3000 杜卡托。[211]同样，在北方，由于通向法国的道路被热那亚所切断，通向德意志的道路被威尼斯所切断，佛罗伦萨损失惨重。于是，佛罗伦萨不得不减少优质呢绒[212]和金丝绒的生产，不得不利用走私，通过迂回的道路求得生存：经海路向法国的里昂出口，到了阿索拉以远，到了曼图亚，甚至到了的里雅斯特；陆路向德意志出口。地域辽阔的领土国家的优势在于，它们能任意封锁或阻碍城市间的联系，并能远距离破坏这些错综复杂的平衡。热那亚指控法国帮助叛乱的科西嘉人。富克沃恼怒之余，在 1567 年 2 月写道，如果法国真想损害热那亚，何必又采用这些间接的行动呢？它只要在本土不动声色地禁止使用热那亚的丝织品和其他商品，不准普罗旺斯人同热那亚进行贸易，停止供应谷物和酒就够了。[213]当 1575 年热那亚发生骚乱时，西班牙担心局势会变得不可收拾，它首先采取的措施就是关闭西西里的粮仓[214]。

1586 年的人口(每一点表示 10 个居民)

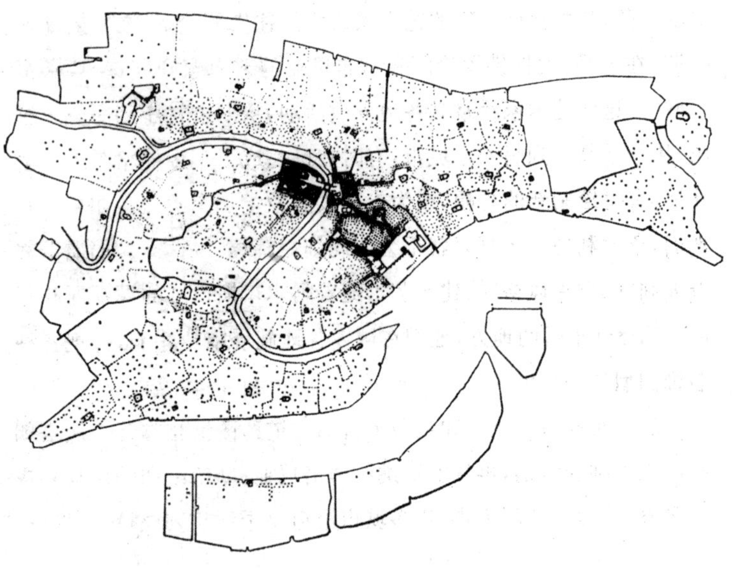

1661 年的商铺(每一点表示 1 个商铺)

图 26　威尼斯的中心

此二图出自 D. 贝尔特拉米，《威尼斯人口史》，第 39 和 53 页。它们引发出同一个问题，即都市地区的组织。读者应从大运河判明其位置，穿越它的中心有一条线把威尼斯各区分开；随后小方块表示里亚托桥，它是唯一穿越大运河的桥梁；圣马克广场；在东北方向白色的块状表示兵工厂；在南方，宽阔的萨特尔海峡把圣乔治岛和朱代卡和城市其余部分分开；大运河和萨特尔海峡之间的点等于税所。城市的六个区是圣马可；圣波罗，在大运河右岸，里亚托左侧；卡斯泰罗（兵工厂）；圣克罗齐（右岸第三区）；卡纳雷焦，在北侧，包括犹太人聚居处；多尔索杜罗。市中心在里亚托和圣马可之间。在桥以外，在第二图商铺黑块中央，里亚托广场（白）是商人每日聚会的场所。城市西北的犹太人聚居区，由于采取隔离措施，人口反常地密集。区下有教区（parish），其界限因地而异，在一张图上较为清楚。

所有的物质财富和非物质财富，都通过道路运到城市。我们在谈到一半属于德意志、一半属于意大利的奥格斯堡时就曾经讲过这样的话。从建筑学的观点看，奥格斯堡既有热那亚风格，又有威尼斯风格。前者沿韦尔塔赫河，后者沿莱希河。在文艺复兴时期的佛罗伦萨，整个托斯卡纳的艺术家纷纷前往佛罗伦萨；在文艺复兴时期，在罗马，大批佛罗伦萨和翁布里亚的艺术家涌向这一“永恒之城”。这些艺术家经常在各地分散活动，从一个村庄到另一个村庄，从一个城市到另一个城市，有时在已完成了一半的壁画上补上几笔，有时绘制新的画幅，或为未建成的教堂加个圆顶。如果没有他们，意大利的文艺复兴就不会如此灿烂辉煌。后来，人们惯于称意大利“巴洛克风格”的建筑艺术随着阿尔卑斯山脉的泥瓦匠和石匠[215]传播到很远的地方，他们在城乡各地施展雕塑才能，并把各种装饰图形传诸后世。

城市布局在整体上和细节上自然与道路图恰相吻合。从塔朗托经巴里到安科纳，再从安科纳经博洛尼亚、摩德纳和帕尔马到皮亚琴察，最后到波河为止，许多城市沿道路干线排列成行。另一条路更加奇特，但较少被人提及，从坎波城通往巴利亚多利德、布尔戈斯和毕尔巴鄂，同样也把这些极其活跃的城市连接起来：其中有交易会城市，菲利普二世的首都（1560 年以前），羊毛集散地，最后还有水手和搬运工的城市。这条道路就像流水线一样为沿途的城市分配活计。

在西地中海地区，大城市密集在沿海一带（海路四通八达），而在内陆，大城市相对稀少，陆路交通效率较低。相反，在地中海南部和东部，一些僻处内陆的伊斯兰大城市则是为适应沙漠道路的要求而建立起来的。

不同运输路线的会合处

大城市全都位于通衢之地，但单靠道路交叉，未必能使城市诞生（尽管以皮亚琴察为例，这个城市不容置疑地是因波河和埃米利亚大路的会合而诞生）。城市的生存有赖于四通八达的道路。按照惯常的说法，“城市的重要取决于地理位置”。十字路口有时是更换运输工具的停歇站。在阿尔勒，罗讷河的船队与承担向马赛运输的马尔蒂克、布克和普罗旺斯河上的短途小船会合。阿迪杰河的航运以维罗纳为起点，顺流南下的船舶接替来自布伦纳山口的骡队和车队。在的黎波里、突尼斯城或阿尔及尔，沙漠商队一直走到海边为止。阿勒颇城的诞生，主要不是由于当地的资源，而是由于地中海和波斯湾之间必须有一个货物集散地[216]，正如雅克·加索[217]所说，东印度群岛的商品和“来自西地中海的地毯、粗呢绒和其他商品”，在那里会合。来自巴格达的沙漠商队在位于黎巴嫩山麓的阿勒颇停下，由马、骡、驴组成的其他商队接替。这些驮畜还在邻近的从耶路撒冷到雅法的路上来回运送西方的朝圣者。

所有的港口,从定义上讲,都位于陆路和水路相交的地方。任何口岸不能只是一条陆路或一条内河(尤其是陆路)的终点。由于地中海没有潮汐,河流的入海口泥沙淤积,航行相当危险。此外,地中海海岸后方的陆地又有高山阻隔,如在大陆方面没有山口可通,港口也就很难存在。热那亚与亚平宁山脉为邻,那里有一系列山口,其中包括季奥维大路的出口。热那亚的命运同这个具有决定性意义的山口连接在一起。在热那亚崎岖不平的沿海地带,很早以前就有零星的居民点。在很长时间内,热那亚即使已不是小型的渔村,也只是个二流城市。港口位于海湾的顶端,无疑能为船只提供很好的掩蔽,但在大陆方面,因与中世纪的贸易大道(即从亚平宁山脉北部通往罗马等地的弗郎奇杰纳大路)不相连接,热那亚仍然陷于孤立。只是到了11世纪,随着萨拉森人的海上优势每况愈下,随着对欧洲贸易怀有兴趣并擅长开山辟路的北方人(特别是阿斯蒂人)来到热那亚从事利益丰厚的海上贸易,热那亚便一跃而上升到大城市的地位。这是大陆的征服和季奥维山口的开发的结果[218]。此外,陆路在那里继续起着重要作用。一边是海路,另一边是陆路,从两个方面进行有利的贸易。热那亚的崛起既归功于海路,也归功于骡队。热那亚市内,在石子铺设的街道正中,有一条砖路专供骡队通行。

与热那亚一样,水陆并举是所有港口的特征。马赛与罗讷河的大路息息相通;阿尔及尔同马格里布中部休戚与共;拉古萨无可辩驳地是地中海的产物,但从未停止在巴尔干的沿海和内地招揽顾客。拉古萨曾对塞尔维亚的银矿发生兴趣,并向那里的采掘中心以及邻近的城市和集市，如于斯屈布、普里莱普、普里金、佩奇等供应粮食和生活用品[219]。16世纪，拉古萨的陆路贸易在朝东这个方向曾经有过不可否认的复兴[220]。拉古萨商人穿过波斯尼亚和塞尔维亚来到维丁，在多瑙河流域各省经商。他们在于斯屈布——向君士坦丁堡运货的车辆始发站[221]——开辟了一块不大的移民地。他们不断向保加利亚渗透，虽然来自黑海的热那亚商人长期使他们难于进入那里。他们在贝尔格莱德向参加匈牙利战争后回国的土耳其军官出售英格兰呢绒。他们在安德里诺普尔接待过路的基督教国家的使节。当然，他们也去君士坦丁堡。16世纪，拉古萨惊人的强盛与其在巴尔干内陆侨居的商人有关，拉古萨商人在那里开设几百家铺子，出售英格兰的粗呢及威尼斯或佛罗伦萨的呢绒，或者赊账，或付现金；还有些拉古萨商人亲赴产地，同牧羊人洽谈买卖，收购皮革和羊毛（拉古萨的档案馆里保存着这些商人的一些狭长形账本）。

如果没有通向北方的萨拉热窝或者经过门的内哥罗和阿尔巴尼亚高地直达于斯屈布（前往东方的主要驿站）的崎岖山路，拉古萨的整个生活将是不可想象的。拉古萨是两条运输路线的交点：一条向巴尔干的大路伸展；另一条是永无止境的海路。在16世纪，拉古萨人从海上抵达地中海各地，有时甚至远航印度，但最常见的是前往英格兰。据我们所知，有一次还曾去过秘鲁……

从道路到银行

道路和贸易使劳动分工慢慢成为可能。城市也因此从乡村中脱颖而出；只是经过反复的努力，城市终于从农村持久的包围中解放出来。这种努力也不断在城市内部发挥作用，安排城市的各项活动，并根据一定的格式从内部改造城市，这里所说的格式当然只是粗线条而已。

在这千变万化的过程中，归根到底都是商业活动在起着推动和组织作用。在威尼斯、塞维利亚、热那亚、米兰、马赛等地，情形无不都是如此。马赛只有少数纺织工业[222]和肥皂工业，那也动摇不了以上的事实。更不用说威尼斯，它向东方运销当地生产的呢料和丝绸，佛罗伦萨的毛织品和天鹅绒，佛兰德的呢绒，英格兰的粗呢，米兰和德意志的毛织品，还有德意志的布匹、五金和铜。至于热那亚，从中世纪起，正如俗话所说，热那亚人天生是商人。因此，如果需要分类的话，我们用“商业资本主义”一词来确指 16 世纪这种灵活的、业已现代化的并卓有成效的经济活动形式，并不过分。并非各种因素都促进商业活动的发展，但很多事物都取决于商业活动的活力和吸引力。大宗贸易、远程贸易的迫切需要，商业资本的积累，起着发动机的作用。热那亚、佛罗伦萨、威尼斯或米兰的工业是在商业形势低落期间变得活跃起来的，特别是在棉花和丝绸这两个新兴的、革命的领域内。保罗·芒图关于“商业引导和推动工业”的经典论断，在 16 世纪已经千真万确。这在地中海要比其他地方更加明显，因为在那里，交换、运输、转卖等是通例。

商业活动促进和传播一切活动，其中包括工业活动的胚芽，就像风把种子吹到远方一样……但是，这些种子并不总是能找到一块适宜发育成长的土地。佛罗伦萨人彼特罗·德尔·班泰拉于 1409 年把制造高级毛织物的技术带到拉古萨[223]。1525 年，缫丝术也传到那里。这一技术是由一个名叫尼科洛·卢卡利的本地人[224]

引进的。然而，两种工艺都未能得到很大的发展，因为拉古萨满足于生产仅供当地消费的呢绒或为过境的呢绒从事印染。马赛于1560年曾对羊毛和蚕丝进行过同样的尝试。据博泰罗说，由于当地的水质不适宜缫丝，尝试未能继续进行[225]。

大体说来，城市总是先具有商业的职能，然后才有工业的职能[226]。工业在商业的带动和要求下发展起来，城市的经济至此才达到一定程度的成熟(当然还要有很多其他条件)。蒙彼利埃[227]是法国南方的工业城市，历史悠久，财力雄厚，有充足的资本可供投资，与外界又保持生气勃勃的接触和联系。柯尔培尔于17世纪打算以法国对黎凡特的贸易为后盾，发展呢绒制造工业，而在其他地方，经济形势早已提出了这一要求。威尼斯的工业在13世纪开始发展，但威尼斯的贸易同时却以更快的速度在增长。因此，这种中世纪的工业与外贸总额相比几乎微不足道。威尼斯工业的飞跃姗姗来迟，是在15世纪，特别是在16世纪商行慢慢转变为工场后方才出现的。这个转变不是由人们的意志所决定的，而是出于16世纪的经济形势的引导和要求。威尼斯趋向于把自己改变成工业港。可能只是由于法国和北欧在17世纪的成功，才阻止了这个改变的圆满实现[228]。

如果说工业的扩展标志着城市活动的第二阶段，地么，银行可能就是第三阶段。从城市的童年时期开始，各种经济活动无疑都一起上马，黄金买卖同其他贸易并驾齐驱。只是在很晚的时候，黄金交易才变得与众不同，最后作为独立的行业而诞生。经济活动长期处于混杂状态。商品、工场和银行统统都集中在同一只手中。佛罗伦萨的圭恰尼·科尔西商行，向加利利地区贷出款项，又对西西里的谷物以及呢绒和胡椒贸易发生兴趣。卡波尼家族的账册保存至今,该家族既从事葡萄酒运输,又开展船舶保险和办理汇兑业务。主要以银行家著称的梅迪奇家族,在15世纪便有了自己的缫丝作坊。

工商业活动的繁多和混杂,是一条古老的规律。这便于对风险实行合理的分担。货币贸易,包括对私人放债(或多或少是变相进行的,因为教会禁止有息借贷),公开对城邦和王公贷款,投资(照佛罗伦萨的说法,叫作"办合股公司")和海洋保险,这些纯金融性质的活动,很难同其他活动分开。只是到17世纪末,金融活动在阿姆斯特丹才显示出初步的完善。

尽管如此,16世纪还是把金融活动提到了一个高水平,并且造就了越来越多的、几乎专业化的银行家。他们在西班牙被称为"财东"。按照18世纪的法国的说法,那是些为国家效力的"金融家"。然而,这种现象仅出现在某些已经完全成熟了的古老的商业城市。在威尼斯,银行和银行家的诞生可追溯到14世纪,甚至13世纪;在佛罗伦萨,大商行从13世纪以来便把欧洲和地中海以及从英国至黑海的地区置于自己的控制之下;尽管热那亚并不像米什莱所说的那样[229],"先有银行,后有城市",但圣乔治钱庄毕竟是中世纪最完善的信贷机构。深入的研究[230]表明:早在15世纪,热那亚已是一个走在时代前面的现代化城市,每天都在熟练运用汇票背书和"划账票据"等技巧,用银行家目前的行话来说,也叫作转账结算。热那亚在塞维利亚和新大陆之间最初扮演了中间人的角色,1528年又与西班牙正式结成了联盟。这使它在以通货膨胀和繁荣发达为标志的16世纪下半叶,即热那亚时代,一跃而成为世界上最大的金融城市。那时候，货物买卖在热那亚开始沦为平凡的职业。旧贵族在有机会时也对明矾、羊毛或西班牙盐场作上几大笔投机生意。至于那些小生意，他们就让新贵族去做，自己只管金银交易、息金投机和向西班牙国王的贷款等活动。

然而，当时在欧洲的一些新兴城市，也出现了很多货币市场，事情看来并不像我们上面所说的那么简单。这些意外的重大发展说明了什么呢？十分简单，意大利银行在各地增设分行也是一种传统。锡耶纳人、卢卡人、佛罗伦萨人和热那亚人在香巴尼集市上已经牢牢控制着货币兑换。正是他们在15世纪使日内瓦财运亨通，接着又使安特卫普、里昂和坎波城平步青云。当1585年美因河畔法兰克福创立汇兑交易会时，这些人又出现在那里。在外行人看来，他们的职业显得有点神秘莫测，甚至有点鬼鬼祟祟。将近1550年时，一个法国人对空手而来的“这些外国商人或银行家（意大利人）”感到十分惊奇：“除了只带少数货款、笔、墨、纸张以外，他们别无任何其他东西。他们根据从各地得来的信息，知道哪里的银价最高，就进行倒腾和转换，把资金从一地汇往另一地”。[231]

总之，在整个欧洲，一小批通过活跃的信件来往而消息灵通的人，控制着汇票和货币交换网，并因此执商业投机之牛耳。因此，我们不要过于被“金融业”的扩散所迷惑。城市与城市之间有着程度和等级的差别：有些是商业城市，另一些是工业城市，还有些部分地属于金融城市。1580年，当葡萄牙与西班牙合并时，里斯本完全是个商业城市，西班牙商人对那里经营技术的落后感到吃惊。17世纪初，马赛的投资仍然来自里昂、蒙彼利埃和热那亚等地。拉古萨的商业十分繁荣，但在财政上却依赖意大利城市：17世纪，拉古萨的整个财源就靠那不勒斯、罗马或威尼斯的息金。威尼斯的例子更能说明问题。五贤人会议 1607 年 1 月[232]的一份长篇报告指出，整个“资本主义”活动（这是我们的说法）完全掌握在佛罗伦萨人城市的店铺主和热那亚人白银供应者的手里，他们共同操纵汇兑业务。他们签发由威尼斯“承兑”的汇票，把威尼斯放款人的大笔资金“投入汇兑”（主要是在皮亚琴察举行的所谓贝桑松交易会上）。威尼斯的流动资金因此被他们“截走”。鉴于这种情况，皮埃蒙特人乔瓦尼·博泰罗 1589 年拿热那亚同威尼斯作了比较，但他更喜欢的是威尼斯。在热那亚，金融家的财富惊人地增长，而有关城市生计的其他活动却蒙受损害。工业活动（如纺织、造船）发展不快，热那亚下层平民赖以为生的“手艺”行业，简直少得可怜。威尼斯同它的强大竞争对手相比，发展较慢，但各行各业几乎全都齐备。因此，威尼斯的平民不像热那亚的平民那么不幸，财富的差距也没有热那亚的那么大。[233]

城市的周期和衰退

如果说城市生活是分阶段发展的，那么，它也是分阶段衰退的。城市的诞生、发展以及衰落与整体经济形势息息相关。城市在衰退过程中，陆续放弃它们的力量根源。在热那亚，衰退的信号（即拉古萨货船的出现）刚刚显露，运输业（大城市最早的财富）便首当其冲，而在链条的另一端，最具耐久力的正是最后兴旺发达起来的银行业。这难道是偶然的吗？热那亚和威尼斯于 18 世纪已一落千丈，但这两个城市仍然是金融中心 。尽管有人持不同见解，至少在16世纪，巴塞罗那迅速取得的财富没有在银行得到妥善的保管，这不能不付出代价。卡普马尼已经指出[234]，正是银根紧缺、汇兑不畅和周转不灵使得这个城市在16世纪处于瘫痪状态。

根据以上看法，我们可以认为，工业阶段的到来常常标志着城市的经济运动遇到了某种阻碍吗？从某种角度看，工业的发展是对流通不畅的一种报复？种种迹象表明，工业总是远离海洋因而在交通不便的城市（无论是丝绸之乡的卢卡，或是米兰、科莫、佛罗伦萨本身），或是在运输业和商业于16世纪面临威胁的城市（如佛罗伦萨或威尼斯），取得欣欣向荣的发展。最后，我们或许可以认为，银行业的发达正是由于商业和工业遇到困难的缘故。归根到底，一种行业的兴起只会损害其他行业的利益，而未必能与其他行业相协调。我们这么说，并不是把它当作解释一切的理由，而主要是为了对城市活力的问题有一个概括的认识。

很不完备的类型学

我们以上对城市所作的一般性分类，肯定是不完整的。各种因素无不促使城市生活的复杂化。每个城市都处在一种独特的经济之中。在近范围内，城市势必要同周围的乡村发生关系，无论是统治的关系，或是被统治的关系。在远范围内，城市则根据距离的远近，与整个地中海或最大范围的地中海保持联系。最后，还有政治生活的影响。在16世纪，政治生活摧毁了城市原有的独立地位，破坏了传统经济的基础，创造和强加了新的结构。

一位历史学家[235]对16世纪卡斯蒂利亚城市的类型问题进行

了研究，他最后作出了以下的分类：官僚城市、商业城市、工业城市、手工业城市、宗教城市和军事城市。格拉纳达和马德里属于官僚城市。马德里发展极其迅速，因而对无业居民的食品供应常常中断，据1615年的一封信件所说，“接连几天面包紧缺，人们手里拿着钱，在街上苦苦哀求，试图买到面包”[236]；托莱多、布尔戈斯和塞维利亚是商业城市；科尔多瓦和塞哥维亚是工业城市（也就是说，现代工业已经以“包买商制度”的资本主义形式在这些城市建立起来，“包买商”形式在德意志并不是个别现象）；昆卡是手工业城市；萨拉曼卡和赫雷斯—德拉弗龙特拉是农业城市，同时受到附近农村的支持和侵犯；瓜达拉哈拉是宗教城市；索里亚是个产羊城市……；此外，还有几个军事城市，在16世纪，军事城市和其他城市的区分，正如海上的军舰和普通商船一样，很不明显。以上分类说明了城市的类别真是多种多样。此外，各类城市中还要区分一等城市和二等城市，并要考察（在欧洲特殊结构中）主要城市和次要城市怎样互相影响。

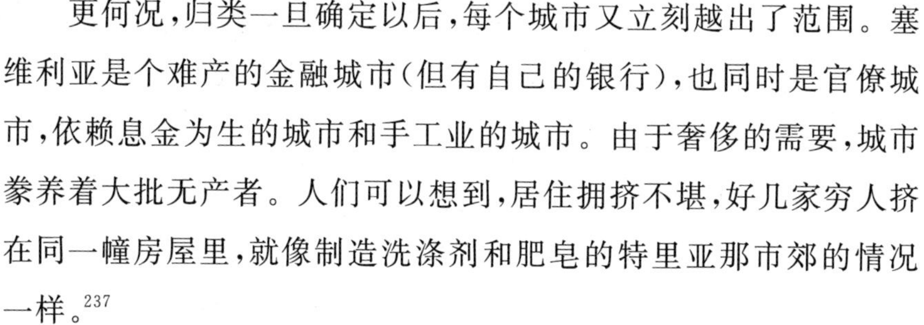

更何况，归类一旦确定以后，每个城市又立刻越出了范围。塞维利亚是个难产的金融城市（但有自己的银行），也同时是官僚城市，依赖息金为生的城市和手工业的城市。由于奢侈的需要，城市豢养着大批无产者。人们可以想到，居住拥挤不堪，好几家穷人挤在同一幢房屋里，就像制造洗涤剂和肥皂的特里亚那市郊的情况一样。[237]

萨拉曼卡地处乡村，但也是人们熟知的一个文化都会。帕多瓦拥有出类拔萃的大学，但也是个乡村城市。从前（1405年以前），在同威尼斯的竞争中，统治着帕多瓦的卡拉拉领主，“为了让敌对方面物价昂贵”，便对出口的母鸡、阉鸡、鹅、蛋、鸽子、蔬菜和水果等课以重税。除了城市的保守主义（有关的例子不胜枚举）以外，这些有损于威尼斯的税收一直保持到1460年[238]，那时帕多瓦已经归顺圣马克共和国很久了。

然而，帕多瓦始终处在乡村的汪洋大海之中。1509年，贝耶德及其伙伴看到帕多瓦正处农忙季节。路易十二的这位“忠实仆人”叙述说：“人们每天收割大量牧草，车上的草垛堆得很高，通过城门时总是十分费劲。”[239]布雷西亚有着同样的景象。在那里，通往布罗莱托的圣斯特法诺门像是一个狭窄的瓶口，“只要有一辆运草或运柴的马车挡路，行人就无法通过”。[240]在集市贸易十分活跃的阿普利亚小城市卢切拉，表现形式略有不同，但实质并无改变。这个城市对维科侯爵派驻当地的军官伤透脑筋，并且不无道理。他们杀人、偷盗、赌博，简直无恶不作，“把大批生猪提前赶到市区，使其他公民深受其害……且不说谷物、用水和饲料因此而蒙受的损失”[241]。大量的猪就在市内喂养。农业活动与军事防务或市政管理发生了冲突。这一情景说明，16世纪的城市在不同程度上都向附近的农村开放。否则，城市又怎能维持生存呢？

4. 城市——16世纪的见证人

在不同的城市里，各种活动又始终各具特点。现在应该研究的是，在16世纪下半叶，由于地中海各地都处于相同的或基本相同的经济形势下，所有的城市怎样共同演出了一幕话剧，并反复扮演了各自的角色。从我们比较熟悉的那些城市的情况看，各种证据全都表明:城市人口有所增加;虽然灾难在日常生活中不免时有发生,但从长时段看,城市的健康状况相当良好,因为它们的躯体在日益增大。总之,它们克服了种种危机和困难。然而,面对着那些比它们成长得更快,并且包围它们、压制它们甚至从远处排挤它们的领土国家,城市的自由正日见缩小。政治和经济即将进入一个新时代。从这个观点看,地中海比其他地区成熟得更早。

人　口　增　长[242]

16 世纪城市人口运动的情况,我们拥有的资料只占历史学家可能收集到的总量的千分之一,或者还不到十分之一。但据此作出一个整体的判断还是可能的,而且基本上是可靠的。为了提供一个比较具体的概念,我们在下面第 473 页复制了卡斯蒂利亚各个城市的人口变动图(图 27)。[243]图表上的所有线条都说明,直到 16 世纪末年,人口不断有明显的增加,而例外也证实了规律。

有关意大利[244]和地跨欧亚两洲的土耳其的数字,大体上呈现出几乎相同的曲线[245]。我们可以把有关意大利和土耳其的数据扩大应用到整个地中海地区(不管是穆斯林地区还是基督教地区)而不会冒太大的风险。欧洲同地中海一样,“漫长的 16 世纪”的根本特点就是人口的增长。一切或者几乎一切都取决于这种增长。

在这一增长运动中,无论是中小城市还是大城市,是手工业城市还是工业城市,是官僚城市还是商业城市,各类城市都齐头并进。不像在 17 世纪衰退时期那样,有所偏废[246]:一些得天独厚的城市,如巴黎、伦敦、马德里甚至伊斯坦布尔等,得以继续上升或保

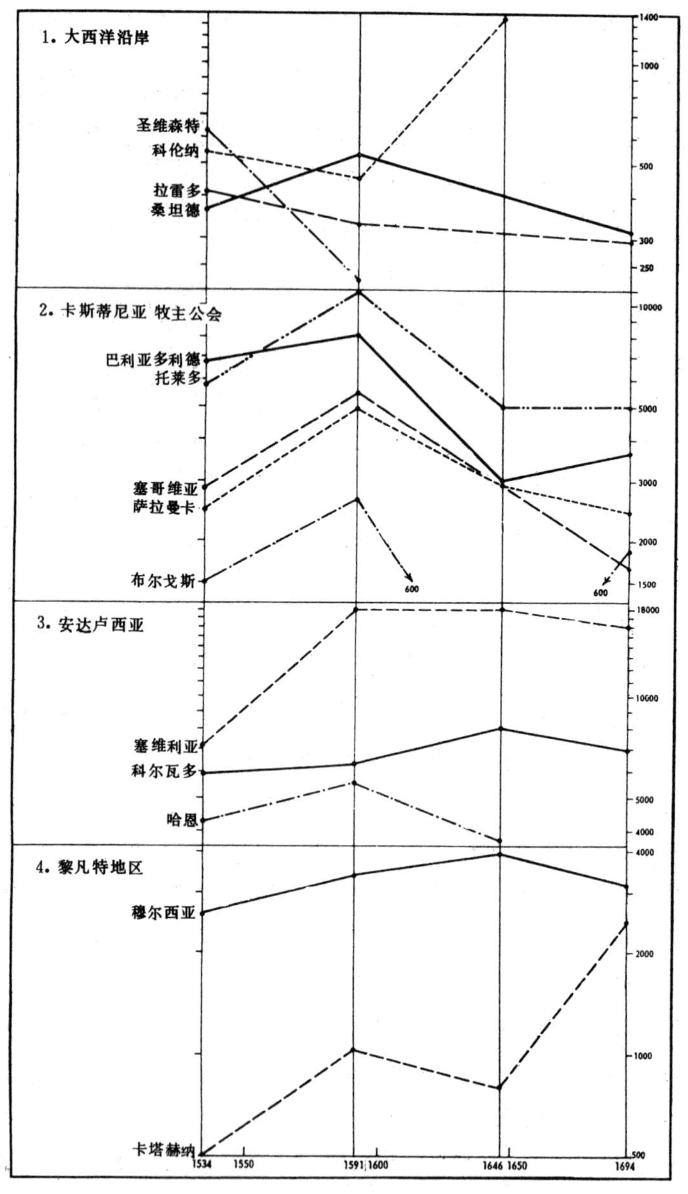

图 27　卡斯蒂利亚诸城的人口

持稳定，而其他所有城市则出现大幅度的后退。在 16 世纪，没有发生任何出其不意的事。我们看到所有的城市同时活跃起来，公私建筑工地在维罗纳和威尼斯，在帕维亚和米兰，纷纷开工；昆卡和塞哥维亚的各行各业欣欣向荣；造船业在那不勒斯的曼德拉奇奥河和索伦托或阿马尔菲的海滨同时兴旺。这是当时的发展总趋势，其标志则是所有城市的人口增长。城市的分门别类、等级差异和相互关系并不因此发生变化。1591 年格拉纳达王国的城市生活水平图虽然很不完善（根据税收账目绘制），却让人看到，城市间的这种根本格局很少有所变动[247]……大城市仍然在原地矗立，享有高物价、高工资的优越条件；商店顾客盈门，生意更加兴隆；周围小城镇星罗棋布，既为大城市服务，又从大城市得益。这些卫星体系具有欧洲[248]和地中海的强烈特征，几乎从不出现例外。

然而，轰动一时的和惹人注目的变化也确曾发生过。这些变化本身是合乎逻辑的。

首先，人口增长的作用方向从不是单一的。它有时是动力，有时是阻力，时而保持平衡，时而又打破平衡。从前的很多弊端仍然存在，有时甚至更加恶化，因为 16 世纪既没有勇气，也没有力量根除它们。其次，并不是城市单独在领导世界。城市在 11 世纪至 14 世纪欧洲和地中海的第一次飞跃时期的稳固统治，在进入近代后开始发生动摇。原来发展缓慢的领土国家，突然在近代的推动下，奋发前进。最后，农村人口还是占多数。在 16 世纪，农村人口仍有所增长，但增长速度可能不如依农村为生的城市那么快。可以肯定，城市人口在急剧上升，尽管我们不能举出确切的数字[249]。城市的发展已达到了登峰造极的程度，甚至可能超出了允许的范围。当

17 世纪人口出现回落时——威尼斯地区的情况[250]就是这样，在那里进行某些测算是可能的——城市的衰落比邻近的乡村要快得多。到了 18 世纪，事情是否又发生了全面的改观？莫罗先生[251]认为，法国乡村比城市发展更快。结论或许下得太匆忙，但这些比较将有助于我们懂得，16 世纪城市的优势地位还很脆弱。

新旧苦难：饥馑和小麦问题

16 世纪的经济形势并不始终对城市有利。饥馑和疫病沉重地打击着城市。由于运输缓慢和运费昂贵，由于收成丰歉无常，所有城市及其郊区一年到头都有挨饿的危险。稍微有点儿额外负担就会把城市压垮。当主教会议 1561 年在特兰托举行第三次也是最后一次会议时（特兰托位于布伦纳山口和阿迪杰河附近，巴伐利亚谷物可从大陆运达该地；维罗纳有时也经这条大路获得谷物供应），与会的主教以及他们的随从立即遇到了粮食供应困难的问题。罗马为此感到不安，这也是合乎情理的事[252]。在地中海地区内外，缺粮的确相当普遍。1521 年，卡斯蒂利亚的饥荒凑巧与对法战争和国内市镇骚乱同时发生。面包的缺乏使贵族和平民都十分恐慌。在葡萄牙，人们把这一年称为“大荒年”。1525 年，一场大旱使安达卢西亚颗粒无收。1528 年的粮荒在托斯卡纳导致了一连串的骚乱。佛罗伦萨不得不把饥饿的农民拒之门外。1540 年，悲剧重演。正当佛罗伦萨准备再次关上城门、让乡村听由命运的支配时，满载黎凡特谷物的船舶抵达里窝那港，拯救了这个地区。但这是个奇迹。[253] 1575 年，在盛产粮食的罗马尼亚地区，牲畜却大批地死亡。3月，突然下了

一场齐肩深的大雪,受惊的小鸟随手就可抓到。至于人,他们常常为争一块面包互相残杀。[254] 1583 年,灾难席卷了整个意大利,特别在教皇国,几乎饿殍遍地。[255]

然而,在通常情况下,饥荒并不遍及整个地区,而集中在城市发生。托斯卡纳 1528 年的灾荒与众不同,它蔓延到佛罗伦萨的所有近邻地区,并且正如我们所说过的那样,必须把逃难的农民赶出城外。同样,1529 年,在佩鲁贾方圆 50 英里的范围内,谷物奇缺。这在当时是罕见的灾难。农民几乎完全靠他们从自己的土地上取得的点滴粮食养活自己。相反,局限在城墙以内的饥荒在 16 世纪屡见不鲜。佛罗伦萨并不位于特别贫穷的地区,但在 1375 年至 1791 年间,共发生了 111 次饥荒,而在同一时期,大丰收只有 16 次。[256] 甚至在墨西拿和热那亚等小麦集散地[257],也都发生了可怕的饥荒。17 世纪初,威尼斯每年都要花费几百万金币购买粮食[258]。

城市既迫于需要,又拥有资金,因而是谷物的最大买主。谈到威尼斯和热那亚的谷物政策,几乎可以写成一部专著。热那亚对取得粮食供应十分关注,任何机会都不轻易放过,15 世纪时曾向法国、西西里岛和北非等地购粮。威尼斯一直从事黎凡特的谷物交易,并从 1390 年起与土耳其洽谈贸易。但是,这并不妨碍威尼斯同其他谷物供应者(如阿普利亚或西西里岛)往来。此外,威尼斯还接连发布禁令,特别在 1408 年、1539 年、1607 年和 1628 年[259],杜绝谷物运出其"海湾"以外的任何地方……

16 世纪,任何一个比较重要的城市都设有一个专管粮食的机构(威尼斯称之为谷物署——一个非常现代的名称——该机构有关16世纪的文件业已散失)。这是一个非常出色的组织[260]。谷物署不仅控制谷物和面粉的进口，而且也管理集市的零售业务。面粉只能在市内两个“公共场所”出售：一个位于圣马克广场附近；另一个在里亚托桥头[261]。总督每天都要了解各商店的库存。一旦发现威尼斯的粮食储备只够一年或八个月的食用，谷物署照例立即得到通知。粮食采购一方面由谷物署抓紧进行，一方面又委托粮商办理，并立即向他们发放贷款。面包商也同样受到监督。他们必须向公众提供用“精麦”制作的白面包，其重量可以随食品供应的充足和不足而变化，但单价不能改变，因为这是当时欧洲几乎所有城市的准则通例。

我们不能说每个城市都有一个与威尼斯谷物署完全相同的机构。谷物署只有一个，设在威尼斯，但以不同的名称，不同的组织形式出现的管理谷物和面粉的机构却到处都可以看到。佛罗伦萨的“积谷义仓”(Abbondanza)经梅迪奇家族(该家族掌握对外的粮食采购)改造继续存在，至少还承担一些次要任务，直到1556年公告发布以后才停止活动[262]。在科莫，谷物管理工作由市镇议会的一名或几名“粮食专员”负责[263]。在不设置独立机构的情况下，粮食政策由市政当局的有关经办人员或负责官员掌握。拉古萨的地理位置十分不利，经常出现粮荒，共和国的最高行政官亲自主持粮食事务。在那不勒斯，则由总督亲自过问[264]。

缺粮的威胁来临时，各地采取的措施相同。首先是大张旗鼓地禁止谷物从城市外运；加强警戒；征集可动用的粮食。如果危机加深，就采取第二个行动：尽量减少消费者的人数；关闭城门或者驱赶外国人(这是威尼斯的惯用做法)，除非这些外国人带进数量与其随从和家属人数相称的粮食[265]。1562年，马赛驱逐了新教徒[266]。

这对与胡格诺派为敌的城市来说，具有双重好处。在那不勒斯，1591 年粮荒给大学带来了灾难的后果：学校因此关门，学生们被遣散回家[267]。接着，像 1583 年 8 月马赛那样，整个城市普遍实行粮食配给[268]。

当然，最重要的还是不惜任何代价四出寻找粮食，首先是向惯常的粮食供应者求援。马赛一般向内地求助，恳请法兰西国王的仁慈，或者向它“最亲密的朋友”——阿尔勒的行政长官们——求援，甚至向里昂的商人们伸手。为了到达里昂以北的勃艮第粮仓，然后从那里把粮食运回马赛，船只还必须不顾“索恩河和罗讷河”的涨水，设法通过“所有的桥……并且不要有大的危险”[269]。

在巴塞罗那，1557 年 8 月，宗教裁判所的法官请求菲利普二世批准，从鲁西永给他们运送少量小麦，至少供他们个人食用[270]。第二年，[271]巴伦西亚的裁判所法官又请求从卡斯蒂利亚进口小麦。他们于 1559 年再次提出同样的请求。在此期间，预料将会歉收的维罗纳，请求尊贵的威尼斯共和国准许它在巴伐利亚购买小麦[272]。拉古萨向黑塞哥维那求援。威尼斯要求土耳其大君同意它在黎凡特装运粮食……

每次购粮都要经过谈判、进行发运和付出巨款，对商人作出的许诺和给予的补贴还不计算在内[273]。

如果这些努力全告失败，最后的对策就是转向大海，注意过路的载粮船舶，并截住它们，事后再向货主交付货款，当然不免还要经过讨价还价……一天，马赛截获了两艘不慎误入其港口的热那亚木船。1562 年 11 月 8 日，一艘三桅战舰受命在马赛外海拦截所有运载谷物的船只[274]。1557年10月，当局强行把载运黎凡特和阿普利亚小麦的几艘船带到墨西拿卸货[275]。粮食供应不甚充裕的马耳他骑士团，总是密切注视西西里海岸，他们在那里的所作所为与的黎波里的海盗船并无太大差别。他们诚然解囊付款，但像海盗一样强行登船。可能没有人比威尼斯更擅长使用这种可憎的办法了。威尼斯遇到粮食困难，亚得里亚海就没有一艘运粮船可保平安。威尼斯竟敢在拉古萨城下布置一两艘帆桨战船，不惜冒犯拉古萨人，公然截夺在沃洛、萨洛尼卡，甚至在阿尔巴尼亚邻近的港口载运粮食的船只。威尼斯还去阿普利亚沿海寻找运粮货船，并迫使它们在科孚岛、斯帕拉托或直接在威尼斯卸下粮食……当然，威尼斯未能在阿普利亚海岸上坚持下来（它曾经两次待在那里），失去了这个天赐的粮仓和这个油、酒储藏室。这有什么关系！每当必要的时候，威尼斯就返回那里强取豪夺，不顾那不勒斯以及更远的西班牙以正当的、永恒的和无用的理由提出的抗议。威尼斯所截夺的通常都是那不勒斯租用的船只。威尼斯的截夺，差一点在这座挤满穷人的城市里引起骚乱[276]。

所有这些最终都耗资巨大。但是，没有任何城市能摆脱这些沉重的负担。威尼斯谷物署一方面给商人大量补贴，另一方面又常常以低于收购价出售谷物和面粉，因而承受很大的亏损。那不勒斯的情况更糟，恐惧使当局变得不仅慷慨大度，而且简直达到挥霍浪费的程度。在佛罗伦萨，亏损差额算在大公的账上。科西嘉的阿雅克肖向热那亚借款[277]。善于精打细算的马赛，总是事先作好计划，在收获的前夕借款买粮。如果还有库存，马赛便禁止购进新粮，以便出清库存。其他许多城市也是这样做的。

这些政策不但难以推行，而且总是事倍功半。由此产生了痛苦和混乱。最穷的人苦难深重，有时也连累整个城市；行政机构以及基层的城市生活陷于一片混乱。这些地域狭小、经济落后的城市是否能适应新时代的要求呢？

新旧苦难：疫病流行

关于瘟疫这个使人感到不安的来客，可以绘制一张概况图，尽管不甚完整，但也能说明问题。在每个城市旁边，可用一些数字标明灾害猖獗为患的年代。没有一个城市能够从这个简要调查和这个告示牌中漏掉。瘟疫是作为16世纪的一个“结构”出现的。东方城市比其他城市更经常受到瘟疫的袭击。在君士坦丁堡——危险的亚洲门户——灾害长年不断。疫病正是从这个发源地向西方蔓延。

疫病加上饥荒，造成了城市人口的不断更新。1575年至1577年间，威尼斯发生一场可怕的鼠疫，5万人因此送命，占城市居民的四分之一到三分之一。[278]从1575年至1578年，墨西拿约有4万人死于疫病。1580年，瘟疫过后，整个意大利发生了一场来势很猛、造成大量死亡的动物传染病，即羊和大牲畜的疾病[279]。这场疫病间接威胁人的生命。当代人提供的数字往往因对灾难感到恐惧而有所夸大。班德洛说，在卢多维克·斯福扎时代，米兰有23万人受害[280]。根据另一人提供的情况，在1525年的那不勒斯和罗马，死亡率高达十分之九[281]；1550年，米兰又有一半人口丧生[282]；1581年，鼠疫仅让5000马赛人幸存[283]，在罗马夺走了6万人的生命[284]……这些数字并不准确，但肯定可以表明：在医疗卫生知识还不能很好地防止疫病传染的时代，一个城市四分之一或三分之一的人口很可能会突然消失[285]。以上数字与常见的描述完全吻合：街上到处躺着死人；车辆每天堆满尸体；死尸多得来不及埋葬……灾难毁灭了城市，但城市在灾难中获得重生。1577 年，当瘟疫逐渐缓解、停止肆虐时，威尼斯变成了另一个模样；城市的统治者也换了一批人。这是一次大换班[286]。1584 年 3 月，一位在那不勒斯布道的圣多米尼克教士指出，“一段时间以来，威尼斯情况不佳，因为年轻人替代了老年人执掌政权。”难道这纯属巧合？[287]

这些创伤或快或慢地愈合了。如果说威尼斯在 1576 年后[288]尚未完全恢复元气，那是因为 17 世纪的经济形势日趋恶化。其实，鼠疫和其他疫病只是在物资和粮食困难时期才变得严重起来。饥荒和流行病携手并进，这是西方长期经历的真实情形。很久以来，每个城市都试图防止疾病的流行，例如用芳香植物制成的药剂进行消毒；用火烧毁鼠疫患者的用品；对人和商品实行检疫隔离（在这一方面，威尼斯当时是首创者）；招聘医生；颁发健康证明书，如西班牙的“健康卡”、意大利的“健康证”等。富人历来都是仓促出逃，以图保命。一有灾害兆头，他们就躲到邻近的城市，或者往往跑到环境优美的乡间住宅去。1587 年，托马斯·普拉特[289]到达马赛时写道：“我从来没有见过一个城市，周围竟有这么多的庄园和别墅。原因是在鼠疫流行的时候（许多人从四面八方前来马赛，因而常有疫病流行），居民都去乡村避难。”这里所说的居民，应该理解为富人，因为城市一旦受到疾病侵袭，便与外界隔离，受人侧目而视，穷人仍留在城内，日常生活全靠外来的施舍，以使城市基本上保持安定。正如勒内·巴厄雷尔所说[290]，由来已久的贫富冲突，是阶级仇恨的根源。1478年6月[291]，瘟疫侵袭威尼斯城，盗窃事件照例马上

发生。巴拉斯特罗埃家族的一所住房,福斯卡里家族的一家商店,以及里亚托区的商事裁判所全被偷得精光。这是因为,"在这个瘟疫蔓延的城市,所有有条件的人都弃家到乡下去了,或只身而去,或带一个仆人或亲戚。"……据《慈善的嘉布遣会修士》一书记载,1656 年在热那亚出现完全相同的景象,丝毫不差。[292]

然而,17 世纪上半叶发生的几场大瘟疫——1630 年在米兰和维罗纳;1630 年至 1631 年在佛罗伦萨;1631 年在威尼斯;1656 年在热那亚;1664 年在伦敦——似乎比上个世纪更为严重。相对而言,在 16 世纪的下半叶,城市遭受的灾难可能轻些。我们马上会想到其中的某些原因:湿度增加,气温下降以及意大利与东方更加直接的往来。但是,为什么东方遭受的疫病灾害也更加严重了呢?

在 16 世纪,城市不仅受到鼠疫的侵袭,而且还有性病、"汗病"、百日咳、痢疾、伤寒等流行为害。这些疾病对军队——部队不免调动,因而更易得病——也不放过。匈牙利战争期间(1593—1607 年),一种伤寒病,即所谓匈牙利病[293],使德意志士兵大批死亡,但土耳其人和匈牙利人却得以幸免。这种疾病后来在整个欧洲蔓延,甚至传到英格兰。城市成了这些传染病的天然的中转站。1588 年,威尼斯发生流行性感冒,使居民几乎全都卧床不起,但病死者不算太多。大议院顿时空无一人,即使在鼠疫流行期间,这种状况也从未出现过。从威尼斯开始的这场疾病蔓延到米兰、法国、加泰罗尼亚,然后一跃而越过海洋到达美洲[294]……

城市生活的大起大落,直到 17 世纪尚未停止的对穷人的"社会屠杀",都可归罪于疫病的流行。

必不可少的外来移民

另一个常见的特征是：城市无产者必须依靠外来的移民，才能维持并扩大其行列。除了不断外流的山民前来充当各种苦力外，城市还有优先权和义务吸引来自四面八方的无产者或冒险者，其人数之多足以满足城市的需求。拉古萨在附近的山区招募劳动力。在“职业介绍所”的登记簿上，可以看到徒工契约的许多副本。学徒雇佣期为 1 年、2 年、3 年或 7 年。1550 年，他们的工资每年平均为 3 杜卡托，通常在合同期满支付。一名仆人保证在土耳其人居住区为主人服务。雇主向学徒提供吃穿，答应让他们学会手艺，[295]并许诺在 5 年、8 年或者 10 年合同期满后给他们几块金币，以资奖励[296]……在这些学徒中，除本地人外，不少人是拉古萨地区的农民子弟，甚至还有多多少少受土耳其辖制的莫尔拉克人。契约文书对此没有加以说明。

在马赛，最典型的移民是科西嘉人，特别是“科西嘉壮汉”。塞维利亚的移民（来自各地从事远航印度的冒险家除外）是始终陷于无产者境地的摩里斯克人。他们从安达卢西亚纷纷前来塞维利亚定居，以至在 16 世纪末，城市当局不再担忧山区发生骚乱，而是害怕市内的摩里斯克人为配合英格兰人登陆举行暴动。[297]阿尔及尔新增的移民是些信奉基督教的海盗和囚徒；15 世纪末和 16 世纪初从安达卢西亚或阿拉贡逃来的难民在阿尔及尔开设店铺和手工作坊，他们的姓名至今在塔加兰人①的居住区里还能找到。[298]此外还有原在卡比利亚附近山区生活的柏柏尔人，他们人数更多，并为

① 即摩里斯克人。——译者

这个城市提供了最早的一批移民。阿埃多指出：他们生计窘迫，在富人的园子里刨土挖地，唯一的奢望是尽可能去自卫队当兵，只有这样，他们才能保证吃饱肚子……在整个奥斯曼帝国，尽管有国家的控制和禁令，尽管还有行会的歧视，没有一个城市不是没完没了地从生活贫苦的或人口过剩的农村接纳移民。“这些穷困潦倒又无合法身份的人为富人提供补充劳动力。富人雇佣他们照管花园、马棚和住房，费用低廉。”这些穷人甚至同奴隶争活干。[299]

在移民大批汇集的里斯本，黑奴的处境最为恶劣。1633 年，城市总人口将近 10 万，其中黑奴占 1.5 万多。雪圣母节那天，腰缠彩色布带的黑奴在街头列队游行。一名嘉布遣会修士[300]曾经这样记述：“他们的身材比白人更好和更漂亮。赤身裸体的黑人比衣冠整齐的白人更好看……”

威尼斯的移民来自邻近的城市（16 世纪中叶有个名叫科尔内利奥·弗朗季帕内的作家[301]，在威尼斯竟默默无闻，不为人知，失望之余颇多牢骚）以及附近的农村和山区（蒂蒂安系卡多雷人）。威尼斯招收的弗留利人行为端正，在市内充当奴仆和干粗活，或在城外从事农活。那些不肖之徒——如果有的话——，则几乎全都来自罗马涅和马尔凯地区，据 1587 年 5 月的一份报告说，[302]行为不轨的坏人大部分来自罗马涅和马尔凯。这些不受欢迎的和往往没有合法身份的来客，夜间通过正常途径混进城市。他们携带火枪，威逼船夫把他们带到吉乌德卡岛、穆拉诺岛或其他岛上，船夫对他们的要求不能予以拒绝。制止这些人到来，就能刹住刑事犯罪，但必须加强警戒，并在当地设置密探。

威尼斯的海外属地以及附近地区，也有大批移民拥来。他们是：动辄争吵打斗、残酷嫉妒的阿尔巴尼亚人；希腊人（其中既有“希腊民族”的尊贵富商[303]，又有为了克服定居初期的困难而让妻女卖淫，后来又对这种不费劲的生计产生嗜好的可怜虫[304]）；还有迪纳拉山区的莫尔拉克人。斯洛文尼亚的码头不仅仅是出发码头……在16世纪末，随着波斯人、亚美尼亚人[305]、土耳其人的到来，威尼斯比任何时候都更加东方化了。这些土耳其人从16世纪下半叶起，开始在马克·安东尼奥·巴巴罗[306]府第的附属建筑中暂住，直到17世纪才建立起“土耳其商馆”。威尼斯也成了葡萄牙血统的犹太富商用以从北欧（佛兰德或汉堡）向东方发展的一个临时中间站。[307]此外，这里还成为流亡者及其后代避难的场所。因此，到了1574年，伟大的斯坎德尔贝格①的后代还生活在威尼斯，“靠诚实手段……传宗接代。”[308]

这些不可缺少的移民，并不始终是些素质平庸的苦力。他们随身带来的还有对城市生活来说同样是必不可少的新技术。那些不是由于贫困而是由于宗教信仰被驱逐出来的犹太人，在传播新技术方面起着特殊的作用。西班牙流亡者，特别是萨洛尼卡和君士坦丁堡的零售商，生意后来越做越兴隆，竟能同拉古萨人、亚美尼亚人和威尼斯人进行商业竞争。他们把印刷术、毛织和丝织技术，[309]据说还有制造炮架的秘密，[310]带到这两个东方的大都会。这真是一份厚礼啊！同样，正是被保罗四世从安科纳逐出的几名犹太人，帮助土耳其在发罗拉的商港繁荣兴旺，当然这不过是相对而言。[311]

---

① 斯坎德尔贝格（Scanderbeg），真名乔治·卡斯特里奥塔（1403？—1468），是阿尔巴尼亚人反抗土耳其统治的民族英雄。——译者

另外还有其他一些珍贵的移民。例如流动艺术家，他们受正在大兴土木的城市所吸引；还有商人，尤其是意大利的商人和银行家，他们对里斯本、塞维利亚、坎波城、里昂和安特卫普等城市的建设和发展，都曾出了力气。城市初建，百废俱兴，少不了要有富人。城市对无产者和富人具有同样的吸引力，虽然其原因并不相同。农村人口外流[312]是个历史学家争论不休的大问题，实际情况是：来到附近城市的不仅有穷苦的普通乡民，还有贵族领主和有钱的地主。巴西社会学家吉尔贝托·弗雷伊雷杰出的历史著作对这个问题作出了清晰的说明。巴西的第一批城市竟然使大地主带着他们的房屋一起搬到城里。迁居进行得十分彻底。在地中海地区也是如此，转瞬之间，城市似乎把城堡及其主人一股脑儿拉了过来。锡耶纳的一个领主在马雷马有自己的城堡，在锡耶纳有自己的豪华宅第。班德洛给我们描绘了这所宅第：底层极少使用，房间用丝绸装饰，显得富丽堂皇。

这些豪华宅第是富人重新迁往城外、重返乡间、重返果园和葡萄园之前的一段历史的重大见证。“资产阶级”的这种阔绰排场，在威尼斯[313]、拉古萨[314]、佛罗伦萨[315]、塞维利亚[316]等地都显而易见，而且在16世纪相当普遍。这种迁移是季节性的，即使领主经常返回他们的乡间住宅，但他们在城市建造了豪华宅第，因此也就成为城里人了。乡间别业只不过是又一种奢侈，而且往往是赶时髦而已。威尼斯大使福斯卡里1530年写道：“佛罗伦萨人跑遍整个世界。他们赚够20000杜卡托之后，就花10000杜卡托在城外修建豪华宅第。风气一开，人人仿效……结果在城外建造的豪华宅第，其数量之多和富丽堂皇，几乎称得上是第二个佛罗伦萨。”[317]塞维利亚的情况也是如此。16、17 世纪的小说经常谈到市郊的别墅和盛大的庆宴。里斯本周围同样也有许多为树木和流水环抱的别墅。[318]显然，这些喜好，这些偏爱，可被更合理的和更加重要的决定所取代。到了 17 世纪，特别是到了 18 世纪，应该说威尼斯的富裕市民又成了土地所有者。在戈尔多尼时代，威尼斯听任市内的豪华宅第逐渐破落，而专心致志地精心建造布伦塔河沿岸的别墅。每到夏季，城里只剩下穷人，富人则分赴各自的庄园。时髦和偏爱只是富人的专利，因而不能说明当时的全部情况。由地主和雇农合住的乡间别业，如普罗旺斯的所谓“农舍”，也是城里的有钱人正逐渐占有农村土地的一个前进路标。这场广泛的社会运动对农民的肥沃土地也不放过。关于这一点，在拉古萨(许多农民的契约还保存在官方的档案里)，在朗格多克，在普罗旺斯都不存在任何疑问。罗贝尔·利韦写的论文里有一张地图，让我们一眼就看到普罗旺斯的一个位于杜朗斯河沿岸的村庄的情景。在 15 世纪，罗涅村一带的“农舍”越来越多。每个“农舍”四周都有块相当大的领地。在 16 世纪，这些农舍属于“外来的行商所有，也就是说，农舍的主人不在罗涅居住。他们多半是埃克斯人”，即普罗旺斯地区埃克斯的财主。[319]

人就像潮水一样在城市和农村之间来回流动。16 世纪和 17 世纪，从农村向城市的流动还占着上风，甚至涉及富人的方面也是这样。贵族领主云集的米兰一时声势显赫。在同一个时期，拥有农奴新村的土耳其地主抛弃了他们的村庄和农奴，迁居邻近的城镇。[320]到了 16 世纪末，很多西班牙领主离开乡村，分别到卡斯蒂利亚各城市，尤其到马德里定居。[321]菲利普二世统治期间和菲利普三世统治期间的气候多变，与西班牙贵族迁居城市也有一定的关系。

在这以前，他们只在城里暂住。菲利普二世死后出现的所谓“封建主的反扑”，原因可能就在这里。

城市的政治危机

以上的困难问题，城市天天都要遇到，这种暗淡的历史，不像政治冲突那样以戏剧性形式表现出来。16 世纪的演变无情地把城市轮流卷入政治冲突之中。但是，我们不宜过分夸大历史的这个引人注目的方面。尤其不能带着当时的人——刽子手或受害者——的感情，用比萨人对待佛罗伦萨的那种偏激情绪，来评价历史。我们要弄清这些城市被压垮的过程。因为领土国家虽然胜利了，但城市仍然存在，无论在被纳入国家的轨道以前或以后，城市始终具有决定性的作用。

编年史和政治史详尽地列举了各种各样的城市灾难。当时受到打击的，不仅有机构设施、风俗习惯、地方的虚荣自负，而且还有城市社团的经济、创造能力和幸福。然而，倒塌的东西原先并不总就站得住脚。冲突经常以和解的方式解决，没有出现什么明显的戏剧性。新结出的果实——有时是苦涩的——在很久以后才成熟。

为了看到危机的最早迹象，必须追溯到 15 世纪初。至少在意大利是这样，因为意大利再次表现出某种奇特的早熟。维罗纳在几年之内变得一蹶不振，于 1404 年 4 月被威尼斯所占领；[322]比萨于 1405 年被佛罗伦萨所兼并；[323]1406 年 11 月，帕多瓦被威尼斯人攻占。[324]随后，1426 年和 1427 年，与米兰地区接壤的布雷西亚和贝加莫先后失陷，从而成为威尼斯共和国面对西方的前哨阵地。[325]

随着岁月流逝，由于内部危机，争吵不停，还由于前后期间的经济困难，热那亚的地位摇摇欲坠。在1413至1453年的40年间，热那亚爆发了14次革命。[326]热那亚成了令人垂涎的猎物，法国国王于1458年占领该地；随后，热那亚于1464年又落入斯福扎家族手中。热那亚摆脱了外国的统治，接着又引狼入室，先是斯福扎家族，后来是法国国王。与此同时，它在黑海的领地丧失殆尽。在附近还失去了里窝那。热那亚内乱不断，却恢复了元气，真是一个奇迹。[327]弗朗索瓦一世的法国当时占有热那亚的一半领土，后来，在安德烈·多利亚带动下，热那亚于1528年背叛了法国，投靠西班牙，并建立了寡头政治。[328]但是，在这以前，热那亚已相当强大，足以保护自己的财富和掠夺别国的财富。1523年，热那亚民兵占领了萨沃纳。从1525年到1526年[329]，征服行动更变本加厉，他们拆毁了码头，填塞了海港。后来，萨沃纳城试图暴动，甘愿投靠土耳其人[330]，热那亚民兵于1528年摧毁了当地的炮楼，并准备改建堡垒[331]。但就在那时，更加严重的灾难已经发生了。

君士坦丁堡于1453年终于失守，此事在多方面具有象征意义。1472年，巴塞罗那向阿拉贡国王胡安二世的部队投降。1480年，法国国王经过和平协商成了普罗旺斯和马赛的主人。1492年，格拉纳达陷落。这是城市国家崩溃的重要时刻。城市国家国土狭窄，在同幅员广大的领土国家较量中不能继续生存。大国从此主宰一切。16世纪初，一些城市并吞另一些城市，借以扩大自己的领土。例如威尼斯建立了威尼斯共和国，米兰创立了米兰公国；佛罗伦萨也快变成了托斯卡纳。从此以后，征服者便是土耳其人、阿拉贡人、法国国王以及阿拉贡和卡斯蒂利亚合并后的西班牙王国。

当然，这一过程也曾出现反复，但都为时非常短暂：例如比萨于1406年被征服，1494年重获自由；1509年，它再一次被征服，大批居民离乡背井，前往撒丁岛、西西里岛以及其他地区。[332]在别的地方，新的战火燃烧起来。1521年的比利亚拉尔之战使卡斯蒂利亚的各个强大而骄横的城市被迫俯首听命……1540年，轮到佩鲁贾在“盐税之战”中失利，不得不向教皇屈服[333]……在同一个时期，将近1543年，单是灾难性的负债就使那不勒斯的各个城市失去它们最后的自由。[334]阿布鲁齐地区的阿奎拉陷于支离破碎的境地，特别是在1529年以后，弗利贝尔·德·夏隆剥夺了城市周围方圆40古里内的堡垒和税卡。[335]17世纪初期，阿隆索·德·孔特雷拉斯出任阿奎拉的西班牙驻军司令，[336]肆无忌惮地欺负当地的市政官吏。这场可笑而毫无结果的争吵让人看到——如果可以这么说的话——两个世纪以来此起彼伏的大火的最后一点火星。

在这次漫长的危机中，消失的是什么呢？是城市，是掌握自己命运的，稳固地建立在四郊的田园、果园、葡萄园、麦田，以及邻近的海滨和道路基础之上的中世纪城市。随着城市的消失，历史风貌和历史现实通常也就荡然无存，只留下令人惊叹的遗迹。威尼斯共和国仍是一个城市联邦，每个城市各有自己的自由，各有自己的入境税，并各自处于半封闭状态。卢卡的情形也是如此。人们可以用蒙田的眼光进行观察，但不要因这个微型共和国的军事警惕性而哑然失笑。如果人们在拉古萨停留，就能把事情看得更清楚。16世纪中叶的拉古萨正是13世纪的威尼斯的生动写照，也是过去分布在意大利沿海各商业口岸的城市国家的生动写照。古老的城市国家的机构原封不动地保留了下来，与此有关的珍贵文件至今仍妥善地保存着。历史学家抱怨说，我们在想找16世纪的文献资料时，却总是找不到，这应该责怪各种失职行为、火灾、破坏和抢劫。这些因素都起了作用。但更大的过错是，在城市国家向领土国家过渡时，各种机构的脱节把一切都搅乱了。这里，注重谨慎办事的城市国家已经不复存在，而领土国家又尚未取而代之。也许托斯卡纳是个例外。梅迪奇家族的“开明专制主义”加速实现了过渡。但在拉古萨，各种文件都原封不动地、完好地保存在市政厅内：司法文件，证明簿册，财产证书，外交函件，海上保险，汇票副本等等。为了懂得16世纪的地中海，就应该到这个得天独厚的中心去了解，尤其因为拉古萨的货船当时遍布整个海域，航行于伊斯兰国家与基督教国家之间，从黑海到埃库莱斯山石柱，甚至更远的地方。

然而，城市国家究竟是真实的存在还是虚假的点缀呢？拉古萨同意向土耳其纳贡称臣。单靠这一点，拉古萨保住了它分散在整个巴尔干的小商店，挽救了它的财富以及精致的组织机构……由于保持中立，拉古萨从16世纪胜败未卜的冲突中谋得利益。这是勇敢而巧妙的中立。拉古萨知道如何武装起来保卫自己，知道如何为自己的事业辩护，知道如何向罗马和基督教国家恳求。拉古萨人不是虔诚的天主教徒吗？在同土耳其打交道时，拉古萨的态度坚定不移……一个拉古萨的船老板被阿尔及尔人无理扣押，大叫冤屈，叫骂不止，因而有一天就被阿尔及尔人在脖子上系上石块，扔到水里。[337]虽说保持中立，也不是一切都很顺利。

至少，就卢卡而言，半遮半掩地接受在米兰地区的西班牙人的保护，城邦无疑只是个虚假的点缀。塞万提斯坦率地说，这是西班牙人在意大利受到爱戴的唯一城市。[338]

例外恰恰证实了规律，城市未能安然无恙地经受住15世纪和

16 世纪的漫长政治危机。它们遭受了劫乱的损害，并且不得不适应环境。而所谓适应环境，就是要退让、背叛、争论、毁灭、复兴、屈服或卖身投靠，热那亚恰恰正是这样；或者就像佛罗伦萨那样进行抗争，但它的抗争方式与其说是清醒的，不如说是狂热的；或者像威尼斯那样拼命抗争，硬是顶住。但是它们都得适应形势，这就是为继续生存所要付出的代价。

享有特权的金融城市

国家不能包办一切。机构笨重的国家无力承担它们极其繁重的新任务。根据学校教科书的划分，所谓领土经济迟迟未能扼杀所谓城市经济。城市仍旧是发动机。国家对本国的城市不得不曲意迁就和容忍。更何况，即使是独立的城市，也需要依靠领土国家的广阔地域，国家和城市互相协调因而是自然的事。

整个托斯卡纳地区单独支撑不了梅迪奇家族控制下的极其富有的佛罗伦萨。托斯卡纳生产的小麦还不到佛罗伦萨年消费量的三分之一。羊毛作坊的学徒工不仅来自上托斯卡纳地区，而且也来自热那亚、博洛尼亚、佩鲁贾、弗拉拉、法恩扎、曼图亚。[339] 直到 1581 至 1585 年间，佛罗伦萨的投资（两合公司的股金）遍布欧洲，甚至远达东方。[340] 佛罗伦萨的侨商出现在各大商业口岸。他们在伊比利亚半岛所起的作用，比人们通常所想象的更大。他们在里昂操纵一切，甚至在 17 世纪初的威尼斯占据首要地位。[341] 自从费迪南大公执政（1576 年）以后，他们又开始寻找新的市场。圣斯特凡诺的帆桨战船四出巡航，为了远航巴西或西印度群岛而与荷兰人携手联合,这些行动都不是出人意料之事。[342]

16 世纪的大城市及其灵活机动和咄咄逼人的资本主义,完全有能力控制和开发全世界。威尼斯的强大并不仅仅因为它拥有威尼斯共和国,或者因为它经过顽强的努力在海岸和岛屿开辟了海外领地。事实上,它以土耳其帝国辽阔的腹地为后盾。常春藤就是靠它紧紧缠绕的大树生存的。

同样,为了维持优裕的生活,热那亚也不满足于在东西地中海这两块狭窄的海域活动,不满足于占有科西嘉这块珍贵的但又棘手的属地……在 15、16 世纪,真正的悲剧是:热那亚的海外领地丧失殆尽,虽然它又重建了海外领地,但后一批与前一批不大相同。

热那亚的第一批领地基本上由商人租借地所组成。W. 桑巴特认为,中世纪意大利城市的封建扩张和农业扩展导致了大型农庄的建立。这一看法无疑对叙利亚、克里特、塞浦路斯和希俄斯岛都是千真万确的,直到 1566 年,热那亚人依旧留在那里。关于这个问题,我们且搁下不谈。热那亚财源亨通的主要原因在于,它在君士坦丁堡以东,在拜占庭帝国边界上,在加法、塔纳、索尔达亚、特拉布松等地建立了租借地,也就是设在国外的代理商行。洛梅利尼家族于北非海岸建立的泰拜尔盖是另一个租借地。它把珊瑚采集业的巨额利润引向热那亚,在 16 世纪始终繁荣兴旺,是个奇特的商业中心。

热那亚的第二批领地面向西方。它们以古老的哨所和古老的强大的商人移民点为基地。这些移民点只需要维持住就行了。例如在米兰、威尼斯、那不勒斯等地就是这样。1561 年,热那亚在墨西拿的商人移民点从小麦、丝绸、香料的贸易中取得很大一份利润。根据领事文件的正式记载,利润额每年高达 24 万埃居。[343] 在地中海周围,这种商人移民点有 10 个、20 个或 30 个。

但是,热那亚用以弥补 15 世纪末在东方突然发生的灾难而建立的领地都在西班牙的版图之内,如塞维利亚、里斯本、坎波城、巴利亚多利德、安特卫普,以及在美洲等地。设立塞维利亚租借地的宪章,即热那亚与天主教国王签订的 1493 年的公约,[344] 承认热那亚商人在移民点有权推选一名本国的行政官,并根据自己的意愿撤换他……在美洲贸易兴旺发达的前夕,热那亚在西方的这些商人移民点将对西班牙的金融和税收产生深刻的和严重的影响。它们独立行事,简直是银行家的天下。热那亚将用在西方金融方面取得的胜利,补偿在东方商业方面遭到的失利。

热那亚人利用汇兑艺术建立了塞维利亚同美洲的贸易,很早掌握了对食盐和羊毛等大宗商品的垄断,并从 16 世纪中叶起,操纵菲利普二世的政府……这是热那亚的胜利吗? 既是又不是。1579 年,随着皮亚琴察交易会的建立,这个金融帝国像 19 世纪的伦敦一样,把其势力范围扩展到整个西方世界。这个帝国的主人不是热那亚城,而是城市的金融大家族和"新贵族"。1528 年以后,城市处在新贵族的牢牢控制下,灾祸横生,内外交困。尽管新贵族并不满意,尽管平民激烈反对,尽管 1575 年的重大机遇,热那亚始终摆脱不了新贵族的控制。这种非同一般的吞噬世界的金融贵族,是 16 世纪最大的城市冒险。热那亚是个奇迹般的城市。它不再拥有自己的船队,或至少船只不多。恰恰在那时候,拉古萨的船只,接着,马赛的船只纷纷出现了。热那亚失去了在黑海的领地,1566 年又失去了在黎凡特的商业活动中心希俄斯岛。但是,1550年至1650

年期间的海运登记册表明，当时中亚的丝绸以及白蜡，还像13、14世纪一样，经过俄罗斯和“哈扎尔地区”运到热那亚。[345]土耳其不再同热那亚进行“小麦贸易”，但热那亚有机会时也吃土耳其的谷物……17世纪发生了经济衰退，但热那亚仍然强大，敢作敢为，并在1608年宣布为自由港。[346]这些都是金钱的奇迹，而金钱本身就不是一个普通的奇迹。一切都来到这个极为富有的城市。如有一艘拉古萨船[347]，只要买下几份“股权”，这艘船就为热那亚效力。只要在马赛投放少量资金，普罗旺斯沿海的所有船舶便可供热那亚使用。为什么生丝不能从亚洲的腹地一直运到热那亚呢？这只需有点贵金属就可以办到。

另外，从1570年到1580年这段时期起，热那亚是美洲白银的集散中心，操纵金融的格里马尔迪家族、洛梅利尼家族、斯皮诺拉家族以及很多其他特权家族，不把金钱存放在热那亚的雄伟壮丽的宅第里，而是用来购买米兰、那不勒斯、下蒙费拉托的土地和庄园（热那亚的贫瘠山区不是可靠的投资场所），或者购买西班牙、罗马或威尼斯的年金债券。[348]在西班牙，老百姓本能地厌恶这些傲慢的商人，菲利普二世往往把他们视同仆从，并且一有机会，便逮捕他们。[349]他们在西班牙干的坏事多不胜数。一位马克思主义历史学家[350]对纽伦堡的商业资本主义给波希米亚、萨克森、西里西亚带来的破坏作了总结，并把以上地区的经济和社会的落后归咎于纽伦堡的商业资本主义。这些地区与外界隔绝，除了通过奸诈的中间商，别无选择。对在西班牙的热那亚人可以给予同样的谴责，他们阻碍了西班牙资本主义的发展。布尔戈斯的马尔文达家族，坎波城的鲁伊斯家族只是些二流人物，菲利普二世的财政负责人——从埃拉索和加尔尼卡到“一朝权在手，便把令来行”的奥尼翁侯爵——都是些受贿弄权的小人。

领土国家和帝国纷纷扩张疆土。然而，它们很快就无力单独开发庞大的经济资源，从而给城市和商人重新敞开了大门。在别人发号施令的背后，正是这些商人和城市大发其财。即使在自己的领土上，在比较容易控制的领域内，国家在同本国商人打交道时，也使用迂回和妥协的办法。某些城市总是居于特权地位，请看天主教国王统治下的塞维利亚和布尔戈斯，[351]法兰西国王统治下的马赛、里昂，如此等等！

王国和帝国的城市

尽管已受领土国家的控制，16世纪的城市，在经济形势的推动下，由于又承担国家交托的任务，人口和财富都有所增加，在某些城市还相当可观。这丝毫也不值得奇怪！

我们可以谈谈马德里的情况。这个迟建的首都于1560年取代了巴利亚多利德，但在1601年和1606年之间，又很不情愿地把首要地位让给巴利亚多利德。只是在菲利普四世（1621—1665年）挥霍无度和坚强有力的统治期间，马德里才开始繁荣兴旺。我们也可以看看罗马，现在已有一部优秀的著作作了清晰的阐述，[352]但罗马的情形毕竟与众不同。那不勒斯和伊斯坦布尔作为已经与魔鬼，与领土国家缔约的城市，肯定更加典型。请读者注意：缔约的日期很早。那不勒斯早在“王国”诞生那时，即在西方的第一个“开明专制君主”弗雷德里克二世（1197—1250年）[353]厉行新政的时候；伊斯坦布尔于1453年缔约，当时，在欧洲的地图上，还见不到都铎王朝时期强大的英格兰，见不到路易十一世勉强拼凑起来的法兰西，更见不到天主教国王迅猛扩张的西班牙。奥斯曼帝国是第一个励精图治的领土国家，而且以某种方式——1480年对奥特朗托的洗劫——开始了向意大利进军，比查理八世还早14年。最后，那不勒斯和君士坦丁堡是地中海地区两个人口最多的城市，当然都是巨大、壮观的寄生城市。伦敦和巴黎只是在很久以后方才出现。

它们是寄生者：首都要靠集中了财力和物力的国家供养；首都不但是国家的奴仆，而且多半是国家的食利者。因此，只有疯子才会像西克斯图斯五世那样要罗马这个完全寄生的城市变成一个勤劳的城市。[354]事实上，这在当时并无必要。在17世纪，罗马继续过着优游好闲的生活，城市的发展其实没有付出任何代价，[355]因而也不必多此一举，去受劳动纪律的束缚。

在基督教地区，那不勒斯城是无与伦比的。它的人口——1595年为28万人——是威尼斯的2倍，罗马的3倍，佛罗伦萨的4倍，马赛的9倍。[356]整个意大利南部都以那不勒斯城为中心，并把富人（往往是大财主）和穷人（穷极潦倒的贫民）聚集到那里。那不勒斯的人口过多，是它当时生产大量奢侈品的原因之一。在16世纪，那不勒斯的商品有点像今天巴黎的商品，例如花边、鞋带、廉价装饰品、绦带、丝绸、薄呢料（意大利平纹呢）、扣子和五光十色的绸缎饰结、细布……这些东西一直销到科隆，[357]而且数量巨大。据威尼斯人说，五分之四的那不勒斯工人以丝绸业为生。再者，大家都知道，圣卢西亚(Santa Lucia)的丝织工业远近闻名。以圣卢西亚命名的真丝服装，甚至在佛罗伦萨转售。1624年，西班牙准备实行限制奢侈法，这一措施不仅会损害那不勒斯蚕丝和丝织品的出口，而且会使每年 335220 杜卡托的税收落空。[358]但是，由于市场上有极丰富的劳动力，许多其他工业还能存在，或者能够适应环境。

在辽阔、多山和具有田园牧歌景色的那不勒斯王国，外省的农民纷纷涌向那不勒斯城。他们受到毛织和丝织工业的吸引。吸引力还来自从彼得罗·托莱多时期开始并在以后继续进行的城市市政工程（其中有些 1594 年还未完工），[359]以及在贵族府第帮佣。对贵族领主来说，当时的风尚是住在城里，大摆奢华的排场。农民在走投无路时可以投靠不计其数的教会机构，那里收养着大批的仆人和乞丐。农民跑到“在任何季节”都易容身的城市，[360]同时，也就逃脱领主的沉重压迫，不论是土生土长的领主，或是通过购买土地和封号（随时都有出售）而成为贵族的商人（往往是热那亚人）。有句谚语说：“城市的空气使人感到自由”，这不等于说城里生活幸福或者能够吃饱。城市不断在扩大。1594 年的一份报告说[361]：“30 年来，城市的住房和居民都在增加。城墙向外扩展了 2 古里。新居民区布满建筑物，几乎与老居民区不相上下。”但是，在 1551 年，有关新城墙两侧空地的地产投机已很活跃，新城墙建在圣乔万尼门附近，从卡博纳拉直到圣埃尔曼城堡，离阿里夫亲王的花园不远。[362]

在如此庞大的聚居地，食品供应势必成为不断出现和引人瞩目的大问题。这项纯属市政性质的服务，由总督于 1550 年任命的粮食总管（这位名副其实的供给部长负责采购、储存以及向面包商和流动商贩出售粮食和食油）监督进行。[363]城市无法单独承担经营亏损。1607 年，一份可靠的文献资料指出，亏损性支出每月至少达 4.5万杜卡托，而当时城市的财政收入还不到2.5万杜卡托。[364]谷物和食油经常亏本出售。差额靠借债填补。可惜我们对具体的债务状况不很清楚。那不勒斯生活的秘密，部分地隐藏在这项赤字的后面。1596 年赤字总额为 300 万杜卡托；1607 年为 800 万杜卡托。[365]差额是由王国的财政预算（几乎年年亏空）承担的吗？或许是因为当时的经济运作比较简单，国家的实力还很雄厚？还是由于北方船舶[366]的到来，促进了那不勒斯的活动，并给它带来了北方的小麦和鱼，方便了它的日常生活？那不勒斯的日常生活从来都困难，饮用水的供给（1560 年水要从福尔马莱河引来）[367]、街道的保养、港口的流通都有诸多不便。16 世纪末，保护进港船只的海堤上垃圾成堆，下水道排出的污水遍地横流，建筑工地的脏土随处倾倒，因而于 1597 年，必须认真考虑修建一道新堤，而不是把旧堤打扫干净。[368]确实，涉及这个庞大城市的一切问题都非同小可。那不勒斯每年消费阿普利亚小麦 4 万萨尔马①，此外还有别处供应的粮食。据认为，1529 年共进口了 3 万康塔尔糖（约 1500 吨），1 万康塔尔蜜，其中一部分制成糖汁、点心和其他糖制品重新出口，不过这些东西肯定是穷人吃不到的。[369]

对那不勒斯的整个生活情形，我们可以作出猜测，但很不准确。我们知道，西班牙当局曾经打算放慢这座大城市的发展速度，[370]但却从未下决心采取真正的措施。对于国土辽阔、动荡不定的那不勒斯王国来说，这个城市是必不可少的“安全阀门”，怎么能合乎理智地取消它呢？[371]因此，那不勒斯仍然是个人口过剩和使人担忧的城市，秩序始终很不安定，每到晚上，明抢暗盗更是到处横

① 1 萨尔马等于 188 公斤。——译者

行。根据某些西班牙士兵的记述,虽说他们信手写来,往往夸大其词,[372]但可以肯定,那不勒斯是世界上最令人吃惊的城市,是让流氓无赖最能如鱼得水的城市。当然,不能因名声很坏而无视那不勒斯的勤劳。但坏名声毕竟不是平白无故就得来的。为此采取了打击行动,一次针对充斥全城的流浪汉,[373]另外一次针对在乞丐中滋生的帮会。[374]

那不勒斯城的规模与意大利南部地区(那不勒斯王国)的规模大体相当;伊斯坦布尔则反映迅速建立起来的、辽阔的土耳其帝国的面貌。整个城市经历了这一演变的全过程:在土耳其夺取城市不久,即 1478 年,那里约有 8 万居民;1520 年至 1535 年期间,有 40 万人;据西方人说,到了 16 世纪末,有 70 万人。[375]伦敦和巴黎这两个得天独厚城市,在 17 和 18 世纪才赶了上来。优越的政治条件使巴黎和伦敦出现了种种经济奇迹,首先是生活水平超过本身的财力和当地的生产能力。此外,也像伦敦和巴黎一样,由于相同的原因,伊斯坦布尔的人口在 17 世纪和 18 世纪不但没有下降,相反有所增长。

伊斯坦布尔不是一个普通城市,而是一个居民极其集中的大都市。它的城区布局对城市不利,摊子铺得很大,造成众多不便。伊斯坦布尔确实很大。如果没有金角湾——从经常受坏天气袭扰的马尔马拉海到号称“风暴之海”的黑海之间唯一可靠的避风港——,如果没有博斯普鲁斯海峡,无论是君士坦丁堡,还是作为其继承者的伊斯坦布尔,都是不可想象的,但是,整个城区却被一系列水潭以及过于宽阔的河汊所分割。大批船舶水手和渡船工人,驾驶成千上万艘小船、土耳其长形轻舟、大帆船、小帆船、驳船及运马船(在斯库台和欧洲口岸之间运输牲畜),往来繁忙。“博斯普鲁斯海峡南端的鲁梅利伊萨尔和贝希克塔什是渡船工人的两个村庄”。[376]后者运货,前者载客,生意十分兴隆。这种极其辛苦和从无休止的劳动,维持了市内各地之间的联系,前来摆渡的人络绎不绝。1574 年春来到君士坦丁堡的皮埃尔·莱斯卡洛比埃写道:“船上(大帆船或者过境小船)有些基督徒(奴隶)是经主人允许出来挣钱,准备偿付赎身金的。”[377]

在三个聚居区中,君士坦丁堡(或称斯坦布尔,也称伊斯坦布尔)是最为重要的一个。这个三角形城市位于金角湾和马尔马拉海之间,面向陆地的一边被两堵城墙封闭,城墙“不算太好”。[378]“有多处倒塌”。[379]墙身周长为 13 至 15 古里,[380]而威尼斯城的周长仅 8 古里。市内树木繁茂,花园、有喷泉的广场[381]、“草地”及散步场所比比皆是。城内还有 400 多座铅屋顶的清真寺。每座寺的四周都有空地。以苏里曼大帝命名的清真寺及其四周的广场、经堂、图书馆、医院、伊玛目住所、学校和花园,占地之广相当于一个大居民区。[382]最后,民居拥挤而又低矮,按土耳其方式用木材构件、“土垒的隔墙”[383]和烧制得很差的砖建成。门面用“浅蓝色、淡红色、黄色的灰浆粉刷”。[384]街道“狭窄、弯曲又高低不平”,[385]而且,并不是全都铺石,往往呈倾斜状。这里的人都步行或骑马,很少乘车。火灾十分频繁,甚至素丹的宫殿也不能幸免。1564 年秋季,一场大火烧毁 7500 所木结构商店。[386]在这个大城市里,还有另外一个城市,名叫贝泽斯坦。莱斯卡洛比埃称它“与圣日耳曼交易会相仿”,并对“用漂亮的石块砌成的大台阶以及出售用金色丝线缝制的棉内衣、各种服饰和精美物品的漂亮小店铺”赞叹不已。[387]另一个名叫“阿特

巴扎尔”的城市是马匹的集市。[388]最后，说到这些“城中之城”，最宝贵的莫过于在君士坦丁堡南端的素丹皇宫。宫内的殿堂、亭子和花园鳞次栉比。伊斯坦布尔无疑是个典型的土耳其城市。城内以裹白头巾的人居多，在16世纪和17世纪，约占城市人口的58%。也就是说，那里还有很多裹蓝头巾的希腊人和裹黄头巾的犹太人，再加上一些亚美尼亚人和茨冈人。[389]

在金角湾的对岸，加拉塔占据南岸的一片狭长地带，与卡森帕沙海军兵工厂相接，那里有“近百个拱形石孔，每个石孔的长度足以掩蔽一艘正在建造的帆桨战船……”[390]；更往南去的第二个兵工厂名叫托普哈内，“那里制造火药和大炮”[391]。加拉塔是专供西方船舶出入的港口，那里集中了犹太经纪人、小店、货栈以及出售葡萄酒和粕酒的著名小酒店。后面的山坡上是佩拉葡萄园。西方国家在伊斯坦布尔最早的代表法国大使，就在那里有过他的住所。这是个富人的城市，“规模颇大，人口稠密，建筑物是法兰克式的”，居民中有商人（拉丁人和希腊人）。希腊人多数都很有钱。他们穿着土耳其式的服装，住在豪华的房屋里，用绸缎和首饰打扮他们的妻子……这些过分爱俏的女人，“浓妆艳抹，显得比平时漂亮，她们把家产全都用于穿着打扮，手指上有戒指，头上有宝石，多数却是假的”[392]。旅行者总是把加拉塔和佩拉混淆起来，这两个地方加在一起，“同奥尔良不相上下”[393]。希腊人和拉丁人远不是那里的主人，但是，他们在那里生活，并按照自己的意愿敬神、祈祷。特别是“在这个城市里，人们可以完全自由地进行天主教的宗教活动，其中包括意大利鞭笞派教徒的结队游行。每逢圣体瞻礼节，街道上铺着地毯，二三名土耳其近卫军在一旁维持秩序，接受几个阿斯普尔的

酬劳”。[394]

在亚洲海岸这一边，斯库台（于斯屈布）[395]可说是不同于其他两个城市的第三个城市。这是沙漠商队在伊斯坦布尔的歇脚点，是横贯亚洲的各条大路的起点和终点。沙漠商队客店数目之多，以及马市的规模之大，足以为证。斯库台在海上没有良好的避风港，船只必须赶紧装卸货物，有时还要碰运气。作为一个土耳其的城市，斯库台到处是花园和豪华的住宅。素丹在那里有自己的宫殿。当他离开皇宫乘三桅划桨船前往亚洲一边的海岸“享乐”时，场面十分壮观。[396]

如果再加上伊斯坦布尔最重要的市郊，我们对这个城市的描述就全面了。这里有欧洲淡水河在金角湾的出海口埃尤布，还有沿着博斯普鲁斯海峡两岸的一长排希腊人、犹太人和土耳其人的村庄。这是园林工人、渔民和水手的村庄。很早以前，富人在那里建造了避暑别墅，地基是石砌的，底层和楼层却是木结构的。由于房屋面向博斯普鲁斯海峡，两岸邻居互不干扰，“许多窗户洞开，不设栏栅”。[397]把这些“花园别墅”[398]比作佛罗伦萨的乡间别墅进行比较并不过分。

总的说来，这是一个硕大无朋的聚居地。1581年3月，8艘满载小麦的船从埃及开来，只够城市吃上一天。[399]1660—1661年和1672—1673年的统计资料[400]可以说明这个城市的胃口有多大。同上个世纪一样，城市每天消耗300至500吨谷物，足以使133家面包铺忙个不停（伊斯坦布尔本身有84家面包铺，其中有12家制作白面包）。城市每年要宰杀差不多20万头牛（其中有3.5万头用来制作腌熏肉）和将近400万头羊和300万头羔羊（确切数字是

3965760 和 2877400）；数目之大，人们要读上二三遍以后，才敢相信。此外，它还要消耗很多蜂蜜、糖、大米、干酪、鱼子酱以及从海上运来的 12904 康塔尔（约合 7000 吨左右）黄油。

这些过分精确的官方统计数字不可能正确无误，但也不可能完全虚假。它们可以为我们确定一些数量级。毫无疑问，在政府的政治专制和经济统制制度的严格控制下，伊斯坦布尔从帝国的巨额财富中，无节制地汲取它的需求。物资供给区尽量选在运输方便的地方。商品价格固定不变，必要时实行征购。一项严格的命令规定了各种货物在伊斯坦布尔港口码头上的卸货地点。例如，来自黑海的谷物运到温卡帕尼卸船。当然，不是所有的贸易都以这种官方形式进行。城市具有举足轻重的地位，本身就构成一个巨大的有吸引力的中心。在谷物贸易方面，我们还看到一些在黑海承运小宗货物的批发商的作用。此外，住在博斯普鲁斯海峡欧洲海岸一侧耶尼科伊小村里的，或者住在加拉塔码头附近的托普哈内的一些希腊或土耳其船长，他们拥有万贯家财，同时又从事批发买卖，并且不止一次以希腊群岛为基地，通过走私向西方运输谷物。[401]

君士坦丁堡就是这样消费着帝国的大量产品和西方的高级布料和奢侈品。可是，作为交换，这个城市除了在港口过境的成包的羊毛、羊皮、牛皮和水牛皮以外，却基本上提供不了任何产品。这同亚历山大、叙利亚的的黎波里以及后来的士麦那这些出口门户是无法相比的。这个首都享受富人的特权。别的城市为它劳动。

为首都辩护

然而，我们不能没完没了地对大城市进行过多的指责。这里应该立即指出，它们各有其存在的理由，历史学家也可以申辩说，这些杰出的文化中心和政治中心本身是无罪的。它们是培育文明的温室。此外，它们还建立起一种秩序，而欧洲某些充满活力的地区缺乏的正是这种秩序。例如在德意志，任何一个城市都不能因其独一无二的规模而确立领导地位；意大利因城市林立而陷于四分五裂。民族或帝国的统一促成城市的崛起，城市的崛起又反过来推动民族或帝国的统一，谓予不信，请看伦敦和巴黎。城市的作用难道是微不足道的吗？

西班牙实现了半岛的统一，但它缺少一个强有力的首都。1560年把首都从巴利亚多利德迁到马德里这个好强的、专横的和“几何图形的”城市去，也许考虑得并不周到。历史学家J. 古农·卢邦[402]早已指出，菲利普二世的一个重大错误，就是没有把首都设在里斯本。1580年到1583年间，他曾住在这个城市，后来却永远离开了。菲利普二世本可以把里斯本建设成类似那不勒斯或伦敦那样的城市。这个指责给我的印象一直很深。菲利普二世前往马德里，预先就让人想到，政府将一意孤行，要在“好强的城市”建都。菲利普二世选择了埃斯科利亚尔宫，就像路易十四选择了凡尔赛宫……但是，推倒历史重来只是一场儿戏，只是一种推论方式；为了探讨这个大得让人难以着手的题材，除了推理，我们没有更好的选择。

这些与众不同的城市，这些首都，在16世纪崭露头角。但是，要到下一个世纪，它们才最终叱咤风云。也许这是因为在经济衰退的时期，只有现代国家才能担负起在逆流中富国图强的使命。从

16 世纪末起，衰退的迹象已经显露，不劳而获的城市和另外一些自食其力的城市之间的分野也日渐鲜明。随着经济活动的衰退，自食其力的城市出现了停顿，城市发展的速度已经放慢，轮子的转动也逐渐乏力了。

经济形势的转折

不管怎样，充满活力的城市历史使我们离开了既定的方针。在本书第一部分里，我们原打算着重考察地中海生活中的经常的和恒在的素材，已知的和稳定的数据，反复出现的和基本不变的事物，观察那里未经开垦的生土和一平如镜的水面。城市是发动机。它们转动着，时快时慢，停了又转。发动机的故障将把我们带进这个运动的世界中去，这也就是本书第二部分的内容。从经济演变和经济形势的角度看，这些故障让我们事先猜测出未来命运的轮廓。16 世纪末大量的迹象所预示的衰退将在 17 世纪加剧。可以说，从 1500 年到 1600 年，城市发动机点火启动。但是，远在 17 世纪到来前，加速器就卡壳了。故障已经出现，可疑的杂音正在增多，而整部机器还在转动。

原书本部分注释

1. J'intitule ce chapitre non pas: *Les routes et les villes*, mais *Routes et villes, villes et routes*, en souvenir d'une réflexion de Lucien Febvre à la première lecture de ces pages.

2. *Annales d'hist. soc.*, 11 janvier 1940, p. 70.

3. *Journal du voyage en Italie* (collection "Hier", 1932), p. 132.

4. *Op. cit.*, II, 1, p. 195.

5. *Op. cit.*, II, 3, I. p. 331.

6. A. PHILIPPSON, *Das Mittelmeergebiet*, p. 219.

7. *Op. cit.*, p. 295.

8. G. BOTERO, *op. cit.*, I, p. 106 et II, p. 118, "quasi deux fois autant peuplée que Paris", Jacques BONGARS, in: ANQUEZ, *Henri IV et l'Allemagne*, 1887, p. XXTV.

9. Konrad OLBRICHT, "Die Vergrosstädterung des Abendlandes zu Beginn des Dreissigjährigen Krieges", in: *Petermans Mitteilungen*, 1939.

10. F. LOT, *Les invasions barbares et le peuplement de l'Europe*, 1937, I, p. 110.

11. Cf, *supra*, p. 94 et sq.

12. Gino LUZZATTO, *Storia economica di Venezia dell' XI al XVI secolo*, Venise, 1961, p. 42. Sur cette route, indication du voiturage, de Barletta à Naples, de cuirs de buffle, Naples, 22 mai 1588, A. de Raguse, D. de Foris, VII, f° 245.

13. Arnoldo SEGARIZZI, *Relazioni degli ambasciatori veneti*, Florence, III, 1re partie, 1927, pp. 10—13.

14. G. BOTERO, *op. cit.*, I, p. 50.

15. *Ibid.*, p. 9.

16. Comte de BREVES, *Voyages...*, *op. cit.*, p. 229.

17. *Ibid.*, p. 5.

18. BELON DU MANS, *op. cit.*, p. 103.

19. Charles ESTIENNE, *La Guide des Chemins de France*, 2e *éd.*, 1552; *Les voyages de plusieurs endroits de France et encore de la Terre Saincte, d'Espaigne, d'Italie et autres pays*, 1552. Nouvelles éditions: avec des variantes, à Paris, 1553, 1554, 1555, 1556, 1558, 1560, 1570, 1583, 1586, 1588, 1599, 1600; Lyon, 1566, 1580, 1583, 1610; Rouen, 1553, 1600, 1658; Troyes, 1612, 1622, 1623. Pour le détail voir: Sir Herbert George FORDHAM, *Les routes de France. Catalogue des Guides routiers*, 1929, et *Les guides routiers, Itinéraires et Cartes Routières de l'Europe*, Lille, 1926.

20. Théodore MAYERNE de TURQUET, *Sommaire description de la France, Allemagne, Italie, Espagne, avec la Guide des Chemins*, Genéve, 1591—1592, 1618, 1653; Lyon, 1596, 1627; Rouen, 1604, 1606, 1615, 1624, 1629, 1640, 1642.

21. Giovanni de L'HERBA, *Itinerario delle poste per diverse parti del mondo*, Venise, 1561. Autres guides de la même époque: Guilhelmus GRATAROLUS, *De Regimine iter agentium vel equitum, vel peditum, vel mari, vel curru seu rheda*, Bâle, 1561; Cherubinis de STELLA, *Poste per diverse parti del mondo*, Lyon, 1572; Anonyme, *Itinerarium Orbis Christiani*, 1579; Richard ROWLANDS, *The post of the World*, Londres, 1576; Anonyme, *Kronn und Ausbundt aller Wegweiser...*, Cologne, 1597; Matthias QUADT, *Delicioe Gallioe sive Itinerarium per universam Galliam...*, Francfort, 1603; Ottavio CODOGNO, *Nuovo Itinerario delle Poste per tutto il Mondo...*, Milan, 1608; Paulus HENTZNERUS, *Itinerarium Germanioe, Gallioeu, Anglioe, etc.*, Noribergoe, 1612.

22. *Das Mittelmeergebiet* (4e édit.), pp. 222—223.

23. André PIGANIOL, *Histoire de Rome*, 1939, p. 522.

24. Jean DELUMEAU, *Vie économique et sociale de Rome*, I, 1957, p. 81 et sq.

25. Jules SION, "Problèmes de transports dans l'antiquité" (c. r. de l'ouvrage de Lefebvre des Noëttes, *L'attelage. Le cheval de selle à travers les âges*), *in*: *Ann. d'hist. écon. et soc.*, 1935, p. 628 et sq.

26. Jules LECLERCQ, *De Mogador à Biskra: Maroc et Algérie*, 1881, p. 21.

27. *La Péninsule Balkanique*, 1918, p. 195.

28. Baron de BUSBEC, *op. cit.*, I, p. 103, ceci sur la foi d'un détail *anecdotique*, base évidemment fragile.

29. *Description de l'Afrique tierce partie...*, éd. 1830, II, pp. 16—17.

30. E. von RANKE, *art. cit.*, *in*: *Vj. fur Soz. und W. Gesch.*, 1924, p. 79.

31. B. N. Florence, Capponi, 329, 26 janv. 1569.

32. *Nouvelas ejemplares*, Le Licencié de verre.

33. CODOIN, XXXIV, 1er mai 1580, p. 442; 4 mai 1580, p. 453.

34. Franceschi au doge de Gênes, Valladolid, 31 mai 1606, A. d. S. Gênes, Spagna 15.

35. Philippe II au vice-roi de Naples, Tolède, 13 oct. 1560, B, Com. de Palerme, 3 Qq. E 34 fos 8—11.

36. 22 mai 1588, A. de Raguse, D. de Foris, fo 245.

37. *Arch. st. ital.*, IX, pp. 460 et 460, note 1; 468, note 1.

38. Albert BABEAU,*Les voyageurs en France*,1885,pp. 68—69(voyage de Paul Hentzner,1598).

39. Victor BERARD, *Pénélope...*, *op. cit.*, p. 307; CHATEAUBRLAND,*Itinéraire...*,*op. cit.*,p. 7.

40. *Libro de Agricultura*, 1539, p. 368 et *sq.* de l'édition de 1598 (première édition 1513).

41. *A. st. ital.*,IX,p. 255,2 mai 1602.

42. V. LAMANSKY,*Secrets d'Etat de Venise*,p. 616,7 déc. 1550.

43. Sur les raisons de la décadence de l'élevage,*Cria de los cavallos*,Granada,Simancas E°137.

44. Giuseppe MECATTI,*Storia cronologica della citta di Firenze*,II, pp. 802—803,en 1595.

45. D. de HAEDO,*Topographia...*,p. 180.

46. Le duc de Terranova au roi,Palerme,22 avril 1572,Simancas E°1137.

47. G. TREVELYAN,*History of England*,p. 287.

48. A. DE HERRERA,*op. cit.*,p. 368.

49. "Notizie",in:*Archivio storico di Corsica*,1932,pp. 296—297.

50. *Arch,st. ital.*, IX, p. 219: marchandises de valeur de Naples à Florence par voie de terre. Liaison Naples-Allemagne par Florence à partir de 1592,G. VIVOLI,*op. cit.*,III,p. 198 et 350. Sur les portages cf. les négations de J. PERRET,*Siris*,1941,et réponse d'André AYMARD,in:*R. E. A.*,1943, pp. 321—322.

51. Wilfrid BRULEZ. *De Firma della Faille*,p. 578.

52. Émile COORNAERT,*Un centre industriel d'autrefois. La draperiesayetterie d'Hondschoote(XVIe—XVIIIe siècles)*,1930,pp. 252—253,note 3.

53. Smyrne déjà un centre important dès 1550,BELON DU MANS,*op. cit.*,p. 89;les Ragusains y vont charger du coton;Paul MASSON,*Histoire du Commerce français dans le Levant au XVIIe siècle*, 1896, p. 125; J. B. TAVERVIER,*op. cit.*, I, p. 68; Guillaume de VAUMAS, *L'Eveil missionnaire de la France*, 1942, p. 102; P. Henri FOUQUERAY, *Histoire de la Compagnie de Jésus en France des origines à la suppression*,1925,IV,p. 342 et *sq.*;Gérard TONGAS,*Les relations de la France avec l'Empire ottoman durant la première moitié du XVIIe siècle et l'ambassade de Philippe de Harlay, comte de Césy*,1619—1640,1942,p. 208;Baron de TOTT,*Mémoires*,*op. cit.*,

IV,pp. 85—86.

54. Ce qui suit emprunté à une histoire inédite de Nicolo Contarini, V. LAMANSKY, *op. cit.*, pp. 513—515. Le fait signalé aussi par H. KRETSCHMAYR et F. C. LANE, incidemment. Surabondante documentation inédite, A. d. S. Venise, Papadopli, Codice 12, f° 23; en 1585, 16,000 *colli* de marchandises variées de la Narenta à Venise, preuve que ce grand déroutement prépare, à l'avance, la fortune de Spalato. Autres références: *Cinque Savii*, 138, f° 77 v° à 79 v°, 16 juin 1589; ibid., f° 182, 24 sept. 1592; ibid., 139, f° 54 et v°, 23 novembre 1594; Marciana, Notizie del mondo, 5837, 25 janvier 1596; Museo Correr, D. delle Rose, 42, f° 35 v°, 7 septembre 1596; *ibid.*, 21, 1598, 1602, 1608; *Cinque Savii*, 12, f° 112, 2 septembre 1610. Sur la fabrication du "lazzaretto" de Spalato, A. d. S. Venise, Senato Zecca, 17, 22 avril 1617.

55. V. LAMANSKY, *op. cit.*, p. 514.

56. F. C. LANE *op. cit.*, p. 2.

57. V. LAMANSKY, op. cit., p. 504 et *sq.*

58. *Ibid.*, p. 514.

59. Domenico SELLA, *op. cit.*, p. 2 et 55.

60. *Ibid.*

61. *Cinque Savii*, Riposte 141, f°s 28 et 29, 19, juillet 1607.

62. *Cinque Savii*, 4, f° 1083, 19 sept. 1626.

63. *Ibid.*, 19 f°s 103 et 104, 20 mai 1636.

64. Voir *supra*, note 4.

65. V. LAMANSKY, *op. cit.*, p. 514.

66. Voir *infra*, p. 267 et Domenico SELLA, *op. cit.*, p. 41 et *sq.*

67. Voir *infra*, p. 470.

68. J'utilise d'après mes notes, des observations du professeur Lütfi Gučer au Colloque de juin 1957, à la Fondation Giorgio Cini.

69. Les recteurs à O. de Cerva, Raguse, 20 mai 1593, A. de Raguse *Lettere di Levante*, 38, f° 113. Animation grandissante, sans doute, des transports terrestres, autour d'Oran, Diego SUAREZ, *op. cit.*, p. 36, 47, 50, 86, 275, 314.

70. Dr. M. D. GRMEK, "Quarantaine à Dubrovnik", *in*: *Symposium Cila*, avril 1959, pp. 30—33.

71. Giuseppe TASSINI, *Curiosità Veneziane*, 1887, pp. 277—78. Dès avant cette date les marchands turcs à Venise ont été regroupés, Senato Terra 67

(15 mai 1575). Sur marchands turcs et arméniens renseignements nombreux, *Cinque Savii*, 3, 4, 13, 15, 17, 18, 19(de 1622 à 1640).

72. Aussi A. de Raguse, *Diversa di Cancellaria*, 192 à 196.

73. Dans sa lettre déjà citée du 7 novembre 1963.

74. Renée DOEHAERD, *Études anversoises. Documents sur le commerce international à Anvers*, 1488—1514, I, 1963, *Introduction*, p. 66.

75. Jacques HEERS, "Il commercio nel Mediterraneo alla fine del secolo XIV e nei primi anni del XV", in: *Archivio storico italiano*, 1955.

76. *Op. cit.*, p. 578.

77. Domenico SELLA, *op. cit.*, p. 72.

78. Alberto TENENTI, *Naufrages, corsaires et assurances maritimes à Venise* (1592—1609), 1959.

79. *Ibid.*, p. 59 et 60, taux fixe des assurances à Raguse, Iorjo Tadié, lettre du 7 nov. 1963, déjà citée.

80. *Cinque Savii*, 141, f° 32 à 33 v°, 24 sept. 1607. Le taux des assurances pour la Syrie serait de 8, 9, 10 p. 100 à l'aller et autant au retour. Les taux (aller simple, ou retour simple) sont, en 1593 et 1594, régulièrement de 5 p. 100. A. d. S. Venise, *Miscellanea*, Carte Private 46. Les *Cinque Savii* exagèrentils pour obtenir autorisation d'exporter de l'argent en Syrie?

81. Hypothèse évidemment optimiste.

82. *Ibid.*, p. 567.

83. *Ibid.*, p. 563 et *sq.*

84. A. de Raguse, *Diversa di Cancellaria*, 192 à 196, et notamment 192 (f° 139, 30 mai 1604, f° 176 v°, 14 1604, le Catallan); 194 (f° 44 v°, 2 mai 1605).

85. Museo Correr, Prov. Div. C 989(Mercatura e traffichi III).

86. Felipe RUIZ MARTIN, *Lettres marchandes échangées entre Florence et Medina del Campo*, 1965, p. CXVI et *sq.*

87. Modesto ULLOA, *La hacienda real de Castilla en el reinado de Felipe II*, Rome, 1963, p. 187.

88. Ramon CARANDE, *Carlos V y sus banqueros. La hacienda real de Castilla*, 1949, p. 292 et *sq.*

89. *La hacienda real...*, pp. 137—200.

90. Simancas, Escrivania Mayor de Rentas, 1603—1604.

91. The Growth of the Antwerp Market and the European Economy,

1963，II，p. 311 et *sq*.

92. A. d. S. Venise，*Cinque Savii*，4 bis，f° 44，8 mai 1636.

93. R. MANTRAN，*op. cit.*，p. 489.

94. S. SCHWEIGGER，*op. cit.*，p. 241.

95. B. M. Sloane 1572，f° 50 v° et 51，2 juillet 1633.

96. A. d. S. Venise，Dispacci Spagna，P° Gritti au doge，Gênes，30 avril 1616.

97. R. P. BINET，*Essay des merveilles de nature et des plus nobles artifices* (éd. 1657，p. 97).

98. D'après le travail encore inédit d'Alvaro Castillo Pintado.

99. Museo Correr，D. delle Rose，217.

100. D'après Simancas E° 160. Voir *infra*，p. 278. A titre de curiosité，de gros intérêt pour l'histoire des techniques. A. DELATTE. "L'armement d'unecaravelle grecque du XVIe siècle，d'après un manuscrit de Vienne"，in：*Miscellanea Mercati*，tome III，1946，pp. 490—508. C'est l'étude des proportions des diverses parties du vaisseau en fonction du tonnage. Je dois à Hélène Bibicou d'avoir pu traduire ce texte difficile.

101. Simancas，Guerra Antigua，XX，f°15，15 septembre 1541. Pour uncheval transporté，il faut au moins une vingtaine de tonnes.

102. Thomas PLATTER，in：*Félix et Thomas Platter à Montpellier*，1892，p. 303.

103. D'après Louis DERMIGNY，*La Chine et l'Occident. Le Commerce à Canton au XVIIIe siècle*，1719—1833，1964，le tonnage des gros *Indiamen* reste inférieur à 2，000 tonneaux，*l'Hindoustan*，en 1758，jauge officiellement 1，248 t. et en déplace effectivement 1，890，t. I. p. 202 et *sq*，pp. 212 et 213.

104. A. d. S. Venise，Senato Mar，6，f°185，30 juin 1460.

105. B. N. Paris，Ital. 1714，f° 109，J. A. Venier au doge，Rouen，22 février 1532，copie.

106. Jacques HEERS，*Gênes au XVe sicèle，Activitè èconomique et problèmes sociaux*，1961，p. 278.

107. Notre texte utilise les premiers chapitres du travail inédit d'Alberto TENENTI et Corrado VIVANTI sur le système vénitien des *galère da mercato*，qui a servi de base à l'article："Le film d'un grand système de navigation：Les galères marchandes vénitiennes XIVe—XVIe siècles"，publié par ces deux auteurs in：*Annales E. S. C.*，XVI，1961，n° 1，pp. 83—86.

108. Gino LUZZATTO, *op. cit.*, p. 41 et *sq*; p. 76.

109. A. d. S., Notatorio di Collegio, 355, f° 104 v°, 1er décembre 1449. De même dans cette série: 372, f° 108 v°, 12 avril 1450 (915, 1, 150, 1, 100 *botte*): 97, f° 29 v°, 11 juin 1461 (2,500 *botte*); 343, f° 87, 18 février 1471; 368, f° 96, 8 juin 1471 (une *nave* neuve de plus de 1,000 *botte*).

110. A. d. S. Mantoue, A° Gonzaga, Série E, Venezia 1433, G. Brognolo au marquis de Mantoue, Venise, 7 août 1490.

111. *Op. cit.*, I, p. 684, 26 juin 1497; pp. 802—803, octobre 1497.

112. *Ibid.*, II, p. 1244 et *sq.* Relevé analogue: Correr, D. delle Rose, 154, f° 69, 1499.

113. La relation est dressée à Malaga, juillet 1541, Simancas Guerra Antigua, XX, f° 10.

114. Louis DERMIGNY, *op. cit.*, t. I, pp. 202 et *sq.*

115. A. d. S. Venise, Senato Mar, 4, f° 28 v°, 16 janvier 1451.

116. Museo Correr, D. delle Rose, 2509, 21 octobre 1502, *in rogatis*.

117. *Op. cit.*, III, p. 413.

118. Huguette et Pierre CHAUNU, *Séville et l'Atlantique*, 1955, t. I, p. 127, note 3 sur les ordonnances du 13 février 1552 et du 11 mars 1587; limitations aussi des plafonds: 400 t en 1547 et 550 en 1628 pour les navires allant en flotte.

119. J. KULISCHER, *Allgemeine Wirtschaftsgeschichte des Mittelaters und der Neuzeit*, 1928 (et second tirage 1958), II, p. 385.

120. Albert GIRARD, *La rivalitécommerciale de Séville et de Cadix au XVIIIe siècle*, 1932.

121. BARRADAS, *in*: Bernardo GOMES DE BRITO, *Historia tragico-maritima*, 1904—1905, I, p. 221.

122. *Journal de voyage de ... Zane*(1579), inédit, P. R. O. 30. 25. 156. f° 32 v°.

123. Alfred de STERNBECK, *Histoire des flibustiers*, 1931, p. 158 et *sq.* Abbé PREVOST, *Histoire Générale des voyages*, 1746, t. I, p. 355. Est-ce ce fait divers qui a inspiré le détail relatif à une caraque portugaise de *La espa ola inglesa des Novelas Ejemplares* de Cervantes?

124. B. M. Sloane 1572.

125. B. VARENIUS, *Geographia Generalis*, Amsterdam 1664, p. 710.

126. V. G. SCAMMELL, " English merchant Shipping at the end of the

Middle Ages:some East Coast Evidence",in:*The Economic History Review*, 1961,p. 334,encore en 1572 moyenne de tonnage,42 tonnes.

127. John HARRIS, *Navigantium atque itinerantium bibliotheca*, Londres,1746,I,p. 115.

128. R. HAKLUYT,The principal Navigations,Voiages. . . ,II,2e partie, pp. 112—113.

129. J. HARRTS,*op. cit.* ,I,p. 23.

130. *La Armada Invencible*, documents publiés par Henrique HERRERAORIA,Valladolid,1929,p. 24.

131. P. CHARLIAT, *Trois sicéles d'économie maritime français*, 1931, p. XXX.

132. J. KULISCHER,*op. cit.* ,II. p. 1572.

133. Simancas E°174.

134. *Ibid.*

135. Simancas,Gerra Antigua,XI,s. f. ;en(1538)*ibid.* ,f°56,*Relacion de los naos y carabellas que se han hallado entrados los puertos deste reyno de Galicia*,indication sur des barques chargées de sardines qui vont à Carthagène et à Barcelonne,sur des caravelles portugaises,l'une chargée de sucre,une autre de cuirs enlevés en Irlande. Au milieu de ces pygmées, une caraque de 1,000 tonnes à Vivero,"*que a comun opinion es el major navio que ay desde Levante à Poniente*".

136. Simancas E° 160.

137. *Relacion de los navios q. se han detenido en la baya de Cadiz y puerto de San Lucar de Barrameda y de sus partes,bondad,gente de mar y artilleria en 29 de março* 1595. Simancas E° 174.

138. *Relacion particular de los navios q. estan detenidos en los puertos de Cadiz,San Lucar,Gibraltar,Huelva.* Simancas E° 174.

139. *Relacion de las urcas y filibotes que han entrado en este puerto de San Lucar de Barrameda desde los 3 de octubre hasta los 21 del dicho de 1595 y en la baya de la cuidad de Cadix y lo que viene en cada uno dellos.* Simancas E°174.

140. Chevalier de Razilly à Richelieu,Pontoise,26 novembre 1626,B. N. , Paris n. a. ,9389,f° 66 v°.

141. *CODOIN*,II,p. 171,12 mai 1594.

142. Le navire capturé(Henri HAUSER,*Prépondérance espagnole*,2e

éd. ,1940,p. 148 et 154;R. HAKLUYT,éd. J. M. Dent and Sons,1927,t. V. p. I et *sq.*) aurait servi de modèle aux Espagnols. Affirmation discutable, puisque le Revenge coule,peu après sa capture,au cours d'une tempête,Garrett MATTINGLY, in: *The American Historical Review*, IV, n° 2, janvier 1950 ,p. 351. En tout cas ,à une date ou à une autre,à la fin du XVIe siècle,il y a transfert des techniques anglaises en Espagne et en Méditerranée. Des armateurs ragusains,Simancas,Contaduria Mayor de Cuentas,Segunda época, 904,20 février(1590),construisent des galions de type anglais *Indice de la Coleccion de documentos de Fernandez de Navarrete que posee el Museo Naval*,Madrid,1946,n° 741. Le document est situé à tort entre 1570 et 1580. Une date beaucoup plus tardive et plus exacte:Gregorio de Oliste à Philippe III,Naples, 13 janvier 1604,il s'occupe activement "*de la fabrica de los 12 galeones que V. M. me mando hazer mediante el asiento*",Simancas,Napoles, Estado,1,100,f°s 8. Nombreuses références,A. d. S. Naples,Sommaria Consultationum,14(f°s 229—233);29 (f°44—45);30(f° 31,38—46,49—53,58—80,158—159,221—225).

143. Rapportée par Fco de Vera au roi,Venise,29 juillet et 5 août 1589. A. N. ,K. 1674.

144. Fidel de SAGARMINAGA, *El golierno... de Viscaya*, 1892, I, p. 73.

145. Antonio de Quintaduenas à Simon Ruiz,Rouen,16 avril 1565,cité par Henri LAPEYRE,*Une famille de marchands,les Ruiz. Contribution à l'étude du commerce entre la France et l'Espagne au temps de Philippe II*, 1955,p. 212,n. 169.

146. Rapport final de Marco Ottobon,à son retour de Dantzig,1591, référence fournie *supra*,p. 173,note 8.

147. *Ibid.* ,Lettre aux Proveditori alle Biave,Dantzig,7 juillet 1591.

148. Sur tous ces problèmes,les tonnages,les constructions "à carvel"et "à clin",les noms des navires et médiocres embarcations,se reporter aux pages et aux notes de Henri LAPEYRE,*op. cit.* ,p. 206 et *sq.*

149. Frederic C. LANE,*Venetian Ships and Shipbuiders of the Renaissance*,1934,p. 27.

150. *Op. cit.* ,VI,p. 71.

151. Jusqu'en 1564, nous dit Frederic C. LANE, "The Medit. spice Trade",in:*A. H. R.* ,t,XLV,p. 581.

152. J. LOPEZ au roi,Venise,2 juillet 1569. Simancas E° 1326.

153. Dr. Jules SOTTAS, *Les Messageries maritimes à Venise aux XIV et XVe siècles*, 1936, p. 136.

154. F. C. LANE, *op. cit.*, p. 47.

155. NAVAGERO, *op. cit.*, p. 1.

156. S. RAZZI, *La Storia di Ragusa*, 1903, p. 128.

157. *Ibid.*, p. 156.

158. 8 mars 1565. Simancas E° 486.

159. *Ibid.*

160. A. d. S. Napoli, Sommaria Partium: 540, f° 51; 546, f° 229; 559, f° 267 v° et 268; 560, f° 73, f° 115 v°, f° 185; 562, f° 55 v°; f° 237 v°; 561, f° 101 v°; 594, f° 28 v° (la nave de 1000 tonnes, 800 carri, en construction à Raguse); 595, f° 161 v° et 162.

161. 6 mai 1579. A. d. S. Florence, Mediceo 1829, f° 67.

162. A. d. S. Venise, Senato Dispacci Spagna, Zane au doge, 15 juillet 1583, les chiffres se retrouvent, Museo Correr, Dona delle Rose, 154, f° 101.

163. 31 mai 1591, A. de Raguse, Diversa de Foris, V, f° 15.

164. 2 juin 1591, A. Civico, Gênes, Consolato Francese, 332.

165. Miguel de Oviedo au roi, Carthagène, 19 oct. 1569. Simancas E° 176.

166. 4 mars 1596, A. de Raguse, D. de Foris, IV, f° 85.

167. Trapani, 10 mai 1599, A. de Raguse, D. de Foris, VIII, f° 25 v°.

168. Le duc de Maqueda, vice-roi de Sicile aux Jurados de Trapani, 21 août 1601, A. de Raguse, D. de Foris, f° 203 v°, navire de 4,000 *salme*.

169. Iorjo TADIC (lettre du 7 novembre 1963).

170. A. d. S. Venise, Capitolari, II C 112, 4 nov. 1581, cité par G. LUZZARRO, "Per la storia delle costruzioni navali a Venezia nei secoli XV e XVI", in: *Miscellanea di studi storici in onore di C. Manfroni*, Venise, 1925, p. 397.

171. G. LUZZARRO, *ibid.*, p. 392 et *sq.*

172. V. LAMANSKY, *op. cit.*, p. 560.

173. Simancas Guerra Antigua, XX, f° 13.

174. *Ibid.*, f° 10.

175. *Ibid.*, f° 15.

176. *Ibid.*, f° 9.

177. *Ibid.*, XLVI, f° 204.

178. *Ibid.*, LIII, f° 206.

179. Giusceppe VIVOLI, *Annali di Livorno*, Livourno, 1842, III, p. 425.

180. *Diarii*, LIII, p. 522.

181. D'après Auguste JAL, Glossaire nautique, 1848.

182. F. LANE, *op. cit.*, p. 53; CASONI, "Forze militari", in: *Venezia e le sue lagune*, 1847, p. 195.

183. Alfredo PINO-BRANCA, *La vita economica degli Stati italiani nei secoli XVI, XVII, XVIII, secondo le relazioni degli ambasciatori veneti*, Catania, 1938, p. 209.

184. 4 nov. 1589, Conseil de Pregadi, A. d. S. Venise, Busta 538, f° 884.

185. F. LANE, *op. cit.*, p. 52, note 52, p. 53, note 57.

186. *Voyage du Levant*, p. 25.

187. Pierre GRANDEHAMP, *La France en Tunisie à la fin du XVIe siècle*, 1920, p. 88.

188. B. Com. Palerme, 3 Qq D 77, n° 9, 26, 32.

189. A. Com. Marseille, série HH, non classée.

190. Ou à ce galion marseillais de 450 t qui, en 1561, fait le voyage de Constantinople, chargé d'aluns, touche à Chio, Avis du Levant, 12—14 avril 1561, simancas E° 1051, f° 55.

191. A. Civico Gênes, sept. 1594, Consolato Francese, 332. Sur la petitesse des navires marseillais, voir le recensement des "saettie francese" arrivées à Venise de 1581 à 1585, A. d. S. Senato Terra, 96. Au total 37 arrivées: 6, en 1581; 9, en 1582; 7, en 1583; 9, en 1584; 6, en 1585. Le plus gros déplace 164 *botte* (82 t environ), le plus petit, 54 *botte*(27t). J'ai laissé de côté quatre navires dont la jauge est donnée en *stara* (440, 440, 460, 305). La moyenne pour les 33 autres s'établit légèrement au-dessus de 90 *botte*, soit 45 t.

192. 14 fév. 1596, P. GRANCHAMP, *La France en Tunisie à la fin du XVIe siècle*, 1920, pp. 30—31.

193. 6 août 1596, *ibid.*, p. 81.

194. 2 juin 1591, A. Civico, Gênes, Consolato Francese, 332.

195. Voir *infra*, II, p. 193, note 3.

196. *Histoire du Commerce de Marseille*, t. III, p. 193.

197. P. LESCALOPIER, *op. cit.*, p. 26.

198. Josip LUETIC, O *pomortsvup Dubrovačke Republike u XVIII*

stoljecú,Dubrovnik,1959,p. 190.

199. Museo Correr,D. delle Rose,f° 217.

200. *Ibid.* ,f° 8 et *sq.*

201. Voir *infra*,p. 547 et *sq.*

202. Voir *infra*,II,p. 97,note 6.

203. N. IORGA,*Ospiti romeni in Venezia* (1570—1610),1932,p. 75.

204. Ugo TUCCI,"Mercanti veneziani in India all a fine del secolo XVI", in:*Studi in onore di Armando Sapori*,1975,pp. 1091 et *sq.*

205. Gilberto FREYRE,*Casa Grande et senzala*,Rio de Janeiro,1946,t. I,p. 360.

206. BRANTOME,*Mémoires*,XI,p. 107.

207. Philippe de CANAYE,*Le voyage du Levant*,p. 114.

208. Richard BUSCH-ZANTNER, "Zur Kenntnis der osmanischen Stadt",in:*Geographische Zeitschrift*,1932,pp. 1—13.

209. J. LECLERCQ,*op. cit.* ,1881,p. 21.

210. D. de HAEDO,*op. cit.* ,178 v°. A Alger,deux marchés par semaine avec grand concours des gens des plaines et montagnes voisines.

211. A. PINO BRANCA,*op. cit.* ,p. 257.

212. *Panni garbi*:draps de première qualité.

213. A la reine,13 février 1567,DOUAIS,*Dépêches*...,III,pp. 36—37.

214. Le duc de Terranova au roi, Simancas E° 1144,28 août 1575;E° 1145,18 février 1576.

215. Jacob BURCKHARDT,*Geschichte der Renaissance in Italien*,éd. 1920,p. 16 et 17.

216. Baron de TOTT,*Mémoires*,IV,pp. 71—73.

217. *Le discours du voyage de Venise à Constantinople*,1547,p. 31.

218. Renée DOEHAERD et Ch. KERREMANS,*Les relations commerciales entre Gênes,la Belgique et l'Outremont*,1952,I,pp. 77—78.

219. A. MEHLAN,"Die grossen Balkanmessen in der Türkenzeit",in: *Vierteljahrschrift für Sozial-und Wirtschafstgeschichte*, XXXI, 1938, pp. 20—21.

220. J. TADIC,*Dubrovcani po juznoj Srbiji u XVI stolecu Glasnik Skop nauc dro*,VII—VIII,1930,pp. 197—202.

221. L. BERNARDO,*Viaggio a Costantinopli*,Venise,1887,p. 24,1591.

222. Une fabrique d'écarlates, Conseil du 20 nov. 1575, A. Com. Marseille, BB 45, f° 330.

223. Giacomo Pedro LUCCARI, *Annali di Rausa*, Venise, 1605, p. 120.

224. *Ibid.*, p. 139.

225. G. BOTERO, *op. cit.*, I, p. 35.

226. Marc BLOCH, in: *Mélanges d'histoire sociale*, I, pp. 113—114.

227. Francesco GUICCIARDINI, *Diario del viaggio di Spagna*, Florrence, 1932, p. 46. Pour une comparaison: Nîmes, en 1592, P. GEORGE, *op. cit.*, pp. 621—622.

228. *Decadenza economica veneziana nel secolo XVII*, Colloque de la Fondation Giorgio Cini (27 juin-2 juillet 1957), 1961, pp. 23—84.

229. *Le Banquet*, p. 17, cité par Th. SCHARTEN, *Les voyages et les séjours de Michelet en Italie*, Paris, 1934, p. 101.

230. Jacques HEERS, *op. cit.*, p. 74, et *sq.*

231. B. N., Paris, Fr. 2086, f°s 60 v°, 61 r°.

232. A. d. S. Venise, *Cinque Savii*, Risposte 1602—1606, f° 189, v°, 195.

233. *Op. cit.*, I, p. 38.

234. Antonio de CAPMANY Y DE MONTPALAU, *Memorias historicas sobre la Marina, Comercio y Artes de la antigua ciudad de Barcelona*, Madrid, 1779, I, p. 205 et *sq.*

235. Felipe Ruiz Martin, Professeur à l'Université de Bilbao, qui m'a communiqué le plan de son prochain livre.

236. A. d. S. Venise, Dispacei Senato Spagna, F° Moro au doge, Madrid ..., 1615.

237. Les admirables documents de Simancas Expedientes de Hacienda, 170, où se trouve par surcroît le recensement, le *padrôn* de la ville en 1561.

238. A. d. S. Venise, Senato Terra, 4, f° 138, 22 mars 1460.

239. *Le Loyal Serviteur*, *op. cit.*, p. 42.

240. A. d. S. Venise, Senato Terra 27, Brescia, 5 mars 1588; la question se pose antérieurement *ibid.*, 24, Brescia, février-mars 1556.

241. A. d. S. Naples, Sommaria Consultationum 2, f° 75 v° et 76, 7 juillet 1550.

242. Se reporter à la longue note bibliographique, *infra*; pp. 361—362.

243. Il sera à reprendre, à partir des sources d'archives peu et mal utilisées de Simancas. Espérons que les études annoncées de Felipe Ruiz Mar-

tin ne tarderont pas.

244. L'événement est, en ce domaine, la parution du tome III et dernier de Karl Julius BELOCH, *Bevölkerungsgeschichte Italiens*, Berlin, 1961.

245. La nouveauté révolutionnaire des études d'Omer Lutfi Barkan.

246. E. HOBSBAWM, "The Crisis of the 17th Century", in: *Past and Present*, 1954, n° 5, pp. 33—53, n° 6, pp. 44—65.

247. Alvaro CASTILLO PINTADO, "El servicie de millones y la población del Reino da Granada en 1591", in: *Saitabi, Revista de la Facultad de Filosofia y Letras de la Universidad de Valencia*, 1961.

248. Otto BRUNNER, *Neue Wege der Sozialgeschichte. Vorträge ung Aufsätse*, Göttingen, 1956, p. 87 et F. BRAUDEL, "Sur une conception de l'Histoire sociale", in: *Annales E. S. C.*, avril-juin 1959.

249. Earl J. HAMILTON, *El Florecimiento del capitalismo y otros ensayos de historia economica*, 1948, pp. 121—122.

250. Daniele BELTRAMI, *Forze di lavoro e proprietà fondiaria nelle campagne venete dei secoli XVII e XVIII*, 1961, p. 5 et *sq*.

251. M. MOHEAU, *Recherches et considérations sur la population de la France*, 1778, pp. 257—258 et tableau p. 276.

252. Les légats du Concile à Borromée, Trente, 7 août 1561, SUSTA, *op. cit*:, I, pp. 67—68 en note 68—69.

253. G. VIVOLI, *op. cit.*, III, p. 15 et 24, note 17.

254. N. IORGA, *Ospiti romeni in Venezia*, *op. cit.*, p. 35.

255. G. MECATTI, *op. cit.*, II, p. 766.

256. *Almanacco di economia di Toscana dell'anno* 1791, Florence, 1791.

257. Ainsi, en 1539, Rosario RUSSO, *art. cit.*, in: *Rivista storica italianna*, 1934, p. 435, ainsi encore en 1560, Simancas E° 1389, 19 juin 1560. Pour Messine, ainsi en 1577, Simancas E°, 1148, 9 mai 1757.

258. A. SERRA, "Breve trattato delle cause che possono far abondare li regni d'oro e argento dove non sono miniere", in: A. GRAZIANI, *Economisti del Cinque e Seicento*, Bari, 1913, p. 164.

259. A. d. S. Venise, *Cinque Savii...*, Busta 2.

260. B. N., Paris, fr, 5599.

261. C'est-à-dire Rialto.

262. G. PARENTI, *Prime ricerche sulla rivoluzione dei prezzi in Firenze*, 1939, p. 96 et *sq*.

263. Giuseppe MIRA, *Aspetti dell'economia comasca all'inizio dell'età moderna* ,Come,1939,p. 239 et *sq.*

264. Voir *infra*,p. 317.

265. Simancas E°1326,29 sept. 1569-1er oct. 1569.

266. Conseil du 13 déc. 1562,BB 41,f° 25 et *sq* .

267. Giuseppe PARDI,"Napoli attraverso i secoli",in: *N. R. St.* ,1924, p. 75.

268. Mesures demandées contre les pêcheurs du"cartier" St Jehan "qui sortent hors du port, enlèvent et portent plus de pain qui ne leur est nécessaire...",7 août 1583,A. Comm. Marseille,BB 45,f° 223.

269. Alexandre Agulftequi? aux Consuls de Marseille, Lyon, 11 nov. 1579,Archives Com. ,Marseille.

270. 28 août 1577,A. H. N. ,Inquisition de Barcelone,libro I,f° 308.

271. 12 oct. 1558,Inquisition de Valence,libro I,A. H. N.

272. A. d. S. Venise, Capi del Consiglio dei X, Ba 594, f° 139, projet d'achat,23 juin 1559;même demande,16 mai 1560,*ibid.* ,f° 144.

273. A Marseille,Conseil du 4 mai 1572,prime de 6 sols par charge aux marchands,BB 43,f° 144 et *sq* . Archives Comm. Marseille.

274. A. Com. Marseille BB 41,f° 1 et *sq* .

275. Pietro Lomellino à la Sie de Gênes,Messine,8 oct. 1557,A. d. S. , Gênes,Lettere Consoli,Napoli Messina 1—2634.

276. En août 1607,la disette provoque une révolte à Naples,*Archivio storico italiano*,IX, p. 266. Disette décisive plus tard dans l'insurrection de Messine de 1647. Nombreuses références: 23,26,27 déc. 1559;2 janv. 1560, Sim. E° 1050,f° 3;28 janv. 1560,E° 1324,f° 72;5 nov. 1562,E° 1324,f° 154; 16 déc. 1562,*ibid.* ,f° 147;8 avril 1563,f° 110;18 mars 1565,A. d. S. Venise Senato,Secreta Dispacci Napoli,n° 1;7 fév. 1566,Sim. E° 1555,f° 25;18 janv. 1570,Sim. E° 1327;3 mars 1571,Sim. E° 1059,f° 68;28 fév. 1571,*ibid.* ,f° 60.

277. 1527,Mario BRANETTI,"Notizie di Fonti et Documenti",in:*Archivio storico di Corsica* ,1931,p. 531.

278. H. KRETSCHMAYR,*op. cit.* ,III,p. 41.

279. G. MECATTI,*op. cit.* ,II,p. 764.

280. M. BANDELLO, *op. cit.* , V, p. 167. En 1524, Salvatore PUGLIESE,*Condizione economiche e finanziarie della Lombardia nella prima metà del secolo XVIII* ,1924,p. 55,parle de 100,000 morts.

281. G. VIVOLI,*op. cit.*,III,p. 268.

282. *Ibid.*

283. *Ibid.*

284. *Ibid.*

285. "Un picciol popolo è facilmente consumato da una pestilenza", G. BOTERO,*op. cit.*,II,*Proemio*(p. 1),sans pagination dans l'édition de 1599.

286. Voir *supra*,p. 304,note n°2.

287. Marciana, Ital. 7299,*Memorie publiche dal anno*1576 *al* 1586, 18 mars 1584.

288. Sur cette peste de 1576, voir l'admirable étude de Ernst RODENWALDT,"Pest in Venedig 1575—1677,Ein Beitrag zur Frage der Imfektkette bei den Pestepidemien West-Europas", in: *Sitzungsberichte der Heidelberger Akademie d. Wissenschaften*, *Mathematisch-naturwissenschaftliche Klasse*, Heidelberg,1953,p. 119et *sq.*

289. *Op. cit.*,p. 315—316.

290. René BAEHREL, "La haine de classe en temps d'épidémie", in: *Annales E. S. C.*,1952,pp. 315—350 et,plus encore,"Economie et Terreur: Histoire et sociologie", in: *Annales hist. de la Révolutionfrançaise*, 1951, pp. 113—146.

291. A. d. S. Venise,Senato Misti,19,f° 72 v° et 73,3 juin 1478.

292. Père Maurice de TOLON,*Prèservatifs et remédes contre la peste ou le Capucin Charitable*,1668,p. 60et *sq*.

293. *Op. cit.*,II,p. 14.

294. Pare P. GIL,*Libre primer de la historia cathalana...*,f°81 r°.

295. A. de Raguse;voir également la série Diversa di Cancellaria,137.

296. *Ibid.*,146,f° 32 v°,140,187 v°,205,213 v°,215,etc.

297. A. d. S. Florence,Mediceo 4185,f° 171—175.

298. D. de HAEDO,*op. cit.*,p. 8 v°(sur les Kabyles),p. 9(sur les Andalous).

299. Ömer Lutfi BARKAN, Conférences inédites à l'Ecole des Hautes Etudes,p. 11.

300. B. M. Sloane 1572,f° 61,juillet-août 1633.

301. B. GEROMETTA,*I forestieri a Venezia*,Venise,1858,p. 9.

302. A. d. S. Venise,Senato Terra,101,mai 1587.

303. G. Hernandez au roi,Venise,17 juin 1562,Simancas E° 1324,f° 136; N. IORGA,*op. cit.*, p. 136. A côté des Grecs, des Arméniens, des Circass-

iens, des Valaques.

304. M. BANDELLO, *op. cit.*, IV, p. 68.

305. Nicoló Crotto à Antonio Paruta, Angora, 2 mai 1585; Cucina à Paruta, Venise, 16 avril et 25 juin 1509. A. d. S. Venise, *Lettere Com.*, 12 *ter*, et N. IORGA, *op. cit.*, p. 19.

306. G. d'ARAMON, *op. cit.*, p. 29.

307. F. de Vera à Philippe II, Venise, 23 nov. 1590, A. N., K 1674.

308. P. LESCALOPIER, *op. cit.*, p. 29.

309. G. BOTERO, *op. cit.*, I, p. 103.

310. J. W. ZINKEISEN, *op. cit.*, t. III, p. 266.

311. G. BOTERO, *op. cit.*, I, p. 99.

312. Je pense en particulier au livre de J. PLESNER, *L'émigration de la campagne libre de Florence au XIIIe siècle*, 1934.

313. H. KRETSCHMAYR, *op. cit.*, II, p. 194.

314. N. de NICOLAY, *Navigations et pérégrinations orientales*, *op. cit.*, p. 157, les maisons ragusaines à Gravosa, leurs jardins d'orangers et de citronniers.

315. Voir *infra*, note 5.

316. Mateo ALEMAN, *De la vida del picaro Guzman de Alfarache*, 1615, I, p. 24 et 29.

317. Cité par G. LUZZATTO, *op. cit.*, p. 145.

318. B. M. Sloane 1572.

319. Robert LIVET, *op. cit.*, p. 157.

320. R. BUSCH-ZANTNER, *op. cit.*, voir *infra*, II, p. 67.

321. L. PFANDL. *Introducción al siglo de oro*, Barcelone, 1927, pp. 104—105.

322. H. KRETSCHMAYR, *op. cit.*, II, p. 251.

323. G. VIVOLI, *op. cit.*, p. 52.

324. H. KRETSCHMAYR, *op. cit.*, II, p. 254.

325. *Ibid.*, pp. 337—338.

326. A. PETIT, *André Doria...*, *op. cit.*, p. 6.

327. *Ibid.*, pp. 32—33.

328. *Ibid.*, p. 216 et *sq.*

329. Cf. *infra*, note 3.

330. P. EGIDI, *Emanuele Filiberto*, 1928, p. 114.

331. SCOVAZZI et NOBARESCO, *Savona*, d'après compte rendu in:

Rivista Storica,1932,p. 116.

332. G. BOTERO,*op. cit.*,p. 39.

333. Sur Pérouse,les études ed TORDI et d'A. BELLUCCI et *Archivio storico italiano*,t. IX,p. 114 et *sq.*

334. *Archivio storico italiano*,t. IX,p. 47.

335. Sur ce petit cas d'histoire urbaine,les études de Léopoldo PALATINI,de VISCA,de CASTI.

336. *Les aventures du capitaine Alonso de Contreras*,1582—1633,p. p. Jacques BOULENGER,1933,p. 222 et *sq.*

337. D. de HAEDO,*Topographia*…,p. 173 v°.

338. *Novelas ejemplares*,"Licenciado Vidriera",I,p. 263.

339. D'après la thèse inédite de Maurice CARMONA,sur Florence et la Toscane au XVIIe siècle.

340. Maurice CARMONA,"Aspects du capitalisme toscan aux XVIe et XVIIe siècles",in:*Revue d'Hist. moderne et contemporaine*,1964.

341. Voir *supra*,notamment, p. 295.

342. Voir *supra*,p. 97 et note 4.

343. Le consul Raffaelo Giustiniano aux doge et gouverneurs de Gênes, Messine,3 juin 1561,A. d. S. Gênes Lettere Consoli,Messina,1—2634.

344. A. d. S. Gênes,Giunta di Marina,Consoli nazionali ed esteri,1438—1599.

345. R. di TUCCI,"Relazioni commerciali fra Genova ed il Livante",in: *La Grande Genova*,nov. 1929,p. 639.

346. G. VIVOLI,*op. cit.*,IV,p. 23.

347. Ainsi Nicoloso Lomellino a 8 carats sur la nave ragusaine, *Santa Nunciata*,que patronne V° Basilio, A. de Raguse, Doversa de Foris, XII, f° 135,4 mai 1596.

348. Museo Correr,Relation de Santolone sur Gênes (1684).

349. J. PAZ et C. ESPEJO,*Las antiguas ferias de Medina del Campo*, 1912,pp. 139—141,ont raison de détacher comme exemplaire l'arrestation,en novembre 1582,du prince de Salerne qui refuse d'aller à la foire de Medina del Campo.

350. Laszlo MAKKAI,*art. cit.*,voir *infra*,p. 354,note 1.

351. Sur Burgos,A. de CAPMANY,*op. cit.*,II,pp. 323—324 et les importantes remarques de R. CARANDE,*op. cit.*,p. 56.

352. Jean DELUMEAU,*Vie économique et sociale de Rome dans la seconde*

moitié du XVIe siècle, Paris, 2 vol., 1959.

353. Georges YVER, *Le Commerce et les marchands dans l'Italie méridionale au XIIIe et au XIVe siècle*, 1903, pp. 1 à 5 et *passim*.

354. Jean DELUMEAU, *op. cit.*, p. 365 et *sq.*

355. K. Julius BELOCH, *op. cit.*, III, p. 357.

356. Joseph BILLIOUD, *Histoire du commerce de Marseille*, 1951, III, p. 551, n'accepte pour la ville que 30,000 à 45,000 habitants, alors qu'elle s'en attribuait elle-même 80,000, Archives communales de Marseille, BB 45, f° 207, 23 mars 1583.

357. E. von RANKE, *art. cit.*, p. 93.

358. A. d. S. Naples, Sommaria Consultationum 31, f° 110, 111, 7 février 1624.

359. *Archivio storico italiano*, t. IX, p. 247.

360. *Ibid.*

361. *Ibid.*

362. A. d. S. Naples, Sommaria Consultationum, 1, f° 79—84, 27 février 1551.

363. Pour de plus amples détails, sur la place de ce Préfet dans l'exécutif napolitain qu'est le Tribunal de S. Lorenzo, voir Bartolomeo CAPASSO, *Catalogo ragionato dell'Archivio municipale di Napoli*, 1876, I, p. 120.

364. *Archivio Storico italiano*, t. IX, p. 264, note 1.

365. B. CAPASSO, *op. cit.*, p. 51.

366. Wilfrid BRULEZ, *op. cit.*, p. 576.

367. A. d. S. Naples, Sommaria Consultationum, 1, f° 235 v°, 4 nov. 1560.

368. *Ibid.*, 13, f° 373 v°, 20 juin 1597.

369. Pour le blé des Pouilles, *ibid.*, 5, 13 avril 1576; pour sucre et miel, *ibid.*, 33, f° 13, 135—137, 4 février 1625.

370. Sur la croissance de Naples freinée par les autorités espagnoles, G. BOTERO, *op. cit.*, I, p. 114; 22 mars 1560, Sim. E° 1050, f° 23; 1568, Sim. S. P. Napoles, I; *Arch. st. it.*, t. IX, p. 247; B. N. Paris, vers 1600, Esp. 127. f° et 19 v°; Guiseppe PARDI, *art. cit.*, p. 73; et *passim* le livre capital déjà cité de Giuseppe CONIGLIO.

371. Felip RUIZ MARTIN, "Fernando el Catolico y la Inquisiciôn en el Reino de Nâpoles", in: *V Congreso de la Corona de Aragon*, oct. 1952.

372. Avant tout, Miguel de CASTRO, *Vida del soldado español Miguel de Castro* (Colección Austral), 1949, et aussi *Les aventures du capitaine Alonso*

de Contreras (1582—1633), *op. cit.*, notamment pp. 17—20.

373. Simancas, Napoles Est° 1038, 1549.

374. Felipe RUIZ MARTIN, *art. cit.*, p. 320.

375. Sur ces chiffres et leur discussion, Robert MANTRAN, *Istanbul dans la seconde moitié du XVIIe siècle. Etude d'histoire institutionnelle, économique et sociale*, 1962, pp. 44 et *sq.*

376. *Ibid.*, p. 84.

377. *Voyage faict par moy, Pierre Lescalopier...*, f° 35.

378. G. d'ARAMON, *op. cit.*, p. 93.

379. P. LESCALOPIER, *Voyage...*, f° 31 v°.

380. G. d'ARAMON, *op. cit.*, p. 25.

381. *Ibid.*, p. 93.

382. R. MANTRAN, *op. cit.*, p. 40, et Ömer Lutfi BARKAN, "L'organisation du travail dans le chantier d'une grande mosquée à Istanbul au XVIe siècle", in: *Annales E. S. C.*, 17e année, 1962, n° 6, pp. 1093—1106.

383. P. LESCALOPIER, *Voyage...*, f° 32.

384. R. MANTRAN, *op. cit.*, p. 29.

385. *Ibid.*, p. 27.

386. E. CHARRIERE *Négociations...*, *op. cit.*, II, pp. 757—759, cf. TOTT, Mémoires, *op. cit.*, I, p. 75. Liste de 22 incendis, de 1640 à 1701, R. MANTRAN, *op. cit.*, p. 44 et *sq.*

387. P. LESCALOPIER, *Voyage...*, f° 33 v°.

388. *Ibid.*, f° 33 v°.

389. R. MANTRAN, *op. cit.*, p. 44 et *sq.*

390. P. LESCALOPIER, *Voyage...*, f° 37 v°, note que les "arches" à l'Arsenal de Venise sont une trentaine et ne sont "que des pilotis de bois".

391. *Ibid.*, f° 37 v°.

392. *Ibid.*, f° 38.

393. *Ibid.*, f° 36 v°.

394. *Ibid.*, f° 37.

395. R. MANTRAN, *op. cit.*, p. 81 et *sq.* Sur les chevaux à Scutari nombreuses références des voyageurs.

396. Ainsi P. LESCALOPIER, Voyage..., f° 32 v° et 33.

397. R. MANTRAN, *op. cit.*, p. 85.

398. P. LESCALOPIER, *Voyage...*, f° 32.

399. Salazar à S. M., Venise, 5 mars 1581. Simancas E° 1339: "*Que 8*

naves que avian llegado de Alexandria cargados de grano no havian bastado para mas de un solo dia".

400. R. MANTRAN, *op. cit.*, p. 181 et *sq.* Les documents du fonds turc de la Bibliothèque Nationale de Paris, 40 et supplément 1201, ont été analysés pour moi par Halil Sahili Oglou. A consulter le bel article de L. GUCER, "Le commerce intérieur des céréales dans l'Empire Ottoman pendant la seconde moitié du XVIe siècle", in: *Revue de la Facult des Sciences Economiques de l'Université d'Istanbul*, t. XI, 1949—1950, Et la précieuse étude de Walter HAHN, *Die Verpflegung Konstantinopels durch staatliche Zwangswirtschaft nache türkischen Urkunden aus dem 16. Jahrhundert*, 1926.

401. R. MANTRAN, *op. cit.*, p. 184 et p. 189.

402. J. GOUNON-LOUBENS, *Essais sur l'administration de la Castille au XVIe siècle*, 1860, pp. 43—44.

第 二 部 分

集体的命运和总的趋势

在本书第一部分中，我试图利用地理空间的概念，探究所有那些反复出现的、缓慢的和永久性的特征。

在研究静止的或者几乎静止的历史时，我毫不迟疑地越出了原则上专门研究16世纪后半叶历史的年代界限，引用了各个时代的甚至包括现代的证据。维克多·贝拉尔从他眼前的地中海发现了《奥德修纪》中的景色。但是，就像费阿刻斯人的科孚岛，抑或食落拓枣人的杰尔巴岛，人们可以发现尤利西斯本人，历经许多世纪之后仍无变化。

从这一长远观点出发，第二部分把我们引入一个更接近于个人的历史：集团的历史，集体的命运和总的趋势。这是一部社会史，其主角是人，人类，而不是像莫里斯·阿尔布瓦克斯可能会说的那样是“物”，或者换句话说，即人类在物的基础上建造的东西。[1]

其实，第二部分旨在满足两个互相矛盾的目的。它关心社会结构，关心那些在漫长的历史进程中变化缓慢的机构；此外，它还关心那些结构的发展。因而，它把我们行话所说的结构和形势，把静止的和运动的，迟缓的和快速的东西结合在一起。正如经济学家[2]——实际上是他们为我们作了最初的区分——所熟知的那样，现实的这两个方面在日常生活中一直存在，而日常生活却是变化与延续因素永无休止的混合。

但是，想通过一次努力弄清这一复杂的景象并非易事。下面各章把难点切割开来，依次研究经济制度、国家、社会、文明、必不可分的中间媒介等问题，最后是战争的不同形式。不过读者不要有错误的想法。由于不能一蹴而就，以上列举的种种研究是朝着唯一的、全面的理解所作的一次又一次努力中的一次尝试。

这些进一步的区分既是必要的，也是可能的。对智者而言，它们尚不能令人满意，但是任何方案只要能以尽可能少的重复尽可能好地把问题解释清楚，就有其价值。

一　经济:16 世纪的尺度

第一个问题是找出 16 世纪的尺度和经济范围。本章宗旨也是吕西安·费弗尔的宗旨。他在其《拉伯雷》[1] 最后一部分中,试图弄清 16 世纪的智力工具,测出它的大小,以便清除史家面临的那些错误的、歪曲的解答,因为它们与当时的可能性和知识水准有明显的矛盾。同样,扼要地显示一下什么是 16 世纪的经济工具和人类力量的限度,然后再研究人类从地中海这一开端所实际建造的东西,是有价值的。

1. 距离,头号敌人

今天,我们觉得缺乏空间。在我们周围,空间正在缩小。在 16 世纪,空间过多,而且这笔财富在当时既是好处又是障碍。在文学一再重复的关于地中海的所有的题材中,有关“人类的能力的范围的海”的题材,是令人失望的题材之一。似乎人类的能力是一成不变的。可以肯定,地中海不在 16 世纪的人类的能力的范围内,因为 16 世纪的人类艰难地控制着地中海过于辽阔的空间,就像昨天,20 世纪的人类没有很好地制服太平洋的疆域一样。

对写信者来说，信件往来费时甚多

要了解上述情况，只需听听那些为自己的生活搏斗的人的抱怨。一想到邮件传递旷日持久，写信的人没有不痛苦的，正如皇后向她兄弟菲利普二世吐露隐情时所说，"信件往来浪费时间"。[2] 加尔文迟迟未复德尔维科的来信，[3] 后来他在信中承认："……想到信要在路上耽搁那么长的时间，我不由得几度懒于履行复信的义务……"如果信件很快到达，收信人就会感到吃惊。人文学者安托尼奥·格瓦拉在给他的朋友的信中写道："您的信要经过从巴伦西亚到格拉纳达这么远的路程，但它从星期六发出，星期一便到达这里，真是神速。"在巴利亚多利德，寄给卡斯蒂利亚要塞司令的一封信也同样以创纪录的时间抵达："它到达时就像鳟鱼一样新鲜。"安托尼奥·格瓦拉一直没有忘掉这个形象，因为几年以后，他写信给洛斯·韦莱侯爵说："您的信来得更神速，比人们从巴约讷给我们带来的鲑鱼还要新鲜。"[4] 这些例外情况跟往常一样正好证明了一般的规律。

那些人们认为心中思考重大问题的政治家和驻外大使们，常常为信件的到达和延误操心。唐·路易斯·雷克森斯 1575 年 2 月 24 日在安特卫普写信给菲利普二世派驻巴黎的大使唐·迪埃戈·德苏尼加说："我不知道在阁下那里，从西班牙来的信的情况如何。至于我，自去年 11 月 20 日以来，就没有从国王那里得到任何有关荷兰事务的消息……为国王陛下效劳的事也因此深受损害。"[5]

邮件的到来或者即将到来的邮班，都是一桩苦事、一种烦扰。

即使普通邮班也没有固定时刻，有的甚至没有固定日期。“我一小时又一小时地等待佛兰德日常邮差经过这儿”，昌托奈在 1561 年 12 月这样记载。[6] 当然，这不仅仅是西班牙国王的大使们的烦扰。朗布耶红衣主教写信给查理九世时说：[7]“加速别人寄给我们的信件的传递是徒劳的，因为邮政部门的先生们在投递陛下——您是这样仁慈和伟大——的邮包时怯懦且漫不经心，使得这些邮包从宫廷到里昂往往要在途中走 1 个月或者 6 个星期，以致当我收到这些信件时，信件已经失去时效，执行信中命令的时机都常常非常令人惋惜地错过了。……”富克沃也有同样的抱怨。他于 1567 年 1 月在马德里写道[8]：“有五六个住在利翁湾的邮件押运员，他们戴着国王徽章，有时还为罗马教区主教送信。当他们上路送信时，就自称是内穆尔先生的人。这是为了从邮政局长那里得到更高的薪金。”但是，他们还为各国银行家传递紧急信件和钱款。例如，他们当中的一个“前几天遵照（西班牙）宫廷的指令很快把居住在利翁湾的热那亚银行家的信件带给热那亚人。”[9] 然而，法国国王的信件仍然滞留在路上。这同另外一次一样，由于“朗德驻军长官”的缘故，信件的传递受到干扰，结果，总是信件的传递被难以置信地延误了。[10] 亨利三世在西班牙的代理人隆格莱 1584 年 2 月指出，他已有两个星期没有得到他的政府的消息了，[11]，但是，“积压在布尔戈斯的（信件）却很多，这些信件都是从巴利亚多利德方面来的。”当时各类事故和事件非常多。这或者是上一个邮件押送员没把信件转交给下一个；[12] 或者是正常的邮路被切断；或者是听说有强盗，邮件押送员就决定不再走夜路……每次在远处都会出现预料不到的故障。结果，那不勒斯总督得不到指示；菲利普二世的政

府不了解荷兰事件的进展；驻马德里的威尼斯大使整整两个月得不到意大利的消息。[13]

这大概都是由于人的过失、环境的影响或者天气恶劣而产生的反常现象。可是，这种“反常”却一再发生，并使一贯紧张的形势更加恶化。与距离作斗争，仍然是费神的问题，但也是侥幸和运气的问题。在海上，如果顺水，一连几天好天气，人们就可以在一两个星期内做到别人 6 个月都做不到的事情。例如勒芒斯的伯龙用了 13 天从马尔马拉海到达威尼斯，而平时往往要花费半年时间。[14]同样，虽然在陆地上，相邻两地之间的距离要短一些，但是，由于战争、警报、下雨道路泥泞无法通行、下雪堵塞山口等，最合理的期限也不够。距离的长短不是一成不变的。它有十个、上百个不同的变化。任何人在出发或作出决定前，对他所需要的时间事先都没有把握。

事实上，16 世纪的人对慢慢吞吞拖拖拉拉的现象已经逆来顺受。一封从西班牙到意大利的信既可以取道波尔多和里昂，也可以取道蒙彼利埃或尼斯。1601 年 4 月，一封亨利四世派驻威尼斯的大使 M. 德维利埃给这位君王的信经布鲁塞尔抵达枫丹白露……[15]从 1550 年到 1560 年，葡萄牙国王派驻罗马的大使常常让他们的信件经由安特卫普发送。[16]这是因为邮件的行程时间不取决于邮路的长短，而取决于邮件押送员的质量和邮班的多少。此外，迟到或早到三四天人们已经习以为常，从来不去注意……1587 年年底，当“贝亚恩亲王”的新教徒占领利穆赞时，在巴黎的贝尔纳迪诺·德·门多萨与菲利普二世政府之间的正常联系的道路被切断。邮件不得不改经新的路线发送。不幸的是，在这些新的路线上,沿途没有组织好的邮局。菲利普二世在告知他这些情况的信的空白处写道:“重要的不是争取早到四五天,而是信件发送要走可靠的路线,只有在个别情况下,时间短才是重要的。”[17]

海的大小幅度:几个创纪录的速度

我们可以利用的数字,彼此之间差别很大。此外,它们很少组成同一性质的系列。在扣除特别的航行速度(总之,根据这些速度,海的范围最小)的情况下,人们会得到一个处于纯净状态的关于距离的概念。[18]

每天 200 或 200 多公里的高速,几乎只有在天气晴好的海上航行[19]并且使用加固的帆桨战船的情况下,才能达到。例如,奥地利的胡安 1572 年 6 月从墨西拿派遣的船只只用了 6 天时间就抵达加泰罗尼亚(帕拉莫)海岸。[20]当时情况很紧急,胡安无论如何也要使菲利普二世给他的命令——即命令他和他的舰队的主力停留在墨西拿待命——撤销。这艘武装精良的帆桨战船独航。根据托斯卡纳一则通讯说,这艘船一直向前航行,从未靠岸,[21]也就是说笔直前进。这种奇迹不是独一无二的。前两年的冬天(1570 年 12 月),让·安德烈·多里亚从热那亚到帕拉莫只用了 5 天时间。当然,距离和速度都小些,但克服的困难可以与胡安相比。[22]同样,在 60 年前,1509 年 5 月 23 日星期五,红衣主教西斯纳洛斯用 1 天时间跨越奥兰和卡塔赫纳之间的 200 公里的距离。这真是奇迹般的航行,好像风就在西斯纳洛斯的“袖子里”,听凭他的吩咐似的。[23]这几乎就是罗得岛与亚历山大港之间的“兴隆”的旅行的速度。据

勒芒斯的伯龙[24]的记载，罗得岛和亚历山大港之间的旅行需要三天三夜。我们应该注意的是：航行的都是一般的商船。

在陆地上，除了个别例外，最高的速度都并不高，但比海上的有规律，因此，对于邮政联系来说，尽管陆路比较昂贵，但仍然比水路更受人喜欢。欧洲的最高速度大概是由加布列尔·德塔锡邮政组织创造的。这条从意大利经蒂罗尔到布鲁塞尔的邮路是经过精心设计的，中间停留时间都减少到最低限度，尤其在艾费尔，人们一般都走众所周知的近道。这条道路的路线本身就是一个记录。走完这条路线的764公里用5天半时间，即每天大约走139公里。[25]这个速度还远远低于海上的特快速度，但是，它毕竟大大高于大陆道路的一般速度。例如，轰动一时的圣巴托罗缪之夜（1572年8月24日）的消息以每天不到100公里的速度从巴黎传到马德里。虽然这个消息于9月3日即到达巴塞罗那，但它在7日晚上才到达西班牙首都。[26]

注意跟踪重大消息的传播情况，是测算特别速度的另一个好方法。这些消息是长了翅膀的。

1570年9月9日尼科西亚被占领的消息，9月24日君士坦丁堡得知，10月26日威尼斯得知（经过拉古萨），12月19日马德里得知。[27]

1571年10月7日勒班陀战役的消息，10月18日传到威尼斯，24日传到那不勒斯，25日传到里昂，31日传到巴黎和马德里。[28]

1573年3月17日秘密缔结的土耳其—威尼斯和约，4月4日[29]就在威尼斯传开了，6日传到罗马，8日传到那不勒斯，17日传到巴勒莫和马德里。[30]

1574 年 8 月 25 日拉古莱特和突尼斯被占领的消息,10 月 1 日传到维也纳。当时肩负一项外交使命的皮埃尔·莱斯卡洛比埃,已经离开伊斯坦布尔,越过保加利亚、瓦拉几亚以及特兰西瓦尼亚,最后精疲力竭地抵达哈布斯堡王朝的首都。这一消息使他困惑不解,因为 5 月 15 日,仅仅在他自己动身前两个星期,他亲眼看见土耳其的这支胜利舰队离开君士坦丁堡。[31]在他在路上行进的这段时间里,这支舰队做完了多少事啊!

把这些消息从尼科西亚、勒班陀、威尼斯以及突尼斯传播出去所用的时间,最多只能使人进行一些粗略的计算。因此,能够根据头一个例子就说地中海的长度为 99 天的路程吗?这数字是太大了。事实上,消息从尼科西亚这个被包围的岛屿透露出来也大费周折,而且可以肯定,威尼斯当时并不急于把消息传向西方。况且,任何测算,一旦被限制在一个唯一的数字里,就不会可靠,不会准确。特别是人们测算什么呢?消息的速度和信件的行走都只不过是与空间斗争的一个篇章。

平　均　速　度

如果我们把那些创纪录的速度放在一边,去探索那些平均速度,困难要大得多。即使有文献资料可以确定这些平均速度,但当同样一次旅行持续的时间可以从 1 变成 2、3、4 甚至 7 或 10 的时候,难道这些平均速度还有很大的意义吗?重要的是这些旅行持续的时间的幅度,是它们相互之间的巨大差异,因为这具有结构价值。运输的现代革命,不仅仅(以惊人的方式)提高了速度，而且还消除了自然的力量过去强加的不可靠性（这也很重要）。恶劣的天气今天只意味着或多或少的不舒服。除非发生事故，这种天气再也不会影响航行时刻表。但是，在 16 世纪，所有的航行时刻表都取决于气候条件。航行不规则的现象司空见惯，不足为奇。1610 年 1 月来到英格兰的威尼斯大使，面对波涛汹涌的大海在加来海峡整整等了 14 天。没有一艘船敢同这个大海对抗一下。[32]还有一个小例子：威尼斯 1618 年派驻素丹所在地的大使弗朗西斯科·孔塔里尼为渡过宽而浅的马里查河，用了 6 小时，而且还费了很大的劲。[33]1609 年 6 月，一艘抵达君士坦丁堡的威尼斯船在恶劣的天气变好以前，不得不在希俄斯岛的圣安纳斯塔西亚开阔的海滩避风 18 天。[34]

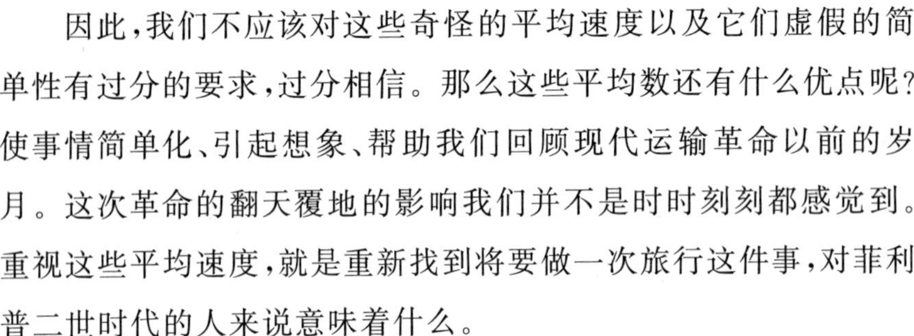

因此，我们不应该对这些奇怪的平均速度以及它们虚假的简单性有过分的要求，过分相信。那么这些平均数还有什么优点呢？使事情简单化、引起想象、帮助我们回顾现代运输革命以前的岁月。这次革命的翻天覆地的影响我们并不是时时刻刻都感觉到。重视这些平均速度，就是重新找到将要做一次旅行这件事，对菲利普二世时代的人来说意味着什么。

从君士坦丁堡渡海到亚历山大，包括中途停留，需要 15 天左右；不算中途停留，要 8 天时间。[35]从赫勒斯滂城堡的出口处出发到希俄斯岛，航行两天就足够了。[36]1560 年 10 月或 11 月间，一艘拉古萨船从墨西哥起航，9 天之内便抵达亚历山大。这个航行的时限当时并没有被看成是个创纪录的速度。[37]

横渡地中海中心区所需的时间，随着季节、船舶和路线而变化。同一艘小木船从马耳他到柏柏里的的黎波里用9天时间；从的黎波里到墨西拿则要航行 17 天。[38] 1562 年 4 月,一艘船用 6 天时间从的黎波里到达西西里岛南岸的夏卡。[39] 从突尼斯到里窝那的一系列旅行(1600 年 1 次,1608 年 2 次,1609 年 8 次,1610 年 2 次)分别用了以下不同的航行时间:6 天、7 天、8 天、9 天、9 天、9 天、10 天、11 天、12 天、13 天、14 天、20 天,也就是说平均用了 9 天。两次最快的旅行(6 天和 7 天)似乎是为了挫败种种预测。一次于 1600 年 1 月由一艘帆船完成;另一次由一艘"小船"于 1609 年 7 月完成。[40]

关于马赛和西班牙与北非之间跨海航行所用的时间,我们缺乏资料。这种旅行常常偷偷进行。法国国王的大使阿拉蒙在天气晴好时(至少是天气转好后的第二天)率领几艘国王的帆桨战船,用一个星期从巴利阿里群岛到达阿尔及尔。[41] 阿尔及尔和里窝那之间的旅行,1609 年有 2 次,1610 年有 1 次。它们历时分别为 13 天、15 天和 5 天。[42] 从 5 天到 15 天,相差 3 倍。

在长距离航行方面,航行所需时间的差距一直很大。一艘威尼斯大帆船在 1570 年 10 月和 11 月之间,[43] 从干地亚到奥特朗托用了 12 天;另一艘于 1561 年 6 月中旬从干地亚到加的斯,[44] 几乎穿过整个地中海,用了一个月。然而,在 1569 年 7 月,两艘阿尔及尔帆桨战船却在海上航行了 72 天,才抵达君士坦丁堡。一艘于 1564 年 1 月 7 日从亚历山大出发的大帆船 4 月 5 日抵达墨西拿。它的航行历时 88 天。据一位历史学家说,15 世纪从威尼斯到雅法的"正常"速度是在 40 天到 50 天这个范围内。[45] 我们曾经发表过一份从威尼亚到朝圣地的旅行纪录统计。这些旅行平均所需时间要多些。[46]

里窝那港口的吞吐记载[47]提供了一些详细情况。由亚历山大到里窝那的五次航行(1609 年 2 次,1610 年 1 次,1611 年 2 次),分别提供了以下数字:23 天、26 天、29 天、32 天、56 天,平均 33 天。从卡塔赫纳或阿利坎特到里窝那的 8 次航行(1609 年 5 次,1610 年 3 次)得出以下数据:7 天、9 天、9 天、10 天、15 天、25 天、30 天、49 天,平均 19 天。关于西班牙—里窝那—亚历山大这条航路的航行时间,如有必要可以算出总共需要 52 天。[48]但是,我们不能说这是平均数。

消息传递的弹性

(根据皮埃尔·萨尔代拉提供的材料)

Ⅰ	Ⅱ	Ⅲ	Ⅳ	Ⅴ	Ⅵ	Ⅶ	Ⅷ
亚历山大	266	19	89	65	55	17	323
安特卫普	83	13	36	20	16	8	200
奥格斯堡	110	19	21	11	12	5	240
巴塞罗那	171	16	77	22	19	8	237
布卢瓦	345	53	27	14	10	41/2	222
布鲁塞尔	138	24	35	16	10	9	111
布尔戈斯	79	13	42	27	27	11	245
布达佩斯	317	39	35	18	19	7	271
加来	62	15	32	18	14	12	116
干地亚	56	16	81	38	33	19	163
开罗	41	13	10	7	8	3	266
君士坦丁堡	365	46	81	37	34	15	226
科孚岛	316	39	45	19	15	7	214
大马士革	56	17	102	80	76	28	271
佛罗伦萨	387	103	13	4	3	1	390

（续表）

Ⅰ	Ⅱ	Ⅲ	Ⅳ	Ⅴ	Ⅵ	Ⅶ	Ⅷ
热那亚	215	58	15	6	6	2	300
因斯布鲁克	163	41	16	7	6	4	150
里斯本	35	9	69	46	43	27	159
伦敦	672	78	52	27	24	9	266
里昂	812	225	25	12	13	4	325
马赛	26	7	21	14	12	8	150
米兰	871	329	8	3	3	1	300
那不勒斯	682	180	20	9	8	4	200
纳夫普利翁	295	56	60	36	34	18	188
纽伦堡	39	11	32	20	21	8	262
巴勒莫	118	23	48	22	25	8	312
巴黎	473	62	34	12	12	7	171
拉古萨	95	18	26	13	14	5	280
罗马	1,053	406	9	4	4	11/2	266
特拉尼	94	14	30	12	12	4	300
特伦托	205	82	7	3	3	1	300
乌迪内	552	214	6	2	2	11/2	400
巴利亚多利德	124	15	63	29	23	12	191
维也纳	145	32	32	14	13	8	162
扎拉	153	28	25	8	6	1	600

Ⅰ指与威尼斯有交往联系的地方；Ⅱ指观察到的实例数；Ⅲ指正常实例数；Ⅳ指最长时间(天)；Ⅴ指乘以权数的算术平均数(天)；Ⅵ指正常情况下所需天数；Ⅶ指最短时间(天)；Ⅷ指在最短时间的基础上(＝100)计算的正常时间数，换句话说，最短时间与正常情况下所需时间的比例。

就平均数而言，我们大体上可以得出这样的结论：顺着经线的方向穿越地中海，需要一、两个星期；沿着纬线穿越地中海，就是二、三个月的问题了。附带说明一下，这些大小幅度到17世纪以至到以后的年代仍然没有变化。

信件的特殊情况

比起这些不能令人满意的近似的数据来，人们显然喜欢一系列均匀的计量数字。这就是那些政府、大使、商人和个人的信件（仍旧是它们）所提供的大量情况。从1497年到1532年，对威尼斯市政会议的活动情况始终了如指掌的马里诺·萨努多忠实地记载了信件和消息抵达的情况。总共有近万个可用的数据。这一大堆数据，经过皮埃尔·萨尔代拉[49]按照统计学的规则进行整理，终致有可能绘制出第539—540页上的表格，据此又绘制出546—547页的地图。即使如此，我们仍必须准确地解释说明这些传向威尼斯的消息的证据，并且不要对这些消息过分要求。

很明显，根据这些消息测定的空间是异质的，缺乏各向同性的同一性。如果把巴黎和威尼斯之间的距离作为半径，以威尼斯为圆心画一个圆圈，那么，人们就会画出一个各向同性的圆形空间。在这个空间里，消息（像缓慢的光线一样）就会同样均匀地从圆周的各个点上朝中心传播。但是，事实当然并非如此，因为消息在天然障碍——阿尔卑斯山脉、加来海峡、大海等——前踏步不前。消息传递的速度，取决于人们的意愿、计算和需要。从1497年到1532年，威尼斯对法国国王的决定，对来自法国的传闻和消息都密切注视。这些珍贵的货物，从巴黎迅速运到威尼斯。

这些在传递移动中的消息，用平均速度来使之变得有规律性，并标在地图上,都只不过是人为的。实际上,这些消息的传递情况千变万化。传递时间之间的差距非常之大(见表格的第Ⅷ栏;最短的传递时间与正常情况下的传递时间的比例)。如果把最长的传递时间和最短的传递时间比较,那么差距就更加悬殊。稍稍有一点令人诧异的是:不规则的系数似乎与经过的路程成反比。此外,这个系数仍然在增大。但是,把大海的因素考虑进去,这种现象就是正常的。为什么扎拉创造了纪录就得到解释(从 1 到 6)。事实上,扎拉具备了两个条件:一是离威尼斯近;二是航行条件会发生变化的亚得里亚海,把它与威尼斯隔开。

总而言之,以这些计算为基础,我们有了一个总的提纲,一个验证和比较的基础。这个提纲的唯一缺陷,或者用一位观察家的话来说,它的优点是:这样确定的时限比较快。这些时限表现了富裕的威尼斯的警惕性以及它的资财手段。它们同一个警报系统是符合一致的。对威尼斯来说,了解在巴黎、巴利亚多利德、君士坦丁堡所发生的事,不是为了满足好奇,而是出于精明的考虑。

如果我们转向别的记载,我们就会发现,信件往来的频繁、快速程度都大不相同。菲利普二世的办公桌上堆满来自欧洲各个城市的信件。信件最后一页的背面[50]照例都记着信件发出和到达的日期,这是同样珍贵的和更加难得的资料。成千上万个数据尚待作出耐心的统计。除了在科尔多瓦、里斯本、萨拉戈萨、巴塞罗那和巴伦西亚等地作过几次著名的旅行之外,菲利普二世于 1559 年从尼德兰回国以后,就再也没有离开过卡斯蒂利亚中心一步。关于通信人所在地点和信件传递的线路,虽然还有些不明确的地方,这些疑点是可以消除的。

利用这些数据，我们仍以威尼斯为坐标中心，再作一次与皮埃尔·萨尔代拉类似的计量，这是一件值得去做的事。根据16世纪末西班牙驻威尼斯代表的书信提到的40个实例，走完马德里和威尼斯之间的路程（就算它相当于萨努多所测量的巴利亚多利德和威尼斯之间的路程），所需的最短的时间是20天（萨努多的记载却是12天），最长的时间为85天（有一次长达145天，我们把这个反常的数字抛开了）。这里的非加权算术平均数为40天（而萨尔代拉的加权平均数是29天）。走完君士坦丁堡和威尼斯之间的这段路程，根据在相同年代里的16次观察，历时最短为29天，最长为72天，平均约41天半。[51]这一次，我们的数字与萨尔代拉的数字（他的数字确实是建立在更广泛的调查基础上的）更为接近，但仍比他的数字要高些。我们能否得出结论说，威尼斯和西班牙16世纪末在地中海中心轴线进行的往来联系不再像16世纪初那样困难和危险？由于根据不足，这样说恐怕是有风险的。

不管怎样，根据我们的计算和萨尔代拉的计算，威尼斯大致位于马德里（或巴利亚多利德）和君士坦丁堡之间的半路上。我们算出的平均数是40天或41天半，萨努多算出的平均数是29天到37天。两段路加在一起，走完全程所需的时间为80天或66天。无论如何，这比从亚历山大到里窝那所需的时间加上从里窝那到卡塔赫纳所需的时间52天这个数字还高。亚历山大和卡塔赫纳之间的路程不等于君士坦丁堡—威尼斯—马德里之间的路程，这个情况不能使我们的推理简单化[52]。因此，即使有政治家或商人的宝贵信件的帮助，我们也必须心悦诚服地承认，不可能把海洋测量得十分准确。

消息奇货可居

消息奇货可居,价值何止千金。弗拉拉公爵在威尼斯的代理人致函公爵说:“弗拉拉和威尼斯二城毗邻,任何一位信使送一封信要价不会少于 1 杜卡托。”[53] 16 世纪初,威尼斯与纽伦堡[54]之间送信的价格根据时间的长短而定,例如 4 天为 58 弗罗林,4 天零 6 小时为 50 弗罗林;5 天为 48 弗罗林,6 天为 25 弗罗林(值得注意的是,萨尔代拉记载的创纪录的速度比这最后一个数字还要多 2 天)。很明显,这是在 16 世纪初为富商服务的超高速联络。如果我们没有弄错的话,16 世纪市场之间的差价,比任何时候都更加悬殊。不管费用如何高昂,必要时日夜兼程,快速送信,算来还是值得的。后来,邮递事务日渐走上正轨。读了西蒙·鲁伊斯 16 世纪下半叶的信件后,人们得到的印象是,似乎当时已不像从前那样着重快速送信和传递消息。[55]专人送信的代价随着时间的推移而不断上涨,只有大银行家或者政府才付得起这笔开销。1560 年 7 月 14 日,[56]菲利普二世派驻法国宫廷的大使昌托奈派遣了一个信使从沙特尔到托莱多,然后返回。这个信差总共跑了 179 个驿站,花费了 358 杜卡托(每站 2 杜卡托)。这笔巨款比帕多瓦或萨拉曼卡的大学教授的年薪还要高!驿站之间分别相隔 10 至 12 公里,如果信使以每天 18 古里①[57]的速度跑完全程,那么我们可以看到,这次赶路大大超过了通常的创纪录速度……富人可以用金钱购买不人道的英勇行为。

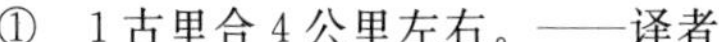

① 1古里合 4 公里左右。——译者

总而言之，根据信件的传递速度测算地域间联系的缓慢程度，这显然是荒谬的。信件传递即使十分缓慢，由于信息的珍贵，总还是比其他运输手段更加迅速。

这也许已经是个理由，促使我们不再系统研究菲利普二世的官僚机构之间的信件往来，也不去调查商人西蒙·鲁伊斯的信件（大约有 10 万封）。[58]这些工作的确不会给我们提供什么新情况。事实上，信件的传递取决于定期的航班和不定期的信使。从统计学材料看，后者不如前者重要。研究信件的投递，迟早总要找出那些定期邮班。它们的正式期限我们早已知道。塔西家族经营的邮传业保证在 4 月初到 10 月底期间，把信件在 24 天内从罗马送达马德里；在 11 月到 3 月底之间，即冬季，则在 26 天内送到。以上数字不是商人和驻外大使的信件的平均传递时间[59]（因为邮传业主的诺言极少履行），而只是正常速度的上限。根据这些速度，像巴伦宁·巴斯克斯·德普拉达那样，作几次抽象分析，[60]我们就可以预先计算（或预测）真实速度的高低幅度。

不投入计算的汪洋大海的第二个理由，而且是重要的理由是：仍旧以威尼斯为出发点，根据这个城市不断颁布与散发的公告——这些公告的许多手稿保存在国家档案馆和马尔奇阿拿，甚至在伦敦档案局——人们可以为 17 和 18 世纪绘制出与萨努多向我们提供的基本素材近似的图像。其中两张是弗兰克·斯普纳为 1681—1701 年和 1733—1735 年这两个时期制作的。这两张图标明威尼斯情报网覆盖的地区。[61]大体说来，消息在这些地区传递的速度等于 1497—1532 年的速度，比 17 世纪快些，但比 18 世纪慢些。

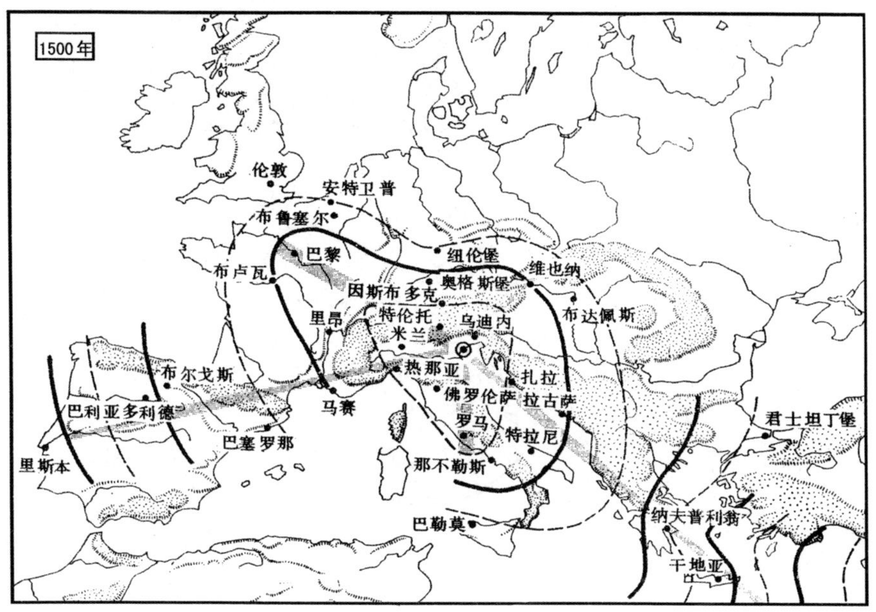
1500年
伦敦
安特卫普
布鲁塞尔
巴黎
纽伦堡
维也纳
布卢瓦
因斯布鲁克
奥格斯堡
布达佩斯
里昂
特伦托
米兰
乌迪内
热那亚
扎拉
布尔戈斯
佛罗伦萨
拉古萨
巴利亚多利德
马赛
罗马
君士坦丁堡
巴塞罗那
特拉尼
里斯本
那不勒斯
巴勒莫
纳夫普利翁
干地亚

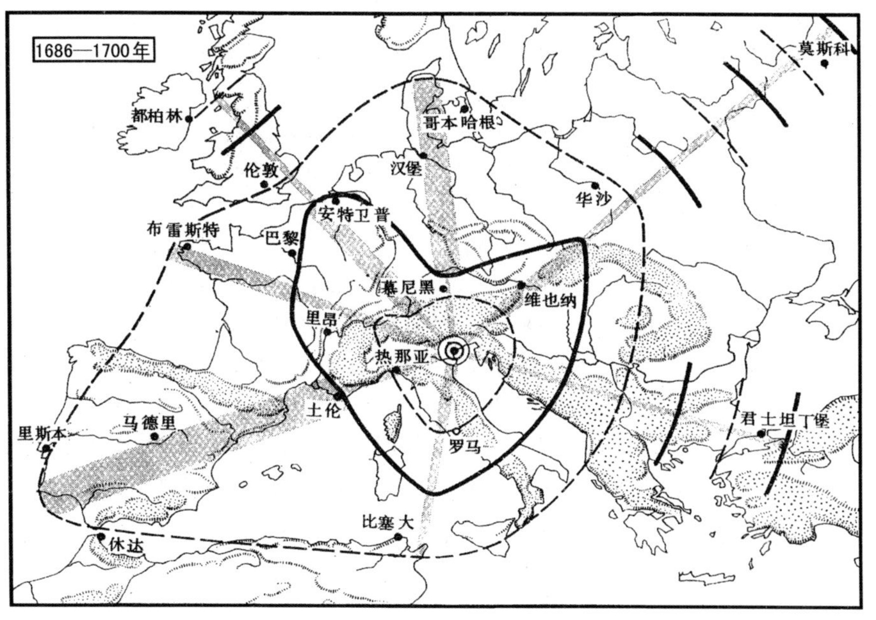
1686—1700年
莫斯科
都柏林
哥本哈根
伦敦
汉堡
华沙
安特卫普
布雷斯特
巴黎
慕尼黑
维也纳
里昂
热那亚
土伦
马德里
里斯本
君士坦丁堡
罗马
比塞大
休达

图 28、29 和 30　消息传往威尼斯途中

按星期勾画的等时曲线大致表示送达信件所需的时间，三张草图上的线路都以威尼斯为中心。

第一张草图系皮埃尔·萨尔代拉据 1550 年（或更准确地说，1496 至 1553 年）的研究成果绘制而成的（参看本章注 49）。第二、三张草图系据伦敦档案局所收藏的威尼斯手抄小报绘制，材料是由弗兰克·斯普纳代我查找的。

平均速度越大，虚点表示的网络就越厚。

根据不同的轴线，三张草图之间的差异可能显得很大。原因在于：根据当时时局的紧急程度，信件的数量有多少的不同。总的来看，第三张图与第一张图是一致的，信件传递的速度缓慢，而第二张图表明，花费的时间有时要少得多。何况单凭图表还不能得出定论。速度按理应该在同一条等时曲线的范围内进行比较。但是这些范围在图上画得并不十分确切。如果把这个范围重叠起来，它们的面积看来大致相近，突出部分可由下陷部分相抵消。但要从面积算出每天的速度，这当然还不能不慎重从事。

这个结论没有任何含糊不清之处。我们曾经想在这些记录里，寻找一个 16 世纪特有的、反映当时经济形势的空间尺度。甚至在分析完成之前,我们就已猜到这个空间的量纲几乎是不变的;我们又一次面对着长期的结构。人类可以放手向空间进攻,可以把帆桨战船上的划桨折断,可以让驿马跑得精疲力竭,也可以幻想在海洋上乘风飞翔。但事实上,空间却用自己的惰性同人类对抗,而且不顾人类取得的暂时成功,每天向人类进行报复。当然,一些新纪录常常引起我们的好奇心,正如引起当代人的好奇心一样。例如查理九世的死讯 13 天后就从巴黎传到克拉科夫(这是苏利本人[62]告诉我们的);“波兰国王”第二天就悄悄地离开了他的臣民。又例如,1544 年 1 月弗朗索瓦一世的孙子诞生的消息仅两天就从枫丹白露飞到里昂(420 公里)[63];一个土耳其信使 18 天内从伊斯坦布尔到埃尔祖鲁,他一路上累垮好几匹坐骑。[64]所有这些最高纪录都有其价值。我们还可以举出其他一些记录。把它们同正常的平均速度进行比较是有用的[65]……但是,这不是主要的。重要的是,16 世纪以前和以后的平均速度相当接近(最高纪录也是如此)。在阿维尼翁诸教皇①在位时期,[66]或者在 15 世纪上半世纪的威尼斯时代,[67]商品、小船和人的旅行速度同路易十四时代并无快慢的差别。只是到了 18 世纪末期,才有了大的变化和突破。

当前的比较

一位经济学家写道:“如果把所有的因素都考虑进去,人们最终会看到,在古罗马时代,如果使用最好的交通工具,‘世界’经济的范围可以在 40 天或 60 天内走遍。这个范

① 指罗马教廷在 1308—1377 年迁到法国南部的阿维尼翁。——译者

围从直布罗陀海峡东海角延伸到帕提亚王国的边境；从莱茵河河口延伸到非洲沙漠的边缘。然而，今天（1939 年），如果仅仅使用正常的货运方式，如果略去那些经济上不重要和没有交通工具的地区，也需要花 40 天到 60 天左右的时间才能走遍现代世界经济的整个范围。”[68]

对于这些计量以及由同一作者提供的有关古罗马时代的陆路交通速度（大约每天 50 公里），我并不赞同。[69]但是，我们无望得到精确的计量，至多也只是找到一个数量级范围。就此而论，16 世纪的地中海地区等同于一千多年以前的罗马帝国那么大小。或者也可以说，16 世纪的地中海大体上单独就抵得上 1939 年的整个世界。16 世纪的地中海是辽阔的、巨大的，而且只有通过比较，它才称得上“具有人类的特性”，因为在 16 世纪，人类已经开始向大西洋、太平洋等其他庞然大物开战了。同这些庞然大物相比，地中海像是一头家畜。当然，我们还不能说它是 20 世纪的“湖”，游客和游艇在这个阳光明媚的胜地用几个小时就可以登陆，前不久的东方特别快车可以不间断地绕行一圈。要了解 16 世纪的地中海是什么样子，必须在思想上尽可能扩大它的范围，并且借助以往的旅行图景。作这种旅行在过去必须用几个月、几年乃至一生的时间。

如果进行比较，好的例子还是不少的。阿尔杜·赫胥黎在他的《环球之行》中描写的那些现代鞑靼商人的旅行就是一个例子。[70]他们在把钱袋装满了金币以后，翻过喜马拉雅山脉，来到克什米尔和印度。赫胥黎特地指出，这些金币在俄国革命之前值 10 个卢布。这是些多么富有浪漫色彩的人物！人们不禁联想到 16 世纪在叙利亚的旅行。在地中海的另一端，来自不同世界的人不可能互相信任,因而既有交往,又有冲突。汇票在那里不能通用。所有的交易都是以物易物或者交付现金。到那里做生意必须像今天的鞑靼人一样,身上带足黄金或者白银。

说起中国,昨天还是内战为患,外国入侵,屠杀和饥荒频仍,在广大的地区,城市蜷缩在城墙内,一到晚上城门紧闭,这种景象使我联想起宗教战争时期的法国。难道能说这是危言耸听吗?一支游击队在城市间穿插行进,从四川一直到山东,居然不受任何损失。同样,在瓦卢瓦王朝最后几位国王的统治时期,一些外来的或者本地的亡命徒集团四出骚扰,把法国搞得人穷财尽。财富再多也经不起长期的消耗,虽说上帝作证,法国在 16 世纪十分富有,是一个真正的丰足的粮仓!乔瓦尼·博泰罗[71]对由国家养活的、正式或非正式招募来的士兵数量作了一番计算,感慨万端。这些士兵耗尽了 16 世纪辽阔的法国的脂膏。一份同一时期(1587 年)的威尼斯文献资料提到,"身带武器的外国人像洪水泛滥,大量涌入法国。"[72]

我们很难想象地中海竟是何等辽阔,但以上这番绝妙的题外话给我们一个深刻的印象。德国经济史学家在提到地中海的整个历史和现实时,喜欢称之为"经济世界"(Weltwirtschaft),但反复重申这个正统的术语,仍不足以说明地中海是个自成天地的"舞台世界"(Welttheater)。地中海长期自给自足,守着自己那个 60 尺的圈子,只是为了求得奢侈品才同外界交往,特别是同远东交往。重要的还是要弄清这个世界的范围大小,并说明这个范围何以决定着地中海的政治结构和经济结构。为做到这些,都必须尽力去想象。

帝国与距离

懂得距离的重要性，就是要重新认识16世纪帝国的治理所提出的种种问题。

首先，庞大的西班牙帝国在当时是个从事海陆运输的大国。除了需要不断调动军队外，它每天还要传递几百道命令和消息。菲利普二世的政策要求加强这种联系，随时调动军队，运送贵金属和寄发汇票。所有这些至关紧要的事反过来又说明了菲利普二世采取的相当一部分措施，说明法国对他来说为什么十分重要。关于法国，人们总是说它受到哈布斯堡王朝的属地的包围。但是，如果说哈布斯堡王朝的属地对法国是个外来的威胁，那么法国却从内部威胁着这个帝国。两种威胁究竟哪种更大呢？弗朗索瓦一世和亨利二世治下的法国闭关自守，与哈布斯堡王朝为敌。查理五世皇帝一生中除了1540年在法国匆匆一过以外，只是隔得远远地在被包围的法国的周围来来去去。相反，在1559到1589年的30年间，法国的道路对菲利普二世的政治和财政机构多半开放了。菲利普二世寸步不离西班牙，只是待在他那张蜘蛛网的中心，其原因在于有千百条理由促使他那么做，卡斯蒂利亚在西班牙的财政和经济中具有首要地位，同美洲的联系生死攸关，另外也是由于法国的边界对他已不再完全关闭。

因此，坐在菲利普二世身边和帮他处理各种文件，就要反复衡量法国这一中间地带；了解那里的驿站设施以及哪些道路上有驿站，哪些道路上没有驿站；通过信件往来，记下法国宗教战争在不同地区造成的交通中断；计算出中断的范围、时间和严重程度；此

外,还要了解银钱,特别是汇票,怎样绕道向交易所城市传送。

对于一个国家来说,与空间作斗争的确不是一劳永逸的,必须为此作出不懈的努力。西班牙的领地分散在欧洲和世界各地,条件十分不利,因而消耗了极大的精力。然而,它比任何别的国家都更好地适应了这些强制性的任务,并且有组织地去完成这些任务。不管人们怎么说,西班牙帝国在运输、转移、传递方面已经赶上甚至超过了当时最先进的国家。值得注意的是,从 16 世纪 60 年代起,西班牙帝国在军队和物资运输方面出现了一个专家,此人名叫弗朗西斯科・德伊巴拉。对于此人以及才能与他不相上下的人作进一步的了解,恐怕会是有必要的。

历史学家过分看轻了西班牙的国家机构所面临的巨大任务。这些人一味指责国王是个"埋头文牍"、"办事拖拉"、"举步维艰"的官僚主义者。利摩日主教在 1560 年写道,[73]这位国王"事必躬亲,诚为一大美德","他一心忙于公务,整天待在文件堆里,连一小时也不放过"。[74]这位拼命工作的国王,在过了 25 年之后,不听希望有所创新的格朗弗勒红衣主教[75]的劝告,仍然以超人的精力处理各种事务。[76]

因此,对西班牙的种种"缓慢",必须加以区别。有邮件往返的缓慢,消息到得较慢,复信和命令传送速度也慢。世界各国政府都有同样的情况,不过西班牙政府更严重。但是,在要跨越的空间和距离相等的情况下,它大体上与其他国家的政府相当。西班牙王国的弱点,也是其他国家的弱点。土耳其帝国同样也集缓慢、拖拉之大成。例如,从君士坦丁堡到亚得里亚海,或者到科托尔,或者到斯普利特,紧着走也要16至17天。[77]黑海的航行变化不定,行期难以预料。在爱琴海——土耳其人称之为白海——最高速度也低得可怜。还是在 1686 年(确切说在 12 月份),一艘土耳其帆桨战船从君士坦丁堡驶抵内格勒蓬用了 8 天时间。[78]这是一条值得重视的信息。苏里曼帕夏的船队于 1538 年穿过红海,[79]需要两个月。距离不能缩短。想缩短也纯属徒劳,几百年来也从未变动过。佩戈洛蒂在其《经商实践》(1348 年)一书中指出,从特拉布松到大不里士,商人骑马需 12 至 13 天;骡马商队需 30 到 32 天。1850 年,奥地利驻特拉布松的领事格德尔声称,骡马商队走这同样一段路程,"在道路状况良好时"需要 27 到 30 天。[80]

缓慢的第二个原因是发送命令之前的磋商和审议。当时的人见证是一致的。在办事沉着镇定、善于掩饰和轻易不下决断的西班牙,法国人、意大利人觉得与当地人的气质格格不入。我们不能保证这个被人多次描绘的形象是正确的。外国人对西班牙的认识往往带有成见,传播的形象也往往带有虚假的成分。然而,西班牙政府,或者像利摩日主教所说的"这个国家的慢条斯理",[81]似乎是无可争辩的。当人们于 1587 年在罗马获悉特拉克在加的斯城的战绩时,教皇惊叹道:"西班牙国王陛下胸襟狭窄,凡事都犹豫不决,坐失良机。"在巴黎,"责难不仅十分尖刻,而且到处渲染,并说西班牙国王的宝剑不如英格兰女王的纺锤"。[82]

毫无疑问,这是恶意中伤。然而,如果还拿外交信函来看,法国政府办事似乎比较迅速及时。过错难道就在于马德里的所有信函都要经国王亲自过问吗?由于西班牙的海外扩张活动的范围比法国(或英格兰)广阔得多,菲利普二世在作出决定之前,就要等待来自更为遥远的地方的各种意见。这样,我们就能把决策迟缓的两方面原因联系起来。除了本身办事拖拉之外,西班牙还要远涉重洋——大西洋、印度洋甚至太平洋——机器的运转势必缓慢。事实上,作为第一个具有世界规模的经济和政治大国,西班牙的国家机器却未能适应这一需求。这就是西班牙的心脏跳动的节奏比其他各国要慢的原因之一。从 1580 年起,在西班牙征服了葡萄牙之后,这个节奏更慢了。佛罗伦萨人萨塞蒂曾于 1585 年抵达东印度,他的珍贵的信件一直保存至今。我们不妨同他一起回想当时的情景。1585 年 1 月 27 日,他从科钦写信给他在佛罗伦萨的朋友皮耶罗·韦托里说,如果人们考虑到必须进行历时七个月的海上航行,考虑到"每顿饭只有干粮、咸水,八九百人挤在一块小地方,要受饥饿、干渴、晕船和生活不便的折磨",[83]就很少会有人对前往印度感兴趣了。可是现在,人们却见船就想上去……西班牙国王的命令,也不得不经历这七个月的旅行和许多其他的东西。

毫无疑问,西班牙同距离进行的搏斗,是一场艰苦的斗争,它比其他任何搏斗都更好地展示了"16 世纪的尺度"。

克洛德·迪布尔的三次使命(1576和1577年)

试举一个小例子来说明上述一点。这一例子说到一个名叫克洛德·迪布尔的法国冒险家,此人怪诞不经,神秘莫测。究竟说他是小有能耐或者只是行为乖张呢?倘若法国国立图书馆对许多未发表的资料作番调查,问题也许就能迎刃而解……

我们这里感兴趣的并不是迪布尔本人,而是他的三次相当奇特的西班牙之行:第一次是1576年5月;第二次是同年9月和10

月之间;第三次是1577年7月和8月之间。前两次他是受托代表阿朗松公爵的利益,其中夹带了许多想当然的成分。他以亲王名义提出与菲利普二世的一位公主缔结婚约。如果婚约成立,公主将把尼德兰作为嫁妆带到夫家。第三次(人们再三读了有关材料才敢相信)迪布尔是以亨利·德·贝亚恩的名义进行活动的,向西班牙国王请求借款并要他促成亨利·德·贝亚恩的妹妹与萨瓦亲王的婚事。这三次荒诞不经的使命中的任何一次都可能带来极其错综复杂的问题。这场滑稽戏最后激起了法国大使圣·古阿尔的愤怒。

第一次,克洛德·迪布尔给他的主人带回一封措辞含糊的复信。他自己得到一条金链条,价值400杜卡托。第二次旅行时,西班牙国王企图避而不见。国王在1576年10月4日给驻巴黎大使的信中说:"特别在接到你7月30日和8月13日的信之后,我相信克洛德·迪布尔不会再回来。"但是,这个不受欢迎的人9月2日又出现在巴塞罗那。阻止他再找麻烦,至少是避免同法国国王的大使把事情闹大,在一切都靠书信办事的时候,传送命令已经来不及了。萨亚斯写了两三封信,但是克洛德·迪布尔置若罔闻,四处钻营。菲利普二世写道:"当我正从埃斯科利亚尔宫前往普拉多宫时,9月22日早晨,他在加拉帕加尔拦住了我的去路,交给我一封阿朗松公爵8月19日写的亲笔信,并且比第一次更加坦率地向我提议就公爵和我的一位公主缔结婚约之事举行谈判。我让阿尔贝公爵作了答复……"对以后的事,我们就不再感兴趣了。

孤身一人,而且还不受欢迎,居然能在西班牙到处钻营活动,并且在受到保卫部门注意之后,还能逃脱检查和阻截,最后出现在菲利普二世本人面前。发生这样的事,只有在慢慢吞吞的当时,方

才可能。[84]

距离和经济

一切活动都会遇到自然距离的抵制，都要受到它的束缚和调节。地中海经济的发展注定是多灾多难，历尽艰辛，步履缓慢。因而从一开始，我们就必须从距离的角度进行考察。

即使是作为享有特殊待遇的商品的汇票，也逃脱不了这个普遍的惰性规律。所有的汇兑市场都把汇票本身规定的付款期限同汇票在传递途中的时间算在一起。在 16 世纪初，从热那亚发出的汇票，[85]到达比萨的时间是 5 天；到米兰是 6 天；到加埃塔、阿维尼翁和罗马是 10 天；到安科纳是 15 天；到巴塞罗那是 20 天；到巴伦西亚和蒙彼利埃是 30 天；到布鲁日是 2 个月；到伦敦是 3 个月……现金传送速度更慢。16 世纪下半叶，船队到达塞维利亚已成为当时欧洲、地中海和世界经济的主导因素。根据胡塞·詹蒂尔·达西尔瓦绘制的略图，我们有可能逐年观察每批白银的运输情况，这些白银将充实货币储备，并按照一张到站时刻表从一个西方城市流到另一个西方城市。[86]对于货物来说，存在着同样的困难。它们流通缓慢，在仓库积压很久，转手或快或慢。佛罗伦萨进口西班牙的羊毛，从采购羊毛到加工成呢绒需要好几个月，[87]再把产品运送到埃及、纽伦堡等地的顾客手里，有时竟要几年时间。我们已经举了波兰的小麦和黑麦的典型事例。这些谷物收获后一年出售，再过半年到一年食用。如果运到地中海地区，时间就会更长了。[88]

更何况，货物在完成预定的长途运输之后，还有种种耽搁。在

阿布鲁齐的阿奎拉，活跃的藏红花贸易每年都要商人们进行通力合作。藏红花从来都不是单独送往市场中。它必须装在亚麻袋里(8 只亚麻袋算 1 个运送单位)。亚麻袋本身又得 4 只 1 捆包上皮套。此外，贷款要靠阿奎拉造币厂使用铜条铸造小钱币“卡瓦利”(cavali)和“卡瓦吕齐”(cavaluzzi)支付。因此，只有在德意志的亚麻布和铜板以及匈牙利的成捆的皮革[89]及时运到的情况下，藏红花才能启运(反之亦然)。所有这样条件必须同等具备。同样，在黎凡特地区，香料、胡椒、药物、丝绸、棉花要与西方的银币和毛织品相会合。在从拉古萨到威尼斯，再到安特卫普和到伦敦的这条路上，我们对贡多拉家族从事的货物交换有点滴的了解。贡多拉是拉古萨人，其家族成员分别在拉古萨、安科纳、威尼斯(后来似乎又在墨西拿)，以及在交换的枢纽伦敦定居。他们用从黎凡特地区进口的葡萄干(受英语的影响，意大利文的葡萄干 uve passe 被写成 curanti)和销路不佳的念珠串换取英格兰农村制造的粗呢绒。运输既通过海路也通过陆路，经安科纳或威尼斯。但是，买卖成交极其缓慢，因而在 1545 年，必须通过萨尔维亚蒂家族的驿站，利用里昂的汇兑，结清未了的账目……[90]

流通渠道不通在当时是普遍的弊病。货物、现金和汇票在两个方向来来往往，互相交错，互相会合，或者相互等待。每个商业城市都不间断地依靠多变的商情为生，确切地说，不间断地在商品、货币和汇票方面互相调剂余缺。流通渠道不畅使商品、钱币和汇票在途中长期滞留。每个商人当然都希望尽快收回投资。这在一场周而复始的赌博中是起决定性作用的王牌。毫无疑问，16 世纪私营银行的悲剧起因于它们把顾客的存款轻率地投入过于缓慢的商品流通中。一旦发生危机或恐慌,他们无法在几天内偿还存款,因为钱款还在旅途中,由地域造成的流转缓慢是他们的致命弱点。

时间就是金钱,因不停地写信而被“墨水弄脏了手指”的商人都明白这个道理。这个惯用说法当时已开始流行。1590 年 3 月,侨居佛罗伦萨的西班牙人巴尔塔萨尔·苏亚雷斯为一艘大帆桨船延迟到达而大发雷霆,因为“误了时间,也就丢了市场”。[91]明智的做法往往是把自己的赌注(钱或货物)分别押在几个行期不同的流通渠道,或者分放在同一行程的几条船上,再不然就选择最短的流通渠道,尽快收回本息。17 世纪初,商人们对便利的波河水道不太感兴趣,宁可取道威尼斯的陆路。不错,一名爱唠叨的威尼斯人说,[92]水路“总是既方便又合算,不像陆路那样开销大、麻烦多和危险大”。可是,沿河的关卡实在太多,每过一地都得停船,接受检查和勒索,尤其是还耽搁时间。否则,陆路费用和水路费用最终是互相平衡的。

任何人都不想浪费时间。某个威尼斯商人之所以从 15 世纪起就愿意从事叙利亚的棉花贸易,[93]那是因为去叙利亚做生意只需要六七个月便可成交,这比长途跋涉到英格兰或佛兰德去要快得多。只有热那亚人——当时最大的、最能干的和最幸运的资本家——才有能力支付从塞维利亚穿越大西洋的费用[94]。这真是一项规模巨大的业务!为了在里斯本和印度洋之间建立规模更大的定期商业联系,葡萄牙国家使用其全部影响,直接参与其事,国王自己也做胡椒生意。过了不久,就不足以胜任使命。经商的范围越远,要投放的资金必然越多,资金受旅行束缚的时间越长。如果没有15世纪上德意志和意大利的资本的事先集中,从塞维利亚到美洲或从里斯本到亚洲的海路贸易是不可能的。[95]

这些远程贸易，总是包含着某些壮举，航海者的壮举。1662 年 7 月，一艘西印度群岛大帆船抵达里斯本外几海里处。船上的黄金价值 200 多万杜卡托，但船员只剩下 30 个人。正是这艘疲惫不堪的船只，被英格兰海盗不费吹灰之力在帆桨战船的眼皮之下劫走。[96] 1614 年 9 月又发生了同样的事件（结局不算最坏）：从"西印度群岛"开来的一艘船到达里斯本附近，载有黄金百万，船上原有的 300 人中，尚有 16 人幸存。[97]最罕见的事例发生在太平洋：1657 年 5 月，一艘大帆桨船从马尼拉返航阿卡普尔科，船员竟无一人生还。[98]但是，所有的金银财宝仍在船上。这艘幽灵般的船舶自己回到港口。

另外还有金钱的壮举，这在后面还会谈到。远程贸易必须动用巨大的财力。这从商业城市始终不平稳的发展节奏中可以看出。例如，1464 年 3 月，[99]叙利亚的帆桨战船几乎把威尼斯的货币搬运一空。威尼斯的现金储备全在海上随波漂泊，留下了一座暂时失血的和突然瘫痪的城市。100 年以后，血气方刚的塞维利亚也显现出相同的景象。"西印度群岛"船队尚未起航（船队 1563 年 3 月 24 日至 29 日才通过桑卢卡尔的沙洲）[100]，西蒙·鲁伊斯的代理商就于 2 月 15 日从塞维利亚写信给他说[101]："几天来，这里的商界，无论出价多高，也借不到一个里亚尔了。"为了买进准备发运的最后一批货物，商界已用尽自己所有的钱财，而且必须等到船队返回时，银根才会重新松动。就在前一年，即 1562 年，由于船队迟迟不归，债台高筑的商人被迫不惜一切代价去借贷。一封官方信函记载说：[102]"一个月以来，汇票兑现竟要亏损4.5％，这一切都有利于外国人……”这时,坎波城交易会的付款期限已到:但愿国王陛下延长付款期,拯救商人吧!

交易会——经济生活的补充网络

商业城市是决定经济生活的发动机:它打破了地域的阻隔,展开了大规模的流通。根据当时所能达到的速度,流通好不容易终于战胜了距离。除了商业城市的活动外,还有其他的活动,首先是交易会的活动。谈到交易会,人们几乎可以把它们看作是城市,临时性的商业城市。就像城市本身一样,交易会之间的差别也很大:一些是小型的,其他是中型的;某几个是大型的,而且当时都正由商品交易会向汇兑交易会演变。[103]但是,在这些领域内,任何事情都不是一成不变的。香巴尼交易会在 14 世纪消失了,但后来又在索恩河畔沙龙,在日内瓦,最后在里昂等地复活。在城市经济十分活跃的意大利北部和尼德兰,16 世纪还很兴旺的交易会,开始走向衰落。就是在交易会仍然存在的地方,例如在威尼斯,交易所最多只不过是一种陪衬装饰而已。在耶稣升天节这天,圣马克广场举行一个恰好以宗教节日命名的“桑萨”[104]交易会,届时有盛大庆祝活动以及总督娶大海为妻的隆重仪式。但圣马克广场已经不再是威尼斯的心脏了。威尼斯的心脏在里亚托的广场和大桥跳动。

在城市(或称商埠)同交易会的这场对话中,不间断地工作的城市(佛罗伦萨每星期六公布一次汇率)久而久之必然压倒交易会这种例外的聚会……虽说如此,但任何演变都不是单向的。意外的以及反向发展仍然是可能的。从资本主义的历史观点来看,所谓的贝桑松汇兑交易会1579年在意大利北部皮亚琴察的开张,是16世纪最重大的事件。皮亚琴察许多年来始终是主宰地中海地区乃至整个西方经济的"心脏"。关于这个重大事件,我们以后再谈。实际上,决定西方物质生活的节奏的,不是热那亚这个城市,而是每年上百名商人在皮亚琴察的四次不引人注目的集会。有位威尼斯人不无夸大地说,在集会上,大家只交换票据,一个里亚尔也见不到。[105]然而,全部血液循环——动脉的血和静脉的血——都要经过这个起决定性作用的心脏。汇进和汇出、债务和债权、清欠和退款、黄金和白银、对称和不对称,所有这些都由心脏作出安排;否则交换就会失去其意义和活力。

然而,在较低的水平上,地方交易会也发挥作用,其性质实际上与里昂、坎波城、美因河畔的法兰克福以及后来的莱比锡这些最辉煌的商品交易会相同。经过近期的研究考察,这些不计其数的区域性交易会、[106]萨莱诺交易会、[107]阿韦尔萨交易会、卢切拉交易会、卡拉布里亚的雷焦交易会;教皇国有雷卡纳蒂交易会和西尼加交易会;另外有伦巴第各地的交易会。[108]这里尚未包括威尼斯准许在贝加莫或在布雷西亚和蒂罗尔举办的交易会、17世纪相当兴旺的波尔萨诺交易会、[109]叙利亚的杰卜莱海上交易会、大马士革以南100英里处内陆大沙漠中的莫扎里商队交易会[110]……我们还没有算上那些刚从普通集市演变而成的一周举行一次的小型交易会。这些小型交易会在西方或巴尔干地区简直多得密密麻麻。[111]约在1575至1580年间,单是新卡斯蒂利亚就有22个活跃的交易会[112];在葡萄牙则有几十个之多[113]。所有的交易会,包括最不起眼的在内,都是匆忙建设起来的城市。在这些城市,例如在坎波城,前不久还只有一条街和一个大广场;或像在兰恰诺那样,只是城外有一块宽阔的空地[114]。这些交易会热火朝天的活动只持续半个月,或三个星期,或最多一个月。在阿拉贡的达洛卡,交易会从基督圣体节那天开始;一位论派的教士把圣餐面饼摆到了教堂外面(1581 年 5 月,一些年轻威尼斯旅行者自信地说,面饼是耶稣的身体和血变来的)。这个历时八天的交易会聚集了大批商人,出售能耕地、驮载或能拉车的骡子[115]。顺便指出,这些牲口还能拉"西班牙的双轮货车"。

节日过后,一切恢复正常。拆下的布景运往远方,活像是可以自行移动的波将金式村庄。商人、货物、牲口从一个城市转移到邻近的城市。一个交易会刚刚结束,另一个交易会又开始了。七八名佛兰德商人 1567 年 9 月离开兰恰诺的"八月"交易会,还可以根据他们的需要,及时赶到同月 21 日在索伦托开始的第二个交易会。[116]一份那不勒斯的文献资料提到,[117] 1567 年 4 月[118],斯佩朗扎·德拉·马卡尔"带着伙计"周游各地,无疑是为了赶各种交易会,出售服饰用品、丝绸被单、饰带、[119]金银丝线、梳子、无边软帽……他出售的西班牙帽子风行一时,群起模仿,并且传到那不勒斯。总之,他使所有顾客感到满意。

在这些交易会上,总会有一些熟悉汇兑和信贷活动的大商人(在兰恰诺还找到了整包整包的汇票),他们还采购香料、药品、布匹等货物。但在 1578 年 3 月[120]的里昂——据酒店的老板们说——"如果有一个商人骑马来到集市,并有钱住上好房间的话,那么就有十个商人步行前来,并乐意光顾小客店。"交易会也接待地位最低的小贩。他们是乡村生活的真正代表。乡村提供的产品有家畜、肥肉、成桶的咸肉、皮革、奶酪、新木桶、杏仁、干无花果、苹果、普通葡萄酒以及“芒雅格拉”一类的名牌葡萄酒、成桶的鳀鱼和沙丁鱼以及生丝等。在辽阔的景色如画的那不勒斯王国，重要的是要让商业大路、乡村小路、骡马小道以及兰恰诺后侧由山间小溪冲刷而成的“羊肠小道”会合起来。很明显，这有助于商品的交换和流通，最后还有助于大量既用现金又用实物进行的交易活动。免纳通行税对这种大规模交易有利，因为地域也是形形色色的关卡[121]……

无论在什么地方进行观察，景象都是相同的。在新卡斯蒂利亚的瓜达哈拉省境内，唐迪拉[122]在1580年左右还不很出名。根据一位地理学家的回忆，这个村庄位于卡尔德里纳山麓，向北面对瓜迪亚纳河岸(这条河经雷阿尔城和巴达霍斯，流往葡萄牙)。当时这只是一个有700户人家、近3000居民的属于领主的大市镇。然而，每年冬末春初，这个大市镇在圣马蒂约河畔，举行两次交易会中的一次，为期一月，汇集的人之多平时罕见。交易会举办的时机很好：手工业者在整个冬天织造他们的呢绒，而这又是当年的第一个交易会。商人从所有邻近的城市赶来参加。其中甚至还有来自马德里、托莱多、塞哥维亚和昆卡等地的批发商人，再加上贩卖布匹棉绒的比斯开商人和葡萄牙人。后者在这里人数众多，“超过卡斯蒂利亚任何其他交易会”。人群自八方汇聚，店铺如雨后春笋：这种景象令人想起格拉纳达的阿尔卡伊切里亚。[123]此外，商品非常之多。有来自各地的各种呢绒，有绸缎、香料、药品、巴西木、象牙、金银珠宝和日常用品……至于唐迪拉伯爵，他照例收取消费税，税率很低，只有3%，每年收入达12万马拉维迪。由此可以算出贸易总额为4000万马拉维迪，即10多万杜卡托。这样就把一些平时处于封闭

状态的自给自足的地方经济打得粉碎,也使“民族市场”的形成或至少是开创成为可能。

小范围经济区

事实上,地中海布满了半封闭的经济区。这些大小不等、自成一统的世界各有不计其数的地方性尺度,各有自己的服装和方言。经济区的数量十分可观。大体上说,撒丁岛和科西嘉岛置身于大规模的贸易往来之外。在撒丁岛[124],农民从来想不到生产更多的东西,从不会冒险种植新作物或抛弃旧的耕作方法。他们实行刀耕火种,不让土地休耕。在某些地区,例如在东部海岸的奥罗塞和波萨达,以及在北部的加卢拉,直到 1860 年还见不到车辆。贸易“始终是在马背上进行的”。[125] 在 16 世纪,以牧业而不是以农业为主的撒丁岛还不知道什么是货币。从 1557 年起定居在卡利亚里的耶稣会神甫收到大量实物礼品:家禽、面包、小山羊皮、阉鸡或乳猪、鸽子、羊、优质葡萄酒、牛犊等。神甫们在一封信中提到:[126]“然而,他们施舍给我们钱币,从来不到 10 埃居。”

在科西嘉岛,每个市镇都是岛中之岛,与位于山峦另一侧的山谷没有来往。在阿雅克肖背后有克鲁齐尼、博科尼亚诺和巴斯特科卡三个市镇,那里的人相互很少往来,[127] 因而他们不得不生产一切,满足自己的全部需要。也许正是由于这个原因,他们同时食用猪油和橄榄油。服装是用农民在自己家里生产的呢绒制作的。当热那亚商人企图把这种呢料摆到店铺出售时,农民纷纷提出抗议。科西嘉岛还抱怨热那亚当局,没有促进岛内地区间的贸易。热那亚难道应该对此负责吗[128]？其实地理、地形以及道路难行，才真正应该负责，因为它们始终妨碍着贸易的发展。几乎整个岛屿都处于货币经济网之外。那里的税可以用小麦、粟子、蚕茧、食油和干菜等来交纳。教人识字的老师，每年一般能得到两大盆粮食（在 20 到 40 升之间）。16 世纪的一位科西嘉历史学家在谈到 1582 年的饥荒时说，在这些条件下，“尽管粮食如此昂贵，每墨拉粮食也未超过 4 斯库迪①，因为岛上缺乏货币。如果有大量货币，价格就会涨到 8 斯库迪以上……”。[129]

西西里是个富裕的岛屿，但岛内的交通状况不比科西嘉好。为修桥筑路缴纳的税款被政府挪作他用，因而在 18 世纪之前，西西里岛内地的大路始终得不到保养。直到 1726 年，凡愿意到岛屿内地开设店铺的商人都享有优惠。[130]所以，16 世纪西西里岛的民用呢绒，同科西嘉岛一样，是由农民就地制造的，我们对此不会感到奇怪。[131]

上阿拉贡的哈卡也是一个封闭的经济地区。生产一切产品是当地的理想和必需：小麦（水浇地的小麦或丘陵区的小麦）、葡萄（不管土质、土地朝向和海拔高度是否适应这种作物）、油橄榄（尽管山区常有严重的低温和霜冻）以及不可缺少的蔬菜。经济学家伊尼亚奇奥·德阿索在两个世纪之后还称赞其质佳味美。要穿衣，农民自纺的呢绒是不缺的。这就是享有盛名的阿拉贡呢绒。到了 18 世纪，在某些山区，还有以小麦换取食油的实物交换。在韦斯卡地区，烹饪材料既用植物油，也用羊奶油脂。[132]从《地方志》[133]——奉

① 相当于 4 埃居。——译者

菲利普二世之命,曾于1575年和1577年进行了可贵的调查——看到,卡斯蒂利亚地区提供了一些小范围经济区的例子。对于这些村庄来说,生活就是消费本村生产的物品,很少向邻村要油、酒、小麦……通过对旧卡斯蒂利亚制度进行的研究,人们可以看到,只要土地和气候条件允许,16世纪实行多种作物种植,即使气候寒冷,油橄榄树也到处都有。[134]既然力求自给自足,金钱便极少出现,而且出现后也很快消失。

这些古老的经济的封闭状态越成为一条规律,突然冒出的黄金或白银就越值钱。据一个威尼斯人1558年的记载,撒丁岛的生活费用比意大利便宜四至五倍。[135]这显然是就那些钱袋充足的人而言。同样,一艘威尼斯船由于偶然的原因,于1609年耶稣升天节那天,在伊斯特拉半岛普拉附近的一个叫法扎纳的小港口靠岸。乘客和船员上岸之后,发现当地什么东西都很丰富。牛肉3索尔迪1磅,小山羊40索尔迪1头;食油3索尔迪1磅。面包和葡萄酒的价钱也很低廉。一个旅客说:"总之,食品极其便宜。"[136]确实,在地中海地区(如同欧洲一样),这些价格低廉的世外之地分布十分稠密。

在西欧,价格低廉的地区一般都很狭小。往东方向,这类地区有的幅员辽阔,巴尔干就是如此。无论是农产品、腌货或者干肉,它们都能自给自足。[137]布斯拜克1555年夏天在贝尔格莱德写道:[138]"……这里所有物品都很便宜,给我们端来的鱼足够40人作晚餐,而我只付了半塔兰……"所以,拉古萨人、威尼斯人以及其他地方的人都来巴尔干这个巨大而有利可图的市场收购食物……每当有人捣乱,他们就会十分恼怒。1582年1月,一个叫法比奥·卡纳尔的威尼斯人曾向"十人会议"强烈抱怨斯帕拉托腹地马价大幅度上涨。法国人大量抢购马匹(由于我国的内战),应对新出现的这一可悲事态负责。[139]

这些狭窄的或者广阔的、几乎尚未进入货币经济的地区的大量存在,不是地中海独一无二的特征。在德意志的波罗的海沿岸,在爱沙尼亚的列瓦尔,在芬兰,都有同样的现象,而且往往还更加突出。1590 年 12 月,一个威尼斯人前往波兰。他在维也纳储备了一切,甚至还买了蜡烛。[140]他这么做是有道理的。[141]在法国,旅行者的游记中就有上百个能说明问题的例子。人们能够想象有比布列塔尼更落后、更不方便的省份吗？1532 年 2 月,弗朗索瓦一世不顾整个宫廷的反对,“坚持要去布列塔尼旅行,并果真去了;在宫廷看来,去布列塔尼旅行就像去地狱一样。”[142]英格兰的景象也同样令人憎恶。在克伦威尔时期,[143]只要一离开主要的交通干线,眼前就是森林丛生的或覆盖着腐蚀土的古老荒野,那里的人仍然以流浪为生。至于苏格兰或爱尔兰,那就更不用说了![144]因此,我们这里评论的不单是地中海地区,而是整个 16 世纪。在当时,货币经济很不发达,人还无力顾及一切。尤其是,旧经济制度既不随着 16 世纪的开始而开始,也不随着这一世纪的结束而结束。

然而,最封闭的经济也会让涓涓细流逸出。根据马克·布洛赫的劝告,我们对关于封闭经济的仓促论断不可轻信。即使科西嘉的市镇,也通过牧羊人同外界保持往来。而且在条件许可时,用猪或栗子换取食油、布匹或现金……我们在别处谈到岛屿时,曾经指出宽广的撒丁岛对地中海世界并不是完全关闭的。[145]至于西西里岛的粮仓和卡斯蒂利亚的羊毛国际市场,这里就更不用去多说了。

相反,对那些非常偏僻以致显得自我封闭的地区,例如韦斯卡和整个上阿拉贡,强调指出这一点是有益的。然而,人们怎能忘记,有一条坎佛朗克大道就在韦斯卡境内穿过呢?从中世纪起,吉耶讷的葡萄酒和英格兰的呢绒[146]就经这条大道运输;到了 15 和 16 世纪,德意志商人去萨拉哥萨从事藏红花贸易,还常走这条路。人们不会忘记,甜酥梨和红皮苹果[147](这种苹果在贝亚恩被称为"神果")可能正是从比利牛斯山彼侧的贝亚恩移植到哈卡的果园来的。人们不会忘记,阿拉贡的小麦从前经埃布罗河向南运往托尔托萨,而加泰罗尼亚到了 16 世纪还求助于阿拉贡的小麦供应;哈卡很久以前就有钱币;[148]土法织造的哈卡呢绒远销到阿拉贡以外的地方[149];最后同样重要的是,阿拉贡于 16 世纪并入卡斯蒂利亚;菲利普二世时代的一位阿拉贡贵族用卡斯蒂利亚文写他的家庭日记账。以上种种情况,人们难道能够忘记吗?[150]正是通过我们所了解的以上几条渠道以及其他渠道,荒芜贫穷的阿拉贡对外部的广阔天地打开着门户。

此外,先进国家与不发达地区之间的对话是无法避免的。昨天和今天一样,没有水平的差别,或者说没有电位的差别,就没有经济生活。热那亚商人来到科西嘉的各个城市,是由于一条带有强制性的、不以个人意志为转移的经济规律在起作用。这同威尼斯人前往阿勒颇或霍尔木兹海峡,拉古萨人前往于斯屈布、索非亚、特梅斯瓦尔或新帕扎尔,纽伦堡商人前往波希米亚或萨克森的情况一样。目的在于利用当地低廉的劳动力和生活费用。[151]城市不能没有那些位于它们的门口的贫穷地区(并且不管它们是有意还是无意,总是让这些地区保持贫穷状态)。每个城市,不论怎样繁荣昌盛——例如佛罗伦萨——都必须在其四周方圆30公里左右的范围内取得供应。[152]佛罗伦萨从这个圆圈里得到需要的木材、食油、蔬菜、家禽、数量大得不可思议的葡萄酒、野味以及农民送上门来出售的成串的鸟类。[153]由此产生了从最活跃的经济到最迟钝的各种经济形态的混合。巴利亚多利德之所以生活舒适，[154]那是因为富有的铁拉德坎波就在它的城门外。塞哥维亚从附近的坎波城、科卡、泽布勒罗运来当地缺乏的红葡萄酒和白葡萄酒，在每星期四的集市供市民购买。类似的例子还能举出很多……威尼斯生活十分优裕，那是因为它的水路交通网使它能一直到伦巴第的卡萨尔马焦雷去采购粮食和羊奶酪[155]，还因为各条海路在运送小麦、食油、葡萄酒、鱼、活家禽以及因冬季的严寒而必不可少的木柴方面更加方便。过冬的木柴整船整船从伊斯特拉半岛和加尔内罗运来。[156]

四边形：热那亚、米兰、威尼斯和佛罗伦萨

综上所述，我们分析了各种利弊，指出了在地域的经济布局方面存在的有利条件和不利条件。而所谓地域的经济布局，简单说来，也就是地理的劳动分工。从地中海整体范围来看，地理分工相当明显地存在着。

这个约有60天行程的世界，大体上形成一个经济世界，一个自在的世界。这个世界里并非对一切都作出严格的和权威的安排，但是，某种秩序已经显露出初步轮廓。每个经济世界都有一个中心，一个起决定性作用的地区。中心地区带动其他地区，并且单独确立有关的统一。显然，无论在15世纪还是在16世纪，地中海世界的中心是由威尼斯、米兰、热那亚和佛罗伦萨构成的狭小的城市四边形。这些城市互相争夺,各自起着不同的影响。一项明显的演变使四边形的重心从威尼斯(16 世纪的重心仍在威尼斯)转移到热那亚(1550 年和 1575 年之间,热那亚出色地成为重心)。

毫无疑问,在 15 世纪,威尼斯是地中海坚强的中心,[157]甚至也是由欧洲的某些部分和地中海加在一起而产生的,面积比地中海大一倍到两倍的这个世界的中心。一个明显的中心,但绝不是排他性的中心。威尼斯在远方的活动将被布鲁日取代。布鲁日在多大程度上胜任其"中心"的使命,至今尚有争议。[158]布鲁日位于北方航道的极端,直达波罗的海、北海和德意志西北内地,并且与英格兰隔海相望。同时,为实现其统治,威尼斯还要依靠米兰、热那亚、佛罗伦萨等邻近的大城市。这里只要举出威尼斯总督莫切尼戈[159]在 1423 年所作的著名的演讲,就足以为证。威尼斯把热那亚的丝绒、米兰的金线毛料以及佛罗伦萨的高级呢绒转手运往黎凡特地区,利用热那亚、米兰和佛罗伦萨的工业活动和贸易往来,发展与黎凡特地区的一本万利的商业联系。

这种多边合作进行时并不一帆风顺。嫉妒、竞争和战争把世界的这个狭小的心脏弄得四分五裂。历史学家对这些喜剧、骗局和悲剧(此类事件时有发生)逐个进行了研究。直到 1454 年 4 月,[160]直到缔结洛迪和约这一决定性转折发生前,意大利的冒险家、城邦和王公分别以不同的方式经历了经济、社会和政治冲突。我们不妨姑妄言之,把这些冲突集中称作百年战争。当时正值百业萧条,经济凋敝,城市与城市,城市与国家不断发生冲突……把这些冲突看成是寻求意大利的统一,未免给一段并无重大事件发生的历史以过多的荣誉。当时有人模糊地想到过实现意大利的统一,但这还不是最高瞻远瞩的政治家的设想。不管怎么说，洛迪和约的功绩，至少促使局势又恢复了平静，使贸易又兴旺了起来。这种状况一直要延续到 1494 年 9 月查理八世不合时宜的出征为止。

在这短暂的和平期间，四个“大”城市明显地保持着霸权地位。其中尤其以威尼斯为主。威尼斯并无宏图远略，其立国之本只是金钱、汇票、布匹、香料和航运。这种状况是十分自然的，也几乎是令人难以置信的。1472 年 5 月，[161] 威尼斯十人会议竟一反常态，每天都同“三十五人会议”进行会商。会商的议题不是于 1470 年再起的土耳其战争，而是将银币贬值，然后禁止银币流通，首先禁止的是那些并非由威尼斯造币局铸造的银币。当时必须堵塞漏洞，防止劣币的侵入。此事在威尼斯已多次发生，威尼斯总是毫不留情地予以打击。那时候，即早在托马斯·格雷沙姆之前，人们已经知道，正如贡扎格家族的代理人 1472 年 6 月所写的那样，[162]“劣币驱逐良币”。此人还补充说：“这里，除了人们似乎不再关心土耳其外，就没有什么新鲜事了。没有对土耳其采取任何行动。”就这样，威尼斯在 1430 年失去萨洛尼卡之后，于 1470 年又把盛产小麦的内格勒蓬岛让给了土耳其。威尼斯忙于内务，因为它十分自信，相信自己的财富，自己的优势。土耳其船队是对威尼斯船队的模仿。威尼斯的要塞设有大炮，定期由兵工厂进行维修和提供给养，威力举世无双。威尼斯生意兴隆。在整个地中海地区乃至地中海以外的佛兰德，帆桨商船供销系统的运行使租用国家船舶的城市贵族得以获取高额的利润。

威尼斯市政会议的确丢失了一些要地：萨洛尼卡（1430 年），被元老院的文件称为“确实是我们的城市”的君士坦丁堡（1453年），

内格勒蓬岛（1470 年）。我们还应该加上濒临亚速海的塔纳（1475 年）。从塔纳开出驶往威尼斯的帆桨战船和大帆船，根据后来的一份文献资料，其中一艘是运载女奴和腌货的。[163] 所有这些打击都正中要害。但是，相当灵活的贸易仍然可以依靠其他基地，如干地亚、塞浦路斯等。威尼斯从 1479 年起是这些地方独一无二的主人。当然，任何比较都牵强附会。在 15 世纪的时钟上，威尼斯从热那亚人手中夺取塞浦路斯，同后来英国人在普拉西一战（1757 年）打败法国人，并开始占领印度，是性质相同的两件事。此外，在 16 世纪结束时，甚至在这以后，威尼斯的商人和船舶仍然出现在伊斯坦布尔和黑海。它们也出现在叙利亚和埃及这两个黎凡特地区的商业门户。后者具有决定性的作用，前者也极其重要。1489 年，从亚历山大港运回威尼斯的财富可能达 300 万杜卡托。[164] 1497 年，威尼斯市政会议向叙利亚和埃及运去珍贵商品，以及 36 万杜卡托现金。每马克①白银的价值因此增加 5 倍多。[165] 威尼斯照例动用了全部白银，并采购了胡椒、香料、药品、棉花、麻、丝绸。这一切都是有规律的、确定的（谁会想到瓦斯科·达伽马竟可能从事环球航行呢?），并且似乎还得到了政治保障，因为叙利亚和埃及都是具有悠久经商传统的马穆鲁克国家的组成部分。当时谁预见到土耳其人从 1516 年到 1517 年间在同开罗素丹的斗争中将会取得胜利？因此，威尼斯得以安享太平，尤其是富人。威尼斯反对妇女在梳妆打扮方面过分奢侈，反对宴会的骇人听闻的花费，反对男人穿刺绣的衣服。但是，有谁不像萨努多那样在内心深处羡慕豪华的嫁妆呢?城市贵族举

① 马克为一重量单位，约等于 8 盎司。——译者

办婚事嫁妆照例从不低于 3000 杜卡托，有的甚至在 1 万杜卡托以上。[166]帆桨船的水手在总督府前索要欠饷的呼喊，[167]丝织或毛织作坊中穷人的悲叹，元老院关于大吨位船舶的危机的悲观法令，[168]这些都不过是在一幅杰出画幅上勉强挑出的疵点而已。

可是，新的世纪将要猛烈攻击过于富裕的城市。威尼斯奇迹般地逃脱了阿尼亚德尔战役的风暴（1509 年）。热那亚、米兰、佛罗伦萨接连遭到无可挽救的灾难。如果说对罗马的洗劫（1527 年），还没有达到空前残暴的地步，那么 1522 年对热那亚的洗劫[169]则名副其实地称得上是骇人听闻。在被占领的城市里，除了商人的汇票由于奉上级命令没有受到士兵的毁损之外——这一细节有它的重要性——没有任何物品能免遭灾祸。最后，在 1528 年，热那亚归顺查理五世，从而不能支配自己的命运。至于米兰人，他们不得不看风使舵，有时呼喊“法兰西万岁，”[170]有时呼喊“神圣罗马帝国皇帝万岁”，接着又先后投靠西班牙人、斯福扎家族和维斯孔蒂家族。此外，在西班牙的权威的庇护下，当地的贵族仍在米兰和伦巴第担任高官显职。[171]一切都会变化，唯独他们的地位不变。

总之，只要世界上还有活人和强者，城市就可能消失。至少直到 1530 年为止，经济形势还是好的。在塞维利亚和里斯本异军突起的新世界中，从安特卫普到威尼斯的一系列城市支配着世界。威尼斯在东地中海保持其统治地位。这并非毫无困难，因为只在 1574 年以后才有与土耳其的长期和平。威尼斯在中欧的地位也得以保持。相反，1509 年至 1511 年前后，[172]随着西班牙在北非大力活动，[173]威尼斯几乎丧失了与北非的一切贸易往来。大西洋方面，威尼斯由于在地中海陷得很深，未能取得重要的进展。

确实,如果没有威尼斯工业——丝绸、高级呢料、玻璃器皿、印刷业——的突飞猛进(这次突飞猛进将持续到 17 世纪),尤其如果没有 16 世纪下半叶的普遍高涨(财政收支曲线和海关统计数字表明,直到 1620 年左右,[174],威尼斯充分参与了这一高涨),威尼斯的贸易收支就会出现亏空。造币厂每年铸造"100 万"枚金币和"100 万"枚银币。[175]威尼斯商人分散在从纽伦堡到霍尔木兹海峡的广大地区。通过他们的活动,威尼斯城市始终在进行某种"资本主义扩张",其影响之大,难以衡量。在这方面,许多意想不到的事等待着我们。1555 年在一次公司改组中,人们发现一些威尼斯商人在塞维利亚的活动。他们是安托尼奥·科诺维、安德雷·科纳罗、乔瓦尼·科雷尔、洛伦佐·阿利普朗迪、多纳托·鲁尔洛和巴尔德·加比阿诺。[176]1569 年那不勒斯的一份文献资料给我们提供了 500 名在阿普利亚,特别在巴里购买食油、小麦的威尼斯商人的姓名[177];在法国驻阿尔及尔领事馆的未曾发表的文件中,自 1579 年起[178]出现了大放款人"威尼斯商人"巴托洛梅奥·索马的名字……最后,在 1600 年左右,威尼斯的国库堆满了银币;[179]如果我们没有算错,威尼斯的港口每年有 800 艘船只进出。[180]威尼斯特别是一个拥有大量现金的商埠,[181]也许居整个基督教世界之首。一份威尼斯的文献资料毫不夸大地说:"在整个欧洲恐怕也找不出比威尼斯更方便的商埠了。"[182]当然,总有些人还不满足,喜欢挑剔和爱出主意。有人主张应对占"当地交易额五分之四"的汇兑业务征税。[183]据威尼斯人贝尔纳多·纳瓦杰罗开设的一家汇兑银行的结算,在 1603 年 5 月 24 日至 8 月 9 日的 3 个月内,资金周转额竟高达 300 万杜卡托[184](其中显然有虚假的部分),这在当时不足为奇。威尼斯受到一

些打击，但仍然是富裕的，何况在16世纪末和17世纪初，威尼斯再次沉醉于生活和思考的幸福中。姗姗来迟的文艺复兴证实了这一点。

然而，这些炫目的光彩并不能使我们弄错。威尼斯也许比在15世纪更加富有，但是，它失去了它“相对的”重要性。它不再是地中海的中心。地中海的重大活动在从东方向西方摇摆时，毫不留情地损害了长期以来作为主要财富集散地的东部海域，有利于西部海域。这种摇摆运动并没有给米兰多大的帮助，却使佛罗伦萨和热那亚上升到突出的地位。热那亚得到了西班牙和美洲这一大块地盘。佛罗伦萨促进了里昂的兴起，控制了法兰西，同时又保持了在德意志的地位，在西班牙也占相当地位。这两座城市在整个这个四边形中逐渐取得优势，不仅在狭义的商业活动中发挥作用——而且开展大规模的货币交易。到了16世纪下半叶，热那亚取得支配地位。在地理学家的术语中有“河水截流”的说法。这里，资金的迅速流动造成了贸易的截流现象，使成千上万次交易给佛罗伦萨和热那亚的金融业带来利益。

这种截流现象首先是内部的。我们历史学家现在开始看到信贷在佛罗伦萨一直发展到日常生活最底层。[185]外部的截流尤其重要，定期搜括那些经济发展迟缓的地区，例如东欧和意大利南部，巴尔干地区和法国，[186]或者伊比利亚半岛。在这一过程中，我们已经说过，就连威尼斯那样的大城市，也因前进步伐不快，立刻陷进了外来剥削的罗网。[187]

显然，信贷活动并非前所未有，只是其规模实属空前。欧洲从来没有经历过如此宏大的货币流通和信用证券流通。这种流通支

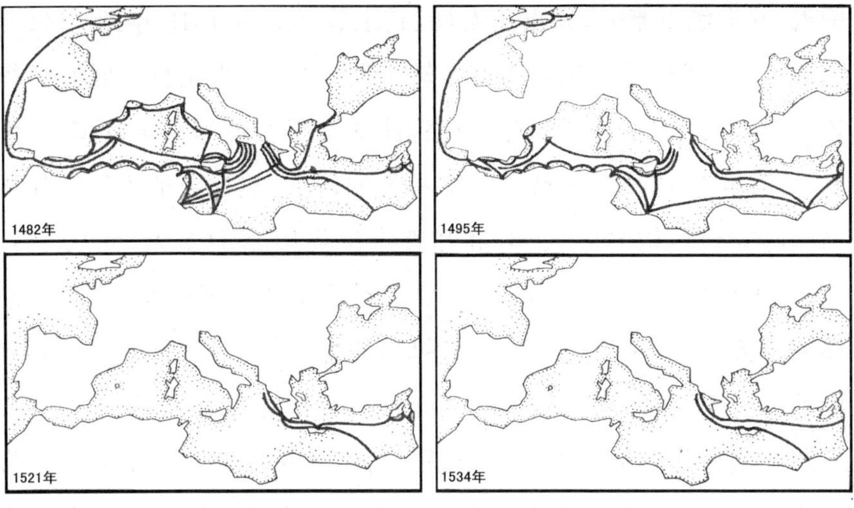

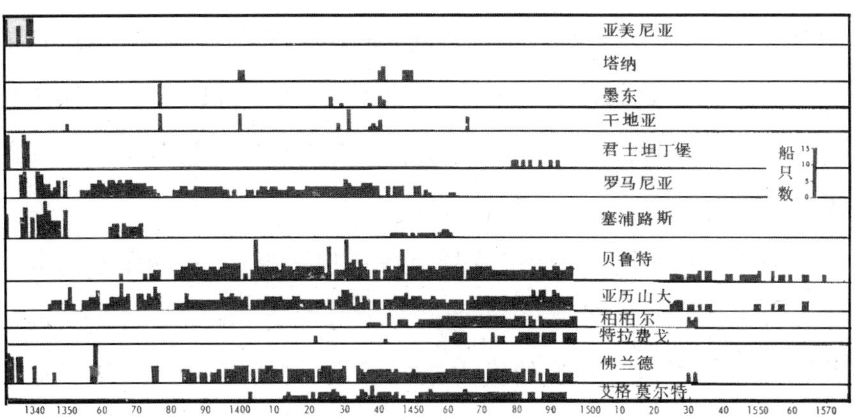

图 31、32 威尼斯商船的航行

上面的四张略图是从阿尔贝托·特南蒂和科拉多·维旺蒂 1961 年发表在《经济、社会和文明年鉴》杂志上的一系列图片中选取的。这四张图概括商船和商船队的旧体系(佛兰德、艾格莫尔特、柏柏尔、"特拉费戈"、亚历山大、贝鲁特、君士坦丁堡)的衰落的各个阶段。所有这些航线 1482 年还在发挥作用。1521 年和 1534 年只剩下有收益的同东地中海地区的联系。为简化起见,所有航路不是从威尼斯,而是从亚得里亚海的出口处画起。

下面的图表概括了这些船队的数量演变(由于缺乏文献资料,图表上的系列在 15 世纪末和 16 世纪初这段时间中断了)。然而,船队旧体系的衰落却被一直存在的自由航行弥补。这种自由航行日益发展。

配着16世纪下半叶，并迅速发展，趋于成熟。在1619年到1622年的危机[188]之前，在百年周期发生转折前，由于出现某种“结构性”爆炸（或者在我们看来是如此），这种流通又很快萎缩。不管怎样，随着1579年皮亚琴察大型汇兑交易会的建立，热那亚的银行家便成为国际支付机构的主人、欧洲和整个世界财富的主人，并从1579年起，也可能从1557年起，成为西班牙白银的有争议的、但不可动摇的主人。他们以白银为政治手段，便能达到一切目的，得到各种好处。有个时期，人们认为热那亚银行家将在1590年买下拍卖成交的葡萄牙胡椒的期货。一位侨居佛罗伦萨的西班牙商人很不喜欢这些银行家，他说：“当然啰，在这种人的眼里，承担起整个世界的事务，也算不了什么。”[189]短暂的“富格家族时代”已经结束，热那亚人的时代开始较晚，但直到17世纪20年代和30年代方才告终。那时候，葡萄牙新基督徒的发迹宣告了阿姆斯特丹资本主义的崛起。

今天，这些宽阔的历史背景显得更加清晰。[190]对热那亚的资本主义说来，1575年至1579年期间[191]十分关键，在同菲利普二世及其顾问进行了惊心动魄的实力较量以后，热那亚终于取得了这场斗争的胜利。安特卫普1576年失守后遭到士兵的抢劫。坎波城交易会因困难重重而遭搁浅。里昂在1583年以后越来越虚弱。所有这些都伴随热那亚和皮亚琴察集市的胜利而来。从此以后，在威尼斯和热那亚之间，在佛罗伦萨和热那亚之间，更不用说在米兰和热那亚之间，再也谈不上势均力敌了，所有大门都向热那亚敞开了，[192]所有邻近城市都受到它的控制。只是到了下个世纪，后者才得以进行报复。

2. 人口数量

显然,为了摸清16世纪的底细,测定16世纪的分量,根本的、高于一切的问题,就是人口数量问题。人口究竟有多少?这是第一个困难问题。是否像根据种种迹象所能推测的那样,人口数量在增长?这是第二个同样难以回答的问题。如果人们打算区分不同阶段,计算百分比,以及分别列举各地的人口数量,情况更是这样。

一个六七千万人口的世界

人们提供不出可靠的数字,只能找到几个大概的数字。关于意大利和葡萄牙,数字看来能被大家所接受;关于法国、西班牙和奥斯曼帝国,数字不算过分离谱。[193]至于地中海其他国家的情况,几乎没有任何材料。

在西地中海地区,16世纪末[194]的人口数字大致如下:西班牙800万;葡萄牙100万;法国1600万;意大利1300万;总共3800万。剩下的是伊斯兰国家。至于土耳其欧洲部分,据孔拉德·奥尔布利希的估计,[195]1600年前后约有人口800万。这个估计是能够接受的。鉴于土耳其帝国的亚洲部分和欧洲部分历来不相上下(确切地说,欧洲部分比亚洲部分略占优势),[196]可以把土耳其亚洲部分的人口也算作800万。再剩下的就是广义上的北非了。能够把埃及和北非的人口都估计为200万到300万吗?[197]因此,伊斯兰国家以及地中海沿岸属于伊斯兰民族的人口最高可达2200

万。也就是说，地中海的总人口为 6000 万左右。

在这些计算中，第一个数字 3800 万相对来说是可靠的；第二个数字就不那么可靠了。但是，总的估计似乎仍然是可信的。我倾向于减少第一组数字，提高第二组数字。从时间方面进行比较，的确能够得出一种大体准确的对应情况，即：地中海地区的伊斯兰国家(及其 16 世纪的属地)的人口，大约是意大利人口的两倍。如果这个比例在 1850 年前后[198]是正确的，那么"甲"组的人口为 7850 万(法国 3500 万，意大利 2500 万，西班牙 1500 万，葡萄牙 350 万)，而伊斯兰国家，或者确切地说，伊斯兰国家加上巴尔干地区的人口应该有 5000 万。[199]经过粗略的核实得出的数字和这个数字相近。不管怎样，1930 年左右，两部分的人口已经分别达到 1.13亿(4200 万，4100 万，2400 万和 600 万)和 8300 万，原有的比例仍保持不变。[200]显然，没有任何理由说这一比例永远不变。但是，即使把一些可能的变动都考虑进去，这个比例还是能够给人一个粗略的估量。在 16 世纪，根据这个比例得出的数字是 2600 万，离我们前面得出的 2200 万这个数字不很远了。也可以像奥梅尔·鲁特菲·巴尔坎那样，[201]设想地中海地区的伊斯兰地区有 3000 万或 3500 万居民，但这是个乐观的看法。不管怎样，缩减第一个数字，或者增加第二个数字，我们都不会离 6000 万人口这个总数太远。我觉得这个有 10%的出入的估计对 16 世纪末来说，是可以接受的。根据这个估计，我们可以得出什么样的结论呢?

在这个拥有 6000 万人口的世界里，如果不把沙漠包括在地中海地区之内，人口密度为每平方公里 17 人。这个数字小得令人惊奇。当然，各地区之间有很大的差别。1595年那不勒斯王国的人

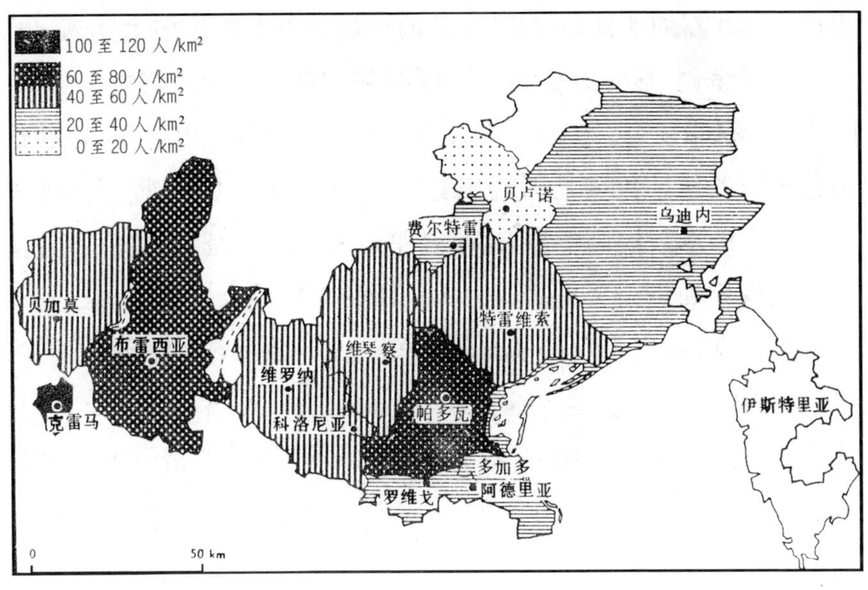

图 33　1548 年威尼斯“大陆”的人口

据 D. 贝尔特拉米,《劳动力和地产》,1961 年,第 3 页。人口密度是根据相当广大的地区来计算的。多加多是威尼斯在建立其大陆帝国之前拥有的紧紧包围它的地区。

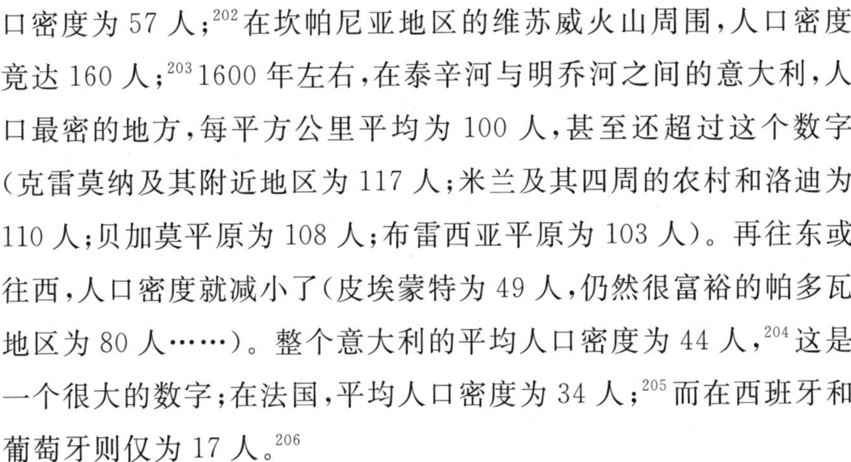
口密度为 57 人;[202]在坎帕尼亚地区的维苏威火山周围,人口密度竟达 160 人;[203]1600 年左右,在泰辛河与明乔河之间的意大利,人口最密的地方,每平方公里平均为 100 人,甚至还超过这个数字(克雷莫纳及其附近地区为 117 人;米兰及其四周的农村和洛迪为 110 人;贝加莫平原为 108 人;布雷西亚平原为 103 人)。再往东或往西,人口密度就减小了(皮埃蒙特为 49 人,仍然很富裕的帕多瓦地区为 80 人……)。整个意大利的平均人口密度为 44 人,[204]这是一个很大的数字;在法国,平均人口密度为 34 人;[205]而在西班牙和葡萄牙则仅为 17 人。[206]

以上是本书第一版收录的数字。随后进行的深入细致的研究,提出了一些新的估计。但是，以上的计量并不需要作多大变动。唯一的公开争论，显然与伊斯兰地区有关。有人估计摩洛哥1500年的人口为500万或600万；尽管这位作者的才能不容否定，但我认为他提出的估计数字是不能接受的。[207]把奥尔梅·鲁特菲·巴尔坎[208]提出的总数提高一点，这是合乎道理的。但是，我仍然不相信基督教世界和伊斯兰世界这两大集团的人口趋于平衡的……补充一个小证据：我们得出的基督教国家的人口数字，同注意观察的当时人得出的数字相吻合。这些人中不仅有乔瓦尼·博泰罗，[209]而且还有那位爱好钻研问题的罗得里戈·维沃罗，后者留下的文字材料将在近期发表。[210]

地中海地区的荒地[211]

实际上，人口密度比我们的数字所显示的还要小，与人口相对而言，当时的空间比今天宽阔。应该设想当时的人口比今天少3至4倍，并且分散住在环境比今天恶劣得多的地域上。

地中海地区荒漠四现。加上市镇异常集中和土地贫瘠，这使人口的分布具有沙漠绿洲的特点，并且一直保持至今。[212]在地中海各地，都有一些条件艰苦和气候恶劣的荒漠，有的荒漠面积极大。荒漠的边缘如同海岸一样，是城市最好的地址。旅行者在越过即将遇到的障碍之前，先舒舒服服地休息一下，或者至少可以在客栈里静养一下。这些大小不一的阿拉伯荒漠数不胜数。但是，只有几幅图景能够吸引我们。请看，埃布罗河畔耕地连片，树木成行，农民勤劳耕作，而在离河不远的地方，却是阿拉贡贫困的草原，单调地长着石南和迷迭香的土地一直延伸到天边。佛罗伦萨派驻费迪南五世那里的弗朗切斯科·圭恰迪尼 1512 年春季上路,穿过一块“人迹罕至的荒漠,贫瘠的土地上见不到一棵树木,却长着整片整片的迷迭香和鼠尾草”。[213]其他旅行者,例如威尼斯人纳瓦杰罗[214](1525 年),也指出过同样的景象。一篇写于 1617 年的法国文章说[215]:“在阿拉贡的比利牛斯山的附近,即使走上几天,也找不到一个居民。”阿拉贡最贫穷的地方——因为贫穷的程度各有不同——仍然是阿尔巴拉辛一带。[216]阿拉贡的现实也是伊比利亚的现实。乔瓦尼·博泰罗[217]指出,西班牙耕地稀少,是因为人口稀少。塞万提斯并没有胡编乱造。堂吉诃德和桑丘·潘沙通常就在荒僻的原野中旅行。葡萄牙的情况也是这样。往南到阿尔加维·阿仑特如和贝拉等地,居民稀稀疏疏。[218]就连里斯本附近也有荒原,到处散发出野草的浓郁气息。[219]荒原遍布的地中海各地显得空空荡荡。在普罗旺斯,“人占有四分之一的土地。盆地的底部是一块种有庄稼、油橄榄、葡萄和装饰性柏树的绿洲。其余四分之三的土地处于天然状态,到处都是红色或银灰色的岩石”。[220]其中的一些山麓和山坡,在整修成小片的梯田后,可供人们不定期地从事农业活动;[221]这些梯田面积不大,但农民在这里和在别处一样,依靠这些狭窄的土地生活。

越靠近南方或东方,没有人类居住的荒漠就越宽阔,就好像无法治愈的创伤一样。布斯拜克在小亚细亚的真正的沙漠中行走。[222]非洲人莱昂在摩洛哥去往特莱姆森的途中,穿过穆卢雅荒原,[223]那里成群的羚羊在旅行者面前慌忙逃窜。

这些既无村庄又无房屋的土地是野生动物的天堂。山区野兽很多,并不是没有原因的。贝耶德的故乡多菲内地区是熊的滋生地。[224]16世纪，在科西嘉岛，为了保护畜群，必须大规模捕杀野猪、狼、鹿。该岛因此向欧洲大陆的豪华的动物园出口野兽。[225]西班牙有许多野兔和山鹑，在阿兰胡埃斯森林四周，这些动物作为猎物由国王派人严加守护。[226]但是，狐狸、狼、熊仍占首位，甚至连托莱多周围的地区[227]也是如此。菲利普二世晚年曾在瓜达拉马山区打狼。[228]安达卢西亚的农民向领主进攻，他们的策略是大声呼喊狼来了：[229]这种做法十分自然。同样，迭戈·苏亚雷斯[230]的经历也平凡无奇。这个孩子在西班牙南部海岸放羊。柏柏尔海盗打家劫舍，在当地造成很大恐慌，使沿海一带人迹稀少。一天，狼群吃掉了一头小驴。不幸的牧羊童赶紧溜之大吉，不敢回去报告主人。在格拉纳达，1568至1570年的战争犹如雪上加霜，使这个在战前还很富裕的地方变得一片荒凉，[231]野兔、野猪、牡鹿、赤鹿、狍（“成群结队”的狍）等猎物，以及狼和狐狸突然令人难以置信地繁殖起来。

如果人们到达北非，就能够看见相同的并且更生动的景象。1573年10月，奥地利的胡安去迦太基的遗址捕猎狮子和野牛。[232]一个企图返回拉古莱特驻地的西班牙逃兵说，他的旅伴被狮子吃掉了。[233]此外，在16世纪，北非的村庄一般都用荆棘篱笆围着，防止鬣狗和豺狼的侵袭[234]……阿埃多指出，在阿尔及尔周围，曾大规模地捕猎野猪。[235]

意大利——16世纪财富的形象——也有不少荒无人烟的地区。森林、强盗和猛兽在薄伽丘的时代极多。[236]班德洛的故事中的一个主人公暴尸荒野，在曼图亚附近被狗和狼吃掉。[237]在普罗旺斯，野兔、兔、鹿、野猪和狍也很多；人们在那里捕猎狐狸和狼。[238]这些野兽到了19世纪中叶才从克罗的半荒芜的土地上消失。[239]

关于野兽可以写厚厚的一本书。世界各国都有大量野兽的存在,首位肯定不属于地中海。地中海向我们提供的成千上万个形象,既无任何新颖独特之处,也不是为它所独有。同其他地方一样,在地中海,人已经成了最强者,但还没有像今天这样几乎变成了绝对的主人。

西方人口比较多,对地域的治理显然也比伊斯兰地区更进一步。伊斯兰世界主要是动物的世界。那里有天然的或者人为的大片荒漠。莱斯卡洛比埃在1574年写道,塞尔维亚边缘"一片荒凉,使基督教奴隶和其他人无法逃走……"[240]在这些荒漠里,野兽竞相繁殖。布斯拜克在君士坦丁堡居留时,把自己的家改变为动物园,并以此为乐。[241]

伊斯兰地区人烟稀少,因而畜牧业在那里占有重要地位,军事力量也很强大。巴尔干地区和北非之所以不受基督教欧洲的侵犯,首先是因为地域辽阔,其次是拥有大量的马匹和骆驼。随着土耳其军队的推进,骆驼完成了对巴尔干半岛广大地域的征服,往西直到迪纳拉山脉的边缘,往北抵达匈牙利。1529年,骆驼向逼近维也纳城下的苏里曼大帝的军队提供给养。"带栏的"帆船(木栏便于装运牲畜)不断把马匹和骆驼从亚洲运往欧洲。每天都能看见这些船只抵达或离开君士坦丁堡的码头。[242]人们还知道,骆驼商队在北非完成长途跋涉……在巴尔干、叙利亚、巴勒斯坦的山区,在从开罗到耶路撒冷的大路上,马、驴和骡是主要运输工具。[243]

面对欧洲,伊斯兰国家及其近邻在匈牙利边境长期驻有重兵,这支出色的骑兵部队受到基督教徒的羡慕和赞扬。任何骑兵无不相形见绌。在这些土耳其人面前,乔瓦尼·博泰罗说,"如果你被他们冲垮，你就再也别想逃掉，如果他们在你的攻击下溃散，你却不能追击他们，因为他们像猎鹰那样，一会儿向你反扑，一会儿又飞快离开……”[244]

众所周知，质量和数量是不可忽视的两个方面。1571 年 12 月，奥地利的胡安正酝酿派兵在摩里亚半岛和阿尔巴尼亚登陆。亲王认为不必携带马匹，只需备足必要的马鞍、马嚼子以及购买牲口的钱就够了[245]。相反，在基督教国家，即使在著名的牧区，在那不勒斯或者在安达卢西亚，马匹因稀少而身价倍增，并成为典型的走私商品。菲利普二世亲自审批有关安达卢西亚马匹的出口申请，不让任何其他人过问此事。

简而言之，一方面是人多而马匹不足；另一方面则是马匹太多而人不足！伊斯兰教的宽容也许正来自这种不平衡。不管什么人，只要听其支配，伊斯兰教都乐于接受。

人口增长了一倍？

看来在 16 世纪，人口的大量增长是普遍现象。埃恩斯特·瓦格曼[246]有理由再次坚持自己的论证。他断言，人口的大幅度增加通常是在全人类的范围之内发生的。人口的普遍增长无疑在 16 世纪尤其突出。不管怎样，这条规律对地中海沿海地区的整个人口来说，肯定是适用的。从 1450 年起，最迟从 1500 年起，人口无论在法国还是在西班牙，在意大利还是在巴尔干，还是在小亚细亚，都已开始增长。在 1600 年前，人口的涨潮还不引人注目，只是在 1650 年以后才成为普通的和具有决定性意义的现象。当然，从细节上看，这个广泛的运动在其发展中有快有慢，有早有晚,不是全面铺开和齐头并进的。像结队游行的忏悔者那样,进两步退一步沿着习惯的路线前进。

犹豫和谨慎在这里不会给我们出什么好主意,我们不如笼统地说:从 1500 年到 1600 年,地中海地区的人口可能翻了一番。它从原来的 3000 万或 3500 万增加到 6000 万或 7000 万,也就是说,年平均增长率在 7‰左右。人口在 16 世纪上半叶(大约从 1450 年到 1550 年)急剧增长,下半叶速度便普遍放慢。这是我们在开始讨论前提出的假设性总体图像,以便读者在随后进行的不完整的论证和讨论中不致迷失方向。读者立即会明白,人口增长是普遍的运动,同时关系到富裕地区和贫困地区,关系到平原、草原和山区,关系到所有的城市——无论大小——和所有的乡村。读者很容易接受这个见解:生物革命是有关人类命运的大事,同土耳其的攻城略地、美洲大陆的发现和殖民化、西班牙的对外扩张相比,更使我们关切。此外,如果人口没有增加,难道能写出如此辉煌的历史篇章吗?这场生物革命比价格“革命”更加重要。在美洲白银大量到来前,生物革命已为价格革命作了准备。[247]增长同时造成了整整一个世纪的胜利和灾难。在这个世纪里,人最初是卓有成效的财富创造者,然后又慢慢地成了日益沉重的负担。1500 年成为转折点。从那时起,人口多得拥挤不堪。大约到 1600 年,这种人口超负荷造成了经济的停滞,并且随着盗贼蜂起,孕育了潜在的社会危机。[248]这种社会危机,将迎来 17 世纪的重重苦难,生活环境全面恶化。在作了以上简单的说明后,我们就来看这次涨潮的各种证据和迹象。

水平和指数

如果能以一长串的数字为依据，那将是合乎理想的事。但是，我们缺乏这些数字。因此，我们必须使用我们所掌握的不完整的资料和满足于下列六七个相当明确并且互相协调一致的答案。

1. 14 到 16 世纪的普罗旺斯向我们提供一个极好的见证，虽然资料尚不完整。广义的普罗旺斯包括后来归属萨伏伊公国的尼斯伯爵领地，在 14 世纪初，共有 8 万户人家，约 35 万到 40 万居民。普罗旺斯的命运同地处南方的朗格多克有共同之处，黑死病的蔓延(1348 年)给它带来了严重的灾难，三分之一或一半的居民死于非命。一个多世纪之后，即从 1470 年开始，复苏的迹象才显露出来。“居民户急剧增多，1540 年的户数达到 1470 年的 3 倍”。[249]普罗旺斯的人口与大瘟疫发生前几乎相等。至于居民怎样度过 16 世纪下半叶和 17 世纪的艰难岁月，这个问题还有待弄清。同别处一样，普罗旺斯的人口看来开始有所增长，后来又逐渐减少。但是，我们对此没有确切的把握。在这一问题上，研究中世纪史和近代史的学者，正如在其他很多问题上一样，往往忘记了互相配合。这个问题虽然重要，但还不是关键。关键是要看到，16 世纪人口的增加在很大程度上是一种恢复，一种补偿；这种增长在 1540 年前速度很快，可能在 16 世纪的下半叶就慢了下来。

2. 朗格多克的发展演变情况与前者相同。15 世纪时，这里还是荒无人烟、野兽出没、树木丛生的地方。16 世纪出现了第一次快速的、带有革命性的人口膨胀。这种膨胀在 1550 年以后减缓了速度。大约到了1600年，便出现了明显的停滞。戏剧性的和灾难性的倒退发生在 1650 年以后。这就是埃马纽埃尔·勒鲁瓦·拉杜里最近经过可靠的考证后得出的年表。[250]

3. 加泰罗尼亚展示同样的运动:人口增加,然后下降。二者之间的转折大约发生在 1620 年左右。[251]

4. 在巴伦西亚,1527 至 1563 年间的人口增加比较缓慢,并不明显。相反,1563 至 1609 年间的增长却很迅猛(就整体而言,人口增长率为 50%,对生殖能力很强的摩里斯科人来说增长率几乎达 70%)。[252]

5. 卡斯蒂利亚人口在 16 世纪的猛增,业已得到证明。对于康拉德·哈布勒、阿尔贝·吉拉尔等人为天主教国王统治时期的西班牙人口所提供的夸大数字,如果我们不予采纳,卡斯蒂利亚的人口增长就更加显而易见。在 16 世纪,人口似乎持续上升。托马斯·贡扎雷斯[253]提供的关于 1530 至 1591 年间的数字明确地证实了这一点,尽管人们对他的工作有时也提出了严肃的批评。[254]

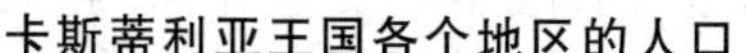
卡斯蒂利亚王国各个地区的人口

	1530 年	1541 年	1591 年
布尔戈斯	83440	63684	93166
索里亚	29126	32763	38234
巴利亚多利德	43749	43787	55605
莱昂	28788	59360	97110
萨莫拉	31398	86278	146021
托罗	37117	41230	51352
萨拉曼卡	122980	133120	176708
阿维拉	28321	31153	37756
塞哥维亚	31878	33795	41413

（续表）

	1530 年	1541 年	1591 年
瓜达拉哈拉	24034	26257	37901
马德里	12399	13312	31932
托莱多	53943	80957	147549
穆尔西亚	73522	80357	114738
科尔多瓦	31735	34379	46209
昆卡	29740	33341	65368
塞维利亚	73522	80357	114738
哈恩	24489	35167	55684
格拉纳达		41800	48021
户数	686639	880000	1316237
居民数	3089875	3960000	5923066

居民总数是按每户 4.5 人的指数计算的。按户计算和我们按家庭计算的得数是相符的。

这项大规模统计的误差——其中确实有误差——无损于总的结果。在 61 年内，尽管有战争的负担和向“新大陆”移民（不应夸大其影响），卡斯蒂利亚的人口翻了一番（年增长率在 11‰以上）。[255] 不管怎样，以下两个鲜为人知的总体估计与发展总趋势并不矛盾；1541 年的估计与当年的人口普查大同小异，把卡斯蒂利亚的户数定为 1179303，[256] 超过了托马斯·贡扎雷斯提供的数字。1589 年 1 月 13 日由军事委员会提供的另一个估计是 150 万户。[257] 这些数字的可靠程度尚有争议，但它们并没有推翻托马斯·贡扎雷斯的总的计算。

显然，我们的好奇心还没有得到满足。锡曼卡斯等地的文献资料也尚未充分利用。我在锡曼卡斯进行研究的过程中，偶然发现了有关 1561 年人口大普查的许多材料，其中包括各个城市[258] 及其辖区的户口册。了解这些数字后,就有可能更准确地划定 1530 至 1591 年间人口演变的几个阶段。拉蒙・卡兰德[259]把人口增长的最高峰确定在 1591 年,这个先验的推断虽然合情合理,但没有任何事实为依据。既然情况不明,我们姑且接受这个推断。显然,人口增长的确切转折点(必须把它确定下来),也是西班牙命运的最重要的时刻。最后,我们想进一步了解伊比利亚半岛上各个不同地区的人口分布情况。有人说,一切都涌向南方。[260]财富是这样(未必尽然),游手好闲之徒也是这样。但是,在北方牢牢扎根的居民却并不是这样,直到 16 世纪末,他们还留在北方[261]。

6. 意大利也提供了一个很能说明问题的见证。有关材料容易查阅。卡尔・尤利乌斯・贝尔希在其著作中收集和核实了所有的数字。这部巨著于 1961 年,即作者死后 32 年才正式出版。[262]所有这些数字,不论是个别的还是全面的,都可以互相印证。

首先是按地域进行的人口普查。1501 年,西西里[263]人口为 60 万多一点;1548 年为 85 万;1570 年超过 100 万;1583 年为 101 万;1607 年为 110 万人。在 17 世纪,西西里人口稳定不变。1713 年上升到 114.3 万。那不勒斯[264]的演变曲线与此相似。根据西班牙人口普查的户数统计表,那不勒斯的居民由 1505 年的 254823 户(即 100 多万居民)发展到 1532 年的 315990 户 1545 年的 422030 户,1561 年的 481345 户,1595 年的 540090 户(这是普查中最有价值的数字)。相反,1648 年为 500202 户,[265] 1669 年为 394721 户。

如果以 1505 年的数字为 100,那不勒斯王国的人口 1532 年为124;1545年为164.9;1561年为187;1595年为212;1648年降

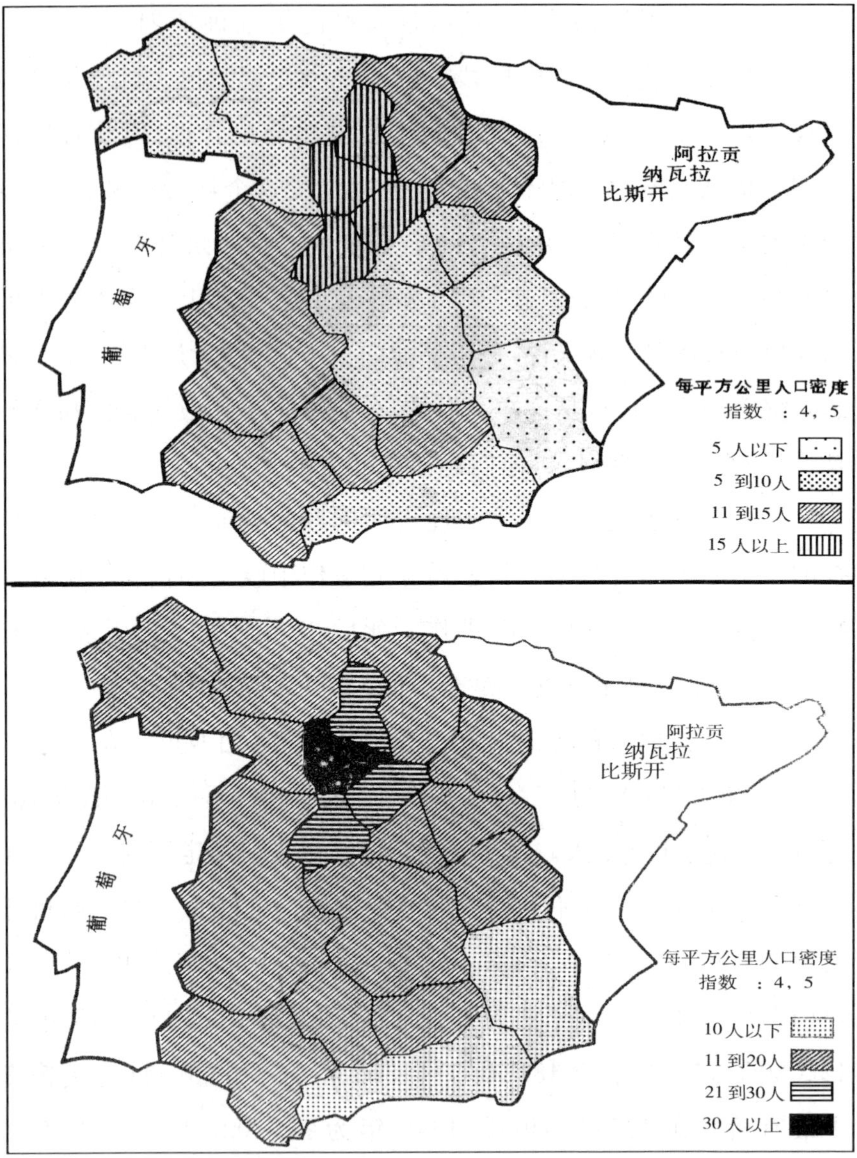

图 34 1541 年卡斯蒂利亚的人口

采用的人口系数为每户 4.5 人。这两张地图和下面的两张都取自阿尔瓦罗·卡斯蒂洛·平塔多的一篇文章，见《经济、社会和文明年鉴》。图上的区划与卡斯蒂利亚各省相符。

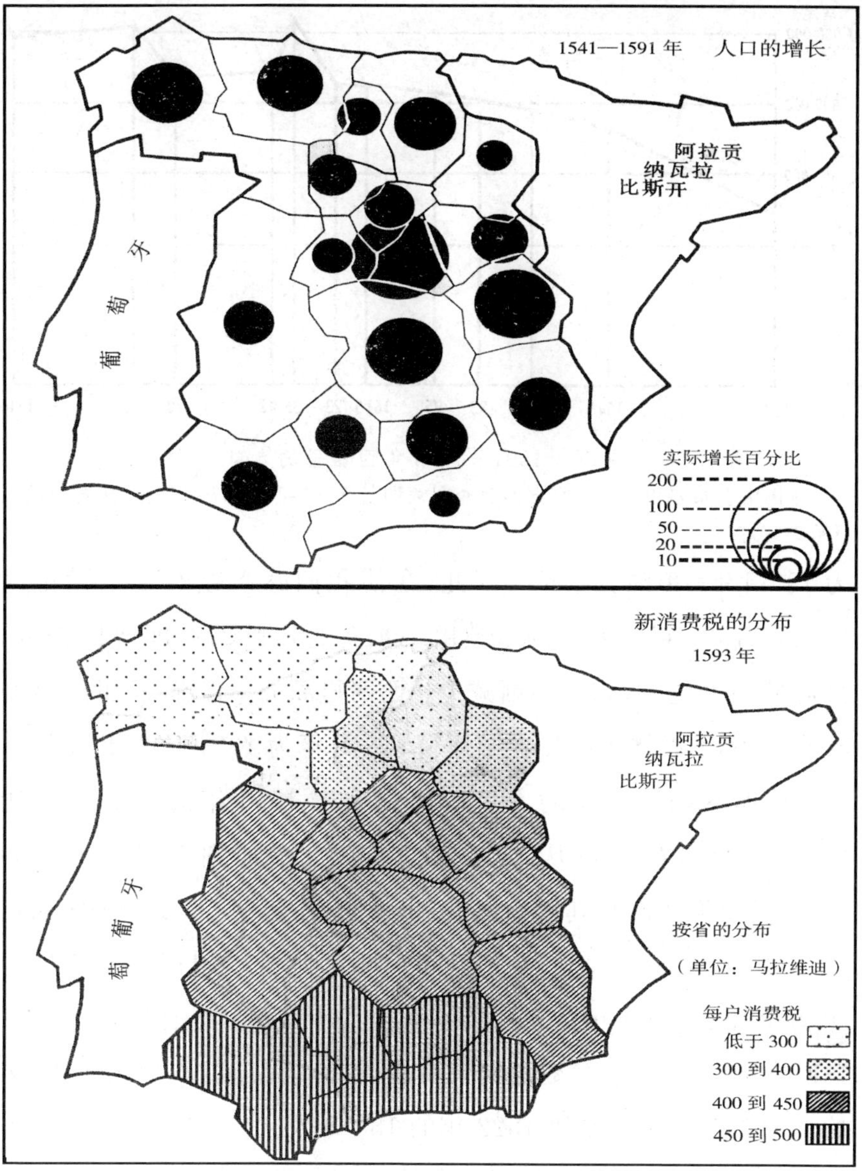

图 35　1541—1591 年人口的增长

上面的地图表明,新首都马德里人口增长最快。下面的地图中,新消费税的调整大体表明,人口最多的地区最不富裕。与其用该图的标题,说这是新消费税的"分布",不如说这是新消费税的税额分摊及其课税基数。

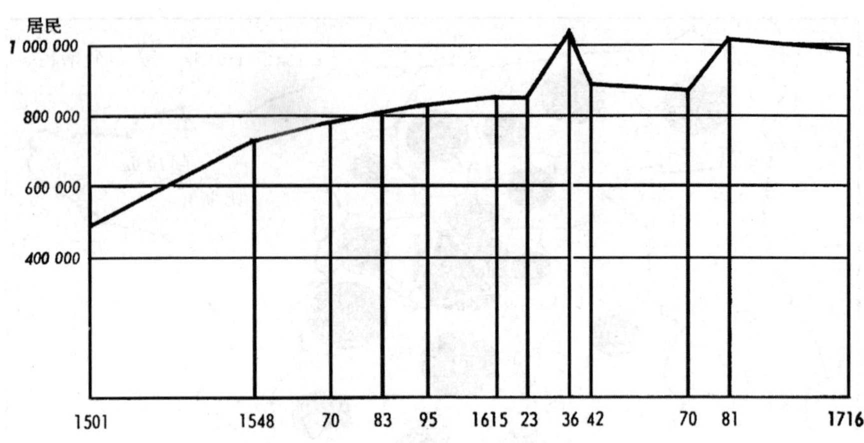

图 36　1501—1716 年西西里的人口

本图由 J. 贝尔坦绘制。官方的普查只表明从 1636 年到 1670 年的一次短暂的人口减少。

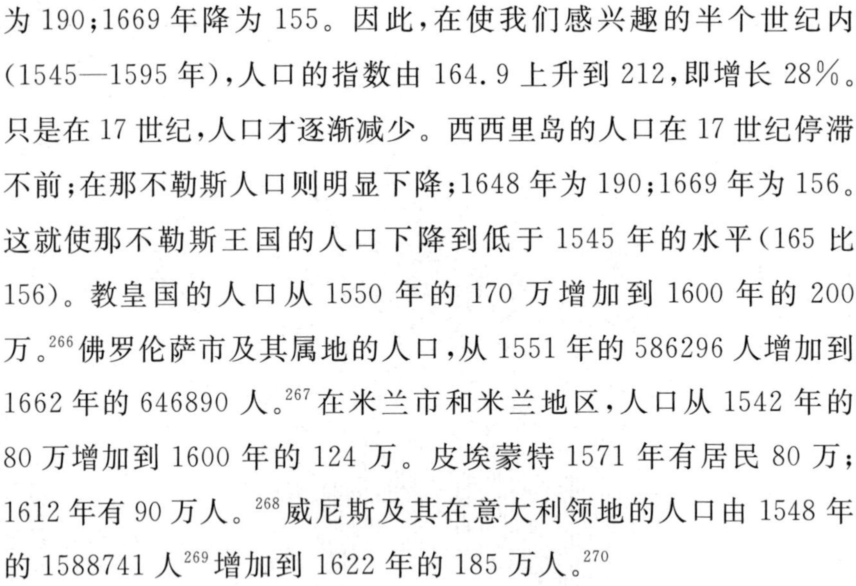

为 190;1669 年降为 155。因此,在使我们感兴趣的半个世纪内(1545—1595 年),人口的指数由 164.9 上升到 212,即增长 28%。只是在 17 世纪,人口才逐渐减少。西西里岛的人口在 17 世纪停滞不前;在那不勒斯人口则明显下降;1648 年为 190;1669 年为 156。这就使那不勒斯王国的人口下降到低于 1545 年的水平(165 比 156)。教皇国的人口从 1550 年的 170 万增加到 1600 年的 200 万。[266]佛罗伦萨市及其属地的人口,从 1551 年的 586296 人增加到 1662 年的 646890 人。[267]在米兰市和米兰地区,人口从 1542 年的 80 万增加到 1600 年的 124 万。皮埃蒙特 1571 年有居民 80 万;1612 年有 90 万人。[268]威尼斯及其在意大利领地的人口由 1548 年的 1588741 人[269]增加到 1622 年的 185 万人。[270]

最后一个特殊情况是撒丁岛的情况。那里的人口普查以征税为目的,漏洞很多,错误和弄虚作假屡见不鲜,但还是给人一个人口上升的图像……根据1485年的普查为26163户。[271]其中教会领地有 742 户;封建领地有 17431 户,国王领地也有 7990 户。在这三个类型中,1.5 万里拉的贡赋是这样分配的:教会领地 2500 里拉;贵族领地 7500 里拉;国王领地 5000 里拉。据户数折算,总人口最多也不超过 11 万人。一个历史学家谈到 15 万居民这个数字。根据 1603 年[272]的普查,居民共有 66769 户。这无可置疑地表明,人口已有了很大的增加,即使按每户 4 口人这个最低的指数进行折算也是如此。假定这些数字是正确的,在 1485 年和 1603 年之间,人口的增长约在 10 万人左右。这对撒丁岛来说,确实是个沉重的负担。

虽然以上数字表明总人口增加了,但是,很难看出这种增长是怎样实现的。增长肯定有程度的差别,但我们不了解生活差别的理由和根据。总的说来,这里产生了一些怀疑,K.J.贝尔希[273]遇到的怀疑,人们只是希望从与 K.J.贝尔希不同的角度来解决这些疑点。可以肯定,1500 年的数据是有缺陷的。根据这些数据推导出意大利人口总数似乎太少,少得使 K.J.贝尔希感到不安(也许他是错误的)。当时,查理八世出兵南下不久,说意大利半岛总人口为 950 万人,这个数字究竟是多了,还是少了?贝尔希的结论是少了。他认为至少也有 1000 万人。在 1550 年左右,人口总数可能达 11591000 人(尽管发生了所谓的意大利战争,人口仍在增加);在 1600 年左右为 13272000 人;在 1658 年左右为 11545000 人。因此,人口先上升后下降。但是这不符合我们一开始解释就肯定的那个人口翻一番的规律。没有任何理由阻止我们认为:意大利人口的增长,比其他地方缓慢;意大利一开始就比其他国家富裕;从这个角度看,富裕起了反作用。但是,我们也没有任何理由接受

贝尔希的过高估计。我们无法确切知道人口开始下降的时期。在掌握更多的资料以前，我们姑且承认：人口的重大转折曾经出现过两次：一次在1630年，瘟疫使半岛北部变得死气沉沉；另一次在1656年，瘟疫沉重地打击了热那亚、罗马和那不勒斯。但是，这是在没有找到更好的标记的情况下选定的日期，而且日期也比较晚。

7. 奥斯曼帝国的人口统计是近年来史学研究中取得的最宝贵的成果之一。[274]在苏里曼时代(约在1520至1530年间)，人口约有1200万到1300万，这一数字于1580年左右变为1700万到1800万，1600年左右又变为3000万到3500万。以上数字尚存争议，但并不是不可能的。可以肯定的是，人口显然在增加，虽然增加的幅度没有我们的伊斯坦布尔同行所认为的那么大。

显然，这是些估计数字，但它们是建立在历史人口统计资料的基础之上的。这些资料目前正在整理中，经主事者同意，我们运用了暂时得出的结果。主要的东西再一次是东西方之间的协调一致。如果我们把1501年到1509年期间五大城市——威尼斯、巴勒莫、墨西拿、卡塔尼亚和那不勒斯——的人口加起来，我们得到的总数是349000。同样，在1570年到1574年期间，这些城市的人口加在一起，总数是641000，即增加了83.6%。在1520年以前，12个土耳其城市的人口共计142562；到了1571至1581年期间，共计271494，增加了将近90%。[275]两个地区人口发展状况不相上下。

保留与结论

我们所有的数字是一致的。然而，这些数字也会使人上当。在一篇发表于1900年的文章里，尤利乌斯·

贝洛赫已经说过：这些不断增大的数字是税务部门在编制纳税人名册时作出的统计，计算比以往更加详细，以便向他们征收更多的税款。这也是 17 世纪人口普查不可否认的改进产生的后果。[276]然而，即使考虑到这些因素，即使承认在统计中，16 世纪人口的增长被算多了，而 17 世纪的人口下降又相反被算少了，在 1500 年到 1600 年这个时期内，人口仍然呈增长的趋势。我们拥有成千个关于人口增长的证据。有些证词朴实无华，其他的则冷酷无情。朴实的证据：托莱多的农民于 1576 年说，[277]我们村里的人口肯定增加了；信徒们已觉得教堂太狭小了。证人们在谈到圣维森特港的居民时说，“在邻近的村子里，人口之所以增加，是因为居民生儿育女和婚配嫁娶”。[278]另一个证据（就其冷酷无情与拿破仑一世在埃罗那之夜所说的话同出一辙）：一名威尼斯督察官从干地亚岛返回时说：“上次战争期间（1570—1573 年），许多干地亚人为市政会议送了命，但几年以后，这些空缺将被填补，因为那里有许多 10 到 15 岁的孩子，更年幼的儿童还不算在内……”[279]

597

直接的证据已不胜枚举。间接的证据同样众多。据我们所知，在 1450 年到 1550 年这个时期，地中海各国的局势似乎变得一年比一年紧张。在卡斯蒂利亚和普罗旺斯，无疑还在其他一些地方，新建的村庄和小城市如雨后春笋般出现。1600 年左右的卡斯蒂利亚似乎还空空荡荡。照这么看，在莱昂·德·罗斯米塔尔（波西米亚贵族）这位观察细致的旅行家的眼里，卡斯蒂利亚在 1465 年和 1467 年之间就简直是荒无人烟了。[280]同样，在小麦、谷物生产和城市供应方面，据我们所知，1550 年到 1600 年期间曾出现持续的匮乏，而在这个时期以前，匮乏并不存在。我很清楚，不能绝对相信农学家的著作，即使对 G. 阿隆索·德·埃雷拉于 1513 年出版、1620 年再版的那部著作也是一样。[281]他转引的难道不都是古罗马农学家的材料吗？再说，他也太过于乐意为美好的旧时代辩护了。不过，这个美好的旧时代并非虚构，因为卡斯蒂利亚当时不但不进口小麦，而且向周围地区输出小麦。那里的生活费用低廉，这同样是千真万确的。至少通货膨胀之前的物价是个证明。在谷物和食品方面，1550 年前，或不如说 1500 年前，意大利的情形与卡斯蒂利亚大致相同。这是可以猜得出来的，居民穿着宽大的衣服，日子总还比较好过。城市在食品供应方面已有不少困难。然而，历史学家对 16 世纪下半叶的悲惨景象已经司空见惯，在他们的眼里，这只是些轻微的忧虑[282]……

证实与启示

对巴利亚多利德[283]、帕伦西亚[284]、帕维亚[285]、博洛尼亚[286]、乌迪内[287]和威尼斯[288]进行的重要研究，提供了一些确证和启示。在被证实的事物中，最重要的一条显然是人口呈上升趋势：洗礼、结婚、死亡的数字表明，人口运动与我们的估计相一致。历史学家 B. 贝纳萨尔确认，这在巴利亚多利德及其物产丰富和生气勃勃的乡村是肯定无疑的。不过，他进一步指出：人口上升运动在 1540 至 1570 年间曾经一度中断；在 16 世纪中叶也曾有过间歇；这个重大趋势的转折可能位于 1580—1590 年前后，也就是说比厄尔·J. 汉密尔顿原先确定的第一根标杆，提前一些。[289]这就表明，在“无敌舰队”覆灭以前，在塞维利亚的贸易出现衰退以前（贸易在 1610—1620 年以前仍在进行），强盛的西班牙在人口方面已从上升变为下降。16 世纪 80 年代越来越显得是西班牙命运的转折点。当时，葡萄牙把自己交托给它强大的邻邦，科尔多瓦、托莱多和塞哥维亚的繁荣速度日渐放慢；消费税使这些地区的真正发展中断。瘟疫日益猖獗。[290]如果巴利亚多利德的情况是整个西班牙的典型，一切问题也就迎刃而解。这是可能的，但还有待证明。

根据人们在帕维亚，在博洛尼亚，甚至在乌迪内观察到的情况，总的图景大致相同。[291]16 世纪有过一次引人注目的人口上升：在帕维亚，人口由 1550 年的 12000 增加到 1600 年的 26000，到 1650 年又降到 19000；在博洛尼亚，受洗的婴儿由 1000 左右增加到 1585 年的 3500。类似的例子不必一一列举。我们还要对其他一些更加重要的整体问题进行考察。

几个确凿的事实

我们以下所要考察的人口问题都是所谓“旧制度”下的人口，也就是说，在 18 世纪的新平衡以前的人口。其特点是不连贯的摆动：死亡突然战胜生命，而生命则耐心地报复。仅仅佛罗伦萨受洗人数[292]的长曲线就表明，在一个毕竟很富裕的城市里，人口的“自然”波动，可能受纯粹经济波动的支配。在“旧制度下”已知的出生指数和死亡指数，都与昨天甚至今天不发达地区人口的同类指数大体相符，即在 40‰左右。

巴利亚多利德附近盛产葡萄的图德拉德杜埃罗大村，[293]在 1531 年和 1579 年之间的出生率（根据 1531—1542 年，1543—1559 年，1561—1570 年，1572—1578 年和 1578—1591 年等时期的情况）分别在42.7‰、49.4‰、44.5‰、54.2‰和44.7‰之间摆

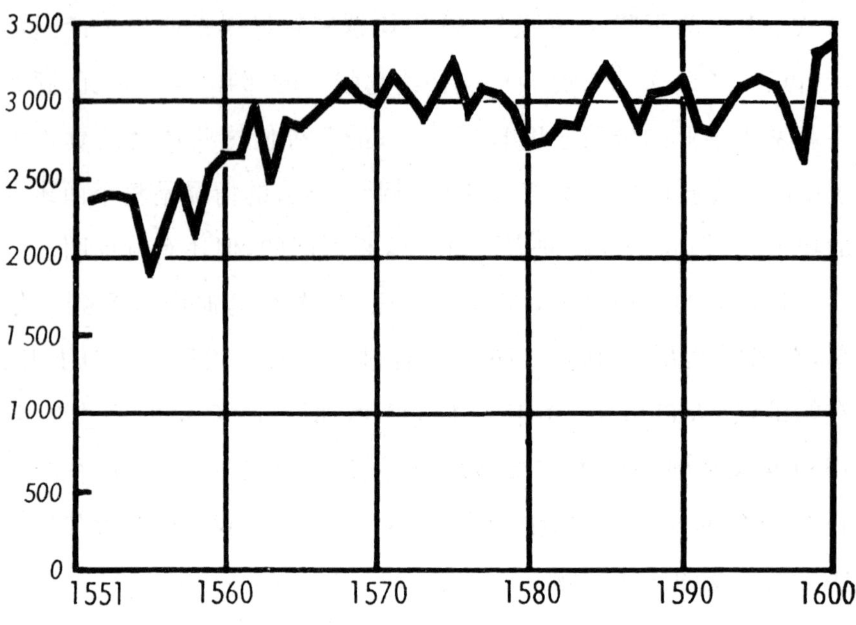

图 37　1551—1600 年佛罗伦萨受洗礼的人数

直到 1570 年为止，曲线呈上升趋势，然后，从 1570 年到 1600 年，曲线保持相对稳定，每年受洗礼的婴儿为 3000 名左右。

动。其中最高纪录 54.2‰（在 1572 和 1578 年之间）有"人为的"因素。但是，这些数字全都大大高于 40‰这个"自然"出生率。相反，在 1561—1595 年，卡斯蒂利亚的帕伦西亚还达不到这个水平。[294] 那里的出生率只在 34.8‰和 37.48‰之间摆动。但是，应该承认帕伦西亚是个城市。人们发现博洛尼亚的出生率与帕伦西亚相近〔1581 年为 37.6‰；1587 年为 37.8‰；1595 年为 35.8‰；1600 年为 34.7‰；1608 年为 36.4‰，比威尼斯略高（1581 年为 34.1‰，1586 年为 31.8‰）〕。但我们不要因此认为，出生率与财富在当时已成反比，因为佛罗伦萨人口增长数字之高堪与农民的出生率相比（1551年为41.1‰；1559年为35.6‰；1561年为46.7‰；1562年为 41.9‰），从而否定了以上的认识。[295]

现在让我们回过头来再谈谈巴利亚多利德附近的村庄。维里亚涅斯（1570—1589 年）的结婚率为 8‰，生育间隔为 33 个月，生育和结婚的比例“略低于 4.2”。在锡曼卡斯（1565—1590 年），死亡率为 38.3‰。其原因我们已经知道：那里同其他地方一样，婴儿的高死亡率造成灾难。1555—1590 年期间，在受洗的 2234 名婴儿中，有 916 人夭折。这是些年幼的儿童。他们占死亡人数的 41%。结婚年龄是个头等重要的指数，在维里亚涅斯村，根据调查（调查面略嫌狭小，但数据完全属实），女子的结婚年龄不到 20 岁；男子在 23 岁和 25 岁之间。我们应该指出，从数字来看，这里的结婚年龄比在其他地方所了解的或猜测的早一些，虽然单凭对 50 来个事例进行的抽样调查不能作为依据。[296]

所以，在当时的世界，人的生活朝不保夕，从降生开始就没有长寿的希望。关于这一点，我们在了解以上数字前就知道了。我们还了解到，女人寿命一般比男人长。1575—1577 年对卡斯蒂利亚各村庄的调查表明，寡妇数量很多。仅仅这件事本身就说明了问题。[297] 1552 年 7 月，[298]威尼斯有男人 48332 人，女人 55422 人（儿童的人数，包括女孩和男孩，总共为 49923 人）。人口统计学者会喜欢把扎拉[299] 1593 年的人口数字分为四部分（城市、附近岛屿、大陆和前来农村劳动的莫尔拉克移民）：5648 人，5419 人，2319 人和 2000 人，总共 15441 人。只有前面三个数字分解为老年人、成年男子、妇女、男孩和女孩的人数。老年人很少：181 人、190 人和 94 人，在总数 13441 人中有 365 个老人。儿童中的男孩：1048 人、559 人和1170人；女孩：893人、553人、1215人，总共有2777个男孩、

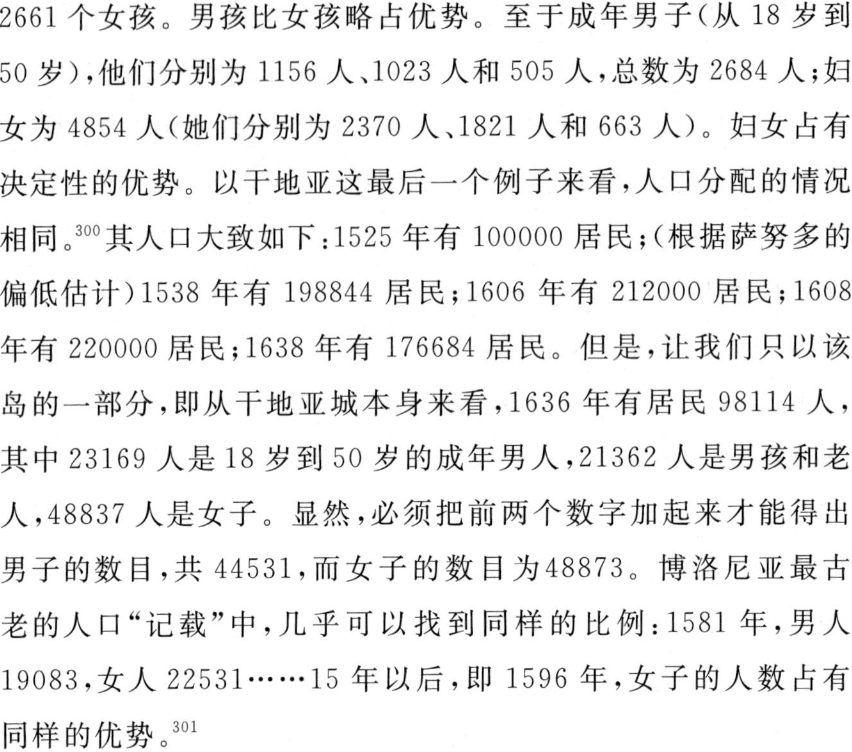

2661个女孩。男孩比女孩略占优势。至于成年男子(从18岁到50岁),他们分别为1156人、1023人和505人,总数为2684人;妇女为4854人(她们分别为2370人、1821人和663人)。妇女占有决定性的优势。以干地亚这最后一个例子来看,人口分配的情况相同。[300]其人口大致如下:1525年有100000居民;(根据萨努多的偏低估计)1538年有198844居民;1606年有212000居民;1608年有220000居民;1638年有176684居民。但是,让我们只以该岛的一部分,即从干地亚城本身来看,1636年有居民98114人,其中23169人是18岁到50岁的成年男人,21362人是男孩和老人,48837人是女子。显然,必须把前两个数字加起来才能得出男子的数目,共44531,而女子的数目为48873。博洛尼亚最古老的人口"记载"中,几乎可以找到同样的比例:1581年,男人19083,女人22531……15年以后,即1596年,女子的人数占有同样的优势。[301]

这些数字说明劳动人口占重要比例。男子、女子和儿童几乎全都从事劳动。劳动是年轻人的唯一优势。因此,老人和不生产的人,尤其是老人,只占少数。每个人都必须自食其力。

我们的见解以及用来论证这些见解的几个数字,并不足以解决男性人口和女性人口的比例问题。虽然人们同意女性人口在数量上对男性占优势是一条规律,但例外却时常出现。就拿威尼斯来看,我们确认1548年的情形符合这条规律,但达尼埃尔·贝尔特拉米[302]的经典著作提供的数字马上反驳我们,因为在1563年、1581年和1586年,男性人口占了上风(分别占总人口的51.6%、51.3%和51%)。然后,到了1643年,可能更早些,形势翻了过来

（占 49.3%）。在威尼斯，年轻移民起重大作用。这种情形只是代表威尼斯一个城市，还是代表那些发展仍很明显和男性人口占优势的所有城市呢？也许可以认为，这反映着人口发展在不同时期的不同趋向。

另一项验证：移民

假如地中海不对外开放，尤其是不对西方和大西洋开放，它将不得不单独解决人口过剩这个严重问题，不得不吸收大批过剩的人口，也就是说，在其自身的地域范围内进行调整。其实，在很大程度上，它正是这么做的。

地中海欧洲地区的人口过剩的证明是：从 15 世纪末开始，一再驱逐犹太人。他们于 1492 年被赶出卡斯蒂利亚和葡萄牙；1493 年被赶出西西里岛；1540 年和 1541 年被赶出那不勒斯；1571 年被赶出托斯卡纳；最后，1597 年被赶出米兰。[303]这些被迫离乡背井的移民多数是伊比利亚的犹太人。他们长途跋涉前往土耳其、萨洛尼卡、君士坦丁堡和北非，并在那里生根立足。在那些人口大大超过资源负担能力的国家里（天主教国王统治下的伊比利亚半岛可能就是如此），宗教便成为迫害行动的借口和原因。后来，在菲利普三世的西班牙将排斥摩里斯科人。随后，正如乔治·帕里塞早已指出的，[304]路易十四时代的法国排斥新教徒。

另一个证据，就是山区居民大批下山，涌向平原和城市。这一点我们已经谈得太多了……基督教国家的居民移居伊斯兰国家的事例也同样日益增多。这种流动具有补偿性质。像美洲一样“平地崛起”的阿尔及尔就是个移民城市。意大利向北欧、伊斯兰国家乃

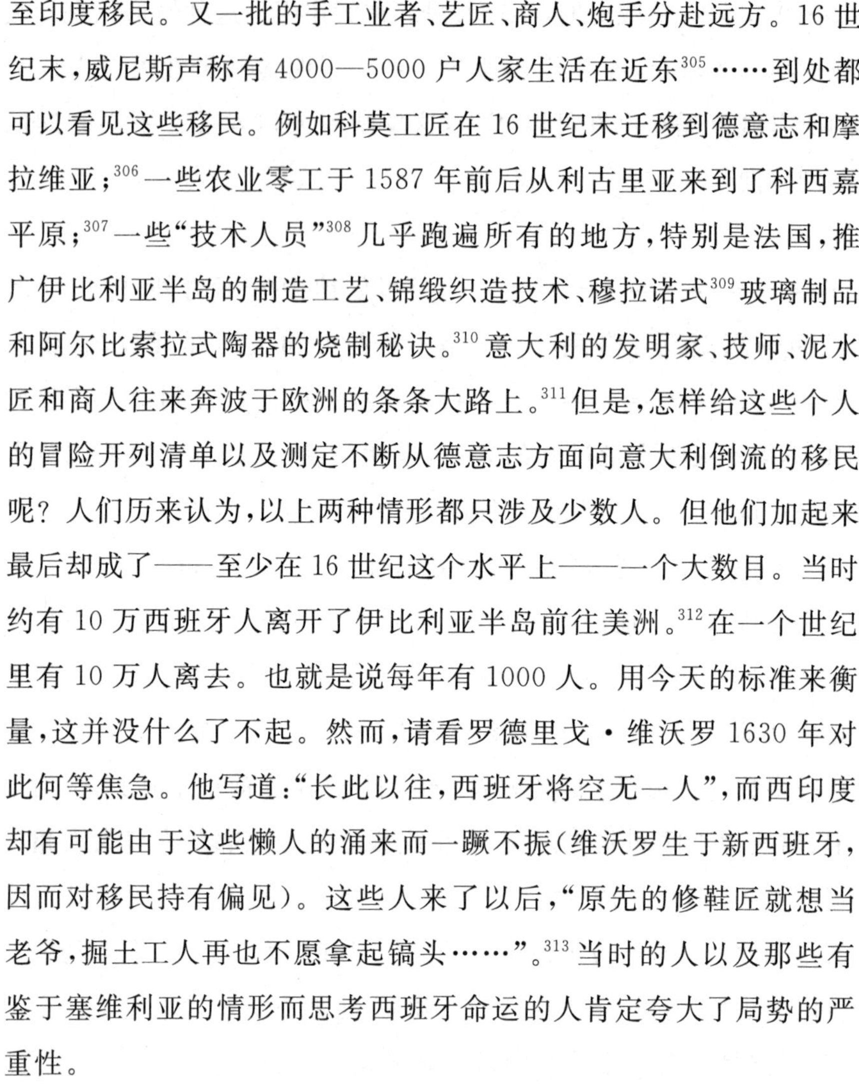

至印度移民。又一批的手工业者、艺匠、商人、炮手分赴远方。16世纪末，威尼斯声称有4000—5000户人家生活在近东[305]……到处都可以看见这些移民。例如科莫工匠在16世纪末迁移到德意志和摩拉维亚；[306]一些农业零工于1587年前后从利古里亚来到了科西嘉平原；[307]一些"技术人员"[308]几乎跑遍所有的地方，特别是法国，推广伊比利亚半岛的制造工艺、锦缎织造技术、穆拉诺式[309]玻璃制品和阿尔比索拉式陶器的烧制秘诀。[310]意大利的发明家、技师、泥水匠和商人往来奔波于欧洲的条条大路上。[311]但是，怎样给这些个人的冒险开列清单以及测定不断从德意志方面向意大利倒流的移民呢？人们历来认为，以上两种情形都只涉及少数人。但他们加起来最后却成了——至少在16世纪这个水平上——一个大数目。当时约有10万西班牙人离开了伊比利亚半岛前往美洲。[312]在一个世纪里有10万人离去。也就是说每年有1000人。用今天的标准来衡量，这并没什么了不起。然而，请看罗德里戈·维沃罗1630年对此何等焦急。他写道："长此以往，西班牙将空无一人"，而西印度却有可能由于这些懒人的涌来而一蹶不振(维沃罗生于新西班牙，因而对移民持有偏见)。这些人来了以后，"原先的修鞋匠就想当老爷，掘土工人再也不愿拿起镐头……"。[313]当时的人以及那些有鉴于塞维利亚的情形而思考西班牙命运的人肯定夸大了局势的严重性。

相反，人们对大批法国移民涌向西班牙的真实情况，却几乎完全默不作声。最近的一些研究表明，这种移民运动在16世纪规模很大。[314]法国作为一个典型的人口过剩的国家，不断向邻近的伊比利亚半岛输送手工业者、流动商人、水夫和农业零工。法国南方的情形特别明显,当然并不仅限于南部地区。加泰罗尼亚接收了一大批这样的劳动者,其中不少就在当地定居。早在 1536 年 8 月,西班牙的一份报告指出,佩皮尼昂的居民半数以上是法国人。[315]到了 17 世纪初,加泰罗尼亚的大多数居民也都是法国人。1602 年,一位名叫巴尔泰莱米·若利的旅行者[316]说,他“听说这里的法国人比当地人多三分之一”。他还指出,“天天”有人从“鲁埃格、奥弗涅、热沃唐、加斯科涅”来到加泰罗尼亚。[317]加泰罗尼亚人把这些可怜的法国移民称作“无赖”(Gavaches),[318]这个绰号是否与热沃唐这个名词有关?看来似乎不像。[319]总而言之,移民数量众多,而且持续不断。在高薪的引诱下,手工工匠甚至前往阿拉贡,因为“制成品在西班牙价格昂贵”。[320]没有技艺的移民受雇充当仆从,并立即“穿上制服”,先生们(他们的主人)为虚荣心得到满足而高兴。[321]移民中的农民也受欢迎,“因为当地人十分懒惰”。这些话显然出自一个法国人之口。他还补充说:“如果主人亡故,他们就可能同寡妇结婚。”[322]无论如何,他们总能躲避法国过于沉重的“人头税”。此外,西班牙妓女对他们有诱惑力。“这些洒了香水、涂脂抹粉、穿得花枝招展的女人,简直像法国公主一样美貌”。[323]

不仅在加泰罗尼亚和阿拉贡有法国移民。法国人还在巴伦西亚[324]老基督徒的村庄里出现,或从事牧羊,或在当帮工。天晓得他们是怎么来的。在卡斯蒂利亚,宗教裁判所的案卷提供了关于这些出言不逊的法国手工艺者大量材料,通常涉及他们唱的圣诗、他们的行为和他们聚会的小酒店等。一旦被监禁起来,他们就互相告发……在这种场合,所有的职业都被提到:织布工、修毯工、锅匠、制铲匠、铁匠、金银匠、锁匠、厨师、烤肉厨师、外科医生、园丁、农民、海员、船员、船长、书商或书贩、职员、乞丐……而且通常是不到 20 或 25 岁的年轻人。他们的经历，令人惊奇不已。例如，这些从鲁昂出发、穿越了整个法国的扑克牌印制匠，在托莱多的命运十分悲惨。[325]

有人指出，移民运动在 16 世纪 20 年代陷于衰竭；[326] 虽然如此，但后来肯定又有所恢复。1640 年的一部著作[327]说，“每年都有大批割草和割麦的人，阉割牲畜的人，以及为家里省下自己的口粮并且还带一点粮食回家的其他劳动者”离开贝亚恩前往各地。这些适应西班牙的招工和高薪的临时性的或永久性的外迁，并不像人们过去所认为的那样，只来源于奥弗涅一个地方：[328] 我们可以断定，伊比利亚半岛就这样在很大程度上填补了由于居民向意大利和西印度外流而出现的空白。

3. 是否能建造一个地中海经济的“模式”？

为了衡量地中海的整体和建立一个无所不包和笼统的（如果可能的话）通用“模式”，所有的资料是否都已齐备？在这以后，我们将能把地中海地区作为一个整体，同或近或远的其他“经济世界”作比较。

在这个框架内，我们所能考察的，至多是一些数量级和总体轮廓。实际上，所谓“模式”，也只是一种说法，它所针对的不是某一年或某个特定的时期，而是整整一个世纪，暂时的衰退或繁荣一概置之度外。在可能的情况下，将力争在先后经历的一系列衰退和繁荣中,求出平均数和浮动线。显然,这并不是始终可能做到的。但是,尽管这项工作有很多困难和障碍,还是值得试着去做。

照这么说,地中海是个具有严密的内在结构的区域吗?毫无疑问是这样,尽管它的界限既不确定,尤其又变化无常。在陆地边界方面是如此,在海洋边界方面(黑海、红海、波斯湾、直布罗陀海峡和大西洋)也是如此。问题我们都曾经接触过,但始终未能得到解决。[329]

在本书第一版里,我曾以为,通过增加例证和描述某些重要和具有启发性的细节,[330]或许能提供有关 16 世纪地中海的各种不同的量纲。这些细节包括:君士坦丁堡是个拥有 70 万居民的城市;不管年景好坏,每年要由一支船队运来 100 万公担小麦和其他粮食;1580 年约有 3000 吨羊毛堆在里窝那的码头;[331]1571 年 10 月 7 日土耳其人和基督徒在勒班陀海湾集结了大约 10 万军队;1535 年查理五世派 600 艘舰船(载重可能达 45000 吨)讨伐土耳其;1592—1593 年进入里窝那的最大货运量为 15 万吨(这个数字也许有所夸大);那不勒斯的两个很不相同的年总量:汇兑交易额 130 万杜卡托,保险金 6 万到 7 万杜卡托[332]……但是,这几个数字极其有限,与留下的大片空白相比,不过沧海一粟;最多也不过让人看到,必须承认在我们的世界和 16 世纪的世界之间,存在着多么大的差距。

然而,我们所要做的事情,用经济学家的话来说,叫作“宏观会计”。我们想就 16 世纪的地中海进行“总量分析”,并不是为了评断当时地中海经济相对的不发达或现代化,而是为了确定其大量的经济活动之间的基本关系,总之,是为了领会和理解地中海物质生

活的重要结构。这项工作是困难的、冒险的。今天研究不发达国家经济的经济学家很了解这一点。货币从没有充分地渗透到这些国家的经济中去，16 世纪的情况也是如此。形式繁多、有真有假的货币使任何计算都变得十分复杂，即使有精确的数据作基础也是这样。[333]何况我们必然缺乏这种数据。同样，还必须考虑到，当时所记的账目使用不同的货币单位：西班牙的杜卡托或埃居，佛罗伦萨的杜卡托、埃居或弗罗林。就在佛罗伦萨，有人在账上这么写着："1000 金币，每枚值 7 里拉。"在这里，重要的是提到了有面值 7 里拉的铸币。[334]

农业是主要的产业

一般可以认为，每人每年的小麦（及其他粮食）消费量约在二公担（今制）左右。[335]显然，消费量有高有低。然而，这个平均数大体上可适用于 16 世纪的整个地中海地区。如果地中海地区当时有 6000 万居民，按照这个比例计算，消耗量大约是 1.2 亿公担小麦或其他可制作面包的粮食。肉、鱼、油、酒等其他食品都是对必不可少的食品的补充。1600 年左右，如果按每公担平均价格为 5 或 4 威尼斯杜卡托计算，[336]地中海地区的年消费量（假设与粮食与量相等）价值达 4.8 亿至 6 亿杜卡托。这个水平同每年总要运到塞维利亚的"600 万金币"不成比例。[337]单是小麦一项就足以确立农业生产对所有其他生产的压倒优势。农业是地中海地区的第一大产业，尤其因为粮食只占农业收入的一部分。

前面的计算只不过提供了一个下限。文献资料偶尔透露的数字通常要高一些。例如威尼斯[338]在1600年前后平均每年约消费

50 万斗小麦(外加大米、小米和黑麦)。市区的人口当时为 14 万。如果把附属的总督辖区也包括在内,至少还得加上 5 万,即威尼斯的人口大体上为 20 万。每个居民的粮食消耗量为 4 公担(如果单指威尼斯城市本身)或 3.1 公担(如果把所有居民点包括在内)。按每人消费 2 公担计算,这些粮食可供 30 万居民食用。在这些数字的背后,威尼斯或许真有这么多的消费者;也可能是威尼斯这个高薪城市比其他城市的消费水平要高些。

另一种算法:有个威尼斯人收到一封马德里的来信[339](1621 年 2 月),传出这样一则消息:小麦在送磨坊磨面之前,每法内格(相当于威尼斯的半斗)将征收 2 里亚尔捐税。照这个数字计算,每年的税收将高达 900 万金币。900 万金币等于 900 万杜卡托(1 杜卡托等于 350 万马拉维迪,1 里亚尔等于 35 马拉维迪),也就是说,600 万居民共食用 4500 万法内格小麦,每个居民消费 7.5 法内格。我们姑且算每人可得 7 法内格,因为人口数字只是个虚数。每法内格相当于 55.5 升,每个居民的拥有量高达 388 升。这个巨大的数字或者证实当时的税收计算比较乐观,或者证实卡斯蒂利亚的高消费。实际上,这个地区 1621 年没有出口一粒粮食。

还有一种算法,仍然以卡斯蒂利亚为例:1576 年,[340]托莱多地区的 10 个村庄共有 2975 户居民,约合 12000 到 13000 人,其中绝大多数都是农民。申报的粮食产量为 143000 法内格(将近 64000 公担),平均每人拥有 5 公担左右,所以有余粮向城市输出。即使条件最差的村庄(因为要生产葡萄酒),每个居民也有两公担粮食。

下面的检验给我们带来更有说服力的、但还不是决定性的论据。第一项检验涉及那不勒斯王国濒临亚得里亚海和塔兰托海湾的各个产粮省区（1580年1月）：阿布鲁齐、巴里省、卡皮塔纳塔和巴西利卡塔。第二项检验是关于1799年西班牙的土地财富和工业财富的调查。[341]这项著名的调查所列举的各种比例关系可以为我们对16世纪进行的研究提供参考和核对的依据。

根据审计院给我们提供的珍贵的文献资料，整个那不勒斯地区（那不勒斯王国重要的组成部分）在1579—1580年共有173634户人家（整个王国共有475727户）。[342]按照采用的系数（4或4.5）计算，有70万到76万居民，根据官方的统计，收获的小麦共计10多万卡拉。由于有8500卡拉取得出口许可证，当地居民约拥有92000卡拉，按现在的度量计算，约拥有120万公担左右。每人的份额明显低于两公担。由于还要从中扣除种子，份额就更低了。然而，提供这些数字的审计院却宣称，每人的年消耗量为6托马利，即220公斤左右。这不是矛盾了吗？不，因为部分收成并未如实申报，而审计院正是靠未申报的部分补充必要的供给。[343]

当然，1799年的调查在时间上比我们研究的16世纪要晚得多。但它所揭示的比例关系同16世纪却相差无几。在拥有1050万人口的西班牙，小麦的产量高达1450万公担（取其整数）。如果产量同消费量相等，每人每年的份额略低于1.4公担。但是，如果加上其他粮食和干菜，就得给前面那个总量再加上1300万公担。[344]因此，粮食总产量几乎翻了一番；即使这些粮食并不全部供人食用，每人平均两公担的水平肯定可以达到或超过。干菜（60多万公担）[345]占有重要的地位，这在16世纪就是如此。威尼斯的文献资料多次谈到，对某些村庄来说，蚕豆或豌豆因夏季风暴袭击而颗粒无收,这是件多么悲惨的事啊!

但是,让我们把这些并不能查明真相的检验放在一边。既然我们对总数几乎确有把握,我们至少应着重指出由此产生的后果。

1. 通过海路进行交易的小麦最多时达到 100 万公担,占消费量的 0.8%①。用 16 世纪的尺度衡量,这是一笔巨额交易(100 万人可赖此生活),但如果与整个消费量相比,这又显得微不足道。季诺·卢萨托[346]对此表示轻视,肯定有其道理。我们曾把它摆在突出的地位,也并没有错。[347]灾难深重的 1591 年危机期间——关于这场危机,我们后面还要谈到——西班牙、意大利乃至威尼斯从北方运来了 10 万到 20 万公担小麦。从贸易额看,这是笔大买卖;但同每天的食用量比,为数并不算大。虽说数目不大,也够几个城市免遭饥饿。

然而,就在这场危机发生的前后,地中海地区的农产品基本上还是自给自足。这同当时尼德兰的阿姆斯特丹出现的情形,或同很久以后推行自由贸易政策的英格兰的情形,都丝毫不能相比。地中海城市不靠别人向它供应食物。“海运小麦”只是权宜之计,供贫民食用。富人更愿意吃附近农村生产的品质优良的麦子。里斯本人吃著名的阿伦特如小麦;[348]马赛人吃普罗旺斯平原的小麦;[349]威尼斯人喜欢本地小麦。1601 年威尼斯的面包商说:“现在供应的外来小麦与我们当地小麦的味道不同。”这里所说的外地是指帕多瓦、特雷维佐、波勒西和弗留利。[350]这些外来小麦往往还是来自地中海地区。

① 英译本为 8%。——译者

2. 农业不仅保障了地中海地区日常的生活需求，而且还保证了一系列高价出口商品。这些出口商品有的为数不大，如藏红花或杜茗子；有些销路很广，如科林斯葡萄干、优质葡萄酒。其中的马尔瓦西葡萄酒，在波尔图葡萄酒、马拉加麝香葡萄酒和马德拉葡萄酒兴起之前，一直十分流行。还有各个岛屿上的葡萄酒，以及德意志人在每次葡萄收获之后都要到阿尔卑斯山脉南麓来抢购的日常饮用的葡萄酒。后来很快又出口烧酒，[351]这里还没有把食油、南方水果、柑橙、柠檬、生丝等包括在内。这些剩余农产品加上工业出口产品，补偿了购买谷物、鱼干或大西洋食糖（还加上北方的铅、锡、铜等）所造成的亏空。根据五贤人会议所说，1607 年，威尼斯与荷兰之间的贸易结算有利于威尼斯。[352]

3. 地中海地区一直是农民和地主的世界，而且结构僵硬死板。种植的方式、谷物的分布，谷物与贫瘠的牧场与葡萄和油橄榄（这两种作物在安达卢西亚、葡萄牙、卡斯蒂利亚以及威尼斯岛屿逐渐推广）相比所占的地位，所有这一切都很少发生变化；必须经过地区间的长期交往，才能引起变化。殖民地美洲及其需求给安达卢西亚带来了食油和葡萄酒的飞跃发展。在玉米闯入之前，似乎不存在巴斯克各省和摩洛哥早期的农业革命。[353]农业革命在其他地方也姗姗来迟：威尼斯农村不早于 1600 年，[354]蒂罗尔北部约在 1615 年左右[355]……桑树的革命性推广发生较早，但其影响并不十分深远。

4. 土地仍然是贪欲的重要对象。地中海内外的乡村全都受到年金、地捐、债务、租佃和杂税的层层盘剥。土地所有权不断易手。出借和偿还的资金在城市和农村之间往返流动。到处都可看到相同的、千篇一律的情况。在这方面，日内瓦的情形[356]是相当说明问题的。从 15 世纪起，日内瓦附近的乡村出现了短期的信贷运动。这对“与外隔绝而又始终资金短缺的经济”来说具有决定性的意义。因此，城里人可向乡村发放高利贷（在新教国家里），不需要再用年金或免役租遮掩。在 16 世纪，西班牙一个名叫米格尔·卡萨·德莱卢埃拉的仲裁人[357]指出了城市向附近的土地和葡萄园进行投资的自然倾向。“每个人都看到：借出 2000 杜卡托每年可获利 200 杜卡托；本金在 6 年后可收回。这可见是有利可图的投资”。工商业者和国家很少会给贷款人类似的利率。所以，土地具有竞争力，土地是实实在在和看得见的抵押物（农民不付利息或者不还贷款，土地即被扣押抵债）。而且，贷款人总能亲眼看见自己的钱在某个葡萄园或某个农舍结出果实。这种安全感有其实在的价值。最后，由于投资收入相当可观，加起来便成了一笔很大的财富。因此，我们不要怀疑瓦勒·德拉塞达在 1618 年所说的话。他断言，西班牙当时有一亿多杜卡托以“地捐借贷”（ducados a censos）的名义出借。[358]

5. 价值 4 亿到 6 亿杜卡托的谷物，放在我们的天平上来称，可能显得既太轻，又太重。如果按照最近确定的关于 18 世纪法国农产品[359]（1799 年的西班牙也是如此[360]）的比例进行计算，谷物只占农产品的二分之一。因此，人们就可以大致算出总数，提出农业生产总值为 8 亿到 12 亿杜卡托。这个总数显然估算得太高了。作为我们计算的出发点，威尼斯市场的价格十分高昂，只反映富裕城市的经济状况。其次，尤其重要的是，消费的谷物并不全都通过市场。因此，我们的估计仍然悬在空中，这是合乎逻辑的。现在再回到我们前面举出的1576年卡斯蒂利亚乡村的例子。十个村子约消费粮食2.6万公担,差不多占产量6万公担的二分之一。但是,另一半粮食也不一定经过市场。一部分作为什一税直接征收入库或作为地租交给城市的地主。在地中海的总产量中可能有60%到70%就这样避开货币交换,而我们却错误地和勉强地把他们算到货币交换中去。

6. 农业发展在很大程度上脱离货币交换网,脱离货币经济赋予的相对灵活性,使这种占主导地位的经济活动在地中海和其他地区更加缺乏弹性。另外,技术水平和产量也很低。直到18世纪,普罗旺斯[361]仍然是种一收五,而且这个比例很可能大体上适用于16世纪。要达到每年产1.2亿公担粮食,地中海至少要播种2400万公顷耕地。如实行二年轮作制,这2400万公顷的庞大面积至少要扩展到4800万公顷耕地,其中一半生产,一半休闲。请想一想,在1600年前后,法国的可耕地面积总共就是3200万公顷。[362]

以上计算都很不精确,所提供的数字都太小,因为小麦(和其他谷物)种植并非到处都实行二年轮作制。一些土地是每三年、每四年甚至每十年才种植一次。当然,我们也见到有的产量高于种子的五倍。

在种植面积占土地面积二十分之一的塞浦路斯,小麦产量为种子的六倍,大麦高达八倍。[363]在阿普利亚,在牧民开垦的耕地上,粮食收成可达种子的15至20倍。但这是例外。[364]歉收和灾害时有发生……气候变幻左右一切。人们胼手胝足,也未必时运亨通。可见毫无通融的余地。根据我们了解到的数字,农产品出口与产量有着一定的联系;在把许多数字排成系列时,我们往往可以从中看出一些常数:西班牙向意大利出口羊毛,西西里向外地市场输送小麦和生丝,[365]情况都是这样。从图解上看,这是些与横坐标的中轴线相平行的直线(当然是粗略地讲)。

农业可能有所进步。从技术上看,卡斯蒂利亚[366]用骡替代牛拉犁加快了耕作,从而提高了小麦的产量。但是,这种替代很不全面。北方的圆盘犁16世纪在朗格多克出现,[367]所起的作用还很有限。这种犁也可能在意大利北部出现。[368]主要耕作工具仍旧是步犁,既不能将土翻过来,也不能充分地使土地疏松透气。

我们曾谈到过水利工程。[369]这些工程大大改善了耕作条件,扩大了耕地面积。在15世纪,人口负载不重的地中海无疑向农民提供新的土地。当时农业确有飞速发展,或者说,这是恢复了原来的繁荣,即13世纪的繁荣。在16世纪的飞跃前,肯定发生过一次农业革命。农业革命后来带动了农业的发展。鲁杰罗·罗马诺以上的见解是正确的。由于农业缺乏弹性,这次发展终于在与13世纪末相同的情况下停止了。新开垦的土地的产量往往很低。人口增长的速度快于资源的开发。马尔萨斯人口论在被提出以前就是正确的。

也许在1550年前后,更可靠的是在1580年前后,16世纪的经济形势出现了转折。正当流通加快之际——但还说不上是金融革命——一场潜在的危机业已发生。一些注视西班牙的历史学家认为:农业投资迟早会遇到困难;农民不会再轻易得到贷款;收不回贷款的放款人会扣下抵押品。[370]最后,大地主也会在1575—1579年的财政危机中受到冲击,[371]正如我们将要谈到的那样,热那亚人一有机会就把自己的损失转嫁到他们的放款人身上。以上种种理由，以及从朗格多克的事例中看到的其他一些理由，[372]都是可能和确实存在的。但是，关键的原因是农业生产缺乏弹性。产量已经到达顶点……由于这些不可克服的困难，17 世纪将出现逆农业革命而行的“封建制的反扑”。

工业发展状况

约翰·U. 尼弗[373]在谈到 17 世纪初期的欧洲时，认为在欧洲的 7000万居民中，有两三百万工匠。在拥有 6000 万到 7000 万人口的地中海世界里，这一估计看来也是可信的。如果城市人口大体上占总人口的 10%，即有 600 万到 700 万人，那么，若说有 200 万到 300 万工匠，即占城市人口的三分之一或二分之一，就令人难以置信了。威尼斯的情况特殊，不难达到这样的比例：兵工厂工人 3000，[374]毛纺工人 5000，[375]丝织工人 5000，[376]总共有工匠 13000。再把他们的家属包括进去，就占这个城市的 14 万人中的 5 万人。当然，还必须把那些我们已经知道其名称和生产活动的各种各样的私人造船厂里的工人[377]以及整个泥水匠大军计算进去，因为城市在不断建设和重建，不断地用石块或砖头取代木头，不断疏浚易于淤塞的河流……在威尼斯附近，例如在梅斯特雷，还应该把制毛毯工人[378]也计算进去。在离城市更远一些的地方，还有磨坊工人。他们为城市磨面，或者制造纸浆，或者锯开木板和厚木板……除此之外，还应该再加上铜匠、铁匠、首饰匠、制糖技工、穆拉诺的玻璃工人、吉乌德卡的皮革工。[379]此外还有大批其他工匠，例如印刷工人。16 世纪时威尼斯印刷的书籍占欧洲的一大部分。[380]

在接受约翰·U.尼弗提出的数字的同时，也许应该明确指出：这个数字代表200万到300万依靠手工技艺生活的人，其中有工场主、工人、妇女和儿童，而不仅仅是干活的人。这是威尼斯的计算方式。将近16世纪末，人们常说那里有2万人依靠羊毛加工为生。[381]

在这个总数里还应加上农村的工匠。每个村庄不论人口多少，总有工匠的存在，总有工业活动为副业。但是，这方面的工业活动在计算时几乎总是被历史学家忽略了。此外，历史学家如果按习惯办事，往往低估这种默默无闻的劳动，而实际上，这种劳动在贫穷的农村起着决定性的作用，是这些农村实现可贵的货币流通的唯一办法。迄今为止的各种史籍都仅仅重视城市的手工作坊。然而，在阿拉贡，比利牛斯山脉、塞哥维亚周围的地区，[382]在卡斯蒂利亚[383]和莱昂[384]地区的穷乡僻壤，在巴伦西亚[385]各地，历来就有农村的手工作坊。在热那亚周围，手工作坊比比皆是。[386]阿勒颇附近的村庄[387]从事丝织和棉纺。事实上，由于缺乏场地、原料或动力，任何一个城市不可能把它需要的工业全部设在市内，因而只得让工业向近郊或远郊发展。因此也就说明，在热那亚背后的山里，有铁匠铺、磨坊和造纸厂；在那不勒斯，尤其在卡拉布里亚的斯蒂洛附近，有各种矿山、铁匠铺和磨坊；[388]在维罗纳的城外，[389]阿迪杰河畔——由于那里是走私的理想地方，运载木板的船只多在那里停泊——有一家锯木厂，还有历来为邻近的城市磨食用小麦的磨坊（威尼斯附近有80多家）；在塔霍河边的塔拉韦拉德拉雷纳下方，有成排的磨坊；[390]在地中海的另一端，有30家风力磨坊，从干地亚就能远远望见。[391]朗格多克有自己的城市工业，但在中央高原附近和塞

文山脉，却有很多村庄发展工业。[392]同样，在里昂四周广大的地区内也有此类村庄。[393]城市依靠农村的廉价劳动力养活自己。

然而，地中海地区的乡村工业可能不如英格兰（生产粗呢绒）和北欧那么强大。它们从不像在18世纪的法国常见的那样，[394]形成受城市商人遥控的乡村工业网。我甚至还认为，至少在掌握更多的材料以前，16世纪里昂周围星罗棋布的乡村工业在地中海地区也不是绝无仅有的。人们的观念正好证实以下两件事：一方面地中海地区的农村经济生活比很多北方农村更加均衡（这是可能的，葡萄、油橄榄往往起着北方的农村工业的同等作用，[395]果树栽培使农民得以收支平衡）。另一方面，大、中城市的工业单独就足以基本上满足广大市场的需求。但是，到了16世纪末和17世纪初，各种手工工场纷纷从大城市迁往小城镇和村庄。[396]这些转移加强了乡村的和半乡村的发展潜力，我们可以看到，甚至在19世纪初，这种潜力依然存在。当缪拉特占有那不勒斯王国时，他让他的军队穿农民的黑呢（以免使用昂贵的英格兰红色呢）。这种黑呢当时供农村使用。[397]

如果接受以上隐约可见的比例，那就应该认为，16世纪的乡村工业在人数方面即使不在质量方面或在收入总量方面，与城市工业处于同等地位。没有任何事实证明这一点，也没有任何事实否定这一点。至多有300万的农村居民和300万城市贫民加在一起，也就是与市场经济相联系的手工作坊的世界。在这一大批人当中，可能有150万就业人口。假如他们的平均工资相当于威尼斯在阿戈尔多拥有的铜矿矿工助手的工资水平，[398]即每天15索尔迪，或每年20杜卡托（节假日停工，工资照付），工资总额可能接近3000

万杜卡托。这委实很少，因为城市的工资水平要高得多(正是由于工资过高，城市工业往往夭折)。16 世纪末，威尼斯的毛织业工匠每年挣 144 杜卡托，而且还要求增加工资。[399]由此可见，我们的数字应该或至少能够提高到 4000 万到 5000 万金币。如果我们把工业产值算为工资总额的 3 倍或 4 倍，工资总额就还要再跳一级，几乎凭空跳到 2 亿杜卡托的最高水平。[400]即使这个数字还应该加大，离开农业的假定收入(8.6 亿或 12 亿)还是很远。在关于共同市场的讨论中，专家们指出，在当今工业高度发达的国家里，实现肉类的商品化将成为世界上的头等大事。人们应该为此感到惊奇吗？

就 16 世纪而言，大量工业产品比谷物、食油、酒等等更广泛地进入市场经济。虽然还应看到，当时自给自足占很大比重，但这一比重毕竟在日趋减小。托马斯·普拉特[401]在 1597 年谈到乌泽斯时特别提到："家家户户都纺羊毛，然后请人织成呢绒和染色，用于各个方面。那里的人也像我们这里一样使用纺车(托马斯·普拉特系巴塞尔人，在蒙彼利埃学医)。但是，那里见不到手工纺锤，因为只有穷人才纺麻线。麻布可从商人那里买到，价钱要比在自己家里纺织的便宜。"我们敢担保，纺织工业和织物销售的飞跃发展同人口的增长、作坊的集中，自给自足的衰落都有关系。

"包买商制度"及城市工业的飞跃发展

自 1521—1540 年起，地中海地区的城市工业出现了具有决定性意义的飞跃。这是资本主义的第二次复苏，同时涉及地中海和欧洲。约翰·U. 尼弗认为，唯有1540年以后英格兰才经历第一次"工业革命”;[402] J. 哈滕[403]很久以前指出,只有 1550 年以后的德意志才出现“大工业资本”的高涨。[404]这些飞跃和革新,由于并未造成很大的两极分化,对欧洲和整个地中海地区大体上全都适用。将来的研究也许会表明,这些飞跃和革新弥补了把 16 世纪切割成两段的那次急剧衰退。商业资本主义鼎盛时代已经过去,并由工业资本主义所替代。后者只是随着 16 世纪下半叶“金属”的异军突起才真正繁荣兴旺。工业具有补偿的价值。

就我们的观察所及,这种工业几乎到处都推行“包买商制度”的习惯模式,[405]属于资本主义的类型。德国历史学家使用的包买商制度(Verlaggsystem)一词,可译作“订货制”。包买商先把原料交给工匠,工匠则在加工后领取工资。这种制度并非从 16 世纪才出现,却在原先不实行包买制的地方(如卡斯蒂利亚),或很少采用包买制的地方(如威尼斯),繁荣起来。包买制的发展使行会(意大利的行会或西班牙的行会)处境维艰,使商人生财有道;商人为缓慢的生产过程提供资金,并通过销售和出口产品获取利润。这些委托加工商,在丝绸生产中(相对来说比较新)的作用,比在毛织品生产(比较陈旧些)中更具有决定性。当然,织机在大工场的集中已显而易见。例如在热那亚,似乎没有任何事物阻碍这种集中。[406]甚至在威尼斯,织机的集中已经激起国家的抗议和干涉。1497 年 12 月 12 日的法律禁止所有丝绸织工拥有织机 6 台以上。[407] 1559 年,织机集中的问题再次提出。有人当时指出,“一些人投入生产的织机达 20 至 25 台之多,他们的贪欲造成了明显的不平等”。[408]

商人提供原料,支付工资,然后把产品转化为商品。这一整套制度可以从任何一个琐碎的细节出发再现出来。我们现在就来看

威尼斯的情况。1530 年冬天,查理五世的专使罗德里戈·尼诺[409]受他主子委派去购买丝绸,绿、蓝红和深红的各色锦缎以及深红色的丝绒。这位使者说,他先寄出样品,然后再洽谈价格,但无论如何,在订货时得预付 1000 杜卡托,其余款项在产品完工时支付。纺织工一般都要从商人那里购买从土耳其运来的蚕丝,然后自己加工。在这种情况下,买主代替了商人,他以金钱的形式预先发放原料……1559 年 8 月,科托尔发生的一件小事更加说明问题。[410]在这个偏僻的角落里,丝织工匠都习惯于加工自己直接买来的生丝。这就违背了关于丝织工匠不得为自己加工产品的 1547 年法律的正式规定。元老院决定:必须使一切恢复正常,纺丝工应加工商人的生丝,从而使商人购买丝线时,纺丝工不能随意哄抬价格。这样,事情就清楚了。还有另外一些景象:这是热那亚的一个工匠 1582 年亲眼看见的另外一个工匠的事。[411]是的,他曾经是纺丝工阿戈斯蒂诺·科斯塔的帮工,并且多次在阿戈斯蒂诺的店铺里看见那个叫巴蒂斯达·蒙托里奥的商人给阿戈斯蒂诺送来生丝,然后把加工好的成品带走。他对所说的都很了解。前 10 年,即 1570 年,当安娜皇后(菲利普二世的最后一个妻子)到达西班牙的塞哥维亚时,当地的各行各业举行游行庆祝,走在游行队伍前面的是铸币所的工人,紧接着是羊毛商,然后是“被民众不适当地称为商人的呢绒包买主”。17 世纪的一位历史学家说,“他们俨然是一家之长,家里和家外都有一大批人(有的 200 人,有的甚至达到 300 人)要靠他们养活。他们利用别人的双手织出各式各样的精美呢绒……”[412]

“包买商制度”的兴旺

我们已经看到，包买商在城市工业中起着首要作用。不仅如此，包买制度在经济上也很成功，并且在环境不再有利时，也有抵抗力。生产的集中和飞跃，合理的分工，产量的提高，与此都有一定的关系。在塞哥维亚、科尔多瓦、托莱多、威尼斯，无疑还有热那亚等相距甚远的各个城市，都可看到以上的情形。在16世纪末，这些城市的生气勃勃，正好与佛罗伦萨形成鲜明的对比。佛罗伦萨是个老工业中心，历来生产高级呢料和丝绸，不免因循守旧，甚至有点“得过且过”。一位老资格历史学家认为，毛病出在结构方面。[413] 如果真是这样，我们的论证将增添一种非常有趣的成分。或者，人们可以先入为主地认为，佛罗伦萨可能因其生活昂贵而受累不浅。同其他城市（热那亚除外）相比，更随着贵金属的到达及由此引起的物价猛涨，佛罗伦萨所受的打击更加沉重。银行和土地同手工工场也在竞争，在战火连天的欧洲，除西班牙以外，这座工场制造的高级产品很难找到销路。总之，从1580年起，佛罗伦萨的工业活动开始衰落了。

相反，其他城市，尤其是威尼斯，却一鼓作气继续向前发展，直到16世纪结束为止。一切都为这次发展作出了贡献，例如大量的劳动力、新技术等。威尼斯呢绒质量平平，用西班牙的二等羊毛作原料，适合黎凡特地区顾客的爱好，威尼斯一直是那里的主要供货人，正如塞哥维亚的呢绒、托莱多和科尔多瓦的丝织品在西班牙或美洲适销对路一样。此外，领导这些企业的“新人”的素质也起了作用。至少在威尼斯，企业主往往原是外地人。当他们忠心工作了15或20年之后，便向市政会议申请长期居留权。既然他们已为城市生产了成百上千件呢绒,得到这个权利在他们看来是当之无愧的。[414]总之,新事物层出不穷:新建的厂房,新采用的方法,以及充当企业主或工匠的新人。说到底,没有任何东西能比工业劳动力的流动性更大。

流动劳动力

在 16 世纪,手工工匠的成分十分混杂,本地人的一统天下极其少见。佛罗伦萨的手工作坊早在 14 世纪就雇佣佛兰德和布拉邦特的工人。[415]在 16 世纪,佛罗伦萨毛纺织业向广大地区招收学徒工,这个地区甚至超出了我们曾经说过的托斯卡纳的范围。[416]经威尼斯市政会议同意,维罗纳[417]获得了生产黑天鹅绒的权利,1561 年时共有 25 名师傅,但都不是威尼斯人(否则市政会议就不会同意)。其中 14 人来自热那亚;3 人来自曼图亚;2 人来自维罗纳;2 人来自布雷西亚;1 人来自维琴察;1 人来自弗拉拉。至于掌管生产的商人,他们只有四人。其中二人来自维罗纳;二人来自热那亚……这是了解工匠和商人生活演变的一扇小窗子。

布雷西亚的情景也是一样:制造盔甲、刀剑和火枪的铁器制造业,先是不断发展,接着缩小,最终又随着形势的变化而逐渐恢复;铁业工人先向邻近的城市流失,然后又陆续返回。如此循环不已。到了 16 世纪末,在城市的新统领弗朗切斯科·莫利诺[418]的推动下,布雷西亚召回了同很多工人一起移居萨吕塞的一位手工作坊师傅。很多工人也纷纷从皮斯托亚和米兰返回布雷西亚(其中31人从米兰返回)。因此,作坊师傅的铺子又回升到23个。后来,由于生铁供应紧张和商人数量太少——也许还应该再增加一、二个商人——危机再度出现。

这是因为工业尾随着商人和资本而来。1610 年春，[419]托马索·孔塔里尼前往英格兰出任威尼斯专使。他在维罗纳稍作停留后，又在前往特兰托的途中经过罗韦雷托。他发现当地丝绸贸易十分活跃，纺织作坊很多，约有 300 多工人在织机旁生产丝绸（这些工人刚刚离开维罗纳……），不由得感到惊奇。四年以后，1614 年 5 月，威尼斯市政会议接受了[420]以下这个古怪的建议：凡发现城里的重要行业，特别是丝织业的工人或师傅有外出企图者，应主动向司法当局检举，匿名的检举人将可保释一名被流放或被监禁的强盗以资奖励。在同一个时期，出于同一种考虑，威尼斯人威胁要在人身和财产两方面打击那些离开城市到其他地方去干活的糖厂工人和师傅。[421]

这些工匠的出走或外流服从经济形势的需要。工业弥补商业的不足，替代商业的地位，其影响所及或远或近。例如在 16 世纪末，工匠从大城市出走到中、小城市是司空见惯的事。丝织业于 15 世纪和整个 16 世纪传遍欧洲，足以使我们想到还有更长的行程。在 17 世纪的意大利，梅佐焦尔诺经历了一次工业复兴，丝织业发展迅猛。突然在 17 世纪 30 年代前后，[422]这场繁荣陷于中断，而北方的小城市却相继崛起，在丝绸生产方面取代了南方城市。这同工匠的外流，显然有着内在的联系。

普遍趋势和地方性趋势

我们不可能先验地知道这些迅速发展中的工业是否遵循同样的节奏。但是,如果想到有例外的存在(工业弥补商业的不足,替代商业的地位),上述工业活动就可能是按同一节奏演变的。实际上,我们无从了解这些工业的全貌。就纺织工业而言——与建筑工业同等重要或其重要性仅次于建筑工业——作出一个整体的回答还是可能的。我们确实知道西班牙和教皇国的明矾出口量,因而也就知道这种除垢剂的使用总量,而除垢剂对纺织物的染色,或至少对染色的准备是不可缺少的。这个"指示刻度"具有决定性的意义。它的回答是明白无误的:明矾使用量随着经济形势起伏变化,于 1590—1602 年达到顶峰。[423]

我们显然还要知道,所有的工业是否都服从总的节奏,这看来也是可能的。注重研究工业活动和商人需求之间的联系的历史学家都反复指出了这种可能性。商人是导演。[424]但我们应该承认:在或长或短的时期内,可能有例外的情况,既然工业也弥补商业的不足,替代商业的地位。"建筑工业"似乎有时与普遍趋势背道而驰。[425]关于某些局部的、地区的经济形势,我们开始掌握一些第一手材料。人们确实已经知道纺织工业生产的某些曲线。值得注意的是,这些曲线不论在什么日期出现,都惊人地相似。任何一次工业发展都是直线上升,然后又垂直下降。翁斯科特[426]丝毛哔叽的生产曲线画出一条火箭轨迹。莱顿的曲线显而易见是一条双曲抛物线。威尼斯的曲线(按照皮埃尔·萨尔代拉[427]和多梅尼科·塞拉[428]的见解)具有抛物线的典型形态。关于佛罗伦萨,我们掌握的数字不多，但也足以看到一条类似的曲线。[429]曼图亚[430]是个小小的例子，同样证实了这条规律。这条规律很可能适用于布雷西亚和卡莫尼卡山谷[431]的毛纺业。在塞哥维亚、科尔多瓦、托莱多[432]和昆卡，这条规律也很清楚。难道这真是一条普遍规律吗？

不管怎样，这条规律即使对那些非常不重要的工业似乎也适用。例如，在亚得里亚海东海岸，威尼斯竭力排斥一切外来的竞争，无论是船只、织机或商人的竞争。这些努力并不总是成功的。从威尼斯开出的“帆桨商船”和其他船舶，惯于在伊斯特拉的普拉港停靠，以便补充船员、划船的奴隶和食品。对先后上船的船员来说，普拉港是个货源最充足的纺织品市场。关于用沿海各岛生产的粗羊毛织成的这些粗毛料和灰毛料，我们前面已经谈到过；[433]它们来自伊斯特拉和达尔马提亚的内地。1512 年前后，这些纺织品打进了“索托旺托”(Sottovento)、锡纳加利亚(Sinagaglia)、雷卡纳蒂和兰恰诺的交易会，十分畅销，以致普拉港再也见不到这些传统商品。以上局面持续了 10 到 15 年，直到 1525 年左右，威尼斯市政会议才使一切恢复正常。在这期间，先有上升，然后便是下降。

626

人们可以猜到，奥斯曼帝国经历了类似的演变过程。当地的工业往往是由外侨创办的。这些外侨是被俘的基督徒，他们后来往往在君士坦丁堡等地当上了作坊师傅，[434]制造出珍贵的衣料；[435]此外还有犹太工匠，他们在君士坦丁堡和萨洛尼卡建立了呢绒工业。[436]关于萨洛尼卡，我们知道那里的呢绒生产从 1564 年开始下降，为了刹住下降趋势，犹太人社团的首领——犹太教教士——采取了多种措施(如禁止自由收购羊毛，必须穿本市缝制的衣服等)。以上情况可使我们确信，萨洛尼卡的呢绒生产在1514年达到顶点。坐落在太巴列湖畔的小城市萨法德(加利利的首府)的情况证实了这一点。由于犹太移民及其织机的涌入,[437]这个城市在1520年到1560—1580年间有过毛织业的迅速繁荣。1535年,一个旅行者是这样记载的:“纺织业日益繁荣。据说萨法德在这一年总共生产了1.5万捆粗呢绒,更厚的纺织品的生产没有因此受到影响。某些织物的质量甚至可以和威尼斯相媲美。任何人,不论男女,只要所从事的职业与羊毛有关,生活就过得很好……我买了一些粗呢绒和其他纺织品,卖掉后获利颇丰……”土耳其的税收增长证实了这个小城市的兴起:1525年6月,染匠纳的税款共300阿斯普尔;1535年上升到1000阿斯普尔;1555年6月,竟达2236阿斯普尔(只有4家染坊)……正是在1555年左右,萨法德的上升势头停止了,也就是说,萨法德的衰落和萨洛尼卡的危机可能大致上是同时发生的。1584年,犹太人离开萨法德,加快了城市的衰退(1587年,一座10年以前建立的印染厂关闭)。1602年,萨法德不再生产任何纺织品。

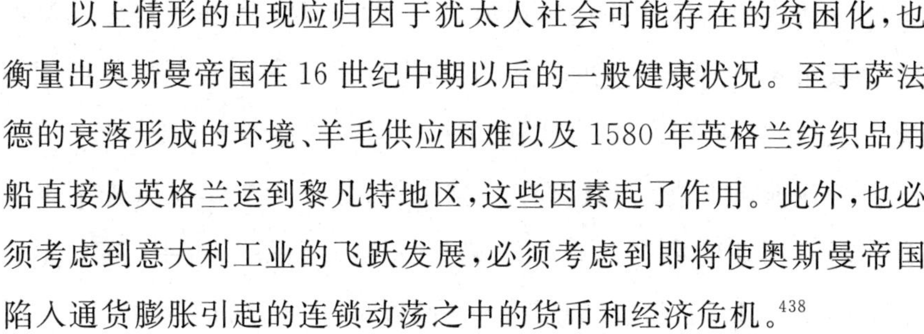

以上情形的出现应归因于犹太人社会可能存在的贫困化,也衡量出奥斯曼帝国在16世纪中期以后的一般健康状况。至于萨法德的衰落形成的环境、羊毛供应困难以及1580年英格兰纺织品用船直接从英格兰运到黎凡特地区,这些因素起了作用。此外,也必须考虑到意大利工业的飞跃发展,必须考虑到即将使奥斯曼帝国陷入通货膨胀引起的连锁动荡之中的货币和经济危机。[438]

不管怎样,这些工业曲线本身的顶峰也有其值得注意的地方。

1. 必须指出,在1520—1540年期间,几乎到处都出现了普遍的跃进;

2. 曲线的“顶峰”位于 1564 年、1580 年和 1600 年；

3. 当然，工业不具有所向无敌的力量，这种力量将在 18 世纪初步显示出来，并在 19 世纪最后确立。但工业已异常活跃。它所取得的成就也是迅速的；

4. 工业的下降同样令人吃惊，而且这种下降的时间比最初的跃进更容易确定。威尼斯的情况就是这样。那里的毛纺工业似乎在 1458 年左右开始蓬勃兴起；[439]到了 1506 年，[440]出现了明显的萧条；至少在威尼斯共和国是如此。从 1520 年起，又经历长时间的回升[441]……在 1600—1610 年左右，飞跃发展的势头明显减弱。[442]大概与此同时，即 1604 年左右，在信奉新教的尼德兰，毛纺工业普遍跃进。[443]

因此，工业的跃进和衰退在不同地区遥相呼应，而地区之间的距离可能很长，也可能很短。工业，或更确切地说“前”工业，处于不断的往复运动之中，需要连续不断地重新发牌。发牌以后，游戏重新开始。输家可能重交好运。威尼斯的情况似乎证明了这一点。但是最后到达的赌徒往往运气最好。16 世纪意大利和西班牙的某些新兴城市的胜利已经说明了这个规律。尽管尼德兰一带的纺织业历史悠久，17 世纪北方的胜利是一个年轻的竞争者的胜利。

工业遍地开花，[444]甚至在小城市中(任何历史学家事先都不注意那里有工业的存在)，在那不勒斯这类人们整日游手好闲、无所事事的城市中，工业也出现了。它们像成千个微弱的火星，[445]同时把辽阔的干草地点燃。这些火星可能燃成燎原之火，也可能熄灭，然后在别处死灰复燃。只要有风力相助，就会蔓延到尚未着火的干草。直到今天，例如在 1966 年，往往还出现这种情况。[446]

商品成交额

商业活动多种多样,很难加以检查和进行计算。农妇在市场出售水果,穷人在富人的酒窖门口喝杯葡萄酒(富人常做这种小生意),威尼斯帆桨商船或塞维利亚贸易署从事的大宗贸易,都属于商业活动。商业的范围很广。此外,在16 世纪,并非一切都已商品化了,情况远不是这样。市场经济只占经济生活的一部分。以物易物、自给自足的基本形式在市场经济之外到处泛滥。如果人们接受商业完成生产这个公式[447](就是说,商业在推动商品流通的同时,赋予商品额外的价值),那么,这个剩余价值,尤其是利润,可以说是很难计算的。即使举一个似乎众所周知的例子也是这样。在 16 世纪 60 年代,约有 2 万公担胡椒从印度和南洋群岛运到欧洲。每轻公担①胡椒在卡利卡特的收购价为5 克罗萨多;在里斯本的售价超过 64 克罗萨多,等于收购价的 12倍多。显然,这些货物的买卖不是由一人经手的。运费、税收和承担的风险是巨大的和多种多样的。因此,我们无法说出在出售胡椒所得到的约 130 万克罗萨多这个总数中,究竟有多少可算作商业利润。

此外,从商人的账册可以看到,或者从破产人申报的资产负债表可以看到,商品只是 16 世纪的"商人"从事的众多业务之一。各种经营和投机活动混杂在一起:购买土地和房屋,经营工业、银行业、海运保险、彩票[448]、城市的年金、农民的代役租、畜牧业,当铺的质押放款,汇兑投机……真正的商品交易和虚假的金融交易互相

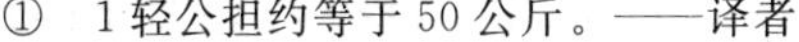

① 1 轻公担约等于 50 公斤。——译者

掺杂。商人的生意做得越大,越是接近 16 世纪末的繁荣年代,金融活动的比重以及由此产生的各种新花样也就不断增加。人们越来越清楚地了解到,商品交易几乎可以神奇般地在交易会上清账。1550 年,克洛德·德吕比在谈到里昂交易会时说:“不必动用一苏现金,有时在一个早晨就可支付 100 万里佛的货款。”[449]50 年以后,掌管里亚托银行汇兑日记账的季奥旺·巴蒂斯塔·佩雷蒂在给威尼斯市政会议的一份报告中说,皮亚琴察的每次交易会成交额达 300 万到 400 万埃居,但现金交易通常不到四分之一。[450]

期票的签署和转让[451]将在 17 世纪成倍增加,这些有用的但未必总是诚实的服务早在 15 世纪就已在热那亚[452]出现。到了 16 世纪末,背书票据几乎到处可见。[453]据我们所知,1589 年 1 月,[454]在里昂有个典型的例子:两名意大利商人同意借款给朗格勒主教和他的两个兄弟。这笔钱是由“一个叫圭恰迪尼的商人”作为第三者以“期票转让”的方式支付的。

我们不妨作一次测算。测算结果肯定是错的,但作这番尝试将是有益的。

首先从卡斯蒂利亚的税收文件来看。不用解释,税收资料显然很不完备。然而,商业税(alcabalas)随经济形势而浮动,因而是不可忽视的“指示器”。根据不同的城市和地区,商业税也显示出行业、财产和收入的不同。巴利亚多利德[455]1576 年的商业税收额为 2200 万马拉维迪(营业税原则上占销售额的十分之一),大体上相当于 2.2 亿马拉维迪的营业额。按城市有居民 4 万人计算,每个居民约分摊5500马拉维迪,相当于15杜卡托多一点。然而,这不等于说每个居民都能从商业活动中得到这份利润。这在原则上是每个居民经手的商品交易。读者可以猜出,在这些往往对外封闭的交易中,有着盈亏抵消和其他虚假的成分。因此,2.2 亿这个数字可能还嫌太小。实际上,城市都按一定的承包额缴纳税款,完税后总有盈余。但是,16 世纪 80 年代以后,城市不再根据契约纳税。商业税改由国家统一征收,城市不能再从中获利[456]……无论如何,2.2 亿营业额和人均 15 杜卡托在 1576 年已是相当高的水平。1597 年[457]塞维利亚的情形更好。这个城市比巴利亚多利德富得多,1576—1598 年的通货膨胀也起了作用。结果,塞维利亚人平均分摊的税额为 1.59 万马拉维迪(共有 10 万居民,商业税为 1.59 亿马拉维迪),相当于巴利亚多利德 1576 年的数字的 3 倍。

我们暂且放下显示卡斯蒂利亚财富的地理分布[458]的以上数字。这里,重要的是估计总的营业额。1598 年整个卡斯蒂利亚地区的商业税总额(其中包括什一税)高达 10 亿马拉维迪什一税等于交给教堂的什一税的三分之一,显然应从我们的计算中抽出。但是,有了 100 亿马拉维迪这样一个量级,我们就能估算国内贸易额。如果我们按人平均计算,每个居民相应就得 1500 马拉维迪,即正好是 4 杜卡托。这一估算所得的结果低于巴利亚多利德(1576 年)或者在塞维利亚(1598 年)的水平,这不会令人吃惊,因为城市经济总是高负荷的。

根据关税来计算对外贸易是可能的,甚至也是可靠的。假定关税和贸易额的比例为 1∶10,照此计算对外贸易额,就可以得出 36.3亿马拉维迪这个数字(进口)。尽管贸易处于入超地位,设想其出口额为36.3亿,并不显得过分。加上进口贵金属的价值7亿马拉维迪。我们不作过细的解释,把国内贸易额 100 亿和对外贸易额 79.6 亿加在一起,大约等于 180 亿,即每人 9 杜卡托(卡斯蒂利亚共有居民 500 万)。人们可能已经发现对外贸易(进口)和国内贸易之间的比例大致是 1∶3。

其次从 1551—1556 年法国的情形来看。关于法国,我们只知道一个可靠的数字:进口总额为 3600 万图尔里佛。[459]根据计算,其中 1400 万到 1500 万用于进口奢侈品和一些无用的"纺织品"。这 3600 万图尔里佛等于1570万埃居(一埃居等于 2 图尔里佛 6 苏)。我们把这个数字增加一倍就得到进出口的总额,即 3140 万。我们把这个数字乘以 3 就得到国内贸易的总额,即 4710 万埃居。于是总数就达到 7850 万埃居。假设法国有 1600 万居民(众所周知,这是所有历史学家都接受的数字,但没有证据),那么每人的分配额为 5 埃居左右。5 埃居等于 5.6 西班牙杜卡托。显然,这个适用于 1551—1556 年的数字低于 16 世纪末的西班牙的数字。但是,卡斯蒂利亚当时比法国富有。此外,西班牙 1598 年的数字由于通货膨胀的出现而偏大,而且我们对法国人口 1600 万这个除数没有把握。以上不可靠的情况加在一起,并不能妨碍我们看到,这两个"指示数据"可作一番比较。

两个"指示数据"中小的一个数据能否适用于整个地中海的范围?既能,也不能。我们就以法国为 5 埃居这个整数进行计算吧!我们可以得出结论(当然没有把握)说,6000 万地中海人的商品交易额约在 3 亿杜卡托左右。

这个数字肯定很不可靠。没有一个经济学家会接受这个数字。然而,我可以说:1. 商品交易额大大高于商人所得的利润额,商业利润当时可能占贸易额的 10%、20%或 30%;2. 假定这个数字是准确的,那么,投入商业活动的产品只占产量的三分之一还不到;3. 在这无疑是不完全的但能说明问题的背景下,应该对远程贸易重新进行考察。作为商业资本主义的心脏,远程贸易这个问题当然有待我们作一番分析说明。

远程贸易的局限性和重要性

远程贸易就是在一地低价购货和在另一地高价售货,从而沟通不同地区之间的联系。下面举几个大家熟悉的例子:在英国的科茨沃尔德地区购买或者定做粗呢绒,然后到阿勒颇或波斯出售;在波希米亚购买麻布到巴西出售;在卡利卡特购买胡椒到里斯本、威尼斯或吕贝克出售。这么远的路程意味着经济水平的巨大差异。尤其在 16 世纪初期的里斯本,商业利润犹如暖房中的花草蒸蒸日上。B. 波尔切内夫[460]在谈到 17 世纪波罗的海的贸易时正确地指出:重要的不在于贸易额,而在于利润率。极其灵活的资本主义(当时是最现代、最灵活的力量)总是奔向这些高额利润和这些利润的迅速“积累”。显然,时间一长,价格差异就趋向消失,在经济繁荣的年代尤其如此。远程贸易因此不得不改变选择。其兴旺程度在不同时期也各不相同:16 世纪上半世纪[461]非常兴盛;16 世纪后半世纪利润不断积累;17 世纪出现明显的复兴。商品交易的相对停滞无疑使很多商人于 16 世纪下半叶转而向政府贷款和从事汇兑业务,即朝金融资本主义的方向发展。请别误解,我们这里并不是说贸易额急剧下降,贸易额实际上有所增加。只是大商人的商业利润才一落

千丈。

历史学家雅克·希尔斯[462]反对把香料贸易和药材贸易的重要性过分夸大，它们在16世纪大大压倒其他商品。他说："继有关明矾贸易的历史[463]之后，有关葡萄酒、谷物、盐、棉花乃至糖和丝绸的贸易将可写成；那时候，另一部地中海的经济史将会出现。在这部历史中，胡椒和药材，特别从14世纪起，只占一个很小的位置……"一切都取决于观察问题的角度。如果从经济地理来看，雅克·希尔斯的见解是正确的；如果问题是要考察资本主义的最初阶段，要从利润方面进行研究，那他就错了。我们应该还记得B.波尔切内夫的看法。在这方面，唯一重要的是利润率，取得利润的难易程度和资本的积累。谷物的贸易额无疑比胡椒大得多。然而，西蒙·鲁伊斯却不乐意购买谷物，因为这对商人来说会失算的。谷物不像胡椒或者胭脂虫那样是"俏货"，从事这种贸易，没有充分的成功把握。更何况，承运人的要价很高，城市和国家怀有戒备心理，都给谷物贸易带来障碍。除了1521年[464]和1583[465]年交易所的大笔交易和1590—1591年的大量购粮外，特大资本家不经常经营粮食贸易[466]（至少16世纪下半叶是这样），对监督过严的食盐贸易，也同样如此……

大商业善于见风使舵。自从菲利普·鲁伊斯·马丁[467]揭示了大商人的经商诀窍以后，处在热那亚支配下的卡斯蒂利亚经济的发展清楚地显示了以上的事实。当热那亚人不能随意从西班牙输出美洲白银时，他们就购买明矾、羊毛、食油，甚至安达卢西亚的葡萄酒，以便用这些商品在尼德兰或意大利换取他们需要的现金。威尼斯毛织业的最后一次高涨似乎与其中的一项活动有关。[468]我敢肯定:在那不勒斯王国,也有一个由资本家从上面操纵的大商业系统,专门从阿普利亚收购藏红花、丝绸、食油甚至谷物。米兰、佛罗伦萨、热那亚、威尼斯(尤其是贝加莫)的大批商人在那不勒斯王国的各个城市定居。这些小人物往往盛气凌人,拥有食油和谷物的大量存货。他们只是利用在当地长期享有的免税和其他优惠,只是为他们的老板或委托商谋取利益。他们不过是奉命行事而已。例如马赛人在阿勒颇或亚历山大[469]收购大量铸币只是执行里昂商人的指令,后者按照市场变化,在幕后进行操纵。同样,西班牙商人也为外国的大批发商服务。[470]

由此可见,大资本家在经商时十分挑剔,或者可以说,商业资本主义的监督和控制系统只是在肯定能获得巨额利润时才运转起来。我们可以猜到,有时也可以清楚地看到,大商业资本家根据商品价格的起伏变化和经商的安全程度,采取各种各样的"对策",进行单纯的商品交易往往比进行汇兑交易赚钱更多,但冒的风险也更大。情报收集人乔瓦尼·多梅尼科·佩里指出,"用 1000 埃居进行商品交易比把 1 万埃居用于汇兑交易赚钱的机会更多"。[471]但是,我们知道在汇兑交易中,商人用别人的钱投资多于用自己的钱,巨额资金的调拨掌握在少数几个人手里。同时,在 16 世纪末,地中海运输 500 万金币的谷物所获的利润可能比运输 100 万金币的亚洲胡椒到欧洲带来的利润更高。但是,前一种贸易有成千上万个商人参加,而后一种贸易则被几家大公司所操纵。因此,资本积累对大公司有利。1627 年排斥热那亚银行家的葡萄牙"马拉诺"(为逃避迫害而改信天主教,但私下仍奉行犹太教仪式的犹太人)本来还是胡椒和香料商人。

同样，势力强大的热那亚银行家和金融家在他们的鼎盛时代，也只占西班牙经济生活的一部分，而且还不是一个很大的部分。但是，他们人数不多，因而所获的利润相对说来显得很高，当时的人对此十分重视。1598 年 6 月，热那亚的“金融家”想延长坎波城交易会的期限，以便让借到的钱在他们手里保留更长的时间。但是，布尔戈斯的商人——过去效忠他们，后来又变成他们的顽强的竞争对手——却加以拒绝。布尔戈斯商人解释说，在交易会的成交额中，向国王发放契约贷款的商人所占的比重低于一般商人，而且低得简直不能相比。这些申诉人还说：“实际上，我们可对国王陛下保证，与法令无关的商人在交易会应付的款项比与法令有关的商人要多得多。”[472]这里所说的法令是 1596 年 11 月 29 日公布的法令。这段证词讲得很清楚，但没有转移我们关心的问题。商业集中显然在某些部门业已开始，这是个基本的事实。

资本主义的集中

企业的集中在 16 世纪是经常发生的事。但是，这种集中随着经济形势的演变突然减速或加速。在 16 世纪上半叶，各种经济活动飞速发展，富格家族、韦尔塞家族、霍希斯泰特尔家族和阿法伊塔蒂家族等大企业随之兴旺发达。[473]在 16 世纪中期的衰退以后，情况发生了变化，企业的数量增多，而规模较小。商业投机的范围和可能性都扩大了。威尔弗里德·布拉雷兹[474]在他有关佛兰德地区的专著中着重指出，为使小企业能面向广阔的世界，运输业必须独立经营，委托代理必须普及，经纪人的作用必须步入正轨和不断扩展，信贷必须变得更加简单易行，也必然更加冒险。1550 年后出现的一系列破产都标志着经济形势的波动。

在地中海,我们对资本主义的这些上层领域还看得不够清楚,热那亚的档案资料没有提供这方面的材料,这使我们无法作出圆满的解释。值得看到的是,商业、金融和银行的上层部门怎样依靠由中小商人和许多普通顾客组成的下层阶层。无论在那不勒斯还是在其他地方,假如没有在经济活动中如野草般孳生蔓延的小买卖,银行就无法生存。假如没有小客户的货物随船搭载,开往新大陆的船队会遇到重重困难。同样,假如没有西班牙和意大利的存款为“契约借贷”提供资金,菲利普二世的大规模的金融活动就绝不会取得成功。

地中海地区从上到下的商业活动照例都以家族为单位,家族间的短期合伙很少能展期续约。合了又分,分了又合,这在一定程度上还是有效的。向西班牙国王放贷的热那亚商人事实上组成稳固的集团,虽然在 1597 年的普遍和解前,没有任何法律形式把他们正式结合在一起。他们三三两两地合作放贷,往往共担风险和分享利益。他们人数不多,结成了休戚与共的、紧密的阶级联系。人们常说他们“同气相求”,这就足以证明,他们构成了一个集团。对于某些活动的开展,联合并非势在必行,但相互的谅解同样有用。埃尔曼·克伦本茨对家系进行仔细研究,鲜明地揭示了在从阿姆斯特丹到里斯本、威尼斯和葡属印度的范围内,婚姻和亲属关系、友谊和伙伴关系所起的作用。在 16 世纪和 17 世纪之间的交接时期这些关系成了世界财富地理大变动的原因或结果。[475]

以上习惯和处事方式也许说明了地中海不像北方那样感到有

必要建立大公司，建立前途无可限量的股份公司。

地中海船只的总吨位[476]

为测定地中海船只的总吨位，我们只掌握一些价值不大的估计数字。16 世纪 80 年代前后，英格兰、法国、起义的尼德兰诸省和西班牙等每个国家都拥有船舶 20 万吨，其中尼德兰[477]肯定多一些（1570 年估计有 22.5 万吨），其他三国肯定少一些；西班牙有 17.5 万吨左右（1588 年的估计数）[478]；法国和英格兰大大低于这个数字，但无法说出具体低多少。如果人们同意圣-古阿尔[479]的估计，认为法国船舶总数为 4000 艘（他说是 4000—5000 艘），并且接受每艘为 40 至 50 吨的说法，那么得出的结果是：总吨位最低不少于 16 万吨。如果接受 1588 年[480]英格兰船队的船舶为 2000 艘的说法，那么最大的数字是 10 万吨。不错，1629 年，[481]由于英格兰的航海事业飞跃发展，按照同样的计算方法，应该接受 20 万吨这个数字。因此，大西洋约有船舶 60 万至 70 万吨，其中不包括北方其他国家的船队，也不包括法国和西班牙在地中海海港的船舶。这并不重要。有关大西洋船舶的数字几乎不在我们研讨的问题的范围之内。

我们现在试图计算 16 世纪最后 30 年地中海船舶的总吨位。首先，我们至多可把地中海船舶总吨位算作是西班牙船队的三分之一，即 6 万吨。威尼斯 1605 年的数字[482]相当可靠，拥有大船 19000吨，大小船舶总共 3 万至 4 万吨。我们且把拉古萨、热那亚、马赛、那不勒斯和西西里的船只吨位分别算为 4 万吨，把土耳其帝国的船只吨位算为以上数字的2倍，由此得出的20万吨这个数

字,再加上西班牙的 6 万吨,就是地中海船舶的总吨位,略低于 35 万吨。归结起来,地中海有 30 万—35 万吨;大西洋有 60 万—70 万吨;二者相差并不太大,大约是 1 与 2 之比。一边是浩瀚的地中海,另一边是大西洋和世界七大海洋。① 然而,地中海的航行比远洋航线的航行必然更加频繁。一艘拉古萨的船舶可以轻易地每年在地中海上航行 2 到 3 次。

1570—1580 年以后,许多北方船舶(也许有 100 艘,每艘 100—200 吨,总计为 1 万—2 万吨)纷纷涌入地中海。是否应当把这些船舶算在地中海的账上?北方船舶加在一起,其总吨位约等于地中海船舶总吨数的十五分之一或三十五分之一。这是个微不足道的数字。我们也没有把柏柏尔海盗的 100 艘圆形船计算在内。这些船舶在 17 世纪初也许可达 1 万吨。

尽管我们算出的 30 万—35 万吨这个数字并不可靠,我们的计算却证实:1. 地中海首先属于地中海的船舶和船员;2. 北方船舶偶尔进入地中海,他们在地中海的出现并不改变地中海的结构。我们的统计已把这种结构的厚实程度显示出来;3. 此外,北方船至少有一半是为城市和地中海经济服务的。它们在地中海上转来转去,从一个城市到另一个城市,接受货运业务,难得有一、二次通过直布罗陀海峡驶往大西洋,然后再从原路返回。我们不要夸大或者缩小这些船舶的作用。实际上,它们为富有的城市服务。这些城市过分富有,以致不愿一切靠自己动手。

① 原文为 les sept mers du monde(英语 the Seven Seas),指北冰洋、南冰洋、北太平洋、南太平洋、北大西洋、南大西洋和印度洋。——译者

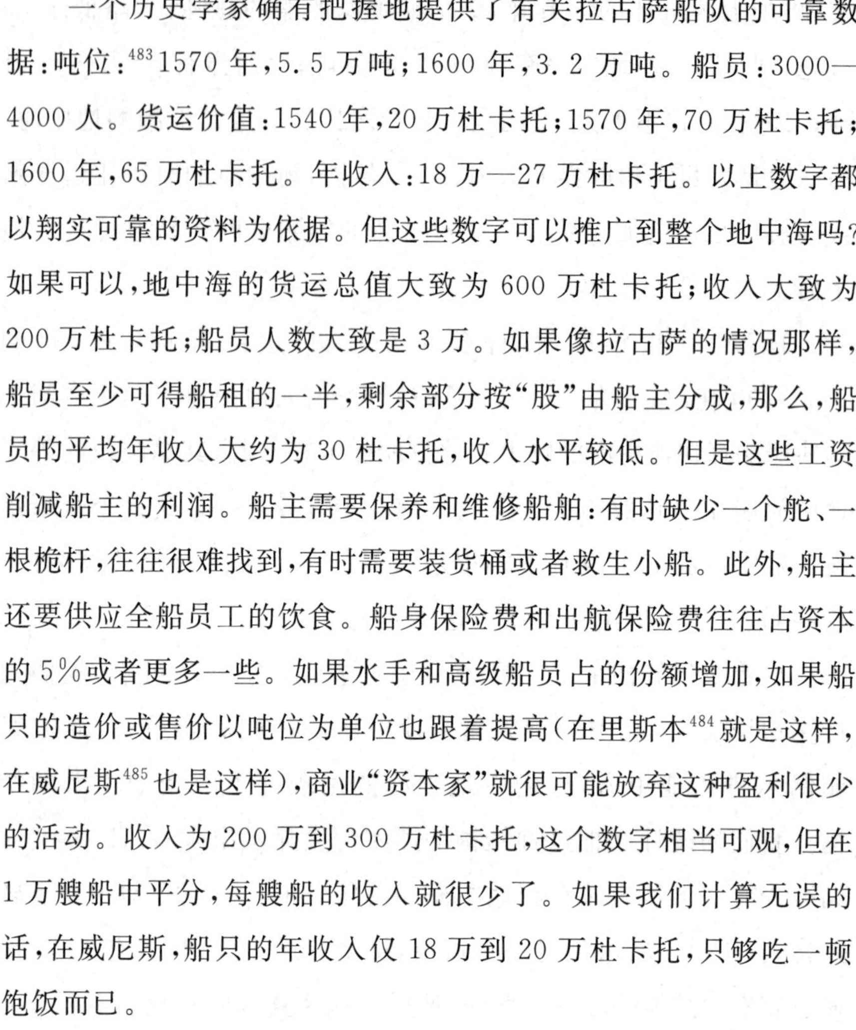

一个历史学家确有把握地提供了有关拉古萨船队的可靠数据：吨位：[483]1570 年，5.5 万吨；1600 年，3.2 万吨。船员：3000—4000 人。货运价值：1540 年，20 万杜卡托；1570 年，70 万杜卡托；1600 年，65 万杜卡托。年收入：18 万—27 万杜卡托。以上数字都以翔实可靠的资料为依据。但这些数字可以推广到整个地中海吗？如果可以，地中海的货运总值大致为 600 万杜卡托；收入大致为 200 万杜卡托；船员人数大致是 3 万。如果像拉古萨的情况那样，船员至少可得船租的一半，剩余部分按“股”由船主分成，那么，船员的平均年收入大约为 30 杜卡托，收入水平较低。但是这些工资削减船主的利润。船主需要保养和维修船舶：有时缺少一个舵、一根桅杆，往往很难找到，有时需要装货桶或者救生小船。此外，船主还要供应全船员工的饮食。船身保险费和出航保险费往往占资本的 5%或者更多一些。如果水手和高级船员占的份额增加，如果船只的造价或售价以吨位为单位也跟着提高（在里斯本[484]就是这样，在威尼斯[485]也是这样），商业“资本家”就很可能放弃这种盈利很少的活动。收入为 200 万到 300 万杜卡托，这个数字相当可观，但在 1 万艘船中平分，每艘船的收入就很少了。如果我们计算无误的话，在威尼斯，船只的年收入仅 18 万到 20 万杜卡托，只够吃一顿饱饭而已。

所有这些计算都没有把握，因为我们只知道很少几艘船的账目，有限的几页纸，威尼斯国家档案馆[486]的一个小本以及关于威尼斯的“圣玛丽亚灯塔”号[487]大帆船的一份清单（时间较晚，1638 年）。这些文献资料虽然依旧存在，但要找到它们，还得有点运气。最后，我们的计算主要涉及大宗海运，而不是沿海的零星运销。仅仅这一点就会造成重大误差。然而,事实已经证明,16 世纪末的海上联系是一项留给穷人或者赤贫从事的工作(几个富有船主除外)。只要大帆船在那不勒斯整装待发,随时都可派人到阿普利亚各港口招募船员,而且总能找到。[488]船员在一艘船上至少勤奋工作了 20 年以后,结束其海上生涯,他们的位置往往被更可怜、更穷的人所代替。

陆上运输

根据西班牙的情形,我们已经指出,[489]陆路货运量和海路货运量的比例差不多是 1∶3。如果海运总值为 300 万杜卡托,那么,在整个地中海地区,单是陆运总值就为 100 万杜卡托。我从来不相信这个比例具有普遍的意义。但是,即使我们假定海陆运输的总量相等,货运总值 600 万杜卡托这个数字仍然显得太小,而且几乎荒唐可笑。我们已经看到,地中海的许多特征之一正是陆路众多,交通繁忙,因而必须把地中海的陆路货运纳入数量不大的货运总值之中。

我们的计算必定存在误差。但是,运输者生活贫苦,这是毫无疑问的事。其中一方面有海员,另一方面有农民。农民除耕种土地、饲养牲畜和经营手工业外,也跑运输。我们有 16 世纪末关于莱昂王国[490]的阿斯托尔加附近的马拉加特里亚赶骡人的详细资料。这些“马拉加托人”穷极潦倒,即使到 18 世纪和 19 世纪,当他们发财致富后,仍然保留着以往的贫困面貌。菲利普二世统治末期,他们在坎塔布连港口装载鱼货,尤其是沙丁鱼,运往卡斯蒂利亚,然后从那里带回小麦和葡萄酒。他们从事的工作相当于今天的卡车司机。在16世纪，他们向卡斯蒂利亚的各个城市供应鲜鱼，已经起着惹人注目的作用。[491]当人们对1561年和1597年的详细调查统计材料进行研究，并发现长途运输者把牧业、农业、手工业和商业同运输业结合起来时，整个问题就清楚了。那些只限于从事运输业的人是穷人，例如年轻的胡安·尼埃托就是这样，“他主要出卖劳力，而并非投资谋利”；从事倒卖活动的二道鱼贩生活相当富裕。

那些一直处于贫困边缘的运输者，不仅是运输者，也是农民，也是手工业者。在16世纪以后很久，在整个地中海地区，在整个欧洲，依然是这种情况。17世纪，从佩凯盐田向瑞士各州进发的盐船沿罗讷河逆流而上，在塞塞尔附近停泊。车辆然后把盐一直运到日内瓦。但这些运输要根据播种和收获的情况而定，因为只有在农闲时，农民才有车辆进行运输。[492]因此，当时的运输业很难脱离开农民的生活节奏，甚至还往往很难脱离开小城市的生活节奏。小城市从运输中得益匪浅。菲利普二世统治初期的卡塔赫纳主要就是作为一个大车运输城市出现的。[493]

总之，海陆运输门类繁多，费用低廉，水手和骡夫从交换中得到的好处积少成多，因而乐此不疲，每个人顺便都为自己贩卖货物。原来与往往还很原始的经济相联系的运输者开始接触到了货币经济。当他们回乡经商时，他们的中间人身份肯定使他们处于有利地位。然而，总的说来，16世纪的运输价格仍然是便宜的，而且随着时间的推移，显得越来越便宜，运输者的报酬跟不上价格的上涨。[494]毫无疑问，贸易因此受到推动促进。

国家是16世纪最大的企业家

在16世纪,国家越来越掌握着国民收入的集中和再分配;国家通过税收、出售官职、公债、没收等手段,控制着“国民生产总值”的很大一部分。既然预算大体上根据经济形势和物价起伏而浮动,国家在许多方面有效地起着控制作用。[495]国家在经济生活中的地位蒸蒸日上,而不像约瑟夫·熊彼得[496]设想的那样,只是偶然起作用的因素,或者只是不合时宜的力量。不管国家自己是否愿意,它是16世纪最大的企业家。大量耗费人力财力的现代战争取决于国家。同样,大规模的经济活动也取决于国家。例如,以塞维利亚为基地的“西印度之路”,里斯本和东印度之间的联系,都由“印度商行”,即由葡萄牙国王承担的。

“西印度之路”与威尼斯商船制度大同小异,这证明国家资本主义的形式并不是初次尝试。国家资本主义在地中海地区依然相当活跃。威尼斯的兵工厂[497]以及加拉塔的兵工厂都是当时世界上最大的制造厂。当时基督教国家和伊斯兰国家的所有的造币厂[498]也都隶属于国家。在基督教国家,造币厂的生产常常由官员直接管理。在土耳其帝国和阿尔及尔摄政管辖区,造币厂交私人承包经营,但置于国家的严格监督之下。到16世纪末终告末日来临的公立银行也隶属于国家。这个问题我们以后还要谈到。然而,这里所说的是城市国家,或者说,为城市国家开辟道路的、以城市为主的国家。领土国家还要等相当长的时间。领土国家的第一家银行事实上应算1694年的英格兰银行。[499]1583年菲利普二世没有接受佛兰德人彼得·旺·奥德格尔斯特的意见。[500]后者劝他创立国家银行,但白费力气。

虽然没有国家银行，但“公营”企业还是很多的。正如一个历史学家所指出的那样，教皇政府在托尔法和阿卢米埃尔开设大型明矾采矿工场，几乎是真正的“工业联合企业”。[501]土耳其政府推行经济统制比其他国家更积极，曾兴建了许多工程。苏莱曼尼埃清真寺[502]的迅速建成，就是一个很好的例子。关于这项大型工程，我们有一篇最新的很好的研究文章。如果把西方的国家资本主义扩大到公私合办的建设项目，例如建造埃斯科里亚尔大寺院（其建筑技术闻名遐迩），可以列举的成就为数更多。[503]通过所有这些活动，国家把收进国库的货币重新投入流通领域。迫于战争的需要，国家有时收入不敷支出。战争、建设和兴办企业对经济的刺激要比人们想象的更大。当金钱堆积在国库时，堆积在西克斯图斯五世在圣昂热城堡[504]的金库、威尼斯造币厂的金库或者苏利在巴黎的制造局金库时，灾难就来临了。

作了这些说明后，如果要计算国家的财富，困难就不会太大了。关于国家的预算，我们了解的情况已经很多，而且还可以毫不费力地了解得更多。将近16世纪末，根据已知的国家预算，我们可记下以下数字：卡斯蒂利亚900万金币；[505]亨利四世的法国500万；[506]威尼斯及其领地390万；[507]土耳其帝国600万，[508]即2400万预算开支，由3000万居民分担。如果我们把后一个数字乘以2，得出地中海约有6000万居民的基准数，预算金额也就势必达到4800万金币的水平。照这种算法，每人每年向君主提供不到1杜卡托（另加1杜卡托，付给领主）。

这个数字同前面粗略估算得出的巨大数字相比，肯定显得很低。国家这个庞然大物要求自己单独占整个历史舞台。预算数字居然如此之小！然而,这些数字可能是我们所有的计算中最准确的。应该指出,所有的国家,包括土耳其帝国在内,都已经摆脱了非货币经济的束缚。国家每年从货币流通中"抽血",而货币流通比商品流通速度更快。与此同时,我们迄今所作的估计却是把很大程度上脱离开市场经济的经济活动折合成货币计算。国家具有现代经济的灵活性。刚刚诞生的现代国家百废待兴,尚不足以胜任其任务。无论打仗、收税、管理大事、进行审判,国家还不得不依靠工商业者和力求提高自身社会地位的资产者。这本身正是国家欣欣向荣的标志。卡斯蒂利亚是一个极好的例子,那里的商人、大领主和律师,每个人都向国家投靠,追名逐利,互相竞争。这几乎也是一场劳动竞赛。财政会议和财政总署中职位最低的书记员向国王和当局效忠的报告和信件,以及旨在谋求私利的各种请求或检举揭发,都是我们可以见到的证据。

至于国家崛起是不是件好事,这个问题至今仍在讨论之中。不管怎样,正如大商人灵活的资本主义一样,国家的崛起是不可避免的。财产的空前集中对君主有利。4000 万到 5000 万金币(这个数字不是假设的而是真实的)毕竟是个重要的经济杠杆。

贵金属和货币经济

经典的解释如果反复使用,也就失去了说服力。这在科学界是如此,在历史学界也是如此。我们不再像弗朗索瓦·西米昂那样,把 16 世纪看成是贵金属市场和物价动荡不定的时代。[509]弗兰克·斯波纳和我[510]曾试图计算美洲大陆发现前欧洲和地中海地区的货币流通总量。通过简单的但不甚可靠的方程式计算，我们得出的数字大约是黄金 5000 吨，白银 6 万吨。按照厄尔·汉密尔顿[511]的计算，在 1500 年到 1650 年这一个半世纪里，从美洲运到的白银约 1.6 万吨，黄金 180 吨。假定这些数字大体正确（当然没有把握），有些问题便得到了证实，另一些问题又需重新考虑。

1. 我们对 1500 年以前的形势，从而也对 15 世纪，作出应有的评价，这在历史学家中得到许多人的赞同。[512]我们把货币经济在西方的巨大进展归功于 15 世纪。1500 年以前，向君主缴纳的全部税款，以及向领主和教会缴纳的部分赋税已采用货币的形式。

2. 在弗朗索瓦·西米昂看来，美洲的矿产决定着一切。从 1500 年到 1520 年，货币储备可能翻了一番；从 1520 年到 1550 年，可能又翻了一番；从 1550 年到 1600 年，可能再增加了一倍多。弗朗索瓦写道："在整个 16 世纪，货币量约等于原来的 50 多倍。相反，在 17 世纪、18 世纪和 19 世纪上半叶，货币储备每百年仅勉强增加一倍。"[513]这种论述令人难以接受。16 世纪的发展十分迅猛，但在历史上并非绝无仅有。人口的增长、货币的贬值、经济生活的突飞猛进，肯定还有现金和支付手段流通的加速，全都说明为什么会发生 16 世纪的价格上涨、价格革命或者说"虚假革命"。[514]后面我们还要重新阐明这个问题。

3. 总之，不论信用膨胀如何之大，地中海在 16 世纪没有足够的现金和证券支付每年的交易平衡和 600 万的工资。支付手段不只是个经常存在的问题。在 1603 年的威尼斯，虽然城市的财政相当宽裕，却也发生了无钱支付工人工资的事。[515]对于锁闭的落后的经济，这种情况就更不用说了。由于支付手段不足，普遍存在实物交换。如果没有实物交换,经济活动也就一事无成。何况,实物交换也有一定的灵活性,常常为市场经济扫清道路。但是,只有现金付款才能搞活市场经济和加速经济的发展。在波罗的海沿岸,汉萨同盟和西方商人的少量投资,促进了当地还处于初级阶段的经济。当然,随着 16 世纪的结束,汇票逐渐增多,可能弥补了 17 世纪 20 年代和 30 年代美洲贵金属到达减缓(如果有这种减缓的话)[516]带来的后果。1604 年,[517]一个威尼斯人谈到,皮亚琴察交易会每年的成交额达到 1200 万到 1600 万埃居。多梅尼科·佩里提到,快到 1630 年时[518]的贸易额为 3000 万埃居。但是,这些数字都并不可靠,而且这些交易只是活跃了经济生活上层的流通。

4. 货币经济无疑有所发展。在土耳其帝国,由于接二连三的货币贬值,货币经济出现了革命般的飞速发展。历史学家天天都在发现有关这些情况的证据。所有的价格都在上涨。原有的社会联系全被切断。西方的悲剧在土耳其帝国自动延续。同样的原因产生同样的结果。[519]

5. 但由此得出的是以下重要的而又并不令人惊奇的结论:货币的流通(我指的是所有的货币,甚至包括价值最低的货币)只贯穿于人类生活的一部分。在重力的作用下,河水总向低处流动。货币却向经济生活的高层流动。因此,货币流通造成一系列地区差异:高“电压”的城市同没有或几乎没有货币的农村之间的差异;现代地区和古老地区之间的差异;发达国家和不发达国家之间(已经存在这两类国家:发达国家不断前进;不发达国家也在进步中,例如土耳其,当时没有赶上领先的国家)的差异;各个活动领域之间(只有运输业、工业、特别是商业和国家税收部门与货币流通有关)

的差异；少数富人（可能占5%）和广大穷人和贫苦人之间的差异。少数和压倒多数之间的差距日益扩大。我想，社会革命的尝试之所以失败，甚至还没有提出明确的要求，这是因为大多数人极度的相对的贫困化的缘故。

赤贫占人口的五分之一？

我们以马拉加[520]为例（当地情况还比较好），据估计，该城市1559年共有3096户（自由民）居民，按每户4口人计算，居民人数稍多于1.2万人；在教区神甫的协助下，这一估计事后得到了证实。居民按收入分为三个等级：小康之家、小老百姓和赤贫。在赤贫中，有700多名寡妇（被看作半户）和300名劳动者（被看作整户），这就是说，共约有2600个赤贫，约占城市人口的20%。小康之家（并不意味着是富人）可能有300户，因此有1200人。小老百姓占大多数，约70%，就是8500人。这些比例是准确的，很有代表性的。20%的赤贫，这是一个近似的比例，可能出入很大。但无论在地中海或在地中海以外的地区，[521]似乎都是真实的。此外，观察家们还指出，在最富有城市的中心，存在着可怕的贫困景象。例如在热那亚，每年冬季来临，穷人的生活更加悲惨，[522]拉古萨是个十分繁荣的城市，但社会的两极分化极其严重。据一份见证材料说：1595年曾发生"很多悲惨的事"。[523]当然，没有任何事实足以表明，对马拉加进行的调查也适用于那些规模比它大或条件比它差的城市，尤其不能说明这个计算尺度也适用于农民，农民的收入按现金计算虽然微薄，他们的景遇也比城市更加艰苦，但农民的生活比较平稳。如果接受以上的

百分比,那么在地中海地区,赤贫的人数可能达到 1200 万到1400 万。这个巨大的数字是不应排除的。[524]

实际上,古今以来从未有过充分就业的经济。在劳动力市场上,总有一大批失业工人。至少从 12 世纪以来,这些流浪汉和半流浪汉是欧洲和地中海地区生活的常数和结构之一。[525]至于农民的生活水平,我们几乎一无所知。因此,我们下面就利用几个抽样调查的材料。这些材料显然不具有普遍意义。

1555 年 5 月 8 日,布雷西亚的一个村庄被一场大火烧毁。[526]蒂佐村位于阿尔卑斯山区,属于科利奥·德·瓦尔诺皮亚镇,方圆约半英里。村内 260 幢房屋被大火烧光。调查者只找到剩下的断墙残壁。最后一个细节是:该村每年向威尼斯市政会议纳税 200 杜卡托。在这 260 幢房屋中,仅仅 274 户人家就有居民 2000 人(如果数字确实无误,正如种种迹象所表明的那样,完全可以推算出每户 7 人来)。房屋的价格不计在内,损失估计达 6 万杜卡托,即每人 30 杜卡托。同年 7 月,一场大火烧毁了位于特雷维平原地区的两所农民房屋。其中一所估计损失 250 杜卡托;另一所估计损失 150 杜卡托。第一家的家具、干草和谷物价值 200 杜卡托;第二家的干草和粮食价值约 90 杜卡托,家具不算在内(家具被抢救出来了吗?)。两户灾民在他们的救济申请中自称是贫民,还说自己是穷光蛋。这种用语在救济申请中出现是十分自然的,但与上面的谨慎估计并不矛盾。因此,我们假设以上具体数字具有计量的价值。让我们回过头再看蒂佐这个小村,就火灾造成的损失作一补充:假定每户的收成同上述两户灾民中收成较低的一户相同,即每户约 100 杜卡托,蒂佐村的全年总收入将为2.74万杜卡托,相当于每人

13.7杜卡托。这一系列计算使我们可以接近“穷人”的界限，或不如说赤贫的界限。然而，人们永远也不可能测定准确的界限。

我发现了那不勒斯审计院的文献，但已为时过晚，未能充分利用其丰富的资料。然而，这些税务文书，从许多途径为我们了解当时贫民的生活打开了大门。亚得里亚海沿岸的佩斯卡拉[527]是个贫困的小城市，有200到250户人家，1000名居民都是外乡人，如罗马涅人、费拉拉人、科莫人、曼图亚人、米兰人和斯拉夫人。在这1000名左右的移民中，“共50户(200人)拥有房屋和葡萄园，经营某项产业。其他家庭除了窝棚、小板房或者好一些，还有草堆外，几乎一无所有。他们得过且过，或者在盐田干活，或者刨地……”这篇文章补充说，要是幸运的农民能买牛耕地，该有多好！这就证明他们本来没有牛。人们认为农民过着极端贫困的生活。然而这个城市有自己的港口和商店，甚至3月份还有圣母领报节的交易会。

审计院还提供了在遗产继承时出现的领主年金买卖的具体细节。一般说来，每个居民以各种形式缴付给领主的年金为1杜卡托，而领主的年金是“按百分之五或百分之十的比例”出售的，也就是说，1杜卡托的收益要卖10或20杜卡托。至于每人缴付1杜卡托的这条规律，我的推算也许草率仓促，但仍有其价值。另一条规律是，每个农民的年收入为10杜卡托上下。然而，请看一个特殊情况：奥特朗托地区的苏佩蒂诺村[528]1594年5月有395户人家，因此是一个大村子，而且几乎是个小城镇。这个村子的居民比佩斯卡拉城还要多。村子的主要财富是油橄榄树。在这个村子里，每人缴付1杜卡托领主年金的规律不太适用。这个村子里一方面的确约有1600名居民；另一方面领主只收到900杜卡托。但在这里，我们却能根据领主的实物什一税的清单,算出产量和现金收入(3000 桶葡萄酒,1.1 万托马拉小麦,4000 托马拉大麦,1000 托马拉燕麦,1250 托马拉蚕豆,50 托马拉鹰嘴豆和滨豆,550 捆亚麻,1250 斯塔雅油——总计价 8400 杜卡托)。如果我们列出的收入的单子是完全的,如果什一税正是收入的十分之一,那么居民的人均收入大约是 5 杜卡托多一点。

可是,根据 1576 年和 1578 年的调查的"地方风貌",[529]卡斯蒂利亚的各个村子的收入要更高些,根据抽样计算出来的家庭生活水平[530]达到每户 15522 马拉维迪,相当于 44 杜卡托。如按每户 4 口人计算,人均收入是 11 杜卡托。

可以肯定,还可以有其他一些算法。对各个手工业行会的内容丰富的档案资料还探测挖掘得很不够。税收账目肯定可以使我们更全面地计算出威尼斯所属各岛,例如科孚岛、克里特岛和塞浦路斯岛的"国民产值"。存放在巴勒莫和锡曼卡斯的有关西西里岛的文献资料堪称罕见。我以为,把威尼斯国家和托斯卡纳国家的毛产值计算出来虽有困难,但完全可以做到。

我一度认为,如果算出奴隶的价格、士兵或苦工的薪饷,或者仆人的工钱,以此作为最低水准,这些问题就可以得到解决……但是,我不能肯定这些数据是否真正反映最起码的水准。16 世纪上半世纪,无论是在西西里,还是在那不勒斯,一个奴隶平均售价为 30 杜卡托。[531]然而,1550 年以后,价格增加了一倍。[532]人们难以从中得出任何结论。因为奴隶市场仍然很狭窄。市场上一旦奴隶过多,价格就会随之暴跌。1587 年 6 月,彼得罗·托莱多(著名的那不勒斯总督的儿子)率领帆桨战船抢劫归来后,以每人30杜卡

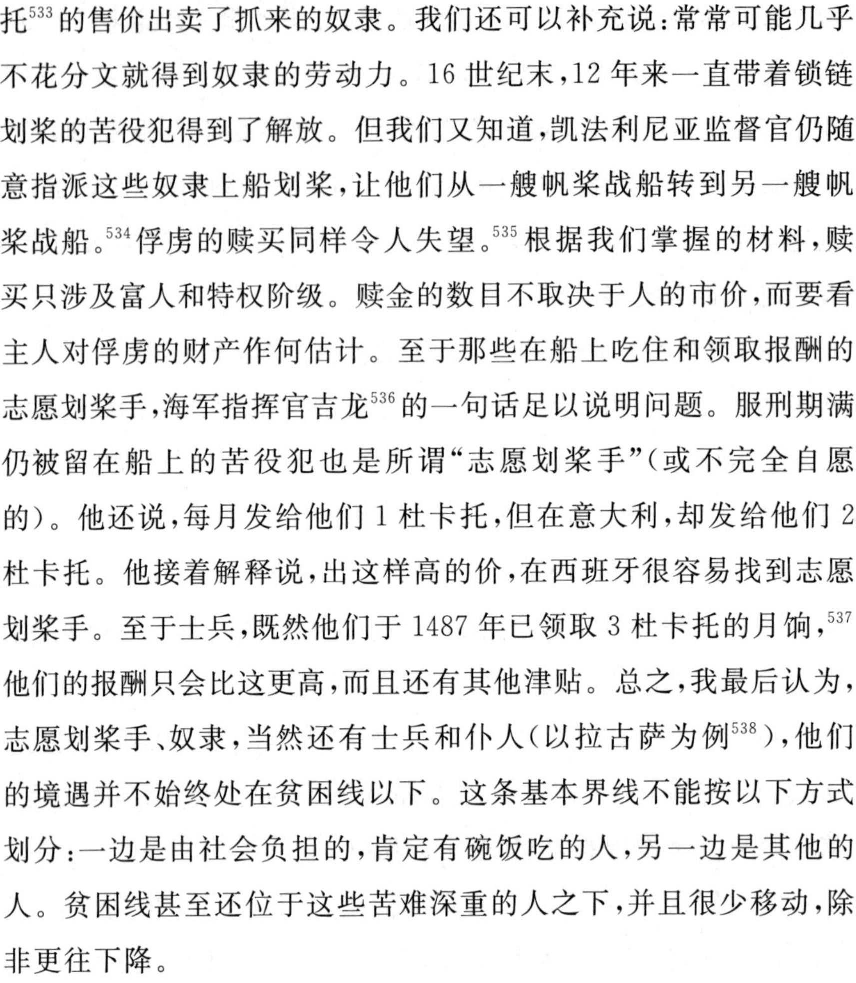

托[533]的售价出卖了抓来的奴隶。我们还可以补充说：常常可能几乎不花分文就得到奴隶的劳动力。16 世纪末，12 年来一直带着锁链划桨的苦役犯得到了解放。但我们又知道，凯法利尼亚监督官仍随意指派这些奴隶上船划桨，让他们从一艘帆桨战船转到另一艘帆桨战船。[534]俘虏的赎买同样令人失望。[535]根据我们掌握的材料，赎买只涉及富人和特权阶级。赎金的数目不取决于人的市价，而要看主人对俘虏的财产作何估计。至于那些在船上吃住和领取报酬的志愿划桨手，海军指挥官吉龙[536]的一句话足以说明问题。服刑期满仍被留在船上的苦役犯也是所谓“志愿划桨手”（或不完全自愿的）。他还说，每月发给他们 1 杜卡托，但在意大利，却发给他们 2 杜卡托。他接着解释说，出这样高的价，在西班牙很容易找到志愿划桨手。至于士兵，既然他们于 1487 年已领取 3 杜卡托的月饷，[537]他们的报酬只会比这更高，而且还有其他津贴。总之，我最后认为，志愿划桨手、奴隶，当然还有士兵和仆人（以拉古萨为例[538]），他们的境遇并不始终处在贫困线以下。这条基本界线不能按以下方式划分：一边是由社会负担的，肯定有碗饭吃的人，另一边是其他的人。贫困线甚至还位于这些苦难深重的人之下，并且很少移动，除非更往下降。

暂时的分界

不管这些已经进行的或者将要进行的估测和计算得出什么结果，从以往的价值尺度来衡量，如果我们把有劳动力的人分为下列三种，基本上不会出错：年收入在 20 杜卡托以下的为赤贫，年收入在20—40杜卡托的为“小老百姓”，年收入在 40—150 杜卡托的为“小康之家”。这个等级范围,既没有考虑不同地区之间的价格差异,也没有考虑到不同年代的价格变迁,这种变迁在通货膨胀时期尤其重大。因此,只是一个很粗略的分界。[539]

因此,只要得知帕多瓦大学一个教授的年薪为 600 弗罗林,我们据此立刻就能断定他在富人一边,甚至不必考虑他是不是民法学的讲座教授科拉多德尔·布西奥那样的人物,也不必考虑 1506 年夏季工资的一般水平。[540]我们每次最好把文献资料提到的许多种工资进行简单的分类。例如,威尼斯的铸币厂最低的工资幅度从担任警戒的勤杂人员(年工资少得可怜,1554 年仅 20 杜卡托)[541]起,往上到负责分开金、银的职员(1557 年工资为 60 杜卡托[542]),直到会计(工资为 180 杜卡托[543])一级,报酬才不算太低(1590 年物价上涨以后才是这样[544])。又如在兵工厂,1534 年[545]工人的工资水平还相当低。从 3 月 1 日到 8 月 31 日,每人每天工资 24 索尔迪,从 9 月 1 日到第二年二月最后一天,每人每天工资 20 索尔迪。同年,像捻缝工这样的熟练工人夏季每天工资为 40 索尔迪;冬季每天工资为 30 索尔迪。可见,威尼斯的两个工业中心——兵工厂和铸币厂[546]——依靠报酬相当低的劳动力。甚至由十人委员会雇佣的书记员平均每年只有 100 杜卡托。[547]形成对比的是:为威尼斯市政会议服务的“工程师”吉安-吉罗拉莫·圣米歇尔 1556 年 3 月要求市政会议把他的工资从每月 20 杜卡托增加到 25 杜卡托。在我们看来,他是令人羡慕的。他的月工资等于一个工人的年工资。[548]

总而言之,大批穷人和贫苦的人组成了庞大的无产阶级。历史

学家根据可以得到的不完全的证据，逐渐认识到这个阶级的存在。随着时间的流逝，无产阶级对16世纪全部活动的影响日益扩大。它将使抢劫绵延不绝，这是一场真正的、长期的、无益的社会革命。普遍的贫困使冲突、差别得到解决。它将无情地把穷人和一无所有的人推向生活的最底层。在西班牙，财富长期掌握在古老的家族手中，人口日益减少。这在17世纪造成一个奇怪的社会类别，一个和罗马帝国平民阶层相似的无产阶级。真正的穷人，因流浪汉小说而闻名的城市歹徒、拦路抢劫犯、真假乞丐，所有这些无赖恶棍都脱离了劳动，或不如说，是就业和招工首先与他们相决裂。正如沙俄时代莫斯科的穷人一样，他们游手好闲、生活贫困。如果在寺院门口没有粥汤施舍，这些乞食者能够生活下去吗？还有一些衣衫褴褛、在街道的角落上玩纸牌和骰子的人，他们也为富裕家庭提供大批仆役。例如年轻的奥利瓦雷斯伯爵，当他在萨拉曼卡读书时，就有一名管家和21个仆人侍候，还有1头骡子把他的书从住所驮到大学。[549]

西班牙的情形是这样，宗教战争时期的法国，西克斯图斯五世时期的意大利和16世纪末期的土耳其，情形也是这样：穷人越来越多，这就足以表明经济形势即将发生急剧的变化；而从地中海的一端到另一端，这一变化对穷人将没有任何好处。

贫困并不完全以吃饱肚皮为标准

以上这些计算和估测都有待修正，而且可以得到很大的改进。但是，对有关食物的调查，[550]我们不要抱太多幻想。在我们对低生活水平的调查中,文献资料提供的证据似乎存有争议。的确,如果相信这些文献资料,一切都很完美。在斯皮诺拉人的餐桌上,饭菜的丰盛和多样化并不令人吃惊。在穷人的饭菜中,很大一部分是便宜的面包和饼干,这也是再自然不过的了。甚至还有干酪、肉和鱼。在整个欧洲,无疑也在地中海地区,肉类消费的逐渐下降已经开始,但并不很快。对这些回顾性的调查,我们感到吃惊的究竟是什么呢?按照饭菜的热量计算,士兵、水手、苦役犯、收容所的穷人每天的伙食竟达 4000 卡路里。

从官方提供的材料来看,饭菜毫无例外总是好的。如果信以为真,当时的世界该是极其完美的了。在张贴出来的或转交给主管当局的菜单上,一切都无可挑剔。然而,我们不免对此产生怀疑,何况关于帆桨战船的食物分配还曾有过争论。可数字却摆在那里,还有任职多年的那不勒斯的帆桨战船的食品督办对审计院调查员所作的直言不讳的汇报。[551]甚至在土耳其的帆桨战船上,一日三餐都分发大量饼干。[552]我们不能不承认这样一个基本事实,这一事实已为大量文献资料所揭示和证实。这也许只是意味着划桨手或者士兵是相当宝贵的奴仆,维持他们的生活正是为了保护他们的健康。因此,我们不必有任何提示,就可以断然肯定:他们仍是幸运者。凡能得到后勤部门供应汤、咸牛肉、面包、酒和醋的人都不会饿死……迭戈·苏亚雷斯年轻时曾在埃斯科利亚尔大寺院的工地上劳动。他觉得那里的大锅饭不错。真正的穷人是那些得不到慈善机构或军队后勤部门供应的人。这种穷人人数极多。他们在 16 世纪处于贫困的最底层,那里时时可以见到暴力的景象。根据一则传闻,1597 年 5 月 27 日,“圣灵教堂的堂主和教士向穷人发放面包,

Lisboa

A su Mg.

1563

De don Alonso de Tovar a XXV. de Mayo. 1563.

recibida a. 29. del mismo/.

Nº 77

E 381

菲利普二世派驻里斯本的大使寄出的一封信，
信件最后一页的背面附有寄信和收信的日期。
参阅第二部分第一章注 50。

1200多名穷人蜂拥而来,你争我夺,6至7人因此丧命,其中有男女儿童和一名妇女,有的被挤倒在地,有的被闷死”。[553]

我们的计算是否经得起检验?

如果我们把各种收入加在一起(尽管这些收入不尽可靠,还有部分重复),地中海地区的总产值可能达12至15亿金币,平均每人为20至25杜卡托。这些数字很不可靠,肯定过高。平均水平不太可能达到这个高度。问题在于我们不该把一切都按货币估算,但又不可能用其他方法估算。如果一切经济活动全都通过市场,这可能就是平均水平。然而,情况并不是这样。尽管如此,这些测算数字既不是荒谬的,更不是没有用处的。我们确定了一个必要的框架,以展示各大类收入的比例关系。以上说过不谈:在可靠的数字出现以前,我们暂且把这种令人失望的计算方法搁在一边。过了10年以后,如果我们重新找到成功的探索道路,那么这一章将要全部重写。

原书本部分注释

1. Gabriel AUDISIO, *Sel de la mer*, p. 177 et *sq.*

2. Jean WEILLER a signalé son point de vue dans “Les préférences nationales de structure et le déséquilibre structurel”, in: *Revue d'Économie politique*, 1949. Il y est revenu à plusieurs reprises, notamment dans *Problèmes d'Économie internationale*, t. II, 1950 et *L'économie internationale depuis 1950*, 1965. Bon résumé dans l'ourage collectif *Sens et usage du terme structure dans les sciences humaines et sociales*, 1962, Mouton, p. 148 et *sq.*

第一章注释

1. Le problème de l'incroyance au XVIe siècle. La religion de Rabelais,

1re édit. ,1942, 2e édit. , 1947, p. 361 et *sq*.

2. 28 mai 1568, *CODOIN*. ,XXVII, p. 6.

3. 19 juillet 1558, *Lettres de Jean Calvin*, p. p. Bonnet, 1854, p. 207.

4. Antonio de GUEVARA, *Epistres dorées, morales et familières traduites d'espagnol en français par le seigneur de Guterry*, 1558, pp. 79, 40, 63. En espagnol, in: *Biblioteca de antores españoles* (*B. A. E.*), 1850, t. XIII, pp. 86, 96, 103.

5. A. N. ,K 1337, B 38, n° 15, copie.

6. A Philippe II, Poissy, 21 déc. 1561, A. N. ,K 1495, B 13; n° 105, orig.

7. Rome, 30 janv. 1570, B. W. ,Paris, Fr 17,989, f°142.

8. 5 janv. 1567, *Dépêches de Fourquevaux*, III, p. 31.

9. C'est-à-dire les Génois.

10. Longlée à Villeroi, Barbastro, 8 déc. 1585, éd. Albert Mousset, *op. cit.* ,p. 211.

11. Le même au même, Madrid, 1er février 1584, *ibid.* ,p. 17.

12. Villeroi à J. B. de Tassis, Paris, 31 janv. 1584, orig. A. N. , K 1563.

13. A. d. S. Venise, Senato Dispaci Spagna, P° Priuli au doge, Madrid, 19 novembre 1612.

14. Belon du Mans, *Les observations*..., p. 78.

15. Eugène HALPHEN, *Lettres inédites du roi Henri IV à M. de Villiers*, 1887, p. 25.

16. Ou cette lettre de Fr. Jorge de Santiago au roi, adressée de Bologre, 28 mai 1548. "*Porque pola via de Frandes que sera mais em breve por ser posta, escrevemos carta comun a Vossa Alteza*...", *Corpo dipl. port.* ,VI, p. 254. Ou bien que dire de ces quelques lignes de J. Nicot au roi de France, Lisbonne, 28 mai 1561: "Ils sont venues nouvelles par voie d'Alexandrie en Flandre et de la icy qui il y a grande émotion et mutineries aux Indes...", E. Falgairollè, *Jean Wicot, ambassadeur de France au Portugal au XVIe siècle, Sa Correspondance inèdite*, 1887, p. 148.

17. B. de Mendoza à Philippe II, Paris, 28 nov. 1587, A. W. ,K 1566, note aut. de Philippe II.

18. Des délais de route, déduire la vitesse journalière ne va pas sans difficulté, car nous ne connaissons que rarement les parcours exacts. J'ai

tourné cet obstacle, en calculant les vitesses d'après les distances directes, en mer, à vol d'oiseau ou, sur tenre, selon les étapes actuelles. Ce qui a l'inconvénient évident de diminuer les distances réelles.

19. Sauf ces étonnantes courses de relais sur les 400 et quelques kilomètres de Rome à Venise, 3 au total de 1496 à 1530, que signale Pierre Sardella, d'un jour et demi, soit à une vitesse horaire de 10 à 15 km. En moyenne, la distance était franchie en quatre jours. Voir les tableaux de Pierre Sardella et le tableau que nous lui empruntons, *infra*, p. 333.

20. Voir *infra*, IIIe partie, chap. IV. Nobili au prince, Barcelone, 25 juin 1572, A. d. S. Florence, Mediceo, 4903.

21. G. del Caccia au prince, Madrid, 30 juin 1572, A. d. S. Florence, Mediceo, 4903.

22. Leonardo Donà au Sénat, Madrid, 21 déc. 1570, in: *La corrispondanza da Madrid dell'ambasciatore Leonardo Donà*, 1570—1573, p. p. Mario Brunetti et Eligio Vitale, 1963, I, p. 167.

23. L. Fernandez de RETAÑA, *Cisneros y su siglo*, 1929—1930, I, p. 550. Même vitesse, deux jours, d'Oran à Valence, réalisée par les galées de Venise, en octobre 1485, A. d. S. Mantoue. Genova 757, 3 novembre 1485.

24. *Op. cit.*, p. 93 v°. Renseignements divers: A. Thomazi, *Histoire de la navigation*, 1941, p. 26; Victor BÉRARD, *Pénélope*..., *op. cit.*, p. 181; G. de Toledo au roi, Sobre Denia, 16 juillet 1567, Sim. E° 149, f° 22; "... por tener por mucho mas breve el camino de la mar que el de la tierra". Mais cette conviction entraîne une erreur de D. Garcia qui, partant de Sicile pour l'Espagne, pense qu'il est inutile de prévenir le roi par terre: or, parti le 27 juin, il est seulement le 16 juillet devant Denia. Sun la cherté de la route de terre, exemple grossissant de *l'actualité*: le transport par eau d'Amérique à Gênes coûte moins cher que le plus court trajet par terre de la même marchandise de Gênes à l'intérieur de la Péninsule.

25. E. HERING, *Die Fugger*, 1940, p. 66. Sur les services de Thurn et Tassis, voir carte n° 102, *Zur Geschichte der deutschen Post*. (1506—1521) de l'Atlas de PUTZGER.

26. Saint-Gouard à Charles IX, Madrid, 14 sept. 1572, B. N., Paris, Fr. 16105. Paris-Barcelone: 1001 km; Paris-Madrid, 1060.

27. Fourquevaux au Roi, Madrid, 19 déc. 1570, *Dépêches*..., II, p. 307.

28. Et non le 8 nov. , comme l'écrit R. MERRIMAN, *The Rise of the Spanish Empire*, New York, 1918, IV, p. 145; C. DOUAIS, *Dépêches de Fourquevaux*, II, p. 97; Nobili au Prince, 16 nov. 1571, A. d. S. Florence, Mediceo, 490

29. G. de Silva au voi, Venise, 4 avril 1573, Sim. E° 1332.

30. 7 avril 1573, *CODOIN.*, CII, pp. 72—81; 8 avril 1573, Sim. E° 1332; 17 avril 1537, Palmerini B. Com. Palerme, Qq D 84; 23 avril, A. Vat. Spagna 7, f° 198—199; Candie, 25 avril, Capi del C° dei X Lettere B^a 285, f° 165; Philippe II à G. de Silva, Madrid, 25 avril 1573, Sim. E° 1332; 22 mai, nouvelle de la paix publiée à Constantinople, G. MECATTI, *Storia cronologica della Città di Firenze*, Naples, 1755, II, p. 753.

31. *Voyage faict par moy Pierre Lescalopier*, f° 41 et 64 V°.

32. Londres, P. R. O. , 30/25 f° 65, Francesco Contarini au Doge, Douvres, 26 janvier 1610. Copie.

33. Londres, P. R. O. , 30/25 f° 46: Voyage de Francesco Contarini à Constantinople.

34. Tommaso ALBERTI, *Viaggio a Costantinopoli*, p. p. Alberto BACCHI DELLA LEGA, Bologne, 1889, p. 13.

35. BELON DU MANS, *op. cit.*, p. 93 v°.

36. *Ibid.*, p. 85.

37. A. de Raguse, Diversa di Cancellaria 146, f° 46 v°, 8 janvier 1561.

38. 25 janv. —3 févr. —10 avril—27 avril 1564, Simancas E° 1393.

39. 16—22 avril 1562, Simancas E° 1052, f° 26.

40. A. d. S. , Florence, Mediceo 2079, f° 212, 271, 274, 296, 297, 302, 304, 308, 311, 320, 323, 333, 405, 408. Un mémoire espagnol de déc. 1595 (B. N. , Madrid, Ms. 10454, f° 34), affirme cependant que l'on passe de Sicile en Afrique en quelques heures; les galères de J. A. Doria iront en une journée (voir *infra*, II, p. 421) de La Favignana à La Goulette. Mais ce sont là exploits de galères.

41. N. de NICOLAY, *Navigations, pérégrinations et voyages...*, Anvers, 1576, p. 12.

42. A. d. S. , Florence, Mediceo 2079, f°s 305, 306, 345.

43. Cadix, 2 juin 1561, Simancas E°140.

44. 2 juin 1561, Simancas E° 140. Soit 80 km par jour.

45. Dr. SOTTAS, *op. cit.*, p. 183.

46. Voir *supra*, p. 243.

47. C'est-à-dire les relevés portuaires des arrivées de bateaux et de marchandises.

48. A. d. S. , Florence, Mediceo 2080.

49. *Nouvelles et spéculations* à *Venise*, 1948.

50. Voir p. 419, à la fin du chapitre, la reproduction d'une *carpeta*.

51. Les calculs qui précèdent d'après les correspondances d'Espagnols établis à Venise, entre 1589 et 1597, conservées (hier) aux Archives Nationales, K 1674, 1675, 1676 et à Simancas E° 1345. J'ai fait un ou deux emprunts aux Lettere Commerciali, 12 *ter* A. d. S. , Venise. A noter que la distance Raguse-Constantinople, en hiver, est de l'ordre d'un mois. La moyenne que suggère tel calcul contemporain (A. d. S. , Venise, Papadopoli, Codice 12, f° 26 v°, vers 1587) est trop optimiste: en été le voyage de Constantinople à Cattaro se ferait en 16 ou 17 jours... "*Da Cataro poi a Venetia con le fregate ordinarie secondo i tempi ma ut plurimum in otto griorni*". Soit, au total, de 24 à 25 jours. Sur le trajet Venise-Madrid, voici quelques chiffres pris à la correspondance de deux ambassadeurs vénitiens à Madrid, P° Priuli et P° Gritti: 19 novembre 1612, il y a soixante jours que P° Priuli est sans nouvelles; délais des lettres reçues à Madrid les 5 et 9 décembre 1612, 18 jours et 27 jours toutes deux envoyées de Venise par courrier exprès—les délais, en 1616 et 1617, de quelques lettres reçues par Gritti: 33, 45, 21, 27, 26, 20, 20 jours... A. d. S. Venise, Senato Dispacci.

52. Voir *supra*, p. 332 et note 10.

53. A. d. S. , Modène, Cancellaria Ducale d'Este, Venezia 77. VI/10. J. Tebaldi au duc de Ferrare, Venise, 19 janvier 1522.

54. K. O. MÜLLER, *Welthandelsbräuche* 1480—1545, 2e tirage, 1962, p. 29.

55. Exception confirmant la règle, les Génois envoient des courriers spéciaux de Madrid à Anvers ayant intérêt sur cette dernière place à rencontrer la "largesse", V. VAZQUEZ DE PRADA, *op. cit.*, I, p. 36.

56. Simancas, *Consejo y Juntas de Hacienda*, 28. Dans une liste de frais de Chantonnay, à la date du 14 juillet 1560.

57. Francés de Alava au roi, 6 mars 1567, A. N. , K 1507, n° 70, cité par H. FORNERON, *Histoire de Philippe II*, 1881, t. II, p. 219, note 1. Ce courrier serait dépêché par les rebelles des Pays-Bas à Montigny alors en

Espagne. Voir V. VAZQUEZ DE PRADA, *Lettres marchandes d'Anvers*, 1960, I, p. 40.

58. Henri LAPEYRE, "El Archivo de Simon y Cosme Ruiz", *in Moneda y Credito*, juin 1948.

59. British Museum, Add 14009, f° 38, Consulta de Consejo de Italia, Madrid, 2 octobre 1623.

60. V. VAZQUEZ DE PRADA, *Lettres marchandes d'Anvers*, *I*, p. 241—242.

61. Les calculs et la cartographie ont été faits par Frank Spooner sur mes indications. Une cartographie de l'espace est possible, au XVIe siècle et faite, à partir de Lyon, par R. GASCON, *op. cit.*, notamment p. 308.

62. *Mémoires du Duc de Sully* (nouvelle édition), 1822, I, p. 68.

63. R. GASCON, *op. cit.* (dactylogramme), p. 318.

64. A. d. S. Venise, le baile au doge, Constantinople, 8 août 1605.

65. R. GASCON, *ibid.*, p. 308, donne pour le XVIe siècle les vitesses suivantes (moyennes): pour les marchandises de 17 à 44 km par jour (44, sur la route de Lyon aux Pays-Bas par Amiens; 17, sur celle de Burgos par le Massif Central); sur la Saône à la remontée, de 14 à 25, à la descente du Rhône, jusqu'à 90. De Roanne à Tours, roulage accéléré, 65. Pour les voyageurs à cheval, 40; 90, par la poste. Les courriers rapides pour l'Italie de 170 à 200.

66. Yves RENOUARD, "Comment les Papes d'Avignon expédiaient leur courrier", in: *Revue Historique*, 1937. Voir notamment le tableau de la page 59 (tirage à part), ces vitesses, dit l'auteur, "sont à notre connaissance les plus rapides de l'époque". Voir aussi leur prix élevé, *ibid.*, p. 29. Considérations analogues à celles que développe notre paragraphe: Armando SAPORI, *Studi di storia economica*, 3e éd., 1995, pp. 635—636.

67. Frederic C. LANE, *Andrea Barbarigo, merchant of Venice* (1418—1449), 1944, p. 199 et *sq.*

68. Ferdinand FRIED, *Le tournant de l'économie mondiale*, 1942, pp. 67—68.

69. *Ibid.*, pp. 66—67.

70. *Tour du monde d'un sceptique*, 1932, p. 37.

71. G. BOTERO, *op. cit.*, II, p. 8 et *sq.*

72. A. d. S. Venise, *Annali di Venezia*, f° 185, 26 septembre 1578.

73. Mémoire de l'évêque de Limoges au cardinal de Lorraine, 27 juillet 1560, *in*: Le. PARIS, *Négociations... relatives au régne de François II*, I, p. 49.

74. *Ibid.*, p. 562, l'évêque de Limoges au cardinal de Lorraine, 26 septembre 1560.

75. Martin PHILIPPSON, *Ein Ministerium unter Philipp II. Kardinal Granvella am spanischen Hofe* (1579—1586), 1895, p. 76.

76. Memorie politiche dal 1576 al 1586, Marciana, 7299, 18 mars 1584 "*Che il Re di Spagna haveva molti ministri che desiderano novità come il Cardinale Granvella et don Joan di* (Idiaquez...)".

77. A. d. S. Venise, Fonds Papadopoli, Codice 12, f° 26 v° (1587), c'est la moyenne des lettres du baile vénitien, d'après un statisticien de l'époque, d'Istanbul à Cattaro.

78. Londres, P. R. O., 30/25, 21, Venise, 14 déc. 1686.

79. Florence, Laurentiana, Ashb. 1484. "La retentione delle galee grosse della Illustrissima Signoria di Venetia...".

80. Précision et référence à Pegolotti dans W. HEYD, *Histoire du commerce du Levant*, II, p. 120, note 3.

81. 3 juillet 1561, B. N., Paris, Fr. 16103, f° 3 v°: "*la tardità con la quale caminano qua tutti i negotii*", G. de Nobili an duc, Madrid, 20 mars 1566, A. d. S. Florence, Mediceo 4898, f° 41.

82. B. de Mendoza à J. de Idiaquez, Paris, 16 juillet 1587, A. N., K1448.

83. *Lettere edite e inedite di Filippo Sassetti*, p. p. Ettore MARCUCCI, Florence, 1855, p. 279.

84. Sur cet incident, nombreux documents à Simancas: 2 juin 1576, K 1541; 3 oct. 1576, K 1542 n° 4 A; 3 oct., *ibid.*, n° 3; 4 oct. *ibid*, n° 4; 8 oct. 1576, *ibid.*, n° 11; 12 oct. 1576, *ibid.*, n° 15; 13 oct., *ibid.*, n° 16; 14 oct., *ibid.*, n° 17; 15 oct., *ibid.*, n° 19; 17 oct., n°20; 18 oct., n° 21; 18 oct., n° 22; 21 oct., K 1542; 23 oct., n° 30; 25 oct., 30 oct., n° 35; 18 nov., 19 déc. 1576 (n° 64); Henri (de Navarre) à Philippe II, Agen, 3 avril 1577, 29 avril 1577, K 1543, n° 38 A; Philippe II à M. de Vendôme, 8 avril 1577, K 1542, n° 62; 2 juillet, n° 52; 12 juillet, n° 45, 2 août, K 1542; 4 août 1577, n° 59, 12 août, n° 61; 17 août, n° 62; 19 août, n° 69.

85. K. O. MÜLLER, *op. cit.*, p. 39. Les délais sont comptés à partir

de l'arrivée des lettres.

86. J. G. DA SILVA, *Stragégie des affaires à Lisbonne entre* 1595 *et 1607*, 1956, p. 92, planche V.

87. Federigo MELIS, *Aspetti della vita economica*, 1962, p. 455 et *sq.*, étudie le probième à la fin du XVIe siècle. Il n'a guère changé au XIVe siècle.

88. Voir *Supra*, pp. 179—180.

89. K. O. MÜLLER, *op. cit.*, p. 49.

90. A. de Raguse, Diversa di Cancellaria 131, f°s 1 à 6.

91. B. Suarez à Simôn Ruiz, Florence, 30 mars 1590, Archivo Ruiz, Archivo historico provincial, Valladolid.

92. Arringhe varie, Museo Correr 1999 (s. d.).

93. F. C. LANE, *op. cit.*, pp. 101—113.

94. Voir *supra*, p. 208, n. 4.

95. Hermann Van der VEE, *op. cit.*, II, p. 319 et *sq.*

96. Museo Correr, Cicogna, 1933, f° 162 et 162 v°, 30 juillet 1602.

97. A. d. S. Venise, Dispacci Spagna, F. Morosini au doge, Madrid, 22 septembre 1614.

98. *Diario de Gregorio Martin de Guijo*, 1648—1664, p. p. M. R. de TERREROS, 1953 2 vol., t. II, p. 76. En ce qui concerne les longs voyages vers les "Indes orientales", François PYRARD écrit au début du XVIIe siècle: "... il arriva à Goa quatre grandes caraques... ; et estoient partis de Lisbonne jusqu'au nombre de cinq, mais ils ne sçavoient qu'estoit devenu l'autre... En chaque caraque s'estoit embarqué jusqu'à mille personnes, et lors qu'ils arrivèrent à Goa, il n'y en avoit pas trois cens en chacune, encore la moytié estoient malades"; *Voyage de François Pyrard, de Laval, contenant sa navigation aux Indes orientales*…, 1619, II, p. 385 (*sic* pour 285), cité, d'après une autre édition et en des termes quelque peu différents, par Stefan STASIAK, *Les Indes portugaises à la fin du XVIe siécle d'aprés la Relation du voyage fait* à *Goa en* 1546 *par Christophe Pawlowski*, *gentilhomme polonais*, LWOW 1926, p. 33, note 122. Voir aussi les *Lusiades*, V. 81—82.

99. A. d. S. Mantoue, A° Gonzaga, Série E, Venezia 1431, Giovanni de Strigi au marquis de Mantoue, Venise, 17 mars 1464.

100. Huguette et Pierre CHAUNU, *Séville et l'Atlantique*, III, p. 36.

101. Geronimo de Valladolid à Simon Ruiz, Séville, 15 février 1563, A.

P. Valladolid.

102. Simancas, Consejo y Junta de Hacienda, 46, Prieur et Consuls de Séville à S. M., Séville, 2 juillet 1562.

103. Ainsi déjà pour les foires de Champagne, puis pour beaucoup d'autres, cf. Robert Henri BAUTIER, "Les foires de Champagne", in: *Recueils de la Société Jean Bodin*, V, *La foire*, 1953, pp. 97—145.

104. Cette foire de la Sensa dont parle M. SANUDO, *op. cit.*, I, colonne 959 (mai 1498), que signalent les correspondances mantouanes, provoque l'arrivée de marchands étrangers. A. d. S. Mantoue, Venezia 1431, de Strigi au marquis, Venise, 10 mai 1461. Les historiens de Venise la sous-estiment peut-être.

105. Museo Correr Donà delle Rose 181 f° 62, rapport du "*zornalier del giro di banco*" (de Rialto) Giovan Battista Pereti(?), juillet 1604: "*et il piú delle volte non vi è un quatrino de contati...*", j'ai traduit très librement *quatrino* par *liard*.

106. Corrado MARCIANI, *Lettres de change aux foires de Lanciano*, 1962.

107. Armando SAPORI, *Studi di storia economica medievale*, 1946, p. 443 et *sq.* sur "La fiera di Salerno del 1478".

108. Giuseppe MIRA, "L'organizzasione fieristica nel quadro dell' economia della Bassa Lombarda alla fine del Medio Evo e nell' eta moderna", in: *Archivio storico lombardo*, 1958.

109. Giulio MANDICH, "Istituzione delle fiere veronesi (1631—1635) e riorganizzazione delle fiere bolzanine", *in* :*Cultura Atesina*, 1947.

110. Robert BRUNSCHVIG, "Coup d'oeil sur l'histoire des foires à travers l'Islam", in: *Recueils de la Société Jean Bodin*, V, *La foire*, 1953, p. 58 et 59.

111. J. CVIJIC, *op. cit.*, pp. 196—197 et MEHLAN, "Die grossen Balkanmessen in der Türkezeit", in: *Vierteljahrschrift für Sozialgeschichte*, 1938.

112. Voir *infra*, p. 349, note 8.

113. Virginia RAU, *Subsidios para o estudo das feiras medievais portuguesas*, 1943.

114. Corrado MARCIANI, *op. cit.*, p. 4.

115. Voyage de Francesco Contarini, mai 1581, P. R. O., 30, 25, 157,

f° 66 v°.

116. A. d. S. , Naples Sommaria Partium 566, f° 216 v° et 217, 2 sept. 1567.

117. A. d. S. , Naples Sommaria Partium, 528, f° 204.

118. Sortes de petits rubans.

119. Corrado MARCIANI, *op. cit.* , p. I et 9—10.

120. R. GASCON, *op. cit.* , p. 284, A. Communales Lyon, BB 101, f° 58.

121. Jacob van KLAVEREN, *op. cit.* , p. 198, et REGLA:in: *Historia Social de España*, de J. Vicens VIVES, III, p. 351.

122. Noël SALOMON, *La campagne en Nouvelle Castille à la fin du XVIe siècle, d'après les "Relaciones Topográficas"*, 1964, pp. 119—120.

123. J. Caro BAROJA, *Los Moriscos del Reino de Granada*, 1957, p. 95, note. 189, description de l'Alcayceria, de ses soies et de ses tissus, d'après Bermúdez de Pedraça.

124. M. LE LANNOU, *op. cit.* , p. 56.

125. M. LE LANNOU, *op. cit.* , p. 13, d'après Alberto della MARMORA, *Voyage en Sardaigne ou description physique et politique de cette île*, 2e édition, 3 volumes, Paris et Turin, 1839—1860.

126. Miguel BATTLORI, "Ensenyamment i finances a la Sardenya cincentista", in: *Hispanic Studies in Honour of I. González Llubera*, Oxford, 1959, tirage à part, p. 4 et 5.

127. J. ALBITRECCIA, in:P. LECA, *Guide...*, p. 16.

128. A. MARDELLI, *Intorno al cosidetto...*, pp. 415—416; déc. 1573.

129. A. P. FILIPPINI, *Istoria di Corsica*, 1re éd. , Turnon, 1594, 1 vol, 2e éd. , Pise, 1827—1831, 5 vol. , Livre XII, vol. 5, p. 382, cité par F. BORLANDI, *op. cit*, p. 70, note 9.

130. Hans HOCHHOLZER, "Kulturgeographie Siziliens", in: *Geogr. Zeitschrift*, 1935, p. 290.

131. E. ALBERI, *op. cit.* , II, V, p. 477, 1574.

132. Ignacio de ASSO, *op. cit.* , p. 53 à 58.

133. Sur elles, le livre général de J. ORTEGA RUBIO, *Relaciones topográficas de Espana*, 1918, et surtout les publications relatives à la province de Guadalajara (J. C. GARCIA et M. VILLAMIL, 1903—1915) et au diocèse de Cuenca (P. J. ZARCOS CUEVA, 1927). Y ajouter les importantes

publications de Carmelo VINAS Y MEY et Ramon PAZ, *Relaciones de los pueblos de Espana ordenadas por Felip II*, I, Madrid, 1950; II, Toledo, 1951;III,Toledo ,1963. Sur l'ensemble,le livre déjà cité de Noël SALOMON, cf. *supra*, p. 349, n. 8.

134. Jesus GARCIA FERNANDEZ, *Aspectos del paisaje agrario de Castilla la Vieja*, 1963, p. 4 et *sq.*

135. E. ALBERI, *op. cit.*, I, III, p. 267.

136. Tommaso ALBERTI, *Viaggio a Costantinopoli*, 1609—1621, Bologne, 1889, p. 6.

137. A propos des pays bulgares, I. SAKAZOV, *op. cit.*, p. 212.

138. *Op. cit.*, I, p. 201. Presque un siècle plus tard Tavernier note, à Belgrade, la même abondance: deux écus par jour pour 14 personnes (la vie aurait-elle cependant monté, le pain, le vin, la viande tout est excellent "et ne coûte presque rien dans cette ville "), *Histoire générale des Voyages de John Green*, traduction et continuation de l'Abbé PREVOST, X, p. 118.

139. Fabio Canal au Conseil des Dix, Spalato, 21 janv. 1582, A. d. S. Venise, Lettere ai Capi del Consiglio dei Dieci, Spalato, Busta 281, f° 67.

140. Voir *supra*, p. 179, note 5.

141. Léopold CHATENAY, *Vie de Jacques Esprinchard Rochelais et Journal de ses voyages au XVIe siècle*, 1957, p. 148: les voyageurs doivent apporter dans les "hostelleries de Poulongne... leurs lits... voire mesme la viande, le breuvage et la chandelle".

142. G. Antonio Venier au doge, Rouen, 22 février 1532. B. N., Paris, Ital., 1714, f° 189, copie; voir également M. SANUDO, *op. cit.*, LVI, col. 244—245, 15 avril 1532.

143. John BUCHAN, *Oliver Cromwell*, Londres, 1934, p. 22.

144. P. BOISSONNADE, " Le mouvement commercial entre la France et les Iles Britanniques au XVIe siècle", in: *Revue Historique*, mai-sept. 1920.

145. Voir *supra*, p. 138.

146. *Col. de doc. ined. del Archivo General de la Corona de Aragon*, t. XXXIX, p. 281; Ignacio de Asso, *op. cit.*, p. 384; Aloys SCHULTE, *op. cit.*, I, p. 308 et *sq.*

147. Ignacio de Asso, *op. cit.*, pp. 57—58.

148. *Ibid.*, p. 263.

149. Fabrication de draps à Jaca même au XVIe siècle, I. de Asso, *op. cit.*, p. 208.

150. F. BELDA Y PEREZ DE NUEROS, *Felipe II*, *op. cit.*, p. 30 et *sq*.

151. Laszlo MAKKAI, "Die Entstehung des gesellschaftlichen Basis des Absolutismus in den Ländern der österreichischen Habsburger", in: *Etudes historiques*, p. p. la Commission Nationale des Historiens hongrois, 1960, tome I, pp. 627—668.

152. Giuseppe PARENTI, *Prime ricerche sulla rivoluzione dei prezzi in Firenze*, 1939, notamment p. 76: la zone normale de ravitaillement florentin pas supérieure à 30 *miglia*. Parfois moins, p. 94...

153. A. d. S. Florence, Misc. Medicea 51.

154. B. BENNASSAR, *op. cit.*, et notamment 2e partie, chapitre II, *Les moyens de l'économie* (dactylogramme).

155. Et ceci dès 1444, A. d. S. Venise, Notatorio di Collegio, 8, f° 1, 10 juillet 1444: des barques "barchiele", "*veniunt Venetias cum caseo, ovis de Casali Maiori, Bessillo et aliis locis Lombardie...*".

156. Museo Correr, Donà delle Rose, 451.

157. Alberto TENENTI, *Cristoforo da Canal*, 1962, p. 176.

158. J. A. VAN HOUTTE, "Bruges et Anvers, marchés *nationaux* ou *internationaux* du XIVe siècle?" in: *Revue du Nord*, 1952.

159. L'un des textes classiques de l'histoire vénitienne, souvent reproduits, ainsi *Bilanci Generali*, 1912, vol. I, tome I, p. 577 et *sq*.

160. Corrado Barbagallo, *Storia Universale*, III, 1935, p. 1107.

161. A. d. S. Mantoue. A° Gonzaga. B 1431, Johannes de Strigys au marquis, Venise, 16 mai 1472 et lettres suivantes.

162. *Ibid.*, du même au même, 6 juin 1472.

163. A. S. V. Venise, Brera 51, Cronaca Veneta, f° 105 v°, 1er mars 1448. Le délabrement de La Tana, 22 mai 1453, A. d. S., Venise, Senato Mar, 4 f° 181. Encore un "Consul Tane", nommé le 28 mars 1460, *ibid.*, 6, f° 163; des considérations sur le commerce des femmes esclaves achetées à Caffa, 2 juillet 1474, A. d. S., Mantoue, A° Gonzaga, Série E. Levante e Corte Ottomana, 795.

164. A. Guidoni au duc de Modène, Venise, 12 septembre 1489, A. d. S., Modène, Venezia VII — 54. II — 8. Ces chiffres sont des on-dit. Pour les

galées d'Alexandrie et de Beyrouth une correspondance parle au retour de 2,000,000 de ducats "selon les Vénitiens" (*secondo loro*), Giovanni di Strigi au marquis de Mantoue, Venise, 28 février 1471. A. d. S., Mantoue, Série E, Venezia, B 1431.

165. M. SANUDO, *op. cit.*, I, col. 734.

166. *Ibid.*, I, 885—886. Sur le luxe des costumes masculins Senato Terra 15, f°s 86 v° et 87, 7 janvier 1506; contre les excès de table, *ibid.*, f° 42, 21 novembre 1504; contre le luxe des toilettes féminines, *ibid.*, f°s 190 et 191, 4 janvire1508, contre les festin, M. SANUDO, *op. cit.*, I, col. 822. Mais Sanudo énumère complaisamment les plats somptueux qu'il déguste dans les festins vénitiens.

167. A. d. S., Venise, Senato Mar, II, f° 126, 21 février 1446.

168. Voir *supra*, p. 275 et *sq.*

169. Jacobo di Capo au marquis de Ferrare, Gênes, 31 mai 1522, A. d. S., Mantoue, A° Gonzaga, Série E. Genova 758 et J. Tebaldi au duc de Modène, Venise, 8 juin 1522, A. d. S., Modène, Venezia 15—77, VI, 67.

170. Jean d'AUTON, *Chronique*, I, p. 55, 1499 "et n'y avoit ne Guelfe ne Gibelin qui pour l'heure ne fussent bons François..." Milan vient d'être enlevé.

171. Federico CHABOD, "Stipendi nominali e busta paga effettiva dei funzionari dell'amministrazione milanese alla fine del Cinquecento", in: *Miscellanea in onore di Roberto Cessi*, Rome, 1958, pp. 187—363.

172. F. BRAUDEL, "Les Espagnols et l'Afrique du Nord de 1492 à 1577", in: *Revue Africaine*, 1928.

173. Voir les tableaux de la page 359: les voyages de Berbérie s'interrompent, en 1525; Jacques de MAS LATRIE, *Traités de paix et de commerce*, 1868, p. 273 (22 mai 1518); également, sur la détérioration du commerce avec la Berbérie, M. SANUDO, *op. cit.*, XXV, col. 338.

174. Voir *infra*, II, les graphiques de la page 31.

175. Museo Correr, Donà delle Rose, 26, f° 191 et 194 (1588). A titre de comparaison, 6 juillet 1671, Marciana VII, MCCXVIII, 18, la Zecca frappe plus d'un million de *ducats* en pièces.

176. Clemens BAUER, *op. cit.*, p. 151, note 47 de la page 48.

177. A. d. S., Naples, Sommaria Partium, 591, f° 225—235, 22 décembre 1569.

178. Archives des Bouches-du-Rhône IX B 171, f° 6 v°, Alger, 7 mai 1579.

179. 6,000,000 de ducats, en 1605; 9,000,000, en 1609 dans les coffres du *Deposito Grande* de la *Zecca.* A ce sujet, nombreuses références dans les liasses de Senato Zecca. F. BRAUDEL, *in* :*La civiltà veneziana del Rinascimento*, Fondazione Giorgio Cini, 1958, p. 101.

180. Voir *supra*, p. 267.

181. Peut-être à partir de 1575—1580 si j'interprète bien un texte sans précision, Museo Correr 161, f° 2, 14 décembre 1593: le jeu des changes et rechanges introduits sur la place de Venise, par des changeurs étrangers "*per il più fiorentini*".

182. E. MAGATTI, "Il mercato monetario veneziano alle fine del secolo XVI", in: *Archivio Veneto*, 1914, pp. 289—292.

183. Museo Correr, Donà delle Rose, 42, f° 27 v° (s. d., fin XVIe siècle).

184. *Ibid.*, 181, f° 61 et 65 v°, il s'agit d'un extrait du "sornal de ziri" somme totale: 2,979,090 ducats et 17 denari. Un autre journal, dit-on à l'enquêteur, présente le relevé des changes "che non girano", donc "secchi".

185. C'est ce qu'annonce le travail en cours de Maurice Carmona consacré à la Toscane au XVIIe siècle.

186. Voir le mot d'un marchand florentin, au XVe siècle, rapporté par A. MONTEIL, *Histoire des Français*, VII, pp. 424—425: "Les marchands français, vous n'êtes que des détaillants, des revendeurs".

187. Voir *supra*, p. 295 et note 1.

188. Ruggiero ROMANO, "Tra XVI e XVII secolo. Una crisi economica: 1619—1622", in: *Rivista Storica Italiana*, 1962, pp. 480—531, et "Encore la crise de 1619—1622", in: *Annales E. S. C.*, 1964, pp. 31—37.

189. Baltasar Suarez à Simon Ruiz, Florence, 15 janvier 1590 "*Cierto es gente que les parece todo el mundo es poco para barcarle*", Archivo Provincial, Valladolid.

190. Sur cette recherche "polaire", signalons les excellentes pages de Federigo MELIS, "Il commercio transatlantico di una compagnia fiorentina stabilitata a Siviglia a pochi annidalle imprese di Cortes e Pizarro", in: *V. Congreso de Historia de la Corona de Aragon*, 1954, spécialement p. 183 et *sq*. C'est à Florence centre du monde avec le premier XVIe siècle que pense

notre collègue ... Mais pourquoi pas Lyon? Annonçons aussi les travaux inédits de Felipe Ruiz Martin et de J. Gentil da Silva.

191. Voir *infra*, p. 454 et *sq*.

192. A. d. S. , Gênes, Materie politiche, privilegi, concessioni, trattatti diversi et negoziazioni 15—2734, n° 67. Trattato di commercio stipulato tra il Soltano Hacmet Han, Imperatore degli Ottomani e la Republica di Genova.

193. Tous les problèmes relatifs à la démographie de l'Empire ottoman ont été renouvelés par Ömer Lutfi Barkan et ses élèves. L'énorme effort pour dépouiller les documents relatifs aux recensements turcs du XVIe siècle approche de ses conclusions. Grâce à l'amabilité de notre collègue d'Istanbul, j'ai pu utiliser les résultats encore inédits que résume la carte du tome II, pp. 12—13. Pour le sens et les étapes de ces recherches, se reporter à Ömer Lütfi BARKAN, "La Méditerranée de F. Braudel ", in: *Annales E. S. C.* , 1954, "Quelques observations sur l'organisation économique et sociale des villes ottomanes des XVIe et XVIIe siècles", in: *Recueils de la Société Jean Bodin*, VII, *La Ville*, Ire partie, 1995, p. 289 et *sq*. A ces études il convient d'ajouter le résumé dactylographié des leçons du Professeur Barkan à l'Ecole des Hautes Etudes(1963).

194. Le meilleur exposé d'ensemble reste toujours, à ce sujet, l'article de Julius BELOCH, "Die Bevôlkerung Europas zur Zeit der Renaissance", in: *Zeitschrift für Socialwissenschaft*, III, 1900; pour l'Italie on le complétera par l'ouvrage posthume du grand historien allemand, *Bevölkerungsgeschichte Italiens*, t. I, 1937; t. II, 1939; t. III, 1961. Pour la France, le vieil ouvrage de LEVASSEUR n'a pas été remplacé, *La population française*, 1889—1892. Pour le Portugal, Lucio de AZEVEDO et les autres historiens portugais acceptent une population d'un million, cf. G. FREYRE, *Casa Grande*, 1946, p. 166; R. KONETZKE, *op. cit.* , p. 271. Sur l'Espagne, cas très litigieux, l'ouvrage de Konrad HAEBLER, *Die wirtschaftliche Blüte Spaniens*, 1888 (critiquable et que critique encore insuffisamment l'article de J. BELOCH), d'Albert GIRARD "Le chiffre de la population de l'Espagne dans les temps modernes", in: *Rev. d'Histoire moderne*, 1928, précis, bien informé, mais discutable dans ses conclusions; du même auteur, "La répartition de la population en Espagne, dans les temps modernes", in: *Revue d'hist. écon. et soc.* , 1929, pp. 347—362. Je ne crois pas à la valeur décisive du travail de Fuentes MARTIANEZ , *Despoblacion y re-*

poblacion de Espana (1482—1920), Madrid, 1929, le chiffre de la population de l'Espagne me semble surestimé à l'époque des Rois Catholiques. Pour la difficile question des *vecinos*, le coefficient 4,5 me semble comme à J. Beloch, juste ou du moins justifiable. Le chiffre de 8 millions pour la fin du XVIe siècle est celui auquel s'arrête Fuentes Martianez. Pour la seule Castille, on verra les chiffres classiques de Tomas Gonzalez, que j'ai reproduits en tableau. J'ai trouvé à Simancas, E° 166, un document, *Consulta del Consejo de Guerra sobre la introduccion de la milicia de 30 U hombres en estos reynos*, 13 janv. 1589, copie. La population des royaumes de Castille y est estimée à 1,500,000 vecinos, soit au coefficient 4,5: 6,750,000 habitants. Les chiffres de R. KONETZKE, *op. cit.*, pp. 260—261, sont trop bas.

Pour tous ces calculs démographiques, les bases sont peu solides, Ils ne valent guère mieux que ceux de G. BOTERO, *op. cit.*, II, *a*, pp. 64—65, auxquels on ne s'est pas, à ma connaissance, souvent arrêté (Italie moins de 9, France 15, Sicile 1, 3, Allemagne 10, Angleterre 3, Italie plus que l'Espagne). A. G. BOTERO, *Dell'isole*, p. 62 et 79, je prends deux autres chiffres, la Corse, 75,000 hab., Chypre, 160,000, et surtout son opposition entre Chrétienté et Islam (II, p. 119), l'une qui souffre de la multitude, l'autre de la pénurie des hommes.

Le danger vient des estimations exagérées pour le bon vieux temps, ainsi pour le cas de Milan au XVe siècle comme A. FANFANI l'a montré (*Saggi*, p. 135) contre S. PUGLIESE, ainsi pour les Rois Catholiques. Et aussi de ce que nos recensements sont des recensements fiscaux, K. J. Beloch l'a bien dit, mais n'en a pas moins continué ses additions. Et reste la fraude: vers 1613, Antonio SERRA, *Breve trattato delle cause che possono far abondare li Regni d'oro e argento... con applicatione al Regno di Napoli*, Naples, 1613, p. 38, pense "*giudicando all'in grosso*" qu'il y a à Naples un million de feux "*con li franchi e fraudati*".

195. Konrad OLBRICHT, "Die Vergrosstädterung des Abendlandes zu Beginn des Dreissigjahrigen Krieges", *in*: *Pet. Mit.*, 1939, p. 349, avec biliogr. et une carte.

196. Si l'on compare le nombre des circonscriptions administratives, ou les recrutements, spahis ou rameurs. Sur ce dernier point, il y a en "Natolia" 478,000 feux soumis au recrutement des chiourmes et 358,000 en Grèce, 1594, E. ALBERI, *op. cit.*, III, V, p. 402, Relation de Matteo

Zane. Une indication, Avis de Constantinople, 6—26 févr. 1591, A. N., K 1675, parle d'un million de feux, mais en Grèce ou en Grèce et en Asie?

197. A l'aveugle, en ce qui concerne l'Afrique du Nord proprement dite (mais je répète que ce pays est terriblement éprouvé au XVIe siècle), en prenant pour l'Egypte les chiffres du début du XIXe siècle qui semblent un maximum: RICHARD et QUETIN, *Guide en Orient*, 1852, p. 303 (2,213,015). Est-il abusif d'établir l'égalité: Egypte=Afrique du Nord? En 1830, on parle pour l'Algérie seule, mais sans preuves solides, de 2 millons d'habitants, un calcul proportionnel donnerait comme population totale entre 4 et 5 millions. J. C. RUSSELL, "Late ancient and medieval population", in: *The American Philosophical Society*, juin 1958, p. 131, propose pour la population de l'Afrique du Nord le chiffre de 3,500,000 (dont un million pour la Tunisie) à partir des documents p. p. Elie de la PRIMAUDAIE, in: *Revue Africaine*, 1877.

198. Ces chiffres pris à Adolphe LANDRY, *Traité de démographie*, 1945, p. 57.

199. Chiffre au-dessus de ce que donne le *Guide* de RICHARD et QUETIN, je m'en suis servi pour un calcul très approximatif, au voisinage de 40 plutôt que de 50.

200. D'après A. LANDRY, *op. cit.*, et les divers volumes de VIDAL DE LA BLACHE et GALLOIS, *Géogr. Universelle*.

201. *Art. cit.* "La Méditerranée...", p. 193.

202. J. BELOCH, *Bevölkerungsgeschichte*, I, p. 234. Dans l'article ancien, le chiffre donné était 54.

203. *Ibid.*, p. 235.

204. J. BELOCH, *op. cit.*, III, p. 379 et *sq.*

205. J. BELOCH a grossi le chiffre total de la population française, *art. cit.*, p. 783. Toute évaluation en ce qui la concerne reste *très* aléatoire.

206. *Ibid.*

207. Vitorino MAGALHAES GODINHO, *Historia economica e social da expansão portuguesa*, I, 1947, p. 145 et *sq.*

208. *Art. cit.*, "La Méditerranée ...", p. 193, "... l'Empire ottoman compte non pas de 20 à 22 millions d'habitants (chiffres de F. Braudel) mais 30 et peut-être même 35".

209. *Op. cit.*, II *a*, pp. 64—65.

210. B. M. Mss Add. 18287, Ps 5633.

211. Quelques notes et références en marge des exemples que cite le paragraphe. En Turquie "*deserti grandissimi*", E. ALBERI, *op. cit.*, III, III, p. 387 (1594); les bêtes sauvages en Afrique du Nord au XVe siècle, R. BRUNSCHVIG, *op. cit.*, I, p. 267; les vides en Syrie, G. BERCHET, *op. cit.*, p. 60 (16 avril 1574, les 8/10 du pays sont vides); I. de Asso, *op. cit.*, p. 176; *Actas de las Cortes...*, I, pp. 312—313 (1548); G. BOTERO, *op. cit.*, p. 35 à propos de la Provence; G. NIEMEYER, *op. cit.*, p. 51,57, 62 (cartes des déserts andalous, en 1767); C. BERNALDO DE QUIROS, *Los reyes y la colonización interior de España desde el siglo XVI al XIX*, Madrid, 1929; Marc BLOCH, "Les paysages agraires: essai de mise au point", in: *Ann, d'hist. éc. et soc.*, mai 1935, p. 47; ARQUE, *op. cit.*, p. 172, ALBITRECCIA, *op. cit.*, p. 18... Ce renégat qui gagne Tolède par les "*montes y los despoblados*", Inquistion de Tolède, L° 191, n° 1, cité par F. RODRIGUEZ MARIN, *El ingenioso Don Quijote*, 1916, IV, p. 99, note 7.

212. A. SIEGFRIED, *op. cit.*, p. 106. Jule SION, *France* méditerranéenne, p. 159 et *sq.*

213. Francesco GUICCIARDINI, *Diario del viaggio in Spagna*, Florence, 1932, p. 79; autres notations analogues, p. 54, 55, 56.

214. *Op. cit.*, p. 5 v°.

215. DAVITY, *Les estats, empires et principautez du monde*, Paris, 1617, p. 141.

216. I. de ASSO, *op. cit.*, p. 180 et *sq.*

217. *Op. cit.*, p. 232.

218. Fortunato de ALMEIDA, *História de Portugal*, III, pp. 242—243.

219. B. M. Sloane, 1572, f° 48 v°, 1633 (juin ou juillet).

220. Louis GACHON, in: *Nouvelles Littéraires*, 10 février 1940.

221. Roger LIVET, *op. cit.*, notamment p. 428.

222. *Op. cit.*, I, pp. 138—139.

223. Léon l'AFRICAIN, *Description de l'Afrique, tierce partie du monde*, édit. 1896, II, p. 308 et *sq.*

224. *Le Loyal Serviteur*, p. 2.

225. Sur les bêtes fauves en Corse, Giuseppe MICHELI, "Lettere di Mons. Bernardi (1569)", in:*Arch. st. di Corsica*, 1926, p. 187.

226. Fernand BRAUDEL, "Dans l'Espagne de Charles Quint et de Philippe II", in: *Annales E. S. C.*, 1951. Pour le Bosque de Ségovie et le Prado, sept. 1581, P. R. O. 30. 25. 57, f°87.

227. Carmelo VINAS et Ramon PAZ, *op. cit.*, II, p. 90, à Menasalbas, "*los mas animales que hay son zorras y lobos*"; Charles Quint, en mars 1534, chasse autour de Tolède pendant quatre ou cinq jours, "*havendo morto et porci et lupi*". A. d. S., Mantoue Spagna 587, Gio: Agnello au marquis, Tolède, 3 avril 1534.

228. Ainsi en août 1597, il part quatre jours à la chasse aux loups, A. d. S., Gênes, Spagna 12, Cesare Giustiniano à la Seigneurie de Gênes, Madrid, 7 août 1596.

229. M. ALEMAN, *Guzmán de Alfarache*, *op. cit.*, I, 1re partie, VIII, p. 140.

230. Manuscrit du G. G. de l'Algérie, f°13, vers 1574.

231. Pedro de MEDINA, *op. cit.*, p. 172.

232. B. N., Florence, Capponi Codice, V, f°343 v° à 344 (Relation de la prise de Tunis).

233. Alonso de la Cueva à Philippe II, La Goulette, 16 mai 1561, Simancas E°486.

234. G. BOTERO, *op. cit.*, I, p. 185. Mieux encore, Diego SUAREZ, *op. cit.*, p. 45,49,50.

235. *Op. cit.*, p. 77.

236. *Décaméron*, Nouvelle III.

237. *Op. cit.*, III, p. 337.

238. QUIQUERAN DE BEAUJEU, *La Provence louée*, Lyon, 1614, p. 221, 225, 226, 261.

239. F. BENOIT, *op. cit.*, p. 180.

240. P. LESCALOPIER, *Voyage...*, p. 27.

241. *Op. cit.*, II, p. 21 et *sq.*

242. BELON DU MANS, *op. cit.*, p. 135.

243. *Ibid.*

244. *Op. cit.*, II, p. 31.

245. Lo que paresce a D. Juan de Austria, Messine, 4 déc. 1571, Simancas, E°113.

246. F. Braudel, " La démographie et les dimensions des sciences de

l'homme", in: *Annales E. S. C.*, mai-juin 1960 et particalièrement p. 497.

247. Voir l'essai de démonstration de René GRANDAMY, "La grande régression, hypothèse sur l'évolution des prix réels de 1375 à 1875", *in*: Jean FOURASTIE, *Prix de vente et prix de revient*, 13e série, Paris, 1964, pp. 3—58.

248. Voir *infra*, II, p. 75 et *sq*.

249. Edouard BARATIER, *La démographie provençale du XIIIe au XVIe siècle*, 1961, p. 121. En quoi cette hausse est récupération, compensation, c'est ce qu'explique, pour sa part, Roger LIVET, *op. cit.*, pp. 147—148.

250. *Op. cit.*, 2e partie, chap. II.

251. J. NADAL et E. GIRALT, *La population catalane de 1533 à 1717*, 1960, p. 198.

252. Henri LAPEYRE, *Géographie de l'Espagne morisque*, 1959, p. 29 et 30.

253. Tomás GONZALEZ, *Censo de la población de las provincias y partidos de la Corona de Castilla en el siglo XVI*, 1829.

254. Surtout en ce qui concerne le Royaume de Grenade. Nous avons donc corrigé le dernier chiffre du tableau: non pas 71, 904 *vecinos* mais 48,021. Cette correction sera justifiée par les travaux, à paraître, de Felipe Ruiz Martin et d'Alvaro Castillo Pintado.

255. Voir *infra*, p. 381 et notes 7 et 8.

256. *CODOIN*, XIII, pp. 529—530.

257. Simancas E°166, f°3, 13 janvier 1589.

258. Pour Séville, Simancas, Expedientes de Hacienda, 170.

259. *Op. cit.*, pp. 43—44.

260. Pierre CHAUNU, *op. cit.*, I, p. 247 et *sq*.

261. D'après les travaux en cours d'Alvaro CASTILLO PINTADO.

262. Karl Julius BELOCH est mort en 1929, sa *Bevölkerungsgeschichte Italiens* comporte 3 volumes: tome I, 1937, tome II, 1940, tome III, 1961.

263. K. J. BELOCH, *Bevölkerungsgeschichte*, I, p. 152.

264. *Ibid.*, p. 215.

265. Je trouve ce même recensement, Simancas, S. P. Naples 268, mais daté de 1652.

266. K. J. BELOCH. *op. cit.*, III, p. 352.

267. et 268. *Ibid.*, p. 351. Pour Florence et la Toscane, 870,000 en 1561, Vicenzo Fedeli, *Relatione di sua ambasciata in Firenze nell'anno* 1561, f°15, Marciana.

269. Daniele BELTRAMI, *Storia della popolazione di Venezia dal secolo XVI alla caduta della Republica*, 1954, pp. 69—70.

270. K. J. BELOCH, *op. cit.*, III, p. 352, donne en 1557 le chiffre de 1,863,000 et ,en 1620, 1,821,140. Et (*art. cit.*, p. 178) 1,650,000, en 1548.

271. Francesco CORRIDORE, *Storia documentata della popolazione di Sardegna*, 1902, 2e édit., p. 12.

272. *Ibid.*, p. 19 et 20.

273. K. J. BELOCH, *op. cit.*, III, p, 352.

274. Ömer Lutfi BARKAN, *art. cit.*, pp. 191—193.

275. *Ibid.*, tableau I, p. 292.

276. K. J. BELOCH, *art. cit.*, p. 767.

277. Carmelo VINAS et Ramon PAZ, *Relaciones des los pueblos de Espana ordenados por Felipe II*, *Reino de Toledo*, IIe partie, t. 2, Madrid, 1963, p. 767.

278. Carmelo VINAS et Ramon PAZ, *op. cit.*, *passim* et II, p. 767.

279. Luca Michiel, A. d. S., Venise, Relazioni Ba 63, f°286 verso.

280. Diverses éditions. Recueil commode de G. Garcia MERCADAL, *Viajes de extranjeros por Espana y Portugal*, t. I, 1952, pp. 259 à 305: *Viaje del noble bohemio Leon de Rosmithal de Blatina por España y Portugal hecho del ano 1465 a 1467*.

281. Alonso de HERRERA, *Libro de Agricultura*, 1513, notamment f° 3, v° et f°5. Autres éditions 1539, 1598—celle de 1620 (Madrid), B. N., Paris. Rés. 379.

282. Les fortes oscillations du prix du blé caractérisent, en Italie, la période 1550—1602, Dante ZANETTI, *Problemi alimentari di una economia preindustriale*, 1964, p. 93.

283. Thèse inédite de Bartholomé BENNASSAR déjà citée, chap. VIII, *Les hommes du siècle*.

284. Guilhermo HERRERO MARTINEZ DE AZCOITIA, *La poblacion palentina en los siglos XVI y XVII*, 1961.

285. Giuseppe ALEATI, *La popolazione di Pavia durante il dominio*

spagnuolo, 1957.

286. Athos BELLETTINI, *La popolazione di Bologna dal secolo XV all'unificazione italiana* , 1961.

287. Ruggiero ROMANO, Frank SPOONER, Ugo TUCCI, *Les prix à Udine* , travail inédit.

288. D. BELTRAMI, *op. cit.* , voir *supra*, p. 374, note 4.

289. Earl J. HAMILTON, "The decline of Spain", in: *The Economic History Review*, 2 mai 1938, pp. 169, 171, 177.

290. *Ibid.* , p. 177, pour l'Andalousie les épidémies de 1560—1570, 1599, 1600, 1648—1649, 1677, G. NIEMEYER, *op. cit.* , p. 51.

291. Etude inédite de R. ROMANO, F. SPOONER, U. TUCCI.

292. Voir graphique n°38.

293. Tous les détails qui suivent empruntés au travail inédit de B. BENNASSAR, déjà cité.

294. G. HERRERO MARTINEZ DE AZCOITIA, *La poblacion palentina en los siglos XVI y XVII*, 1961, p. 39. A partir de 1599, les coefficients, au lendemain de la peste, montent en flèche au delà de 50 et même de 60, maximum 66,87 pour mille.

295. Les pourcentages qui précèdent d'après Athos BELLETTINI, *op. cit.* , p. 136.

296. D'après l'ouvrage inédit encore de B. BENNASSAR.

297. Sur l'ensemble des *Relaciones* voir N. SALOMON, *op. cit.* , *supra*, p. 349. n. 8.

298. Fiche égarée.

299. Correr, Donà delle Rose 192.

300. SANUDO, *op. cit.* , XL, 25, Constantinople, 24 août 1525. Correr Donà delle Rose 21 (1542), A. d. S. , Venise. Capiddel Cons° dei X. Lettere B[a] 285 f°88, Candie, 30 sept. 1557, Duc, Capitaine et Conseillers aux Dix, la population de Candie a beaucoup augmenté. Correr 1586; P. D. 975, 1636.

301. Athos BELLETTINI, *op. cit.* , p. 9. La population de Bologne, en 1596, Galiani *Cronaca di Bologna* (Marciana 6114. C III—5) serait de 58,941 dont religieux et religieuses 4, 651, hommes 15, 595, femmes 18, 079, garçons 7,626, fillettes 6,166, serviteurs 2,760, servantes, 4,064.

302. *Op. cit.* ,p. 80 et *sq.*

303. Le 31 janv. 1492, de Sicile (exécution du décret 18 septembre, 18 décembre); de Naples, en 1539, Giovanni di GIOVANNI, *L'ebraismo della Sicilia*, Palerme, 1748, in—8°, 424 p. et surtout Felipe RUIZ MARTIN, "La expulsion de los judios del Reino de Nâpoles", in: *Hispania*, t. XXXV, 1952; Leon POLIAKOV, *Les banchieri juifs et le Saint-Siége du XIII*e *au XVII*e siècle, 1965.

304. G. PARISET, *L'État et les Églises de Prusse sous Frédéric-Guillaume I*er, 1897, p. 785.

305. Voir *infra*, p. 507 et 508, notes 7 et 8, ce qui ne veut pas dire que le chiffre ne soit pas excessif.

306. G. ROVELLI, *Storia di Como*, 1803, III, 2, pp. 116—117, 145—147, cité par A. FANFANI, *op. cit.*, p. 146.

307. F. BORLANDI, *Per la storia della popolazione della Corsica*, 1940, p. 66, 67, 71, 74, 82; cité par A. FANFANI, *op. cit.*, p. 146.

308. U. FORTI, *Storia della tecnica italiana*, 1940.

309. Même en Angleterre; A. FANFANI, *op. cit.*, p. 146.

310. Aux origines de la faïence nivernaise à partir de 1550, Louis GUÉNEAU, *L'organisation du travail à Nevers aux XVII*e *et XVIII*e *siècles*, 1919, p. 295.

311. Sur la dispersion italienne à travers le monde, énorme documentation imprimée et inédite. On jugera de son étendue par deux études, l'une en direction de Lisbonne PERAGALLO, *Misc. di st. ital.*, 1944, l'autre en direction de Genève, PASCAL, "Da Lucca a Ginevra", in: *Rivista storica italiana*, 1932, toutes deux remarquables. Des études restent à faire sur l'émigration des soldats; sur le rôle des Comaschi et des habitants du Val du Tessin dans l'art du Baroque, remarque déjà citée par J. BURCKHARDT, *Die Renaissance*, *op. cit.*, pp. 16—17; sur les ingénieurs architectes italiens, se reporter à l'index au nom du Fratin, ou par exemple de Jean-Baptiste Toriello, *in*: DOUAIS, *op*, *cit.*, II, 110, etc...

312. WILHELMY, in: *Geographische Zeitschrift*, 1940, p. 209.

313. B. M. Add. 18287.

314. G. NADAL et E. GIRALT, *La population catalane de 1553 à 1717*, 1960.

315. A. N., K 1690, F. de Beaumont à l'impératrice, Perpignan, 20 août 1536. 《*Esta villa esta llena de franceses que son muchos mas que los nat-*

urales》. Même information (B. M. Add. 28368 f°23 v°), F^co de Salablanca à S. M., Madrid, 16 juin 1575: Perpignan perd ses habitants "*y son todos gente pobre y gran parte dellos franceses...*"

316. "Voyage de Barthélémy Joly en Espagne, 1603—1604", P. P. L. BARRAU DIHIGO, in: *Revue Hispanique*, 1909, tirage à part, p. 29.

317. *Ibid.*, pp. 21 et 29.

318. *Ibid.*, pp. 21 et 29.

319. Littré fait venir *gavache* de l'espagnol *gavacho*, le problème n'est pas tranché du coup!

320. "Voyage de Barthélémy Joly...", p. 82.

321. *Ibid.*

322. *Ibid.*

323. *Ibid.*

324. T. HALPERIN DONGHI, "Les Morisques du Royaume de Valence au XVIe siècle", *in* :*Annales E. S. C.*, 1956, p. 164.

325. Ernst SCHÄFER, *Geschichte des spanischen Protestantismus*, 3 t. en 2 vol., 1902, vol. 1, t. 2, pp. 137—139.

326. J. NADAL et E. GIRALT, *op. cit.*, p. 198.

327. P. de MARCA, *Histoire du Béarn*, 1640, pp. 256—257, cité par Henri CAVAILLÉS, *La vie pastorale et agricole dans les Pyrénées des Gaves de l'Adour et des Nestes*, Bordeaux, 1932, pp. 137—138.

328. *Response de Jean Bodin à M. de Malestroict*, éd. Henri HAUSER, *op. cit.*, p. 14.

329. Voir *supra*, chapitre III.

330. *La Méditerranée...*, l^re édition, p. 342 et *sq.*

331. F. BRAUDEL et R. ROMANO, *Navires et marchandises* à *l'entrée du port de Livourne*, p. 101. Des centaines d'indications de ce genre mériteraient l'affichage: exportations *extra regnum* des vins napolitains la moyenne de 1563 à 1566, *vini latini*, busti 23,667, *vini grechi dulci et mangiaguerra*, 2,319 *busti* (Sommaria Consultationum 2, f° 223, 2 octobre 1567)—"chaque année l'une dans l'autre se vendent en Pouilles environ 80,000 rubii de laine", *ibid.*, f°75, 8 août 1564—le commerce français du Levant au début du XVIIe, siècle èvalué par Savary de Brèves à 30 millions de livres, en 1624 a diminué de moitié, E. FAGNIEZ, *op. cit.*, p. 324—quelques fortunes de gros marchands à Gênes : beaucoup dépassent 500 000

ducats, et de loin en ce qui concerne Tomaso Marino, Adamo Centurione atteint presque le million, Museo Correr Cicogna..., f°2 et 2 v°—les revenus totaux du roi presque le million, Museo Correr Cicogna..., f°2 et 2 v°—les fevenus totaux du roi d'Espagne, 11 millions d'or, en 1572, Marciana 8360 CVIII—3, f° 11 v°-la circulation monétaire en Europe à la fin du XVe siècle: 1 milliard (de livres), P. RAVEAU, *L'agriculture et les classes paysannes*, 1926, p. II, note 1(l'unité n'est pas nettement indiquée, hélas!).

332. A. d. S., Naples, Sommaria Consultationum, 1, f°216, 28 avril 1559.

333. Que le lecteur ne se scandalise pas, outre mesure, de voir que nos calculs approximatifs sont estimés en *ducats*, sans plus. Il y a bien des ducats, de Venise, Gênes, Florence, Naples, d'Espagne... Chacun a sa valeur particulière et provisoire. Ces ducats sont devenus *tous*, un peu plus tôt, un peu plus tard, des monnaies de compte. Il serait logique de ne pas parler de ducats, sans plus, et de calculer des équivalences en or ou en argent. Les contemporains dans leurs estimations, au fil de la plume, parlent, sans préciser davantage, de "millions d'or", entendez de millions de ducats, Dans les documents des instances financières, en Espagne, le ducat est signalé en abrégé par un triangle, la lettre delta, △, l'*escudo* d'or, monnaie réelle, par un triangle renversé ▽. Entre ducat et écu le rapport, en Espagne, est longtemps de 350 maravédis (ducat) à 400 (écu). Évidemment les ho mmes d'affaires sont attentifs à ces valeurs réciproques des ducats (entre eux) et des écus, surtout que les changes, avec l'offre et la demande, enregistrent des cotations variables. Ceci dit, accepter dans nos calculs très approximatifs le ducat comme une unité valable sans tenir compte ni de sa valèur locale, ni de sa cotation ne représente pas une opération illicite. L'erreur se noie dans l'incertitude de nos mesures.

334. Maurice CARMONA, "Aspects du capitalisme toscan aux XVIe et XVIIe siècles", in: *Revue d'histoire moderne*, 1964, p. 85, note 5.

335. Voir notamment J. GENTIL DA SILVA, "Villages castillans et types de production au XVIe siècle", in: *Annales E. S. C.*, 1963, pp. 740—741, qui accepte, dans les villages castillans des consommations annuelles de deux quintaux de blé. Sur cette moyenne la discussion peut être longue. D'après SUNDBORG, en 1891—1893 les consommations seraient *procapite* de 1,2 en Italie; 1,5 en Espagne; 2,5 en France. Cf. Dr Armand GAUTIER, *L'alimen-*

tation et les régimes chez l'homme sain et chez le malade, 1908, p. 296; André WYCZANSKI parle, en 1571, pour la starostie polonaise de Korczyn d'une consommation de 2,2 quintaux de seigle, *Kwartalnik historii Kultury materialej*, VIII, 1960, pp. 40—41; I. BOG, *Die bäuerliche Wirtschaft im Zeitalter des Dreissigjährigen Krieges*, Cobourg, 1952, p. 48, consommation de 2,5 quintaux à Nuremberg; de 1,9 à Naples au XVIe siècle, W. NAUDE, *Getreidepolitik der europäischen Staaten vom 13. bis 18. Jahrhundert*, Berlin, 1896, p. 156. Pour la France Vauban donne 3, 4 quintaux (3 setiers); l'abbé Expilly (1755—1764), 2,7 quintaux, etc.

336. Voir *infra*, p. 540, sur les prix du blé à Venise.

337. D'après les estimations de F. Ruiz Martin.

338. Museo Correr, Donà delle Rose, 217, f°131, 1er juillet 1604. *Ibid.*, 218, f°328 [1595]. 468,000 *staia*.

339. A. d. S. Venise, Dispacci Spagna, Alvise Correr au doge, Madrid, 11 février 1621.

340. Carmelo VIÑAS et Ramón PAZ, *op. cit.*, II, p. 99, 132, 140, 169, 272, 309, 397—398,342—343,348,408, 426, 470.

341. Réédition de 1960.

342. G. CONIGLIO, *op. cit.*, p. 24.

343. A. d. S. Naples, Sommaria Consultationum 7, f°204, 18 janvier 1580.

344. *Censo*, p. XIII.

345. *Ibid.*

346. G. LUZZATTO, "Il Mediterraneo nella seconda metà del Cinquecento", in: *Nuova Rivista Storica*, 1949.

347. 1re édition de *La Méditerranée...*, 1949, p. 450 et *sq.*

348. L. MENDES DE VASCONCELLOS, *Do síto de Lisboa*, 1608, éd. Antonio Sergipe, p. 114.

349. Encore au XVIIIe siècle, R. ROMANO, *Commerce et prix du blé à Marseille au XVIIIe siècle*, 1956, pp. 76—77.

350. Museo Correr, Donà delle Rose, 217.

351. Ainsi eau-de-vie de Candie, A. d. S., Venise, *Cinque Savii* 1, f°14, 6 octobre 1601 et 14 mars 1602, eau-de-vie et jus de citron, "*soliti condursi per Ponente*". L'eau-de-vie ne fait son apparition dans les tarifs douaniers de Venise que lors des dernières années du XVIe siècle.

352. Voir *supra*, p. 295, note 1.

353. V. MAGALHÃES GODINHO, "O milho maiz-Origem e difusão", in: *Revista de Economia*, vol. XV, fasc. I.

354. D'après le travail inédit déjà cité de R. ROMANO, F. SPOONER, V. TUCCI, sur les *Prix à Udine*.

355. Hans TELBIS, *Zur Geographie des Getreidebaues in Nordtirol*, 1948, p. 33.

356. J. F. BERGIER, *op. cit.*, p. 82 et *sq.*; la citation p. 83.

357. Miguel CAXA de LERUELA, *Rest auración de la abundancia de España*, 1713, p. 50.

358. Luis VALLE DE LA CERDA, *Desempeño del patrimonio de S. M. y de los reynos sin daño del Rey y vassalos, y con descanso y alivio de todos*, 1618, cité par J. VICENS VIVES, *Historia economica de España*, 1re partie, s. d., p. 300.

359. J. C. TOUTAIN, "Le produit de l'agriculture française de 1700 à 1958", in: *Cahiers de l'Institut de Science Économiquée appliquée*, n°115, juillet 1961, notamment p. 212.

360. Voir *supra*, p. 386, note 1.

361. René BAEHREL, *op. cit.*, p. 152. Les calculs rapides qui suivent sur la base d'un quintal de semence à l'ha.

362. J. C. TOUTAIN, article cité, p. 36.

363. Biblioteca Casanatense, Rome, Mss 2084, f°45 et *sq.*

364. A. d. S., Naples, Sommaria Consultationum, n°2, f°140, 13 mars 1563, rendement de 20 pour un.

365. Voir le graphique, n°52, p. 541 et tableau 53, p. 546.

366. Voir *supra*, p. 261.

367. E. LE ROY LADURIE, ouvrage sous presse, déjà cité.

368. L'admirable livre de Carlo PONI, *Gli aratri e l'economia agraria nel Bolognese dal XVII al XIX secolo*, 1963, ne commence malheureusement qu'avec le XVIIIe siècle. La charrue *pió*, signalée dès 1644 (p. 4), a dû faire son apparition plus tôt. Mais le texte est peu clair.

369. Voir *supra*, p. 59 et *sq.*

370. B. BENNASSAR, ouvrage inédit déjà cité.

371. C'est l'explication de Felipe RUIZ MARTÍN dans son importante préface aux lettres échangées entre Medina del Campo et Florence, *op. cit.*,

Dès que les Génois ont eu la possibilité de régler leurs créanciers en *juros*, ils ont répercuté leurs pertes sur les autres. Parmi leurs clients, il y a évidemment de nombreux propriétaires fonciers.

372. E. LE ROY LADURIE, *op. cit.*

373. John U. NEF, "Industrial Europe...", p. 5.

374. R. ROMANO, "Aspetti economici degli armamenti navali veneziani nel secolo XVI", in: *Rivista Storica Italiana*, 1954.

375. Museo Correr, Donà delle Rose 42, f°77 v°[1607], dont 3,300 tisserands à raison d'un maître pour deux ouvriers.

376. A égalité avec le nombre des *lanaioli*, estimation sûrement trop optimiste.

377. Voir R. ROMANO, "La marine marchande vénitienne au XVIe siècle", *in*: *Actes du IV Colloque International d'Histoire Maritime*, 1962, p. 37.

378. A. d. S., Venise, Senato Terra 53, 7 mai 1569.

379. A. d. S., Venise, Senato Terra 2,17 septembre 1545.

380. Lucien FEBVRE et Henri Jean MARTIN, *L'apparition du livre*, 1958, pp. 280, 286, 287,293.

381. Voir note 5, et *Cinque Savii*, 140, f°s 4—5, 11 mars 1598 "*al numero di* 20[000] *et pi ù persone computando le famiglie et figlioli loro*".

382. J. van KLAVEREN, *op. cit.*, p. 182 [1573].

383. Carmelo VIÑAS et Ramón PAZ, *op. cit.*, II, p. 217, par exemple à Peña Aguilera, village pauvre, il y a des charbonniers, des carriers "*e algunos laborantes de lana*".

384. Fabriques de draps paysans et de douves de tonneaux dans les villages de la Maragateria, cf. *infra*, p. 408, n. 7.

385. T. HALPÉRIN DDNGHI, *art. cit.*, *in*: *Annales E. S. C.*, 1956, p. 162: industries de la soie, poteries, fabrication d'espadrilles, populaires en *esparto* (sparte), fines en chanvre.

386. Jacques HEERS, *op. cit.*, p. 218 et *sq.*

387. Voir *infra*, p. 499, n. 5.

388. A. d. S., Naples, Sommaria Consultationum, innombrables documents cités: 13, f°s 389—390; 21, f°s 51; 31, f°s 139—146, 180—184; 37, f° 41 v°, 42...

389. A. d. S., Venise Senato Terra 30, Vérone, 1er mars 1559.

390. Carmelo VIÑAS et Ramón PAZ, *op. cit.*, II, p. 448.

391. S. SCHWEIGGER, *op. cit.* [1581], p. 329.

392. E. LE ROY LADURIE, *op. cit.*

393. R. GASCON, *op. cit.*, à paraître.

394. Voir à titre d'exemple clair, François DORNIC, *L'industrie textile dans le Maine et les débouchés internationaux 1650—1815*, 1955.

395. Roger DION, *Histoire de la vigne et du vin en France, des origines au XIXe siècle*, 1959, p. 26.

396. *Méditerranée...*, 1re édition, p. 345 et *sq.*; Giuseppe ALEATI, *op. cit.*, p. 125 y voit un drame de la vie chère: cas de Pavie, Crémone, Côme, Milan...

397. Information que me donne R. Romano.

398. Museo Correr, Cicogna, 2987, août 1576, 30 hommes y travaillent.

399. A. d. S., Venise, *Cinque Savii*, 1, 139, 20 avril 1603.

400. *Censo*, tableau 3, la proportion de 1 à 4, 448 entre produit naturel et produit industriel dans l'Espagne de 1799.

401. *Op. cit.*, p. 328.

402. Cf. études novatrices de F. RUIZ MARTÍN pour la Castille, *op. cit.*; John U. NEF, "The progress of technology and the growth of large scale industry in Great Britain, 1540—1660", in: *The Economic History Review*, 1934, et les commentaires de Henri HAUSER, in: *Annales d'histoire économique et sociale*, 1936, p. 71 et *sq.*

403. J. HARTUNG, "Aus dem Geheimbuche eines deutschen Handelshauses im XVI. Jahrhundert", in: *Z. für Social-und Wirtschaftsgeschichte*, 1898.

404. Malgré des différences techniques (charbon en Angleterre) et de moyens, les identités l'emportent en gros.

405. Voir pour la traduction du mot difficile, M. KEUL, in: *Annales E. S. C.*, 1963, p. 836, note 3.

406. *La Méditerranée...*, 1re édition, p. 342, d'après H. SIEVEKING, "Die genueser Seidenindustrie im 15. und 16. Jahrhundert. Ein Beitrag zur Geschichte des Verlags-Systems" (remarquable), in: *Jahrbuch für Gesetzgebung, Verwaltung und Statistik im Deutschen Reiche*, 1897, pp. 101—133.

407. Voir note suivante.

408. A. d. S. , Venise, Senato Terra 30, 11 novembre 1559, rappel de la *parte* du 12 décembre 1497.

409. Rodrigo Nino à Charles Quint, Venise, 1er décembre 1530, Simancas, E°1308.

410. A. d. S. , Senato Terra 29, 16 août 1559.

411. Archivio Comunale, 572, Gênes, 1582.

412. Diego de COLMENARES, *Historia de la insigne ciudad de Segovia*, 2e édit. , Madrid, 1640, p. 547.

413. L'explication est de Felipe RUIZ MARTIN dans la préface aux lettres marchandes de Florence, *op. cit.*.

414. Ainsi A. d. S. , Venise, Senato Terra 74, 18 avril 1578; 106, 7 mars 1584, 112, 24 novembre 1589. Negrin de Negrini depuis 1564 a fait fabriquer 1884 draps de laine. Esprit de novation de certains entrepreneurs, *ibid.* , *Cinque Savii*, 15, f°21, 7 février [1609].

415. Alfred DOREN, *Wirtschaftsgeschichte Italiens im Mittelalter*, trad. ital. , 1936, p. 491.

416. D'après Maurice CARMONA, voir *supra*, p. 313, note 1. En 1608 une épidémie (celle des *petecchie*) décime les ouvriers, on fait venir des ouvriers de Milan pour fabriquer les très beaux draps nécessaires aux noces du Prince, Haus-Hof-und Staatsarchiv, Vienne, Staats-kanzlei Venedig, Faszikel 13, f°359, Venise, 9 mai 1608.

417. A. d. S. , Venise, Senato Terra, 35, 15 décembre 1561.

418. Museo Correr, Donà delle Rose 160, f[os]53 et 53 v°.

419. A. d. S. , Venise, Senato Secreta Signori Stati, Tommaso Contarini au doge, Bolzano, 23 mars 1610.

420. A. d. S. , Venise, *Cinque Savii* 1, 200, 27 mai 1614.

421. *Ibid.* , 16, f°53, 15 novembre 1611.

422. D'après J. GENTIL DA SILVA, travail inédit sur les foires italiennes du XVIIe siècle.

423. Jean DELUMEAU, *op. cit.* , notamment le graphique des pages 132 et 133.

424. R. GASCON, *op. cit.* , p. 89; Clemens BAUER, *op. cit.* , p. 9, à propos d'Anvers à la suite de Goris et de Strieder.

425. Andrzej WYROBISZ, *Budownictwo Murowane w Malopolsce w XIV i XV wieku* (*Les métiers du bâtiment en Petite-Pologne aux XIVe et XVe*

siècles), 1963(résumé en français, pp. 166—170).

426. Émile COORNAERT, *op. cit.*, 493 et *sq.*, et diagramme V *bis*.

427. Pierre SARDELLA, *art. cit.*, *in*: *Annales E. S. C.*, 1947.

428. Domenico SELLA, *art. cit.*, *in*: *Annales E. S. C.*, 1957.

429. Ruggiero ROMANO, "A Florence au XVIIe siècle. Industries textiles et conjoncture", in: *Annales E. S. C.*, 1952.

430. Aldo de MADDALENA, "L'industria tessile a Mantova nel 1500 e all' inizio del 1600", in: *Studi in onore di Amintore Fanfani*, 1962.

431. A. ZANELLI, *Delle condizioni interne di Brescia...*, p. 247, place le sommet de la production drapante, 18,000 pièces, vers 1550, je préférerais la placer vers 1555; tout a été déterminé par les mesures douanières de Venise, Senato Terra l, 20 mai 1545. Ensuite impossible de rétablir la situation: les maîtres partis ne reviennent pas.

432. D'après les études inédites de Felipe RUIZ MARTIN.

433. Voir *supra*, p. 118 et Senato Mar 7, f°26 v°, 18 août 1461.

434. Conférences à l'École des Hautes Études du Doyen Ömer Lutfi BARKAN.

435. A. d. S., Florence, Mediceo 4279, un marchand juif cherche à acheter à Tripoli des esclaves chrétiens sachant faire velours ou damas.

436. I. S. EMMANUEL, *Histoire de l'industrie des tissus des Israélites de Salonique*, 1935.

437. S. SCHWARZFUCHS, "La décadence de la Galilée juive du XVIe siècle et la crise du textile du Proche-Orient", in: *Revue des Études juives*, janvier-juin 1962.

438. Voir *infra*, p. 489, et *sq*.

439. A. d. S., Venise, Senato Terra 4, f°71, 18 avril 1458: "*se ha principiado adesso el mester de la lana in questa città et lavorasse a grandissima furia de ogni sorte pani et principaliter garbi...*"

440. *Ibid.* Senato Terra 15, f°92, 23 janvier 1506: "*... el mestier de la lana che soleva dar alimento a molte terre nostre et loci nostri hora è reducto in tanta extremità che piu esser non potria...*"

441. Voir la note de P. SARDELLA et l'article si souvent cité de D. SELLA. Difficultés à Venise même, Senato Terra 15, f°93 et *sq.* 9 février 1506 et plus nettes. A. d. S., Venise, Consoli dei Mercanti, 128, 29 septembre 1517.

442. *Ibid.*

443. Émile COORNAERT, *op. cit.*, p. 48.

444. A. d. S. Naples, Sommaria Consultationum, 7, f°s 33 à 39, 28 février 1578: production en 1576 de 26,940 *canne* de draps de soie.

445. Fragilité aussi des industries drapantes de Brescia compromises par le contrôle douanier des laines, elles ne peuvent plus se ravitailler à Verceil, Senato Terra l, 20 mai 1545.

446. Remarques de François SIMIAND, *Cours d'Économie Politique*, 1928—1929, II, *passim* et p. 418 et *sq.*

447. L. F. de TOLLENARE, *Essai sur les entraves que le commerce éprouve en Europe*, 1820, p. 3, un produit "n'est pas complet, il n'a pas toute la valeur d'échange dont il est susceptible, tant qu'il n'est pas à la portée du consommateur. C'est le commerce qui lui donne sa dernière façon . . . "

448. Le jeu tient une place importante dans la vie de la noblesse (surtout à la fin du siècle) mais aussi dans celle des marchands. Tout est prétexte à paris, nombre de cardinaux qui seront promus, mort ou survie des grands personnages, sexe des enfants à naître... A Venise alors que l'on donne Pavie prise par les Français à 25 p. 100 de prime, un Espagnol Calzeran s'obstine à jouer contre le courant. Sans doute est-il en liaison avec Lannoy et Pescaire, en tout cas, il gagne une fortune, A. d. S., Modène, Venezia 8. 16. 77. VIII, f°66, J. Tebaldi au duc, Venise, 15 mai 1525.

449. Cité par R. GASCON, *op. cit.*, p. 177, Claude de RUBYS, *Histoire véritable de la ville de Lyon*, 1604, p. 499.

450. Museo Correr, Donà delle Rose 181, juillet 1603, f°53.

451. Giulio MANDICH, *Le pacte de ricorsa et le marché italien des changes*, 1953.

452. Jacques HEERS, *op. cit.*, p. 75, 79 et *sq.*

453. F. BRAUDEL, "Le pacte de ricorsa au service du Roi d' Espagne...", in: *Studi in onore di Armando Sapori*, II, 1957.

454. A. d. S., Florence, Mediceo 4745, s. f. janvier 1589.

455. Modesto ULLOA, *op. cit.*, p. 108.

456. Selon l'opinion de Felipe RUIZ MARTÍN.

457. Modesto ULLOA, *op. cit.*, p. 132.

458. Alvaro Castillo PINTADO, " El *servicio de millones* y la población del

Reino de Granada in 1591", in: *Saitabi*, 1961.

459. Albert CHAMBERLAND, "Le commerce d'importation en France au milieu du XVIe siècle", in: *Revue de Géographie*, 1894.

460. B. PORCHNEV, Congrès des Sciences historiques de Stockolm 1960, t. IV, 137.

461. Pour G. von BELOW (*Über historische Periodisierungen mit besonderem Blick auf die Grenze zwischen Mittelalter und Neuzeit*, Berlin, 1925, pp. 51—52), cette période, par l'éclat de la vie économique et de l'art, est un sommet. Pour Lucien Febvre une période heureuse avant les "tristes hommes" d'après 1560. Franz LINDER, "Spanische Markt-und Börsen-wechsel", in: *Ibero-amerikanisches Archiv*, 1929, p. 18, prétend même que 1550—1600 est la période du *Ricorsa-Wechselgeschäft*.

462. Jacques HEERS, in: *Revue du Nord*, janvier-mars 1964, pp. 106—107.

463. J. FINOT, "Le commerce de l'alun dans les Pays-Bas et la bulle encyclique du Pape Jules II en 1506", in: *Bull. hist. et philol.*, 1902; Jean DELUMEAU, *L'alun de Rome, XVe—XIXe siècle*, 1962; "The Alun Trade in the fifteenth and sixteenth Centuries and the beginning of the Alun Industry in England", in: *The collected papers of Rhys Jenkins*, Cambridge, 1936; L. LIAGRE, "Le commerce de l'alun en Flandre au Moyen Age", in: *Le Moyen Age*, 1955, t. LXI(4[e] série, t. X); Felipe RUIZ MARTÍN, *Les aluns espagnols, indice de la conjoncture économique de l'Europe au XVIe siècle* (à paraître); G. ZIPPEL, "L'allume di Tolfa e il suo commercio", *in*: *Arch. soc. Rom. Stor. patr.*, 1907, vol. XXX.

464. Nombreux documents, A. d. S., Naples, Sommaria Partium, 96: 1521, f°s 131 v°, 133 v°, 150, 153, "*navis celeriter suum viagium exequi posset*" (navire génois), 166 v°(poùr la Catalogne), 177(pour Oran), 175; 1522, f°s 186 v°, 199, 201, 221, 224—225. 228 v° et 229, 232, 244, 252, v°.

465. D'après Felipe RUIZ MARTIN, voir *infra*, p. 533, note 1.

466. Voir *infra*, pp. 544—545.

467. Dans des études de prochaine publication.

468. *Ibid*.

469. Voir *infra*, p. 513, n. 5, et Micheline BAULANT, *Lettres de négociants marseillais: les frères Hermite, 1570—1612*, 1953.

470. Cf. F. RUIZ MARTÍN, *Introduction aux lettres de Florence*, XXXVI—

XXXVII.

471. Cité par Maurice CARMONA, "Aspects du capitalisme toscan aux XVIe et XVIIe siècles", in: *Revue d'histoire moderne*, 1964, p. 96, note 2.

472. Archivo Ruiz, 117, cité par Felipe RUIZ MARTÍN, dans *El siglo de los Genoveses*, à paraître.

473. Sur ces questions voir le beau livre de Clemens BAUER, déjà cité.

474. *Op. cit.*, p. 580 et *sq.*

475. Notamment le front hispano-portugais contre l'Inde et le rôle d'une agence de renseignements au service de marchands allemands et flamands: Hermann KELLENBENZ, *Studio*, 1963, pp. 263—290.

476. Pour des comparaisons utiles, R. ROMANO, "Per une valutazione della flotta mercantile europea alla fine del secolo XVIII", *in* : *Studi in onore di Amintore Fanfani*, 1962.

477. D'après J. KULISCHER, *op. cit.*, II, p. 284.

478. R. KONETZKE, *op. cit.*, p. 203.

479. Saint-Gouard au roi, Madrid, 21 mai 1572, B. N., Fr. 16104, f°s 88 *sq.*

480. S. LILLEY, *Men, Machines and History*, Londres, 1948, p. 72 et J. U. NEF, *The Rise of the British Coal Industry*, Londres, 1932, I, p. 173.

481. S. LILLEY, *ibid*, p. 72.

482. Museo Correr, Donà della Rose, 271, f°46 v., 7 mars 1605. Voir également Alberto TENENTI, *Naufrages, corsaires et assurances*, p. 563 et *sq.*

483. Iorjo TADIĆ, "Le port de Raguse et sa flotte au XVIe siècle", *in*: Michel MOLLAT, *Lĕ navire et l'économie maritime du Moyen Age au XVIIIe siècle. Travaux du Deuxième Colloque International d'Histoire Maritime*, 1959, pp. 15—16.

484. B. M. Add. 28478, f°238, avril 1594: "... *se deve ter consid eração ao preço das cousas ser mayor*".

485. Voir *supra*, p. 266 et *sq.*

486. Que je dois à l'amitié d'Ugo Tucci d'avoir feuilleté.

487. A. d. S., Venise, Senato Zecca, 39, 12 juin 1638.

488. A. d. S., Naples, Regia Camera della Sommaria, Reg, 14, 1594, 1623—1637.

489. Voir *supra*, p. 269 et *sq.*

490. José Luis MARTIN GALINDO, "Arrieros maragatos en el siglo XVIII", in: *Estudios y Documentos*, n°9, 1956.

491. Pedro de MEDINA, *op. cit.*, p. 209, dans le cas d'Alcala de Henares.

492. Archives de Brigue, Papiers de Stockalper, Sch 31 n° 2939, Genève, 10 juillet 1650 et n°2942, 14 juillet 1650: arrêts dus à la moisson. Ces renseignements m'ont été fournis par M. Keul. Arrêt pour les semailles, *ibid.*, n°2966, 18—28 septembre 1650.

493. Information communiquée par Felipe RUIZ MARTÍN.

494. B. BENNASSAR, *op. cit.*, à paraître.

495. Voir les graphiques, *infra*, II, pp. 28, 31, 33.

496. *Op. cit.* (édit. ital.), I, p. 174.

497. Ruggiero ROMANO, *art. cit. in*: *Rivista Storica Italiana*, 1954.

498. Ali Sahili OGLU, travail inédit sur les frappes monétaires en Turquie.

499. Je n'oublie pas l'antécédent de la Banque de Stockholm(1672), ni celui d'Amsterdam(1609). Mais il s'agit là d'une banque surtout urbaine. Il est vrai que la Banque d'Angleterre relève de Londres.

500. La première tentative remonte à 1576, Felipe Ruiz Martín me signale à ce propos un document important, Simancas, E°659, f°103.

501. Jacques HEERS, in: *Revue du Nord*, 1964.

502. Ömer Lutfi BARKAN, "L'organisation du travail dans le chantier d'une grande mosquée à Istanbul au XVIe siècle", in: *Annales E. S. C.*, 1961, pp. 1092—1106.

503. Je songe au travail de la pierre, à l'utilisation du plomb, aux appareils de levage, tous détails que suggère la visite de l'Escorial et du Musée consacré à sa construction.

504. Cf. les remarques de Paul HERRE, *Papsttum und Papstwahl im Zeitalter Philipps II*, Leipzig, 1907, p. 374.

505. Le calcul et le graphique (II, p. 33) sont d'Alvaro Castillo Pintado.

506. A. POIRSON, *Histoire du règne de Henri IV*, 1866, IV, pp. 610—611.

507. *Bilanci Generali*, *op. cit.*, vol. I, t, I, p. 466, et Museo Correr Donà delle Rose 161, f°144.

508. Ömer Lutfi BARKAN, "Le budget turc de l'année 1547—1548 et le budget turc de l'année 1567—1568", en turc, in: *Iktisat Fakültesi Mecmuasi*, Istanbul, 1960.

509. *Op. cit.*, p. 128.

510. Contribution à paraître dans la *Cambridge Economic History*.

511. *Op. cit.*, p. 42

512. J. A. SCHUMPETER, *op. cit.*, I, notamment p. 476, note I; Jacques HEERS, Raymond de ROOVER...

513. *Op. cit.*, p. 128.

514. Carlo M. CIPOLLA, "La prétendue révolution des prix. Réflexions sur l'expérience italienne", in: *Annales E. S. C.*, 1955, p. 513 et *sq.*

515. Museo Correr, Donà delle Rose, 181.

516. Les informations hollandaises, que me signale Morineau, inciteraient à gonfler les entrées clandestines de cette période décisive.

517. Museo Correr, Donà delle Rose, 181, f°62, 3 à 4 millions d'écus par foire.

518. Gino LUZZATTO, *Storia economica dell'età moderna e contemporanea*, I, 1932, p. 179 et *sq.*

519. D'après les explications orales, d'Ömer Lutfi Barkan.

520. Simancas, Expedientes de Hacienda, 122, 1559. J'aurais pu aussi bien partir de l'exemple de Medina del Campo (1561) et du bel article de B. BENNASSAR, "Medina del Campo, un exemple des structures urbaines de l'Espagne au XVIe siècle", in: *Revue d'histoire économique et sociale*, 1961. A Venise les textes officiels distinguent toujours les *poveri*, les *mendicanti*, les *miserabili*, il y a des degrés dans le dénuement, Ernst RODENWALDT, *Pest in Venedig*, *art. cit.* p. 16.

521. Je pense aux estimations reprises par Hektor AMMANN, *Schaffhauser Wirtschaft im Mittelalter*, 1948, tableau de la page 306.

522. Voir *supra*, p. 234, note 2.

523. Museo Correr, Donà delle Rose 23, f°23 v°.

524. Heinrich BECHTEL, *op. cit.*, p. 52, note 6, à Erfurt, en 1511, 54 p. 100 des censitaires dans la dernière classe des possédants de 0 à 25 florins, 15 p. 100 des personnes "*ohne jedes Vermögen*".

525. Cf. *L'Unterschicht*, colloque franco-allemand de 1962 de prochaine publication.

526. A. d. S. , Venise, Senato Terra 22, Trévise, 22 juillet 1555; Trévise, 30 juillet 1555; Brescia, 11 août 1555, incendie de Tizzo.

527. A. d. S. , Naples, Sommaria Consultationum 2, f°s 68 v° et 69, 27 juillet 1564.

528. *Ibid.* , f°59 v°, 22 mai 1549.

529. Se reporter à l'ouvrage général de Noël SALOMON, cité p. 349, note 8.

530. J. GENTIL DA SILVA, "Villages castillans et types de production au XVIe siècle", in: *Annales E. S. C.* , 1963. n°4, pp. 729—744.

531. A. d. S. , Naples, Notai Giustizia 51, f° 5, 17 octobre 1520, 36 ducats à payer en draps neufs; *ibid.* , f°s 177 v° et 178, 24 août 1521, un esclave noir de 12 ans, 36 ducats, *ibid.* , 66, f°s 151 v° et 152, le prix d'un cheval, 33 ducats.

532. *Ibid.* , Sommaria Partium, 595, f°18, 28 janvier 1569, un esclave noir, âgé de 30 ans, acheté à Lecce 60 ducats.

533. *Ibid.* , Sommaria Consultationum 9, f°303—305, Naples, 18 juin 1587.

534. A. d. S. , Venise, Senato Mar 145, 24 mars 1600.

535. Voir J. MATHIEX, "Trafic et prix de l'homme en Méditerranée aux XVIIe et. XVIIIe siècles", in: *Annales E. S. C.* , 1954, pp. 157—164.

536. Simancas Napoles, E°1046, f°25, Com^{or} Giron à S. M. Naples, 17 septembre 1554.

537. Museo Correr, Donà delle Rose, 46 f°65, 11 mars 1487: il s'agit de *stradioti* employés en Morée. Voir la réflexion prêtée à Charles Quint, *infra*, II, p. 91. En 1522, les janissaires toucheraient de 3 à 8 aspres par jour, donc à 50 aspres par ducat, de moins de 2 ducats à moins de 5 ducats par mois (Otto ZIERER, *op. cit.* , III, p. 29). A Zara, en 1553, un bombardier touche 40 ducats par an. Mais le bombardier est un spécialiste.

538. Les constatations que permettent les archives ragusaines sont sans ambiguïté. De très nombreux contrats entre maîtres et serviteurs conservés dans les registres de Diversa di Cancellaria (ainsi vol. 98, 122, 132, 146, 196) m'ont permis un rapide sondage. Pour les apprentis, catégorie à part, il n'y a formellement pas de rémunération prévue à la fin du stage, mais selon les pratiques du métier, le nouvel artisan reçoit un vêtement, des souliers neufs, ses outils . La rémunération en argent , pour les autres , est octroyée à

la fin du contrat (de 2 à 5, 6, 7, 10 années) et s'ajoute aux avantages en nature (logement, habillement, nourriture, soins en cas de maladie). Cette rémunération calculée par année de service s'élève peu à peu: de 1 à 2 ducats d'or en 1505—1506; à 2,5 en 1535; à 3,4 et 4,5 en 1537 et 1547; à 3 (légèrement au-dessous ou au-dessus) en 1560—1561; à 4 en 1607; à 8 et 10 en 1608. Compte tenu de la dévaluation du ducat, la situation ne s'améliore guère avec les années. Il y a là un *plafond* structurel.

539. Voir le tableau d'Hektor AMMANN, *supra*, p. 413, note 4.

540. A. d. S. , Venise, Senato Terra 15, f°106.

541. Museo Correr, Donà delle Rose 26, f°46 v°.

542. *Ibid.* , f° 48 v°.

543. *Ibid.* , f° 100.

544. Bien établie pour la période 1572—1601 par les réclamations des boulangers: les salaires ont doublé dans l'intervalle, Museo Correr, Donà delle Rose, 218, f°302.

545. A. d. S. , Senato Mar 23, f°s 36 et 36 v°, 29 septembre 1534, soit un peu plus de 63 ducats par an.

546. Museo Correr, Donà delle Rose, 161, f°80, 1606, il y a à la Zecca 72 salariés (54 pour l'argent, 18 pour l'or). Au total annuellement 5,280 ducats, moyenne presque 72 par salarié, il y a en moyenne surpaiement des personnes qui s'occupent de l'argent. Parfois un employé occupe deux postes.

547. Museo Correr, Donà delle Rose, 161, f° 208 v°, 1586, 28 secrétaires, total des salaires 2,764 ducats.

548. A. d. S. , Venise, Senato Terra 23, Venise, 20 mars 1556.

549. Juan REGLA, *in*: J. VICENS VIVES, *H. Social de España*, *III*, p. 300.

550. Frank C. SPOONER, "Régimes alimentaires d'autrefois, proportions et calculs en calories", in: *Annales E. S. C.* , 1961, n°3, pp. 568—574.

551. A. d. S. , Naples, Sommaria Consultationum 3, f° 204 et *sq.* , 8 mars 1571.

552. Piri RE'IS, *Bahrije*, ed. par Paul Kahle, 1926, *Introduction*, II, p. XLII.

553. Foulquet SOBOLIS, *Histoire en forme de journal de ce qui s'est passé en Provence depuis l'an 1562 jusqu'à l'an 1607*, 1894, p. 245.

二　经济：贵金属、货币和价格

贵金属的作用似乎从来没有像在 16 世纪那样重要。当时的人毫不犹豫地把贵金属放在首位，17 世纪的经济学家更对此事大加渲染。有些人认为贵金属是“人民的养料”；[1] 另一些人则认为金银交易比商品交易对我们的生活更加重要。一位喜欢夸夸其谈的威尼斯人甚至说，金属不管是黄的还是白的，“都是每个政府的神经，决定政府的脉搏跳动，构成政府的精神和灵魂，赋予政府以存在和生命(l'esser et la vita)……它能主宰一切，克服任何困难……有了它，也就有了一切。没有它，一切都会变得死气沉沉”。[2]

主宰一切(Patron del tutto)，这个说法还有争议。货币并不是人们津津乐道的万能动力。贵金属的作用取决于历代留下的储备和以往的意外事件，同时也取决于货币流通的速度，取决于国与国之间的交往、经济的竞争、国家同商人的关系，甚至取决于“民众的意见”。[3] 正如经济学家所说的那样，货币往往只是掩盖现实、财富、服务和交换的一道屏障……归根到底，金、银(甚至还可以加上铜)并不单纯地积累成同质的金属储备。金属货币本身也互相冲突，互相竞争。[4]

试举一例，金币的每次升值(和银币相比)都促使金币大量涌来。它立刻扮演“劣币”的角色，取得有利地位，逐走良币(银币)。这类事情的发生，都不完全是偶然的……这种事之所以持续地在威尼斯反复出现，难道不是为了利于大量出口白银，活跃威尼斯市政会议对黎凡特的贸易吗？这是一种不寻常的逆向运动，[5] 有其必然的后果和限度。黄金涨价使汇率自动提高，使生活更加昂贵。因此，1603 年，25 万西昆[6] 又从土耳其帝国反常地回到了威尼斯。在同一时期前不久，托斯卡纳大公从事了一次投机买卖。他通过其代理人向威尼斯的铸币厂出售 20 万金埃居，不冒任何风险就赚到 1.2 万埃居。一个威尼斯人评论说，"这是我们的无知"造成的。威尼斯人希望黄金和白银之间有个恰当的比价，正如面粉和小麦一样。[7] 后果不难预见：银币的相对不足，更为那些分量轻、成色差的银币广开大门，而威尼斯随后却不得不费很大的劲再把它们从流通中清除出去[8]……产生所有这些流弊的部分原因，难道不正是威尼斯必须向黎凡特地区输出白银吗？

以上的解释并不是当时的人作出的，但它却赋予西西里岛的奇怪地位以某种意义。至少从 1531 年以来，同白银的价格相比，那里的黄金价格历来偏高（比价为 1∶15）。由于这种"不相称的比价"，西西里不断失去银币。人们愿意用黄金购买银币，然后加以熔铸。那不勒斯造币厂往往以此谋利。[9] 这类咄咄怪事究竟对谁有利呢？为什么能持久存在？问题尚有待我们弄清。

在其他地方，金银的交易更是多种多样。[10] 但是，自从人们注意货币——良币和劣币，硬通货和软通货，金币和银币，甚至纯铜币和青铜币，以及金属货币和纸币等——的性质和互相运动，货币兑换就逃脱不了人们的观察。从财富或财产的一般意义上讲，"金钱"从来不只具有单一的同等的性质。

1. 地中海和苏丹的黄金

贵金属流向东方

乍看起来,贵金属在地中海地区的流通似乎是极其普通的事。很多世纪过去了,这种情况没有丝毫改变。不管贵金属来自何处——古老的塞尔维亚银矿,阿尔卑斯山脉,撒丁岛,苏丹或埃斯俄比亚的淘金地,甚或索法拉的淘金地(通过北非和埃及运出),因河河谷边的施瓦茨银矿,匈牙利的诺伊索尔,萨克森的曼斯菲尔德,布拉格附近的库滕贝格,厄尔士山脉的银矿,[11]新大陆的矿山(从16世纪初开始)——这些贵金属一旦进入地中海的生活,就会持续不断地流向东方。在黑海、叙利亚和埃及,地中海长期存在贸易入超。只是由于金银输出,地中海的贸易才能到达远东。但这种贸易有损于地中海本身的金属储备。有人甚至认为,正是贵金属的大量流失促成了罗马帝国的瓦解。这种说法尽管存有争议,但却是可能的。人们甚至在锡兰都可以找到朱利亚·克劳狄王朝时代的货币。[12]这是事实。

然而,地中海不断设法限制这种大丧元气的输出。在罗马帝国时代,亚历山大曾用玻璃器皿支付其在远东地区[13]采购的部分产品。中世纪时,西欧用输出奴隶的方法来代替输出金、银。拜占庭在查士丁尼时代兴办了养蚕业,成功地限制了货币向东方的输出。[14]这些尝试其实只是表明,由于远东向地中海出口很多而进口甚少,而地中海不断地需要向远东支付货币,这种状况天长日久,使地中海财力衰竭。

这样，在盛产香料、药材和丝绸的亚洲的辽阔土地上，由威尼斯、热那亚或佛罗伦萨轧制的金币和银币，后来还有著名的西班牙本洋，将于16、17世纪广为流通。为使这些货币进入地中海的流通渠道，往往需要付出极大的耐性，如今它们却流到了东方。大体上看，地中海好像是一部不断积聚金属的机器，而且多多益善。[15]积聚起来的贵金属最后却又转交给印度、中国和南洋群岛……地理大发现虽能引起道路和价格的巨变，但是丝毫没有触动以上基本事实。这大概是因为，对西方人来说，获得东方的珍贵食品，尤其是胡椒，是件一本万利的事。根据一个威尼斯人的说法，胡椒“带来其他一切香料”；这大概也因为，在16世纪以前，贵金属的购买力在东方比在基督教国家更高。按照安东尼奥·塞拉的估计，1613年左右，威尼斯虽然为了节约金属储备，输出呢料、玻璃器皿、镜子、五金制品和铜器等，但每年仍向黎凡特输出500多万枚钱币。[16]威尼斯商人在黎凡特[17]以及从叙利亚到波斯湾的各个海港都有当地商人为他们充当经纪人和代理人，这些人的任务就是了解情况，发出“警告”，[18]守候有利的交易时机和进行日常的以货易货业务，也就是说，从事不掏腰包的买卖活动。由于交易有利可图，商人很想缩短这些迂回曲折和采用现金结算。1603年，里亚托银行的一个专家曾写道：[19]“资本（现金）总是以商品的形式以黎凡特收回。”塔韦尼埃在1650年曾这样记载：“按照习惯，从黎凡特回来都不带钱，而是在那里购买有利可图的好商品。”[20]1668年威尼斯的一个报告更明确地指出，把西班牙本洋（pezze da otto di Spagna）运进埃及，可以获利30％[21]……

这些在16世纪和17世纪大体相似的贸易足以表明,货币单向流动的局面已达到令人难以置信的程度。在基督教世界各地通行无阻的汇票,在伊斯兰世界极其少见,以致人们可以得出结论说,[22]汇票在伊斯兰世界并不存在。基督教商人总是为付款感到为难。他们在黎凡特只能以高利贷借款,利率高达40%以上。拉古萨1573年的文献资料表明,在埃及的葡萄牙犹太人就是以这种利润贷款的[23]……在叙利亚,1596年,威尼斯商人急于抢购,不顾价格如何,最后以30%至40%的利率向"土耳其人"借贷,因而造成不止一次的破产。这对于整个民族来说,是极不光彩的事。[24]此外,在西方城市中,从一开始就存在着铸币黑市。在威尼斯,一些小银行门窗紧闭,照样进行地下货币交易,[25]尽管十人委员会有时查禁很严。[26]

在16世纪最后25年内,法国人、英格兰人和佛兰德人(即荷兰人)在黎凡特的古老贸易中普遍占有主要地位,这是因为他们收购任何商品都支付现款。他们打乱了传统的习惯,使古老的威尼斯商行处于困难的境地,使价格无限制地上涨。这些新来者的做法多么外行!后来,法国人仍然忠于这种现金交易,[27]但英格兰人和荷兰人很快地就成功地推销出他们的商品,如粗呢绒、铅、铜、锡等。1583年,英格兰购买的货物仅四分之一用现金付款。[28]

而且即使这笔货币也待筹措。地中海的各大商港——热那亚、里窝那、威尼斯、安科纳,有时还有那不勒斯——提供的外汇必须用商品或服务换取……实际上,所有这些水池都不是真正的源泉。它们的钱都从西班牙和塞维利亚直接运来。英格兰人所以宁肯在意大利的港口转道,这是因为在1586至1604年期间,进入西班牙港口相当困难。

富有黄金、后来又富有白银的塞维利亚和西班牙虽力图闭关锁国，但未能阻止贵金属外流；地中海世界和当时世界的贸易活跃正有赖于此。然而，这种供应是一种崭新的革命性行动，实际上比地理大发现的日程表所安排的时间更近。

苏丹的黄金：先例

16世纪以前，也就是在美洲的金、银到来以前，地中海已经在或近或远的沿海地带（一般相当远）找到其贸易所不可缺少的贵金属。这是一段悠久的、大体上已为人们所熟知的历史。只是最后的阶段（无疑于16世纪中叶告终），即我们简称为苏丹黄金的阶段，可能尚未充分阐明，至少在不久前是如此。[29]

700

大胆的历史学家把撒哈拉贸易开始的时间定在10世纪。但是所有的情况都让人想到，撒哈拉的贸易可以追溯到更远的过去，甚至早在公元2世纪骆驼到达撒哈拉以前，因为直到2世纪，“加拉曼特人的马和牛在叙利亚沙漠上拉车”。[30]可能在10世纪之前，[31]来自苏丹的金砂就已经到达北非，并在10世纪以后在南方的尼日尔河曲导致一些组织严密和光辉的国家的建立。与此同时，在北方的马格里布，黄金有助于奥兰和阿尔及尔等新兴城市的诞生。西班牙的伊斯兰武装于10世纪就已在休达等地设置据点，[32]并在北非找到了铸造迪拉姆金币（dirhems）的原料。

但是，苏丹的黄金不仅是北方和西班牙繁荣的基地。伊斯兰在西部的这一大片地区在12世纪仍然不通海路，只得自给自足。苏丹的黄金同地中海的整体历史相联系，并进入地中海的总的流通区域，要从14世纪开始，也许从1324年马里国王曼萨·穆萨轰动一时的麦加朝圣开始。[33]黄金的供应者北非逐渐变成整个地中海的动力。15世纪，基督教商人[34]涌入北非。他们随意在休达、丹吉尔、非斯、奥兰、特莱姆森[35]、布日伊、君士坦丁堡[36]和突尼斯等地安家落户。在这以前的几个世纪，曾经有过冒险的士兵来到北非，曾经有过海盗的袭击，例如菲利普·多里亚1354年[37]对的黎波里这个"富有黄金的城市"的袭击。也有过宏大的征服计划，例如阿拉贡人和卡斯蒂利亚人的征服计划。[38]到了15世纪，一切都属于商人。历史不再讲述别的，只讲述贸易条约、特权、购买和交换。由于土耳其人的推进，基督教商人在东方遇到障碍，但他们在北非得到了补偿。[39]马格里布首先向加泰罗尼亚人、马赛人、普罗旺斯人[40]、拉古萨人[41]、西西里人[42]和威尼斯人开放。他们的定期航行通常抵达的黎波里、突尼斯、阿尔及尔、波尼和奥兰等地。马格里布也向热那亚人开放。1573年，西班牙人乘胜进占突尼斯，当地的热那亚商馆已不复存在，留下的只是商馆的蓄水池。在特莱姆森这个"诚实的商人城市"，所有的基督教国家都有它们的代表。贡扎格家族的代理人是纯种马的买主，往返于突尼斯、奥兰、热那亚或突尼斯等地，随身带着汇往柏柏尔的汇票（款项由在柏柏尔定居的基督徒商人签章承兑），或者带着非常碍事的马匹乘坐威尼斯船只返回。[43]1438年，阿方索五世向备受饥饿折磨的的黎波里和突尼斯供应西西里小麦，用支付的黄金轧制2.4万枚威尼斯杜卡托，充当对那不勒斯作战所需的经费。[44]

在黄金和奴隶的帮助下，商人往南一直渗透，深入到图瓦特和

尼日尔。[45]基督教国家所能够提供的并在北非商业街道上见到的各种商品，例如布匹、粗亚麻布、五金、小商品等，都越过了撒哈拉沙漠。马格里布的政治不统一，更适于这些商品大量涌入和转口过境。马格里布大体上分成三个地区（由历史形成的三个地理、文化和政治区域）：梅里尼德王朝的摩洛哥、瓦哈比特王朝的特莱姆森和哈夫西德王朝的易弗里基叶（突尼斯）。但是，每个地区都有许多自治和分裂的倾向，有许多荒山和独立的城市！奥兰和休达是真正的城市共和国。因此，把北非看成一片荒野是错误的（最了解情况的人也犯这样的错误）。14 和 15 世纪，城市在北非发展起来，同其四周有时显得很不相称。这些城市在生活上不只是朝向地中海，同时也朝向南方，朝向黑人地区，朝向苏丹的穷乡僻壤。从撒哈拉的边境到几内亚湾的海岸，这些联系正如马加尔拉埃·戈丁诺所写的那样，形成一个具有"静止的地理、经济条件"的古老的结构体系。[46]

贸易以五种商品为主：金砂（tibar，赤金[47]）、黑奴、青铜、盐和纺织品。黑非洲人拥有前两种。交换基本上在北部的骆驼商队和南部的驮运队或独木舟之间进行。从整体上讲，北部占优势，也就是说，伊斯兰商人以及靠近地中海的西方商人占优势。据说，1450 年在马里用盐可换等量的黄金。[48]根据非洲人莱昂的说法，1515 年间，威尼斯的纺织品在廷巴克图售价极高，当地贵族为此对黎凡特的商人和马格里布商人负债累累。[49]这就是总的经济形势。但是局部的经济形势也在起作用。归根结底，对黄金来说，一切都取决于三个淘金区的生产的弹性。这三个区毫不神秘。现在人们还知道，[50]它们是：上塞内加尔、上尼日尔和几内亚海岸。

在几内亚的葡萄牙人:黄金不断到达地中海

葡萄牙人沿着非洲的大西洋沿岸推进,这是一个重要事件。探险者和柏柏尔的摩尔人在布朗海角已有了接触,少量金砂从此改变路线运往大西洋。将近1440年,葡萄牙人到达几内亚湾,在各大河口的当地集市上,奴隶、黄金和象牙可换取色彩鲜艳的、但质量几乎总是很差的纺织品,换取戒指、手镯、铜盆、粗盆、粗毛织品,还有小麦和马匹。1444年,第一批黑奴抵达葡萄牙的拉古什。1447年,葡萄牙制作了第一种国家金币克鲁扎多(cruzado)。1460年,航海家亨利临死时,几内亚湾沿岸一切几乎都已就绪。1482年1月,圣乔治达米纳城堡在几个星期内突然修建起来。这标志着征服的完成。这座城堡是用从葡萄牙送去的材料,特别是用预先切削好的石料修建起来的。

毫无疑问,贸易(黄金,奴隶,象牙,假胡椒,包括几内亚胡椒)也随之繁荣起来。黄金的开采既是以国王的名义,也是以个人的名义进行的。从1500年到1520年,每年输出的黄金可能达700公斤。[51]1520年以后,黄金生产明显衰退,将近1550年时更出现了长期的危机,直到16世纪80年代以前,或者更确切地说延续到17世纪以前。当荷兰人1605年开始进行开采时,可以分为三个时期:从1440年到1520—1550年是明显的活跃时期;然后1550—1600年是长期衰退时期;最后是从17世纪开始的恢复时期。[52]

从1520年到1600年(这是一段漫长的岁月)的长期衰退,是最难于解释的。下面三种解释可以接受:在发展减缓的年代里(证据很多),有英、法和西班牙的竞争;对葡萄牙舰队和驻防部队来说，开采费用上涨，黄金变得过分昂贵(这些理由可信)；最后，存在着美洲黄金的竞争。新大陆首先向欧洲提供黄金，1551—1560 年向塞维利亚官方提供了 43 吨，即每年提供 4 吨，而大西洋沿岸的非洲地区最多每年提供 700 公斤。

但是，重要的是要指出：撒哈拉运往非洲和地中海的黄金并没有因从 1440 年到 1520 年由大西洋运送黄金而中断。西西里岛轧制货币以及从这个岛上转运出金币和金锭。这两件事向我们提供了这方面的证据。1489 年[53]，就像在 1455 年，西西里小麦大量运往非洲(7.5 万公担)，换取运回大约半吨黄金。其他的证据是威尼斯人的活跃。[54]实际上，柏柏尔的船队继续经常在马格里布中途港停留并在那里装载黄金。1484 年 12 月，这些船只中的两艘被西班牙天主教国王的舰队俘获。威尼斯指责说，“大量黄金被抢走”。1505 和 1506 年，威尼斯商人米基耶尔·达莱泽[55]向他在柏柏尔的送货人作过指示，这些指示保留至今。在两次航行中，这个商人都给了他银币和布匹(第一次是威尼斯铸币厂轧制的 2000 杜卡托金币，以及一些深红色的布；第二次是威尼斯铸币厂轧制的 3000 杜卡托，另加阿勒颇羽纱和粗呢绒)。它们用以交换 tanti hori boni，orj che sieno boni，这实际上是指金砂；船队到达西班牙后，送货人把这些金砂运到巴伦西亚铸币厂熔化；如有可能，就用它们购买羊毛。

大约 10 年后，黄金贸易仍在进行。1519 年 7 月 15 日，三艘轻型船奉命离开科孚岛，从突尼斯把柏柏尔的船只和其他船上的黄金及贵重物品运往扎拉。[56]1521 年 6 月也有类似情况。商人要求把突尼斯港口的黄金运往威尼斯。[57]档案里保存着许多有关这种贸易的证据。[58]也许有人会说，这是衰落的贸易的残余。然而，这个有

利于葡萄牙贸易的大西洋缺口打开了几乎四分之三个世纪。在法国方面,情况发展演变的年表差不多相同。在蒙彼利埃造币厂有人说:“柏柏尔的贸易完蛋了。”但在1518年有人又补充说:“来自那里的金粉(les pailloles)运往其他方向,而不是本造币厂。”另一个人说:“柏柏尔产地由于战争不再向外运黄金了,”不过说话时是1526年10月10日。[59]柏柏尔船队的最后一次航行发生在1525年。因而,如果我们对十人委员会后来的一项决议[60]理解正确的话,那么大约在那时前后,在1524年,到达威尼斯的黄金和要重新熔铸的金币越来越少。尽管如此,从1524年到1531年,[61]威尼斯仍然轧制了29617马克的金币,即每年轧制4231马克——三倍于大西洋方面船舶装运的苏丹黄金。威尼斯的黄金不仅仅来自北非市场。

但是,由于缺少明确的文献资料,人们会问,杜卡托的变化的背后究竟是什么。1517年,杜卡托已不再是真正的金币,而变成了一种记账货币,从此以后永不变动的兑换率是1杜卡托兑换6里尔4索尔迪。我们不应得出这样的结论——认为记账货币等于我们的钞票(尽管这样对比有时不无裨益),1517年的形势可与我们现今的通货膨胀危机相比,并以此为根据——即威尼斯的货币不再是金本位。作为一种现行货币,杜卡托只是刚刚归入不兑现货币,与索尔迪、里拉一样都是记账货币,但以它为首。1517年,真正货币西昆等于6里尔10索尔迪(比杜卡托多6索尔迪);十年后,在1526年,它等于7里尔10索尔迪。[62]难道这仅仅是为吸引黄金而付出的高价?

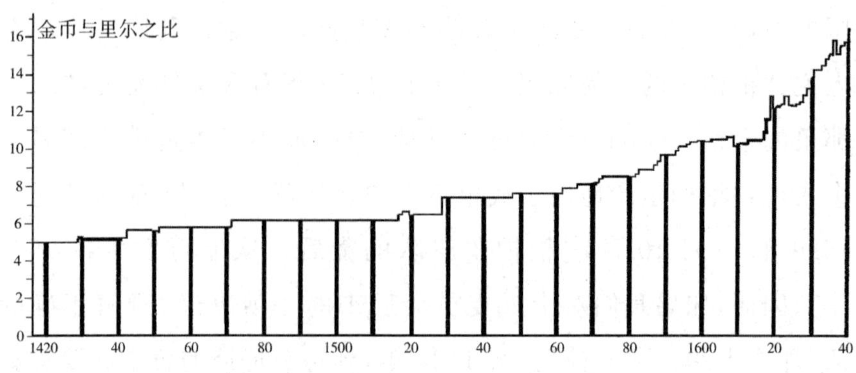

图 38　威尼斯西昆的兑换率

黄金贸易与总的经济形势

黄金贸易本身的繁荣与其危机密切相关。几内亚的黄金一到里斯本就进入大规模的商品流通之中。在安特卫普，黄金遇到了德意志矿山的白银；[63]在地中海，黄金解决了国际收支问题。同样，最初到达塞维利亚的美洲黄金也不可避免地进入商品流通之中，而地中海也得到了它的一份。在新大陆发现之前，塞维利亚就已向威尼斯商人供应非洲黄金；其后，它又供应他们美洲黄金。16 世纪 20 年代在海洋——大西洋和地中海——两个侧面发生的危机，看来可能是美洲黄金输入造成的后果。当时班布克的黄金失去了一些外国买主，只在最广义的北非找到了一个市场；这在整个 16 世纪都有记载。

但是，美洲黄金的开采并不能胜任其任务，在 16 世纪中叶以前，可能早在 1530 至 1534 年，实际上产量就突然下降了。由于有了两部优秀的论著（其中一部已经出版；[64]另外一部尚未出版[65]），我们对美洲黄金的开采情况了解得比过去更清楚了。由此产生的

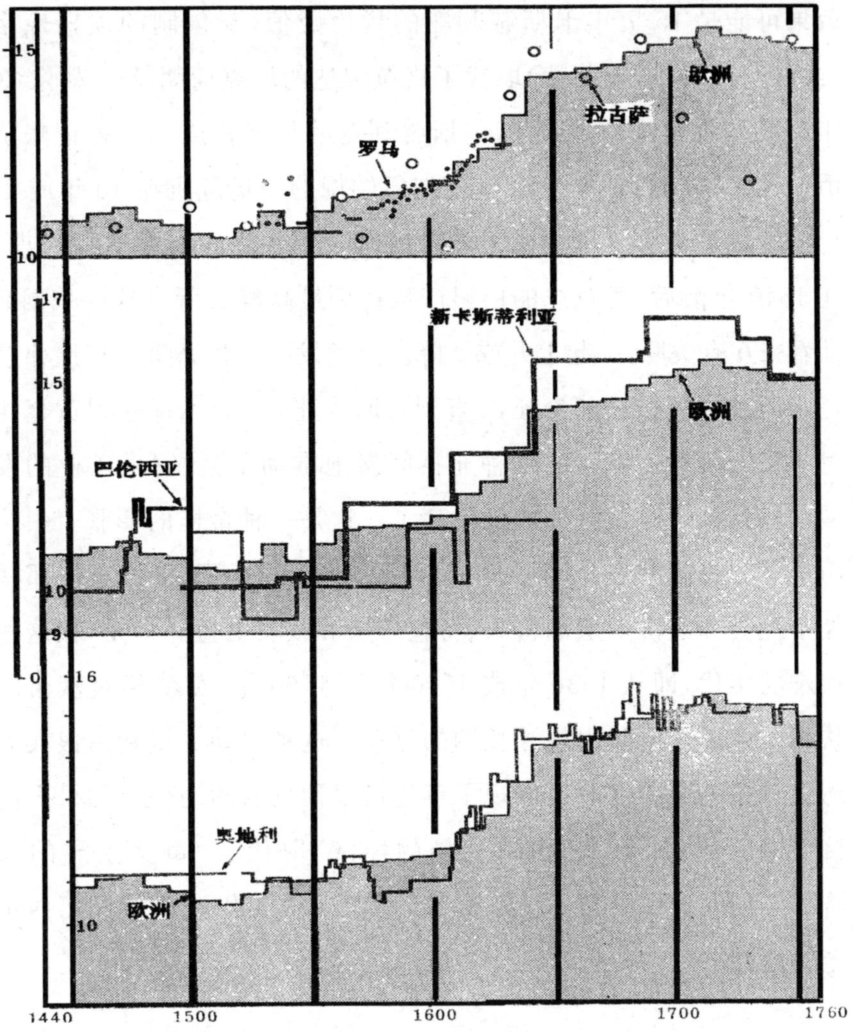

图 39　黄金与白银之比

本图表原载《剑桥经济史》第四卷（第七章，F. 布罗代尔和 F. C. 斯波纳著）。正如表上阴影区所显示的那样，金属比价（金、银之比）的欧洲平均数直到 18 世纪初大体上都在不断恶化。与欧洲这条平均线相比，可以看到第一图上的罗马和拉古萨（一些零星的数据）的、第二图上巴伦西亚与新卡斯蒂利亚的以及第三图上奥地利的实际市价的差额。这些自发或人为的差额引起货币、黄金、白银根据情况因投机活动而流动。注意金价在 17 世纪的急剧上涨。

后果可能是 1537 年卡斯蒂利亚的货币贬值，新创制的埃斯库多（或科罗纳，皮斯托莱特）取代了格拉纳达的埃克斯朗特。[66]就像 20 年后威尼斯的杜卡托那样，卡斯蒂利亚的杜卡托成了一种记账货币。就这样，在 16 世纪 20 年代初显端倪的一场危机在 10 年或 20 年后变成了事实。据约翰·内夫的说法，[67]大约正是在这一时期，在 1540 年前后，德意志的白银产量达到最高峰。所有这些采掘活动看来互有关联，一起上升或下降。究竟发生了什么事？按照弗兰克·斯波纳的描述和论证，[68]直到那时为止，经济一直受到黄金相对膨胀的刺激。黄金的这种充裕间接地推动了银、铜采矿业的发展，因为银、铜对黄金的比价提高了。这是一种奇怪的膨胀。一位历史学家想就此建立膨胀模式，可谓大胆。这种膨胀只会使那些处于社会和经济上层的富人、特权阶层和权贵受益。但是，在这些艰难的年代，即从 1530 年或 1540 年至 1560 年，黄金相对富裕的状态结束了。由此出现了长期的浮动。这种浮动一直到白银大大膨胀时才结束。这时还发现了事先可以预见到的动荡。如果人们接受这一用语，那么“白银主导的经济”取代了“黄金主导的经济”[69]，同时这一情况一直延续到 17 世纪 80 年代，[70]延续到巴西黄金的最初出现。[71]

北非的苏丹黄金

我们先离题说明一点：我们既不知道在 1520 到 1540 年这一关键时期北非发生了什么事，也不知道西方和柏柏尔之间黄金贸易中断的原因到底是什么。西班牙的入侵[72]（1509年占领奥兰；1510年占领的黎波里；1518年占领特莱姆森[73])可能产生了作用。另一可能性更大的因素是土耳其和埃及伊斯兰再征服运动的"浪潮"。这个浪潮使马格里布免于成为一个"欧洲市场",而这在当时是可能的。[74]不管怎样,虽然黄金输出到西地中海地区实际上停止了,[75]但苏丹的黄金后来还继续供应北非的城镇,尤其是在有利于土耳其和阿拉伯国家的贵族的秩序在那里恢复以后。撒哈拉的黄金用以铸造"吕比亚"、"齐亚纳"、"多布拉"、"索尔塔尼纳"(或西昆)这些阿埃多在16世纪末曾提到的货币。[76]后者是在阿尔及尔用纯金轧制的,其他货币则是在特莱姆森用成色较低的黄金轧制而成。据一位英格兰观察家的说法,它们"当然是金的",[77]阿尔及尔妇女的手镯就是用这种金子制作的[78]。特莱姆森的金子流通范围远在突尼斯以东,在诸黑人国家以南;它还深入卡比利亚山区,流通于"奥兰地区"。迭戈·苏亚雷斯在16世纪末写道:[79]"过去,这些省份的金币比土耳其占领这一王国后要纯得多。"摩洛哥的莫蒂卡尔也是用苏丹黄金轧制的。1580年左右,这种货币在阿尔及尔五光十色的货币市场上比币面价值还高。[80]1573年10月,唐·胡安占领突尼斯。他决心在那里坚持下去,就让人把一份长篇报告带到马德里。这份报告相当奇怪地列举了突尼斯哈夫斯王朝统治者的全部收入。除关税、税收和通行税外,报告还提到"蒂瓦尔的金粉":习语的同义叠用无关紧要;毫无疑问,不应从字面上理解唐·胡安所列举的所有条目。因为他希望把突尼斯描绘成具有各种优势条件的城市。但是,他所描述的细节不太可能是完全杜撰的。[81]不管怎样,的黎波里不只是仍在经撒哈拉路线被贩运来的黑奴的集结地(据1586年的记载)[82],而且是金粉的集结地。[83]没有任何事实表明17世纪时黄金没有被带到突尼斯这

一机遇众多的城市，这一地中海的“上海”。[84]实际上，相反的情况会令人吃惊。

最后一个证据。如果没有来自黑非洲的黄金和奴隶的吸引力，那么像1543年、1583年和1591年[85]（最后一次以占领廷巴克图告终）王公们对撒哈拉的远征，以及1552年萨里赫·赖伊斯对瓦尔格拉的远征，[86]就不太容易理解了。戈迪尼奥把摩洛哥“乔尔法”（Chorfa）的兴起和黄金贸易的恢复联系在一起，这种论断是有力的。16世纪临近结束时，苏丹黄金在大西洋航路[87]以及马格里布地区重新出现。马格里布也许从中找到一个充分的理由来加强它和基督教国家的关系。实际上，如果所有这些迹象不会使人弄错的话，那么马格里布在当时正在出现某种程度的经济复兴。[88]

2. 美洲白银

接替非洲而成为地中海黄金来源地的美洲，在更大程度上取代德意志银矿而成为地中海白银的来源。

美洲和西班牙的财宝

完全是由于厄尔·J.汉密尔顿的研究，我们可以通过官方的数字和文献资料了解到美洲财宝进入西班牙的种种情况。16世纪时，美洲财富通过船运最初几次到达，但数量不大。1550年以前，它们中既有金也有银。只是到了16世纪下半叶，黄金输入才变得相对不那么重要了。从此以后，大帆船运到塞维利亚的唯有白银，而且确实数量巨大。这是因为在美洲已开始按照新方法用水银来处理银矿石。这项汞合金的革命性技术 1557 年由西班牙的巴尔托洛梅奥·德·梅迪纳引进新西班牙的矿山,从 1571 年开始在波托西应用[89],使出口增加了 10 倍,并在 1580 年至 1620 年间达到顶峰;这个时期正好和西班牙帝国扩张的盛期相吻合。[90] 1580 年 1 月,D. 胡安·德·伊迪亚克斯致函格朗韦勒红衣主教:“国王有理由说,皇帝……从未像他那样为他们事业汇集了如此多的白银……”[91]据蒙克雷蒂安的说法,[92]西印度开始使他们的财富“溢出”。

大量白银流入了这个传统上实行贸易保护政策、关卡林立的国家。未经多疑、热衷于监视贵金属进出的政府的首肯,什么也别想进入或流出西班牙。因而,在原则上,美洲巨额财富进入一个密封的器皿之中。但是,西班牙的绝缘措施并非完美无缺……不然,西班牙的几届议会就不会在 1527 年、1548 年、1552 年、1559 年和 1563 年[93]一再抱怨贵金属流出西班牙了。在议会看来,这种流出令国家陷入贫困状态。不然,人们也不会那么经常地说西班牙诸王国是“其他外国王国的西印度”了。[94]

事实上,贵金属不断地从西班牙的保险柜中流出,周游整个世界;这尤其是因为每次外流都意味着贵金属当即增殖。[95]同时一些卖主可以自己要价……蒙克雷蒂安甚至在 17 世纪时还写道,念及西班牙人需求助法国人以得到珍贵的帆布,“如果说他们有船舶,那么我们就有翅膀”。[96]不过,不谈别的,就是船帆帆布或者小麦也都是不付现款买不到的商品。由于地中海和其他地区的商人都急需得到货币,因而大量货币走私就没有什么奇怪的了。例如,一艘法国船——圣马洛的“新月”号——因为进行非法白银交易而在安达卢西亚被扣留。[97]另外一次，两艘马赛船在利翁湾被扣，船上装满西班牙钱币。[98]1567年，弗朗塞斯·德·阿拉瓦汇报称，大量银子流入法国。[99]他说："他们从里昂写信告诉我，根据这个城市的海关的账册，人们可以了解到，90万杜卡托从西班牙运进里昂，其中包括40万金币……这些货币藏在皮货里自阿拉贡运来……它们全部经康弗朗克前来。大量货币未经陛下许可也流入巴黎和里昂……"1556年，一位名叫索朗佐的威尼斯人声称，每年流入法国的金币多达550万金埃居。[100]居住在西班牙的外国商人总是把铸币带回故土。[101]1554年，[102]葡萄牙大使汇报说，根据菲利普一开始保密的命令，胡安·德·门多萨对从加泰罗尼亚乘船去意大利的旅客进行了一次搜查，结果没收了7万杜卡托，其中大部分是从威尼斯商人身上查到的。因此，西班牙的宝藏未必总是得到很好的保护。况且，官方监督机构(历史学家往往只掌握这些证据)不可能把我们想知道的一切都告诉我们。

除非法途径外，白银也可合法地自西班牙流出。[103]对粮食供应者来说，向西班牙输出粮食，就包含着明确的被付给可以自由出口的硬币的权利。然而，最大量的白银外流是国王本人和西班牙的全球政策造成的。西班牙的哈布斯堡家族不在当地花钱，不用这些钱创办各种事业以让钱带来利益，不像富格家族那样在奥格斯堡用其施瓦茨矿的白银赢利，而是大笔大笔地花在国外。这种花费在查理五世时代数额巨大，在菲利普二世时代则大得让人难以置信——人们常说这是一项轻率的政策。有待了解的是神圣罗马帝国是否要付出这种代价，它的存在(往往仅仅是它的防务)是否可以不必作这种牺牲。历史学家卡洛斯·佩雷拉把尼德兰称为西班

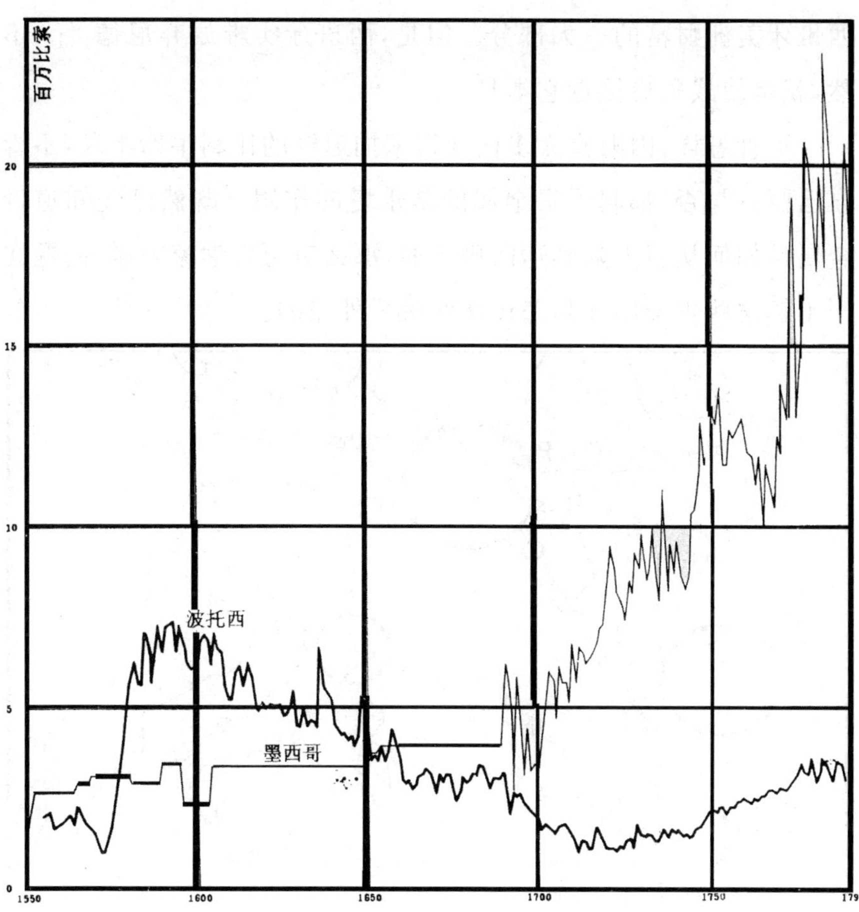

图 40　美洲白银的两个时代

此波托西曲线系据莫雷拉·帕斯-索尔丹,“殖民时代矿业的五一税和营业税的计算”,见《历史》,第 9 期,1945 年。

墨西哥轧制货币的曲线据 W. 豪,《1770 至 1821 年新西班牙的矿业公会》,1949 年,第 453 页及以下。

波托西是美洲白银的第一个重要来源。18 世纪末墨西哥矿山的飞跃发展达到了前所未有的高度。

牙非常吃亏上当的地方,因为尼德兰即使没有耗尽,至少也吞噬了西班牙美洲财富的一大部分。但是，西班牙实难放弃尼德兰。不然，就是使战争更接近它本身。

不管怎样，因财富太多而变得笨拙迟钝的比利牛斯半岛，不管自己愿意与否，都起了贵金属的蓄水塔的作用。既然已经知道贵金属是如何从新大陆到达西班牙的，那么对历史学家来说，问题在于了解这些贵金属又是怎样从西班牙外流的。

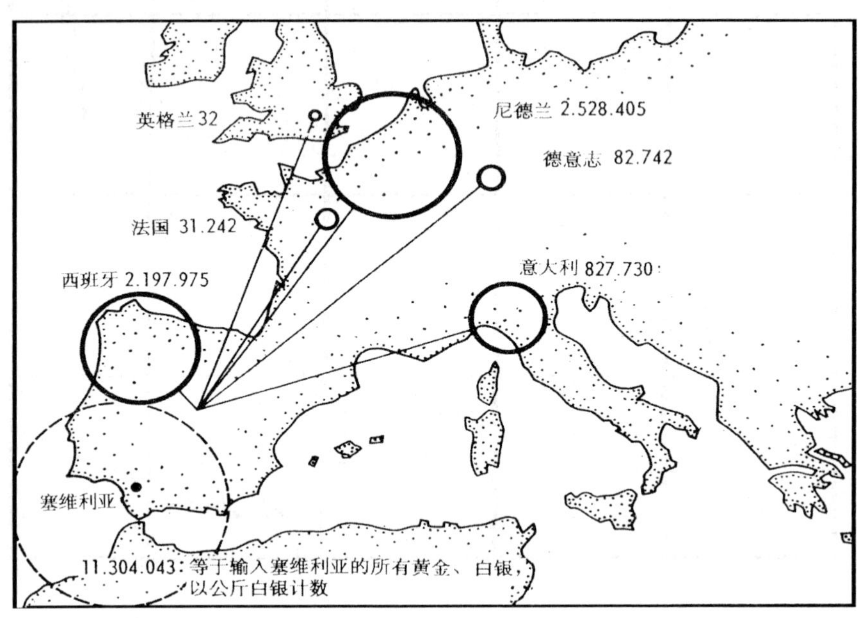

图 41　1580—1626 年西班牙在欧洲的“政治”白银

此处钱款系指西班牙国王与商人签订合同所花费的钱。从此略表可以看出，花在尼德兰的钱最多。这是人们所了解的。人们不那么了解的，按重要性排列如下：为西班牙王室和国防支付的费用(1580 年大西洋战争开始；伊比利亚半岛不得不保卫其受到威胁的海岸线)；花在意大利的钱，但数额较小；花在法国的钱，这微乎其微。法国没有卖身投靠西班牙，但内争使其自顾不暇。当然，这些钱是由西班牙政府支付的，并不等于流向欧洲的西班牙贵金属的总额。此图由 F. C. 斯波纳据阿尔瓦罗·卡斯蒂洛·平塔多的数字和计算绘制。

美洲财宝取道前往安特卫普

在16世纪上半叶，西班牙的财富流向安特卫普。这座城市至少像里斯本或塞维利亚那样(如果说不比它们更为可能)是大西洋的真正首都。安特卫普的一些文献资料曾指出，埃斯科河畔的这一港口城市和大西洋遥远的地区、西非以及巴西的早期拓殖地之间有着联系。比如，谢兹家族在圣文森特附近不是有座制糖厂吗？1531年，安特卫普交易所成立。自此时起，比斯开湾的巨型扎布拉船把西班牙的硬币运到了安特卫普和布鲁日。1544年，[104]西班牙的硬币一直是利用比斯开湾的这种帆船运输的；同年，这些船还运送西班牙的步兵，[105]就像1546—1548年[106]和1550—1552年那样。[107]

这一运输众所周知。1551年春，威尼斯的驻外使节通知威尼斯市政会议，来自秘鲁的价值80万杜卡托的白银要送往尼德兰轧制，利润为百分之十五。作为交换，尼德兰要供给西班牙大炮和火药。[108]1552年是因斯布鲁克之年，查理五世的悲惨处境使西班牙小心谨慎的闸门大大打开了。[109]因而，尽管私人渠道进行的硬币输出有所减少，国家财库的硬币输出却大大增加了。这一切并没有阻止设在西班牙的外国商号利用他们往往是政府出口代理人的身份继续向外发运硬币。[110]对它们来说，金属外流是生死攸关的问题。1553年，西班牙的白银正式到达安特卫普付给富格家族。[111]

由于偶然的机会，英格兰也分享到了好处。1554年，未来的菲利普二世的旅行给该岛带来巨额钱款。它们使1550年时处于行市最低点的英格兰货币恢复了好运。[112]在1554年和1559年(斯年他回到了西班牙)之间，菲利普先在英格兰，后在尼德兰逗留，通过大西洋海路获得不断的白银供应。[113]在1557至1558年艰苦的战争年代，载运金、银的船舶的到达，是安特卫普港口的重大事件。一份报告称，今天，1558年3月20日，四艘船自西班牙驶抵安特卫普，其间航行了10日。它们带来了20万埃居的现钱和30万埃居的汇票。[114]6月13日，[115]埃拉索致函查理五世："装在佩罗·梅嫩德斯的扎布拉船上的从西班牙运往尼德兰的最后一批白银适时到达，使我们可以支付正在招募的德意志步兵和骑兵的军饷……"

众多文献证明了西班牙白银的这种流通。最能说明问题的无疑是查理五世和菲利普二世与其放款人缔结的合同。16世纪的法国人把这些合同(asientos)称为"决定"(partis)。因斯布鲁克危机发生之后，先是富格家族，然后是热那亚的银行家，争取到在其合同上附加"准许输出"(licencias de saca)字样，即准许出口符合他们预付款额的货币。例如，1558年5月与热那亚银行家尼科罗·格里马尔迪和真蒂莱签订的两个合同，[116]除其他条款外还特别规定可以把白银从拉雷多运往佛兰德。

这种远离敌对的法国的通过海路的货币与金锭的流通，不仅对研究16世纪瓦卢瓦王朝与奥地利王家的最后斗争的历史学家来说具有极大意义。这种流通还特别表明尼德兰对查理五世的帝国来说，不只是一个练兵场，还是一个金钱市场。通过这个市场，美洲的贵金属在尼德兰进行重新分配，分别流向德意志、北欧和不列颠群岛。这种再分配对欧洲的经济活动起着决定性的作用，欧洲的经济活动毕竟并不是完全自发产生的。因此，一种交换、流通和银行放贷系统终于建立起来，以位于埃斯科河出海口的安特卫普城为起点，逐渐向上德意志、英格兰乃至里昂延伸。后者同地处北方的这个大商埠曾保持多年的密切联系。

为了进一步突出安特卫普的中心作用，必须仔细考察贵金属的供应，其规模有大有小，不一定总是十分及时。1554年前后，[117]曾出现了明显的故障，因为西班牙本身也缺少贵金属。战争不能对此承担全部责任。1554年，英格兰金融界的智囊托马斯·格雷沙姆在西班牙做了一次寻求贵金属的奇怪旅行。他的需求，或者说他的活动，使业已受到损害的信贷每况愈下。塞维利亚的银行甚至不得不中断支付。格雷沙姆写道："我担心在它们所有的破产中都有我的一份责任。"[118]和格雷沙姆相比，总的经济形势更是这些困难的制造者。

总之，这种流通，不管是否完善，对英格兰和尼德兰的经济都是必不可少的。它也许可以说明为什么长期以来西班牙和北方各国之间的关系处于不正常的和平状态。只要英格兰女王和商人能够通过安特卫普金融市场[119]的贷款分享美洲的财源，菲利普二世和伊丽莎白二世之间的谅解政策就可能实行。然而，由于1566年的危机和1567年阿尔贝公爵不祥地到达尼德兰，这种秩序，这种平衡全都遭到破坏。1568年，"女王的商人"格雷沙姆离开他通常居住的安特卫普。于是，在大西洋的庞大海域，一切都发生了变化。在这之前，英格兰海盗频繁袭击西班牙船舶或属地，但是他们往往满足于不流血的海盗行径。也就是说，从事非法贸易，而不是进行真正的抢劫。[120]霍金斯就经常得到西班牙地方当局的认可。从1568年起，无情的海盗抢劫时期开始了。[121]英格兰船只袭击装载向阿尔贝公爵供应白银的比斯开大船。[122]当然，从此以后，伊丽莎白必须放弃在安特卫普金融市场的一切借款，因为她在那里的信用已经崩溃了。她必须在本国商人[123]的帮助下采用新的金融战略。难道可以认为,这种民族主义政策[124]一方面是格雷沙姆等人的主张,另一方面又是时局所迫吗[125]?

拦截比斯开的圆头大船(zabras),并没有导致战争。英格兰把在船上缴获的金属保存起来,用于轧制新的货币。[126]英格兰甚至从西班牙商人的走私中获利。这些商人非法把白银送到装载羊毛的船上……所有这些"地下"贸易对英伦诸岛来说又是一笔意外收获。[127]这类轰动一时的事件说来话长,但我们这里感兴趣的既不是威廉·塞西尔应负什么责任,也不是各种空口无凭的指责,[128]又不是菲利普二世的那些决定。菲利普二世于1570年一度力主挑起战争。后来只是由于阿尔贝公爵的谨慎,这些决定才未得以实施。[129]外交上的惊恐、警觉不应该掩盖争吵的经济原因。

西班牙与北方之间的贵金属交易可能从1566年[130]尼德兰叛乱开始受到干扰。从1568至1569年起,这种交易实际上陷于停顿。这并不意味着从此再也没有一点货币通过原来的渠道流通。但是,运输不如以前那么畅通,数量也大大减少。只有集结的舰队才能进行运输,例如梅迪纳·切利公爵于1572年[131]率领舰队护航,强行冲破重重封锁。海上的往来联系变得要冒风险了。热那亚驻安特卫普领事拉扎罗·斯皮诺拉及其顾问格雷戈里奥·迪·弗朗基和尼科洛·洛梅利诺1572年7月在写给热那亚共和国的信中谈到:国家债台高筑,但又无力偿还;"由于天气恶劣,军事行动的影响(特别是同法国的关系紧张),西班牙的海上运输已被切断,而且经过意大利的交通也极困难,因此已经无法再到西班牙去经商了……"

1572年，梅迪纳·切利的舰队还比较小。在1573年和1574年，人们想在比斯开组建一支更大的舰队。其规模之大，即使称之为第一支无敌舰队，也不算过分夸大。这支舰队由威望卓著的首领佩罗·梅伦德斯指挥。但是他于1574年去世了。后来，由于缺乏经费，再加上疫病流行，这支舰队还没有离开港口就被拖垮了。[132]在1574年，从加斯科涅湾到遥远的尼德兰，西班牙的力量受到最后的决定性打击。此后，西班牙和埃斯科河流域之间有过一些交往联系。1575年，一支小舰队在雷卡尔德的指挥下，从桑坦德开往敦刻尔克，于11月26日到达这个港口。途中，它曾经在怀特岛停留，这说明还有可能与英格兰和解。但是，没有任何迹象可以表明，这支舰队运载的是银币。[133]

无论如何，这支舰队不足以胜任其使命。不难看出，几次通过大西洋航路运送白银，具有反常的性质。菲利普二世于1575年宣布破产以后不久，他还拥有数百万埃居的现金。既然尼德兰需要现金，那么前往拉雷多或者桑坦德去取硬币，然后再运往北方，似乎是极其简单的事了。于是需要恳求富格家族同意把7万埃居(这些钱装在用御印加封的箱子里，以便不被海关扣留)运到里斯本，然后在那里通过当地改奉天主教的犹太批发商换取安特卫普的汇票，因为这些批发商需要用硬币与葡属西印度进行贸易。即使对于这样一笔数额不大的款项，富格家族的运货人托马斯·米勒也宁肯绕道走葡萄牙，利用葡萄牙商人在北方的争吵中的半中立立场。多亏这种花招，钱转走了，但又没有从半岛运走。[134]

有机会的时候，钱确实是运走了。1588年秋天，巴尔塔扎尔·洛梅利尼和阿戈斯蒂诺·斯皮诺拉冒险使用了3艘战船武装护航，[135]把钱款送往佛兰德付给帕尔马公爵。一年以后，即1589年，从勒阿弗尔可以看到，[137]布尔戈斯的西班牙商人[136]马尔文达用帆桨大木船运出2万埃居。同年，阿戈斯蒂诺·斯皮诺拉仍然通过大西洋重复上一年的行动，亲自装备两艘较小的帆桨木船，把他自己的白银一直运往尼德兰。[138]但是，这些例外恰好证实了一条规律：正如1586年一家威尼斯报纸所指出的那样，大西洋的航路实际上已经变得极端困难，[139]运输量很小。然而，这条航路对于西班牙来说是必不可少的。

绕道法国

由于从拉雷多或桑坦德到安特卫普的通道已经不能使用，因此必须用别的道路取代。菲利普二世便利用法国的陆路。陆路距离虽短，但因内乱而经常中断，运输就要结队而行，而且要有武装护送。例如，仅仅把10万埃居从佛罗伦萨运往巴黎，[140]在16世纪末就需要17辆大车，并由5个骑兵连和200名步兵护送……为了减轻重量，人们只能运送黄金。将近1576年，西班牙的几名可靠心腹正是这样多次把黄金从热那亚运往尼德兰的。他们把黄金缝在衣服内，每人携带的数量多达5000金埃居。[141]然而，这只是，也只能是万不得已的冒险办法。[142]

1752年年底，在圣巴托罗缪大屠杀之后，贵金属首次大量经过法国运往西班牙。[143]阿尔贝公爵到达尼德兰以后，因缺钱而处于绝望的境地。1569年初，传说他已经花去500万金币。[144]两年以后，即1571年，历史文献都说他处于“入不敷出”的境地。商人不再愿意给他贷款。[145]公爵既无资金，信用又下降，眼看着求助于汇票的可能性日渐减少，就像一家银行在银根正紧的时候，储户对它的信用产生了怀疑。1572年，情况极其严重，[146]以致公爵不得不在4月决定向托斯卡纳大公寻求贷款。此举获得成功。但是，由于西班牙政府与大公关系紧张，怀疑他在法国和其他国家策划阴谋反对西班牙，阿尔贝公爵因而受到责备，大公给他的贷款也从没有动用。[147]

在此期间，菲利普二世把50万杜卡托现金运往法国。他写信给驻法大使迪埃戈·德·苏尼加[148]说："我们想从西班牙王国给阿尔贝公爵送去50万杜卡托，其中金币和银币各半。目前通道确实被卡紧，海上运输不可能不冒巨大的风险，最好的和最方便的办法似乎就是取道法兰西王国，如果我的法国国王兄弟觉得准许这样做是适当的，并且下令让这笔钱安全通过……"法国国王果然给予准许，钱款分几批运送。1572年12月25日，萨亚斯通知法国大使圣古阿尔，[149]根据准予放行50万埃居的许可证，由尼科洛·格里马尔迪发运7万里亚尔（银币），由洛朗佐·斯皮诺拉发运4万卡斯蒂利亚埃居（金币）……当然不止这两次。1574年3月，蒙杜塞从尼德兰来信说："从这里公布的消息来看，……卡斯蒂利亚的杜卡托正冲破各种障碍，经由法国源源不断地运来。"[150]此外，从法国通过的不仅有政治银币，而且有商人的银币，这里还不算走私，但经商和走私往往是同一回事。

1576年，菲利普二世及其臣下研究了取道南特的有利条件。西班牙商人安德烈·鲁伊斯在南特信誉卓著，可以为打通经由"诺曼底和法国"的白银转运起枢纽作用。迪埃戈·德·苏尼加之所以提出这条建议，这是为了指出法国方面存有"冻结"（我们这样说）

过境款项之一的企图。这位西班牙大使同时还抱怨法国的信贷、汇兑和贸易[151]组织不善，这一抱怨肯定是符合事实的。

根据理查德·埃伦贝格的说法，在同一时期，白银还从萨拉戈萨经由里昂运往佛兰德地区。[152]富格家族的代理人托马斯·米勒利用佛罗伦萨和里昂作为中间站。1577 年，一封威尼斯的信[153]提到有 20 万克朗经由巴黎送交奥地利的胡安。同年，布尔戈斯的马尔文达家族交付 13 万埃居，一部分送往米兰，一部分送往巴黎，这笔钱全部是以菲利普二世的名义交付的。[154]还是在 1577 年，人们对西班牙的金币和银币涌入法国议论纷纷。法国政府为从中渔利，曾考虑使外币增值[155]，这是留住过境外币的一种方式。

第二年，银币过境仍在继续。1578 年 7 月，亨利三世准许西班牙士兵和西班牙银币（15 万杜卡托[156]）通过法国。但是，情形已经有了变化，西班牙大使瓦尔加寻思，[157]当阿朗松公爵豢养的强盗正在窥视过境银币的时候，这些发送是否慎重。他还认为，最好的方法是雇佣“商团”保护。[158]

1578 年以后很久，西班牙的硬币继续在法国流通，其中包括天主教国王给法国人的，即给吉斯家族[159]和其他人的硬币。1582 年，一份文献资料[160]提到菲利普·阿多尔诺运往里昂和巴黎两地的 10 万埃居，供亚历山大·法尔内兹使用。1585 年，巴尔托洛梅奥·卡尔沃和巴蒂斯塔·洛梅利尼又汇往里昂 20 万埃居。[161]然而，不能肯定这笔款项是现金，更没有证据能确认这笔钱经过里昂，一直送到佛兰德……在掌握更多的材料以前，我们暂且认为，西班牙白银的过境大体上直到 1578 年为止，而且这只是权宜之计。如果在1575年至1577年间菲利普二世同热那亚放款人没有发生纠纷，这条通道也许早就放弃了。他们在 1577 年缔结的协议是优先使用从巴塞罗那到热那亚的海路。

从巴塞罗那到热那亚的大路和美洲贵金属的第二条流通渠道

我们不能断言这条道路究竟什么时候变得重要起来。可能在 16 世纪 70 年代，或者说，大致在地中海与土耳其开战的初期。其结果是：西班牙的资金改变流通方向，从此涌向意大利。可以肯定这不是一种崭新的发展。早在 1570 年以前，美洲的金、银就已经到达地中海的中心，虽然数量从来不能同供应安特卫普的金、银洪流相比。1532 年 10 月，帆桨战船载着运往热那亚[162]的 40 万埃居从西班牙到达摩纳哥。1546 年，查理五世向热那亚人[163]借款 15 万杜卡托。这笔借款很可能引起了西班牙贵金属向热那亚的补偿性的外流。葡萄牙的一封书信[164]毫不含糊地指出，热那亚于 1551 年交给教皇一笔现金。理查德·埃伦贝格指示，1552 年大量白银在运往安特卫普[165]的同时，也运往热那亚。巴尔塔扎尔·洛梅利尼 1564 年 1 月给埃拉索的信谈到，1563 年 11 月洛梅利尼的岳父尼科洛·格里马尔迪奉菲利普二世之命，在米兰市场支付 1.8 万杜卡托。[166]1565 年，佛罗伦萨商人同意贷款 40 万杜卡托，在佛兰德支付。这些佛罗伦萨商人是否曾要求西班牙把贵金属送往佛罗伦萨？[167]1565 年，法国驻西班牙大使富科沃提到两笔热那亚的贷款：一笔为 15 万埃居；另一笔为 45 万埃居。[168]托斯卡纳大使诺比利 5 月又谈到一笔 10 万埃居的汇款。这次是汇给热那亚的。[169]1567 年，阿尔贝公爵从

西班牙去热那亚,由部队护送,还带有白银。[170]最后,有时为供应西西里和那不勒斯的需要,西班牙便在热那亚或在佛罗伦萨的市场换取现金。作为补偿,必然会引来美洲的部分财富。[171]富科沃1566年12月写道:“在前几天,巴塞罗那曾有18艘船满载白银驶往意大利。”[172]1567年夏季,诺比利成功地运出了部分白银,用于支付为天主教国王效劳的托斯卡纳帆桨战船的军饷。办成此事真不容易,因为这笔款项要从教堂收入中提取,而教堂又分散在西班牙各地。[173]从征得的款项中,诺比利打算于5月[174]运出2.5万埃斯库迪,在6月又宣布把28万里亚尔分装8箱运出。[175]最后到9月,虽然没有确切消息,他希望全部款项都已经装船运出。[176]

这些零碎事例不能给人一种有规律流动的印象。只要现金取道佛兰德(热那亚放款人偶或使用这条道路),地中海地区就只能吸引其中很少的一部分。相关的证据举不胜举。

我们可以看到拉古萨的货币流通情况。拉古萨商行交托其经纪人前往巴尔干半岛或黎凡特进行采购时支付的现金,这些商行为清理债务以及为成立公司筹集资金而支付的款项,有关这些开支的单据在官方的档案中有时还记录在案。无论是在威尼斯、匈牙利、罗得岛、希俄斯岛还是在阿勒颇轧制的金币,它们都长期起着独一无二的作用。这就涉及,在拉古萨和黎凡特的关系中,黄金作为货币究竟起什么作用的问题。[177]1551年6月5日,米利亚诺·迪·弗洛里奥交给船主安东尼奥·帕拉帕尼约650金埃居。这650埃居分为400土耳其西昆和250威尼斯西昆两部分。[178]1558年11月,又交给拉古萨人约翰内斯·德·斯特凡诺100金埃居,充当从那不勒斯到亚历山大、再到热那亚的旅费。[179]耶罗尼穆斯·约翰内斯·德·巴巴利斯于1559年6月收到500金埃居，作为到亚历山大的旅费。[180]这些金币常常是土耳其西昆。银币于1560年8月终于取得它应有的地位，那是安德雷阿·迪·索尔戈的合伙人乔瓦尼·迪·米洛[181]在启程去黎凡特时收到的1 500枚土耳其阿斯普尔小银币。后来，尤其在1564年以后，通用的货币更可能是塔勒(talleri)，是土耳其或匈牙利的塔勒。[182]西班牙的里亚尔银洋是在1565年和1570年期间才到达拉古萨的。[183]

实际上，地中海市场的货币严重不足。1561年，在巴塞罗那，菲利普二世于3月26日致函加泰罗尼亚总督唐·加尔西亚·德·托莱多，要他筹集10万杜卡托供10月和5月的交易会之用。总督于5月5日[184]答复说不可能。“市场银根很紧，商人资产又少！……请陛下相信，为在这里筹集到8000至1万杜卡托的军饷，我有时不得不请当地的商人预支，并且还以我的银器做抵押。他们为此要我支付9%—10%的利息。”

下面我们再看看1566年4月[185]那不勒斯在热那亚缔结的有关10万杜卡托(意大利金币)的供货契约。西班牙君主和银行家缔结的契约，虽然名目繁多，但通常都采用这种借贷形式。为了换取在热那亚当地支付的10万杜卡托借款，菲利普二世以那不勒斯王国的“贡奉”或税金为抵押，供第二年还本付息之用。既然借款将由那不勒斯偿还，西班牙大使菲格罗阿在热那亚缔结的契约便送交那不勒斯总督签署。总督转请其财务官和一位专家审查契约的各项条款和偿付方式。核查结果表明，贷款利率竟高达21.6%。阿尔卡拉公爵写道：“虽然在我看来利息太高，我还是只能签字认可。”这难道不正是热那亚银根“紧张”的一个证据吗？以上论证的一个细节表明(人们预先也可猜到这一点),现款在热那亚比在西班牙更珍贵。评论家还指出,由于现金是在热那亚支付的,商人从中可取得2%的贴水。这一利润比运输和保险费用还略高一点。[186]

可见,热那亚在1566年银根很紧。同一时期那不勒斯的情况更糟。1566年初,西班牙准备缔结一项数额达40万或50万杜卡托的"契约借款",[187]预定由那不勒斯的"贡奉"作偿还担保。然而,如果我没有弄错的话,谈判的结果是以我们刚才谈到的"兑换"方式提供10万杜卡托。阿尔卡拉公爵还特意嘱咐,"兑换"至少不要在那不勒斯进行,因为那不勒斯市场不能提供为数达10万杜卡托的借款;商人们会串通一气,提高他们的要价。这笔生意最好是在西班牙或者热那亚成交。

但是随着16世纪70年代的到来,新的局面出现了。为了在地中海地区集结军力,西班牙的财政机器不得不一反常态,以汇票或现金的方式[188]输送白银。1572年4月,让·安德烈·多里亚通知热那亚共和国,将亲自去卡塔赫纳索取白银。热那亚商人宁愿在卡塔赫纳装船起运,不希望通过陆路运到巴塞罗那,因为陆路不安全。[189]甚至1575年西班牙国家的第二次破产也没有使这种用船发送钱款的活动中断。这次破产从根本上动摇了热那亚,而且也使安特卫普的流通渠道终于被彻底摧毁。1576年4月,菲利普二世曾派人将65万杜卡托运往热那亚。[190]同年,菲利普二世主动提出,将用他的帆桨战船把富格家族的一万金埃居运到意大利。[191]在1575至1578年间,通过这同一条道路,富格家族的经纪人把多达百万克朗的钱款送到尼德兰。[192]1577年7月,菲利普二世命令让·安德烈·多里亚前往巴塞罗那,负责把那里的银币装船运往意大利。

由于意大利急需钱款，尤其重要的是“不要让海盗得知钱由一艘帆桨战船运送”，[193]因而在钱款装载完毕后，船长必须立刻出发，不管应当参加这次航行的卡斯蒂利亚海军上将是否在船上。我们必须指出，新路线不在意大利终止；热那亚已是向北方输送白银和汇票的转运站。但是，这并不妨碍意大利得到一份利益。首先从托斯卡纳大公开始。1576 年后，这个大公又得到了西班牙的恩宠。1582 年，菲利普二世要求大公给佛兰德一笔 40 万杜卡托的贷款。[194]

随着到达塞维利亚的白银的增加，1580 年以后，货币流通的规模膨胀起来。在 1584 年至 1586 年之间，最能说明这一规模的莫过于法国驻西班牙的代办隆莱尔秘书的信件。有了这些清晰明了的信件，[195]我们就不必茫无头绪地去查找众多的文献资料了。

1584 年 1 月 18 日[196]：两艘帆桨战船即将从巴塞罗那启程把白银运往热那亚。1 月 12 日：向米兰发运 100 万金币，转交佛兰德。在这笔钱之后，另有 100 万金币在米兰城堡存放。[197] 3 月 22 日：向意大利运去大量白银，作为办理佛兰德的事务之用。[198] 5 月 26 日：让・安德烈・多里亚将于 6 月 18 日或 20 日在巴塞罗那启程，随行的有 20 艘帆桨战船和其他几艘大船，船只将为天主教国王运送 200 万金币，其中 100 万是“皮斯托莱泰埃居”，另外 100 万是“里亚尔”。此外，船上还有大约 100 万左右富格家族和热那亚商人的汇票。6 月 1 日：热那亚人又签订了一份契约，准备在四五个月以后[199]提供 40 万埃居。在让・安德烈・多里亚的帆桨战船所载运的款项中，250 多万埃居归天主教国王所有，约 100 万属于私人的钱款（其中有托斯卡纳大公的钱），还有 30 万埃居是安德烈・多里亚本人的财产；另有30万到40万埃居属于其他热那亚人。此外还应加上乘船回国的30到40个意大利领主或贵族随身携带的钱款。“除此之外，有50万埃居是西班牙国王付给德意志富格商行的。这是我在西班牙银币输出的账单上所看到的情况”。[200]事实上我们得知，6月30日给富格家族的这笔钱属于他们自己所有。“西班牙国王以他的名义把这笔钱交给他们是为了使这笔钱能够从西班牙出境。”[201]在米兰，储备金已经达到120万埃居。10月17日：J. B.科瓦蒂同意给J. B.德·塔锡大使一笔8万埃居的贷款。[202]

1585年4月4日：国王向米兰和热那亚运出一笔巨款。[203]4月25日：40多万埃居在巴塞罗那装船运往意大利。[204]5月14日：19艘热那亚和萨伏伊的帆桨战船，8艘那不勒斯的帆桨战船，25艘西班牙的帆桨战船，由5000名士兵护送，从巴塞罗那出发，向意大利运送120万埃居。“除此之外”，还有76艘满载白银的船只经萨拉戈萨前往巴塞罗那。[205]6月9日：帆桨战船将50万埃居交给萨伏伊大公。[206]6月15日：船队在意大利卸下183.3万埃居，其中有100多万没有登记。[207]9月20日：帆桨战船再次出发前往意大利，运去40万埃居。同时，30万埃居刚刚到达菲利普二世当时停留的蒙松。[208]9月18日：经与富格家族商定，“把50万埃居运往德意志”。

1586年3月25日：为应付佛兰德的开支，[209]向意大利发运120万埃居。5月31日，仍然为了佛兰德的事务，[210]7艘帆桨战船运载60万埃居到热那亚。9月29日：8天前和富格家族缔结了一项“借款契约”，规定在法兰克福支付150万埃居；在贝桑松支付25万；在米兰支付25万。[211]10月11日：又商谈一项借款，规定在意大利支付70万到80万埃居[212]……

在随后的年代里,西班牙贵金属的外流仍进一步扩大。只要看到菲利普二世统治的最后 12 年里“契约借款”的数额之高,就可以相信这一点。1586 年:富格家族可能借给菲利普二世 150 万金埃居,在意大利和德意志支付。[213]1587 年:阿戈斯蒂诺·斯皮诺拉借给他 100 万“斯库迪”。1589 年:佛罗伦萨人借给他 10 万埃居。[214]同年,热那亚商人达成一项“交易”,向尼德兰提供 200 万埃居。第二年,安布罗西奥·斯皮诺拉付给尼德兰 250 万埃居。[215]1602 年,奥塔维奥·琴图廖内借出 900 万,甚至可能更多。对于这一点,一些谨慎的历史学家表示怀疑,[216]但却怀疑错了。[217]我也找到了阿戈斯蒂诺·斯皮诺拉于 1587 年订立的借款契约,数额达 930521 埃斯库多。与理查德·埃伦贝格所说的正好相反,这份合同不是为意大利订立的,而是供帕尔马公爵以汇票的形式把钱寄给尼德兰。[218]

细节无关紧要。值得重视的事实是:西地中海地区的铸币交易和信贷交易已经大大膨胀;西地中海上升为银币流通的主要道路。满载整箱整桶硬币的帆桨战船不停地航行,任何人对此事的重大历史意义都不会提出异议。谈到美洲金银的运输,我们不仅应想到西印度船队的著名大帆船,也应该记住比斯开湾的圆头大船,以及地中海的帆桨战船;在和平时期,这些战船不再运送战斗人员,而是空前繁忙地运送旅客和大堆银币。[219]海上航行难免会有事故发生:1582 年 4 月,一艘帆桨战船在巴塞罗那和热那亚之间航行时突然遇到坏天气,不得不抛弃部分贵重的货物。56 箱里亚尔被抛入大海,另外,一整箱埃斯库多和其他金币也被抛到海里。[220]但是,这些事故很少发生。1.5%的保险费本身就说明了这一点。相对而言,陆上事故的数量有过之而无不及。1614年1月,[221]热那亚人的

14万埃居在离巴塞罗那6古里远的地方被百来个强盗抢走。

西班牙货币侵入地中海

随着地中海的兴旺发达，大西洋的贸易一落千丈，安特卫普以及一切以安特卫普的经济活动为转移的商业城市也纷纷衰落。依我之见，安特卫普和尼德兰的衰落发生于1584—1585年的大转折年代之前——这些年代的重要性是不可否定的——甚至发生在1576年安特卫普遭受劫掠或者1575年西班牙国家第二次破产之前。我以为，正如A.戈里斯所说，[222]人们可以追溯到1567年，或者1569年。尼德兰的经济于1567年出现明显的停滞，即使生意兴隆、在世界上举足轻重的翁斯科特毛纺织中心也是如此。[223]阿尔贝公爵到达荷兰时，纺织工业蒙受的打击是如此严重，以致他在当地甚至无法为他的宫廷人员找到足够的蓝色衣料。[224]当然，安特卫普并未因1576年11月遭到抢劫而元气尽丧。[225]1573年葡萄牙的一份报告指出，至少从1572年起，与佛兰德的贸易全都遭到摧残。[226]早在1571年，[227]一个西班牙商人回到安特卫普的时候，就觉得自己恍若到了另一个城市。交易所也不是从前的样子了……

里昂的衰落也大体上发生在同一时期。它作为金融市场所留下的重要职能，于16世纪70年代和80年代之间转移到巴黎。[228]1577年，交易市场开始杂草丛生，几乎成为荒野的村落。[229]

将近同一时期，坎波城的巨大的汇兑交易所也寿终正寝，历史学家总是说此事发生在西班牙国家的第二次破产(1575年)前后。人们往往没有注意到，在坎波城北面的布尔戈斯和毕尔巴鄂，几乎同时出现了经济萧条。那个时候,布尔戈斯商事裁判所重要的海上保险,[230]实际上已告终止了。原因在于,从坎波城经毕尔巴鄂抵达佛兰德的交通干线已被切断。在菲利普二世统治初期,这是西班牙帝国的主要航线之一。

这样,地中海使世界的一大部分货币改变了流通方向,因此获利不浅。巴塞罗那再次繁荣兴旺并于1592年重开汇兑交易会。撒丁岛、那不勒斯和西西里岛从此不再是其贸易区的极限。16世纪末,巴塞罗那派遣帆船远届处于贸易区之外的拉古萨以及埃及的亚历山大。[231]更有甚者,当时贵金属侵入整个意大利。长期在威尼斯担任法国大使的迪弗里埃大使非常熟悉意大利和黎凡特的商业贸易。1575年,[232]他为笼罩意大利半岛的战争威胁焦急不安。西班牙人会利用热那亚的内部纠纷夺取这个城市,然后占领整个意大利吗?他在给法国国王的信中明确指出,这个意大利"从来没有像现在这样有钱"。他对后来几十年的意大利会说些什么呢?在1595年左右,精明干练的费理亚公爵在一份长篇报告中写道:对英格兰来说,最好还是"像那不勒斯、西西里和米兰那样向西班牙屈服,这些地区在现政府的领导下,比过去任何时候都繁荣……"[233]让我们把这一段话献给那些急于说地中海从16世纪就开始衰退的人吧!

实际上,西班牙的货币已经逐步侵入整个地中海地区,并迅速对日常生活产生影响。1580年,在阿尔及尔市场通用的货币是西班牙的金埃居以及价值8里亚尔、6里亚尔、4里亚尔的银币。所有这些货币的市价都高于面值,而且是运往土耳其的主要商品之一。整箱整箱的里亚尔运往这个国家。[234]法国驻阿尔及尔领事馆的文献汇编(始于1579年)[235],法国驻突尼斯领事馆的文献汇编(始于1574年),[236]曾多次指出西班牙货币的领先地位。俘虏的赎身价格一般都是用西班牙货币确定的。1577年2月,一艘阿尔及尔船上的俘虏在得土安举行暴动。土耳其人急忙跳入水中,倒了大霉。他们当中许多人因随身携带着里亚尔和金子而沉入海底[237]……

在里窝那,除了官方的大量货币抵达以外,还有小船直接从热那亚和西班牙驶来。小船运载的货物中夹带成箱的里亚尔。[238]在拉古萨,在16世纪末,即1599年,曾有两批货币分别运往罗多斯托和亚历山大。第一批是"塔勒"和里亚尔;[239]第二批全是面值8里亚尔的西班牙本洋[240]……前一年,拉古萨的一艘大帆船被船员抛弃在塞里戈。为了避免落入哲加拉手中,这些船员乘坐一艘小船上岸。[241]船主和逃亡者随身带走了1.7万里亚尔。另一个细节:1604年5月,一个马赛人在拉古萨承认欠一个佛罗伦萨人"263枚面值8里亚尔的银洋"。[242]由此可见,拉古萨遭到西班牙货币的全面入侵。但是有哪个城市、哪个地区能够逃脱这种入侵呢?前面我们已经提到,里亚尔到达土耳其,是用在利沃夫和伊斯坦布尔之间行驶的大车从波兰运去的。[243]显然,我们不必去黎凡特做实地考察。那里的大量商业信件——意大利、拉古萨、马赛、黎凡特、英格兰的信件——向我们提供了一个事先已经知道的景象。

这些俯拾即是的细节,不应当使我们忘掉主要的东西。如果我们承认,从1580年开始,意大利各大城市同西班牙本身相比,同样或者更加称得上是真正的白银集散中心,那么我们就看得更清楚了。意大利从扮演白银分散中心这一角色中获得巨大的利益,其任务是向黎凡特输送一部分过剩的西班牙银币,这是轻而易举的和有利可图的事。另一项任务是:向尼德兰供应难以得到的金币、银币和汇票。西班牙为维护在尼德兰的统治和天主教的命运,便源源不断地向尼德兰输送现金,不但养活忠于西班牙的军队和臣民,也养活那里的叛逆者。意大利就处于这样一个创造性的体系的中心。这个体系包括各种联系、各种同步运转以及明显的不匀称性。

意大利受“银根过松”之害

从1580年开始,帆桨战船从西班牙运往热那亚的金、银数量不断增加,1598年6月[244]可能达到最高纪录,一次就卸下220万埃居(20万金币、130万银锭、70万里亚尔)。如果不算1584年6月20日让·安德烈·多里亚率领的20艘帆桨战船运达热那亚的300万到400万埃居(不过我们掌握的材料不够准确),这的确是个创纪录的数字。[245]我们应记住所运送货币数量之巨之大。据1594年统计署的统计,在每年运到西班牙的1000万金币中,约600万又从西班牙输出(300万是国王的,另外300万是私人的),剩下的400万或者留在西班牙,或者由信徒、旅客和海员私自带出国……一位历史学家[246]认为,16世纪末每年可能有600万金币进入意大利,然后分散到这一半岛各地及半岛以外。这一为数巨大的金、银在到达热那亚(或者维尔弗朗什、波多菲诺、萨沃纳或者里窝那)以前,就已经发挥了作用。金银即将到达的消息一经传出,意大利各市场立即出现“银根宽松”的现象,正如塞维利亚或者马德里和坎波城获悉西印度船队即将抵达时一样。这些帆桨战船是第二支西印度船队。很快,“银根宽松”的局面在意大利变得越来越经常,有时甚至造成极

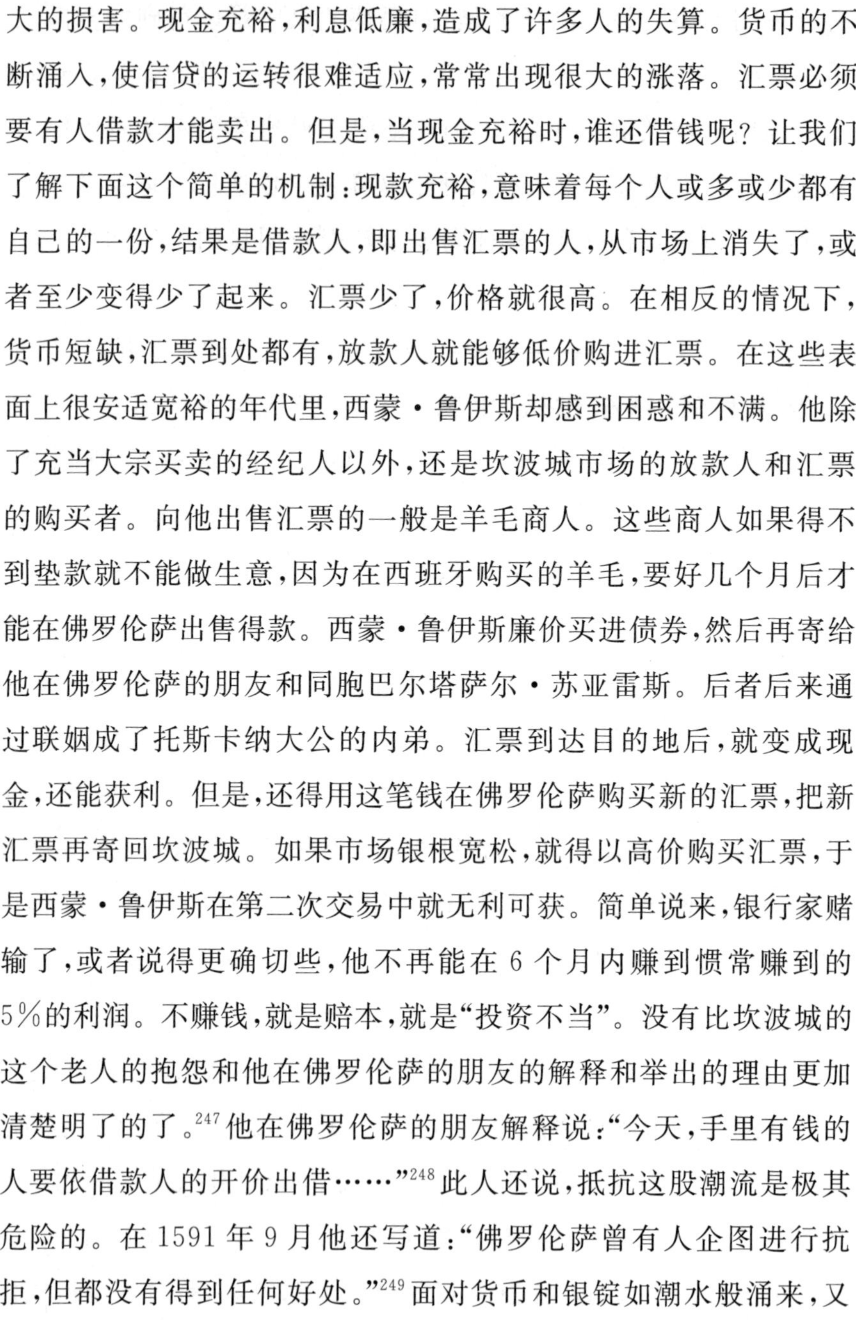

大的损害。现金充裕，利息低廉，造成了许多人的失算。货币的不断涌入，使信贷的运转很难适应，常常出现很大的涨落。汇票必须要有人借款才能卖出。但是，当现金充裕时，谁还借钱呢？让我们了解下面这个简单的机制：现款充裕，意味着每个人或多或少都有自己的一份，结果是借款人，即出售汇票的人，从市场上消失了，或者至少变得少了起来。汇票少了，价格就很高。在相反的情况下，货币短缺，汇票到处都有，放款人就能够低价购进汇票。在这些表面上很安适宽裕的年代里，西蒙·鲁伊斯却感到困惑和不满。他除了充当大宗买卖的经纪人以外，还是坎波城市场的放款人和汇票的购买者。向他出售汇票的一般是羊毛商人。这些商人如果得不到垫款就不能做生意，因为在西班牙购买的羊毛，要好几个月后才能在佛罗伦萨出售得款。西蒙·鲁伊斯廉价买进债券，然后再寄给他在佛罗伦萨的朋友和同胞巴尔塔萨尔·苏亚雷斯。后者后来通过联姻成了托斯卡纳大公的内弟。汇票到达目的地后，就变成现金，还能获利。但是，还得用这笔钱在佛罗伦萨购买新的汇票，把新汇票再寄回坎波城。如果市场银根宽松，就得以高价购买汇票，于是西蒙·鲁伊斯在第二次交易中就无利可获。简单说来，银行家赌输了，或者说得更确切些，他不再能在6个月内赚到惯常赚到的5%的利润。不赚钱，就是赔本，就是“投资不当”。没有比坎波城的这个老人的抱怨和他在佛罗伦萨的朋友的解释和举出的理由更加清楚明了的了。[247]他在佛罗伦萨的朋友解释说：“今天，手里有钱的人要依借款人的开价出借……”[248]此人还说，抵抗这股潮流是极其危险的。在1591年9月他还写道：“佛罗伦萨曾有人企图进行抗拒，但都没有得到任何好处。”[249]面对货币和银锭如潮水般涌来，又有什么办法呢？汇兑活动的本质和特性遭到了破坏。要使汇兑得以进行，汇率就必须有升有降，以产生有利可图的差价。

通过对意大利半岛各大铸币厂的简单研究，我们可以得到意大利现金泛滥的另一幅图景。没有一家铸币厂停产。根据审计院的文献资料，大概可以再现那不勒斯造币厂的某些真相。[250]我们注意到，从 1599 年到 1628 年，[251]该厂轧制了 1300 万枚硬币。这项工作在巴勒莫、墨西拿[252]和热那亚[253]同样紧张繁忙。货币在发行后立即开始流通，特别是在 17 世纪，很快离开了本地。威尼斯造币厂[254]不停地轧制货币，显然与城市的繁荣有关。那里平均每年轧制 100 万枚金币和 100 万枚银币。造币的原料一般由商人提供，但这无法满足需求，于是铸币厂就订合同进行收购。这些合同通常数额很大。1584 年为 50 万杜卡托(6 月 2 日同卡波尼家族签订)。另有 14 万马克是与在威尼斯的富格家族的代理人奥特签订的。1585 年又同奥特签订了一项数额为 100 万杜卡托的合同。1592 年，同阿戈斯蒂诺·塞内斯特拉罗、马尔坎托尼和 G. 巴蒂斯塔·卡迪奇签订一项数额为 100 万杜卡托的合同。1595 年 12 月，同奥利维耶罗·马里尼和温琴佐·琴图廖内签订了一项数额为 120 万杜卡托的合同。1597 年 3 月 26 日，一项数额为 100 万的合同由耶罗尼莫·奥特和克里斯福罗·奥特承担。此后，合同涉及的数额少了一些。但在 1605 年 3 月，与焦·保罗·马鲁福、米凯尔·安杰洛·博尔洛蒂和乔瓦尼·斯特凡诺·博尔洛蒂等人签订了一项数额为 120 万杜卡托的合同。我们不想在这里就威尼斯造币厂的收购算笔总账，而是为了指出，这些收购的数量极其庞大。来自美洲的西班牙白银基本上满足了它们的需求。

此外，我们不应该希望，把轧制的数字加在一起，以此由果溯因地核查出遥远的新大陆的产量。问题并不那么简单。这里铸造的硬币可能在其他地方又重铸一次。几个月或者几年以后，这些硬币又会送到另一家造币厂改铸。从 1548 年到 1587 年初，那不勒斯铸币厂共轧制了硬币 1050 万杜卡托，而留在当地的通货量还不到 70 万杜卡托。[255]尽管如此，在意大利，货币的流通越快，金银的数量也越充足。当然，意大利拥有得天独厚的优越地位，并不是简单地由于它位于西班牙白银流通的要道上。这种巧合的确帮助了它，但它自身的经济活动起着更重要的作用。历史学家一直低估这种作用，而在 16 世纪的最后几年里，意大利强有力的经济活动使它在与德意志、东欧、尼德兰、法国和西班牙[256]的贸易中取得顺差（不包括佛罗伦萨因购买卡斯蒂利亚的羊毛而产生的贸易逆差）。这些贸易顺差为意大利积累了财富，也为它清偿了同黎凡特和土耳其的贸易逆差。这种逆差我们前面已经谈得很多。它反过来富有成果地重新推动了意大利半岛的商业和工业活动。位于贵金属和汇票交易中心的意大利半岛，实际上支配着主宰一切的流通渠道。随着白银激增，黄金变成了储藏和国际结算的可靠手段，除了有相反的约定，汇票都用黄金支付。佛兰德士兵的军饷也要求用黄金支付，如果不是全部，至少是部分用黄金支付。最后，正如我们已经讲过的那样，只有黄金可以通过邮班运送。因此，如果说意大利需要西班牙的话，那么西班牙也需要通过意大利，特别是通过热那亚，用黄金偿付在佛兰德的各项开支。唯有意大利各商埠能提供金币和汇票，能把钱款送到安特卫普，支付西班牙军队的军饷。

意大利位于十字路口：一条是南北干线，适应西班牙的政策和热那亚的“契约借款”的需要；另一条干线与纬线平行，通向黎凡特以及远东。前者从热那亚抵达安特卫普，为黄金之路；后者输送白银，通向遥远的中国。

后一条路以输送白银为主，这并不奇怪：土耳其帝国通用黄金，从埃及和非洲得到黄金供应，白银到了黎凡特，价值便相应提高。再往东，穿过波斯和印度，到达菲律宾海域和中国，白银更加值钱。在中国，“2 马克黄金换 8 马克白银”，也就是说，金银的比价为 1∶4，而在欧洲，至少是 1∶12。意大利到中国的这条轴线最远从美洲开始，或者通过地中海，或者通过好望角，几乎绕地球一周。这条轴线是世界经济的一种结构，一个恒定不变的因素，一个突出的特点，直到 20 世纪初才消失。与此相反，热那亚到安特卫普这条轴线只是经济形势的一个长周期的产物。只要西班牙统治着尼德兰（即一直到 1714 年），只要西班牙控制的白银仍在膨胀（即一直到 1680 年），这条轴线就继续存在。[257] 因此，在整个 17 世纪，意大利一直位于两条轴线的十字路口。英格兰、尼德兰、圣马洛乃至热那亚的帆船，不管是否“战船”，都从加的斯的锚地出发，向热那亚或里窝那运送当时人们一般称为“皮阿斯特（piastre）”的西班牙本洋。[258] 运输的银币随后抵达“亚历山大、开罗、士麦那、阿勒颇和黎凡特的其他商埠”。著名经济学家李嘉图的祖父塞缪尔·李嘉图[259]写道：“不但在上述那些商埠，甚至在波斯，皮阿斯特都是极受欢迎的。”他的书于 1706 年印刷出版。皮阿斯特是一种银币，而不是金币。在这之前，威尼斯的一份文字材料（1668 年）说，[260] 用银币或金币在埃及付款当然都是可以的，只要内行，不会受到任何损失……至于白银，使用西班牙本洋还可赚取30％的利润。在南北轴线方

面，白银仍保持原有的地位。1627 年以后，热那亚的优势可能有所削弱，[261]但直到 1650 年，热那亚的银行家仍然为西班牙向尼德兰交付钱款。[262]

热那亚人的时代[263]

以上的初步解释旨在确定热那亚银行家时代的时间。在资本主义发展的时针上，这个时代出现在短暂的富格时代之后，在阿姆斯特丹复合型资本主义兴起之前。我承认，我更愿说是 1640 或者 1650 年，而不是 1627 年，[264]但这无关紧要。显然，热那亚交上的好运，并不是 1557 年在西班牙国家破产以后不久，像变魔术那样突然开始的。热那亚时代同样也不是于 1627 年随着卡斯蒂利亚第五次或者第六次破产而彻底结束的。奥利瓦雷斯伯爵当时正把改信天主教的葡萄牙犹太人推到卡斯蒂利亚王国的放款人的首位。在很长的时期内，热那亚始终是国际金融枢纽之一。

热那亚原有的财富和 1528 年的政治大转变，已经为热那亚时代的到来预先作好了准备；此外还应看到，热那亚很早就在安达卢西亚和塞维利亚建立了据点，[265]不但参与西班牙同西印度的贸易——自从安德烈·萨伊乌进行研究以来，这一点已广为人知——而且还参与塞维利亚同尼德兰之间的贸易，后一种贸易又促进前一种贸易的发展。我注意到，按照理查德·埃伦贝格的说法，[266]热那亚时代取代安特卫普时代是在 1555 年以后。但早在 16 世纪初，热那亚人在安特卫普已十分活跃。从 1488 年到 1514 年，在安特卫普的所有意大利商人中，热那亚商人占据首位。[267]正是他们后来为南北联系提供了资金，这个行动至少延续到1566年。

富格家族及其伙伴的衰弱和疲惫为热那亚人提供了良机。16世纪中叶的严重的经济衰退直接打击了富格家族及其伙伴。他们不再冒险提供“契约借款”（1575和1595年曾一度出现反复，这里姑且不论）。

“契约借款”是卡斯蒂利亚政府和批发商之间缔结的包括多项条款的短期借款合同。所借的款项主要在贵金属到达塞维利亚时偿还，运载贵金属的西印度船队既然总是不能及时到达，西班牙国王只得依靠借贷维持日常开支，特别是每月用黄金支付西班牙驻尼德兰的军队的军饷和其他开支。热那亚人的精明能干，就在于他们从1557年起，不但把西班牙国王在卡斯蒂利亚内外的各种资源调动起来，而且还把西班牙的，甚至意大利的公共储备集中使用，以保证他们数额巨大的贷款。西班牙国王于1561年至1575年间曾向他们出让“调剂债券”，[268]也就是说，借出的款项原则上以年金证券作担保，但放款人有权随意使用债券。热那亚人把债券卖给他们的朋友和熟人，认购者居然还争先恐后。当然，热那亚人以后还要买回这些票证，把它们还给西班牙国王，但只是当国王偿还债务时才这样做。热那亚人第二个能干灵巧之处是：在1559年至1566年[269]卡斯蒂利亚整顿财政期间，由于禁止铸币出境，以前的债务一概交“贸易署”负责分期偿还。“贸易署”几乎起着热那亚的圣乔治商行[270]的作用，以自己的资产保证支付转嫁给它的债券。这正是1560年11月托莱多财政大清理的目的。[271]历史学家把这次结算看成是另一次破产，而且与1557年的第一次破产一样，是在商人的默许下进行的。商人过去借出的债款，大部分都用年金债券偿

还，但他们也可以用这种票据偿还自己的债务。在进行这次清理时，热那亚人所受的损失比富格家族轻。热那亚人不能再以铸币的形式输出他们的利润，但这些利润都很容易被转手用于购买西班牙商品，如明矾、羊毛、食油、丝绸等。这些商品输出到意大利或者尼德兰，就能够向热那亚人提供他们在这些远方国家所需要的现金。显然，1566 年以后，[272]由于佛兰德地区发生动乱，他们又再次获准输出硬币和银锭，而且几乎不受任何限制，那时就更加方便了。

然而，关键问题仍然是怎样向尼德兰多运送黄金。要解决这个问题，西班牙国王就不得不求助于国际资本家。在 16 世纪中叶以前求助于上德意志银行家；1557 年以后求助于热那亚商人。菲利普二世比查理五世更被迫使用这种方法。菲利普二世是白银的国际市场的主人，但不是铜、汇票和黄金的国际市场的主人。铜只是配角。但伊比利亚半岛却不生产这种低级的货币金属，铜先由德意志提供，17 世纪后由瑞典和日本提供。西班牙可以轻而易举地得到铜，而铜的供应在葡萄牙市场却很紧张，由于东印度的需求增加，铜的价格在 1550 年以前一直猛涨到 1550 年。[273]1640 年还有人说，在马努埃尔国王时代，铜币在葡萄牙比黄金更加抢手。[274]至于汇票，它一方面起着信贷工具的作用(其价格有时超过了合理的程度)，另一方面被用于支付贸易差额。然而，拥有巨额美洲财富的西班牙在贸易方面处于入超地位。贸易顺差的地区(或者至少曾有盈余的地区)是尼德兰和意大利各城市。西班牙因而要买进意大利的汇票，汇票原则上都以黄金支付，所以，它支配着金币的复杂流通。但是，来自新大陆的黄金不能很好地供应欧洲，欧洲常常要靠原有的储备过日子。

热那亚的资本主义很快在以上各方面确立起领先地位。但是，我们应该指出，如果没有整个意大利的帮助，热那亚将不可能取得领先地位。这种帮助保证了热那亚的成功。热那亚人通过出售白银，在本地，尤其在意大利，得到他们需要的金币和汇票。五贤人会议于1607年[275]用一句话解释了这种现象，因为这种现象是不言而喻的：热那亚人供应白银（同时也为在里斯本购买糖和胡椒提供信贷），他们确信能够从威尼斯取得足够数量的黄金，还可以得到大量的汇票，往德意志和尼德兰汇款。安布罗西奥·斯皮诺拉和哈科莫·格里马尔迪向热那亚共和国说明1596年破产以后不久的局势时说，关于他们曾经答应向尼德兰提供钱款的问题（应菲利普二世的要求和以"乔圣治商行"的其他热那亚商人的名义），困难在于"破产所造成的严重后果使佛罗伦萨和威尼斯的市场几乎乱成一团，而借款的准备金通常都要通过这些市场筹措"。[276]没有这两个市场，就不能为里亚尔和银锭找到经常的买主，也不能找到信贷和黄金的供应者。只有信贷和黄金才使人既可以不向北方运送太多笨重的银币，又可以向那里运送必不可少的黄金。让我们再说一遍必不可少这几个字。驻尼德兰的士兵总是要求他们的军饷大部分用黄金支付，他们从中可以得到好处和便利。金币价值高，体积小，便于携带，因此，必须不断地把银币换成金币。商人们也想摆脱这项繁重的义务，企图强行用银币或布匹支付一部分军饷……但进展缓慢。在菲利普三世以前，给士兵发军饷几乎从不使用白银。辅币的膨胀标志着这一演变的最初阶段。在西班牙里亚尔逐渐上升到通用的国际货币的地位之前，尤其在16世纪末和17世纪初恢

复和平前，白银仍很少用于发放军饷。和平的恢复使士兵们降低了要求，他们的威胁也不再有效了。

但是，直到那时为止，士兵要求支付金币，而且这种要求是如此强烈，以致成为16世纪货币流通的重要特征之一，或如菲利普·鲁伊斯·马丁所说，成为流通的结构性的特征之一。[277]不时发生的一些事件足以为证。1569年2月阿尔贝公爵把曼斯菲尔德远征军调往法国援救天主教徒。[278]为了保证迭戈·德·圭伊内斯的三辁马车装满金币，以便随军发饷，必须求助于鲁昂、巴黎和里昂的商人，并付出一定代价，把从他们手中得到的银币换成金埃居。这件小事有个好处，它使我们接触到日常的现实，又开阔了观察的眼界。1579年，由于有了皮亚琴察交易会，热那亚人的货币流通体系终于组织起来，并且一直延续到16世纪末以后。从尼德兰看，这个体系意味着大量吸收黄金。而吸收黄金又必须先存在一系列流通渠道，输送商品、白银、汇票乃至西方的全部财富从事这项盈利活动，也就必须遵守某些不可违反的规则。

皮亚琴察交易会

从1579年11月21日[279]起，以贝桑松命名的交易会迁往皮亚琴察。热那亚至此胜局已定。除了极少的间断以外，交易会将始终留在皮亚琴察，直到1621年[280]为止，并且处于热那亚的控制之下。贝桑松交易会的起源，也许要追溯到1534年。[281]由于法国国王不愿意宽恕热那亚商人在1528年的背叛，他们在里昂经商遇到了困难。他们退到尚贝里后，萨瓦公爵在法国国王的怂恿下，又把他们逐出其领地，他们不得不为他们的金融家及其客户确定另一个会面地点。首先于1535年初在隆勒索尼埃举办了主显节交易会。随后又在贝桑松举办了复活节交易会。一系列交易会接着在那里继续举办。这次迁移地址，并不是查理五世，而是热那亚共和国一手操办的。热那亚共和国所以选中这个新的相会地点，这是因为法国人于1536年占领了萨伏依和皮埃蒙特。取道伦巴第、瑞士各州和弗朗什孔泰，热那亚与贝桑松有直路相通。这个遥远的相会地点虽然“有害和使人烦恼”，但也有一个好处，那就是靠近里昂，金钱和商品向交易会集中十分方便，贝桑松长期注视着里昂的脉搏跳动。[282]位于地中海和安特卫普途中的里昂仍然是世界财富的真正中心。这就说明了为什么当热那亚人在贝桑松遇到我们不很了解的困难时，他们可能于1568年左右[283]把交易会迁移到波利尼，然后，又迁移到尚贝里，这两个地点靠近南方，但仍然处于里昂的势力范围之内，蒙吕埃勒是里昂通往萨伏依途中的第一个大村庄，大量支付活动在那里进行，恰好证明会面地点必须位于里昂附近。[284]

交易会的地点迁到帕尔马公爵领地的皮亚琴察具有决定性的意义。阿尔卑斯山脉从此把里昂同新的会面地点隔开，因此这是同里昂的决裂。在皮亚琴察举办交易会也是连续四年的长期危机的最后一幕。历史学家今天才开始看清[285]这场危机的真正原因。危机在很大程度上决定了热那亚的兴盛。

从图表60（见第二卷第40页）的曲线中可以看到，1566年后，随着佛兰德地区出现动乱，“契约借款”和“调剂债券”得到了广泛的发展，“输出许可证”[286]却成倍增多。尽管海路中断，侨居马德里的热那亚人在这一新首都签订大笔借款合同，并和阿尔卡拉·

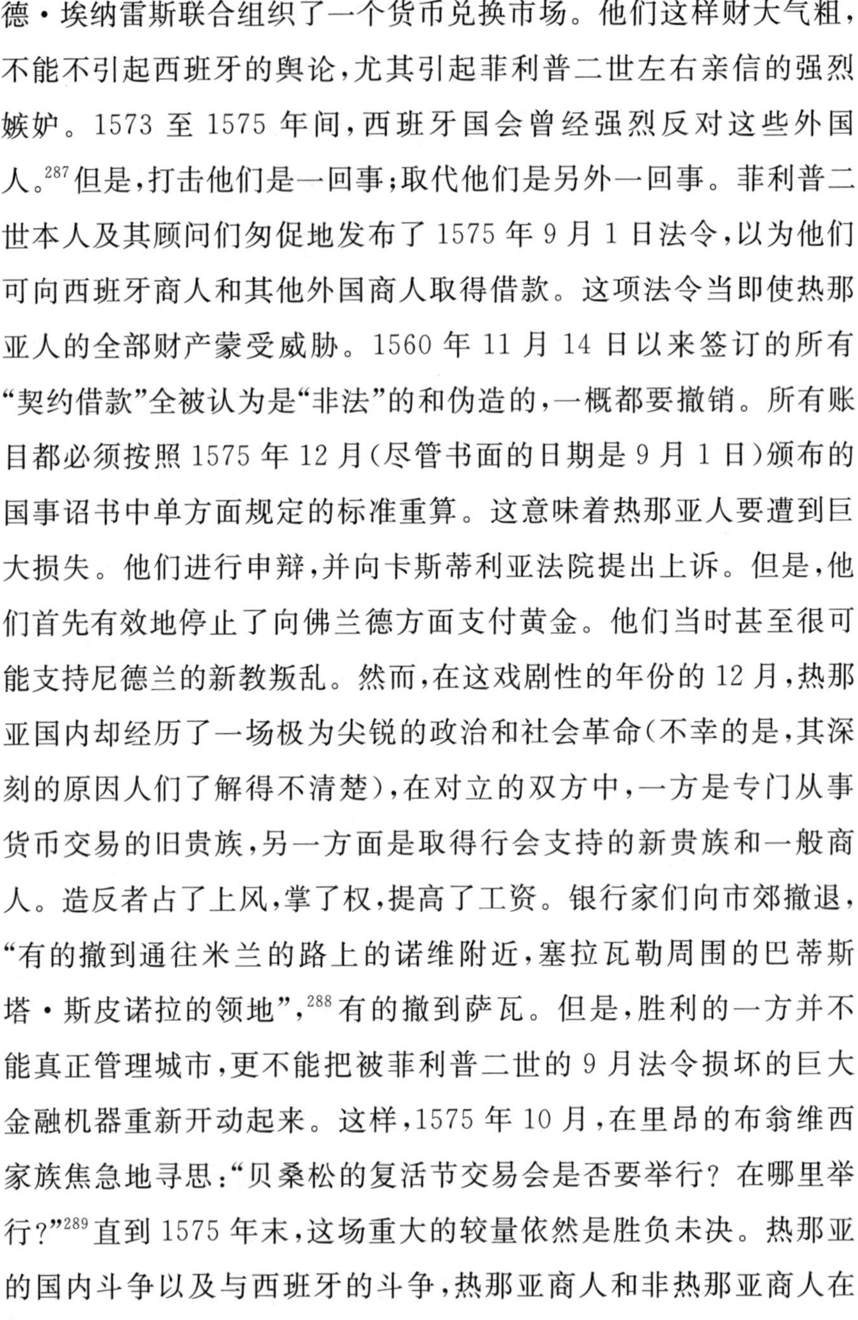

德·埃纳雷斯联合组织了一个货币兑换市场。他们这样财大气粗，不能不引起西班牙的舆论，尤其引起菲利普二世左右亲信的强烈嫉妒。1573 至 1575 年间，西班牙国会曾经强烈反对这些外国人。[287]但是，打击他们是一回事；取代他们是另外一回事。菲利普二世本人及其顾问们匆促地发布了 1575 年 9 月 1 日法令，以为他们可向西班牙商人和其他外国商人取得借款。这项法令当即使热那亚人的全部财产蒙受威胁。1560 年 11 月 14 日以来签订的所有“契约借款”全被认为是“非法”的和伪造的，一概都要撤销。所有账目都必须按照 1575 年 12 月(尽管书面的日期是 9 月 1 日)颁布的国事诏书中单方面规定的标准重算。这意味着热那亚人要遭到巨大损失。他们进行申辩，并向卡斯蒂利亚法院提出上诉。但是，他们首先有效地停止了向佛兰德方面支付黄金。他们当时甚至很可能支持尼德兰的新教叛乱。然而，在这戏剧性的年份的 12 月，热那亚国内却经历了一场极为尖锐的政治和社会革命(不幸的是，其深刻的原因人们了解得不清楚)，在对立的双方中，一方是专门从事货币交易的旧贵族，另一方面是取得行会支持的新贵族和一般商人。造反者占了上风，掌了权，提高了工资。银行家们向市郊撤退，“有的撤到通往米兰的路上的诺维附近，塞拉瓦勒周围的巴蒂斯塔·斯皮诺拉的领地”，[288]有的撤到萨瓦。但是，胜利的一方并不能真正管理城市，更不能把被菲利普二世的 9 月法令损坏的巨大金融机器重新开动起来。这样，1575 年 10 月，在里昂的布翁维西家族焦急地寻思：“贝桑松的复活节交易会是否要举行？在哪里举行？”[289]直到 1575 年末，这场重大的较量依然是胜负未决。热那亚的国内斗争以及与西班牙的斗争，热那亚商人和非热那亚商人在欧洲所有市场上的竞争,汇合成为一场战斗。

过了两年以后,直到1577年12月5日,热那亚同西班牙国王达成了妥协,废除了1575年的严厉措施,这对热那亚银行家来说是个胜利。胜利的取得只是由于卡斯蒂利亚商人和所有投入这场斗争的人——其中包括"哈布斯堡的无条件的仆从"富格家族——的软弱无力和缺乏经验。投入流通的资金数量不足,资金回收过快,而周转却又过慢。此外,热那亚人对汇票和黄金的封锁相当有效。他们掌握大量机动手段,迫使对方处境窘迫。无论通过里斯本、佛罗伦萨、里昂甚至巴黎和法国的道路,都不能使黄金和汇票按规定的速度到达目的地。结果是:领不到军饷的西班牙军队发生了兵变,经过一系列的失败以后,于1576年11月占领安特卫普,并且进行可怕的抢劫。[290]这些悲剧性事件使西班牙国王不得不和解。认为热那亚商人没有插手这些悲剧性事件,是轻率的,正如认为西班牙人对1575年12月热那亚的起义丝毫不负责任,同样也是轻率的。热那亚的一封信件指出,国王没有减缓这项苛严的法令的愿望。[291]国王从内心深处虽然希望维持这项苛严的法令,但他又怎么可能维持下去呢?从1577年3月起,开始进行认真的谈判。1577年12月5日才告结束。谈判一结束,批发商立刻就把可以在热那亚或米兰,也可以在那不勒斯或西西里支付的500万金埃居交给天主教国王支配。

与此同时,在热那亚,一切又都恢复了正常。在米兰地区和托斯卡纳的银行家和商人的支持下,一项新的计划正在制定,把交易会搬到帕尔马公爵领地上的皮亚琴察举办。除了个别例外(如1580年的复活节,集市在位于萨伏依地区、靠近里昂的蒙吕埃勒举办)，交易会都在皮亚琴察举办，并逐渐形成制度，处于热那亚的控制之下，直到1621年为止。地中海通过热那亚长期地控制着世界的命运。

热那亚取得的这场胜利表面上似乎并不轰轰烈烈，在皮亚琴察[292]举办的交易会不如里昂那样热热闹闹，也不像法兰克福和莱比锡的交易会那样人山人海。总的说来是力求不露锋芒。

60来个银行家每年聚会4次:显圣节交易会(2月1日)、复活节交易会(5月2日)、8月交易会(8月1日)和诸圣瞻礼节交易会(11月2日)。在这些从事汇兑业务的银行家中，有热那亚人、米兰人、佛罗伦萨人。他们像是某个俱乐部的成员。凡加入俱乐部者，必须经过其成员投票通过，并缴纳一大笔保证金(4000埃居)。正是他们在交易会开始的第三天确定汇兑行市，其重要性是不言而喻的。除了这些银行家外，还有货币兑换商或者人们常说的“兑换人”。这些人在缴纳保证金(2000埃居)的条件下，被准许参加交易会并办理清账业务。第三类人物是商人、公司代表或经纪人。他们最多不过200人。严格的章程保证他们遵守纪律。发生争议时，由热那亚的权力极大的元老院作出最后裁决。

用萨瓦里的话说，这些交易会以“清账或结算”为目的。[293]每个商人都交出一册账本，或称流水账，上面记载着所要支付或收取的汇兑金额。首先要做的是整理账目，获得承兑，待一切核对完毕后，就着手一系列的冲销和抵账。最后剩下的负债或资产，与最初结算时的庞大数字已毫无关系。一切就像雪在阳光下融化了一样。根据交易会的惯例，结算差额只需用少量黄金即可结清。债权人往往还同意让债款转到另一个商埠或另一次交易会上偿还。这就等于债务人取得一笔新的信贷。当然，清账活动的详细情形更加复杂。如果参阅热那亚人多梅尼科·佩里1638年[294]在热那亚出版的《生意人》这部经典著作，人们会发现，尽管兑换比价事先业已确定，实际换算并非一帆风顺。争执不下的情形常有发生。交易会的负责人在第五天散发一些空白汇票或样式，供不熟悉业务的商人填写。

这样，在短暂的交易会期间，巨额的付款得以结清。按照达万扎蒂[295]的说法，1588年的成交额为3700万"马克埃居"。根据多梅尼科·佩里[297]的说法，几年以后，成交额达到4800万。依靠我们掌握的商业信件，可以找出当时的兑换牌价。但是，除非我们掌握至少一个热那亚银行家的账册和信函，否则我们就只能看到事物的表面。热那亚人的一切财富确实建立在一种相当巧妙，同时又被巧妙地运用的机制之上。正如富格家族在西班牙的代理商幽默地指出的那样，热那亚人的统治是证券的统治。这个代理商在1577年指责他们"拥有的票据比现金还多"。[297]

证券的时代

证券时代并不是1579年随着皮亚琴察最初举办交易会开始的。整个16世纪都为这个时代作了准备。但是，1566年以后，或者更确切地说，1579年以后，证券占据了十分重要的位置，以致连那些与商业活动只有很少一点关联的人也觉察到这一点。分工的发展使银行业从商业活动中脱颖而出，或者更确切地说，产生了银行家和金融家的职业，因为他们的活动从一开始就以君主的钱财为对象……作为历史学家，我们必须找出这种职业的相对特性，以便懂得为什么当时有许多人对这个职业感到惊奇。诚实明理的人认为，金钱是商品的随从。在他们看来，“真正的交易”是诚实贸易的结果。但是，他们不能接受，钱可以脱离商品而单独进行买卖。他们不能接受，在皮亚琴察，一切都通过转账结算。菲利普二世本人曾承认，他对于汇兑一窍不通。[298]可能正是由于这种不理解，他对热那亚人非常敌视。

在因循守旧的威尼斯，票据的使用长期并不十分引人注目。据威尼斯1575年的一份资料计算，[299]威尼斯在同土耳其作战期间，曾发行巨额公债，总额高达550多万杜卡托。其中，以汇票形式付款的共216821杜卡托，略少于公债总额的4%。显然，这项数据单独还不能说明问题，因为公债既然在当地发行，用金锭（57772杜卡托）、银锭（1872342杜卡托）或铸币（3198420杜卡托）付款是理所当然的事。但是，我们总会注意到，有些威尼斯人对证券的增多以及合法或非法的证券交易提出异议。他们的言辞一般都很严厉。仅以这位威尼斯大使为例。他在1573年[300]从马德里写信给市政会议说，热那亚的“契约放款人”把正经的买卖，即把商品交易放着不做，一味从事大宗汇兑交易，甚至认为商品交换只配让穷极无聊的下等人去干。在1573年，持这样的见解还是可以理解的。但在30年以后，当转瞬即逝的“启蒙时代”在威尼斯出现时，当很多思想家（如莱奥纳尔多·多纳）开始关心经济问题时，当一些辞藻华丽但行文清楚的关于商业、政治和货币的优秀“论文”广泛传播时，人们就很难理解为什么这些人仍旧对票据的激增，对通过汇兑结账而不是用现金支付这一新生事物惊讶不已。汇票的多次转让已经在外国银行家，例如佛罗伦萨或热那亚银行家的提倡下，开

始传入威尼斯。但在以上评判者看来,似乎这种做法“毒化了正常的商业往来,使少数银行家占用了多数商人的资金”。[301]威尼斯商人和富人可见是被硬拖到贝桑松交易会这个畸形世界中去的。

尽管有人对交易会作了种种指责,这个世界是“合理的”,因为它掌握着未来的钥匙;他们不懂得交易会的活动是智慧的活动。实际上,证券的出现及其发展是经济生活的一种新结构的开端,是对经济生活的一个必要的补充。热那亚人在这方面起着先驱的作用,并迅速掌握了最先进的技术。他们的错误在于他们过分相信证券交易的优越性,被金融业的迅猛发展所陶醉,并逐渐脱离大西洋的商品贸易。直到 1566 年,他们在大西洋的商品贸易中还占重要的位置。这个一半处于放任自流状态的大西洋世界[302]将发展和成熟起来,促使当地的商人和金融家出头露面。有人说,热那亚的失败是金融或者证券的失败,是忠于传统贸易的商人的胜利。其实不然,随着美洲的发现,一场地理革命用了一个多世纪的时间才告完成,而与此同时,另一种资本主义悄悄地发展了起来。这是新金融家的胜利。葡萄牙放款人以北欧放款人为后盾,于 1627 年在马德里操纵金融活动。这实际上是荷兰资本主义发展的阶段之一。至少从 1609 年开始,荷兰资本主义已拥有自己的上层建筑,其中包括最现代化的信贷机构。地中海资本主义为荷兰资本主义提供了样板,而其经过长期苦心经营而确立的地位也将被荷兰资本主义所取代。

从菲利普二世时代的最后一次破产到菲利普三世时代的第一次破产(1607年)

从菲利普二世时代的最后一次破产到菲利普三世时代的第一次破产,即从1596至1607年,我们所要涉及的问题范围极其广泛。对我们来说,重要的并非陈述破产的曲折过程,而应弄清始终在起作用的内因和外因,以便检验我们初步提出的、并经最新的研究进一步完善的解释模式。

为了看清问题的所在,我们不要被历史的戏剧性细节所迷惑,而要反复提醒自己,政治、经济、社会或文化的统治无不有其开端、兴盛和衰落,资本主义经历的各个阶段,也就是突变和中断,与其他的突变和中断相仿。像富格时代一样,热那亚人时代以及后来的阿姆斯特丹时代,都只延续两三代人的时间。

谈完这些,为触及问题的要害,我们应立即看到以下事实:

1. 卡斯蒂利亚国家同商人的纠纷总是包含两个连接的阶段:争吵,然后和解。争吵在冬季旷日持久(没有任何理由),让人着急,如1596—1597年就是如此。随着夏季来到,国家的需要迫在眉睫,双方都急忙和解,达成的妥协被称为“全面和解”。“全面和解”在1577年产生一次;1597年产生一次;1607年产生两次;1627年产生一次。争吵或不如说破产始终以“法令”的形式为人所知。

2. 卡斯蒂利亚国家每次都遭到失败,这是因为它不是大商人的对手,因为大商人比它先进几个世纪。菲利普二世对热那亚人的愤怒说明他一意孤行,没有清醒的头脑。如果他头脑清醒的话,本该采纳别人提出的建议,于1582年组织一个国家银行,或于1596

年建立一个意大利式当铺；或者制定一项通货膨胀政策（虽然能否控制通货膨胀还是个问题）……在我看来，菲利普二世最后总是陷于19世纪的某些南美国家的境地。这些政府拥有矿山或种植园，产品十分丰富，但对国际金融无能为力。尽管它们可以大动肝火，甚至采取打击措施，但最后还是屈服，交出资源和主权，表示“谅解”。

3．每次国家宣布破产，每次进行清账，总有一些银行家蒙受巨大损失，或从此一蹶不振，或悄悄退出金融舞台：上德意志商人在1557年，除热那亚以外的意大利商人在1575年，西班牙商人在1596年和1607年，热那亚商人自己在1627年。但是，同1557年的富格家族一样，热那亚商人没有完全退出舞台。尽管如此，这条规律是无可怀疑的。

4．每一次的损失都广泛地转嫁到卡斯蒂利亚纳税人的身上（他们的确被沉重的赋税压垮了），也转嫁到西班牙和意大利的储蓄者和有产者的身上。只要有银行家，就必然有“俄罗斯债券持有者”。

从1590年起，特别在1593年和1595年，种种迹象表明卡斯蒂利亚国家将再次破产，支出毫无节制，随着税收的明显下降，财政收入逐渐减少，阴郁的经济气候使破产和因负债而入狱的人日渐增多。西班牙虽然困难重重，但由于美洲白银的到达次数也有所增加，塞维利亚、巴塞罗那以及热那亚、威尼斯的贵金属流通仍井然有序，经由莱茵河向尼德兰运送贵金属仍正常进行。尽管西班牙在欧洲进行大规模的斗争，尽管由于从1589年起银币输出的暂停再次引起商人惯常的谨慎和不安，贵金属的充裕都可能造成或者正在造成幻觉，甚至在商人中造成虚假的安宁。然而，最令人不安的信号，无疑是卡斯蒂利亚的税收负担极其沉重，把包括大领主、大贵族、教会、城市，甚至大小商人在内的所有纳税者压得喘不过气来，大批债券投入到仍有相当购买力的市场上去。历史学家从随后的事态发展中看到，这一局面对大放款人更加不利。菲利普二世11月中旬发布的敕令使他们大为吃惊[303]，按照这项敕令，菲利普二世停止付款，并把商人手中的收入和资金统统收回。[304]消息传到里昂，[305]人们认为这是一个出人意料的决定，因为在那个时候，西印度船队已穿过了大西洋，据说正以空前的速度来到。[306]这个决定迅速在各个商业城市，首先在西班牙，激起了反响。在欧洲，恐惧心理和判断错误立刻使局势变得更加复杂起来。菲利普二世派驻威尼斯的大使唐·伊尼格·德·门多萨[307]指出："由于停止支付，陛下不用动武就可克敌制胜，因为敌人的力量正来自陛下向外投放的金钱……经验表明，土耳其人、法国人和所有其他国家都使用这些金钱……"当然，西班牙国王采取了这个惊人的举动后，局势远不是那么对他有利。事情本身并不是那么简单。西班牙国王靠自己把巨额现金（可能400万到500万杜卡托[308]）运往意大利，但运输中遇到了巨大的困难和意外的事。这些事情有时显得非常离奇，但又千真万确。巴伦西亚当局曾阻止将西班牙国王的100万杜卡托装船运往意大利，原因是没有收到国王的航行许可证。必须把航行许可证火速送去。[309]事情真是十万火急，否则在局势一触即发的尼德兰，军饷支付便会有中断的危险。西班牙国王生性固执，但无论怎样固执，也不能摆脱他的困境。他不喜欢商人，一再同商人作对，因而给商人带来重重困难。菲利普二世的敕令重新使每个商人

回想起1575年法令以及随后的法令在热那亚造成的严重后果。当时，“旧贵族”被迫卖掉“银餐具、黄金、珍珠和他们的夫人的全部首饰……”[310]在1596年年底，契约放款人全都担心他们20年的苦心经营将付诸东流，担心不能如期付款或者收回贷款的悲剧将不断发生。在坎波城和其他城市的交易会上，再也借不到一个里亚尔，[311]到期证券一周又一周地“延长”付款期限，始终没有得到结清的希望。

在实力较量的初期，菲利普二世政府虽然不免要同商人接触、施加压力和进行谈判，但却不肯作出任何承诺。一个佛罗伦萨人写道：“没有作出任何决定，一切都悬而未决，局面十分混乱。”[312]热那亚驻马德里的大使也写道：“到目前为止，[已经有过接触，]没有任何好消息可以宣布……”[313]西班牙国王和他的顾问不打算废除契约借款制，也不准备取消大商人集团（即所谓“商行”），这一点似乎是明显的。西班牙国王及其顾问的真实意图（这在法令公布之前已经为人所知），是要限制商人的要求，削减契约放款人的利润，而且在“西印度船队运不来白银的情况下”，[315]也能获得至少为期三年的大笔借款，这个要求显然是过分了，因为汇票流通和现金周转都离不开西印度船队源源不断地运来白银。商人加快汇票流通，预付期票和加速现金周转，都要付出昂贵的代价。国王的审计官在查账后声称，由昂布罗西奥·斯皮诺拉向佛兰德提供的40万埃居“契约借款”，竟使西班牙国王付出了35％的费用。[316]放款人对“查账”的细节提出了异议，但不否认这些交易代价很大。商人们远没有挣到西班牙国王损失的那些钱，在这一点上，我们可以相信，商人至少说了一半实话……

总而言之，假如富格家族没有参加进去，西班牙国王和放款人之间尔虞我诈的关系（这种关系可能真诚吗？）也许会很快恢复。如果我们没有把时间顺序搞错，富格家族是在葡萄牙商人（请读者把这里的葡萄牙人理解为新基督徒）为其商品和资产向菲利普二世支付了25万埃居[317]以后（或至少是同时）才采取的行动。富格家族提供的借款肯定比葡萄牙商人多，达400万埃居，但协议没有达成，或许因为财力不足（富格家族的全盛时代尚未到来）。也可能因为要价过高。[318]富格家族或者更确切地说，富格家族在西班牙的三名经纪人之一托马斯·卡格，于12月初打开了僵局。他没有同另外两名经纪人商量，就同西班牙国王达成一项协议，决定由尼德兰"分行"每月支付30万埃居，分12个月付清贷款，而不是用现金预付总额的一半，加上即将到期的期票，[319]再加上陆续结清巨额余欠的许诺。热那亚人开始不相信这个骗人的花招可能成功。这是一项"悬在空中"的"假"合同。[320]更何况，热那亚人向西班牙国王提出的条件更优惠，借款的期限也长，至少他们在表面上是真诚支持西班牙国王的。[321]快到2月时，热那亚人得知这个花招居然弄假成真，而且问题的解决只等奥格斯堡的富格点头了。[322]这个引人入胜的小故事无非使我们看到这个富商家族的四分五裂和内部争吵，看到安东·富格1597年4月的马德里之行的曲折过程……[323]但我们所关心的问题是，富格家族的介入给了菲利普二世政府一年喘息时间，从而使一系列令人沮丧的谈判陷于无效，造成商人互相拆台。这些背叛行动，有的停留于计划阶段，有的已经实施，例如巴蒂斯塔·塞拉就是这种情况。[324]但是，随着1597年结束，富格家族的客串终告结束，协议也在不久之后终于达成。财政拮据已不允许

卡斯蒂利亚政府拖更长的时间了。

菲利普二世的两名“大臣”和四个商人代表于1597年11月13日缔结的协议，于同月29日进一步发展成为全面“和解”。1596年法令的受害者同意给西班牙国王贷款450万埃居在尼德兰交付，250万在西班牙交付，从1598年1月末到1599年6月末，分18个月付清。在西班牙国王方面，也给了商人一连串实实在在的好处，特别是发放700多万杜卡托的巨额年金债券。关于这些年金是永久的还是终身的，尤其是关于债券的利率，双方的争论十分激烈。商人们想提高利率，以便向西班牙公众转手倒卖。这也正是商人一有可能就从事各种债券投机的更重要的原因。对这种投机活动，我们对细节不很清楚，只知道总的规律，那就是低价购进，高价售出。这说起来比做起来容易……行情的相对稳定(然而，据了解，有些债券的价格尽管有所提高，但仍受到14％的损失)有利于进行大规模的交易。[325]热那亚人和他们的商人就用这些证券偿债，不顾债主叫苦连天。对债主们说来，他们借出的是现款，自然也希望收回现款。但是银行家们认为，既然国王陛下只给他们债券，他们就拒绝用其他货币付款。[326]读者或许会想，这是一场寻常的危机，其严重性与1575年的危机不可同日而语。但是，如果认为这艰难的一年(几乎一天不多一天不少)没有严重后果，那就正好错了。一年过去以后，商人集团——我们称之为1596年法令受害者“联合会”——更加紧密地团结在四个大商人的领导之下：其中三人是热那亚人(埃克托·皮卡米利奥、昂布罗西奥·斯皮诺拉、胡安·哈科莫·格里马尔迪)，一人是西班牙人(弗朗西斯科·德·马尔文达)。毫无疑问，商人们抱成集团，对1596年法令受害者和对最富

有的大商人有利。1596 年法令涉及的贷款分配如下：热那亚人 20.5 亿马拉维迪；佛罗伦萨人 9400 万；德意志人 450 万；西班牙人 25.23 亿。因此，其中的很大一部分，甚至最大一部分，是西班牙商人的贷款。他们比其他人受害更深。他们可能没有像热那亚人那样成功地把损失转嫁给别人，特别是转嫁给威尼斯放款人（后者因被货币交易获利容易所诱惑，终于吃了大亏）。全面和解以后，贷款重新分配如下（以埃斯库多或杜卡托为单位）：热那亚人 558.1 万；佛罗伦萨人 25.6 万；德意志人 1.3 万；西班牙人 220 万。这一分配很好地反映了领导机构组成情况：三个热那亚人和一个西班牙人……。热那亚人得到最大的一份。[327]

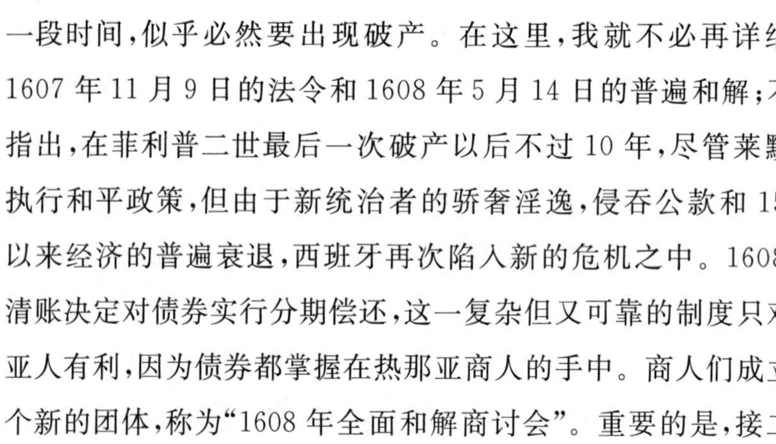

10 年以后，一切又重新开始。由其结构所决定，契约借款每隔一段时间，似乎必然要出现破产。在这里，我就不必再详细阐述 1607 年 11 月 9 日的法令和 1608 年 5 月 14 日的普遍和解；不必再指出，在菲利普二世最后一次破产以后不过 10 年，尽管莱默公爵执行和平政策，但由于新统治者的骄奢淫逸，侵吞公款和 1595 年以来经济的普遍衰退，西班牙再次陷入新的危机之中。1608 年的清账决定对债券实行分期偿还，这一复杂但又可靠的制度只对热那亚人有利，因为债券都掌握在热那亚商人的手中。商人们成立了一个新的团体，称为“1608 年全面和解商讨会”。重要的是，接二连三的破产使集中现象进一步加深。在轰动一时的——1601 年[328]阿吉拉尔和科斯梅·鲁伊斯·恩比托（后者是西蒙·鲁伊斯的侄子和继承人）[329]的破产以及 1607 年佩德罗·德·马尔文达的破产——以后，西班牙商人从此销声匿迹。[330]只有热那亚商人仍留在商讨会内，更加受人厌恶和唾骂。他们单独经受了葡萄牙批发商

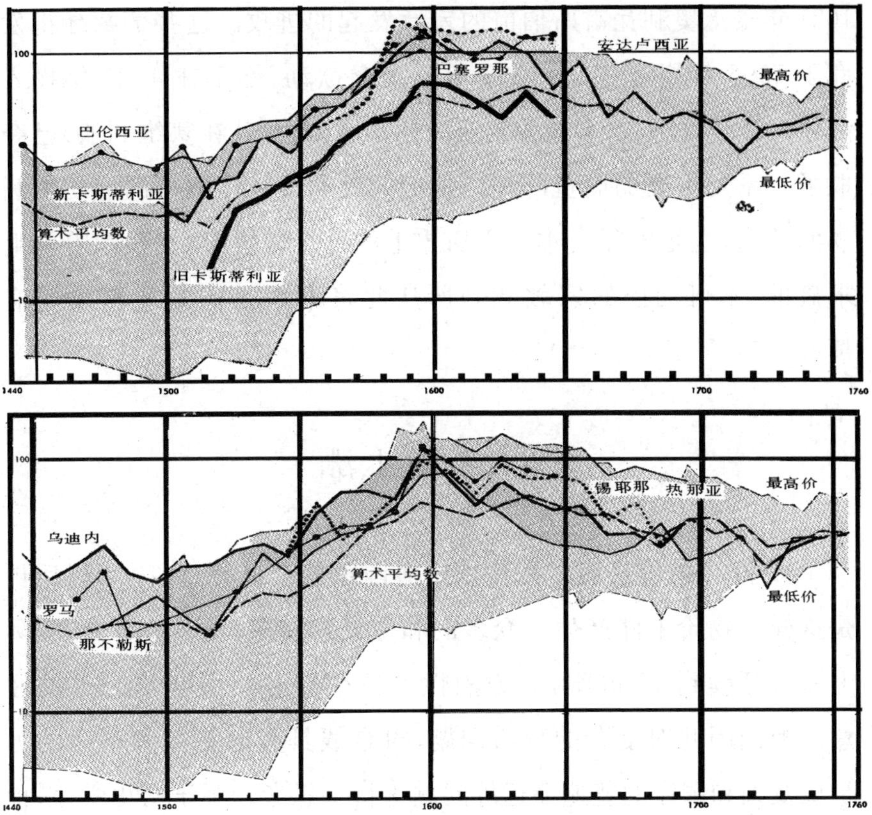

图 42　地中海和欧洲的小麦价格

本图根据费尔南·布罗代尔和弗兰克·斯波纳的《剑桥经济史》第 4 卷(第 470 页)绘制。以克银和百升为计算单位的 50 条小麦价格曲线,使我们看到整个欧洲粮价变化的总格局(在最高线和最低线之间划定一个网纹区),以及这些价格的算术平均数(虚线)。在 16 世纪,价格普遍上涨。为方便读者起见,在这个总格局中,我们又用两条表现地中海的不同曲线。大家可以看到,欧洲价格的算术平均数同旧卡斯蒂利亚的曲线正好一致。至少到 1620 年,有时还要更晚一些,地中海的所有其他曲线都远在平均数之上。在地中海地区,至少在基督教的地中海(因为我们没有地中海东部的材料,那里的价格肯定较低),面包价格昂贵,接近当时的最高价格水平。17 世纪中叶以后,地中海的价格就接近平均数了。但是必须指出,那时欧洲的价格,正如图表上的网纹区大大缩小所显示的那样,正逐渐靠拢。到了 18 世纪,最低价格和最高价格之间的差距会越来越小。

1627 年秉承奥利瓦雷斯伯爵的旨意发起的进攻。这些葡萄牙批发商于 1596 年崭露头角，1607 年已蠢蠢欲动，终于在 1627 年投入战斗。当时，他们在卡斯蒂利亚的各个城市（尤其在塞维利亚）已夺取了一系列重要的商业阵地。他们的胜利是以往取得的成功的圆满的结局，也是国际资本主义历史上的一个转折点，它预示着吹毛求疵的、不可动摇的宗教裁判所从此将不断找葡萄牙商人的麻烦[331]。

3. 物价上涨

16 世纪物价普遍上涨使地中海国家备受折磨，1570 年以后更是这样。物价上涨产生了众多的和常见的后果。这场“革命”实际上一直延续到 17 世纪，其激烈性和持久性必然引起当时人的注意。他们因此对复杂的货币问题，对金钱具有的新的和革命的力量以及人和国家的普遍命运等问题进行了思考。至于历史学家，他们寻找物价上涨的罪魁祸首，常常以为已经解决了这个问题。但是，由于已知的事实日益增多，由于经济史——为什么不承认呢？——日益成为科学，问题正变得越来越复杂。

尽管有不少人向我提出警告，[332]我还是要继续谈论“价格革命”。关于价格革命的原因及其真正动力和范围，人们可以众说纷纭，但有一点不容否认，价格革命在 16 世纪还是个新事物。一位历史学家[333]认为，我们生在 20 世纪的人对当时的价格革命看得更清楚。这样提出问题并不恰当。重要的是，远在 1500 年以前，物价就不断上涨，并且持续了一个世纪，当时的人对此大感惊奇，似乎正

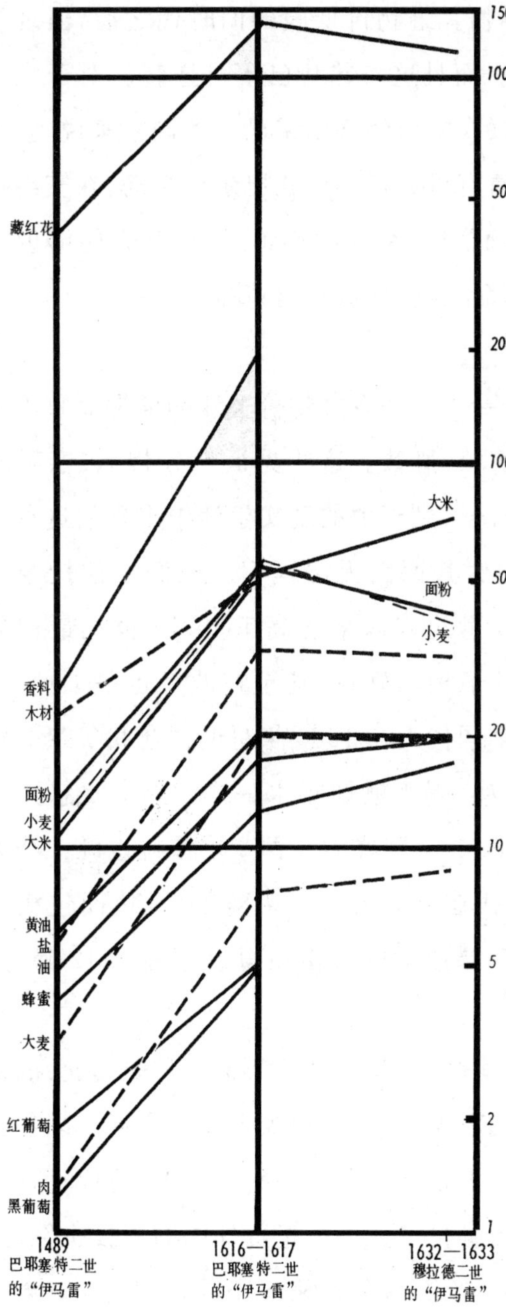

1500
1000
500
200
100
50
20
10
5
2
1

藏红花
香料
木材
面粉
小麦
大米
黄油
盐
油
蜂蜜
大麦
红葡萄
肉
黑葡萄

大米
面粉
小麦

1489
巴耶塞特二世
的“伊马雷”

1616—1617
巴耶塞特二世
的“伊马雷”

1632—1633
穆拉德二世
的“伊马雷”

图 43　1489—1633 年布尔萨的物价

由奥梅尔·吕特菲·巴尔坎向我提供的这些土耳其的价格证实 16 世纪的物价上涨影响了土耳其。“伊马雷”是向穷人和学生施舍食物的宗教慈善机构。价格用阿斯普尔表示。在土耳其的档案中还有希望找到一系列的价格。这些价格对了解地中海世界的总的发展有决定性意义。需要注意的是，这些“名义”价格没有考虑到阿斯普尔的贬值。

经历着一种史无前例的事物。继物价低廉的旧时代之后，出现了百物昂贵的无情的新时代，而且这一趋势已不可逆转。对于意大利这个具有复杂经济结构的、货币经济由来已久的国家来说，就革命一词进行一番争论，还情有可原，但是，在巴尔干半岛，在安纳托利亚，在整个土耳其帝国，面对一系列的连锁反应，怎么能够说不是价格革命呢？既然是革命，就应该说它是革命。

当时人的抱怨

有关物价上涨的证据简直不可胜数。这些见证十分相似：亲眼看到当地的现实生活中出现的这种现象，见证人在惊诧之余，却对其原因无法理解。他们往往抚今忆昔，眷恋过去的好时光：15 世纪末以来的高工资，16 世纪最初的 30 年内，由于物价低廉，日子相当好过，甚至在波兰也是如此。[334] 至于法国，查理九世的一个同代人在 1560 年写道："在我父亲的年代，每天都有肉吃，菜肴丰盛，喝酒就像喝水一样。"[335] 喜欢怨天尤人、高谈阔论的西班牙农学家 G. 阿隆索·德·埃雷拉也说："今天（1513 年），一磅羊肉的价钱在过去可买一头整羊；一块面包相当于过去一法内格小麦；一磅蜡或油的价格顶得上过去的 12 磅，其余依此类推……"[336]

在整个 16 世纪，卡斯蒂利亚的国会怨声不断。但是，国会的抱怨很有分寸，只是在局部问题上做文章，很少提高到全局。国会不断诅咒粮价居高不下，黄金大批外流和牛羊宰杀无度，造成百物昂贵；国会批评皮革出口导致鞋价上涨……指责外国商人投机倒把，哄抬肉、马匹、羊毛、布匹、丝织品等价格……[337] 1548年，国会对

美洲的要求感到惊恐,甚至向皇帝[338]建议鼓励发展殖民工业,停止西班牙向新大陆的出口。它认为这种出口是灾难。1586 年西班牙国会(在巴利亚多利德)要求国王"不再准许从外国进口蜡烛、玻璃器皿、首饰、刀剪和其他类似物品,不再像印第安人那样用黄金去换取这些对日常生活毫无用处的物品……"[339]以上是通达明理之士的议论,这些见解并非完全不合情理。[340]

据 1580 年一个威尼斯人的记载,那不勒斯的物价上涨了三分

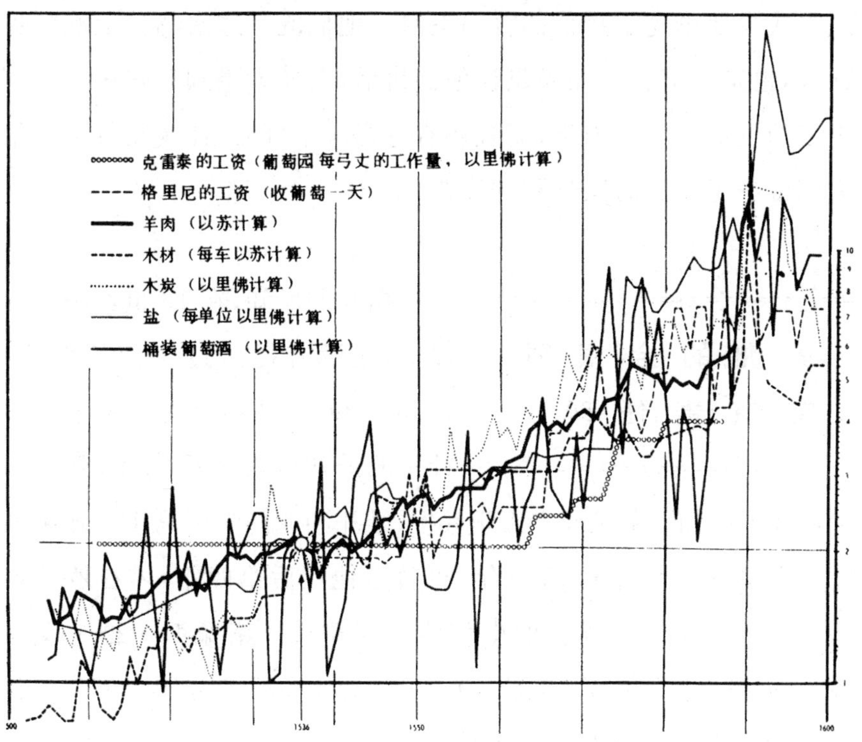

图 44　巴黎的价格变动(据济贫院的档案)

注意工资同物价变动之间的差距和盐价的直线上升。羊肉价格代表所有价格的平均上涨率。本图取自济贫院的档案,为米什利纳·博朗米发表的研究成果。

之二以上。他把此事归罪于官员的敲诈勒索，归罪于西班牙国王为征服葡萄牙而大量采购和储备物资……[341] 1588 年的一份官方报告说，比斯开物价上涨是因为平原上的人一味在饭店里大吃大喝，养成懒惰的恶习，不再耕地，不再采摘果园的水果。照这样下去，苹果酒变得稀少，而且售价过高。也就不会让人感到惊奇了。在这里，物价昂贵成了穷人的过错。[342]

索埃特贝尔[343]在他流传很久的著作中，至少引证了 1600 年以前的 33 位作者，1600 年和 1621 年之间的 31 位作者，这些作者都或多或少地论述了物价的普遍上涨。他们既是这次物价上涨的见证人，也是受害者。如果只让他们讲话，会使人感到乏味……找到更多的见证人并不困难，而且还有这样一个好处：证实物价上涨给人们带来了广泛而又强烈的痛苦。

美洲的金银财宝有责任吗？

据我们所知，在 16 世纪下半叶以前，还没有提出过全面的解释。1556 年和 1558 年出现的关于经济计量的最初两次理论阐述，几乎不为同代人所知。萨拉曼卡大学教授、维托利亚的学生马丁·德阿斯皮尔奎塔的著作直到 1590 年，也就是他死后第四年，才在罗马出版。[344] 1558 年，查理五世的史官弗朗西斯科·洛佩斯·德·戈马拉也遇到同样的命运。他的著作一直等到 1912 年才得以问世。他曾怀疑物价上涨与美洲贵金属的到达有关。[345]

让·博丹同德·马莱斯特鲁瓦在 1566—1568 年进行的论争才使问题公开提了出来。[346]他们的同代人没有足够重视德·马莱斯特鲁瓦提出的记账货币贬值的问题,就匆忙地断定让·博丹有理。经济计量理论很快变成老生常谈。1585年,诺埃尔·迪·法伊在他的《厄特拉佩尔的故事和演说》一书[347]中简要地作了以下的阐述:"西班牙人和葡萄牙人发现了新大陆和金银矿藏,他们贩卖的金、银最后流入法国。他们不能不买法兰西的小麦和商品……"马克·莱斯卡博在他的《新法兰西史》一书中写得更加具体。[348]"在秘鲁之行以前,一个很小的地方可以存放巨额财富,由于金、银多了反而不值钱,以前在一个小角落里可以塞下的财物,如今要用大箱子才能装运。过去只要袖子里带一个钱包就可以出门远行,如今则需要一个大箱子并专门准备一匹马。"对贸易问题深有研究的英格兰商人拉德·马利恩斯(1586—1641)1601年[349]曾经说过:物价的普遍上涨是因为从西印度运来的白银"泛滥成灾"。"原有的计量单位因此变小了,数字则相应变大,以便恢复平衡。"

计量理论流传至今,没有经历太多的波折。厄尔·J.汉密尔顿的鸿篇巨制在坚持这一理论基础的同时,使之焕然一新。最近,亚历山大·夏贝尔[350]捍卫了这一理论,认为它能解释今天不发达国家中的货币现象,因为这些国家使人联想到旧经济。在他看来,最重要的论据是:贵金属到达塞维利亚,同西班牙国内外的物价上涨,恰相一致。弗朗索瓦·西米昂[351]主张对贵金属的到达画一条累积曲线,而不是求出五年的平均数,这在理论上讲是正确的,而且也是对这个现象的一种独特见解。但是,物价运动和五年平均值恰相一致,这证明了贵金属的到达起着连续的推动作用,促进着货币的流通和运动,直到货币总量过大和后劲不足时,物价上涨的势头方告停止。每次到达的美洲贵金属,其扩散速度之快,犹如一次爆炸……

有关美洲责任的正反两方面的意见

路易吉·伊诺第总统[352]评述德·马莱斯特鲁瓦的专题论文时认为，贵金属的增长约等于物价上涨的299.4％，而根据计算，在1471至1598年的法国，这一比例为627％。谁也说不出这个计算是否正确。但贵金属的涌入是显而易见的。我们还有一些保留意见。

1. 美洲的矿业生产是通货膨胀的工具，但不一定是原动力。矿业生产并不自动发挥作用。欧洲的飞跃发展和需求带动并遥控着淘金者和银矿里的印第安人的劳动。关于新大陆的金银资源，我们可引证18世纪下半叶的一份文献资料："如果商人（欧洲）不通过推销商品迫使美洲人从地下挖出金、银，美洲的富源仍将埋在地下。"[353]我们确信，欧洲的经济形势实际上在远方操纵一切。

2. 应该承认，1500年以前的货币储备量比人们过去所说的要大得多。在15世纪，随着现代国家的诞生，军饷、工资和赋税都用现金支付；在得天独厚的地区（首先是意大利、葡萄牙、英格兰、尼德兰等地处大陆边缘的海洋地区）终于成了货币经济。这一切都意味着存在大规模的货币流通。根据流通中金、银数量的可能的平衡，根据在1500年和1650年之间金、银的比率在12到15间的[354]轻微摆动，我提出两个很没有把握的数字：有黄金5000吨；白银6万吨。如果以1600年的已知货币流通量或者至少是估计流通量出发，对历代继承下来的金银总量作个计算，所得出的数量将十分巨大，[355]计量理论对此也不得不承认。美洲金属作为"无偿投资"，

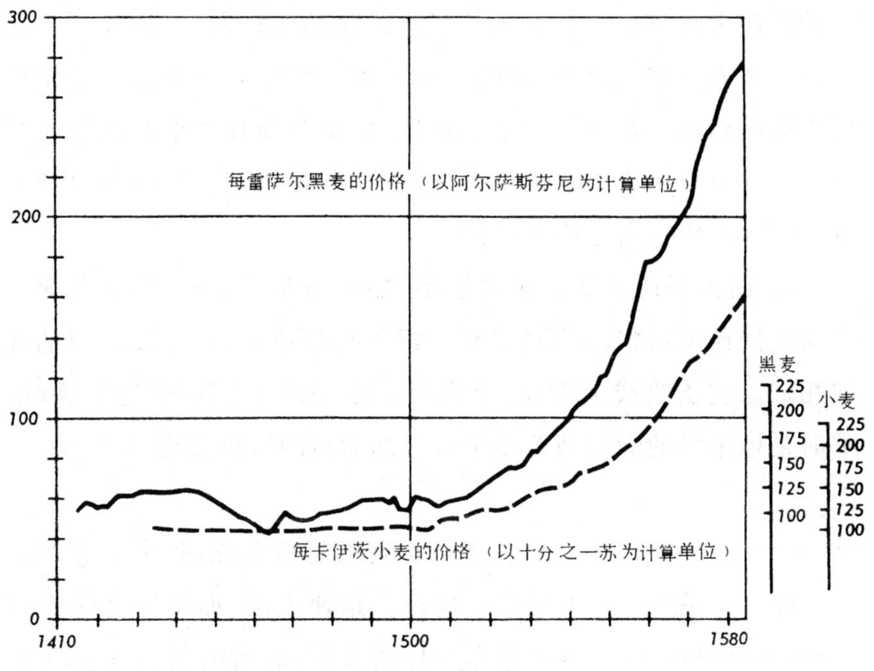

图 45　斯特拉斯堡的物价上涨先于巴伦西亚

选自勒内·格朗达米在让·富拉斯蒂埃《售价与成本》一书中的图表(第 13 类,第 26 页)。

实线代表斯特拉斯堡的黑麦价格;虚线表示巴伦西亚的小麦价格(30 年的变动平均数,1451—1500 年=100)。右侧为百分比的比例尺。可以看出,斯特拉斯堡的曲线比巴伦西亚的曲线上升得要快。假如美洲白银是价格上涨的唯一因素,显然就该画出相反的图形。

与物价上涨速度同步提高,[356]促使货币流通起加速器的作用。[356]

3. 但是,用其他的理由作出解释仍然是可能的,记账货币的贬值对物价上涨也有影响。读者可以参看后面的图 48(第 771 页),以及由让·富拉斯蒂埃及其学生提出的另一种论证。[357]物价上涨从1470年起已在德意志开始;法国的很多地区也在15世纪末以前开始，比意大利、伊比利亚半岛、尼德兰和英格兰等得天独厚的地区出现更早。如果只就名义价格的曲线而论，这无疑是正确的。在人口增长方面，穷国可能走在其他国家，特别是走在地中海地区的前面。在欧洲的中心地区，价格革命在克里斯托弗·哥伦布以前就开始了。至于地中海地区，价格革命于1520年开始显现，到1550年左右才终于巩固。

4. 白银到达塞维利亚的情形，如果用曲线表示，具有工业生产曲线的典型形状。按照帕哥·索尔丹的数字，它与波托西的曲线相似。这条曲线上升快，下降快，在1601—1610年达到顶峰。那时是地中海的命运乃至整个世界的命运的转折关头。

工　资

各地都出现的物价上涨，扩大了它惯常的后果。物价在迅速上涨，而工资却像慢吞吞的拖车一样落在后面，有时候甚至止步不前。我已经提供了证据，说明穷人生活的艰难。随着物价上涨，名义工资不同程度地有所增长，在衰退时期暂时还居高不下。但是，所有的数字一旦折算成实际工资，都说明同一个问题，都显示出穷人的贫困，在西班牙，以1571年到1580年这段时期的物价作为基数100，那么实际工资的指数在1510年为127.84；到1530年下降到91.35；以后时上时下；在1550年达到97.61；1560年为110.75；1570年为105.66；1580年达到102.86；1590年为105.85；1600年为91.31。只是在1600年的危机和使西班牙半岛人口减少的大瘟疫之后，工资才随着货币的膨胀直线上升：1610年上升到125.49；1611年上升到130.56。价格革命并没有使西班牙的雇佣劳动者[358]富裕起来。虽然这场革命对他们比对法国、英格兰、德意志或者波兰的手工业者[359]要好一些。佛罗伦萨的局势同样不佳。[360]在物价上涨时期,那里的实际工资急剧下降。

以上情形在货币方面的表现是明显的,因为穷人的工资、开支和日常生活几乎从不涉及金币,也很少与银币有关,通常使用的是含银量极少的铜币或纯铜币,或所谓"黑币"(在佛罗伦萨,铜币被称为"黑币",以有别于白色的银币)。达万扎蒂解释说,穷人想要的是铜币。农学家安东尼奥·埃雷拉直截了当地指出:"通过贱金属货币,人们最能看出一个国家的富足程度,因为日常生活中都用这种货币购买零星物品……"[361]接着,他阐述了有关贱金属货币的理论,这与我们讨论的主题无关。

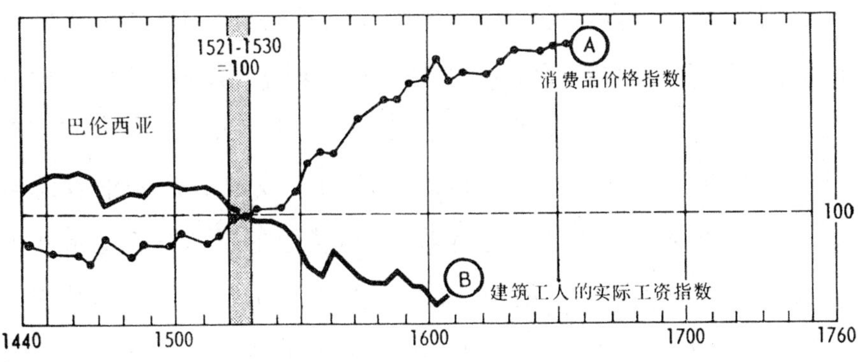

图 46 巴伦西亚的物价和实际工资

据费尔普斯·布朗和希拉·霍普金斯的方法的范例:消费者的"生活费用"上涨,实际工资则相应地下降。

确实,应该说用于制造货币的金属是三种,而不是两种。为了调整铜币和含银量少的铜币的价值,人们不断地从流通中收回这些货币,下令送到造币厂……经过重新轧制,这些货币又投入流通,而且变得越来越轻。铜币的不断贬值与货币的必要和谐显得很不相称。从中获利的每一次都是国家，而不是平民百姓，更不是穷人。这种手段在西班牙很早就已采用。从1563年和从1568年起，西西里的辅币经常进行改铸。[362]

土地收入

通货膨胀既打击穷人，又打击富人，但不是所有的富人。“工业家”、商人、金融家（这些词用于当时并不完全恰当，但为方便起见，请原谅我就这样使用）以及所有直接或间接地卷入货币流通的人都深受其害。拥有土地的领主所受的打击较轻。卡尔洛·奇波拉在“西班牙统治下的乡村和城堡的经济状况”[363]中曾揭示了以上的情形。这项专题研究涉及16世纪末和17世纪初位于亚历山德里亚附近的特吉奥勒城堡（原属帕维亚主教的封地）。从这个个别的事例可以看出，实物租税和徭役并没有都变成现金租税（在用现金支付时，总是由领主或他的代表估算总金额）。除一些数额不大的封建性收入外，城堡主还享有其他形式的收入，相当于现代形式的地租，农民向他们交纳成袋的小麦、燕麦和蚕豆，成桶的葡萄酒和一车车干草……这些收入正是城堡主的主要财源。

从这些细节出发，我们可进一步想到西班牙大使贝尔纳迪诺·德·门多萨[364]（当他不在时，领地由他的妹妹管理，每年夏天出售小麦），想到于1559年买下1500块国王封地的那不勒斯总督阿尔卡拉伯爵，[365]想到堪称小国君主的阿拉贡领主以及拥有成片麦田、众多畜群的卡斯蒂利亚贵族，想起出售粮食、葡萄酒和丝绸的西西里领主。我们得到的印象全都相同：土地是这些各不相同的领主的

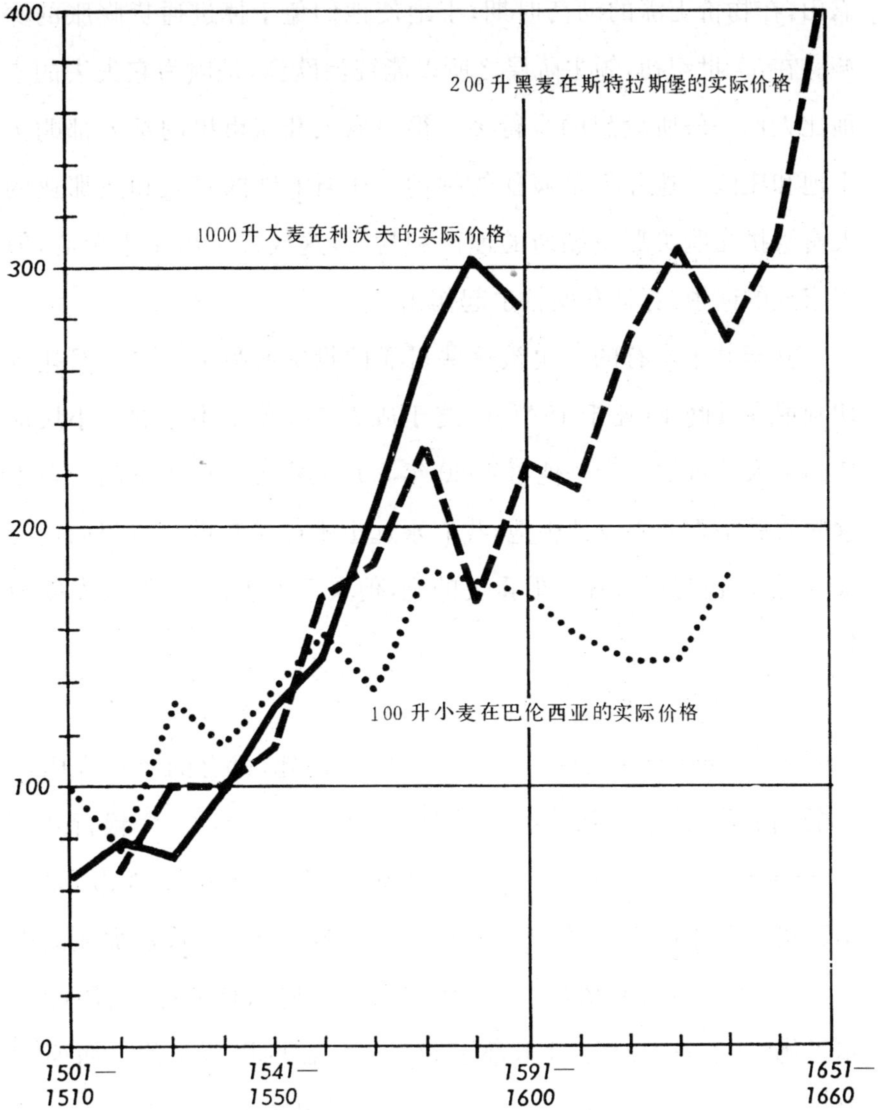

400
300
200
100
0
200 升黑麦在斯特拉斯堡的实际价格
1000 升大麦在利沃夫的实际价格
100 升小麦在巴伦西亚的实际价格
1501—1510
1541—1550
1591—1600
1651—1660

图 47　斯特拉斯堡、利沃夫和巴伦西亚的谷物的实际价格

根据勒内·格朗达米在让·富斯拉蒂埃《售价与成本》一书中的图表(第 13 类,第 31 页)。价格是按泥瓦工助手的工时计算的。在巴伦西亚,生活水平的下降比大陆其他两个城市略慢。

靠山，在物价上涨的动荡时期，土地使他们免于掉进通货膨胀的深渊。在17世纪初，领主阶层之所以能统治欧洲，是因为它失去的土地比人们一般所设想的少得多。很多商人和城市里的富人都购买土地和庄园。这并不是疯狂的举动。托斯卡纳的富人和热那亚的大富豪拼命购买那不勒斯的地产和封号，这或许是出于虚荣心，但当家人的谨慎、算计和明智也起作用。

甚至并不富有的人也被这些可靠的投资所吸引。本韦努托·切利尼在其晚年(死于1570年)终于成为佛罗伦萨附近的一小块地产的主人。这块地产是他于1560年3月从农民手里买下的。至于这些农民是否存心设计害他，我们永远也不可能知道。切利尼疑心太多，把农民想得太坏。但重要的是，他买下了土地，以保证安度晚年[366]。

银行和通货膨胀

除了土地，所有的经济部门都受到震动，尤其是银行。[367]银行开展各项业务，都采用记账货币，而不用真实货币，因而直接受到通货膨胀的影响。威尼斯或热那亚的里拉，西西里的盎司和塔利，西班牙的马拉维迪和杜卡托，法国的图尔里佛，所有这些计账货币都不断失去它们的固有价值。西西里盎司1546年约等于91.09里拉(1866年的意大利货币)，1572—1573年却只值20.40里拉。同样，用芽月法郎表示的法国图尔里佛于1515年值4里拉，到1521年只值3.65里拉(这种贬值是把外国硬币，特别是卡斯帝利亚的黄金吸引到法国的一种方式)，

1561 年值 3.19 里拉；1573 年值 2.94 里拉；1575 年值 2.64 里拉；1602 年值 2.46 里拉。[368] 真实货币和记账货币的兑换就这样持续不断，而且总是真实货币取胜。这里还要搞清所受的损失究竟记在谁的账上。如果用记账货币在银行入账的一笔存款在过了几年以后仍原本偿还，存款者就吃亏了；如果是银行家在同样条件下提供的贷款，那么银行家将遭受损失。记账货币如果闲置不用，时间越长，损失也就越大。

马利奥·西利认为，所有的银行家和批发商因此在 16 世纪都实行高利贷。马利奥·西利的看法在理论上是正确的，因为这方也罢，那方也罢，所受的损失归根到底还是记在商业和金融业的账上。对于个人来说，得失能否互相抵消呢？这是另一个问题。总之，鉴于商业活动的节奏（我说的是 3 个月举办一次汇兑交易会），鉴于贷款所付的利息以及通货膨胀的不断上升，计账货币的内在损耗不是一天半天就让人察觉的。商人在记账时从不提到这种损耗。但这并不意味着，随着天长日久，缓慢的损耗竟不起任何作用。商人和银行家的破产通常与短期的经济动荡相联系。银行不但数量众多，还显得相当兴旺，例如皮萨尼-蒂耶波洛银行在 1583 年 3 月，[369] 即它倒闭的前一年，一次就把价值 20 万杜卡托的西班牙里亚尔运到威尼斯。但是，这些银行过多地提供贷款，尤其把部分存款用于一些周转缓慢的商业活动。到了 1584 年，由于出现短期的经济滑坡，贷款无法收回，存款又被提取，危机便出现了，而且无可挽救。就这样，皮萨尼-蒂耶波洛银行于 1584 年 3 月 17 日破产[370]。如果真要弄清这个问题，必须研究那不勒斯国家档案馆保存

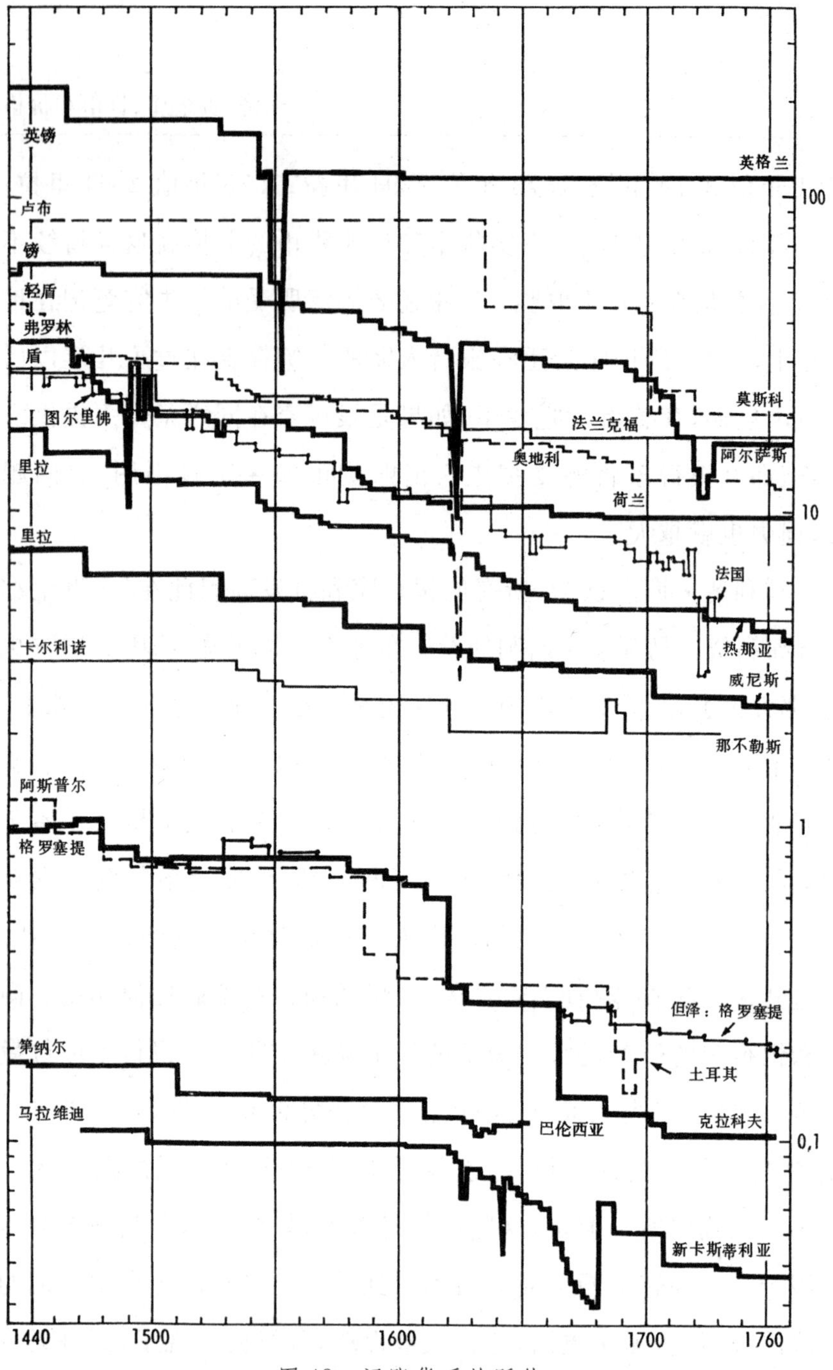

图 48 记账货币的贬值

本图表将刊登在费尔南·布罗代尔、弗兰克、斯波纳为《剑桥经济史》第四卷所撰写的文章中。各种货币均根据其含银量排列顺序,有重币和轻币。有些货币,如英镑,相对稳定,有的则很不稳定,如波兰的格罗塞提、土耳其的阿斯普尔,甚至还有图尔里佛。关于卢布和阿斯普尔的数字是约数。Pf. Pf. Rech＝镑,芬尼,轻值。Fl. Gu. ＝弗罗林,从 1579 年起改称盾。Pf. HG. ＝镑,赫勒,盾。

的银行家的许多账册,并在 A. 西尔韦斯特里[371]已经进行的大量专题研究的基础上进行深入发掘,并对其成果作出解释。这是一项极其艰巨的任务。

不管怎样,在 1550—1570 年以后,银行破产不断增多,并随着"白银时代"的到来,即随着通货膨胀时期的到来,而日益变得严重。[372]恰恰就在那时,出现了一系列国家银行,提供了治好这场大病的药方。在这些公立银行中,巴勒莫银行成立较早,于 1551 年诞生。这家银行受巴勒莫市元老院的监督和管辖,设在一个名叫拉洛贾的地方。[373]这最初可能是特拉帕尼省公共信兑所的附属机构,后者于 15 世纪末[374]即已存在。这就说明,巴勒莫银行不仅成立日期特别早,而且性质也与众不同。像意大利南部公立银行一样——它往往是它们的样板——巴勒莫银行专门负责收税、经营公款和公共支付。菲利普三世统治时期,它被委以无利可图的整顿西西里的货币的任务时,终于被这些政治和行政工作压垮了。

创办公立银行主要在巴勒莫银行成立 30 年以后才开始:1586 年,圣乔治商行恢复了一个多世纪以前(即在 1444 年的黄金危机时期)业已放弃了的银行业务。1587 年 9 月 23 日,墨西拿城的信贷所宣布成立,但其章程于 1596 年 7 月 1 日才得到菲利普二世的批准。人们希望通过它结束接二连三的破产和侵吞公款,这并非没有道理。新银行拥有接受公共机关的存款的特权,受墨西拿城的监督和管辖。[375]1587 年,[376]著名的里亚托广场银行在威尼斯成立。1619 年,一家同样出名的银行——季罗银行——吞并了它。1593 年,昂布罗吉奥银行在米兰诞生。与季罗银行相同,这是一家实行独立经管的银行。就在同一时期,那不勒斯天神报喜圣母院的当铺和济贫院开办了一家附属银行。在罗马,也成立了圣灵济贫院的附属银行……兴办银行的运动规模相当大,在时间上也很集中,这些都是很好的证据。

但事情远不是那么简单。尤其在北方,国家银行的职能很快就超出了公共财政的严格范围。例如,里亚托广场银行不顾禁令,竟然利用储户的存款,立即实行透支借贷。它还广泛发行一种溢价信用货币,取代金属货币。公立银行这样做,并不是什么新发明,无非是照搬过去私人银行的老方法而已。它们的独创性在于以空前的规模发放贷款。但是,正是私人银行的破产、不完善和不可靠导致了大批的公立银行的突然产生。季诺·卢萨托(我们以上的论述在很大程度上借鉴了他的见解)得出结论说:“虽然公立银行没有任何创新,但它们至少使广大顾客可以放心,并得到从私人银行那里往往得不到的安全感……”。[377]人们不妨想一想,从1552年的普里乌利银行破产到1584年皮萨尼第二银行破产,[378]威尼斯确实接二连三地出现了多次银行破产。那不勒斯的金融崩溃也接连不断,从热那亚商人拉瓦斯克斯的破产(实际上是半破产)开始,直到1580年为止,11家银行竟减少到只剩4家(具体数字还存有争议)。[379]

无论在那不勒斯还是在威尼斯,这些破产往往是当局不适当的干预造成的。例如,那不勒斯总督于1552年[380]扣留了拉瓦斯克斯储存的黄金,强行以低价兑换成刚轧制成的新币……在威尼斯,市政会议总是强迫银行认购爱国公债。尽管如此,通货膨胀始终是个隐患,并导致国家进行必要的干预。圣乔治商行在恢复其银行业务后,于1586年对储户开办黄金存款,于1606年开办白银存款,更奇怪的是,于1625年又开办了西班牙本洋的存款。这一令人困惑不解的细节既可能永远是个难解的谜,但也可能使人抓住问题的要害。这究竟意味着什么呢?这意味着储户用什么货币存入银行,必要时也用这种货币从银行支取,因而储户可以得到黄金或白银的保证,免受贬值之苦。[381]与此同时,银行本身同存款人一样,也可以依靠金属货币的牢固地位避免记账货币的风险。

“工业家”

物价上涨的另一个受害者是“工业家”。多亏米塞佩·帕伦蒂,我们对“工业家”的情形才有了一点了解。他关于佛罗伦萨的论述以及关于16世纪末和17世纪初的意大利的论述,虽然仅仅是一种尝试,但价值是显而易见的。在佛罗伦萨和意大利的工业城市,物价上涨使手工业者的名义工资增加。在佛罗伦萨,以1520—1529年的指数为100,1550—1559年下降到99.43;1590—1599年达到162.63;1610—1619年达到178.95。这大大低于西班牙工资的上升幅度(1520—1529年为100;1610—1619年达到309.45)。但是,这大大高于法国工资的上升幅度(1550—1559年为100;1610—1619年为107.4),也高于英格兰工资的上升幅度(1520—1529年为100;1610—1619年上升到144);也可能大大高于荷兰的工资上升幅度。在佛罗伦萨,名义工资的增加并不表示劳动者生活幸福,而仅仅表示“工业家”的利润有所减少。在工资和物价普遍上涨的情况下,利润却停滞不前。[382]佛罗伦萨工业家的利润虽然高于急剧下降的西班牙的利润,但无法与同时期的法国的或者英格兰的利润相比。因此,物价上涨给意大利工业的心脏注入虚弱的因素。意大利工业在17世纪初无法对付尼德兰的竞争,以后

又无法对付法国同样咄咄逼人的竞争，原因也许就在这里。

国家与物价上涨

相对而言，国家所受的损失比较小些。国家财政包括三个方面：收入、支出、债务，第三个方面——并非最不重要——随着价格的普遍上涨而自动减轻。然而，支出和收入都以同样的速度在增加。当物价猛涨时，所有的国家都成倍地增加了各自的收支。国家开支之庞大确实难以为继，但在整个16世纪，国家的巨大财源也在日益增长。

很久以前，理查德·埃伦贝格就劝告历史学家——他们没有接受——不要相信那些大使经常提供的预算估计。我们乐意加一句：也不要相信其他估计。预算一词今天有其确切的含义，与16世纪的实际情况不相符合。尽管如此，不精确的数字仍然也可以提供一个数量级，至少足以表明预算的普遍增长。下面是西西里相隔四分之一世纪的两个预算：1546年，收入为34万斯库迪，支出为16.6万斯库迪，剩下的余额供偿还债务；1573年，收入为750194斯库迪，支出为211032斯库迪。在“结算”的余额中，还要扣除一系列特殊支出，以致西西里的西班牙大臣为求得收支平衡，不得不以14%—16%的利率借款。[383]那不勒斯的预算增长情况与西西里大体相似。[384]在西班牙，查理五世当政期间的收入增加了2倍。[385]菲利普二世的收入从1556年到1573年增长了1倍。[386]1566年，收入总数为1094.3万杜卡托；[387]1577年收入为1304.8万杜卡托。[388]50年过后，也就是在1619年，菲利普三世的收入可能为2600万杜卡托。[389]

通过菲利普二世的预算，人们可以推算出当时的债务（包括长期或短期债务）有了巨大的增加。在1562年的预算中（对这个预算不应盲目相信），[390]人们注意到下列项目：卡斯蒂利亚的债券利息50万杜卡托，佛兰德的债券利息30万，阿拉贡的债券利息5万，西西里的债券利息15万，米兰的债券利息20万，大西洋诸岛的债券利息3万，总计利息达123万杜卡托。如果按10%或5%的利率计算，本金则相应地在1200万到2400万杜卡托之间。[391]我们且确定是2000万吧！然而，在1571—1573年间，债务增加[392]到5000万，其中的各个组成部分无法算清。1581年，[393]一个威尼斯人说债务达到8000万。在不到20年内，菲利普二世的债务可能增加了3倍。

在锡曼卡斯极其丰富的文献资料中，也许能找到更多、更精确的数字。在材料汇集后，我们还要根据菲利普二世的决算，分别算出他的收入、支出、债务和利息；在可能的条件下，还要画出真实预算的曲线。正如工资膨胀一样，预算收支数字的膨胀也包括虚假的成分。马里奥·西里把西西里的预算数字折合成黄金计算，说明预算不但没有增加，而且逐年在减少。

预算收支的大小要用物价上涨的尺度来衡量，单纯在收支数字上做文章，势必偏离问题的真正所在。大体上讲，面对生活费用的日益增长，国家越来越显得无能为力。因此，国家拼命想开辟新的财源，扭转物价的上涨趋势。16世纪各国历史最明显的特征，就是竭力维护和提高税收。尼德兰战争不仅是为争取宗教信仰自由和维护既得自由而进行的一场惊心动魄的斗争，也是西班牙国家力图同国际商业要冲的经济命运相结合的一次尝试。然而，这次尝试失败了。

菲利普二世的帝国眼看它在欧洲的属地相继不再是收入的可靠来源。确实，尼德兰、米兰、那不勒斯和西西里等地的"财源"陆续被当地的需要吸尽了。只剩下西班牙，或更确切地说，只剩下卡斯蒂利亚。菲利普二世坐镇伊比利亚半岛，加上国内局势太平（直到1569年为止），把包括大贵族在内的纳税人收拾得服服帖帖。里摩日的主教在1561年[394]写道："天主教国王力求节俭，以备不时之需，并亲自过问财政和领地的各项事宜。他的精明和小心，如果再过分一点，我看很可能会被人指责为悭吝刻薄。"这就是说国王不断征询专家们的意见。在他漫长的统治期间，财政状况十分严重，专家们从来没有停止向他提出建议。我已经指出过托莱多大会以及这次大会于1560年11月14日作出的决定。[395]卡斯蒂利亚的税目因此不断增多，税收改革更花样翻新，增添新的税收项目。由各城市包干的消费税，原则上应占各项售价的十分之一。后来又增加4个百分点，税率达到14%。1561年，消费税总额上升到120万杜卡托；1574年达到370万。[396]1577年，消费税才不得不减少100万杜卡托。

纳税人当然怨声载道。加的斯城1563年[397]声称，由于1560年后不断加税，当地的商业陷于破产。国会一再表示不满。面对令人不安的物价上涨，国会并不怪罪于美洲货币，却想到指责眼前的现实，即王国政府增加的可怕的税收。1571年的国会指出[398]："税收负担如此沉重，生活必需品又如此昂贵。很少的人能生活没有困难……"

税收数额巨大，分配很不合理，这与当时的条件有关。也就是说，只有一部分税款进入国库。卡斯蒂利亚无疑是帝国最慷慨的纳税人。因为这种慷慨有时是自愿的，国会经常以爱国相号召，此外还因为国王近在咫尺，很难违抗他的意旨。卡斯蒂利亚因此财政拮据，工业破败残缺，生活指数不断上涨。[399]只有相反的情形才会使人感到惊奇。然而，卡斯蒂利亚这样不顾困难，慷慨解囊，努力纳税，又有什么结果呢？间或出现的财政盈余远不能抵消帝国的全面亏欠。何况这些盈余只是昙花一现。如同菲利普二世统治下的欧洲的其他地方一样，卡斯蒂利亚的财政赤字也将成为规律。[400]

因此，所有的国库都在困境中挣扎。在通常因经营有方而被引为楷模的佛罗伦萨，沉重的税收负担据说于1582年导致了人口外流。[401]葡萄牙在征服菲律宾前夕，竟征收20%的销售税和50%的水产品税。[402]在法兰西，王国政府于1587年初打算把巴黎的税收增加一倍，然后把这一措施向王国的所有城市推广，尽管国内当时正经历可怕的饥荒。[403]土耳其和波斯也同样采用这些办法。

在16世纪艰险的经济环境下，国家没有别的选择余地。再看西班牙的情况：政府至少曾分别于1563年、1608年和1621年三次降低债券息率。[404]至于推迟付款期限，或用尼德兰的说法："在交易会转签期票"，[405]更是经常的事。西班牙政府于1566年决定提高黄金价格；查理五世1537年发行的埃斯库多金币，其价格从350马拉维迪提高到400；[406]1609年，又从400提高到440。[407]最后，西班牙分别于1557—1560年、1575年、1596年、1607年、1627年和1647年……对国家的短期债务实行一系列信用破产。西班牙国家无止境地勒索城市、富人和教堂的钱财，并且不择一切手段。

对16世纪的预算进行的全面研究，再与我们知道的当时英格兰的收支状况相比较，可以回答下面的一个重要问题：在物价的风暴中，地中海国家或者地中海附近的国家是否比其他国家受到更大的震动呢？就西班牙而论，在我们看来，回答似乎是肯定的。尤其考虑到战争给这个过分庞大的帝国造成的巨大支出，情况更是这样。1597 年[408]法国的一篇攻击性短文写道："对他（菲利普二世）来说，战争是极其昂贵的，而且比对其他君主昂贵得多。为了维持一支海军，他必须从遥远的国外招募大部分船员，而为养活船员，又要消耗大量经费。至于在陆地作战，例如在尼德兰的主战场，他所付出的代价比敌人要高 10 倍，因为他在西班牙征召一名士兵，派往阿尔图瓦边境同法国士兵作战，要花费 100 杜卡托，而一名法国士兵只需国王支付 10 杜卡托……"

同样，他的海军装备应同时符合大西洋作战和地中海作战的要求，这对西班牙不利。更何况，价格又在不断上涨。托梅・卡诺在《航海术》[409]一书中说：载重 500 吨的一艘船在查理五世时代约值 4000 杜卡托，而在 1612 年的今天，要值 1.5 万杜卡托；佛兰德船帆过去每公担值 2 杜卡托，今天售价为 8 杜卡托。他又说："过去我从印度运货到卡塔赫纳，每吨运费为 14 杜卡托，而今天要 52 杜卡托。即使这样，船主所得的钱还是过去那么多。"在所有这些价格变动中，工资以及经营利润往往相形见绌。这至少部分地说明，西班牙在大西洋的海上活动，为何在 16 世纪末处于困境。不但大西洋的大型船只是如此，地中海的小型帆桨战船也同样是如此。1538 年，[410]西班牙装备一艘没有炮的帆桨战船要花费 2253 杜卡托（船身价值 1000 杜卡托）。然而，1582 年，J. 安德烈・多利亚出售的帆桨战船每艘竟要 1.5 万埃居。这个价格显然是抬得太高了。不知道当时出售的是否指配备有划船奴隶和大炮的战船整体。无论如何,价格差别十分悬殊。

美洲财宝的减少

在1610年后,特别在1620年后,来自美洲的"财宝"放慢了速度。不论这一停滞是信号、结果或是原因,它都标志着世界历史的一个重要时刻。总的来说,如果仅仅用美洲自身的原因来解释这个"事件",似乎美洲是一切的原动力,那就错了。根据效益递减的法则,矿山开采费用不断在增加。由于营私舞弊和自身的货币需求,美洲可能截留了更多的产品。[411]一部分金属可能被投机商所转移,用马尼拉大帆船[412]从新西班牙运往远东和中国。此外,美洲人口灾难性的减少,使得为开采白银所不可缺少的对印第安劳动力的征集遇到了困难和放慢了速度。[413]

以上的解释都有一定的道理,但这里有一个前提,即所有这一切还有待于在塞维利亚和锡曼卡斯的档案馆,特别是在关于美洲的案卷中作进一步的考证。在没有事实证明前,不能先验地认为,人口的减少竟使矿业这个特殊的、享有优先权的部门得不到充足的劳动力,经由拉普拉塔河进行的大规模的走私活动似乎随着1623年前后矿业活动的普遍衰退而停止了。[414]1635年以后,用马尼拉大帆船运出贵金属也中断了。[415]但是,这些解释的主要缺陷是显而易见的:它们基本上都把原因确定在美洲,似乎走私不是在到达地和出发地同时进行的。尤其是这些解释没有考虑到,西班牙帝国把欧洲同新大陆连成一片,构成一个经济整体。换句话说,就是没有提到全面的经济形势,没有提到1580年、1595年以及1619—

1622年后在欧洲出现的经济衰退。这些衰退终于导致17世纪40年代的大崩溃；导致西班牙在加泰罗尼亚和葡萄牙，后来(1647年)又在那不勒斯的灾难；还导致同年撤销保护安的列斯群岛的巴尔洛文托舰队。[416]

谈到总的经济形势，就要分析价格、成本、工资和利润。非常了解新大陆的罗德里戈·维沃罗[417]1632年认为美洲的机器不可能发生故障。在这一点上他显然错了。他说每年生产2400万金币，其中200万可能运往塞维利亚，这也说错了。但是，他正确地指出，矿山主陷入恶劣的经济形势的旋涡中，他们“全都负债，因为盐和玉米涨了价，印第安工人的工资增加了一倍。老板为招募工人而苦苦哀求，而招来的工人却并不适合矿业劳动”。还有牌桌以及“吸取矿工血汗”的放债人。这些放债人“用布匹和其他商品(他们靠这些又赚了钱)，或者更坏的是，用葡萄酒”换取白银。但是，为了看得更清楚，还必须从西班牙和欧洲方面，在更广泛的整体规模上，重新分析这一问题。

货币贬值和伪币

总之，美洲白银的光辉时代无疑在17世纪中叶结束了。劣质货币在当时广泛出现。16世纪已经有了劣币。但是，到了17世纪，成色不好的货币进入地中海的主要流通渠道，并被一直带到黎凡特，而在这以前50年内，劣币始终被排斥在流通之外。

那时候，劣币只在北欧和伊斯兰国家，也就是说，在地中海的外围地区通行。而且即使在这两个地区，劣币也很晚才出现。在欧洲北部，经过伊丽莎白的努力，英格兰货币的币值已经稳定，在叛乱的尼德兰，直到1585年11月贬值为止，货币经历了重大的波折。[418]甚至在采取这项贬值措施前，至少从1574年起，劣币的制造已经开始，[419]特别是在列日。就在这一年，他们生产的劣币已运到西班牙的大门口。偷偷用劣币换取良币，[420]这是把西班牙的垄断打开一个缺口并攫取部分贵金属的方式之一。1609年签订了十二年停战协定以后，这种交易就在各个港口大规模地开展起来，荷兰人当时带来了大批低值货币。这种活动以前只有通过吕贝克或汉堡的船舶，或者借助于英格兰人（因为英格兰和西班牙于1604年签订了和约），[421]或者通过法国人才可能进行。成色很差的低值货币整箱整桶地到达。返回时，人们把金币或银币藏在盐或者其他商品下面。1607年，在波尔多及其四郊，四家"铸币厂"忙于改铸西班牙货币。通过不同途径取得的这些货币，一经回炉改铸后，就可以提供18％以上的利润。[422]

这在当时几乎是一项诚实的买卖。但相对的诚实没有维持多久。从1613年起，出现了仿照西班牙货币轧制的含银量很低的铜币。铜币产量每年达200多万比索，以后还不断增加。根据专家的估计，通过轧制劣币冒充良币，赢利可达500％。除尼德兰外，丹麦、英格兰和意大利也搞类似的以次充好的勾当。整船的劣币运往坎塔布连海岸或巴拉梅达的圣卢卡尔。[423]

已经在大西洋自由流通的伪币后来到达地中海。1595年，皮翁比诺公爵夫人下令在她的小公国轧制成色很差的货币。[424]在17世纪的头10年，"劣币"敲开了黎凡特的大门，整个地中海全部被毒化了。1611年，[425]一份威尼斯的报告指出，阿勒颇的货币混乱十分惊人，一般比通用货币溢价4%—5%的良币在那一年被以高出面值30%至35%的价格收购。有关这段历史的下文，可在保尔·马松的《法国在17世纪对黎凡特的贸易》一书中读到。[426]

在这个时期，虽然纯粹的地中海贸易受这种惊人的混乱影响不大，一场严重的危机却席卷从阿尔及尔到埃及和到君士坦丁堡的土耳其帝国的诸地区。人们对土耳其长期保持的良好财政状况赞叹不已。可能在苏里曼大帝的长期统治时期（1522—1566年），土耳其的财政确实具有这个优点。然而，在这光辉的统治告终的那一年，也就是进攻马耳他失败以后不久，如果哈默的流传已久的著作所载的情况属实，[427]开罗只有一家土耳其“造币厂”轧制金币，金币贬值30%。这可能是因白银价格下跌而作出的必要调整。当时的情形究竟怎样，还值得我们进一步了解：马耳他围城战以后，1566年的贬值也许是表明土耳其帝国开始力不从心的第一个迹象。

到1584年，毫无疑问爆发了一场严重的货币危机。[428]土耳其的通货是一种呈方形的小银币[429]——阿斯普尔（土耳其文叫阿克塞）。勒芒斯的伯龙明确指出，阿斯普尔是用“没有掺杂”的纯银轧制的。[430]一个旅行者[431]说，有人把银币扔进烧得灼热的炉做过试验。银币的重量等于四分之一德拉克马（古重量单位，约等于3.411克），价值10到11图尔德尼埃[432]或7.5威尼斯夸特里尼，或2到2.5德意志克莱泽，或1罗马巴约科，或1旧威尼斯马尔凯托。[433]伯龙还写道：“阿斯普尔和我们的卡罗吕斯同样值钱。”[434]16世纪初，阿斯普尔的价值等于素丹金币的1/135，[435]后者的价值略低于威尼斯西昆，但等于或往往高于德意志最好的翁加卡里。[436]塞里姆一世登基时，素丹金币值60阿斯普尔。这项官方市价直到1584年都没有改变。因此，虽然1566年发生贬值，新西昆同白银的比价并没有受到影响。土耳其的塔勒是一种价值略低于奥地利克罗南塔勒或意大利的埃斯库多的银币，价值40阿斯普尔，而克罗南塔勒或埃斯库多值50阿斯普尔。我们的文献资料证实了这些货币的价值：[437]1547年，300阿斯普尔等于6埃居……[438]威尼斯总督在1564年指出，每3个月的一般支出高达34487阿斯普尔，即574杜卡托又47阿斯普尔。这就是说，通常市价为每杜卡托兑换60阿克塞。后来，这位总督开了一张9170斯库多的汇票，兑换率是1埃居值50阿斯普尔[439]……1561年，由于银根紧张，另一个总督只得到1埃居值47阿斯普尔的兑换率；[440]1580年，兑换率还是1埃居值50阿斯普尔。[441]

为了使奥斯曼王朝的货币一览表完整起来，我们还要介绍最后一种货币，即阿拉伯的货币。这种货币在埃及和叙利亚广泛流通，并在地中海、波斯湾和红海之间的地区占有一席之地，叫作迈丁，含银量为阿斯普尔的一倍半。[442]因此，40迈丁能兑换1西昆，35迈丁兑换1埃居或克罗南塔勒。[443]正如一个名叫纽伯里的英格兰旅行家在1583年所说，“40迈丁等于1杜卡托”。[444]

1584年的大幅度贬值[445]是在波斯货币贬值后发生的。由于战争，领军饷的部队人数增加造成巨额的支出。埃及于1584年向素丹提供贷款，按1西昆值43迈丁的兑换率计算，但在偿还时，则要采用1西昆合85迈丁的兑换率。因此，西昆的价值就从60阿斯普尔上升到120阿斯普尔。当然，西昆并不改变，阿斯普尔却从此变轻了，部分贵金属被铜代替。1597年，每德拉克马白银可轧制10

到12枚阿斯普尔，而不再是4阿斯普尔。1590年的动乱之后，西昆的兑换率又从120阿斯普尔上升到220。随着低成色货币的流通，土耳其也出现了1600至1650年在卡斯蒂利亚同样出现过的铜币膨胀。厄尔·汉密尔顿指出了卡斯蒂利亚的这次铜币膨胀的经过和破坏性。[446]但是，这场一直延续到将近17世纪中叶的危机在20年以前就已经开始了。危机的冲击势不可挡。在1625至1630年期间，西昆的价格再次上涨，达到240阿斯普尔，1塔勒的价格也达到120阿斯普尔。1642年，土耳其强行使西昆的市价下跌50%，值151到157阿斯普尔（而不是120）。1561年以后西昆价格又再次上涨，土耳其进行的针对威尼斯的旷日持久的干地亚战争终于使土耳其陷入财政混乱。如果说1660年西昆在塞尔维亚还能值240阿斯普尔的话，那么1663年它在索非亚的牌价是310阿斯普尔。[447]

786

这些贬值对土耳其帝国的经济的健康状况的影响是巨大的。在这个国家，阿斯普尔既起真实货币的作用，又起记账货币的作用。这就是土耳其货币混乱的最明显的原因。[448]另外还有其他的原因，特别是阿尔及尔迫不得已而推行的劣币政策。在阿尔及尔的市场上，西班牙金币和银币的价格都在面值以上。这是一种吸引和诱取必不可少的外币的一种方式。当时甚至存在某种活动的换算比例。1580年伊阿费帕夏认为兑换率不够高，于是就把西班牙埃居的市价从125阿尔及尔阿斯普尔提高到130。[449]正如西班牙学者马努埃尔·加利亚多—维克多所认为的那样，这次贬值很可能与1580年赎回塞万提斯有关。[450]但是，在君士坦丁堡的土耳其西昆贬值之前，西昆的牌价是66土耳其阿斯普尔，而在阿尔及尔却值

150 阿斯普尔。这表明,素丹金币在同西班牙埃居一样被吸引到阿尔及尔后,价值便惊人地提高。[451] 至于西班牙埃居,如果我们的计算正确的话,在阿尔及尔兑换时的溢价高达 30%。

金属货币的三个时代

我们不准备再作广泛的解释。以上的叙述虽然过分简略,但已相当冗长,其余一切将由图表加以补充。而且,有关经济形势的困难问题,我们会有机会再谈。不管怎样,可以得出一幅相当清楚的图像。历史学家面对的是三个重叠的金属货币时代:苏丹黄金时代,美洲金、银时代,然后是铜币及劣币时代。不管官方是否允准,劣币于 16 世纪末畏畏缩缩地出现了,然后在 17 世纪的前几十年淹没了一切。这只是一幅简单的草图,因为这三个时代并不安稳地按高低顺序排列,而是有时彼此穿插,有时拉开距离,有时互相混合。这种状况显然有待我们记录下来和作出解释。

黄金时代:一切款项优先用黄金支付。1503 年,巴亚尔在巴列塔附近俘获了西班牙军队的一名财务官员。法兰西国王的这位“忠实仆从”写道,“把俘虏解到后,就打开他们的钱袋,里面是金灿灿的杜卡托”,这一事例足以证实规律。[452] 另举一例,法国国王“用从西班牙取得的黄金”支付军饷(1524 年)。[453] 在哈布斯堡家族和瓦卢瓦家族冲突的初期,所有的斗争都用金币进行。一人出门旅行,只要随身带上金币就能支付一切费用。1525 年 5 月,查理五世的大使十分不安:据说“有四名携带教皇的硬币的骑兵”在米朗多莱经过……这显然足以令人感到惊惶不安。

后来，在白银的漫长统治时期（可能从1550年到1650年或1680年），白银的运输格外惹人注目，因为白银笨重，要用车、船或驮畜运送，且不说还要派人保护。例如1551年12月，至少有500名火枪手护送白银从热那亚到佛兰德。[454]大规模的黄金流动通常是隐蔽的，除有关人员外，谁也不知道。然而，1586年9月，当获悉菲利普二世把10万金埃居运往意大利时，人们议论纷纷，不明白国王出于什么国内需要才采取这个不寻常的举动。因为黄金一般是不从西班牙半岛外流的。[455]物以稀为贵，只要有黄金付账，顿时便“身价百倍”。铸币商和专家们不厌其烦地解释说，如果金价能按老规矩始终等于银价的12倍，一切都会秩序井然。但是，在黄金不断增值的威尼斯，精确的统计表明，老规矩已经行不通了。1593年11月，威尼斯造币厂的负责人不能不承认说，1马克黄金值674里佛9苏，而12马克白银值632里佛16苏，即黄金比白银高出40里佛13苏尔迪。[456]虽然高出不多，但显然有差别。

岁月流逝，在欧洲的货币时间表上，铜币时代来到了。随道匈牙利、萨克森、德意志、瑞典和日本的矿业的兴起，铜币获得胜利。正当西班牙的通货膨胀极其猛烈时，铜币在邻近的葡萄牙大肆泛滥，但葡萄牙有印度可作排解。即使在灾难深重的年代里，葡萄牙的铜币始终外流一空。铜币在葡萄牙甚至格外珍贵。1622年，需要用13里亚尔，而不是12里亚尔才能兑换1杜卡托小铜币。[457]

然而，黄金很快又再度抬头。来自巴西的黄金于17世纪末到达里斯本、英格兰和欧洲。地中海也得到一部分黄金。但这次黄金膨胀的中心不在地中海。而在过去，地中海曾长期是白银膨胀的中心。

原书本部分注释

1. Mathias de SAINT-JEAN, *Le Commerce honorable...*, 1646, p. 102; l'or et l'argent "richesse naturelle" selon W. PETTY, *Polit, Arithm.*, 1699, p. 242.

2. Museo Correr, Donà delle Rose, 161, f°s 239 v°et 240, vers 1600.

3. A. de MONTCHRESTIEN, *op. cit.*, p. 94.

4. J. van KLAVEREN, *art. cit.* p. 3, soutient bien à tort le contraire.

5. Museo Correr, Donà delle Rose, 161, f° 2, 14 décembre 1593.

6. Mouvement insolite, à contre courant, dont s'étonne Zuan Batt[a] Poreti dans son rapport à la Seigneurie, 1603, Museo Correr 181, f° 53 v°.

7. *Ibid.* Cicogna 1999 /s. d. /Douanes à Venise payées en monnaies d'argent.

8. *Ibid.*

9. Antonio della ROVERE, *La crisi monetaria siciliana (1531—1802)*, p. p. Carmelo TRASSELLI, 1964, en général et spécialement, p. 30 et *sq. Forcing* permanent de l'or, à quoi s'ajoutent les émissions intempestives de cuivre, ainsi de 1602 *à* 1606, au temps du duc de Feria, L. BIANCHINI, *op. cit.*, I. p. 336.

10. La hausse de l'or chasserait les monnaies d'argent comme le reconnaît et le note Zuan Batt[a]. Poreti (référence note 2 ci-dessus) et par suite arrêterait toute hausse des prix courants, ceux-ci flottant sur l'argent, c'est l'hypothèse de Frank C. SPOONER avancée dans notre contribution commune à la *Cambridge Economic History* de prochaine publication. Zuan Batt[a] Poreti soutient que les changes liés à l'or doivent s'élever et s'élèvent avec lui (f° 53), on établit, en effet, le cours des changes à Venise à partir du ducat, monnaie de compte, celui-ci avec la hausse de l'or (en l'occurrence du *sequin*) se dévalue tel un billet de banque, il faudra donc plus de ducats (hausse du change) pour obtenir un écu de marc sur les foires "de Besançon". En outre, toutes les marchandises achetées par le jeu du change (les laines d'Espagne, les colorants) doivent et vont monter.

11. Pour ces dernières indications, John U. NEF, "Industrial Europe", *art. cit.*, p. 7.

12. André PIGANIOL, *Rome*, p. 389.

13. G. I. BRATIANU, *Études...*, p. 80

14. W. HEYD, *op. cit.*, I, p. 1 et *sq.*

15. Voyez à ce sujet la bonne remarque de Giuseppe MIRA, *Aspetti dell'economia comasca all'inizio dell'età moderna*, Côme, 1939, p. 244 (1587).

16. *Op. cit.*, p. 165. Bien entendu ce chiffre est tres exagéré.

17. BELON DU MANS, *op. cit.*, p. 100 v°.

18. *Ibid.*

19. Museo Correr, Donà delle Rose, 181, f° 53 v°.

20. *Op. cit.*, I, p. 270.

21. Marciana 5729, *Relazione d'Egitto*, 1668.

22. A ce sujet, la lettre d'Idiaquez au marquis de Mondejar, Venise, 26 mars 1579, A. N., K 1672, G 1, note 33, impossible de trouver à Venise un crédit sur Constantinople même pour un simple rachat. Il n'y a de lettre de change entre ces deux villes que pour de très petites sommes: N. IORGA, *Ospiti...*, pp. 38, 46, 62, 79, 80, 84—85, 88, 90, 92, 97—98, 100, 109, 121 (changes de Valachie à Venise entre 1587 et 1590). Les Ragusains paient leur tribut à Constantinople par un jeu de lettres de change acceptées en paiement des droits de douane acquittés par les marchandises ragusaines en provenance des Balkans, à l'entrée de la ville, marchandises de leurs compatriotes disséminés dans la partie européenne de l'Empire turc. C'est l'absence de numéraire, son insuffisance, qui expliquent les clearings de Medina del Campo ou des foires génoises, J. KULISCHER, *op. cit.*, II, p. 345.

23. A. de Raguse, Diversa de Foris, XI, f° 75 et *sq.* Relevé de paiements faits à des prêteurs juifs (vingt-cinq noms) par G. Bonda et Stephan di Cerva. Dix paiments au total échelonnés du 3 mars au 10 oct. 1573. Les prêts consentis sont pour une durée d'un à quatre mois.

24. 16 févr. 1596, G. BERCHET, *op. cit.*, p. 87.

25. A. d. S., Venise, Busta 105 C. 838, 24 novembre 1585.

26. Museo Correr, Donà della Rose 26, f° 54, 26 mai 1562; interdictions de ces changes "*ni in bottega ni in casa*", 2 déc. 1605, *Cinque Savii*, 12, f°s 105—106.

27. J. B. TAVERNIER, *op. cit.*, I, p. 73.

28. John Newberie à Léonard Poore de Londres, Alep, 29 mai 1583; R. HAKLUYT, *op, cit.*, II, pp. 246—247.

29. Le problème a été remarquablement étudié par V. MAGALHÃES GODINHO, *L'économie de l'Empire portugais aux XVIe et XVIIe siècles*, 1958 (Thèse dactylographiée, Sorbonne), t. I, pp. 1—241.

30. J. CARCOPINO. *Le Maroc antique*, 1943, p. 139.

31. Roberto S. LOPEZ, *Studi sull'economia genovese nel medio evo*, 1936, compte rendu de Marc BLOCH, in: *Mélanges d'hist. soc.*, I, 1942, pp. 114—115.

32. En 931. Plus tôt, en 875, des marins andalous avaient fondé Ténès sur la côte "algérienne".

33. P. BÉRAUD -VILLARS, *L'Émpire de Gao...*, 1941, p. 220.

34. La grande référence est Jacques de MAS-LATRIE, *Traités de paix et de commerce divers concernant les relations des Chrétiens avec les Arabes, en Afrique septentrionale au Moyen Age*, 1866.

35. E. COUDRAY, "Les étrangers à Tlemcen", in: *Journal de l'Algérie nouvelle*, 1897. Du même auteur, sur le même sujet, un travail manuscrit qu'il m'a été donné de lire et d'utiliser.

36. Ainsi ce Georges Grégoire Stella, acheteur de laine et de toiles à Constantine, en 1470, Robert BRUNSCHVIG, *La Berbérie...*, I, p. 269.

37. Laurent-Charles FÉRAUD, *Annales tripolitaines*, 1927, p. 16.

38. Projets de Sanche IV de Castille et de Jaime d'Aragon. Zones de part et d'autre de la Moulouya. Les projets de Henri III. Destruction de Tétouan vers 1400..., R. KONETZKE, *op. cit.*, p. 84.

39. Robert BRUNSCHVIG, *La Berbbérie Orientale sous les Hafsides des origines à la fin du XVe siècle*, 1940, I, p. 269, note cette importante correspondance. A retenir le fait, aussi, que Venise établit les "galées" de Barbarie en 1440, *ibid.*, I, p. 253. Pénétration pacifique, compte non tenu de l'action portugaise au Maroc.

40. R. GANDILHON, *op. cit.*, p. 29.

41. A ce sujet, il y avait aux archives de Raguse, en 1935, toute une documentation inédite.

42. G. LA MANTIA, "La secrezia o dogana di Tripoli", in: *Arch. st. sic.*, XLI, pp. 476—477, note 1, à propos des *duplae* ou *duble* de Tripoli, 1438: "*Et quoniam merces et mercimonia pro maiore parte hodie apud Barbaros expediuntur ex quibus duploe veniunt quoe ut videtis* (il s'agit d'une lettre du roi Alphonse au 'stratigoto' de Messine) *non possunt iuxta valorem suum facilem*

cursum habere, quo fit ut magnum populis nostris detrimentum sequatur". En conséquence, qu'on les fonde "*per coniare moneta di ducati*". Les *doubles* sont, en pays musulman, des pièces d'or, encore au XVIe siècle, en Afrique du Nord. R. HAKLUYT, *op. cit.*, II, pp. 176, 1584.

43. Ainsi A. d. S., Mantoue A° Gonzaga, Genova 757, 5 janvier 1485; 7 juillet 1485; Spagna 585, 6 décembre 1486; 7 novembre 1486; Genova 757, 21 juillet 1487 (lettre de change de Federico Crivelli); 25 août 1487 (lettre de change sur Tunis); 25 août 1487; 11 septembre 1487, 200 dobie de Tunis valent 220 ducats; 15 octobre 1487, etc.

44. C. TRASSELLI, "Transports d'argent à destination et à partir de la Sicile", in: *Annales E. S. C.*, 1963, p. 883.

45. Richard HENNIG, *Terrœ incognitœ*, III, 1939; LEFÈVRE, "Il Sahara nel Medioevo e il viaggio a Tuat del genovese Malfante", in: *Riv. delle Colonie*, 1936; C. DE LA RONCIÈRE, "Découverte d'une relation de voyage du Touat décrivant, en 1447, le bassin du Niger", in: *B. de la Section de Géogr. du Comité des Travaux Historiques*, 1919. Sur ce thème, voir aussi les études de G. PIERSANTELLI, de P. SCHIARINI, de R. DI TUCCI...

46. *Op. cit.*, I, p. 194.

47. C'est pléonasme de dire "l'or de tibar", voir *infra*, p. 432, n. 4.

48. R. HENNIG, *op. cit.*, III, p. 286.

49. LÉON L'AFRICAIN, *Description...*, III, p. 300, et P. BÉRAUDVILLARS, *op. cit.*, p. 90.

50. G. BALANDIER, *L'Afrique ambiguë*, 1957, p. 67 et *sq.*

51. V. MAGALHÃES GODINHO, *op. cit.*, IIe partie, chap. 1, p. 671 et *sq.* du dactylogramme.

52. Peut-être plus tôt, A. d. S., Venise Senato Dispacci Spagna, Zane au doge, Madrid, 14 février 1583, le Roi Catholique fait "molto artigliare un navilio" avec 150 soldats à bord pour l'envoyer à la Mina y prendre une certaine quantité d'or qui s'y trouve "*di ragion della Corona di Portugallo*".

53. Carmelo TRASSELLI, "Un aureo barbaresco battuto in Sicilia" in: *Numismatica*, 1963.

54. Simancas, Venecia, E° 1308, f° 2, Le doge de Venise aux Rois Catholiques, Venise, 23 décembre 1484.

55. Ces précieuses lettres, 1497—1511, nouvellement classées, A. d. S., Venise, *Lettere Commerciali*, XV, 9.

56. *Ibid.*, Senato Mar 19, f° 101.

57. *Ibid.*, f° 166 v°.

58. *Ibid.*, f° 152 v°, 17 septembre 1520.

59. Voir les notes pertinentes de R. GANDILHON, *op. cit.*, p. 254; Jacques Raymond COLLIER, *Histoire du Commerce de Marseille*, 1951, t. III, p. 123 sur la concentration entre les mains de quelques marchands du commerce de la ville avec l'Afrique du Nord.

60. Museo Correr, Donà delle Rose, 26 f° 23 v° et *sq.*, 16 juillet 1532(in: *Consiglio di X con le Zonta*) 16 juillet 1532, évoque la création, en 1524, du "maestro di cessa" destiné à accélére les frappes monétaires. Rareté de l'argent à emprunter, A. d. S., Mantse, A° Gonzaga, Venezia, 1456, Venise, 14 septembre 1533. Ziambattista Malàtesta au marquis, haussement de l'or à Venise, en 1526, A. d. S., Venise, Senato Zecca, 36.

61. Museo Correr, Donà delle Rose, 26, voir note précédente.

62. A. d. S. Venise, Senato Zecca, 36.

63. Vitorino MAGALHAẼS GONINHO, *op. cit.*, à paraître. H. van der WEE, *op. cit.*, II, pp. 124—127.

64. Jean-Pierre BERTHE, "Las minas de oro del Marqués del Valle en Tehuantepec(1540—1547)", in: *Historia Mexicana*, 1958, note 29.

65. Alvaro JARA. Travail inédit.

66. Henri LAPEYRE. *op. cit.*, p. 257.

67. John U. NEF, "Silver production in Central Europa", in: *The Journal of Political Economy*, 49, 1951.

68. *L'économie mondiale et les frappes monétaires en France, 1493—1680*, 1956, pp. 8—9.

69. L'expression est de Jacob van KLAVEREN, *op. cit.*, p. 3.

70. *Ibid.*

71. Roberto SIMONSEN, *Historia economica do Brasil, 1500—1820*, São-Paulo, 1937, 2 vol.

72. F. Braudel, "Les Espagnols et l'Afrique du Nord, 1492—1577", in: *Revue Africaine*, 1928.

73. Voir note précédente; R. B. MERRIMAN, *Carlos V*, p. 210; Francisco Lopez DE GÓMARA, "Crónica de los Barbarrojas", in: *M. H. E.*, VI, pp. 371—9.

74. J. DENUCÉ, *L'Afrique au XVIe siècle et Anvers*, p. 9.

75. Qu'il y ait encore des échanges commerciaux, ainsi entre Venise et l'Afrique du Nord, en 1533 (et sans doute plus tard) c'est ce que suggère un incident rapporté par G. Cappelletti, *Storia della Repubblica di Venezia*, 1852, VIII, pp. 119—120. Mais il y a un ralentissement visible à de petits signes: A. d. S., Mantoue, Genova 759, Gênes, 3 mars 1534, Stefano Spinola au marquis, on ne trouve plus sur le marché de Gênes de fruits de Barbarie.

76. D. de Haedo, *op. cit.*, p. 24 et 24 v°.

77. 1584, R. HAKLUYT, *op. cit.*, II, p. 184.

78. D. de HAEDO, *op. cit.*, p. 27 v°.

79. B. N. de Madrid, ch. 34.

80. D. de HAEDO, p. 27 v°.

81. Relacion que ha dado el secretario Juan de Soto... Copie, 20 juin 1574, Simancas E° 1142. On sair que *tibar* on *tivar=or*.

82. 4 et 8 nov. 1568, Simancas E° 1132.

83. Mais au temps de l'occupation chrétienne, Tripoli avait cessé d'être une ville de l'or. M. SANUDO, *op. cit.*, XI, col. 112; ROSSI, *op. cit.*, p. 17.

84. L'expression est de Carmelo TRASSELLI, "Note preliminari sui Ragusei in Sicilia", article à paraître.

85. Emilio GARCIA GÓMEZ, "Españoles en el Sudan", in: *Revista de Occidente*, 1935.

86. D. de HAEDO, *op. cit.*, p. 27 v°.

87. D. de HAEDO, *op. cit.*, p. 27 v°; J. GENTIL DA SILVA, *op. cit.*, p. 89, beaucoup de bateaux hollandais font le *resgate* de l'or au long de la côte de Guinée.

88. Je songe aux liaisons marchandes de l'Espagne, de Livourne, de Venise en direction du Moghreb et sur lesquelles existe une documentation abondante. A signaler les négotiations d'Alger avec Venise par l'intermédiaire du baile vénitien à Constantinople, *Cinque Savii* 3, f° 721, 29 mai et 22 juin 1600, le "Vice-Roi" d'Alger propose des sauf-conduits pour 8 ou 10 marcilianes vénitiennes qui seraient chargées de laines, de cire et de cuirs. Traité de commerce de la Toscane avec le roi du Maroc, A. d. S., Florence Mediceo 4274, 1604.

89. Jean GASSOU, *Les conquistadors*, pp. 213—214. Avant le procédé de l'amalgame ou utilisait des *huairas*, petits fourneaux percés de trous, *ibid.*,

p. 211. Gerolamo Boccardo, *Dizionario universale di economia Politica e di commercio*, 1882, I, p. 160. P. RIVET et H. ARSANDAUX, *La métallurgie en Amérique précolombienne*, 1946, p. 21. Pour la date de 1571, le texte essentiel, LIZÁRRAGA, *Hist. de Indias*, II, p. 556.

90. La remarque est de L. von RANKE, cit. par Platzhoff, *op. cit.*, p. 17.

91. *Correspondance de Granvelle*, éd. Piot. VII, p. 2, cité par R. B. MERRIMAN, *op. cit.*, IV, p. 430, note 2.

92. *Op. cit.*, p. 159.

93. *Actas*, I, p. 285.

94. B. N. Madrid, 9372, f° 41.

95. Vers 1569, PARIS, *op. cit.*, I, pp. 339—340.

96. *Op. cit.*, p. 66.

97. P. de SÉGUSSON de LONGLÉE, *op. cit.*, pp. 128, 129; Requête..., 1585, A. N., K 1563.

98. 18 mars 1588, Simancas E° 336, f° 153 et (s. d.) E° 336, f° 154.

99. F de Alava à Philippe II, Paris, 6 mai 1567, A. N., K 1508, B 21, note 6.

100. E. ALBÈRI, *op. cit.*, II, p. 405.

101. Ainsi, anciennement les *safraneros* allemands, A. SCHULTE, *op. cit.*, I, p. 354. La fraude en direction de Lisbonne.

102. Rome, 20 juin 1554, *Corp. dip. Port.*, VII, p. 360, Autres fraudes génoises (1563). Simancas E° 1392; fraudes anglaises, 10 juin 1578, *C. O. D. O. I. N.*, XCI, pp. 245—246.

103. Il était toujours licite de demander une autorisation d'exporter, voir ainsi la demande de Giorgio Badoer, avril 1597, A. N., K 1676. D'ordinaire l'autorisation était accordée pour les frais de route.

104. Cambios para Flandres, Simancas E° 500.

105. *Ibid.*

106. Simancas E° 502.

107. Simancas E° 504.

108. Morosini et Badoer au doge, 5 mars 1551, G. TURBA, *Venet. Depeschen...*, t. I, 2, p. 517, note.

109. Le fait signalé par R. EHRENBERG, *op. cit.*, I, pp. 63, 160.

110. K. HÄBLER, *Die wirtschaft, Blüte...*, p. 53, R. EHRENBERG, *op.*

cit., II, pp. 63, 150, 155, 155, note 92, à propos des *Silberzüge* des Fugger aux archives des Fugger.

111. R. EHRENBERG, *op. cit.*, I, p. 158.

112. SALZMAN, *op. cit.*, p. 5.

113. Moderacion de cambios, 1557, Simancas E° 514—515. Correspondancia del factor Juan Lopez del Gallo sobre cambios y provision de dineros, *ibid.*

114. H. van HOUTTE, "Les avvisi du Fonds Urbinat", 1926, pp. 369—370.

115. Bruxelles, 13 juin 1558, A. E. Esp. 290, copie.

116. B. N., fr. 15,875, f°s 476 et *sq.*

117. R. Gomez à Fco de Erasso, 6 oct. 1554, A. E. Esp. 229, f° 85.

118. Mai 1554, R. EHRENBERG, *op. cit.*, II, p. 64.

119. *CODOIN*, LXXXIX, p. 32. 4 sept. 1564. Elisabeth emprunte encore à Anvers à la fin de 1568, *CODOIN*, XC, p. 152, Londres, 6 nov. 1568.

120. Antonio RUMEU DE ARMAS vient de le démontrer, une fois de plus, dans son beau livre, *Piraterîas y ataques navales contra las islas Canarias*, 1974, I, p. 335 et *sq.*

121. *Documents concerning English Voyages to the Spanish Main*, p. p. I. A. WRIGHT, 1932, p. XVII.

122. 18 déc. 1568, *CODOIN*, XC. p. 160.

123. W. Cecil place seséconomies à Hambourg, *CODOIN*, XC, p. 227, Londres, 9 mai 1569.

124. Gresham à W. Cecil, Londres, 14, août 1569, R, EHRENBERG, *op. cit.*, II, p. 34. Mesure analogue, la fermeture du Steelyard, en 1576—1577. Mais ce nationalisme n'exclut pas le recours aux places étrangères, ainsi à Cologne au moins, en 1575, *CODOIN*, XCI, 10 déc. 1575.

125. *CODOIN*, XC, p. 184, 14 févr. 1569.

126. *Ibid.*, p. 185, 14 févr. 1569.

127. *Ibid.*, p. 254, 1er juillet 1569.

128. *CODOIN*, XC, p. 173 et *sq.*, p. 178 et *sq.*; *CODOIN*, XXXVIII, p. 11.

129. O. De TÖRNE, *Don Juan d'Autriche*, I, p. 109 et *sq.* Pour lesdétails qui intéressent la vie marchande, les prises, le premier blocus

d'Anvers 1568, et le second 1572—1577, voir V. VÁZQUEZ de PRADA, *op. cit.*, I, p. 55 et *sq.*, 58 et *sq.*

130. Il est symptomatique que, dès 1567, le duc d'Albe, avec ses forces, ses deniers et ses lettres de change, ait gagné les Pays-Bas par Gênes, la Savoie et la Franche-Comté (Lucien FEBVRE, *Philippe II et la Franche-Comté*, p. 520 et *sq.*), la Lorraine et le Luxembourg. Détail révélateur: en 1568, 150,000 écus destinés au duc d'Albe sont arrêtés sur le Rhin par le Comte Palatin. Les Génois responsables du transport, Luciano Centurione et Constantino Gentile, obtiennent la restitution de l'argent saisi contre indemnité, Charles IX à Fourquevaux, 24 mars 1568, p. 169; Fourquevaux à Charles IX, Madrid, 6 avril 1568, C. DOUAIS, *op. cit.*, I, p. 345; avis de Bruxelles, 7 mars 1568, H. van HOUTTE, *art. cit.*, p. 437.

131. Anvers, 31 juillet 1572, A. d. S. Gênes, Olanda, Lettere Consoli, 1265.

132. Armada reunida en Santander para ir a Flandes, Simancas E° 561; C. DURO, *Armada española*, II, 288 et *sq.*

133. Antonio de Guaras à Zayas, Londres, 29 nov. 1575, *CODOIN*, XCI, p. 108.

134. R. EHRENBERG, *op. cit.*, I, 180—181, pp. 213, 215.

135. Philippe II au duc de Parme, S. Lorenzo, 7 sept. 1588, A. N., K 1448, M.

136. R. EHRENBERG les prétend hors jeu depuis 1577, mais à tort, *op. cit.*, I, pp. 362—363.

137. Philippe II à B. de Mendoza, Madrid, 17 mars 1589, A. N., K 1449.

138. Le même au même, S. Lorenzo, 6 mai 1589 et 14 juin 1589, *ibid.*

139. Bart. BENEDETTI, *Intorno alle relazioni commerciali... di Venezia e di Norimberga*, Venise, 1864, p. 30.

140. L. BATIFFOL, *La vie intime d'une reine de France au XVII*[e] *siècle*, Paris, 1931, p. 18.

141. Idiàquez au marquis de Mondejar, Venise, 26 mars 1579, A. N., K 1672, G. 38, copie. Idiáquez rapporte un souvenir du temps où il était ambassadeue à Gênes, de là l'incertitude de la date.

142. En 1590, six courriers venant d'Italie sont délestés près de Bâle de 50,000 écus destinés à Ambrogio Spinola, à Anvers. Chaque courrier peut

transporter 10,000 écus en pièces d'or, V. VAZQUEZ de PRADA, *op. cit.*, I, p. 37.

143. Memorial de Ysoardo Capelo en que dize de la manera que se podra llevar a Flandes dinero de contado pasandolo por Francia, 1572, A. N., K 1520, B. 33, note 49, copie.

144. Fourquevaux à Charles IX, Madrid, 13 janv. 1569, C. DOUAIS, *op. cit.*, I, p. 46.

145. Le due d'Albe à Philippe II, Bruxelles, 7 juin 1571, A. N., K 1523, B 31, note 78.

146. C. de MONDOUCET, *op. cit.*, I, pp. 71—72, Bruxelles, 21 oct. 1572.

147. Del Caccia au prince, Madrid, 21 sept. 1572, A, d. S., Florence, Mediceo 4903. G. MECATTI, op. cit., II p. 750. Done erreur de LAVISSE op. cit., VI, 1, p. 123.

148. Philippe II à Diego de Çuñiga, Madrid, 25 sept. 1572, A. N., K 1530, B 34, note 65.

149. Saint-Gouard à Charles IX, Madrid, 26 sept. 1572, B N., Paris, fr. 16—104.

150. *Op. cit.*, II, p. 136, note 1, B. N. Paris, fr, 127, f°s 181—182.

151. Diego de Çuñiga à Philippe II, Paris, 1er déc. 1576, A. N., K 1542, B 41, orig. D.

152. *Op. cit.*, II, p. 215.

153. *C. S. P. Venet*, VII, p. 565, 19 oct. 1577.

154. R. EHRENBERG, *op. cit.*, I, 362—363.

155. Vargas à Philippe II, Paris, 12 déc. 1577, reçue le 21, A. N., K 1545, B 52, note 113, D.

156. Vargas à Philippe II, Paris, 11 juillet 1578, A. N., K 1545, B 43, note 9, D.

157. Le même au même, 27 juillet 1578, *ibid.*, note 22, D.

158. *Ibid.*

159. O. de TÖRNE, "Philippe II et les Guises", in: *Revue Historique*, 1935.

160. Philippe II à J. B. de Tassis, Lisbonne, 20 août 1582, A. N., K 1447, p. 186.

161. Longlée à Henri III, Saragosse, 3 mai 1585, Dépêches de M. de

Longlée, p. p. A. MOUSSET, p. 186.

162. A. d. S., Mantoue, Série E, Genova 759, 15 octobre 1532.

163. R. EHRENBERG, *op. cit.*, I, p. 343.

164. C^or M^or au roi, Rome, 1er nov. 1551, *Corpo dipl*, *port.*, VI, p. 38.

165. *Op. cit.*, I, p. 155.

166. Gênes, 28 janv. 1564, Simancas E° 1393.

167. Philippe II à Pedro de Mendoza (1565). Simancas E° 1394.

168. 4 févr. 1566, C. DOUAIS, *op. cit.*, I, p. 50.

169. Au prince, Madrid, 11 mai 1566, A. d. S., Florence, Mediceo, 4897 *bis*.

170. Le duc d'Albe à Philippe II, Carthagène, 27 avril 1567, A. E. Esp. 4, f° 357.

171. Garces au duc, Madrid, 13 juin 1565, Mediceo 4897, f° 122 v°. Vice-roi de Naples à Philippe II, 30 avril 1566. Sim. E° 1055, f° 116 et également f° 137 et 184.

172. *Op. cit.*, I, p. 153.

173. Nobili au prince, Madrid, 18 juin 1567, A. d. S., Florence, Mediceo 4898, f° 68 v° et 69.

174. Le même au même, 30 mai 1567, *ibid.*, f° 60 v°.

175. *Ibid.*, f° 64.

176. *Ibid.*, 20 sept. 1567, f° 23 v°.

177. A. de Raguse, Diversa di Cancellaria, 127, f°s 106 et 106 v°, 3 octobre 1539.

178. A. de Raguse, Div. di Cancellaria, 139, f°s 23 et *sq.*

179. *Ibid.*, 146, f° 34.

180. *Ibid.*, 145, f° 23 v°.

181. *Ibid.*, 146, f° 145, 20 août 1560.

182. Vuk VINAVER, "Der venezianische Goldzechin in der Republik Ragusa", in: *Bollettino dell'Istituto della Società e dello stato veneziano*, 1962, pp. 140—141.

183. *Ibid.*, p. 141.

184. Barcelone, 4 mai 1561, Simancas E° 328.

185. Simancas E° 1055, f° 137.

186. Ce nolis pour l'argent est, en 1572, de 1,5 p. 100. Gio. Andrea Doria

à la République de Gênes, Madrid, 27 avril 1572. A. d. S., Gênes, L. M. Spagna 5. 2414.

187. Vice-roi de Naples à Philippe II, Naples, 7 févr. 1566; Simancas E° 1055, f° 29.

188. Philippe II à Granvelle, Madrid, 25 mars 1572, Simancas E° 1061, f° 208. Granvelle à Philippe II, 21 avril 1572, Simancas E° 1061, f° 27. G. de Caccia au prince, Madrid, 19 déc. 1572, Mediceo 4,903, 500,000 écus en lettres de change sur Gênes.

189. Références à la note précédente, Mediceo 4903.

190. R. EHRENBERG, *op. cit.*, II, p. 215.

191. *Ibid.*, p. 214.

192. *Ibid.*, p. 179. En 1576, envoi d'un million à Don Juan par les galéres de Barcelone à Gênes, O. de TÖRNE, *op, cit.*, II, p. 30.

193. Philippe II au Prieur D. Hernando de Toledo, S. Lorenzo, 16 juillet 1577, Simancas E° 335. L'Almirante prendra place à bord de la capitane, laquelle fera d'ailleurs le voyage de conserve avec quatre galères. Le Prieur D. H. de Toledo à Philippe II, Barcelone, 27 août 1577(reçue le 31). Simancas E° 335, f° 402.

194. Philippe II au grand-duc, Lisbonne, 23 déc. 1582, Simancas E° 1451.

195. Voir pour plus de détails Felipe RUIZ MARTÍN, *Lettres marchandes...*, *op. cit.*, p. LXXXIV et *sq.*

196. *Dépêches de M. de Longlée*, p. p. A. MOUSSET, Paris, 1912, p. 9.

197. *Ibid.*, p. 19.

198. *Ibid.*, p. 42.

199. *Ibid.*, p. 77.

200. *Ibid.*, pp. 76—77.

201. *Ibid.*, p. 87.

202. Alors *veedor general* de l'armée des Flandres. 100,000 écus envoyés à J. B. Tassis sur 692,722 expédiés en Italie, 23 juillet 1585. A. N., K 1583.

203. *Dépêches de M. de Longlée*, *op. cit.*, p. 120.

204. *Ibid.*, p. 129.

205. *Ibid.*, p. 139.

206. *Ibid.*, p. 147.

207. *Ibid.*, p. 149.

208. *Ibid.*, p. 175.

209. *Ibid.*, p. 242.

210. *Ibid.*, p. 269.

211. *Ibid.*, p. 312.

212. *Ibid.*, p. 315.

213. L'ambassadeur de Gênes à la République, Madrid, 29 mars 1586, A. d. S., Gênes, M. 9—2418.

214. Philippe II au grand-duc, S. Lorenzo, 17 juin 1589, Simancas E° 1452.

215. R. EHRENBERG, *op. cit.*, I, p. 351. A rapprocher de l'indication sur A. Spinola des notes de Longlée, 3 mars 1590, *op. cit.*, p. 391.

216. Antonio Dominguez ORTIZ, "Los estrangeros en la vida española durante el iglo XVII", in: *Estudios de historia social de España*, 1960, p. 304, note 10.

217. L'indication formelle dans Ralph. de TURRI, *Tractatus de cambiis*, Disp. 3. Qu. 13. No. 78; S. Contarini au doge, Valladolid, 16 décembre et 30 décembre 1602 (A. d. S. Venise, Senato Dispacci Spagna); *Lettres missives de Henri IV*, VI, p. 16. Le roi à M. de Beaumont, 18 janvier 1603, "Le Roy d'Espagne a bienar resté son party des onze millions d'or auxquels on m'a escript avoir adjousté encore un million...". Le party jouera sur trois ans: 3 millions chaque année pour les Flandres, plus deux autres millions pour la Maison Royale. Ces chiffres sont assez proches de la réalité. L'*asiento* signé à Valladolid, le 31 décembre 1602, se monte exactement à 7,200,000 escudos (payables en Flandres en 36 *pagas*)

2,400,000 ducados (payables en 36 *pagas* à Madrid, Séville, Lisbonne, Simancas), Contadurias Generales, 1° 96. C'est dans cette série que se trouve la collection entière de ces *asientos* que j'ai dépouillée personnellement, en 1951, laissant la suite de ce travail à Alvaro Castillo Pintado qui l'a conduit à son terme. Voir le graphique, *infra*, II, p. 40, qui, donnant les chiffres complets, m'a fait penser qu'il était inutile de fournir toutes ces références et de corriger le texte ancien de mon travail qui introduit seulement ce gros problème.

218. Philippe II à Juan de Lastur, S. Lorenzo, 4 avril 1587, A. N., K 1448, minute.

219. Amedeo PELLEGRINI, *Relaz. inedite di ambasciatori lucchesi*...,

Rome, 1901, pp. 13—14, à propos du voyage de Compagno Compagni en 1592, voyage d'hiver avec naufrage d'une galère (120 galériens se noient). La flotte transportait de 600 à 800,000 écus et des caisses de pièces de monnaie. A noter l'exactitude des remarques de CERVANTES, *La Gitanilla*, I, p. 64, sur ce Génois qui envoie de l'argent d'Espagne à Gênes par les galères et sur les occasions de galères à Carthagène. L'argent espagnol transporté aussi, licitement ou non, par des naves marchandes, ainsi à bord de la nave San Francisco, chargée à Alicante et à Ibiza, arrivée à Livourne le 3 mars 1585, 21,700 reali, A. d. S., Florence, Mediceo 2,080.

220. Simón Ruiz à B. Suàrez, Medina del Campo, 17 avril 1583.

221. A. d. S., Venise, Senato Dispacci Spagna, F^co Morosini au doge, Madrid, 18 janvier 1614.

222. Voir en sens contraire le compte rendu d'Émile COORNAERT, in: *Revue du Nord*, déjà cité par nous.

223. Émile COORNAERT, *op. cit.*, pp. 28—29, l'ascension jusqu'en 1569, p. 30 "en 1580 quand déjà beaucoup de gens sont partis...".

224. R. B. MERRIMAN, *op. cit.*, IV, pp. 285—286. L'altération des monnaies aux Pays-Bas en 1585 (Émile COORNAERT, *op. cit.*, p. 46) n'est-elle pas une conséquence, un dernier stade?

225. En 1579, il n'y a plus à Anvers qu'une maison espagnole d'importance, 4 lucquoises, 5 génoises, 14 italiennes, 10 portugaises, R. EHRENBERG, *op. cit.*, II, p. 192.

226. A. Vaticanes Spagna 27, *Le cause per le quale il sermo Re di Portugallo...*, 1573, F^os 161 à 162. Les troubles bancaires de Séville en 1565—1567.

227. V. VÁZQUEZ de PRADA, *op. cit.*, I, p. 28, note 30.

228. D'après A. von REUMONT, *op. cit.*, I, p. 355, c'est en 1575 que les quelques firmes florentines qui y demeurent encore abandonnent Lyon pour aller à Besançon, Chambéry, Avignon... Pour R. EHRENBERG, *op. cit.*, I, p. 306 il ne reste, en 1575, que quelques Italiens à Lyon, les autres sont partis vers Paris. En 1592, seule survivante, la banque de Capponi, reprise en 1594 par le célèbre Lucquois Zametti. Sur ce gros chapitre, voir L'HERMITTE à DE SOLLIER, *La Toscane française*, Paris, 1661, qui traite des banquiers italiens installés Paris. Dans le cadre toscan, la chute de Lyon n'est-elle pas une des causes du rapprochement hispano-toscan au delà de 1576? La façon dont s'infléchit la vie toscane en direction de l'Espagne, R.

GALLUZZI, *op. cit.*, III, p. 505 et *sp.*

229. R. EHRENBERG, *op. cit*, II, p. 191.

230. *Ordenanzas del Consulado de Burgos de 1538*, p. p. Eloy GARCIA de QUEVEDO y CONCELLON, Burgos, 1905. Longue introduction, Décadence dès 1556? p. 71. La date me semble trop précise. D'après Marie Helmer, qui me confirme son point de vue dans une note du 21 mars 1965, les signes de déclin apparaissent vers 1566; la crise marque des Pointes en 1568, 1570 et 1572. La chute est un fait accompli en 1573 et ses effets sont ineversibles.

231. A. de CAPMANY, *op. cit.*, IV, p. 337 (1594). A Barcelone création, en 1609, du Nuevo Banco "*per mes ampliar la Taula del Cambi*", A. P. USHER, *op. cit.*, p. 437.

232. Du Ferrier à Henri III, Venise, 8—13 mai 1575, E. CHARRI ÈRE, *op. cit.*, III, p. 595.

233. Simancas E° 343 (1595).

234. D. de HAEDO, *op. cit.*, p. 24 et 24 v°; R. HAKLUYT, *op. cit.*, II, p. 176 (1584).

235. R. BUSQUET, "Les origines du consulat da la nation française à Alger", in: *Inst. hist.*, *Provence*, 1927.

236. P. GRANDCHAMP, *op. cit.*, par exemple, I, pp. 17, 18, 23, 87, etc. Le fait déjà remarqué par A. E. SAYOUS, *Le commerce des Européens* à *Tunis depuis le XII*[e] *siècle*, 1929.

237. D. de HAEDO, *op. cit.*, p. 177 v°.

238. A. d. S., Florence, Mediceo 2080, 26 juillet 1578, 3 mars 1585.

239. A. de Raguse, D. de Foris, VIII, f° 172, 24 août 1599.

240. *Ibid.*, f°s 113 v° à 115 v°.

241. A. N., K 1676, Iñigo de Mendoza à Philippe III, 2 janvier 1599.

242. A. de Raguse, D. di Cancellaria, 192, f° 139, 30 mai 1604.

243. Voir *supra*, p. 183.

244. A. d. S., Florence, Mediceo 5032, Zanobi Carnesechi à l'archevêque de Pise, Gênes, 27 juin 1598.

245. Felipe RUIZ MARTÍN, *Lettres marchandes*..., p. XLVIII.

246. Tanteo general B. N., Madrid, 1004, cité par Felipe RUIZ MARTÍN, *ibid.*

247. Cf. les lettres échangées entre Simón Ruiz et ses correspondants de

Florence dans le livre cité de F. RUIZ MARTÍN. Signalons dans les lettres de Baltasar Suàrez, celle du 24 février 1590 (les Bonvisi à Lyon) *No querian creditos sino débitos*... ; *sta oy dia el cambio de manera que qien tiene el dinero lo a de dar a como quiere el tomador* — celle du 9 septembre 1591, etc.

248. *Ibid.*, lettre du 30 mars 1590.

249. Baltasar Suàrez à Simón Ruiz, Florence, 9 septembre 1591.

250. A. d. S. Sommaria Consultationum 22, f°s 9—10, 8 février 1608.

251. D'après TURBOLO, *Discorso*..., p. 3 et 4, Naples, B. di Storia Patria XXVIII, D. 8. Et seulement 10,500,000 ducats de 1548 à 1587, soit 260,000 par an, chiffre arrondi (A. d. S., Naples, Sommaria Consultationum, 9, f° 168, 29 janvier 1587) contre 400,000, moyenne annuelle de 1599 à 1628, ce qui, compte tenu de la dévaluation du ducat, signifie encore une accélération.

252. Antonio della ROVERE, *op. cit.*, p. 43. note 40 *bis*.

253. Ubaldo MERONI (publié par), *I "libri delle usate delle monete" della Zecca di Genova, dal 1589 al 1640*; Mantoue, 1957.

254. Je donne à la suite les références qui correspondent aux notations chiffrées du paragraphe qui suit: Marciana 7299 [2 juin 1584]; Correr, Donà delle Rose, 26, f° 93, 2 juin 1584; *ibid.*, f° 93 v°, 13 juillet 1584; *ibid.*, f° 95, 5 décembre 1585; *ibid.*, f° 104, 14 juin 1591; A. d. S., Venise, Senato Zecca 2 (1591); *ibid.*, 4 décembre 1595; 3 janvier 1596; *ibid.*, 5, 26 mars 1597; *ibid.*, 8, 19 mars 1605.

255. A. d. S., Naples, Sommaria Consultationum, 9, f° 168, 29 janvier 1587.

256. Ces affirmations sont à peu près sûres; du côté de la France voir l'article classique de A. CHAMBERLAND, *supra*, p. 402, n. 1,; pour l'Allemagne et les Pays-Bas le simple fait que Venise et Florence disposent de remises sur le Nord; sur le déséquilibre entre Florence et l'Espagne, voir F. RUIZ MARTIN, *Lettres marchandes*... La notion de balance des comptes reste étrangère au XVIe siècle, cependant dans la réponse des hommes d'affaires au gouvernement espagnol [1575, B. M. Harl. 3315, f° 155] je lis cette phrase importante: "... *a estos reynos por ymportar mas las mercaderias que vienen a ellos que las que salen, y este inconveniente no es de poca consideracion.*"

257. C'est la date que suggère J. van KLAVEREN, *op. cit.*, p. 3. Jean

MEUVRET,"La conjoncture internationale de 1660 à 1715",in: *Bulletin de la Société d'Histoire Moderne*, 1964,n'y voit,semble-t-il,que les débuts d'un mouvement court de hausse. "S'agissait-il d'une vraie reprise?" A noter qu'à partir de 1604 à 1609,une partie du métal blanc d'Amérique prend le chemin du Nord européen.

258. Le mot est de Samuel RICARD,voir note suivante.

259. Samuel RICARD, *Traité général du Commerce*, 2e édit., 1706, p. 371.

260. Marciana 5729,Relazione d'Egitto,1668.

261. C'est l'opinion de F. RUIZ MARTÍN,*Lettres marchandes...*

262. A. d. S. Gênes,Spagna 38,documents de 1647 à 1650.

263. Dans les pages qui suivent j'ai mis à contribution deux travaux de Felipe RUIZ MARTÍN *Lettres marchandes échangées entre Florence et Medina del Campo*, il s'agit des lettres expédiées ou reçues par Simón Ruiz puis son neveu Cosme Ruiz à destination ou en provenance de Florence,de 1577 à 1606,ces lettres sont précédées d'une longue et magnifique introduction. Le second ouvrage qui m'a été communiqué avant sa publication prochaine,*Elsiglo de los Genoveses en Castilla (1528—1627): capitalismo cosmopolita y capitalismos nacionales*, est à mon avis le plus beau livre sur l'Espagne du XVIe siècle,depuis les travaux classiques de Ramón Carande.

264. Je suis impressionné, en effet, par les arrivées massives de métal blanc à Gênes,encore à la fin du siècle. Voir à partir de 1670 la correspondance du Consul français à Gênes,Compans, A. N., Affaires Étrangères B 1511,Gênes. Voir aussi la courbe des frappes de la Zecca de Gênes d'après la publication d'U. MERONI,*supra*, p. 452,note 7.

265. Ramón CARANDE,"Sevilla fortaleza y mercado",in : *Anuario de Historia del Derecho español*, II,1925 (tirage à part),pp. 33,55 et *sq.* Jacques HEERS,*op. cit.*, références nombreuses au mot *Séville* à l'index.

266. Frank SPOONER a bien noté que les Génois ont su profiter en ces années tournantes de la valorisation de l'or,*op. cit.*, p. 21.

267. Renée DOEHAERD,*Études anversoises*, I,1963,p. 33.

268. Cf. F. RUIZ MARTÍN,*Lettres marchandes...*, p. XXIX et *sq.*, et l'excellent article d'Alvaro CASTILLO PINTADO, "Los juros de Castilla apogeo y fin de un instrumento de credito",in: *Hispania*,1963. Les *juros de caucién* (de caution) ne se vendent pas. En obtenant des effets négociables

(les *juros de resguardo*) ou, comme l'on dit, les *resguardos*, les hommes d'affaires atteignent l'épargne publique, en Espagne comme hors d'Espagne, particulièrement en Italie. Les *resguardos* vendus aux épargnants sont remboursés au moment du règlement de l'*asiento*(le *finiquito*), en titres portant même intérêt. Les Génois sont donc maîtres d'un marché encore peu cohérent de rentes diverses par leur taux, leur nature et leurs assignations. Mais il y a des risques: ainsi en 1575, à cause de ses spéculations sur les *resguardos*, le prince de Salerne, Nicoló Grimaldo, faisait une banqueroute retentissante, Alvaro CASTILLO PINTADO, *art. cit.*, p. 9.

269. Felipe RUIZ MARTÍN, *Lettres marchandes...*, p. XXXII.

270. Simancas Consejo y Juntas de Hacienda, 37, Decreto sobre la paga de las mercedes y otras deudas, Tolède, 14 novembre 1560.

271. *Ibidem.*

272. Felipe RUIZ MARTÍN, *Lettres marchandes...*, p. XXXII.

273. V. MAGALHÃES GODINHO, *op. cit.*, p. 420, en 1435 le quintal à 3,072 *réais*, en 1564, 33,421. Brusque chute en 1568.

274. B. N., fr. 9093, f° 78 [1640].

275. A. d. S., Venise, *Cinque Savii*, Riposte 1602—1606, f°s 189 v° à 195, 16 janvier [1607].

276. 2 avril 1597, A. d. S., Gênes Spagna 12.

277. En particulier dans les *Lettres marchandes...*, le chapitre II, "L'argent vassal de l'or", p. LIII et *sq.*

278. D'après le livre de compte, imprimé par ses soins, de Francisco de Lixalde *pagador del exercito de Flandes*, à partir du 12 mars 1567. Ce livre sous le titre manuscrit, *Tanteos tomados en Flandes al pagador Francisco de Lixalde hoja de catorze meses antes que falleciese*, Simancas., p. 26. C'est le livre publié, d'après une copie latine, par M. F. RACHFAHL, *Le registre de Franciscus Lixaldius, trésorier général de l'armée espagnole aux Pays-Bas, de 1567 à 1576*, 1902, 187 p., 8°.

279. L. GOLDSCHMIDT, *Universalgeschichte des Handelsrechtes*, 1891, p. 127.

280. G. LUZZATTO, *op. cit.*, p. 180.

281. Lucien FEBVRE m'indique que, d'après les registres municipaux de Besançon (requête de Thomas Doria au magistrat de cette ville, 27 juillet 1566), ce fut en 1534—1535 que la cité impériale attira chez elle les banquiers

génois "qui avaient délaissé faire leur résidence ès lieux de Lyon et de Monluel et se tenoient en la ville de Lons-le-Saunier". Sur ces foires: CASTAN, "Granvelle et le Saint-Empire", in: *R. Historique*, 1876, t. I, p. 113, note; P. HUVELIN, *Droit des marchés et des foires*, 1907; le discours de CONTARINI, 1584, in: A. LATTES, *La libertà delle banche a Venezia*, Milan, 1869, p. 121; R. EHRENBERG, *op. cit.*, I, p. 342, II, p. 227; Jacques SAVARY DES BRUSLONS, *Dic. universel de Commerce*, Copenhague, 1760, V, "Foire", II, pp. 679—680; L. GOLDSCHMIDT, *op. cit.*, p. 237.

282. Sur ce qui précède, Domenico GIOFFRÉ, *Gênes et les foires de change : de Lyon* à *Besançon*, 1960, pp. 115—119.

283. Lucien LEBVRE, *op. cit.*, p. 22, note 4, p. 110, note 3, j'ai trouvé (Archives du Doubs, B. 563), la requête des banquiers génois demandant l'autorisation de tenir leurs foires à Poligny, 13 août 1568; R. EHRENBERG, *op. cit.*, II, p. 227.

284. J. SAVARY DES BRUSLONS, *Dictionnaire universel de Commerce*, II, p. 227.

285. Je fais allusion aux travaux de Felipe RUIZ MARTÍN et de José GENTIL DA SILVA.

286. Tout le paragraphe qui suit s'appuie sur les explications des deux ouvrages de Felipe RUIZ MARTÍN, cités *supra*, p. 454, note 7.

287. *Actas*, IV, pp. 225—226, 316, 411.

288. J. GENTIL DA SILVA, ouvrage à paraître, d'après son premier dactylogramme, p. 24.

289. *Ibid.*, p. 21.

290. Henri PIRENNE, *Histoire de Belgique*, IV, 1927, p. 78.

291. A. d. S., Gênes, Spagna 6. 2415, Sauli et Lercaro à la République de Gênes, Madrid, 17 juillet 1576.

292. Les détails qui suivent selon les explications du travail inédit de J. GENTIL DA SILVA.

293. *Op. cit.*, à l'article "Foire", tome II, Copenhague, 1760, colonne 68.

294. Au moins le premier volume. Cf. Catalogue de la *Kress Library*, p. 23. J'ai utilisé l'édition vénitienne (Gio. Giacomo Hertz) de 1682, en un seul volume.

295. Gino LUZZATTO, *op. cit.*, p. 180.

296. *Ibid.*

297. R. EHRENBERG, *op. cit.*, I, p. 350.

298. J. GENTIL DA SILVA, "Réalités économiques et prises de conscience", in : *Annales E. S. C.*, 1959, p. 737 (à la date du 11 février 1580).

299. Museo Correr, Donà delle Rose, 26.

300. Cité par F. RUIZ MARTÍN, *Lettres marchandes...*, p. XXXIX.

301. Museo Correr, Donà delle Rose, 181, f° 53.

302. Voir l'admirable article d'H. van der WEE, à paraître dans *Annales, E. S. C.*

303. J. GENTIL DA SILVA, *Stratégie des affaires à Lisbonne entre 1595 et 1607*, 1956, p. 50, 22 novembre 1596 à Lisbonne, 27, à Lyon.

304. Felipe RUIZ MARTÍN, *El siglo de los Genoveses*, à paraître, nous suivons de près son excellente argumentation, solidement établie et neuve.

305. J. GENTIL DA SILVA, *op. cit.*, p. 51, 27 novembre 1596.

306. *Ibid.*, p. 50 et Victor von KLARWILL, The *Fugger News-Letters*, Londres, 1926, II, p. 283, n° 573, Venise, 25 octobre 1596.

307. A. N., K 1676 (G. S.), Venise, 4 janvier 1597, Iñigo de Mendoza à S. M.

308. Felipe RUIZ MARTÍN, *El siglo de los genoveses...*, à paraître.

309. A. d. S., Gênes, Spagna 11. 2420, Cesare Giustiniano au doge, Madrid, 20 janvier 1597.

310. A. d. S., Gênes, *Relazione delle cose di Genova*, 1597, f° 26.

311. J. GENTIL DA SILVA, *op. cit.*, p. 52, 30 décember 1596.

312. Référence exacte égarée.

313. A. d. S., Gênes, Spagna 11. 2420, H. Piccamiglio au doge, Madrid, 25 novembre 1596. Cependant espoir d'un règlement rapide dans la lettre de C. Giustiniano, 25 décembre 1596, *ibid.*

314. *Ibid.*, le mot est de Piccamiglio, 7 décembre 1596.

315. Cesare Giustiniano au doge, Madrid, 31 janvier 1597.

316. Du même au même, Madrid, 20 janvier 1597.

317. Du même au même, Madrid, 24 décembre 1596.

318. J. GENTIL DA SILVA, *op. cit.*, et références, p. 53, Rome, 25 janvier 1597.

319. A. d. S., Gênes, Spagna 11. 2420, C. Giustiniano au doge, Madrid, 5

février et 22 février 1597. Sur le rôle de Tomas Cherch (Carg), le même au même, Madrid, 2 mars 1597.

320. Le même au même, Madrid, 5 janvier 1597, également 22 février 1597.

321. Le même au même, 22 février 1597.

322. *Ibid.*

323. Par exemple, Ernst HERINE, *Die Fugger*, Leipzig, 1940, p. 301 et *sq.*

324. J. GENTIL DA SILVA, *op. cit.* et références, p. 55, 12 juin 1597.

325. Je suis le texte déj*à* cité de Felipe RUIZ MARTÍN.

326. Sur ces règlement serait à citer toute la correspondance précise de Cesare Giustiniano.

327. Selon les indications de Felipe RUIZ MARTÍN. Sur la banqueroute de 1607 les correspondances génoises (A. d. S., Gênes, Spagna 15 2424) sont d'un intérêt évident, mais n'ajoutent rien ou presque rien au livre de Felipe RUIZ MARTÍN qui a l'avantage de bien situer la crise dans le cadre de l'histoire économique êt financière de la Castille.

328. *Ibid.*

329. *Ibid.*

330. *Ibid.*

331. Voir *infra*, II, p. 135 et *sq.*

332. La plus sympathique : Carlo M. CIPOLLA : "La prétendue 'révolution des prix', 'réflexions sur l' 'expéience italienne'", in : *Annales E. S. C.*, oct.-déc. 1955, pp. 513—516.

333. Gaston ZELLER, *La Vie économique de l'Europe au XVIe siècle.* Cours de Sorbonne, p. 3 et *sq.*

334. St. HOSZOWSKI, *Les prix à Lwow (XVIe—XVIIe siècles)*, 1954, p. 60 : la vie moins chère entre 1521 et 1525 qu'entre 1451 et 1500.

335. G. d'AVENEL, *Hist. économique de la propriété...*, 1898, III, p. 246.

336. C. Alonso HERRERA, *op. cit.*, f° 353.

337. Résumé dans Earl J. HAMILTON, *op. cit.*, p. 283 et *sq.*

338. *Actas...*, V, pp. 472—474, cité par Earl J. HAMILTON, *op. cit.*, p. 286.

339. Detail cité par K. MARX,*Contribution à la critique de l'économie politique*, trad. Molitor,1954,p. 179.

340. A propos des plaintes des Cortès,F. RUIZ MARTÍN remarque que les prix à la hausse sont particulièrement ceux des marchandises qu'achètent les marchands génois.

341. E. ALBÈRI,*op. cit.*, II,V,p. 470.

342. *Gobierno de Vizcaya*,II,p. 406.

343. *Literaturnachweis über Geld-und Münzwesen*,pp. 9—14.

344. Josef HÖFFNER,*Wirtschaftsethik und Monopole*, 1941,Berlin, 1892 p. 110.

345. E. J. HAMILTON,*op. cit.*,p. 292.

346. Henri HAUSER,*La response de Jean Bodin à M. de Malestroit...*,et *Paradoxes inédits du Sieur de Malestroit touchant les monnoyes*, édition de Luigi Einaudi,Turin,1937.

347. 1585,p. 125.

348. P. 43 v°.

349. Cité par E. HECKSCHER,dans son ouvrage classique,édit. espagnole, *La época mercantilista*, 1943, p. 668, éd. allemande, 1932, II, p. 207.

350. "Encore la révolution des prix au XVIe siècle",in : *Annales E. S. C.*, 1957,p. 269.

351. *Recherches anciennes et nouvelles sur l'histoire des prix*, 1932, pp. 403—420,457—478,492,546...

352. *Paradoxes inédits...* p. 23.

353. B. N. ,Paris,fr. 10766,f°100 (s. d.).

354. Si x et y sont les quantités d'or et d'argent en 1500 et qu'il y ait équilibre entre elles x (tonnes d'argent) = 12 y tonnes d'or. Si les accroissements de 1500 à 1650 sont en gros de 18,000 tonnes d'argent et de 200 tonnes d'or la seconde équation est

$$x+18{,}000=15\ (y+200).$$

355. Il s'agit de partir d'estimations, de les ramener à une population donnée et de calculer proportionnement un ordre de grandeur pour les autres masses. Au début de 1587,Naples,qui a plus de 3,000,000 d'habitants,aurait un stock de 700,000 ducats,à ce taux l'Europe en aurait plus de 20 millions et la Méditerranée 14... Cette estimation semble faible,au départ. Le stock est

considéré assez fréquemment par les économistes comme égal à la somme des frappes des trente dernières années P. BOISSONNADE (*art. cit*, p. 198) parle pour l'Angleterre de 4 millions de livres sterling au XVIe siècle, René BAEHREL ("Économie et histoire à propos des prix", in: *Hommage à Lucien Febvre. Éventail de l'histoire vivante*, Paris, 1953, t. I, p. 309, n° 72) parle de 2 millions de livres pour la France à la fin du XVIIIe siècle. Les chiffres sont trop peu nombreux et pas assez solides, tous nos calculs pêchent à la base, mais ils nous aident à mieux imaginer une économie révolue, à en ajuster les modèles et à en cerner la réalité. Voir la discussion peu convaincante mais stimulante de R. BAEHREL, *op. cit.*, *passim* et p. 40, note 26. Aucun modèle ne sera valable sans l'étude si possible quantitative de la petite monnaie, celle des pauvres, Or les frappes sont infimes par rapport à celles de l'or ou de l'argent. A Venise où ces frappes s'élèvent à 2 millions annuel de ducats, il est frappé 60,000 ducats de *bezzi* en 1604, 15,000 de *gazette* et grossetti en 1606, A. d. S., Venise, Senato Zecca, 9.

356. Pierre CHAUNU, *L'Amérique et les Amériques*, 1964, p. 93 et *sq.*

357. Voir *infra*, graphique 48, p. 477.

358. J. KULISCHER, *op. cit.* I, pp. 280—281.

359. *Ibid.*, p. 281.

360. G. PARENTI, *op. cit.*, p. 224.

361. *Op. cit.*, pp. 351 v° à 352.

362. L. BIANCHINI, *Della storia economico-civile di Sicilia*, Naples, 1841, I, p. 331 et *sq.*

363. In : *Bollettino Stor. pavese*, VIII, 1945.

364. Alfred MOREL FATIO, *Ètudes sur l'Espagne*, 4e série, 1925, p. 373.

365. La princesse Jeanne à Philippe II, 13 juillet 1559, Simaneas E° 137, f° 22, 1500 vassaux auprès de Séville, pour 150,000 ducats.

366. *Vie de Benvenuto Cellini*, édit. Crès, II, p. 598 et *sq.* Dans une toute autre région—le terroir d'Arles—voyez aussi le métayage à moitié et au quart, durant le XVIe siècle. QUIQUERAN DE BEAUJEU, *op. cit.*, pp. 400—401.

367. Nul ne l'a mieux marqué que Mario SIRI, *La svalutazione della moneta e il bilancio del Regno di Sicilia nella seconda metà del XVI secolo*, Melfi, 1921, in—16, 22p.

368. D'après Albert DESPAUX, *Les dévaluations monétaires dans l'histoire*, Paris, 1936, p. 362.

369. A. d. S., Florence, Mediceo 3083, f° 417 v°, 27 mars 1583.

370. Marciana, Chronique de Girolamo Savina, f° 361 v°.

371. A. SILVESTRI, "Sui banchieri pubblici napoletani nelle prima metà del Cinquecento", in : *Bolletino dell'Archivio storico del Banco di Napoli*, 1951, "Sui banchier pubblici nàpoletani dall'avvento di Filippo II al trono alla costituzione del monopolio", *ibid.*

372. L. BIANCHINI, *op. cit.*, I, p. 340; G. LUZZATTO, *op. cit.*, p. 183, en fixe la création en 1553.

373. G. LUZZATTO, *ibid.*

374. *Ibid.*

375. L. BIANCHINI, *op. cit.*, p. 341.

376. J'adopte la date de 1587 donnée par G. LUZZATTO, Je trouve dans mes fiches que la banque a été autorisée par le Sénat le 28 juin 1584.

377. G. LUZZATTO, *op. cit.*, p. 188.

378. H. KRETSCHMAYR, *op. cit.*, III, p. 187, dit 1582.

379. Simancas, Napoles, S. P. 4, Madrid, 7 oct. 1580.

380. Le Grand Commandeur au Roi, Rome, 24 sept. 1532, *Corpo dipl. port.*, VII, pp. 172—173.

381. G. LUZZATTO, *op. cit.*, p. 186. Dans le même ordre d'idées ce tout petit détail d'une correspondance marseillaise, Gilles Hermitte à son frère, Gênes (avril 1593), Fonds Dauvergne, note 47, relate un envoi de trois cents pièces de huit par un patron de barque "qui vous doibt payer en mesme espèce de pièces de huit ou de quatre sans qu'il puisse payer la value d'icelles en autre monoye comme sommes d'accord. . . ".

382. G. PARENTI, *op. cit.*, p. 235.

383. M. SIRI, *art. cit.*, voir *supra*, p. 479, note 2.

384. L. BIANCHINI, *Della storia delle finanze del Regno di Napoli*, 1839, p. 315 et *sq.*

385. R. KONETZKE, *op. cit.*, p. 197.

386. R. B. MERRIMAN, *op. cit.*, p. 443; HABLER, *op. cit.*, p. 122.

387. R. KONETZKE, *op. cit.*, p. 199.

388. *Ibid.*

389. J. de SALAZAR, *Politica Española*, 1617, p. 18.

390. Memoria de las rentas y patrimonio del Rey de España de 1562, A. E. Esp. 234.

391. Il y aura des diminutions d'intérêts en 1563, 1608, 1621, *Nueva Recop*, *libr.* X XIV.

392. R. MERRIMAN, *op. cit.*, IV, p. 443.

393. E. ALBÉRI, *op. cit.*, I. V. p. 294.

394. Madrid, 5 sept. 1561, copie, B. N., Paris, fr, 16103, f° 45.

395. Voir *supra*, p. 456.

396. R. KONETZKE, *op. cit.*, p. 199.

397. La Contaduria à Philippe II, Madrid, 13 sept. 1563, Simancas E°143, f°s 59 et 60.

398. *Actas*, III, p. 357.

399. C. PEREYRA, *Imperio español*, pp. 27—31.

400. En 1581, les revenus ibériques de Philippe II seraient de 6,500,000, les dépenses de 7,000,000, E. ALBÉRI, *op. cit.*, I. V. p. 294.

401. A. SEGRE, *Storia del commercio*, I, p. 492, note 3.

402. Jerónimo CONESTAGGIO, *Dell'unione del regno di Portogallo alla corona di Castiglia*, Gênes, 1585, p. 14.

403. B° de Mendoza à Philippe II, Paris, 8 janv. 1587, A. N., K 1566.

404. Voir *supra*, p. 455, note 5, A. CASTILLO, art, cité, p. 14 et *sq.* du tir、à part.

405. H. LONCHAY, *art*, *cit.*, p. 945.

406. Earl J. HAMILTON, *op. cit.*, p. 62.

407. *Ibid.*, p. 65.

408. *Placcart et décret*..., 1597, B. N., Paris, Oc 241, in—12.

409. 1612, p. 43 v°.

410. Simancas, *Guerra Antigua*, IV, f° 108 [vers 1538].

411. Earl J. HAMILTON, *op. cit.*, p. 36 et *sq.* pour tous les motifs invoqués.

412. *Ibid.*, p. 37.

413. François CHEVALIER, *La formation des grands domaines au Mexique*, *Terre et Société aux XVIe et XVIIe siècles*, 1952, p. 235.

414. Alice PIFFER CANNABRAVA, *O commercio português no Rio de Plata 1580—1640*, São Paulo, 1944.

415. Pierre CHAUNU, *Les Philippines et le Pacifique des Ibérques*

XVIe—XVIIIe siècles,1960,p. 41.

416. Albert GIRARD, *Le commerce français à Séville et à Cadix au temps des Habsbourgs*,1932,p. 7.

417. B. M. Add. 18287,PS 5633.

418. Émile COORNAERT,*op. cit.*,p. 46;je n'ai pas lu *Baja de la moneda*,1591,Sim. E°601.

419. Philippe au Grand Com. de Castille,10 févr. 1574,Sim. E° 561,f°s 16 et 65.

420. Sim. E°561,Moneda falsa que venja de Flandes en España.

421. Le Conseil d'État au roi,13 janv. 1609,A. N.,K 1426,A 37,n°110.

422. Le même au même,27 nov. 1607,A. N.,K 1426.

423. 26 avril 1613,A. N.,K 1428,A 39,note 28;*ibid.*,K 1478,A 78, note 173;*ibid.*,K 1479,A 80,1624;*ibid.*,K 1456,1622; Sim. E°628 Valor de la moneda en Flandes,1614.

424. B. N.,Paris,Esp. 127,f°s 8 v° et 9.

425. G. BERCHET,*op. cit.*,p. 133.

426. P. 492 et *sq.*

427. *Op. cit.*, VI,p. 213.

428. Ami BOUÉ, *op. cit.*, III, p. 121; M. SIRI, *art, cit.*, J. W. ZINKEISEN,*op. cit.*,III,p. 798 et *sq.*

429. Philippe de CANAYE,*op. cit.*,p. 42,note 4.

430. *Op. cit.*,p. 158 v°.

431. G. d'ARAMON,*op. cit.*,p. 42.

432. *Ibid.*

433. CANTACUSCINO,*Commentaria*,II,p. 102,Luigi Bassano di Zara, in: Francesce SANSOVINO,*Dell' historia universale dell' origine et imperio de Turchi*,Livre 3,Venise,1564,f° 43,r° et v°;S. SCHWEIGGER,*Reissbeschreibung...*,*op. cit.*,p. 267.

434. *Op. cit.*,158 v°.

435. *Ibid.*

436. Geminiano MONTANARI, *Zecca in consulta di stato...* (1683), p. 253.

437. J. W. ZINKEISEN,*op. cit.*,III,p. 800.

438. J. von HAMMER,*op. cit.*,VI,p. 5.

439. Daniel Badoer au doge,Péra,21 avril 1564,A. d. S.,Venise,Senato

Secreta, Cost. Filza 4/D.

440. H. Ferro au doge, Péra, 6 mai 1561, A. d. S., Venise, Senato Secreta... 3/C.

441. Dec. sans date (1577), Simancas E° 1147, copie.

442. Constantinople, 16 mars 1580, Simancas E° 1337.

443. J. W. ZINKEISEN, III, p. 800.

444. R. HAKLUYT, *op. cit.*, II, p. 247.

445. Voir IIIe partie, chap. VI, p. 477 et *sq.*

446. *Op. cit.*, p. 211 et *sq.*

447. D'après B. VINAVER, "La crise monétaire turque 1575—1650", in: *Publications historiques de l'Acdémie des Sciences de Belgrade*, 1958.

448. D'après la thèse inédite de Ali Sahili Oglu sur les frappes monétaires turques, traduction fran,aise en cours.

449. D. de HAEDO, *op. cit.*, p. 24 v°.

450. *Memoria escrita sobre el rescate de Cervantes...*, Cadix, 1876, 8°, p. 23.

451. R. HAKLUYT, *op. cit.*, p. 34.

452. *Le Loyal Serviteur*, *op. cit.*, p. 34.

453. R. B. MERRIMAN, *El Emperador Carlos V*, p. 131, traduction du tome III de son vaste ouvrage, *The rise of the Spanisn Empire in the Old World and in the New*, 4 vol., 1919—1943.

454. Simancas, E° 504, 17 décembre 1551.

455. A. d. S., Venise, Senato Dispacci Spagna, 27 septembre 1586.

456. Museo Correr, Donà delle Rose 161, 26 novembre 1593.

457. V. MAGALHÃES GODINHO, *op. cit.*, dactylogramme, p. 422.

三　经济：贸易和运输

本章不打算对地中海贸易的复杂性进行描述。我感兴趣的是一幅总体图画。因而我决定考虑三个不同的问题：胡椒危机，小麦危机，以及大西洋船舶涌入地中海。这些问题涉及地中海经济生活的各个领域。它们合在一起就可较清楚地展现出地中海经济生活的广阔范围：一边延伸到印度洋，另一边延伸到大西洋和北方的地中海——拉芒什海峡、北海、波罗的海……

1. 胡椒贸易

绕过好望角的航行没有一下子就结束地中海的胡椒贸易。德国的历史学家[1] 最先证实了这一点。难道他们会没有发觉德意志没有停止得到来自威尼斯的香料和胡椒吗？难道他们没有发觉葡萄牙人没有一劳永逸地垄断这种宝贵的贸易吗？

不过，葡萄牙取得的成功，无疑在威尼斯引发了一场可怕的危机，那里流行着悲观的预测。人们想象葡萄牙的发现可能产生的后果，灾难似乎是无法补救的……1501 年 7 月，希罗拉莫·普留利在日记中写道，对于圣马克的城市来说，失去香料就“像一个婴儿缺乏奶和食品”。[2] 于是，立刻引起了惊人的物价变动和无数困难，在 1504 年葡萄牙国王东·曼努埃尔确定胡椒的官价并让葡萄牙王国垄断“香料业”后，情况更是如此。两年以后，香料业都集中在里斯本。[3]1504 年，威尼斯帆桨战船船队在亚历山大或贝鲁特都没有找到香料。[4]

新的胡椒商人相当快地占领了欧洲的一部分市场。在大陆濒临大西洋的一边，他们没有遇到太多困难就取得胜利：从 1501 年起进入荷兰；[5] 从 1504 年 1 月起进入英格兰。这次有 5 艘葡萄牙船只运载 380 吨卡利卡特的胡椒和香料到达法尔默思。[6] 此外，他们还插手上、下德意志。在那里，奥格斯堡古老的安东·韦尔塞和康拉德弗林商行从 1503 年开始就已经转向里斯本这一初升的太阳；[7] 拉文斯堡的大公司（Magna Societas）1507 年决定此后在安特卫普这个葡萄牙市场的中转站购买胡椒和香料；[8] 维也纳的批发商于 1512 到 1513 年抱怨在威尼斯买不到所需数量的胡椒和香料，请求德意志皇帝准许外商从安特卫普、法兰克福和纽伦堡运入这些商品。[9] 新的胡椒商人同时也在法国西部和卡斯蒂利亚取得胜利。据一个目击者说，在卡斯蒂利亚，坎波城于 1524 年转售葡萄牙的胡椒。[10]毫无疑问，同样的这些胡椒很早就已经进入了地中海。其中，葡萄牙的帆船在那里发挥了重要作用。也许从 1503 年开始，这些胡椒就进入热那亚，因为威尼斯于同年 6 月[11]关闭了陆地边界线，禁止来自热那亚的产品（规定有金、银线锦缎、羊毛、香料和糖……）和其他外地的产品。威尼斯下令陆地各城市要在威尼斯本地取得供应。为了增加来自黎凡特的胡椒和香料，威尼斯于 1514 年 5 月[12]准许所有船只运输这些产品，而不再只是准许商船进行运输，因此这些商船遇到激烈的竞争。[13] 此外，它还取消了进入威尼斯的关税。尽管如此，威尼斯市政会议仍然不得不于第二年，即 1515 年，去里斯本装运它本身供应所需的补充。[14]1527 年，

威尼斯元老院向葡萄牙国王胡安三世建议由它承包销售除了葡萄牙自用的部分以外的所有到达里斯本的胡椒。这项计划没有成功。它显示出 1527 年威尼斯的处境,也反映了里斯本市场取得的胜利进展。[15]

地中海的报复:1550 年后红海的繁荣

什么时候形势又恢复——局势确实恢复了——对威尼斯和地中海有利呢?[16]这很难说。毫无疑问,要考虑到 1540 年以后价格的跌落,并且假设这次跌落妨碍了里斯本繁荣的贸易,还要想到葡萄牙的商品质量低下,因为,据行家说,海上长途航行使香味减失。威尼斯散布的传闻并非毫无根据。在 1574 年的一份西班牙的文献资料中就可以看到这种传闻,而这份文献资料是敌视威尼斯的。[17]很可能地中海的贸易与阿拉伯中间商有密切联系。可以用付给中间商较多的钱的办法来为自己保留优质产品。葡萄牙人说,他们在亚洲一直维持极低的收购价格。[18]这可能言过其实。的确,葡萄牙人要支付长途运输费用,要承担经常性的船舶损失以及途中经常损坏的船货本身的损失。相反,地中海的贸易经由很多中间站,在较短的几个世纪以来就在探查清楚的路线上进行,因此较少发生意外。对于威尼斯人来说,危险只限于通往埃及的航线。但是,由于东西方之间的价格差别大得惊人,这种危险也就被可观的利润掩盖了。1512 年,泰诺这样记载:“他们从经营这些在这里并不值钱的商品中,获得 100%或更多的利润。”[19]甚至在胡椒短缺时(这是唯一的引起大规模交易的商品。和其他商品相比,葡萄牙人宁愿抓住这种

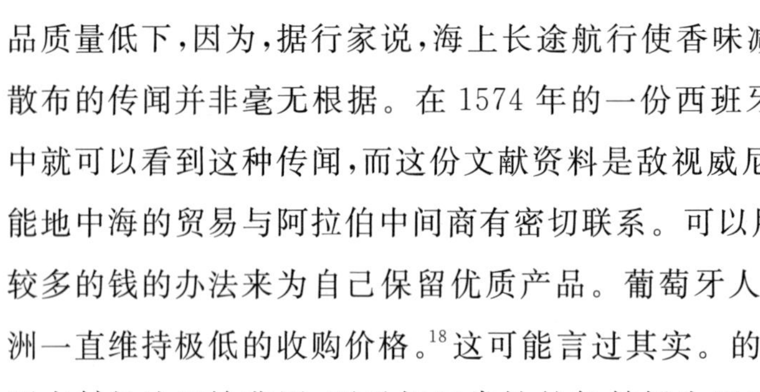

商品买卖。),也可能贩运黎凡特的高级香料、药品和其他产品。在东方商人那方面,他们急需贵金属:埃及的黄金或西方的白银。这些金、银多亏香料以及在通往地中海路上随之而来的其他一切商品,才向南流向印度洋。印度和远东喜爱地中海的珊瑚和番红花、埃及的鸦片、西方的呢绒、水银和红海的茜草染料。印度洋周围有组织的、强大的商业公司支撑着这些由来已久的贸易。葡萄牙的推进扰乱了它们,但并没有把它们消灭。这些公司能够相当迅速地对此作出反应。

由于地中海对东方的贸易并没有失去对中间商的吸引力,因而只有武力,换句话说,只有对供应的来源进行监视,才能阻止这种贸易。他们多次成功地做到了这一点。的确,每当葡萄牙人想这样做的时候,例如他们在打击有人享受特权的红海[20]航路时,甚至在这之前,都是这样。1545—1546 年间的冬季,在马拉巴尔附近洋面,“葡萄牙舰队的巡逻非常有效,以致一切胡椒的秘密输出都防止了”,至少走私大大减少了。[21]然而,这种严厉措施只持续了一段时间,此后,葡萄牙的监视自行放松。地区之间的贸易需要、冒险精神或发财的欲望,使葡萄牙把它的影响传播得很快、很远,传遍了印度洋各地及其以远,结果导致一个庞大而脆弱的帝国的建立。但是,葡萄牙尚未富裕到足以维持这样一个庞大的复合体及其花费高昂的堡垒、舰队和官员等。帝国不得不自己供养自己。

这种不足很快就使葡萄牙人变成了海关官员。可是,海关只在商品大量流通时才能赢利。形势和环境为走私或者为我们可称为走私的活动(这种活动是必然的)提供了大量机会。这种活动之所以是必然的,是因为它无法占据霍尔木兹的各主要交叉路口(1506

年），并立即关闭它的通道；说它是必然的，还因为土耳其人待在叙利亚（1516 年）、埃及（1517 年）和伊拉克（1534 年）。葡萄牙不得不依靠波斯来对抗土耳其。因此，它必须谨慎地维持波斯和印度之间必不可少的交往联系，并尽可能保护波斯对叙利亚和地中海的贸易。这里的问题远远超过葡萄牙官员贪污受贿这样简单的事。葡萄牙官员贪图钱财，对政府从远方发来的训令置若罔闻，贪污情事的确存在，但并不能左右局势。

但是，这些谨慎的做法和现实政策并没有在一夜之间取得胜利。葡萄牙帝国为了找到它真正牢固的基础需要时间；土耳其帝国为了估量它在印度洋方面的弱点、极限和合理的利益，为了放弃它原有的企图使黎凡特的贸易集中在君士坦丁堡的计划，最后为了切切实实地向南、向东推进，也需要时间。但是，它后来实际上放弃了这种推进，因为葡萄牙人尽力不把这个可怕的强国引来反对自己……土耳其等待了十多年才从被征服的埃及出发开始行动，发动另外一次攻势。只是到了 1529 年，它才开始挖掘一条沟通尼罗河和红海的运河。但是这些准备工作中断了，因为必须应对地中海出现的变故：1532 年是科龙年。[22]其后，在苏里曼帕夏率舰队进行远征之前又停止了六年；这位帕夏于 1538 年占领亚丁，但同年在第乌城下失利。[23]1542 年，[24]葡萄牙人勉强保住信奉基督教的埃塞俄比亚。1546 年，[25]葡萄牙人在古吉拉特半岛上的城堡——第乌城——再次被包围时，获得了奇迹般的拯救。使节们不断从印度和遥远的苏门答腊各地来到君士坦丁堡，恳求素丹进行援助以对抗葡萄牙人。他们给素丹带来珍稀的礼品：羽毛艳丽的鹦鹉、香料、香水、香脂、黑奴和太监。[26]但是在 1551 年，皮里·海伊斯率领的帆

桨战船在红海出口处战败;[27]1553年,诗集《万国宝鉴》的作者西迪·阿里在离开波斯湾时再次受挫。[28]但是,几年过后,葡萄牙和土耳其的关系有所缓和。这种缓和有利于地中海地区的贸易。

到了16世纪,古老的香料之路恢复了生机,并且逐渐繁荣起来。从此,地中海的胡椒贸易向西海岸发展,把葡萄牙国王经营的胡椒贸易挤到大西洋方向,虽然那里并没有一条明确的分界线。在16世纪上半叶,[29]地中海的胡椒不断运到安特卫普,后来也许仍然如此。1510年,有一艘船从亚历山大直接航行到安特卫普。[30]将近1540年,地中海的胡椒对埃斯科河的市场价格产生影响。同年,伊比利亚人试图对法国实行胡椒封锁,[31]扶助马赛的竞争性贸易。弗朗索瓦一世似乎希望保护这种贸易,因为他于1541年5月拒绝了葡萄牙就香料问题提出的许诺和建议。据一位威尼斯人说,弗朗索瓦一世愿意满足土耳其皇帝的要求,却不愿帮助佛兰德地区,因为"安特卫普似乎已经成为世界第一大城"。[32]总之,1543年一份马赛出口统计表表明,货物一直发运到里昂,还很可能更远,并朝图卢兹这个方向发运。[33]1565年,马赛的出口商品到达鲁昂,并在图卢兹同波尔多转销的里斯本胡椒竞争。[34]16世纪中叶,法国人和英格兰人主要在鲁昂、拉罗谢尔和波尔多进行胡椒交易。当然,这是来自不同地区的产品。情况有时对这一产地有利,有时对另一产地有利。例如,在1559年,开征10%的关税对葡萄牙在卡斯蒂利亚市场出售胡椒十分不利。但是,无疑由于地理位置相近,葡萄牙的胡椒似乎并未因此在半岛"完全消失"。[35]16世纪末期,里窝那的情形给人留下和英、法贸易相同的印象,那里出口的两种胡椒是不同的商品,他们互相竞争,但并不互相排斥。实际上,直到16世纪末,

甚至以后，欧洲都有一个统一的胡椒市场。[36]请看一位侨居佛罗伦萨的西班牙商人（于1591年11月29日）所说的话：里斯本那年没有印度船队开到，消息传开，香料价格立即上涨。[37]他补充说：“唯有胡椒价格没有变化。因为大量胡椒从黎凡特运到威尼斯……”[38]

不可否认的是，地中海重新控制了一大部分乃至绝大部分的胡椒贸易。黎凡特的贸易逐渐繁荣，来自波斯湾或者红海的无数商队，使这个地区的贸易有了生气。位于这些大路的两端，面对着地中海，有两个城市依靠胡椒贸易为生；北面是阿勒颇和的黎波里；南面是开罗和亚历山大港。亚历山大港邻近过于庞大的首都，似乎丧失了自身的活力。在西方，胡椒贸易和复兴特别有利于威尼斯商人，他们当时曾是贸易的主宰。相比之下，马赛商人和拉古萨商人就显得微不足道了。威尼斯商人甚至有时深入内地，从亚历山大前往开罗（1552年），[39]从大马士革（这个城市正在衰落，威尼斯商人之间的勾心斗角使当地的商业很不景气）[40]前往巴比伦沙漠商路的出口阿勒颇。威尼斯商人在埃及各地活动。其目的正是为了摆脱中间商，即开罗的批发商和犹太商人。如果让这些家财万贯的竞争者为所欲为，他们不仅将在商路沿途的各大城市把贸易牢牢抓到手里，而且将掌握对基督教国家的海上贸易。何况，欧洲的批发商往往不得不同他们合作。[41]这些地区性的组织问题姑且不谈，威尼斯商人来到开罗和阿勒颇毕竟意味着这些内地的市场、那里的资本家以及沙漠商队的贸易十分繁荣兴旺，同时还意味着，阿拉伯商人通过沙漠商队在印度和南洋群岛进行了卓有成效的采购活动。地中海又从大西洋手中夺回了财源。

黎凡特的商路

很多文献资料都证明了地中海的这次复兴。但是,由于通常流行的正是与此相反的观点,我们应该指出,某些细节可能造成误解。为了不致搞错,我们有必要知道通往阿勒颇和开罗的这两条大路始终在相互竞争。一条封闭时,另一条就开放了。然而,在普遍复兴的时代,阿勒颇因位于通往波斯和霍尔木兹的道路上,那里的贸易受到对葡萄牙作战的影响,特别是在1548—1565年的战争期间。在1560—1563年的土葡战争期间,巴士拉的商队突然减少。[42]阿勒颇一度出现了繁荣,[43]随即就被反常的物价上涨毁坏得荡然无存,[44]这毫不令人奇怪。1557年7月,拉古萨的经纪人克里斯托法诺·阿莱格雷蒂失望之余,决定前往埃及。他说:"在我看来,阿勒颇地区从来没有像现在这样缺货,除了肥皂和灰石以外,几乎一无所有。没食子的售价竟达13到14杜卡托。由于四艘法国船到达(的黎波里),我想物价会飞涨。由于当时已有8艘法国船正在抬价收购,使大家受害不浅。"[45]两年以前,即1555年,也许是在土耳其—波斯战争结束时,阿勒颇的很多摩尔商人和威尼斯商人去了东印度群岛。[46]当然,并不是所有的商人都像前面谈到的那个拉古萨人那样离开了阿勒颇。1560年,当洛伦佐·蒂耶波洛[47]到达阿勒颇时,250个商人骑着马来迎接他。1563年11月,威尼斯统领在佩拉宣布,大战船已从叙利亚起航,开往威尼斯。[48]上一年,一份威尼斯的报告指出,阿勒颇拥有5000名织布工人。[49]阿勒颇虽然危机丛生,但仍然是商业和工业的重要中心。它的困难只是该城自身的困难,并不总是影响到整个东地中海地区。

阿勒颇的困难尤其与红海无关。一般说来红海仍是对远东贸易的唯一的、非常重要的道路。16世纪中叶曾在红海一带生活过的勒芒斯的伯龙写道："这个红海不比一条狭窄的运河宽，也不比阿尔弗勒和翁弗勒之间的塞纳河宽，那里岩礁比比皆是，航行相当困难，要冒很大的风险。"[50]"成群的小帆船在红海来来往往，这是些奇怪的船舶，船板不用钉子钉牢，而用棕绳捆在一起，再用在鱼油中浸泡过的棕榈树纤维填塞缝隙。"[51]在红海也能看到双桅大帆船和桅桨战船。[52]后者是拆散后从开罗运往苏伊士的。苏伊士沿海多沙礁，是个差劲的"不利停靠"的港口，[53]且不避风。[54]大大小小的船舶或者经过亚丁港，或者经过阿比西尼亚海岸，把东印度群岛、苏门答腊和马鲁古群岛的金银财富，以及亚洲的伊斯兰朝圣者运往北方。为了躲避灾难性的坏天气，就在这些险峻的海岸开辟了许多港口：萨瓦金、亚丁、吉达（麦加的港口）和图尔（苏伊士的竞争者）。据说远航船舶在吉达集中的居多。吉达距麦加很近，大批沙漠商队也要在那里集中，最多时可达20万人，有30万头牲畜。圣城麦加往往粮食紧缺，[55]但肉食从来不缺。大、小船舶又从吉达驶往图尔。商队在9至12天内从图尔到达开罗。[56]印度洋的大商船队分别从苏门答腊、坎贝（位于印度河入海处）、马拉巴尔海岸、卡利卡特、布尔、卡纳莫等地出发，可在每年的5月或11月到达红海。[57]

红海这一狭窄的门户其实是敞开的。那里出现了昂贵的瓷器。这些瓷器无疑来自中国，尽管伯龙拒不承认它们真正来自遥远的"印度"。以上事实足以证明，大量商品涌入了红海，[58]因为易碎的瓷器只能伴随着大量其他商品一起运来。至于香料，其中胡椒高居榜首，在1554—1564年间，每年约有2万至4万轻担进入红海。[59]

1554年，光是威尼斯人就在亚历山大买走600包香料，即6000公担左右。[60]然而，威尼斯人只掌握亚历山大的部分贸易，充其量只占一半。除西方的贸易外，还必然加上东方国家的消费。这个数量一直很大。据开罗领事馆的一个抄件估计，从1560年到1564年，单是威尼斯每年的收购量就达1.2万公担。[61]这个数字与瓦斯科·达·伽马以前的数字同样高，并与葡萄牙驻罗马大使的估计相符。这位大使把亚历山大香料贸易的总额估计为4万公担。[62]1564年10月，一位为葡萄牙效劳的间谍把贸易额估计为3万公担，其中胡椒为2.5万公担。[63]威尼斯驻开罗的领事于1565年5月说，到达吉达港的胡椒有2万公担。[64]这时，人们还等待从古吉拉特、卡利卡特和其他地区驶来的船队（一般在冬季到达），23艘船将于8月在吉达港卸货。[65]因此，贸易额仍将达到3万或4万公担。这两个数字只包括埃及的贸易，不包括叙利亚的贸易。

我们姑且就说是3万或4万公担吧！这些数字没有统计学的价值。人们只是从中得出这样的结论：通过红海的香料和胡椒，其数量之多为以往从未有过，至少也与以往相同。弗雷德里克·莱恩认为，这一数量超过了同一时期到达里斯本的数量。[66]总之，香料大量运抵地中海。正如当时人们所说的那样，香料就是“百万金币”。与胡椒和香料同时到达的有药材（如鸦片）、解毒油膏、印纹石、丝绸、香水、化妆品及伯龙谈到的[67]牛黄或“麝香”、宝石、珍珠……这些都是非必要的奢侈品。但是，在人的眼里，难道不正是纯属多余的东西才是“最不可少”的吗？[68]香料贸易在18世纪，至少直到17世纪，仍居世界贸易之首。[69]

从此，满载着货币和抢手货的大船纷纷驶向亚历山大和叙利亚。1552年1月,3艘威尼斯船到达的黎波里。船上装有2.5万多布朗和10万多埃居。消息传出,惊动了葡萄牙驻罗马大使。[70]这位大使知道这些钱款有何用途。1554年春,在亚历山大港发现一艘拉古萨船。[71]1559年秋,一艘拉古萨船、一条小船和两艘威尼斯船全部装着香料,被亚历山大的"港务监督"所扣留。[72]其中名叫"孔塔丽娜"号的一艘船载着香料和胡椒于1月返回威尼斯。[73]载重为540吨的威尼斯帆船"卡罗塞"号于1561年把粗铜、精铜或铜棒、呢绒、羊毛、丝绸、粗呢绒、贝雷帽、珊瑚、琥珀、小摆设、纸和现金运往东方,返回时装运各地产的胡椒和生姜、桂皮、肉豆蔻、八角茴香、乳香、阿拉伯树胶、糖、檀香木和大量其他商品……[74]从这一事例可以判断,前面提到的几艘船大致上也运输这些货物。

真真假假的消息传到了里斯本,引起了人们的惶恐。据说就在1561年,土耳其人把在印度洋上截获的2万多公担葡萄牙胡椒送往亚历山大。[75]似乎他们觉得从贸易的自然渠道取得的货物尚嫌不足。甚至有消息说,葡属印度总督对国王抗命不从,竟让王家船队[76]把胡椒送往埃及。葡萄牙驻罗马大使是胡椒贸易问题的专家,他根据情报人员的报告,于1560年11月断言,鉴于大量胡椒和香料运往亚历山大,对里斯本到货的数量之少也就不必感到惊奇了。[77]1561年4月,法国驻葡萄牙大使让·尼科公开表示幸灾乐祸,[78]说道:"如果红海的通道重新畅行无阻,葡萄牙国王的香料库存将会更加减少,这正是他最害怕的事,也是他多年派兵打仗所希望避免的事。"

于是,一次真正的胡椒匮乏使得向葡萄牙购货的国家都伤透了脑筋。举几个极端的例子来说,英格兰人试图从莫斯科前往里海，然后又从里海到波斯去寻求胡椒。詹金逊第一次旅行的时间是 1561 年。[79]在法国，由于敲不开大门紧闭的葡萄牙“商店”。[80]法国人接受了尼科的建议，去几内亚海岸寻找几内亚胡椒。这种假胡椒继续销售了很长时间，在安特卫普尤其是如此。[81]从 1559 年开始，富格家族以阜姆和拉古萨为中转站，建立起同亚历山大港的联系，并向该地派驻代理人。[82]在西班牙，香料价格突然猛涨。从 1520 年到 1545 年，香料价格基本稳定；后来，从 1545 年到 1558 年，随着物价的普遍提高，便有规律地上涨；如今则突然直线上升，其速度比其他任何食品都快。在新卡斯蒂利亚，香料价格在 1558 年到 1565 年间上涨了 3 倍。[83]厄尔·J. 汉密尔顿首先发现了这种价格的反常上涨，并第一个指出，胡椒的高昂价格同莱加斯比 1564 年对菲律宾的远征可能有着联系。[84]然而，早在 1558 年，在热那亚，人们就抱怨葡萄牙的“药材”价格太高。[85]

1560—1563 年的土葡战争是葡萄牙对这一事态发展作出的反应吗？或者，恰恰相反，是它的软弱的标志吗？在一般的历史中寻找这个问题的答案是白费力气。这场战争断断续续地在曼德海峡和霍尔木兹海峡对面，在土耳其帆桨战船控制的两个海湾的出口进行。这一次，正当土耳其进攻波斯湾时，[86]谣传土耳其代理人在也门发动了有利于葡萄牙的叛乱。[87]但是，印度和阿西王国（苏门答腊）的使者带着稀世珍宝，相继来到君士坦丁堡。[88]其原因我们不很清楚。其中一个代表团是乘坐土耳其帆桨战船经过埃及到达首都的。[89]

这些细节互不关联。的确，土葡战争也许不是一场有始有终的真正的战争。在广阔的边界地区，给对方一次打击，并且了解打击的结果，往往需要几个月甚至几年的时间。热那亚在君士坦丁堡的奸细乔瓦尼·阿戈斯蒂诺·季利指出，素丹不想插手这些遥远地区的事务。他的这个看法相当准确。素丹给每个印度使者的并不是他们需要的大炮和炮手，而是一件金丝外套和2万阿克塞。[90] 1563年末，同葡萄牙的认真的和谈在进行之中。西班牙在君士坦丁堡的间谍机关的一个特务——这是“习惯写真实情况的人”——在1563年12月7日和8日写给那不勒斯总督的信中谈到这一点。这个情报人员明确地指出：“葡萄牙大使已经和土耳其进行和谈，他竭力为葡萄牙人取得把他们的货物从印度运到红海的权力。这些商品可以从红海通过陆路运到开罗、亚历山大和叙利亚，并在这些地方达成协议。”葡萄牙大使要求不受海关检查，“正是这点人们至今不愿向他让步。”[91]

这次谈判虽然没有成功，但值得我们重视，威尼斯也曾为此感到担忧。在1563年末，即差不多在瓦斯哥·达·伽马沿海岸航行65年之后，这次谈判与1527年威尼斯没有成功的奔走活动形成相当奇怪的对照。人们可以认为，这是红海的胜利，是威尼斯和地中海的反扑。

葡萄牙胡椒贸易的复兴

我们不知道印度洋战争是在什么情况下结束的。答案可能可在里斯本找到。但是，葡萄牙的贸易远没有因这次战争而一蹶不振。

在欧洲，安特卫普周围发生的尼德兰叛乱给葡萄牙的贸易造成了巨大的损失，从1566年起，与葡萄牙有联系的韦尔塞商行，由于在胡椒和有关印度的合同上进行投机活动，遇到很大的麻烦。富格家族及其意大利合伙人罗瓦莱斯卡也都因此受累不浅。[92] 1569 年，关于把葡萄牙的香料贸易从安特卫普转移到伦敦的奇怪的谈判开始进行。[93]

同时，印度洋的边缘地区仍然动荡不安，土耳其人和他们的对手同样受到了影响。1567 年，40 艘帆桨战船在苏伊士整装待发；当富克沃在马德里得到这个消息时，船只已经乘风破浪，向苏门答腊驶去。[94] 如果土耳其切断东印度的航线，“就会把葡萄牙的傲气压下去。在法国，如果人们从此不再去葡萄牙，便可在亚历山大和叙利亚的其他港口取得更便宜的香料”。1568 年，威尼斯也有人指出，20 艘土耳其帆桨战船正准备从巴士拉向葡萄牙人发起猛攻，夺取巴林岛及其珍珠采集地。[95] 但是，就在 1568 年，阿拉伯半岛发生暴动。特别在也门，动乱更是绵延不绝。[96] 除了一些琐碎的令人难以置信的政治细节以外，我们对当时亚丁的情形几乎一无所知。后来出任奥斯曼帝国首相的锡南帕夏于 1573 年才在红海的这一门户恢复了秩序。[97]

尽管葡萄牙自身困难重重（1570 年果阿被围困 14 个月；[98] 特尔纳特堡垒于 1575 年失守），它无疑利用了当时土耳其的困难。它感到素丹的帆桨战船的威胁减轻了。另一方面，1570 年葡萄牙对香料贸易进行的重大改革发挥了作用。根据 1570 年 3 月 1 日的法令，[99] 葡萄牙国王东·塞巴斯蒂安果断地放弃了对香料贸易的垄断，放手让他的封臣参与经营。这项改革是某些人，尤其是皮雷斯，[100] 长期梦寐以求的事。同年，路易斯·德·阿塔伊德总督吹嘘他已把海上治安维持得很好，使卡利卡特开往麦加的船只已从过去的 16 至 18 艘减少到现在的 2 艘。[101]

1570 年 11 月 25 日，威尼斯准许外国人用外国船或本国船把香料运到威尼斯。[102]这项措施虽然只是权宜之计，而且可能产生多种后果，但它却使香料贸易出现新的转折。局势很快变得对威尼斯不利。土耳其的战争（1570—1573 年）对威尼斯来说是一次可怕的考验。所有同威尼斯作对的人——拉古萨人，安科纳人，尤其是马赛人——都从中渔利。1573 年 7 月至 9 月的装运单表明，马赛人从埃及的亚历山大运走成船的“姜”和“阿西的胡椒”（老曼利希至少参加过一次）[103]。1574 年 4 月，一个威尼斯领事说，令人忧虑的并不是运到阿勒颇的丝绸有所减少（由于波斯的战争的威胁），而是自从战争爆发以来，越来越多的法国商人同我们进行激烈的竞争。[104]相反，关于香料倒没有任何怨言，叙利亚似乎又再次成为运输要道。1574 年 10 月，“卢多维卡”号货船载着价值 15 万杜卡托的货物从威尼斯出发。一场风暴使它被迫在安科纳停泊。这个城市的地方长官们发现船上装载着铜，于是以运输走私物资的名义宣布没收。他们扣留了船只及其装载的货物，并且把船主和海员全部监禁起来。[105]随便翻阅 1574 年的几封商业信件，[106]人们可以看到（虽然对整个情况并不完全了解），有几艘法国大船（1574 年 1 月 30 日），一艘法国小船（4 月 3 日），一艘名叫“莫琴蒂加”号的威尼斯船（这艘船后于 3 月和 11 月在的黎波里停泊）和一艘名叫“阿尔塔纳”号的萨埃特式小船（可能也来自威尼斯）开往叙利亚或在那里停留。船上堆着肉豆蔻的假种皮、棉花、砒霜、棉纱、香料、生姜及一箱橄仁树的干果。1575 年 5 月 12 日。[107]“季拉尔达”号抢购棉花、皮毛、丝、药材和香料。

可见,黎凡特对叙利亚或对埃及的贸易都没有中断。与此同时,葡萄牙的胡椒在地中海重新占了上风。威尼斯元老院 1577 年 9 月 13 日进行的讨论证实了这一点。[108]根据商界五贤人的报告,元老院获悉有 4 艘船在里斯本装载大量胡椒准备开往威尼斯。但当船主们听说他们应按 1519 年的一项决议(日期很重要)付 3% 的关税时,就改变了主意。这项决议原来规定只对来自西地中海的香料课税,而不对黎凡特的香料征税。船主决定推迟启程,希望能取消这项税收。专家们说:"鉴于这种商品(葡萄牙胡椒)可能运往其他地点,从而对威尼斯的商业和收纳出口税产生不利影响",元老院决定在两年内免予征税。因此,由于来自亚历山大的胡椒数量很少,还是让地中海的胡椒自由进入更好。两年以后,克里斯托弗·德·萨拉扎尔在写给菲利普二世的信中说:"亚历山大的商业和运输业,特别是香料的贸易和运输,从此已一蹶不振,因为运输路线已被抛弃了。"[109]

有关葡萄牙胡椒的各种策略

当时有三股势力企图攫取地中海胡椒贸易的利益,它们的不同图谋可以在下面得到解释:

首先是葡萄牙的图谋。马里阿诺·阿扎罗修士 1575 年 11 月 10 日在写给菲利普二世的信中作了阐述。此人是加尔默罗会的住院会修士,早年在帕多瓦就学,对这些问题十分精通。[110]葡萄牙的打算是要把自己的胡椒打入西班牙在意大利的领地:米兰、那不勒斯、西西里和撒丁岛,并挤走通常在这些地区销售的威尼斯胡椒;是要把教皇和意大利的其他权势人物全都拉拢过来，从而为意大利在圣玛丽港、卡塔赫纳或者半岛的其他港口设立一个胡椒集散中心，也可以说另一个安特卫普。运输将由国王的帆桨战船承担。这项计划顺便指出，葡萄牙的胡椒从1516年起已经征服了西西里王国，但这并不能使计划提高多少价值。如果我们手头拥有西班牙的所有财政文书，我们将会被各种稀奇古怪的数据弄得头昏脑涨。但是，这个住院会修士的背后可能有二至三个大人物在撑腰。首先是鲁伊・戈梅兹・达・西尔瓦。大家知道，他是葡萄牙人，“在临死前，曾主动就黎凡特的香料问题向国王陛下提供某些建议”；其次是国王的秘书安东尼奥・格拉恰诺。赤脚修士最早给他写过信。最后是国王。他当时对胡椒贸易和葡萄牙的垄断极为关切。当他从秘书那里了解到情况后，要求给他第二份报告，即这里所提到的那份报告。因此，这是一份认真的计划。该计划对威尼斯大肆攻击。既然土耳其已用小麦和香料控制了威尼斯，既然威尼斯出于卑鄙的私利背叛了基督教国家，那就应该以道义的名义，并且为葡萄牙胡椒的最大利益而打击威尼斯。葡萄牙的胡椒来路要正当得多。此外，人们知道（这也是对指责里斯本的商品质量低劣的答复），土耳其人在把去壳香料用于制作饮料和蜂蜜水后，又不择手段地把这些香料在叙利亚交易会出售。

其次是托斯卡纳图谋，更确切地说是梅迪奇家族的图谋。从1576年到1578年，[111]弗朗索瓦大公千方百计企图分享从印度运到葡萄牙的香料。为此，他所下的赌注是答应向东・塞巴斯蒂安提供贷款。这位葡萄牙国王对十字军东征表现了出人意料的狂热，一心一意想同摩洛哥的异教徒作战，急于想为这场冒险筹集必不可少的金钱，结果导致国破身亡。……大公特别野心勃勃，同时还和素丹进行谈判。根据威尼斯人的看法，谈判的目的是要对整个世界的胡椒贸易实行垄断。在这个问题上，威尼斯的判断自然是正确的，虽然不免添油加醋。[112]这些计划虽然庞大，但最后只是在佛罗伦萨商人、梅迪奇家族和葡萄牙大使安托尼奥·平托[113]之间就20万埃居的贷款达成一项协议。当然，作为补偿，将有大量葡萄牙胡椒运往里窝那。毫无疑问，1587年，大公的垄断企图功亏一篑。[114]但是，在进行这些贸易之后，佛罗伦萨和里斯本之间的联系更加活跃了。

第三个也是最后一个图谋：菲利普二世本人的图谋。他企图把邻近的葡萄牙王国置于自己的控制之下，对叛乱的尼德兰进行封锁（他曾想对叛逆者时而断绝食盐的供应，时而断绝小麦的供应，时而断绝香料的供应），积极开展西班牙和葡萄牙之间的食盐和香料贸易。[115]他对那些竭力主张控制广阔的亚洲的商人言听计从。他们之中一个叫罗特，另一个叫纳塔尼埃尔·容格，两人都是德意志人，从1575年起就申请对葡萄牙胡椒实行包销。

当菲利普二世取得葡萄牙以后，原来的计划变成了现实。如果说查理五世的权威于1547年达到了顶峰，1580年则是菲利普二世的权势达到鼎盛的一年。葡萄牙之所以甘心投靠（它投靠了菲利普二世），那是为了得到菲利普二世的金钱、军队和舰队的三重保护，并且借以加强它对印度洋的控制。1580年以后，国王打算堵死黎凡特贸易中的各种空子，从而一举切断土耳其和威尼斯的财源，他这样做是为本国谋利，这是顺理成章的，但是，决心把亚洲和新大陆连成一片的菲利普二世在印度洋周围遇到的困难，要比在大西洋（特别是北大西洋）周围少得多。因此，菲利普二世所要对付的敌人主要是新教徒、尼德兰叛乱和英格兰，而不是土耳其。他同后者还保持着非正式的和平状态……因此，他在兼任葡萄牙国王后推行了一项奇怪的政策。他试图使地中海地区成为胡椒的集散中心，从而使这种珍贵的天赐食品通过比大西洋更安全的航路进行运输，使敌人从此得不到这种食品。经过长期的犹豫和计划，这项政策直到 1585 年才终于付诸实施。这是西班牙为对付大西洋和北方的挑战而实行的总动员。

向威尼斯提供葡萄牙胡椒

西班牙于 1585 年末向威尼斯建议缔结有关包销葡萄牙胡椒的协议，并不是什么戏剧性变化。这个问题已酝酿了四五年之久。最初无疑是西班牙采取主动，于 1581 年底请威尼斯大使莫罗西尼和威尼斯驻里斯本领事达尔·奥尔莫向市政会议转交一项建议：派遣帆桨大战船去葡萄牙首都。[116] 12 月，市政会议根据接到的建议文书进行了商议。是否应该派船呢？回答是应该派。但第一个难题是：谁来装备这些船只？任何个人都没有装备船只和在葡萄牙采购胡椒所必需的钱款，而且，在葡萄牙，“威尼斯人没有任何信贷”，意即他们通常不在葡萄牙经商，在那里很难使用汇票。第二个难题是：当玻璃、玻璃制品、器皿和其他类似商品在葡萄牙被禁止进口时，运什么商品去进行交换呢？最后一个困难：既然葡萄牙的局势还不稳定，大帆桨战船在途中就有遭到英格兰、“诺曼底”或其他海盗的袭击的危险。这些海盗都是菲利普二世的敌人。对此，主张冒险派船的人回答说：信贷不难取得，可由市政会议提供保证；西班牙国王将允许商品入境；只要有两三艘大帆桨战船护航，商队的安全就可得到保证。最后决定，在采取进一步行动前，先听取莫罗西尼的汇报。以上就是西班牙驻威尼斯大使克里斯托弗·德·萨拉扎尔1581年12月8日的信的概要。[117]1584年，讨论还在进行，因为威尼斯领事达尔·奥尔莫给威尼斯寄去一份关于威尼斯如何在里斯本恢复贸易的长篇报告。[118]

可见，在向威尼斯市政会议提出建议前，长时间的谈判已于1585年开始了。这项建议本身十分奇怪，并标志着十分奇怪的角色颠倒。要研究这个问题，最好是阅读安东尼奥·布拉加迪诺和雅科布·福斯卡利尼两位“专家”[119]1585年提出的报告。西班牙建议每年向里斯本转让3万坎塔尔（约1.5万公担）胡椒，每坎塔尔的价格为30杜卡托，其中三分之一付现款，其余三分之二分六个月付清。此外，还有以下不可忽略的好处：从伊比利亚半岛到西西里这一段路程由西班牙国王的大帆桨战船护送；战船到西西里岛后可以从事小麦贸易；最后，可为威尼斯减轻在葡萄牙承担的沉重的盐税……

但是，也有不利之处。这两位专家说，接受西班牙的建议，那就是要配合西班牙去摧毁威尼斯共和国过去和现在赖以生存的黎凡特贸易；因此，也就是对羊毛业和丝绸业一个沉重的打击，使许多居民生计无着；最后，还会有被3万坎塔尔胡椒压垮的危险。这么多的胡椒，叫人真不知道作何用处。价格本身（包销价格每坎塔尔为30杜卡托，而不是通常的36到38杜卡托）就可能是个圈套。以上是报告人就这个计划提出的反面论据。

黎凡特的贸易一旦中断，情况将会怎样呢？就胡椒和香料而言，贸易不是已经中断了吗？“人们清楚地看到，黎凡特的贸易正日益减少……不仅我们自己的船只不再从叙利亚和亚历山大运载香料，而且人们获悉，黎凡特（尤其是君士坦丁堡）为满足自身的消费需求，也要去威尼斯购买来自里斯本的胡椒和香料。”[120]西班牙国王从此能够进行有效的封锁，使黎凡特的货源陷于枯竭。香料从此处在西班牙国王的操纵之下，听由他的调配。在这种情况下，如果威尼斯不接受他的建议，他可以向托斯卡纳提出这些建议。此外，尽管叙利亚和埃及缺少香料，但总的说来，黎凡特贸易并未枯竭，商旅往来仍在继续，仍在用威尼斯呢绒换取丝绸、羽纱、棉花、没食子和孔雀石。[121]贸易的数量不可能太大，因为胡椒的价格涨了一倍，[122]当时的农夫不是以通常的价格 100 杜卡托出售，而是以 180 杜卡托这个价格出售。[123]报告人得出结论说：接受这些建议吧！

与其说这是一份报告，不如说是一份辩护书。在黎凡特的通常的销售市场上，1585 年香料和胡椒的贸易处于困境之中，这是事实。但是，这种贸易仍然存在。同样，葡萄牙的胡椒也销路不畅。根据报告人的说法，菲利普二世之所以寻找新的包销商，是因为原有的包销商已不起作用，因为他们没有运来规定的数量，并借以抬高价格。至于那些在印度经商的人，他们把商品囤积起来，“用于走私和经由黎凡特出口。”[124]

这笔美妙的交易没有做成。这不能完全归咎于威尼斯的心胸狭窄、它的政治狂热以及对西班牙的种种猜疑。当然，这一切都起了作用。从 1582—1583 年起，元老院对西班牙天主教国王[125]及其过快的势力扩张尤其敌视。难道威尼斯是出于政治上的疯狂而拒绝了这个机运吗？某些人是这么想的，例如利波马诺大使就这样想。在威尼斯市政会议拒绝了建议后，他尽力发展里斯本和威尼斯之间的贸易。[126]或许，威尼斯是为了避免土耳其的报复，为了保护在黎凡特、大马士革、阿勒颇、亚历山大、开罗甚至在巴格达定居的4000个威尼斯家庭？[127]据我看，这一见解也未免夸大其词，虽然我们知道，直到霍尔木兹都有威尼斯人在那里经商。[128]

不管怎样，拒绝接受建议的不只是威尼斯一个城市。米兰、热那亚、佛罗伦萨[129]等其他城市也曾收到同样的建议，但都拒绝接受。意大利的这种一致行动，乍看起来令人难以理解，但这不可能是集体的疯狂。资本家对这个计划不满。通过韦尔塞家族和富格家族1586年至1591年间签订的购销合同，通过葡萄牙和黎凡特的贸易情况（大量胡椒和香料通过各种渠道从马鲁古群岛、巽他群岛和马拉巴尔海岸到达欧洲和地中海国家），我们可以把整个情形看得一清二楚。

1586年至1591年间韦尔塞家族和富格家族的合同

葡萄牙的胡椒贸易涉及一笔小交易和两笔大交易。小笔交易是指在葡萄牙本土的胡椒销售。两笔大交易是指亚洲的合同（即在印度收购香料和胡椒，并一直运到里斯本）和欧洲的合同（货物在欧洲出售）。王室还利用印度商行的巨大仓库，把两种合同结合起来：先以一定的价格从亚洲的收购商那里取得胡椒，然后以双倍的价格把胡椒卖给欧洲的包销商。

菲利普二世向意大利人一再建议的正是为了签订包销合同，切断荷兰人和英格兰人的香料和胡椒货源。后者惯常是在里斯本购买这些商品的。亚洲合同的草案是一位名叫吉拉尔多·帕里斯的德意志人于1585年11月29日在蒙松向菲利普二世提出的。这一计划草案于1586年2月15日由国王在巴伦西亚签署，[130]并由韦尔塞家族和富格家族等一批资本家负责实施。协议的细节并不重要。总的说来，签订承包合同的商人负责胡椒运输，并承担运输风险，以16科罗扎多的价格卖给国王，再由国王以37科罗扎多的价格转手出售。

1587年，马托伊斯·韦尔塞在马德里进行了谈判，积极促成以上的协议。他还接受了欧洲合同，并且力图把富格家族也拉进来。然而，富格家族同意大利人一样首鼠两端。1587年11月，他们说："这笔买卖不好做，如果进了迷宫出不来，我们该怎么办呢？"[131]然而，在1591年，为了改善他们在西班牙境内的困难处境(但这一希望仍然落空)，他们勉强接受了合同。欧洲合同当时掌握在一个国际大财团的手中。[132]这个大财团的成员在德意志是韦尔塞家族和富格家族；在意大利是罗瓦莱斯卡和吉拉尔多·帕里斯；在西班牙是弗朗西斯科和佩德罗·马尔文达；在葡萄牙是安德烈和托马斯·希梅内斯。该财团包括32个股份。其中富格家族占7份；韦尔塞家族占5份；罗瓦莱斯卡家族占4份；马尔文达家族占4份；希梅内斯家族及其合伙人占11份。这个财团在安特卫普、米德尔堡、西兰岛、汉堡、吕贝克和威尼斯都设有代表机构。韦尔塞家族早在1588年就在威尼斯开设了一个很活跃的分支机构。从1591年起，它分销大量胡椒，其中1.4万公担运往吕贝克。威尼斯市政会议保证对发运的商品提供保护，并保证从英格兰那里取得安全通行证，满载胡椒的大船纷纷向威尼斯开来。[133]为此动用的资金数额

很大，但所做的生意却未必有利可图。只有西班牙国王一人从中得到好处。从财团成立的1591年起，富格家族就悄悄地从中脱身，7月7日把股份转让给埃沃拉家族，后者是与希梅内斯家族和卡尔德拉家族合伙经商的葡萄牙犹太人。[134]

问题在于，自从无敌舰队覆灭以后，大西洋的航行变得比过去任何时候都更加危险。西班牙的失败也是其合伙人的失败，而且在很大程度上预示着大西洋胡椒贸易的衰退。财团出售的胡椒，价格不断提高，甚至超过了来自黎凡特的胡椒。1587年11月9日和12月7日，富格家族在给里斯本的经纪人的信件中证实了这一惊人的事实。[135]很多顾客于是重新转向威尼斯市场……

总而言之，意大利之所以始终拒不接受菲利普二世的条件（菲利普二世在夺取葡萄牙后，改称菲利普一世），这是因为它通过埃及和叙利亚的陆路重新取得了胡椒供应，至少取得了部分的供应。大西洋方面的流通遇到了障碍，胡椒贸易怎么会不重新再走近东这条近路呢？后来，甚至大西洋的胡椒也不得不一直运往意大利。一个佛罗伦萨商人在1589年5月4日寄给西蒙·鲁伊斯的信中谈到这一点。他的下列解释对前几年也同样适用："由于不可能把胡椒从里斯本运往佛兰德、英格兰和德意志，商人不得不利用一切可以找到的船只把胡椒运往意大利，因为德意志人在佛罗伦萨和威尼斯进行采购……"[136]大西洋的胡椒从此也取道地中海。

黎凡特香料之路的恒久性

可以肯定，从16世纪80年代到16世纪末，近东始终向香料贸易开放，直到荷兰人完全控制印度洋为止。1596 年，荷兰船首次在科纳乌斯·霍特曼的率领下进入印度洋。1625 年前后，在控制了印度洋以后，他们把征服的努力转向美洲。大约就在 1625 年，也可能稍早，也可能稍晚，黎凡特的贸易受到不可弥补的打击。[137]作为前一个里程碑，1609 年达成的 12 年休战标志着印度洋正式向新来者的商业冒险开放。1614 年，第一艘大型荷兰船舶进入红海，这是另一块路标。[138]他们从背后包抄，同时从陆地和海上截夺东方的货物(例如波斯的丝绸[139])。荷兰呢绒在这一地区的传播，英格兰人[140]和法国人[141]的武力闯入，都标志着印度洋的第二个欧洲时代的开始。对于黎凡特来说，这个时代比葡萄牙的不完全统治更加具有灾难性。

在以上描绘的广阔背景下，我们再借助不完整的文献资料，逐年追溯 16 世纪最后 20 年的历史进程。我们将要看到的画面并不总是具有决定性意义，但它们足以表明(这是主要的)，传统的贸易依然存在，虽然曾出现过明显的波动。

马赛的一些文书谈到 1578 年夏季在叙利亚收购肉豆蔻。[142]1579 年 1 月，一封阿勒颇的商人信件指出，[143]有两艘威尼斯大帆船起航(威尼斯大帆船的载重量总是很大，在 16 世纪末通常可载运价值 50 万杜卡托的商品)。其中一艘是“巴尔比亚纳和科斯坦蒂纳”号，船老板叫马尔乔·法奇纳托；另一艘是“格拉塔罗拉”号，船老板是坎迪多·迪·巴尔巴里。第三艘船在塞浦路斯盐场过冬，打算 1 月份到达的黎波里“海滩”。大批船只的到达照例使呢绒价格下跌，船只以后再来，就必须装载优质呢绒，尤其是贝尔加马呢绒，再加上穆拉诺的珍珠和念珠以及威尼斯货币……同年，由于与莫东的土耳其帆桨战船发生纠纷，另一艘威尼斯船驶向亚历山大。[144]

5 月 12 日,一封阿勒颇的来信宣布,[145]200 头驮载香料的牲畜将随萨珊王朝的波斯商人和基督教商人一起到达亚历山大。于是,在复活节前的最后一个周末,举办了一个大型集市。8 月,驻叙利亚的威尼斯领事宣布有两艘威尼斯船"满载丝绸和香料"起航。[146]同年 7 月 4 日,圣艾蒂安岛的托斯卡纳帆桨战船清点它的缴获物,在清单上记下 17 块乌木(重 205 斤)、糖(936 斤)、一包丝绸(102 斤)、香(1185 斤)、姜(150 斤)、八角茴香(114 斤)、肉豆蔻(236 斤)和胡椒(共 7706 斤,分别装在大小不同的包里,每包重量从 260 到 522 斤不等)……[147]

后来,在 1582—1583 年,突然发生了危机。1582 年 12 月一封来自阿勒颇的信谈到[148],交易额很小,而且成交的生意都亏本。只有丝绸贸易维持下来。1583 年 7 月,情况变得更糟,不但没有盈利,反而亏损 8%。根据来自埃及的最新消息,亚历山大的情况也是一样。[149]也许正是这个缘故,英格兰人纽伯里于 1583 年 7 月从巴格达来信写道:"我认为这里的呢绒、胭脂虫和锡从来没有像今天这么便宜"。[150]

但是从 1583 年起,有了另外一些说法,一个马赛批发商 4 月 10 日写信说:"虽然阿勒颇香料很多",但胡椒价格大大上涨。他抱怨说,真叫人弄不明白,"我敢肯定,即使当地最精明的商人也觉得不知所措。"[151]至于他本人,他打算下一年由一个威尼斯批发商陪同前往印度,用"我们的"2000 埃居冒险。1583 年,约翰·埃尔德雷把叙利亚的的黎波里描述为基督教商人[152]最常去的港口,把阿勒颇描述为人口众多的城市。他指出,大量商品从巴格达过境到阿勒颇。他在巴士拉看到 25 艘漂亮的土耳其帆桨战船。又说,每月有好几艘霍尔木兹的40至60吨的船到巴士拉靠岸，这些船“载有印度商品，如香料、药材、靛青和卡利卡特的布匹等”。对以上情况，他没有作进一步的说明。但是，1584年夏季，当约翰·埃尔德雷返回阿勒颇时，随行的商队有4000头骆驼，“驮着香料和其他贵重商品”。将近1584年，在亚历山大可以买到“各种香料”。[153]

根据另一则消息，在1587年，苏门答腊每年都有船只开往麦加。[154]据说，将近1586年，麦加海关的收益达15万杜卡托(一半归素丹，一半归城市长官)，每年都有40至50艘满载香料的大船在那里停靠。尤其，16世纪90年代以后，正当葡萄牙在印度洋进行骚扰时，不受葡萄牙控制的商业城市却相应地有所发展。例如，绍尔这个中途停靠港不断扩大，损害了第乌和果阿的地位。所有同麦加和霍尔木兹进行交易的商人，都在绍尔定居。葡萄牙国王的关税因此每年损失达15万法尔达奥。[155]另外一个证据[156]是奥古斯丁会修士阿泽夫多提供的。这位葡萄牙人取道陆路从印度返回，并向菲利普二世呈交他的报告。发现这份报告的历史学家[157]指出，时间应在1584年和1587年之间。至于我[158]，我认为这个报告的撰写时间是1593年左右。不管怎样，这份材料无疑写于16世纪的最后几十年。我们从中可以看到霍尔木兹令人难忘的景象。该地向各国的移民、大宗贸易和走私活动开放，其中有威尼斯人、亚美尼亚人、土耳其人和葡萄牙背叛者。人们吃惊地看到大批葡萄牙背叛者前往土耳其，利用他们对印度的宝贵知识，从事非法贸易，一方面贩运香料、珍珠、大黄、安息香和檀香木，另一方面贩运武器、弹药和其他走私物品。就这样，印度最好的东西都流向了威尼斯。作为交换，威尼斯则用小商品、玻璃制品、镜子、假珍珠和彩色纸来支付……

既然虔诚的阿泽夫多亲眼看到多达6000头的骆驼队在沙漠中行走，亲眼看见5艘威尼斯大船从亚历山大勒达起航，怎么可能还说威尼斯始终准备同土耳其人和信奉异端的英格兰人取得联系！难道应该从中得出这样的结论：威尼斯地区在经历16世纪80年代显而易见的困难以后，贸易开始复苏了？

在黎凡特，阿勒颇的陆路运输于16世纪末逐渐恢复，因为陆路行程较短，而在16世纪90年代以后，海盗在印度洋猖獗为害，更因为丝绸在欧洲经济中的地位日益提高。威尼斯或马赛的商人从阿勒颇、的黎波里或亚历山大勒达寄出的信件无不首先谈到丝绸，[159]谈到的黎波里附近的土产丝绸或者波斯的优质丝绸。这些丝绸通常是由亚美尼亚商人和鞑靼商人运到阿勒颇的。在好几年内，土耳其同波斯的战争（这场战争于1590年结束）曾影响了阿勒颇的贸易。毫无疑问，这场战争在大不里士附近的北方地区，在高加索山脉两侧通往里海的小路展开。但是，战争有时会突然向南蔓延，一直蔓延到巴格达。不管怎样，战争引起的土耳其和波斯的货币危机势必会影响阿勒颇的金融市场，[160]使筹集资金变得更加困难。因此，1586年6月，必须对从叙利亚[161]运往威尼斯的商品加征关税1%—1.5%，以利“资金周转”。尽管有上述困难，正如我们在前面所说的那样，贸易一直维持原状。威尼斯承认，在叙利亚的贸易额1593年为100万杜卡托，[162]1596年为200万杜卡托。[163]主要商品是丝绸和香料。这里所说的200万杜卡托是指进货时的价值，呢绒、丝绸、小摆设和玻璃器皿还留在阿勒颇的商店里。但在货物装上四五艘大船以后，随着船只接近威尼斯，价格就奇迹般地高起来。

从 1593 年起，在黎凡特的运输中，船舶不再从的黎波里，而是从亚历山大勒达起航；威尼斯船只的停靠港口已迁移到亚历山大勒达，其他基督教国家的船只也纷相仿效。新停靠港无疑脏一些，但却更加靠近阿勒颇，而且没有旧的停靠港中的那些麻烦。然而，货物缺乏仓储场所使威尼斯商人深感不便（他们坚持以货易货的办法，因而背上了沉重的包袱）。随身携带现金的马赛商人就没有这种困难。[164] 贸易的高涨大概不是由于停靠港的改变，而是由于土耳其和波斯之间的媾和。

贸易的高涨也部分由于土耳其和葡萄牙之间的战争结束。这场从 1584 年进行到 1589 年的战争，主要不是为了争夺胡椒，而是为了争夺东非海岸的黄金。1589 年，阿利贝伊的舰队[165] 的失败结束了这场战争。东印度群岛一带也实现了相当的和平，只是偶然出现土著王公和海盗的骚扰。

在西班牙（更确切说葡萄牙政府）和印度之间，以西班牙驻威尼斯大使馆为中转站，通讯联络从此畅通无阻。一份文献资料把这称之为“从陆路来的印度新闻”（las nuevas de India por tierra）。[166] 中间人是犹太人、商行经纪人，例如韦尔塞家族的经纪人，[167] 或者为威尼斯大商人奥古斯丁·达蓬特[168] 服务的安托尼奥和耶罗尼莫·本泰姆佩利兄弟。1589 年以后，尽管在印度洋中部和边缘地区出现了马拉巴尔海盗，但传来的消息总是说印度洋太平无事。[169] 后来，随着荷兰人从 1596 年起的突然闯入，局面将逐渐恶化。

另一个决定性的原因是：大西洋变成了一条艰难的航道。英格兰海盗在佛得角群岛、加那利群岛和亚速尔群岛等要害岛屿的周围活动。他们有时一直推进到圣赫勒拿岛。这个岛屿是从印度返回的船只补充饮水和猎捕野山羊来改善船员伙食的地方。大西洋处于严重的航运危机之中。除了海盗抢劫，船只又接连失事。随着物价上涨，远航印度的大船顿时成为稀罕之物。因此，使用木材要力求节约，船员的素质也有所下降。在庞大的船舱内尽量多装货物。船帆不够，船舵被蛀，船只仍照常航行。船体的整修只是草草了事，不把大船送上陆地。因此，在条件多变的长途航行中，经常发生"海上的悲剧性"事故。戈梅斯·德·布里托开列的长长的事故清单标志着16世纪80年代以后葡萄牙不可避免的衰落：从1592年到1603年，38艘印度船有时在天气晴朗的情况下，因出现漏水或其他技术原因沉没。[170]按照我们对威尼斯船舶的估算，2000万杜卡托或更多的金币就这样沉入海底。

这些巨大的损失，加上里斯本一再遭到的封锁（1597年至1598年之间的冬季就是如此），再加上阿尔及尔海盗的掳掠，妨碍着葡萄牙的胡椒贸易。1595年至1599年间，新卡斯蒂利亚的胡椒价格上涨了一倍。[171]这些困难和物价上涨，都使流向地中海市场的胡椒数量大大增加。1593年2月17日，一位德意志商人在信中宣布，苏伊士船队运载的3万康塔尔胡椒已经到达地中海。一位历史学家写道："这说明亚历山大提供的胡椒数量同里斯本一样多。"[172]

这样，黎凡特的贸易在当时仍十分活跃。我们可举威尼斯人所取得的进展为例。这一进展在1596年表现得十分明显，当时阿勒颇征收的流通税从5%下降到2%。[173]三年以后，即1599年，贸易额有所下降，但威尼斯的贸易额仍然达到150万杜卡托这个相当可观的数字。当时整个基督教世界的贸易总额可达300万杜卡托，其中法国商人或悬挂百合花旗的商船[174]占50万。同年，经过激烈

的讨价还价，威尼斯人在埃及取得了好几项特权（其中包括装运亚麻和皮革的自由），并被默许在达米埃塔和罗塞塔进行小麦走私。这两个地区保障对干地亚的供应。[175] 1593 年的商事裁判报告提到的 13 家设在阿勒颇的威尼斯商行在 1600 年时仍在进行活动。[176] 1603 年，威尼斯在阿勒颇的贸易额仍然达到 150 万杜卡托。[177] 1599 年出现了新的迹象：马赛的海运保险单表明，从亚历山大勒达发运的货物有靛青、肉豆蔻和八角茴香。

可见，在 1600 年，就香料和胡椒而言，海路运输远没有获得全胜。海陆运输的竞争时起时伏，持续了一个多世纪。每条道路都接连出现危机和复兴。为研究这一问题而进行的调查，直到 1600 年为止，始终得不出结论。我们还必须弄清地中海失败的日期和环境。这一失败开始的时间离 17 世纪初相距不远。但是，在大多数通史学者公认为地中海的王位被大西洋所篡夺的日期 100 年以后，地中海的失败仍未最终完成。

几种可能的解释

前面的叙述不能解决所有的问题。这个叙述很不完整，并且像所有的叙述一样，可能仅仅局限于表象和事实。有三四本新书可以帮助我们比较清楚地看到远东所发生的事件。[178] 在以盛产香料和药材著称的东印度群岛，葡萄牙人的敲诈勒索和缺乏远见的行为，使过去被引向马六甲海峡的高级香料改变了流向。爪哇的帆船、东印度群岛的药材以及爪哇和苏门答腊的优质胡椒，形成一股独立的潮流。在 16 世纪的最后的 20 年内，这些不受葡萄牙控制的活动，在苏门答腊的亚齐特周围汇合起来。伊斯兰船舶在苏门答腊集结后,便向波斯湾和红海驶去。甚至锡兰岛出产的优质桂皮也先运到亚齐特,然后再装船前往地中海。17 世纪初,亚齐特曾设有一家极其富有的土耳其商行。由于中国和印度支那以及(除马拉巴尔海岸之外的)印度当时对香料的采购不断增加,亚齐特更是财源亨通,而与此同时,葡萄牙通过好望角的出口量却因此有所减少。我们应该承认,葡萄牙的出口即使在 17 世纪初期,数量仍然很大。但是,正是在这里,我们为地中海航运的持续繁荣的原因最终找到了解释。

我们不要像数学家那样说这是早就应当证明的事,并以此为满足。事实上,人们先后作出的耐心解释——葡萄牙的轻信;土耳其的明智;波斯战争或大西洋战争;伊斯兰教及其支配的香料和胡椒贸易在东印度群岛的巨大发展;16 世纪初葡萄牙舰队的猛烈袭击;1570—1573 年的土耳其和威尼斯战争(这场战争一方面推动了马赛,另一方面活跃了大不里士和波兰之间以及利沃夫和但泽之间的次等道路)等——所有这些有关胡椒和香料战争的事件,都只会使人"一叶障目",看不到问题的整体。必然统观世界的全局——从美洲的银矿到马鲁古群岛或者到苏门答腊西端——,整个问题才可以看得清楚。问题究竟何在呢?金币和银币不断地和杂乱无章地顺着地球自转方向由西而东的流通,带动着各种商品的流通,促使其他商品和贵重物品通过各种渠道进行从东到西的反方向运动。

问题的所在显然正是这种双向的循环运动,这种运动当时从地中海而过。然而,胡椒和香料在 1550 年至 1620 年之间(这是两个粗略地确定的日期)通过地中海,难道不是因为美洲白银长期以地

中海为终点吗？这个经济形势决定了一切。一个名叫皮耶罗·泽恩的威尼斯人1530年在君士坦丁堡向土耳其人指出，凡有胡椒的地方，就有金钱。[179]但是，反过来说也对。当然，具体的细节不容忽视。在缺乏确切数字的情况下，我们可就黎凡特贸易复兴的最初日期交换意见。赫尔曼·克伦本茨认为是1540年。我过去曾经以为，现在仍然以为，是1550年。维托里诺·马加尔拉埃·戈丁诺支持我的看法。[180]的确，我们对情况都不清楚。我们是在猜测……我想，如果我们有朝一日能确切了解地中海从16世纪初期的货币匮乏到16世纪下半叶的货币相对充裕(资金有时甚至过剩，例如在1583年到1584年，[181]找不到投资场所)的演变过程，黎凡特贸易复兴的确切日期也就不言自明。我认为，如果从威尼斯进行观察，转折点可能就在1545年和1560年之间。1545年6月9日，[182]威尼斯造币厂的工人失业，因为运抵该地的金、银数量很少。为了缓解工人的极端贫困状况，为了使他们有事可做，工厂轧制了价值1000杜卡托的小面值硬币。1551年，[183]造币厂向带来黄金的人提供优惠，不再要他们支付往常的3.5%的铸币费。1554年，[184]由于渡海铸币的人太多，因此恢复了3%的铸币费。1561年，[185]造币厂存放的白银(不是黄金)数量之多，一时竟不能全都轧制成小面值货币。大概要用一年多的时间才能轧完。因此便采用新办法，决定轧制大银币，即银杜卡托。最后，1566年，对想在造币厂轧制金币的人提出一系列条件。[186]总而言之，必须了解美洲白银(它们从1550年起大量流向安特卫普[187])流到意大利地中海区域的数量从什么时候起足以恢复黎凡特的贸易。在16世纪80年代，黎凡特的贸易仍然受阻，凑巧的是，地中海的经济形势当时也出现了短期的波动，贸易明显下降。由于葡萄牙被兼并和伊比利亚半岛发生谷物危机，西班牙白银当时正朝大西洋方向流去。

2. 地中海谷物贸易的平衡和危机

地中海从来没有在极其丰足的条件下生活过。由于生活拮据，为了寻求补偿，地中海不得不采取某些灵巧的手段。研究谷物问题，就要触及地中海生活的弱点之一，同时也要了解地中海的全部生活。胡椒和香料使奢侈品的贸易兴旺起来。在这里，我们不由得会想起阿法伊塔蒂家族、希梅内斯家族、马尔文达家族、韦尔塞家族和富格家族等16世纪的巨商富贾。谷物贸易没有那么响亮的头衔，但它也是一项大买卖，不但规模巨大，而且贯穿大小流通渠道；对这一点不予以重视，是错误的。

在封闭的经济中，谷物基本上就地供应，运输距离很短。城市从四周的农村取得粮食。只有大城市才可能进行远距离的大宗货物运输。

谷　物　贸　易

这里所说的谷物贸易，无论距离远近，都不限于优质小麦或优质商品粮，按西西里的说法，即所谓硬小麦或罗塞拉小麦。[188]在佛罗伦萨，谷物共分为上中下三等。上等谷物就是清除了各种杂物的粮食，每斗重52磅，即每百升重72.5公斤。根据1590年的价格表，[189]上述三种谷物分别为每斗7里佛、6里佛和5里佛。下等谷物籽粒细小干瘪。其中，来自黎凡特的谷物一般质量低劣;阿布鲁齐[190]或乌尔比诺公国的谷物质量也很差,但威尼斯并不因此而拒绝接受。西班牙等地利用水浇地生产谷物,由于连年种植,地力日益耗尽。

除了小麦,其他谷物(特别是大麦和小米)也每天出现在地中海地区的餐桌上。1550 年,满载大麦和小麦的 10 艘船从阿普利亚到达那不勒斯。[191]1557 年,维罗纳哀叹小米收成很差,[192]建议把它储存的小米以每威尼斯斯塔罗 1 杜卡托的价格出售。1562 年,由于可怕的旱灾,再次歉收。西班牙大使明确指出,"供穷人食用的"小米颗粒无收。[193]赞特地区的农村只能吃到大麦做的黑面包。[194]在小亚细亚的特鲁瓦附近,菲利普·德·卡纳伊曾经提到,由于没有小麦,土耳其村庄的居民吃燕麦面包。[195]由于地中海地区燕麦很少,这种面包也成了奢侈品。在科西嘉,栗子粉充当代食品,当地称之为树面包。大米在东方或在波河平原和瓦伦西亚占重要地位,但它也是一种临时的代食品。干菜、鹰嘴豆或者蚕豆,尤其是埃及的蚕豆,也被看成是赈济饥荒的食品。当"拉古莱特"号的新船长龙索·皮芒特尔接到大量小麦和大麦时,他高声叫道:"多么不幸,没有给我们送来鹰嘴豆!"[196]

可见,谷物品种繁多。在西班牙的文献资料里,面包一词往往用复数,意思是说有各种不同的面包,既有给穷人吃的,也有给富人吃的。只有后一种是用小麦做的。在里斯本,当北欧的谷物供应富人时,先要经过精心挑选,去掉石子和其他杂质,里斯本的妇女就在自己家门口做这项工作[197]……

谷物贸易的几条规律

作为历史学家,我们研究粮食商人的活动,要从细小的方面着手,要观察某次具体的收购,某个城市的供应,某项投机活动,某本特殊的账册。各种因素都可能影响粮食贸易的成败:粮食收成很不稳定,国家(尤其是城市)对粮食供应提心吊胆,粮食商人乃至二道贩子乘机囤积居奇,投入资金数额巨大,海上运输要冒风险……这中间还会冒出多少意外的事情!最后,粮食并不从事单一的经营,总是还兼顾其他经济活动,这使问题变得更加复杂。

从亚科波和巴多·科尔西的账本可以看到,佛罗伦萨的这些巨商富贾不但想着如何向加利利公国放款或赊销长胡椒和丝绸,而且也关心如何为托斯卡纳大公在巴勒莫做成巨额小麦交易……巴尔托洛梅奥·科尔西尼为这些商人整理账目,其中有的交易活动已经结束,有的还在进行。佛罗伦萨商人于1595年进行了一系列收购,共欠款11766杜卡托。1596年做成的新交易包括在巴勒莫购买3500萨尔马小麦,由两艘拉古萨船在阿格里真托装货。支出高达10085杜卡托,即每萨尔马不到3杜卡托,交款地点在里窝那。接下去的一系列账目涉及重量分别为2000、7000、6000萨尔马的三批谷物。这些谷物储存在不同的货仓等待装船。然后是有关结算和兑换的明细账目,以及财务收支账。[198]我们如果能够领会科尔西家族1598年从事那些交易活动的含义,就会更清楚地了解当时的谷物投机活动。科尔西家族的一艘运麦船在墨西拿卸下3700萨尔马小麦,数量相当可观,原因没有说明,显然是要赶紧出手。可这批小麦是在1595年买进的,可能不仅不再能做面包,

甚至连做饼干也不合适，只能用来饲养家禽。于是，一部分麦子被赊销出去，剩下的就加工成饼干，结果饼干似乎也销路不好，在2500康塔尔中，6月份卖掉564康塔尔；8月份交给托斯卡纳的帆桨战船620康塔尔。在仓库里还剩下1316康塔尔……时间越长，价格越下跌，从37塔里跌到30塔里，然后又跌到16塔里。[199]因此，科尔西的经纪人抱怨买主和加工饼干的面包商居心不良。[200]这当然只是一面之言。在奥苏纳时代，一个名叫斯塔拉瑟的商人[201]据说因囤积居奇而被那不勒斯人所杀，这表明人们对粮食批发商肯定有另外一种看法。

各种势力都对谷物贸易寄予关注，都想从中谋求利益，政府自然也不甘落后。所有的国家，甚至萨瓦公国和特兰西瓦尼亚这类小国，全都参与这种贸易。老资格的历史学家比安基尼写道：谷物贸易比异端案件更受到间谍活动的包围。这有许多原因。谷物像盐一样是税务当局贪得无厌的财源。此外，谷物贸易也为一系列优待和恩惠敞开大门。谷物贸易是经济杠杆，是施加压力的手段，是支付劳务和制造特权的方式。一些葡萄牙文书表明，西班牙驻威尼斯的领事托马斯·科尔诺萨曾为葡萄牙国王的商业活动服务；据专家们说，他的工作干得相当出色。1573年，他要求让皮埃蒙特的一批小麦免税通过米兰公国，运往格里松斯，以作为对他的报答。这只是众多恩赏中的一个小例子。[202]西西里对小麦出口提供免税优惠几乎已成为惯例。[203]一张交易清单表明：1578年，让·安德烈·多里亚拥有“6000张交易许可证”，换句话说，有权输出6000萨尔马西西里谷物，按每张许可证值2埃居计算，也就享有1.2万埃居的年金。[204]在这以前，多里亚于1566年已获准输出4500萨尔马的小麦。[205]为了向尼斯和维尔佛朗什两地的西班牙驻军和为西班牙服役的萨瓦帆桨战船供应粮食，萨瓦公爵于1566年向菲利普二世申请出口6000萨尔马的西西里小麦的永久许可证。[206]国王决定只发给他一次有效的许可证，出口1500萨尔马小麦。人们知道，埃马纽埃尔·菲利贝尔后来把这批所谓供应西班牙驻军的粮食擅自卖掉，具体经过没有进一步说明。[207]"摩纳哥"领主卡洛·格里马尔迪也这样行事。长期以来，他享有从西西里出口6000萨尔马的特权。菲利普二世1584年10月13日的信从"摩纳哥领主"那里收回这种恩赐，因为这个领主取得出口许可证，并不是为了摩纳哥的粮食供应，而是为了以低于西西里的税额把许可证卖掉。[208]拉古萨人1562年获准从维罗纳出口大约1600萨尔马小麦，据说这是素丹母后的私人营利活动。[209]

以上细节都是无关紧要的小事。谷物出口是政府掌握的财源和支付手段，这使政府同谷物贸易的联系变得更加紧密，其结果也只会使粮食贸易变得更加复杂，无论在土耳其或在基督教国家，情况都是如此。然而，国家对粮食的关注，又丝毫不能同城市对粮食的关注相比。[210]

谷物仅仅因为匮乏才引人关注。地中海地区的谷物收成一般偏于不足。经济作物、葡萄和畜牧业总是在同谷物竞争。[211]这是主要原因，但不是唯一的原因。地中海实行粗放的谷物种植，耕作面积很大，但产量不高，尤其是不能每年都在相同的地块上播种。西西里照例实行二年轮作制（一年种麦，一年休耕）[212]；阿普利亚的塔沃列雷也实行二年轮作制。[213]在西班牙，理想的办法可能是三年轮作，因为二年轮作会耗尽地力。旱地种植要求反复耕地，深耕和浅耕并举，以弥补雨水不足。[214]最后，政府对谷物采取的税收和限价措施压得农民喘不过气来。在班牙，农民叫苦连天，纷纷离井背乡，或从事骡驮运输，或去美洲冒险。

冬季的水灾和夏季的旱灾加重了农民的苦难，狂热的宗教游行不足以阻止自然灾害的发生。[215]结果是：一有风吹草动，价格就立即飞涨。只是到了18世纪，人们才试图解释价格变化的机制。在这一方面，很少有书能比1793年佛罗伦萨出版的一本无名氏的著作（可能是塞斯特里尼所作）解释得更加清楚了。[216]该书对地中海各地区之间的小麦价格级差提供了许多精辟的见解。同16世纪一样，当时的价格差异表现为面包在东方便宜和在西方昂贵。这本书还解释了何以一个地方粮食歉收会造成附近地区的粮价上涨，而且周围地区的粮价比中心点还高。[217]这在16世纪就已经是这样。当某地区出现饥荒时，商人立刻出清存粮，调动船只迅速前往。有时，在离该区相当远的地方，粮价也跟着这种狂热的浪潮而上涨。但是，由于船舶纷纷涌到粮价高昂的地方，粮食的大批到达使该地的粮价下跌……这是政治经济学很好的一课。

这正是君士坦丁堡在1561年发生的事。在整个地中海地区，1561年是个歉收年：葡萄牙在春天遇到了“罕见的干旱”，[218]西班牙灾荒严重；[219]在西西里，小麦收割后，每萨尔马的价格上涨到2.5杜卡托；[220]在东方，由于青黄不接，甚至一开春就出现粮荒。[221]威尼斯大帆船“科隆巴”号途中改变航向，前往伊兹密尔载运粮食供应首都。[222]另外4艘船也是威尼斯的，在沃洛装载小麦后，被驻守萨洛尼卡的帆桨战船扣留，并被带到君士坦丁堡。[223]大批船只到达君士坦丁堡，很快填补了粮食的短缺，粮价暴跌，每“基洛”（相当于九分之一萨尔马）的价格下跌到 17.5 阿斯普尔，按 1 杜卡托等于 60 阿斯普尔计算，每萨尔马不到 3 杜卡托。[224]第二年，小麦的价格在希腊各港口跌到每"基洛"12 阿斯普尔，每萨尔马还不到 2 杜卡托。

另外一个例子：1578 年可怕的饥荒袭击西班牙。西西里总督马尔坎托尼奥·科洛纳赶紧派船救济。商人们迅速买下了 2.4 万萨尔马的谷物，并答应将其中的 6000 萨尔马运往西班牙。至于其余部分，他们不想匆忙从事，他们解释说，有时候，大家都迫不及待地到那里去，以为可以一本万利，"结果造成粮食过剩"，从而发生商业灾难。[225]这正是上述报告起草人在 1584 年见到的情形。他告诫政府当局，当商人被利欲所吸引纷纷涌向西班牙时，不要贸然同意承担粮食运输。[226]

对商人来说，突然降临的灾难还在于看到他的船在驶向处于困境的国家途中被某个城市扣留，并随意把船上的粮食低价收购。1578 年，热那亚批发商的船从阿普利亚满载小麦驶向粮价昂贵的西班牙，途中船只被扣，粮食被封存，而扣留这艘船的正是热那亚共和国。[227]商人们的愤怒可想而知。

商人的活动其实相当简单，即用收购到的剩余谷物调剂收成的丰歉以及地区的余缺（因为粮食不易保管，不能长久储存）。因此，粮食流通的方向随着收成的好坏而改变。在粮食贸易中，各种情形都可能发生，各种情形也都曾发生过。任何沿海或近海地区，任何一个海港，有朝一日都可能提供余粮。只要追溯到 15 世纪，就可以发现，科孚曾出口大量"上等小麦"；[228]只要追溯到 16 世纪上半叶，就可以看到小麦，尤其是大麦，从塞浦路斯出口到威尼斯。[229]

1570年，斯帕拉托眼看附近的土耳其小麦源源不断地涌来，听任小麦转手向威尼斯出口，直到后来，当它发觉土耳其扩军备战时，[230]才惊恐万状，不再让城里的谷物外流，有些年份曾出现了令人吃惊的反常现象：1555年，西班牙的谷物运往罗马；[231]1564年，安达卢西亚经西班牙国王正式批准把谷物运往热那亚；[232]1571年，卡斯蒂利亚打开了禁止粮食出口的闸门。[233]1587年，撒丁岛总督对其成就感到满意，在他当政期间，4000萨尔马谷物已经运往热那亚。[234]什么事都会发生！甚至奥兰也成了非洲谷物的出口门户。[235]迭戈·苏亚雷斯对此作出的解释是：[236]在西班牙驻防地周围，谷物价格往往比西班牙便宜4至5倍。只要有谷物，就可以得到相当可观的利润！当然并非年年都是如此。[237]同样，阿尔及尔也随着年景的好坏，粮食供应起伏极大。[238]

不幸的是，在饥荒频繁、路有饿殍的当时，历年的存粮不足以填补空缺。1554年，整个意大利发生了十分可怕的粮荒。[239]成千上万人死于非命，佛罗伦萨的谷物价格每斗高达8里拉，而国外的救济又鞭长莫及……[240]

谷物贸易与海运相结合

谷物是适于运输的货物，但很笨重。无论怎样宝贵，它不能承受高昂的运费。除非出现饥荒，价格飞涨，谷物在陆路都实行短途运输。

下面是1584年从意大利到西班牙的一份运粮计划：[241]谷物将在托斯卡纳海岸的驻防地奥尔贝特洛、塔拉莫内或“海格立斯港”装船。而7万法内格粮食却在以下地点采购：教皇领地内的科尔内托和托斯卡纳；托斯卡纳大公管辖的格罗塞托和锡耶纳的马雷马；帕尔马公爵的领地卡斯特罗以及蒙塔尔托。这些内陆地点离港口分别为15里、20里和30里。结果是在收购价（每法内格10西班牙里亚尔）之外，还必须加上一笔陆路运费（每法内格3里亚尔）。因此，为了一段不长的路程，谷物的价格增加了30%。那不勒斯总督1562年7月29日对在阿普利亚到那不勒斯之间铺设马车路的计划提出了意见，他说："为改善那不勒斯的粮食供应，准备铺设一条马车路，此事正在积极进行中。但是，我要说，由于从阿普利亚用车辆运输谷物费用太高，很少人真会冒险这么去做。"[242]小麦并非不能通过陆路从半岛一侧运到另一侧。粮食有时也在那不勒斯过境。但没有迹象可以表明，粮食走完亚得里亚海到蒂勒尼安海的全程。这种可能性实在很小，因为仅仅在佛罗伦萨四周4至12英里的范围内，运费就足以使谷物的价格在1570年和1600年分别提高4.24%和3.35%，[243]这一趋向可以证明，粮食本身的价格比陆路运输的费用上涨得更快。但是，如果用这个例子推广到整体，那就太轻率了，即使在佛罗伦萨，也有其他一些百分比会推翻这个结论。1559年1月，有人打算把大麦从桑塔埃拉和朗布拉镇运到马拉加，但计划终于搁浅，因为运输费用和小麦价格一样高。[244]

威尼斯的秘书马尔科·奥托邦[245]于1590—1591年冬季前往波兰，途中在因斯布鲁克和维也纳打听谷物在克拉科夫或匈牙利的价格，然后进行计算，如果把比阿韦的粮食运到威尼斯，每斗粮食售价将是多少。他为此必须对各种货币和计量单位作出换算，还不能忘记所有的税收和经纪费用。可怜他左算右算，结果，几乎总是发现这种生意不可能做成。在克拉科夫采购粮食，每斗价值 8 威尼斯里拉。从克拉科夫到维也纳的运费为 7 里拉 12 索尔迪；从维也纳到菲拉赫，7 里拉 10 索尔迪；从菲拉赫到旺宗，3 里拉；从旺宗到格鲁阿罗港，1 里拉 4 索尔迪；从格鲁阿罗港（船运）到威尼斯，3 索尔迪。此外，还要加上税收、口袋和木桶的费用以及经纪费。总共是 30 里拉 19 索尔迪，或 31 里拉差 1 苏。运费使粮价增加了 3 倍。运费对商品粮的价格差异起着重要的作用。[246]

由此可见，谷物以水路运输居多，勃艮第的谷物只是由于有罗讷河的水道才可能向南输送。外来的谷物势必价格昂贵，运往佛罗伦萨的粮食，在可能的条件下，总是取道阿尔诺河逆流而上，直到首都的西尼亚河港。[247]西西里的伦蒂尼地区不但拥有丰富的农产资源，并且因距离海岸不远而具备额外的有利条件，圣莱奥纳尔德的这条大河的航船可以抵达离城几里的地方，至少在 1483 年是这样。[248]

海运比较便宜。我们回到前面所举的向西班牙运粮的例子。在意大利，谷物每法内格收购价为 10 卡斯蒂利亚里亚尔，从陆路运到海边的费用为 3 里亚尔，出口税要付 5 里亚尔，拉古萨大帆船的运费只需 3.5 里亚尔。由于当时已接近 16 世纪末，必须加上相当高的保险费（9％），每法内格约需 30 马拉维迪。这样，每法内格海上运费约为 4 里亚尔，而每法内格的价格在阿利坎特或卡塔赫曼为 22 里亚尔 3 马拉维迪（在这些计算中，每里亚尔等于 54 马拉维迪）。在谷物运输中，相对说来，海运比马车运输、牲畜驮运或出口许可证等开支都要便宜。尤其，海运价格不完全根据运输距离计算。从意大利到巴塞罗那或者到巴伦西亚，不论从西西里还是从托斯卡纳出发,价格都是一样的。船老板甚至认为,从西西里出发去西班牙,比在更往北的地方,即在托斯卡纳驻防地附近穿过“海湾”更为有利。他们说,船只从西西里进入海湾更方便。

因此,在地中海世界,唯有与航海活动密切结合的核心地区才能进行大规模的谷物贸易。这种看法足以说明,除米兰等得天独厚的城市之外,只有与海洋有直接联系的城市才能成长壮大。地中海各岛屿之所以往往能够从事单一种植,不但产量高,而且可以对外输出,这是因为它们周围就有海洋和运粮船舶。这些岛屿经常遇到粮食困难,却始终能在悬空的状态重新求得平衡。正是大海使得岛屿得以有惊无险。谷物的水运行程之长令人难以置信。在巴伦西亚、西班牙[249]、热那亚、罗马,吃的是埃及或者爱琴海地区的谷物。1572 年 1 月,达克斯主教从拉古萨给查理九世写信说:“这个城市所吃的每一粒小麦都要到 500 里以外的地方去运来。”[250]早在 16 世纪以前很久,情况就是如此,从古代起,谷物就是用船只运输的。而当时的船并不都有甲板。在 11 世纪,阿拉贡的小麦沿埃布罗河顺流而下,经过托尔托萨,再对角穿过辽阔的大海,接济极度缺粮的叙利亚。[251]

输出谷物的港口和地区

谷物贸易市场都位于海滨或河边,有的是小海港,例如格罗塞托、蒙塔尔托、科尔内托[252]等地,那里的小船驶往里窝那;又如格罗塔马雷和西尼加利阿等地,一份保险单表明,阿布鲁齐的这些小海港同威尼斯的贸易很活跃。[253]更重要的是些大集市,多瑙河平原的粮食集市通过多瑙河与黑海相接(1575年12月,[254]黎凡特的一份报告指出,根据土耳其人的命令,瓦拉几亚和博格杰阿纳交纳的谷物应加工成饼干,然后放在多瑙河河畔等待交货);爱琴海的集市与沿海小麦产区相连,加利波利与色雷斯相连;帕特莫斯靠近亚洲沿海地区;萨洛尼卡位于通往马其顿的入口处;[255]还有沃洛这一西地中海买主的重要市场,它出口色萨利平原的小麦。[256]在埃及,尼罗河同多瑙河一样,向大海输送大量小麦,还有部分大米、蚕豆和鹰嘴豆。西部地区最大的出口市场是阿普利亚和西西里岛。在16世纪,西西里的粮食出口抵得上今天的加拿大或阿根廷。

根据以上理由,西西里岛的情形值得我们注意。另一个有利条件是西西里的情形比其他地方的情形更加清楚。对历届西班牙总督来说,统治西西里岛首先就是管好小麦。他们的书信没有一封不谈到收成、价格、出口许可证以及与外国批发商所作的交易。这些外国批发商就在巴勒莫定居,那里居住着靠西西里岛的大生产发财致富的西西里领主。[257]从古代起,好多世纪以来,西西里岛始终出色地扮演了西地中海地区主要粮食供应者的角色。热那亚1261年与西西里国王曼夫雷德签订的关于每年出口1万萨尔马(相当于两万公担)粮食的合同,如果数量再大一点(因为热那亚城在此期间扩大了),与16世纪的一份合同相像得简直会叫人搞错。[258]整个西方都渴望得到西西里岛的谷物。邻近的柏柏尔沿海地区又比任何地方都更加迫切。非洲人莱昂叙述说,阿拉伯人为从西西里得到小麦,竟用他们的子女作为抵押。[259]基督教徒收复的黎波里后,西西里岛立即对小麦从此在非洲要征税一事关切起来。只有供应要塞的2500萨尔马小麦可以免税。[260]

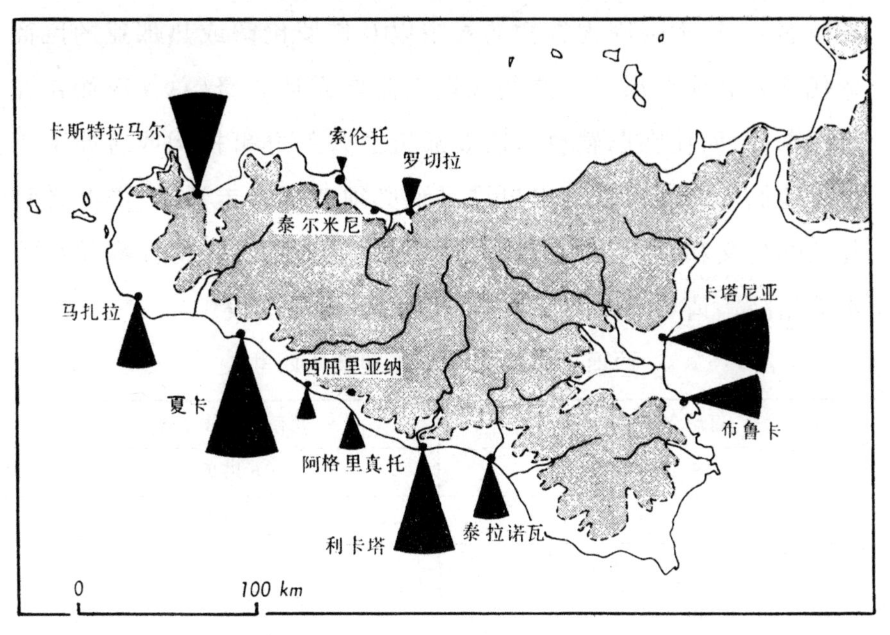

图 49　1532 年西西里的粮食码头

转引自 L. 比安基尼，前引书，第 241 页。小麦出口港的位置和丘陵相应。除卡斯特拉马尔外，北海岸几乎没有出口港。出口港集中在南海岸，其中以夏卡居首位（在总出口额 26 万萨尔马中，占 4 万萨尔马，约合 52 万公担）。

天主教徒费迪南五世在位期间，曾确定了西西里岛粮食输出港的名单。它们是：索伦托、泰尔米尼、罗切拉、卡塔尼亚、布鲁卡、泰拉诺瓦、利卡塔、阿格里真托、西屈里亚纳、马扎拉、卡斯特拉马尔。1532 年的数字[261]表明，南方及南方丘陵地区在出口方面居于首位。根据 1557 年的一项估计，1532 年的小麦出口接近 26 万萨尔马，即 52 万公担，是热那亚需求量的 4 倍。[262]热那亚每年进口 6 万到 7 万萨尔马西西里小麦。[263]但是，几个世纪以来，没有一个西地中海城市不吃西西里岛的优质小麦。

西西里的小麦市场历史悠久，组织十分严密。商业活动的中心在巴勒莫。但是，巴勒莫不参与货物的装载和运输，而是集中做批发生意。[264]这无疑因为谷物的卖主以及佛罗伦萨或热那亚的巨商的代理人老住在那里。这些代理人需要靠近总督(总督时而住在墨西拿,时而住在巴勒莫),需要靠近总督的办事机构或者办事官员。他们为取得珍贵的出口许可证必须四出奔走活动,经办各种复杂的公文和手续。出口许可证并不是免费的,收费标准随粮价水涨船高。请看马里奥·西里向我们提供的图表[265]:

西西里出口税(根据马里奥·西里)

每萨尔马的价格	每萨尔马的捐税
18 至 22 塔里	6 塔里
22 至 26 塔里	10 塔里
26 至 30 塔里	12 塔里
30 塔里以上	16 塔里

这种税率自然会影响西西里谷物的价格。难道这不正是1550 年[266]时黎凡特的小麦在市场走俏的原因之一吗?据 19 世纪历史学家比安基尼的说法,黎凡特的小麦比西西里小麦便宜。这种情况甚至可能导致西西里谷物运输船队的衰落。更可能的似乎是:恰巧就在那时,载重达数千萨尔马的威尼斯和拉古萨运粮船正发挥越来越大的作用。1573 年,在西西里为威尼斯运载谷物的船舶,吨位分别达 4800、4000、4000、4000、2500、2000 和1000萨尔马。[267]专门从事谷物、盐、羊毛等重货运输的船队至此便诞生了。它使西西里市场的设施更加完备。那里的谷物码头还有巨大的仓库,开办库存抵押业务,并向存粮主开具栈单。有关栈单的问题,我们还应该知道,当粮主不想马上出售谷物,但想取得预付款时,如何办理抵押,抵押的谷物又向谁出售呢?

以上的经营活动带有某种奇特的现代商业的色彩，但要作此判断，必须进一步了解这些仓库，它们的账目，以及出资收购栈单的资本家。比安基尼的著作[268]偏于陈旧，对这些情况没有作出充分说明。此外，还必须进一步了解谷物的生产和谷物贸易，并最终由资本家一手包办的资本主义管理体制。每当谷物价格下跌，农民（他们被奇怪地称作镇民，borghesi）因无力还债，不得不出卖耕牛，甚至背井离乡，出外谋生。实际上，他们在农活季节临近时，总要借款购置种子和耕牛，耕种新的土地碰碰运气。西班牙17世纪初的一份报告说："连领主和贵族自己也向人借贷，然后再用谷物偿还。如果他们不能用谷物偿还，就会有支付重利的危险，因此他们跑到总督那儿去争取减息，有时他们争取到了……"[269]这实际上就是17世纪初我们去卡斯蒂利亚的巴利亚多利德附近看到的农民和贵族领主的实际境遇……[270]

到了16世纪，人们开始觉得这种仓储体系正在走下坡路。例如，栈单投机十分猖獗。有人同仓库管理员串通，把假栈单投入流通，然后出售并不存在的小麦，结算时便以出现损耗或盗窃为理由拒付。一些仓库因此破产。政府为保障公共信用，威胁要对违章者处以苦役，要求进行诚实的登记，禁止买空卖空，禁止订立所谓"卖青苗"(alla voce e secondo le mete)的高利贷合同。[271]以上种种全都徒劳无功。丑闻继续发生。一些粮主宁愿让谷物存在地洞里腐烂，也不肯把谷物交给港口的投机倒把者。除非这些粮主把在仓库存粮当作一种投机手段，因为在16世纪末，甚至在西西里，粮食也变得少了起来。事情发展到这样的地步，以致市镇和政府不惜对仓库的粮食实行封存。[272]

阿普利亚向拉古萨、那不勒斯和威尼斯出口谷物时使用曼弗雷多尼亚、福贾和特拉尼等港口。那里也实行类似的制度：王家税务部门滥发海关出境证(tratte)，并且先期出售。这些出境证变得越来越不值钱，用低廉的价格就可买到。据商人说，威尼斯因此节省了32%的关税支出。[273]

东方的谷物

然而，西方的粮食供应并不单靠内部调剂。尤其在16世纪中叶，它全靠黎凡特运来的小麦保持供求稳定，因为黎凡特人口较少，可供出口的谷物较多，而且价格一般也比较低廉。东方拥有三大粮仓：埃及、色萨利、马其顿、色雷斯和保加利亚的平原地区；以及罗马尼亚地势低洼的地区。后者不久就被排除出地中海的流通范围，因为君士坦丁堡的大肚子把它独吞了。剩下的就是希腊和保加利亚的出口市场以及埃及的粮仓。1554年，据领事洛伦佐·蒂耶波洛的估计，土耳其大君从埃及获得60万里贝巴小麦、大麦和蚕豆(这里没有提到大米，虽然实际上会有大米)。[274]这60万里贝巴相当于363636萨尔马(以100西西里萨尔马等于165里贝巴计算[275])，即72万公担。这一大批粮食，比西西里所能提供的数量要多。[276]这些粮食大部分用来供给君士坦丁堡，但另一部分却留在当地供土耳其士兵食用，还有的被运往麦加。此外，素丹的“小麦”也不一定全部是埃及小麦，蒂耶波洛提供的数字(其中包括素丹在这项贸易中得到的120万杜卡托)只是说明总的情况。他本人补充说，实际上，一切都随着尼罗河的洪水、流行病以及整个物价的变化而变化。记载中提供了每里贝巴蚕豆的

两种价格和每里贝巴小麦的三种价格。[277]

此外，土耳其谷物经土耳其皇帝的准许，在亚历山大、沃洛、萨洛尼卡、发罗拉、普雷韦扎和圣莫罗岛合法地装船运往西部地区。拉古萨或者威尼斯的文献资料有时谈到这种情况。在君士坦丁堡，西方商人不断提出购买谷物的请求：1528 年有来自托斯卡纳的请求；[278] 1563 年有来自热那亚的请求；[279] 1580 年，所有的请求，包括法国在内，全都遭到拒绝。[280]但是，即使在禁运期间，谷物的黑市交易仍很活跃，不断使土耳其谷物流向西方。这个黑市的中心位于爱琴海。那里的某些岛屿，例如帕特莫斯，[281]出产优质小麦。但是，在那些岛屿上一般还有来自大陆的走私谷物，它们主要是由轻便的走私船从希腊运来的。如果没有这些船只，威尼斯的各个岛屿从干地亚一直到科孚岛，就会吃不饱饭。有时候，从那些走私者那里很难取得粮食供应，[282]必须付出巨款才行。但是，在丰收年份，这些岛屿倒卖大量谷物。1564 年，干地亚的威尼斯当局购买的成船成船的小麦，甚至超出了本岛居民的需求量，剩余的粮食（其中一部分制成饼干）运到威尼斯。[283]

然而，爱琴海的谷物交易向来要碰运气，要受喜怒无常的土耳其地方官的支配，土耳其帆桨战船随时可能对沿海的粮食港口进行一次扫荡。[284]因此，爱琴海地区土耳其“官员”的任命，对威尼斯来说，是一件大事。1562 年 3 月，苏伊尔帕夏（我们对此人姓名的拼写没有把握）深得素丹后妃和穆罕默德帕夏的宠信，被任命为梅特利诺（米蒂利尼）的地方长官（sanjak），正准备走马上任。威尼斯统领安德莱奥·丹多洛叙述说：“我真想不再像过去那样向他赠送礼品，因为他最近就给大人造成了损失，但考虑到他的辖地离小麦的中途停靠港路程不远，而那里的谷物价格现在是每希罗12阿斯普尔，我真担心他会借机大敲竹杠……”这位威尼斯统领(bailo)宁肯照样送礼。[285]直到18世纪，爱琴岛仍然是谷物黑市中心，仍然有希腊走私船偷运粮食。[286]

谷物贸易的平衡、危机与变迁

在作了以上的长篇说明后，我们就能够开始研究16世纪的变迁。在粮食问题上，当时人的判断很少是冷静的，我们不宜把事情看得过分严重。大体上说，从16世纪开始，随着“农民的景况”日益令人不安，粮食形势变得越来越严重。饥荒的频率并未增加(饥荒向来很多)，而是严重程度更趋加剧。它给人沉重的打击，在1560至1600年期间，那不勒斯经受了6次饥荒：1560年，1565年，1570年，1584年，1585年和1591年。后三次比前三次要严重。[287]1600年左右①，一个很了解那不勒斯真实情况的人写道，[288]“这几年的年景不比以前坏，而是人口大大增加了，人口调查表明：1545年增加95641户；1561年增加53739户。据认为，正在进行的一次人口普查将会显示出人口增加10万户。在粮食供应正常或者稍微超过需要时，人人都竭力掩盖人口增加这个事实。”不幸的是，人口增加并不限于那不勒斯王国或那不勒斯这个城市。在地中海各地，人口与资源相比，都实在是太多了。

因此，人们容易把粮食危机说成是地中海当时的经济形势。这

① 英译本为1608年。——译者

种说法未免偏于简单化,至少也是结论下得过于匆忙。实际上,为了衡量整个局势,我们拥有的唯一标准就是粮食的大宗贸易。粮食流通量很大,但是:

1. 我们前面已经说过,在地中海地区的粮食消费中,外来的粮食只占少数。[289]

2. 如果我们仔细观察有关谷物贸易的历史,至少会发现四次重大的危机:从 16 世纪初以及在整整这个世纪,北欧谷物到达伊比利亚半岛的大西洋沿岸港口和城市;1548 年至 1564 年间土耳其小麦的"价格暴涨"相应造成了意大利粮食生产的危机;1564 年至 1590 年间意大利粮食的自给自足(这是整个亚平宁半岛农村的奇迹);从 1590 年至 1600 年或者至更晚的时期,北欧小麦来到意大利。

3. 我们顺便指出,这些危机最后都得到解决或达成供需平衡。甚至最后一次危机也是如此,虽然这次危机的规模和严重程度都不容低估。认为危机和平衡交替发生,这也是对现实事物的一种简单化看法,经济学家们或许会提出一种边际危机论,也就是说,潜在的平衡限制着灾难和紧张局势的发生。1591 年 6 月 16 日,处于困境中的威尼斯元老院可以说,并且说得对:"经验证明,我国收获的小麦和谷物一般略低于我们的需求。"[290]

因此,我认为必须观察这四次危机。这是首先要做的事。其次应该注意的是,不要把一个从来就不令人满意的景象说得一团漆黑。从远方或者很远的地方进口商品粮,此事诚然意味着有人挨饿,同时也反映了买主的富裕程度。

最初几次危机：北欧谷物在里斯本和塞维利亚

北欧谷物运到葡萄牙和安达卢西亚这件事，便是一个例子。北欧谷物早在16世纪初就到达葡萄牙。安达卢西亚当时还盛产小麦，到了后来，即从16世纪50年代起，更确切地说，从1570—1580年起，才进口北欧小麦。我们看到的不是一次，而是两次危机，即葡萄牙的危机和西班牙的危机。这两次危机的发展过程相似，都预示着意大利即将发生的演变。

葡萄牙通过海上扩张形成了一个别具一格的现代国家。夸张一点说，这是一个尚未定型的英格兰，而且正如英格兰以伦敦为中心一样，葡萄牙的活动可以由首都里斯本所概括。尤其是，从1386年阿维什王朝成立开始，这个城市就大大超过了成千上万个活跃的、为其服务的小城和大镇。古老的葡萄牙人口稀少，粮食自给有余，甚至还向英格兰出口，[291]本地盛产的葡萄酒可供饮用，如今却越来越没有把握得到一日三餐的面包。油橄榄和葡萄等果木作物占用的土地越来越多。为了增加谷物产量而作出的巨大努力也就可想而知。在南部的阿伦特如地区，引进了新的谷物品种。迫于谷物需求的“压力”，[292]葡萄牙人夺取了广阔的摩洛哥平原，一度把谷物种植引入马德拉群岛，后来又使谷物种植在亚速尔群岛获得成功。但是，最好的办法还是向外国购买谷物，而在国内则放弃总的说来获利微薄的粮食种植。

里斯本很早就食用外国谷物，安达卢西亚和卡斯蒂利亚长期以来向里斯本供应谷物，西西里岛也提供谷物，但不始终如此。1546年，葡萄牙国王派驻罗马的大使西马奥·德韦加匆匆赶到巴

勒莫,结果白跑了一趟。[293]也许从15世纪起,历来同布鲁日和安特卫普交往的葡萄牙人,也开始向佛兰德购粮,例如1509年在佛兰德以10帕塔克的价格购买优质谷物,还以11帕塔克的价格购买质量最好的谷物。[294]这些采购活动持续整个16世纪。北方谷物,无论是否来自波罗的海,往往由布列塔尼小木船运载,而且往往几百艘同时到达里斯本。贫穷到极点的布列塔尼水手怎么会不受诱惑?葡萄牙买主不但付给他们金币,而且还允许他们合法地带走金币。法国大使让·尼科于1559年9月4日从里斯本写信说,他们未经法国国王的许可,"每天都在这里靠岸,运来大批谷物。我正在进行整顿"。[295]但是,他没有成功。根据他的描述,葡萄牙是一个"几乎不生产任何谷物的……国家"。差不多一个世纪以后,即1633年,葡萄牙政府在里斯本扣留了100多艘上述的那种小木船,然后又释放了。为了活命,水手们后来卖掉船帆、舵和船本身,总而言之,穷得没有饭吃。[296]布列塔尼小木船所进行的这种半非法的贸易给葡萄牙的经济和政治套上了沉重的枷锁,[297]尽管如此,这种贸易毕竟有利于商品的流通;否则,这种似乎是自发的运输是丝毫不可能进行的,直到1588年,毕尔巴鄂和布尔戈斯的商人以及坎波城的西蒙·鲁伊斯等人主要从事粮食贸易。[298]

那时候,布列塔尼小木船运输的谷物已经抵达卡斯蒂利亚,这对卡斯蒂利亚的经济是极端有害的。[299]这里有个小小的错误,请读者注意:上面所说的卡斯蒂利亚其实是指比斯开和加利西亚的港口。我们对谷物首次抵达安达卢西亚的情况还不很了解。然而,1557年8月在把谷物运到加的斯以后出卖自己船只的法国人吉翁·索利芒,却是布列塔尼人。[300]不管怎样,从这几年起,布列塔尼小木船就越来越频繁地出航。对他们来说，这是从沿途的停靠港带回葡萄牙人的“赤金”或者西班牙的白银的好机会。

随着塞维利亚在美洲取得源源不断的财富，西班牙南部的安达卢西亚地区，从加的斯和塞维利亚到马拉加和阿利坎特一带，都经历了一次葡萄牙式的发展演变，并促进了油橄榄和葡萄的种植。然而，安达卢西亚地区小麦非常丰足，以致这一发展演变十分缓慢。当塞维利亚出现困难的时候，邻近的圣玛丽亚港、极其富有的赫雷斯—德拉弗龙特拉以及远处的马拉加等城市却照常能保证自己的粮食供应。在马拉加，为无敌舰队筹集军粮的任务长期以来都是容易完成的。只要对每法内格多付 1 至 2 里亚尔，[301]谷物便很快运到。马拉加的粮价比加泰罗尼亚低得多，[302]与那不勒斯或西西里岛不相上下。[303]当时缺乏的不是谷物，而是用来运输谷物的牲口。当局只要征用到牲口，谷物价格也就完全得到控制。[304]直到 16 世纪中叶，粮价始终十分平稳。甚至 1551 年，富格家族还获准从安达卢西亚和卡拉特拉瓦地区输出 3.6 万法内格谷物，其中1.6 万法内格运往巴塞罗那。[305]两年以后，即 1553 年 8 月，滕迪亚伯爵[306]要求国王赏给他一张出口许可证，允许他从马拉加输出4000 到 5000 卡伊塞谷物。由于市场上谷物过剩，即使他提出更高的要求，恐怕也可得到满足，无非是签发一纸文书而已。何况此事又可消解谷贱伤农之困。1553 年 11 月 23 日，一个马拉加的监督官写道：“接连六七年都是丰收年……，恐怕将来就未必有这么好的收成了。”[307]

确实，到了 16 世纪的 60 年代前后，情况开始变糟了。1561 年，[308]控制塞维利亚海关的热那亚人对塞维利亚从法国、佛兰德和

加那利群岛大量进口谷物(小麦和大麦)加以刁难,塞维利亚为此对热那亚人提出强烈抗议。热那亚人难道想让穷人饿死吗?这肯定不是从海上运往塞维利亚的第一批谷物,但这肯定也不是转折的关键时刻。例如,在1564年[309]有人还计划把安达卢西亚的小麦运到热那亚。这项计划筹划已久,但终究没有成功,转折大概是在1561年至1569年间(荒年)完成的。盛产食油和葡萄酒并拥有大量白银的安达卢西亚逐渐习惯于吃外国小麦。最迟在1560年前后,[310]演变过程已告结束。安达卢西亚的面粉从此不足以生产船队必需的饼干。西班牙王室不管年成好坏平均每年都要购买10万法内格的北方谷物(5.5万公担)。这个数字不算太大,也不算太小。1583年,粮荒在整个西班牙蔓延,使经济生活陷于混乱之中。[311]

这里也许应该知道,从此出现的粮食短缺是否将深刻地影响西班牙的经济及其"农民的生活状况"。对于这个问题,历史学家至今还不能作出解答。伊比利亚半岛的农业(包括葡萄牙的农业)涉及很多方面,而历史学家对此还没有得出一个整体的认识,远不能同法国或意大利的情形相比(马克·布洛赫撰写了关于法国农业特点的著作,[312]埃米洛·塞雷尼不久前描绘了意大利的农村和耕作的概况[313])。我们对西班牙农业的了解实在很少,伊比利亚半岛的情形极其复杂,那里有许多贫困、落后的地区。1522年法国军队侵入纳瓦尔时,士兵在当地除了吃点小米就是挨饿。因而在打了败仗回巴约讷后,有人竟狂饮暴食,以致撑死。[314]同样,1581年的加利西亚也是贫瘠之地,富有的威尼斯旅客手下的佣人竟对那里的黑麦粗面包不屑一顾。[315]但是,我们知道,在西班牙各地,农民的生活欣欣向荣,不但由来已久,而且一直持续到16世纪上半叶。骡马成倍增多，牲口价格低廉，[316]牲畜对轻犁浅耕应付裕如，[317]垦荒日益发展，只要土地和气候条件适宜，便扩大种植油橄榄和葡萄（尤其是葡萄），绵羊放牧业（甚至包括细羊毛的羊种）的明显衰退，以上种种情况都说明农业在发展、进步。对巴利亚多利德的公证契约[318]所作的调查表明，当时对新购的土地开征契约税。城市及大市镇的高利贷资本主义也促进了这种飞跃发展。

农业的发展使那些已被砍光了树木的、适宜耕种或临时圈养牲口的“光山秃岭”日渐减少。从圣烛节到施洗约翰节，每个农民都可以临时占用一块空地（临时占用又慢慢变成永久占用），在那里种树，种油橄榄或葡萄，或围起篱笆圈养家畜。无数篇文章叙述了在恶劣的环境下和多石的荒地上所进行的长期战斗，并且提到了过去留下的一系列名词：荒地、开荒、砍伐荆棘、清理采伐迹地、占有、未开垦土地、市镇的牧场、市镇财产和村口的空地（每个农民都有权在这块空地上用牲口打场）……这些词来自下层拉丁语，在加泰罗尼亚或安达卢西亚可以找到相同的或类似的说法。它们在卡斯蒂利亚更是广为流通，几乎涉及西方所有的农村的中心问题。然而，我们还必须衡量农业发展的程度，看它是否能够持久（因为西班牙的人口增长在16世纪结束前就已经停止），还要测定被观察家们大大高估了的农民的富裕程度。“乡村资产阶级”当时还很脆弱。[319]只是后来才被吹捧得面目全非。16世纪中叶刚过，就出现了农村的危机。难道地力已经耗尽了吗？菲利普二世1560年10月12日写的一封奇怪的信坚持与此相反的看法。[320]像在法国一样，农民在领主制的沉重压迫下，还深受高利贷制度之害。在16世纪上半叶的经济上升时期，高利贷还能为农民服务。1550年以后，这

种制度就反过来与农民作对,剥夺农民的土地、财产,困难的时刻很快跟随到来。1571 年,在过去属于从格拉纳达流放出来的摩里科克人的土地上,从阿斯图里亚、加利西亚、布尔戈斯及莱昂招募来的 12543 户人家被归并成 400 个村庄。20 年以后,1593 年的正式调查表明这次移民是不成功的。一些农民卖掉他们继承的家产;另外一些农民让自己的命运操纵在放债人的手中,并迁居到天知道的地方;少数幸运者趁机浑水摸鱼,从这个人手里买下油橄榄树,从另一个人手里买下了他的一半土地,一跃而成为富有的村民。[321]一位历史学家不久前研究了对新卡斯蒂利亚的村庄进行的调查(1575—1580 年),[322]这份奇特的文献资料给他的印象是,在这些充满活力的村庄里,阴暗面在逐渐增加:可耕地十分有限,人口过多;农村短工太多,待遇菲薄;开始向城市和西印度群岛移民;一些村庄在倒退。

毫无疑问,整个西班牙经济在 1580—1590 年左右出现了转折。[323]农业首先走进了死胡同,但对这场失败发生的具体时间、原因和过程,我们并不清楚。我们隐隐约约地觉察到问题的所在:季节性迁徙的畜群,圈养的畜群,水浇地的正常的作物种植,栽种柑橘树、桑树和各种果树水浇地,种植葡萄和油橄榄的旱地,播种谷物(每两年或三年在地里播种一半大麦、一半小麦)的耕地,播种蚕豆的休耕地……但是,正如 1492 年直布罗陀地区的一份调查所说:几年来,人们在这里种地,[324]在山上种地,往往要凭运气……到了 16 世纪末,局面就变得一发不可收拾。[325]

国外进口的谷物对此当然没有任何责任。它至多是经济状况恶化的预兆。在葡萄牙,疾病由来已久,当时的人揭示了由此产生的后果。西班牙驻里斯本大使1556年10月1日记载道:"整个国家已经病入膏肓。据说在很多地方,很多人因饥不择食而得病,甚至造成了死亡。今年的面包比往年更少,如果老天爷不来补救,大家一想到未来就不寒而栗。这里,在里斯本,现在还有一点通过海路从法国运来的面包,但不久便将被抢购一空……"[326]

菲利普二世1580年取得葡萄牙时,这个国家已是百孔千疮,奄奄一息。但是,我们应该看到,营养不良和疾病之间的联系,绝不随人们的意志而转移。早在欧洲各国出现衰退之前,瘟疫于16世纪末袭击了西班牙;究其原因,西班牙当时已存在潜伏的粮食危机。

土耳其小麦价格暴涨:1548—1564年

16世纪中叶,意大利农业生产开始发生危机。[327]亚平宁半岛连续几年歉收,粮食明显短缺,物价上涨。产生这些困难的原因不十分清楚。是由于人口过剩、气候条件恶劣、农业投资减少、国外发生战争……吗?以上原因都是可能的,或者更确切地说,由于小麦和其他谷物的匮乏,以上原因加在一起,导致了事态的恶化。甚至像威尼斯这样一个比较安全的国家也未能免于这种匮乏。[328]尽管如此,意大利找到了一种简单的办法,渡过了往往很严重的难关:派遣本地的或者拉古萨的大型运粮船前往黎凡特的各个港口和土耳其市场采购谷物。

运粮活动的规模相当大,据了解运粮船的平均载运量达600吨左右,不久又超过了这个数字。值得注意的是,在这些大型船舶中，有些土耳其船舶专门在伊斯坦布尔和埃及的亚历山大之间进行长途运输。其中的一艘属于奥斯曼帝国首相卢斯坦帕夏所有，于1551年12月抵达威尼斯，为祖安·普留利运载货物。威尼斯市政会议减免了它需付的停泊费。[329]此外，在这几年，拥有土地、小麦，而且对现金贪得无厌的土耳其显贵积极参与其事。土耳其处于主动地位，似乎不知如何处置它的余粮。尤其在开始时更是这样。威尼斯统领1551年9月4日写道："我们的商人越是显得谨慎持重，购粮的条件就越对他们有利，因为在领主和百姓手里都有大量的小麦，并且由于同皇帝进行的战争，当时除了威尼斯人和拉古萨人以外，就不可能有其他的买主。"

就在锡南帕夏远征的黎波里一举获胜的1551年，威尼斯从黎凡特诸港得到30万到40万斗粮食（约等于18万到24万公担）。如果再加上其他船只运输的粮食，尤其是热那亚船只运载的粮食（可惜我们没有关于这些粮食的确切资料），那年从土耳其输入的谷物也许有50万公担。从这一数字看，奥斯曼帝国的所有港口都从事粮食输出，其中埃及的港口输出数量较少，希腊港口较多，经常是马尔马拉海的港口，有时是黑海上的瓦尔纳港。一些名义上前往罗多斯托装载皮革和羊毛的拉古萨货船偷偷在沃洛停泊，并在那里装载谷物。以上表明粮食生意十分兴隆，其中以侨居君士坦丁堡的威尼斯商人为主，首先是安东尼奥·普留利。在黎凡特和意大利之间的买卖差价高达一至二倍，甚至二倍半到三倍，商人"有把握不会赔本"。

无论在威尼斯或是在拉古萨——当然还有其他地方——粮商可以从意大利城市取得贷款和津贴，并且出售时的价格也有保证

(这证明最初为购买谷物筹集现金曾遇到很大的困难)。尽管条件如此优惠,粮食贸易在进行中也并非没有意外事件发生。黎凡特各港口的粮价因需求过旺而很快上涨。谷物贸易仍然兴隆,但是,1554年10月24日,威尼斯元老院决定,凡仅仅装运谷物的外国船舶进入港口,它们交纳的停泊费可不高于本国船舶,从事运粮的威尼斯船主可能因此有所减少。[330]这项措施至少表明,威尼斯尽管拥有庞大的船队,但仍难以保证黎凡特的粮食运输。

1555年以后,时而埃及,时而君士坦丁堡,时而叙利亚缺少谷物……价格不断上涨:从1550—1551年的每奇洛51—55阿斯普尔,达到1554—1555年的每奇洛63—65阿斯普尔,后来又上涨到1557—1559年的每奇洛100阿斯普尔。[331]与此同时,土耳其于1555年发布了第一号出口禁令。因此,奥斯曼帝国的帆桨战船在通常的装卸码头附近频繁地拦截西方帆船。[332]走私活动立刻盛行起来,并在干地亚岛上的干尼亚打开了一个缺口。那里形成了一个活跃的走私中心,有诸如斯特凡诺·塔拉波托或马尔其奥·迪·波洛季奥等走私专家。很多土耳其的大小帆船给西方的大船送来走私谷物。金币或银币解决了很多表面上看来是无法解决的问题。皮埃尔·德·梅迪奇1559年10月14日写信给科西默一世说,“从可靠的方面获悉,这些老爷(威尼斯人)正施展手腕,取得土耳其人的领地内格勒蓬。他们提供的贡金数额之大,远非该岛的正常收益可以相比。这是为了取得他们需要的谷物,而不必通过法国西班牙。”[333]这番话纯属诬蔑,因为在当时,卡托—康布雷锡和约签订不久,土耳其发布了第二号粮食出口禁令。但禁令未能阻止走私交易继续进行。1562年、1563年和1564年,在关心公共利益和本国

商人利益的市政会议的加倍扶植下，威尼斯商人甚至“冒着生命危险”继续到黎凡特进行贸易。[334]

然而，从1561年起，困难似乎更大了。接连发生了诸如扣留货船、放回货船的事件。市政会议在1564年派斯特凡诺·塔拉波托在干尼亚坐镇，促进秘密运输，但是没有取得重大成果。威尼斯帆桨战船别无良策，便在海上拦截拉古萨货船（1563年12月、1565年3月、1566年1月）。已知的6次扣留事件中所扣的船只共载运不到3.7万斗粮食，即在两年多的时间里约截获2.2万公担。[335]这些撒网式的出击未能挽救颓局。土耳其谷物的黄金时代没有持续太长时间。

从那时起，意大利不得不想别的办法解决一日三餐的问题，这是因为土耳其开始出现粮食困难。一位历史学家发现，土耳其有几个多灾多难的时期：1564—1568年、1572—1581年和1585—1590年遇到了灾荒。但是这并不意味着其他几年的粮食充足有余。各种灾难汇集在伊斯坦布尔这个大城市：食品匮乏、生活昂贵、饥馑施虐，最后是瘟疫流行。根据威尼斯统领的书信，“从1561年到1598年，竟有94个月瘟疫流行（几乎达8年之久），这个数字还低于实际情况。”[336]以上见证固然重要，但也很可能掩盖一个基本事实。随着土耳其的军事胜利（1516年在叙利亚；1517年在埃及；1522年在罗得岛；1540年在贝尔格莱德；1541年在匈牙利），国力更加强盛，开始插手世界的大事，加上小麦价格连年暴涨，一个像加洛林王朝那样建立在领主制（某种“封地”）基础上的经济落后的穷国，从此开始受货币经济的控制，其强大程度足以破坏旧关系，但又不足以创造真正现代的新关系。这种货币经济造成了货币贬值、物价上涨以及进口奢侈品的积累和传布，并强加在古老的经济之上，从而在犹如汪洋大海般的古老经济中产生一些畸形的岛屿和小岛。

谷物危机和货币危机在很大程度上有利于世袭所有制的发展，有利于从“封地”到“领地”的过渡（我们说是在西方），有利于从一个由国家随意主宰的不稳固的所有制向一个类似波兰或莫斯科公国当时存在的庄园主所有制的过渡。谈到16世纪和17世纪之间的欧洲，历史学家往往使用“封建的复归”这个含义不清的词（但舍此又用什么词来取代呢？）。一种类似的现象也在土耳其发展，关于这种现象，目前还没有人进行真正的研究，人们因而不知道怎样称呼它。布斯奇—桑特内尔在他的论著中试图揭示这种现象[337]（但只是为16世纪末和17世纪初），在他看来，这些庄园都建立在产粮地区，同时进行了水利建设。奥梅尔·鲁特菲·巴尔坎及其学生在他们进行的规模巨大的研究工作中注意到，现代所有制的发展一般只对从事粮食投机的素丹和帕夏有利。例外只是证实规律：素丹和帕夏独占了把小麦出售给西方买主的权利，老百姓是禁止从事粮食贸易的。这种演变的规模巨大，由此可以想见。同西欧一样，土耳其处在物价“革命”和农业革命的时刻。同其他地方一样，人口增长使这两种革命势在必行。

对于比较史学来说，这是一些举足轻重的事实。在土耳其问题还没有恰当地提出以前，我们还很难就整个地中海的问题作出结论。我们对土耳其市场向西方开放，接着又向西方关闭的原因都不甚了解。人口增长无疑是原因之一。边境的战争和作战部队像城市一样消耗余粮。[338]经济和社会的动乱，以及其他原因，进一步的研究将会作出答复。但是，可以断定，自60年代以后，巨大的变化开始发生。[339]

粮食自给自足：1564—1590年间意大利的经济形势

"黎凡特的大门从1560年起开始关闭，到1570年已彻底关紧。意大利从此不得不依靠自己生产的粮食养活日益增多的居民。"[340]尽管我们可以举出很多例子，说明当时严重的和被扩大了的事态，但从1564年到1590年，意大利毕竟经受住了打击。这里所说的意大利是指罗马、热那亚、佛罗伦萨、威尼斯等寄生的大城市。这些城市是唯一受到威胁的或者最受威胁的。它们都克服了困难，度过了危机。据推断，可能有以下三个原因：

1. 虽然大城市粮食不足，意大利的另一些地区却充足有余。其中包括西西里、阿普利亚、罗马涅地区、罗马尼亚诺、阿布鲁齐、科西嘉，[341]甚至有时还包括撒丁岛——这是一些商业尚不发达、因循守旧的意大利地区。热那亚、罗马以及威尼斯的情况证明这个理由是成立的。威尼斯在必要时还从巴伐利亚，从亚得里亚海沿岸的土耳其港口，从阿尔巴尼亚港口采购粮食；后一地区虽说市场不大，谷物质量较次（小麦略带甜味），但也不无小补。在阿尔巴尼亚，粮食买主不会遇上任何阻碍，因为当地领主按"波兰方式"行事，而且由于货币经济没有深入这一地区，粮食价格很少变动，另外还按殖民地的以物易物的古老方式进行交易。

2. 同过去相比，意大利当时更多地食用小麦以外的各种粮食。这一理由如果能够得到证明，会有很重大的意义。但是，很难找到确切的证据。一些历史叙述曾多次提到以上事实。例如,1604年7月,在新粮上市前夕,威尼斯仓库里储存的小米和小麦同样多。[342]正如蚕豆、豌豆、扁豆、黑麦或从匈牙利进口的活牛、羊一样,小米是穷人的食物,在整整几个世纪,并不引人注目。此外,小米比小麦更易于保存(常常可以保存10年以上),[343]是威尼斯地区、达尔马提亚和黎凡特最重要的军用储备粮。而且,在意大利北部,小米种植具有几百年的历史。1372年,[344]在基奥贾战争的危急关头,威尼斯全靠库存的1万斗小米,顶住了热那亚人咄咄逼人的攻势。16世纪,小米已经不仅是一种杂粮,而且成了穷人唯一的主食。1564—1565年的冬季,离威尼斯不远的维琴察由于小麦颗粒未收,"几乎所有的居民都靠小米为生"[345]。1569年10月,威尼斯爆发了粮荒,并持续到1570年的收获季节(幸好是丰收)。在这期间,圣马克和里亚托的面粉商动用了城市的粮食储备,规定每人每天定量配给两份面包,一半是小麦,另一半是小米。[346]20年以后,还是在威尼斯,1589年的新粮收获后不久,小麦价格很快上涨到5杜卡托、6杜卡托和7杜卡托。面包商被准许按三份小麦一份大米的比例制作大米面包。但是,"这个办法很快就放弃了,因为这种面包味道太好,刺激食欲。为了进一步保护穷人的真正利益,市政会议下令制作小米面包并卖给穷人,这种面包实在难以下咽……"[347]1590—1591年间的形势更加紧张。到1592年,必须从黎凡特、英格兰及巴伐利亚运来小麦以挽救局势。然而,那一年的惊恐情绪不如以往那么强烈,因为市政会议吸取了前几年的经验,一开始就准许面包商用任何谷物制作面包,"小米、黑麦以及其他谷物均可,重量也不受限制……城里出售大小不等的各种混合面包,人人都

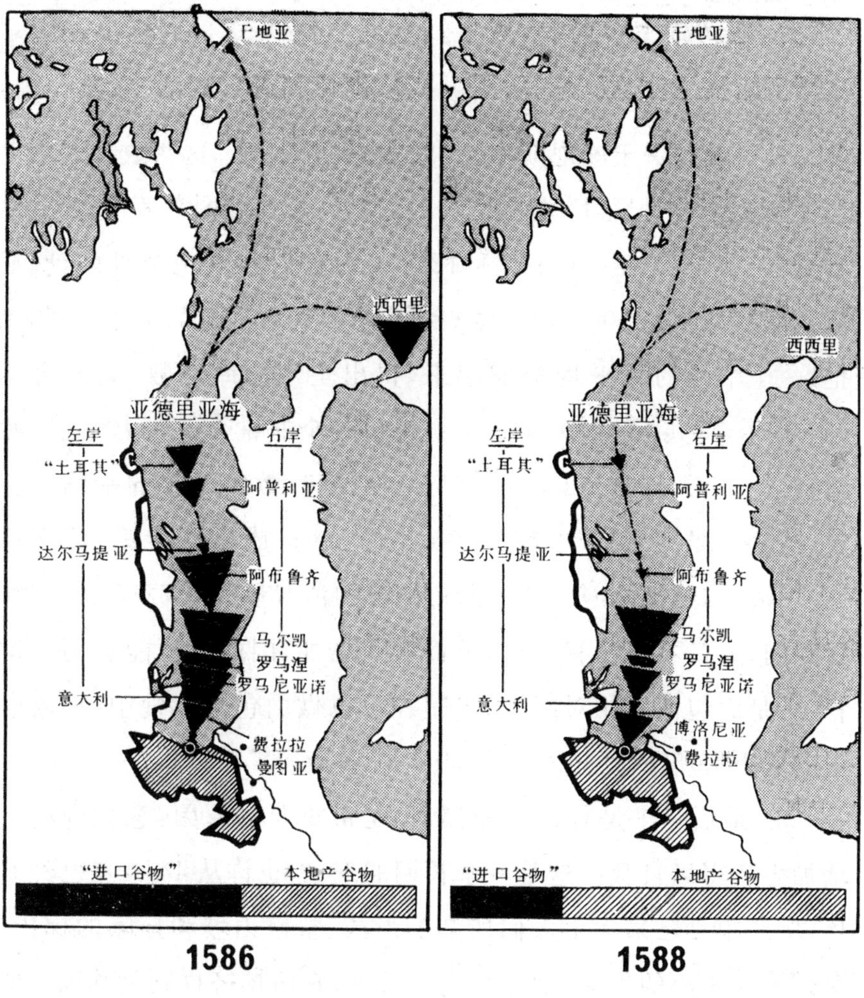

干地亚
西西里
亚德里亚海
左岸
右岸
“土耳其”
阿普利亚
达尔马提亚
阿布鲁齐
马尔凯
罗马涅
罗马尼亚诺
意大利
费拉拉
曼图亚
“进口谷物”
本地产谷物

1586

干地亚
西西里
亚德里亚海
左岸
右岸
“土耳其”
阿普利亚
达尔马提亚
阿布鲁齐
马尔凯
罗马涅
罗马尼亚诺
意大利
博洛尼亚
费拉拉
“进口谷物”
本地产谷物

1588

图 50　威尼斯来自海外的谷物和本地生产的谷物

根据科雷尔陈列馆第 217 号展品。威尼斯的谷物历来由本国生产和从海外进口。16 世纪末，海外进口的谷物不再占首要地位（如 1588 年）。威尼斯地区于 17 世纪将继续努力生产粮食。这无疑是威尼斯经济的重要特征之一。还必须指出，在威尼斯从海外进口的谷物中，以阿布鲁齐及意大利北部地区为主。在那不勒斯和西西里岛的采购量逐渐减少。到 1588 年为止，威尼斯不再从黎凡特和西地中海地区进口粮食。罗马尼亚诺位于罗马涅地区以北，即卢戈和巴尼亚卡瓦洛的领地。

尽力把面包做大、做好，以便销路更好。”[348]

赶上灾时荒年，杂粮在威尼斯占有一席之地。杂粮以穷人为销售对象，这样说是否大胆轻率呢？假设杂粮销路不断在扩大，也许有助于调和关于威尼斯粮食供应的几个数字。这些数字表面上似乎互相矛盾，但很可能是真实的。第一个是马林·萨努多提供的数字：从 1511 年 10 月到 1512 年 8 月底，即在 11 个月内，威尼斯入库的谷物达 100 多万斗之多(确切数字为 1080721 斗)。如果把这 11 个月的月平均量加起来，得出全年的库存数，大约可达 120 万斗，总共折合 70 万公担。这是一个非常可观的数字。[349]然而，根据 1548 年、1552 年和 1556 年的统计数字每年的平均入库量(不论年景好坏)，约为 65670 斗面粉(折成小麦计算，数字更大)。最后，到 1604 年，威尼斯市的谷物消费量为 515257 斗。[350]在这期间，人口不但没有减少，反而有所增加，因此只可能有两种解释：一是面包消费相对减少；二是在可以做面包的粮食中，小麦所占的比重有所下降。我们倾向于第二种解释。

3. 最后一个是总体的原因，也是最重要的原因：意大利通过增加生产得以自救。这是一个长期的现象，也许从 1450 年已经开始，增产粮食已采取了人们所知的形式：整修山坡和丘陵的梯田、治理大大小小的平原、划分耕地与牧场(农田排挤牧场及其饲养的牲畜，因为人总是需要更多的空间)。这种需要造成林木破坏、野兽绝迹和家畜减少。这是一个古老的过程，例如 13 世纪伦巴第的开荒在扩大谷物种植面积的同时，减少了羊的数量。弗兰科·博兰迪[351]正确地指出这是羊毛危机的原因之一，也是一半用羊毛、一半用棉花生产混纺织物取得成功的原因之一。

随着农业的增产，农村的面貌大大改变。[352]自古以来只可用于放牧的荒岗野岭，在中世纪的猛烈发展过程中，经过反复开垦，种上了树木，栽植了葡萄(树叶可为畜群提供饲料)，终于被人类所征服。16世纪，垦荒活动更向高山发展。我曾经引用过弗朗切斯科·圭恰迪尼的一句话，说意大利的作物一直种到山顶上。[353]1580年，米歇尔·德·蒙田曾对他在卢卡温泉浴场见到的景色赞叹不已："漫山遍野，一片郁郁葱葱，直到山顶，到处都是栗子树和油橄榄树，在山的四周，种着葡萄，沿边形成层层环形台阶。台阶朝外隆起的边沿上种的是葡萄树，在台阶凹处种的是小麦。……"[354]与此同

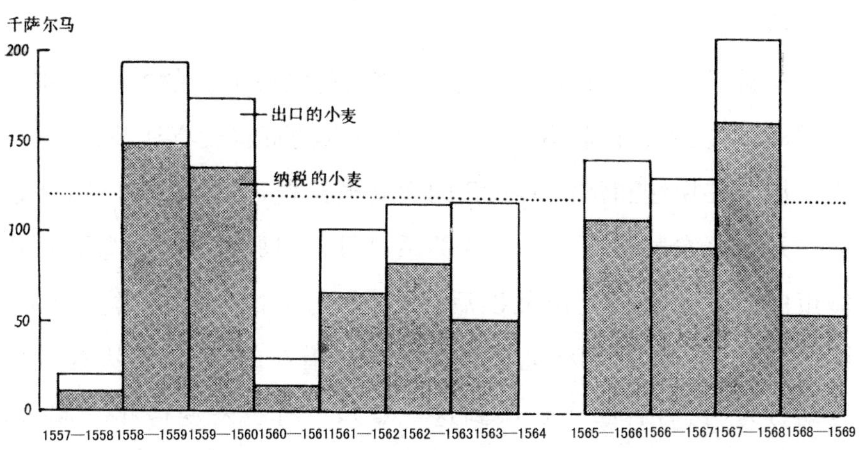

图51　西西里岛的出口

根据锡曼市斯档案馆的文献资料。灰色部分表示已支付出口税的谷物；白色部分表示未支付出口税的谷物。平均数(用虚线表示)约为12万萨尔马。出口量变化主要是由于收成的差别，而不是由于需求的波动。西西里岛每三四年有一次歉收。17世纪的出口量保持同等水平，同样也发生周期性的波动。

时，意大利人还有步骤地朝低洼和多沼泽的平原发展农业。

发展农业需要劳力和资金；需要更多的劳力和资金。这些发展

导致城市的大量投资。不久前由市民晋升为贵族的大地主购买土地，有时为了谋利，有时为了保值。他们这样做，关键是要让农民群众俯首帖耳，听由他们使役；用现代语言来说，就是占有农民劳动的“剩余价值”。可惜，我们对农业投资的众多形式并不完全了解。我们在很大程度上借鉴了鲁杰罗·罗马诺所作的一般性说明。[355]根据他的见解，在15世纪和16世纪初首批土地投资期间，利润很高。起初都是小笔投资，获得的利润相当可观，其情景同瓦斯科·达·伽马远航归来后里斯本的商业资本主义开始进步时几乎一模一样。[356]商业资本主义在韦尔塞以及富格时期到达顶点，而商业资本主义的初起则正值土地资本主义欣欣向荣的时代。这种形势后来便急转直下。

这显然只是一种假设。就威尼斯而言（威尼斯的情形比别处更明朗，但发展也许较晚），如果我们掌握的资料没有让我们搞错，主要用于在低洼和沼泽地开荒的大规模投资，只是到了1550年以后才开始。农民和领主之间的关系也只是到那时才变得紧张。继城市中的大人物犯上作乱以后，农村中的平民百姓也蠢蠢欲动。到了16世纪末，社会动乱更转化成一场潜在的革命，明火执仗的抢劫行为（我们后面还要谈到这一点），[357]将越发变得频繁起来。这时，历史学家隐约看到，威尼斯的巨大财富正从商业冒险中脱身出来，不顾一切地投入贝桑松汇兑交易会的高利贷活动，拼命在农村投资，从事耗资巨大的水利建设……传统的前资本主义周期至此宣告结束。

这段尚未得到证实、但很可能是真实的历史，应该作为一种暂定的假设附在意大利谷物史之后。这段历史是对意大利谷物史的说明和延续。但是，在得出结论时，我们掌握的资料却使我们感到失望。肯定是在1550年以后，也许是在1600年之前，农民的状况发生了很大变化。地主的境况却不相同。地主获得了胜利，因为农民失败了。这同卡斯蒂利亚的情形有点相似。毫无疑问，尽管经历了众多的波折，意大利农民的各种努力和地主们的贪婪使1564年至1590年的粮食供应至少表面上维持了平衡。

最后的变化：1590年后从北方进口谷物

地中海地区粮食供应的困难早已为北方谷物的大量到来准备了条件。荷兰、汉萨同盟和英格兰的帆船，自1590年起就从波罗的海沿海地区把谷物运到地中海。这还不是来自北方的最早的谷物。且不谈伊比利亚半岛，热那亚从15世纪起就从北方进口谷物。[358]1527年，威尼斯从佛兰德或英格兰运输谷物。[359]同样，在1530年左右，斯特罗齐家族似乎也从这些地区运送谷物供应罗马。[360]1539年10月，贡萨加家族在安特卫普的一名客商提到有16艘满载小麦的大船已经出发前往意大利（热那亚、佛罗伦萨、卢卡），而且他事先说明这些船上的小麦不易保存。[361]很可能早在1540年，科西默·德·梅迪奇就从佛兰德进口谷物；托斯卡纳在1575年至少曾经试图购买布列塔尼的谷物。[362]既然我们偶然发现了这几船谷物，大概就会有另外10船、20船谷物逃过我们的视线。

但是，海运活动只是由于粮食连年歉收才达到如此的规模。[363]自1586年起，粮食歉收对意大利产生了不利影响，年复一年，积重难返。到了1590年，局面变得越发不可收拾。托斯卡纳大公首先派人前往但泽采购。[364]冬天一到，威尼斯也这样做了。[365]从 1590 至 1591 年起，运粮船无疑抵达了里窝那[366]和热那亚。[367]1591 年，威尼斯的秘书奥托邦从但泽派出 5 艘船。一个佛罗伦萨的商人写道，同年 6 月，“雨水很多，人们担心会像去年一样出现歉收。麦子，至少是平原地带的麦子，全都倒伏在地，天气过分潮湿，小麦非但不能晒干，反而容易腐烂。”[368]这里又一次涉及气候因素。气候是应负责的。9 月，这个商人又明确写道：“由于缺乏小麦，我们度过艰难的一年，最好的和最可靠的办法，就是等待从汉堡和但泽运来的粮食。”[369]

北方运粮船的航行从此便开始了。在 1592 年至 1593 年冬季以前，还没有大量的谷物运来。里窝那的港口记录表明，1593 年进口了将近 1.6 万吨北方小麦和黑麦，[370]其中几乎一半属于大公，其余属于商人。这些商人中有卢卡的布翁维西家族，博洛尼亚的卢基尼家族、佛罗伦萨的韦尔纳加利家族、布翁纳科西家族、比亚科拉利家族、比亚基内利家族、卡波尼家族、兰佛朗基家族、贝齐盖利家族、奥兰迪尼家族、门德家族、希梅内斯家族、里卡索利家族、姆丁基家族、巴迪家族、瓜迪家族、塔迪家族、马塞伊家族……。以上列举的从港口纪录[371]中摘出的姓氏（也可能会有些拼写的错误）也许可以说明粮食交易十分分散。从 1590 年到 1594 年，里窝那对粮食的需求量非常大，因而向英格兰、但泽以及荷兰人支付的款项达 200 多万埃居。[372]1596 年，里窝那的粮食需求仍然十分强烈，大公又向波兰和但泽派去一个代表，企图把在北方收购粮食的全部事务都掌管起来。[373]这样就建立起大规模的谷物贸易。大公依仗他雄厚的资本，逐渐成了这项贸易的主宰。里窝那的飞跃发展归功于谷物的这种大量的汇集。里窝那对其他意大利港口具有各种优势。但泽的水手说，里窝那离直布罗陀海峡有一星期的路程，而且一路顺风，便于船只顺利通过海峡；船返回时在那里装载明矾；过一两个星期以后，又在西班牙装载盐……至于去威尼斯，就不免要冒点风险。

然而，船队在开往里窝那途中，并非没有丝毫危险和障碍，也并非不会招致别人打它们的主意。船只在通过拉芒什海峡时，或者从苏格兰绕行不列颠群岛时，不但会碰到恶劣的气候，而且英格兰人也未必准予通行；在西班牙港口，可能会遇到禁运的危险；在地中海会出现柏柏尔海盗。因此，在里斯本、加的斯或者塞维利亚，只要小麦开始发霉变质，只要主管领事当局同意，船主容易改变主意，在这些港口卸下谷物卖掉，然后尽快返回。说到底，里窝那和意大利的其他城市正是依靠预付一半购粮款控制着北方的穷人。当然，并非只有托斯卡纳及其附近地区需要进口粮食。整个意大利对进口粮食都习以为常，整个地中海西部地区，包括北非在内，也根据需要在不同港口接受进口粮食。

进口粮食开始时只是为了满足需要，但事后却发现相当有利可图。坎波城的商人西蒙·鲁伊斯最初曾有顾虑。他在 1591 年 4 月 24 日写给他在佛罗伦萨的客户的信中说："我为意大利食粮匮乏而悲叹。但愿上帝能给予解救！依我之见，从佛兰德和但泽运输谷物不能完好无损，因为船只刚到塞维利亚，谷物就已开始变质。由此再一直运到意大利，谷物又会变成什么样子呢？海运谷物通常并不是一桩好买卖。我知道这是怎么回事。这已使我付出了相当的代价，得利的却只有随船航行的水手(那也未必)。我已看到一些人为这些交易吃了大亏。”[374]这是西蒙·鲁伊斯的经验之谈。在从商初期，他曾参加过对里斯本的粮食供应。然而他错了。在奥托邦派往威尼斯的5艘船中，只有3艘抵达威尼斯，[375]第4艘不得不把货物卸在里斯本，第5艘在海上遇难。然而，从商业观点看，运粮活动仍然略有盈利。希梅内斯家族，特别是侨居安特卫普的费尔南多·希梅内斯（他说明韦加和安德拉德家族同他继续合伙，信守与托斯卡纳大公签订的合同），通过购粮合同最初可盈利300%。[376]这是因为从北方运粮不仅涉及船舶、租船费和谷物收购，而且还要向安特卫普以及北方的其他城市调拨大笔资金。我们在谈到马尔科·奥托邦的旅行时已指出过这种情形，热那亚“粮库”开出的汇票副本也足以为证。商人从所有这些经营活动中都可能获得利润。[377]

然而，1590年开始的危机并非没有间歇。随着17世纪的到来，危机似乎有所缓和，北方的粮食只是补充一时的不足，意大利和地中海地区似乎又继续自给自足了。1600年以后，玉米在很大程度上有助于粮食自给。[378]尽管如此，问题并没有得到解决。必须对北方谷物进行新的研究。我们应继续观察北方谷物在17世纪的动向，画出一条完整的曲线（据我的推测，曲线可能从1607年起逐渐下降），并把这条曲线再放到历史背景中去考察。在某种程度上，这正是我们下面要做的工作，因为谷物不是从北方运来的唯一货物。

西西里仍然是西西里

这里应该引起我们注意的不是北方的谷物,也不是特定时期的经济形势,而是地中海本身及其结构,而是地中海的基本中心意大利。由于受文献资料的局限,又偏信了历史学家的论断,我在本书的第一版中,[379]曾把短期的粮食危机夸大地说成是地中海衰落的征兆。然而,今天看来,这一衰落的出现似乎要晚得多,尤其在意大利。1620—1621 年以后才出现重大的经济转折点,而重大生物学的转折点——大范围内的流行病——则发生于 1630 年以后。[380]

在撰写本书第一版时,我提出的关键论据是所谓西西里岛的破产,或者说西西里岛小麦的破产。我当时对此似乎有一切理由深信不疑。然而,西西里岛的小麦破产并没有发生过。

使我一度相信上述破产的理由有两项。首先是 1590 年后西西里岛粮食歉收,发生饥荒。毫无疑问,在 1591 年,粮荒在西西里岛猖獗为害。价格上涨到闻所未闻的地步;巴勒莫的小麦售价高达 78.1 塔里。饿殍遍地,令人触目惊心。据当时的人说,饥荒是横征暴敛和荒年歉收的结果。每萨尔马小麦最后上涨到 40 埃居,这是在人们的记忆中从未有过的事。有些富人趁机哄抬粮价,用当时的语言来说,就是吮吸穷人的鲜血。巴勒莫和墨西拿因低价出售谷物而负债累累。墨西拿负债 10 多万杜卡托。[381]这种形势一直到 1595 年以后才有所好转。

以上是促使我把局势看得过于严重的第一个原因。当时我恰好读到汉斯·霍赫霍尔策的一篇论著。按照他的习惯,这篇论著结合历史和地理,并以西西里为研究对象。[382]他在论述中,引用了一张在维也纳档案馆发现的1724年的回顾性的统计表。当时西西里岛处于奥地利的短暂的占领下。这张统计表谈到墨西拿的谷物入境情形。输入活动始于1592年,1640年达到顶峰,然后逐年减少,1724年几乎停止。这份资料解决了问题:西西里岛既然从16世纪末开始定期进口谷物,它就不再是西地中海地区的粮仓。然而西西里岛的历史资料——由于锡曼卡斯档案馆关于西西里岛的文献目录于1951年已经公布,我得到的有关的证据却显示出截然相反的情况。通过对17世纪的这些文献资料的考证,[383]我得出了不容置疑的结果:西西里岛17世纪仍然出口小麦。剩下的问题就是怎么看待维也纳的那份关键的文献资料,[384]这份资料的影印件使我几乎惊诧莫名。对表格列举的数字所作的解释,竟建立在一系列难以置信的张冠李戴的错误之上:进项(introyte)一词的含义这里是指关税收入,却被错误地理解为货物进口;"格拉尼"(grani)一词这里指的是比塔罗更小的货币单位,却被译成谷物。于是,原文本来说的是输出生丝或漂白了的蚕丝,却一下就变成了墨西拿进口小麦。文献资料的影印件从一开始就证实了这一点。

疑惑一旦消除,问题也又变得清楚了。即使在它最繁荣的时期,西西里市场也随着收成的好坏而发生强烈的震荡。从1590年到1677年,西西里岛经历过好几个困难时期,即:1550—1554年,1575—1580年,1605—1608年,1634—1641年,以及1668—1677年。[385]在这种背景下,1550—1595年的这个低谷时期只不过是正常的偶然事件之一而已。除了这些为时不久的中断之外,西西里岛的小麦继续同时向亚得里亚海和西地中海地区输出,而且数量——如果我没有弄错的话——在相当长的时间内接近从前的水平，即每年15万萨尔马，约合30万公担。确切的数字在西西里岛的档案馆里应当全都可以找到。锡曼卡斯档案馆提供的数字可惜残缺不全。

问题既然已经得到解决，西西里在17世纪仍然是个盛产小麦的岛屿。在商人的牢牢控制下，西西里岛既没有放弃谷物生产（大麦同样也向那不勒斯和西班牙输出，用来喂马，有时也供人食用，只是没有提到而已），也没有过分发展畜牧业或林木业。西西里岛的农田受到行政当局和资本家的保护。关于这种保护体制，我们只是粗略地谈到，值得历史学家作更进一步的研究。我认为，如果要对16和17世纪的"国民收入"进行研究，恐怕没有比西西里岛更好的例子，因为在这个岛上，无论是人、耕畜、收入或者财政税收都有数字记载……1694年1月至6月的一份货单列举了从西西里码头启运小麦的次数、目的地、运输船只的名称、价格、税收以及商人的姓名。我们顺便可以看到，谷物贸易集中在少数几位商人的手里。他们每人控制一个港口，就像控制一块世袭领地一样……他们实际上就是真正的谷物大王。一个有趣的细节是，1699年，西西里谷物竟运往法国。更有趣的是西西里同年还向佛兰德输出谷物。[386]

我们这里且不谈细节。在16世纪以及在17世纪的很长时间内，整个西西里岛的情况是良好的，尽管不免也发生过在旧制度时代任何物质生活所固有的不幸。在17世纪，丝绸输出从1619年起才趋于衰落，[387]小麦仍然是主要的出口货物。运输船队频繁出现于西西里岛的海岸，驶向黎凡特甚至附近的突尼斯，把它们运载的部分资金（为数巨大）留在西西里岛的各个港口，至少直到1664年前

N.° 3. Nota delli Introyti, et arrendamenti delle due Gabelle una di grani 25: e l'altra di g.ni 5: che si pagano sopra ogni libra di seta, che si estrahe cossì à matassa, che operata, e tinte in sapone bianche dal Porto di Messina corsi secondo l'Imposizione de loro tempi cioè

Dal primo Gennaro per tutto Xbre 1592 liberato l'anno per	15680:	—	—	—
Dal p.mo Genn.ro per tutto Xbre 1593 come sopra per	15680:	—	—	—
Dal p.mo Genn.ro per tutto Xbre 1594: come sopra per	15680:	—	—	—
Dal p.mo Genn.ro per tutto Xbre 1595: come sopra pe	15680:	—	—	—
Dal p.mo Genn.ro per tutto Xbre 1596: liberata l'anno per	16067:	6.	—	—
Dal p.mo Genn.ro per tutto Xbre 1597. come sopra per	16067.	6.	—	—
Dal p.mo Genn.ro per tutto Xbre 1598. come sopra per	16067:	6.	—	—
Dal p.mo Genn.ro per tutto Xbre 1599. come sopra per	16067.	6.	—	—
Dal p.mo Genn.ro per tutto Xbre 1600. liberata l'anno per	16835:	2.	8:	—
Dal p.mo Genn.ro per tutto Xbre 1601. come sopra per	16835.	2.	8.	—
Dal p.mo Genn.ro per tutto Xbre 1602. come sopra per	16835.	2.	8.	—
Dal p.mo Genn.ro per tutto Xbre 1603. come sopra per	16835.	2.	8.	—
Dal p.mo Genn.ro per tutto Xbre 1604. liberata l'anno per	19175:	3.	14.	4.
Dal p.mo Genn.ro per tutto Xbre 1605. come sopra per	19175.	3.	14.	4.
Dal p.mo Genn.ro per tutto Xbre 1606. come sopra per	19175.	3.	14.	4.
Dal p.mo Genn.ro per tutto Xbre 1607. come sopra per	19175.	3.	14.	4.
Dal p.mo Genn.ro per tutto Xbre 1608. lib.ta l'anno per	20712.	—	—	—
Dal p.mo Genn.ro per tutto Xbre 1609. come sopra per	20712.	—	—	—
Dal p.mo Genn.ro per tutto Xbre 1610. come sopra per	20712.	—	—	—
Dal p.mo Genn.ro per tutto Xbre 1611. come sopra per	20712.	—	—	—
Dal p.mo Genn.ro per tutto Xbre 1612. lib.ta l'anno per	19611:	7.	—	—
Dal p.mo Genn.ro per tutto Xbre 1613. come sopra per	19611.	7.	—	—
Dal p.mo Genn.ro per tutto Xbre 1614. come sopra per	19611	7.	—	—
Dal p.mo Genn.ro per tutto Xbre 1615. come sopra per	19611.	7.	—	—
Dal p.mo Genn.ro per tutto Xbre 1616: liberata l'anno per	20100:	15.	3.	—
Dal p.mo Genn.ro per tutto Xbre 1617: per 20100: 15. 3. / Gab.a di g.na 5: lib.to l'anno per 3880: 1. —	23980.	16.	3.	—
Dal p.mo Genn.ro per tutto Xbre 1618: come sopra per	23980.	16.	3.	—
Dal p.mo Genn.ro per tutto Xbre 1619. come sopra per	23980:	16.	3.	—
Dal p.mo Genn.ro per tutto Xbre 1620: g.na 25: lib.ta per 21300: — / Gabella di g.na 5: per 3880: 1.	25180:	1.	—	—
Dal p.mo Genn.ro per tutto Xbre 1621: g.na 25: ma si per 21300: — / Gabella di g.na 5: per 4301: 24	25601.	24.	—	—

图 52　1593 年以后，西西里岛并不进口谷物，而是出口丝绸

维也纳档案馆的文献资料，西西里部，墨西拿卷，1724 年 10 月 31 日。

依旧如此。最后,丝织工业在墨西拿和卡塔尼亚发达兴旺起来,或者再度发达兴旺起来。地中海地区的衰落至少在西西里岛是后来才出现的。

关于谷物危机

总之,各地的谷物危机都很相像。如果我们的文献资料能够用伊斯兰国家的情况更好地说明这些危机,它们就更加相像了。在这些国家小麦危机也逐渐发展,但我们一般无法观察到。显然,小麦危机是随着人口的增长而产生的。直到1550年或1560年前后,人口的增长通常是有益的,因为人越多,生产的小麦也就越多。但是,效益递减的规律开始起作用。15世纪末和16世纪初,粮食供应由充足有余逐渐变得困难越来越大,虽然这种变化在各地有早有晚。在西方,困难也来自那些更可靠和更有经济效益的作物(如葡萄、油橄榄等)与谷物的竞争……还要对这种情况负责的有大规模的贸易,人的增长的需求、价格的有区别的上涨,有时还有某些社会因素。[388]一份关于叙利亚的文献资料说,[389]前所未见的粮食供应紧张所引起的反应,同人们拥有的财富成正比。不用说,购买远方的谷物毕竟是某种普遍富裕的明显标志,尽管与此同时,穷人却陷于水深火热之中。

3. 贸易与运输:大西洋的帆船

在地中海的范围内,再没有比大西洋帆船的两次到达能更好地检验出或测试出那里的谷物危机的了。大西洋帆船分两批到达。

两批既有不同之处，也有相似之处：第一批大约在 1450 年到 1522 年之间；第二批从 1570 年开始，或更确切些说，从 1572 年到 1573 年间开始。后一批来的全是北方帆船，它们从此就再也不会忘记地中海的航路和便利了。

我们已经提出过这些重大问题，并且作出了解释：[390] 外国船只来到地中海不仅是为了竞争（这是显而易见的），更主要的是为了适应地中海的需要和当地的经济飞跃发展。总而言之，这些新来的船只，都是某种繁荣的见证。在经济上升时期，地中海拥有比运输货物，尤其比运输重货更好的任务去完成。如果情况确实如此，叙述性历史便给统计学家提供一个极好的检测手段。事实上，大西洋船舶的列队航行在 16 世纪中叶曾中断 20 来年，这难道意味着地中海繁荣的中断吗？

894

I. 1550 年以前：首批船只的到达

第一批涌入地中海的大西洋帆船不易跟踪观察。这多少因为这些很不起眼的小船在所经之处几乎不留痕迹，也多少因为伊比利亚半岛的船只和北方的船只混杂在一起，即使并肩航行，也往往不能把它们区别开来，更不能确定它们的航行日期。

巴斯克人、比斯开人甚至加利西亚人

也许从 13 世纪末起，伊比利亚大西洋沿岸的水手就已经在地中海出现。1450 年以后，他们更是熟门熟路，在西地中海的南、北海岸间频繁

往来,为巴塞罗那和热那亚从事运输。但是,他们除了运输以外,不进行任何别的活动。[391]在热那亚小有名声的几个巴斯克商人满足于做点小生意(主要是羊毛交易)。他们的任务首先是为历来声名狼藉的船主充当担保,并为他们筹措装备船舶所需的资金。

有一天,这些为所有人服务的、相当大的帆船越过它们惯常航行的海域,抵达东地中海。大约在1495年,它们从热那亚、马拉加,还从加的斯直线航行到希俄斯岛,并且把大西洋的糖运到那里。[392]一晃几年就这样过去了。与此同时,必须设想它们还远届英格兰和佛兰德地区。1532年,[393]一个威尼斯人曾说过,比斯开(我们应从广义上理解这个词)是查理五世得以称霸海上的保证,"从比斯开调动船只,要多少就有多少"。确实,直到1569年为止,比斯开的船舶始终控制着佛兰德的航道,[394]并且在这个时期以前,就同帆桨战船一起,推动漫长的西印度群岛航线的运输活动。这些船舶以四海为家,长期在地中海从事各种运输。[395]例如,在1480年至1515年间,它们"把马赛的葡萄酒运往伦敦,又把爱尔兰的皮革运往马赛"。[396]

首批穿越直布罗陀海峡的这些帆船在地中海停留了很长时间,主要在热那亚、马赛、巴塞罗那[397]的周围以及在西班牙沿海一带活动。人们原来以为它们在16世纪已经离开了地中海,或很少前来地中海,但一些文献资料还提到它们的存在:一艘比斯开大帆船1507年2月在马赛停靠,准备把葡萄酒运往佛兰德和英格兰;[398]另一艘比斯开船1510年为汉斯·保姆加特纳把货物从巴里运往安特卫普;[399]1517年,一艘比斯开船把粗呢绒运达拉古萨;[400]1521年,西班牙发生严重粮荒,那不勒斯的文献资料提到,比斯开商人和水手参加运输阿普利亚的小麦,[401]供应伊比利亚半岛;1526

年[402]或1527年1月，在通往墨西拿的航道上，曾出现来自葡萄牙的船只，[403]装载着沙丁鱼和金枪鱼；1530年，两艘载运盐的比斯开船被红胡子海盗击沉；[404]1532年，为柏柏尔人运货的一艘比斯开帆船因不堪虐待，开往阿利坎特。[405]1531年、1535年和1537年（当时，比斯开帆船似乎已停止了地中海的运输活动），一份港口登记册仍然提到，有12艘比斯开帆船在西班牙到意大利的航道上行驶。[406]类似的例子还可举出很多。[407]也许要等到16世纪中叶，当大西洋的第一个浪潮结束时，才不再在地中海热闹的通道上遇见这些比斯开船只……

葡萄牙人

自从葡萄牙人占领了休达，从而打开了地中海的大门以后，地中海上的葡萄牙船只就与比斯开的船只同样多，而且也很快同样活跃。甚至在葡萄牙的舰队抵达地中海以前，[408]葡萄牙的商船已在那里招揽生意，葡萄牙海盗则四出劫掠。1498年11月，[409]葡萄牙海盗劫夺一艘运载干地亚葡萄酒的威尼斯船；1501年10月，又在柏柏尔沿海劫夺一艘热那亚船，被抓获的摩尔人乘客为重获自由，要付给海盗一大笔赎金。[410]葡萄牙船只当然还要向商业城市提供服务。虽然热那亚并不拒绝使用葡萄牙船只，但与佛罗伦萨相比，热那亚使用的船只较少。[411]在巴伦西亚和巴利阿里群岛周围以及马赛，葡萄牙帆船主要为佛罗伦萨运货。这些船只在整个西地中海运输的货物有：在里斯本装载的皮革——这是经济仍不发达的标志——安达卢西亚的小麦，伊维萨岛的盐，西班牙或意大利的明矾。从15世纪80年代起，或更确切地说从15世纪90年代起（东·马努埃尔于1490年8月21日颁布法令，规定食糖贸易归本国侨民专营），葡萄牙帆船还运载马德拉群岛及大西洋其他岛屿的糖。[412]在15世纪末，经官方的特许，葡萄牙每年向佛兰德输出食糖4万阿罗贝（每阿罗贝等于12至15公斤），向英格兰输出7万阿罗贝，向里窝那输出6000阿罗贝，向热那亚输出1.3万，向罗马输出2000，向威尼斯输出1.5万，向君士坦丁堡和希俄斯岛输出2.5万阿罗贝。[413]食糖由大型快帆船运抵威尼斯。[414]葡萄牙的船只似乎越造越大，以适应整个海上运输的需要，因为它们不久就已来到希俄斯岛、君士坦丁堡、黎凡特和埃及。食糖贸易以及快帆船的轻巧都说明，远在瓦斯科·达·伽马的远海航行之前，葡萄牙就已在地中海取得了成功。

我们并不确切知道葡萄牙的船只何时离开了地中海，正如我们不确切知道比斯开的船只何时离开地中海一样。从一些偶然了解到的情况来看，1535年，在马略卡岛附近，曾有两艘葡萄牙快帆船。一艘被红胡子巴巴罗萨兄弟截获；另一艘则很可能连人带货一起遇难。[415]1536年1月15日，一个英格兰商人在马赛从一个叫让·里贝雷的葡萄牙人那里买了一艘船。[416]1549年，两艘葡萄牙船抵达威尼斯。[417]这些插曲以及另外几个插曲都不应给人造成假象。葡萄牙的冒险活动在16世纪中叶，肯定已完全走向衰落。其他国家的船只和水手也提供了运输服务。据我设想，葡萄牙船在埃库莱斯石柱峡以西进行运输，要比在直布罗陀海峡以东更有利可图，再不然，莫非是地中海地区租船运输的机会有所减少了吗？

诺曼底人和布列塔尼人

诺曼底人和布列塔尼人较晚才抵达地中海，因而不是他们接替了葡萄牙人的地位。但是，他们很早就出现在西班牙和葡萄牙的大西洋沿岸地区。据说从1466年起，圣卢卡尔·德巴拉梅达有个布列塔尼人的居住区。[418]这是十分可能的，虽然西班牙语和意大利语中的“布列塔尼人”在整个16世纪对一般北方人全都适用。然而，如果说海盗劫掠是人们初到一地的标志，意大利战争无疑把布列塔尼人带到了地中海，例如，1496—1499年和1502年[419]的情形就是这样。1497年1月，几艘布列塔尼大帆船在马略卡周围的海面上进行抢劫。[420]但是，贸易似乎并未随之而来。值得注意的是，在1500年，当被问及威尼斯的情况时，布列塔尼海员回答说，“他们几乎从未在这个地区航行”。[421]过了40年以后，即在1540年，[422]才有两艘布列塔尼商船来到直布罗陀。一股顺风把它们吹进了地中海。然而，只是在第二次大西洋浪潮到来的前夕，它们才深入地中海，而且据我们所知，只是抵达西班牙所属的东地中海地区的港口。1567年，一艘布列塔尼船抵达阿利坎特；[423]1570年或1571年的11月，另一艘布列塔尼船抵达马拉加。这艘船叫“男爵号”。船上有船主纪尧姆·波蒂埃、商人艾蒂安·夏通和弗朗索瓦·潘，载运布匹和大约1000担鱼……他们把货物卖光后，买下4000埃居的葡萄干和其他商品。正当他们准备返回布列塔尼时，马拉加的监督官没收了他们的货物，把一个商人关进监狱，并打算把这艘船派往奥兰或贝莱斯—德拉戈梅拉为国王服务。大使解释说，这是违反条约的，而且“法国船只在马拉加被征用已经不是第一次”。[424]只是到了1571年，第一艘

圣马洛的船才抵达奇维塔韦基亚。[425]

在这些卑贱、平庸的外乡人中,诺曼底人更引人注目。1499年,他们的一艘大船“马德莱那”号在阿尔梅里亚被葡萄牙海盗劫持。[426]10年之后,诺曼底人的帆船定期前往地中海运载鲁昂的纺织业所必需的明矾。这种矿石产于西班牙的马扎龙,或产于教皇领地。在后一种情况下,载货地点在奇维塔韦基亚。1522年、1523年、1527年、1531年、1532年、1534年、1535年、1536年及1539年,[427]诺曼底人的贸易都容易查对:几十艘小帆船在诺曼底公证处和奇维塔韦基亚港口都作了登记。在沿途停靠的各个港口,不免会出现一些意外事故。1535年2月3日,在卡塔赫纳,三艘运载鲱鱼、咸鱼及很多其他商品的诺曼底小船,在驶向里窝那和奇维塔韦基亚的途中被征用。其中有两艘船名叫“玛丽亚”号:一艘是迪埃普的;另一艘是圣瓦莱里·昂科的。第三艘船也是迪埃普的,名叫“母狼”号。[428]最常走的航路有两条:一条是迪埃普的“百合花号”[429](80吨,1536年5月22日)的航路,即开到里窝那和奇维塔韦基亚,然后在勒阿弗尔、伦敦、安特卫普或鲁昂卸下明矾;另一条是鲁昂的“弗朗索瓦”号的航路(1535年10月2日),沿途经马赛、维尔弗朗什、里窝那、那不勒斯、墨西拿和巴勒莫。[430]

后来,根据合同的要求或赶上意外的机遇,诺曼底的船只不可避免地参与了其他的运输中,它们有时驶往北非,在内格罗角附近,运载珊瑚。它们甚至前往东地中海,但这是1535年或1536年以后的事了。东地中海是所有“正常”航行的最后一站。1539年,[431]迪埃普的“大马尔蒂娜”号船航行到马赛、塞浦路斯、君士坦丁堡和萨洛尼卡。

诺曼底人到达地中海较晚，但在地中海停留时间较久，奇维塔韦基亚从1545年到1552年不断雇佣他们装运货物。此外，一些远航把它们引向东方和南方。1560年，一艘被厄尔杰·阿里[432]劫持的迪埃普船最后在黑海为土耳其人效劳，并在那里遇难。1561年，另一艘迪埃普船在巴利阿里群岛的外海上被西班牙人扣留。人们了解到，这艘船从迪埃普出发驶向柏柏尔，经过土伦时雇用了一个领航员。据法国方面说，这名领航员背着大家把对伊斯兰国家来说是走私商品的船桨装上船。此外，船上还装有铅弹和圆炮弹。但据法国海军上将说，这些弹药并不准备运往非洲，而是准备运往迪埃普。昌托奈坚持认为，这种说法是令人难以置信的；此人向来喜欢吹毛求疵，这次固执己见却是情有可原。[433]前来里窝那运货的另一些迪埃普船只运气好一些。例如，1574年1月4日到达的"公鸡"号，船主名叫勒普里厄，载运的货物有铅弹、桶装鲱鱼、皮革、锡、粗呢绒，还有足以使迪埃普引以为荣的20880根巴西木料。[434]又如"圣保罗"号，船主名叫热拉尔，它于1578年2月22日抵达里窝那，把桶装鲱鱼、豌豆、鲑鱼、亚麻、大麻、布匹、巴西木材(4700根)等货物寄存在卢卡商人那里。[435]但这些航行为时已晚，情形也比较特殊，当英格兰船"第二次"涌入地中海时，再也没有坚持下去。至于这"第二次"返回，只有在搞清英格兰人第一次声势浩大的到来以后，人们才能弄明白。

佛兰德的船舶

所谓"佛兰德"的船舶，其实十之八九指的是荷兰船，我们只说几句话就够了。进入地中海的荷兰船大多编入查理五世的大型舰队,先进攻突尼斯(1535 年),然后又进攻阿尔及尔(1541 年)。1535 年,在巴塞罗那,有人见过其中的一艘船。1550 年以后,这些船就很少见到。1560 年 6 月,一艘名叫"桑塔·皮塔"号的荷兰双桅船确实卖给了威尼斯并在威尼斯港内停泊,这能说明什么呢?这艘船不是单独来到威尼斯的。[436] 1566 年 6 月,一艘佛兰德(或荷兰)大帆船把 100 门大炮运到了卡塔赫纳。[437] 1571 年,我们再次有机会看到一艘荷兰船离开安特卫普前往加的斯和里窝那,船主(荷兰人)名叫霍安·吉烈斯,船上除载货外还有一些意大利乘客(他们绝大多数是佛罗伦萨批发商)。这位船主到了拉罗舍尔,卖掉了船上的货物,货款被他们私吞。[438]

第一批英格兰帆船

根据理查德·哈克卢特的见解,英格兰船首次进入地中海的日期在 1511 年。实际上,东地中海地区航运业发达兴旺的时期虽然从 1511 年开始,但在这以前,还曾有过一个并不那么引人注目的、相当长的准备时期。两份公证文件[439](1412 年 8 月 30 日和 10 月 6—7 日)提到的在热那亚港停靠的那艘英格兰船,不一定就标志着英格兰船进入地中海的开端,它们实际上在前几个世纪已陆续进行了这种冒险。布里斯托尔商人罗伯特·斯特米[440]进行的两次航行也不标志英格兰进入地中海的开端。他的第一次航行是在 1446 年,他承租的"科格·安"号船载运 160 名朝圣者和一批货物(羊毛、呢绒、锡锭)前往圣地。船到达雅法港后,朝圣者们上岸。他们或者从陆地,或者搭乘另一艘船返回。12 月 23 日,"科格·安"号突然遇到风暴,在莫东附近遇难,船上的 37 名水手无一生还。相隔 10 年以后，即在 1456 年，罗伯特·斯特米亲自乘坐“凯瑟琳·斯特米”号前往黎凡特。这次航行历时一年多。1457 年，经在黎凡特各处游历后（有关情况我们不甚了解），他可能买了一些新鲜胡椒和其他香料，准备带回英格兰播种（企图借此扬名）。这次旅行仍以失败告终，不是由于风暴，而是由于热那亚人的妒忌。[441]他们在马耳他海面设下埋伏，抢劫了他的船。斯特米本人也在这次冒险中失踪。

1461 年，英格兰人同法国人、德意志人一起在那不勒斯开设了领事馆，[442]同年又单独在马赛设立领事机构。[443]20 年后，他们又在比萨建立了领事馆，这一机构对他们至关重要，因为他们企图以比萨、佛罗伦萨和托斯卡纳为基地，避开热那亚及威尼斯对黎凡特的垄断。人们注意到，在这以前，罗伯特·斯特米 1446 年也曾使用过比萨的中途停靠港。[444]

尽管如此，英格兰的进展还是缓慢的。正如所有初来乍到的外乡人一样，他们不得不付出代价，求人帮忙，这些在热那亚海运管理局的珍贵档案中隐约可以看到。[445]但是，关于缓慢的进展过程，关于为低廉的重货所提供的长途运输，我们没有足够的证据，英格兰人到黎凡特取得香料，到克里特岛取得珍贵的葡萄酒，速度可能比其他人更快些，付出的代价也比较小。然而，对他们来说，这也绝非一日之功。他们在 1535 年以前尚未抵达巴塞罗那。[446]他们的商品——铅、锡、咸鱼、粗呢绒——也在 16 世纪初期才遍布各地，其数量之大超过了目前为止的所有猜测。[447]

繁荣时期(1511—1534年)

关于1511年到1534年间黎凡特的航行、船舶的名称、船舶的历史以及航行中的波折,对我们来说都是熟知的。[448]布里斯托尔和南安普敦的“克里斯托弗·坎皮恩”号、“玛丽·乔治”号、“玛丽·格雷斯”号、“三位一体”号,伦敦的“马修号”以及其他船只定期开往西西里岛、干地亚岛、希俄斯岛,有时也去塞浦路斯、叙利亚的的黎波里和贝鲁特。这些船把各种颜色的呢绒和密绒厚呢运往地中海地区,又从这个地区运回胡椒、香料、丝绸、羽纱、甜酒、葡萄酒、香油、棉花和地毯。它们的航行极其频繁。1531年1月和2月,希俄斯岛的驳船主在热那亚写道:幸运的是我们从来自埃及和叙利亚的一艘英格兰帆船那里接到了一批货(货物可惜已不尽完好)。……[449]显然,英格兰人在黎凡特进行贸易,并不仅仅使用本国的船只,他们还经常把货物交托威尼斯、拉古萨、干地亚、西班牙甚至葡萄牙的船舶运输。[450]

希俄斯岛是英格兰人在地中海另一端的集合点,他们于1552年以前一直在那里设有“代办处”。[451]理查德·哈克卢特有收集游记和探险故事的癖好,他于1592年听约翰·威廉森讲述了他在克里特岛和希俄斯岛旅行的故事。[452]约翰·威廉森1534年作为箍桶匠在伦敦的“马修·冈森”号(300吨和100名船员)工作,这在当时可算是条大船,与另一艘160吨的小船“圣十字号”结伴同行。一年以后它们远航归来,装载成桶成桶的食油和葡萄酒。木桶已经破烂不堪,因而卸货前必须换桶。但是货物的质量却是上等的,尤其有一种红葡萄酒,英格兰以往很少尝到过同样的佳酿(这是一个老人说的)。此外还有土耳其地毯、香料、棉花……“圣十字号”因在远航途中已严重受损，被抛弃在码头上，任其朽坏。

哈克卢特收集的大批文书信件以及他惯有的细致入微的观察，足以使我们肯定，在文艺复兴时期，英格兰的船舶在地中海一带往来频繁，甚至直达东方大门口。这些运输活动在1511—1534年间欣欣向荣，直到1552年仍在继续进行，然后便突然停止了。[453]在哈克卢特游记集中所能看到的最后一次航行，是由"奥彻"号（1551年）船长罗杰·博登汉姆讲述的。[454]这真是一次变故层出不穷的航行。这条小木船1月从英格兰出发，春天到达干地亚岛的港口，满载谷物的"土耳其"的帆船在港内穿梭往来。这一英格兰船由前往希俄斯岛送货的船只伴随，抵达该岛。希俄斯岛是东方最活跃的贸易中心之一，那里不但商人（热那亚商人）和商船云集，还有黄连木种植园和丝绸被毯工业。"奥彻"号匆匆离开了该岛，刚巧躲过了从柏柏尔人的的黎波里得胜归来的土耳其舰队的前锋。在经过干地亚岛时，英格兰人从船上望见一些"被迫外流的山民"，他们带着匕首和弓箭，靴高及膝，整日酒气熏天，但必要时为保卫岛屿从军作战。该船接着经过赞特岛、墨西拿、加的斯，最后返回英格兰。还有一些很有价值的细节：理查德·张伯伦参加了这次航行，此人在两年以后，即1553年，到达位于俄罗斯北部的勒拿河口……但是，要从哈克卢特的叙述中寻找到一个足以说明英格兰海上航行突然中止原因的解释，恐怕就会白费力气了。至于吕贝克的"耶稣"号和"玛丽·冈森"号，我们对其航行情况几乎一无所知。这两艘船于1552年还被租用，在黎凡特航行。[455]约翰·洛克关于1553年耶路撒冷的游记写得十分精彩，但这只涉及他个人的经历。在被一艘英格兰船留在加的斯后，他前往威尼斯，又从那里搭乘朝圣者

的船来到圣地。在归途中，他有机会经过许多港口。他对这些港口，也对北欧、佛兰德、德意志的朝圣者队伍作了生动的描述。这些朝圣者喝了地中海的葡萄酒后酒性大发，争吵得没完没了，还拔出刀子斗殴。[456]

在解释英格兰为什么从地中海撤出时，理查德·哈克卢特认为希俄斯于1566年以及塞浦路斯于1571年的双双衰落与此有关。这种解释为英国历史学家所接受。但是，这又如何解释1552年至1566年的中断呢？[457]的确，英格兰海上航行的中断（1552—1573年）大体上与土耳其人的推进（1538—1571年）同时发生，但是，问题也许不能就此得到解释。

首先，英格兰的这次停顿有经济方面的原因。我们至少应该看到1540—1545年世界经济的普遍衰退，以及英格兰在16世纪中叶发生的无可否认的危机。这次危机是众所周知的；每当人们要说明冒险商公司成立的原因，总要提及这次危机。冒险商公司在16世纪中叶处于酝酿阶段，很可能在1552年成立，[458]与张伯伦开始探险旅行同时。这次航行原来计划经北方的危险道路前往卡塞险滩运载香料……由于偶然的原因，出现了同俄罗斯贸易的机遇，[459]因而就想利用同俄罗斯的贸易来绕开黎凡特的贸易。开展这些贸易活动，从一开始就是为了对付经济不景气、英格兰商品价格的跌落和国外需求的逐渐下降，而这一切又是贸易衰退和殖民地食品供应不足的产物。如果从英格兰本土考察当时的贸易条件，人们或许便会发现为什么地中海的航行对于伦敦的商人来说已无利可图。这显然是他们放弃地中海航行的原因。指责土耳其人是不合逻辑的。这里应该看到，障碍来自地中海和横贯欧洲通道上的运输

者的竞争,来自这些困难时代的一般经济形势。

Ⅱ. 1550 年到 1573 年

属于地中海人的地中海

所有从直布罗陀海峡闯入地中海的外来船只与英格兰船同时从地中海消失了。似乎又经历了一次奇异的打扫,虽然打扫后还留下少许灰尘——一艘来自迪埃普的船,一艘来自布列塔尼的渔船或一艘来自圣马洛的帆船——整个场地却突然变得干干净净。在从 1553 年到 1573 年的整整 20 年里,地中海人重新自己承担起全部海上运输。海上的所有繁重活计——盐、粮食、羊毛和皮革的运输——都越来越多地由拉古萨和威尼斯的船舶承担。例如,1534 年和 1541 年,查理五世率领船队前往突尼斯和阿尔及尔,拉古萨船舶在其中起着很大的作用。威尼斯的船舶(1498 年载重量为 26800 波特;1560 年 29000 波特;1567 年为 53400 波特)也明显增多。[460]这些数字有力地说明,威尼斯填补了大西洋的劳动力离开后留下的空白。在拉古萨可以看到同样的情况:货船队的载重量 1540 年左右为 2 万卡罗;到了 1560 年至 1570 年间最高曾达到 3.5 万卡罗。[461]制造的所有新船都及时开出船厂。这也就说明,地中海的大船又重新远航大西洋,甚至在北海出现。

906

事实上,南方人从来没有完全放弃这种航行。[462]1533 年,威尼斯一度停止了官方的航行,但私人的航行仍未间断。1547 年 12

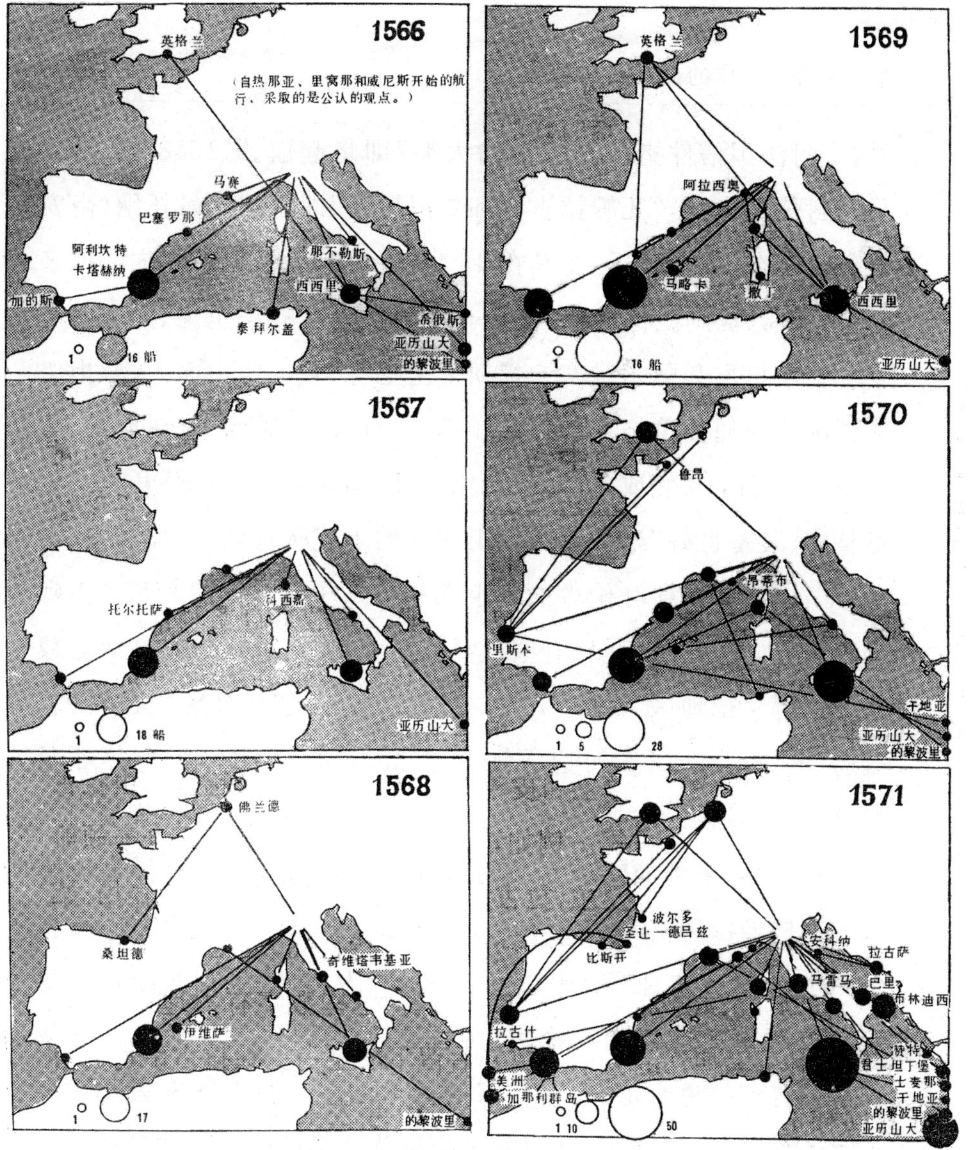

图 53　热那亚的一本海上保险登记册

热那亚的这本海上保险登记册提供了有关以上六张地图的材料(1566—1571 年,每年一张)。这使我们对海运的扩展情况有了一个整体认识。热那亚保险商的主顾不断增多,特别在 1571 年,正值塞浦路斯战争,威尼斯处境维艰,热那亚人趁机打入对方的市场。1571 年的地图引人瞩目:热那亚的船只以及威尼斯的部分船只在海运中占主要地位。亚得里亚海和东地中海向大西洋、拉芒什海峡和北海的航行也十分繁忙。当然,海上保险与热那亚的实际运输量略有出入,但从图上可以看到船只过往的港口:阿利坎特,巴勒莫,还有与东地中海方向的不太紧密的联系。我们不得不把登记册的素材加以简化,把从热那亚、里窝那和威尼斯起航的船只混在一起。两项见证值得注意:热那亚资本家打入了威尼斯海运保险的领域;地中海船只承担了热那亚、里窝那和威尼斯同北大西洋欧洲的联系。最后一张图上的马雷马是指托斯卡纳的马雷马。

月，一封法国信件指出，“威尼斯大船”即将起航。[463] 1548 年 3 月，另一封信件声称，“几艘拉古萨和威尼斯船”即将驶往昂托纳（南安普敦）。[464] 在 1550 年后，尤其在 16 世纪 60 年代后，这类航行越来越经常被人提到。将近 1551 年，阿莱桑德罗·孔塔里尼、尤斯蒂尼安·孔塔里尼和阿尔维塞·福斯卡里尼等“威尼斯头面人物”抱怨法国国王在通往英格兰的路上扣押了他们的一艘船。[465] 在尼德兰，1552 年 5 月，10 艘或 12 艘船从比斯开、葡萄牙和拉古萨开出，“队形整齐、装备良好”地加入正在组建中的主舰队行列。[466] 1552 年 10 月 17 日，从威尼斯驻伦敦的领事那里传来了好消息。[467] 1553 年到 1565 年，13 艘热那亚船（有些可载重 500 吨）从奇维塔韦基亚运载明矾到佛兰德地区。[468] 1556 年 6 月 20 日，威尼斯召集“从事伦敦航运”的商人，会商如何选举领事。[469] 1557 年 12 月 30 日，热那亚抱怨一个热那亚人的欺诈行为。此人是一艘荷兰式双桅帆船的船主，他从西方来到加的斯后，竟直接前往那不勒斯，没有像他应该做的那样经由里窝那和热那亚。[470] 1558 年 5 月，一些法国人在勒阿弗尔的外海扣押了一艘威尼斯船。[471] 从 1562 年 12 月 8 日至 1563 年 2 月 15 日，佛罗伦萨大帆船“教廷使者斯塔玛丽亚”号从安特卫普前往里窝那。[472] 弗朗塞斯科·德莫兰的未曾发表的日记表明，他于 1566 年 3 月 21 日乘坐哈科莫·福斯卡里尼和哈科莫·拉加索尼的一艘大船从威尼斯出发，到达赞特，并在那里装满了一船葡萄干。他说：“我觉得让一艘载重 1000 波特的船运这样的货物是件值得一提的事情。”他继续航行，经过马耳他、马略卡、马拉加、加的斯和里斯本，最后到达马加特港。[473] 货物在那里卸下，并发运往伦敦。该船于 10 月再次起航。它在海上的不幸遭遇，特别是在为西班牙(西班牙扣押了这艘船,并把它派往佛兰德)服役时的不幸遭遇,我们已不再感兴趣。1567 年 7 月,在马拉加,一艘为加的斯运送货物和为英格兰运葡萄酒的威尼斯大帆船也被拦截征用。1569 年,六艘威尼斯船在前往北方途中,同时被人注意到。[474] 从已经知道的关于它们的吨位的情况中,人们可以想象出南方贸易的规模……同年(1569 年),两艘船被拉罗舍尔的胡格诺海盗截获(其中的一艘名叫"胡格蒂尼亚纳"号,载有价值 13 万埃居的货物,在食盐下面又藏了 70 多门炮;另一艘名叫"韦尔吉"号,是条小船)。[475] 由此引起的控告和文书交换使我们对威尼斯和北方诸岛之间不断进行的贸易,了解到一些补充细节。人们毫不惊奇地获悉,粗呢绒是返航时载运的货物之一。[476] 阿尔瓦公爵在尼德兰的情报机构对这个细节并不是没有注意到。[477] 他于当年 8 月写道,由于同西班牙的战争已迫在眉睫,英格兰人利用威尼斯和拉古萨的船只出口呢绒。这些船只在大西洋和地中海上享有中立者的特权,遭到意外事故和海盗袭击除外。1569 年 5 月,西班牙大使在伦敦催促威尼斯船只尽早离开英格兰,[478] 为了使英格兰恢复理智,悬崖勒马,有必要对威尼斯船只和拉古萨船只的来往加以限制。但奇怪的是,胡格诺派对此事竟助了一臂之力。[479]

然而,地中海航运的复兴是整个经济形势的产物。从 1550 年到 1570 年(取其整数),或更确切地说到 1575 年,经济形势的衰退迹象十分明显。所有的人都觉得生意难做。但每个人又不得不力求自保。富人以胜利者的身份出现,因为当其他人还陷入困境时,他们已度过了危机。地中海的大船尽管也经常遇到不幸的事故,但它们还是坚持下来了,并且保证了内外往来联系。经济的晴朗天气接着又重新来到。我们之所以没有为图省事而人云亦云，这是因为繁荣的再次出现使地中海向北方的航行中断了，至少是使这种航行的次数减少了。在16世纪末经济的突飞猛进中，富人再次能放手地把某些工作交给别人去做。于是，先是英格兰船只，然后是荷兰船只，又重返地中海，而且比16世纪上半叶规模更大。

1572—1573年英格兰人重返地中海

英格兰船至迟在1573年再次在地中海出现。根据我们的记载，这是第一批英格兰船抵达里窝那的日期。在别处，重返的日期可能更早些。例如，一艘英格兰纽芬兰捕鳕船可能于1572年到达了奇维塔韦基亚。[480] 可以肯定，一艘名叫“朗代尼”（燕子）号的英格兰船[481]（在伦敦和南安普敦装货，船主为乔瓦尼·斯科托）于1573年6月25日把三包呢绒、2桶精炼锡、一些棉布、37箱已经破损的钟、5只完整的钟、380块铅和1桶腌口条等货物运到里窝那。正如人们所看到的那样，这批货物数量不多。“痛苦的圣玛丽亚”号（船主是斯特利奇）载着在加的斯装的货物于7月20日抵达。1573年12月16日抵达里窝那的“风筝”号从伦敦运来铅、碱、呢绒和锡，这些都是运给热那亚商人的。以上细节很有价值。单是这三艘载货不多的船就足以使人知道英格兰的贸易将以呢绒、铅和锡为主。后来又加上桶装的鲱鱼、鳕鱼和鲑鱼……建立起的联系今后就不再中断了。里窝那的统计表记载了到港的英格兰船只的情况：1573年3艘；1574年9艘；1575年2艘（经我们检查，该年的数字有误）；1576年3艘；1578年5艘；1579年9艘；1580年2艘；1581年13艘；1582年10艘；

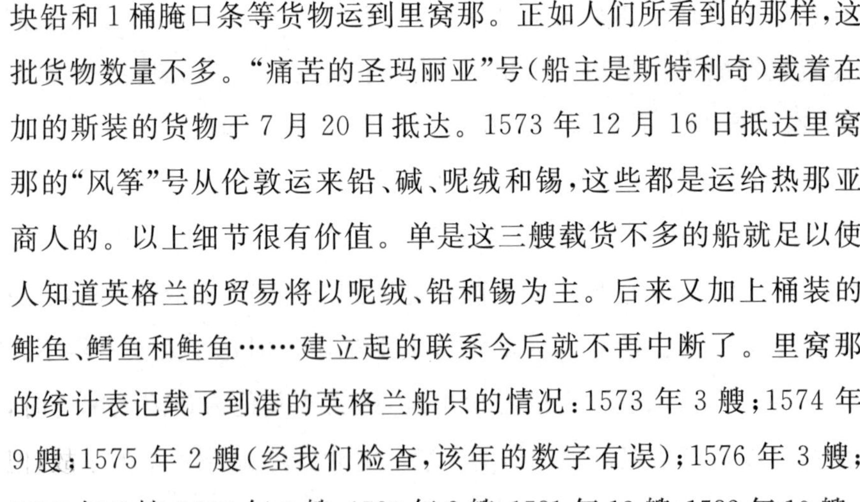

1583 年 4 艘；1584 年 6 艘；1585 年 8 艘；1590—1591 年 6 艘；1591—1592 年 3 艘；1592—1593 年 16 艘。英格兰人已经重新找到通往地中海的航路。

在扼守地中海门户的西班牙，似乎找不出任何迹象能说明英格兰船重返地中海的原因，在地中海其他地方，几乎也是同样情况。难道是因为圆形货船的船帆和缆索在 16 世纪中叶取得了改进，从而使船只在风云突变的海面更易于驾驶吗？或者，根据里窝那港的卸货记录（即卸下的白鲱鱼、铅和锡的桶数），认为地中海越来越仰赖英格兰的资源，以缓解其自身资源的不足（斋戒日和封斋期食用的鱼和制造武器的原料）呢？大家知道，铜炮当时已开始代替铸铁炮。可以肯定，在地中海，在穆斯林地区，在俄国以及地中海的基督教地区，对锡和铅的需求很普遍。从 1580 年起，在西西里岛中途停靠的英格兰船只总被怀疑为前往君士坦丁堡，运去铸造大炮所需要的锡块。[482] 这些船曾向那不勒斯输送物资，[483] 并在马耳他很受欢迎。在建立最初的联系时，它们也曾碰过钉子：例如，1581 年一艘满载铁、钢、青铜和锡的英格兰小船"山羊"号（船主叫彼得·贝克）和 1582 年一艘英格兰小船"雷诺兹"号都是如此。[484] 这一年 7 月，马耳他骑士团答应英格兰人，只要他们不进行走私活动，就可以在岛上自由贸易，也可以前往黎凡特。这项优待当然提供了建立稳定的订货关系的机会，如火药、火枪、硝、锡、钢、铁、铜、普通白粗呢、粗布、铁子弹和铁炮弹、细砂轮、双桅战船上的轮轴和斜桁等物。此外，还有泥煤，英格兰商人称之为"纽卡斯尔煤"。这在英格兰煤炭史上增加了一个小小的细节。

但是，英格兰人重返地中海，显然首先是接受他人的召唤。例

如,托斯卡纳大公曾在 1576 年至 1578 年间要求英格兰人来到里窝那。[485] 1578 年至 1579 年间,提出这种要求的还有投身于宗教改革运动的热那亚人奥拉奇奥·帕拉维奇诺,他也是前往英格兰的最后一批意大利银行家和大商人之一。[486] 帕拉维奇诺与另一位热那亚人——安特卫普的巴蒂斯塔·斯皮诺拉——合伙向佛兰德各邦(当时已经与菲利普二世断绝关系)提供了一笔 35 万弗罗林的贷款,由伦敦市出面担保。作为交换,帕拉维奇诺取得为期 6 年的明矾进口垄断权,这对菲利普二世辖治的各邦的明矾业只能带来损害。因此,西班牙为了双重的利益需要作出反应:既要拯救自己的贸易,也要阻止叛逆者做生意赚钱(事先可以知道,所获利润将作何用途)……帕拉维奇诺预计会遇到困难,他打算立刻把他在热那亚、米兰和西班牙各港口拥有的明矾运回到北方。夏末,他向南方派出一艘载重为 7000 康塔尔的大帆船"圣玛丽亚女王"号,前往阿利坎特、卡塔赫纳和加的斯,以便把那里的一部分存货运走。[487] 天主教国王获悉后抢先在米兰进行调查,并准备在满载明矾的船只途经西班牙时拦截扣押。[488] 罗网已经布下。但是这个热那亚人在阿利坎特已得消息,决定委托英格兰船只运送宝贵的明矾。英格兰船只果然顺利返回阿利坎特,没有受到任何损失。七艘船于 1579 年 3 月将 1.4 万康塔尔明矾(平均每艘船载有 2000 康塔尔,大约等于 100 吨)运到伦敦。这些货物价值达 6 万埃居之多。此外,如果人们没有把另一份文献资料的含义搞错,帕拉维奇诺似乎还通过德意志向佛兰德运去 2000 康塔尔明矾。[489]

这里还要研究另外一份文献资料,即 1580 年 1 月 26 日威尼斯元老院的法令。[490] 这项法令又一次涉及勒班陀的危机。元老院议员们说："在上次战争之前，我们的威尼斯商人已经习惯于在西地中海（请理解为英格兰）进行贸易和运输。他们租船前往凯法利尼亚、赞特、干地亚（克里特）等岛屿，把那里的葡萄干和葡萄酒运往西地中海地区。返航时，又把粗呢、呢绒、锡和其他物品带回威尼斯。"就这样，平均每年总有五六艘抵达北海。但是，自从战争爆发以来（从1571—1573年以来），威尼斯的船只仅仅向东航行，向西的航行则完全中断。一些"外国"船直接开到威尼斯所属诸岛，在这些岛上与某些威尼斯人合伙装载新葡萄干和葡萄酒，以北方的粗呢、呢绒、锡和银等物作为交换……

这样，我们就必须回到1571—1573年的威尼斯危机上来。这次危机不但使马赛人一度在东方鸿运高照，而且也把英格兰人的冒险活动引入地中海。可是，就像在黎凡特那样，威尼斯本来能够迅速恢复它在西地中海的地位。它之所以没有这样，是因为1575年前后的经济形势开始好转，并促使威尼斯的活动偏离原来的方向。16世纪末，北方肯定还有几艘威尼斯船。1582年，一则社会新闻（从特尔塞拉岛来到英格兰的100名葡萄牙"穷光蛋"被遣送回国）不是曾提到两艘威尼斯船吗？[491] 1589年10月，"圣母玛丽亚"号（威尼斯或拉古萨的）还在干地亚和雷西姆农装载酒运往英格兰。至少它的租船合同是这么写的。[492]但是，我们已经讲过，像地中海的大部分城市一样，威尼斯越来越多地雇佣"外国"船只和海员。北方船舶重返地中海由此得到了最好的解释。[493]

英土谈判：1578—1583年[494]

英格兰人接着还必须取得黎凡特的市场。哈克卢特认为，此事由伦敦商人爱德华·奥斯本和理查德·斯塔普完成。1575年，他们决定自己花钱，派遣约翰·怀特和约瑟夫·克莱门茨前往君士坦丁堡。这两个代理人取道波兰，1578年9月在利沃夫和土耳其大使阿奇米·查奥奇及其随行人员会合，并于10月28日随后者安抵目的地。他们从素丹那里得到一封致英格兰女王的信。日期为1579年3月15日。贝尔纳迪诺·德·门多萨从伦敦比西班牙在君士坦丁堡的代理人乔瓦居·马尔格利亚尼更密切地注意谈判的进展情况。他于1579年11月指出，英格兰女王通过法国收到了素丹的信。素丹在信中对女王作了许多承诺，请求她保持同法国国王的融洽关系并使之更加密切。他还请求她与安茹公爵联姻（法国人也曾为这一建议出谋划策）。信件还说，女王的商人，无论从陆路还是从海路前来，都将受到最好的接待。德·门多萨还写道，土耳其人其实对联姻一事毫不在意。他们感兴趣的是"英格兰人多年以来运到黎凡特"的锡，因为没有锡就不能"铸炮"。此外，五艘载有价值2万埃居以上的这种金属的船即将离开伦敦前往黎凡特。[495]女王1579年9月25日的复信是托理查德·斯坦利和"明智号"船带到的。[496]复信的时机很有利。当时，葡萄牙的王位继承问题已经提上议事日程，菲利普二世正忙于进行大量准备工作。伊丽莎白女王对此更是忧心忡忡。依靠土耳其已成为势在必行。她后来甚至在谈判过程中要求出动奥斯曼帝国的无敌舰队。

不管怎样，英格兰于1580年6月与土耳其首次签订了外侨权

利协定(共35条)，其中规定英格兰臣民和悬挂英格兰旗帜的船只享有自由贸易的权利。这一成功的取得，据英格兰人说，是克服了法国人的阻挠，后者在东地中海的威望和影响正日趋下降。但据法国人的说法，则是因为英格兰人用钱收买了“已故的梅赫梅帕夏”。[497]法国人根据土耳其人的某些诺言，相信新来的船只将挂法国的旗帜航行，结果上当受骗。[498]英格兰人一旦取得特权便不再放弃。1580年11月，一位土耳其大使(肯定是意大利叛教者)到达英格兰。[499]1581年9月11日，应爱德华·奥斯本、理查德·斯塔普、托马斯·史密斯、威廉·加勒特等人的请求，伊丽莎白女王下令组建了东方公司。该公司的建立势必引起同那些在黎凡特单独进行贸易的英格兰商人，以及同那些与威尼斯进行贸易的其他商业公司的众多摩擦。但是，就在东方公司生意兴隆、财源茂盛的同时，莫斯科方面的贸易却出了毛病，并且急转直下。当时，丹麦船于1582年开始强行阻止圣尼古拉港湾的贸易。[500]1582年11月，伦敦的“苏珊”号带着英格兰女王给素丹的礼品和信件起航前往君士坦丁堡。[501]信件由伊丽莎白新任命的驻土耳其大使威廉·哈厄布恩携带。[502]在法国的文书中，[503]此人被称为纪尧姆·哈尔布伦，他将成为英格兰事业的开路先锋。当西西里于1583年3月15日[504]获悉该船从这里经过时，“苏珊”号早已抵达爱琴海……

5月3日，威廉·哈厄布恩拜会素丹时行了吻手礼。德·梅斯说，“他得到了与给予先前在那里的其他王国的大使相同的礼遇”。[505]不管对法国人还是对威尼斯人，哈厄布恩认为都必须小心提防，但这些居心不良和虚伪的家伙最后对这位英格兰大使也奈何不得。[506]

英格兰海运业的成就

东方公司从一开始就生意兴隆。从 1581 年 9 月 11 日成立机构、正式开业起，公司的利润率就高达 300%。[507] 1592 年 1 月，东方公司与 1583 年成立的所谓威尼斯公司合并后取得了更加明显的成果。[508] 从 1595 年起，东方公司拥有 15 艘船和 790 名水手。[509] 它与亚历山大勒达、塞浦路斯、希俄斯岛的贸易往来十分频繁；与威尼斯和阿尔及尔也进行了贸易，不过往来略为少些。[510] 1599 年，这家公司仅在意大利水域就有船 20 艘。1600 年，它的船队又增添了 16 艘。[511] 尽管取得了这些成就，公司一有机会便要哭穷，并故意夸大遇到的困难，特别是在延长优惠特权的前夕（一次在 1600 年 12 月 31 日，[512] 当时伊丽莎白还在世；另一次在 1605 年 12 月 14 日，[513] 詹姆斯一世继位登基后不久）。公司确实存在一些困难：漫长的航程；西班牙的敌对（直到 1604 年为止）；柏柏尔海盗的骚扰；不放弃阵地的威尼斯人和马赛人的顽强抵抗；更不用说公司为了在君士坦丁堡开设大使馆和在柏柏尔地区及黎凡特设置许多领事馆而受到土耳其的欺压和勒索。然而，英格兰商人的坚韧不拔，他们船舶的精良，他们布匹的低廉价格和他们出色的组织工作，终究使他们获得了成功。英格兰的几十艘船在黎凡特和地中海所能做到的事，马赛人即使用上几百艘船也很难完成[514]……这里还必须考虑到：英格兰人从 1591 年起推行的精明的航运制度，他们在君士坦丁堡的贸易顺差给他们带来的收益，英格兰商人的更加诚实（与那些一有机会就在布匹的质量和数量上弄虚作假、坑骗别人的威尼斯和法国人相比较）。

所有这些在哈克卢特的游记中已经提到过，后来又被历史学家所重复的论据，都有它们的价值。但是，我们在上文已经说到过，香料贸易的复兴也给英格兰人提供了帮助。地中海原有的香料市场因大西洋发生可怕的斗争而重获生机。[515] 1583 年到 1591 年间，英格兰代理商途经叙利亚向印度洋、波斯、东印度群岛、苏门答腊岛等地推进，绝不是事出偶然的……这些以四海为家的漫游者为我们留下了令人赞美的对近东和远东的道路的描写。在埃及，经销粗呢的英格兰商人在这个炎热的国家里，必须使用现金才能做成生意，所以他们在法国人顽强的、灵活的竞争面前失败了。[516]因而，英格兰人把注意力转向叙利亚，竭力通过横贯叙利亚的陆路，朝东方发展以货易货的贸易。荷兰人第二次发现好望角也未能一下子就搞垮这种贸易。此外，我们要指出，1600 年建立的东印度公司是东方公司的子公司或姊妹公司[517]……

在地中海，里窝那港的统计数字表明北欧人取得了越来越大的成就。例如，一份有关西地中海地区的船只的港口统计表指出（这张统计表并不更准确，它把英格兰船和荷兰船混在了一起[518]）：在 1598 年 10 月至 12 月，到港的货物有 5000 桶铅，5613 桶熏鲱鱼，268645 桶鳕鱼干，513 板车干鱼……

16 世纪末的形势

16 世纪末，英格兰船周游地中海的穆斯林和基督教地区，英格兰人的足迹遍布地中海通往欧洲或者印度洋的各条陆路。从 1588 年起，他们受到摩尔达维亚和瓦拉几亚的吸引。[519]多年以来，伦敦就一直在制定宏伟的计划。[520] 1583

年，“海格立斯”号（这至少是它的第二次航行）从的黎波里运回英格兰一船货物，其价值之高象征着英格兰商人取得了空前的成功。[521]在西班牙、希腊和马赛的舵手的帮助下，新来的英格兰船进入了一个又一个停靠港，征服了整个地中海。但是，人们对这一连串成功的日期并不都能搞清楚，因为在一般情况下，船舶首次进港都谨慎小心、不事声张。例如1590年11月26日，马赛决定接受两艘英格兰船进港。“兹因目前铅、锡供应困难，城市又有些需要，经决定，这两艘船所载的货物，连同船主、船员一起，将准许进入城市，商品的批发或者零售，将与当地商民洽谈，一概任其自由。如其愿意，他们可购买别的商品，但不得载运违禁商品。”[522]这肯定不是英格兰船舶第一次进入马赛。自1574年起，马赛同它们就有来往，但这一次却是手续齐备，正式取得了许可。

在短短的几年里，英格兰人走完了如此漫长的路程！一份热那亚文件指出，[523]从1589年起，英格兰的“情报网”已遍布地中海各地：在君士坦丁堡有威廉·哈厄布恩（他这时在伦敦）[524]；在阿尔及尔有约翰·蒂普顿；在马耳他有约翰·卢卡斯；最后，在热那亚有理查德·亨托。亨托的姓氏已经意大利化了，但他在热那亚人的印象中却是天主教的敌人，是一个“生性狡猾、居心叵测的敌人”，并且因是奥拉奇奥·帕拉维奇诺的坐探（一份西班牙文稿称他是“通敌分子”）而臭名昭著，何况帕拉维奇诺本人也名声不佳……1590年1月，英格兰人为阻止西班牙的新代理商胡安·埃斯特发诺·费拉里做成了一笔交易而感到高兴。英格兰人从此深深涉足地中海的生活，开始推行自己的政策。这当然还不是强权政治：英格兰人使用了很多灵活的手法，有很大的欺骗性（此事在所难免）。他们在伊斯兰教地区和基督教地区双管齐下,甚至还通过海上抢劫为英格兰的航运业铺平道路。

英格兰船远航地中海,从一开始就以海盗的面目而出现,其手段也最为恶劣。[525]早在1581年,一艘英格兰帆船就在地中海上抢劫了土耳其人。[526]20年后,即1601年,据伦敦的一份文书记载,威尼斯、热那亚和其他国家的人对英格兰帆船的海盗行径和它们在柏柏尔城市进行的倒卖活动叫苦连天。[527]1604年西班牙和英格兰媾和以后,里窝那成了那些洗手不干的英格兰海盗最喜欢的隐居地。[528]不错,海上行劫是弱者使用的武器。英格兰人16世纪末的海上行劫表明,在这个城市林立、船舶穿梭的海域,他们只是个小人物。英格兰人在地中海的统治——这是一个反常现象——要花几百年时间才能建立起来;英格兰的舰队要等到1620年才进入地中海;英格兰的公司要等到1630—1640年才在热那亚开办分行。[529]

汉萨同盟和荷兰人的到来

英格兰重返地中海与锡的贸易有关。汉萨同盟和荷兰首次大举进入地中海则起因于地中海诸国购买谷物。扼守地中海门户的西班牙举措不当,行动不力,固然要负一定的责任,但问题的关键还在于谷物。

1586年至1590年间意大利的粮食歉收,[530]引起了荷兰人和汉萨同盟成员的警觉。据卢扎克、[531]德·琼吉[532]和瓦特延[533]的推测,他们可能得到犹太批发商和经纪人的帮助,他们的推测看来是有道理的。但这只是执行中的细节。但泽、吕贝克和汉堡位于谷物市场的门口,历来经营大宗谷物贸易,听到地中海人的召唤,自然起而响应。这同样是执行中的细节。托斯卡纳大公于1590年派里卡尔托前往但泽。这个代理人在办事人员的陪同下，负责把波兰小麦先运到吕贝克，然后再送往荷兰、法国和英格兰。[534]可以肯定，就在那一年，托斯卡纳大公在北方的大量订货（听说达到100万金币）就使北方运载小麦的船队首次来到地中海。以后，运输便广泛地展开了。历史学家声称，在1591年，尽管持有西班牙国王签发的通行证，[535]仍有13艘帆船在经过西班牙时被扣留。40艘船到

1593年里窝那的北方谷物运输船登记表

	阿姆斯特丹和泽兰	英格兰	汉萨同盟城市				安特卫普和佛兰德	挪威	里加	地点不明
			吕贝克	埃姆登	汉堡	但泽				
起航地船数	12	7	4	5	16	9	4	2	1	13
载货地船数	28（其中1艘在泽兰）	7	3	3	12	11	0	0	1	8

73艘船抵达里窝那港的日期如下：1月6日（2艘），1月9日（1艘），1月12日（5艘），1月13日（37艘），1月14日（4艘），1月16日（1艘），1月20日（8艘），1月26日（3艘），1月31日（1艘），3月11日（1艘），3月14日（2艘），4月1日（1艘），4月29日（1艘），5月3日（1艘），5月5日（1艘），5月6日（2艘），5月12日（1艘），5月15日（1艘）。关于航行时间，1593年到港的船舶未作任何说明，但在1609年至1611年间，实际航行时间（以周为单位）如下：A. 阿姆斯特丹——里窝那（12，6，5，5，8，5，32，16天）。B. 但泽——里窝那（14）。C. 伦敦——里窝那（4，8）。D. 布里斯托尔——里窝那（12）。E. 普利茅斯——里窝那（28天）。

以上图表业已说明：航行时间长短不一，航行以冬季为主，阿姆斯特丹显然起着粮食转运中心的作用，读者可自行作出判断。但是，我们还要补充指出：第一，在1593年，6艘英格兰船运来铅、锡、鲱鱼等传统货物，但在他们的船队里混进一艘荷兰船（在英格兰装货）和1艘在里斯本装船的埃姆登的“黑鹰”号；第二，这一年，北欧人在里窝那总共卸下了1.5万吨黑麦和小麦，这说明北方帆船的平均吨位大约是200吨；第三，从船名登记表可以看出，非宗教的名称占绝对优势。

达里窝那。[536]既然地中海国家多次派人奔走活动,所有的北方国家自然也就答应了他们的要求。从1597年里窝那港船只登记册可以看到,荷兰、汉萨同盟、英格兰全都加入了运粮船队的行列。[537]

从谷物到香料:荷兰人征服地中海

汉萨同盟虽然和荷兰同时到达地中海,但只有后者后来征服了地中海。路德维希·博伊廷在其著作中用这两个北方民族之间的竞争来说明以上的事实。[538]17世纪初,汉萨同盟的商人被淘汰了,他们的船只不再前往马拉加港以远的海面。[539]

这次失败的原因还有待确定。毫无疑问,在伊比利亚人同北欧人进行战争期间,汉萨同盟一度曾采取中立者的有利立场,但在1604年和1609年的协定缔结后,这些好处就自动减少。到了18世纪,汉萨同盟再次趁欧洲战争的有利时机,又在地中海扩展他们的贸易。难道事情不正是这样的吗?看来,在16世纪末,确实还有很多其他原因:由于汉萨同盟与西班牙有着贸易往来,并且根据西班牙的建议,从事大西洋方面的运输,他们并不需要香料和胡椒,黎凡特对他们也就没有了吸引力;或者,由于德意志南部同热那亚和威尼斯有着特殊的联系,这些沿海城市的背后也就没有强大的工业的支撑;也可能是由于缺少硬币。总之,在1615年甚至更早一些时候,[540]正是荷兰人把琥珀、水银、硃砂、铜丝、铁等德意志商品运往叙利亚;对于这种反常现象的出现,应该作出解释。据我看来,这并非因为汉萨同盟组织不善(船主和保险人过多,在当时的地中海地区,也是屡见不鲜的现象)。难道是船舶的问题吗?汉萨同盟

拥有各种吨位的船舶。

不管怎样，荷兰人取得了胜利，并在 1597 年到达地中海的东端。这一年，西班牙的敌人巴尔塔萨尔·毛赫龙向的黎波里派去一艘悬挂着法国旗的船只。[541]第二年，所有的荷兰船都得到亨利四世的准许，可悬挂法国国旗在土耳其各港[542]进行贸易(这些港口于 1612 年才开始实施外侨特惠条例)。1599 年，威尼斯领事指出，[543]这一年，一艘“佛兰德”船携带 10 多万埃居现金“又来到土耳其”，而且对威尼斯的贸易造成不少损失。这个领事很想知道荷兰商人是否将留在叙利亚。荷兰“领事”说，如果他的同胞继续在印度洋取得进展，他们就不会留在那里。威尼斯人十分希望荷兰人赶紧离开！但是，尽管霍特曼顺利完成了远航(1595 年)，尽管荷兰人占领了爪哇岛(1597 年)，发现了科摩罗群岛，夺得了毛里求斯岛(1598 年)[544]，而且其第二支船队已经返回(1598 年)，荷兰人却仍然留了下来。这是因为荷兰人要花上几年时间，才能真正征服印度洋，才能使贸易进一步向纵深发展，才能使东印度公司终于在 1602 年从远方公司(Van Verne)脱胎而出。此外，荷兰人即使可能停止重要的香料贸易，他们还是会被丝绸和棉纱贸易(他们后来试图向波斯湾转移，但并未立见成效)吸引到黎凡特来的……

荷兰人就这样在地中海留了下来。他们像蜜蜂一样忙碌但又显得有点笨重，以致在玻璃窗上撞得头破血流。他们吵吵闹闹地突然闯了进来。这是因为他们像葡萄牙人所说的那样(葡萄牙人曾在法罗群岛的城堡中遭到他们的劫掠，因而有所了解)，是海盗中最凶残的吗？[545]或者是因为，在地中海和大西洋，他们必须排挤别人，在别人已经占据的地盘上发展吗？在 13 和 14 世纪，其他一些后来者,比如加泰罗尼亚人,也曾这样做过,进行海上抢劫,强行进入别人的地盘。英格兰人的做法也没有什么两样。他们的大炮不仅用来强占直布罗陀海峡,用来自卫,用来对付西班牙的帆桨战船,而且还不加区别地向所有值得猎取的目标——土耳其船、法国船或意大利船——射击;对他们来讲,它们都是一样的。就这样,英格兰人很快就臭名远扬。在地中海,荷兰人也常常把赌注押在海盗活动上。[546]他们很早就参与柏柏尔人的海上行劫。我要补充的是(以后我还会谈到这个问题):他们改变了柏柏尔人的策略,利用里窝那这一大港组织抢劫和在大西洋进行走私活动。[547]不管怎样,1610 年,[548]两艘船自印度洋驶抵托斯卡纳的这一港口。它们是地中海人的船还是荷兰船?不得而知。但是为了记下这两艘船上所带的财物,书记员誊写了整整一页纸。此外,威尼斯市政会议和阿姆斯特丹之间建立了某种奇特的关系(有时以法国国王为中介)。这种关系错综复杂,难以弄清。当时在威尼斯曾经提到对世界各地,其中包括东印度群岛进行海上保险。[549]这是否荷兰人所为?文献没有说明。

荷兰在地中海这一小小的舞台和其他地区的历史至今远非非常清楚。直到 16 世纪末,荷兰才成为一个世界强国。那么,为什么在伊丽莎白的船舰战胜了菲利普二世的笨重的无敌舰队后,没有紧接着出现英格兰合乎逻辑的霸权呢?英格兰获胜后,荷兰应该把它的国民、贸易和船只送到世界各个遥远的角落,送到东印度群岛和中国,并把这一政策一直执行到 17 世纪中叶。只有一种或许可以成立的解释:由于与信奉天主教的尼德兰各省毗邻,由于坚持推行强行打开西班牙大门的措施,因而荷兰比英格兰更容易接近伊比利亚半岛及其美洲财富。美洲财富是荷兰贸易之所系；没有前者，荷兰贸易不可能兴旺发达。没有它从西班牙耐心得到的8里尔面值的金币，荷兰就不可能在世界七大洋进行其船运业。17世纪初，在英格兰，人们认为黎凡特公司的贸易比东印度公司更有利可图，因为前者可通过向土耳其的大量出口而获得平衡；至于东印度公司，如果没有大量硬币外流，是不可能维持下去的。[550]西班牙与荷兰之间有着金钱往来，1609年至1621年间的和平又加强了这种关系。17世纪中叶，当命运之轮转得对荷兰不利时——这纯属巧合？——这种关系就像西班牙的整个财富一样破裂了。

荷兰人如何在1570年后兵不血刃地夺取塞维利亚

17世纪时英格兰人和荷兰人所取得的辉煌成就，只有从世界的范围才能得到正确的解释。首先，如前所述，这是造船技术和船舶驾驶技术方面一系列改进的结果。[551]那些装备良好、操作安全可靠的100吨至200吨级北方船舶的出现，是世界航运史上的一个转折点。从1500年到1600年，航海在北海取得的进展比西班牙无敌舰队在特拉法尔加取得的进展更大。[552]北方人加强了船舶的防御能力，增加了船员，增强了火力，拆掉了上甲板以便操作。正如拉尔夫·戴维斯所指出的那样，我也认为这具有决定性的意义。[553]不论人们作出什么样的具体估计，按船舶的吨位计算，北方船的平均船员数多于地中海船。[554]载重量小虽是弱点，但更为安全足以弥补，同时保险费用也较低。[555]当然，即便在17世纪，造价高昂的地中海帆桨战船也会令人惊奇地恢复其原有地位：帆船

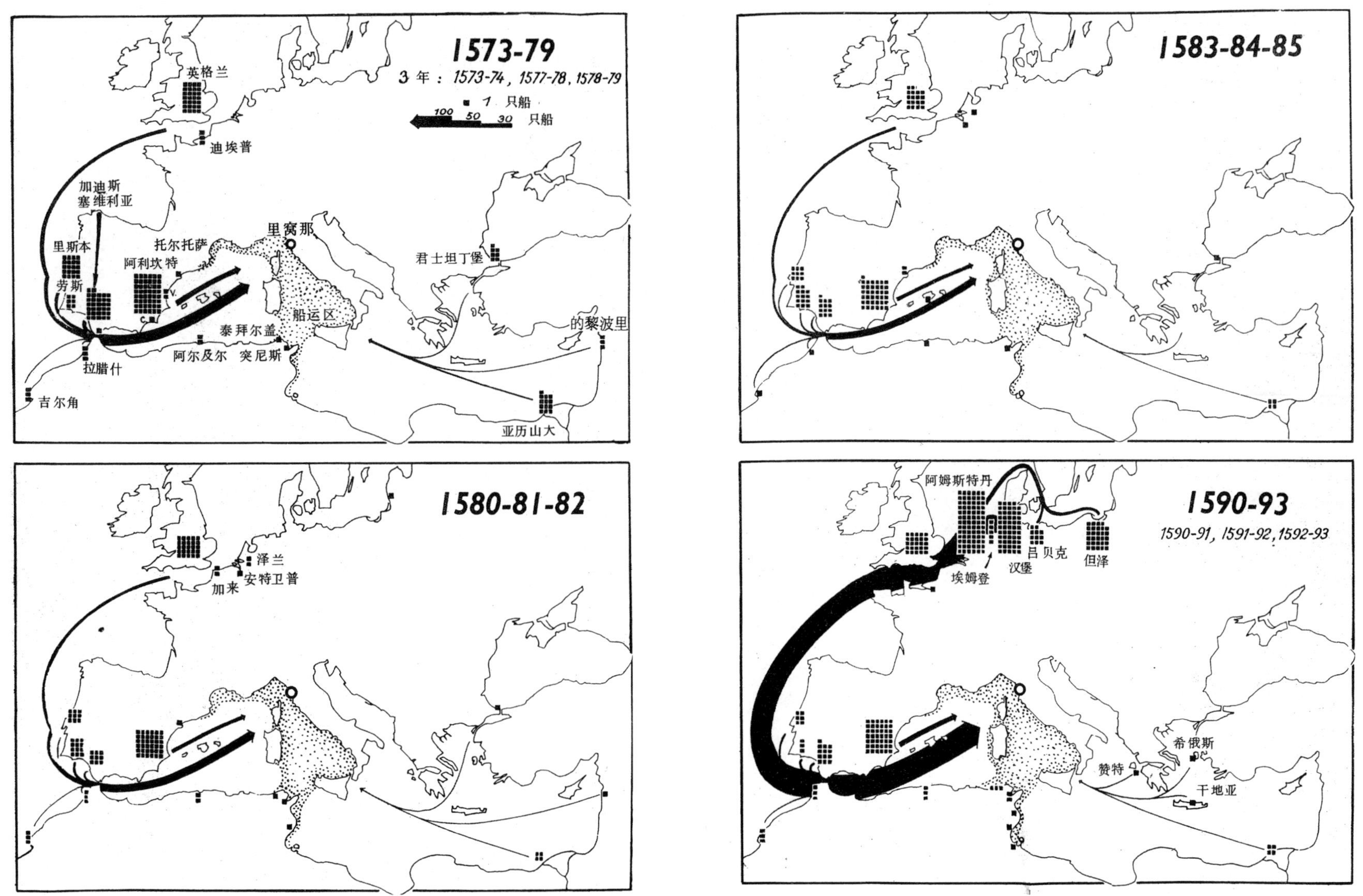

图 54　1573—1593 年北方船舶在里窝那占据越来越重要的地位

据 F. 布罗代尔和 R. 罗马诺的《里窝那入口处的船只和货物》。这四幅图表明，通向里窝那的运输量在飞速增长(每张图表示三年合计船运数)。

一直就不太重要的黎凡特，尽管某些船货有重大价值，其地位将进一步下降。

在数量上占较重要地位的西部船只最初主要来自西班牙和葡萄牙，同时有少数船自拉芒什海峡和北海前来。随着 1590—1593 年北方运粮船的大量到来，这一状况中断了。

只有在风足以鼓起帆时才会成为船中之王。[556]风平浪静时,灵活的帆桨战船可以到达固定不变的堡垒的各个死角,从而获得胜利。

但是,这仅是些例外情况。北方在军事和贸易方面的优势是毋庸置疑的。况且,英格兰人和荷兰人在1588年前就已充分认识到这一点。在他们看来,葡萄牙航海者不过是些"胆小鬼"。[557]与此相反,葡萄牙人把这些打败他们的人称为穷鬼和可怜虫。1608年时他们仍在说,这些荷兰人在海上满足于"一点点饼干,少得可怜的黄油、大油、鱼和啤酒。靠这点东西他们就能在海上过上几个月"。他们说,南方人在船上要求有好的食品,"因为我们不像这些人那样是在贫困中长大的。"[558]当然,关于北方人的胜利,还有其他一些解释。

但愿我们能摆脱那几个常常为人提及的解释!例如,伊比利亚人是地中海的不称职的守门人;它本想避免一场风暴,却采取了一项与北方竞争这一非其力量所能及的大西洋政策,结果倒引发了这场风暴。这一解释无疑有个别合乎事实之处。正是在1586年,西班牙人——当时既是塞维利亚又是里斯本的主人——强化了禁运措施和对北方船只的禁令。[559]但是这些措施未能阻止伊比利亚人与其敌人之间的活跃的贸易:作为一个"大陆封锁"它未能奏效。[560]一切就像或几乎像以前那样继续进行。同时,大事年表令我们警醒。1572—1573年,即在西班牙颁布禁运令之前10年,英格兰人重返地中海;荷兰人重返地中海是在1590—1593年,即在禁运令颁布数年之后……显然,对这样大规模的经济倒转所作的主要解释,必定蕴藏在总的经济形势之中,或由这里推导出来。

早在16世纪结束之前,北方和南方就互相敌视。1566年荷兰人反叛;1569 年后英格兰人重创西班牙的海运通道。但是这些敌人“互相补充”,[561]互相依赖,无法单独生存。他们互相争吵,然后根据公开的或隐隐约约地达成的谅解,互相配合或互相谅解。结果,大西洋的战火就会点燃,熄灭,再次点燃,再次熄灭,最后总是通过幕后解决办法减缓……就这样,在 1566 年至 1570 年间,一个重要转折点出现了。在这以前,海上贸易是由以下三部分人进行的:北方人(荷兰人居第一位;[562]布列塔尼人紧随其后,[563]英格兰人,后来的汉萨同盟和斯堪的纳维亚渔船,[564]他们维持着北方与伊比利亚半岛间的联系,提供粮食、木材、干鱼或咸鱼、铅、锡、铜、布匹、呢绒和铁器)、伊比利亚人(他们以西班牙为基地,建立通向西印度群岛的大洋航道;以葡萄牙为基地,建立与东印度群岛的海上联系),最后是意大利人,尤其是塞维利亚的热那亚人(他们为贸易提供资金,用美洲白银填补贸易亏空,尽管总是不怎么及时)。

随后这一体系遭到两种沉重打击:1566 年后,当时正从国王那里获得出口许可证的热那亚商人对向到那时为止一直便于付款的北方出口商品丧失了兴趣。同时,1569 年后,白银自拉雷多向安特卫普的流通中止了。[565]但是,大西洋贸易并未因此一蹶不振,事实上它比过去更加繁荣。这一惊人的事实是关键性的原因。

西班牙的经济专家对国王的顾问说,大西洋贸易不可能有真正意义的完全中断;那会毁坏西印度群岛的贸易和航运业,减少国库收入。1575 年的一个长篇报告就是这么说的。[566]被热那亚大资本家抛弃的出口贸易在塞维利亚找到了其他推动者。前些年发财致富的尼德兰商行预售它们的货物,等西印度船队带回货币后再行付款。换句话说,塞维利亚的商人只起经纪人的作用,他们从经手的交易中提取利润,而自己不冒任何风险。他们把资金用于购买土地、村庄和债券,或者购置可由长子世袭的财产。他们不求进取,游手好闲,而且乐此不倦。塞维利亚人就这样被一群"白蚁"悄地从内部蛀空,而得利的却是荷兰。在这长期的腐蚀过程中(自1572年开始),安特卫普始终是推行金钱政治的中心,就像1953年以前的西贡一样。阿姆斯特丹在吸引安特卫普的商人的同时,又把网向着塞维利亚以远的辽阔的西属美洲撒去。所有这一切要成为可能,必须要经过几年的耐心经营,采用内外勾结、冒名顶替等手段,必须等待塞维利亚的商界逐渐受到腐蚀。即使从梅迪纳·西多尼亚公爵的领地巴拉梅达的桑卢卡尔运回白银,也要先取得这位大公的通融。[567]

到了16世纪末,塞维利亚的这些交易的内幕已为人所知。1595年夏季,国王准备打击这种非常发达,以致无从深入调查的地下贸易。国王的命令由迭戈·德·阿尔门特罗学士及其副手路易斯·盖坦·德·阿亚拉共同执行。他们搜查了塞维利亚的63家商号。这些商号分别由卡斯蒂利亚人、葡萄牙人、佛兰德人开设,均因与荷兰、泽兰和英格兰有关系而受到怀疑。[568]当然,在现场没有抓到一个英格兰人、荷兰人或泽兰人。阿尔门特罗写道:"众所周知,他们只是通过所信任的中间人在西班牙经商。"两个检查官把所能发现的文书账册一概查抄。某经商人已经把账册藏到床垫里。这些商业单据由检查官任用的五名会计专家——审计员——逐一审查。由于卷帙浩繁,而且账目不清,很难发现货物的真正主人。忠于尼德兰的各省份确实与叛乱者盘踞的岛屿进行过易货贸易。除非在尼德兰交战双方之间建立由尼德兰总督签发的特别通行制度并强硬加以推行，否则就很难弄清货物究竟属于哪一方。混乱的产生是由于忠于尼德兰的各省不可能通过敦刻尔克和格拉夫林运出货物。叛乱的岛屿就在附近，多佛尔岛在海峡对面，这要花多长的时间啊！那么，国王的船又在哪里呢？即使进行调查和取证，也不会有人肯讲出或能够讲出实情。接受审问的商人对扣押这种或那种货物会毫不在乎，他完全明白客户会用属于他的商品偿还自己。以上就是7月12日梅迪纳·西多尼亚大公和两个调查员联名发出的信函的结论。该信由迭戈·德·阿尔门特罗执笔写成。[569]

阿尔门特罗在大约一个月后写给他的朋友或者保护人——菲利普二世的一个秘书，总之是一位重要的政治人物——的一封信中，把情况写得更加清楚。[570]在查获的文书中，阿尔门特罗看到，被控告的商人们不但与荷兰的叛乱者或英格兰人进行贸易，保持信件往来，而且还向他们支付现金……其中有大量文书涉及三个居住在英格兰的商人：弗朗西斯科·德·科尼克、佩德罗·利米埃里和尼科拉·包达埃，以及在阿姆斯特丹定居的戴维·利米埃里。一封写给英格兰的佩德罗·利米埃里的信指出："我们的船队在返回时秩序十分混乱，如果再从这里重新开出，别人甚至用很少的船只，就能轻而易举地把它们全部抓获。"他还说，这家公司（利米埃里合股公司）是塞维利亚所有公司中最富有的一家公司。它所拥有的6艘船载着该公司的货物来到桑卢卡尔。梅迪纳·西多尼亚大公准许它们在港口卸货。阿尔门特罗补充说："不错，对大公来说，这是一笔1.2万杜卡托的生意……"他还说："进入桑卢卡尔的外国人无不享有优待和宠遇，甚至得到输出货币的帮助。"等他手下有可靠的人可派时，他就会送出有关利米埃里事件的文

件。在此以前，他要求保密。“但愿不要因我为国王陛下效力而树敌招怨……”

这里还有一些更加触目惊心的证据。第二年，即 1596 年，[571] 60 艘准备开往西印度群岛的商船，在加的斯港湾遭到正在洗劫城市的英格兰舰队的突然袭击，总共有价值 1100 万镑的货物被抢走。英格兰人提议，如果交付 200 万英镑赎金，货物将不予焚毁。然而，梅迪纳大公拒绝了这笔交易，商船因此被付之一炬。不过遭受巨大损失的不是西班牙人，因为货物并不属于他们……关于塞维利亚这座贪污纳贿成风、挟嫌诬告遍地皆是的城市，真可以写成整整一本书。

所有这些醒目的事实，即使不能帮助我们得出结论，至少也能让我们隐隐约约地看到主要原因。促使世界历史的天平出现倾斜的砝码既不是菲利普二世代理人的笨拙，也不是直布罗陀海峡的防守不力，而恰恰是西班牙国家的破产。这一破产于 1596 年已昭然若揭，并在总爆发前重新提出了白银的流通问题和世界财富的分配问题。正在突然扩张的荷兰通过谷物贸易和其他贸易，向地中海和巽他群岛寻找并找到了补偿……

有一个值得注意的情节：在荷兰人向地中海推进，同时还向西印度群岛或美洲推进之前，葡萄牙商人已经到达这些地方。这些商人一般都是基督教新教教徒，或者直接来自里斯本，或者来自他们旅居的北方城市。人们或许可以认为，正如塞维利亚那样，里斯本也已落入他人之手。这是另外一个重要问题。

新教徒在地中海

以阿姆斯特丹为据点的各国资本家对富饶的地中海垂涎欲滴，他们从北方经由大西洋向地中海进行大规模的渗透。这些朝气蓬勃、咄咄逼人、志在必得的资本家迅速与当地的商人结成了同盟。葡萄牙犹太富商的活动往往顺便为荷兰人铺平道路，例如里斯本和安特卫普的希梅内斯家族及其合伙者安德拉德家族和贝加家族就是这样。他们从1590年起，便为托斯坎纳大公组织北欧谷物的运输，从中获得了巨大利润，同时也从事对意大利的胡椒贸易。1589年以来，他们还对佛罗伦萨的巴尔塔萨尔·苏亚雷斯推销香料。后来，他们转而向刚刚到佛罗伦萨定居的葡萄牙人安东尼奥·古蒂雷斯出售香料，因为此人同其他葡萄牙商人有着商业联系，例如马努埃尔·达·科斯塔，1591年5月曾向他发运了几箱糖。[572]西蒙·鲁伊斯与佛罗伦萨人的来往信件向我们提供了有关这些葡萄牙人的情况。据巴尔塔萨尔·苏亚雷斯称，他想请他的朋友西蒙·鲁伊斯向势力强大的希梅内斯家族说情，并说这些葡萄牙人掌握了一切，特别是香料。[573]1591年，希梅内斯家族向意大利一次就发运了500公担胡椒。[574]上一年，他们让一艘货船从巴西把600箱糖运到里窝那。[575]凑巧的是，亚历山大的胡椒那时刚好供应中断。巴尔塔萨尔·苏亚雷斯惊呼道："他们真是走运，干什么事都成功。"[576]

另一些葡萄牙人紧步他们的后尘，来到意大利。1591年2月，费尔南德斯和霍尔赫·弗朗西斯科两人前往比萨定居。在这种情况下，"他们无疑会把葡萄牙所有的生意都吸引过去"。[577]同年8月，巴尔塔萨尔·苏亚雷斯写道，"据我所知，希梅内斯家族正派人去比萨开设店铺,所派的人选正是目前在加的斯代表希梅内斯家族的塞巴斯蒂安·希梅内斯·佩内蒂克。鲁伊·努内斯的一个儿子也从安特卫普赶到了这里。因为他们是富人,大公希望把他们吸引过来,并准备给他们一些好处。”[578]

以上细节显示出经济形势的某种变化:胡椒自从在大西洋方面销售不畅,便自动转到意大利,然后由那里向德意志方面推销。葡萄牙商人一度也跟着纷纷前往意大利。在威尼斯,菲利普二世的大使谈到葡萄牙的犹太富商时说,他们刚来时穿着基督徒的服装,随后又声称自己是犹太人,并“在这个国家佩戴他们的特殊标志——红帽子”。[579]威尼斯对他们持宽容和欢迎的态度,支持和保护他们,并与他们互助互利。这些犹太富商有的煊赫一时,有的默默无闻。例如在威尼斯居住了24年之后于1602年5月申请威尼斯公民权的“鲁伊·洛佩斯和迪耶戈·罗德里克兄弟”,[580]还有首先在柏柏尔地区的吉尔角开展食糖贸易的罗德里戈·迪·马尔基亚诺,[581]另有从佛兰德和汉堡出发、经由威尼斯前往黎凡特的另一些葡萄牙犹太人。不论是否引人注目,不论是真是假,东西地中海上的某些犹太商人当时似乎正呈现出一派欣欣向荣的景象,他们成群结队、络绎不绝地从伊斯坦布尔分赴萨洛尼卡、发罗纳、威尼斯,以及更远的塞维利亚、里斯本和阿姆斯特丹。在这些岁月里,西班牙、托斯卡纳或马耳他的海盗随时准备劫船夺货,宰割犹太人这块肥肉,即西班牙文献中常说的吝啬的犹太人。这绝不是偶然的事。劫夺船货对海盗常常是一本万利的事。[582]

由此提出了这样一个问题:繁荣局面的产生难道是荷兰人和葡萄牙新基督徒互相勾结的结果吗?如果是这样,大西洋应该对此

负责。我们没有足够的证据来确定这一点，但这种情况是可能的。1778年出版的未署名的《荷兰的财富》是一部好书，但叙事并不一定很准确。书中掺杂着某些错误，例如说："只是到了1612年，荷兰人才仿效前来荷兰避难的犹太人，开始在各地建设自己的商行，并在整个地中海上航行。"[583]

北方人的入侵和地中海的衰落

自从（1963年）撰写了以上各章以来，我对北方船舶、水手、商人和商品引人注目地南下地中海一事，继续进行着研究。这里有一些新的详情细节需要补充：荷兰人曾为远航直布罗陀海峡进行了精心的准备。[584]正如达尼埃尔·万·德默朗或雅克·德拉法伊等商人的书信所证实的那样，荷兰的"商业间谍"提供了确切的情报。1584年，雅克·德拉法伊从伦敦向地中海派出一艘载有英格兰呢绒和桶装鱼的船，该船从意大利返回时，带回了大米、水果和葡萄酒。不幸的是，它在返航途中在荷兰沿海触礁遇难。1588年，一艘荷兰船（可能是第一艘）成功地抵达柏柏尔和黎凡特。1590年，另一艘船"黑骑兵"号在地中海进行了两年的长途航行后，得出这样一条经验教训：由于西班牙处处作对以及海盗四出活动，它建议使用武装精良的、至少有30名船员的载重为150吨级的大船。在以后的岁月里，危险仍然存在。开往里窝那的船只保险费率高达20％，此事本身就足以说明问题。另外，荷兰船舶为安全考虑，航行时悬挂外国旗帜和使用虚假证件。正如法国后来所说，这是些"蒙面船舶。"关于从阿姆斯特丹出发的航行，[585]我们拥有相当全面的资料。同样，关于联省共

和国驻伊斯坦布尔的首任大使科尔内柳·哈加(1578—1654 年)，我们也有丰富的资料，这位大使于 1612 年经手签署了旨在保护联省共和国在该穆斯林国家的侨民的特惠条例。

这些详细情节显然有其重要性，但这尚不是近 15 年来的研究所提供的唯一的新资料。我之所以觉得有必要在本书第四版中特别提到这些情况，是由于理查德·T. 拉普的总体论点，加上它们，我们将能对地中海的地位怎样在 17 世纪被大西洋所取代得出新的看法。

理查德·T. 拉普的第一个论点是：[586] 地中海其所以被夺走其统治地位，主要不是因为新的运输道路使有利可图的贸易转到了北方，而是因为英格兰人、荷兰人闯进了地中海，并由此导致了一场“商业革命”。这场革命不仅表现为运转路线的改变，而且反映在商业中出现的猛烈竞争上。地中海的财富实际上并没有枯竭，只是落到了别人手里。的确，在较晚的一个时期，即在 1660 年前后(1663—1669 年间的平均值)，伦敦对以下地区的制成品(包括呢绒)和食品的出口额和转手出口额分别是：对地中海(包括西班牙和葡萄牙)为 97.4 万吨(占总数的 48%)；对欧洲(包括苏格兰和爱尔兰)为 87.2 万吨(占 43%)；对北美洲和东、西印度群岛为 19.3 万吨(占 9%)。尽管 17 世纪中叶的伦敦还不是世界的中心，但这些数字为 17 世纪初的国际经济提供了直接的见证。广义的地中海(我以为加上伊比利亚半岛是合理的)当时仍是进行贸易和获取利润的重要地区。英格兰的霸权开始时并不是建立世界七大海洋的新航道上，而正好是建立在地中海。或者更准确地说，这种霸权是北方的霸权，因为上述见解大体上对荷兰同样适用。

理查德·T.拉普的更加创新之处，在于他指出北方人的入侵不仅仅"夺取"了地中海的运输业，而且夺走了地中海的市场。北方利用其廉价的劳动力市场对意大利的尤其是威尼斯的制成品，通过低价倾销等手段，有意识地进行排挤。更加恶劣的是，他们还采用以假乱真等欺诈手段进行竞争。英格兰大批生产的劣质"新呢绒"使用假商标和假铅封冒充威尼斯呢绒在黎凡特的市场推销。这种做法一方面使英格兰的商品毫不费力地打入了当地市场，另一方面又败坏威尼斯老牌产品的声誉。此外，荷兰、柯尔培尔的法国或查理二世的英格兰都以重金招聘移居国外的威尼斯熟练工匠。威尼斯原是欧洲的第一个工业城市，如今则正陆续失去其众多优势。

理查德·T.拉普的第二个论点是，尽管如此，威尼斯的生活在表面上和实际上都继续保持原来的水准。在16世纪的飞速发展之后，威尼斯的生活水平出现了停滞，但没有倒退。确认这一点，就是以数字为所有的历史学家(他们全都认为，威尼斯的衰落十分缓慢)提供辩解和证据。我的确认为，威尼斯成功地实现了农业——小麦、玉米、桑树、生丝(和加工过的丝)、畜牧——的转变，威尼斯地区在16、17世纪期间有所发展，并且以其工业支撑了威尼斯的富裕生活；威尼斯物价居高不下，有利于贸易的发展；地中海的航路虽然由外国船舶承担，但仍然使威尼斯在17世纪时成为地中海的第一大港；最后，威尼斯的金融市场依旧十分活跃。

不过，尤其还要看到，如果拉普的论点是正确的，如果北方资本的原始积累依靠了古老的地中海财富为营养，地中海在当时却并没有因此一落千丈。使用"衰落"这个词来形容地中海可能言过其实。世界的格局改变了，但欧洲并没有为了种种原因而在一天之内更换了重心。地中海的命运同进入现代化前夕的欧洲的整个命运联系在一起。这个问题至今争论不休，也就是说，还像一团乱麻。马克斯·韦伯认为，全靠宗教改革，资本主义产生了，北欧获得了优势地位。但是，对这个经常为人提及的极其著名的论断，我们不应该盲从。我在与《地中海》一书第四版同时出版的另一本书①中，对这一论断持反对态度。读者即便不赞同我看问题的方法，也可参阅那本书。当然，问题有待进一步讨论。

原书本部分注释

1. J. KULISCHER, *op. cit.*, II, p. 235; Johann-Ferdinand ROTH, *Geschichte des Nürnberger Handels*, Leipzig, 1800 — 1802, I, p. 252; Carl BRINKMANN, "Der Beginn der neueren Handelsgeschichte", in: *Historische Zeitschrift*, 1914; A. SCHULTE, *op. cit.*, II, p. 117 et sq; W. HEYD, *op. cit.*, II, pp. 525—526; J. FALKE, *Oberdeutschlands Handelsbeziehungen zu Südeuropa im Anfang des 16. Jahr.*. p. 610.

2. Cité par H. KRETSCHMAYR, *Geschichte von Venedig*, II, p. 473.

3. A. SCHULTE, *op. cit.*, II, p. 118.

4. D'après Sanudo pas de chargement vénitien à Beyrouth et Alexandrie à cause de la guerre turco-vénitienne en 1499 et 1500, rien en 1504, rien en 1506. Sur cette carence de poivre d'après W. HEYD, A. FANFANI, *Storia del lavoro*..., p. 38. Sur les réductions du trafic vénitien en 1512, A. FANFANI, *op. cit.*, p. 39. Toutes ces difficiles questions sont d'ordinaire mal posées et résolues de façon catégorique. Je me suis servi pour ce paragraphe du tableau dressé par V. Magalhães Godinho "Le repli vénitien et égyptien de

---

① 指《15 至 18 世纪的物质文明、经济和资本主义》，出版于 1979 年，共三卷。此书已有中译本。——译者

la route du Cap",in:*Hommage à Lucien Febvre* ,II,1953,p. 287 et *sq.*

5. E. PRESTAGE,*Portuguese Pionners* ,Londres,1933,p. 295

6. TAWNEY and POWER,*Tudor Economic Documents* ,II,p. 19,cité par L. F. SALZMAN, *English Trade in the Middle Ages*, Oxford, 1931, pp. 445—446;Dr SOTTAS *op. cit.* , p. 135.

7. A. SCHULTE,*op. cit.* ,II,p. 118.

8. *Ibid*,I,p,279.

9. J. KULISCHER,*op. cit.* ,II,p. 234.

10. A. NAVAGERO,*op. cit.* ,p. 36.

11. A. d. S. , Venise,*Cinque Savii alla Mercanzia* ,Busta 220 juin 1503.

12. A. d. S. , Venise,Senato Mar 18,3 mai 1514.

13. D[r]. SOTTAS,*op. cit.* ,p. 136. En 1524,le monopole des galées fut rétabli pour dix ans,puis définitivement supprimé.

14. W. HEYD,*op. cit.* ,I,p. 531,538;GORIS,*op. cit.* ,p. 195 et *sq.* ;J. KULISCHER,*op. cit.* ,II,p. 234.

15. Visconde de SOVERAL,*Apontamentos sobre as antigas relações politicas e commeriaes do Portugal com a Republica de Veneza*, Lisbonne, 1893,p. 6 et 7.

16. D'après V. MAGALHÃES GODINHO, des reprises au moins dès 1514;demi-arrêts en 1517,1519,1523,1529;bons chargements en 1531.

17. Simancas E° 564,f° 10.

18. R. HAKLUYT,*op. cit.* ,II,pp. 223—224. Rel. de Lorenzo Tiepolo, 1554,p. 21.

19. Cité par G. ATKINSON,*op. cit.* ,p. 131; Père Jean THÉNAUD,*Le voyage...* ,s. d. , B. N. , Rés. O[2] , f° 998. Voir également Samuele ROMANIN,*Storia doc. di Venezia* ,VI,p. 23(1536);A. d. S. , Venise,*Cinque Savii alla mercanzia* ,Busta 27,26 janv. 1536.

20. Voir *supra*,p. 165 et *sq.*

21. V. MAGALHÃES GODINHO,a renouvelé ces problèmes :*Os descobrimentos e a economia mundial* ,II,1963 p. 487 et *sp.*

22. Voir R. B. MERRIMAN,*Carlos V*,2e éd. 1949,p. 182.

23. A. B. de BRAGANÇA PEREIRA,*Os Portugueses em Diu*,p. 2, 83 et *sq.* N. IORGA,*op. cit.* ,II,p. 365; A. S. de SOUZA *Historia de Portugal*, Barcelone, 1929, p. 129; F. de ANDRADA, *O primeiro cerco que os Turcos puzerão na fortaleza de Dio* ,*nas partes de India* ,Coïmbre,1589.

24. *Corpo diplomatico port.* ,VI,pp. 70—71.

25. A. B. de BRANGANÇA PEREIRA,*op. cit.* , p. 2;J. CORTE REAL,*Successos do segundo cerco de Dio*, *Lisbonne*,1574;J. TEVINS,*Commentarius de rebus in India apud Dium gestis anno*MDXLVI,Coïmbre,1548.

26. 1547,J. von HAMMER,*op. cit.* , VI,p. 7.

27. *Ibid.* ,pp. 184—186.

28. *Ibid.* ,p. 186.

29. J. DENUCÉ,*L'Afrique et Anvers*,p. 71;M. SANUDO,*op. cit.* , LVIII,col. 678,sept. 1533.

30. J. DENUCÉ,*op. cit.* ,p. 71.

31. Prohibicion de introducir especeria en Francia, Simancas E° 497 et 498.

32. Donato au Doge,Amboise, 2 mai 1541,B. N. , Paris, Ital. , 1715 (copie).

33. A. des Bouches-du-Rhône,Amirauté,de Marseille,IX *ter*.

34. Paul MASSON,*Les Compagnies du Corail*,1908,pp. 123—125.

35. P. BOISSONNADE,"France et Angleterre au XVIe siècle",*art. cit.* , p. 36.

36. R. B. MERRIMAN,*op. cit.* , IV,p. 441.

37. Mediceo 2080 et aussi les papiers des archives Guicciardini Corsi.

38. Baltasar Suárez à Simón Ruiz, Archivo Ruiz, Valladolid, 29 nov. 1591.

39. WILKEN,p. 44, cité par F. C. LANE,*op. cit.* , p. 582.

40. Sans compter la guerre turco-vénitienne de 1538—1540. Sur les difficultés de Syrie et de Damas, A. d. S. , Venise,*Cinque Savii*, Busta 27, 23 janv. 1543,juillet 1543,14 juin 1544, 7 déc. 1548, 19 déc. 1548.

41. Lorenzo TIEPOLO,*Relatione*... (1554),p. p. CICOGNA,pp. 15—16.

42. F. C. LANE,*op. cit.* , p. 580.

43. Ainsi, en 1556, en 1563—1564.

44. En 1562,relation de L. TIEPOLO,*op. cit.* , p. 40.

45. Lettre à Gozze et Andrea di Catharo à Messine, Tripoli de Syrie,15 sept. 1557, A. de Raguse D. di Canc,f°s 37 et *sq*.

46. A. d. S. , Venise,Relazioni, B 31, Alep, 10 juillet 1557, G. B^a^ Basadona,consul de Syrie,à la Seigneurie de Venise.

47,L. TIEPOLO,*op. cit.* , p. 30.

48. A. d. S. , Venise, Senato Secreta, Costant, Filza 4/D.

49. L. TIEPOLO, *op. cit.* , p. 39.

50. BELON DU MANS, *op. cit.* , p. 124.

51. Sonia E. HOWE, *Les grands navigateurs à la recherche des épices*, 1939, p. 106.

52. BELON DU MANS, *op. cit.* , p. 131.

53. Ibid. , p. 132 v°.

54. Ibid. , p. 120.

55. R. HAKLUYT, *op. cit.* , II, pp. 207—208, vers 1586.

56. L. TIEPOLO *op. cit.* , p. 21; D. BARBARIGO, in: E. ALBÈRI, *op. cit.* , III, II, pp. 3—4.

57. *Ibid.* , p. 21.

58. BELON DU MANS, *op. cit.* , p. 134.

59. 50 kg environ chacun.

60. L. TIEPOLO, *op. cit.* , p. 20.

61. F. C. LANE, *op. cit.* , p. 581.

62. *Corp. dipl. port.* , IX, pp. 110—111; F. de ALMEIDA, *op. cit.* , III, p. 562; F. C. LANE *op. cit.* , p. 5.

63. F. C. LANE, *op. cit.* , p. 586.

64. *Ibid.*

65. *Ibid.*

66. R. EHRENBERG, *op. cit*, I, p. 14, parle de 10 127 balles de poivre arrivées à Lisbonne pour les Affaitati, fermiers du poivre.

67. E. CHARRIÈRE, *op. cit.* , II, p. 776 et note; BELON DU MANS, *op. cit.* , p. 158 v°.

68. Ernest BABELON, *Les origines de la monnaie considérées au point de vue économique et historique*, 1897, p. 248, cité par Alfred POSE, *La Monnaie et ses institutions*, 1942, I, pp. 4—5.

69. J. KULISCHER, *op. cit.* , II, p. 258.

70. 23 janv. 1552, *Corp. dipl. port.* , VII, p. 108.

71. L. Tiepolo au doge, Le Caire, Collegio Secreta Busta 31.

72. 14 nov. 1559, Senato Secreta, Cost. Filza 2/A, f° 190 v°.

73. G. Hernandez à Philippe II, Venise 3 janv. 1560, Simancas E° 1324, f° 27.

74. F. C. LANE, *art. cit.* , pp. 581—583.

75. Jean NICOT, *Sa correspondance diplomatique*, p. p. Ed. FALGAIROLLE, 1897,12 avril 1561,p. 127.

76. F. C. LANE, *op. cit.*, p. 585.

77. *Corpo dipl. port.*, VII,p. 215,238,258,277; VIII, p. 79,97,115, 250,297,372;IX,pp. 110—111,cité par F. C. LANE,*op. cit.*, p. 585.

78. J. NICOT,*op. cit.*, p. 127,12 avril 1561.

79. Voir *supra*, p. 176 et *sq.*

80. J. NICOT,*op. cit.*, p. 31,pp. 107—108,XXXIII et *sq.*

81. J. NICOT,*op. cit.*, 12 déc. 1550,p. 39.

82. F. C. LANE,*op. cit.*, p. 588.

83. E. J. HAMILTON,*op. cit.*, pp. 232—233.

84. *Ibid.*, p. 233, note 2.

85. R. di TUCCI,*Relazioni...*,p. 639.

86. J. NICOT,*op. cit.*, 28 *juillet* 1561,pp. 63—64.

87. *H. Ferro au Doge*,*Péra*,16 *sept.* 1561,*Senato Secreta*,*Cost.*, *Filza* 3/*D.*

88. Gio : Agostino Gilli à la Rép. de Gênes, Constantinople, 5 juillet 1563,A. d. S., Gênes,Constantinopoli,1558—1565,1—2169. G. Hernandez à Philippe II,Venise, 10 juillet 1563, Simancas E° 1324,f° 221; Pétrémol à Charles IX, Constantinople 11 février, 22 avril 1564,È. CHARRIÈRE,*op. cit.*, II,pp. 748—750;Daniel Badoaro au doge, Péra, 6 mai 1564,A. d. S., Senato Secreta,Filza 4/D.

89. E. CHARRIÈRE. *op. cit.*, II,pp. 748—750.

90. Voir *supra*,note 7.

91. Simancas E° 1053,f°10.

92. H. FITZLER,*art. cit.*, pp. 265—266.

93. Philippe II au duc d'Albe, 21 nov. 1569 et 23 nov. 1569,Simancas E° 542,f°s 9 et 22.

94. 13 nov. 1567,C. DOUAIS, *op. cit.*, I,p. 288; Avis de Corfou, 27 sept. 1567, Simancas E° 1056,f°86.

95. J. de Cornoça à Philippe II,Venise 22 mai 1568,Simancas E° 1326.

96. Voir *infra*,t. II, pp. 357—358.

97. *Ibid.*, p. 436,notes 4 et 5.

98. R. HAKLUYT. *op. cit.*, II, p. 219.

99. *Leis e provisões de el Rei D. Sebastião*, Coïmbre 1816,p. 68 et *sq.*,

cité par F. de ALMEIDA. *op. cit.*, III, p. 562.

100. 14 févr. 1560, *Corp. dipl. port.*, VIII, p. 355.

101. B. N., Paris, Fonds portugais, n°8, f° 197.

102. A. d. S., Venise, *Cinque Savii...*, Busta 3, 25 nov. 1570.

103. Fonds Dauvergne n° 113, 115 (relatif à Mannlich le Vieux), 117, 118, 122 à 125. Zimbre "belladin" ou "méquin".

104. G. BERCHET, *op. cit.*, p. 61.

105. G. da Silva à Philippe II, Venise, 5 nov. 1574, Simancas E° 1333.

106. Lettere commerc., 12 *ter*, A. d. S., Venise.

107. Simancas E° 1331.

108. A. d. S., Venise, Busta 538, f° 846 et v°.

109. Venise, 8 juillet 1679, A. N., K 1672 Gl, n°84.

110. Séville, 10 nov. 1575. Simancas. E° 564, f° 10.

111. G. VIVOLI, *op. cit.*, III, p. 155. Le rôle, dans cette affaire, de Jacome Barde et de son agent Ciro Allidosio, B. N., Paris, Fonds Portugais, n° 23, f°s 570 et 571 v°.

112. Ch. de Salazar au roi, Venise, 11 sept. 1577, Simancas E° 1336.

113. L'abbé Brizeño au roi, Florence, 26 nov. 1576, Simancas E°1450.

114. R. GALLUZZI, *op. cit.*, IX. p. 108; G. PARENTI, *op. cit.*, p. 80 et 90.

115. Philippe II à Requesens, 23 janv. 1576, Simancas E° 569, f° 60.

116. Cf. Rapport de Dall'Olmo en 1584, note 2 de la page suivante.

117. Simancas E°1339.

118. *Informazione sul commercio dei Veneziani in Portogallo e sui mezzi di ristorarlo*, 1584, p. p. B. CECCHETTI, *Nozze Thiene da Schio*, 1869.

119. A. BRAGADINO et J. FOSCARINI, *Parere intorno al trattato fra Venezia e Spagna sul traffico del pepe e delle spezierie delle Indie Orientali*, 1585, p. p. Fr. STEFANI, *Nozze Correr-Fornasari*, 1870.

120. *Ibid.*, pp. 1, 12—13.

121. *Ibid.*, p. 14.

122. *Ibid.*, p. 15.

123. *Ibid.*, p. 10.

124. *Ibid.*

125. H. KRETSCHMAYR, *op. cit.*, III, p. 179.

126. *Ibid.*

127. *Ibid.*

128. U. TUCCI,"Mercanti veneziani in India alla fine del secolo XVI", in:*Studi in onore di Armando Sapori*, 1957,II,pp. 1091—1111.

129. P. Ricardi au cardinal Medicis à Rome, Naples, 12 mars 1587,*Archivio storico italiano*,t. IX,pp. 246—247.

130. R. KONETZKE,*op. cit.*, p. 126;F. DOBEL,"Über einen Pfefferhandel der Fugger und Welser, 1586—1591",in : *Zeitschrift des hist. Vereins f. Schwaben u. Neuburg*, XIII, pp. 125—138;Hedwig FITZLER,*art. cit.*, pp. 248—250.

131. 8 nov. 1587, H. FITZLER,*art. cit.*, p. 266.

132. *Ibid.*, p. 267.

133. Les Fugger aux Otti, Augsbourg, 24 août 1591, *ibid.*, p. 268.

134. *Ibid.*, p. 274.

135. Lettre à Krel, indiquée par H. FITZLER,*ibid.*, p. 265.

136. Bibliothèque municipale Valladolid, Archives Ruiz.

137. B. N. ,Paris, Fonds Dupuy,n° 22,f° 89 et *sq.*, 1610. Décrue des revenus portugais depuis 12 ou 13 ans "à cause du traffic que les Hollandais ont fait aux Indes".

138. Cl. HEERRINGA,*op. cit.* I, pp. 154—155,cité par J. DENUCÉ, *op. cit.*,p. 71.

139. G. BERCHET (1625),*op. cit.*, p. 163.

140. *Ibid.*, p. 162.

141. G. ATKINSON,*op. cit.*, p. 128.

142. Fonds Dauvergne n° 111,23 juillet 1578.

143. Envoyée à Marco Rubbi, janv. 1579,A. d. S., Venise, lett. com. 12 *ter.*

144. J. de Cornoça à Philippe II,Venise, 18 juin 1579,A. N., K 1672, G1,n° 73.

145. Le même au même, Venise, 10 juillet 1579,*ibid.*

146. Le même au même, Venise,9 sept. 1679,*ibid.*

147. Mediceo 2077,f° 590.

148. Adressée à Zuane Balbiani, A. d. S., Venise, Lettere Com. 12 *ter.*

149. Ch. de Salazar à Philippe II, Venise, 30 juillet 1583, Simancas E° 1341.

150. R. HAKLUYT, *op. cit.*, II,p. 347.

151. Fonds Dauvergne, n° 28, Gilles Hermitte à son frère, indique aussi de la cannelle de belle qualité, "belle robe". Sur ses projets de voyage aux Indes, en 1584, *ibid.*, n°s 32, 34, 35.

152. R. HAKLUYT, *op. cit.*, II, p. 268.

153. *Ibid.*, I, pp. 176—177.

154. *Ibid.*, II, pp. 250—265, 1583—1591.

155. A. B. de BRAGANÇA PEREIRA, *Os portugueses em Diu* (s. d.), p. 227 et *sq.*

156. B. N., Madrid, Ms 3015, f° 149 et *sq.*, Apontamentos para V. Mag. ver sobre as cousas do Estado da India e Reyno de Monomotapa, por frey Augustinho Dazevedo, da Ordem de Santo Agostihno que veyo por terra da India, s. d.

157. Le texte découvert par J. Gentil da Silva, m'a été signalé par V. M. Godinho. Sa date (1584—1587), d'après les détails que fournit le texte sur l'Inde portugaise.

158. Vu que mention est faite de l'utilisation par les Vénitiens de l'escale d'Alexandrette.

159. Lettres marseillaises, série HH, 29 mars, 5 avril 1591, 7 mai, 11 mai 1594, A. Com. de Marseille.

160. Alvise Cucina à A. Paruta, Venise, 24 déc. 1588, Lettere Com. 12 *ter.*

161. A. d. S., Venise, *Cinque Savii...*, Busta 27, juin 1586.

162. G. BERCHET, *op. cit.*, p. 77.

163. *Ibid.*, pp. 79—80.

164. *Ibid.*, p. 132(1611).

165. H. FITZLER, *art. cit.*, pp. 254—255.

166. 10 avril et 10 août 1589, A. N., K 1674.

167. J. de Cornoça au roi, Venise, 8 févr. 1589, A. N., K 1674.

168. F. de Vera au roi, Venise, 12 mai 1590, *ibid.*

169. Sur ces lettres, via Venise, 16 mai, 4 juillet 1598, Memoria para las cartas..., 1598, 25 juillet, 24 août 1598, Ormuz, 15 mai 1599, Venise, 14 août 1601, A. N., K 1678; mars, 6 juin, 28 nov. 1609, 19 février, 27 mars, 4 juin 1610, A. N., K 1679.

170. *Op. cit.*, II, p. 530 et *sq.*, p. 556.

171. E. J. HAMILTON, *op. cit.*, p. 347.

172. H. KELLENBENZ, *art. cit.*, p. 447.

173. G. BERCHET, *op. cit.*, p. 81.

174. *Ibid.*, 12 déc. 1599, p. 103.

175. A. PARUTA, *Relazione di Andrea Paruta...*, P. P. L. BASCHIERE, Venise, 1893, p. 9 et *sq.*

176. A. d. S., Venise, *Cinque Savii...*, Busta 26, 21, avril 1600.

177. G. BERCHET, *op. cit.*, 17 février 1603, p. 122. En 1609 encore circulait et se perdait en mer une nave vénitienne avec une cargaison de 500,000 ducats, appartenant à la noblesse. Alonso de la Cueva à Philippe III, Venise, 1er mai 1609, A. N., K 1679.

178. A. P. MEILINK ROELOFSZ, *Asian trade and European influence in the Indonisian Archipelago between 1500 and about 1640*, La Haye, 1963. C. R. BOXER, *The great ship from Anacom. Annals of Macao and the old Japan trade, 1555—1640*, Lisbonne, *1959*; F. GLAMANN, *Dutch Asiatic Trade, 1620—1740*, La Haye, 1958; V. MAGALHÃES GODINHO, *L'économie de l'Empire portugais aux XVe et XVIe siècles. L'or et le poivre, route de Guinée et route du Cap*, à paraître; du même, *Les finances de l'État portugais des Indes orientales au XVIe et au début du XVIIe siècle*, thèse dactylographiée, Paris, 1958, Bibliothèque de la Sorbonne.

179. M. SANUDO, XL, colonnes 530—1, 7 août 1530.

180. *Op. cit.*, dactylogramme, p. 1035 et *sq.*

181. F. RUIZ MARTÍN. *op. cit.*, à paraître.

182. Museo Correr, Donà delle Rose, 26, f°38.

183. *Ibid.*, 26, f° 45 v°—46.

184. *Ibid.*, 26, f° 48.

185. *Bilanci Generali*, serie seconda, t. I, Venise, 1912, pp. 595—596.

186. Museo Correr Donà delle Rose 26, f°56.

187. J. van KLAVEREN, *op. cit.*, p. 74.

188. Viceroi de Sicile à Philippe II, Palerme, 8 janv. 1563, A. N., AB IX, 596, copie.

189. G. PARENTI, *op. cit.*, p. 78 et 79.

190. *Arch. st. ital.*, t. IX, p. 251.

191. 7 mai 1550, *ibid.*, p. 217.

192. H. Zane au Conseil des Dix, Vérone, 19 sept. 1559, A. d. S., Venise, B 594, f° 139.

193. G. Hernández à Philippe II, Venise, 25 août 1562, Simancas E° 1324, f° 156.

194, Philippe de CANAYE, *op. cit.*, p. 184, disette à Zante en 1573.

195. *Ibid.*, pp. 166—167.

196. Lo que D. Álonso Pimentel scrive..., 30 nov. 1570, Simancas E° 1133.

197. A. Fortunato de ALMEIDA, *op. cit.*, III, p. 313.

198. *Arch. Guicciardini—Corsi*, V, VII, 7.

199. *Ibid.*, Lettres de 4, 23, 25 juin, 21 octobre 1588 et 2 juillet 1599.

200. Lettre du 2 juillet 1599.

201. *Archivio storico italiano*, IX, p. 218, note 1.

202. Silva au roi, Venise, 23 mai 1573, Simancas E° 1322.

203. En 1522, la récompense de Hugo de Moncada, J. E. MARTINIZ FERRANDO, *Privilegios ortogados por el Emperador Carlos V...*, 1943, p. 172, n° 1543.

204. Notamento di tratte..., 1578, Simancas E° 1148, les tratas sont à 32 *tari.*

205. Nobili au prince, Madrid, 20 févr. 1566, Mediceo 4897 *bis.*

206. 28 févr. 1566, Simancas S. R. Napoles I.

207. P. EGIDI, *op. cit.*, pp. 135—136.

208. Consulta, Palerme, 10 janvier 1586, B. Com. Palerme, 3 Qq E 70.

209. Andrea Dandolo au doge, Péra, 1er mai 1562, A. d. S., Venise, Senato Secreta Cost, Filza 3/C.

210. Voir *supra*, p. 300 et *sq.*

211. I. de Asso, *op. cit.*, p. 108 et *sq.* Les progrès de la vigne en Andalousie et en Nouvelle-Castille, E. J. HAMILTON, *op. cit.*, p. 242; K. HÄBLER, *op. cti.*, p. 40.

212. Philippe II au vice-roi de Sicile, Tolède, 12 oct. 1560, B. Com. Palerme, 3 Qq Z 34, f° 7.

213. L. BIANCHINI, *op. cit.*, I, p. 359.

214. I. de Asso, *op. cit.*, p. 77.

215. 1540, à Naples, *Arch. St. Ital.*, t. IX, p. 105.

216. *Confronto della ricchezza dei paesi...*, 1793.

217. *Ibid.*, p. 17.

218. J. NICOT, *op. cit.*, p. 127, 12 avril 1561.

219. Philippe au vice-roi de Sicile, Madrid, 19 août 1561, B. Com. Palerme, 3 Qq E 34.

220. Le vice-roi de Sicile au roi, Palerme, 16 oct. 1561, Simancas E° 1126.

221. H° Ferro au doge, Péra, 27 août 1561, A. d. S., Venise, Dispacci Sen° Secreta Cost. Filza III/C.

222. Le même au même, 3 mars 1561.

223. Corfou, 10 avril 1561, Simancas E° 1051, f° 51.

224. H° Ferro au doge, 29 mai 1561, G. Hernandez au roi, Venise, 8 sept. 1561, Simancas E° 1324, f° 15 et 16.

225. Voir note suivante.

226. Simancas E° 1087, f° 209, 5 déc. 1584.

227. Le consul Garbarino à la République de Gênes, Naples, 11 sept. 1578, A. d. S., Gênes, Lettere Consoli, Napoli, 2. 2635.

228. Une "belle marchandise" qui se vend à Venise, Julianus de Picenardis au marquis de Mantoue, Venise, 20 mai 1473, Arch. Gonzaga, B 1431.

229. M. SANUDO, *op. cit.*, II, col. 87: 301, Chypre, 9 novembre 1498, blé chargé pour Pise. A. d. S., Venise, Senato Mar, f°s 54(1515), 116 v° (1516). Museo Correr, Donà delle Rose, 46, f° 43 v°(1519), 47(1535).

230. Andrea Michiel, comte et capitaine aux X, Spalato, 10 mars 1570. A. d. S., Venise, Lettere di Capi del Consiglio dei Dieci, Spalato, 281, f° 60.

231. 7 mars 1555, B. N., Paris, Esp. 232, f° 89.

232. Simancas E° 1293, Sobre los capitulos que dieron las personas... (1564).

233. *Actas*, III, pp. 373—374.

234. 21 août 1587. V. RIBA Y GARCIA, *op. cit.*, pp. 317—318.

235. *Ibid.*, pp. 288—289.

236. Manuscrit de l'ex-gouvernement général de l'Algérie, p. 471.

237. Achats de blé indigène à Mers el-Kébir, 12 mars 1565, Simancas E° 486.

238. R. HAKLUYT, *op. cit.*, II, p. 176, vers 1584. En 1579, disette telle que les chiourmes doivent être désarmées, J. de Cornoça à Philippe II, Venise, 7 juillet 1579, A. N., K 1672.

239. G. MECATTI, *op. cit.*, II, p. 693.

240. *Ibid.* Que l'on songe à la guerre de Sienne et à l'habitude des belligérants de *tagliare il grano*, *ibid.*, p. 683.

241. Naples, 5 oct. 1584, Simancas E° 1087.

242. Simancas, Secretarias Provincales, Napoles I.

243. G. PARENTI, *op. cit.*, p. 82.

244. F. Verdugo à Philippe II, Málaga, 21 janvier 1559, Simancas E° 138, f° 264.

245. A. d. S., Venise, Secreta Archivi Propri Polonia, Marc Ottobon aux Provveditori alle Biave, Vienne, 24, novembre 1590.

246. E. LEVASSEUR, "Une méthode pour mesurer la valeur de l'argent", in : *Journal des Économistes*, 15 mai 1856; "De nos jours (1856) en Algérie l'hectolitre de froment s'est vendu 29 francs à Alger et 21 francs 50 centimes à Oran pendant qu'il ne valait que 10 francs à Tiaret et à Setif..."

247. G. PARENTI, *op. cit.*, p. 83; A. DOREN, *Storia econ. dell'Italia...*, 1936, p. 366.

248. Matteo GAUDIOSO, "Per la storia... di Lentini", in : *A. st. per la Sicilia Orientale*, 1926—1927, p. 83.

249. E. J. HAMILTON, *op. cit.*, p. 257, note 4.

250. E. CHARRIÈRE, *op. cit.*, III, pp. 244—249.

251. I de Asso, *op. cit.*, pp. 108—109.

252. Mediceo 2079 et 2080.

253. A. de Raguse, Diversa de Foris XI, f°s 56 et *sq*; nombreuses indications sur des trafics à courte distance, blé de Fiume et de Spalato pour Venise ; relevé des assurances auxquelles a participé Pasqual Cerva (1601—1602).

254. G. da Silva au roi, Venise, 10 déc. 1575, Simancas E° 1334.

255. Pas un seul navire vénitien dans l'échelle des grains de Salonique, note H° Ferro, au Doge, 16 févr. 1561, A. d. S., Venise, Senato Secreta Cost. Filza 2/B, f° 334.

256. A. de Raguse, Lettere di Levante, 33, f°s 11 v° à 13 v°, Recteur et Conseil de Raguse, Biaggio Vodopia, *sopracarico* de la nave de Gio. Pasquale envoyée dans le Levant. Bonne énumération des *caricatori* de l'Égée: Metelin, golfe de Marga, Cavalla, Salonique, Volo, Zotone... Mais partout "se ne trovano sempre caramusali con li grani da vendere".

257. E. ALBÈRI, *op. cit.*, 1574, II, V, p. 477.

258. L. BIANCHINI, *op. cit.*, I, p. 346.

259. G. M. AMARI, *op. cit.*, III, 3, p. 831.

260. LA MANTIA, *art. cit.*, p. 487.

261. L. BIANCHINI, *op. cit.*, I, p. 241.

262. Relatione di quel che occorre al Duca di Terranova... 1577, Simancas E° 1146.

263. *Ibid.*

264. E. ALBÈRI, *op. cit.*, II, V, p. 243(1574).

265. M. SIRI, *art. cit.*

266. L. BIANCHINI, *op. cit.*, I, p. 337.

267. Relatione delle navi venute a carricar di formenti in Sicilia per Veneciani le quali sono state impedite. Simancas E° 1139.

268. *Op. cit.*, I, p. 337.

269. *Memoria del governo del Reyno di Sicilia* (s. d.), Biblioteca Comunale, Palerme, Qq. F. 29.

270. B. BENNASSAR, *Valladolid au XVIe siècle*, dactylogramme.

271. Pragmatique du 26 août 1559, titre 61, n° 4. Sur la "voce" pratiquée aussi à Naples, une appréciation plus juste chez G. CONIGLIO, *op. cit.*, p. 21 et *sq.* Le marchand faisait une avance au paysan qui s'engageait à lui vendre son blé au prix—à la "voce"—du marché à venir.

272. L. BIANCHINI, *op. cit.*, I, p. 356.

273. Karl Otto MÜLLER, *Welthandelsbraüche*, *1480—1540*, 2e tirage, Wiesbaden, 1962, p. 54.

274. *Relation*, p. p. CICOGNA, p. 24.

275. D'après les correspondances de mesures que donne A. de CAPMANY, *op. cit.*, IV, appendice p. 63 et qu'il emprunte d'ailleurs à Pegolotti.

276. Voir le tableau annexé, p. 541.

277. 32 et 45 maidini, la *ribeba* de fèves; 41, 48, 60 pour le blé, soit en ducats et par salme, 1,2; 1,7; 2,4.

278. K. O. MÜLLER, *op. cit.*, p. 275.

279. E. CHARRIÈRE, *op. cit.*, II, p. 717, note.

280. Le sultan au roi, 15 juillet 1580, *Recueil...*, p. 21.

281. R. HAKLUYT. *op. cit.*, II, p. 308, 1594.

282. Péra, 6 oct. 1560, A. d. S., Venise, Senato Secreta 2/B, f° 274.

283. Au conseil des Dix, Candie, 4 janv. 1563[f° 102, 7 janv. (f° 103)];

Capi del Cons° dei X, Lettere B[a] 285.

284. Zante, 31 mars—6 avril 1563, A, d. S., Venise, Senato Secreta, 3/C.

285. A. d. S., Venise, le baile au doge, Péra, 22 mars 1562.

286. Baron de TOTT, *op. cit.*, IV, p. 88.

287. Giuseppe PARDI, *art. cit.*, p. 85.

288. B. N., Paris, Esp., 127, f° 52.

289. Voir *supra*, pp. 387—388.

290. A. d. S., Venise, Senato Terra 120, 16 juin 1591.

291. Gilberto FREYRE, *Casa Grande e Senzala*, 1946, I, pp. 411—412.

292. L'expression est de Vitorino MAGALHÃES GODINHO.

293. Rome, 18 avril 1546, in : *Corpo diplomatico Portuguez*, VI, p. 35 et 36.

294. Braacamp FREIRE, "Maria Brandoa", in : *Archivo historico portuguez*. VI, 1908, p. 427.

295. *Correspondance de Jean Nicot*, *op. cit.*, p. 5.

296. British Museum, Sloane, 1572.

297. Simancas E° 171, Portugal, D. J., de Mendoza à S. M., Lisbonne, 30 mars 1558,

298, Archivo Simón Ruiz, Valladolid, Legajo I, f° 75—76, ainsi Benedito Ugonchery à Simón Ruiz, Lisbonne, 27 août 1558 et bien d'autres lettres.

299. Voir *supra*, note 6.

300. A. N., K 1490, Cadix, 4 août 1557.

301. Mondejar à Charles Quint, Alhambra, 19 juillet 1541, Simancas, *Guerra Antigua*, XX, f° 96.

302. R. CARANDE, *Carlos V y sus banqueros*, pp. 24—25.

303. Mondejar à Charles Quint, Alhambra, 2 décembre 1539, Simancas, *Guerra Antigua*, XVI, f° 145.

304. *Ibid.*

305. Valladolid, mai 1551, Simancas, *Guerra Antigua*, XLI, f° 247.

306. Le comte de Tendilla à Juan Vazquez de Molina Málaga, août 1553, Simancas, *Guerra Antigua*, L, III, f° 40.

307. F[co] de Diego à F[co] de Ledesma, Málaga, 23 novembre 1553, Simancas, *Guerra Antigua*, LIII, f° 40.

308. La ville de Séville à S. M., 7 août 1561, Simancas Consejo y Jun-

tas de Hacienda, 28.

309. Sobre los capitulos que dieron las personas..., Simancas E° 1389 (1564).

310. J. van KLAVEREN, *op. cit.*, p. 155, note 1.

311. F. RUIZ MARTÍN, *op. cit.*, p. CXXXV et note 4.

312. *Les caractères originaux de l'histoire rurale française*, 1931.

313. Emilio SERENI, *Storia del paesaggio agrario italiano*. Bari, 1961.

314. *Loyal Serviteur*, *op. cit.*, p. 102.

315. Public Record Office, 30, 25, 157, Giornale autografo di Françesco Contarini da Venezia a Madrid, Lisboa...

316. Noël SALOMON, *La campagne de la Nouvelle Castille à la fin du XVIe siècle d'après les Relaciones Topograficas*, 1964, p. 95 et note 2.

317. *Ibid.*

318. D'après la thèse inédite de Bartolomé BENNASSAR, *op. cit.* Tout ce qui se rapporte à Valladolid, dans ce paragraphe, s'appuie sur ses recherches.

319. N. SALOMON, *op. cit.*, p. 302 et *sq.*

320. Philippe II au vice-roi de Naples, Biblioteca Comunale Palerme, 3 Qq Z, 34, f° 7.

321. Joachim COSTA, *Colectivismo agrario en España* (Édit. de Buenos Aires, 1944), p. 214 et *sq.*

322. N. SALOMON, *op. cit.*, p. 48 et *sq.*

323. C'est la thèse d'un prochain travail de Felipe Ruiz Martín.

324. F. de Zafra aux Rois Catholiques, 20 juin 1492 (ou 94), *CODOIN*, LI, pp. 52—53.

325. Sur ce "jeu", voir les admirables travaux des géographes espagnols et à titre d'exemple Alfredo Floristan SAMANES, *La Ribera tudelana de Navarra*, 1951.

326. D. Luys Sarmiento à Juan Vazquez de Molina, Lisbonne 1er octobre 1556, Simancas, Diversos de Castilla, n° 1240.

327. Tout ce paragraphe s'appuie sur le travail inédit de Maurice AYMARD, de prochaine publication. Nous lui avons emprunté le titre d'un de ses chapitres. Les documents sans référence de ce chapitre se trouvent mis en cause dans ce travail.

328. Marciana, Manuscrit italien, 8386, 1550.

329. A. d. S. , Venise, Senato Mar 31, f° 153, 23 décembre 1551.

330. Museo Correr Donà delle Rose, 46, f° 45 v° et 46.

331. M. AYMARD, *op. cit.* , p. 177, 4 avril 1561.

332. Avis de Zante, 31 mars—6 avril 1563, Simancas E° 1052, f° 148.

333. A. d. S. , Florence, Mediceo 2972, f° 551, cité par A. TENENTI, *Cristoforo da Canal*, p. 113, note 52.

334. M. AYMARD, *op. cit.* , p. 178.

335. *Ibid.* , p. 185.

336. *Ibid.*

337. R. BUSCH-ZANTNER, *op. cit.* , voir *infra*, t. II, chapitre sur *Les Sociétés*, p. 67 et *sq.*

338. C'est l'une des thèses du travail de M. AYMARD.

339. Un mot comme celui d'Andrea Malipiero, consul de Syrie, Alep, 20 décembre 1564, A. d. S. , Venise, Relazioni... , B 31, "*Quivi si sente penuria grande di fromento, cosa molto insolita...*", me semble important.

340. M. AYMARD, *op. cit.*

341. L'Abondance de Gênes à Agostino Sauli et Gio : Bat[a] Lercaro, Gom[ri] Generali in Corsica, Gênes, 30 avril 1589, A. Civico, Gênes.

342. Museo Correr, Donà delle Rose, 217, f° 131.

343. A. d. S. , Venise, Senato Terra 120, 6 juin 1591, aux recteurs de Bergame : du millet sur le point de se gâter pour avoir été acheté "*fino l'anno* 1579...". Sur les zones vénitiennes productrices de millet, Museo Correr, D. delle Rose, 42, f° 39 v°, 1602.

344. Marciana, 9611, f° 222.

345. A. d. S. , Venise, Senato Terra 43, 14 janvier 1565.

346. Marciana, Chronique de Girolamo Savina, f° 325 et *sq.*

347. *Marciana*, *ibid*, f° 365 et *sq.*

348. Marciana, *ibid.*

349. M. SANUDO, *op. cit.* , t. XV, col. 164, 30 septembre 1512.

350. Museo Correr, Donà delle Rose. 217, f° 131; 218, f° 328.

351. "Futainiers et futaines dans l'Italie du Moyen Age", in : *Hommage à Lucien Febvre, Éventail de l'histoire vivante*, 1953, t. II, p. 133 et *sq.*

352. E. SERENI, *op. cit.* , et long compte rendu de Georges DUBY, "Sur l'histoire agraire de l'Italie", in : *Annales E. S. C.* , 1963, p. 352 et *sq.*

353. Voir *La historia d'Italia... op. cit.* , (Venise, 1587), p. 1 v°.

354. *Journal de voyage d'Italie*, "Collection Hier", p. 227.

355. R. ROMANO, "Rolnictwo i chlopi we Wloszech w XV i XVI wieku", in : *Przeglad historyczny*, LIII, n° 2, pp. 248—250, voir également C. M. CIPOLLA, "Per la storia della terra in Bassa Lombardia", in : *Studi in onore di Armando Sapori*, 1957, I, p. 665 et *sq*.

356. E. J. HAMILTON, "American treasure and the rise of capitalism", in : *Économica*, novembre 1929.

357. Voir *infra*, II, p. 75 et *sq*.

358. Cf. Jacques HEERS, "L'expansion maritime portugaise", *art. cit.*, p. 7 : deux navires basques, de 5,000 cantars chacun environ (470 tonnes au total) portent à Gênes du blé de Middelbourg.

359. W. NAUDÉ, *Die Getreidehandelspolitik der europäischen Staaten vom 13. bis zum 18. Jahrhundert.*, Berlin, 1896, p. 167.

360. R. EHRENBERG, *op. cit.*, I, p. 299 : "de Flandre ou de Bretagne".

361. Bapitsta Cortese au marquis de Mantoue, Anvers, 12 octobre 1539, A. d. S., Mantoue, Archives Gonzaga, Série E, Fiandra 568.

362. *Méditerranée*, 1re édit., p. 469, référence égarée.

363. W. NAUDÉ, *op. cit.*, p. 142.

364. Ricardo Ricardi et Hier° Giraldi, arrivés le 3 septembre 1590 à Dantzig, Relatione de negotii tanto di mercantie che cambi di Danzica (déc. 1590) à la signature d'Ambrosio Lerice, A. d. S., Venise, Secreta Archivi Propri Polonia 2.

365. *Ibid.*, et voir *supra*, p. 179 et *sq*.

366. B. Suárez à Simón Ruiz, Florence, 26 février et 28 décembre 1591, Archives Simón Ruiz, Valladolid (situation la plus difficile : celle de Rome).

367. Du moins à la fin de l'année 1591. Baltasar Suárez à Simón Ruiz, Florence, 29 mai 1591, *Ibid.*, "*En Génova del grano que va llegando de Osterdam y Amburgo se a vendido a 24 (escudos) la salma que es preçio jamas oydo ; pero como llegue la gran cantidad que se espera, no pongo duda sino que abajarà*". Arc. Simón Ruiz.

368. Camillo Suárez à Simón Ruiz, Florence, 17 juin 1591, *ibid.*

369. 9 septembre 1591, *ibid.*

370. F. BRAUDEL et R. ROMANO, *Navires et marchandises à l'entrée du port de Livourne*, p. 106 et 117.

371. A. d. Stato, Florence, Mediceo 2080.

372. W. NAUDÉ, *op. cit.*, p. 142.

373. *Ibid.* Voir également G. VIVOLI, *op. cit.*, III, p. 182, 317, 350.

374. Archives Ruiz, Valladolid.

375. Correspondance déjà citée de Marc Ottobon. Voir *supra*, p. 179, note 5. et A. d. S., Venise, Papadopoli, Codice 12, f° 18, 16 octobre 1591.

376. Baltasar Suarez à Simon Ruiz, Florence, 26 février 1591. "*en que ganan larguisimo pues tengo por cierto açen con uno mas de tres*", Archives Ruiz, Valladolid.

Sur l'énormité des sommes engagées : Venise aurait engagé en 1590 plus de 800,000 ducats du Trésor Public, Marciana, Memorie di Malatie..., 8235 CVIII, 5, f° 198 v° et *sq.*

377. Archivio Civico de Gênes, Abbondanza Lettere 1589—1592.

378. Travail inédit de R. Romano, F. Spooner et U. Tucci sur les prix à Udine.

379. 1re édit. 1949, pp. 466—467.

380. Voir *supra*, p. 306.

381. "Carestia di frumenti del 1591", B. Comunale Palerme Qq N 14 *bis*, fos 144 à 147.

382. "Kulturgeschichte Siziliens", in : *Geogr. Zeitschrift*, 1935.

383. L'étude attentive des documents des XVIe et XVIIe siècles a été faite à ma demande par mon collègue et ami Felipe Ruiz Martin.

384. A. de Vienne, Collectanea Siciliana, fasc. 6.

385. D'après les relevés (voir note 383) de Felipe Ruiz Martin.

386. D'après les relevés de Felipe Ruiz Martin.

387. A. de Vienne, Collectanea Siciliana, fasc. 6. Je dis bien 1619, et non 1640 comme Hocholzer, car il faut tenir compte des variations du droit de sortie.

388. Je songe au goût des riches pour le pain blanc.

389. A. d. S., Venise, Relaz. Ambasciatori, B 31, 20 décembre 1564.

390. Voir *supra*, pp. 273—274 et 286.

391. J. HEERS, "Le commerce des Basques en Méditerranée au XVe siècle", in : *Bulletin Hispanique*, n° 57, 1955, pp. 292—320.

392. J. HEERS, *Gênes au XVe siècle*, *op. cit.*, p. 496.

393. E. AlBÈRI, *op. cit.*, I, p. 1, Relation de Nicolô Tiepolo, 1532.

394. Voir *supra*, p. 208.

395. Pierre CHAUNU, *op. cit.*, t VIII[1], pp. 254—256.

396. R. COLLIER, *H. du Commerce de Marseille*, *op. cit.*, III, p. 118.

397. A. de CAPMANY, *op. cit.*, IV, appendice, p. 43. 1526.

398. R. COLLIER, *op. cit.*, III, p. 155.

399. K. O. MÜLLER, *op. cit.*, p. 55, chargement de cumin, bénéfice réalisé; 69 p. 100.

400. S. RAZZI, *op. cit.*, p. 116.

401. A. d. S., Naples, Sommaria Consultationum, 96, f° 136, 3 septembre 1521 et f° 151 v°, 24 octobre 1521.

402. *Ibid.*, 121, f° 160, 1er novembre 1526.

403. *Ibid.*, 123, f° 36 v° et 37, 18 janvier 1527.

404. A. d. S., Mantoue, A. Gonzaga, Série E, Genova 759, Giovambattista Fornari au marquis de Mantoue, Gênes, 25 juillet 1530.

405. M. SANUDO, *op. cit.*, LVI, eol. 238, Palerme, 5 avril 1532.

406. Domenico GIOFFRÈ, "Il commercio d'importazione genovese alla luce dei registri del dazio, 1495—1537", in : *Studi in onore di Amintore Fanfani*, 1962, V, p. 164.

407. Je songe aux navires sardiniers de Galice allant porter leur pêche à Barcelone, à Valence, à Séville. Le corregidor de Galice à S. M., 20 février 1538, Simancas, *Guerra Antigua*, XI, f° 200.

408. A. d. S., Mantoue, A. Gonzaga, Série E, Spagna, 588, Gio. Agnello au marquis de Mantoue, Barcelone, 3 mai 1535; le 28 avril entre à Barcelone la flotte portugaise ; "*fece l'entrata con molta cerimonia alla portoghese...*".

409. M. SANUDO, *op. cit.*, II, col. 138, 18 novembre 1498.

410. A. d. S., Mantoue, A. Gonzaga. Série E, Venezia 1439, Fco Trevisano au marquis de Mantoue, Venise, 1er octobre 1501.

411. Jacques HEERS, "L'expansion maritime portugaise à la fin du Moyen Age : la Méditerranée", in : *Revista da Faculdade de Letras de Lisboa*, n° 2, 1956, p. 18.

412. Vincente ALMEIDA d'EÇA, *Normas economicas na colonizacão portuguesa*, Lisbonne, 1921, p. 24.

413. Domenico GIOFFRÈ, *art. cit.*, p. 130, note 38, et du même au-

teur,"Le relazioni fra Genova e Madera nel 1° decennio del secolo XVI",in : *Pubblicazioni del civico Istituto Colombiano*, *Studi Colombiani*, 1951, p. 455,note 25. Une arrobe=11,5 kg.

414. Cette poussée du sucre bien vue dans D. GIOFFRÈ, *art. cit.*, p. 130 et *sq.*; 9 caravelles portent du sucre vers Venise, M. SANUDO, *op. cit.*, I, colonne 640, 4 juin 1497; *ibid.* sur les Portugais, I, 1032, et II, 138.

415. Luis Sarmiento à Charles Quint, Evora 5 décembre 1535, Simancas, *Guerra Antigua*, VII f° 42.

416. J. BILLIOUD, *H. du Commerce de Marseille*, III, p. 228.

417. A. d. S., Venise, *Cinque Savii*, 3, 1549.

418. Michel MOLLAT, "Aspect du commerce maritime breton à la fin du Moyen Age", in : *Mémoire de la Société d'Histoire et d'Archéologie de Bretagne*, t. XXVIII, 1948, pp. 16—17.

419. R. COLLIER, *H. du commerce de Marseille*, III, pp. 146—147.

420. M. SANUDO, *op. cit.*, I, col. 471.

421. M. MOLLAT, *art. cit.*, p. 10.

422. *Saco de Gibraltar*, *op. cit.*, p. 93

423. *Correspondance de Fourquevaux*, I, pp. 178—179, 13 février 1567.

424. Réclamation de l'Ambassadeur de France au Roi Catholique (1570 ou 1571). A. N., K 1527, B 33, n° 41.

425. Jean DELUMEAU, *L'alun de Rome XVe—XIXe siècle*, 1962, p. 241.

426. E. GOSSELIN, *Documents authentiques et inédits pour servir à l'histoire de la marine marchande et du commerce rouennais pendant les XVIe et XVIIe siècles*, Rouen, 1876, pp. 8—11.

427. M. MOLLAT. *op. cit.*, p. 241.

428. 4 février 1535, Simancas, *Guerra Antigua*, VII, f° 59.

429. E. GOSSELIN, *op. cit.*, p. 43.

430. *Ibid.*, pp. 42—43, 2 octobre 1535.

431. *H. du Commerce de Marseille*, III, p. 221.

432. E. CHARRIÈRE, *Négociations dans le Levant*, II, pp. 631—632, Constantinople, 30 octobre 1560.

433. Chantonnay à Philippe II, Moret, 16 mars 1561, A. N., K 1494, B 12, n° 60; le même au même, 23 mars 1561, *ibid.*, n° 62.

434. A. d. S. ,Florence, Mediceo 2080.

435. Cf. *infra*,pp. 555—556.

436. A. de Raguse, D. di Cancellaria, 146, f°s 27 à 29,17 juin 1960. Hourque, donc nordique.

437. Nobili au Prince, Madrid, 6 juin 1566,Mediceo 4897,*bis*. Cf. C. DOUAIS,*op. cit.* , I,p. 90 et 92.

438. Le duc d'Albe à F. de Alava, Anvers, 13 février 1571,A. N. , K 1519,B 29,n° 18.

439. R. DOEHAERD et Ch. KERREMANS,*op. cit.* , 1952, p. 139 et 143.

440. Eleonora CARUS-WILSON,*Medieval Merchant Venturers*,1954, p. 64 et *sq.*

441. Jacques HEERS,"Les Génois en Angleterre : la crise de 1458—1466"in : *Studi in onore di Armando Sapori*,II,p. 810.

442. Hektor AMMANN, *art. cit.* , *in* : *Vierteljahrschrift für S. u. W. G.* , t. 42,1955,p. 266.

443. *Ibid.*

444. Domenico GIOFFRÈ,"Il commercio d'importazione genovese alla luce dei registri del dazio, 1495—1537", in : *Studi in onore di Amintore Fan. fani*, 1962,V,p. 113 et *sq.* W. CUNNINGHAM,*The growth of English Industry and Commerce*, 1914, I, p. 373.

445. D. GIOFFRÈ,*art. cit.* , pp. 121—122.

446. A. de CAPMANY,*op. cit.* , III, pp. 225—256; IV,appendice, p. 49.

447. D. GIOFFRÈ, *art. cit.* , pp. 122—123, tenir compte du relais de Cadiz.

448. R. HAKLUYT,*op. cit.* , II, p. 96 et *sq.*

449. Philippe ARGENTI,*Chius vincta* , 1941, p. 13.

450. R. HAKLUYT,*op. cit.* , II,p. 96.

451. *Ibid.* , p. 98. Des marchands anglais à Constantinople, 1544, *Itinéraire...* ,de Jérôme MAURAND, éd. Dorez, p. 126.

452. R. HAKLUYT,II,p. 98.

453. *Ibid.* , II,dèdicace à Robert Cecil, non paginée.

454. *Ibid.* , II,pp. 99—101.

455. James A. WILLIAMSON,*Maritime Enterprise* ,Oxford, 1913,

p. 233.

456. R. HAKLUYT, *op. cit.*, II,pp. 101—102.

457. Alfred C. WOOD, *A history of the Levant Company*, Londres, 1935, p. 3, lequel place à tort la prise de Chio par les Turcs en 1570, la même année que celle de Chypre (autre erreur).

458. Inna LUBIMENKO, *op. cit.*, p. 20 et 27.

459. R. HAKLUYT, *op. cit.*, I, p. 243.

460. R. Romano,"La marine marchande vénitienne au XVIe siècle", in : *Les sources de l'histoire maritime en Europe du Moyen Age au XVIIIe siècle*, 1962.

461. I. TADIĆ, *art. cit.*, p. 15.

462. Quelques indications, A. de Ragusa, Diversa di Cancellaria, 106, f° 247, 17 novembre 1516, au sujet d'un navire ragusain qui voyage entre Londres et Raguse; *ibid.*, f° 180, Gênes, 10 mars 1515, un navire ragusain allant directement de Chio en Angleterre; *ibid.*, 122, f° 24, Cadix, 21 février 1538, navire ragusain Chargé à Southampton, destiné à Cadix, Palerme et Messine.

463. Selve au roi, 12 décembre 1547, *Correspondance...*, p. p. G. LEFEVRE-PORTALIS, p. 152.

464. *Ibid.*, p. 321.

465. A. de Moscou, Fonds Lamoignon, 3, f° 128.

466. R. Häpke, *op. cit.*, I, p. 512.

467. A. d. S., Venise, Senato Terra 67, f° 8.

468. J. DELUMEAU, *op. cit.*, p. 241.

469. A. d. S., Venise, *Cinque Savii*, 17, f° 10.

470. A. d. Stato, Gênes, Spagna, Negoziazioni, 2747, 3 déc. 1557.

471. M. FRANÇOIS, *Le Cardinal François de Tournon*, 1951, p. 366.

472. A. d. S., Florence, Mediceo 2080.

473. Marciana, Ital., 8812, CVI, 3, f° 10 v°, Margate à l'embouchure extrême de la Tamise.

474. *CODOIN*, XC, p. 288.

475. *Calendar of State Papers*, *Venetian*, VII, pp. 430, 441, 445—447, 454, 456; *CODOIN*, XC, pp. 236—237, 254, 288, 327.

476. *CODOIN*, XC, pp. 236—237, 23 mai 1569.

477. Le duc d'Albe au Roi, Bruxelles, 8 août 1569, *CODOIN*, XV,

p. 170.

478. *CODOIN*, XC, pp. 236—237.

479. Déception: je n'ai trouvé nommément (Archives de Raguse, série *Noli e Sicurtà*) que deux voyages de navires ragusains, l'un, avril 1563, de Zélande à Livourne; l'autre, 4 juillet 1565, d'Anvers à Raguse. Mais beaucoup d'assurances conclues pour six ou douze mois ne donnent pas les itinéraires; de plus il y a des navires ragusains qui s'assurent ailleurs qu'à Raguse. Par contre, ample récolte dans la série *Securitatum* 1564—1571, A. d. S., Gênes: en partant de Méditerranée, ou y arrivant, trois voyages de Lisbonne, 10 voyages à Cadix, 5 voyages dans le Nord (Rouen, Anvers, Angleterre, Flandres); à partir de 1569—1570, ces voyages dans le Nord se multiplient au bénéfice de navires vénitiens assurés à Gênes. Gênes profiterait-elle des difficultés de Venise aux prises avec les Turcs?

480. Jean DELUMEAU, *L'alun de Rome*, *op. cit.*, p. 241.

481. *L'hirondelle*, Mediceo 2080. Même référence pour les bateaux suivants, jusqu'à la fin du paragraphe.

482. Marcantonio Colonna au roi, Palerme, 26 févr. 1580, Simancas E° 1149, retransmet des renseignements qu'il tient de B° de Mendoza.

483. Ravitailement indispensable, dira encore le comte de Miranda à Philippe II, Naples 13 juillet 1591, Simancas E° 1093.

484. R. HAKLUYT, *op. cit.*, II, pp. 145—146.

485. G. VIVOLI, *op. cit.*, III, p. 155.

486. Cf. L. STONE, *An elizabethan: Sir Horatio Palavicino*, 1956.

487. 23 sept. 1578, *CODOIN*, XCI, pp. 287—288.

488. *CODOIN*, XCI, p. 297.

489. *Ibid.*, p. 398. Sur l'ensemble de l'affaire, voir pp. 275, 287—288, 360, 375, 387—388, 393.

490. *Bilanci generali*, Seconde série, vol. I, t. I, p. 439, note 1.

491. 29 novembre 1582, *CODOIN*, XCII, p. 436.

492. A. S., Venise, Lettere Com., 12 *ter*, 20 octobre 1589.

493. Je laisse de côté deux ordres de considérations mineures: 1° Les Dieppois et les Marseillais auraient servi de guides aux Anglais pour leurs premiers voyages de retour. Il est vrai que des navires anglais gagent Livourne de 1573 à 1584 et sont indiqués comme ayant chargé à Dieppe (une indication, 4 février 1574), à Calais [cinq indications, 3 février 1574, 25 jan-

vier 1576, 2 vévrier 1576 (deux fois), 14 janvier 1579], en France (une in dication, 24 octobre 1581). Un texte de A. de MONTCHRESTIEN, 1615(*op. cit.*, pp. 226—227)semble (maix n'st pas) péremptoire. "Il y a quarante ans (donc vers 1575) que les premiers (Anglais) n'avaient encore aucun trafic ni en Turquie ni en Barbarie, ains hantoient seulement à Hambourg et à Stade où estoit leur estape. Le patron Anthoine Girard, encore vivant et Jean Durant jeunes hommes de Marseille leur donnèrent à Londres les premières ouvertures; et de plus y guidèrent et pilotèrent leurs premiers navires. Les Marseillois lors seuls leur apportoient toutes les espiceries et autres marchandises du destroict; mais maintenant...".

2° La querelle des uve passe entre Venise et l'Angleterre va durer plus d'un quart de siècle (C. S. P. Venetian, VII, p. 542, 544, 548, 549, 550, 552). Elle débute en 1576 avec l'octroi à un marchand lucquois, à Londres, du monopole de l'introduction des uve passe en Angleterre. Discussions, représailles douanières se succèdent: 1580, 1591, 1592, 1602, la réconciliation peut être de 1609 (cf. La Méditerranée..., 1re édit., pp. 482, 487—488). Des navires vénitiens ne cessent, malgré tout, de gagner l'Angleterre.

494. Références, bibliographiques dans R. B. merriman, *op. cit.*, IV p. 154, note 3.

495. R. HAKLUYT, *op. cit.*, II, pp. 136—137.

496. *CODOIN*, XCI, p. 439, 28 novembre 1579.

497. Instructions de Berthier, 5 sept. 1580, *Recueil...*, p. 36.

498. Contre les Anglais, ils agissent d'accord avec les Vénitiens, Hurault de Maisse au roi, 27, juillet 1583, A. E., Venise 31, f° 103 v° et *sq.*

499. *CODOIN*, XCI, 13 nov. 1580, p. 523.

500. *CODOIN*, XCI, p. 334, 396, 399, 409; R HAKLUYT, *op. cit.*, I, pp. 453—454, I. LUBIMENKO, *op. cit.*, p. 51.

501. R. HAKLUYT, *op. cit.*, II, p. 429.

502. *Ibid.* II, p. 157.

503. *Recueil...*, p. 36.

504. 15 mars 1583, Simancas E° 1154.

505. Venise, 2 juin 1583, A. E., Venise, 31, f° 15 et 15 v°.

506. Hareborne à Richard Forster Péra, 5 sept. 1538, R. HAKLUYT, *op. cit.*, II, pp. 172—173.

507. A. C. WOOD, *op. cit.*, p. 17.

508. *Ibid.*, p. 20.

509. *Ibid.*, p. 23.

510. *Ibid.*, p. 23.

511. *Ibid.*, p. 23.

512. *Ibid.*, p. 36.

513. *Ibid.*, p. 39.

514. On reconnait à Marseille encore mille navires en 1610, Paul MASSON, *Histoire du commerce français dans ls Levant au XVIIe siècle*, *op. cit.*, p. XXXI.

515. Paul MASSON, *ibid.*, p. XVI.

516. A. C. WOOD, *op. cit.*, pp. 33—35.

517. *Ibid.*, p. 31.

518. A. d. S., Florence, Mediceo, 2079, f° 210 et 210 v°.

519. R. HAKLUYT, *op. cit.*, II, p. 290.

520. *CODOIN*, XCII, pp. 455—456.

521. R. HAKLUYT, *op. cit.*, II, p. 271.

522. A. Com. de Marseille, BB 52, f° 24 v°.

523. A. d. S., Gênes, L. M. Spagna 10 2419(s. d.).

524. R. HAKLUYT, *op. cit.*, II, pp. 289—290.

525. Innombrables références : pirateries contre les Français, P. MASSON, *op. cit.*, p. XXIV; contre les Ragusains, A. de Raguse, D. de Foris, VII, f° 36(Messine, 26 mai 1598), prise et incendie de la nave *N. D. de Lorette* ; autre attaque d'Anglais au large de Cagliari, 8 mars 1594, D. de Foris, II f°, 127 v° et *sq.* ; prise de la nave *Sainte-Trinité et Saint-Jean-Baptiste*, près de Zante, D. de Foris, V, f° 88, 12 mai 1595.

526. *Recueil*, p. 53; R. HAKLUYT, *op. cit.*, II, pp. 145—146; *CODOIN*, *XCII*, pp. 60—61(24 juin 1581).

527. 22 février 1601, A. N., K 1630. L'étrange aventure d'un Anglais, Richard Cocaine qui, en 1601, loue à Gênes sa nave, le *Marchand Royal*, à un Ragusain ; le patron de navire s'en va en course contre les Turcs. Mediceo 1829, f° 258.

528. R. GALLUZZI, *op. cit.*, III, p. 270.

529. A. d. S., Gênes, *Giunta di Marina*, note sur le consulat anglais, s. d.

530. W. NAUDÉ, *op. cit.*, pp. 142—143, 331.

531. Elie LUZAC, *Richesse de la Hollande*, I, *op. cit.*, 63.

532. Johannes Cornelis de JONGE, *Nederland en Venetie*, Gravenhague, 1852, pp. 299—302.

533. H. WATJEN, *op. cit.*, II, p. 5.

534. G. VIVOLI, *op. cit.*, III, p. 181.

535. *Ibid.*, p. 317, références à GALLUZZI et à RONDINELLI, p. 318.

536. *Ibid.*

537. Sur les entrées des navires allemands en Méditerranée, trois documents ragusains (Diversa de Foris, XV, f° 123 v° à 124); Venise, 24 oct. 1596, détail relatif à l'assurance de la nave le *Croissant*, patron Hans Emens de Hambourg, qui a apporté des blés de Hambourg à Venise; Venise, 28 nov. 1596, assurance de la nave *Sainte-Trinité* à Hambourg, patron Antinio? Luder, qui a apporté du blé à Venise ; Venise, 24 déc. 1596, détail analogue relatif à la nave *Fortuna Volante*, patron Girardo Vestrevuola, venue avec du blé de Hambourg. Sur la longue navigation entre Nord et Venise, des incidents se produisent: ainsi en 1597 deux navires (patrons Luca et Giacomo Neringhia) chargès de blè à Dantzig, sont délestés de leur cargaison à Lisbonne ; chargent des marchandises dans cette ville et les portent à Venise où demandent à être exemptés de l'ancrage comme navires chargès de blè dans des pays si lointains, ce qui leur est accordé, A. d. S., Venise, *Cinque Savii*, Busta 3, 29 juillet 1597.

538. *Der deutsche Seehandel im Mittelmeergebiete bis zu den napoleonischen Kriegen*, Neumünster, 1933.

539. Des navires de Hambourg en Italie, encore en 1600, Simancas E° 617.

540. G. BERCHET, *op. cit.*, pp. 157—159.

541. J. DENUCÉ, *op. cit.*, p. 17.

542. *Ibid.*, p. 71. Mais le "consulage" sera exercé par les Anglais.

543. G. BERCHET, *op. cit.*, p. 103.

544. J. DENUCE, *op. cit.*, p. 68.

545. Bernardo GOMEZ DE BRITO, *Historia tragico-maritima*, Lisbonne, 1904—1905, II, pp. 506—507, vers 1604.

546. H. WÄTJEN, *op. cit.*, p. 55

547. R. GALLUZZI, *op. cit.*, III, p. 270; G. VIVOLI, *op. cit.*, IV,

pp. 7—10; je signale, petit détail énigmatique, l'arrivée à Livourne, le 29 nov. 1581, d'une nave probablement portugaise (nave *Santo Antonio*, cap. Baltasar Dias), chargée au Brésil et qui porte notamment 460 cantars de *pau brasil*. Sur les tentatives de "colonisation" toscane au Brésil, les curieuses et insuffisantes notes de G. G. GUARNIERI, *art. cit.*, p. 24, note 1.

548. A. d. S., Florence, Mediceo 2079, f°s 337 et 365, la première de ces naves, *Nr a Seora do Monte del Carmine*, en provenance de Goa, porte 4,000 cantars de poivre, son arrivée datée de 1610 sans plus; du 14 août 1610, celle de la nave *Nra Signora di Pietà* en provenance des Indes orientales : elle apporte 4,170 cantars de poivre, des pierres précieuses et 145 cantars de toiles des Indes....

549. A. d. S., Venise, *Cinque Savii...*, Busta 6, 15 nov. 1596, Copie.

550. A. C. WOOD, *op. cit.*, p. 43.

551. Voir *supra*, p. 275, et *sq.*

552. L. von PASTOR, *op. cit.*, éd. allemande, t. X, p. 306.

553. "Influences de l'Angleterre sur le déclin de Venise au XVIIe siècle", in : *Decadenza economica veneziana nel secolo XVII*, Fondation Giorgio Cini, Venise, 1961, pp. 183—235.

554. Voir à ce sujet *supra*, p. 279; *C. S. P. East Indies*, I, p. 107, octobre 1600, 5 bateaux envoyés dans les Indes : 1,500 tonnes, 500 hommes d'équipage. R. DAVIS, *art. cit.*, p. 215: en 1628, aux dires du baile vénitien, "les Anglais transportent plus de marins et de canonniers laissant beaucoup de place libre pour le combat".

555. R. DAVIS, *art. cit.*, p. 215 (*C. S. P.*, *Venetian*, 2 oct. 1627).

556. F. BRAUDEL, "L'économie de la Méditerranée au XVIIe siècle", in: *Economia e Storia*, avril-juin 1955, reproduit in : *Les Cahiers de Tunisie*, 1956, p. 175 et *sq.*

557. B. M. Sloane, 1572 (vers 1633).

558. Cité par C. R. BOXER, *op. cit.*, p. 76, note 150. Le texte est de Pedro de Baeza.

559. Références, *La Méditerrané...*, 1re édit., p. 493.

560. J. H. KERNKAMP, *Handel op den vijand 1572—1609*, 2 vol., Utrecht, 1931—1934, reste l'ouvrage essentiel. Sur la vanité fréquente de ces mesures, V. VÍZQUEZ DE PRADA, *op. ct.* (1596—1598), I, p. 63.

561. J'emprunte le mot à Germaine TILLION, *Les ennemis*

complémentaires,1960; il s'agit ici des Français et des Algériens de 1955 à 1962.

562. Depuis 1550,V. VAZQUEZ DE PRADA,*op. cit.*, I, p. 48.

563. *Ibid.*

564. A. N., K 1607 B (B. 89).

565. Voir *supra*, pp. 438—439.

566. Simancas E°569,f°84(s. d.).

567. Toute cette progressive"Passivierung"de Séville remarquablement expliquée par J. van KLAVEREN,*op. cit.*, notamment p. 111 et *sq.* Je lui ai beaucoup emprunté.

568. 1594,Simancas E°174.

569. Simancas E°174.

570. 18 août 1595,*ibid.*

571. Je suis l'explication de Jacob van KLAVEREN,*op. cit.*, pp. 116—117.

572. Correspondance de Simón Ruiz, Archivo Provincial de Valladolid, Antonio Gutierrez à Simón Ruiz, Florence, 20 mai 1591.

573. Florence,20 mai 1591,*ibid.*

574. Florence,17 juin 1591.

575. Florence,31 décembre 1590.

576. Florence,9 septembre 1591,*ibid.*

577. Florence,26 juin 1591.

578. Florence,12 août 1591.

579. Don Alonso de la Cueva à S. M., Venise, 30 mai 1608, A. N., K 1678,43 *b*.

580. A. d. S., Venise,*Cinque Savii*,141, f° 44,22 mai 1602.

581. *Ibid.*, 22, f° 52,20 novembre 1598 et 16 août 1602.

582. Voir *infra* II,p. 151. et 203.

583. *Op. cit.*, t. I, p. 63 et 501. L'ouvrage est en réalité d'Elie LUZAC. Ou,plus exactement celui-ci a repris le travail antérieur de Jacques ACCARIAS de SERIONNE, paru à Amsterdam en 1765.

584. Johannes Hermann KERNKAMP, "Straatfahrt", niederländische Pionierarbeit im Mittelmeergebiert,in: *Nierländischen Woche der Universität München*, 15 juillet 1964.

585. Simon HART,"Die Amsterdamer Italienfahrt 1590—1620",in:

Wirtschaftskräfte und Wirtschaftswege, *II*, *Wirtschaftskräfte in der europäischen*, *Expansion Festchrift für H. Kellenbenz*, Nuremberg, 1978.

586. Richard Tilden RAPP, "The Unmaking of the Mediterranean Trade Hegemony : International Trade Rivalry and the Commercial Revolution", in : *The Journal of Economic History*, 1975, pp. 499—525; *Industry and Economic Decline in Seventeenth Century Venice*, 1976.